徳川後期の学問と政治

昌平坂学問所儒者と幕末外交変容

Jin Makabe
眞壁 仁――【著】

名古屋大学出版会

徳川後期の学問と政治　目　次

はじめに

本書は、近代日本の政治と教育の源流の一つである徳川後期の「政教」、すなわち寛政期以降に幕府の旗本・御家人の教育機関となった昌平坂学問所の儒学とその政治的所産を、古賀家という一儒家の経験を軸に究明したものである。古賀家三代——精里・侗庵・謹堂——は、寛政九（一七九七）年以降の七〇年に及ぶ昌平坂学問所史のなかで、幕府の文教を統率する林家とは異なり、昌平坂の官舎に五七年間に渉って在住し、学問所教育に直接的に携わった。彼ら幕府儒者が担った昌平坂学問所での「政教」は、政治的社会化の過程で、幕臣たちには直接に、また諸藩の藩士たちには間接的に影響力を行使し続けたと考えられる。古賀家の経験を追究しながら本書で明らかにしたいのは、その寛政期以降の幕府の「政教一致」の試みが、どのような内容を具え、如何なる政治的成果を生み、そして歴史的推移に伴ってそれらが如何なる変容を遂げて、近代日本へ引き継がれるのかということである。

対象とした徳川後期をめぐる近年の歴史学研究の進展は、従来の思想史研究の枠組みに再考を迫っている。その一つは、「鎖国」概念や実態の問い直しと対外交流史研究の蓄積がもたらした、「一国史」観の克服という視点である。「鎖国」時代の日本儒学は、同時代の東アジア儒学の動向とは無関係に自生的発展を遂げたという、従来の思想史研究が前提とした認識は、もはや自明ではない。徳川儒学思想史においても、「鎖国史観」を克服し、同時代の漢籍移入による東アジア儒学受容、さらに一八世紀半ばの徳川日本の清朝に対する〈政治的正統性〉の承認につづき次第に広がっていった明儒学から清儒学への評価変遷を視野におさめなければならないであろう。徳川後期における朱子学

「正学」化の動きも、考証学興隆以前の清朝初期の〈正統的〉儒学移入のなかで捉えることが不可欠である。徳川思想史研究の枠組みで再考を促されたもう一つの視点は、「国民思想史」観の相対化である。歴史学研究においては徳川幕政史と藩政史研究とが区別されたうえで、改めて人的繋がりに注目した「中央」と「地方」との関連づけが試みられてきた。それに対して、徳川思想史研究の場合には、人物史研究を除けば、当時日本と見なされた地域に存在した社会思想全般を素材に「国民思想史」を再構成する試みが続いた。その多くは、「明治維新史観」にもとづく近代における個々の思想家の回顧の経緯に注目することなく、また当然に幕府儒者と地方の藩儒との相違も顧慮されず、活字資料のある限られた既知の対象について思想評価を行い、それらの再解釈を繰り返している。既存の思想史研究から抜け落ちた視点を再検討するために、まずは「国民思想史」の枠組みを一旦括弧にくくり、対象とする思想の時期・地域・社会階層に限定を設け、その上で再びそれらの連関づけを検討することが必要なのではないだろうか。本書では、このような問題関心から、寛政期以降という時代、幕府直轄地の江戸という地域、旗本を中心とする幕臣層という限定を加え、さらに同時代の東アジア域圏における儒学移入や外交の問題を踏まえて、「徳川後期の学問」、すなわち昌平坂学問所の儒学の内実とその政治的所産を扱おうとする。

昌平坂学問所儒者を扱う本書は、このような思想史研究に対する歴史学研究からの問いに応答すると同時に、既存の歴史学研究の枠組みへの問いをも含んでいる。それは、「近世後期」と「幕末期」という時代区分であり、「対東アジア外交」と「対西洋外交」という対象ごとに分けられた外交史分析の枠組みである。たしかに対外政策に関しては、近年の一九世紀初頭の日露関係史研究の進展により、「幕末期」が始まるペリーの黒船来航以前に、西洋からの対外的危機をみる認識が定着し始めている。しかし他方で、歴史学研究においては、「近世後期」の「対東アジア外交」と、「幕末期」に至る「対西洋外交」を関連させる視点が欠落しているのではないだろうか。「対東アジア外交」と「対西洋外交」とを媒介し「近世後期」と「幕末期」とを架橋する存在として、本書では、外交文書作成・漢詩唱和などを含む東アジアの儒学域圏における外交儀礼に通暁していた幕府儒者に注目しようとする。従来ほとんど顧みられなかったが、この時期の学問所儒者は、徳川幕府の外交政策形成に参与し、東アジアのみならず西洋諸国との対外交渉をも担っていた。

周知のごとく、幕末の徳川日本は、新しい通商條約の外交システムにただちに移行したわけではなかった。一九世紀前半期の林大学頭や学問所儒者たちは、西洋諸国に対する貿易としては朝貢貿易をイメージし、外国使節の受け入れという「聘礼」、漂流民送還での人道的な対処など、まず東アジア域圏での外交慣習によって政策を立案し、自らの政治判断を上申した。通商條約締結までには、それらの課題に対する段階を踏んだ対処がみられる。国王の使節を受け入れ、両国政府で国書を交換する「通信」の関係にはない場合、国書自体を受領するのかどうか、また受領した場合には返書を授与するか、あるいは役人による申渡とするか、返書を認める際には差出し人を通信使国書と同様に将軍名とするか、それとも老中連署とするか、また礼物としての贈品を受納し、返礼品を贈呈するかどうか、そしてさらに、勧告に従って「祖法」を改め、他国との「通商」を開始するかどうか——それらの諸点をめぐって議論がなされていく。外国使節から献上物を受け取り、代物を与えるという行為は、伝統的な「聘礼」受容の際に行われた「礼物」交換の儀礼であり、その許可は「通信」関係の容認にほかならない。多くの先行研究では、「開国」の内実検討とその概念定義を欠くばかりか、外交関係における「通信」（聘礼受容）と「交易」、また国家に対する「通商」の区別さえ行われていない。西洋諸国からの外国使節到来という「聘礼」のたびに、国書受授や江戸拝礼という東アジア外交でいう「通信」許可の是非が問題となった。そして、南京條約後の清朝の五港開港にも促された西洋諸国の民間船の近海頻出は、弘化・嘉永年間にそれまで国交のなかったフランスやアメリカからの海難救助の要求を招いた。じっさいそれらの要求は、安政元（一八五四）年「和親條約」の主要な部分を占めることになる。この和親條約の締結はまた、それまでの代替わりごとの「通好」関係確認から、明文化された條約による永続的な国際関係構築への転換となった。さらに、その延長線上において、商人に対してではなく国家への交易許可として、安政四（一八五七）年より「通商」條約が締結され始めるのである。本書では、「近世後期」から「幕末期」にいたるこのような一連の

「外交変容」の担い手として、広義の昌平坂学問所儒者を位置づけようと試みた。ここで徳川後期の「政治」とは、学問所における教育行政のみならず、特に幕府儒者の外交参与——対外認識・対外政策形成・交渉など——を指し、その歴史的変遷が扱われる。

以下、本書においては、まず序章「忘却された儒家の名門」で近代日本における昌平坂学問所儒学の評価を扱い、なぜ徳川幕臣の主要な教育機関の研究が大きく立ち遅れたのか、また林家を除き唯一、三代続けて学問所儒者となった古賀家がいかにして「忘れられた思想家」となったのかを、日本各地に散在する古賀家文書の調査を通して再検討する。

第Ⅰ部「学政創制と外交参与」では、天明期の佐賀や寛政期の江戸で学政の創制に携わり、東北アジア域圏での外交にも参与した古賀精里（一七五〇—一八一七）の経験を扱う。藩政や幕政改革の一環として、政治を担う武家の組織的な教育が課題となり、社会的適性化・選別化・正統化の機能が交錯しつつ具体化されることになる。学問上の〈教義の正統性〉と〈政治的正統性〉の有無・交錯にも注目し、改革素案に遡って歴史的に、佐賀藩と江戸幕府での試みにそれぞれ検討を加える。特に本書の主題ともなる幕府の学問所儒学の射程を見極めるために、その社会形態と思想的主題を概観する。徳川日本における学問所の政治的役割は、国内での「政教」だけに済まなかった。学問所が成立した時期には、東アジアでの聘礼外交が、産業革命を経た一九世紀前半の世界秩序の変動を受けて、対外的な「國法」内容を自覚化させていく。文化期のロシア使節レザノフへの対応では、その「祖法」策定過程で学問所儒者たちが中心的な政策立案者となり、また同時期の朝鮮との交隣関係でも、彼らは交渉相手となって、対馬での新たな「礼」重視の外交確立を試みた。

以上の昌平坂学問所の国内外に向けた諸機能を踏まえて、第Ⅱ部・第Ⅲ部では、その学問所儒学の所産の一典型でもある、古賀家の後続の二代を中心に扱っている。第Ⅱ部「視圏拡大と変通論」では、広義の学問研究で知的世界を拡大させた古賀侗庵《とうあん》（一七八八—一八四七）の経験が論じられる。彼は、経書解釈上で、父精里とは異なる学的態度を鮮明にするばかりではない。日露紛争が勃発した文化期に政治的社会化を遂げた侗庵は、さらに文政期には、継続した情報蒐集によって東北アジア域圏から地球上の世界の諸地域へと関心を広げ、それに伴い、政治変革の論理をも自覚的に著作に現し始める。二つの〈正統性〉の問われ方は、近代以降の国民統合を前提にしたそれとは異なる仕方で提示されていることが確認できよう。

第Ⅲ部「海防争議のなかの変通論」では、その厖大な情報に裏付けられた侗庵の政論を承けた、古賀謹堂（隠居後、茶溪《きけい》と称する、一八一六—八四）の経験を、言路洞開して表面化し始めた学問所関係者の政論の相の下で明らかにする。ここに至って、学問所儒学の政治的所産は、古賀家三代のみならず、対象を広げて検討されることになる。近代日本からの回顧により「昌平黌の朱子学者」とひと括りにされた政論が、各個人の責任で下された政治判断と、個々人の名をもつ上書群として分析される。表面化した争論を前提に追跡されるのは、東アジアの聘礼外交が一九世紀西洋の通商条約外交へと包摂されていく過程に、外交の最前線で直面した一儒者、古賀謹堂の経験である。外交についてのひとりの意見が、その構想ゆえに、また学問所儒学の共鳴板ゆえに、政治的影響力をもっていく過程を検証してみたい。

このようにして、古賀家三代を軸とし、史料によって再発見された徳川後期の学問と政治は、近代日本の関心から遡及される幕府「政教」とは異なる様相をもって顕現するはずである。学問所で古賀家学がたどった思想的軌跡は、学問所で学んだ少なからぬ幕臣たちの思想類型を象徴的に示し、さらには近代日本の「政教」への継受の過程で欠落していった徳川後期「政教」のある思想的側面を明らかにするであろう。

序章　忘却された儒家の名門
――古賀家三代――

「政教」問題　東アジアの近現代史において、「政教」は論争的な政治概念の一つである。東アジアでの「政教」「教政」問題の複雑さは、「政」「教」の両者の交錯如何ばかりではなく、その「教」の意味内容の複雑さに起因する。

「教」の内実をいわゆる宗教と捉えれば、「政教」は政治と宗教、国家と宗教という問題系に繫がる。近代日本では「皇学者流」の議論として、「政教」は「祭政」もしくは「政祭」とも同義とされ、いわゆる「国家神道」もじっさいその認識上に興った。現代日本社会の「政教一致」「政教分離」問題は、一般にこの「教」を宗教とする範疇で争点となっている。しかし、「教」の意味内容を教育と解釈すれば、「政教」問題とは、政治と教育、すなわち広義での政治教育の主題となる。共同体構成員の教育を政治の目的と捉える思想は、たしかに西洋にも古典古代から存在するが、近代国民国家においてそれはしばしばナショナリズムとも重ね合わされ、均質な国民的知の創出とそれによる国民統合が目的とされた。近代日本の場合、その「政教」の媒体装置の役割を果たしたのが、たとえば公定の教育勅語や『勅語衍義』であり、あるいは「国民道徳」論[1]であったことは言うまでもない。現代の国家による徳育・愛国心教育は、この後者の「政教」範疇に分類されるだろう。この二つの教えの意味内容、すなわち教育と宗教をめぐっては、近代日本社会で大論争が巻き起こされている。その『教育と宗教の衝突』（敬業社、一八九三年）の著者井上哲次郎は、彼の理解する「宗教」を超えるものとして「国民道徳」教育を位置付けたが、(2)この論理は、神官と教導職の分離（一八八二年）以後の、「国家神道」は宗教ではないとの議論とも重なるものであった。

これらの諸問題が特異な歴史的経緯を辿った日本だけに限定されないのは、「政教」問題が、いわゆる「儒教」(3)が社会的教説として秩序形成の役割を果たした地域に共通する、政治思想上の問題をも浮き彫りにするからである。それは、「儒教」という漢語が前記の近代日本の歴史過程において造られ、(4)近代的国民国家形成期の東アジアへ波及し、現在もなお人口に膾炙するという、近現代の造語流布の問題ばかりではない。いわゆる儒学文化圏――近代以前から孔子に始まる教えの体系をもとに文明社会を築いてきた諸地域――に共有される政治思想の基本的な特徴が、この「政教」（あるいはいわゆる「儒教」）の概念に現れていると考えられるのである。

東アジアのこれらの諸地域における「政教」（または「儒教」）の場合、「政教」の「教」は、宗教と教育のいずれでもあり、またそのいずれでもない点に特徴がある。すなわち、自己批判の契機を含む超越性と彼岸的な救済の理念の兼備を必要条件とする普遍宗教の枠内には入らないという意味で、その「教」は宗教ではない。いわゆる「儒教」の「宗教性」については「凶」の儀礼をめぐり諸説あるが、(5)喪葬は宗教の十分条件に過ぎないという右の定義に従うならば、天の超越性を有しつつも救済のない「儒教」は宗教ではない。しかし、ある独自の世界観を有して人間の精神世界を支配し、事実上「宗教的」機能を果たすという意味で、その「教」は「宗教」である。「政教」の「教」は、また、知識伝達や知的水準の向上を目的とする学問教育にとどまらないという意味で、その「教」はいわゆる教育の域を越え出ている。しかし、社会道徳や倫理の教化も、学校制度を通して行われるという意味において、その「教」は教育の社会的形態をとる。(6)儒家の経書は、古代の先王・聖人の理想的統治を標榜する孔子らの教説を編纂したものであるが、そこには理気論という哲学的次元にとどまらず、経世学的要素を含む政治哲学が記述されている。この経書テクストを、政治的意識形成を遂げる以前から教えられ、あるいは学んで、社会的規範体系を内面化させ、そこで理想とされる礼的秩序を形成・維持し、さらに世代を越えて再生産することが、理念的には東アジア諸地域での「政教」の本質であった。

このような「政教」の在り方は、近代においては西洋「政教」との対比の中でも捉えられた。たとえば、近代日本の久米邦武は、法治と、教治・徳治の対比から「政教一致」を次のように記す。

東洋ハ仁義ニ因リテ彝倫ノ道ヲ生シテ礼ヲ制シ、民ヲ斉フセリ。西洋ハ仁義ニ本ツキ国憲ヲ定メテ法律ヲ制シ、以テ政ヲナス。是徳礼ト政刑ノ別アリ。東洋ハ、国豊饒ニ民寛柔ナリ。故ニ其政ハ教ニアリ、其教ハ性善ニ本ツク。西洋ハ、国瘠薄ニシテ民強剛ナリ。故ニ其政ハ法ニアリ、其法ハ性悪ニ本ツク。是東洋政教ヲ一ニセルモノ判然、二ニ分レテ仁義ノ道遂ニ相径庭ヲナスニ至レリトス。

（久米邦武「合衆国政治書訳義」(7)）

久米によれば、東西いずれの政治社会もその出発する価値を「仁義」に置くが、両者の間には「徳礼ト政刑ノ別」があるという。すなわち、「西洋」社会が「瘠薄」な風土からくる「強剛」な人間気質を反映して、「性悪」に基づく「法」、「法律」による政治を行うのに対して、「東洋」では「豊饒」な地風と「寛柔」な人々を前提に、「性善」に基づく「教」による「礼」的な秩序維持が政治の内容となる。川田剛も、宮内侍講局に出仕した際に「東洋」と「西洋」の政治文化比較のなかで「政教」を問題にした。

抑も西洋政教を岐ちて二途と為す。亦由る所有り、彼曰く新教、曰く舊教。皆所謂宗教なり。名教に非ざるなり。宗教は治心を以て宗と為す。霊魂を説き、因果を説き、禍福を説き、天堂地獄を説く。政事を外して言を立つ。名教は名に随つて實を責む。倫理を説き、藝術を説き、禮樂兵刑を説き、修身齊家治國平天下を説く。治心を兼ね政事に與して言を立つ。苟も政事を外せば、政は政より、教は教より、各其の是とする所を行ひ、亦可とせざること無し。若し夫れ心身と家國を合して一と為さば、則ち君の相為す所、有司之を効き、有司の為す所、四方之を効く。源澄まば則ち流れ清し、表正しければ則ち影直し。而して風俗汚隆これに係る〔原漢文〕。

（川田剛「正風俗策」(8)）

「西洋政教」が「政教」を「二途」に分離させ、さらにその教が「政事を外して」専ら「治心」を目指す「宗教」であるのに対して、東アジアの「政教」は「倫理」から「治國平天下」まで説く「名教」であって、心を治めるだけでなく「政事」も治めるとする。名分に関する教えは、道徳上の教、人倫の教であり、それは修己から治人へ、人間個人から社会、国家、そして世界の秩序までを治める。[9] しかし、このような近代における「政教一致」の認識は、当然に、それ以前の社会に広く共有された政治思想に由来している。

徳川後期の「政教」問題　日本の政治社会で「政教」の問題史を論じようとする場合、近代史ばかりでなく、それ以前の徳川後期から継承された問題群を視野に入れることなしにこの主題を議論することは不可能である。じっさい、「政教一致」の概念は、徳川後期には、松平定信（「政語」天明八年四月）、横井小楠（「学校問答書」嘉永五年三月）、藤森弘庵（「新政談」安政二年一〇－一二月）、橋本左内（「学制に関する意見劄子」安政四年閏五月一五日）らが、あるいはまた「治教一致」として会沢正志齋（「退食間話」[10]）が、目指すべき理想的状態を示すものとして用いていた。しかし、唱導にのみ終わったものが少なくないなかで、徳川幕府においてそれを現実に幕臣教育に制度化した試みが行われている。寛政二（一七九〇）年五月のいわゆる寛政異学の禁とその上に成った昌平坂学問所がそれである。朱子学を「正學」とし、他の学統を「異學」として排斥した異学の禁は、まさに「教育・学問が原則的に且現実的に、政治的統制の題目に編込まれた近世史上最初の出来事」[11]であった。だが、ここにおいて、儒学経書の政治哲学が本来的に有する政治権力の形成・維持の目的が、徳川日本の現実に発現されたのである。その機能自体は後に詳細に検討されなければならないが、そこでは、学問教育内容における正統性（orthodoxus）が、学問所や学問吟味により、幕臣たちの政治意識を醸成する〈政治的社会化〉（political socialization）に深く組み込まれ、それを通して幕府の政治体系における正統性（legitimatus）を存続維持させる一面を有していた。[12]

徳川時代の「体制教学」が「儒教」であるとする、近代日本の「国民道徳」論者井上哲次郎の認識は、このような旧時代の諸地域にみられた「政教一致」のいくつかの試みを、拡大して再解釈したものである。

「徳川時代は我が日本に於いて儒教全盛の時代であつた」「一旦儒教が勃興するや否や、佛教より一層優勢となり、殊に倫理・政治・經濟・教育其の他諸種の點に於いて最も深大なる影響を及ぼし、殆ど三百年の久しきに亙つて國民精神を鎔鑄陶冶し、而して餘程現實的方面に進展することを可能ならしめたことを疑はない[13]」。「國民精神」を陶冶する「政教」として「儒教」を位置付けようとする井上の記述は、たしかに同時代的関心からする恣意的解釈を免れていない。

このような近代日本での「体制教学」解釈を前にして、広範な「我が国民思想」史の検討を行った津田左右吉が、「儒家の道徳教は、古往今來、曾て我が国民の道徳生活を支配したことが無かつた[14]」と論じたのは、まさに肯綮に中る批判であった。時代・地域・社会階層を限定せずに徳川期の「国民思想」を対象とすれば、たしかに、二重の正統性が結合した「政教」は日本社会全体では十分に効力を発揮しなかった。

しかし、問題史としての「政教」を主題とする場合には、津田の「体制教学」批判によって不問にされたもの、見逃されてしまうものにも眼を向けないわけにはいかないであろう。すなわち、徳川期にも「政教一致」が知識人たちによって理想とされ、政策案として繰り返し語られたこと、成否を別にしてその試みが寛政期の幕府において限られた対象に実施されたこと、この徳川後期には各地に郷校、藩校が創建されて儒家の経書と教えが社会的に普及していったこと、各地の指導的な藩校教授の多くは江戸に遊学して研鑽を積み、江戸の知識人たちとの交流を深め、その学問を吸収していたこと、儒家の教えは特に武家の学問と教育の中心であり[15]、とりわけ幕臣たちにとってそれは「程朱学」とされていたこと、そして近代において旧体制の「教学」を語る際に想定されたのは、このような徳川後期の儒学や宋学の社会的定着状況であったことである。「儒教」、とりわけ「程朱学」（宋学）が徳川幕府の「体制教学」であるとする近代日本で広汎に流布した伝統理解は、まさに寛政期の「異學之禁」以降幕臣たちを中心に自覚化された伝統解釈に他ならなかった。

「朱學」の「學派」こそが、徳川幕府の「神祖」「烈祖」家康が藤原惺窩・林羅山を重用し、林家を創設して以来の正統な（orthodoxus）学問の系譜を継承するものである。

朱學之儀者、慶長以來御代々（御信用之御事にて、已に其方家代々[16]）右學風維持の事被仰付置候得者、無油斷正學相勵、門人共取立可申筈ニ候、然處近來世上種々新規之説をなし、異學流行、風俗を破候類有之、全く正學衰微之故ニ候哉、甚不相濟事ニ而候、其方門人共之内にも右體學術純正ならさるもの折節者有之様ニも相聞、如何ニ候、此度聖堂御取締嚴重に被仰付、柴野彦助・岡田清助儀も右御用被仰付候事に候得者、能々此旨申談、急度門人共異學相禁し、猶又不限自門他門ニ申合、正學致講窮、人才取立候様相心掛可申候事。

（「學派維持ノ儀ニ付申達[17]」）

寛政二年五月二四日に林大学頭錦峰に申達され、同様の文面で聖堂儒者柴野栗山・岡田寒泉にも達せられた「學派維持ノ儀」は、このような内容であった。「朱學」は「慶長以來御代々御信用」の学問であり、「其方家」すなわち林家が代々その「学風維持の事を仰せ付け」られている。「異學」の「流行」、「風俗」の頽廃は、みな「正學」の衰退に由って来る。幕臣教育の刷新を命じて、「異學相禁じ」、「正學講窮致し」て「人材取り立て候様」にと達する。再認識を促されたこの学統解釈に基づき「學術純正ならざるもの」として、結果的に異端（haeresis）として排斥された「異學」には、陸象山・王陽明の陸王学（心学）、伊藤仁齋・東涯父子の古義学、荻生徂徠の古文辞学などが含まれる[18]。

このような林家の一私塾である昌平学舎、いわゆる昌平黌での学統における正統性の解釈が、徳川幕府の政治的統治の正統性と交錯せざるを得ないのは、昌平黌やその後の昌平坂学問所[19]が、学校教育や学問吟味という試験制度を通して、江戸の幕臣たちや諸藩からの書生たちの政治意識形成に影響力を行使したからである。正学化された「程朱学」は、学問所での教育と寛政四年から慶應四年まで続いた学問吟味を通して幕臣たちの公定の標準学問となっていった。諸藩の藩校でも前後して、この「政教一致」政策が採用されている[20]。徳川後期社会においては、このような各種の「黌」（昌平黌・藩校・郷校）という学校体系での教育－学習過程により「教え」がまずは「諸役人」の精神に浸透していく「政教一致」こそが、目指されるべき理想的統治形態と認知されていったのである。

ただし、幕府による「政教一致」の試みは、これが最初ではなかったことも看過してはならない。享保期の徳川吉宗による政治改革の際には、幕府は清の順治帝の「六諭臥碑文」[21]を室鳩巣に和訳させ（享保六年閏七月一三日）、また荻生徂徠には加点を命じていた（同年九月一五日）。さらに「六諭衍義大意」を刊行し（享保七年六月二二日）、江戸の寺子屋師匠に手習本として与えて庶民教化を図っている。また天明年間にも、民衆教化を目的とした清代の康熙帝の「聖諭十六条」詔令や雍正帝の勅語「聖諭廣訓」が翻刻されている[22]。享保期の幕府儒者室鳩巣は、たしかに庶民教育と士族教育の一致を目指していた。しかし、津田が夙に指摘するように「国民の」社会教化のためには、「政教」は有効に機能したとは言えない[23]。だが、その問題となる対象の社会階層を限定した場合、武士階層においてはどうであったのか。

幕臣たちの旗本・御家人教育、藩での家臣教育には、儒家の経書テクストが広く用いられた。後に触れるように、徳川後期のこの時期、寺子屋や郷校での広汎な庶民教育とは別に、武士すなわち幕府の旗本・御家人や藩での家臣を主な対象とする昌平坂学問所や藩校での公教育は、多くの場合、学問吟味・試業という考試制度を前提としたものであった。吟味及第は重要な「履歴になる」ゆえに[24]、彼らは競って「政教」である儒学的教養を身につけようとした。しかも、幕末の昌平坂学問所の寄宿寮に入学した元幕臣の回顧によれば、諸藩のそれらの学問「元流」は、「昌平學」であり、各藩校教授を通じて幕府の「文學」が全国に波及したと云う。

> 徳川三百年の文學は一に之を昌平學に蒐めたり。昌平學は徳川文學の淵叢、一歩進めて之を言へば單に徳川文學の淵叢なるのみならず、各藩文學の元流となり居れり。各藩文學は實に昌平學支流末派にてありしなり。勿論有力なる私塾先生の書生を養生するものなきにはあらずと雖も、是等の先生も皆昌平學の先生とは氣脈を通じ、議論を上下し、切瑳磨礱《まろう》せざるものはなきなり。即ち全體より言ふときは、滿天下の文學權を掌握せしは、争ふべからざる事實なりしなり[25]。

徳川後期における昌平坂学問所での「政教」は、政治的社会化の過程で、幕臣たちには直接に、また諸藩の藩士たちには間接的に影響力を行使し続け、後に彼らが為政者「諸役人」となって以降は、意識するとせざるとを問わず、あるべき政治的統治の範となった。

徳川後期の「政教」を内在的に把握するために、また近代以降の「政教」問題を解く上でも不可避的に検討しなければならない課題は、その寛政期以降の幕府の「政教一致」の試みが、どのような内容を具え、またいかなる政治的成果を生んでいくのか、そして歴史的推移にしたがってそれらが如何なる変容を遂げて、近代日本へと受け継がれるのかということである。つまり、当時日本と見なされた地域に存在した社会思想全般から「政教」を問題にするのではなく、寛政期以降という時代、幕府直轄地の江戸という地域、旗本を中心とする武家の幕臣の社会階層という限定を加えて、昌平坂学問所の儒学の内実とその政治的所産の実態が史料に即して問われなければならないであろう。

儒者の政治参与　他の東アジア諸地域との文化比較のなかで、徳川日本で儒学者が政治に直接参画した例は、きわめて少数に限られるというのが現在の定説である(26)。その「事実」認識はまた、徳川政治社会で「政教」が有効に機能しなかったことの論拠の一つとなっている。だが、徳川後期の日本の政治社会については、この比較思想史的見地からする結論によって、やはりもれ見えなくなる問題があることに注意しなければならない。徳川後期の「政教」の実態についての内在的な検討を欠く視点からは、たとえば、幕府の政治的意思決定過程の中で、幕府儒者がどのような位置を占めていたのかさえ見落とされてきたのではないだろうか。

徳川幕府の「御触」の作成過程は、一般に、老中からの命を受けて書記役である右筆が草案を起草し(27)、それを監察役の目付が「論駁」批評をおこなって秘密裡に吟味にかけ、さらに必要に応じて儒者が表現を「潤色」するという工程をたどる。「御書付之類起草ハ、是迄之通、御右筆ニ出、御目付之中江密ニ論駁等御試被爲、在其上ニ而時宜ニ寄儒者共江潤色被仰付候後、御觸達相成候事ゟ御定相立候ハヽ、御全備之物ゟ相成可申哉ニ奉存候(28)」。たしかに立法過程におけるこのような儒者の役割を踏まえれば、徳川時代には「儒人を用ひてこれを政府に入れ機密に預らしめたることなし」という、儒者の政治参与に対して消極的な評価を下す木村喜毅（芥舟、旧軍艦奉行）の次のような認識は、誤りであるとは言えない。

> 舊幕にては國初より以來絶て儒人を用ひてこれを政府に入れ機密に預らしめたることなし、林道春〔羅山〕か東照公〔家康〕に信用せられしといふも、漢土の古事を捜索せしめんとの、一個の顧問に過きす、憲廟〔綱吉〕文廟〔家宣〕は學問を好ませられたるも、儒人を登用せられしことなし、新井白石を信遇せられしといへとも、顯職を授けられしに非す、亦唯顧問に備はるのみ、徳廟〔吉宗〕も同しく、〔荻生〕徂徠、〔室〕鳩巣等に命し、古事を尋ねられしも、これに大政を謀らせ給ひしにあらす、松平樂翁〔定信〕補佐の時に及て、文學をすゝめ、林述齋、柴野栗山、古賀精里等を挙け、儒官に任せしも、學政を振興し、講筵に列せしむるまでにして、毫も政務に預からしめす、尤此頃よりして國家の大議あるに當り、評定所一座に命し評議せしむる毎に、林家にも一應其議を下され、意見を問はるゝ事に成りたり、要するに國初より今に至るまて、重く儒人を用ひて政機に參せしめさるは、祖宗の遺訓なるか如し、是れ幕治の世に在ては、深遠なる趣旨のあることなるへしといへとも、我か淺智の蠡測すへき限りにあらさるなり。(29)

「國初より今に至るまて」儒者を重用して「政機」に参与させないことは、むしろ「祖宗の遺訓」であると、一八九八（明治三一）年の芥舟は解釈する。だが、彼も指摘するように、松平定信執政の寛政以降においては、「國家の大議あるに當り、評定所一座に命し評議せしむる毎に、林家にも一應其議を下され、意見を問はるゝ事に成」っていた。それでは、当時の「國家の大議」とは何か。

木村芥舟は言及しないが、徳川後期のこの時期に、対外政策の方針決定が争点の一つであったことは明らかである。殊に「政教一致」が理想とされる東アジアの儒学文化圏では、使節を賓客として迎え「賓礼」という秩序に則った接見と待遇、相応しい形式と内容をそなえた国書の交換、そして法則と典故に適った漢詩の唱和こそが外交の中心であった。したがって、その知識と能力をもった儒学者が、幕府の国内政治には直接与り得なかったとしても、対外政策という「國家の大議」決定には発言力をもち、重用されていたのである。無論、政策決定にどれほど力を行使し得たかどうかという点は、個々の事例に即して検討する必要がある。だが、学界の最高峰の有識者である彼ら幕府儒者は、和漢古今の事柄に通暁していたがゆえに、じじつ外交政策決定の最前線にも立ち会っていた。

幕府儒者ばかりでなく、この時期藩校で育成された広義の「儒吏」が、全国の藩政の政策形成過程に直接参与した例は、恐らく枚挙に遑がないであろう。

史料問題　尤も、これまでの研究史の中でこのような徳川後期「政教」の中心昌平坂学問所儒学と儒者の政治参与に対する十分な理解が見られないのは故無しとしない。従来の多くの思想史研究は、意欲的な研究者を除き、主に明治期以降の刊行文献を一次史料として用いてきた。政治思想史の関心からは、吉野作造のように、明治文化研究会を組織して明治期さらには近世期の史料を広汎に発掘し、その後の研究の端緒を拓いた研究者もいる。しかし、既刊資料集の編集意図を批判的吟味のふるいにかけてみるならば、明治期以降一九四五年までに活字化された史料は、その殆どが王政復古の明治維新史観による偏向を免れていない[30]。たしかに明治初期、一部の漢学者たちの著作が和綴本の形で活字印刷されている。だが、幕末尊皇攘夷論と結びつく水戸学、国学、あるいは崎門学、また横井小楠、佐久間象山、あるいは佐藤一齋でさえ、維新期の人びとに与えた影響力を抜きにして今日の評価はない。西洋文化移入の問題から、渡邉崋山・高野長英ら洋学者の研究はあっても、それに対して否定的印象で捉えられた昌平坂学問所儒者たちの経験と思想は顧られることすらなかった。

一般に近世の思想家の著作が洋装本に活字出版されて一般に普及する理由には、その時点において有力な読者層を生ずる人物の作品であるか、もしくは子孫・門人や郷土史家による顕彰作業が挙げられよう。漢文著作の場合、明治一〇年代半ばになると読者層の漢文読解能力の減退によって、出版によって採算をとることすら危ぶまれる[31]。出版作業も後代のある歴史観投影の産物であるならば、旧体制の教学となってしまった昌平坂学問所儒学と、地縁を離れた幕府儒者の著作は、一部を除き、殆どが自筆本・写本の形でしか残されていないのである。

これまでの研究――特に思想史研究――が、活字本にのみ依拠し、散逸し、埋もれた自筆本・写本の発掘を怠ってきたがゆえに、少数の者を除いて多くの研究者たちは昌平坂学問所儒学評価に、ある歴史的偏向があることを認識できなかったのではないだろうか。限られた活字テクストの構造分析と再解釈だけでは、徳川後期思想史研究の進展はいまや期待できないであろう。

本書は、このような研究現況の認識と問題関心にもとづいて、幕府の武家教育機関である昌平坂学問所の儒学とその政治的所産を、古賀家という儒家を軸にして、史料発掘を行いながら歴史的に考察しようとするものである。しかし、数多存在する学問所の群儒のなかから、なぜ敢えて古賀家三代なのか。

一　近代日本における古賀家三代

東京学士会院での古賀茶溪推挙　一八七九（明治一二）年一月二八日、文部省の修文館に於いて、東京学士会院の第二会臨時会が開かれた。集う者は、先の第一会（一月一五日）の会員互選で会長に選出された福澤諭吉を中心に、会員西周（鹿城）、神田孝平《たかひら》（淡崖）、津田眞道、中村正直（敬宇）、箕作矩二郎（秋坪）、そして田中不二麿である。文部大輔の田中を除く六名の出席者に、この日事故のために欠席した加藤弘之を加えた七名が、前年一二月九日に文部卿西郷従道より任命された学士会院の勅撰会員だった[32]。西欧諸国のアカデミーに範を採ってこの年新たに設置された東京学士会院は、その後曲折を経ながらも一九〇六（明治三九）年には帝国学士院（Imperial Academy）へと発展し、万国学士院連合会にも加盟して、大日本帝国学術界の最高権威の位置付けを与えられていく。創立会員の顔触れを見れば一目明らかなように、学士院の淵源は民間の元明六社社員の中心人物たちであり、彼らは後にいずれも歴史上逸することの出来ない、近代日本の建学の父の名を擅にしている。

東京学士会院では、七名の勅撰以外の他会員を推挙するために会員が各自五名を投票し、上位二名を当選者として順次加えることにしており、第二会のこの日はその最初の選挙が予定されていた。初代の会長となる福澤諭吉は、前年の一八七八（明治一一）年一二月一八日、田中不二麿宛に他会員の選挙について、「都て會議は下た話しを緊要とす。爲念愚意申上置候」とする書翰を送って事前に候補者を数え上げている。それによれば、福澤が推したのは、杉田玄端、E・S・モース、中村栗園、杉亨二《こうじ》、小幡篤次郎らであった。(33) しかし、東京学士院規則第八条にもとづいて議決権を持たない文部卿を除き、第二会の冒頭でなされた七名(34)によるじっさいの投票結果は、「古賀茶渓《きけい》君六票、杉田玄端君五票」で、この二名が当選者となっていた。福澤の書翰内容から察すれば、福澤を除き他の六名の会員が皆、古賀茶渓に票を投じたと考えることが出来るだろう。そうであるならば、この開票結果には、明らかに彼ら七名の幕臣時代の履歴が反映されている。すなわち、福澤以外の六人はいずれも、昌平坂学問所か蕃書調所（開成所）で職員として働いた経験を有する者たちであり、外国奉行支配の外国方書翰掛であった福澤だけが、ただ一人、古賀茶渓と何らの接点ももたなかったのである。(35) 福澤も推して当選したもう一人の杉田玄端は、幕臣時代に外国奉行支配翻訳御用頭取を務めた彼のかつての上司であった。

学士会院会員に首選された茶渓は、しかし、当選通知と承諾受領の役を担当した中村正直を前に推挙を固辞し続け、第七会（四月一五日）に中村に代わって市川兼恭《かねのり》（齋宮）が「応選ヲ慫慂《しょうよう》」することが決議されたが、この間の計三ヶ月にも及ぶ熱心な懇願にもかかわらず、結局「老懶《ろうらん》応酬ニ堪ヘサルノ旨ヲ以テ之ヲ固辞」しきったのだった。以後、古賀茶渓の名は歴史の表舞台に現れることなく、急速に忘却の一途を辿る。

古賀茶渓、諱は増《みつる》、(36) 字は如川、通称謹一郎、隠居前の号を謹堂という。彼は昌平坂学問所儒者の家に生まれ、父親の死後家督を相続して自らも学問所付きの儒者となり、布衣を許され、さらに蕃書調所の前身洋学所の開設に際してはその初代頭取に抜擢された人物である。一八八四（明治一七）年秋、茶溪は六九歳にして東京浅草に歿した。その葬場祭の席上で、少教正の神代名臣《かみしろあきおみ》によって読み上げられた祝詞は、彼の履歴を次のように伝える。

汝命《いましみこと》はや文化十三年十一月十一日湯島昌平黌《しょうへいこう》官舎に生れ給ひ、祖父の君父の君の遺業を承け徳川の将軍家に仕給ひて、天保七年十二月大御番と云に成給ひ、同十二年十二月両御番に、弘化三年十二月儒官見習に、同四年三月儒官に、嘉永六年十月八日布衣の列に成て長崎に至り魯西亜人と應接の事を勤給ひ、安政二年八月二丸御留守居亦洋学所頭取と云を兼、萬延元年十二月御留守居番次席に、文久二年五月御留守居番学問所御用に、同四年八月大坂町奉行に、慶應二年十二月製鉄所奉行並に、同三年三月一日目付に成て朝鮮の行を蒙り、同四月従五位下に叙え筑後守に任え、明治元年正月官を免じて、十月駿河に遷り、同六年東京に還り、同十二年文部省創立學士會院首の選に膺り給ひしかど就き給はざりぎ〔ママ〕。如此累遷に官も位も昇進み、殊には明治の新代の前つ年より外國《とつくに》の学《まなび》をも究め給ひ、弟子等《だち》〔ママ〕は避き近き國々より會集ひ御教育を受けて、今も官位《つかさくらゐ》高く皇朝に皇國《みくに》に大き功績《いさを》を建仕奉る人等の多なるは、頓《とみ》て汝命《いましみこと》のみ勤《いそ》め座《ま》す理《ことはり》にして甚も愛きに附き、汝命の御徳《みいつ》そ尊く仰がるく。[37]

昌平黌儒者、魯西亜応接掛、洋学所頭取を歴任し、目付、大坂町奉行へと幕府要職の累進を重ねた謹堂（茶溪）は、あるいは、徳川氏に仕えた旧幕臣としての忠誠心から二君に事《つか》えず、明治政府による官設の東京学士会院に出仕することを潔しとしなかったのかもしれない。[38] じっさい、彼はこれ以前にも、慶應四年に公職を退き静岡駿河に移住していた明治三（一八七〇）年に、明治政府仕官の請を二度も辞していた（三月一三日・五月三日）。[39] しかし、建学の父の多くが蕃書調所での彼の「門人」と称し、その意味では近代日本学術界の祖父とも位置付け得る古賀謹堂の存在は、徳川幕府の最高学府昌平坂学問所・蕃書調所と維新後の学術界とのまさに結節点に相当するといえるだろう。[40]

否、この古賀謹堂の知的存在は、単に洋学所初代頭取歴任という彼一人の一見偶発的な履歴だけによって評価されるものではない。その背後には、三代に遡る古賀家学の系譜の然らしめる布石がたしかに敷かれていたのである。謹堂の祖父古賀精里は、請われて佐賀藩儒から昌平黌教官に着任し、いわゆる寛政の三博士の一人として後世に名をとどめた。また謹堂の父で、精里の江戸行きに随った三男古賀侗庵《とうあん》は[41]、家督相続後、まさに万巻の書籍に埋もれる「博覧強記」の昌平坂学問所儒者となった。寛政九（一七九七）年一二月に幕府の学問所となって以降の昌平黌で、三代続いて学問所儒者になった例は他になく、しかも後に詳論するように、それぞれ外交・海防に造詣が深く、精里は林大学頭と共に文化度の朝鮮通信使来訪の際に対馬で使節と交流し、また侗庵は当時彼ほどに外国事情に通じた学問儒者はいない程の博識で、天保期にオランダ国書への返書起草に携わり、そして謹堂は嘉永期の露西亜応接掛などに加わっていた。

徳川後期儒学界の双璧——古賀家と頼家　佐賀より出でたこの古賀家三代は、安藝竹原出身の儒学の名家頼家三代にも匹敵するものであり、その思想変遷は双璧をなして徳川後期儒学界の象徴的な家学の軌跡を示している。古賀家と頼家三代をこのように並び捉える観方は、大正期に至って、まず、佐賀出身で謹堂の門人でもあった歴史家久米邦武（易堂）[42]によって提示された。徳川時代の学問変遷を辿りながら、「宋学の変化より衰廃まで」の潮流を象徴する「適例」として、久米は、「純粋朱子学」を主唱した古賀精里（一七五〇―一八一七）と頼春水（一七四六―一八一六）の第一世代、「宋学の範囲を溢出して清の考証を帯」び、同時に「西洋の思潮漲りかけ」た頃に「東西に大家の旗を揚た」古賀侗庵（一七八八―一八四七）と頼山陽（一七八〇―一八三二）の第二世代、そして第三世代の「蘭学に汎濫し」て「西洋学に傾」いた古賀謹堂（一八一六―一八八四）と、他方の勤皇派に殉じた頼三樹三郎（一八二五―五九）を挙げて、両家の家学を対照させた[43]。

久米ばかりでなく、三宅雄二郎（雪嶺）もまた、「山陽と侗庵」と題する文章を一九一八（大正七）年に発表し[44]、自らの祖父芳溪と父立軒の家学の源泉を辿りながら、近世後期の儒学界をこの頼氏と古賀氏の三代にわたる二大家を中心に描いて見せた。[45]「近世日本の思想は此の二系統を以て代表するの頗る便利を覚えたり」。両氏「初め同一の目的を以て世に立ち、兄弟の誼あり、而して山陽と侗庵と全く異なる方向を指し、其の關係事業に於て正反對に出づ」。一方の山陽が「新政府の興隆すると共に興隆し」「独り群を抜き、他の追随を許さ」なくなるのに対して、他方の「侗庵の如き、少数学者を除いて姓名をだに知らず、而も是れ明治維新、朝廷が幕府の権を収めたる結果に係」る。侗庵はまさに「舊幕府の衰亡と共に衰亡」した。雪嶺は、両者の特徴を「山陽の氣と侗庵の識」に見出す。後者の侗庵は、「知識の分量」において「他の諸儒の追随を許さず」、その知識は海外事情にも及ぶが、彼は「如何に波瀾を起こさずして形勢の変化に處すべきかを慮れ」たという。山陽や大鹽中齋が名声を得ているのに対して、「侗庵の殆ど全く聞か」ず、「今日の湮没に與かる」のは、このように彼が「徒らに異を立て名を求むるを得ざりし所」に依る。しかし、「侗庵及び茶溪〔謹堂〕は赫々の名なくして実際の効用あらんことを欲し、又實に効用あ」ったとする。[46]

薩長藩閥体制の明治日本、さらにその西洋化の眩光下にあって、徳川の旧体制を支えた学問の陰影はその濃度を増し、殊に幕府の直臣たちの教育機関の一つ昌平黌儒学は、新政府の為政者たちから一般に否定的印象で捉えられることが多かったといえよう。だが、各時代の政治情勢や時代思潮を反映して、その評価は変遷をみせる。[47]いずれも大正期に初めて公表された、この頼家に並立する古賀家という久米と三宅による見解は、それに先行する徳川時代の昌平黌儒者たちの叙位による顕彰が一九一五（大正四）年一一月一〇日の大正天皇即位礼を機に行われ、また大塚先儒墓所が整理のうえ翌一九一六（大正五）年に東京市に「名勝地」として寄附されていった昌平黌「儒教」再評価の時代思潮とも決して無縁ではないだろう。[48]しかし、久米や三宅の言及にも拘わらず、彼らの個人的因縁とも結びついた古賀家評価においては、そこで取り上げられる著作はごく僅かであり、教育機能以外での昌平坂学問所が果たした歴史的な位置付けや、古賀家三代の家学がもつ知的経験が十分に捉えられているとは言い難い。

徳川後期の儒学世界、その思想的系統の一方の極をなすとされる古賀家三代とは、いったい何者であったのか。今日に至る迄、その全貌を歴史の中に埋《うず》めたままの彼らの経験を検討するにあたって、まず、彼らが近代日本で忘れ去られていった所以とその後大正期に至っての顕彰過程を繙くことから始めなければならないであろう。そのためには、明治期以降の古賀家の事情をみた上で、明治・大正・昭和期における昌平黌儒学の評価変遷のあとをたずねなければならない。積み重ねられてきた充棟の近世儒学研究史は、これらの各時代状況や思潮と決して無関係ではない。そうであればこそ、この作業を通して、本書で探究すべき問題の所在がより明らかとなるであろう。

茶溪没後の古賀家　一八八四（明治一七）年一〇月三一日に古賀茶溪（謹堂）が歿して後、古賀家には不幸が打ち続く[49]。翌年一二月二一日に、まず茶溪の養子相続人で娘婿の古賀鋭（正七位陸軍大尉）[50]が亡くなる。遺された一家は、茶溪の旧門人たちの斡旋もあり、劇場などが近接し火災が頻発する浅草向柳原町二丁目一番地を後にして、当時宮内省の文學御用掛で東京帝国大学文学部教授を兼任していた川田剛（甕江《おうこう》）[51]の牛込若宮町の宅地に旧家を改造して書庫を据え、隣接する牛込区市ヶ谷船河原町一八番の家を借家として借り受けた。働き手を喪った家族に対して、旧門人たちは相謀り、毎月茶溪夫人に送金して家計を支えていたようである。しかし、続いてこの茶溪の妻が一八八六（明治一九）年九月に亡くなると、家主からも立ち退きを求められて移住せざるを得なくなる。この経済的窮状の上に、さらに鋭の後妻阿鶴《おつる》[52]は前年六月に生まれた男子を含め五人の子供を抱えている。茶溪歿して僅かに数年、古賀家の「不幸是ニ至リテ極レリト謂フヘシ」。親族の飯河（茶溪の姉、古賀侗庵の長女の嫁家）・鈴木（茶溪の母、古賀侗庵の妻松の実家）・大井の諸氏が遺された鋭一家の処遇について協議したが、身内の者たちには埼玉縣下の飯河家が引き取るほか策を講じ得なかった。相談を受けて事の次第を案じた世良太一は、この不幸に深く同情し、宅地内の空家一戸を提供して生計を管理することを申し出、それを承けて同年一〇月に、阿鶴は娘阿力と幼い一歳四ヶ月の涓を連れて同内に移住することになった。すでに学齢期を迎えていた鋭の息子たちは、前月に深は池田家へ、清は以前より就学していた吉田賢甫（竹里）のもとへと引き取られていた。家庭を見舞った不幸ゆえに、一八八七（明治二〇）年に大井家[53]の養子となった泰を除き、この二人の息子たちも以後各所を転々とすることになる。鋭の相続人である深は、一八八七年に寄寓先の池田が病死すると行き場を失って一時阿鶴らと共に過ごすが、翌年八月に改めて勉学のために上総市原郡大久保村字梅瀬の日高誠實に託されて、一八九〇（明治二三）年四月まで同地に預けられた。他方の清も、吉田家より帰宅したところを、今度は埼玉縣入間郡南峯村の飯河家に引き取られ、一八八八（明治二一）年八月に飯河が歿するまで埼玉で養育された。だが、彼は一八九五（明治二八）年八月七日に、夭折してしまう。

　深を戸主とし、「ツル」を後見人とする古賀一家は、その後、茶溪の旧門人らの尽力によって後述の蔵書献本による宮内省からの恩賜金などを得たこともあり、一八九一（明治二四）年六月には世良宅地内より本郷区本郷元町一丁目五番地（一八九三年）へ、さらに下谷竹町（一八九四年）へと居を移す。だが、末弟の涓の記すところによれば、本家の戸主となった深は「性来病者ニシテ萬事弟之レヲ調理ス」という状態であったようである。[54] じじつ、遺された史料の中にも、深の代理として涓が事に処した書類が散見される。茶溪の孫で幼児期に父親鋭を亡くした末子涓は、下谷区私立味岡小学校・神田区市立神田下谷練屏尋常高等小学校で修業した後[55]、母「つる」と同居しながら「古物営業」[56]を経て「酒商」を営み、一九一一（明治四四）年六月には本家より分かれて「分家届」を本郷区宛に出している。[57] 届けられた分家地は、本郷区根津八重垣町廿三番地河合酒店（一八一二年）である。[58]

明治期以降の昌平黌の評価変遷　東京帝国大学修史局を中心に、維新の世変により家門の衰退を被り、荒廃に帰した大塚先儒墓所の整理修復作業が具体化してきたのも、ちょうど涓が分家した頃のことであった。俗に「儒者棄場」とも呼ばれた先儒者の墳墓[59]を整備保存するこの計画は、一八九七（明治三〇）年頃、当時の帝国大学文科大学学長外山正一と同大学教授島田重禮[60]の二人によって構想された。[61] だが、この両人が相継いで歿したため中止となり、二氏の遺志を継ぎ一九〇一（明治三四）年一〇月に改めて大塚先儒墓所保存会を組織したのが、東京帝国大学総長濱尾新だった。しかし、日露戦争による中断など種々の事情により、歴代の幕府儒者、室・柴野・尾藤・岡田・古賀の諸家の墓地と附属山林を買収して保存会の所有とし得たのは、さらに遅れること一一年後の、一九一二（大正元）年のことで

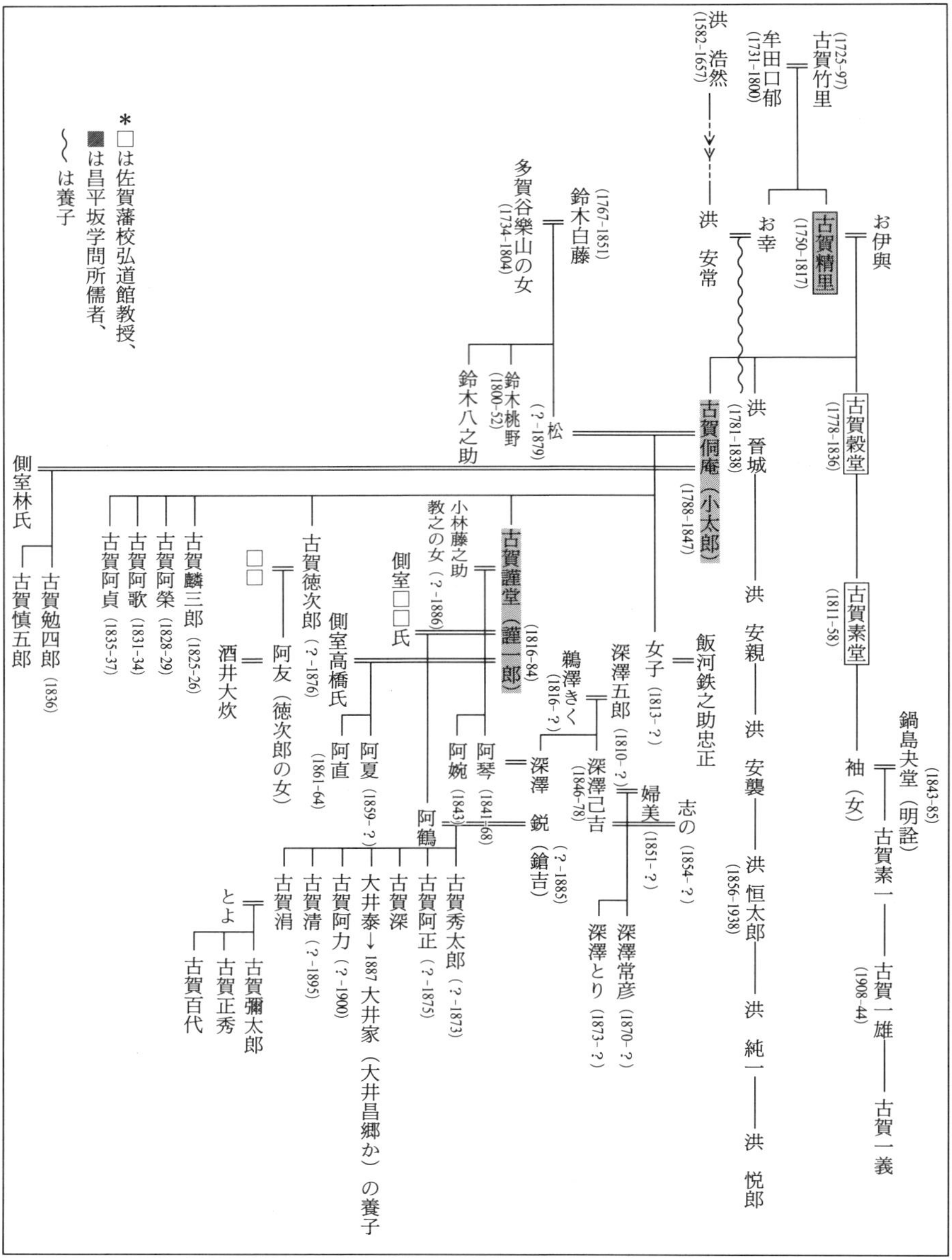

図序-1　古賀家系図(1) 江戸・東京の古賀家を中心に

ある。[62]先儒墓所の南の一角に精里以来一族の墓地をもつ古賀家への買収交渉は、世良太一を通して、「深代理」を務める根津の酒商古賀涓に打診があった。[63]史料によれば、一九一六（大正五）年一二月二四日に初めて挙行された先儒墓所での祭典には、古賀家の縁者では、古賀涓と刑部《おさかべ》真琴・同夫人が出席している。墓所整理保存の発案者である外山・濱尾の両人が、帝国大学総長と文部大臣を交互に歴任したことからも、[64]この事業が当時の国家規模の文教政策の一環であったと窺われるように、先儒の関係者ばかりでなく、総理大臣寺内正毅、文部大臣岡田良平[65]ら閣僚も列席して、祭典は盛大に執り行われたのだった。

昌平黌儒者の再評価は、当時このような墳墓の整理保存ばかりでなく、贈位による顕彰によっても行われている。昌平黌儒者の叙位は一九一一（明治四四）年六月の柴野栗山への贈従四位をもって嚆矢とするが、出身地の香川県牟礼の顕彰会に発する贈位請願運動が起こったこの栗山を例外として、[66]他の昌平黌関係者について見るならば、先述の一九一五（大正四）年の大正天皇即位礼に伴い、林羅山（正四位）、林述齋・尾藤二洲・古賀精里・佐藤一齋・安積艮齋・安井息軒・頼春水（以上従四位）、鹽谷宕陰（正五位）らが一時に叙され、さらに一九二四（大正一三）年二月の芳野金陵（従五位）が続く。先の雪嶺の指摘を俟つまでもなく、これらの贈位は、尊王論者、水戸学者、幕末維新期に影響力をもった思想家たちのそれに比して二・三〇年遅れた顕彰であり、また授けられた位階も彼らより下位であった。[67]では、なぜこの時機に、昌平黌儒者の再評価が行われたのか。徳川後期の学問と教育は、明治四〇年代以降の「政教」問題とどのように関係しているのか。

昌平坂学問所は明治元年六月二日に鎮台府に引き継がれて以降、京都の国学派も交えて六月二九日に昌平学校と改称されて復興していた。既に先行研究が明らかにしたように、[68]明治二年一月一七日に正式に開校し、大学校設立の達を受けて（六月一五日）、七月八日には大学校が設立された。だが、高揚する神道国教化運動下、「神典國典ニ依テ國體ヲ辨ヘ、兼而漢籍ヲ講明シ、實學實用ヲ成ヲ以テ要トス」[69]と定められた国学優位の学校内部では、国学・漢学両派の抗争を生み、さらには国学・漢学派と洋学派との対立も生じて、結局その内部的確執ゆえに明治三年七月一二日に大学校は閉鎖されてしまう。

その後の明治四（一八七一）年に、旧昌平大学校は文部省博物局の管轄下に置かれて日本で初めての博物館となり、大成殿はその観覧場に生まれ変わる。[70] 翌年には湯島博物館内に書籍館《しょじゃくかん》が設置されるが、さらにその二年後、明治政府は湯島の書籍館の蔵書を浅草へ移転し、それらは内務省博物館所管の浅草文庫として一八七五（明治八）年一一月に一般公開となる。[71] 文部省所管の書籍館・博物館は、一八七五年四月八日に東京書籍館・東京博物館と改称されるが、一八七七年三月二八日、東京府へ移管されて、改めて東京府書籍館と改称されている。

その管理の変遷にも拘わらず、明治政府により孔子像を祀ることが禁止された聖堂の門が公けに開かれ、孔子像の参拝が許可されるのは、東京府の管理に置かれてさらに二年を経た、一八七九（明治一二）年三月一五日のことであった。[72] この日、漢学派のかつての牙城旧昌平黌の東京府書籍館に集い「多年渇望の念を満足」させた「府下の學士」のなかには、「三世の鴻儒古賀翁」茶溪の姿もあった。[73] 旧昌平坂学問所出身の漢学者たちは、もちろん、この間にあっても民間の同志的団体である結社を組織して文芸活動を行っていた。藤野正啓（海南）を中心とする旧雨社（一八七二［明治五］年）[74]、川田剛（甕江）の廻瀾社（一八七四年）[75]、重野安繹（成齋）の麗沢社（一八七九年）などがそれである。しかし、かつて釈奠を通して祭祀の対象となったこの孔子聖像の公開が明治一〇年代に至って初めて許可された事実が示すように、孔子の教えが公然と社会的認知を回復するためには、天皇を中心とする祭政一致の実現を目指した明治政府の神祇官、神祇省設置と宣教使任命に始まり、明治五・六年以降の教部省や大教院の下で繰り広げられた大教宣布の大規模な国民教化運動がひとまず終息し、一八七七（明治一〇）年一月の教部省廃止を俟たなければならなかった。

国民的な社会教説としての「儒教」台頭をもたらした明治政府による以後の——いわゆる「国民道徳」や「徳育」

と関連する——「政教」政策を瞥見すれば、周知の如く三つの劃期が指摘できるであろう。[76]

まず第一の転機は、いわゆる「明治一四（一八八一）年の政変」前後である。福澤諭吉が後に、明治一四年以来「教育の方針一変し」たと記すように、それは、彼の眼からみるところ「古学主義を復活」させ、「専ら古流の道徳を奨励し、満天下の教育を忠孝愛国の範囲内に跼蹐《きょくせき》せしめん」とする「試み」[77]であった。勿論、その背後には、文部官僚として一八七三（明治六）年から一八八六（明治一九）年まで「儒教」主義の徳育強化政策を推進し、東京学士会院会員となり、また後に日本講道会（日本弘道会の前身）会長となって「国民道徳」普及に尽力する西村茂樹（泊翁）[78]などの存在も無視し得ない。だが、直接の引き金となったのは、一八七九年の元田永孚《ながざね》（東野）の「教学聖旨」をめぐる論争であった。元田に対して、井上毅（梧陰）起草で、伊藤博文の名による「教育議」が示され、またそれに対し元田の「教育議附議」の応酬がなされたことはよく知られている。このような事情を背景に、田中不二麿が文部省を去り、冒頭で紹介した東京学士会院は教育問題において保守化傾向を露呈し始める。福澤は、「学士会院積金之議」という改良論を提案するが賛同を得られず、彼もまた一八八〇年一二月に辞表を提出して、官設の学士会院を去るに至る。

文部省が学士会院設立を企てたそもそもの目的は、「教育ノ事業」を興すにあたり、「当初ニ於テ最慎重ヲ加ヘ反駁論討、誤謬ナカランヲ冀フヘク」、「世ノ学士」を集めてその「教育ノ方法」を審議させることにあった。「抑政府ニ文部アリテ学政綜理ノ権ヲ有スト雖、一般ノ開明ニ関渉スル教育ノ事業ヲ挙テ、到底数箇吏人ノ専断ニ任スルハ其当ヲ得タルモノト云フ可ラス。宜シク衆智ヲ尽シ、其公論ノ帰スル所ニ拠テ以テ方向ヲ定メサル可ラス」（「学士会院ノ設立ヲ要ス」一八七五年）[79]。そしてじっさいに発足した学士会院では、会長福澤諭吉の「教育議」と題する講演を皮切りに、「一般ノ開明」すなわち民衆啓蒙に関わる主題が盛んに議論され、教育問題審議会の様相を呈した。

福澤の云う「所謂鴻儒碩学の古老先生」批判や、後に「徳育如何」として刊行される、「学校教育」（一八八二年一〇月二一—二五日）の論述も、この学士院での教育論議の延長にあるであろう。

のちに他の会をも吸収合併させて影響力をもつ斯文会が、この時期の一八八〇（明治一三）年六月に創立されていることにも注目しなければならない。欧州から帰国した岩倉具視が、「國家の前途を憂慮し、儒教によって堅実な思想を養成し、國家の基礎を固めようと」したことに端を発するとされるが[80]、その実務を担ったのは旧幕臣たちや儒学的教養を身につけた旧諸藩士たち（股野琢・谷干城・重野安繹・川田剛・広瀬進一・杉孫七郎ら）であった。

第二の転機は、これ以降の国民教育に絶大な影響力をもった、一八九〇（明治二三）年一〇月の「教育ニ関スル勅語」（教育勅語）発布である[81]。同年発布以前の中村正直（敬宇、元学問所儒者）・井上毅・元田永孚の各教育勅語草案は、その生成過程を語るが、発布後の井上哲次郎（巽軒）「勅語衍義」（一八九一年九月）、重野安繹『教育勅語衍義』（一八九二年）など多くの解説書が出版され、教育の現場に「政教」が浸透しはじめる。一八九〇年前後の加藤弘之が会長を務める東京学士会院では、以前より「封建の時代は儒道を以て公共の教と為し政府人民皆之を以て標準と為しゝも、王政維新以来全く公共の教といふ者なく、國民道徳の標準定まらず[82]」と論陣を張っていた西村茂樹によって、「日本教育論」（第一二一会、一八九〇年五月一一日）、「日本教育論再続」（第一二七会、一八九一年一月一一日[83]）の演説が行われている。一方で、日清戦争後（一八九五年）には中国軽視の風潮が教育界での漢文教育無用論に現れるともいわれるが[84]、他方ではすでに明治三〇年代後半からの学校教育を通じた教育勅語の浸透、「国民道徳」の規範としての定着を背景にして、「国民道徳」論者による次のような発言さえ生んでいた。

> 「支那に於ける〔義和団制圧の際の〕我軍隊の行動を見よ、其聯合軍中にありて、特に異彩を放つものあるは、何ぞや、掠奪を恣にせず、暴悪を逞ふせず、粛として軍紀を守りて、敢て私慾の爲めに動かざるもの、我國民的道徳心の顕現にあらずして、何ぞや」。「支那に於ける現今の事變の如き」「我國民的道徳心の浄潔無比なる姿勢を顕現し、世界萬國の眼を眩燿せんとせり[85]」。

一九〇五（明治三八）年に講和條約を調印した日露戦争後はさらに、西洋学術の普及蔓延への反動から、「日本固有の道徳」としての「儒教」の自覚を促される。東京帝国大学への支那哲学・支那史学・支那文学の三学科設置（一九〇四年）を初めとして、[86]日露戦争後の明治四〇年代初頭からの思想界・教育界における「漢学復興」、これが「儒教」台頭の第三の転機となる。[87]一九〇二年に徳川慶喜が公爵となって華族に列せられたことからも明らかなように、この動きの背景に旧体制徳川時代の文化に対する評価の変調もあったであろう。

旧昌平黌の大聖殿における釋奠も、維新後最初の祭典として、この時期の、一九〇七（明治四〇）年四月二八日に執り行われている。それは、孔子祭典会（同年一月発足）の主催で、細川潤次郎を祭主とするものであった。また、井上哲次郎・服部宇之吉・澁澤栄一（青淵）・阪谷芳郎・星野恒・三宅雪嶺が集った東京帝国大学の山上集会所での孔子誕辰会も、一九一三（大正二）年一〇月に行われている。このなかには、「忠孝一致」を強調し「易姓革命」を否定する「孔子教」主唱者（服部ら）たちも含まれていた。さらに一九一八（大正七）年九月には、既存の斯文学会・研経会・東亜学術研究会・漢文学会を合同させて、新たに財団法人の斯文会が設立された。「財団法人斯文會趣意書」によれば、その設立目的は「儒道を以て本邦固有の道徳を鼓吹」し「萬邦に卓越せる我が國體の光輝を發揚する」こととされ、それは「教育勅語の聖旨」に合致するとされた。[88]この斯文会は、一九一九年九月に、さきの孔子祭典会をも合併し、民間団体としていわば国民的な「儒教」普及の中心的役割を果たしている。[89]

旧体制での学問所を中心に「儒教」の社会的普及を担ったのは、東京の旧昌平黌を管理した財団法人斯文会だけではなかった。大阪の旧懐徳堂では、幕府の許可を得て享保一一年一〇月五日に講が開始されたことを記念して、一九一一（明治四四）年一〇月五日、儒礼による祭典「懐徳堂公祭」（於、大阪市公会堂）が挙行されている。この祭典を企画した帝国大学文科大学古典講習科漢学科に学んだ西村時彦（天囚・碩園）を中心に、一九一三年九月には財団法人懐徳堂記念会が発足される。法人設立の定款によれば、その目的もまた、「國民道徳」の進展にあるとされた。すなわち、講演会開催、関連図書の編纂出版、先賢の事蹟・著書の調査表彰、研究奨励の奨学金支給によって「國民道徳の進歩に力め、學術の発達を圖り、本邦文化の向上に資する」という。[90]

先儒の顕彰を通した「国民道徳」の宣揚は、具体的には、叙勲による顕彰、墓所の整備に始まり、先儒祭の挙行、次いで先儒に関する伝記的研究、そして先儒の遺著の発行頒布という形で行われた[91]。昌平黌に関する文献[92]ばかりでなく、井上哲次郎[93]・三上参次[94]・高瀬代次郎[95]、中山久四郎ら、その後の学術研究の基礎になる諸業績が、このような時代思潮を背景にして生まれていることを見落としてはならない。

明治以降の日本の近代思想史を振り返ってみるならば、民心一致・国民統合・ナショナリズム高揚に伴って評価されたのは、頼山陽とその子弟たちへの思想的軌跡に代表される、天皇を中心とする「儒教」主義であったことは歴然としている[96]。他方で、昌平坂学問所の起点となった寛政異学の禁の思想統制を、日本の学術的・精神的進歩を阻害する専制として深く遺憾とする点においては、「儒教」再興を説いた三上[97]・重野[98]・井上[99]らも一致していた[100]。異学の禁以降の徳川後期の「政教」の中心昌平坂学問所は、このような歴史的展開のなかで、内在的な研究も行われることなく忘却され続けたのである。

昌平坂学問所の群儒のなかから、本書では、なぜ敢えて古賀家三代を対象とするのか。結論を先取りすれば、久米邦武や三宅雪嶺によりもう一つの徳川後期儒家の典型とされ、学問所で林家を除き唯一三代続いた古賀家学が辿った一条の思想的軌跡、それが、古賀家ばかりでなく、幕末維新の勤王家の評価の下で埋もれてしまった、学問所で学んだ幕臣たちの決して少数ではない者たちの思想類型をも示し、近代日本の「政教」への継受の過程で見落とされた、徳川後期「政教」のある思想的側面を顕在化させると考えるからである[101]。

二　幕府学問所儒学研究をめぐる課題

（1）研究史の中の学問所

明治・大正・昭和初期の思潮の連続線上に現れた国民精神総動員体制のもとで、若き丸山眞男が、徳川体制を支えた「朱子学的自然」に対峙させて、徂徠学の「作為」の論理に道徳からの政治の自立を可能とする秩序変革の「近代的思惟」を読み取り、「問題史」的に近世思想世界を描いたことの意義は、決して等閑視できないものがある。[102] 所与の時代のなかで、政治思想史家としての人間的実存を賭した丸山の一貫する歴史解釈とその記述は、一九四五年八月以降「戦後」の「日本政治思想史」研究の原点となった。尤も、一九六〇年代後半の丸山自身、近世政治思想を徂徠学的契機にのみ限定させることはなかったが、[103] その後の日本思想史研究史上において、彼の「朱子学的自然」に対する徂徠学＝政治的契機という初期の見解は、多くの思想史研究者の研究内容を規定し、他方で蘐園学派の再評価と研究活況をもたらした。しかし、幕臣たちを中心とする徳川思想史研究をより広汎に、しかも長期にわたって規定した分析視角は、先行する旧体制評価と不可分な明治維新の性格認識をめぐるものであった。

既に幾層にも重ねられた研究史がある明治維新論のうち、本書と関連するのは、特に、①明治維新を雄藩による「王政復古」として捉える史観、②外様幕臣たちの旧体制・維新回顧を継承する歴史認識、③維新を「絶対主義」国家成立の変革とするいわゆる講座派史観という三つの視点である。

①明治維新史観＝王政復古史観は、「學者の參考に資し、併せて國民精神作興の用に供する」ことが編纂目的とされ、「戦前におけるいわば正統派幕末維新史研究の集大成」（大久保利謙[104]）とも云われる文部省維新史料編纂會編『維新史』全五巻（文部省、一九三九－四一年）に顕著に見られる。[105]「明治維新の遂行も因由は決して一二に止まらず、遠く其の淵源を探れば、建國精神の發露であるが、近因は先づ尊王論の發達に基づくものとしなければならぬ」（緒言

二―三頁)。このように「尊王論」に維新の起源を見出す官製の明治維新史が、水戸学に対して高い評価を下すのは当然であろう。「江戸時代の學問興隆は士庶に國體観念の覺醒を促し、政權のあるべき所を示して、江戸幕府が動もすれば朝廷を抑制するを憤らしめるに至つた。而して其の根幹を爲すものは實に水戸藩修史の業であつて、大義名分論の宣布は之を以て第一とする」(緒言三頁)。しかし、このような認識のもとでは、「江戸時代」「官學」としての朱子學は、「國體観念」と「尊王思想」を台頭させた遠因の一つとしか認められない。

> 儒學の發達はやがて國學の勃興を促し、惹いては國史及び神道の發達にも寄與し、其の結果、儒學・國學も亦新進展を遂げたのである。而して是等四者は、畢竟互に因となり果となつて其の發達を促し、斯くの如くして國體観念は漸次明徴となり、尊王思想は格段の發達を遂げ、遂に幕府の存在は表面は堂々たりとは云へ、漸次動揺するに至つた。王政復古の淵源は、實に遠く玆に求むべきであり、幕府が自己擁護の爲に採つた政策は、却つて自己を破滅に導く爆弾であつたと評すべきである。[106]

戦時体制に応じて教学局が設けられた文部省での「国体明徴・教学刷新」という非学問的な編輯動機を差し引いたとしても、いわゆる皇国史観・雄藩が指導した王政復古成立史から観た倒幕派史観による幕府「政教」評価は、このような認識の枠内を出ないであろう。

また、幕末や明治期の昌平坂学問所儒学の旧習墨守・視野狭隘・頑迷固陋の印象は、旧幕臣でなおかつ明治啓蒙の担い手となった福澤諭吉・福地源一郎・西周ら②「外様幕臣」たちの歴史認識により増幅の上で継承されたと言えるであろう。[107]彼らによる徳川体制批判は、学問のレベルでは、「所謂鴻儒碩学の古老先生」批判や徂徠学への親近感の吐露の回顧史としても現れるが、[108]そこには学問所で教育を受けた徳川幕府の直臣ではなく、陪臣である外様幕臣の認識上の偏向をみないわけにはいかない。[109]外様幕臣たちに限られないが、彼らに代表される明治期以降の儒学評価には、徂徠学であれ、陽明学であれ、反朱子学的な学問に「近代的思惟」を読み込む傾向が濃厚である。「国民道徳」論者の井上哲次郎でさえ、儒学思想の中でいわゆる主観的唯心論である陽明学に高い評価を与えている。[110]佐藤一齋・

大鹽中齋・山田方谷などの陽明学に近代的個人析出の哲学をみる近代日本の陽明学評価は、朱子学を前近代的なものと見なす国民国家形成期の近隣東アジア諸国にも輸出されていった[111]。

さらに、近代の歴史研究においては、社会科学としての理論的関心に基づく明治維新研究が長く影響力を有してきた。とりわけ、一九一七年のロシア革命成功に端を発し、マルクス―レーニン主義の立場にたつ『日本資本主義発達史講座』全七冊（岩波書店、一九三二―三三年）に結集した野呂栄太郎・服部之総・羽仁五郎らのいわゆる③講座派の維新史観は、その後一九五〇年代には遠山茂樹・井上清・堀江英一らによってさらに史料的に堅固にされ、一九六〇年代の芝原拓自・原口清らによって継承されたとも云われる[112]。一九三〇年代から一九七〇年代まで踏襲された見解は、社会変革の起点たるべき明治維新を「専制的天皇制「絶対主義」国家を成立させた変革」と捉える歴史認識である。丸山をはじめ、狭義の法学部出身の政治思想史研究者も、このような講座派の明治維新史観・近代日本史観と無縁ではない。来るべき社会主義革命を想定した理論と、多分に一九三〇年代や戦後民主主義期の同時代的課題と結びついた封建支配に対抗する民衆エネルギーへの期待にもとづく、このような講座派維新観の裁断によれば、徳川時代の「政教」は克服されるべき封建思想であり、その教学の中軸を担ったとされる昌平坂学問所儒学に言及されることはない。

課題としての徳川幕府研究・幕臣研究　以上のような、王政復古史観・「外様幕臣」回顧史観・講座派史観から抜け落ちた対象は、王政復古によって敗者となり、封建遺制の幕藩制を中央から支えた、旧体制の徳川幕府とその直臣たちであった。

幕末維新期研究史上のこの大きな欠損が自覚されたのは、実に一九六〇年代になってからである。戦前の皇国史観、戦後のマルクス主義史観、または反幕勢力中心（西南雄藩と親しい関係にあった幕臣）の幕末維新期研究について「緻密な研究がないのに改革論のみ先行している」との指摘は、たとえば、一九六二年の田中彰によって、幕府側の研究推進の重要性を伴って説かれた。旧幕知識人たちの研究は、大久保利謙、田中彰[113]、菊池久[114]を初めとして、一九七〇年代以降研究業績が増加し、他方で、明治期に出版された徳川時代の史料紹介と回顧録が、復刻再刊され始めたのである。[115]近年の林家・昌平黌研究も、このような歴史観への自覚的な修正を俟って初めて本格的に着手されたといえる。

従来の幕府儒者の研究は、徳川初期・中期に集中してきた観が否めない。徳川初期の徳川家康に仕えた藤原惺窩・林羅山、三代将軍家光に仕えた林鵞峰、また徳川中期の五代将軍徳川綱吉に仕えた木下順庵、家宣・家継時代の側用人間部詮房に仕えた順庵の弟子新井白石、荻生徂徠とともに八代将軍徳川吉宗に仕えた順庵のいま一人の弟子室鳩巣たちである。だが、徳川後期の林家と昌平坂学問所儒者については、近代日本への影響力から非常に限られた対象しか光があてられてこなかった。たとえば、近代儒教の陽明学者で、著書「言志録」などが維新期の為政者にも愛読され、また田口卯吉（鼎軒）の縁者でもある佐藤一斎[116]、明六社同人から帝国大学教授・元老院議官を歴任した中村敬宇、また第一高等学校教授の鹽谷時敏（青山）と東京帝国大学文科大学で漢学を講じた鹽谷温（節山）の縁者鹽谷宕陰・鹽谷簣山、同じく第一高等学校教授を務め漢学に関する著作も多い安井小太郎（朴堂）[117]の祖父安井息軒などである。

このような歴史評価の偏差を自覚して、本格的に徳川後期の学問所儒者研究が開始されたのは、一九八〇年代末からであろう[118]。寛政以降の昌平坂学問所[119]をめぐる橋本昭彦や坂口筑母、また思想史の分野では、荻生茂博・前田勉・高橋章則・中村安宏[120]の研究が、その代表的なものである。

徳川後期の幕府の「政教」を、中国思想史研究での儒学認識の変化を踏まえながら[121]、政治思想史として再考する機は熟しつつあるといえる。昌平坂学問所儒学は如何なるものであったのか。いま改めて、その具体的諸相に則した個別研究の蓄積が求められている。

（2）古賀家研究の現況と課題

明治期以降の古賀家の末裔たちの窮状を窺い、以上のように昌平坂学問所儒学評価を研究史の中で概観するならば、学問所儒者古賀家三代の忘却は、各時代の一九世紀前半の学問に対する歴史評価と不可分であったことが明らかであろう。だが、そのような古賀家三代も、決して先行研究皆無の対象ではない。別け入ろうとする対象の研究現況を、政治思想史の観点より研究史に即して瞥見することから始めたい。

古賀家研究の現状——古賀家学の政治思想　寛政の三博士として有名で、頼山陽の父春水や尾藤二洲とも青年期から交流があった古賀精里をめぐる研究には、一九七〇年代以降に、頼祺一の「古賀精里の社会観と学問観」（一九七二年）(122)や「古賀精里の大坂遊学時代」（一九八〇年）(123)がある。特に後者は古賀家文書だけでは解明できない遊学時代の精里の朱子学転向過程を、同志頼春水の安永期の家族宛書簡(124)（竹原春風館蔵）に依拠して明らかにしており、この期の伝記研究として今なお意義をもつ。

しかし、精里単独ではなく、古賀家学として、精里を継いで学問所儒者となった侗庵まで視野に収めたのは、一九七〇年代後半に、漢詩文研究から接近した松下忠である(125)。漢詩文の分野では、早くも一九五〇年代末に今關天彭による古賀精里と侗庵の研究があり(126)、七〇年代には富士川英郎の「侗庵筆記」の紹介がみられた(127)。だが、松下は、その分野での研究にとどまることなく、史料探索の結果、古賀家学の著作の本領を時務策に見出し、彼らを政治思想史研究の俎上に載せることになった。松下忠「古賀家三代——精里・侗庵・茶渓——の時務論」（その一・二）（一九八〇・八一年）(128)がそれである。文学研究の基本的作業として部分的ではあれ宮内庁書陵部「古賀本」を含め厖大な著書・蔵書を視野に収めようとした松下によるこの「時務論」研究は、謹堂の時務論には言及されず、他に難点もなくはないが、精里と侗庵のほぼ基本的な外交政策を素描している。また、執筆時には松下論文の存在を認知していなかったようであるが、同時期に発表された梅澤秀夫「近世後期の朱子学と海防論——古賀精里・侗庵の場合」（一九八一年）(129)

は、侗庵の「俄羅斯情形臆度」なども用いて松下を補う論説になっている。松下の諸研究がその後漢文学以外では殆ど言及されなかったのに対して、この論考は、梅澤のもう一つの論文「昌平黌朱子学と洋学」（一九八八年）[130]とともに、先行研究のうちで、特にこれまで広く精里・侗庵像を提供し、多く引照されてきた。

だが、これら一九八〇年代までの研究は、後続の研究者に、史料発掘に始まる徹底した書誌調査、著作確定のための一点ごとの史料批判、同一テクストであっても各種写本の内容相違を校合するという本文批判、さらには著作群の編集史や蔵書管理史などのテクストを取り囲む歴史的批判を踏まえる必要を課題として示すことになった。狭義の政治思想研究の関心から未踏の侗庵を論じて先鞭をつけた梅澤の業績は、侗庵の漢文著作を集成した「侗庵集」六五巻を前提としないため、たとえばその「窮理」分析は侗庵自身の著作「窮理説」を踏まえず、「洋学」との関係を強調する余り「西洋という異質な文明を理解するため」に「朱子学の大胆な転換」が行われたと解釈された。[131]また、頼・松下・梅澤はともに、古賀侗庵の著作で『日本経済叢書』巻一七（後に『経済大典』）に活字収録された「擬極論時事封事」を、同叢書の編者瀧本誠一の「解題」などによって古賀精里の作として時務論を解釈したが、それが正されるためには手稿本「侗庵秘集」に依拠した前田勉の指摘を俟たねばならなかった。[132]もちろん史料批評の問題は、特に松下の一連の労作の先駆的な価値を貶めるものではない。しかし、厖大な著作をもつ思想家の思想をほんの一部の著作——とりわけ洋装本所収の活字翻刻資料——のみに依って批評する思想史研究の弊害は、著作の書誌的考察を経ないために他人の著作や代作の類を見極められないばかりか、その著作の同時代や後代への思想的影響力を認知することが出来ず、また思想家の思想形成過程やそれを誘発する歴史状況を踏まえない結果、ときにその思想家の思想的主題を誤認する可能性を孕むことにある。

一九八〇年代後半以降、九〇年代の研究は、古賀家学全容の俯瞰を志向するものではなく、個別の著作を限定的に分析して、決して十分とは言えないが、この歴史文書の批判的操作の要請に応え得る方向で進んできたともいえる。刊行史料をもとに論じたものでは、古賀精里の「大學章句纂釈」「大學諸説辨誤」を分析した荻生茂博の研究、[133]古賀侗庵の「海防臆測」内容分析については簡潔だが要を得た三谷博[134]や清水教好[135]、その「海防臆測」の流布と読者層については西島勘治[136]と秋田守[137]の研究がある。また、未刊行の手稿本にもとづく研究には、古賀侗庵編「今齋諸」の執筆同人たちを紹介した高橋明彦[138]、「侗庵日録鈔」については坂口筑母の研究[139]がこの時期に発表されたものである。なかでも侗庵の「壷範新論[140]」や「鴉片醸変記」について論じた[141]前田勉は、松下に次いで「侗庵集」六集六五巻（西尾市岩瀬文庫）を前提に立論を試みており、「古賀侗庵の世界認識[142]」はそのような成果の一つである。[143]また、一九九六年には「精里全書」二八巻（静嘉堂文庫）の全冊が叢書「近世儒家文集集成」の一書として影印縮刷出版され、それに附された解説、梅澤「古賀精里と『精里全書[144]』」もある。

このような学問所儒者としての精里や侗庵とは別に、初代洋学所頭取を務めた古賀謹堂については、蕃書調所研究の中で言及されてきた。[145]しかし、謹堂個人に焦点をあてた研究は僅少であり、後代の伝記研究としては一九四三年の志良以靜子「古賀茶溪[146]」がながく参照されてきたが、二〇〇六年に小野寺龍太による評伝が著わされた。[147]だが、古賀家のなかの謹堂を単独で対象とした場合、彼がどのような史的背景から洋学所頭取となったのか、いかなる家学のもとに思想形成を遂げるのかといった問題は、往々にして閑却されてしまう。謹堂の編著作の研究では、「蕃談」については、高瀬重雄[148]の他、一九六〇年代半ばに室賀信夫・矢守一彦によって出版された現代語訳の「解説[149]」や原文を活字印刷したものに附された池田晧「解題[150]」があり、また「度日閑言」二六巻については、柳田泉[151]、石山洋[152]の史料紹介があるのみである。謹堂の本格的な思想史的分析は、未だ着手されていないと言わねばならない。

このように持続的・系統的な史料研究の蓄積がなく、その意味で「未知」の対象を思想史研究の俎上にのせようとする場合、後続の研究者はどのような方法を採り、如何なる研究をすべきであろうか。課題とされ考え得る思想史の研究領域は一般に伝記研究とテクスト研究の二つに大別されるが、対象が「未知」であればこそ、その両者を個別に論じるのではなく、総合的に追究することが要求されるであろう。先行研究から引き継ぐ多年の課題であり、政治思想史研究としての困難は、一例を挙げれば、テクストを同時代の政治社会状況で理解するため、まず推定成立年代を特定しなければならないが、その作品だけを調査しても多くの場合目的は満たされず、著述活動全体の中でそのテクストの位置付けを行う必要があるということに端的に現れる。つまり、成立年代特定のための手掛かりは、多くの著作群を調査対象とした結果から得られる。しかもその著作群の全体像を特定するためには、さらに遡及して著者が有した蔵書群の内容とその管理推移を追究し、その蔵書に含まれた著作「家著」の領域を判断しなければならない。迫られた課題に応えるために、本書ではまずテクスト の思想分析とは一見迂遠な資料学的・文献学的方法によって対象に接近し始めよう。それは、残存する古賀家関係史料群から昌平坂学問所儒者の経験を再発見し、著作を見究め、思想的解釈を為すために、もはや不可避的な作業だと思われる。ここでまず最初に俎上にのせられる資料対象とは、古賀家の蔵書群である。

三　古賀家の知的世界——史料としての「萬餘巻樓」蔵書群

古賀家三代の思想と経験を考えるにあたって、彼らの著作を含めた蔵書の命運を論じないわけにはいかない。もとより徳川時代のある儒者家蔵の著作と書籍が、後に散逸しないで一つの蔵書群としてまとまって今日に移管されてきた例は殆どないと言えよう。移転のたびに管理に窮した子孫による処分のため、もしくは家計の資とする古書店への売却のため、あるいは子孫たちの分割相続のため、さらにまた度重なる類焼や戦災のため、歿した者が多大な労力を払ってかつて一所に蒐蔵した文書類も、二度と元在った所蔵形態を留めないのである。[153]

古賀家蔵書群　昌平黌儒者古賀家の蔵書群は、当時より江湖に知られた蔵書であった。たとえば、天保二年に江戸に遊んだ足代弘訓《あじしろひろのり》は、江戸の蔵書家について次のような記録を残している。

江戸にて第一書物の多きは聖堂なり。次浅草蔵前守村次郎兵衛也。和漢の蔵書十万巻あり。号を十万巻楼という。次阿州侯なり。和漢の御蔵書六七万巻ありといふ。次塙氏なり。蔵書皇朝書の書物六万巻計あり。尽く好書にて無益の雑書なし。次朽木兵庫御蔵本三万余巻あり。次古賀侗庵先生蔵本一万余巻あり。号を万巻楼といふ。此外小山田将曹与清も夥しき蔵書家なり。狩谷棭齋《えきさい》は蔵本に富たるうへに、珍書を蓄へたる事他に比類なしといへり。
（足代弘訓「伊勢の家苞」(154)）

昌平黌の書庫(155)、俳人画家の守村抱義、阿波藩一二代藩主蜂須賀齋昌《なりまさ》の阿波国文庫(156)、「群書類従」の編者塙保己一検校の温故堂文庫などについで、古賀家の蔵書が挙げられている。ここにみる小山田（高田）与清《ともきよ》の擁書楼(157)や、浅草にあった狩谷棭齋の實事求是《じつじきゆうぜ》書屋・求古楼も、今日まで名の知られた文庫である。

古賀精里の書倉「檥舟齋(158)」は、その後侗庵によって引き継がれ、蔵書を加えることによって「萬餘巻樓」と屋号を変えた。この本倉については、古賀侗庵「萬餘巻樓記」（「侗庵三集」巻八）、「書檥舟齋書目後」（「侗庵二集」巻八）、齋藤竹堂「萬巻樓記(159)」、古賀穀堂「萬餘巻樓記(160)」など、いくつかの文章が残るが、とりわけ、精里の長男で侗庵の兄穀堂の言葉を銘記したい。儒者にとって書蔵（蔵書の倉）とは、「其の精神の寓する所」である。「藏書之倉者、其精神之所寓」（古賀穀堂「萬餘巻樓記」）。じっさい、後に詳論するように、「侗庵先生該博敵無し(161)」と云う評が生まれるごとく、「著作如林、窮捜之博、考核之精、前無古人」（穀堂「萬餘巻樓記」）の古賀侗庵の学問も、この厖大な蔵書群を背景にして初めて可能となったのである(162)。

茶溪没後の古賀家蔵書群　茶溪は臨終に際して旧門下生たちに懇願し、特にその蔵書保存を遺託したという。

先生又曰我家ノ蔵書萬餘巻ハ父祖以来多年ニ蓄積シ手澤ノ存スル所ナルヲ以テ徒ラニ散佚セシムルニ忍ヒス、然ルニ嗣子某書ヲ好ムノ念薄クシテ之ヲ愛重セサランコトヲ恐ル、願クハ我旧門下ノ諸子相議シ別ニ方法ヲ設ケテ保存ノ謀ヲ為サンコトヲ(163)。

箕作秋坪・川田剛・深江順暢・金田某・吉田賢甫・二橋某・小田切某・日高誠實・世良太一らの門人たちは相集ってこの件について議し、その結果、茶溪の死後一八八五（明治一八）年八月に萬餘巻樓の蔵書と古賀家の著書はすべて川田宅内の旧家に改装をほどこした書庫に収蔵されることになった。旧門人たちは散逸を防ぐために、「永保社ノ規約ヲ創設」し同志を募ってもいる[164]。だが、当初の約五、六〇名はいた加入者も暫らくして多くは退社するところとなり、社の維持ばかりか、管理のための曝書作業すら不可能で、「空シク蠹魚ノ侵蝕スル所ト為ルヲ憂フルノミ」という状態に至ってしまう。古賀家の逼迫する財政と蔵書の管理困難の理由で、東京図書館や帝国大学への移管、また古書店への売却も図られたが、一八八八（明治二一）年一〇月の故茶溪の祭典会に親族はじめ関係者が揃った席での結論は、寺島宗則らの賛助を願い、宮内省への一括献納によって蔵書の「永久ノ保存」と「遺族扶助ノ特典」を請うというものであった[165]。請願書に連署した「故舊門人」は、世良太一、深江順暢、川田剛、重野安繹、中村正直、上杉茂憲、西周、細川潤次郎、津田眞道、佐野常民、寺島宗則の一一名である。同年一二月二〇日をもって宮内大臣土方久元に願い出たこの献納請願は、翌年四月八日に聞き届けられ、同時に永保社は解かれて蔵書も宮内省圖書寮の管轄となった。古賀家伝来のこの蔵書群は、移管の際の「古賀精里侗庵茶溪三世献納目録[166]」に載る和漢洋書籍を見る限り、書陵部の調査によれば実に「一四、八七六点[167]」を誇る。家蔵の法帖類はこの際に売却されたようであるが[168]、徳川時代の儒者の蔵書の一括委譲は稀有な例であり、「古賀本」は現在に至るまで宮内庁書陵部屈指の一大コレクションとなっている。

しかし、当時の宮内省圖書寮の書籍管理の種々の事情により、先の献納目録に載る書籍も、その後いくつか個人の手に渡り、そのうち他の機関の収蔵するに至ったものや現所在不明のものがある。

一方、萬餘巻樓に整理され宮内省に移管された蔵書とは別に、古賀家にはさらに自筆稿を含む文書類が残ることになる。「古賀家藏書目録」（慶應義塾図書館 143-21-1）は、その内容から判断して一八八六（明治一九）年以降に記された、この家蔵の蔵書目録である。和装に綴じられた冊子には、罫紙上に鉛筆書で、また中途まではその上から墨書

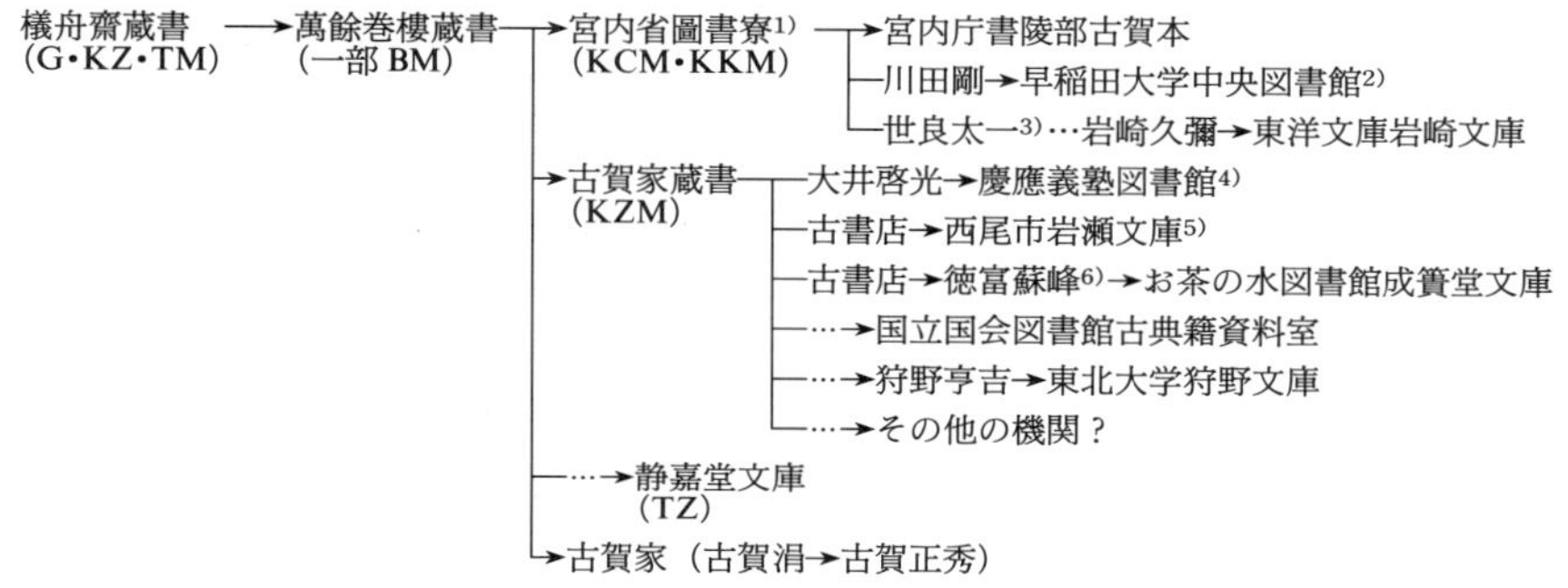

G-1「檥舟齋書目」(東北大学狩野文庫 別置/阿 13/195)
G-2「檥舟齋書目」上下(宮内庁書陵部 200-104)7)
KZ「古心堂雑考」(宮内庁書陵部 200-97)8)
TM「侗庵著書目録」(内題「先子遺著目次」)(佐賀県立図書館鍋島文庫 091-10)9)
BM『萬餘巻樓藏書目錄』改版(出版者不明, 1885年)(立教大学図書館大久保利謙文庫 012/B21)
KCM「故古賀精里, 侗庵, 茶渓三世著作目録」(圖書寮『圖書録』明治廿二年, 宮内庁書陵部)
KKM「故古賀精里, 侗庵, 茶渓三世献納目録」(圖書寮『圖書録』明治廿二年, 宮内庁書陵部)
KZM「古賀家藏書目録」(慶應義塾図書館 143-21-1)10)
TZ「侗庵全書」114冊(静嘉堂文庫　丙-五)

図序-2　古賀家文書群伝承の系譜

註 1) 1889年1月寺島宗則ら蔵書献納願出, 1889年4月12日付けで聞き届けの通牒あり。
2) 川田剛旧蔵本「俄羅斯記聞」4巻40冊を1938年11月19日に購入。
3) 茶渓の「西使日記」「西使續記」は, 世良太一の所蔵本が,『大日本古文書 幕末外国関係文書附録』所収版の原本として用いられている。
4) 1932・1933年に大井啓光氏より購入。
5)「侗庵文集」(1911年5月10日購入)・「古賀侗庵原稿本」(1911年12月購入)。
6) 古賀本を入手した蘇峰は, 徳富猪一郎『近世日本國民史 文政天保時代』(民友社, 1928年, 成稿1926年)において, その史料をもとに記述している。「古賀侗庵の大鹽觀」157頁,「學迷雜録稾の一説」344頁,「古賀侗庵の海防臆測」471-488頁。
7) 文政7(1824)年以降に執筆し, その後天保2(1831)年, 天保3年以降に加筆。
8) 天保4(1833)年以降に執筆し, その後天保8(1837)年以降に加筆。
9) 侗庵が没した弘化4(1847)年以降に執筆。東北大学狩野文庫にも「侗庵遺著目録」(内題「先子遺著目次」)(狩野文庫)が所蔵されておりほぼ同内容であるが, 鍋島文庫本には狩野文庫本にはない三点の書名が含まれている。
10) 目録中の記述から, 明治19年以降に執筆されていることが判る。

したものも混じっている。記載は手に取ったものから次々に文書名を書き込んだと思われる程に順不同の初段階の整理目録であり、古賀鋭の遺児たちによるものではないだろうか。しかし、この古賀家に残り仮目録まで作成されたもう一つの蔵書群も、明治末期から昭和初期に入札され、古書店を介して四散していく。

貸し出された他筆の写本以外で、現在判っている古賀家文書群伝承の系図（stemma）は図序-2のようなものである。このような古賀家文書の管理推移と各段階の各種目録から、彼らの著作も含めた伝存の文書群を再構成することは、決して不可能なことではない。

〈萬餘巻樓藏書目録〉　系統的に分類されていると考えられる蔵書目録は、それ自体一つの知の体系である。所蔵者であった古賀家家人たちによって当時の知見にもとづいて整理された蔵書群は、思想史研究の基層をなすものとなる。後代の研究者たちは、これらを通して彼らの著作である「家著」を確定し、知られざるテクストを発見するばかりでなく、[169]関連づけられた群としての諸史料から所蔵者の問題関心、すなわちある意味の系をいくつも見出すことができるであろう。書肆を介して購入され、あるいは筆写による採取によって収集された書籍は、清朝乾隆期の「四庫全書」漢籍分類法のような四庫分類法に倣って内容ごとに各部類に分けられ、架蔵番号ごとに配分された蔵書群を構成している。この知的世界において、書庫で隣接する書物は相互にその情報内容において関連し、補完し合うものであるに相違ない。だが、蔵書目録に記された書庫内の史料世界――「存在空間」――は、所蔵者たちの知的世界――「認識空間」――とどのような構造的連関をもっているのか。昌平黌儒者であった彼らが読書可能であった書籍には幕府学問所の蔵書もあり、知的世界はこの目録に尽きるものではないが、その連関は、つづく本論の各所で明らかになるであろう。[170]

本書の研究で前提とする「古賀家蔵書目録」は、古賀茶溪（謹堂）没後の「永保社」が発行したと推定される『萬餘巻樓藏書目録』改版（出版者不明、一八八五年）全三四頁の分類と書名を基本としながら、その内容を宮内省圖書寮に献納された際の献本目録「故古賀精里、侗庵、茶渓三世献納目録」と校合し、さらに詳細情報を宮内庁書陵部編『和漢圖書分類目録』上・下（宮内庁書陵部、一九五二・五三年）によって補い、現在の宮内庁書陵部に現存する「古賀本」の書誌情報と請求番号を加えたものである。敢えて近代の図書館学が基本とした主題別分類に拠らず、謹堂によって分類された整理目録を基にしたことにより、当時の古賀家の関心が反映された関連書籍の発見が容易になっている。勿論、古賀家蔵書群のいわゆる「原秩序」(original order) をどの時点に設定するかによって、当然数種現存する蔵書目録から参照すべき目録も可変的でありうる。古賀家蔵書群の変化を確認するためには、①精里が生前に収集し、古賀家蔵書の原基層となる蔵書目録「檥舟齋蔵書目」[171]、②「永保社」目録に載りながらも、宮内省目録に記載がない書籍、③宮内省目録に書名がありながら、現在宮内庁書陵部に所蔵されていない図書を区別することが有効である。これらの目録比較作業により、次のような各層での蔵書群が明らかとなる。

(1) 精里が歿する文化一四（一八一七）年までの檥舟齋蔵書。
(2) 侗庵による蒐集書を含み、彼が亡くなる弘化四（一八四七）年までの萬餘巻樓蔵書。
(3) 茶溪（謹堂）が歿する一八八四年までの蒐集書を含む、一八八五年の永保社が管理した萬餘巻樓蔵書。
(4) 一八八九年に宮内省圖書寮に移管された際の萬餘巻樓蔵書。
(5) 現在宮内庁書陵部が蔵する古賀本。

古賀家の「萬餘巻樓蔵書」目録を一望するならば、書誌的には少なくとも四つのことが指摘できよう。

まず第一に、古賀精里時代の「檥舟齋書目」と比較するならば、当然のことながら、歴史的推移に伴い蔵書量とその整理に変化が見られる。精里没後直後の編纂と推定されるために、先の校合に用いた「檥舟齋書目」（東北大学狩野文庫別置　阿 13／195）（狩野文庫 84–1）では、総計一〇、〇五四本の蔵書が一四二一番までの架蔵番号ごとに記載されているが、主題別の内容分類はなされていない。しかし、別本で、精里没後の侗庵蒐集本が随時書き込まれた「檥舟齋書目」上・下（宮内庁書陵部 200–104）は、巻末の註記によれば総計一一、四七五本とされる蔵書に、内容分類ごと

表序-1　古賀家蔵書目録対照表

「檥舟齋書目」（宮内庁書陵部 200-104）	「萬餘巻樓藏書目録」（永保社版）
經部（全 22 番，1470 本） 史部（全 37 番，2403 本） 子部（全 45 番，3203 本） 集部（全 30 番，1628 本） 巾箱（全 7 番，636 本） 和書部（全 21 番，1447 本） 法帖部（全 11 番，217 本） 圖部（全 1 番，22 本） 番外（90 本） 別儲（33 本） 家著部（240 本） 古心堂叢書（42 本） 書畫（44 本）	經部（全 20 番，1568 本） 史部（全 36 番，2472 本） 子部（全 48 番，3416 本） 集部（全 30 番，2371 本） 巾箱（全 5 番，517 本） 和書部（1-17 番，1213 本） 外國語（18-22 番，350 本） 續目（全 32 番，2237 本） 〈補遺目録〉 無函（278 本） 番外（532 本） 　地理（124 本）・本邦紀事（35 本）・史傳（21 本） 　天文算法（18 本）・語學（26 本）・教門（21 本） 　理學（58 本）・醫學（32 本）・解躰（28 本） 　兵學航海（88 本）・雜説（35 本）・新聞（31 本） 　防海（8 本）・續収（7 本） 西籍部

に配架番号がつけられている。その後の明治期に至るまでの茶溪の蒐集本も含む「萬餘巻樓藏書目録」（永保社版、および宮内省目録）と分類内容ごとに対照させるならば、表序-1のようになる。

各部の書籍量の増減や、「和書部」が「和書部」「外國語」に二分されてもいるが、「經部」から「外國語」までは、基本的に(1)精里による書籍蒐集の枠組みを維持しているだろう。「補遺目録」のうち「無函」には、侗庵の筆写本や明治期の刊本などが混在しているが、「番外」は茶溪の蒐集による書籍群であり、「西籍部」の洋書購入も洋学所・蕃書調所の頭取を務めた謹堂による。判別が難しいのは(2)侗庵生前の蔵書範囲認定である。現時点では暫定的に、「經部」から「外國語」までの精里蒐集本以外、および「續目」の書籍、そして「補遺目録」中で侗庵による写本など明らかに後代に混在したと思われる書籍を、謹堂ではなく侗庵による蒐集・筆写本と推定しておく。

「萬餘巻樓藏書」目録から窺えることは、第二に、蔵書群に占める圧倒的な漢籍の量である。明清の刊本は、いずれも唐船による舶載書籍であり、古賀家の同時代（明末清初以降）の学術界への強い関心が判る。それは、儒者が、東アジアの国際語漢詩文を自由に読み書きする知識人であることの証左である。だが、従来、近世日本思想史研究は、近代国民国家を前提とする一国史観の傾向が濃厚であり、あたかも一国内の儒学発展史しか視野に収めていないようである。漢籍輸入本と和刻本、そして諸写本の蔵書群を前にして、当時の儒者の知的世界は、一国内の学術潮流にしか開かれていなかったと果たして言えるのであろうか。本論で、テクストを解釈する際には、これらの明清の漢籍問題、同時代の明清学術界の推移を踏まえなければならないであろう。

第三に、儒者の蔵書群ではあるが、世界地理書を含め、西洋諸国関連の書籍が、比較的多く散見されることである。「¿舟齋書目」との校合で明らかなように、その多くは精里の没後、侗庵・謹堂によって収蔵された。

そして第四に、明治期の圖書寮献納前、あるいは献納後にも管理されていながら、現在、所在不明の書籍があることにも気付くであろう。これらの文書が散逸した理由としては、茶溪の最晩年の日記から窺われるように茶溪の生前に借り受けて返却しなかった、また没後、永保社の同人が未返却のままである、あるいは、後述の家著の何点かがそうであるように、献本当時またそれ以後、宮内省に関与していた川田剛・世良太一などによって持ち出された可能性も考えられよう。

三代の「家著」――目録および著作　蔵書群を一覧した上で、古賀家三代をめぐるあらゆる議論の前提となるべき、著作の資料状況を確認したい。すでに述べたように、史料研究をなおざりにしては、著作の様式研究ばかりか、思想史研究もその基礎を欠いたものになってしまう。一点ごとに資料の鑑別とテクスト本文の校勘という史料精査を行う以前に、その前提となる古賀家の著作、すなわち「家著」の輪郭を、生前・没後に作成された現存のいくつかの目録から明らかにしたのが、以下である。ここでは、伝存史料のうち、古賀家三代の著作の載る目録類から次の五種を主に用い、さらに適宜他の資料により補っている。

G「¿舟齋書目」上下（宮内庁書陵部 200-104）

ＫＺ「古心堂雑考」（宮内庁書陵部 200-97）
ＴＭ「侗庵著書目録」（内題「先子遺著目次」）（佐賀県立図書館鍋島文庫 091-10）
ＫＺＭ「古賀家藏書目録」（慶應義塾図書館 143-21-1）
ＫＣＭ「故古賀精里、侗庵、茶渓三世著作目録」（圖書寮『圖書録』明治廿二年［宮内庁書陵部］）

付表序-1（四八頁）は、「故古賀精里、侗庵、茶渓三世著作目録」（ＫＣＭ）記載の著作名（宮内庁書陵部での現在の整理書名・請求番号）である。ただし、他の目録類を参照すれば、それ以外にも精里の著作が、没後に侗庵の手元に存在し、あるいは明治期の古賀家に残存したことが判る。

侗庵没後から遠くない時期にまとめられたと思われる「侗庵著書目録」（内題「先子遺著目次」）（ＴＭ）が、定本と未定稿の別をたてて、信頼できる書誌情報を提供する。その目録の掲載順に従って、付表序-2（四九—五二頁）では、宮内庁書陵部での現在の整理書名・請求番号と共に著作名を記した（冊数は異なるもののみ記入した）。基本的に書陵部に所蔵されるが、移管後散逸した文書もあり、また明治期の献納本には、「目録」所収以外の多くの著作が含まれていた。息子謹堂がその著作を整理編纂したものが、「侗庵全書」一一四冊[172]（ＴＺ）（静嘉堂文庫 丙—五）である。しかし、同じく謹堂の整理によると推定される「侗庵著書目録」（ＴＭ）などの目録と比較すれば明らかなように、「全書」は著作全体を網羅した全集ではない。

謹堂の場合、体制変革期を旧体制の重鎮の一人として経験したため、多くの著作が失われたのではないかと推測される。「故古賀精里、侗庵、茶渓三世著作目録」（ＫＣＭ）記載の著作名（各所蔵機関での現在の請求番号）が、最も確実な史料であるが、しかし、他にも和文「日誌」などの著作が伝存する（付表序-3［五二頁］）。

以上が、現時点での判明している古賀家蔵書群の全体像である。

もっとも、政治思想史研究の場合、具体的な政治事象について分析を試みるために、上書などの政治的機密文書が重要な史料となるが、これらの蔵書群や家著を覧てもほとんど含まれていないことに気付かざるを得ないであろう。

後述のように古賀精里は、佐賀在住時には藩主鍋島治茂に政策を上呈し、昌平坂学問所儒者として江戸に移住して後には多く諸侯に政治的見解を問われたが、それらの機密文書は殆どの場合自身によって焼却処分されてしまった。

> 君初め肥に在り、泰國公〔鍋島治茂〕屢詢るに治國之要を以てす。既にして江戸に来れば、列侯の就て政を問ふ者多し。其の國に在る者、或ひは書を以て疑を質す。君事勢を撥め、時宜を審かにし、一一裁答す。而るに君の人と為り慎重にして其の書を泄さず、往往炎火に投畀す。故に得て詳らかにすべからざるなり〔原漢文〕(173)。

精里の政治文書ばかりでなく、たとえば、幕政機密に属する「寛政・享和之間、朝鮮・魯西亜之議」をめぐる昌平坂学問所儒者柴野栗山の「上言」も、「遺命して其の稿を焚かしむ、其の詳しきは得て知るべからず」(原漢文)(174)とされ、そしてこの事情を記した文書さえも「御覧ノ後ハ、御火中下サルベク候」と記されていた。このような事情はまた藩政においても同様であり、佐賀藩弘道館教授古賀穀堂の上書は、「火中スルニ忍ビズシバラクトドメ置ノミ(175)」と控えられたものや、「極密奉侑　台覧ソロ相スミソロハ、急速ニ炎火ニ投畀ノヿヲ奉願ソロ(176)」と結ばれたが、幸いにも偶然の事情が重なって灰燼に帰すことから免れた文書だけが伝存している(177)。

文書行政が極度に発達し、夥しい数の「档案」史料が残る清朝との大きな相違は、徳川日本の政治的な史料に関しては、残存し確認し得るだけの政治史料という歴史的制約のもとで(178)、当時の政治思想を検討しなければならないということである。古賀家の欠落した、いわば見えざる史料がどれ程に上るのか、今となってはその数さえ正確に把握することは不可能である。しかし、その埋めることができない史料の空隙を念頭に置きながら、現時点で判明する著作の全体像を能う限り調査することは、後代の研究者がまず初めに取り組まなければならない課題であろう(179)。

古賀家三代は、寛政九年以降の七〇年に及ぶ昌平坂学問所史のなかで、幕府の文教を統率する林家とは異なり、昌平坂の官舎に五七年間に渉って在住し、学問所教育に直接的に携わった。ここに掲げた「萬餘巻樓蔵書」と「家著」とは、幕府の学問所儒者、さらには洋学所・蕃書調所の教授陣の経験と思想を明らかにする、第一級の文書群である。

付表序-1　古賀精里著作目録

精里全書 附目録　二十一本（203-159）
精里初二集抄　五本（精里初集抄 203-158）
精里三集文稾　五本（精里初集抄 203-158）
大學纂擇　一本（大學章句纂釈 202-71）
大學諸説辨誤　一本（大學章句諸説辨誤 202-72）
精里全書　八本（203-161）
　内譯
　　中庸纂釋　二本
　　中庸諸説辨誤　一本
　　経濟文録　一本
　　對禮餘藻　三本
　　經語摘粋　一本
續通鑑評語　二本（204-111）
歳餘儲説　一本（200-84）
題畫詩鈔　一本（203-22）
歸臥亭雜鈔　十二本（200-133）
洪浩然傳　一本（204-166）
大江帖　一本（557-89）
精里詩文稿　六本（203-157）
瀟碧軒詩文稾　五本（203-160）
鰈腹錦字 神遊録附　一本（203-162）
對禮餘藻 珮川刪定本　二本（203-156）
韓聘瑣記　二本（200-132）
丹鉛新録　一本（丹鉛新録補輯 557-108）

以下はKCMに含まれない著書名。
四雅集詩巻　一本（G）
遊譲日誌　一本（G）
初學問答　一本（KZ→KZM）
時務管見・選士法議　一本（KZ→鍋島文庫 319-12）
續通鑑評　二本（KZ→KZM）
歸臥亭雅集詩　一本（KZ→KZM）
門人姓名簿　一本（KZ→KZM→狩野文庫で後に表紙が付けられた際に、「古賀洞庵門人録」と題箋表示がなされた[狩野文庫 3-6482-1]）

「侗庵著書目録」（TM）の未定類「文詩雜鈔」四本中には「精里全書出典攷」が含まれているが、現所在は不明。また、精里の筆跡を対照するには、門人草場珮川の蔵書の「故劉夫子遺蹟」（多久市郷土資料館草場家文書D-55）も参考になる。

精里没後の江戸時代に整版本・活字本として印刷された著作は以下のものがある。
・『精里初集抄』三巻三冊
（愛月堂蔵版、樺島公禮［文化一四］序）[一]
・『精里二集抄』二巻二冊（年刊）
（愛月堂蔵版、山村良由［文化一四年］序、篠崎小竹［文化一五年］跋・古賀煜［文化一五年］跋）[二]
・『精里三集文稾』五巻?冊
（愛月堂蔵板、藤原忠升［文政二年］序・増島固［文政元年］序、跋）[三]
・『大學章句諸説辨誤』一巻一冊
（文化九年三月刊、須原茂兵衛・伊三郎）[四]
・『大學章句纂釈』
（文化九年三月刊、増島固「合刻大學纂釋辯誤跋」［文化八年］和泉屋庄次郎・村上林兵衛・須原伊八）[五]

［一］『精里初集抄』の校正担当者は、古賀侗庵のほかに、門人の吉田畿千里・香坂維直伯良・土屋朗子潤・那波希顔如愚。

［二］『精里二集抄』の校正担当者は、古賀穀堂・侗庵、門人の吉田畿千里・土屋朗子潤・河田忠恕仲貫。

［三］『精里三集文稾』の校正を担当したのは、門人の福知劉其清・吉田畿千里・牧原直亮景武・土屋朗子潤・那波希顔如愚・淺間彰有常・鈴木忠恕仲貫・齋藤弘訓若陳・稾科炳虎文と、古賀穀堂・侗庵である。

［四］『大學章句諸説辨誤』の校正は、石冢崔高（薩摩）・土屋朗（会津）が担当している。

［五］『大學章句纂釋』の校正も、石冢崔高と土屋朗。

付表序-2　古賀侗庵著作目録

定本類

侗庵初集　十本（TZ′侗庵集　五一本［九巻欠］203-163）
同　二集　十本
同　三集　十本
同　四集　十本
同　五集　十本
同　六集　十本
同　秘集　二本（TZ′203-166）
侗庵新論　正續共十七巻　八本（TZ′九本　203-164）
海防臆測　二巻　一本（KCM→KZM294）
古心堂詩稿　十七本（TZ′203-167）
大学問會　四巻　二本（558-101）
中庸問答　十二巻　六本（558-102）
論語問答　三十二巻　止先進　十六本（二五本 202-79）
論語管窺記　一本（202-78）
左傳探頤　八巻　四本（405-135）
續通鑑續評　四巻　二本（二種405-136・405-130）
看鑑蠡測　二巻　止西漢　一本（KCM→KZM37・60）
登壇月旦　一巻　一本（KCM→KZM297）
賀六渾黒獺新月旦　一巻　一本（405-132）
劉子　三十巻補遺一巻　十五本（202-74）
劉子續編　五巻　二本（202-74）

侗庵筆記　一本（KZM238）
別集摘要　一巻　一本（200-134・506-148）
法書品隲　附（200-134・557-107）
禽言研覈　四巻　二本
侗庵叢書　二十[二]本
今齊諧　五巻續志一巻（三本　203-169）
衛生撮要　二巻（一本　205-176）
讀書矩　一巻（202-88）
吉光片羽集　一巻（TZ′203-172）
駿鑒論　一巻（KZM222）
崇聖論　一巻（KZM222）
建元彙編　四巻（三本　203-272）
銷魂集一巻外集一巻（TZ′一本203-171）
文江麗藻　二巻（KZM204）
侗庵非詩話　十巻（五本　203-168）
崇程　六巻（五本　KCM→三冊　KZM227）
逸經網羅　二巻（二本 202-77・KZM225）
明道論　一巻（KZM212）
壷範新論　一巻（KZM212）
研北紺珠　十四巻　七本（八本　200-135）
侗庵小鈔　五巻　三本（三本　200-97）
古心堂襍鈔　九巻　七本（一冊　KZM273）
古處堂雜鈔　六巻　六本（二本　KCM→一冊　KZM272）
泣血録　一本（KZM141・285）
劉氏家傳　一本（KZM137）

谷中別墅記　一巻　一本（203-173）
群玉書鈔　三巻　三本（KZM250）
蘿月書屋書鈔　二本（557-98）
蕉林書屋書鈔　二本（200-138）
硯北漫抄　一名愛月堂漫抄　八本（557-109）
吾道編　四本（202-80・KZM269→成簣堂文庫 463-7-3）
如蘭集　八本（八本［五本欠］203-24・KZM271・276）
七襄集　一本（203-165）
四雅集詩巻　一本（203-23）
盛典賀箋　一本（203-123?）
俄羅斯紀聞　四十四本（四〇本　早稲田大学附属中央図書館　ル8-2994）
俄羅斯情形臆度　二巻（二本　204-112）
俄羅斯紀聞外編　（四本　205-6・KZM210・217・235）
英夷新聞　八本（204-73）
阿片醸變記
良將達徳抄十巻補遺一巻十一本（204-35・KZM）
横槊餘韵　二本（405-137・KZM31）
石々記聞　三本（204-4・KZM21・45・109・118）
葅澤嘯聚録　十本（一四本　204-3・KZM65）
学迷襍禄　附（KZM22）
水虎考畧　三本（205-128）
水唐録話　附

李鄴候全書　七巻補遺一巻　三本（204-168・二冊　KZM252）
東武百景詩巻　一巻　一本（202-176）

未定類

詩朱傳質疑　又名詩思問續篇　一本（三本　202-76）
毛詩或問　一本（202-83）
詩徴古　一本（202-87）
讀詩折衷　一本（202-82）
詩説備考　一本（二本　202-84）
毛詩劉傳稿　一本（202-92）
述古礼　一本（202-86）
非周礼　一本
孟翼　一本（TZ、侗庵雑抄 200-98　巻八）
非國語暢旨　附
孟子問答備考　一本（202-89）
中庸問答補遺　一本（506-143）
論語問答備考　一本（506-150）
四書説備考　一本
古心堂大全備考　学庸　一本（202-90）
史記匡謬　一本（557-92）
硯北小鈔　四本（八冊　KZM1）
硯北紀事珠　一本（侗庵雑抄 200-98　巻九）
修辭一隅　二本（TZ、侗庵雑抄 200-98　巻一三）
翰墨備忘録　一本（TZ、侗庵雑抄 200-98　巻六）
形容語　一本（TZ、侗庵雑抄 200-98　巻一四）
文詩雑鈔　四本（一本　侗庵雑抄 200-98　巻一二）
李杜句抄　（TZ、一本　侗庵雑抄 200-98　巻七）
唐詩漫抄（TZ、一本　侗庵雑抄 200-98　巻一〇）
名賢粋言
詩題承乏
國策史漢抄
精里全書出典攷
古心堂襍著備考　二本
儉徳録
蒐獺考
温史漫評　（温史評稿一本［557-102］か）
小学備忘
襍考
経史一貫　七本（一本　201-107・六本　KZM）
格致一端線　下巻缺　一本
博物一助　一本（一本　200-139）
　俗語考　附
雋永鈔稿　一本（KS→?）
侗庵賛林　一本（TZ?、506-149）
侗庵百律　一本（TZ?、侗庵百絶一本（202-177）、二冊　KZM132・168）
艸海　一本（557-96）
楷矩　附
遺沢之記　一本（KZM61→Sk）
良將達徳鈔第二集　六本　未装釘（KZM5）
南溟靖氛録　散佚　一本（203-173）
侗菴日録　三十九本
侗菴日録抄　二本（KZM138・292→慶應義塾 127-152-2）
家政要録　五本（205-80）
神童薬石　散佚　一本（557-94）
看鑑蠡測稿　自晋至唐末　一本（KS→KZM60）
紺珠小記　一本（KS）
古扆堂漫筆　四巻以下壮歳所著　五本
蠖屈居漫録　二巻補遺一巻　二本
侗菴愚得録　二巻　二本（愚徳余録　一本　557-105?）
古心堂随筆　二巻補遺一巻　二本（557-106）
蚓操子漫譚　散佚　（557-104）
夏日繙經一得録稿　仝　續篇（一本　202-91）
詩朱傳思問編　仝
侗菴困學録　仝　（一本　557-103）

以下は「侗庵著書目録」（TM）には含まれない宮内庁書陵部（KS）所蔵の著書名。

雑鈔　五本（侗庵雑抄 200-98　巻一―五か）
古心堂雑考　一本（200-97）
無題号　一本　――
侗庵小鈔　三本（200-97）
古處堂雑鈔　二本（古心堂雑鈔か）
郡内弄兵記　一本（204-5）

文江麗藻續集 一本 (506-147)
蘿月小軒奇鈔 未定 一本 (506-144)
本義備考 未定 一本 (506-142)
四六鴛鴦編 未定 一本 (202-175)
學院試題 一本 (504-146)
瀕死洞叢書目 一本 (557-101)
侗庵愚得録 未定 一本 (愚徳余録 557-105か)
英鄂諸詠 一本 (506-151)
谷中別墅記稿 一本
俗語考稿 一本 (203-236)
待聘密議 一本 (204-37)
佛書翰和解 二本 内一本欠 (204-38)
左傳雜説 九本 (557-91)
孟子集説 四本 (202-119か)
亦樂文雋 四本 (203-25)
古心堂叢書 八十九本 内二本欠 (203-301)
内譯 **第一集** (老人雜話 一本・卜齋覺書 一本・古老夜話 一本・小須賀氏聞書 一本・武功實録 一本・推察録 一本・武邊襍談 一本・茗話記 一本・語傳集 二本)、**第二集** (三州御八代紀事抄 一本・三河物語 二本・伊東居士物語 一本・駿河土産 一本・岩淵夜話 二本・古士談話 二本・魔釋記 一本)、**第三集** (紀侯言行録 二本・利家公夜話 一本・利常公夜話 一本 欠・微妙公遺事 一本・直茂公譜 五本)、**第四集** (翁物語 一本・聞見集 二本・紀伊國物語 一本・太平將士美譚 一本・雨夜之友 一本・掃聚雜談 二本・肥陽軍記 二本)、**第五集** (權現樣御一代記 一本・石川忠總留記 一本・岡崎物語 一本・慶長小説 一本・弓箭物語 一本・古人物語 一本・真田軍功家傳記 一本・榊原家軍功記 一本・景憲家傳 一本・本佐録 一本 欠)、**第六集** (靈嵒夜話 二本・秀頼事記 一本・菅利家卿語諾 二本・命期集 一本・武邊咄聞書 三本・金玉詞林 一本)、**第七集** (公程間暇襍書 二本・松鄰夜話 二本・松平記 一本・小牧戰記 一本・義光物語 二本・長元物語 一本・本多忠勝武功聞書 一本)、**第八集** (福井鑑 一本・坪弓老談記 一本・藝州嵒島合戰書物 一本・永日記 一本・葉隱聞書 六本)、**第九集** (昔咄 四本・見聞集 五本)
古心堂叢書續編 十一本 (203-301と共)
内譯 **第一冊** (濃州關ヶ原合戰聞書・長澤聞・阿菊物語)、**第二冊** (黒田長政記・故安藤帯刀物語覺書・直孝公之御咄覺書・川北道甫覺書・有馬傳記)、**第三冊** (越後國内輪弓箭・近藤氏書上・毛利家様子・前九鬼長門守守隆公御働抜書・清水長左衛門尉平宗治由來・本多越前守書上・水野左近一代武功覺書・有吉家代々覺)、**第四冊** (藤堂和泉守高虎古文書・藤堂高虎記・正四位下左近衛伊賀小將和泉守高虎記・藤堂和泉守記)、**第五冊** (田邊籠城記・三刀谷記・丹州三家物語)、**第六冊** (細川忠興軍功記・細川越中守忠節之覺・細川家覺書・細川幽齋覺書)、**第七冊** (織田信長公與朝倉義景合戰之事・浮田中納言秀家記・岡崎領主古記)、**第八冊** (戸田左門覺書・北川覺書・山中氏覺書)、**第九冊** (烈祖碎事・吉野甚五左衛門手記・於あん物語・諸士軍談・老士物語)、**第十冊** (奥平家覺書・井伊家覺書・大阪陣覺書)、**第十一冊** (和賀一揆次第・朝鮮南大門合戰記・古老物語・永録以來出来初事・徳廟諭侍臣書・西山公戒世子書・鷹山公戒世子傳臣書・樂翁公餝世子近臣書・寛政二年戒坊主命)

侗庵没後の江戸時代に整版本・活字本として印刷された著作は以下の四種。

・『大学問答』四巻
（嘉永二年刊、愛月堂蔵版、筱崎小竹序［一八二七］、古賀増跋［一八四九］）
・『海防臆測』二冊（嘉永三年刊）
・『登壇月旦』一巻一冊
（嘉永五年刊、多気志桜蔵板、自序［一八一六］、古賀増・松浦弘謹跋［一八五二］）
・『侗庵筆記』二巻二冊
（嘉永五年刊、古賀増・斎藤拙堂序［一八五二］、櫛田北渚跋［一八五二］）

明治期以降の和装活字本には以下のものがある。

・『海防臆測』二冊
（明治十三年刊、彫璞園蔵板、嘉彰親王題字、山縣有朋・勝海舟・日高誠實［一八八〇］序、秋月種樹・阪谷素［一八八〇］跋）
・『殷鑒論』一冊（明治十五年、天香楼叢書四）
・『侗庵非詩話』十巻四冊（昭和二年、崇文叢書第一輯）
・『崇程』四巻四冊（昭和四年、崇文叢書第二輯）

［二］侗庵叢書目録

第一帙
第一冊 今齊諧 二巻
第二冊 今齊諧 二巻
第三冊 今齊諧 一巻・今齊諧續志 一巻
第四冊 衛生撮要 二巻・讀書矩 一巻
第五冊 東武百景詩巻 一巻・醫説 一巻・吉光片羽集

第六冊　慇鑒論 一巻・崇聖論 一巻
第七冊　建元彙編 二巻
第八冊　建元彙編 二巻
第九冊　銷魂集 一巻・銷魂外集 一巻
第十冊　文江麗藻 二巻
第二帙
第一冊　侗庵非詩話 二巻
第二冊　侗庵非詩話 二巻
片羽集
第六冊　慇鑒論 一巻・崇聖論 一巻
第七冊　建元彙編 二巻
第八冊　建元彙編 二巻
第九冊　銷魂集 一巻・銷魂外集 一巻
第十冊　文江麗藻 二巻
第二帙
第一冊　侗庵非詩話 二巻
第二冊　侗庵非詩話 二巻

付表序-3　古賀謹堂著作目録

度日閑言　二十六本
（国会 827-58・東洋岩崎［巻一五―二四］
三-Mc-4・慶應義塾大学 153-12-1）
閑言名氏解　一本（国会　度日閑言と共）
勇蹟記事　一本（東洋岩崎　X-7-1010）
西史目解　一本（現所在不明）
蕈説　二本（東洋岩崎　三-Ja-3-10）
西易牙選本　一本（東洋岩崎　II-I-E-1074）
書笏　一本（東洋岩崎　II-I-E-1074）
巵言日出　一本（東洋岩崎　II-I-E-1074）
西使日記　三本（東洋岩崎　三-Mc-を-2）
西使續記　三本（東洋岩崎　三-Mc-を-2）

以下はKCM記載以外の著作名。
蓄談　三冊（東洋岩崎　三-Hc-を-2）
日誌〔謹堂日誌巻三十五〕一冊
（慶應義塾　176-30-1）
謹堂日誌鈔之一　一冊（斯道文庫　ハ09-4/68-1）

KZM所収の謹堂著作と推定されるもの。書名前の数字はKZMの通し番号。
263,「西史目鮮」一冊
247,「西論邦事」単、一冊
282,「漂語」六種全、一冊
281,「漂荒紀事」天地人、三冊
300,「度日閑言」一ヨリ十四止、十四冊
291,「度日閑言」日録三十一？　一ヨリ廿六止、廿七冊
128,「刀装備忘」紙十三枚、一冊
（→成簣堂文庫　463-7-2）
167,「刀劔備忘録」紙三十九枚、二冊
298,「巵言日出」完、一冊（→国会図書館　827-57）

第Ⅰ部

学政創制と外交参与——古賀精里

図扉-1　古賀精里（1750–1817）佐賀県立博物館蔵

明治末期以降の「国民道徳」の宣揚は、日本各地での孔子祭や儒者を顕彰する先哲祭挙行の形になっても現れることになる。[1] 一九二六年、従四位に叙された菅茶山の没後百年祭は、私塾黄葉夕陽村舎（後に郷塾、廉塾）の在った神辺ばかりでなく、同年に福山・東京でも挙行された。[2] また一九三一年には、従三位に昇格した頼山陽の百年祭が、広島県西條町・櫻井驛址・秋田・鹿児島・大阪・大連・甲府・東京・神戸・広島・京都・小田原・函館・富山・鳥取・耶馬溪などで行われ、卒後百周年を機に発足した遺蹟顕彰会によって『頼山陽全書』全八巻も刊行された。[3] これら儒者の「文徳」を顕彰する先哲祭の多くは、県や市町村の教育行政関係者が主催や後援するものであり、先哲の追慕と遺蹟顕彰にとどまらず、当時の「民心を作興し」ようとする「氣運」が漲っていたという。[4]

古賀家関係者も、このような広義での政治教育の一環にある「儒教」復興運動の社会的定着と決して無関係ではなかった。すなわち、一九三五年一〇月一三日（陰暦九月一六日）には、天保七（一八三六）年九月一六日に没した古賀穀堂を記念して、佐賀市公会堂で、佐賀県教育会・佐賀市教育会・肥前史談会主催の古賀穀堂百年祭が催されたのである。[5] 頼山陽とも親交があった穀堂は、これ以前の一九二八年に従四位に叙勲されていた。

精里の長男古賀穀堂（一七七八—一八三六）[6] は、精里が徳川幕府に出仕した後に佐賀藩での家督を継いで、藩校弘道館の教授となり、また藩主の世子鍋島直正（閑叟、一七七八—一八三六）の侍講を務めた。彼は、その世子教育のために江戸の藩邸に侍講として長く居住し、後述の結社「海鷗社」を組織して全国の文人と交わったがゆえに、藩内だけにとどまらず、近世後期の日本社会で文人として名声を博している。江戸の狩谷棭齋と京都の茅原虚齋が「勧進

図Ⅰ序-1　古賀穀堂（佐賀県立博物館）

元」となり「文政一四年」（天保二年）付けで出版された『儒者合番付』によれば、当時の儒者の実力の評判として、「東」においては大関の松崎慊堂（林家の高弟）、関脇佐藤一齋（林家家塾の塾頭）、小結朝川善菴に続いて、江戸の古賀穀堂が前頭筆頭に挙げられている。(7)

昭和期に挙行されたこの古賀穀堂の百年忌では、神式で催された祭典の後に、千住武次郎（一八七〇―一九五七）（佐賀図書館長・肥前史談会長）が穀堂について講演し、遺族より記念のために参列者一同に対して伝記が領与された。これを機に刊行された西村謙三編著『古賀穀堂先生小傳』がそれである。編著者の西村謙三（一八六一―一九三七）は、古賀穀堂の弟で洪家の養子となった洪晉城の子孫にあたり、佐賀図書館長を歴任し、肥前史談会を創立させ、当時鍋島家の徴古館館長を務めていた。古賀穀堂については、久米邦武も、この百年祭に鍋島侯爵家代理として出席した中野禮四郎の輔助を得て著した大著『鍋島直正公傳』全六編（一九〇九年起稿、一九二〇年八月出版）のなかで、数多く言及している。だが、穀堂個人を扱った著書としてはこの縁者西村によって記されたものが初めてであり、しかも長いあいだ明治期以降に古賀家三代に関して刊行された唯一の伝記となってきた。(8)

このように、侯爵家の祖先である第一〇代藩主直正を育成し支えた影響力、その出身地で衣鉢を継ぐ者たちが少なくなかった地縁、そして血縁で繋がった有力な子孫の存在により、近代日本の古賀家は、幕府の昌平坂学問所儒者古賀精里・侗庵・謹堂よりはむしろ、佐賀の藩儒古賀穀堂の功績を通して回顧・顕彰されたのである。

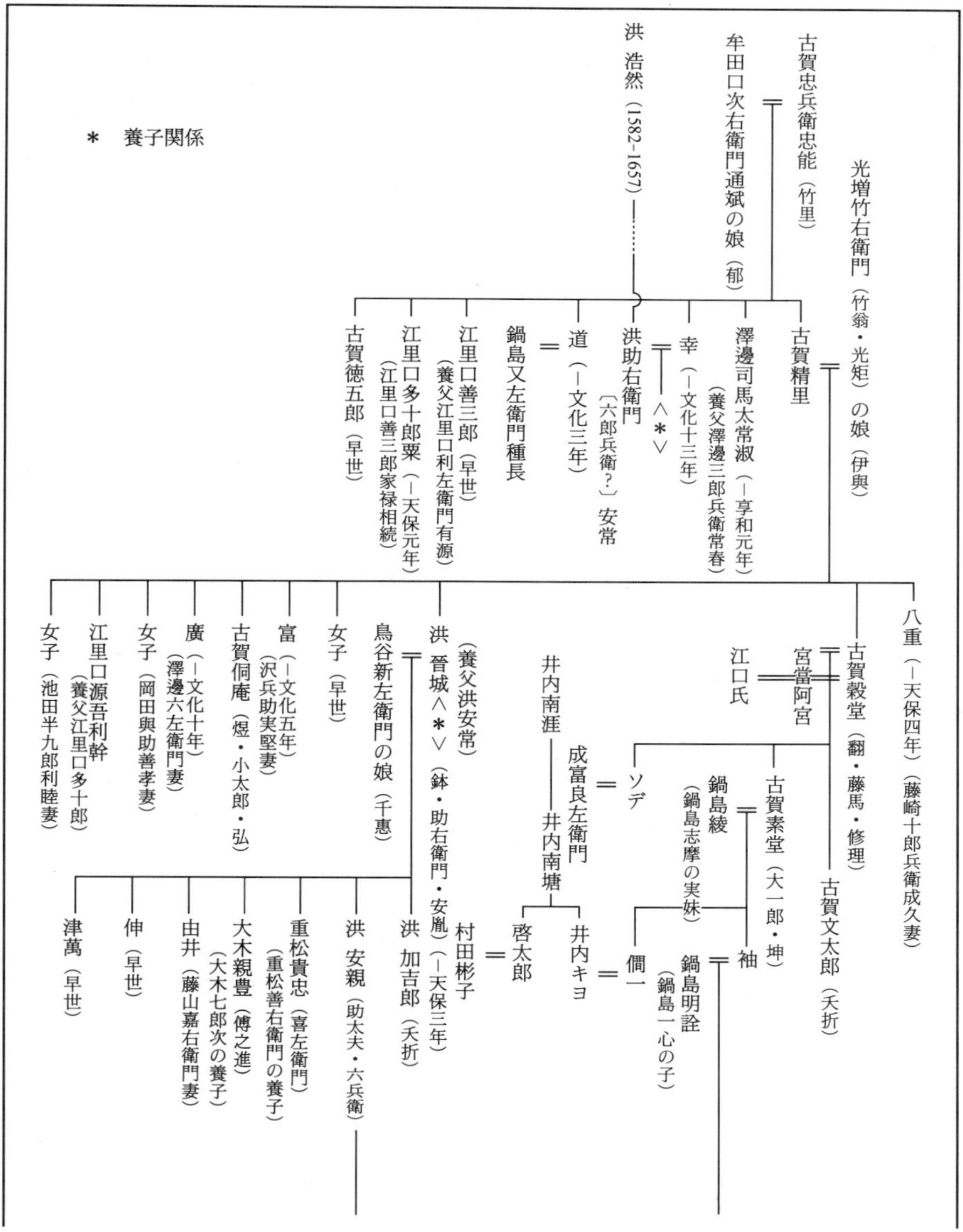
光増竹右衛門（竹翁・光矩）の娘（伊與）
古賀忠兵衛忠能（竹里）
牟田口次右衛門通斌の娘（郁）
洪 浩然（1582-1657）
＊ 養子関係
古賀精里
澤邊司馬太常淑（－享和元年）（養父澤邊三郎兵衛常春）
幸（－文化十三年）
＜＊＞
洪助右衛門〔六郎兵衛?〕安常
道（－文化三年）
鍋島又左衛門種長
江里口善三郎（早世）（養父江里口利左衛門有源）
江里口多十郎粟（－天保元年）（江里口善三郎家禄相続）
古賀徳五郎（早世）
八重（－天保四年）（藤崎十郎兵衛成久妻）
古賀穀堂（翻・藤馬・修理）
宮當阿宮
江口氏
古賀文太郎（夭折）
古賀素堂（大一郎・坤）
鍋島綾（鍋島志摩の実妹）
ソデ
成富良左衛門
井内南涯
井内南塘
洪 晉城＜＊＞（鉢・助右衛門・安胤）（－天保三年）（養父洪安常）
鳥谷新左衛門の娘（千恵）
女子（早世）
富（－文化五年）（沢兵助実堅妻）
古賀侗庵（煜・小太郎・弘）
廣（－文化十年）（澤邊六左衛門妻）
女子（岡田與助善孝妻）
江里口源吾利幹（養父江里口多十郎）
女子（池田半九郎利睦妻）
袖
鍋島明詮（鍋島一心の子）
倜一
井内キヨ
啓太郎
村田彬子
洪 加吉郎（夭折）
洪 安親（助太夫・六兵衛）
重松貴忠（喜左衛門）（重松善右衛門の養子）
大木親豊（傳之進）（大木七郎次の養子）
由井（藤山嘉右衛門妻）
伸（早世）
津萬（早世）

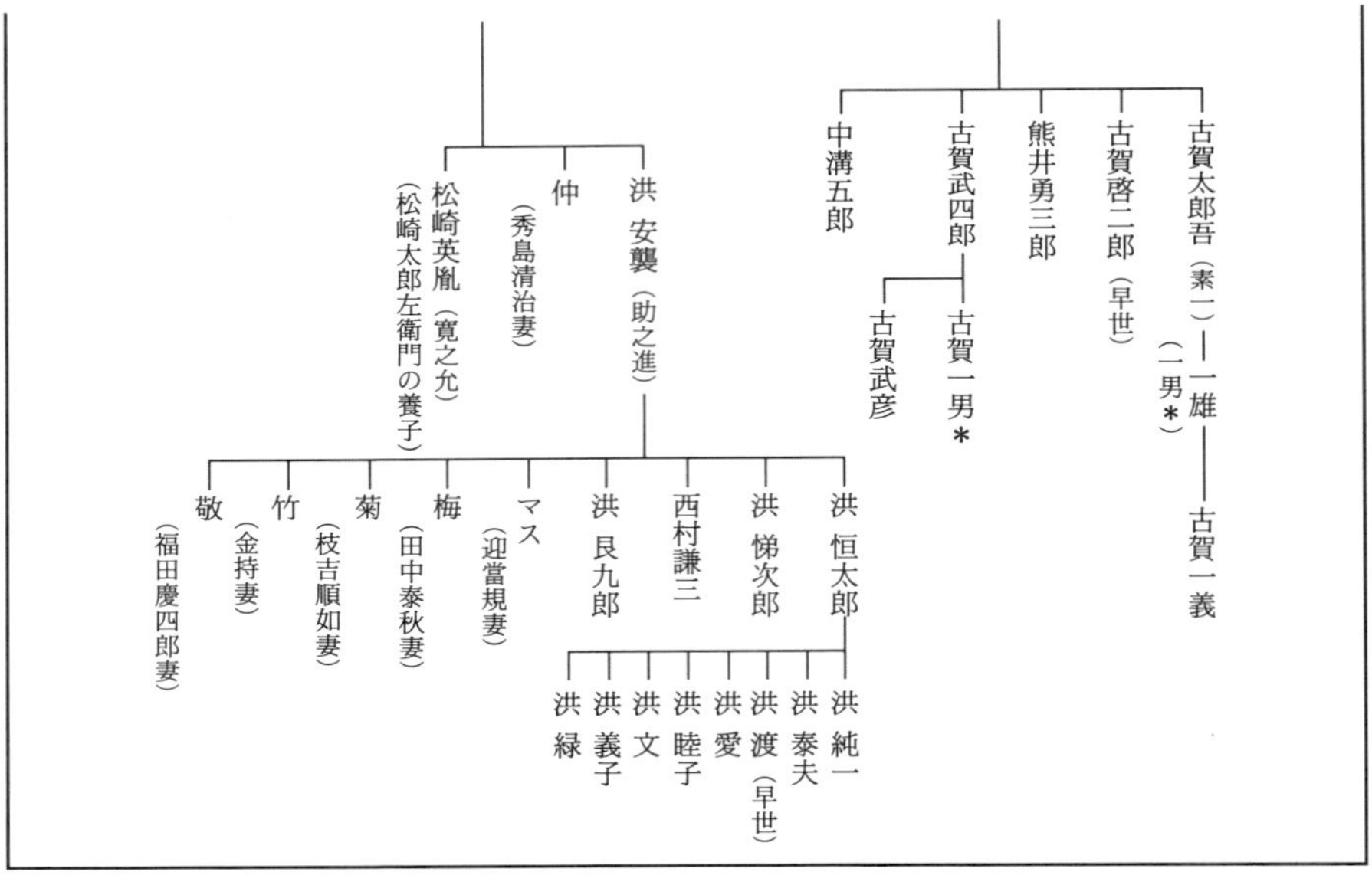

図Ⅰ序-2　古賀家系図(2) 佐賀の古賀家を中心に

出典)「浩然居士七代孫 洪安胤一代略記」(慶應義塾図書館 142-130-1)。前掲図序-1も含め，古賀家の系譜・親類については，「家政要録」上（宮内庁書陵部 205-80）に収録された「親類書」(文化 11 年)・「系譜」(寛政 10 年) と，以下の慶應義塾図書館所蔵史料を参照。「古賀小太郎親類書」(天保 3 年) (142-118-1)・「古賀小太郎先祖書」(弘化 3 年) (142-124-1)・「古賀小太郎先祖書別帳」(弘化 3 年) (142-125-1)・「古賀謹一郎先祖書下書」(元治元年) (142-122-1)・「古賀謹一郎親類書」(元治元年) (142-126-1)・「古賀筑前守親類書」(慶応 4 年) (142-120-1)・「大蔵朝臣古賀氏系譜」(142-127-1)。また特に古賀穀堂と洪晉城以下の系譜は，西村謙三編著『古賀穀堂先生小傳』1935 年，6-7 頁に負っている。

じっさい、古賀家は佐賀の人であった。「古賀小太郎親類書」(9)・「古賀小太郎先祖書別帳」(10)などによれば、古賀家と佐賀鍋島氏との関係は、「島原之敗陣亡」後、古賀時貞が手明槍となって鍋島氏に仕えて以来である。史料の筆者古賀侗庵は、その後数代経た古賀安清（?―一七一二）を「初代」としているが、それに従えば「二代目」の忠豊（?―一七三三）以降、「三代目」和作《やすなり》（一六九三―一七六〇）(11)、「四代目」忠能（一七二五―九七）(12)は「皆佐賀に執事」していた。五代目の精里（樸）は遊歴の後、大阪「混沌社」での尾藤二洲・頼春水らとの親交を経て朱子学に帰着するに至り、帰藩後は藩政に参画し、天明元（一七八一）年藩校弘道館が創立されると教授に就任している。そして寛政八（一七九六）年には、徳川幕府の昌平黌御儒者に抜擢され、江戸へ移住した。ただし、父親の江戸行に随伴した三男の侗庵以外の兄弟は、長男穀堂は藩に留まって祖父忠能を養い、次男晉城（西湟）と四男源太（源五利幹）とはそれぞれ洪氏と江里口氏の養子になっている。(13) 佐賀に残り、佐賀藩での家督を相続した穀堂は、祖父の没後、寛政一〇（一七九八）年から約七年間江戸の父精里の家塾で勉学し、帰藩後文化三（一八〇六）年から藩校弘道館教授になる。先述のように、文政二（一八一九）年に鍋島直正の御側頭を命じられると再び江戸に出て、伝育の任にあたり、さらに直正が第一〇代佐賀藩主の家督を相続した天保元（一八三〇）年には、御年寄相談役に任用されて藩政改革に着手していったのである。(14)

以下、第Ⅰ部では、佐賀鍋島家の一家臣であった古賀精里が、藩校教授となり、その後徳川幕府の昌平坂学問所教授となる経験を扱う。まず第一章においては、古賀精里の足跡を歴史に即して追いながら、遊学による転向を経て佐賀に戻った彼の藩政参与を明らかにする。精里は、後に幕臣となったがゆえに息子穀堂のように昭和期の佐賀では顕彰対象にされなかったが、藩校で学政創制しその基盤を固めた中心的人物でもあった。第二章では、徳川幕府の寛政改革の一環として行われた、昌平黌の学制改革を、その素案となった上書にさかのぼって検討する。ここでは、本書全体に関わる学問所儒学の全体像を包括的に概観することに力点をおいている。第三章では、精里がその政策形成や外交交渉に幕府儒者として参与した文化年間の経験を扱う。佐賀の一儒者が、徳川後期社会で全国的な影響力をもっていく過程が明らかになるであろう。

第一章　佐賀藩政改革
——課題としての造士・選士——

一　古賀精里の思想遍歴——遊学・「正学」転向の背景

徂徠学が一世を風靡した後の次なる世代の儒者のうち、その少なからぬ者たちは転向経験を有している。それが、荻生徂徠以降、日本儒学界の一つの顕著な現象であったと考えられる。その転向は、ある統制権力によって他律的に強制されたものではなく、歴史を鑑み、学術界の動向を踏まえ、さらに思想内容に意味を認めて、自省を伴いながら儒者みずからがある特定の原則を自覚し、それによって状況に働きかけようとする能動的な変化であった[1]。

古賀淳風（樸、訥齋）、のちの精里も[2]、そのような転向の時代に生きた一人である。自身の述懐によれば、佐賀で生まれ育った彼は、当初独学で指針もなく、偶然手にした陸象山・王陽明の書籍に耽溺し、仏教や老荘思想にも数年間浸ったという。

> 昔余の居郷なるや、學に師承無し。偶《たまた》ま陸王之書を得て之を悦び、迷ひて陥る。遂に佛老に出入りすること數年。已にして京攝に游び、講道學者と辨論、往復して合わず。久しきの然る後憬然、始て洛閩〔程朱〕の正學なるを知りて、盡く異學を棄つ。
>
> （精里「送満野生序」〔文化一〇年〕[3]）

青年期に京都・大坂に遊学して後も、思想遍歴を重ね、「講道學者」たちと「辨論」を繰り返したが、なおみずから立脚すべき思想的位置を定められなかった。しかし、程朱学が「正學」であることを認識して以降、それまで学んできた「異學」を悉く捨て去った。

以下では、この古賀精里の転向経験について考察してみたい。それは、後に明らかになるように、精里本人の思想形成上の劃期であっただけではなく、天明期以後の佐賀藩学の方向を確定させ、さらには江戸幕府の学問、諸藩の学問にも影響をもった思想的転向でもあったのである。自己批判と反省を伴った思想的原則の自覚は、それだけにとどまらず、その原則に従って周辺状況に働きかけていく運動の展開をもたらした。その出発点として究明されなければならない問題は、少なくとも二つあろう。第一に転向の前提となる遊学前の精里の思想であり、また当時の佐賀藩の思潮がどのようなものであったのかということ、第二には「京攝」遊学の内実である。前者については遊学から帰藩後の精里の活動と併せて後述するため、ここでは、後者の京都・大坂の知的状況とそこでの精里の思想的自覚を検証していく。

精里の精神遍歴　精里の転向を直接に語る史料は、非常に限られている。転向後の立場から回顧されれば、それ以前の遍歴はむしろ敢えて語るべき事柄ではなかったのであろう。古賀家文書に現存し、これまで参照されなかった精里の最も詳細な伝記「劉氏家傳」にも拠りつつ[4]、転向の契機となった遊学経験をみれば、およそ次のようである。

佐賀藩から古賀精里に五年間の京都・大坂遊学が命じられたのは、安永三（一七七四）年であった。安永四年「十二月」に、京都への遊学途上、彼はまず「半年間」大坂に滞在して片山北海が盟主となっていた混沌社に出入りして[5]、筱崎三島らと交わった[6]。「時に大坂混沌社甚だ盛ん、君往きて與し、因て筱崎三島叟と交わる」（「劉氏家傳」）。だが、最初の半年間の混沌社での交流は、精里の学問に決定的な影響を与えなかったようである。その後京都へ移った精里は、友人の頼春水の回想記録によれば、まず福井敬齋（?-一八〇〇）に、その後西依成齋（一七〇二-九七）

に師事したとされる。「古賀淳風〔精里〕、佐賀藩人、京師に遊び、初め福小車〔福井敬齋〕に従ひ、後に西依成齋之門に入り、最後に大坂に寓す」（頼春水「在津紀事」）。(7) しかし、古賀家家人が記し、後の「精里先生行實」では削除された「劉氏家傳」の記事によれば、「陽明良知之學」を信奉する精里は、その他にも心学者の手島堵庵（一七一八－八六）にも親しく交わり、しかもこれを「善」しとした。(8)

〔安永〕四年乙未十二月、君〔精里〕大坂に抵《いた》り、遂に京師に遊びて學ぶ、君始め陽明良知之學に従事す。（「劉氏家傳」）

手島嘉左衛門〔堵庵〕、まさに心学を以て京師に鳴る、君亦之に與して善とす。（「劉氏家傳」）

学問修業を重ねる精里は、安永七（一七七八）年六月に再び大坂に赴き、大坂農人橋二丁目に居を構え、(9) その閏七月に朱子学者を中心として大坂で結成された「作文会」にも参加した。(10) しかし、大坂滞在中に「脚疾」を患い、遊学期間半ばの翌八年九月二〇日、乗船して佐賀への帰藩の途につく。

記録として残る僅かな情報によれば、このような遊学経験のなかで、精里の学問に決定的な影響を与えたのは、一年数ヶ月の二度目の大坂滞在中、尾藤二洲と頼春水らと「講習討論、琢磨鐫切」、夜を徹して「疑義を討論し」たことにあるとされている。「志尹〔尾藤二洲〕の妹婿福田某、為めに屋を僦《か》りて僑居せしめ、志尹と近からしむ。亦志尹の為めに謀る、余〔春水〕亦た屢《しばしば》往きて疑義を討論し、燈を剪つて或は天明に到る」（頼春水「在津紀事」下）。しかも、「劉氏家傳」が「陽明之妄あるを洞す」と明記するように、精里の思想転向とは、「陽明」学から「程朱」学への回心であった。「尾藤志尹〔二洲〕・頼千秋〔春水〕等と講習討論、琢磨鐫切、陽明之妄あるを洞す、一変して程朱に帰宿し、粋如《すいじょ》なり」（「劉氏家傳」）。「討論」の相手となった尾藤二洲（一七四七－一八一三）(11) は、明和七年に伊予国川之江から上坂して片山北海に入門し、頼春水（一七四六－一八一六）(12) もまた、明和三年に混沌社に入り、大坂江戸堀に寓居「春水南軒」を構えていた。二洲・春水・精里、そして後にでる西山拙齋（一七三五－九八）らは、みな明和・安永期（一七六四－八〇）に「程朱學」「宋學」への転向を遂げた者たちである。

それでは、二洲や春水との個人的な討論の結果、精里が帰着したという「正學」とは、どのようなものであったのか。

「正学」転向の背景　古賀精里を程朱学へと導いた討論の相手、尾藤二洲は、精里が京都へ遊学中の安永六年九月に「素餐録」を擱筆し、精里が大坂を去る安永八（一七七九）年九月には「正學指掌」の初稿を完成させていた[13]。特に後者は、天明七年一一月に木活字本として上梓され「正學」弁明書として江湖の読者に迎えられる。したがって、当時の二洲の学問観を窺い、精里の「正學」受容を明らかにするには、この両著の内容分析が適当であろう[14]。刊本『正學指掌』に附された二洲の弟尾藤孝章の序によれば、この著作では、前作の漢文著作「素餐録」が初学者に難解なため「國字」によって記し「平易著明」に「一条の正路」に至ることが目指されたという。頼春水もこの著に序文を寄せ、大坂時代に二洲と共に、「志」をたてて「正學」を講じ、「風俗の醇ならざるは學を為《をさ》むるの不正に係る」と主張したと云う。「風俗の漸く靡薄なること、其れ嘆ずべきかな。風俗の漸く靡薄なることは、道の明らかならざるに由るなり。道の明らかならざるは、學の正しからざるに由るなり」（頼春水「正學指掌序」天明五年）。

「正學」とは何か。ある学問が「正學」や「正路」であるためには、それ以外の「異學」の存在を前提にして「學統」ごとに分類し、それとの対比の中で初めて「正」しさが証明される。二洲の認識もその例外ではない。彼は『正學指掌』の附録の中で「今其高遠ナラズ卑近ナラヌ道ヲ学ビント思ハヾ、唯程朱ノ教ニ遵ヒテ学ブベシ、自ラ大中至正ノ路ヲ見得ルコトアラン」と述べるが、それは次のような当時の儒学界の「異學」を前提としていた。「近世世間に種々の異學出来リ」「風俗ノ害トナ」っている学問として、二洲が列挙し、一つひとつ弁駁するのは、第一に伊藤仁齋より始まる「古義學」、第二に荻生徂徠の「古文辭學」、そして第三に「禅學」と「陸王ノ學」（陽明学）とをまとめた「本心ノ説」である。

問題は、徂徠学を潜った上で転向した二洲や春水から[15]このような「近世造リ出セル異説」の論駁を聞かされ、あるいは「正學」と「風俗の醇」の関係を論説されたとして、「初學」者でもない「陽明良知之學に従事」した古賀精里が、何故に「討論」の結果「妄」を悟り、自発的に原則の転換を遂げたのかという点にある。二洲や春水の「正學」主張についてはすでに先行研究でも論じられている。しかし、これまでの研究史で光が当てられず、また精里の転向にとって意味をもったと考えられるのは、この時代の日本の儒者たちの明清儒学理解であり、同時代の清朝学術移入の問題である。[16]

「初學ノ士」には難解とされた「素餐録」の中で、尾藤二洲は次のように仁齋・徂徠の学説を批判して云う。

「伊〔伊藤仁齋〕物〔荻生徂徠〕諸子の説は、みな明儒の唾餘のみ」（「素餐録」第三三条、以下同）、「所謂る古学とは、これを字句に求めてこれを義理に求めず。文辞を巧みにするに務めて行事を善くするに務めず。その最下なる者に至つては、独り伊・物二家の書、及び嘉〔嘉靖〕隆〔隆慶〕七子の詩文を読むを知るのみ」（三二五）。

漢籍を自在に読みこなす儒学者として、仁齋・徂徠ばかりでなく、日本の知識人たちはみな、当然、唐船によって輸入される漢籍を通して同時代の明清儒学動向に関心をもち、その影響下に自らの学問を構築した。二洲が、日本の「古学」派の末裔たちを批判する際に引く、明の嘉靖（一五二二―六六）・隆慶（一五六七―七二）年間のいわゆる後七子とは、李攀龍（滄溟、一五一四―七〇）・王世貞（一五二六―九〇）・謝榛（一四九五―一五七五）・宗臣・梁有誉・徐中行（龍濟、一五一七―七八）・呉国倫（生没年不詳、嘉靖二九〔一五五〇〕年の進士）である。なかでも李攀龍と王世貞が唱えた「古文辞」は、徂徠一派の珍重し、踏襲するところとなったという。それゆえに批判者たちも、徂徠学派の人々が依拠する明儒学説を駁するのである。たとえば、山本北山の「作詩志彀・作文志彀」[17]による批判は、安永年間（一七七二―八一）の江戸学術の変化に影響力をもったという。

〔安永八年〕山本北山、作詩志彀・作文志彀の二書を著し、大ひに李攀龍・王世貞等の修辞之説を辨駁し、物徂徠・服〔服部〕南郭等之詩文を弾斥す、井〔井上〕金峨と相謀りて時習を排詆し、江戸文學之が為に一変すと云ふ。

（東條琴臺『先哲叢談年表』）

徂徠の古文辞学と明儒学説の影響関係をめぐるこのような認識は、後の文政年間においても、「〔享保元年〕物徂徠、始て明の李〔李攀龍〕王〔王世貞〕之説を以て修辞之業を唱え、別に一格経義を搆ふ。時年五十一」（東條琴臺『先哲叢談年表』文政一〇年）、と広く共有された記憶となった。[18]

二洲の明清儒学の評価によれば、明の学問は、「中葉以後」すなわち一五〇〇年前後以降から正路をはずし、遂には「天下の乱亡」（明の滅亡は一六四四年）をもたらした。「明人の学は、中葉以前は、猶ほ正を失はず。中葉以後、虚誕無寔《むしょく》の説、盛んに行はる。その流、或いは雅尚風流と為り、或いは放蕩不軌と為り、許多の人才を誤り、終に天下の乱亡を致すに至る。後世其れ監《かんが》みざる可けんや」（第二六〇条）。彼が「素餐録」で引用する明儒や清儒を、その学説が批判対象となっている者に×印をつけた上で、生年順に列挙するならば、次のようになる。

　薛瑄（敬軒、一三九二－一四六四）〈「素餐録」第四九条、以下同〉、
　蔡清（虚齋、一四五三－一五〇八）〈二〇六〉「四書蒙引」
×陳献章（白沙、一四二八－一五〇〇）〈二九九〉
×程敏政（篁墩、一四四五－九九頃）〈二九九〉
×羅欽順（整庵、一四六五－一五四七）〈一四三・一四四〉
×湛若水（甘泉、一四六六－一五六〇）〈二九九〉
×王守仁（新建・陽明、一四七二－一五二八）〈二九九〉
×王竜溪（一四九七－一五八二）〈三〇一〉
　羅念庵（一五〇四－六四）〈三〇一〉[19]
×呉延翰（明の正徳一六［一五二一］年の進士）〈一一七・二六六〉
×郝敬（京山、一五五八－一六三九　明の萬暦一七［一五八九］年の進士）〈二五一〉
　凌義渠（一五九三－一六四四）〈三八〇〉

呂留良（晩村、一六二九—八三）〈二四三〉「天蓋樓四書語録」

陸隴其（稼書、一六三〇—九二）〈一六一・二一七・二四五・三七八〉「三魚堂文集」

このような学術評価は、明らかに、明から清への中国の王朝交替を意識し、清初儒学の視点から明代の儒者を批評したものにほかならない。二洲が、「伯子」「朱子」を中心とする宋学を高く評価して次のように説くのも、清初の評価を踏襲しているとさえ言えるであろう。[20]

「徳は伯子〔程明道〕に至つて、その盛を極め、而して学術識見、自ら千戸に超出す。学は朱子に至つて、その大を極め、而して徳行言辞、みな百世に師表たり」（第四〇九条）、「聖人あつてより以来、未だ孔子あらず。儒者あつてより以来、未だ朱子あらず」（第四一〇条）。

確かに「正學指掌」初稿本に記されていた「今ノ清朝ハ、前轍ノ覆リシニ懲リテ、異学ヲ禁ジ、造言ノ刑ヲ厳ニスト見エタリ」という文章は成稿本では省かれるが、[21]そのような二洲の記述からも窺えるように、この時期の儒学者たちは、明朝に替わって新たに生まれ、定着し始めた清朝初期の学術界を意識して自説を展開した。[22]

漢民族の明朝を打倒し中原を征服した満州族の清朝が、少数民族による中華支配という国内統合の政治的正統性を確立するために苦慮したことはよく知られている。華夷思想が広く普及した社会で、政治的支配の正統性擁立を迫られた清朝は、排清思想の統制を行い、朋党厳禁の政策をとった。清朝における考証学が最盛期を迎えるのは、乾隆（一七三五—九五）・嘉慶（一七九六—一八二〇）期であるが、その前夜の清朝には王朝の政治的正統性をめぐる厳しい統制が敷かれ、文字の獄や禁書が繰り返されていた。[23]「古今図書集成」「四庫全書」などはその反清思想統制の副産物であり、明朝末期の思想的混乱を否定し、結果的に学問内容における宋学を中心とする正統性を再定義することになった。たしかに明末には四書研究が進展し、宋以前の古註に遡って経書を解釈し直そうとする考証学的風潮がすでに起こっていたが、[24]清朝考証学は、清初の文教政策によって明末儒学の政治的側面を否定する形で継承され、清代中期の乾隆期以降、本格的に展開されている。

この隣国での王朝交替は、徳川日本でも同時代的な重大関心事となり、後に述べるように、明が滅ぶ正保元（一六四四）年から享保二（一七一七）年までの唐船風説書は、林家によって「華夷変態」として編纂されていった。漢民族の明に同情的な徳川日本が、清朝支配に対して肯定的評価を懐くには年月を要し、清初の内乱が平定される一六八〇年代に、ようやく幕府で大清帝国の康熙大帝への評価が一定したとされる。[25] しかし、たとえば、徳川吉宗（一六八四―一七四五）が、紀伊藩から江戸に入府して以降は、『明律』から『大清会典』へと関心移行させるにも拘わらず（享保五［一七二〇］年頃）、江戸における荻生徂徠・北溪（寄合儒者）らの蘐園学派では同時期「明律」研究が盛んに行われており、[26] 幕閣の中枢と一般の儒者の間には明清評価に時差があった。徂徠以降の日本学術界にさまざまな動きが生まれるのは、清朝評価と清初儒学の理解が広汎な知識人層に定着するに伴って、明代後半・明末儒学の評価が変化する側面もかなり大きいと考えられる。[27]

ポスト徂徠学の学問を「折衷学派」として一つの学派に括ってきた近代日本の「儒教」研究の問題は、同時代の移入漢籍への目配りを欠き、知的世界の対象を一国思想史に限定した結果、明朝崩壊に伴う学術変化の日本への波及状況を見逃してきたことにある。[28] 後に、乾隆・嘉慶期の清朝考証学の学問移入の問題を踏まえて「考証学派」も立てられ、[29] 徂徠学以降は、「折衷学派」「考証学派」そして「陽明学派」「朱子学派」という学統派分類によって捉えられてきたが、「考証学」を除き、それらはおよそ同時代の明清学術界の動向とその移入問題を視角外に置いてきたと言わざるを得ないであろう。

徂徠没後の思想界に影響力をもった、尾藤二洲に先立つ那波魯堂（一七二七―八九）[30] もまた、徂徠学からの転向者であった。[31] 彼の同時代観察によれば、たしかに江戸で興った徂徠学は、京都でも徂徠の没後一二・三年のあいだ儒学界を席捲し、彼自身もその影響下にあった。[32]

徂徠ノ説、享保〔一七一六―三五〕ノ中年以後ハ、信ニ一世ニ風靡スト云ヘシ。然レトモ京都ニテ至テ盛ンニ有シハ、徂徠没シテ後、元文ノ初年〔一七三六〕ヨリ、延享〔一七四四―四七〕・寛延〔一七四八―五〇〕ノ比《ころ》マテ、十二三年ノ間ヲ甚シトス。世ノ人其説ヲ喜ンテ習フコト信ニ狂スルカ如シト謂ヘシ。[33]

しかし、その学問に疑念を懐き始めた彼は、明和元（一七六四）年に来日した朝鮮通信使と筆談で「疑難討論」し「益《ますます》宋學の是にして時學の非なるを知」ったとされる。[34] 魯堂の儒学認識をよく表す著書「学問源流」（安永五［一七七六］年頃）[35]のなかでも、彼は、たとえば「源流」に即して「仁齋父子（伊藤仁齋・東涯）ノ学ハ、明ノ呉延翰ノ見識ニ本ヅキ、却テ呉延翰ノ学ヲ人ニ不説」[36]と批判を加える。魯堂が依拠するのは、「程朱」の学問であり、その学問の正統性を担保するのは同時代の「清朝ノ学」であった。

清朝ノ学、博ク経史ヲ読ミ、駁雑ニ堕ズ、理屈ニ泥マス、各其事ニ就テ、諸書衆議ヲ考ヘ合セ是非ノ至当ヲ明シ、程朱ノ真ヲ得ルヲ旨トシ、往往ニ元明諸儒ノ説ニ勝レル処アリ。陳廷敬〔説巖、一六三九－一七一二〕・顧炎武〔亭林、一六一三－八二〕・万斯大〔跛翁、一六三三－八三〕・徐乾学〔健庵、一六三一－九四〕・朱彝尊〔竹垞、一六二九－一七〇九〕ノ諸人其選タリ。清人ノ著書益アルコト多シ。昔此書ナキ時ハナキニシテ済タルモ、今ニシテハ不読ハアルヘカラス。[37]

「清人ノ著書」が移入され始めた現在、もはやこれらの「元明諸儒ノ説ニ勝」る最新の学術を理解しないでは済まされないという認識が、彼の学統派理解を支えていたのであろう。列挙される明末清初の、康熙期までの儒学者たちは、浙西学派で清代考証学を定礎したとされる顧炎武、浙東学派で史学に優れた万斯大、康熙一八（一六七九）年に博学鴻詞科に選挙されて翰林院検討となり「明史」編纂に参加し、「大清一統志」纂修官を務める朱彝尊、また同じく「一統志」「会典」「明史」「古文淵鑑」などの撰者となった徐乾学、そして陳廷敬である。

古賀精里の転向経験を語る史料は、限定されている。しかし、このように討論相手から当時定着し始めた同時代の儒学理解までを一瞥するならば、「討論」による陽明学から程朱学への転向は、佐賀の限られた蔵書のなかで独学していた精里が、同時代の清初儒学の厖大な著作の世界へと開眼していく過程でもあったと想像するに難くない。精里の収集した「檥舟齋」蔵書の清朝からの舶載本の量、そして第II部で検討される経書解釈で依拠する典拠もそのことを裏付けるであろう。さらにじっさいに彼自身がのちの対馬での筆談で記すところによれば、すでに寶暦年間（一七五一―六三）から、仁齋・徂徠の学問は七・八割は衰退していたと云う。

伊〔伊藤仁齋・東涯父子〕・物〔物徂徠〕之説、如暴風驟雨不崇朝、無復痕迹矣、本邦尚朱學、頃歳又下令、黜邪崇正、海内翕然、而夫清儒毛奇齢〔西河、一六二三―一七一六〕之徒、著述汗牛、商船流傳、不無聴熒者、然此之寶暦〔一七五一―六三〕間、則十去七八矣、故伊物之熄、非樸〔精里〕之功、而異學餘孽、陥廓清、未能比雄偉不常、則樸有罪焉爾。[38]

日本での学問変化は、毛奇齢のような「清儒」の大量の著書が舶来し、その影響に因るものであるとされる。毛奇齢もまた、魯堂の引く「清朝ノ学」者たちと同様に、康熙一八年に博学鴻儒科に選挙され、翰林院検討・「明史」纂修官を歴任した清朝初期の儒者であった。

次節では、このような清初儒学を背景に宋学へと転向した若き精里による、佐賀帰藩後の政治的実践をみてみたい。そこではより明瞭に彼の自覚化された儒学理解を窺うことができるであろう。

二　天明の藩政改革――藩政参与・「時務管見」「選士法議」・藩校弘道館創設

遊学経験を通して思想的転向を遂げた古賀精里（一七五〇―一八一七）のその後の足取りは、伝記によれば次のようである。

君の遊学五年を以て期となす、疾有るを以て、故に中間一たび帰郷し、精里《しらげ》に於て経を説く、時に國人物氏〔荻生徂徠〕之説其の他を崇信す、黄紫洋〔横尾紫洋〕・長尾藤遯《（ママ）》翁〔長尾東郭か遁翁か不明〕之属が如し、或は詩文を以て任を為し、或は経済を以て自負し、程朱之説を講習する者絶えて無し、君昌に言ひて邪説を排す、人人嗟異、稍《ようや》く正道に趨くを知る。（「劉氏家傳」）

たしかに徂徠とも親しく交わった大潮（一六七六―一七六八、蓮池の黄檗宗の寺、竜津寺《りゅうしんじ》の僧）[39]、服部南郭の門人長尾遁翁（一七一四―七四）らの影響で徂徠学を唱える儒者もみられたであろうが、勤皇論を唱えた横尾紫洋（一七三四―八四）や遁翁の後を継ぎ藩主治茂の侍講・側用人にもなった長尾東郭（一七三六―一八二〇）らは、決して徂徠学ではなく、精里の育った佐賀には藩学の基軸となる学統が定まっていなかったと思われる。[40] 精里帰藩の年に御城聖堂式日に講釈を務めたのは、高葛坡に学び、後に精里の盟友となった石井鶴山（一七四四―九〇）であった。[41] 遊学の任期途中で病を得、安永八（一七七九）年九月以降に佐賀に戻った精里は「主膳」に任じられ、早速「程朱之説」によって経書を説き、佐賀藩主鍋島治茂（一七四五―一八〇五）の信任を得ていったと云う。「君既に帰りて経を説く、聴者益宅舎に衆し、容ること能はず、故に鬼丸聖堂に往きて経を説く。其の廣きを以て故なり」「公〔鍋島治茂〕亦屢経莚に涖み、且つ時々文詩唱和す、寵眷《ちょうけん》極めて厚し」（「劉氏家傳」）。

翌安永九（一七八〇）年に、精里は「手明鎗格」に転じ、さらに「特恩」により「請役相談格」に昇進して「政議に参豫」し始める。[42] その契機になったのは、「下問上言之際」に藩主に上げた建議であった。大坂から帰藩後「政府司議裏行」を拝名して、「専ら時務に潜心す、頗る政之失得、民之利病に諳悉するを得」ていた精里の上書が、認められたのである。[43]

時に國計窮乏已極む。官手を袖て、策無し。公〔鍋島治茂〕以て之を釐正せんこと有るを思ひ、大臣に命じて、其の方を議す。挙げて皆能はざるを以て辞す。公其の憒に勝たず、一夕君〔精里〕を召し策を問ふ。君對へて曰く「此れ為すべきなり、公躬率《きゅうそつ》如何を顧るのみ、今吏節縮を以て言と為す者僅々して罅《すきま》を補ひ漏《もれ》を塞ぐ、苟も目前に趨遷し、公の躬《みずか》ら奉ずる所に於て、敢へて減損を有せずと」、曰く「舊例を遺失するを恐るゝなり、牽拘《けんこう》すること此の如し、而して其の濟する所を望むは難し。因て宮女之冗濫當に沙汰すべし、飲食之豊美當に省減すべし等数件を歴舉し、以て為す、躬《みずか》ら此事を行ひ、而して効無き者、臣甘んじて黜罰《ちゅつばつ》を受く」と、公大ひに喜ぶ。（古賀侗庵「精里先生行實」）

逼迫した藩財政の再建策の諮問に、家臣たちはみな応答を辞退したのに対し、独り「政府司議裏行」の精里が応えたと云う。精里の多くの上書は「散佚」し、和文上書も少なくなかったとされるが(44)、この際の上書は特定できず、その伝存も現時点では確認できない。精里はこの後次々に建議を上げ、請役所では相談役「同格」として天明元（一七八一）年秋までに藩校設立の構想を固め、そして弘道館の始業と同時に教授に就任した。弘道館は「實に君の勧めに成るなり、且つ學中規制、禮儀、皆君の建つる所明らかなり」（「劉氏家傳」(45)）。

以下では、佐賀帰藩の翌年安永九年から、弘道館の学政創制を経て、寛政八年に江戸の昌平坂学問所儒者に抜擢されるまでの間に上げられた建議を素材に、「造士」という藩士の〈政治的社会化〉の問題に着目して、藩政に深く参与した「儒吏」古賀精里の思想を検討してみよう。現存する上書は、「経済文録」所収の漢文上書・「十事解」（寛政元年一二月自序(46)）などに過ぎないが、今回新たに再発見した精里の「時務管見(47)」・「選士法議(48)」を史料として論じていく。

「造士」＝武家の〈政治的社会化〉　この一八世紀後半の時代、日本の各地域で「造士」が課題となるのは、かつて戦時状態を前提とした強力な名君主導の政治から、平和的安定期が長期化し、藩の政治が家老・年寄・相談役などの協力によって行われる官僚政治へと変化し、それが定着し、さらにその弊害が現れ始めることと無縁ではない。たとえば、江戸時代初期の岡山藩主の池田光政（一六〇九―八二）が熊澤蕃山を、会津藩主保科正之（一六一一―七二）が吉川惟足や山崎闇齋を、水戸藩主の徳川光圀（一六二八―一七〇〇）が朱舜水を登庸して、いわゆる名君主導型の政治を展開したのに対して、享保年間頃を境にした後期以降は、行政機構や文書管理が整備され、多くの藩政改革が藩の吏僚の協力のもとで行われている。行政文書が整備され、いわゆる文書行政が確立されたのは、諸役所の多分化した機構が、平時の行政組織としての内部的整合性を保つためにも「先例」「古格」参照を必要とするようになったためであろう。[49] 人事移動に伴って、継続する業務の一貫性を戒慎訓示によって促されもするが、しかしこれが可能となるためには、行政文書の整理と蓄積が必要条件であった。[50]

しかしこのような政治行政形態の変化の一方で、現実の家臣団には固定化した家格世襲制の弊害が現れ、行政を担いうる資質さえ備えない人材が溢れていた。「我邦〔日本〕武将ノ世トナリテヨリ、選挙ノ路塞リ、殊ニ吾藩〔佐賀藩〕ノ如キハ、世禄ノ弊アルヲ免レズ、有禄位者ハ怠リ、無禄位ハ不勤ニ、士氣不振、風俗衰ヘ易キハ多クハ此故也」（古賀精里「十事解」貢士）。さらに、国内の商品経済の発達に伴って、「衣装」「酒食」などで「奢侈」に流れる「風俗」も蔓延した。「衣装法度之儀、近々年別而猥りニ相成居候」「酒食之奢之儀」「當時上下共奢侈ニ相成候」。このような状況を踏まえて、弛緩した藩士の綱紀粛正して「此風一変仕り、奢を憎ミ、貧を恥候様ニ無之而、御仕組決而相立」ることが課題とされたのである。「諸役人之風を御一変被成、奢を憎ミ貪りを取テ、実儀を以相勤候様被相成候儀、當時之急務是ゟ外無御座候」（古賀精里「時務管見」）。しかも、このように「諸役人之風俗」を「一変」させることは、「御家中」ばかりでなく、「市中郷村之風俗」変革とも通底していると考えられていた。「一躰市中郷村之風俗は御家中ニ掛リ、御家中之風俗は諸役人ニ掛り、諸役人之風俗は其上ニ被相立候、君相之御実意之所次第ニ而御座候、依之君相之御身御徳儀、第一ニ御慎被成、平生被成候儀、皆諸役人・御家中一國之手本と被成御成候儀」（「時務管見」）。「造士」の課題は、「御上ゟ諸役人迠之心腹風俗を御改革」する課題でもあったのである。

政治的主体の育成、すなわち「造士」の課題を、〈政治的社会化〉の問題として分析するために、あらかじめ機能ごとにその概念を整理する必要があろう。ここでいう〈政治的社会化〉とは、個人が政治意識の形成期に、ある特有の価値体系・政治的志向を習得し、継承する過程のことである。[51] その習得過程における、時代状況・地域・教育・社会階層や家庭環境・職種・社会経験などのさまざまな要因が、その後の個人の政治的な規範意識や行動様式に影響をもたらす。したがって、それは、学校教育だけに限定されず、意図的か否かを問わず他の社会諸集団を通しても行われる。またそのような社会環境による促進ばかりでなく、個人によって自立しても果たされる。近代以前の東アジア儒学文化圏の場合、学校教育によって担われ、秩序形成の手段でも目的でもあった「政教」は、その地域に居住する諸個人の〈政治的社会化〉を規定した、一つの典型であるといってよいだろう。

本書でのちに取り上げ、その一つひとつの機能を確認することになる幕府の学問所の問題まで視野に収めれば、このような徳川後期に主に学問所・藩校で担われ、特に「造士」において果たした「政教」の機能は、次の三つに大きく分類される。

その第一は、刷新された政治を担う有用な人材育成、すなわち藩や幕府の文書行政を担うに相応しい知識や技能を身につけ、公務を遂行するに必要な行動規律を内面化することである。吏僚という政治主体になることが期待された彼らは、将来職務怠慢にならず、「奢侈」の「風俗」に流れず、職権を利用して私腹を肥すことなく、あくまでも命じられた公務を落ち度なく果たさなければならない。そのような「役人」の適性を満たす人材を養成すること、これを「政教」の〈社会的適性化〉の機能とする。第二に、才能・知識や技術の習得・業績達成能力によってある個人を選抜し、行政において必要とされる職種に割り当てる、〈選別化〉機能がある。「与《くみ》頭」など職場の上司に見立てられて抜擢される場合もあるが、学校制度のなかでは、各種の試験「試業」を通して、客観的な基準に基づき個人の能力が段階付けられる。選抜された者は、学歴を有する将来の幹部候補生として社会的に認知される。さらに第三に、思想教化の問題として、「政教」には忠誠心を喚起・培養し、諸個人を統合化する機能、すなわち広義の〈正統化〉の機能があるだろう。本書での対象の場合、〈正統化〉の問題は、ある統治支配体系を承認させ、それに対して「忠孝」精神を喚起する〈政治的正統性〉(legitimatus) と、学問上のある学統を「正學」と承認させる〈教義の正統性〉(orthodoxus) との両者、もしくは片方を含んでいる。ただし、幕府や藩の政治権力を担い、政策形成・決定過程にまで参与する「士」(あるいは旗本) に対象を限定する場合、体制権力の側から諸個人に対応する契機と、個人レベルから政治権力に向かう契機とが、交錯せざるを得ない。彼らは、一方的に政治的支配の正統性を承認する客体になるのではなく、政治統治を自ら担い、政策形成に参与する主体にもなるからである。つまり、前者の〈政治的正統性〉への問いは、上記の〈政治的社会化〉を経て政治的主体となった「儒吏」の政治・立法過程での営為をめぐっては、（体制転換に関わる）統治体系の承認／非承認の〈正統性〉の根拠という側面ばかりでなく、ある体制統治の正統性を前提とし、その体制内変革における政治判断の際の〈正当性〉根拠にも向かうであろう(52)。

このようにいくつかの機能に分類したからといって、「政教」に規定された学校教育による「造士」育成は、その一つに特定されるのではなく、各機能がそれぞれに組み合わさっており、あるいは多くの場合、その内のいくつかの機能を欠いてもいる。また機能の内容も、たとえば、役人としての服務規律の訓育も一つの要素とする〈社会的適性化〉は、政治体制へ忠僕として奉仕させる要素をもつ〈政治的正統性〉とも、しばしば重ならざるを得ないであろう。両者の明瞭な区別は困難であるが、後者が統治体系の統合化を志向するのに対して、前者は、あくまでも構成員の公務遂行上の倫理水準を維持するために、職業倫理基準を倫理綱領として実定化させ、それを習得させることを目的とするものとする。

佐賀藩儒古賀精里の建議と藩校創設　古賀精里が佐賀藩主に上げた建議のうち、最も早期のものと推測される上書は、藩校成立以前の（安永九年か）八月二七日の漢文上書(53)である。その内容は、のちの「造士」問題に関わり、また前述の自己の学統を宋学と自覚した問題にも触れている。

「文之物為るや、必ず實有りて發す」という精里は、文章論から教育論までを一括し、「関東之學」が「率ね身心を外して、以て道と為す」のに対して批判を加え、むしろ文と道を一つにさせ、「正を崇し、邪を黜《しりぞ》け、道徳・政令をして、粋然正に一とせしめ、以て士庶を陶鎔すれば、則ち中興之業、亦た此に於て立つ」と論じる。すなわち、明の「李・王二氏」の如きは、「剽竊纂組、藝林を競長して、議論淺俗、飾るに老佛諸餘を以てす、無實之文と曰ふと雖も、誣《し》ず、「物徂徠」以降、日本ではこの李攀龍・王世貞と朱熹・王陽明の文章を同列に扱い、結局文学は李・王「二氏」によって掩われてしまった。徂徠ばかりでなく、室鳩巣の文章と学問の関係認識についても、次のように記す。

昔者堀南湖〔堀正修〕、洛閩之文を以て唐宋八家に列せんと欲す、鳩巣〔室鳩巣〕先生之を非して曰く「文は文より、學は學より、豈に混ずべけんや」、臣〔精里〕心竊かに疑ふ、此後清人の陸隴其集を読み、程・朱・韓〔韓愈〕・歐〔歐陽修〕之文に及びて大意以て為す、若し文と道とを岐ちて之を二とせば、是れ道の外に物有るなり、文をして道と一つにせしむれば、則ち孔・孟・程・朱之文、何ぞ以て此に加へん、臣其の論之確に服す。

室鳩巣の書翰「堀正修に答ふる第三書」[54]をかつて読み、鳩巣が文章と学術とを、さらには政事と言語とに「理一分殊」（程伊川）を援用して、別々のものとして論じていることに疑問を懐いていたが、のちに清儒陸隴其の著作を読んで、文章と道徳とを一つにしなければならないと確信したという。精里が引く鳩巣の文章は、「僕謂へらく、学術に邪正あり、文章に工拙あり。学術の正しきもの、文章必ずしも工ならず、文章の工なるもの、学術必ずしも正しからず。故に学術はまさに学術を以てこれを論ずべし。文章はまさに文章を以てこれを論ずべし」と、[55]学問の正統性と文章評価とを別々に議論しようとするものであった。しかし、このような姿勢が、結局は、身心を外して道を為すことに繋がり、政治と道徳との使い分けを正当化したのではないか。したがって、正邪を糺し、「道徳」と「政令」を一つにして、「士庶」の教化に努めれば、必ずや「中興之業」が立つと提言する。

この上書は、清朝初期の儒者陸隴其の文章との出会いが、精里の転向に大きな影響力をもったことを示すが、一見したところ〈教義の正統性〉定立要請と社会教化を結びつける結論の陳腐さのみが印象に残ろう。だが、このような政論が、家格世襲制の弊害・藩士「風俗」の頽廃・藩財政の危機に直面した社会においては意味を有し、その後の藩校設立への出発点となり、推進力となったことに、敢えて注目したい。[56]

より具体的な政策提言である精里の「選士法議」では、この論理によって、「文武と御政事」、あるいは「文武と行事」がまったく無関係になっていることへの批判に向かう。「文武は専ら御政事ニ相掛リ候得は、請役所之致事ニ而別ニ文武方被相立ニ不及、乍然當時文武と御政事と別々之様ニ相成居候得は、其弊相革り候迠は相立置候方可然と奉存候」（「選士法議」）。そしてこの議論の延長に、「役人・学者一致」という、まさに「儒吏」の創出が要請されることになるのである。

　学問等不相好者之悪故計ニ而無之、学問仕候者之罪有之候、當時之学者我々を始メ耳ニ聞キ口ニ説キ候迄ニ而、何之才徳も無之被成御用候而も御用難相立候處、自然と学問は隙持之致事之様ニ相成、被成御用イ候者は学問無之、学問仕候者は御用ニ不相立無據別々之様ニ相成申候、依之役人は不学ニ而小智を用候而も大理ニ暗ク、学者は書を讀候迄ニ而実行無之、却而人之嘲を請候、此大本之処間違有之處御進方迚も行届兼申候条、双方ゟ歩ミ寄リ、我々儀は何卒申合実行を相励ミ、役人は何卒道理を能ク吟味仕候様相成候はは後ニは役人・学者一致ニ可相成と奉存候。（「選士法議」）

精里の観るところによれば、「役人」と「学者」とは別々に立ち、一方では、学問に無関心で「大理ニ暗ク」「小智」だけしか用い得ない「役人」が、他方には、書籍を読むばかりで「実行」のない「学者」が、互いに愚弄し合っている。しかし「双方より歩ミ寄」って「実行」と「道理」「吟味」が同時に為されるならば、藩政は改善され、風俗の刷新にもなろうと云う。もちろん、彼は他にも、「諸役人」の〈社会的適性化〉のために賞罰厳明にする家臣の評価制度（「賞罰黜陟《ちっちょく》之柄」）や、「諸役所」の人員削減を提言する（精里「時務管見」、精里「十事解」六官）。しかし、賞罰による評価までもが家格に応じて「例格」のようになってしまっている現状を踏まえれば、より抜本的な藩政改革案として、社会的地位や役職を世襲するのではなく、家臣を個人の業績や知識、才能によって〈選別化〉する、「選士之法」「貢士ノ法」が制定されなければならないというのである。

　一躰世禄之弊は前々申上候夫ニ随ひ賞罰黜陟《ちっちょく》迄も例格之様ニ相成居、下を御引廻ニ被成候、御道具鈍ク相成候様ニ相見へ大小組頭等は御賢慮ニ而被仰付儀ニ而、評判も恐多ク御座候得は、何ツ之頃ゟ歟、身之上・年功・家柄等ニ被相拘候様相成候、此弊風御改革可被成儀と奉存候間、与ニ内へ調義抔相掛ケ与内も夫レ故致困窮候も有之趣ニ候得は、其通ニ而は緩ン急ゥ之頼ミ無之儀不及申上候間、諸士之風俗を正シ、人柄を相撰ミ候様之儀出来申間敷候。（「選士法議」）

その「選士」の具体的な方法は、推薦制であり、各「師道」からは門人より優秀な人物を、また家臣団の与《くみ》の中からはその統率者である与頭が人物を選んで、請役所に推薦して予め登録しておき、役人交代の際にその候補者から採用するというものである。「選士之大意は、師道々々ゟ其門人之内秀候者を選ミ文武方相達、文武方請役所相達置、与《くみ》内は大小与頭ゟ与内之人相を撰ミ請役所へ相達シ候を皆以請役所ゟ達、御耳《〔ママ〕》置御側外様役人吟味之時、右之内ゟ被仰付度候」。しかし、その推薦の際にも基準を設け、「行跡」「学問」「才」「藝」の四段階によって「士」を「選」ぶ。精里の政策案によれば、とりわけ「行跡」を重視し、「平日之嗜み実躰ニ有之、致事も道理ニ當り、諸人之手本共相成候者」を優先させるという。

文武と行事と別々ニ有之候得は、前ニ申上置候双方之間違ニて後ニは一ツ致仕候は而不相叶候得共、早速は参り不申儀ニ御座候、其間之儀は学問之浅深等斗ニ而御吟味被成候儀は御用ニ相立候者少ク可有之候、出席帳等ニ而心掛候様被相調候躰之儀は却而軽薄之風を長シ些シ了簡有之者は致居候儀相止メ候様相成候、学問・武藝仕候而も行跡悪敷不才成者有之、才藝・行跡宜候而も学問不仕候者も有之候得は、行跡之儀を第一被成御吟味度左候而四段ニ被相立

行跡　平日之嗜み実躰ニ有之、致事も道理ニ當リ、諸人之手本共相成候者

学問　文学を好ミ心掛候者

才　不依何事御用等可相立器量有之者

藝　文武藝能之者、尤慰事之類イ可被成御禁止候

此分を組内ニ而相察、大小与頭吟味之上其人柄有之候はは、大組頭ゟ請役所へ相達候様可被仰付候、

一、ケ様之儀終イニ無之儀ニ候得は、諸人笑ケ敷之様存シ其しり分ケ出来不申抔と申儀も可有之候、右四段之儀之吟味之致様之心持斗ニ而相違候節は御用相立候者ゟ斗ニ而も可然哉。（「選士法議」）

しかし、この家格世襲制の枠組みを越えて人材選挙・登庸を行う〈選別化〉の導入が、現実には如何に困難な課題であったかは、寛政元年に記された「十事解」で、「近年列國學校ノ設アレドモ、貢士ノ法立ズ」「人ノ才否勤怠ヲ差別モナク、一概ニ位牌知行ヲ與ヘテ、是ヲ摩勵スル處置ナキハ拙ト云ベシ」（精里「十事解」貢士）と述べていること、また一〇則の提言を盛った漢文上書[57]の第六則にも「選舉風勵之法未だ立たざれば、則ち事に根帯無し」との記述からも窺えよう。

藩士の〈社会的適性化〉と〈選別化〉の両課題を果たすことこそが、この時期の佐賀での藩校創立の目的であった。そのことは、おそらく精里も立案に参与し、藩の請役所から発せられたと推測される「御誓書」（安永九年一一月九日）[58]に、「学事尊崇之志」を遂げるための藩校設立にむけた提言も含まれ、「造士選挙之法甚難事候」とあること、そして、じっさいの藩校設立時の藩主署名の「弘道館記」（天明二年二月）[59]においても、中国と日本を比較しながら、この「造士」と「選挙」の主題が述べられていることから判る。

藩校の教育理念を記した漢文の「弘道館記」は、精里の執筆と推測される程、先にみた上書類の内容と合致する。「五教」が発祥した古代中国の有虞舜帝の統治以降、夏の禹王・殷の湯王・周の文王・武王の「三代聖主」の治下では、都から民間に至るまで「庠序學校」を設置して、「人倫」を明らかにした。学校を通じた政教が理想的な形態で実現されていた古代中国の状況を述べ、「人は學を竣《ま》って始めて道を知る」という。そして周代の郷学である「庠」の「進士造士之科」から明代の科挙に至るまでの学問によって人材選挙した歴史を振りかえり、時代が下り「風教」が「汚隆」するようになり、「實行日に耗へ、遂に朝士をして道を信じず、學士を藐視せしむ、以為《おもへらく》治國と脩身との事に關渉せず、是に於て、政理・學業岐れて二途とな」ったとする。他方、日本においては、「武将」が政権を執った源平以後、「文教」振わなくなった。「弦《つる》を控《ひ》き戟《ほこ》を持つの夫、往々父祖の蔭に藉り、茅地世襲、目一丁字を識らず、徒に俗智を負ひ、聲色是れ耽り、奢侈自奉ず」。そして、世襲の武士たちは経書を学ぶ学者を批判し始めた。「是に於て、僥倖進取の者、經術之士を揶揄し、儒士は國に益なしと謂ふ、乃ち顔を抗《あげ》て曰く、今吾が東方、何ぞ武斷に足らざる所あって周礼之灋《ほう》を假ることをせんや」と。

中国と日本の歴史を記し、政治と学問の分離・為政者たちの学者への軽蔑という共通の課題を示して、「弘道館記」は云う。「学は文武を分つこと無く、古今を異にすること無く、華夏〔唐土〕・神邦〔日本〕を隔つ事無し」。「周礼之法」は、古代中国の教えであり「人倫」の根本である。いま人間として「人倫」を外にして政治を行えば、「禽獣」とならない方が稀である。「人苟も禽獣たらずと欲せば、則ち學を舍て将た何にか由らん」。人間であろうとするならば、学ばなければならない。「其の書は則ち六經語孟、其の教は則ち孝悌忠信、其の治具は則ち禮學刑政」である。

以上のように、藩校弘道館創立の立役者古賀精里の政策案と「弘道館記」の内容を検証した結果、創設時の佐賀の「造士」において目的とされた「政教」の機能は、どのように整理されるだろうか。

まず、正邪を弁別するという精里の以前の漢文上書での〈教義上の正統性〉定立は後景に退き、藩校ではむしろ「諸役人」の「風俗」刷新という藩士の〈社会的適性化〉の目的から、「人倫」としての「五教之倫」が説かれ、「学」の「実行」が貴ばれ、「文武之諸科」の修業が勧行されていることが確認できよう。「君臣・父子・夫婦・兄弟・朋友ニツキ親・義・別・序・信」という五倫は、おそらく社会的統合化の根拠というよりも、当時の状況では一般によき人間であることの条件として説かれており、ある特定の統治体系や政権の〈政治的正統性〉の根拠とは見なされないであろう。じっさい、創立時の「弘道館記」を含む記録には、〈正統性〉の議論は、「程朱学」遵守という〈教義上の正統性〉も、藩の統治体系の承認根拠を前面に打ち出した〈政治的正統性〉も窺えない。「士庶」という社会教化よりも優先して、「士」の改造、「士」が担う現実政治と儒学的理想との一致という契機が濃厚であろう。その結果、有用な人材を選び挙げるという〈選別化〉は、「行跡」重視であり、「御実用」役立つ者が優先される。精里によっては、「文武」教育はいずれも「枝葉之事」にならず、学問においては「学詩文講釈等」よりもむしろ「理」をもって「身ヲ修、家國を治」めれば「業も通達」するとし、武においても「免状」ではなく兵術に習熟し「家業」をよく治めることが勧められる。

文武御進方之儀は枝葉之事ニ相成妥《やす》ク候、学問方は理を明ニ身ヲ修、家國を治候、業も通達仕候儀、専要ニ而、博学詩文講釈等之末事ニ而御座候、武は兵威ニ達シ家業を能ク相嗜ミ軍役等不事欠様仕候処専要ニ而仰可免状之沙汰は末々事ニ而御座候、専要之處不吟味ニ而は縦令御家中悉ク博ク学詩文講釈等達シ皆以テ仰可免状専進得候は、夫迄之儀ニ而御実用ニは相立間敷、選士之法等被相立候事は、此度第一ニ御吟味無之而不相叶儀と奉存候。

（「選士法議」）

精里の理想とする「役人・学者一致」した士とは、このように「実行」があり、なおかつ不学で「小智を用候而も大理ニ暗」い役人ではなく、学問により「致事も道理ニ當」り、「道理を能ク吟味」する士人であった。

では、その「役人・学者」が一致した、いわば「儒吏」によってなされ、また期待される重要な政治的行為とは何か。

諫争之風、近代相聞不申、君前は勿論、其役頭ニ對シ候而モ存シ分を申争者は少ク相成、甚タ不好風ニ御座候、御改革等ニ付而は尚又下之情を御通シ被成候は而不相叶候間、君相御諫争を被相好儀は不及沙汰、小役人迠存寄之儀等、直ニ君相へ相達、其役頭へも不被繕申達候様有御座度候、面々之存寄ニ候得は、定而不取繕儀も可有之候得共、右様之処一向御構無ク御聞被成、上下之隔を御除キ可成候。

（古賀精里「時務管見」）

精里が繰り返し指摘するのは、自身が為したように、「役人」が主君に対して「諫争」を行い、政治的意見の「上下之隔」を除くことである。「日本ハ別シテ諫争ノ風ハヤラズ、言路常ニ塞リ、下情上通セズ、是学問ノ道明カナラヌ故也」。まさに「学問ノ道」を明らかにすることによって期待される資質は、役人が「諫争」を行うことである。そ

表 1-1 藩学設立の情勢

	関東	東北	中部	近畿	中国	四国	九州	合計
寛文—貞享（1661-1687）		1			1		2	4
元禄—正徳（1688-1715）		—	2	3	—	1	—	6
享保—寛延（1716-1750）	3	2	2	3	4	2	2	18
寶暦—天明（1751-1788）	2	7	10	5	9	2	15	50
寛政—文政（1789-1829）	15	12	15	20	7	7	11	87
天保—慶應（1830-1867）	14	5	16	13	—	—	2	50
明治元—四（1868-1871）	11	3	7	13	1	1	—	36
年代不明	4	—	—	—	—	—	—	4
合　　計	49	30	52	57	22	13	32	255
藩学の存否不明の藩	4	2	5	2	5	3	—	21

出典）石川謙『日本学校史の研究』（日本図書センター，1977年）263頁。
註記）明治2年現在における総藩数276藩の内，資料欠乏のため，藩学の存否さえも不明であった21藩を除いた，255藩についての調査である。

して他方の統治者には、「私智ニ任ジ」ず「衆人ノ智ヲ集」めるために、「遠慮ナク事ヲ論ズル」こと、すなわち「言路ヲ開」くことを求める（古賀精里「十事解」師傳）。

精里自身が藩主鍋島治茂に「諫争」した全十則の漢文上書には、権道である「非常」政策を実施することが、次のような論理によって促されている。

凡そ物久しければ則ち窮まる、窮まれば則ち変ず、変ずれば則ち通ず、まさに其の変にあたりてや必ず非常之事あり、……閣下之を拯ふの道は、弦を更め轍を改むるに在り、是に於いてか、執にやむことを得ず、しかして陳格を破り舊套を脱するは、非常之舉にあり。[60]

「窮まれば変じて通ず」。『易経』繫辞傳に依拠したこの藩政改革時の政治変革の論理は、後段で確認するように古賀家の思想を一貫する特徴となっている。

藩政を担う人材を組織的な教育機関によって育成するという試みは、寶歴年間、すなわち一八世紀後半以降、各地で、藩校・郷校設立として急激に具体化し始める。[61] 佐賀藩校創設時の「弘道館記」には、「憲廟〔徳川綱吉〕」の昌平黌設置から、「備〔備前藩学校〕・長〔長門明倫館〕・肥〔肥後時習館〕・薩〔薩摩造士館〕・水府〔水戸藩弘道館〕・

米〔米沢藩興譲館〕藩ノ諸黌宮」までの各地の学校が列挙され、藩校設立の際にこれらの学校が念頭に置かれていたことがわかる。(62) 佐賀藩でも弘道館ばかりでなく、小城（小城鍋島家・小城支藩）の興譲館、諫早（諫早・親類同格）の好古館、久保田（村田家・親類）の思齋館が相次いで「建學」された。そして、この「造士」「選士」の課題が、次章で検討するように、天明・寛政年間の松平定信執政下において、江戸の徳川幕府でも本格的に課題になり始めるのである。

第二章　徳川幕府の学制改革
——昌平坂学問所成立をめぐって——

一　寛政の学制改革——柴野栗山「上書」・直参吟味・「正學」

徳川幕府においては、松平定信の主導で寛政期に政治改革が行われている。先にみた佐賀藩での天明期の藩政改革や藩校における組織的な家臣団育成、そしてそこに顕われた、役人と儒者、政治と学問教育という主題は、吉宗の享保年間の改革時には議論されたが、政策実施という点では旗本・御家人という幕臣団を抱える徳川幕府においては他の諸藩にやや遅れ、天明末年から焦眉の政治課題となっていった。この時期にはもはや、享保期の番入り選考実施は実施されていなかった。この期の幕府の学制改革は、どのような思想的問題を内包しているのか。

ここでは、定信による柴野栗山登用とその上書（栗山上書）の実施過程で、幕臣登用の際の学問芸術吟味の施行され、さらにその吟味で基準となる学問を一統する必要から程朱学が正学となり（寛政二年五月）、「正學指掌」（初稿安永八年）の著者尾藤二洲に続いて藩校創設で実績を挙げた古賀精里が幕府儒者に登用される（寛政八年）一連の事情が明らかにされる。その再確認された因果連関のなかから、「政教」が一元化され、その後幕府瓦解に至るまでの学的正統＝「正學」を定める劃期となった、いわゆる異学の禁についての思想史的解釈を試みる。その際には、前章で

図 2-1　柴野栗山（東京国立博物館）

概念定義した、学問所教育における〈社会的適性化〉、〈選別化〉、〈正統化〉〈政治的正統性〉と〈教義の正統性〉を分析に用いることにする。まず、その背景となっている定信の寛政改革の政治的文脈を再考することから始めよう。

（1）柴野栗山「上書」――寛政改革の素案と施行

松平定信（一七五八―一八二九）が老中に就任した天明七（一七八七）年六月以降、幕府は幕臣たちに対して倹約と文武忠孝につき触を発し（六月一五日）[1]、定信自身も「有徳院様被仰出候趣之通相心得出精可相勤旨教旨」（七月一日）[2]を発して、自らの祖父八代将軍吉宗の「享保年中」の治世を理想とする統治の方針を打ち出し、同時に文学・軍学・天文学・武芸の各分野の師範となる者の調査を開始した（七月）[3]。在京の阿波藩儒の柴野栗山（松平阿波守蜂須賀治昭家人、一七三六―一八〇七）[4]が同年暮に幕府に招かれたのは、このような方針下での師範調査の結果であったと考えられる。しかし、綱吉の意を受けて加賀藩儒より召された木下順庵（一六二一―九八）や、同じく加賀より召されて吉宗に仕えた室鳩巣（一六五八―一七三四）以来久しく藩儒の昇幕がなく、一藩儒登用は当時としては異例の人事であった。この経緯については諸説あるが[5]、田安家に招聘されて、明和元（一七六四）年から定信の教授役となっていた栗山の「密友」、大塚頤亭《いてい》（孝綽《たかやす》、一七一九―九二）の推挙によると解するのが妥当であろう[6]。天明七年に定信の老中就任に伴い幕府に仕えた頤亭は後に再び田安家用人になるが、栗山の息子碧海の筆になる「柴野家世記聞」によれば、定信とは「一謁之素無」く当初辞した栗山は、この定信に「親信」されていた頤亭からの返書を受け取って幕府出仕の決意を固めたと云う[7]。

天明七年一二月二六日に京都を発し、翌一月一六日に幕府御儒者に召出された栗山は、同月二四日に老中定信と謁見している[8]。その後、定信は将軍補佐に就任（同年三月四日）するが、栗山の献策「栗山上書」は、この年初めに、定信によって改めて参照されたのではないだろうか。上書自体は、寶暦一三（一七六三）年、栗山が二八歳のときの執筆と推定されているが、その経緯については依然不明である。しかし享保時の「御仁政」を理想とする定信が、栗山の招聘を機に、同じく「有徳院様の御代」を範とするこの上書に注目し、その執筆者の意見を聴聞した可能性は否定できない。本書では、定信の求めに応じ、改めて幕政改革の参考に供せられた政策案と推定して、以下議論を進めたい[9]。じっさい、いわゆる寛政の改革とは、定信がこのようにして招致した柴野栗山の「上書」のうちから諸案を策定し、施政に次々に具体化させていった政治改革であったとみることもできる[10]。寛政改革の思想史分析は、従来それを遂行した松平定信の著作を検討することによってなされてきた。幕府の決定権と執行権に圧倒的な影響力をもった老中定信の思想分析、あるいはまた当時施行された政策全体を取り上げ、その中で一つの政策（たとえば異学の禁）の位置付けを行うことによる思想史的究明、それらの意義を認めることに吝かでないが、ここでは儒者の政治参与という視点から、室鳩巣の「献可録[11]」にも比される儒者柴野栗山の上書の内容を検討し、さらにその政策提言と幕閣での決定を経て施行されたじっさいの法令との関連を明らかにしたい。勿論、実施された政策すべてがこの一つの上書に収斂し、包摂されると極論するつもりはない。寛政改革の推進者定信と彼を補佐した知識人たちとの関係では、大塚孝綽（「救時策」天明七年一月）の他に、「下駄屋甚兵衛書上」（天明七年六月）、小普請組植崎九八郎の上書、懐徳堂の中井竹山「草茅危言」（寛政元年冬）、越後流軍学者「山下幸内上書」が指摘されているが[12]、先行研究では柴野栗山とその上書は本格的に取り上げられたことがない。しかし、改革素案は、「密友」の仲介により定信と近づき、思想上の親和性をもつが故に請われてブレーンとなった一儒者のそれに多くを拠ること、決して老中自身がある政策に関しては具体的政策の発案者だったわけではないこと、しかもそれは荻生徂徠の『政談』を部分的に参照されたものであったことの蓋然性が以下に呈示されるであろう。この全二三条[13]から構成された上書で、栗山が提示したのは、次のような諸点であった。

栗山上書の概要　「天下を御治め被遊候には、恩威と申二ツに越候儀は無御座候」(第一条)。車の両輪の如きこの「恩」「威」を「天下中の人民」に施すことこそが「政道」の要であるとする柴野栗山は、その上書の中で、まず(1)幕府直轄地の代官の地方行政に、次に(2)幕府の対譜代大名・対旗本(幕府の行政官)のそれぞれに、文と武の両面、すなわち(2)-ⓐ「文徳」としての「恩徳」と(2)-ⓑ「御上の御威光」としての「武威」を発現させる政策を提言する。

(1)「君は舟、民は水」との比喩を用いれば、「民の風波起り申候は、下情が塞り候故に御座候」。その「上下隔断」を絶ち、「下の事を上へ御開被遊候事」(第二条)が社会秩序維持の課題である。栗山がまず第一に想定する政治主体は、「只今上の御為に萬民を治め」る「御代官」である。代官は「天道」より「将軍家」を介して統治委任されているが故に、道理を曲げ、無辜の民を罪ある者として罰する「冤民」を生んではならない。「萬民に理非を立遣」すためにも、為政者には天下統治にあたって「下情《かじょう》に通じる」ことが要求されている(第三条)。しかし、庶民の実状を把握する必要がある代官の現状は、ただ年貢取納め役に終始し、小案件でさえ自ら公事訴訟などの裁判をなさず、江戸の勘定奉行・町奉行へ取り次ぐだけである。しかも、江戸に生まれ育ち田舎へ足を踏み入れず、その日常も熟知していない彼ら奉行職に、民の理非をすべて正すことは不可能であり、「冤民」の発生も避けられない。このような事態打開のために、栗山は具体的な三つの行政改革案を提示する。まず①上記のような年貢取立て役に堕した「代官の御心得違」を正して、本来の統治任務を遂行させる。そのためにも現行の三百—五百石の旗本が勤める代官職を、より重い政治責任を担い得る三千石以上の身分の者とし、現行程度の者を添役として三・四名任命するべきである。彼らには必ず任地に在住させ、軽度の裁判は在地で行い、江戸には年末に一括報告させるようにする。また番衆・使番からの人物を選んで実状把握のために代官領を巡見させる(第五条)。次に②新田開発の際には、入念な「地形の利害」に関する事前調査を行うことを義務づける(第六条)。そして③年貢取立てに関しては「御物成定免」法を導入し、現行の毎年の出来高に比例した「見取」を見直し、田地一反毎に取立て量を予め定め、余剰収穫分は百姓の「徳分」とさせる。このような方法によって、萬民の農業に対する勤労意欲を喚起することは、「天道より御預りの人民」

「天道の御心にも叶」うことである（第七条）。

栗山上書の前半を占める以上のような地方行政改革は、決して彼独自の政策案ではなく、かつて荻生徂徠が吉宗に献策した政策に依るところが少なくないと思われる。じっさい、栗山はこの上書末尾で盗賊対策として挙げた人別帳・道切手・十家牌の三つの策の内、前二者は徂徠『政談』（「戸籍」・「路引」）に依拠することを割註に記し（第二三条）、執筆時に徂徠の政策論を参照していた。[14] 具体的な政策面で徂徠の『政談』と親和性が見られるのは、そのほかに、より上位の旗本への代官任命・任地在住などの代官職改革、知行所在住・後述の国持大名所替・「様々ノ難儀苦労ヲスルヨリ生ズル」「智」の問題などがある。

(2)栗山上書の後半の内容は、対象を代官から、譜代大名と旗本に移して「恩威」の施し方が論じられる。「恩威」の内、一方の「日々に虚」になりつつある(2)-ⓑ「御威光の正味」とは、栗山の理解に従えば、天下万一の場合に忠義を尽くす譜代大名と旗本の面々である。その前者が「年々貧乏」になり、後者も「皆游興に耽り、武藝不嗜」「懦弱不埒」となっていることに「御威光」失墜の原因がある（第八条）。この事態に対して、栗山は、まず、①奢侈、②米価下落、③国替え、④賄賂、⑤参勤交代従者の人数という、大名の経済的困窮の五つの要因とそれぞれの対策を示し（第九―一四条）、次に旗本の風儀改善のため「武の教」「武藝」に関し、①番入り選考の際に「篤く武藝の御見分」を行うこと、②「兵學」（「軍學」「御陣立の御手配」）出精を促すという、二つの提案を行っている（第一五―一七条）。

「恩威」のもう一方の(2)-ⓐ「文徳」としての「恩徳」は、学問・教育が果たす政治的役割にも通じている。「人の智恵開申候物は学問程結構なる者は無御座候」。しかし、「唐人の真似」をして「詩文章」を作り、あるいは自ら講釈をするのは、「隠居や楽人の慰に仕候風雅様の上気學問」であり、為政者にとっては「御政道の御邪魔」になるのではないか。このような「御役人衆」からの批判に応え、徳川吉宗・徳川光圀・保科正之・池田光政の名を挙げて栗山は云う。「人君」にとっての学問とは、治国平天下に関わる政治の学である。「人君の本道の御學文と申すは」「國天下を御治め申候事を御學び被遊候事に御座候」。しかも、「天下に學者は大勢御座候得共、此筋をよく呑込候ものは餘り多くは無之」、わずかに新井白石・室鳩巣・熊澤蕃山・中江藤樹・山崎闇齋・伊藤仁齋・東涯父子だけである（第一八条）[15]。しかし、彼が「天下の智をかりて天下を治る」と述べるとき、その智者とは、いわゆる「學者」や「奥儒者」の任命ばかりを想定しているわけではない。「物をいはせて、夫を取り撰び政道に用ひ」るのは、「下の者」たちの政治的意見も含む。

では、身分制秩序社会の為政者にとって被治者ともなる「下の者」の意見や視点は、なぜ必要なのか。被治者の意思は彼ら自身が最もよく熟知している。「下の人情は下の者が能存居申候」。したがって、舟を漕ぐ為政者は、転覆させられないためにも水中の庶民の声に耳を傾けるべきである。意見広聴の政治的効用をめぐって一般的に考え得る解答はこのようなものであろう。しかし、それにもまして栗山が強調するのは、「卑賤の者」「下の者」が経験的に有する「實智」の能力である。すなわち、彼によれば、大都市江戸に生まれ育った諸役人よりも、多難の荒波をかぶった「下の者」の政治的視点が優れるのは、彼らの人生経験とそこから獲得された智恵、「實智」ゆえである[16]。

歴々の左様御尤の中にてそだち申候物は、多くは人情にうとく萬に気の付不申物、卑賤の者は艱難にそだち、ういめにも数ケ度合申候て、身をこなし心を砕き申物故、古より卑賤の者に智者賢者は多き者に御座候。（第二〇条）

下の者は幼少より艱難にそだち、酸きも甘きも呑込居申候者故、五年も十年も先の事を見抜て申上候事に御座候得ば、當分は廻り遠き馬鹿らしく聞へ候得ども、行末御上の御為天下の御為に相成候事多きものに御座候。（第一九条）

賤しき者の幾多の「艱難」を嘗め苦渋を重ねた経験に裏打ちされる「実智」は、人間のさまざまな感情に通じ、社会事象の機微を察するに優れるだけでなく、ときに「五年も十年も先の事」を見通す先見眼を有し得る。かつて室鳩巣の献策によって吉宗が導入した目安箱（享和六年八月以降）も、今や「町人百姓のみ」しかその「訴状箱」に書を投じない有り様である。階層社会の上下間で塞がった「言路を開」くことは現今の急務、したがって武士においても身分格式に関わりなく下から忌憚なき「諫言を御取上被遊候が人君の御学文の第一」なのである。

「下の者の上へものを申出候道筋を付置候て、下より何事によらず、よしあしを申出させ候て聞きたまひ、よきに随ひ悪きを改め申候事を人君の一大事としたまひ候事に御座候」。「何卒此以後、大名・籏本・御役人・寄合・小普請・御番衆・御家人・陪臣・浪人の差別なく、御政道の事にても、御上の御身持の事にても、文武にかゝはらずよしあし利害存付候事御座候て申上候者は、存念無残可申上旨、被仰出」。（第二〇条）

この認識に立脚すれば、絶えず御上の顔色を覗い、周囲を見計らって「左様御尤」と申者ではなく、自らの道義的確信に基づいて「御上の上意等もかまひ不申、あしきと存候事は存分申上候もの」こそが「忠義の者」と呼ばれる。「人君の天職」とは、また、このような人物を「見立」て「御役儀」仰せ付けることにある（第一九条）。

これらの「人君」の学問とその使命に対応して、続いて述べられる他方の旗本への「文徳」も、その学問と人材選挙に関わるものとなっている。何のために旗本に学問をさせる必要があるのか。「御上へ忠義を奉存、親へ孝行仕、妻子兄弟睦じく、中間合は親しく、身持律義に為致候事」、そのような「仁義忠孝」の「御教」のために、「先学文を致させ候よりよき事」はない。それは、単に読書や詩文章作成をすることではない。ましてや学問的な真理追究のためではない。旗本の面々に「学文はよき物、聖人のゝたまへる事は背かれぬと思ひ込候様に」仕向けることが目的である（第二一条）。つまり、いわゆる五倫を身につけさせる手段としての「学文」奨励といえるだろう。

栗山の場合、学問と政治の関係は、対象者によって異なる。すなわち、彼は、一方で「人君」の使命として下からの「實知」にもとづく「諫言」許容や「言路洞開」の必要を主張しながら、他方で旗本教化については「忠孝」精神の教育を説く。後者の旗本にとっての学問の意味に限っても、専ら統治者の「恩徳」として、旗本の「忠孝」倫理涵養の道具となっているが、これは前章でみた佐賀藩儒の古賀精里の「選士法」の学問観、すなわち藩役人が不学で「小智を用候而も大理ニ暗」いことを憂え、学問によって「致事も道理ニ當」り「道理を能ク吟味」することを求めたこととは明らかに趣きを異にする。

じっさい、栗山が旗本教育の手段として「上書」であげる方法は、徂徠が批判した「四書・小学等の講釋」である。それは、耳から「講釈」を聴かせ、それによって五倫を修養させる方法である。つまり、目安を読むばかりに堕した評定所儒者を吟味の上で改編し、また新たに旗本の内より「講釈して人を教える器量ある」ものを吟味採用して教授役とし、「城内」ばかりか、番方には「番頭の宅」、その他の者には「昌平坂聖堂」で「先御役人を初て御番衆・小普請様の者迄も講釈を聞かせ」るようにするならば、「先一通り御旗本の面々忠孝の有増をも呑込」むだろうという。

人君の「見立」に対応した、幕臣の人材登用についての栗山の意見は、現行の選考が、老中宅に五〇―一〇〇名を召集してただ「男振・立居・振舞・言語・応対の見分け」によって行われていることを踏まえた上での改革案である。すなわち、人材薦挙には、組頭による組子の人物把握、さらにそれに基づき上へ芸術達者な者を「書出し」申し出させた調査結果を用い、人柄優れた「忠孝の者」には格別に御役・格式を仰せ付ける。また逆に、不埒な幕臣には注意を加え、更正されない場合には申し出に従って御仕置をなす。そのようにすれば、「立身」を願う旗本は先を競うようにして自らの「身持芸術」を磨くであろう。

「何卒此以後御役人・御小姓・御小納戸等の御吟味には」「兼てより其組々の頭分へも御尋被成、其平生の人柄並芸術等篤と御吟味被成」「御旗本の面々は立身の程は、御刀向対客より手前〳〵の身持芸術を嗜申候が早きと合点仕候て、上より不被仰付候ても、我がちに学文等励み、人柄相慎み可申と奉存候」。（第二一条）

さらに、「御記録所」を設けて、政務・規式・寺社などそれぞれに「先格の詮議」を整理記録保管するならば、業務の一貫性が人事移動に際しても「政務の古格」として継承されるばかりでなく、それらの幕府の編纂物は、記録化される後代への公的な記憶となり、「名誉を惜」む人びとの心を駆り立てるであろう。なぜなら、「名誉と申物が却て賞罰よりは人の心を励し候もの」であり、「人々名をだに惜み申し候へば上へ不忠は不仕」、上への忠誠心を増すであろうからと栗山はいう。

「人の心を引立候には、平人は賞罰にて参り申候へ共、少しも志御座候者は、名誉と申物にて無御座候ては参り不申候」「天下を御治め被遊候には、此人の名誉を惜み申候心を御そだて被成候が第一の事に奉存候」。

(第二一条)

栗山上書と松平定信　およそこのような内容をもつ政策案が、幕府の寛政改革に生かされ、あるいはまた栗山自身も政治参与するとして、当時の幕政の政策形成と決定過程には、どのような形での関与の可能性が考えられるだろうか。のちにみる儒者の政治参与の可能性を考える上でも、ここでその政治過程を確認しておきたい。

この松平定信政権以降には、明らかに幕政の政治権力構成の変化がみられた。すなわち、将軍吉宗—御用取次側衆—老中列座—評定所一座(三奉行)という享保期の将軍専制的な権力構成から、続いて将軍家重の側近として権勢を揮い、寶暦から天明期の幕政の主導権を握った老中田沼意次の政権へ、その後を承けた行政機構を直接掌握する老中主導の松平定信政権へという展開である。そして、特に定信時代の政治形態では、主な特徴として、担当老中が交代で専断する月番制から、「衆議之上」で政策決定する閣議制への移行が知られている。定信の記すところによれば、「定例」事項は各「筋々之評議」に委ねられていたが、一般的に諸役所から建議される案件は、老中同列それぞれが一つひとつに対して「所存を書き付け」、その添えられた評議書が「同列に廻」され、回覧を経て老中内で「くりかへし評論し、さまぐ\にいひやひ」が為され、この老中合議を経て決定に至った。初出案件の場合は、裁定前に「上覧に入」れ、将軍の「上旨」が伺われ、さらにまた「論談」されて施行された。「いさゝかの事にても、獨斷してうかゞひし事はなかりし也」と、定信が述懐する如くである。このような閣議では、「おのぐ\評定して奏」した案件でも、「衆評」が決しない場合には当然却下された。重大事に関しては特に、老中ばかりでなく、若年寄や目付・三奉行(寺社・町・勘定)らへも諮問されて、「奉行へ度々下、いくたびかし直し定め」数度に及ぶ審議を経た上で、閣

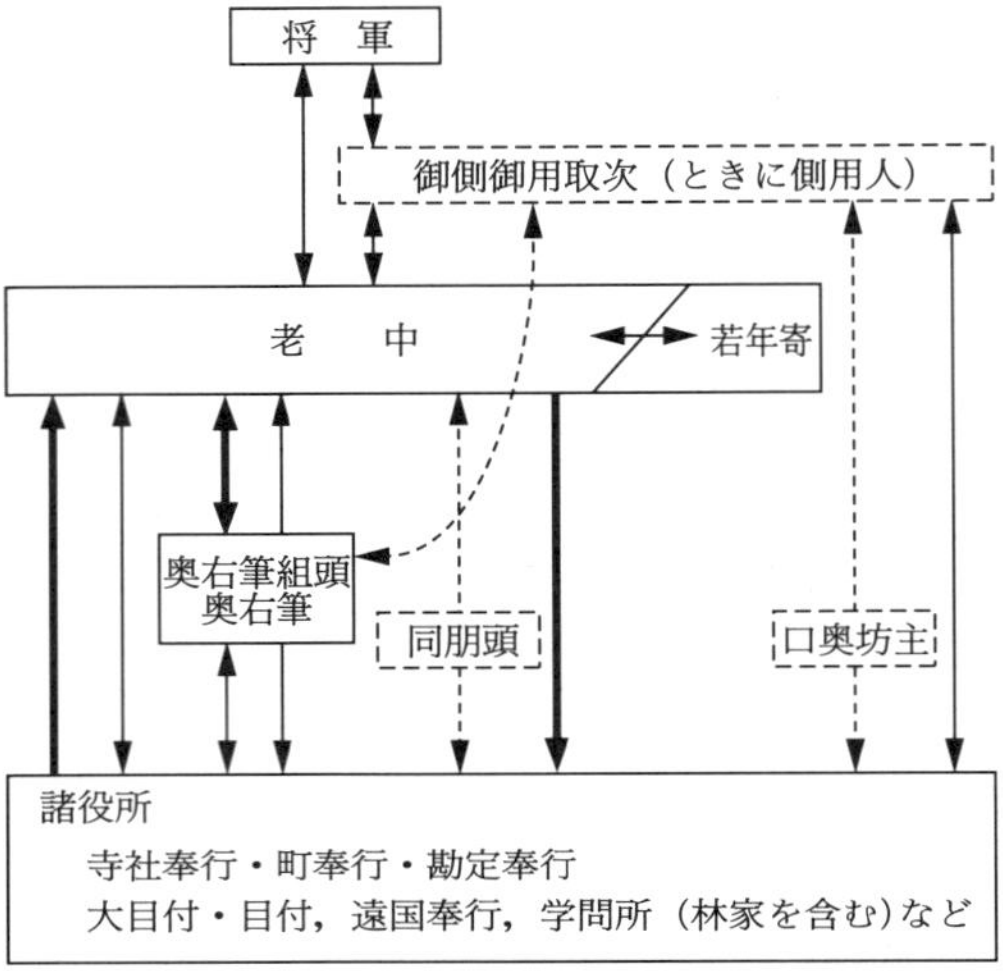

図 2-2　徳川幕府の政策決定過程

註記）矢印の太さは文書伝達の頻度を反映する。

議決定されている[17]。

このような定信政権で、政策決定過程にもし儒者が直接的に関与する余地があるとすれば、幕政の重要案件で個別に諮問を受けて意見具申する場合と、例外的に老中の政策担当顧問となる場合に限られるであろう。

老中の松平定信には、将軍補佐の重責を負い「ひるとなく夜となく天下の事に心を配」っていた[18]天明八年初夏（四月）の序をもつ「政語」という著作がある。「天明八年、〔定信〕公年三十一、将軍輔佐トナラレシ頃ノ著」であるとされるこの書は、弘化年間に定信の侍臣田安親輔が著した著述目録一巻には載らず、明治期の定信著作集『樂翁公遺著』で新たに収録された。編者江間政發は、「或ハ大政ニ關スルモノアルヲ以テ、草稿ヲ家ニ留メラレサリシ故ナラン」と判断し、新収録の幕政参与中の著作「政語」「燈前漫筆」「庶有編」「物價論」の四篇は、「幕府ノ秘閣ニ遺存スル所ニシテ傳來最モ正確」であると解している[19]。これらの著作の出所と、『遺著』編纂の際には松平家秘蔵で未公開だった自叙伝「宇下人言」[20]の記述[21]から推測すれば、「政語」は、政治改革にあたって定信が自らの政策方針を綴って御用部屋の簞笥に収めた著作群の一つであると考えられ、先行研究でも寛政改革の施策との関連で論じられてきた。しかし、上述の儒者柴野栗山の上書と、全一三則から構成される定信の「政語」（「政教の源を論す」「孝は徳の本たる事を論す」「國を豊かにし風俗を厚うする事を論す」「人君の徳倹素を本とするを論す」「政の本は食にある事を論す」「人君過をあらため諫をいれ給ふべき事を論す」「財用の道を論す」「儲積を備ふる事を論す」「廣く儲積を設くる事を論す」「租税を銀にて納る事并に利を貪るの害を論す」「新田開墾の事及び賢才に任ずるの法を論す」「風俗をたゞす事を論す」「後世富民の子錢をかりて國用を助くる事を論す」）の内容面での類似性をどう考えたらよいのだろうか。

定信と栗山の関係について確認出来る事実は、①天明八年一月二四日に謁見して以降、定信は栗山を「屢々第に召見し、時に又た手書して問ふ所有り」、終生信任が厚かったこと[22]、②本書での推定によれば、栗山上書が同年一月下旬より、それが載せる諫言取り上げが未だ実施されていない三月までには定信の参考に供せられ、他方「政語」は同年四月の序をもつこと、③定信が政策決定する際に「御儒者へたづね」た事例が決して少なくないことなどである[23]。これらから推して考えれば、両者が政治思想において親和性をもったという以上に、栗山は老中直属の諜報担当水野爲長とは別に、定信の重要な政策顧問の一人として迎えられ、その上書は定信の政策覚え書「政語」執筆に先行し、さらには「政語」は栗山の助言と思想的影響下において執筆されていると推測する可能性にも開かれている。

いくつかの臆測を含まざるを得ないが、その有意性を確かめるためにも、「政語」に載らない政策の施行の有無に配慮して、「栗山上書」を改革政治との関連で追跡してみよう。

栗山上書施行の検証　「栗山上書」の政策採択・実施過程を、「文恭院殿御實紀」[24]と『徳川禁令考』[25]を中心に、寛政年間まで検証するならば、定信の将軍補佐就任（天明八年三月四日）から老中御役御免（寛政五年七月二三日）の約五年間に、代官を所轄する勘定所の諸役人に達せられた諫言の取り上げ（天明八年三月）[26]を嚆矢として、漸次施行されていったことが確認出来る。御番衆・御使番の内より人物を選び代官領を巡見させた使番・番士諸国巡視（天明八年四月一日）[27]、代官[28]ばかりでなく役方への心得達（四月二三日）[29]、米価下落に対する「米直段之儀ニ付觸書」（七月）[30]。翌寛政元年には、常平倉法に関する「囲穀之儀ニ付御觸書」（寛政元年九月一七日）[31]、「囲米之儀被仰出」（寛政元年九月一七日）[32]、「置籾囲米制」（寛政二年七月二七日）[33]、「米穀之儀ニ付觸書」（寛政二年）[34]、「江戸市中囲穀積金制」（寛政三年）[35]が触れられる。また、奢侈対策としては既に倹約令（天明七年八月四日、一〇月一日）が発せられていたが、奢侈禁制

（寛政元年三月一五日）、「質素節倹之儀ニ付御觸書」（九月二六日）[36]、倹約令（寛政二年九月一五日）が続き、さらに盗賊対策として栗山が挙げた人別帳、道切手については、「人別改方尋」（寛政元年二月）[37]、「道中往来法度」（寛政元年三月二九日）[38]、また後に「盗賊之儀ニ付御触書」（寛政三年四月一五日）[39]が出されている。

また、先例・古格の円滑な継承を企図した栗山の「記録所」設立の提案は、奥右筆見習の創設[40]に繋がるばかりでなく、御用部屋の記録保管、公文書の引き継ぎによる組織（寺社奉行・大目付）の内部的整合性の保持[41]、そして各種の幕府編纂物となって結実する。奥右筆所詰編纂の「藩翰譜」（文化六年完成）[42]や「寛政重修諸家譜」はその最たるものである。後者は、寛政元年一一月に万石以上、寛政三年五月に万石以下の編纂が達せられ[43]、その後も寛政以後諸家譜編集は継続され（寛政一一年一月一五日）[44]、諸家に系譜の提出が再令されている（寛政一一年四月九日）[45]。また、上書中で栗山は鎌倉時代の日記所の「東鑑」にも言及していたが、自身「國鑑」編纂を仰付けられ（天明八年一〇月一〇日）、それは後に学問所儒者尾藤二洲によって引き継がれることになる。さらに後れて、いわゆる「徳川実紀」編纂[46]が、大学頭林述齋の建議（寛政一一年）により彼の総括のもと奥儒者成島司直を編集主任格として開始され、その作業は後に昌平坂学問所に引き継がれている[47]。吉宗の「御触書」編纂は失墜した幕府の権威回復の政治的意図を含んでいたが[48]、定信執政下で開始されたこれら右筆・林家・奥儒者・昌平黌儒者を編纂掛とする記録史料の編纂管理[49]にも同様の意図を指摘することが可能である[50]。

賞罰厳明に関しては、栗山招聘以前より広く実施されていた。だが、この時期の特質は、それが後代への伝承記憶として「名誉」の形で、あるいは恥辱として、このような幕府編纂文書に記録されるようになることであろう。「續徳川實紀」に拠れば、褒賞については、上杉鷹山の治蹟褒賞（天明七年三月一五日）という大名の褒賞のほか、幕臣たちの行跡者に対して身分に応じた金・時服・銀などの下賜という行賞の事例は枚挙に遑がない。他方、旗本・御家人の処罰も少なくなく、懲戒を受けて御前をとどめられるばかりでなく、罷免・格下げ・逼塞が行われ[51]、時には遠流・遠島にまで及ぶ[52]。また天明七年一二月からは孝行者の褒賞が実施され、孝行者[53]や奇特者の褒賞[54]も記録として編纂され、出版頒布された。昌平坂学問所編纂の「孝義録」[55]（寛政一二年八月二九日）[56]がそれである。しかも、幕府の学問所ばかりでなく、信州上田・仙台などの諸藩儒たちも「孝民傳」「異行傳」編纂により孝行者の表彰を通して民衆への教化を行うようになる。[57]

人材選挙問題　「栗山上書」に盛られたこれらの政策の実施のなかで、後述の寛政異学の禁の問題とも関連し、徳川後期の「政教」問題の決定的契機となったのが、選挙（選士）つまり有能な吏僚の〈選別化〉問題であった。[58]栗山の指摘を俟つまでもなく、幕府においてもまた家格世襲制の歪みは「遊興に耽り風儀不埒」な幕臣たちに顕著に現れていた。結論を先取りして改革の成果から確認すれば、この時期以後、人材薦挙は明らかに変化した。「續徳川実紀」によって、両番・大番・小十人組（さらには勤番・表右筆）への召出記録を調べてみるならば、その番入りの選考理由として付記されているのは、第一に「文學」（「學問」「問學」）、第二に「軍學」、第三に「武藝」（「武技」「藝技の出精」）、第四に「父親勤勞」（「父の勤功」「父の蔭」「父の年勞」）、そして例外的に誰々の推挙であり、それらが複数の組み合わせ、あるいは一つでも評価の対象となって番入りが認定されるようになったのである。[59]

幕府でも享保九年より、番入りに際しては、父親の勤続年数や自身の「藝」による選考制がとられていた。しかし安永年間の前半から一〇年以上も実施されておらず、[60]その間は、多勢の候補者を老中宅に一堂に集めた「男振・立居・振舞・言語・応対」による「見分け」が続く。このような人選が続けば当然、人事に関して金銭授受が頻繁に行われたことは想像に難くなく、また旗本子弟の武芸鍛錬の意欲も萎靡せざるを得ないであろう。定信による改革は、かつての客観的な基準による公正な番入選考を復活させ、新たに試験制度である学問の吟味を任官の基礎審査に導入したことにある。老中就任早々に「文武の藝」[61]、師範役の探索を開始し、林家による聖堂講釈の聴講を促した定信[62]には、おそらく各地の藩校で実施されつつあった「文武」による家臣吟味や試業が視野に入っていたと思われる。じっさい、「栗山上書」にも見られるように、一方の武の面では、「御上」の「御苦労」によって次第に武芸修練の気風が

図 2-3　素読吟味図

旗本の間に興り[63]、将軍の武芸上覧も行われるようになって確実に成果を生みつつあった[64]。上覧は番士や小普請による大的や騎射だけであった。しかし、騎射だけではなく、「栗山上書」の提案に載る「鎗術・劔術・弓馬夫々」の吟味や番入り後も武芸上覧させて武道出精を促すという記述と符合するかの如く、特に寛政三年一〇月に「鎗劔柔術上覧并御見分ニ付達[65]」が発せられて以降は、上覧武芸の対象と内容が拡大し、布衣以上・以下の諸役人や寄合たちも含めた「武技」「弓馬」「砲術」「鎗術[66]」吟味が実施された。

また、栗山のいま一つの旗本の武に関する提案、旗本の「大身者」が特に「智者」として「陣立」手配が可能となるよう「兵學・軍學」に出精するようにとの要請は、具体的に何の兵書が、いかに学習され、どのように吟味されたか詳細は不明だが、結果から確認すれば、これを期に「軍學」も番入り選考の一項目となったのである。

他方、「文學」については、当初からの「文武の藝」「文武の道」の督促にも拘わらず、武に比べて具体的な吟味の方針決定とその実施は遅れている。享保九（一七二四）年以後設けられていた番入り選考制度が、その後十分に実行されなくなっていたことを励行させるために、定信は寛政元（一七八九）年七月に、父親の勤続年数・武芸・学問・人格を吟味して、幕府の役職に召し出す番入り選考制度刷新の通達を出した[67]。翌二年三月九日に、武芸吟味についての具体的な番入願の書式が達書されていたが[68]、学問吟味についてはこの年には発されず、正式に願書形式に武術と学問とが達せられたのは、寛政五年四月二八日であった。[69] 推測するに、多様な流派が存在したにも拘わらず、一方の武芸の外型の視覚的判断基準は統一せずとも単純で誰の眼にも明瞭であり、「芸術見分」においては、三月九日の達書の如く「何派何流」「師範の名」さえ記せばよかったのに対して、[70] 他方の学問については個々人の思想特性を反映して、各種ある学派から共有できる標準を設けることも、また特定学派の吟味基準に一統することもできなかったからではないか。近年の研究でも指摘されたが、[71] 定信の君側にあった水野爲長が「よしの冊子」寛政二年二月一五日の条が記すところによれば、このような中から当時幕府に「正学」を示す要求の声が挙がったとされる。「此節学問被行候へ共、学問の趣意も不辨、只騒立候ものゝミ多有之候ニ付、何卒上より学流の御糺し有之、正学ニ趣候様仕度ものとさた仕候よし」。[72] 幕府が、番入り選考の対象となる幕臣の子弟たちが学ぶ聖堂で、朱子学以外の異学の講究を禁じたのは、同年五月二四日である。[73]

このような事実証拠から推定されるように、いわゆる異学の禁という〈教義上の正統化〉主張も、この旗本惣領の番入り選考という〈選別化〉と無縁ではなかった。後に確認するように、この学問一統の達しが出された後、江戸の儒学界は動揺を来たしたが、それにもかかわらず学問吟味はじっさい、寛政四年九月に第一回の学問吟味（寛政三年一〇月一日達[74]）・寛政六年二月に第二回学問吟味（寛政五年一一月二一日達[75]）・寛政九年三月に第三回学問吟味（寛政八年六月二〇日達[76]）と、数年に一回の間隔で行われた。また、年少者を対象とした四書の素読吟味（「童科」）も、寛政五年一一月二九日の初素読吟味[77]のあとは、毎年実施された。[78] しかも寛政九年一一月二〇日には、一七―一九歳を対象とすると改正されている。[79] いずれも財政倹約などの理由で途中中断され、実施も不定期になるが、それでも以後幕末まで継続されることになった。

(2) 異学の禁の思想的分析

松平定信は改革政治を進めるにあたって、たしかに栗山登庸以前の当初より、幕臣官僚の風俗変革という目的のも

表 2-1　〈異学の禁〉関連略年表

天明 4（1784）	天明の大飢饉始まる
天明 6（1786）	8 月　老中田沼意次ら，失脚
天明 7（1787）	1 月 14 日　林鳳潭（林家第 6 代目），没 3 月 18 日　林錦峰，家督（林家第 7 代目）相続 5 月　大坂・江戸で打ちこわし続発 6 月 19 日　松平定信，老中就任 9 月晦日　幕府，諸物頭戒飭（経費節約・人材薦挙）
天明 8（1788）	1 月 16 日　柴野栗山，御儒者就任 3 月　松平定信，将軍補佐就任 5 月　朝鮮通信使の来聘を延期 8 月　幕府，「小普請ノ面々人品藝術可書出置旨達」「人才擇舉諸術奨誘ノ儀ニ付達」 9 月 2 日　幕府，人物採用示諭 9 月　幕府，人物採用文武出精戒諭
寛政元（1789）	3 月　幕府，奢侈禁令発布 6 月　幕府，「小普請ノ者修身嗜藝ニ依リ格式擢用ノ儀達」 7 月 20 日　幕府，諸国の孝行奇特者顕彰のため，「孝義録」編纂を開始。 7 月 21 日　幕府，惣領番入り選考制度再整備の通達「御番入之儀ニ付御書付」 9 月 10 日　岡田寒泉，御儒者就任
寛政 2（1790）	2 月 15 日「正学」開示要求（水野爲長「よしの冊子」十二） 3 月 9 日　幕府，「藝術見分ニ付達」 5 月 22 日　栗山・寒泉，聖堂取締り御用仰付らる 5 月 24 日　幕府，湯島聖堂での朱子学＝正学以外の異学講究を禁じる「学派維持之儀ニ付申達」 6 月「塚田多門上書」 7 月 19 日　幕府，「屬僚薦舉ノ儀ニ付達」 7 月　幕府，「部屋住御番入之儀ニ付御書付」 7 月「聖堂諸生 越中守殿江差出書面」 9 月 24 日　幕府，旗本御家人等倹約及文武奨励
寛政 3（1791）	9 月「〔林大学頭錦峰？〕申上書」 9 月 21 日　尾藤二洲，御儒者就任 10 月　幕府，「鎗劔柔術上覧并御見分ニ付達」
寛政 4（1792）	古賀精里，昌平黌での経書講義 8 月 16 日　昌平坂学舎，造営成る 9 月　聖堂で第 1 回学問吟味，実施
寛政 5（1793）	3 月 2 日　林錦峰，歿 4 月 28 日　幕府，「御番入願之儀ニ付達」 7 月 9 日　林述齋，家督（林家第 8 代目）相続 7 月 23 日　松平定信，老中御役御免 11 月 21 日　聖堂学問吟味につき，学問奨励の令発す 11 月 28 あるいは 29 日　聖堂で初めて 15 歳以下の者の素読吟味実施（経童・童科）

寛政 5（1793）	12 月 16 日 林述斎，大学頭就任 ＊「寛政五年昌平黌日記」（国立国会図書館 829-18）
寛政 6（1794）	2 月 第 2 回学問吟味実施 10 月 18 あるいは 15 日 幕府，節約令の期限を 10 年間延長 12 月 素読吟味実施 12 年 22 日 寒泉，常陸代官となる
寛政 7（1795）	5 月 8 日 山上定保（寛政 6 年学問吟味 甲種及第），儒者見習就任 5 月 16 日 成島司直，奥儒者見習就任 9 月 聖堂における 15 歳以下の童科につき試験書名申渡 10 月 素読吟味実施 ＊「寛政七年十月素読御吟味私記」（国立国会図書館 829-20）
寛政 8（1796）	5 月 28 日 古賀精里，御儒者就任 10 月 素読吟味実施 12 月 栗山，薩邸において謝恩使琉球人鄭章観・蔡邦錦と交流 ＊「寛政八年公事私記」（国立国会図書館 829-21）[1)]
寛政 9（1797）	2 月「尾藤約山学校之儀存念書」 3 月 第 3 回学問吟味実施 10 月 12 日 栗山，西丸奥儒者就任　精里，聖堂取締を命ぜらる 10 月 素読吟味実施 12 月 1 日 湯島の聖堂・学舎の管理を林家から幕府の直轄に移し，学問所と改称する ＊「寛政九年公事私記」（国立国会図書館 829-22）
寛政 10（1798）	2 月 7 日 松平信明，聖堂再建総奉行となる 12 月 素読吟味実施
寛政 11（1799）	6 月 講堂及び尾藤宅成る 11 月 22 日 大成殿の棟上，聖堂改築完成 12 月 素読吟味実施
寛政 12（1800）	3 月 29 日 精里，学問所教授に任命（加増 15 人扶持） 3 月 30 日 学問所に幕府の諸士の入学を許す 4 月 精里・二洲「聖堂御改正教育仕方に付申上候書付」 4 月 新講堂にて講釈開始 8 月 幕府編纂の「孝義録」完成 10 月 7 日 頼春水，昌平坂学問所講義を行う（翌年 4 月 2 日まで計 13 回） ＊寛政 12 年閏 4 月 16 日以降の学問所の日記は，橋本昭彦編『昌平坂学問所日記』I（斯文会，1998 年）に翻刻されている。

註 1）橋本昭彦「官学移行期の林家塾昌平黌に関する史料―寛政八年「公事私記」翻刻ならびに解題」（幕末・維新漢学塾研究会編『幕末維新期における漢学塾の総合研究 III（文部省科学研究費補助金基盤研究 (A)(I) 報告書)』1999 年，135-169 頁。

とに、幕臣の〈社会的適性化〉と〈選別化〉の実施を課題としていた。綱紀粛正のための文武奨励と優秀な人材を下から推薦させる促しを重ねて達して、弛緩した諸役の士風を刷新しようとしていた。[80] しかし、定信の寛政改革の多く、とりわけ定信の「政語」にみられない番入り選考と書誌編纂や講釈などの儒者の役割に関する政策原案が、「栗山上書」の実施によって説明されるとすれば、天明八年以降、寛政九年に幕府学問所として確立するまでの昌平黌学制改革の性格づけも、この「上書」との関連から再考される必要がある。[81] さらに、寛政二年五月に発せられたいわゆる異学の禁が、以上のように、一連の改革の中で、幕臣たちの〈社会的適性化〉と〈選別化〉の必要から因果的に説明されるならば、(1)学問奨励の目的と方法や(2)「正學」選択の思想史的な解釈をめぐる従来の通説も、いま一度その観点から捉え直されてよいであろう。[82]

学問奨励の目的と方法　士風改革と人材の登庸抜擢を急務とした定信ら改革政治の首脳陣の見地に立てば、朱子学正統化という異学の禁は、幕臣官僚養成の教育に何を求めるかという問題から捉えられるであろう。彼らが官僚養成教育に第一に求めたものは、何よりもまず「忠孝」精神の涵養であった。それは、一面では、「御上」に忠勤を励む全人格的な服従・従属性という意味で、徳川将軍家支配の政治体制に対する〈政治的正統性〉の無条件承認を促しているようでもある。また同時に他面では、官吏自身の恣意的行動を抑制するために、〈社会的適性化〉の一要素でもある内的な倫理規範を要請しているとも考えられる。このような背景に、相継ぐ天災や人為的な不祥事によって失墜した幕府の威光を立て直し、その内部秩序を維持するために、幕臣官僚の内なる行為規範体系を確立し、規律に対する彼らの服務能力を陶冶する必要があったことは疑えない。

定信就任後には、「文武忠孝」が繰り返し触れられていた。天明七年六月一五日「倹約并文武忠孝等之儀ニ付御觸書」では、[83]「文武忠孝ハ前々より御條目第一之事ニ候得ハ……」と、また寛政元年九月廿六日「質素節倹之儀ニ付御觸書」では、「別而身持等相愼み、文武之道相勵み節倹之儀心掛、朋友親類等江も心附申談、子孫をも教訓致し、永く家名を保ち、忠孝ニかなひ候様風儀を改め可申事ニ候[84]」と述べられている。

「栗山上書」における幕臣たちへの学問奨励の目的が、君臣・父子・夫婦兄弟・朋友・そして己自身に対する規範を受肉化させるため、経学の崇高性とそれを担保する「聖人」の教えの超越的な絶対性に縛られているという意識を個々人に薫染せしめる点にあることを確認した。栗山はそれを、「城内」「番頭の宅」「昌平坂聖堂」における「講釋」による幕臣全体への啓発感化によって実現させようとしたのであった。定信もまた、学問の目的を「五倫五常[85]」としたが、さらに「君臣父子夫婦兄弟朋友」の「五倫」を「孝悌」に集約させ、「學校」によって「士を養ふの教化」を行おうとした（「政語」第一則）。

寛政二年五月二四日の「学派維持之儀」に関する通達は、林大学頭錦峰とその二日前に聖堂取締御用を仰付られたばかりの栗山と岡田寒泉とに向けたものであった。しかしその四ヶ月後、九月二四日に旗本御家人等に向けて発せられた倹約及文武奨励の通達は、「朱学」一統という〈教義上の正統性〉主張の言及はないが、何のための学問かということを考える点で、これまでになく踏み込んだ内容になっている。

けふ令せらるゝは、近頃旗本の士并に家人等に至るまで貧困に及ぶよし聞ゆ。こは数年このかたいつとなく奢華の風に流れ、衣食住はさらなり。万事結構を盡し無益の費多く、其身の分を忘るゝものすくなからず。よて文武の藝もおろそかになり、子孫の教育もとゞかざれば、遂には士たるの職を失ひ家名を汚す者あり。去し年恩貨ありし上は、わきて心を用ひ質素節倹を旨とし、すべて非禮の挙動あるべからず。こたび厚く仰出さるゝうへは、又札差どもより不法の金かる事あるべからず。采地より不仁の金をとりあげ、身の行を慎み、文武を励み、節倹に心をいれ、子孫を教育し、忠と孝とにかなふやう士風を改むべきむね、嚴に令せらる。[86]

「身の行を慎」む修身、文学学習と武道の鍛錬、節制と倹約、篤実な子弟教育——それらの目指すところは、忠孝に篤い「士風」への改変である。定信の老中就任直後から、改革素案の段階、そして異学の禁発令後に至る迄、一貫して「忠と孝とにかなふ」「士風」刷新が、幕府の学問教育の目的としてあげられていることが判るであろう。

「五倫」や「忠孝」の強調がなされているとはいえ、ここに幕臣の〈社会的適性化〉以上に、社会統合の契機や統治体制の支配の正統化が提示されているかどうかを見きわめるのは難しい。ただし、一つの手掛かりは、この目的と相即した学問の方法に注目することである。

当初の幕臣養成の学問の方法は、「栗山上書」も挙げたように、講釈という形式で行われた。尤も、すでに栗山登庸以前にも林家講釋の聴聞が勧奨されていた（天明七年九月一八日）[87]が、天明七年一月一四日に僅か一二歳で亡くなった林宗家第六代目林鳳潭（一七七六―八七）を継ぎ、同年三月一八日に富田家より養子となって七代目の家督を相続した林錦峰（一七六七―九三）はまだ弱冠二一歳と若かった。栗山以降は[88]、幕府儒者登庸の候補者として立原翠軒・岡田寒泉・中井竹山・頼春水などが噂されたが[89]、結局、寛政元年九月一〇日に講釈に長けた岡田寒泉（小普請岡田龍蔵善隣大伯父）が儒者として召出されている[90]。「栗山上書」の提案に従うように、ただ機械的に目安箱を読むだけで講釈能力をもたない評定所儒者職は翌二年一二月八日に廃されて、その職にあった深尾権大夫元篤・土橋市蔵高堅・阿部左門中正・久保田彦太郎貴孚は小普請に降格し[91]、その後、寛政三年九月二一日に「正學指掌」の著者尾藤二洲（大坂の浪人）[92]、そして寛政八年五月二八日には古賀精里（松平肥前守鍋島治茂家人）[93]が幕府儒者として召出された[94]。儒学の経書講釈もこのように徐々に担い手を増し、城の内外で慣行されたのである。奥儒者職の再興を説いた栗山は、天明八年七月一七日に御前侍講を仰せ付けられて、八月二一日に初めて将軍に進講を行ってより以後毎月六度の進講を行った[95]。後に召された寒泉（寛政二年八月三日以降）[96]と精里（寛政九年一二月七日以降）[97]も、その奥講書に加わっている。「便殿《べんでん》に進講すること月に必ず六次、初め林□□（ママ）〔錦峰〕と、後岡田寒泉先生・古賀精里先生・今祭酒林〔述齋〕先生と、皆交番迭進《てっしん》す、西城〔西朝〕に入りて後、猶ほ廃せず」（柴野碧海「柴野家世記聞」）。一方、幕臣たちの教育機関昌平黌は、寛政四年八月二三日に新たに造営が成り、改めて林大学頭をはじめとする幕府儒者の講書聴講が許可・奨励された[98]。

縷言するまでもなく、この官僚養成の学問の目的と方法は、学問の真理追究を目指して会読による学習を盛行した荻生徂徠やその門人たちとはまったく方向性が異なっていた。闇齋学派にも多用された講釈は、教化対象に向けてある一つの解釈を一方的に講じ、座して黙する聴講者に批判や反論の機会を与えない。他方で、教育方法として徂徠によって積極的に活用された会読は、各自の予習を前提として学友たちと一つのテクストを共に読み、経書の真の理解を目指して、席上激しく討論が交わされた[99]。そこでは、学問の真理の前での対等性が保証され、論争の判定者であった師さえ学生の意外な解釈に驚き学び、師友共なる切磋琢磨の共同作業が展開される。

ただし、さきに徂徠学派の末裔と「折衷学派」の学問を検じたように、会読と討論による学習は、公同の真理探究の目的が見失われるならば、諸説を折衷して解釈の新規さを競うものとなり、時に根拠のない勝手な私見を開陳し、さらに昂じれば討論相手を駁撃し、その場限りの論争に打ち勝つことが自己目的化される。後の徂徠学派・「折衷学派の批判者たちの眼には、むしろこの弊害が同時代の儒学界に色濃く映ったのであろう[100]。踏むべき学習階梯と知的伝統の蓄積を飛び越えて、直ちに経書解釈の独自性を競うことは不可能である。しかも、寛政期以降の講釈聴講者の多くは、学者志望者ではなく、現役幕臣や官僚候補生たちである。彼らには実務上、狭隘な分野を専門知識を手に穿鑿することよりも、良識ある官僚として、万事についての博くかつ浅き理解が求められていたと思われる。

学問所儒学の性格を考える上で重要であるのは、後述するように、初発段階での、柴野栗山の講釈による幕臣教化の構想が、その後、学問吟味の定着と学問所の整備確立に伴って、講釈から会読・輪講へと重心を移行させていくことである。尾藤二洲と古賀精里によって立案された寛政一二年四月の「聖堂御改正教育仕方に付申上候書付」によれば[101]、儒者の教育上の職掌は、「講釋、經書會讀、詩文點削など」とされ、一方的な教化を目的とする講釈のみによる教育は改められている。たしかに学問所がもつ教育と人材育成の目的から学生は教化の対象であり続けたが、知的な訓練を積み重ねれば誰でもが接近可能であるという開かれた学問の性格上、学習熱が武士層に広く蔓延して担い手が多数になれば、もはや真理は少数者の独占物ではなくなる。単に試験対策の暗記に効果的な学習方法であるからという消極的な理由だけではなく、個々人の解釈が問題とされ、それをめぐり相互批評がなされるようになると、会読・

輪講は幕府学問所での学びの中心になっていった。このような学問所儒学の一元的な「正學」から多様な解釈学への展開と、そこでの二つの〈正統性〉の関係如何については、後続の第Ⅱ部・第Ⅲ部で確認されるであろう。

「正學」選択　さて、〈選別化〉という登庸吟味を前提とした上で、吟味項目の一つとされた学問、その正しい基準（canon）に「朱学」が選択された事態は、その決定要因と施行過程を視野に収めて、どのように解釈されるであろうか。

「朱学」の「正學」選択を、老中松平定信の思想と着想に帰すのは早計である。たしかに「教育掛」として定信の思想形成に影響を与え、田安家に仕えた大塚頤亭・黒澤雉岡は共に「程朱の學を修め」ていた[102]。しかし、定信が学派学流にとらわれない学問観を抱いていたことを確認すれば、決してそのような教育者の人的繋がりでは説明されないことは明白である。

> 學文の流儀は何にてもよく候、何の流儀もよき事あり、又あしき事あり候、たゞその人により候事故、流儀せんさくはすべからざることなり、朱子の流をくむものは偏屈におちいり理が過中候、安齋〔ママ〕の流れをくむものつひえは、今の朱學より甚しく陋僻多く候。徂徠の學は文過て惰弱に、しかもせまく候。もと學文は聖人をまなぶ事にて、何の流と申事は決して決して無之事なり。それを文字せんぎ、音義せんぎに、流義を立候は、馬鹿のせんさくに候。何の流儀にても、その學者の行ひ第一に候。
> （松平定信「修身録」天明二年[103]）

このように朱子学・闇齋学・徂徠学、そのいずれにも定信は与していない。「人倫日用の間の道」を「聖人の道」とする定信は、幕政参与中の著作（ただし異学の禁発令後の執筆の可能性もある）「燈前漫筆」でも、「心の曲尺不定」場合には「博聞多識は皆無用不益の長物」と批判し、学問の「流儀」や「博学」よりもむしろ、実践を重視し行為の内実を問う。

> 後世の學者義理を講する事詳かに、議論詩文章みるべく博覧多識稱すべしといへども、其身行をかへりみれば、

今日の人事を卑近にして勤るにたらずとし、庸徳行ふにたらず庸徳謹むにたらずとして、是を謹む者を却て偏屈に狭しといひ、小節に拘ると誇り、みづから淫酒にふけり己を高ぶり人の善をそしり、詩文章に工みにして義につたなきたぐひは、却て無學の人に劣りたる事多し。
（松平定信「燈前漫筆」[104]）

「行ひ」を顧ない「學者」が流派の是非を争論する状況を前にした定信の構想が、直接的な「下流」の思想統制ではなく、政治の「源」を正すことによる遠心的な社会気風の改良を図るというものであったことには、意が払われてよいであろう。天明八年四月執筆の「政語」の序文は次のように記される。

人の行ふべき、之を道と謂ひ、人を道に道《みちび》く、之を政と謂ふ。道なるは先王の自ら行ふ所以なり。教なるは先王の人を教ふる所以なり。後王に至りて政と教とに岐れ、是において先王の教降りて儒者の任となり、先王の道汚る。夫れ教の物たるや、上よりして下る者なり。秦漢以後、道の行はれずして、教下に在るなり。之を川に譬ふれば、其の流れを澄まさんと欲せば、必ずや源による。後儒紛々下流に在りて聚訟《しゅうしょう》す。道其れ行はれんかな。余茲に慨すること有りて、政語十三則を著す。蓋し之の源を澄まさんと欲す。故に論じて下流に及ばず〔原漢文〕[105]。
（松平定信「政語」天明八年四月）

すなわち、「先王の教」は儒者が担当し、「下に在る」事柄になってしまったが、その下の儒者たちが是非を争論する状況が肯定されているわけではない。むしろ上流の「源」であり「萬民の師表」でもある「人君」を正すことによってその徳化を下に及ぼす。「まつりことは則をしへなり」。定信が云う「政教」一致とは、何よりもまず「源」である為政者が「澄」み、正しく「聖人」が立てた「五倫の道」に従って天下を治めることによって初めて、「教」が人民に波及し、帰依するという構造をとる。ここでの問題は「師表」たる「人君」であり、下々の儒者たちに異学の禁を強いて儒学界全体の統制を謀る発想は直接的には生まれない。じっさい「政語」でも、異学禁制や当世学者風俗には一言も及ばない。

このように定信が学問の学統派に対して特に選好を持たず、むしろ流派に固執することの弊害を述べたことを踏まえるならば、政策構想として上からの異学の禁の発想が、彼から必然的に生まれてくるとは思われない。

それでは、朱子学「正學」化の構想は、誰から起案されたと考えられるか。柴野栗山によれば、彼に「学禁を立つるを勧め」たのは、備中鴨方の士、西山拙齋（一七三五―九八）[106]であるという。栗山は大坂混沌社の盟友ではなく、[107]京都では古学派の皆川淇園と親交をもっており[108]、前述上書においても、新井白石・室鳩巣から、熊澤蕃山・中江藤樹・山崎闇齋、そして伊藤仁齋・東涯父子までを代表的な儒者として引くように、治国平天下の政治思想を学問の目的とする者であれば、朱子学・陽明学・古義学であれ、学統は問わなかった。たしかに息子碧海の後代からの回顧によれば、「先君〔栗山〕の先儒に於ける、経術は〔室〕鳩巣を推し、典章は〔新井〕白石を推す」（柴野碧海「柴野家世紀聞」）とされていたが、異学排除を行う程の程朱学信奉者ではなかったことは確実である。

ただし、幕府に出仕した天明八年当時、「近衛右大臣経公」に宛てた「学事意見書」で、中国・朝鮮・琉球などの他の東アジア地域が古学ではなく宋学を採用していることを引き、その視野のもとで「程朱の説の人心にかな」うであろうと記していたことには、注意が必要である。

唐土にても、宋朝の初までは帝王の御學校の教皆古注に従はれしかとも、新注の出來て後は、宋元明今の清朝に至る迄、代々の帝王大臣僉議ありて他の教は禁せられ、只一筋に程朱の教を崇奉せられし事を承り候、……唐土とても程朱の出さりし以前は外に道もなく候得は、古注に従ひ候とも、既に程朱の道開し後は、天下萬世の議論定まりて古注はすたりて候、朝鮮・琉球なとを始唐土を學候國々皆是に従ひ候事は勿論の事にて、朝家の學校皆唐土にならはれたれは、唐土にて改たる事を同く改められん事誠に無我善に従ふと申へきに、あなかちに新注は朝家に用られ候はぬと申事はいふかしくこそ存候へ、誠に程朱の説の人心にかなひ候やらん、藤夫林道春〔羅山〕なんとか唱しより以來、武家地下の人々は一緒に此道になひき候へき、唐土を始め四夷萬國、近くは武家地下迄崇信せし道を、儒家の人々の君に進め奉られさるはいかなる心にやかへす〳〵もいふかしくこそ存候へ。

（柴野栗山「学事意見書」[109]）

状況証拠を重ねれば、定信に信任された栗山が異学厳禁の政策を立案したのは、士風改革の課題という幕臣の〈社会的適性化〉と、〈選別化〉の一つである学問吟味における標準となる学統の必要という条件の下に、西山拙齋の建言が触媒として加わったからであると考えられる。その建言自体は伝存しないが[110]、栗山自身も、菅茶山も、「宜しく朝廷に建白し、異学を厳禁し邪説を峻絶すること、天主教の例に比し、之を令甲に著はし、之を郡国に行ふべし[111]」とまで主張した拙齋の碑文・行状に、次のように記している。

一たび俗に敗れ聖に非らざる之言を聞かば、輙ち世に憤り食を忘れ、辨駁して餘力を遺さず。其れ〔柴野〕邦彦に學禁を立つるを勸め、赤松鴻〔滄洲〕に與せて學術を辨じ、尾藤肇〔二洲〕に名を正して諸書、及び久世郡學佐美俗詩・述感篇・観感篇・反惑歌を與す。是れ其の最も聖を衍《ひろ》げ異を闢《しりぞ》く之功、世道に人心を補ふもの有り〔原漢文〕。　（柴野栗山「故備中徵士西山拙齋翁碑[112]」）

白川侯〔松平定信〕國務を攬《と》り、累《しき》りに文儒を辟《め》し、學政を修整す。躁進者は賤を上げ策を進め、以て登庸を冀ふ。〔拙齋〕先生素より時學の行検を賤しみ時俗の浮靡に趨くを憫ふ。乃ち博士柴〔柴野栗山〕君に書を致し、建言して偽學を禁ぜんことを勸む〔原漢文〕。　（菅茶山「拙齋先生行状」〔寛政一一年[113]〕）

そして、栗山と拙齋の二人を結びつけたのが第一章でみた那波魯堂[114]であったと考えるのは、それ程無理のない推定であろう。一方の栗山は、明和四（一七六七）年八月に蜂須賀重喜に招聘され、天明七年一二月まで阿波藩儒となった。魯堂はその後安永七（一七七八）年一〇月に阿波藩主蜂須賀治昭に招聘されて栗山の同僚となり、病没する寛政元年九月まで阿波藩儒を勤め続けた。もう一方の拙齋は、阿波藩儒となる以前の魯堂の下で儒学を学んだ。これら三人は共に、明和度の朝鮮通信使と交わっていた[115]。先の魯堂や栗山ばかりでなく、拙齋もまた、一国の儒学史ではなく、東アジア儒学全体の中で自らの思想的位置を考えていたことは疑いない。

西山拙齋の建言は、栗山を介して松平定信を動かし、閣議決定を経て、いわゆる異学の禁発令に及んだ。寛政二年五月二四日に林大学頭錦峰と聖堂儒者栗山・岡田寒泉とに申達された「學派維持ノ儀」がそれである。その二日前に栗山と寒泉は聖堂取締御用を拝命していた。

「慶長以来御代々御信用」の学問である「朱學」こそが、林家創設以来の正統な（orthodox）学問の系譜を継承するものである。しかるに「世上種々新規之説をなし、異學流行、風俗を破り候類」が観受けられる。これは「全く正學衰微」に因る。したがって「異學相禁じ」「正學講窮致し」て「人材取り立て」るように。[116] この達しを受けた大学頭林錦峰はさらに、門人たちに対して、「朱學」を「宋學」と言い換えたが同様の主旨を達した。

御当家開学の初、宋学御建立有之候儀、全風俗正敷相成、人材致熟成候様有之御美意に有之候。然処近来種々新奇の学流起、我等門人にも右体の学致候者有之様相聞、今度蒙御察度候段、於我等恐入失面目候仕合に候。此度より門人一統致正学、人柄相慎候様、急度相心得可申儀に存候。修業方の儀は追々可申聞候。

五月　林大学頭[117]

この申達直後から沸き上がった「群議洶々、流言飛語。諸執政を揺動し、詭計百端」という江戸儒学界の反応については[118]、従来の研究が多く依拠する編纂資料「寛政異學禁関係文書」（一九二七年）[119]によって活字紹介されている。執政定信に対しては、翌月の六月に「塚田多門上書」[120]、七月に「聖堂諸生 越中守殿江差出書面」[121]、寛政三年九月にも「林大学頭錦峰申上書」[122]がそれぞれ上呈され、また栗山にも赤松滄洲（大川良平）が書（「与柴野栗山書」[123]）を送り、それに対して旧友西山拙齋が栗山に代わって返書（「与赤松滄洲論学書」[124]）している。[125] これらの批判のいずれもが、多様な学問の存在を承認し、学問を「一統」しようとする申達を難詰するものであった。各学派ごとに分立して教育機関を設ける可能性さえ指摘されている。

大坂の浪人儒者、尾藤二洲に幕府儒者招聘の幕命が下ったのは、このような江戸を席捲した「正學」の衝撃冷め遣らぬ、寛政三年五月一七日のことであった。大坂の混沌社に栗山と二洲との接点を見出すことは難しく、それゆえに人選の詳細は不明点を残すが、上記の経過から察すれば、その真意は寛政二年五月の「異學之禁」発令から生起した論争を駁するために、天明七年一一月に上梓された「正學指掌」の著者二洲の起用が図られたと解し得る。

二洲が儒者に就任した寛政三年九月二一日と前後して、江戸には彼のかつての大坂混沌社の盟友で、佐賀藩儒の古賀精里が、参勤交代の藩主鍋島治茂に同行して江戸の佐賀藩邸に滞在していた。寛政三年に「公東覲君〔精里〕儒臣を以て従ふ」、道中安藝で頼春水、備後で菅茶山、京都で西山拙齋・若槻幾齋、また若狭小濱で「師資之恩有」る西依成齋と次々に面会し、さらに江戸滞在中は翌寛政四年五月に帰郷するまで、柴野栗山・尾藤約山（二洲）・岡田寒泉・倉成龍渚・樺島石梁らと交わった（「劉子家傳」）。幕府儒者たちと知遇を得た精里に、寛政四年一月一九日、林大学頭・栗山・寒泉の連署による命が下り、佐賀帰郷前に、陪臣としては初めての昌平坂聖堂での経書講釈が実現している。既に藩校教授の経験をもつ精里には、その後の数回に亙って昇幕の招聘状が送られたが、佐賀藩士たちの反対にも遭い、[126] 精里自身も佐賀藩儒として固辞し続けたため、精里の昌平黌儒者就任は遅れて、結局寛政八年五月二八日になった。[127]

〈教義上の正統性〉すなわち「朱学」による学統定立と、「三博士」就任の歴史的な経緯は、凡そこのようなものであった。結果として既存の林家の学問的権威を利用し、その学統を活かすことになったが、栗山においても定信においても、その「林家の家訓」再興が当初より意図されていなかったことは明らかである。寛政二―三年の江戸儒学界の対応については、既に資料紹介もそれに基づく研究も行われている。長期的展望を拓こうとする本書で問題となるのは、むしろ異学禁発令直後の激しい批判にも拘わらず、この寛政期の「異學之禁」で自覚化された伝統の理解が、なぜ幕末に至るおよそ八〇年間の長きに渉って意味をもったのかという点である。文政一〇年の東條琴臺によれば、[128]「江戸之學これが為めに一変す」という「宋学」への集団転向に対して、「古學の四大家」の皆川淇園（一七三四―一八〇七）・巌垣龍溪（一七四一―一八〇八）・村瀬栲亭《こうてい》（一七四四―一八一八）[129]・佐野山陰（一七五一―一八一八）が、また「関東の五異學」(130)の、伊東藍田（一七三四—一八〇九）・市川鶴鳴（一七四〇—九五年）・冢田大峰（一七四五—一八三二）・戸崎淡園（一七二四—一八〇六）・豊島豊洲（一七三七—一八一四）も、異学禁以後も自説を曲げることなく、かえって盛んに古学を唱導し続けたと云う。これらの異学の禁の批判者たちが指摘するように昌平黌儒学はじっさいに「偏固」なのか。もしそうでないとするならば、「朱学」のどのような機能が積極的に期待されたのだろうか。

林家の伝統である「朱学」への学流一統といっても、昌平黌における異端排撃の効果を考える上でも重要であるのは、異学の禁令から僅かに数年を経た時点において、既にその求心的転向の弊害が生じ、崎門派の「朱学」一辺倒の経書解釈と一線を画し、かえって逆に幅広い読書と学習の勧告を余儀なくされるに至った事実である。その背景には、第一に、幕府による教学「正統」の確立は、異端からの論撃に応戦し固執したその急進性ゆえに、早くも昌平黌内部から修正を要せざるを得なかった事情があるだろう。しかしまた、第二に、登庸された儒者の思想に即して考えるならば、尾藤二洲・古賀精里のいずれもが、さきに見たように、中国儒学史の解釈変遷を前提とする清朝初期の学問受容によって、「程朱學」＝「正學」化を唱導し始めたため、闇斎学派のように明清の学術を無視して「朱学」だけに回帰することを嫌ったためであろう。

熊本藩儒辛島鹽井《えんせい》は（一七五四—一八三九）、学問所での経書講釈を担当した享和年間に、幕府儒者が崎門派などの「偏固ナル學」を忌み嫌い、日々警戒していたことを証言している。「其時公儀ノ博士衆モ宋學ヲスルニ山崎派等ノ偏固ナル學ヲ甚悪ミ嫌ヘルヿハ、毎ニ談シ合、吾等ニモ彼是相談アリシヿアリ」（辛島鹽井「學政或問」一五条(131)）。寛政八年五月に就任した学問所儒者で、「朱子」を篤信する古賀精里も、崎門派の知的視野の狭隘さを批判し、博き読書から大理を摑み、現実世界の事象にも通暁したと云う。

君〔精里〕深く朱子を崇信して、理學に潜心す。然るに殊に崎門諸儒者の弇陋《えんろう》僻澁、書を讀むに博らず、理を執るに大きに拗るを悦ばず。故に其〔精里〕の學禮樂制度に潜心し、稗官《はいかん》・野乗・老佛之典を講究せざること無く、渉獵せざること靡《な》し。務めて淹博《えんぱく》を要し、談じて有體有用に通ず〔原漢文〕。

（「劉子家傳」）

精里は「送池田生序」（文化一二年［「精里全書」巻一二］）でも、「今學之弊」を、「博學作文を禁じ」また「博學作文を止め」ていることに求めている。「夫れ博學作文を止むは、識趣の浅陋、深論に足らず。博學作文を禁ずるに至らば、則ち名崇正學は、或ひは其の轍を蹈む。是れ辨ぜざるべからず」。しかも、このような学問認識はまた、寛政四年以降錦峰を継いで学政を統括した林述齋の共有するところでもあった。述齋は、門人たちに「示諭」を出して彼らの狭量な「朱学」理解を糾し、経書解釈においては「程朱の主意」を逸脱しないように注意を加え、他方で各人の能力に応じて経書や史書を「博渉」し、学問の「広大」な真理を追究するように諭した。

御代々朱学御信用被成、此度相厲候様被仰出候に付ては、当時世上にて朱学と申せば小学・近思録にのみ読之候事と心得候族も有之候得共、全以て左様の事にては無之候。学問の道広大の儀共、六経は不及申、史学といへども力量次第博渉可有之候。其余文筆の事は儒者の職分に候得共、是亦涯分覚悟可有之事に候。随て人才に長短有て、又は面々の物好も可有之候、其上聖堂は養才の地にて、色々の御用向有之候得共、学業一途に不限、先代より立置候五科の目を以て、各才長ずる所に随ひ出精可之有、但何の科たりとも、於経義は、程朱の主意を不失様、覚悟可有之事勿論に候[132]。

このようにして寛政二年五月に発布された「異學之禁」の「朱學」による思想統制は、数年を経て著しく相対化された観がある。しかし、対崎門派を意識したこの「朱学」理解の修正要求にも拘わらず、幕府儒者たちがなおも「宋学」に固執する所以はどこにあるのか。第一に、次節でも具体的に検討するように、学問吟味の標準としての四書五経の註解に新註を用いて「宋学」を固持したことは繰り返すまでもないが、第二の理由として、「宋学」の教育的効果への期待があったと思われる。番入り選考の一項目として学問が採用され、学問の担い手とその学習者が増加し多様化すればこそ、初級から上級へと段階を踏んで学習する万人に開かれた方法が確立されなければならない。儒学の知的伝統を集大成した「宋学」は、まさにその目的に叶っていた。北宋の程顥・程頤・朱熹が確立した教程である「学問の緩急本末之序」はすなわち、四書・小学・近思録を基礎として、さらに進んで五経・子集・史書類へと知見を拡大させ、学問を「修己治人之用」に供していく学習方法である。「宋学」の成果に従って、このように「学之正路」を踏み外さず階梯を一つひとつ上って学ぶことにより、学習者は儒学を体系的に体得することが可能とされた。

学問所に集う教授陣が「宋学」を堅持する理由は、このような教程としての機能のほかに、第三に、むしろ本来の「宋学」は「博学」を目指すものであり、「程朱ノ學コソ博學ヲ主ニ」し「最モ正大ニシテ偏ナルヿナ」き学問であるという確信に由来すると考えられる。異端者たちからの批判に応え、かつ急進的な正学派へも批判を加え、「宋学」は決して、「偏固」ではないという主張の根拠がここにみられる。たとえば、昌平坂学問所に出講した辛島鹽井《えんせい》の「學政或問」（文化一三年三月序）は次のように述べる(133)。

> 夫程朱ハ博文約禮ノ教ヲ以テ知見ヲ博ルヿヲ先トシテ、行實ヲ務ルヿヲ貴フ、讀書ノ次第ハ四書ヲ治メ、六經ヲ明ニシ、歴史諸子ニ渉リテ古今ノ事變ニ通シ、其他事務ヲモ究メテ、日用ノ理ニ暗カラヌヤウニシ、其志ノ規模ヲ立ルニハ、修己治人ヤウニ次第ヲ立ル也。

さきにみた古賀精里によれば、当時の「學者之弊」は、「所謂楚《しもと》すれば則ち失ひ、而して齋《つつ》しめば亦未だ得者たらず」という二類型に分類できると云う（「劉子家傳」）。一方は「程朱の教に由らず、率ね妄を臆ひ、追て詞章記誦に従事」し、他方は「狭隘自守し、博學作文を痛禁し」て「聖學之正」が得られるとする。徂徠学派に代表される前者は、幣甚だしくなれば「豪傑氣象」となり「口耳之學」を務めとする。「博物工文と雖も獨歩一世」の状態で、学問の肯綮を外して「本を務めずして末に馳せるの弊」に陥っている。闇齋学派に代表される後者は、「若人之學、讀むところ四書・小學・近思録等に過ぎず」、知的関心が狭く限定され「今古治亂人事失徳制度文為之詳に於ける書懵然《ぼうぜん》」まったく閲覧しようともしない。そればかりか漢籍の読書量が少ないために日本語とは異なる漢語に疎く「文義に諳くして強ひて僻理を説き」、結局は実行に移すことが出来ない。後者もまた「甚だしきは殺氣眉宇に溢れ、僚友に親眷する之際、温和卑譲之意絶えて無」く「徒らに厦人を憎み」、最終的には「修己治人」に有効ではない。

異学の禁によって、前者は批判の対象とされたが、「朱学」一統の反動で、求心的傾斜をみせる「朱子学」理解は、

「宋学」本来の「博文約礼」の姿ではない。聖賢は「妄りに雑駁不正之書」の乱読を戒めたが「褊淺隘陋」をよしとしたことはない。

「夫れ聖賢詩人毎に博學博文を以て經傳を炳載し視を覆ふべし」「聖賢の人に示す之方に由り、博學を以て作文之力を翼け、循々として進み務めて以て己を資し、以て人に為さず、外飾に事えること勿く、専ら實用に務むれば、則ち中らずと雖も遠からず」。（「劉子家傳」）

古賀精里の伝記を記す侗庵はここで「博學博文」とするが、経書にある「博文約礼」とは、「博く文を学び、之を約すに礼を以てす」れば、道にそむかないという意である（『論語』雍也）。朱熹もその註釈に云う。「君子の學は、其の博を欲し、故に文に於て考えざること無し」。あるいはまた、辛島鹽井は、「教法ノ大本」をたて「學政ノ大本手前ノ正脈ヲ壮ンニナルヨウニ」した上で、「尤モ根本正シク主意取失フ〡ナクハ、古来ノ諸説ハ博ク取用ル〡アルヘシ、漢儒訓詁ノ書ヲ讀、十三經註疏ヲ讀モ可ナリ、其外異學ヲスルモノアラハ是又急ニ禁スルニモ及フヘカラス、其好次第ニ致サセテ置テ可也」とさえ述べる（「學政或問」）。

「修己治人」の本を踏まえ、かつ「博学」を志した、昌平坂学問所儒学の顕著な事例を、第II部では、精里の三男で栗山に師事し、後に学問所儒者となる古賀侗庵に見ることが出来るであろう。(134)

以上、異学の禁の文脈に即した思想史的解釈を、政策形成者・幕府首脳陣の見地に立ち、「旗本」をはじめとする幕臣養成に求められた教育という点から論じてきた。政策立案と施行の初発段階では、(1)学問奨励の目的・方法も(2)「正學」選択の理由も、この幕臣養成の教育的課題から解釈できるであろう。思想的混乱状況にあった江戸儒学界は、これを機に、幕臣子弟を対象とする統一的な学問吟味のために、「宋学」という統制的理念の下に再編された。たしかに科挙とは異なり、その成績は高級官吏への道を保障するものではないが、徳川後期の若き幕臣子弟たちは、吟味及第という「家の面目・自身の誉」を目指し、士大夫の如く互いに競うようにして東アジア共通の漢文による古典的教養を学び、そのことによって自己陶冶を為し遂げ、また社会的信認を得ていったのである。長期的な視点にたてば、人材選挙のための〈選別化〉という諸試業にむけた一連の学習・教育過程で、経書テクストを学びつつ、儒学世界で理想とされる官吏としての社会的規範を内面化（〈社会的適性化〉）していくことが、学問所における幕臣たちの〈政治的社会化〉であったと考えられよう。

尤も幕府の「士を養ふの教化」の成果は、学問所の確立と安定に伴って、儒学のもつ他の機能的内実を学生に付与したはずである。すなわち、初発段階で意図された倫理規範の内面化は、一方での①「御上」や個別の人格への忠誠ばかりでなく、②経学が説く普遍的な道理に遵う精神をも陶冶することになる。自己組織や派閥の縄張り争い、権限争奪になってしまう役人世界の現実を前に、官僚育成には目先の「小智」ではなく、「大理」に固着する精神が他方で求められ、そしてじっさいにその育成に少なからず功を奏していく。「忠孝」を説く栗山においても、「将軍」より上位に「天道」が観念され、道理を曲げず「萬民に理非を立」てることが主張されたように、人為的な先例や形式的な理屈ではなく、条理、正義にかなう普遍的原理に遵う契機が保障されていたのである。学問所儒学でも、旗本・御家人の子弟が専ら本読み学問によって実践と没交渉になることに対しては、後に学問吟味でも時務策が導入され、現実の問題を条理・道理に従って論じることが試みられる。また、定信が「繁文」の弊害を嘆くまでに文書行政が発達した徳川後期には、[135]能吏として文書作成能力は不可欠であり、学問所出身の幕臣たちの中には出仕後すぐに記録史料や書誌の編纂に専従する者も少なくなかった。そのことを踏まえるならば、江戸で随一の蔵書量を誇る学庫を擁した学問所での漢籍による学習は、比較法制・地理・海外情報など、③書籍や記録文書を駆使した専門的情報処理操作に資することにもなったのである。

学問吟味の発端となった「栗山上書」が取り上げを求めた「諫言」は、実践経験が少ない若年の幕臣たちに経験知「實知」は期待できないが、もし求められるとすれば、官僚養成教育の後二者（②・③）の結果、自らの道義的確信に基づく、あるいは専門知識と知的な勇気に裏打ちされた「諫言」を可能としたであろう。しかも、前一者（①）の人格的忠誠対象への「忠孝」の念が強ければこそ、敢えてなされる直諫は、忠臣の証しとなる。そしてじっさい、後述の議論を先取りすれば、「正學」を担保する経書解釈の唯一の「正統」なるものは、この「諫言」を可能とする道理遵守の感覚と状況認識の基ともなる諸知識によって、もはや学問所儒学の外装を蔽う統制的理念としてしか存在できなくなってしまうのである。

次節では、幕臣官僚を育成した昌平坂学問所の学問内容を資料によって検討しよう。いま述べた学問所が養成した官僚の学問が、より具体的に確認されるはずである。

二　学問所儒学の射程——儒者・学問吟味・官版・策問・論説・書誌編纂・門人群

寛政九年一二月に、林家の私塾であった昌平黌は、旗本・御家人という幕臣のための徳川幕府の教育機関として昌平坂学問所に改変される。寛政期の政治改革の一環として成立したこの学問所の内実を、その社会形態と思想的主題に即して概観するならば、どのような特徴が看取されるであろうか。本書が主たる対象とする古賀家三代が在任した時期の学問所儒学は、如何なるものであったのか。その一望は決して容易な作業ではないが、しかし、従来の研究史が物語るように、具体的検証を避けては思想史研究であっても徳川後期「政教」の実態把握は不可能である。

以下では、第一に、学問所の社会的形態を明らかにするために、幕臣教育の担い手としての儒者たちを確認し、学問吟味・学問所で行われた官版の出版や書誌編纂作業などをみる。第二に、学問所儒学の思想的主題を展望するために、まず教育で実施された策問の内容を検討し、次に儒者たちの共通の関心事を探るために著作中の論説に着目して、その主題を確認する。そして最後に、以上のような学問所の教育が、書生寮や家塾に集った諸藩の門人たちを通して全国の藩校教育に波及していったことを示したい。いずれの問題も今後の学問所研究のなかで解明されなければ

表 2-2　学問所関係者一覧(1) 学問所儒者・儒者見習

柴野彦輔（栗山，1736-1807）
天明 8 年 1 月 16 日-〈儒者〉・寛政 9 年 10 月 12 日-〈奥儒者〉

岡田清助（寒泉，1740-1816）
寛政元年 9 月 10 日-〈儒者〉・寛政 6 年 12 月 27 日-〈代官〉

尾藤良助（二洲，1745-1813）
寛政 3 年 9 月 21 日-文化 8 年 12 月 10 日〈儒者〉

山上藤一郎（桐原，1772-1824）寛政 6 年甲
寛政 7 年 5 月 8 日-〈儒者見習〉・文化 4 年 12 月 22 日-〈代官〉

古賀彌助（精里，1750-1817）
寛政 8 年 5 月 28 日-文化 14 年 5 月 6 日〈儒者〉

依田源太左衛門（匠里，？-1851）享保 3 年甲
文化 5 年 12 月 19 日-〈儒者見習〉・文化 7 年 2 月 26 日-〈儒者〉・天保 12 年 11 月 8 日-〈西丸裏門番之頭〉

古賀小太郎（侗庵，1788-1847）精里惣領
文化 6 年 2 月 26 日-〈儒者見習〉・文化 14 年 7 月 26 日-弘化 4 年 1 月 30 日〈儒者〉

増嶋金之丞（蘭園，1769-1839）寛政 9 年乙
文化 7 年 2 月 26 日-〈儒者見習〉・文化 11 年 2 月 8 日-天保 10 年 12 月 8 日〈儒者〉

野村兵蔵（篁園，1775-1843）寛政 12 年乙
文化 10 年 2 月 8 日-〈儒者見習〉・天保 3 年 12 月 10 日-天保 14 年 8 月 8 日〈儒者〉

杉原平助（心齋，？-1868）文政 11 年乙
天保 11 年 3 月 19 日-〈儒者〉・文久元年 12 月25 日-〈二丸留守居学問所御用〉

佐藤捨藏（一齋，1772-1859）
天保 12 年 11 月 27 日-安政 6 年 9 月 29 日〈儒者〉

友野雄助（霞舟，1791-1849）
天保 13 年 10 月 23 日-〈儒者見習〉・天保 14 年 1 月 19 日-嘉永 2 年 12 月 26 日〈儒者〉（天保 14 年-弘化 2 年 3 月〈甲府徽典館学頭〉）

松崎満太郎（柳浪，1801-54）文政 6 年乙
天保 14 年 9 月 16 日-安政元年 11 月 4 日〈儒者〉

古賀謹一郎（謹堂，1816-84）侗庵惣領
弘化 3 年 12 月 10 日-〈儒者見習〉・弘化 4 年 3 月 28 日-〈儒者〉・安政 2 年 8 月 30 日-〈二丸留守居洋学所頭取〉

安積祐助（艮齋，1790-1861）
嘉永 3 年 3 月 28 日-文久元年 3 月 30 日〈儒者〉

林都賀太郎（鶯溪，1823-74）
弘化 4 年 6 月 2 日-〈儒者見習〉・嘉永 6 年 6 月 18 日-〈儒者〉・嘉永 7 年 1 月 17 日-〈二丸留守居学問所御用〉

木村金平（裕堂，1803-59）天保 4 年甲
嘉永 7 年 4 月 18 日-〈儒者見習〉・安政 2 年 9 月 11 日-安政 6 年 12 月 13 日〈儒者〉

河田八之助（迪齋，1806-59）
安政 2 年 12 月 7 日-安政 6 年 1 月 17 日〈儒者〉

佐藤新九郎（立軒，1822-85）一齋惣領
安政 3 年 5 月 12 日-〈儒者見習〉・安政 6 年 12 月 6 日-〈儒者〉・文久元年 8 月 16 日-〈小普請入〉（不相応に付き小普請入差扣）

河田貫之助（貫堂，1835-1900）迪齋惣領
安政 6 年 6 月 6 日-〈儒者見習〉・萬延元年 9 月 23 日-〈奥右筆所詰〉・文久 2 年 6 月 6 日-〈儒者〉・文久 2 年 10 月 11 日-〈外国奉行支配組頭〉

中村敬輔（敬宇，1832-91）嘉永 6 年乙
萬延 2 年 2 月 12 日-〈儒者見習〉・文久 2 年 3 月 11 日-〈儒者〉・文久 3 年 2 月 1 日-〈膳奉行次席〉

妻木田宮（棲碧，1825-91）嘉永元年甲
安政 6 年 12 月 27 日-〈儒者〉・萬延元年 9 月 23 日-〈奥右筆所詰〉

永井三藏（醇，生没年不詳）嘉永 6 年甲
萬延元年 11 月 2 日-〈儒者〉・文久 3 年 2 月 1 日-〈膳奉行次席〉

岡本信太郎（況齋，1796-1878）天保 14 年甲
萬延元年 12 月 25 日-〈儒者〉・文久 3 年 2 月 1 日-〈膳奉行次席〉

佐野令助（生没年不詳）嘉永 6 年乙
文久元年 12 月 4 日-〈儒者〉・文久 3 年 2 月 1 日-〈膳奉行次席〉

望月萬一郎（毅軒，1818-78）
文久 3 年 8 月 30 日-〈儒者見習〉・元治元年 5 月 28 日-〈儒者〉

鹽谷甲藏（宕陰，1809-67）
文久 2 年 12 月 12 日-慶應 3 年 9 月 5 日？〈儒者〉

安井仲平（息軒，1799-1876）
文久 2 年 12 月 12 日-〈儒者〉・元治元年 2 月 10 日-〈代官〉

芳野立藏（金陵，1802-78）
文久 2 年 12 月 12 日-〈儒者〉

若山壮吉（勿堂，1808-67）
文久 3 年 9 月 28 日-〈儒者〉

鹽谷脩輔（簣山，1812-74）宕陰惣領
文久 3 年 10 月 16 日-〈儒者勤向手伝〉・慶應 2 年 3 月-慶應 3 年 2 月〈甲府徽典館学頭〉

御牧又一郎（楓崖，生没年不詳）
元治元年 11 月 22 日-〈儒者〉・慶應 2 年 12 月29 日-〈小普請入〉

註記）網掛けは，学問吟味及第者。

図 2-4　聖堂講釈図（模写・東京大学史料編纂所）

ならない点を多く残すが、ここでは学問所儒学の射程を見定めることに主眼をおく。

学問所儒者・儒者見習　寛政期以降の昌平坂学問所は、[136] 総括者としての林大学頭の管轄に置かれた。[137] しかしその教育機関としての組織運営は、学問所儒者たちに任されていた。かつての室鳩巣のように柴野栗山は定信の政治上の相談役を務めていたため、すでに述べた改革草創期の聖堂取締掛・昌平黌儒者の中でも、実質的な学校教育は、尾藤二洲がある時期まで担当することになる。[138] 幕末に至るその後の昌平坂学問所教授陣[139]は、表 2-2 のようである。

　このような学問所教授陣以外にも、学問所出身の教育者を育成できなかった学問所創設初期には、数名の陪臣が昌平坂学問所に出講してその教育活動を支えた。陪臣の出講は、記録によれば、[140] 頼春水（安藝藩儒）が寛政一二年一〇月七日—享和元年四月二日（一三回）・享和三年一月一六日—三月二六日（一五回）、志村東嶼

図 2-5　聖堂会読図（模写・東京大学史料編纂所）

（仙台藩儒）が享和元年二月二七日―一一月二七日（一三回）、赤崎海門（鹿児島藩儒）[141]が寛政一二年一二月一二日―享和二年三月一二日（三七回）、辛島鹽井（熊本藩儒）が享和二年六月七日―翌年四月七日（二六回）、そして大槻平泉（仙台藩儒）[142]が文化三年九月一日―文化五年七月一六日（六七回）であったとされている。

学問所教育　林家の一私塾であった昌平黌は、寛政九年に、前述のような経緯を経て、旗本・御家人という幕臣のための幕府の官立の教育機関に改変され、「学問所」と称されるようになった。しかし、それ以前の寛政四年の学問吟味の対象者が「寄合布衣已下御役人、御番衆、小普請之面々、御目見以下之者迄、當人并惣領厄介等、且布衣以上御役人者總領厄介」と幕臣にのみ限定されていたように、学問吟味の受験資格は、それが導入された時点から、非幕臣で全国の諸藩から集った「書生」には与えられていなかった。「書生寮の生徒には全く試験なかりき、相切磋するを目的とせるなり」と回顧されるとおりである。[143]彼ら諸藩の「書生」たちは、昌平黌の改組に伴い、学問所附属の寄宿舎の南・中・北寮にも入寮が許可されず、当初隣接する尾藤二洲の官舎などに寝泊りした。しかし享和三年に非幕臣のための書生寮が官費で建造されるに及んで、その寄宿者となった。[144]

改組以降の昌平坂学問所の主たる教育対象は、学問吟味の受験資格を持つ「稽古人」と呼ばれる幕臣たちである。[145]彼ら幕府の家臣たちは、一年を目途に寄宿舎に住み込んだ「寄宿稽古人」、南寮の二階を溜まり場とした通学生の「通稽古人」、北寮を居住場所とした「寄合」たちに分類され、それぞれに課業をこなして学問所で行われるいくつかの学問試業に備えた。その学習方法は、①儒者の経書講釈の聴講、②経書の輪講、③史書の会読、④経・史書の自修であったという。[146]「寄宿稽古人」には素読・講釈（一・六の日）・会読（二・七の日）が、「通稽古人」には南二階会読・輪講が、「寄合」を中心としては北樓講釈・会読（四・九の日）が開かれ、さらに非幕臣の書生も交えた詩会や文会（一〇・二〇の日）も行われた。[147]幕臣以外の一般庶民にも公開された「御座敷講釈」（四・九の日）・「仰高門日講」へも「聴聞人」と共に出席が可能であった。学業が進めば、共同学習ばかりでなく、書籍を借り出して独習する「独看」も行われた。改制前の寛政五年に令された「學規五則」の第四則「講會」によれば「義理を討論し、精微を講窮す、須らく必ず依據有るべし、切に無稽憶説を禁ず」とあり、[148]文献に「依據」した「討論」が目指されていたが、その「講會」の性格は、改組後の会読や輪講などにも引き継がれたに相違ない。

昌平坂学問所の試験である諸試業には、(1)毎月三・八日に行われ「三八試業」とも呼ばれた、経書の理解度を確認する口頭試験「毎月試業」、(2)校内試験で毎年春・秋の二回に実施され、ほぼ学問吟味に類似する出題がなされた「春秋試」——幕末には学問吟味登科前の者のみが対象なり、登科済の者には「夏冬詩文試」が課せられた[149]——、(3)毎年一〇月に年齢を限定して行われた「素読試」——この素読吟味は当初「幼年」者が対象であったが、寛政九年以降は一七—一九歳に資格限定される[150]——、そして(4)いわゆる学問吟味として知られる三ケ年目の「学問試」——あるいは年代によっては「五ケ年目學問御試[151]」「四ケ年目大試[152]」——があった。

この学問所の活動を、勤務する儒者に即して確認してみよう。文化一四（一八一七）年の古賀精里を例にとれば、予定された行動は具体的には次のようであった。(153)

・精里の「学校当直は月凡そ十余日」

二の日「学生の会に臨む」「稽古所に於て詩経の会講に臨む」
六の日「西堂に於て書を説く」「稽古所に於て西銘を説く」
八の日「学生の業を試す」「学校に往きて業を試む」
三・八の日「学校試業」（八の日は精里、三の日は侗庵）＝三八試業
一〇の日「同僚と会議」
四・九の日「間、南堂に於て経を説く」

・その他

四の日「舎中の詩会」
五日・二五日「松山侯邸、書を説く」
三日・二三日「御次、書を説く」
二六日「御前、書を説く」
二月一三日「先聖に於て釈奠」

学問所儒者は、教育活動として経書講釈を行い、会読に臨み、試業を実施し、詩会に出席する。さらに、教育を担う儒者たちは、学問所運営のための「会議」や、将軍や江戸藩邸の諸侯への御前講釈も行っている。

学問吟味や院内試験などの諸試業を前提として学問所儒学を問題とするならば、思想史研究からする実態把握のためには、㈠試業で何が問われ、そのためにどのような受験勉強が行われていたか、㈡試業の内容が教授陣である儒者たちの思想とどのように関連していたか、㈢試業、とりわけ学問吟味は、受験者のその後の思想、あるいは政治意識にどのような影響を与えたかといった点が明らかにされなければならない。もちろん㈢は徳川後期「政教」を総括する一大テーマであり、本書全体を通して一つの暫定的な仮説提示が行われるため、次に、㈠試業内容とその周辺の学問所環境、および㈡試業と儒者の論説に絞って、学問所儒学の内容をみてみよう。

学問吟味　いうまでもなく、学問所で行われる「素読試」「三八試業」「春秋試」のいずれの試業も、いわゆる数年

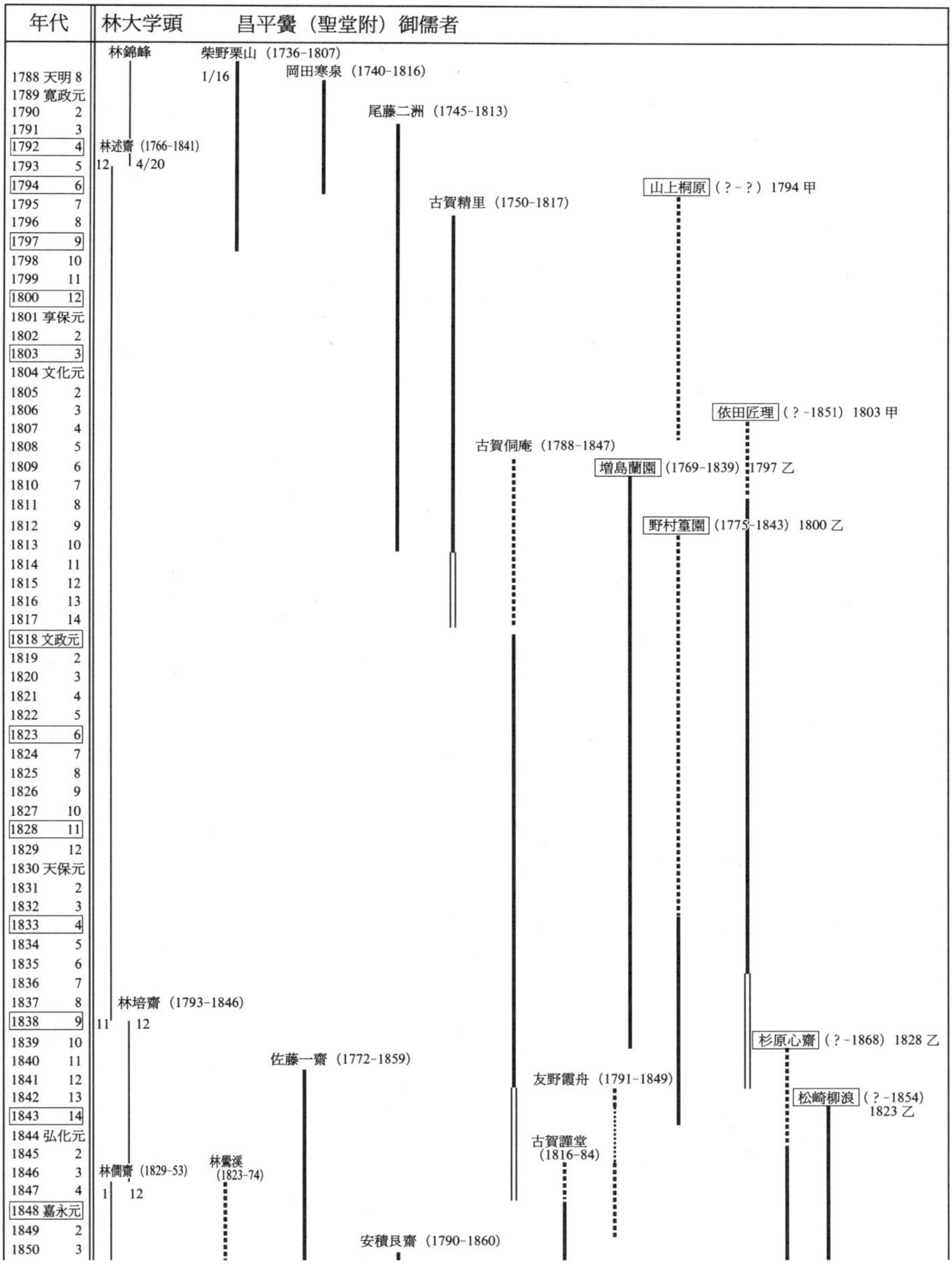

年代
林大学頭
昌平黌（聖堂附）御儒者
1788 天明 8
1789 寛政元
1790 2
1791 3
1792 4
1793 5
1794 6
1795 7
1796 8
1797 9
1798 10
1799 11
1800 12
1801 享保元
1802 2
1803 3
1804 文化元
1805 2
1806 3
1807 4
1808 5
1809 6
1810 7
1811 8
1812 9
1813 10
1814 11
1815 12
1816 13
1817 14
1818 文政元
1819 2
1820 3
1821 4
1822 5
1823 6
1824 7
1825 8
1826 9
1827 10
1828 11
1829 12
1830 天保元
1831 2
1832 3
1833 4
1834 5
1835 6
1836 7
1837 8
1838 9
1839 10
1840 11
1841 12
1842 13
1843 14
1844 弘化元
1845 2
1846 3
1847 4
1848 嘉永元
1849 2
1850 3
林錦峰
林述齋（1766-1841）
12
4/20
林培齋（1793-1846）
11
12
林僩齋（1829-53）
1
12
林鶯溪
（1823-74）
柴野栗山（1736-1807）
1/16
岡田寒泉（1740-1816）
尾藤二洲（1745-1813）
古賀精里（1750-1817）
山上桐原（？-？）1794 甲
依田匠理（？-1851）1803 甲
古賀侗庵（1788-1847）
増島蘭園（1769-1839）1797 乙
野村篁園（1775-1843）1800 乙
杉原心齋（？-1868）1828 乙
佐藤一齋（1772-1859）
友野霞舟（1791-1849）
松崎柳浪（？-1854）
1823 乙
古賀謹堂
（1816-84）
安積艮齋（1790-1860）

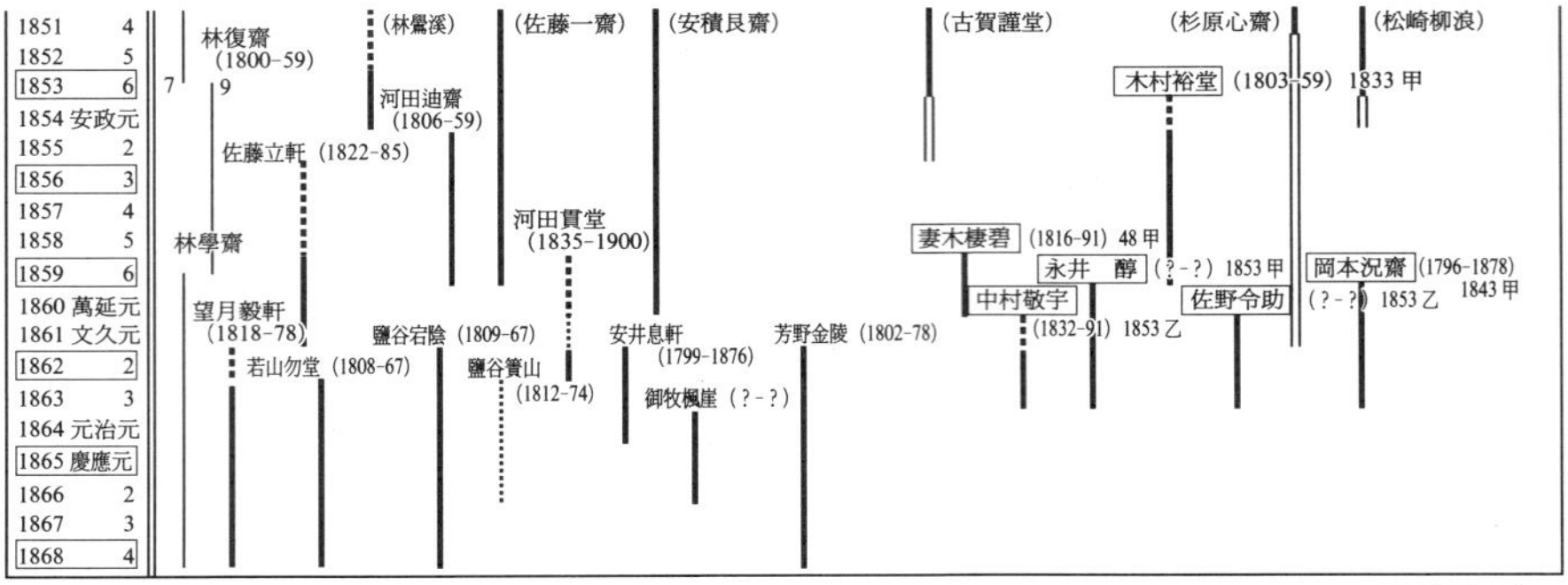

註記）年代 は学問吟味実施年，━ は儒者，┅ は儒者見習，＝は布衣，…… は分校学頭，人名 は学問吟味及第者。

図 2-6　昌平黌（聖堂附）御儒者補任図

に一度の学問吟味（「学問試」「學問御試」「大試」）に向けたものであったであろう。この学問吟味という、試験制度による儒学的教養を有する政治主体の再生産は、先学が指摘するように、たしかに中国の科挙のように身分横断的で開かれた試験でも、またすべての幕臣に必須の官吏登用試験でもなく、及第者に家格相応の就職の時期を早めさせ[154]、あるいは家督相続者ではない場合には養子縁組の際の社会的出自の保障となるに過ぎなかった[155]。だが、算定可能な寛政六年から元治二年までの計一五回の学問吟味及第者は、九五四名（成績分類では、甲六六名・乙四一五名・丙四七三名）に過ぎないが、吟味落第者も含めて学問所稽古人となった幕臣たちはその数をはるかに上回る。徳川後期の江戸幕臣社会は、〈選別化〉という学問吟味を中心に儒学活況の時代を迎えたといっても過言ではないであろう。

林家の家塾教育においては、古くはおよそ五科目が試業され、それぞれに十等級の成績がつけられた。林春信（梅洞）を中心に、林鵞峰（春勝）・林春常・人見竹洞（友元）・坂井伯元らが協議し、寛文六年四月二七日に諸生に発表されたその「五科」とは、「経科、史科、文科、詩科、倭學科の五科目を云ひ、十等とは、各科に就いて甲乙より壬癸に至る十等を云ひ、甲乙丙を上等、丁戊己を中等、以下を下等とした」とされる[156]。また、寛政期の学問吟味導入の際におそらく一つの模範とされたであろう隋初以降の中国歴代王朝の科挙では、たとえば文科挙のほかに武科挙も行われた清代を取り上げれば、経解（帖経：儒家の経書についての知識を問う）・史論・詩賦（詩と賦を作らせる）・制藝（八股文）・時務策（政治・経済・時事に関する論文）が試験科目とされていた。[157] これらに対して、人材選挙を目的として昌平坂学問所で行われた試業は、定着期には四科目、すなわち「初場」（小学）・「経科」・「史科」・「文章科」となっている。[158] 中村敬宇によれば、「凡そ此四科、國を治る之才を養ふ所以にして、兵を治る之才を育する所以に非ざるなり」とされ、「國家の試場を設て士を取る、凡そ四科、小学二道・四書二道・五経二道・歴史二道・論策各二道」と述べられる（原漢文）。[159] 吟味の成績は甲・乙・丙、それ以下の落第に分類され、褒詞だけの褒賞となる丙科及第を除き、甲・乙科及第の場合は、当主・惣領、あるいは次三男などの身分と、旗本・御家人の家格の階層別に、褒美内容が決定され、また城内での褒賞場所も異なった。[160]

この「四科」のうち、じっさいの学問吟味での「小学」「四書」「五経」「歴史」の内容は、古賀侗庵自筆本「學院試題」（宮内庁書陵部 504–146）に、寛政六年から天保九年までの出題が各書目ごとに記されている（表2-3）。また、学問所旧蔵の「考試備用典籍」印が捺された「周易本義」五冊（寛政元年刊、国立公文書館内閣文庫 273–30）と「五経集註」五八冊（享保九年刊、内閣文庫 275–242）には、寛政六年から安政六年までの出題箇所が朱筆で書き入れられており、——本書では一つひとつ列挙しないが——確認することが可能である。[161]

先にみた異学の禁で議論の発端となり、また学問吟味において長く学問における正統性を担保したのは、具体的には、吟味の標準的な経書註釈の種類であった。第二回の学問吟味を翌年に控えた寛政五（一七九三）年一一月に示された試験内容は次のとおりである。[162]

〈初場〉「小学本註」「論語集註」（各三条）
〈経義科〉「大学章句」「中庸章句」「孟子集註」（以上より六条）
「易経本義」「書経蔡伝」「詩経朱伝」「春秋胡伝」「禮記陳註」「周禮鄭註」「儀禮鄭註」（各六条）
〈歴史科〉「左傳」「國語」「史記」（以上より四条）・「漢書」「後漢書」（以上より四条）

表 2-3　学問吟味(1) 出題書目（寛政 6 年-天保 9 年）

	寛政 6	寛政 9	寛政 12	享和 3	文化 3	文化 15	文政 6	文政 11	天保 4	天保 9
小学本註	○	○	○	○	○	○	○	○	○	○
大学章句	○	○	○	○	○					○
中庸章句	○	○	○	○	○		○		○	
論語集註	○	○	○	○	○	○	○	○		○
孟子集註	○	○	○	○	○	○		○	○	
易経本義	○	○	○	○	○	○	○	○	○	○
書経蔡伝	○	○	○	○	○	○	○	○	○	○
詩経朱伝	○	○	○	○	○	○	○	○	○	○
春秋胡伝	○	○	○	○	○	○	○	○	○	○
禮記陳註	○	○	○	○	○	○	○	○	○	○
周禮鄭註		○	○	○	○	○	○			
儀禮鄭註		○		○	○	○	○			
儀礼經傳通解						○				
左　傳	○	○	○	○	○	○	○	○	○	○
國　語				○	○	○	○	○	○	○
史　記	○	○	○	○	○	○	○	○	○	○
前漢書	○	○	○	○	○	○	○	○	○	○
後漢書	○	○	○	○	○	○	○	○	○	○
三國志				○	○	○	○	○	○	○
晉　書				○	○	○	○			
宋　書						○	○			
梁　書						○	○			
北魏書							○			
北齊書							○			
南　史							○			
北　史							○			
隋　書							○			
唐　書				○	○	○	○			
五代史						○	○	○	○	○
涑水通鑑						○	○	○		
通鑑綱目	○	○	○	○	○	○	○	○		
文章題論	○	○	○	○	○	○	○	○	○	○
時務策				○	○	○	○	○	○	○

出典）古賀侗庵自筆本「學院試題」（宮内庁書陵部 504-146）に拠る。
註記）但し，出題の問目・和解・附試・追試の別は記さなかった。

「通鑑綱目」（四条）

学問吟味の経書註釈の標準は、第三回の学問吟味を翌年に控えた寛政八（一七九六）年六月二〇日の達では、明文化され、「一、四書五經ハ新注、周禮儀禮ハ古注、小學ハ本注之本ニ而御試有之事」「經書之辨書《べんがき》、歴史和解并問目、答書、作文」とされた[163]。天保年間の記録でも、このような試験内容が続いたことが確認されよう。

天保四年正月「昌平坂学問所試験振合[164]」

〈初場〉「小学本註」（二条弁書）

〈経科〉「四書集註」（二条弁書）

「易経本義」「書経蔡伝」「詩経朱伝」「春秋胡伝」「禮記陳註」「周禮鄭註」「儀禮鄭註」（各二条弁書）

〈史科〉「左傳」「國語」（二部の内より和解一条・問目の答一条）

「史記」「前漢書」「後漢書」「通鑑綱目」（一部の内より和解一条・問目の答一条）

「三國志」以下の正史（三國志・晉書・宋書・梁書・隋書・唐書・五代史）

〈文章科〉論題・策題

時務俗文策題

「文章科御試の節、普通の総集・別集類何にても持参不苦。但、国人集選の類可為無用事」

このうち「経書之辨書」は、それぞれの出題箇所について、答案でまず、平仮名交りでその訳文を書き、その後「章意」「字訓」「解義」「餘論」を順に叙述する[165]。「章意」ではその出題箇所が含まれる章の大意を、「字訓」ではテクストの字句の意味説明、「解義」ではテクストの解釈、そして「餘論」では指定以外の箇所や他書などからの引用も含めて「餘派を論じ」る考察がなされる。「経書之義は聖賢之意を切近に呑込候を専一といたし候」とあるように[166]、この答案筆記の際に、指定の標準註釈書の解釈に従った解答が要求されたのである。すなわち具体的には、「小学」「四書」「易経」「詩経」は宋の朱熹、「書経」は宋の蔡沈、「春秋」は宋の胡安国、「禮記」は元の陳澔、「周禮」「儀禮」は漢の鄭玄の、それぞれの註釈書に依拠し、その趣旨に沿った解釈が求められた。ここには宋以降の新註ばかりでなく漢・唐代の古註も含まれるが、おそらくは儒学理解の基本となる「四書」などの経書註釈書が朱熹のものとされたため、学問所の儒学は「程朱学」「宋学」の経書解釈を基調とするという認識が、異学の禁以降も実質的に意味をもち、後代にまで共有されたと考えられる。

「歴史和解、并問目」では、史書の漢文和訳と、出題された史書に関する設問の是非得失の論述が求められる。後者は、「在りの儘のことを在りの儘に問ふ」「史學問題」ではなく、歴史評価という「活用的史學問題」が課題となり、解答者「自身が研究の力を以て当時の時勢を看破するに非れば、決して答案を草する能はず」という内容だった。[167] たとえば、天保四年正月二三日の史科では、「漢書」（問目）は「陳平・王陵か諸呂を王とする時の議論、一ツは正法を執り、一つは権道を行ふ、いつれを宣しと申すへきや」という設問であった。

受験者には、試験場への経書持ち込みについて、それぞれ無本・有本・無指定の別が示されていた。

なお学問所の教育活動を知る上で見逃してはならないのが、学問所で出版された官版である。[168] これらの出版物には、学問吟味の出題の標準となった、四書五経の新註（「四書集註」「易経本義」「書経蔡伝」「詩経朱伝」「春秋胡伝」「禮記陳註」）、周禮儀禮の古註（「周禮鄭註」「儀礼鄭註」）、小學の本註に関連する官版、「唐宋八大家文集」「文章軌範」のように漢文（漢詩）作成の参考に供せられたものが多数含まれている。学生たちの各種の試業準備に有益なものであるばかりでなく、学問所の学術界での社会的貢献の課題に応える事業でもあったであろう。また年代別にみるならば、各時代の学問所儒学の関心を反映していると推測される。

学問所儒者の註解書　上述のように、学問所の教育活動が、学問吟味に出題される経書・史書などをめぐって行われていたとするならば、その担い手である学問所儒者たちの経書・史書の註解書にも眼を向けなくてはならない。付

表2-1（一四〇—一四一頁）は、学問吟味の出題書目ごとに、彼らの註釈書を冊子体のものに限り列挙したものである。これらは、単に学問吟味の標準となる公定註釈書を祖述したものではなく、個々の儒者の経書・史書解釈上の思想的特徴を窺う上で参照されるべき著作群であろう。しかし、学問所での講釈を担当したとしても、すべての儒者が解釈上の独自性を示すこれらの註釈書を著したわけではない。また執筆され遺されたとしても、これらのテクスト解釈だけから儒者の思想世界を窺うことは困難である。

　このような学問所儒者の名による註釈書でも、たとえば古賀精里の「大學章句纂釋」「大學諸説辨誤」のように、儒者本人は監修者である「惣裁」に過ぎず、じっさいの編集は他の学問所関係者や門人たちが行っていた著作もある。仙台藩儒で、学問所にも参与した大槻平泉（清準・民治・子縄）が、精里のこの両書の草稿執筆から編集実務までを担当したことは、大槻家の「家譜御書」の次のような記事から判明する。[169]〔享和二年〕「聖堂ニ而大學纂釋并辨誤ト申両書、御編集罷成候御都合ニ付、古賀弥助〔精里〕殿惣裁ニ而、編次考定等之儀は、都而清準〔平泉〕相勤申候、右ニ付最初之稿本は清準方ニ所持仕共、右両書追々御吟味承りニ而、弥助殿御一分之編集の訳ニ相成申候」。古賀精里の講釈における大学解釈は、むしろ文化一二年九月二日から一一月六日までの講釈が受講者によって筆記された「精里先生大學口義」から窺うことが出来る。[170] 第II部で古賀家の経書解釈の問題を論じるが、特に学問所での共同作業となった「大學章句纂釋」「大學諸説辨誤」は、草創期の精里たちが清初の経書註釈書をも踏まえて如何にして学問所儒学の経書解釈における正統性の確立を目指したか、という点から捉え直されるだろう。

策問　諸藩から集った書生寮や家塾の門人たちには、学問所の校内試や学問吟味の受験資格はなかった。しかし、相互の切磋琢磨や詩会への参加ばかりでなく、儒者からは稽古人と同じく別の形での試業が行われていたことも確認できる。その一つである「策問」は、[171] ある漢文題を与えられ、それに対して「対策」と呼ばれる漢文の解答文で応えたものである。[172] 多くの場合、提出された漢文について師匠である儒者が添削・批評を加え、または同僚同士で相互に批評し合っている。

寛政・文化初期の「策問」では、学統の正統性を問う出題が圧倒的に多い。たとえば、尾藤二洲による寛政四年の「策問」は、[173] 次のように「諸生」に仏教の弊害除去の方法を問い、また「正學」唱導の歴史的背景と「正學」説の根拠を問うている。

○「問ふ。佛氏之道日に盛んにして、寺院天下に遍し。其の斯民に害有るや、固より論を待たず。今諸子斯民のために斯害を除かんと欲すれば、則ち将に何を以てせんか。吾平生此に意有りて未だ其の説を得ず。試みに其の行ふべきものを考へ、我為に之を陳べよ」。

○「問ふ、学之名尚。而して古は必ずしも正學を称へず、後世に及びて、乃ち此称有るは何ぞや。且つ世の學を爲す者、誰も以て已正を謂はず、今我徒を爲す者、必ず自ら正學を称す。而して正學は専ら我家之名に似る、此れ何ぞ為して然るや。今國家學政を修め、師儒を増し、以て大いに教事を習ふ。亦必ず之を命じて曰く、正を崇び邪を斥け、以て士風を振るい民俗を起すと。是必ず説を有す。諸生各見る所を陳べ以て我（士）に教えよ。

〔發春〔二月〕廿二日を以て期す〕」。

この二洲の「策問」に応えた「対策」には、大槻平泉と松崎慊堂のものが残っている。[174] また、大学頭林述齋の寛政五年一月の出題は、「理學真偽論」であり、これに対しても平泉と佐藤一齋の「対策」がある。[175] この二洲や述齋のように端的に学問上の正統論を問うものばかりでなく、たとえば古賀精里は、中国儒学史の展開を踏まえて同種の「策問」を行っている。[176]

○「周子〔周敦頤〕の大極圖説、去聖絶學之後に道體を發明す。而して朱子〔朱熹〕の解釈之詳、餘蘊《ようん》に復すること無しと謂ふべし。然るに程子〔程頤〕親しく周子より學を受る者なるも未だ嘗て圖説に言及せず。圖説の世に行はるの時に當りて、陸氏兄弟〔陸九齡・陸九淵〕之を疑ひ、辨論往復、數四に至りて置かず。邦儒貝原篤信〔貝原益軒〕に至りては「大疑録」を著して謂へらく、無極而大極の五字、及び體用一源、顕微《けんび》無間《むけん》、皆、釋氏

〔釈迦〕の書より出ると。注に清儒毛奇齢〔一六二三—一七一六〕亦たおもへらく禪家の圖を剿《ぬす》むと。是れ豈に緇流《しりゅう》の依託して之を為ること、彼の儒童・菩薩・比丘《びく》・比丘尼《びくに》之鄙なるが如からんや。抑も其の圖偶《たまたま》相似すと雖も、剽襲より出るに非ざれば、則ち初めより朱陸の書に与するに妨ぐるところ無し。具《つぶ》さに在りて考すべく、以て其の得失を知るべし。此れ學問・頭脳、須くこれを識ること。明らかにして之を信ずること篤く、卓然として異説の惑はすところに為らざるもの有るべし。矮人《わいじん》の場を看て悲笑の由るところを知らざるが如かるべからざるなり。従《よ》りて、上の疑案、諸賢の素より講究する所なれば、請ふ、一一これを辨明せよ(177)」。

○「聖人之道学、宋に至りて始めて明らかにして、周程張朱〔周敦頤・程頤・張載・朱熹〕之功、大と謂ふべし。其の徒之賢者、比肩して出で、進みて世用と為る。真徳秀〔一一七八—一二三五〕・魏了翁〔一一七八—一二三七〕、其の最たり。理宗之理たるは實に道學を以てす。當時を夷考《いこう》すれば、則ち君徳闇くして朝綱墜ち、兵弱く、國蹙《せま》り、終に亡ぶに趨れば、世の理學を喜ばざる者、指して以て口實と為し、宋の道學を以て亡ぶ之言有るに至る。此の言、固より誣なり。然るに其の誣をなすところのもの、若し明確可據之證有るに非ざれば則ち、恐らく未だ以て談者之口を箝《ふさ》ぐに足らず。元之道學、姚樞〔一二一九—九六〕・許衡〔一二〇九—八一〕、これを為すこと倡《さか》んにして、呉澄〔一二四九—一三三三〕の輩これに次ぐ。澄の宋儒における、極めて異同多し。出處大節、亦た已に失はる。明に至らば、則ち粗《ほぼ》宋儒を貴ぶを知るに似る。而るに太祖の暴虐、成祖の簒賊は、聖門の罪人なるのみにして、何ぞ道学に於けること有らんや。成祖の勅撰「三大全」も、仁義に并与して之を盗むの故智を襲《かさ》ぬるに過ぎず。其の書の踳駁繆陋なること、則ち未だ論ずるの皇《いとま》あらざるなり。明世の學者、薛瑄〔一三九二—一四六四〕、巨擘なり。而るに其の讀書録、微に過高之弊有るに似る。呉与弼〔一三九一—一四六九〕・邱濬〔一四二一—九五〕に至れば、則ち其の學行、議すべきもの多し。其の他、曹端・胡居仁〔一四三四—八四〕・羅欽順〔一四六五—一五四七〕・章懋〔一四三六—一五二一〕・蔡清〔一四五三—一五〇八〕・林希元〔一四八二—一五六六〕之類のごとき、皆一時に名だたるも、誰か能く程朱氏之道の學の意に悖らざるやを知らず。諸子益各見る所を陳べよ[178]」。

さらに、依田匠里の「策問」は、陽明学との対比、あるいは蘐園学者の経書解釈をめぐる学問の正統性を主題としていたことが、それに応えて「対策」を記した河田迪齋の史料から明らかになる。[179]匠里の「質疑三條」は次のようなものである。

○「間ま、同志と孟子を讀む。終篇一として周室を尊ぶ之言に及ぶもの無し。蘐園之徒多くはこれを以て孟子を指弾し、孔門之舊に非らずとす。近世肥後の藪氏〔藪孤山〕、これを辨ず。當時の齋・梁之君、聖人に非らずして命を受く者ならば、則ち畢竟孟子之辨は後世の亂賊を招くに似る。然らば則ち、何ぞ後世に教ふるに足らんやと。此れ則ち孟子中の闕典に非ずや。敢へて明かに辨ぜんことを乞ふ」。

○「三代之制度、巨細盡く備ふ。賢不肖は中を得るの所以なり。然るに時に昇降有り、俗に淳漓有り、一々其形跡に效《なら》ふべからず。記に云く、聖人俗を変へずして治むと。彼に在りて既に此くの如し、況んや我邦に於てをや。一々其形跡に效ふべからざるや必なるべし。故に我皇朝之儀、唐制に效ふも亦た必ずや斟酌有るべし。今の諸侯亦た鎌倉・室町の故典を用る者多し。亦た甚だ武事を便とし、其の制を變へず、直ちに以て規則と為す亦た妨ず。然らば則ち所謂先王の制度、迂にして無用に属す。果して無用ならば、則ちこれを學ばざるも亦た可なり。果してこれを學ぶ可からざれば、則ち容儀を學ぶ者をして壹に是れ所謂小笠原者流を學ばしめば可なる者ならんや。陽明先生、致誠を尊びて制度の跡を蔑視す。所謂六経は心の注釋の見なりと。然るに礼制自づから雅俗有り、擇ばずして徒《いたづら》に便を取るは亦た可ならんや。敢へて安ずる所を問ふ」。

○「蘐園學者、形而下を説きて、形而上を説かず。只だ其の形影を模さんと欲するのみ。其の弊なるや迂なり。餘姚《よよう》〔陽明〕学者、形而上を説きて、形而下を説かず。直ちに其の真理を得る者を認むるなり。其の弊なるや畧なり。大抵これを攝《か》ぬるは、則ち洛閩〔程朱〕之學是れなり。而れども其の學者、大旨風疲〔披〕に陥りて、身に活潑之氣の乏しきを知らず。其の弊なるや繁なり。能く此の弊を知らば、則ち他の学派之異同を擇ばざるも亦た何ぞ妨げんや、然れども活潑に乏しきは、則ち佛・老なり。其の形影を模すは、則ち刑多功利之流なり。能く此の域を超脱して、物に接し事に處する之際、従横に變化し、其の真理を得るは、則ち致極格正之学、是れなり。之を實地に驗ずれば、屢《しばしば》其の證を見る。占せざると雖も必ずや是れ正道なるべし。董子〔董仲舒〕の平日工夫、此の如し。而して毫里千里之謬、大いに恐懼すべしとす。敢へて其の嚮ふ所を質す」。

そのほかにも、野村篁園・佐藤一齋・友野霞舟らの「策問」があるが[180]、わずかな現存史料から窺えることは、時代推移に伴って「策問」内容に顕著な変化がみられることである。たとえば、述齋の息子で天保九年に学問所御用となり、嘉永六年九月に大学頭となる林復齋の「策問」は、もはや学問上の正統性を問題にしない[181]。

○「問ふ。国を治むるに民より急なるは莫し。古への州縣に官長有り。農桑を観て戸口盈縮《えいしゆく》し、一夫一婦の刑賞、必ず簿籍に上《のぼ》す。農の家に生れし者は農を為して士工商に与せしめ、別に恒産を立つれば、其れをして事を廃せしめず。其の勤惰に因て之を刑賞すること各《おのおの》差あり。是を以て国用豊贍《ほうせん》にして、庶民も亦た鼓腹《こふく》して之を楽しむ。今や民或ひは稼穡《かしよく》之艱難を厭ひ、去りて市井に遊する者、啻《た》だに億するのみならず。餘資を有する者、煖衣飽食、或ひは置妾佩刀を以て相驕る。啻だに職を廃するのみならず、法を犯すに至る。其の田畝に在る者、窮困の輩に非ざれば、則ち老嫗癡児のみ。故に四方に散じて溝壑《こうがく》に轉ずるを免れず。天下の遊手遊食なる者は、挴犂する者よりも倍《ま》す。一夫之粟、豈に唯だ百夫之食ならんや。一婦之織、豈に唯だ百夫之衣のみならんや。然るに農を勧むの官、猶ほ民と利を争ひ、これに刑賞を復すること無し。昇平の然らしむると雖も、殆ど亦た浮侈に由る之俗、日び長ずるは天下之大賊と謂ふべし。今、官冗之弊を革め、数口之家に命じて、劔を賣りて牛を買ひ、妾を賣りて馬を買はしむに至る。而して一夫一婦、其の所を得ざることなきは則ち昇平の益久しき所以なり。然るに或ひは云はく、昇平之久しき物皆然り、特《ただ》に民の責なるのみならずと。有司、これを惑ふ。當に何を施して可なるべけんや。詳らかにこれを辨ぜよ」。

○「問ふ。貧富は家の有無なり。貴賤は身の栄辱なり。古へは貴賤異席の礼有りて、貧富分列の議なくして、上下の序、秩然たり。故に家に儋石《たんせき》の儲無きも其の貴を損はず。室に満籯《まんえい》の金有るも其の賎を改めず。人の待遇、豈に富に厚くして貧に薄からんや。今や公卿大夫の家多く貧にして、商賈の家多く冨めり。公卿大夫、商賈の餘《よ》貲《し》を借り、以て衣食に供す。故に公卿大夫、貴を以て賎に下り、豪商巨賈、賎を以て貴を凌ぐ。上下の分無きこと、擧世皆然り。公卿大夫の商賈を待遇するの礼、殆ど相等にして、亦た吾身の卑汚を顧みず。人の貴賎の榮辱を為すを以てするを知らずして、徒らに貧富を以て榮辱と為すは、之を耻べきこと甚しきなり。今夫れ朝に立ちて職を奉ずる者、徒らに肥馬軽裘を以て児童の憐みを求め、縕袍《うんぽう》の典を敝《やぶ》り、狐貉《こかく》対立する者、未だ其の人を見ず。是れ干禄のために仕ふるなり。何ぞ其の末俗之弊、ここに至らんや。移風易俗して一世を奮起するの説を請ふ」。

復齋の「策問」はこの二策しか残らず、しかも問われた年代が不明だが、問われる主題が、学統論から時務論へ、経書解釈にも関わる哲学的な議論から具体的な政策論へと移行していることが判るであろう。もちろん、出題者復齋自身の個人的関心や伝存する「策問」が偶然にして時務策であった可能性にも配慮しなくてはならない。しかし、この学問所儒者の関心変化は、本書全体の議論に関わる大きな問題なのである。このことを、次に別の側面から検証してみよう。

学問吟味における経世策　第一に関連して検討されなければならないのは、さきに論じ残した学問吟味の「文章科」の問題である[182]。付表2-2（二四一頁）、付表2-3（二四二頁）に古賀侗庵自筆本の「學院試題」[183]から具体的に紹介するように、学問吟味の「文章科」には、享和三（一八〇三）年から、経世策を問う出題、すなわち「時務策」が新たに加えられた。これに伴い、寛政期からあった「文章題論」の内容も、歴史上の人物評価から直截に政治論を求めるものへと変化する。出題傾向の変化の過程で、具体的にどのような議論が学問所教授陣内部で行われたかは不明である。寛政五（一七九三）年の昌平黌「學規五則」のうち、第二則「行儀」には「國政を議すこと勿かれ、成憲を失すること勿かれ」とあるが[184]、おそらくは、その後学問所教育で力を発揮し始めた古賀精里の意向が反映されて、「時務策」が導入されたのではないだろうか。第一章での佐賀時代の精里の政策と経験を踏まえれば、「道理」にあたった政策形成は「役人」に求められる重要な能力の一つと考えられており、その政策創発能力を育成することは、幕臣教育に当たる学問所の課題でもあったであろう。このような文章題は、学問吟味以外の他の試業でも行われている（臨時試業[185]・幕閣見廻りの際の文章題[186]・徽典館での試業[187]）。享和三年以降の「文章科」の出題主題を列挙してみるならば、次のようである。「政在養民論」「正風俗策」「為政以徳論」「恩威並施策」・農村における商品経済流行の弊害改善策（享和三年）、「取士策」・農村における制度如何（文化三年）、「節用愛人論」「育人材策」・廉恥を行き渡らせる方策（文政元年）、「安不忘危論」「整飭吏治策」・仕官の文武両修の方策（文政六年）、「慎幾微」「寛猛」「立綱紀」「通言路」・都市における防火の方策（文政一一年）、「生財有大道論」「抑末策」・人材育成の方策（天保四年）、「慎微論」「省冗費策」・士風を正す方策（天保九年）、対外交易の是非・経済的利益追求と社会における貴賤上下之別（身分制秩序の維持）（安政三年）、「省冗費」「育人才」（幕末［出題年不明[188]］）。

学問所儒者の著作（論・策・辨・説）　寛政の草創期からの学問所儒学全体の関心変化を辿るのに、学問吟味での「時務策」導入とその定着を確認するだけでは不十分であろう。第二に、より具体的に追究されなければならないのは、学問所儒者たちの著作、特に漢文著作の論説の様式と内容の変遷である。儒者の思想を著作の中から探るには、定本となった著書だけでなく、序・記・論・辨・策・説・墓碑銘・傳・題跋・書などを含む文集全体を閲し、さらにそのなかでも個人の思想的な特徴が明瞭に窺える論・辨・策・説に注目すべきであろう（巻末資料参照）。個々の作品を読解し思想的分類を加えるには多大な労力を要し今後の研究に譲らざるを得ないが、まず様式的特徴を捉える作業として、主題設定に即して分析を行うことは可能である。論説の主題設定には、個々人の思想的特徴が反映されていると考えられ、また、論説に頻出する主題は「対策」や「文会」で出題された可能性が高く、学問所儒者の共有された問題関心をも映し出しているであろう。当初の学問の正統性を正面から主題にする議論が後退し、それに変わって歴史上の政治評価も含め政治論・政策論が現れる様を、検証してみよう。複数の者に共有された主題を中心にみてみると、次のように展望できる。

異学の禁直後しばらくのあいだ主題とされたのは、「論學弊」（栗山）、「腐儒論」（寒泉・侗庵）、「正學説」（二洲）・「従正説」（二洲）、「理学真偽論」（一齋）という、学問の正統性をめぐるテーマであった。

各人の経書註解書でもみたが、著作「集」に載る経書解釈では、「論語」為政篇の「攻乎異端章解」（侗庵）・「攻乎異端斯害也已講義」（一齋）・「異端説」（一齋）、また同じく為政篇の「君子不器講義」（一齋）・「君子不器説」（柳浪）、また「孟子」滕文公篇、五倫の一つ、「夫婦有別解」（侗庵・蘭園）などが取り上げられた。

理気や格物を扱った哲学論には、「理氣説」（二洲）・「原気」「原理」（一齋）・「原氣」上中下（艮齋）、「格物論」上下（艮齋）・「格物解」（金陵）、「命觧」（侗庵）・「命解」上下（霞舟）などがある。

政治哲学論としては、「為政以徳論」（享和三年題論・篁園）、「諫論」（侗庵）・「諫争論」（蘭園）、「寛猛論」（文政六年題論・蘭園）、「為善最樂説」（侗庵・一齋）、「仁者必有勇説」（幕末の論題・勿堂）、「祛蔽説」（二洲・霞舟）、「理財論」（侗庵）・「論理財」（敬宇）、「孝経」の著者とされる曹參（「曹參論」［精里・敬宇］）、法家の韓非（「讀韓非子」［侗庵・息軒］・「讀韓非子漫記」［侗庵］・「韓非論」［柳浪］・「韓非論」［敬宇］）などが挙げられる。

また、学問吟味の「史科」や上記の政治論とも密接に関係するが、歴史上の人物評価を主題とするものには、周の泰伯（「赱伯至徳論」［篁園］・「泰伯稱至徳説」［霞舟］・「泰伯三讓考」［艮齋］・「泰伯三以天下讓辨」［迪齋］）、前漢の高祖（「高祖論」［侗庵］・「漢高祖戮丁公論」［蘭園］・「漢高祖善將將」［幕末論題］）、また高祖の謀臣陳平（「陳平」［寛政九年文章題論・侗庵・息軒］）、前漢の文帝（「漢文帝不作露臺論」［侗庵］・「文帝論」［篁園］・「漢文帝論」［霞舟］・「論漢文帝唐太宗」［一齋］）、また文帝に仕えた学者賈誼（「賈誼」［寛政六年論題］・「賈誼不至公卿論」［侗庵］）、武帝（「漢武帝論」［蘭園］・「武帝論」［艮齋］）、宣帝・元帝（「漢宣帝論」［侗庵］・「論宣元二帝」［艮齋］）、後漢の荀或（「荀或論」［柳浪・立軒］）、晉の政治家王導（「王導論」［寛政九年題論・霞舟・迪齋・立軒］）、前秦の宰相王猛（「王猛論」［精里・侗庵］）、南北朝時代の梁の武帝（「梁武帝論」［霞舟・迪齋］）、唐の太宗（「論漢文帝唐太宗」［一齋］・「唐太宗論」［霞舟］・「唐太宗伐朝鮮論」［敬宇］）、唐の政治家陸贄（「陸贄論」［復齋・立軒］）、北宋の王安石（「王安石論」［艮齋・敬宇］）などがある。

このような中国史ばかりでなく、日本史では、北條義時（「北條義時論」［宕陰・敬宇］）、豊臣秀吉の評価が盛んに主題にされている（「擬豊臣氏討北條氏直檄」［精里］・「擬豐公檄朝鮮文」［頼春水「春水遺稿」巻一〇］・「豊王征韓論」「豊太閤征韓論」［侗庵］・「擬豊臣秀吉請討朝鮮疏」［柳浪］・「論豊太閤伐朝鮮」［立軒］・「豊臣秀吉論」［宕陰］）。

さらに具体的な経世策論としては、「防火私議」（侗庵・柳浪・文政一一年時務策）、「修船説」（侗庵）・「舡説」（蘭園）。時代を下るに従って、「擬極論時事封事」（侗庵）、「外夷互市議」（立軒）・「海外互市議」（勿堂）・「通商利害論」（宕陰）・「擬外夷互市封事」（侗庵）、「審夷情」（宕陰）・「籌海私議」（宕陰）・「洋外紀略」「禦戎策」（艮齋）・「論海戰」（勿堂）などが執筆され、嘉永二年閏四月の学問所諮問や嘉永六年諮問への答申が現れるようになる。[189]

主題を同じくするからとて、画一的な議論がなされているとは限らず、内容の比較考量が求められるであろう。また、他者と共有されず、その儒者個人にしかみられない論説主題は、思想的特徴を把握する上で重要な著作であろう。さらに、主題の変遷も、執筆者を取り巻く時代環境の変動が思想に与えた影響を無視しては論じられないだろう。しかし、そのような課題にもかかわらず、敢えて一望することにより、見えてきた事実の一つは、古賀侗庵の厖大な著作量が他の儒者のそれをはるかに凌駕していることである。しかも、侗庵の「新論」一七〇篇や「海防臆測」五六篇などの大作は、その細目をここには載せていない。のちに展開される本書の議論で、この学問所儒学における侗庵の著作の意味は重要になってくる。

昌平坂学問所内の編纂作業　昌平坂学問所内には三つの史局、すなわち地誌調所・沿革調所・御実紀調所が設置されて、さきの官版出版のほかに、書誌編纂作業が行われたことが知られている[190]（付表2-4［一四三―一四四頁］）。前述の「孝義録」「国鑑」などの編著にも儒者が参与していたが、右筆所を中心とする「藩翰譜續編」や「寛政重修諸家譜」の編纂には、早期より学問吟味を及第した学問所関係者、飯田直次郎（寛政六年乙）・中神順次（寛政九年乙）・松平喜太郎（寛政一二年甲）・大草大次郎（享和三年甲）・勝田弥十郎（享和三年乙）らが携わっていた。その後、三史局のうち、最も早く文化七年冬に設立された地誌調所は[191]、間宮士信（寛政一二年乙）が中心となり当初から学問所勤番・下番などが出役として関係していく[192]。古賀侗庵の門人で後に浦賀奉行にも抜擢される戸田氏徳（卓太郎・氏榮、文政一一年乙）も、このような地誌調所、そして沿革調所で能力を発揮した重要な存在である。沿革調所では、のちに述べるように嘉永三年以降、宮崎次郎大夫（成身・栗軒、文政元年乙）を中心にして、幕府の外交文書を集大成した「通航一覧」の編纂も行われている。天保末年には、奥儒者の成島家が担当していた御実紀調所が学問所内に移転されたという[193]。それぞれの編纂内容については触れられないが、このような幕府の書誌編纂作業が昌平坂学問所内で、関係者によって進められていたということも、学問所儒学の性格を考える際には看過できない。

門人群　さらに、このような江戸の幕府の学問所が、人間を媒介にして、諸藩にまで広がる知的な交流関係をもっていたことが、「門人帳」を通じて確認される。徳川初期から幕末までの林家家塾の「升堂記」、また弘化三年以降の書生寮入寮者を記した「書生寮名簿」、学問所儒者では安積艮齋の「安積艮斎門人帳授業録」、河田貫堂の「同社人名録」が現存する[194]。古賀家文書のなかにも、古賀精里の「門人姓名簿」（文政四年四月一六日）[195]が在り、これにより、師弟関係という社会的紐帯で繫がる、全国に広がった知的共同体が浮かび上がる。たしかに江戸に在った昌平坂学問所は、徳川家の幕臣たちの教育を第一の目的とする機関であった。しかし、学問所内の書生寮や家塾には、旗本や御家人という幕臣以外の江戸庶民や、全国諸藩からの遊学者、江戸藩邸の在住者などの入門者が群をなしていた（巻末資料参照）。

このような門人という師弟関係で繫がったネットワークばかりでなく、学問所が在った江戸社会には、知識人相互の水平的な文芸結社も観察される。たとえば、「復原詩社姓名録」[196]には、古賀精里を中心とし、麴町三番町の別荘で開かれた詩社「復原樓詩社」の同人たちが載る。詩社の社員たちは、幕臣に限定されていると思われ、本書第III部で紹介する学問所関係者リスト・学問吟味及第者と重なる人物が多いが、門人録と比較しても決して門人に限られない人的交流があったことが窺えるであろう。[197]

このような水平的な文芸的結社は、多くの場合、政治的主張は含まないが、「規約」や「会約」をもついわゆる盟約共同体である。古賀家に限っても、古賀穀堂を中心とする江戸の「海鷗社」は「海鷗社文會規約」、また古賀侗庵の「古處堂詩文會」は「古處堂詩文會約」[198]をそれぞれ有している。当時の多様な人的ネットワークの実態把握は今後研究が進むであろうし、ここでは展開できないが、この盟約で繋がった水平的な文芸結社は、家塾や私塾での師弟上下関係の場合の、たとえば侗庵「論學示家塾書生」[199]や伊東玄朴「塾則」[200]、各種「門人姓名簿」での人的繋がりとは、性質を異にするであろう。文政九年正月に記された「規約」によれば、毎月一七日に集ったという「海鷗社」の同人たちは、出身の各国別に分類すると巻末資料一のようである。[201]江戸社会が可能にした、儒学を媒介とし藩を越えた知識人結社の好例といえよう。[202]

学政改革の諸藩への波及　幕府の寛政改革以前より宋学を藩学の主軸に据えていた藩校には、たとえば、林家の門人たちによって藩学の基盤が築かれた佐倉藩の成徳書院（澁井太室、延享元年六月一一日林家入門）・名古屋の明倫堂（深田圓空）・萩の明倫館（小倉尚齋、寳永四年林家入門）などが知られる。また、初期の陪臣の出講を含め、学問所と人的な交流があった、熊本の時習館（藪孤山・辛島鹽井）・鹿児島の造士館（赤崎海門、天明二年四月二五日林家入門・石冢確齋）・佐賀の弘道館（古賀精里・古賀穀堂・井内南涯）・安藝の学問所（賴春水）なども、早くから宋学による学政改革を行っていた。

しかし、寛政期の宋学による昌平黌の学政改革と、その結果設立された昌平坂学問所の学問は、諸藩からの江戸へ

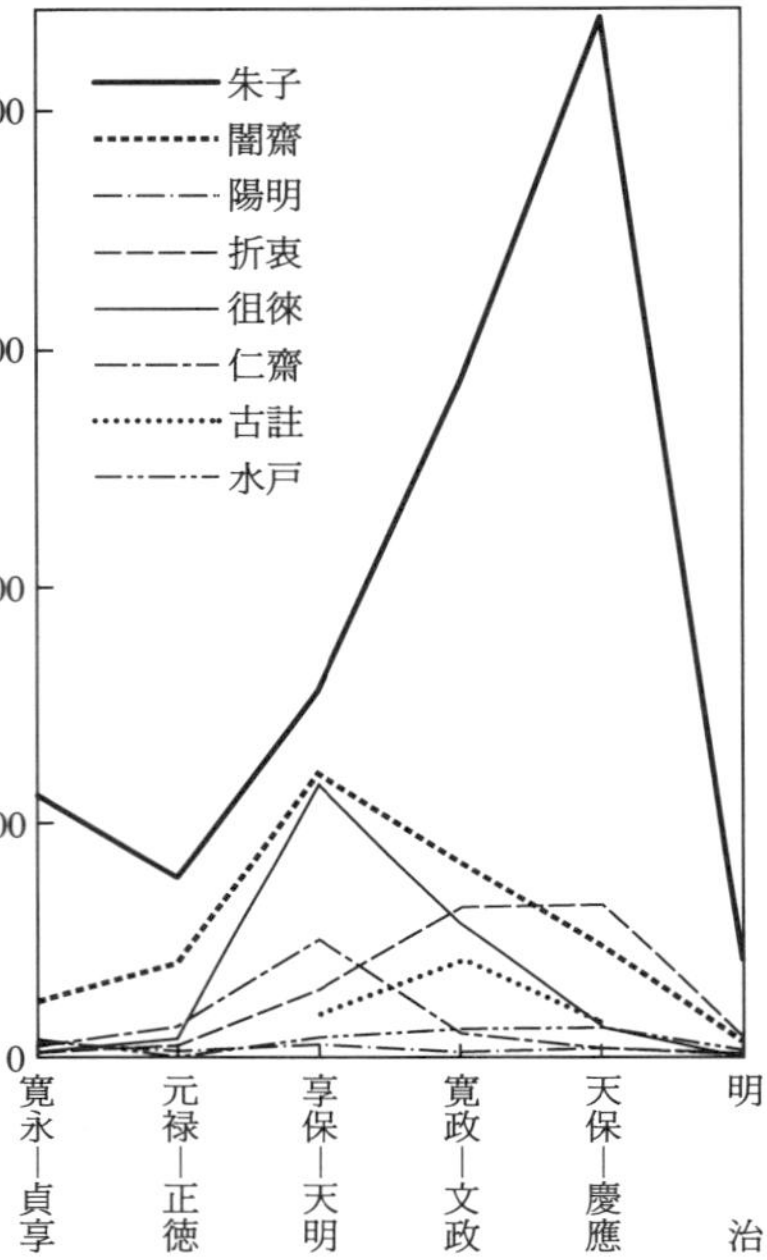

図 2-7　藩儒にみる諸学派の消長

出典）石川謙『日本学校史の研究』（日本図書センター，1977 年）259 頁。前述のように，学派分類はあくまでも便宜的なものである。

の遊学者、江戸詰の儒者・藩士、書生寮や家塾への門人というさまざまな人的交流を媒介にして、急速に全国諸藩へと波及し、各地で宋学を基調とする「造士」が実施されていくことを可能とした。先行する諸藩の学政改革の成果を採り入れた幕府の学政改革のある程度の成功によって、さらに多くの藩で、自発的に改革が行われていくことを確認できる。古賀家との繋がりが史料によって裏付けられる諸藩の学政改革では、特に、文化七年以降に大槻平泉を中心として仙台藩校の養賢堂（志村五城・志村東嶼・大槻習齋・大槻磐溪ら）で（古賀精里「贈大槻生序」文化七年、「精里全書」巻一二）、また同年には、精里の門人安部井帽山と高津淄川を中心に会津藩校の日新館（土屋七郎［子潤］、牧原只次郎［半陶］ら）で、[203] 神戸では文化一〇年以降に長野豊山が中心になって教倫堂（小谷秋水・服部松溪・川村竹軒ら）で（古賀精里「贈長野生序」文化一二年、「精里全書」巻一二）、さらに米沢の興譲館では文政二年以降に精里門人の香坂衡山によって、[204]「程朱学」（宋学）を軸とする学政改革が施行されるのである。

> 是に於て西は薩・肥・筑の諸藩より、東は會津・米澤・仙臺・南部・津輕の諸藩まで、各俊秀の書生を選みて江戸に送り、入黌就學せしめしが、精里は日夜熱誠を籠めて之を教誨し督勵し、更に業成りて歸るものは、儒者衆の直門弟なればとて、藩校の教鞭を執らしめしかば、諸藩著名の學校は盡く〔古賀〕精里派の學問所となり、學問統一はこゝに事實となりて現はれ、精里を日本の朱子と稱ふるに至れり。[205]

久米邦武のこのような記述の如く、昌平坂学問所の幕臣教育制度ばかりでなく、教授陣の学問や思想も、人間を媒介にして全国の藩校に影響を及ぼしていったであろうことは想像に難くない。多くの者がこの過程で自らの思想的原則を自覚し、それによって状況を作り変えていく、そのような意味での転向を経験したことであろう。

古賀家三代の思想的営為は、このような昌平坂学問所をめぐる社会環境の下で行われている。幕府の「政教」を担当すること、つまり学政の創制という教育行政に携わることは、それ自体が一つの政治参与であるが、次章では、昌平坂学問所儒者たちの、より狭義の幕府政治への関与——特に外交参与とその政治過程に現れる思想——を、史料発掘を行いながら具体的に検討してみよう。

付表2-1　学問所儒者の経書・史書註解書

〈初場〉

「小學本註」

古賀侗庵「小學備忘」・増島蘭園「小學纂説」（文政五年）・佐藤一齋「小學書欄外書」（文政一〇年）

〈経科〉

「四書集註」

「大學」

古賀精里「大學章句纂釋」（寛政一二［一八〇〇］年自序・「大學諸説弁誤」を合併し文化九［一八一二］年刊）「大學諸説辨誤」「大學章句纂釋」（『日本名家四書註釋全書』學庸部一、東洋図書刊行会、一九二二年）「精里先生大學口義」文化一二年九月二日？—一一月六日（佐賀県立図書館991-123-8）・古賀侗庵「大學問答」四巻（文政一〇［一八二七］年篠崎小竹序・嘉永二［一八四九］年刊）・増島蘭園「大學章句参辨」三巻・佐藤一齋「大學摘説」（大學欄外書）（文政一二［一八二九］年自序）「大學一家私言」「同附録」「大學古本旁釈補」（文政一二年）・安積艮齋「大學説」「大學略説」・安井息軒「大學説」（『漢文大系』第一冊、冨山房、一九一一年）「大學考」「學庸補疏」「學庸欄外書」・若山勿堂「學庸私記」「讀大學中庸私記」

「論語」

柴野栗山「論語筆記」・岡田寒泉「論語説」・古賀侗庵「論語問答」三二巻「論語管窺記」・佐藤一齋「論語欄外書」「論語互辨」・安積艮齋「論語簡端録」「論語師説」（嘉永三—六年）「論語埤註」「論孟衍旨」・安井息軒「論語集説」（『漢文大系』第一冊、冨山房、一九一一年）・若山勿堂「論語私記」

「中庸」

古賀精里「中庸纂釋」「中庸諸説辨誤」・古賀侗庵「中庸問答」一二巻「中庸問答補遺」・増島蘭園「中庸纂説」「中庸章句諸説参辨」・佐藤一齋「中庸説」「中庸欄外書」・安積艮斎「中庸略説」・安井息軒「中庸説」（『漢文大系』第一冊、冨山房、一九一一年）「學庸補疏」「學庸欄外書」・若山勿堂「學庸私記」「讀大學中庸私記」

「孟子」

古賀侗庵「孟子集説」四本「孟子問答備考」・増島蘭園「孟子孜異」「孟子外書逸語」「孟子講余録告子」・佐藤一齋「孟子欄外書」・安井息軒「孟子定本」（『漢文大系』第一冊、冨山房、一九一一年）「孟子説」

「易経本義」

増島蘭園「易学啓蒙鉤深図」「易学啓蒙翼図」「讀易小言」（文政元年）・佐藤一齋「啓蒙図攷」（寛政四年）「周易図考」「易学啓蒙欄外書」（天保四年）「啓蒙纂説」「周易欄外書」・安積艮齋「周易箚記」・河田迪齋「易学啓蒙図考附啓蒙説」（天保四年）・若山勿堂「讀易私記」

「書経蔡伝」

佐藤一齋「書経皐陶謨講義」「書経佐藤一齋先生説」（文政七—九年）「尚書欄外書」・安積艮齋「書経講義誌」（嘉永三—六年）・河田迪齋「書経插解」（天保七年）・若山勿堂「尚書問辨録」

「詩経朱伝」

古賀侗庵「毛詩或問」「毛詩劉傳稿」「詩朱傳質疑」「讀詩折衷」「詩説備考」・増島蘭園「詩序質朱」・佐藤立軒「詩経輯疏」・安井息軒「毛詩輯疏」一二巻（［崇文叢書］第二輯、一九二五年）「毛詩集説」

「春秋胡伝」

「禮記陳註」

安井息軒「息軒先生禮記説」二巻

「周禮鄭註」

古賀侗庵「非周礼」・安井息軒「周禮補疏」一一巻

「儀禮鄭註」

〈史科〉

「左傳」

古賀侗庵「左傳探頤」八巻「左傳雜説」九本・安井息軒「左傳輯釋」二一巻「息軒先生左傳説」二巻「春秋左氏伝辨疑」「左伝補杜輯釈」

「國語」

「史記」

古賀侗庵「史記匡謬」・安井息軒「史記校文補註」

「前漢書」

「後漢書」

「通鑑綱目」

古賀精里「續通鑑評語」・古賀侗庵「続通鑑續評」四巻

〈その他〉

岡田寒泉「幼學指要」（『日本文庫』第一〇編、博文館、一八九二年）（『漢書解題集成』第三冊、漢書解題集成一九〇〇年）「幼學必読」・柴野栗山「正學指掌」・古賀侗庵「四書説備考」「古心大全備考學庸」・佐藤一齋「近思録説」「近思録講説為學篇」「近思録欄外書」「孝経解意補義」（寛政元年）「呉子副詮」（天保一一年）「左傳雜記」「四書欄外書」「孫呉副詮」（弘化三年刊）「孫子副詮」（天保一三年）「伝習録欄外書」・安積艮齋「荀子略説」（『日本儒林叢書』第一〇巻）「朱學管窺」（同、第六巻）「史論」（同、第八巻）・安井息軒「書説摘要」四巻（『崇文叢書』第一輯、崇文院、一九二五年）「管子纂詁補正」（『漢文大系』第二一冊、冨山房、一九一一年）「管子纂詁考譌」「戦国策補正」・若山勿堂「四書私記」「虞書問辨録」

付表2-2　学問吟味(2)　文章論題[一]

文章科

文章題論

「賈誼[二]」（寛政六年）

「王導[三]」「陳平（附試）」（寛政九年）

「季札」「孫武（附試）」（寛政一二年）

「政在養民論」「正風俗策」「為政以德論（附試人不快出題不用）」「恩威並施策（附）」（享和三年）

「孔融論[四]」「取士策」（文化三年）

「節用愛人論」「育人材策」（文化一五年［文政元年］）

「安不忘危論」「整飭吏治策」（文政六年）

「慎幾微」「寛猛」「立綱紀」「通言路」（文政一一年）

「生財有大道論」「抑末策」（天保四年）

「慎微論」「省冗費策」（天保九年）

「漢高祖善將將」「仁者必勇者」（論題）・「省冗費」「育人才」（策題）（幕末［出題年不明］正月二五日、国立公文書館内閣文庫、多聞櫓41859・41860）

[一]「學院試題」（宮内庁書陵部506-146）。

[二] 賈誼（紀元前二〇〇―一六八）は前漢の学者で文帝に招聘され博士となり改革案を上申したが、功臣たちに反対され左遷された。

[三] 王導（二六七―三三〇）は東晉の宰相。

[四] 孔融（一五三―二〇八）は後漢末の学者で孔子二〇代目の後裔にあたる。学校を興し儒者を重用したが、晩年には曹操に憎まれ処刑された。

付表2-3　学問吟味(3)　時務策（時務俗文策題）

享和三年二月二日

「治世の習ひ本を捨て末を遂者多く成候事ハ、農耕の勞をいとひて商賈末作の居なからにして利を得やすきに趣くか故なり、されハ遊手の者日々に増ておのつから土田荒撫にして及ふへし、いかにして其弊をあらたむへきや」〔一〕

文化三年

「常平倉と義倉とハ皆いにしへの良法なり、今これにならひて法をたて、穀價賤くして農を傷けす、安くして末をやふらす、農末ともに其所を得へき不易の法は、如何してしかるへきや」

文政元（文化十五）年

「孟子いへる事あり、「人以て恥なかるへからす」〔孟子・尽心〕、人ハ恥る心なきより義理をかへりミす、行檢をつゝします、権貴にこひへつらひ賄賂を行ひ仕進を求るにいたれる、されハ人をして恥をしらしむるハ政教を施すの専要ともいひつへし、其道如何して然るへきや」

文政六年

「文武之両道ハ士たるもの終身忘るへからす、就中仕官の身ハ猶更はけむへきなり、然るに未タ仕へさる年少し時ハ文武に力を盡し、仕進を遂し後廢する人多し、この幣を除く之術いかゝすへきや」

文政一一年

「繁栄の地にて人家軒を並て立つゝく、故にして失火するには撲滅し候て大厦の居堂も時の間に灰燼となる事多し、□□□の烏有にならふのミならすこれかために資産を失ひ流離する者もまた少からす、今□治の時にありて人の態これより悪しきハなし、あらかしめその然からしむる法もあるへきや、又たとひあやまちても決してこらさるの術もあるへきや」

天保四年一月二五日〔二〕

「治國の道多く人財を得て用るより急なるはなし、されハ虞廷二十二臣あり、周室十乱あり、濟々多士、文王以寧を詩人も申せしにや、人材乏しけれハ國を建る事あたはす、呉蜀の亡ふるとき是なり、人材を育るの方、いかゝしてよろしかるへきや」

天保九年

「士たるものハ義を守りおのれを正しくし、苟くも誓をせさるを専らとす、然れとも或ひハ放埓怠惰にしておのれを修るの心なく、利を見て義を顧さる位少なからす、士風正しけれハ庶民もおのすからこれに化して義に移〔ママ〕るへし、されハ士風を奨励するハ政をなすの大鎬也、如何して正しからしむへきや」

安政三年八月晦日〔三〕

「夷人の交易ハ、我國に益なし、是を許せハ、國家の疲弊となり、許さゝれハ、諸蕃一致し、兵力ヲ以て吾許否ヲ決せんとす、いかゝに所置すへきや」

「利を求るハ、商賈の所為なれとも、國家多事災害も打續きたる節は、士大夫追々困窮に及ひ、商賈ハます〳〵其利を得、遂にハ其勢貴賤倒置にも成行なく、此弊を救んには、如何いたし宜かるへきや」

〔一〕享和三年の時務策は、頼春水によっても次のように記録されている。「昌平學試場ハ、經史ノ目アリテ、又イツレノ建言ニヤ、時務策ト云フ一事ヲ附試ト云フヿニシテ、是ソノ對アリトナリ、「治世のならひ、本を捨て末を遂ふもの多くなりゆく事は、農務の勞をいとひて、商賈末作の居なからにして利を得やすきに赴くか故なり、是を救はされば、遊手のもの日日に増して、おのつから土田荒撫にも及ふへし、いかゝして弊をあらたむへきや」」頼春水「霞關掌録」（『日本儒林叢書』第四冊）五一頁。享和三年から天保九年までの時務策は、「學院試題」（宮内庁書陵部506-146）に収録されている。

〔二〕活字翻刻が『日本教育史資料』第七冊、巻一九（文部省、一八九二年）一二二頁にある。

〔三〕『大日本古文書　幕末外国関係文書之十四』（安政三年八月廿五日）七九八―七九九頁。

付表2-4　幕府の書誌編纂と関係者（学問所内史局を中心として）（二）

柴野栗山「南殿賢聖障子名臣冠服考証定本」寛政元―二年
（大学頭林錦峰・奥儒者柴野栗山）

柴野栗山「寺社宝物展閲目録」寛政四年

昌平坂学問所編「孝義録」
寛政元年三月から調査、寛政一二年完成
（林述齋・柴野栗山・尾藤二洲・古賀精里・山上藤一郎定保、他に大田南畝・塙保己一ら）

「諸家系譜」寛政元年一一月から
（岡田寒泉・右筆瀬名貞雄）

「略譜」

右筆所編「藩翰譜續編」文化三年完成
（奥右筆近藤吉左衛門・秋山松之丞・都築市之助・御徒中神順次・大久保五左衛門・高野孝之助・飯田直次郎・奥右筆長谷川弥左衛門・屋代太郎・篠本久兵衛、また表右筆山田主水・志賀藤四郎・間宮平次郎らも助力、浄書には井上作左衛門玖・日下部銀之助順清・男谷思孝ら）

昌平坂学問所編「国鑑」天明八年一〇月命・文化七年完成
（唐虞夏殷周から後漢光武帝までの歴史を編年体で記述し、史評を加えたもの）
（柴野栗山・尾藤二洲・依田利用［恵三郎］、また助筆として金子半五郎）

堀田正敦等編「寛政重修諸家譜」
寛政一一年一月一九日令達・文化九年完成
（総裁：堀田正敦・副総裁：堀田正毅・以下屋代太郎弘賢・山本忠兵衛正邦・柴村源左衛門盛庸・大草大次郎公弼・山岡伝十郎景風・深尾小源太元隆・松平喜太郎乗一・柴村盛庸・小田又蔵彰信・中神悌三郎守身ら。浄書には大久保酉山忠寄・勝田弥十郎献・奥右筆近藤吉左衛門孟卿・秋山内記維祺）

地誌調所編「編修地誌備用典籍解題」文政三年完成
（池田定常［松平冠山］・間宮士信・岩崎愼成・村井量令・戸田氏徳・海老原儼・中里仲舒ら）

沿革調所編「番外雑書解題」文政九年完成
（戸田氏徳孟潤）

沿革調所編「記録解題」文政七―文政一一年完成
（間宮士信・戸田氏徳・中里新十郎仲舒・村井専之助量令・中村爲弥時万・室本錞吉俊文・朝岡鎌次郎邦新・大草大次郎公明・海老原岸二郎儼・岡田泰助清慎・児山督太郎紀言・山上弥左衛門政直ら）

昌平坂学問所編「地志物産部」文化九―文政一一年
（吉田正恭・沖忠休・本目明敬・中村亮・玉田成胤・土居清健・藤田延寿・山口弘光・長野祐利・藤木保教・竹田通香・大塚義寿・永原正恭）学問所の学生とされる

地誌調所編「武州文書」

地誌調所編「新編武蔵風土記」文化七―文政一一年完成
（調方出役：間宮庄五郎士信・松崎善右衛門純庸・三島六郎政行・神谷岩三郎信順・井上彦右衛門常明・朝岡伝右衛門泰任・猪飼次郎太郎久栄・古山勝五郎克綏、調方出役並：亀里権左衛門章・内山孝之助温恭・岸本梅五郎繁美・桜井久之助寿胤、調方手伝：水野丈之助勝弼・小笠原藤右衛門重信・渡瀬龍之助知煥・山本新助思明、調人場所替并辞免：中神順次守節・戸田卓太郎氏徳・勝田彌十郎献・石川禮助正良・小笠原新次郎忠善・内山清蔵善政・星野仁十郎長宜・小野太郎左衛門正隣・青山九八郎路雄・築山茂左衛門正路・黒澤猪之助美穎・岩崎助次郎愼成・村井専之助量令・米田市次郎俊秀・金井九兵衛世範）

地誌調所編「江戸町方書上・江戸寺社書上」文政八―一二年

「坂役叢話」文政一三年完成
（村井量令・戸田氏徳）

地誌調所編「御府内備考」文政八―一二年
（三島六郎政行・神谷岩三郎信順）

〔昌平坂学問所〕編「銘林」天保七年

〔昌平坂学問所〕編「賛海」天保七―八年
（彦四郎・平吉・八三郎・一学・太郎大夫・平助ら）

沿革調所編「干城録」文政一〇―天保六年完成
（戸田寛十郎氏栄・小林七三郎政応［はじめ政灼］・大草大次郎公明・中里新十郎仲舒・岡田泰助清慎・清水定一兼珍・山上弥九郎［はじめ弥左衛門］正直・薄根平三郎貞正・高嶋俊七郎［俊吉］安詳・筑紫弥太六暉門・勝田次郎充・入江誠作当和・市川鉄次郎信機・朝岡鎌次郎邦信［新］・田中龍之助良顕ら、校訂には屋代太郎弘賢）

地誌調所編「相州文書」文政七年以降

地誌調所編「新編相模国風土記稿」天保元―一二年完成
（間宮庄五郎士信・松崎善右衛門純庸・三島六郎政行・神谷藤左衛門岩三郎信順・榊原小三郎信美・亀里権左衛門章・小林七三郎政灼・岸本幾之助忠貞梅五郎繁美・小笠原太左衛門新次郎忠善・小野太郎左衛門正隣・井上彦右衛門常明・朝岡伝右衛門泰任・猪飼次郎

太郎久栄・古山勝五郎克綏・水野粲左衛門丈之助勝弼・山本新助思明・小笠原藤右衛門重信・渡瀬龍之助宜靜知煥・岡田泰助清慎・清水定一兼珍・内山孝之助温恭・岩崎助次郎愼成・村井專之助量令・桜井久之助寿胤・松本次郎太永孝・押田左兵衛教民・内藤鍋次郎忠侃)

沿革調所編「朝野旧聞裒稿」(「御旧蹟調」)
文政二―天保一三年完成
(間宮庄五郎士信・戸田寛十郎氏榮・宮崎次郎大夫成身・大草大次郎公明・村井專之助量令・海老原武治岸二郎儼・内海源五郎範儀・久須美権兵衛・馬場鎗右衛門・本多喜八郎・中西八之助・林部善一郎・真野三造・葦名重次郎・高嶋俊太郎俊七郎［俊吉］安詳・山上八十郎弥九郎［はじめ弥左衛門］正直・岡田親平泰助清慎・大熊周助・山崎半三郎・鵜飼弥太郎・神尾藤太郎・五井権蔵・乙骨彦四郎・寄木良輔・足立直次郎)

御実紀調所編「御実紀」文化六―天保一四年完成
(成島邦之助司直・成島桓之助［筑山］ら多数)

学問所編「續編孝義録料」

沿革調所編「大狩盛典」嘉永二―五年完成
(宮崎次郎大夫成身・間宮庄五郎信宝・浦上四九三郎景篤・志賀元三郎篤・海老原武治利済・高嶋俊七郎安詳・山上八十郎正直・内海源五郎範儀・水野又一郎勝永・島田音次郎節信・石川次左衛門政勝)

沿革調所編「通航一覧」嘉永三―六年完成
(宮崎次郎大夫成身・松平庄九郎忠得・戸田寛十郎氏功・志賀元三郎篤・海老原武治利済・高嶋俊七郎安詳・山上八十郎正直・内海源五郎範儀・水野又一郎勝永・島田音次郎節信・田上作左衛門時明・神田金太郎徳純)

沿革調所編「通航一覧」安政三年ごろ完成

沿革調所編「藩鑑」嘉永元―六年完成
(諏訪靭負頼永・中西八之助廣一・土屋左右橘虎泰・岡田泰助清慎・押田左兵衛教民・清水定一兼珍・渡瀬龍之助宜靜・鵜飼弥太郎平長善・森七右衛門景著・山内昌三長敏)

沿革調所編「行軍遺範」安政元―五年

地誌調所編「馬誌」
(諏訪靭負・押田・天野・水野・佐一・七左衛門・甲一郎ら)

成島良譲等編「後鑑」天保八年―嘉永六年
(成島良譲桓之助筑山［稼堂］・佐藤重七郎・辻龍之助・鳥居八五郎・竹村九郎右衛門・前原三蔵・木村鉄四郎・高橋幸次郎・筒井万輔・宮田文吉)

鹽谷宕陰「昭代記」元治元年

［二］福井保『江戸幕府編纂物』解説編（雄松堂、一九八三年）によって作成した。

第三章　幕府儒者の外交参与
――東北アジア域圏礼的秩序の枠組み――

一　徳川後期の外交問題

昌平黌における寛政異学の禁の背景に、一八世紀後半、寳暦・明和期以降の日本の学術界での「宋学」への転向問題があることは、すでに前章で論じたとおりである。じっさいに幕府の学政を掌った柴野栗山が、清・朝鮮・琉球などの東アジア諸地域での学問標準が「程朱の説」であることを意識していたばかりでなく、栗山を含め、彼に影響を与えた西山拙齋や那波魯堂も、舶載書籍のみでなく、明和元年に来聘した朝鮮通信使との筆談による「討論」によって、思想的立脚点としての「宋学」への確信を深めていた。このような人的繋がりによる思想影響関係を踏まえれば、ある意味では、外交使節との交流と、そこで看取された文明化の標準としての「正學」定立の要請が、異学の禁の遠因になっているとさえ言えよう。

寛政改革以降の徳川日本で、この学問と外交とを繋ぐ接点に位置したのが、林家と昌平坂学問所儒者であった。そして、そこに徳川後期の儒者の政治参与という重要な経験の一つを見ることができるのである。以下では、古賀家文書の史料を中心に、当時の東北アジア域圏でのいくつかの事例を通して、この時期の幕府儒者、林家と学問所儒者たちの対外認識と外交参与の実態を探りたい。まず、本節では本書全体で扱う儒者外交の概要を明らかにし、次節以降で具体的な対外交渉の経験を検討する。

（1）防衛・漂流民送還・通信から通商へ

広義での「開国」期の政治外交思想を議論するまえに、まず対象とする時代の性格規定を行っておかねばならないだろう。この一九世紀前半期に固有な世界変動と、そこから派生する日本の外交課題とは何か。

一九世紀の変動理解　地域を広げれば、華夷の観念を基軸とする東アジアの「中華的世界秩序」（Chinese world order）は、アメリカ研究者を中心に「朝貢システム」という分析概念を通して理解され、一九世紀東アジア秩序の大転換は、この「朝貢システム」（Tribute System）が、近代の「條約システム」（Treaty System）に包摂されていく過程、すなわち上下差別的な華夷秩序の「朝貢システム」が、一八四〇年代以降のアヘン戦争・アロー戦争、さらに日清戦争を経て、国家平等観に基づく水平的な「万国公法」の世界へ、または「條約システム」へと編入されるプロセスであったと理解されている[1]。近年、それは、理念としての同心円モデル（あるいは円錐モデル）としても把握される[2]。しかし、じっさいには朝貢諸国と中国王朝とは総体として「複数の関係の束」（坂野正高[3]）で結ばれており、歴史学研究においては、構造的枠組提示以上に、なお未解明な点を残す、その個々の二国間関係の具体相を把握することが課題となっている。

徳川日本の国際秩序もまた、一九七〇年代以降の研究史上では、まず、一九世紀の西洋諸国の資本主義体系への参入——「西洋の衝撃」とそれへの対応——以前を「鎖国」体制と捉えるのではなく、当時の東アジア世界の国際関係史から把握する必要が指摘され、その上で、徳川日本の外交体制を「大君外交体制」とし、その理念を「日本型華夷秩序」として理解する試みがなされた[4]。だが、自国を中心にして他国より政治的優位に立とうとする「小中華」意識は、日本に限らずあらゆる政治的共同体に広く確認される傾向であり、また明清中心の東アジア国際秩序では周辺に位置する徳川日本の東アジア内での構造的位置付け、日本外交の全体的把握など、研究史上その理念と構造理解には検討の余地を多く残し、秩序構造を概念化するためには、なおも個別的関係の実態把握が課題であり続けている。(5) また、すでに乾隆二二（一七五七）年以降、西洋諸国に広東に限り貿易を許可していた清朝と異なり、徳川日本の場合は、唐商とオランダ商人に対する非常に限定的な管轄交易しか行われておらず、当然直面した問題状況を異にし、分析する際の性格規定も決して同一ではないであろう。

それでは、一九世紀の徳川日本は何に向かって開かれ（あるいは包摂され）ていったのか。多様な捉え方が可能であるが、本書では第Ⅲ部までの議論を展望して、この時期の日本が直面した異質な世界体系は、(a)段階を踏んで、まず近代西洋の資本主義的な世界経済体系、次に（非キリスト教国・非文明国には、キリスト教文明国間の国際法をそのまま適用させない）近代西洋国際法体系だったのであり、そのいずれもが(b)歴史性を帯びた、（決して国家平等観にではなく、「文明」史観に基づく）産業革命を背景とする一八世紀末から一九世紀の「文明国」の世界システムであったと理解したい。

後述のように「鎖国祖法」観は、この時期——特に文政年間以降——に自覚されていくが、よく知られているように、いわゆる「鎖国」の観念は、ケンペルの著作『日本誌』の蘭訳本（*De Beschrijving van Japan*［一七二九・一七三三］）附録第六章（「今日のように日本国を閉鎖してその国民が国内においても国外においても外国と通商を営むことを許さないことが同国にとって利益ありや否やについての研究」）の中野柳圃（志筑《しづき》忠雄）による享和元（一八〇一）年の邦訳書「鎖国論」によって流布する。一六九〇年より二年間長崎商館に在住したケンペルが高く評価するいわゆる「鎖国」状態とは、近代西洋国際法（「万国公法」）体系に不参入の状態ではなく、海禁政策により自由な国際通商貿易を制限して自給自足制を採り、一七世紀末西洋の世界経済体系に閉じている状態についてであった。しかし、資本主義的な世界経済体系とはいえ、大陸発見時代の一七世紀末の世界と産業革命による技術革新を経た一九世紀の通商自由主義の世界とは、まったく異なっている。後述するように、地理書翻訳の世紀単位の時差が生む認識世界と現実世界の隔たりを無視できないのは、この一九世紀の環境変動の認知度の深浅が、徳川日本では世界市場への参入をめぐる個人の政治意志決定を左右したためである。(6)

一八世紀後半のベンガルを拠点するイギリスの対清貿易への参入（一七七三年ベンガル総督設置）や一七九九年一二月のオランダ東インド会社（Vereenigde Oost Indische Compagnie 略称V・O・C）の解散はさらに、東アジア交易圏での西洋諸国の勢力再編に拍車をかけた。まさにこの動向を意識して来航した一九世紀初頭のロシアのレザノフも、その半世紀後の、一八五〇年代のアメリカのペリーも、イギリスのオールコックも皆、最終目標としたのは日本との通商であった。

徳川後期の外交問題　一九世紀徳川日本の個別の外交問題は、このような産業革命後の西洋諸国を中心とする大きな世界秩序の変動と密接に関連している。

近世後期の日本において、従来より国際環境に開かれていた地域は、周知の如く「四つの口」であった。すなわち、①海禁政策により唐・蘭の商人を相手にする官許貿易の拠点となった長崎、(7)②朝鮮と幕府の関係を仲介するばかりでなく、安永四（一七七五）年まで朝鮮と交易も行った対馬、(8)さらに③慶長一四（一六〇九）年の島津氏の侵攻以降、その後も明清と朝貢―冊封関係を継続させるとはいえ実質的に薩摩藩の支配を通じて徳川日本の幕藩体制に包摂された琉球、(9)そして④蝦夷地のアイヌと接触をもち、交易関係にあった松前である。(10)これら四つの異域に接した地を介して、ここで対象とする徳川後期に外交課題とされ、「開国」期の対西洋諸国との問題にも繋がっていったのが、(イ)国土防衛、(ロ)漂着船取扱・漂流民送還受領、(ハ)通信（聘礼受容）、そして(ニ)通商であった。

(イ)国土防衛――まず、国交のない国々の軍事侵入に備えての警備が、そのいくつかの口で行われていた。そのうちの一つ長崎警備は、寛永一八（一六四一）年から元治元（一八六四）年まで福岡藩と佐賀藩が交互に警護に当たっ

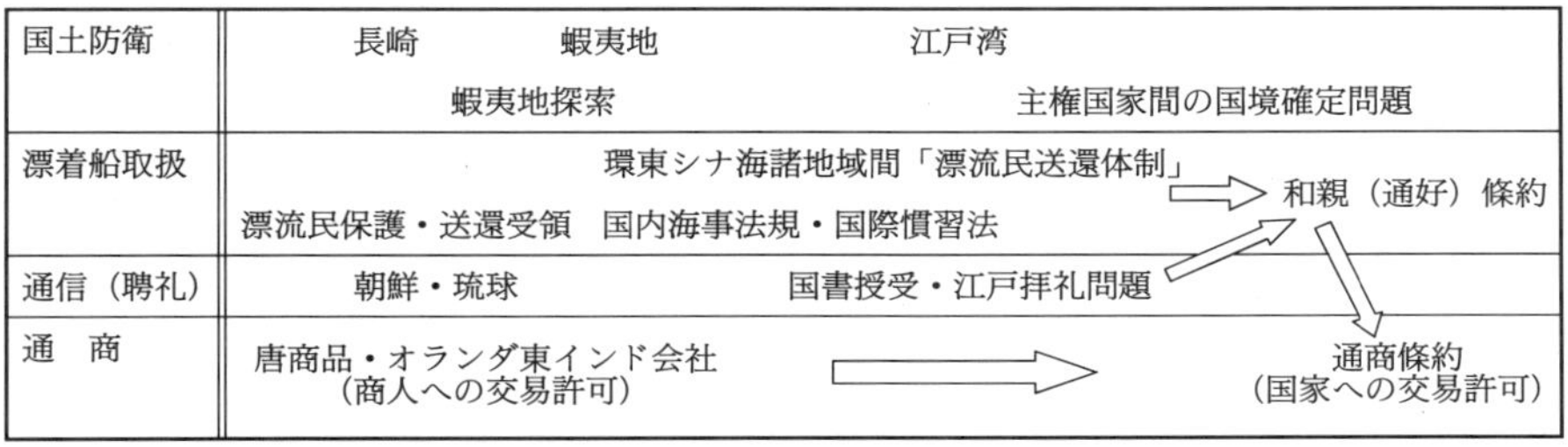

図 3-1　徳川後期の外交問題，18・19 世紀における課題の変遷

たが、この時期、文化五（一八〇八）年八月のフェートン号事件の武力紛争が起きている。さらに蝦夷地は田沼時代より探索が盛んに行われたが、文化三―四（一八〇六―〇七）年のフヴォストフによる蝦夷地襲撃事件、東北諸藩（仙台・鶴岡・会津・秋田・南部・津軽）の分割警護、幕府の直轄地化、と蝦夷地をめぐる外交政策は年代により変化し、対外危機意識を醸成した。

(ロ)漂流民送還――隣国との友好的な外交関係は、漂流民の保護と送還という形で日常的に開かれていた。海難漂着船の救助は国内でも海事法規により義務化されていたが[11]、それは他国船の場合でも適用されて国際慣習法[12]となり、一八世紀の環東シナ海諸地域間には「漂流民送還体制」（荒野泰典）の確立が指摘されている[13]。徳川日本では異国船が漂着した場合には、長崎に護送することが定められていた（寛永一七年[14]）。近年、清朝・朝鮮・琉球・日本の間での漂流漂着の関係史が明らかにされ[15]、漂着船の多くに筆談能力をもつ応対者として儒者が関与したことも確認されている[16]。西洋諸国からの漂民受領の窓口はオランダであったが、この時期には寛政期にロシアのラクスマンが大黒屋光大夫らを直接返還したことを初めとして、次々に漂民送還を名目として接近する事例が増加する。

(ハ)通信（聘礼受容）――聘礼を受ける「通信」という関係にあったのは、対馬宗氏を介した朝鮮と、薩摩島津氏を介した琉球であった。聘礼とは、そもそも諸侯が大夫を用いて他国に使いをさせる礼のことであるが（『禮記』聘義）、その儀礼の内実は、使節の接見、漢文国書交換、七五三膳の饗應、漢詩唱和にあった。外国使節に対する秩序に則った接見と待遇、相応しい形式と内容をそなえた国書の交換、そして法則と典故に適った漢詩の唱和など、和漢古今の事柄に通暁し、東アジア儒学文化について幅広い知識教養と漢詩文作成能力を兼ね備えた儒学者もしくは僧侶がつねに外交の担い手であったのである。特に国書交換と饗應は、前例が踏襲されて、後には厳格な規律と式次第に則ったものとして定式化された。学問所儒者が、外交政策決定に参与し、外交文書作成に携わったのは、ひとえに東アジアの外交が、儒学文化を共通の古典とする儀典・外交儀礼（protocol）に基づいていたために他ならない。そして、そこで示される儀礼は、国家間相互の秩序関係を反映した。対馬を介した朝鮮からの通信使は、当初、表向きは徳川家との国交回復・大坂平定・泰平を賀し、内で倭情探索、被虜刷還を意図して派遣されるが、両国の平和関係確立とともに将軍代替わりごとの襲職賀の聘礼が定着する。他方の琉球は、明清と二年一貢の朝貢—冊封関係を結んでいたが、江戸には参勤の義務がなく、幕府の将軍代替わりごとの慶賀使、琉球国王の代替わりごとの謝恩使の江戸上りを行っていた。琉球からの使節訪問は、正徳期までは、朝貢のように異国として意図的な演出がなされていたことも知られている。[17]

㈡通商——幕府の対外交易は、キリシタン問題で寛永期以降相手国を削減し[18]、また正徳期に貿易制限も強化されるが、長崎の唐人館やオランダ商館と長崎奉行所を拠点に行われていた。交易相手はいずれも商人（唐商・オランダ東インド会社）であり[19]、政府を介した国交が結ばれていたわけではない。したがってこの時期、国家同士の外交は、聘礼を受ける通信国との間にのみ成立していたといえる。

このような外交課題が、一八世紀から一九世紀初頭の世界変動を受けて変化する。すなわち、国防においては、アヘン戦争後から川越・忍《おし》、また後に彦根・会津を加えた四藩による江戸湾警備、他方で領有権問題も絡む無人島探索や特にロシアとの関係では主権国家間の国境画定問題が生起する。また西洋諸国からの外国使節到来（聘礼）のたびに、国書受授や江戸拝礼という通信許可の是非が問題となった。そして、南京條約後の清朝の五港開港にも促された西洋諸国の捕鯨船など民間船の近海頻出は、弘化・嘉永年間に国交のないフランスやアメリカからの海難救助要求を招来させ、じっさいそれらは安政元年和親條約の主要な部分を占めることになる。和親條約の締結はまた、それまでの代替わりごとの通好関係確認から、明文化された條約による永続的な国際関係構築の道を開いた。さらに、その延長線上において、対商人ではなく国家への交易許可として、安政四年より通商條約が締結され始めるのである。このように、国家同士の国際関係が、外国へ使節を送りまた迎えて隣国同士の平和的な友好関係を維持する、聘礼による外交体系から、相互契約で規定された貿易による交際関係へ、すなわち通商條約による外交体系へと変化する、その移行期に一九世紀の外交課題は生じている。

(2) 学問所儒者の外政参与

幕府儒者の外交参与には、徳川初期には、五山の僧から外交担当を引き継いだ林羅山（一五八三―一六五七）による外交文書作成がある。彼は、天台宗の天海（一五三六?―一六四三）・臨済宗の以心《いしん》崇傳（金地院《こんちいん》崇傳、一五六九―一六三三）[20]と共に徳川初期の政治に参与していたが、「儒学者の著した外交文書としても日本初であった」[21]といわれる「遺大明国」「遺福建道陳子貞」（慶長一五［一六一〇］年一二月一六日）を起草して以降、明・朝鮮・琉球・暹羅などを相手にする外交文書の執筆に携わった[22]。このような幕府儒者の外交における役割を、昌平坂学問所に関わる林家や儒者たちも担当することになっていく（図3-2）。

ここでは、本書でのちに取り上げることになる事例も含めて、外交政策形成・決定過程の中における学問所儒者の機能を、次のように概括しておきたい。

(1) 外交史料[23]の整理・編纂。まず、学問所成立以前にも、羅山を継いで大学頭となった林鵞峰（春齋・春勝、第二代大学頭）・林鳳岡《ほうこう》（信篤、第三代大学頭）によって、同時代の明から清への中国王朝の交替の記録、すなわち正保元（一六四四）―享保二（一七一七）年までの二、二六六件の唐船風説書（オランダ風説書五四件・対馬藩経由の情報二四件・薩摩藩からの情報二二件・若干の勅諭・咨文・檄文・書翰を含む）が、「華夷変態」として編纂されている[24][25]。本書が

	東アジアの聘礼外交体系 ──→ 19世紀西洋の通商條約体系		
政策と論点	・海禁政策：通信（国家としての朝鮮・琉球）・通商（唐商・蘭商の私貿易）に限定 ・国際秩序に関わる「礼」認識 　・「往来之礼」〈抗礼〉　「祖法」 　・「來聘」「賓主揖譲之礼」　海防論争	⇨	・〈開国〉政策 ・「貿易」「交易」「通商」をめぐる認識 　・「疲弊」 　・「富国強兵之基」
主な国別事件	〈朝鮮〉　對馬聘礼（文化 8/06）　大坂聘礼延期　朝鮮遣使派遣 〈琉球〉慶賀使（寛政 2/12）　謝恩使（寛政 8/12）　謝恩（文化 3/11）　謝恩（天保 3/閏 11）　慶賀（天保 13/11）　謝恩（嘉永 3/11） 〈蘭〉　（フェートン号事件）　シーボルト事件　オランダ開国勧告　日蘭追加條約（初の通商條約）交渉 〈露〉ラクスマン　レザノフ　蝦夷地襲撃事件　ゴロヴニン　プチャーチン来航 〈米〉　ペリー来航　日米和親條約　批准・鎖港交渉 〈清〉　（アヘン戦争）　（アロー戦争）		
対外交渉の担い手（機関）	朝鮮來聘掛・琉球人参府掛・和蘭人参府掛 長崎奉行・箱館奉行・浦賀奉行 　阿蘭陀通詞・唐通事　天文方　和蘭書籍和解御用（飜訳局） 昌平坂学問所儒者	**海防掛体制**（弘化 2/07-） 海防掛 　露応接掛・米応接掛　異国応接掛 　外国貿易取調 異国書簡和解用掛・蕃書調所 　軍制改正掛・講武所	**外国奉行**（安政 5/07-） 外国奉行 　翻訳方 開成所 海軍奉行　陸軍奉行など
本書の主な登場人物　老中・海防参与	**松平定信**　**戸田氏教**　**水野忠邦**　**阿部正弘**　徳川齋昭　**井伊直弼**		
林家・学問所御用・聖堂附き儒者	林述齋 柴野栗山・古賀精里　古賀侗庵　佐藤一齋　筒井政憲　林復齋　林鶯溪　古賀謹堂　安積艮斎・河田迪斎・松崎柳浪　鹽谷宕陰・安井息軒		
直　臣	遠山景晋　近藤重蔵　羽倉簡堂　鳥居耀藏　松平近直　川路聖謨　堀利熙・岩瀬忠震・永井尚志・水野忠德　井戸弘道　江川英龍　村垣範忠　平山敬忠		
陪臣・諸藩士	大槻玄沢　頼春水　高橋景保　草場珮川　会沢正志齋　箕作阮甫　渡邊崋山　淺川六藏　佐久間象山　大槻磐溪　藤田東湖　藤森弘庵　橋本左内　松木弘安　福澤諭吉　横井小楠		

図 3-2　徳川後期における外政機構の変遷と昌平坂学問所儒者

註 1）ここでの昌平坂学問所儒者（網がけ）には，聖堂附き御儒者のみならず林家・西丸留守居学問所御用，また学問吟味及第者など，広く昌平坂学問所に関係する人々を含む。下線は古賀家門人。

2）清国の外政機構では，礼部・理藩院に加え，1861 年，総理各国事務衙門が設立される。

対象とする徳川後期の外交史料には、近藤守重（書物奉行）「外蕃通書」[26]があるが、特に嘉永年間に学問所内の沿革調所で編纂された、林復齋（学問所御用）「通航一覧」[27]（宮崎成身［栗軒］はじめ一二名の学問所内沿革調所の編纂員）、林鶯溪（学問所御用）「通航一覧続輯」[28]は、幕府の外交史料集成として最も包括的で体系的な編纂史料である。[29]ただし、その後の元治元（一八六四）年一〇月に、竹本正雅ら外国奉行より外国関係書類編纂の申出があった際には、それに対して林大学頭学齋・学問所御用林鶯溪もすべての外交文書類を従来どおり林家におくことを願い出るが（同年一二月）、結局、翌慶應元（一八六五）年に下された閣老の決定では、外国奉行の申請が通り、それに従って、外国奉行の田邉太一らによる「通信全覧」[30]が編纂された。明治期の外務省編「続通信全覧」[31]は、その外国奉行での史料編纂作業を引き継ぐものである。

(2)幕政の重要案件で諮問を受けての答申。[32]文化年間のロシア使節レザノフへの対応の際には、大学頭林述齋と学問所儒者たちが、対処方針の提言から交渉事例調査・交渉方法案・返答素案作成にまで関与していた（本章第二節）。また、天保年間にモリソン号の真相を伝えられて、今後の対応策を決定する際には、述齋にも諮問が及んだ（本書第五章第二節）。さらに嘉永二年にイギリス軍艦が浦賀・下田に来航した際には、学問所儒者全体に海防策・時務策の諮問が行われている（本書第七章第二節）。

(3)老中の政策担当顧問。松平定信における柴野栗山、阿部正弘における筒井鑾溪が、その例として考えられる。しかし、定信の政務補佐役の一人栗山の、寛政年間のロシア使節ラクスマン来航の際の関与は不明である。弘化・嘉永期には、筒井鑾溪が、新たに西丸留守居役学問所御用を命じられた直後から、阿部政権の外交政策顧問の役割を果たした（本書第七章第二節）。

(4)漢文国書の翻訳・漢文返書・返書素案作成担当。対朝鮮関係では、對馬聘礼の際の古賀精里らによる漢文国書素案作成（本章第三節）、天保期の古賀侗庵による漢文書翰起草などがある。「通信」関係にあったもう一つの琉球とは、外交文書はある時点まで漢文が使用されたが、豊臣政権（関白政権）を除いて、室町政権・江戸政権との間には和文文書（老中奉書）の往復があった。[33] 対ロシア外交では、レザノフ対応以外にも、蝦夷地襲撃後のロシア人への漢文応答書の案として精里の「擬答牒」が残る（本章第三節）。また、弘化年間のオランダ国王への返書起草は、大学頭林培齋や佐藤一齋と侗庵により、琉球とフランスの漢文往復書翰の翻訳は侗庵による（本書第六章第二節）。嘉永年間にペリーやプチャーチンがもたらした漢文国書の翻訳は、異国書翰和解御用掛（嘉永六年六月一五日任命）となっていた大学頭や儒者たちが担当した（本書第八章第一節、第十章第二節）。本書では論じないが、そのほかにも史料を閲すれば、漂着した対唐商人や異国船処置に学問所関係者が関与していたことが判る。[34] たとえば、寛政一二年に遠州に漂着した唐船萬勝號（N四四四番）[35] に対しては、古賀精里が遠州代官名の漢文教諭書を執筆し、[36] 文化四年の下総銚子への漂着船（N五二二番）にも、四月付けで諭清商文を精里が執筆している。[37] また、文政八年の唐船（N六九三番か）には、佐藤一齋が「答清商四名」を記し、[38] 文政九年の遠州漂着唐船得泰船には、羽倉簡堂・野田笛浦ら精里の門人たちが、[39] 天保七年の唐商の騒乱事件（N七七五・七七六番か）に際しては、古賀侗庵が「告諭清賈」（天保七年一月一五日）[40] を執筆している。[41]

(5) 外交交渉（聘礼受容の際）の全権・儒官としての任務。外交事務を専務とする外国奉行が成立する以前の広義での外交交渉には、その時々に応じて朝鮮来聘掛（御用）・琉球人参府掛・和蘭人参府掛、あるいは各国別の異国応接掛が、いくつかの役職から選抜・編成されていた。そのうち学問所儒者が参与したのは、対朝鮮・西洋諸国など国際語としての漢文が用いられる外交交渉であった。朝鮮との関係では、文化年間の對馬聘礼の際に寺社奉行・勘定奉行・同吟味役・目付らとともに述齋や精里が（本章第三節）、また実現されなかったが大坂聘礼の際にも大学頭・学問所御用が朝鮮人来聘御用に任命されている（林述齋・林培齋：天保一一年七月二七日、筒井：弘化三年一二月一四日、侗齋：弘化四年六月二六日）。[42] 琉球使節との筆談は、寛政八年の謝恩使と柴野栗山の問答記録が残る。[43] だが、対儒学文化圏の外交交渉ばかりでなく、嘉永年間のプチャーチン来航時の魯西亜応接掛の首席全権は学問所御用筒井鑾溪（嘉永六年一〇月八日任命）が務め、條約締結の際に條約漢文本書の作成を担ったのは儒者古賀謹堂であり（本書第十章第二節）、ペリー再来航時の亜墨利加応接掛の首席全権は林大学頭復齋、儒官は松崎柳浪であった（本書第八章第二節）。また狭義の幕府儒者ではないが、レザノフに幕府回答を申し渡す宣諭使を務めた目付、遠山景晋《かげみち》（樂土、一七五二—一八三七）[44]も、学問吟味（寛政六年）の甲種及第者で、對馬聘礼の際にも朝鮮応接掛を命じられていた（本章第二節）。

幕府儒者において、学問と外交とを繋ぐ媒介項が、東アジア諸地域で共有された、儒家の漢文経書についての知識である。経書の価値体系のなかでも、とりわけ応接・待遇・国書・礼物・筆談などに現れる尊卑等差の秩序概念、「礼」の認識が、具体的な外交の場面では重要になっている。しかし、このような礼的秩序の外交に、前述の一九世紀の環境変動の圧力が漸次的に加わり始める。決して突如沸き起こったわけではないこの「開国」期の長期的変動に、外交の最前線で、文書編纂から、過去の事例調査、政策形成、国書翻訳、返書執筆、そして交渉までを担当した学問所儒者たちはどのような反応を示し、いかなる思想上——学問・政治思想・外交政策——の変化をみせるのか。半世紀にわたる徳川後期の儒者外交を、古賀家三代の経験を定軸とし、個々の事例に即して議論して明らかにしたいのは、まさにその問題である。

二　対ロシア——自覚化された「祖法」

徳川後期外交を規定する「祖法」として長く認識されることになるいわゆる「鎖国」状態とは、前述のように、「通信」「通商」の相手国をそれぞれ二カ国に限定するものである。だが、この限定的な対外規定について明文化した幕府文書は、徳川初期には発せられておらず、文化二（一八〇五）年にロシア使節レザノフに申し渡された「往来」

の国を規定する「御教諭御書付」が嚆矢となった。周知の如く、家光時代の寛永期に実施された海禁策の目的は、キリスト教布教に対する政治的考慮に基づいた宗教的不寛容のためであった。しかし、文化期に自覚されたそれは宗教規定の問題には一言も触れず、特に「我国歴世封疆を守るの常法」「朝廷歴世の法」として文言に載るのは、通信と対外貿易の限定であった。この文化年間の対応と申渡内容は、四八年後の嘉永六年のアメリカ使節ペリー、ロシア使節プチャーチンへの対応に至る迄、実におよそ半世紀ものあいだ、徳川外交の「祖法」となって参照され続けたのである。この時期に自覚化された対外関係についての徳川家「御祖宗之御法制」とは、どのようなものであったか。そして、なぜ長期にわたって効力を発揮し続けたのか。

以下では、古賀精里や学問所関係者の史料を素材にしながら、文化年間の対ロシア外交と、日本国内で自覚化される「祖法」との関連について検証してみたい。史料は、「國法」自覚化の過程に学問所儒者が関わっている事実を明かすであろう。

（1）レザノフへの返答形成過程

ロシア使節レザノフの日本来航に至る経緯は、すでに先学の研究によって明らかにされている[45]。さきに触れた一八世紀半ばからの清朝での対西洋諸国との貿易開始、ナポレオン戦争前後の欧州政変とそれに伴う列強のアジア勢力範囲の再編、そのような日本を取り巻く情勢変化を背景にし、また特に「バタヴィアの東インド会社〔V・O・C〕の崩壊」を意識して、ロシアのレザノフは、通商交渉を行う目的で長崎に来航した[46]（図3-3、3-4）。

すでにロシアからは、帰還を願う大黒屋光太夫ら伊勢神昌丸の漂流民を乗せたロシア使節ラクスマン一行が、通商に向けた予備的接触を試みていた[47]。寛政五年六月に、松前で宣諭使、石川将監忠房（目付）・村上大学義礼（西丸目付）がラクスマンと交渉した際、「海舶互市新例」（正徳五［一七一五］年）以降に唐商人への長崎通航免許となっていた割符「信牌」を渡し、今後の通信通商開始の可能性をもたせた「御國法書」を諭した[48]。このことが、レザノフを

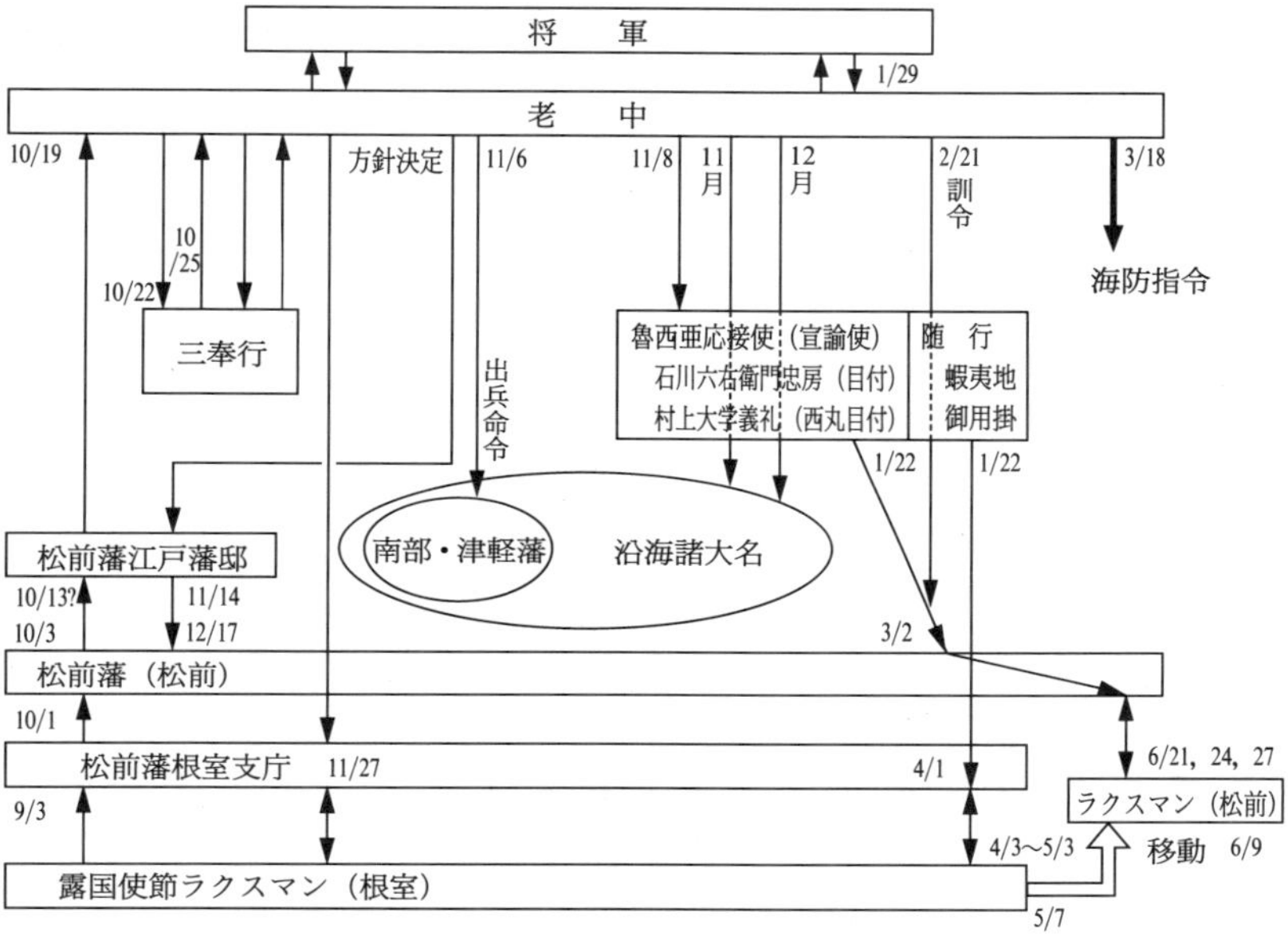

図 3-3　寛政 4-5 年，露国使節ラクスマンへの対応，政策決定過程

註記）現在判明している文書伝達をもとに，対外政策の形成・決定過程の概要を図示した。じっさいにはより複雑な過程を経たと考えられる（以下同）。

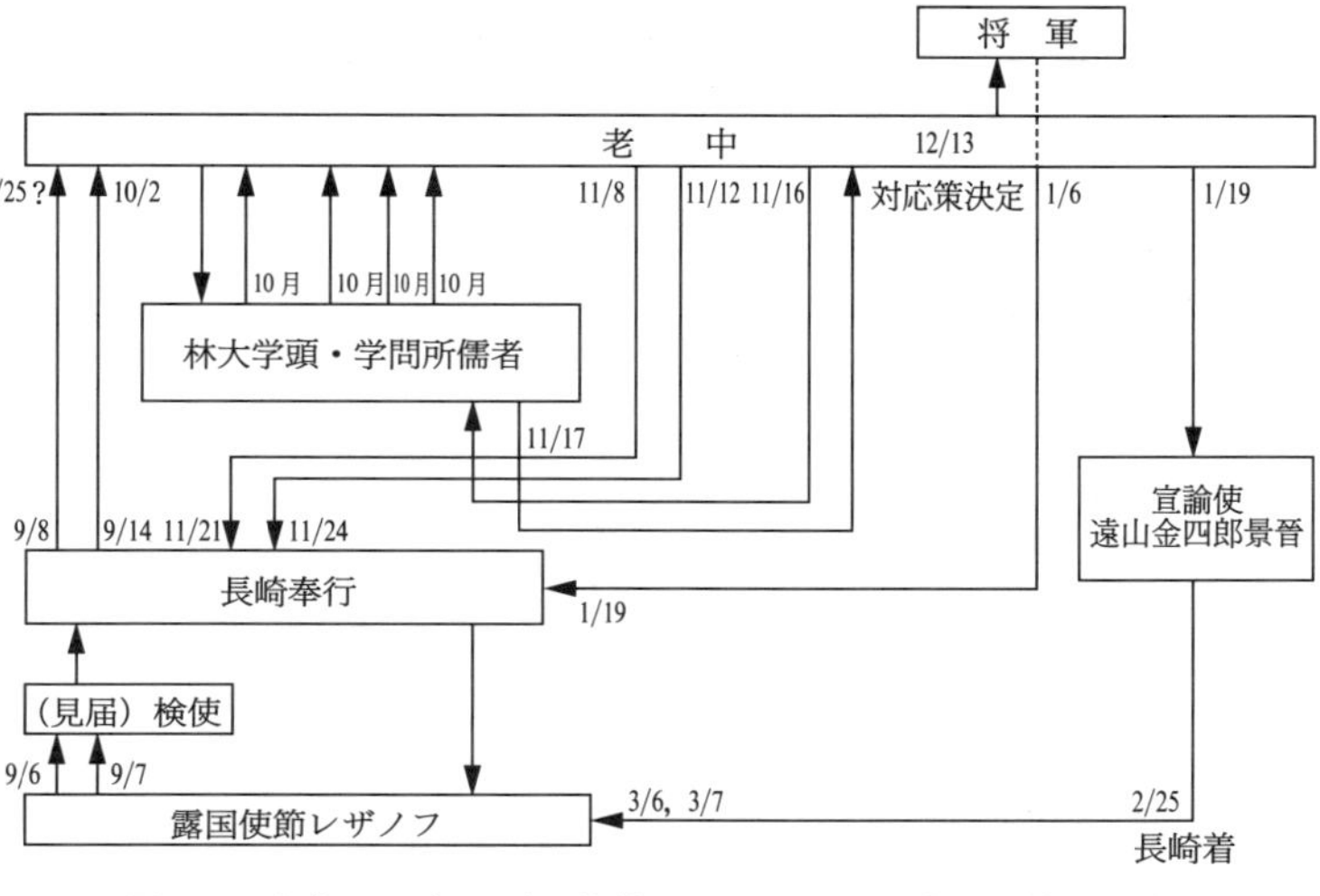

図 3-4　文化元-2 年，露国使節レザノフへの対応，政策決定過程

註）史料が伝存する学問所を中心にした図。評定所・勘定方・目付方の関与については不明。

経て起こった、フヴォストフによる蝦夷地襲撃・ゴロヴニン捕囚など、一連の対ロシア紛争のそもそもの発端であった。ただし、この外交使節への「礼」と「法」による対応を指揮した老中松平定信は、(49) 宣諭使が松前で使節と折衝した翌月、七月二三日に老中御役御免となり、また同月に松平乗衡（のちの林述斎）が林家の養子となって家督を相続して、一二月には大学頭に就任している。したがって、寛政期と文化期の対ロシアの外政意思決定に参与した人的継続性は、老中戸田氏教ら数名を除き、ほとんど見られない。

文化期にレザノフによってもたらされた国王からの国書は「ヲロシヤ文字一通、満州文字一通、外一通の和文」で、長崎通詞が翻訳を担当しているが、そこには、使節の「江府拝禮」の許可、「交易之道を開き申度」こと、また次のように「御國法」開示要求が記されていた。(50)「素より貴國の御作法不知案内に付、何卒御國法をも御示に預り申度奉願候」。このロシアからの開示要求を機に、「祖法」の内容は日本国内でも自覚されていくことになる。(51)

このレザノフ来航を機に内容が自覚され、開示された徳川幕府の外交体制、その「御祖宗之御法制」は、どのようなものであったか。レザノフの要求に公式に回答したのが、文化二年三月七日の長崎での第二回会談の際に、宣諭使となった目付遠山景晋から使節に対して申し渡されたⓒ「御教諭御書附」と、長崎奉行からのⒶ「長崎奉行申渡書付」であった。(52) 奥右筆の屋代弘賢《ひろたか》が草したという(53)「御國法」開示の要求に応えた前者の内容は、次のようである。

> 我国昔より海外に通問する諸国少なからずといへ共、事便宜にあらざるが故（の）に、厳禁を設けて我国ノ商賈（戸）外国に往（く）事をとゞめ、諸外国（異国）の賈船も又たやすく我国に来る事を許さず。強て来る海船ありといへ共、固く退けていれず。唯唐山・朝鮮・琉球・紅毛の往来する事は、互市の利を必とするにあらず。来る事の久しき、素より其謂れ有るを以て也。其国の如きは昔（より）未だ曾て信を通ぜし事なし。計（図）らざるに前年我国漂白の人をいざないて松前に来りて通商を乞、今又長崎に至り好みを通じ、交易を開かん由を計（はかる）、既に其事再びに及んで、深く我国に望む所あるも又切なるをしれり（しり）。然りといへ共、望み乞所の通信、通商の事は（あり）、重て爰に議すべからざるものあり（也）。我国海外之諸国通問せざること既に久し。隣誼（宣）を外国に修る事を知らざるにあらず、其風土

異にして事情におけるも又《(亦)》懽心《かんしん》を結ぶに足らず、徒に行李を煩はさん《(しむ)》故を以て絶て通せず。(是) 我国歴世封疆を守るの常法なり。争か《いかで》其国一价の故を以て、朝廷歴世の法を変ずべけんや。「礼は往来を尚ぶ」〔礼記、曲礼上〕。今其国の礼物を請《(受け)》て答へずんば、礼を知らざるの国 (と) ならん《(む)》、答へんとすれば、海外万里何れの国か然るべからざらん。容ざるの勝れるにしかず。互市の如きは其国の有所を以て我な《(無)》き所に交《(換ふ)》う。各其理有るに似たりといへども、通じて是を論ずれば、海外無價の物を得て、我国有用の貨を失はむ。要するに国計の善なるものにあらず。況や (ヤ又) 軽剽《(漂)》の民、奸猾の商、物を競ひ、價を争ひ、唯利これ謀つてやゝもすれば風を壊り俗をみだる。我民を養ふに害有て深く取らざる所也。互市交易の事なくて唯信を通じ、新に好を結ぶ。素より又我国の禁ゆるがせになし難し。爰《(害)》を以て通ずる事をせず。朝廷の意かくの如し。再び来る事を費す事なかれ。

さきのラクスマンへの和文「御國法書」(寛政五年六月)[54] では、「通信ある國」「通信なき國」とのみ区別されて、「いにしへよりの國法」として「通信なき國」からの渡来船や漂流民の処置を記しているが、その通信限定国が明記されておらず、また通信通商拒否の理由も「定めあるの外は猥不許之」としか述べられていなかった。それに対して、このレザノフへの教諭書は、「往来」国を四ヶ国に具体的に特定し、さらに次のように通信通商不許可の理由が明記されている。すなわち、一方の通信拒否の理由は、『禮記』曲礼上の「礼は往来を尚ぶ」という語を引きながら、書翰や献上物を受領してそれに応えなければ「礼を知らざるの国」となり、応じれば他の諸外国にも同様にしなければならない。それゆえ「容ざるの勝れるにしかず」として「礼物」の受領を拒否した。他方の交易拒否の理由は二つあり、第一に「海外無價の物を得て、我国有用の貨を失はむ」という国内の材貨流出、第二に「軽剽《けいひょう》の民、奸猾《かんかつ》の商、物を競ひ、價を争ひ、唯利これ謀つてやゝもすれば風を壊り俗をみだる」という、対外交易による国内での利欲追求がもたらす風俗の悪化を挙げていた。

対耶蘇教以外の、このレザノフに告げられた良材流出や奢侈の悪弊蔓延の防止という貿易拒否の理由は、当時決して非現実的な返答ではなく、それゆえに夷狄蔑視の排外思想に由来する方便であったとは単純には断じ難い。じっさい、渡来以前のレザノフらが想定した対日貿易の交換品目は、ロシアの輸出品は「日本人たちが食料としている魚や脂」や、贅沢な「毛皮商品」「皮革製品」として加工可能な「さまざまな獣の毛皮、せいうちや象の骨、羅紗など」であり、引き換えに日本からの輸入品は「コメ、銅の延べ棒、絹織物、銀、漆など」であるとされた[55]。国内での必需品である米やすでに生産量を落としている鉄鉱が国外流出し、贅沢品、奢侈品に分類される毛皮や装飾品が国内流入することになれば、ロシアの説く相互利益の追求という論理は、当時の日本においてまったく説得力をもたなかったのである。否、長崎貿易の実態が、輸出品には何よりも先ず銅などの金属、そして俵物・諸色などが挙げられるのに対し、交換する輸入品が生糸・絹織物や奢侈品というものであればこそ、「有用」を「無用」に代えるといういわゆる貿易無益論は以前より根強く存在し、西洋のオランダとの関係を繋ぎとめておく恩恵に過ぎないという認識もみられた[56]。

通航国の限定と、新たな国交・貿易拒絶の理由を明記したこのレザノフへの教諭書は、その後の徳川幕府の対外政策決定の際に、必ず参照される先例となる点できわめて重要である。しかし、古文書史料の解読を進めれば、この「御國法」開示とその対応には、いくつかの未発の可能性があったことが判る。

政策形成過程における学問所案　レザノフへの対応に至るまでの政策形成過程を、現存する史料「文化元年魯西亜使節船議[57]」により辿ってみるならば、林家と昌平坂学問所の儒者たちが、(1)対処方針の提言から(2)対応策・(3)蝦夷地・ロシア間の交渉事例調査・(4)交渉方法案・返答素案作成にまで関与していたことが明らかとなる[58]。とりわけ当史料中最初期の上書と推定される林述斎と柴野栗山による(1)ロシア使節要求への対応方針の提言（文化元年一〇月）は、結果的にこの幕府の意思決定の方向づけに影響力をもったと考えられる。「通航一覧」にも収録されていないため、煩を省かず紹介しながら検討してみたい。

(1) 対処方針の提言――「此度ヲロシヤ人一艘乗組長崎表着岸仕候ニ付、事情御糺相濟、右御取扱方御書取を以御尋

図 3-5　林述齋（模写・東京大学史料編纂所）

ニ付、則御書取之趣拝見仕候処、乍恐御相當之御義奉存候。猶又私共申合見候處、萬々一之御心扣ニも候哉と不殘心底左ニ申上候」。このように書き出される「林大学頭・柴野彦助」連署の上書は、以下の三つの箇条書き内容で構成されている。

一、彼方持参仕國書之由申候一札御取上無之、謁見・通商之願も御免無之段は、誠以無此上御深慮と奉存候。右之書翰は寫のミ差出本紙は未不差出候由ニ御座候得は、其儘ニ而可然候書翰本紙受取候而御返翰不被遣候と申義は有之間敷候。尤書翰御受取無之候上、進上物も御受納可有之様は無御座候、是又其儘御返ニ相成御相當と奉存候。左候におゐてハ御返物ニも及申間敷候。惣而此度御取扱之義は怨もなく徳もなしと申振合御座候方可然哉と奉存候。無礼非分等之義有之怨ニ及候は申候ニおよはす、又結構過たる御会釈有之、徳を施候様之義有之候て又夫ニつれ跡ニ長引可申哉ニ奉存候。いつれにも此度さつと御手切之御處置有之度奉存候。乍去今般参候レサノフトと申候もの遙々之海上を渡り、隣國へ差越候義ニ御座候得は、定而國王よりも人物才器を選ひさし越候義ニ可有之、其身も萬里奉使之事ニ而了簡を定め可申候間、中々無作と畏り申候て帰帆は仕間敷奉存候。其上品により候ハヽ、又々引續跡よりも参り可申も難斗奉存候。いつれにも御祖法を屹度被仰立、いつれも御承引無之、二三年懸り候とも四五年掛り候とも氣根競と申御取扱専要ニ奉存候。左様之御すはりにて御取扱御座候得ハ穏ニ而果ハ片付可申と奉存候。ヲロシヤ人之御國ニ目を掛候事ハ、中々一朝一夕之事ニ無之、元文頃より段々と手寄を附色々と手段をかえ、窺ひより進ミ國王より御直ニ書翰差上候と申迠ニ仕寄候事ニ有之、深遠之思慮も御座候事と相見申候得は、前段申上候通無作と帰帆ハ仕間敷候歟、書翰・進物、御受取無之御返翰不被遣候而は、使者罷帰り國王へ復命可仕様も有之間敷候間、此方御役人ゟ彼書翰御受取無之趣、委細ニかの國のおも立候役人へ申遣候様ニ有之度奉存候。長崎奉行ゟ政府の指揮を受候旨ニ申遣候歟、又は寺社奉行抔にて可然哉、御評議御座候様奉存候。右之書面は漢文壹通・和文一通可被遣哉ニ奉存候。

書翰の本紙を受領すれば、返翰を差し出さねばならないため、今回写しのみで本紙を受け取らず、江戸拝礼や通商の願いも断ったことを「無此上御深慮」とする。書翰も「進上物」も受領しなければ「返物」も授与しなくてよい。このようにして、「無礼非分」によって生ずる「怨」も、「結構過たる御会釈」の「徳を施」すこともなく、「いつれにも此度さつと御手切之御處置」を施し、「御祖法を屹度被仰立、いつれも御承引無之」ようにしたい。ただし、国王からの使者ゆえ「深遠之思慮」もあるとみえ、国書・進物・返翰のすべてにおいて空手で帰国させるわけにゆくまい。したがって、「政府」あるいは「寺社奉行抔」から指示を受けたとして国書受領を拒絶する旨、長崎奉行から使節に対し、漢文・和文各一通によって詳細に「申遣」したい。

使節を「あしら」う方法としては、次の第二条で記されるように、上陸させないのがよいが、上陸させる場合には、唐商や蘭商とは異なり、国王からの「使者」として礼儀に適った「会釈」応対をしなければ「無礼ニあた」るという。応接の際の着衣も略式では済まず、帰路の薪水も給与するように。

一、使者御あしらひの事ハ上陸不被仰付候は至極宜敷御都合ゆへ、いつ迠も舩ニ被差置候方可然奉存候。若又上陸被　仰付候ニおゐてハ旅舘并諸事之御取扱、唐人・紅毛人共とは同様ニ被成かたかるへく候。唐・紅毛ハ譬彼方にてはいかなる高官之者ニ御座候共、此方へは商人と申し名目ニ而罷出候故、奉行白洲へ呼出し下知仕候而も申分有之間敷候。ヲロシヤ人之義は國王ゟ之使者と申事ニ候得は、夫たけ之会釈無之候而は御無礼ニあたり可申候。應對之節衣服之義は衣冠・布衣・素袍可然候。是等は又御國之御外聞ニもかゝハり候哉。且先年松前表之御作法も有之候ハヽ、夫より畧式ニ候而は相當仕間敷奉存候。且帰路之用意薪水等御手當被下候義、勿論之義と奉存候。

さらに第三条では、「中華」との比較により、通信交易が述べられる。

一、外國通信交易等之事、中華ニ而は取扱其外御見合ニも可相成義可申上旨奉承知候。中華ハ大國ニ而財寶も兵力も有餘ニ候故、歴代帝王四夷之朝貢多候を見目といたし、夫々恩恵を施候て一ケ国も多きを萬国への栄と仕候所、互市・茶馬市なと申交易之事も代々有之候。夫ニ付利害も御座候得共、果は中華之害になり候事多御座候。扨又通信の事ニ付歳聘なと申候而、莫大之失墜に相成、國を亡し候基となり候事も有之、さして御見合可相成程との事相見不申候。正敷御國にてハ弘長・弘安中北條ゟ蒙古のあつかひ、近くハ寛文・正保之頃南蛮船御取扱之義、此上もなき御手本と奉存候。依之御下ケ之御書取并諸書付類返上仕、此段申上候、以上。

朝貢国の多さを誇り、「財寶」「兵力」ともに豊かな「大國」清朝の、「恩恵」を施す意味での交易は、最終的には「害」になることが多く、また通信国として年毎の「歳聘」ともなれば「莫大之失墜」を招かざるを得ない。このような通信通商拒否の論理から、結局、鎌倉期の「蒙古のあつかひ」や家光時代の「南蛮船御取扱」が「此上もなき御手本」となるとの方針が導出されている。

(2) **対応策**——柴野栗山と連署で上書①の方針案を提出した林大学頭述齋は、その後、「世上之取沙汰」を耳にし、先の上書ではラクスマン来航時の対応を「照合」もせずに提言したので、一貫性を欠くその時限りの政策をロシアに糺されては「國体を失」うという「不安」に駆られた。林家や学問所儒者には、この時点においても前回のラクスマンへの応対が如何なるものであったのか知らされていなかったようである。すなわち、「世上之取沙汰」ではロシアから「進上物」を「受納」し、さらに日本からも「御返物」を贈呈したということであるが、その「虚実之程も難斗」いと述齋は云う。それゆえ「内々ニ」学問所儒者の尾藤二洲と古賀精里とも協議したところ「右両人申候所尤之義ニも有之」、栗山にも口頭で説明して「同意之旨申決」し、その結果を改めて上書するに至った。「林大学頭」の署名をもつ一〇月の上書で、述齋は次のように述べている。

別紙申上候ヲロシヤ人持参仕候彼國王之書翰御受取無之候ニ於ハ進上物も御受納可有之様、無御座候旨申上候は、此度御尋之御書取之趣を以評議仕申上候義ニ御座候。然處先年ヲロシヤ人松前着岸仕候節、進上物御受納有之、御返物被下候と申義、世上之取沙汰ニ而承及申候。其節之義、一向御模様も不奉存候ニ付、虚実之程も難斗候得共、萬一其通相違も無之ニおゐてハ、此度之御取扱前後之照合も無之、其時限りニ相成候様ニ異國へ相響候而は國躰を失ひ候義ニ御座候間、不安心ニも奉存候間、内々ニ尾藤良助・古賀弥助存寄も相尋候所、先年之御振合、弥世上之説之通候〔ハ、〕、今般書翰御受取、進上物も御受納有之。扨又御返翰被遣之御返物も被下候方御相當之御義ニ可有御座候旨申聞候。左候とてもとより御當地拝礼之義、不相成段申遣、長崎にて書翰を請取御當地へ差上候義承知候ハヽ、前書之通之御御取扱可然。若又拝礼難相叶候而は書翰も差出申間敷旨申候ハヽ、書翰・進物共も御受無之方ニ御決断有て相當之御義と奉存候。既ニ先年案内も無之罷越候節さへ、進上物御受納、御返物も被下候。今度は信牌をも持參仕慥なる次第候所、却て此義無之候而は此方之模様前後くるひ先方の申分ニ相成可申候、尤右之通相成候ハヽ、御返翰ニ向後往來御断之旨被仰遣候義ニ御座候。右両人申候所尤之義ニも有之、柴野彦助へも咄聞候所、同意之旨申聞候間、此段當又書添申上置候、此上御評議御座候様奉存候、以上。

述齋と栗山が同意した、二洲と精里の政策提言とは、寛政五年の松前対応に見合った応接をすべしというものである。すなわち、もし「先年之御振合」が「世上之説之通」であるならば、すでにラクスマンの時点で信書信物を受授する対応をしたのであるから、「今般書翰御受取、進上物も御受納有之」、その上で日本側から「御返翰」を差出し「御返物」も贈呈するように。その場合でも、所望されている江戸拝礼は拒絶し、先の提言の通り長崎で対応する。しかし、レザノフが江戸拝礼が許可されなければロシア国書も授与しないという条件を提示するならば、「書翰」も「進物」も一切受領しない。あるいはまた、持参したとされる「信牌」を理由に要求したならば、その場合には相手に譲歩し、返翰には今後の「往來」を拒否する旨を記す。このように二洲と精里は、過去の事例、交渉の駆引き過程での相手側の条件など、場合に応じたいくつかの代替的選択肢を設定し、述齋も栗山もこの案に同意して、再度幕閣の「評議」を願ったのである。じっさい、寛政期のラクスマン渡来の際には、国書は書翰の言語が「わかり難」く返答し難いとの理由でそのものが返品されたが、献上物は宣諭使が受納し、返物が贈られていた(59)。「尤献上物も御受無

之候所、右之品々将監（石川忠房）・大学（村上義礼）江相賜候付、夫々受納、および相應之返物致し候事ニ候」（「論松前奉行魯西亜接應始末」文化四年八月）(60)。

(3) **蝦夷地・ロシア間の交渉事例調査と政策提言**——前二つの上書と同じ一〇月に「柴野彦助」がまとめた「覚」には、元文五年・延享元年・明和八年・安永元年・安永七年・天明三年・天明六年の、蝦夷地とロシアとの間の交渉、特にウルップ島での紛争を中心とする事例を調査し、箇条書にしたものである。この調査に基づいて、同月「林大学頭・柴野彦助」は、今回の使節レザノフと、ウルップ島の帰属をめぐる国境画定「御國界目之義」について交渉するかどうか「評議」を行うよう、連署で閣老に申し入れている。

別紙書記之趣、元文中ゟ以來六十餘年もヲロシヤ人日本地方を伺候様子相見候、近来蝦夷地之ウルツフ島へ彼方より参込住居も仕居候由ニ御座候得は、幸彼方より此度以使節返書呈上仕候と申場合ニ相成候間、右ウルツフへ入込罷在候もの共引取被遣候様ニと、彼方へ被仰遣候ハヽ、多分引取可申哉と奉存候。然共この義甚大事之御義ニ奉存候。被仰遣候通引取候得は宜御座候得共、別紙ニ書載有之候通、漂流船荷物奪取候不法之義共御糺も無之候ニおゐてハ、日本御支配之地ニは無之様申張引取不申義も於有之は其儘ニも被差置かたく、ヲロシヤと國境之争ひおこり可申不軽御大事ニ相成可申奉存候。若又ヲロシヤ使節ニ御構ひ無之、ウルツフ之義は元來蝦夷地ニ屬候島ニ相違も無之事ニ御座候間、蝦夷掛り之御役人手切ニ追拂被仰付候方ニ可有御座哉。右ウルツフ島ニ罷在候ものは元來蝦夷人ニ而シモシリと申島之頭ニ申付置候由相聞、鉄砲一挺并其外色々之品指免候趣ニ風説仕候、いつれにもウルツフ島之義御捨被置候而は頓てヱトロフ島へもクナシリ島へも入込可申候、其上ウツルフ島は臘虎《ラッコ》之猟在之候所ニ而、此節皆ヲロシヤ人ニ押領いたされ彼方ニ而は年分三百疋餘も猟取、蝦夷人ハ漸四五疋も手ニ入兼候由風聞仕候。加之御國界目之義等、閑ニ被成候而は、相濟申間敷奉存候。御評議被為在候様仕度奉存候。以上。

「元來蝦夷地ニ屬候島」であるウルップ島に、ロシア人が侵入し、それに伴って「蝦夷人」殺傷を含む衝突が起こり始めたのは、栗山の「覚」によれば、安永元年二月からである。「漂流舩・荷物奪取候不法之義」を糺さないままで放置しては、「日本御支配之地ニは無之」と言うのと同じであり、またウルップ島を捨置けばその後「ヱトロフ島へもクナシリ島へも入込」であろう。したがって、今回の使節に島からの「引取」を申し遣わしたい。ただ、「國境之争ひおこり」兼ねないため慎重な議論を求むとする。しかし、この件は、おそらく評議の過程で却下され、じっさいの教諭書にも、次に述べる返答素案にも、その内容は盛られていない。

(4) **交渉方法案・返答素案作成**――「林大学頭・柴野彦助・尾藤良佐・古賀弥助」の四名は、さらに、閣老の諮問に応えて、「子十一月十七日」の日付をもつ「御尋ニ付申上候書付」を連署で上げている。学問所からする交渉方法・返答素案の提案が含まれているが、そこには、二通りの可能性が想定されている。一つは、ロシア使節から、書翰や「信物」を受領しない場合であり、もう一つはそれらを受領した場合である。ただし、学問所関係者たちは、「私共打寄申談、再三相考候所」前者よりは後者の「手續之順」がよく、「彼方ニ而も承服」されるだろうと記す。

昨日被仰聞候書面、別紙之通荒増草案仕差上申候。

一、書翰・信物御受納無之直御役人中ゟ其段申達候方ニ相成候ハヽ、別紙〔ⓒ〕は寺社奉行中連名抔にて可然哉。左候時は先日口上ニ而申上候通、一應彼使節之者心得方御尋有之候上之義と奉存候、

　但、右之通之節は別紙達書之外ニ、ケ條書を以長崎奉行ゟ申達候義〔ⓐ〕ニ可有御座候と奉存候。右も大凡之草案相添申候、

一、書翰・信物御受納有之

御返翰・御返物被遣候方ニ相成候ハヽ、先一應長崎奉行へ御下知有之、於彼地書翰・信物等奉行へ相渡候ハヽ、受取可差出候。江戸拝礼之義は不相成候、夫とも是非江戸表へ罷越候上ならては、書翰・信物差出間敷段、使節之者申張候ハヽ、受取申間敷旨被仰渡

　本文之通相渡不申候節は、別紙案文之主意認置ニ相成不申候間は難計可有御座候、

表3-1　レザノフへの対応，学問所案と実施された返答の比較

〈学問所案（11月17日）〉	〈実施されたレザノフへの返答〉
㈠　国書・信物を受納しない場合（ⓒ・ⓐ）	→ ㈠　国書・献上物受納せず，薪水給与は行う（Ⓒ・Ⓐ）
㈡　国書・信物を受領する場合（ⓑ・ⓐ） ※後者㈡を推奨	→《実施されず》
ⓐ「長崎奉行ゟ使人へ申渡之條々寫」	→Ⓐ長崎奉行よりの「申渡」（申諭書） （文化2年3月7日申渡）
ⓑ 老中からの「御返翰案」 （和文案だが漢文返書のみに限る）	→《実施されず》
ⓒ「御役人ゟ之申達書付案」	→Ⓒ宣諭使遠山景晋から「御教諭御書附」 （文化2年3月7日申渡）

弥被仰渡候趣承知仕奉行へ相渡候ハ、其上ニ而御返翰・御返物被遣候御老中方ゟ別紙〔ⓑ〕之通御達相済候義と奉存候。

但、彼方へ申達候書面主意ハ同様之義御座候間、別紙下ケ札仕候所ハ御返翰も添候心得ニ御座候、尤長崎奉行ゟ申達候書面〔ⓐ〕、是又無御座候而相叶申間敷奉存候。右書面も其所は下札仕置候。

右之通、私共打寄申談、再三相考候所、前説よりハ後説之方御手續之順も立、彼方ニ而も承服可仕哉と奉存候。猶又御評議被為在候様奉存候。以上。

この提案を、「別紙」の返答素案とともに整理すれば、表3-1のようである。幕閣での政策決定の結果、じっさいには、学問所儒者たちの推薦策ではなく、国書・信物を受納しない政策㈠が実施された。今後の通信通商は拒否という長期方針であったとはいえ、今回は通信を認めるとした学問所推奨の提案㈡は、未発の可能性に終わってしまう。閣老が採択したすべて拒絶の対応策が、その後の日露関係に如何なる結果を招いたか。政策形成から決定の過程に参与した林述齋や学問所儒者たちは、以後、この政策決定以前の段階に何度も立ち戻り、未発の対応に想いを致さないわけにはいかなかったであろう。

学問所による「別紙」の返答素案は、一〇月段階とは異なり、寛政期に申し渡された国法書の見合を行い、それを踏まえた上で、ⓐ「長崎奉行ゟ使人へ申渡之條々寫」、ⓑ老中からの和文の「御返翰案」、ⓒ「御役人ゟ之申達書付案」が記されている。以下、じっさいに申し渡されたⒶ申諭書、Ⓒ教諭書と比較しつつ、その内容を検討してみよう。

ⓐ「長崎奉行ゟ使人へ申渡之條々寫」は、全六条の箇条書きである。

一、此度江都へ罷越、遂拝礼・書翰・進物差上度旨申上候へとも、國法ニ而不相成候事、
　　御返翰被下候節ハ此條除ニ相成申候、
一、通信通商之義相願候得共、許容難致ニ付、右委細は江戸役人中より貴國役人中へ申達候書札一通相渡候事、
　　同断之節ハ此文段少々取直し可申候、
一、先達而も申達候通、向後此方漂流人有之候ハヽ、弥以阿蘭陀舩ニ而可差送候事。
一、使命を奉して來候事ニ候得共、遙々之海路大儀之事ニ候、依之別紙目録之通被下候。
一、帰帆之節、入用之品有之候ハヽ、不依何品可申出候、國法ニ不相障品ハ可相渡候事。
一、此後又候來候共、幾度も可及断候間、以後相越候而も無詮事ニ付無用ニ可致候。右ニ付信牌之義は相渡不申候事。

第一条の「國法」ゆえの拒絶は、第㈡案を採用して返翰を差出す場合には除くように指示があるが、第六条が言うように今後の交渉可能性は否定する。第四条の「別紙目録」の品は返礼物を指すと思われ、さらに第五条は「國法」に抵触しない範囲で帰帆に必要な薪水を給与する旨が記される。この申渡ⓐについては但し書きが添えられ、ラクスマンに申し渡した「御國法書」の内容のうち、国書・江戸拝礼・書翰言語の三点について、今回「呑込」んでいないことを糾す旨を記すかどうか検討の余地があるとしている。

右之外、先年於松前表、此後彼國王之書翰持來事ありとも往復難致旨被仰渡候所、此度國王之書翰持來候事、是一ツ。江戸へ直ニ來る事も難叶旨被仰渡候所、此度江戸拝礼願候事、是二ツ。送來之所之書翰一ツは横文字にして分り難く、一ツハ我國之假文字ニ似たれとも難通所多候ニ付難及答旨被仰渡候所、今度又候横文字之書翰ニ不分明之和字相添持參候、是三ツ。
此義等不申達可然事ニは候得共、先日も申上候通、彼者とも先年之被仰渡呑込違候哉と相察候ニ付、一應御尋之

上ならてハ容易にハ此義難申咎可有御座奉存候。將又後説之方御取極ニ相成候得は、此ケ條之主意少々差畧も仕可申候。依之荒増之次第申上置候。以上。

これを次のようなじっさいのⒶ「長崎奉行申渡書付」と比較するならば、体裁が学問所提案の箇条書きではなく文章に、また内容も、ⓐの「一ツ」目の但し書きと薪水給与の第五条のみが生かされたものになっていることが判るであろう。

先年、松前へ来りし節、すべて通信通商は成り難き事をも一通り申諭し、国書と唱ふるもの、我国の仮名に似たる書も解し難き間、持来る事を許さず、第一松前の地は異国の事を官府へ申し次ぐ所に非ず、若此上其国に残りし漂流人を連来るか、或は又願申旨など有り共、松前にては決して事通せざる間、右之旨（あらば長崎に参るべし）、長崎は異国の事に與る地なる故に其議する事もあるべしとて、長崎に至る為の信牌を与えし也。然るを今又国王《（主）》の書を持来る事は、松前に於て申諭したる旨、辨へがたきにやあらん。是偏に域を異にし風土の等しからぬ故に、通じ難き事しかり。此度改て政府の旨を請て申諭す事、件の如し。特《（将）》に船中薪水の料を与《（あとふ）》、然（に）上は我国に近き島々《（島なりとも）》抔にも決て船繋すべからず。早く地方をはなれ、速に帰帆すべし。

ロシアからの「國産之品」を受領し、それに対する返礼品の授与が前提とされているために、差出されなかった老中からの書翰案、ⓑ「御返翰案」は、書翰となる際には漢訳されるはずであった。

遠境預御使札令披見候所、先以貴躰御堅固其御國御静謐珍重存候。然は此度通信之義被仰入御厚意之段ニおゐてハ令祝着候。然處新規外國通信之義は彼是子細も有之、祖法急度被制置候事故、近來如何ニ候得共、及御断申候。將又御國産之品被送下忝存候、従是も麁末之品御答礼として令進覧候、御受納可被下。猶委細之義は役人共ゟ可申候也、

その内容は、礼物の授受以外には、「祖法」により以後の「通信」は「御断」りするという文面である。このⓑについても註記があり、従来の中国・朝鮮その他の国書は和文・漢文の両方の書翰が贈られるのに対して、日本からは漢

文だけの返翰だけで応える「古例」があり、「國體を失」わないためにも、今回も返書は漢文一通のみとする。

右御返翰之義は漢文一通斗ニ而和文は相添不申方ニ可有御座、往古より外國往來之義は、唐土・朝鮮其外共、先方ゟハ両様に認越候書翰たりとも、皆漢文斗の御返翰ニ御座候間、右此度御返翰被遣候においてハ古例之通無之候而は國躰を失ひ可申奉存候。以上。

すでに紹介した、宣諭使遠山景晉から申し渡された©教諭書の素案となっているのが、ⓒ「御役人ゟ之申達書付案」である。学問所案では「寺社奉行中連名」で申達するようにとされていた。

先年松前表へ貴國ゟ通舩有之、此方漂民送來貴國役人中ゟ書翰有之候所、彼地は定置候外國舩入津之場所ニ無之候ニ付、其旨相諭、若外ニ願筋も有之候ハヽ、長崎表へ罷越可申旨申渡、信牌相渡候所、右信牌を以長崎へ又候漂民を被差越、且通信并交易之義、其國王ゟ直書を以被仰越、信物被遣候段、不浅候義被存候、境域も隣候事に候得は、いかにも聘使之交通も可被致筈ニ候得共、此方祖宗之法ニおゐて新規外國交通之義は屹度被禁置候義ニ有之候。抑信使往來と申ニ相成候而は、國俗人氣も不同、礼節も高下之習ハしも変り候得は、行義作法之所、又は應對之上ニ而行違も出来やすく、加之出入送迎ニ付、人夫を労し、海陸境堺之悩となり候事ニ候。祖宗是等之事を考へ、後世の為に深く慮られ厳禁を被立置候事ニ候得は、乍氣之毒書簡信物受納無之、御断ニ及ひ被申候事ニ候。且又交易之事ハ此方産物ニ而國民生養たけの事ハ他邦の物なくても事足り候。其上遠方之珍物到來候時は愚民無益之物を悦ひ、質素之政之障ニも相成、迷惑ニ存候。依之折角被仰聞候事ニ候得共、是又同様御断被申候。祖宗生民之深慮を御用被立置候法ニ候得は、臣子千載背きかたく候。此上幾度被仰越候共、両様共ニ可被及御断候、假令両様及御断候とも御厚意ニおゐてハ疎畧ニ被存間敷候。此旨能々被為御承知其國王へ被申上候様奉存候。

ⓒにも次のような註書きが付されている。「御返翰被遣候節ハ、此度之義は遠方御心入之所、難黙止、信物被致受納、御返翰被申候得共、此以後は屹度通信御断申候」。遠来の使節ゆえ今回だけは、「信物」受納と「返翰」授与を行う

が、以後はこのような「通信」は辞すると、併せて申し伝えるようにとの指示である。

このⓒ申達書案とじっさいの©教諭書の内容を比較してみるならば、通信・通商拒絶の理由には次のような相違がある。学問所案は、一方の「使通往來」拒絶について、「國俗人氣」「礼節」「高下之習ハし」「行義作法」などの相違、また「出入送迎」の際に「人夫を労し、海陸境界之悩」となること、つまり文化相違のために賓客として使節に応対する「高下」の「礼」が相互に了解できないことと、出入国に伴う煩瑣な手続きや負担に求めている。それに対して、じっさいの「教諭書」では、前述のとおり、いわゆる往来の礼の相方向性と他諸国との均等処遇の配慮から「容ざるの勝れるにしかず」として拒否した。他方の通商については、「遠方之珍物到來候時は愚民無益之物を悦ひ」、国内の風俗が悪化し「質素之政」の障害となるという点では、両案同様の主張であるが、その他の理由として、案ⓒが「此方産物ニ而國民生養たけの事ハ他邦の物なくても事足り」るとの自給自足経済体系を挙げるのに対して、じっさいの©では良材流出の貿易無益論を述べている。

この幕府における「國法」内容の自覚化行為を伴ったⓒから©への政策決定過程で、どのような政治的判断と政策調整がなされたのか、この史料だけではその詳細を明らかにすることは出来ない。しかし、これ以後幕末までの「通信」「通商」をめぐる基本的な論点が、このレザノフへの「國法」明文化の段階でほぼ出揃っていることが確認されるだろう。すなわち、「礼」を基本とした「通信」関係における「賓主揖譲《こうじょう》之礼」(『史記』范耕伝、『論語』八協)と「往来之礼」(『礼記』曲礼上)、また、国際「通商」拒絶としての、自給自足経済、国内有用材貨の流出と無用品の流入、奢侈による風俗悪化と社会秩序混乱、そして対外関係における諸外国均等公平待遇と国別格差待遇などの諸点である。

のちに長く先蹤として影響力を行使した「祖法」内容の策定の、その当初の段階から、林家を含む学問所儒者たちが深く参与していたことは、以上の史料による検討から明らかであろう。いかなる対外政策を選択するかの方針を提言したばかりではない。その方針に基づき、過去に採った日本外交政策のうちから、どの時点の政策を先例として参照するか。また、どのような方法によって具体的に使節を応接するか。国書接受や返書授与、礼物の受贈と贈呈、返翰の使用言語、差出人など、細かい外交儀礼の諸点についても検討の上で起案していた。さらには、文書によって過去の相手国との交渉記録の調査と、その結果を踏まえて予期される事態に具えた構想、その評議の議案提出まで行っていたのである。たしかに学問所儒者たちは、老中合議や評定所評議という幕府の最高次の政治的意思決定の審議には直接に与ることはなかった。だが、徳川後期においては、対西洋諸国の場合であっても、外交における実務官僚として、政策立案から執行までに関与していたことを疑う余地はない。(61) 後に対応策が再上書されたが、ラクスマン来航時の対応も「照合」せずに執筆され、「此上もなき御手本」を「弘長・弘安中北條ゟ蒙古のあつかひ」や「寛文・正保之頃南蛮船御取扱」に求めた柴野栗山と林述齋両人の最初の提言内容が、結果的には、徳川後期外交の「國法」「祖法」方針となっていったことも、ここで再確認しておこう。

(2)　蝦夷地襲撃事件をめぐって

文政八（一八二五）年の異国船打払令発令の起因となったイギリス船来航、天保一三（一八四二）年の薪水給与令へと改めさせたアヘン戦争、安政元（一八五四）年の和親條約締結をもたらしたペリーの黒船来航、それらに先行して徳川日本の国防政策を一変させたのが、ロシアのフヴォストフによる文化三（一八〇六）年九月から翌四年五月の樺太大泊・エトロフ島・利尻島などへの襲撃事件であった。

日本側の対処は、文化四年五月の東北諸大名による蝦夷地出兵、そして六月には若年寄・堀田正敦、大目付・中川忠英、目付・遠山景晋ら総勢三〇〇名以上の蝦夷地見分・松前派遣が行われたという。(62) これ以後、レザノフに発した日本のゴロヴニン捕囚事件が解決するまで、東北アジア域圏における日本外交の重要な懸案は、対ロシア政策になっていった。(63)

大学頭林述齋は（文化四・五年？）六月の書翰で、[64]「カラフト・ウルツフ邊」のロシアとの紛争について触れ、「機会を失ひ候てハ勝算ハ得かたき儀ニいたし、先んする時ハ人を制し、後る之時ハ人に制せらるの場合緊要ニにいたし」たいとしながらも、「かれ〔ロシア〕よりハ風柔よろしき地に出張、これ〔日本〕よりハ最頭之地に鎮戌之間久しく候而ハ病人も多く出來可申、糧食とてもかの方ハパンと魚物ニ而事濟候へは至而手軽く、此方ニ而ハ果穀等運送仕候事故手重ニ有之、便不便もはるかに違ひ、安佚労苦も雲泥懸絶仕る事故、勝負ハ前ニ分り候やうのものニ而何とも残念に而」と述べ、日本の「最頭之地」、食糧輸送も不便な環境での戦闘では、「勝負」は初めから着いているとさえ記す。

述齋においても指摘されていたごとく、日本にとっての最北の地蝦夷での長期的戦闘は困難であり、交易不許可の場合の選択肢として戦争の手段もとれなかった。淡齋如水が編纂した「休明光記遺稿」巻之七によれば、このような対外危機を前にして、「魯西亜人等亂妨ニ付、江戸ニおゐて御評議之事」と、幕閣からロシア襲撃の処置について広く諮問が及んだ[65]。

……此近年ニ至りて、彼國の大船を渡して處々を亂妨する事なれバ、此上の所置ハいかにして然るべし哉、各思ふ處も有バつゝむ處なく申上べしとの御事なりしに、人々ニも是を患ひて申けるは、……、其説まち〳〵ニして一定もせず、然れ共へゞ猥りに國禁をゆるす時ニハ、終ニ日本の内地をも見抜れる事ニも至るべけれバ、只蠻夷の船をバ内拂ふ方こそ御國體の嚴威をも示し給ふ方なるべしとの事ニて、いづれの道ニも諸國の海岸近く異國船の見ゆる時ニハ早々打拂ふべしとの事を諸侯ニ申渡されたりしほどに……

しかし、諸説は「まち〳〵ニして一定もせず」、結局、諸侯に対して、打払いにより「御國體の嚴威」を示すために、全国的な海岸防禦体制が固められた。

この際の精里をはじめとする幕府儒者の答申は存在しない。しかし、蝦夷地再来に備えて、新たに交替した松前奉行には、過去の政策概要「諭松前奉行魯西亜接應始末」[66]（文化四年八月）ばかりでなく、おそらくは日本側の意思を伝える漢文書翰も託されたのではないだろうか。翌文化五年にロシア人は姿を見せなかったため記録に残らないが、古賀精里執筆の「擬答牒」[67]は、その際に手渡す書翰草稿を前提として記されている。

この難局にあたって、ロシア説得のために精里が記した漢文書翰は、まず、これまでの経緯を確認した上で、普遍的な法治国家の在り方を説くことによって自国の論理を説明している。

「凡そ天地之間に國し、能く自立する所以の者は、何ぞ祖宗之法に恃まん而已」「天下萬國、祖法を守り以て國を立てざること莫し。若し此れを以て罪と爲せば、則ち天下之貴國に屬さざる者、皆罪を有する也」。

しかし、そのような各国が固有に有している「祖法」により、レザノフからの交易要請を拒んだ結果、今回の「侵暴」が行われた。「其輕重を權し、變じて之に通ずべし」という変通の表現も記されるが、この書翰の場合には、「本職」の松前奉行が、交易許可を幕府に求めるという意味ではなく、謝罪があれば、政府とのあいだで赦免を仲介するという意であろう。しかし、このような申し出にもかかわらず、なお「無道を以て之を行へば、則ち我れ深讐」し、「矢砲を以て相待つべし」という。そして、「天地之間に國する、孰れか禦侮之備無からん、孰れか進取之計無からん。當に惟力是視すべし。恫喝相酬を要せず。吾聞く、義に仗《よ》る者は彊し、盈貫《えいかん》する者は殪《がい》す。戒ざるべき哉、須く至牒す者」と結ばれる。

この書翰が幕府の意を承けて執筆されたものであれば、この精里自身の政治的判断を読み取ることは難しい。しかし、ただ敵意を剝き出しにしたロシア襲撃とは異なり、法治国家として自国の論理を説明し、その上で相手が謝罪すれば、敵意をもって応答するのではなく、善処をはかるという選択肢を提案している。「祖法」維持して交易拒否か、戦争かという困難な状況を前に、武に対する武の応答ではなく、文によって応答する。おそらくこれが、精里の信じる礼による国際秩序の在り方であったのだろう。

対外的緊張が高まったこの文化期には、それでもまだ周辺諸地域との関係構築に多様な選択的可能性があり、決して「鎖国」祖法の厳守が定着してはいなかった。それは、文化六年二月の大学頭述斎が記した次のような隣国との提携模索の文書からも分かる。

一、互市通商を届し候は、是又奉行所へ申出之上ならでハ有無共、挨拶不相成と而已應接可仕事、

満州ハ今之清朝之本國にして、殊に清一統之成ハ唐土之版圖ニ入候得ハ、地ハ清國之地にして人ハ清國之民と御座候、浙江省之商賣と長崎にて通貨し候時ハ、松前にて満州と通販候事ありハ苦しかるへき、彼先年ヲロシア人江被仰渡候迄ニも齟齬無之間、彼方懇願も候時ハ通商被差許可罷奉存候、交りを結ひ候上ハ互市ハ無之不叶事ニ御座候。唐土の南産を満州江送り候ハ大送の道法にて運搬之不便利申上も無之候、若本邦之海運ニ而南産を通候ハヽ、彼方の利益大方成ぬ事ニ可有御座候間、互市を好ミ候は必定と奉存候。ヲロシア之外ニ又満州を敵ニ取候ては北地ハ持こたへ相成申間敷候、満州とよしミを通し、ヲロシアを防き候ハ萬年之長策たるへく候間、可成丈和熟之心得ニ取扱可然、其上彼地は夷狄なからも唐土之風化を受、地もアシア之内ニ候ニ付、人情風俗懸隔ニも至らす候間、ヲロシア等と違ひ交も仕よく候は必定に御座候。

（林祭酒書上之写）[68]

述斎は、おそらくは蝦夷地見分を命じられた間宮林蔵が満州仮府のある黒龍江畔のデレンに渡って満州役人と会い満州の交易状況を査察するに際して、いくつかの提言を行い、「満州とよしミを通し、ヲロシアを防き候ハ萬年之長策たるへく候間、可成丈和熟之心得ニ取扱可然」と、対ロシア防衛のために、新たに満州との通好関係締結を構想していた。

また他方で、海難に遭った漂着船の取り扱いも、たとえ「御制禁の国にても」当時の国際慣習法に従って救助し手当を施す対処が取られた（文化四年七月の述斎建白）[69]。たとえば、レザノフへの通信通商拒否の応答は、翌文化三年秋以降のフヴォストフによる蝦夷地襲撃事件という報復攻撃を招き、幕府は文化四年一二月にロシア船打払令を発するが、それでもなお、人命救助の方針を貫き海難に遭った漂着船の手当がなされていた。ゴロヴニン捕囚時の文化九年

のロシア船打払令では、漂着船も打払の対象とされたが、文政五年の浦賀ではイギリス捕鯨船に薪水の給与を行っている。

このような幕府の対外政策が転換し、いわゆる「鎖国」状態が「祖法」として広く認知されるようになるのは、イギリス船の日本上陸事件が起こり、近海に接近する外国船に向けた容赦ない砲撃が命じられる、文政八年の異国船打払令が発布されたことを契機とする。この問題は、古賀精里の没後、学問所儒者となった古賀侗庵を扱う第II部で改めて論じることになる。

三　対朝鮮――對馬聘礼をめぐって

前節でのロシアの蝦夷地襲撃のような、力を背景とする〈西洋の衝撃〉を受ける以前の東アジア域圏には、文化的価値に基づく礼的秩序、すなわち武力・暴力に依らない制度・儀式・作法による国際秩序維持の体制が確立されていた。朝貢―冊封関係という事大の関係ではなく、交隣関係にある外国使節との応接、すなわち対馬で朝鮮通信使から聘礼を受けた経験を通して、その実態を具体的に確認することができる。

朝鮮通信使の聘礼を受ける場所を対馬に変更し、礼単・人員等も削減するという形式は、松平定信により文化元（一八〇四）年六月に提議され、新たに創制されたものである。徳川時代には文化八年のただ一度だけ、しかも、天保期には大坂聘礼も企画されたが、これが結果的には最後の通信使となった。[70] 頼春水によれば、享和二・三年にも、「昌平學堂ニテ諸博士ヲ會シ、林祭酒ノ會議アルハ、韓使接待ノ事ニテ、國書ノ往復ナド大議ナリ」[71]、と幕府儒者たちが対朝鮮関係の「密議」を行っていたとされる。じっさい、幕府儒者の外交参与という問題視角から古賀家史料の分析を行うならば、思想史の分野から聘礼挙行の記録を取り上げて論じる余地は少なくない。

徳川後期における学問所儒者の外交は、朝貢国と事大関係にあった清国の礼部の外交とは、役割においても思想においても大きく異なるであろう。たしかに、礼の秩序概念は、華夷内外の尊卑をめぐる差別的秩序概念である。しかし秩序における等差も含まれており、決して排他的とは限らない、同等レベルのものと交流する儀礼としても成立し得る。しかし、そこには、当然、礼を中心とする限り尊卑の観念も入り込まざるを得ない。礼における等差・尊卑の問題が、この聘礼受容には如実に反映されている。

林大学頭と学問所儒者は、ともに武力ではなく礼儀による国際関係の維持を目指しているが、隣国朝鮮との礼的秩序構築では、特にその礼儀発現の捉え方において、彼らの内部でも強調点に相違が見られた。聘礼とは、前述のとおり諸侯が大夫を用いて他国に使いをさせる外交使節の儀礼のことであるが（『礼記』聘義）、ここで注目されるのは次の二つの点である。すなわち、第一に、この對馬聘礼を、「往来之礼」（『礼記』曲礼上）、すなわち我も往き彼も来る儀礼とし、彼我同等の交際としての〈抗礼〉（『史記』劉敬伝）と捉えるか、それとも主人が客を招き、手を組み合わせて挨拶してへりくだる「賓主揖譲《こうじょう》之礼」（『史記』范耕伝、『論語』八協）とし、礼を厚くして人を招く〈来聘〉（『史記』孔子世伝）と捉えるかどうか。第二に、礼儀の中で、「自尊之意味」をどのように示すか。自らを自負し尊ぶのか、それとも相手国にこび諂うのかどうか。あるいは、「好勝之心」をもって相手国をなじり、軽蔑するか、それとも相手の前にへりくだり「礼譲」（『論語』里仁）を示すかどうか。

またこの外交では、学問交流も同時に行われていた。さきの明和度の信使と接した儒者と、異学の禁の関係にも現れていたように、東アジアに共有された「政教」は、社会文化の成熟をはかる尺度の一つでもあった。

ここでは個々の史料を追いながら、礼の中身の認識と具体的な礼儀の発現形態に注目したい。それによって、従来単に朝鮮蔑視観か否かをメルクマールとして分析されてきた朝鮮との交隣関係を、より立体的に描きだせるであろう。

荻生徂徠は対馬藩書記雨森芳洲[72]に宛てた正徳五（一七一五）年春の書翰のなかで、現在の日本で儒者が存分に実力を発揮できるのは「外交」の分野をおいて他にないと記している。「當今之世、文士之用其材、亡巳乎、則外交耳[73]」。しかし、儒家の経書を共有した漢字文化圏において、書きことば漢文が唯一の国際語であったことから、それは単に対馬藩の儒者だけを対象としたのではなかった。漢文を通じた漢籍による情報収集・経学知識修得・漢詩や漢文作成は、東アジア域圏の知識人共通の基礎教養であり、それゆえに外交に不可欠な能力であった。徂徠の言葉から約半世紀後、柴野栗山は上書のなかで、外交を担うべき幕府儒者の実力不足を嘆いて、「御儒者共も殊の外に學文無精に罷成、今年にも朝鮮人來聘仕候ても、大學頭父子は格別、其外の者は蹈切て相手に罷成、詩文の贈答筆談も應對をも可仕と相見得申候ものは一人も無御座候」（「栗山上書」）と記した。この後に、幕府から昌平坂学問所儒者に任命され、林大學頭述齋と共に朝鮮通信使応対の担当者に抜擢されたのが、古賀精里であることは既述の通りである。

朝鮮通信使の聘礼を受けるに際しては、外交儀礼として、「書簡請取之次第」「御返簡渡之次第」という厳格な規律と式次第に則った国書交換と、「御饗應之次第」に基づく七・五・三の饗應が行われたが[74]、それに劣らず漢詩の唱酬と筆談も重要とされた。表象形式としての外交儀礼が、式次第の作法に従い型にはまった儀式的行為であるのに対して、随行した書記官（製述官・正副使書記）たちによる筆談唱酬は、その場の偶然的な要素に支配され、予期せぬ問答にも及ぶ一回限りの記録となる。しかも、その記録は版本として出版される例も多く、「文字之責」は後代にまで及ぶ[75]。じっさい、筆談記録を読み進めるならば、両国の筆談者が過去の記録を踏まえて筆談する場面にしばしば遭遇する。文化八年の對馬聘礼においてこの漢文による筆談と漢詩の唱酬を担当したのは、随行して専ら和文書類を扱う幕府の書記官表右筆ではなく、大学頭の林述齋とその書記役松崎慊堂（一七七一―一八四四）、儒者古賀精里とその門人草場珮川（一七八七―一八六七）・樋口淄川（一七八五―一八六五）であった[76]。

表 3-2　對馬聘礼 両国の外交代表

朝鮮通信使（総勢 366 名：正副使各 1 名・上官 24 名・中官 169 名・下官 131 名）
正使　金履喬（号竹里，48 歳）
副使　李勉求（号南霞，55 歳）
上官　上上官　玄義洵（号担々軒，47 歳）・玄閲（号一遅，50 歳）・崔昔（号菊齋，40 歳）
製述官　李顕相（号太華，44 歳）
正使書記　金善臣（号清山，37 歳）
副使書記　李明五（号泊翁，62 歳）
正使軍官　李一愚（号飲齋）
副使軍官　前内乗　李運植（号笑囮，43 歳）・李勉玄（号蒼崖，63 歳）
画員　李義養（43 歳）・他
中官　正使伴人　李文哲（号菊隠）・他
〔以下略〕
日本側[1)]
上使　小倉藩主小笠原大膳大夫忠固（文化 4 年 3 月 29 日　豊前小倉藩小笠原伊予守忠固上使に任命）
副使（差添）（但聘事御用掛兼）　寺社奉行　竜野藩主脇坂中務大輔安董
朝鮮人来聘御用掛　大目付　井上美濃守利恭
林大学頭述齋（43 歳）　大学頭随員　松崎慊堂（40 歳）
御勘定奉行　柳生主膳正
御目付　遠山左衛門尉・佐野肥後守
御勘定吟味役　松山惣右衛門
布衣以下
表御右筆　男谷彦四郎・大塚傳藏
儒者　古賀弥助（号精里，62 歳）（文化 5 年 7 月 6 日に申渡）
儒者随員　草場韡（号珮川，25 歳）・樋口平三（号淄川，27 歳）・他
御勘定組頭　加藤惣兵清
御勘定吟味方改役　中村長十郎
御勘定　岡本忠次郎・沢藤右衛門・野沢半之丞・久保田吉次郎
御目見以下〔略〕

註 1）副使で聘事御用掛兼務の脇坂安董が編纂総括した「文化易地聘使録」（国立公文書館内閣文庫 185-292）を参照。30 冊の構成は，1 総目録，2 議聘，3 客館，4 来簡，5-6 御返簡，7-8 御饗應，9 御趣意御書取，10 献上物，11-13 御返物，15 両上使，16 禮曹聘使贈答・副書簡，17 御式調・衣服，18 譯官使・節目講定，19 信使一行・下行・送迎使，20 宗對馬守，21 聘期・御服・召出，22 道中・帰府御目見，23 聘議寄合・御目付吟味役對洲見分・對洲話役人，24 造営，25 以酊庵，26 高割・國役金，27 乗舩，28 惣法入用調，29 聘後調，30 雜。この史料は，易地聘礼についての最も包括的な当時の編纂史料であり，田保橋の研究でも重要な典拠の一つとなっている。

表 3-3　對馬聘礼日程表

閏 2 月 19 日	上使　江戸出立
26 日	林大学頭・古賀精里　江戸出立
3 月　2 日	副上使　江戸出立
29 日	信使府中に揚陸
4 月　4 日	島主問慰
9 日	信使饗応
11 日	製述官・上判事・上官・次官饗応
13 日	中官・下官饗応
15 日	上使対馬到着
5 月　2 日	副上使・林大学頭・古賀精里ら対馬到着
13 日	上使客館問慰
22 日	国書進見儀　朝鮮国国書授受の式（宗氏居館大広間）
26 日	上使饗応　七・五・三（本膳七菜・二の膳五菜・三の膳三菜）の饗宴（同）
28 日	信使・礼曹より私礼単渡
6 月 15 日	返翰伝授儀　回答国書・別幅の授受（同）
19 日	上使・副上使乗船帰国
21 日	正副使（書記　善臣・明五）と林述齋（書記　松崎慊堂）の筆談唱酬（客館）
	製述官・正副書記と古賀精里・草場珮川・樋口淄川の筆談唱酬（客館）
22 日	製述官・正副書記以下と松崎慊堂の筆談（客館）
23 日	製述官・正副書記以下と精里・珮川・淄川の筆談唱酬（客館）
24 日	製述官・正副書記以下と珮川の筆談唱酬（客館）
26 日	製述官・正副書記以下と珮川の筆談唱酬（以酊菴）
	信使一行乗船帰国（府中より）
7 月　2 日	信使釜山着
4 日	林大学頭・古賀精里ら乗船帰国
9 月　1 日	「九月朔　精里府君還由對州」（年譜）

（1）返書起草過程

さて、日程から明らかなように、今回の筆談唱酬の際には、上使副使ともすでに帰国しており、日本側にとってこの對馬聘礼の中心が、通信使たちへの饗応と国書の交換の儀礼に設定されたことが窺われよう。じっさい、後述の「接鮮紀事」や「接鮮瘖語《いんご》」によれば、これらは種々の規定を伴った「公礼」であり、一時的な筆談のような「私礼」とは区別されて考えられていた。国書交換の儀とは、すなわち「朝鮮国王　李玜」から「日本国大君　殿下」に宛てられた国書の受け取りと、「日本國　源家齋」から「朝鮮国王　殿下」への返書翰受け渡しの儀礼を指す。その後者の国書回答の儀は、六月一五日に行われたが、精里の随行員草場珮川は、その日の日記に「回答国書」の写しを載せ、国書起草の由来について次のように記していた。

右國書起草ノヿ、東武發程以前、先生密ニ余ニ命セラル、余不肖、辞スレ𪜈命ヲ得ス、遂ニ舊来ノ書式ヲ照シテ學カテラニ二通書両様ヲ撰出ス、吾師シハ〱筆削アツテ、後ニ林祭酒諸博士先生ノ論定ヲ経テ、如此ナリ、……蓋シ余ニ此事ヲ分付セラレシ所由ヲ察スルニ吾師老宿タルヲ以テモシ自ラ撰バルレバ諸博士、評論ニ退譲《ようしゃ》ノ意モ有ンカトワザト小子輩ニ撰ハシメテ衆論ノ切當ニ歸センヿヲ欲セラレシナリ。[77]

珮川によれば、彼が執筆した国書草案は、精里の校訂の後、林述齋ら学識者の「衆論」を経て、返書として採用されたという。しかし、この日じっさいに手渡された返書の文面は、珮川の日記に載るものとはまったく異なっていた。恐らく珮川はこの事情を知らなかったものと思われる。上使に仕えた「小倉藩士の筆記」によれば、その国書執筆者は当時朝鮮人来聘御用を勤めた「御勘定格奥御右筆詰　屋代太郎弘賢」だとされる。[78]

古賀家に遺されたいくつかの雑多な古文書を収録し、後に資料整理上「古賀謹一郎関係甲必丹文書」と題された文書[79]には、ある一枚の草稿が綴じ込まれている。この稿には、まず整った仮名文が記され、その右傍に不規則に漢語が配列されて、一見してかな文を基にして漢訳を試みたものと認めることが出来る。そして、訂正を含むこの漢訳文の内容は、まさに対馬でじっさいに渡された回答国書の内容と一致する。これらのことから推し測れば、古賀家の者が返書の漢訳作成に携わったと考えられるであろう。

さて、じっさいの返書起草過程を検討する前に確認しておきたいのは、珮川が「舊来ノ書式ヲ照シテ」国書形式を学んだと記すように、東アジア儒学文化圏の交隣関係にある諸国相互の外交文書には、書礼あるいは書札礼とも呼びうる書翰上の礼の形式があったことである。[80]単に料紙・印章などの外形やしばしば国内でも争点となった宛名・差出人名の尊称ばかりではなく、書翰の内容にも一定の書式があった。古賀家蔵書の「韓聘瑣記」乾[81]は、過去の慶長一二年より寶暦四（明和元）年まで全一一回の書翰の内、正徳元年を除いた一〇回の一つひとつの書翰を、その内容にしたがって各部ごとに分類して記している。それによれば、一通の書翰の内容は、朝鮮からの「来翰」は、順に間潤部・稱徳部・欣喜部・入事部・自愛部・結尾部に、また、徳川幕府からの「答翰」・「執政答翰 并京尹」においても順に、辱書部・起居部 并欣喜・入事部・感慰部・回禮部・（自愛部）・結尾部に分節されている。[82] すなわち、朝鮮からの来書翰は、無沙汰を詫びる間濶部に始まり、徳を称え悦ぶ稱徳部と欣喜部に続いて、入事部で本題に入り、自愛を祈り、結尾部で結ばれる。それに対して、幕府からの返翰は、書を受けた厚意に対してかたじけなく思う辱書部に始まり、安否を問う起居部 并欣喜、本題の入事部、贈物を謝する感慰部、返礼を述べる回禮部、そして最後に結尾部でしめられる。

このような書式に学びつつ執筆したという、草場珮川の回答国書案は次のようなものである（図3-6）。

日本國　源　家齊　敬復
朝鮮國王　殿下
盛使航海得審
興居亨嘉承此纘統保基遠脩
聘儀感欣交至嚮者政府建言
授受
國書於對馬以省費裕民謀之
貴邦其議克諧深副所懐惟冀
永固好盟
同膺
天休不既

文化八年辛未六月

〔読み下し：盛使海を航《わた》り、興居亨嘉なるを審するを得、承るに此に統を纘き基を保ちて、遠く聘儀を脩せらる、感欣交至。嚮者《さき》に政府國書を對馬に授受し、以て費を省き民を祐にせんと建言す。之を貴邦に謀るに、其議克く諧《かな》ひ、深く所懐に副《かな》ふ、惟冀くは永く好盟を固くし同じく天休に膺《あた》らん、不既。文化八年辛未六月〕。

この国書案を先の文書様式に従って分類すれば、入事部の後に、對馬聘礼の理由を記した部分が加わり、また私見では感慰部を欠いているようであるが、内容は次のように区分されるだろう。

〈辱書部〉盛使航海、

〈起居部　并欣喜〉得審興居亨嘉、……、感欣交至、

〈入事部〉承此纘統保基、遠脩聘儀、

《新たな挿入》嚮者政府建言授受國書於對馬、以省費裕民、謀之貴邦、其議克諧、深副所懐、

〈感慰部〉

〈回禮部〉惟冀永固好盟、同膺天休、

〈結尾部〉不既

このような儒者によって漢文で草稿が練られた返翰案とは異なり、じっさいの回答国書は、御勘定格奥御右筆詰・屋代弘賢によって記されたとされる仮名原案を、古賀精里ら幕府儒者が漢訳したものである。これ以前の朝鮮通信使への歴代の国書起草者は、書物奉行・近藤正齋が編んだ「外蕃通書」[83]によれば、僧承兌（慶長一二年）・僧崇傳（元和三年・寛永元年）・林道春（羅山・初代林大学頭、寛永一三年・寛永二〇年・明暦元年）・林春常（鳳岡・第三代林大学頭、天和二年）・新井筑後守君美（正徳元年、ただし後に編まれた「通航一覧」では、御右筆佐々木萬次郎とされる）・林信充（榴岡・第四代林大学頭、享保四年・延享五年）・林信言（鳳谷・第五代林大学頭、寶暦一四年）とされており、寛永一三

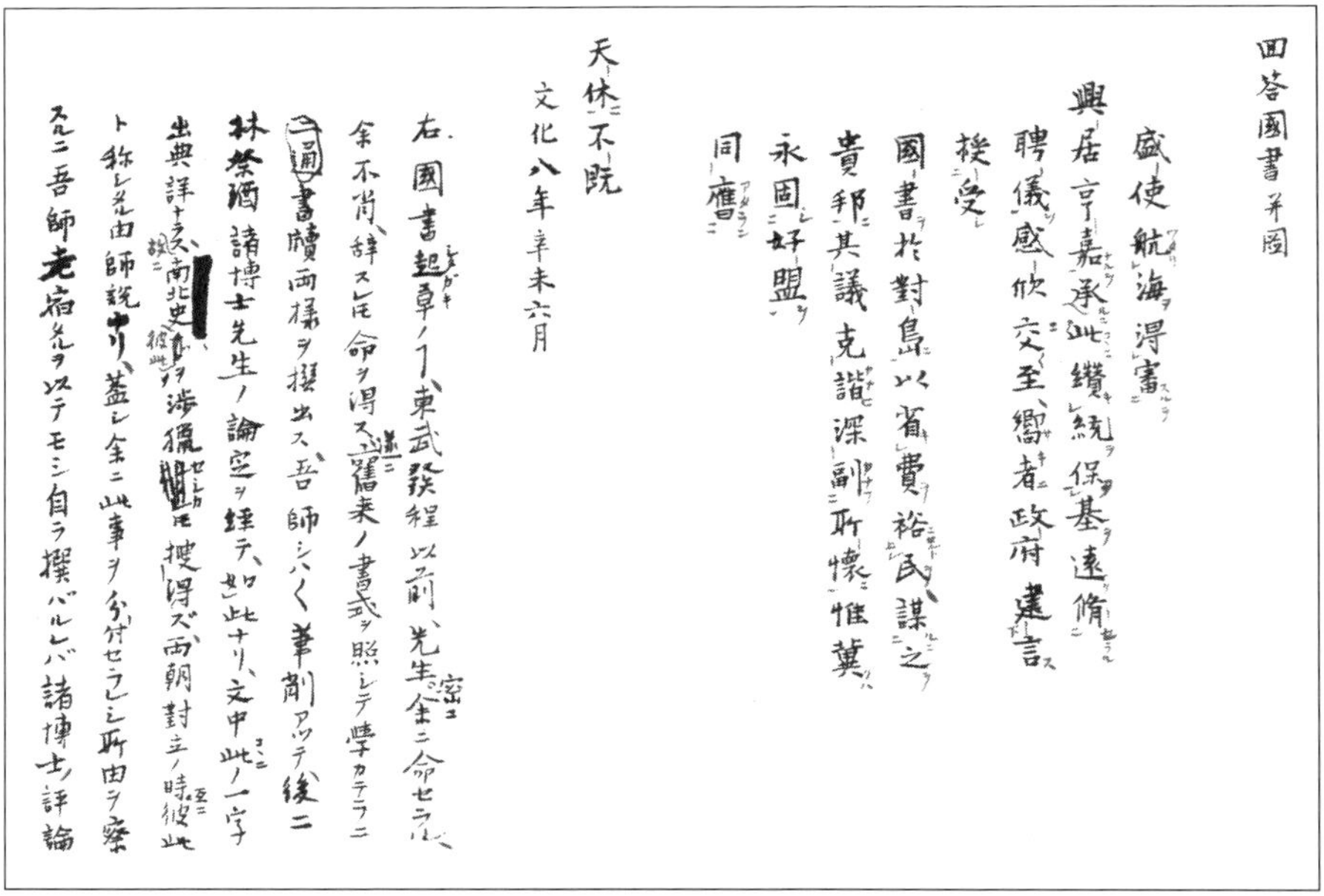

回答國書 并圖

盛使航海得書
興居亨嘉承此纘統保基遠脩
聘儀感欣交至嚮者政府建言
援受
國書於對島以省費裕民謀之
貴邦其議克諧深副所懐惟冀
永固好盟
同膺
天休不既
文化八年辛未六月

右國書起草ノ了ハ東武發程以前、先生密ニ余ニ命セラル、
余不肖辭スレモ命ヲ得ス謹テ舊来ノ書式ヲ照シテ学カテラニ
一通書牘両様ヲ擬出ス吾師シバ〳〵筆削アッテ後ニ
林祭酒諸博士先生ノ論定ヲ経テ如此ナリ、文中此ノ一字
出典詳ナラス南北史[redacted]渉獵セレカドモ捜得ズ両朝對立ノ時彼此
ト称レシ由師説ナリ、蓋シ余ニ此事ヲ分付セラレシ所由ヲ察
スルニ吾師老宿ヲ以テモシ自ラ撰バルレバ諸博士ノ評論

図 3-6　草場珮川国書草案

出典）『影印本津島日記』（西日本文化協会，1978 年）9B–10A 頁。

年の羅山以降は、新井白石が関与した正徳元年の国書が御右筆佐々木萬次郎の執筆によるものだったことを唯一の例外として、他はすべて林家がその任を担当していたことが判る。古賀本の「韓聘瑣記」乾において正徳元年の書翰だけ省かれていたのも、恐らくこれにより説明されるであろう。前述のように奥右筆は御用部屋付きの書記官であり、執政の老中・若年寄の意を受けて書付執筆に当たっていたが、今回の對馬聘礼も含め、執政の首脳陣の意向が強く作用する時に、奥右筆による国書起草が行われたと考えられる。さらに、草場珮川日記から推して考えるに、古賀精里は珮川案を基に「シハ〳〵筆削」して珮川・精里案とも呼びうる独自の国書案を作成していたのだから、今回も林家・昌平黌儒者らの幕府儒者たちによる漢文国書案が一方では用意され、それに対して幕府執政の意向を受けた奥右筆の草案が提示されたのではないだろうか。

奥右筆、屋代弘賢によって草されたというじっさいの回答国書原案と、古賀精里らによる漢訳は次のようなものである（のちに削除された文字の左傍に〻を付し、訂正の文字を右傍に掲げた）。

〔和文案〕「態々《わざわざ》使者到着、貴書入手、御安寧之段承り、珍重不少候、今般自分代替りニ付、祝儀之使に預り、壽物品々御厚情悦入候、此度對州ニて聘禮取行ひ候儀、新規之事ニ候へとも、趣意ハ以前と替義無之候、是に永代之規矩［時之よろしきをはかりて］を定め、日本朝鮮之交りをむつましく可致爲に候、麁末《そまつ》之品取揃、帰路之便りに相渡し候、萬々目出度祝し入候(84)」

〔漢訳〕「専［耑］价戻止、華緘随達、因審［悉］啓居寧謐、欣幸靡極、今者以吾承統、業蒙修聘儀、珍貽稠疊、殊感隆誼、如其成禮津島、則事雖從新、意在循舊、所以定永世之規［度時制宜］、而敦両國之好也、茲具輶品、寄諸環使、惟冀彌揚景烈、充受純嘏」

〔漢文読み下し：専（↓耑）价戻止《れいし》、華緘《かかん》随達、啓居寧謐《けいきょねいひつ》を審らかに（↓悉く）すに因て、欣幸極ること靡《な》し、今者吾が統業を承るを以て、聘儀を修むるを蒙り、珍貽稠疊《ちんいちゅうじょう》、殊に隆誼に感ず、其の禮を津島に成すが如き、則ち事新に従ふと雖も、意は循舊に在り、永世之規を定めて（↓時制の宜しきを度り）、而して両國之好を敦くする所以なり、茲に輶品を具え、諸を環使を寄す、惟冀くは彌《いよいよ》景烈を揚げ、充ちて純嘏《じゅんか》を受けんことを〕

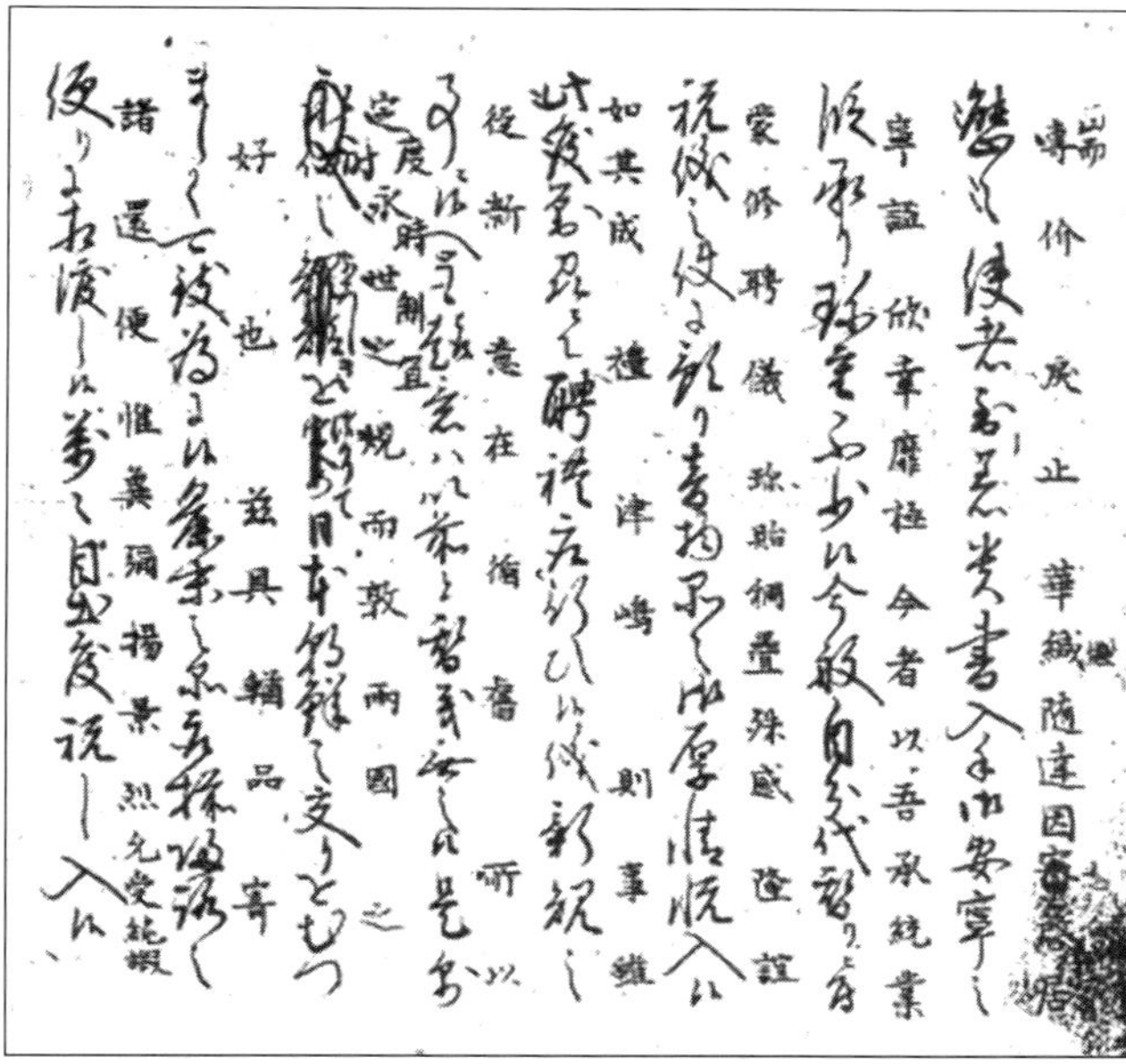

図 3-7　對馬聘礼国書草稿（慶應義塾図書館）

さらにこの漢訳国書は、他筆（侗庵の筆跡か）で「専」に傍点が打たれて「耑」に、「審」は「悉」に直され、また同じく国書漢訳の過程で、仮名文の変更に相即した修正として、「永代之規矩を定め」（定永世之規）が「時之よろしきをはかりて」（度時制度宜）と変更されている。後者の変更が、当初この新しい対馬での聘礼の形態を永続させるつもりで素案が起草されたが、国書漢訳と審議の過程で、さまざまな政治的配慮が働き、それを一時的なものと捉えようとしたのか、あるいは「朝鮮の事永く隣好を結ばるべき国に非ず」と記した新井白石のように、朝鮮との隣交自体を永続させるべきではないとの認識に基づくものか、その詳細は限られた史料では判断し難い。

〈辱書部〉態々使者到着、貴書入手、
　専《耑》价戻止、華緘随達、
〈起居部　并欣喜〉御安寧之段承り、珍重不少候、
　因審《悉》啓居寧謐、欣幸靡極、
〈入事部〉今般自分代替りニ付、祝儀之使に預り、
　今者以吾承統、業蒙修聘儀、
〈感慰部〉壽物品々御厚情悦入候、
　珍貽稠疊、殊感隆誼、
《新たな挿入》此度對州ニて聘禮取行ひ候儀、新規之事ニ候へとも、趣意ハ以前と替義無之候、
　如其成禮津島、則事雖從新、意在循舊、
是に永代之規矩を定め《時之よろしきをはかりて》、日本朝鮮之交りをむつましくて致爲に候、
　所以定永世之規《度時制宜》、而敦両國之好也

〈回禮部〉麁末之品取揃、帰路之便りに相渡し候、
　茲具輸品、寄諸環便、
　萬々目出度祝し入候、
　　惟冀彌揚景烈、充受純嘏

従来の文書様式に従えば、漢訳国書は、このように区分されるだろう。また副使の脇坂安董が編纂した「文化易地聘使録」巻五、御返簡[85]には、〈結尾部〉に「不既」が加えられた次のような返翰案が載る。

日本國　源　家齊　敬復
朝鮮國王　殿下
　　峕价戻止
　華緘随達因悉
啓居寧謐欣幸靡極今者以吾承統業蒙修
　聘儀
珍貽稠疊殊感
隆誼如其成禮津島則事雖従新意在循舊所以
　度時制宜而敦
兩國之好也茲具輸品寄諸環使惟冀彌
揚景烈充受純嘏不既
文化八年辛未六月日

しかし、奥右筆、林家・学問所儒者たちや閣老だけでこの書翰文面の決定がなされたわけではなかった。「文化易地聘使録」によれば、来聘御用掛が江戸を出発して以降、三月二九日に宗対馬守より国書の字句訂正の要請があり、「悉」は「審」に、「吾」は「克」もしくは「我」に、「既」は「備」への変更が求められた。さらに、対馬に到着して朝鮮国書が受領された後の六月一〇日にも、日本側の書翰について御用掛内部で検討が行われ、じっさいに朝鮮通信使に渡された文面は、次のようであった[86]（図3-8）。

日本國　源　家齊　敬復

朝鮮國王　殿下

崇价戾止

華緘随達因悉

啓居寧謐欣幸靡極今者以承統業蒙修

聘儀

珍貽稠疊殊感

隆誼如其成津島則事雖從新意在循舊所以

度時制宜而敦

両國之好也茲具輶品寄諸環使惟冀

彌揚景烈

充受純嘏不備

文化八年辛未六月日

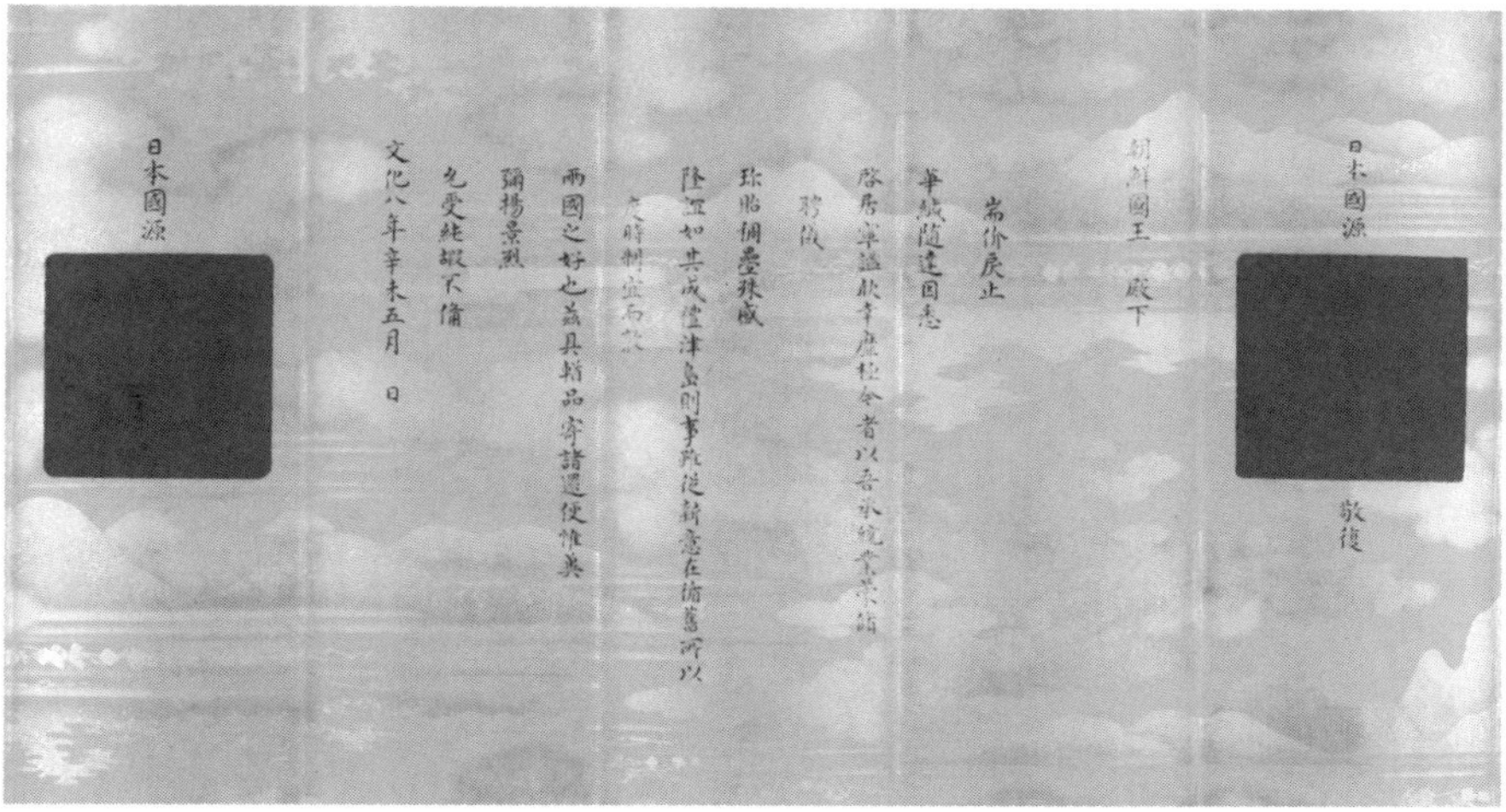

図 3-8　将軍徳川家齊の朝鮮国王宛て返書副本（外務省外交史料館）

歴代の返書のうち、正徳度のそれが白石の見解に従って、将軍の呼称をそれまでの「日本国大君」から「日本国王」に改称し、通信使との間に深刻な問題を惹起したことはよく知られている。しかし、林大学頭鳳谷が執筆した前回、すなわち明和度における返書の際にも、「普天同慶」という言葉の「普天」が、中華でなければ用いない語句であるとして、通信使から書き直しの抗議を受けていた(87)。国書の一字一句の表現に、また文章をどこで改行し、一字上げるか二字上げるかという点に、起草者たちのさまざまな思いが封じ込められている。したがって、この二つの国書案の比較は、学問所儒者古賀精里らの認識と、幕府首脳陣の意向を受けた奥右筆のそれとの政策的選好を窺う恰好の素材となる。

文化度のこの二つの国書案を比較するならば、まず内容的には、珮川・精里案にある費用削減し「民を裕かに」するという対馬への場所変更の理由が、「永世之規を定めて」という案を経て、じっさいには「時制の宜しきを度り」となっており、また「冀くは永く好盟を固くし同じく天休に膺《あた》らん」という、天の下における平等な友好関係を願った儒学的表現が、じっさいの返書では欠落している点に大きな相違がある。すなわち、一方の国書案が、今回の提議の際から両国での共通了解事項であった経済的窮状を公明正大に記した文面であるのに対して、他方のじっさいの返書は、敢えてその点について言及せず、実情を伏せた文面になっている。また視覚的にも、一見して、先方の無事を賀する辞である「興居亨嘉《こうきょこうか》」や「天休」に敬意を表して単擡（一字上げ）した前者と、朝鮮の「聘儀」に触れた箇所を一字下げにしたじっさいの後者とでは、両者の執筆意図が恐らく異なることに気付かないわけにゆかない。たしかに限られた国書案比較だけから、その含意を読み込むことは困難である。しかし、この聘礼を受けるに際して、さまざまな政治的思惑がはたらいており、じっさい、次にみるように筆談を担当した林家や学問所儒者のあいだでさえ認識上の思想的分岐が確認できるのである。

（2）筆談担当者——述齋と精里

それでは、林述齋は対馬での筆談にどのような思いで臨んだのか。述齋の態度と彼の六月二一日の筆談の模様とその記録は、随行書記役松崎慊堂の編纂した「接鮮紀事」（文化八年七月八日）と「接鮮瘖語《いんご》」により確認することが可能である。[88] あくまでも松崎慊堂の眼をとおしてみた記録であることに注意しながら、述齋の主張をみてみたい。

対馬に到着した述齋は、「従来我国は素直で朝鮮の国体を審らかにせず、名に泥みその実を誤まったことが少なくない。饗応や国書交換の儀という公礼には法式があり変更不可能だが、筆談のような私礼はただ時宜をはかるだけで何の拘束もない」と主張し、島主を召し出して、訳官を通じて次のことを通信使側に申し入れさせた。[89]

まず、筆談唱酬の会見の手続について、従来日本側が請い願って信使と面会してきたが、逆に朝鮮側からはこれまで面会を求められたことはない。今回は公の儀礼が終了した後、こちらからは面会を求めない。信使が旧好によって要請してきたならば会見するが、請われなければ赴かない。また、面会方法について、正副両使臣が主となるならば述齋自身も面談するが、詩文に優れた製述官が同席するのであれば精里に一任して自分は応対しない。さらに、会見の際の着服について信使が便服で臨むならば自分も便服で臨むこと、正副両使が書記を用いて口述筆記させるのに対して、日本側が大学頭自ら筆談するのは「韓使の妄自尊大」であるから、こちらも書記を用いて口授筆記させること、そして日本側が先に漢詩を贈りそれに対して信使側が応答するという唱和の一方向的な順序を批判して改善を求める旨、伝達させた。

この對馬聘礼では、従来返書伝授の儀の前に行われていた林大学頭との筆談唱酬の順序を変更し、「韓客」としての通信使から「主人ヨリ先退クノ礼アリヤト訝」る風説を生んでまで[90]、急遽日本の上使・副使を帰国させている。この背景には、あるいはこの述齋に代表される政治的意図が日本側の来聘御用掛たちのなかで優勢を占め、それを反映していたのかもしれない。

書記役松崎慊堂によれば、述齋は「鮮俗は狡猾」であり「自便之説を駕し、その禮を行ふに於て、害亦た少なからず」という認識を持つがゆえに、じっさいの筆談の席上でも同格者の聘礼、対等の待遇を求め、同格ではない書記たちに対しては「卑幼之礼」を用いた。しかし他方では、同格者とも同等になることを拒み、たとえば信使が姓名で署名した箇所を、述齋は姓号で署名し、「自尊之意を暗示」したという[91]。

松崎慊堂がのちに描き出す述齋の朝鮮観は、当時の日本の人びとの中で決して特殊な見方ではなかった。むしろ、今回の對馬聘礼を提議した松平定信の具体的立案に最も影響を及ぼし[92]、「朝鮮の事永く隣好を結ばるべき国に非ず」と記した新井白石にも、同様の認識を看ることが出来るのである。事実、松崎慊堂が記した先の林述齋の申し立ては、白石の「朝鮮聘使後議」などにみられる見解と重なる。すなわち、白石も、衣服の相異、「文事を以て我国に長たらん事を争」っていること、往来が一方向的で「彼も来り我も往て」という相互の「往来の礼」がないこと、さらに「獩貊《わいばく》東夷の国俗」という朝鮮の風俗批判を書き記していた[93]。述齋の通信使への申し立ては、白石の意見を悉く踏襲していたとすら考えられよう。

しかし、問題を単に朝鮮の風俗に対する白石や述齋の蔑視という点に収斂させてはならない。友好的な交隣関係にある国との礼儀という観点から捉えるならば、「礼は往来を尚ぶ、往て来らざるは礼に非ざるなり、来りて往かざるも亦礼に非ざるなり」（礼記、曲礼上）という『禮記』に依拠して、一方向的ではない、相互交通の「往来の礼」を主張した礼の論理において彼らの議論は際立っている。すなわち、その論理から、称号上の対等性ばかりでなく、儀式の方法・作法における対等性、さらには「彼使の来る我国の境上」すなわち対馬「に至り止り、我使もまた境上に就て其使を迎接して礼に報」いれば「往来の礼」は失われないというのである。(94) 朝鮮から日本への一方向的な聘礼は、非対等的な朝貢―冊封の事大関係で捉えれば、一方の日本にとっては朝鮮が定期的に日本へ朝貢してきているとも考えられるが、他方の朝鮮にとっては、朝鮮国王がその「朝貢国」日本の支配者の代替わり毎に使者を派遣して封じ印を与える、冊封を行っているとも見なされる。この冊封の使者派遣行為は、中国とその朝貢国との間でさえ国情視察の機会であり、時として政治的圧力の手段ともなっていた。真の交隣対等な関係樹立を望むならば、対馬藩以外幕府側から朝鮮に赴くことがないために生じる外交関係の非対称性の改革が問題とならざるを得えなかったであろう。政治的な論理として『禮記』の「往来の礼」が引照され、それが新制度立案段階からじっさいの礼儀施行に至るまで確認されてきたことには、単に感情的な風俗蔑視では済まされない問題が含まれている。

さて、筆談のもう一人の担当者、古賀精里は、六月二一日の午後に、三種の文章や書籍を携えて筆談唱酬の場所の客館へ登った。それらは、彼自身の秀吉問題に対する態度を、学問的立場を語らずして示すために選ばれた著作であった。その第一は、精里自ら著した「洪浩然傳」（安政七年八月）である。洪浩然は、秀吉の朝鮮侵攻の際、文録三（一五九四）年六月に、晉州城攻撃に加わった佐賀の鍋島直茂の軍勢が、山中に大きな筆をもって潜んでいるところを捕らえて佐賀に連行した朝鮮の少年だった。精里の筆による伝記によれば、浩然はその後京都五山に遊学して儒学を学び、佐賀儒学の開祖となった。精里の個人的な関係においては、この浩然の子孫に彼の妹が嫁ぎ、さらに精里の次男晉城がこの洪家の養子となっていた。筆談の中で、精里は自ら「洪浩然傳」を製述官金清山に示し、秀吉の朝鮮侵略の際に捕虜として日本に連行された者の子孫のことが話題になる。精里が提示した他の二つの書は、岡田寒泉の跋、そして精里自身の序（「刻李退溪書抄序」）が付された村士《すぐり》玉木編の刊本『李退溪書抄』（文化六年）一〇冊[95]（萬餘巻樓蔵書、外国語、第一九番）と精里自身の「大學纂釋」一冊[96]であった。後者について、彼は筆談の際、信使に序文と跋文の執筆を依頼している。視覚に訴えるこれらの書物を対座の場で直接提示し贈呈したことは、筆談全体の方向と内容を決定し、精里は通信使たちから非常に高い評価を得た。とりわけ日本での刊行本、『李退溪書抄』を示したことは、朝鮮第一の朱子学者、李退溪の学問に対する最大級の敬意表明となった。筆談相手の金清山・李泊翁の二人ともが、かつての筆談記録（一七四八・一七六三年）を読んで、程朱学を排斥する仁齋・徂徠の説が日本で「洪水猛獣之可畏」が如く蔓延しており、日本の「学術之不正」を訝っていたが、「退溪集」を示され、またその序文を読み、精里に信頼して恃めば、偏らず正しい心が守られるだろうと述べている。

「〔金清山：〕　自伊〔仁斎〕物〔徂徠〕之説行於貴國以来、我東儒賢、不相為謀久矣、其在癸未〔一七六三年〕槎行時、我國人與貴邦群儒、有相往復、僕嘗得見其一二、而至於指顔孟為未盡、斥程朱為未廣、誠私心痛之、不啻如洪水猛獣之可畏、今見公喜閲退溪集、便已實踐閫域、有所超詣故耳、僕所以傾喜公者、寔在此一欵、無以僕為喜同而悪異耶、道者天下之公也、公言之而已、三尺童子、可以説得、百歳老人亦難行得、故虚談不可実践実見、真能力行、僕雖甚譾劣、嘗欲顧行而後言、故不敢汎及精蘊、以犯古人僭妄之戒、而聞公有格致之學、粋然為一時宗匠、故茲漫筆相告、不審高明、以為如何、

〔精里：〕　伊物之説、如暴風驟雨不崇朝、無復痕迹矣、本邦尚朱學、頃歳又下令、黜邪崇正、海内翕然、而夫清儒毛奇齡之徒、著述汗牛、商船流傳、不無聴熒者、然此之寶暦間、則十去七八矣、故伊物之熄、非僕〔精里〕之功、而異學餘孽、陷廓清、未能比雄偉不常、則僕有罪焉爾、」

〔清山〕仁齋や徂徠の学説が貴国に行われて以来、私たち東方の儒者たちが共に物事を相談することがなくなって久しい。前回癸未〔一七六三年〕の使節派遣の際にも、わが国の人はあなたがたの国の儒者たちと交際をしている。私はかつてその記録の一つ二つを閲覧したが、顔淵や孟子を指してまだ十分ではないといい、程子や朱子を斥けて広くないと

していることに誠に心を痛めた。それは、ただ洪水や猛獣を畏れるどころではすまない。いまあなたにお会いし、『退溪集』を拝見して喜んでいる。すでに域内に実践して、非常に深いところに達している。私があなたを心から喜んでいるのは、実にこの一件にある。私は同じことを喜び、異なることを悪むようなことはしない。道は天下の公であり、公とはこれを言うのである。三尺の童子はこれによってよく話し納得させることができるが、百歳の老人では行って納得させることは難しい。したがって虚談は実践し実見しなければならない。真の才能は努力して行うことである。私はきわめて浅はかで思慮に欠けるが、かつて行いを顧みてから発言しようとした。そのためみだりに古人の僭妄之戒を犯して、広く奥深いところに及ばない。しかし、あなたに格致之學があることを伺い、純粋に一時の師匠としたい。ここに書き付けて、すぐれた学識を伺いたい。それはどのようにしてなったのか。

〔精里〕仁齋や徂徠の説は、暴風驟雨の朝に終まざるがごとく、またその痕跡もない。本邦は朱學を尚び、近頃また令を下して、邪を斥け正を尊んで国内は和合した。しかも、かの清儒の毛奇齢之徒の著述が非常に多く商船によって移入し、そのきざしを聴かない者はいない。異学はこちらの寶暦年間には七・八割がなくなってしまった。したがって、仁齋や徂徠の学問がやんだのは、私の功績ではない。ただ、なお異學の末裔のために、世の乱れを治め清めるのに欠けている。雄偉なさまを未だに一定にできないのは、私にその責任がある」。

「〔李泊翁：〕　……昔聞貴邦物茂卿〔荻生徂徠〕、伊藤維楨〔伊藤仁齋〕、力戦朱學、至於戊辰〔一七四八年〕信行、先大人〔李鳳煥〕以書記入来之時、源東郭〔菅沼東郭〕斐瞻博大攻聖學、故僕常以貴邦學術之不正為訝、今見公所序退溪集者、豈非斯文一綫不絶、頼公而為恃、即中流砥柱耶、不勝仰仰賀賀」

〔……かつて聞いたところでは、あなたの国の荻生徂徠と伊藤仁齋は、朱子学とおおいに戦い、戊辰に通信使行に至り、わが父李鳳煥が書記として入来したとき、菅沼東郭は博大と見なすことなく、聖学を攻撃した。それゆえ私はつねづねあなたの国の学術が正しくないことを訝っていた。しかし、いまあなたが記した『退溪集』の序文を見るに、じつにその文章は一線を断っていないのではなかろうか。あなたに信頼して恃てば、正しい心が守られるであろう。たいそう喜びにたえない〕。

対馬での精里とその随員珮川・淄川の筆談唱酬記録は、後に「對禮餘藻」三巻として編纂され、精里の三男で学問所儒者見習であった古賀侗庵によって次のような跋文が付されている。

我日域巍然峙立於海東、對岸之國以十數、除西土之外、其稍知禮義而可與交使幣者、獨有朝鮮而已、是以慶元而還、許其入貢、接遇極優、即彼之典章文物、人材國俗、地形之廣狭、兵力之彊弱、雖不能希望本邦之髣髴、而朝廷姑以敵國相待、可以見朝廷含弘之美矣、……夫國初以来、接伴韓使者、遺文俱存、歴々可睹、源君美及徠門諸子、由此其選也、煜間嘗繙而閲之、毎恨其好勝之心、炎於中而溢於外、或以我之彊、侮彼之弱、以我之大、蔑彼之小、以我之麗藻曼辞、凌暴彼之枯賜短才、是以么麿夷人、不肯降心以從、動以不肖之語相加、粉呶弗已、賓主揖讓之禮掃地、其辱國體、貽笑外夷何如也、家君有鑒于茲、及接韓使、卑以自牧不敢有凌加、試閲斯編、絶無虚喝誇誕之語、炫多闘靡之作、是以彼亦感悦欣慕、無敢枝梧、朝廷之威、不待振耀而自尊、二國之好、不假申盟而愈固、夫人必地醜力敵、不相屈下然後始有好勝之心、如本邦之於朝鮮、大小懸絶、臣畜之而有餘、而白石以下諸子、以好勝之心待之、是以敵國自處也、是自小而自卑也、今也家君居之以謙、接之以禮、而彼自知大國之可畏、不敢有侵軼、則亦何苦而效從前好勝之為哉。

（古賀侗庵「對禮餘藻跋」文化一〇年）

〔わが日本の領域は、海東に山高くそびえ立っている。対岸には十数国あるが、清国を除いて、わずかに礼儀を知り使者と礼物を与え交わるべきは、独り朝鮮のみである。慶長・元和以後、朝鮮が入貢するのを許し、接待するのに極めて優しくしてきた。すなわち、朝鮮の法律や文化、人材や国の風俗、地形の広さ、兵力の強さは、わが国に似たさまを望むことはできず、そのため政府はしばらく敵国として迎えたとはいえ、政府の万物を包み容れる徳をみるべきである。……国初以来の朝鮮通信使との接伴記録が皆後世に伝え残されてきたが、明らかに見るべきは新井白石と徂徠の門人たちであり、記録によれば筆談の優れたものとされている。かつてひそかにこれを繙き閲覧したが、残念なことに、彼らの「好勝之心」が詩文の内に燃え外に溢れ、自らの強さで相手の弱さを侮蔑し、自らの大きさで相手の小ささを軽蔑し、自らの美しく飾った詩文で相手の思慮なく文藻に乏しいことを批判している。それゆえ外国人は謙るのに従をもってせず、ややもすれば不肖之語を加えてやかましい。賓客と主人の賓主相見の礼は影もとどめず、国体を辱めて外国の笑い者になっているのではなかろうか。

　精里はこれを鑑みて、卑しい姿勢で自らの徳を養い（「周易」上経）、敢えて凌駕することはなかった。試みにこれらの文章を閲覧すれば、からおどしやでたらめの言葉、また飾り驕り高ぶった文章はまったくみられず、これがために彼らは心に感じてよろこびまた敬い慕い、敢えて抗することはなかった。幕府の威勢は振耀を待たずして自ずから尊く、両国の友好は重ねて誓うことなくして益々堅固になる。

　人が敵を憎み、どちらも屈服しなければ、そこには必ず好勝の心が生れる。我が国が朝鮮に対する場合などは大きさはかけ離れており、臣はこれを蓄えて余りある。白石以下の諸子は好勝之心をもって相手と対面し、これがために自らを敵国の立場に位置付けた。これは自らを小さくして自らを卑しむものである。いま精里は、譲をもってここに居り、礼をもってこれと接した。彼国は自ずから大国の畏るべきことを知るだろう。敢えて侵軼することがなければ、どうしてつとめて以前の好勝の行為に倣うことがあろうか」。

精里たちは聘礼を、「往来の礼」としてではなく、賓客と主人が挨拶をしてへりくだる「賓主揖譲《ゆうじょう》之禮」と認識し、以前の「好勝之心」や敵対心に鑑み、「譲」や「礼」を用いたという。侗庵が、先の松崎慊堂による「接鮮紀事」（文化八年七月八日序）を閲し、その内容を意識してこの序文を執筆しているかどうかは定かではない。しかし、ここには明らかに、慊堂の筆による林述斎の応接態度とは対照的な姿勢が窺えるであろう。

　では、侗庵は、何を根拠に過去の筆談、とりわけ新井白石や徂徠門下儒者の応対とは異なると繰り返し強調するのか。[97] 何をもって「好勝之心」がないと主張するのか。以下では、古賀側の遺された史料から浮かび上がる、学問所儒者の自覚的な作業を検証したい。

（3） 事前作業——「賓主揖譲之禮」

日本の各地で儒者たちが、沿道客館において「先を争て」通信使と詩文贈答筆談を行ったことはよく知られている。筆談唱和が盛んになったのは、天和・正徳の頃からといわれている。[98] しかし、客館での筆談を取り締まる「官禁」もなく、多くの儒者には「文才の長せぬものも」いて「我邦の大耻」を示し、通信使に「日本に人なし」と言われかねない状況であった。このような状況を踏まえて、明和元年の通信使来日の際には、次のような書付が左近将監より対馬守に伝達されていた（寶暦一四［一七六四］年正月一六日）。

朝鮮人江詩作贈答并筆談等罷出候者一通り之對話之趣旨相認候義、且古来より二義両説之疑敷所抔を談、或風雅を以贈答仕候様成事は不苦候共、一分之學才を自負候為其國をなちり、彼國之事を尊ミ候と而我國をあさけり候様成筆談等、第一國躰を不辨筋違之様相見候。

したがって、筆談や詩作唱和ごとに役人を立ち合わせ、その記録はすべて林大学頭に提出せよとの通達である（「韓聘瑣記」坤）[99]。しかし、この書付が出された一月一六日には、通信使一行はすでに対馬を通過し、江戸への途上にあって書付は遵守されることはなかった。その道中で筆談の場面を「目の當り目撃」した中井竹山は、のちに「天下の人才を江都に集させ」て筆談唱酬させるべきだと提言していた[100]。

文化八年の對馬聘礼の際には、まさにこの対馬守宛の書付が、筆談における「舊来ノ官法」となり、筆談唱和の方法においても変革の劃期になっている。草場珮川によれば、さらに事前に次のような通達があったという。

抑國家恩信ヲ以テ大賓ヲ礼待セラルノ本意ニ随ヒ、以前ノ如ク主客乖角・不遜ノ光景ニ到ラサルヤウ、林夫子ヲ始メ此タビ預ジメ深ク心ヲ用ラレ、東里（侗庵）先生及余等ニ命セラレテ、擬答擬問・後師録ナトノ著述アツテ、前古ヲ鑑ミテ前年ノ筆語ニ國体ヲ辨ヘズ、妄リニ論シテ公事ヲ妨ケ、彼ニ佞《ヘツラヒ》シテ邦俗ヲ謗ル等ノヿアリ、後来ヲ戒メ永ク文翰應接ノ規則ヲ立ラレタリ。

（草場珮川「津島日記」下）[101]

珮川の記す事前の作業とは、どのようなものであったか。当時の古賀家の書誌目録「檥舟齋書目」二冊と、旧蔵書中にある学問所書庫の所蔵書籍を記した沿革調所編「番外雑書總目」十七巻・一冊、当時の記録を集成した「記録解題總目」一冊なども参照すれば、彼らが利用し得た書籍記録を通して知的世界の一端を明らかにすることが可能である(102)。その残された史料から、彼らの対馬行に際しての事前作業の跡を探ると、まず、精里は朝鮮との古代から近世に至るまでの関係史と書翰を編纂して、次の三種類の著作にまとめさせた（「萬餘巻樓蔵書」外国語、第一九番）(103)。「朝鮮聘事」「歴朝韓事」「韓話應酬」を収める「歴朝待韓雑記」寫本、三冊。慶長から天和に至るまでの幕府と朝鮮両国の国書を収録した「蓮幕待韓書式」寫本、一冊。「歴朝待韓雑記」の内容と一部重複する來聘沿革記事と、天和から明和元年までの筆談記録の抜粋を収録した「韓事輯要」寫本、三冊、がそれである。

次に、精里は、先程の草場珮川の記述にもあった「擬答擬問」「後師録」などを侗庵・珮川・樋口淄川に命じて作らせている。

「萬餘巻樓蔵書」には「斥妄」「擬答擬問」を含む「韓聘瑣記」二冊（乾：斥妄・擬答擬問・翰苑玄英抄・往復語式、坤：馬島受聘始末・宗氏書目・待使儀註）という史料があるが、「後師録」という名の著作は「檥舟齋書目」および書陵部所蔵古賀本にも発見できない。しかし、①「韓聘瑣記」所収の各篇の表題は謹堂の筆跡であること、②草場珮川の「文稿紀年　文化戊辰（一八〇八）—文政庚辰（一八二〇）」中の対馬行き前年の庚午（一八一〇）の項は、「後師録・擬問・書烏涯遺稿後」の三つの著作だけで、この前後の年の著作にも、また珮川「歳庚午昌平塾　裨抄」中の記述(104)にも「後師録」はあるが「斥妄」は見当たらないこと、③「韓事瑣記」に収録された「斥妄」序文中の精里の「所謂前事之不忘後事之師也」（所謂前事の忘れざるは後事の師なり）という表現があることから、珮川の「津島日記」に挙げられた「後師録」のテクストは、「斥妄」と同一であると判断できる。

「後師録」の本文は、「韓事輯要」の巻一・二に含まれる正徳元・寛延元・明和元年の筆談記録を引用し、珮川と淄川が分担してその一つひとつに批評を加えたものである。

〈「後師録」における筆談記録の引用〉（正徳元・寛延元・明和元年が対象）

草場撰　全二四条：一—四「鴻臚傾蓋集」（菅純陽・活庵）、五—七「對麗筆語」（菅純陽・活庵）八—一〇「善隣風雅」（南渓・矩軒・小山）、一一—一六、二〇—二二「筆談薫風」（山宮雪樓・李濟庵）一七—一九「韓舘唱和集」（林鳳谷・趙花山）、二三—二四「問槎畸賞」（山縣周南）

樋口撰　全三一条：一—一五「江關筆談」（源君美〔新井白石〕・趙泰億・青坪・平泉・南岡）一六—三一「鷄林唱和集」（熊谷竹堂・李東郭・若水白雲・叔雲・木下巽軒・前田菊叢・北村篤所・尾見正數）

さらに記述中の引用文献から、彼らが朝鮮の事象については、李朝の基本的法典「経國大典」や『東國大鑑』など（萬餘巻樓蔵書目録、外国語、第十八・十九番）を参照していることも窺える。

これら過去の関連記録の収集、編纂、批評という一連の作業の後に、じっさいの筆談を想定した古賀侗庵の手による「擬答　彼問我答」と、草場・樋口による「擬問　我問彼答」が著された。前者は通信使からの質問に応答するもの、後者は通信使への質問と予想される回答を記したものである。このような一連の史料収集→記録編纂→記録評価→想定問答集（腹案）作りという方法化された文書の作成過程は、まさに琱川の言う「文翰應接ノ規則ヲタテル」作業であり、対馬でのわずか数時間の記録でしかない筆談の史料を、このような背景にある周到な準備作業まで目配りして読むならば、古賀精里とその門人たちの返書起草と筆談の意図に、より深く接近することができる。

しかし、古賀門における「文翰應接ノ規則ヲタテル」作業は、単に形式上の方法論にとどまらなかった。この文書作成過程において、彼らが課題としたのは、むしろ「文翰應接」の際の礼儀発現の内容であり、礼の価値そのものである。それは、自らの「学才」を自負し相手をなじり軽蔑することなく、また他方で自国を卑下し他国に諂うことなく、如何にして「禮讓」をもって「国家之大賓」である通信使に接するか[105]。また、「国體」をわきまえた自尊心の示し方として、敵対意識をむき出しにするのではなく、むしろ相手の道義心に訴え、如何にして自ら品位ある態度を示すか。そのような意味での「規則」であった。「韓使は国家の大賓、宜しく禮譲を以て相接すべきなり」「韓使に接するに及び、卑以て自ら牧し敢えて凌駕せず」「家君はここに居るに謙を以てし、これに接するに禮を以てす」という淄川や侗庵の表現に窺えるように、ここでは礼的秩序維持における相手に対しての謙譲や恭謙の論理が問題とされている。彼らの認識の根拠には、当然、「子曰はく、能く礼譲を以て国を為《おさ》めんか、何か有らん。礼譲を以て国を為むること能はずんば、礼を如何せん」（『論語』里仁篇）という孔子の言葉や、その箇所につけた朱熹の註「譲は礼の実なり。何か有らん、難からざるを言うなり。いうこころは、礼の実を有し以て国を為《おさ》めば、則ち何ぞ難きことの有らんか。しからざれば則ちその礼文具《そな》ふと雖も、亦且つこれを如何せんことなし、而るを況んや国に為むるに於をや」、さらには『周易』上経の「象に曰く、謙謙す。君子卑もってみずから牧ふなり」という儒学文化圏共通の古典の理解があったであろう。これら経書が伝えるところによれば、国家の秩序維持のためには、「礼」が重要であり、しかもその礼の中心は「謙譲」で、君子は卑い姿勢をとることによってその徳を涵養することができると云う。史料から判断するに、古賀門の儒者たちは、東アジア域圏における交隣対等の諸地域間の秩序は、理想としてはこの「礼譲」による秩序維持、すなわち外国使節を「賓客」として迎え、主人と客が相接して挨拶を交わして譲り合い、相互に尊重し合うことにより、平和友好関係の確認がなされると考えていたのではないだろうか[106]。このような認識で「礼」を捉える学問所儒者からみるならば、過去の筆談記録は如何に評価できるのか。それを示したのが「後師録」である。

交渉記録の分析評価「後師録」　精里は、この「後師録」序文で次のように記している。

韓人問答書上木數十種、而我談富嶽則彼以金剛壓之、我問其廣袤則以二萬里詫之、不殆於児女迷藏之戯乎、邦儒多堕其窠臼而白石為甚、余閑中舉其語或能惑人者、使草場樋口二生駁之、非敢掊摭前輩、所謂前事之不忘後事之師也、欲鑿舊轍不復蹈耳、　精里識

〔朝鮮人との問答書が数十種類出版されている。だが、こちらが富士山を談じればむこうは金剛山を持ち出して対抗し、

こちらが高さを問えば二万里であると誇る。これはまるで子供たちの目隠しの遊びのようだ。我が国の儒者は多くこのような決まった型にはまっており、新井白石にそれが著しい。私は時間をみてその言葉や人を惑わす語を挙げて、草場・樋口の二人にこれを批判させた。敢えて前任者たちの落度を拾うつもりはない。所謂「前事の忘れざるは後事の師なり」である。ただ旧轍を鑑みて再び踏まないようにと願うだけである」。

この序文にあらわれる富士山と金剛山との対比は、淄川が本文中で取り上げた正徳元年の尾見正數と李東郭の筆談記録に基づいている（樋口の批評「我擧富士則彼以金剛敵之二嶽何預千國體而毎毎聚訟不似童子之争乎」）。しかも、述齋の書記役、松崎慊堂は六月二二日の筆談の際に、金剛山と富士山の話題を持ち出しており、林述齋の側にはこの「後師録」は渡らず、信使対応の際の日本側で共有された認識とはなっていなかった。

「後師録」での過去の通信使との会見内容への批判は、次の三つに概括できる。第一に、批評は、筆談に現れた日本の儒者の誇張や自負という虚栄心にむけられた。「浮浅之説」・議論の余地のある学説（仁齋・徂徠・山崎闇齋・三宅尚齋）や秀吉の侵略という「国悪」をもって他国に誇ること、また、不確実で曖昧なこと、根拠なき史実、無知からくる誤解に基づいて自負することが批判される。具体的な筆談記録に即して、白石批判は「大抵白石之病は好奇誇張に基づき虚辞妄語を知らず、却て外國を侮るを招く所以なり」（樋口第六条）となされている。

白石の政策提言が対馬での通信使受容の遠因であり、松平定信にも、林述齋にもその認識が共有されていたことはすでに述べたが、この「後師録」での批判は、当然古賀精里の白石評価と切り離しては考えられない。「偶《たまたま》「焚柴記」〔折焚柴記〕を読みて感あり」と、精里が「折焚柴の記」を読んで読後感を記した「讀白石秘記」での批判[107]、また、最晩年病床でも、精里は白石の政治を評して「源白石〔新井白石〕の為すところ、浮薄に流る、虚名を慕ひて實用に遠し、動や京師之制に依倣し、禮文之末に拘拘す、其の柄用之日短を幸ひするのみ、久しく要津に據らしむ、其れ毒に流ること必ず大なり」（「泣血録」文化一四年四月一〇日[108]）と批判する。

「後師録」では、第二に、日本の封建という政治体制、礼・衣服・葬祭などの習俗の相違に対する通信使からの批判に対して、日本の儒者が自らの説明論理を持たないことに批判がむけられる〔草場第六・一六条、樋口第一三・一四・一五条〕。朝鮮通信使から批判を受けて自ら卑下し相手に諂うことか、あるいは逆にそれまでの剝き出しの敵意により、相手を見下すことによってしか自尊の態度を示せなかったのに対して、たとえば「勢」の概念による文化相違の説明論理を持つことによって、自国社会への自尊心を保持することが可能となる。

〔問〕貴朝之國体、其於分州縣、設官吏而治之乎、将封建諸侯而臨之乎、其朝覲会同之儀、差除考課之法、可得而聞乎　〔答〕本朝古為郡縣之制、戈以来、変而成封建之治、所謂封建非聖人之意也、勢也、目今建諸侯以撫萬民、略如姫周之制、諸侯之所不管則置吏以治之、諸侯述職者、春来則以明年春去、秋去則以明年秋来、使其在都之日與在國之日均一、諸侯不相朝、以使聘労問而已、官人大抵以久次遷転、俊傑才能之士則破格超擢、西漢之殿最、元魏太和之法、並行而不相悖也、其賢愚能否、各委其長官考課訖、然後告干上而陞黜之。

（「擬答」第五条）

「〔問〕貴朝の国の形態は、それを州県に分割し、そこに官吏を設けて統治させているのか。あるいはまさに封建諸侯がそこに臨んでいるのか。〔将軍への〕謁見拝謁の儀式や差除評定の方法について、お聞きしたい。〔答〕本朝は古くは郡縣之制を採っていたが、いくさが起こって以来、変じて封建之治となった。その封建とは聖人の言う意味ではなく、勢《せい》である。現在は諸侯をたて多くの民を養っており、ほぼ周王朝の制度のようである。諸侯が管轄しないところでは、官吏を置いてこれを治めている。諸侯で〔将軍に〕職務を報告するものは、春来れば明年の春に去り、秋去れば明年の秋に再び来たり、都での滞在と在国の日数は均一である。諸侯同士が相互にまみえることはなく、使者を遣わしての訪問によって慰問するだけである。官人は大抵同じ職にとどまって異動する。俊傑才能ある者は破格にも他人を飛びこえて抜擢される。西漢の殿最、元魏太和の法が、並行して行われてもとることはない。彼らの賢愚や能力のあるなしは、それぞれその長官に委ねて評定を行い、その結果を上に告げて彼らの地位を昇降する」。

さらに第三に、批判は日本の儒者ばかりでなく、通信使の認識にも及ぶ。通信使の誤まった学問認識や古楽認識のみならず（草場第八・一〇条）、ここには一部の信使が華夷秩序観から日朝関係を捉えた、その中華意識を批判したものも含まれる（樋口第一一条）。

このような過去の筆談記録に即して、両国の儒者を対象とする徹底した吟味を見るならば、誇張や自負という虚栄心に対置された謙譲・謙り・慎みの価値が、また習俗・政治体制批判に対しては説明論理をもって応対する自尊の態度が、いかに弁証されているかを確認することができるであろう。両国相互の謙譲と相互の自尊心の表明に、古賀家門人が、交隣対等関係にある国家との秩序維持の論理を見ていたともいえよう。「擬答疑問」は、この「後師録」における過去の批判的吟味に基づき、今回の對馬聘礼での筆談の想定問答集として作成されたものである。

想定問答集「擬答疑問」　「擬答　彼問我答」（一名「擬答韓使問」）の特色は、一人の儒者の特異な思想が示されているということよりも、むしろ昌平坂学問所古賀門の共通の認識となっている、自国社会の説明論理と当時の関心の所在が窺える点にある。対外関係における「礼譲」や謙譲が、単なる卑下に陥らないためには、自国社会の構成・制度を、論理立て、共通教養である経学や中国史の概念で説得できることが必要であろう。学問所に集った儒者たちは、一連の寛政改革を経た日本社会から何を通信使に伝達しようとしたのか。以下、本書第Ⅰ部での関心に限定して、この「擬答」をじっさいの筆談記録と対照させながら、彼らの認識を検討してみたい（表3-4、3-5）。

「後師録」・「擬答擬問」のいずれの史料でも言及され、さらに對馬での筆談記録で両国の儒者たちが取り上げた問題は、「選挙之法」「試士之法」と表現される人材登用の方法であった。尤も周知のように徳川日本の身分社会は、家格に基づく世襲制度によって構成されていた。筆談の際に、日本に「隣国に伝えるべきよき文学があるか」と尋ねられた林述齋は、次のように返答している。

〔述齋：〕我國之學、専以明體達用、砥礪操行、翼贊理道為主、至於詞藝、不必切劘、何則上自諸侯、下至陪臣之賤者、一切世襲、就中乃選其志行良善、識幹特異者、升品擢用、其庸劣無取者、老死掛飽暖而已、畢究吾邦武

表 3-4　「擬答　彼問我答」(古賀侗庵撰) と「後師録」の対応関係

「擬答」全 15 条の主題	「後師録」関連箇所 (条)
1　天皇—将軍関係	
2　将軍の変遷	
3　選挙の方法 (人材登用)	草場 18・19
4　学制 (学校之制)	樋口 20
5　国制 (封建・郡県)	草場 6
6　家礼・王礼	草場 16, 樋口 15
7　豊臣氏評価	樋口 31
8　律令格式・地図出版	
9　儒先評価	草場 3・11・12・22・23・24
10　林　家	
11　姓　氏	
12　正史・列伝の有無	樋口 31
13　徐　福	樋口 6
14　古文尚書の所在	樋口 6・7・9
15　租税・職役之法	

教勝文教、故其講武無人不為、如詞藝、則性嗜者為之耳、何有好文字可傳於異域者耶、東武之有學久矣、貴國所悉、寛政戊午〔一七九八年〕、有命改造、廟貌肅穆、門閣廊廡講道之堂、栖士之舍、悉皆煥新、三年始成、祀典一循用延喜舊式、於是海内君長、承流傳化、修舊謀新、莫國無學、貴國右文崇聖之俗、諸公聽之、想亦欣然、非敢誇説

〔わが国の学問はもっぱら体を明らかにして用に達し、行いを磨いて理道をたすけることを主としている。詞芸においては必ずしも学徳を研鑽する必要はない。なぜなら、上は諸侯から下は陪臣の身分の低い者まで、一切世襲である。特に志や行いが優れ、知識に長けた者を選び、位を上げて抜擢する。他方、愚鈍で採用されないものは、老いて死に、ただ安楽に暮らすだけだ。つまり、我国は武教が文教に勝るため、講武は人がなさなければならないことだが、詞芸の如きは、それを嗜む者がすればよいのである。どうして好い文学で外国に伝えるべきものがあろうか。江戸に以前より学校があるのは、貴国でもよく知られているところである。〔しかし〕寛政一〇年に改造の命があり、聖堂は慎みある穏やかな様となった。門・外屋・講堂・宿舎はすべて立派に新しくなり、三年にして始めて成った。祀典は一循して延喜の舊式を用いている。ここにおいて国内の君長はこの流れを承けてしたがい倣い、旧きを正して新しきを謀っている。国として学

表 3-5 「擬問 我問彼答」(草場・樋口撰)

「擬問」(樋口6条・草場8条)の主題		
樋口	1	試士之法
	2	八股文字使用
	3	大全の読解法
	4	長白山
	5	領 域
	6	毛文龍
草場	1	清朝への貢物・進使
	2	清朝の欽定四書
	3	暦 法
	4	鄭夢周
	5	領土問題(渤海・伽羅諸国)
	6	領 域
	7	領 域
	8	退溪らの子孫・真蹟の存在

校のないところはない。貴国の学問を重んじ聖人を崇ぶ風習については、諸公たちも聴き、想像して、またよろこんでいる。あえて〔日本の事例を〕誇示しているわけではない」。

翌日に筆談をした松崎慊堂は、述齋のこの世襲による職業の役割分担にも言及しながら、さらに江戸の学問所では「三年大比之法」もあるが、受験資格は民間には及んでいないと人材登用制度について述べる。

〔慊堂：〕如敝邦無生員進士之名、諸侯下至陪臣、一切世襲、其入学者、皆其子弟、亦有三年大比之法、特不及草澤耳、是東武學事、如列國則各有其制、

〔李菊隱：〕貴國仕官之路、亦以科目出身耶、全用世臣而承襲之乎、

〔慊堂：〕吾師昨已答之使臺、然奇材異能之在草澤者、時得薦抜、特異數也、檢昨日筆語、自當領略、

〔菊隱：〕敝邦自箕聖以後、禮樂文物、皆倣中朝、故公卿之冑子、凡民之俊秀者、皆入於學、今聞貴國之制、其實大同小異也

〔慊堂〕わが国には生員進士の名はない。諸侯から下は陪臣に至るまで一切世襲であり、〔学問所への〕入学者は皆その子弟である。さらに三年ごとに試験もあるが、民間にまではおよんでいない。これは江戸の学校制度であり、諸国においてはそれぞれその制度がある。

〔菊隱〕あなたの国の仕官の方法、科目や出身について伺いたい。すべてにおいて世臣を用い、これを世襲で受け継ぐのか。

〔慊堂〕それについては、わが師が昨日すでに答えた。もっとも、民間にいるすぐれた才能の者がときに推薦され

抜擢されることもあるが、それは非常に少数である。昨日の筆談を確かめれば、自ら領会するであろう。

〔菊隠〕わが国では箕聖以後、礼楽文物はみな中朝に倣っているため、公卿の跡継ぎや一般民衆の俊秀者は全員学校に入学する。今あなたの国の制度を聞いて、じつに大同小異であることが分かった〕

しかし、学校運営・教授活動、幕府の文教行政をじっさいに担った学問所儒者による「擬答」では、より具体的に「選挙之法」が述べられているのである。そこには、明らかに新たに整えられた任用制度を告知する意図が窺える。「〔問〕貴邦選挙之法、可聞其詳乎」という「選挙之法」について詳細な説明を求める問いに対して、侗庵は「凡そ賢能者は、官に在れば長官が推挙し、兵隊に在れば部将が推挙し、民間にあればその長にあたる人物が、これを推挙する。年限はなく、比較の定式もないが、反ってほぼ古の郷挙里選の遺志が残っている」と世襲社会の論理を説明した後に、しかし、家督を継ぐ者の試験には文武二種があるという。

〔答〕凡賢能者、在官則長吏薦挙、在隊則部将薦挙、在市井在隴、其正長之類、皆得薦達之、雖無歳月之限制、比較之定式、反略有古郷舉里選之遺志、其疇人子之試、乃分文武二科、武則以将略及刀槍馬為試目、而白打火砲等附、五歳一試、使閣臣親監試之、選其出類抜者而擢用之、文則試分二項、其一閣臣涖試経義及文詩、官其優者、亦五歳一試、其一専命儒臣、試之干學、三歳一試、登第者賜金帛、然後授以官、諸藩選用之法、大略類此。

（古賀侗庵「擬答」第三条）

文化七年の学問所教授の認識によれば、幕臣の惣領で、家督相続をする前に幕府の職につく番入り選考が、五年に一度、武藝と文科について閣臣によって行われ、卓抜した者が採用される。武藝では刀術・槍術・馬術が試験され、また空手打ち・砲術も付され、文科では経義・詩文が課される。また、三年に一度、学問所では儒者によって学問吟味が行われ、その及第者には、金帛が贈られ、その後に官を授けられる。しかも、これは幕府だけに限られず、各藩においても人材登用においては、ほぼ類似した方法が採られているという。

寛政改革では、このように任用制度が整備されただけではなかった。一八世紀後半からは各地において学校制度も完備してきた。「学校之制如何」という問いに対して、侗庵「擬答」は次のように答える。

〔問〕学校之制如何、所治之經史亦分科乎　〔答〕大君嗣事、世々好学重儒、諸侯承風、争趨於學、國有學、郷有校、彬々盛、幕府近来更命大聖廟増生員、學政然一新、國子入大学、陪臣子弟入國学、其願入大学者、聴学生治經史、未嘗分科、大抵先経而後史、主經而賓史、其考試亦然、蓋欲使学者務貫穿經史、不為偏枯之學耳。

（「擬答」第四条）

〔問〕学校の制度はどうであろうか。そこで学習する経史や分科についてお聞きしたい。〔答〕将軍は事を引き継ぐに、代々学を好み、儒学を重んじてきた。諸侯は教化を受け、きそって学におもむいてきた。藩には藩校が、また郷には郷校があり、それらが兼ね備わって盛んである。幕府は近頃命を改めて、聖廟を大改築し学生を増員した。教育行政はこのように一新し、幕臣の子弟は学問所に入学し、陪臣の子弟は藩校に入学している。学問所への入学志願者は、学生として経書と史書を学修することが許される。未だかつて科を分けず、大抵はまず経書、そのあと史書を学ぶ。經を主として史を客とする。その考試もまた同様である。学習者につとめて経書と史書を博く通じさせようとすれば、偏った学問にしないことである」。

藩における藩政・学制改革の話題は、樋口淄川のじっさいの筆談記録にもみられる。

〔淄川〕……自藩祖土津公盛徳邃學、以宗室之選、内居間平之任、外統藩屏之職、以降、瓜瓞綿綿、及至恭定公、亦好學崇儒、大起學宮、令藩中子弟十歳以上、咸就學、歳時亦考試而抜其俊秀、并諸大學、其於武技亦各有奨薦簡抜之法、於是、國政一新、翕然稱治矣。

（「對禮餘藻」六月二三日客館筆語）

淄川は自らの出身地会津藩で、一〇歳以上の藩中の子弟が皆学校で学んでおり、俊秀を選抜するための考試と、武技における「奨薦簡抜之法」があり、これがために藩政が「一新」したと述べる。

さらに、精里の筆談が記すように、寛政以後、学統も一新された。「本邦は朱學を尚ぶ、頃歳又令を下し、邪を黜《しりぞ》け正を崇び、海内翕然《きゅうぜん》とす」。この学統すなわち「正学」の決定も、これら一連の変革と相互に関連している。

このように人材登用制度の整備に伴って、学統と学校制度が一新したことを告知することも、筆談の主たる目的の一つと捉えられていたと窺われるだろう。

しかし、前回の明和度以降の大きな変革は、それだけにとどまらなかった。政治改革を必要とした天明期には、社会状況では、天明の大飢饉による天災と田沼財政の失敗による人災の双方により、幕府の〈御威光〉は失墜し始めており、[109]新たな幕府権威の根拠付けが必要とされ、いくつかの大政委任論が提示されるようになっていた。本居宣長（「玉くしげ」一七八七年）、藤田幽谷（「正名論」一七九一年）らの大政委任論も、時代の要求に応えるかたちでこの時期に提出されている。今回の対馬での聘礼が、一連の寛政改革を経た後のはじめての通信使との交流であることを考えるならば、じっさいの筆談では話題にされなかったが、「擬答」の冒頭で、侗庵がなぜ、天皇と将軍の関係、すなわち大政委任論を論じているかも明らかであろう。寛政以前には柴野栗山のように天道から将軍の権威が担保されているとする儒者の見方もあったが、[110]文化七年の段階の「擬答」では、天皇と将軍の関係は、春秋時代の周王朝と覇者との関係とに類似させて説明されている。[111]ただし、幕府の御威光が本格的にゆらぎはじめ、統治の〈政治的正統性〉が問われるのは、嘉永六年のペリー来航をうけて言路洞開し、安政期に尊皇攘夷論が高まり始めてからであろう。

このように「擬答」には、当時の昌平黌儒者たちの寛政改革を経た日本社会の構成・制度認識が映し出される。しかし、偶然性に支配される一度限りの現実の筆談で、これらの「擬答擬問」の議論はどれほど活用されたのか。残された史料で追う限り、同内容の問答がなされたのは、わずかに一ヶ所しか見当たらない。それは、樋口淄川が筆談の際に発した、「貴國試士之法を問ふ」（「擬問」第一条）という人材選挙の問いだけであった。

創設された学問所儒者の外交は、徳川日本と朝鮮とが事大ではなく交隣関係であるという、その現実と理想の乖離の問題を孕まざるを得なかった。その問題は、これまで見てきたように、その担い手たちの礼の認識を軸にして現実の応接に露呈していったと云えるであろう。一方の林大学頭述齋は、對馬聘礼を「往来之礼」という白石・定信の認識を継承して捉え、彼我対等の礼である〈抗礼〉を要求した。それに対して、古賀精里とその門人は、聘礼を「賓主揖譲之礼」と捉え、白石の剝き出しの「好勝之心」という敵対心を批判して「礼譲」「謙」をもって応対しようとした。しかもその相手への謙譲がこび諂いにならないために、寛政以降の変革を経過した自国社会を論理的に説明する周到な準備作業を行っていた。對馬聘礼の二つの返書は、あるいは両者の礼に対する認識の相異を反映していたのかもしれない。しかし、元来、この二つの礼、すなわち「往来の礼」と謙譲をもってする「賓主の礼」とは、経書の文言の上では、それ程までにかけ離れたことではなかった。『禮記』典礼上は、「往来の礼」のすぐ直後に次のように記す。

人礼有れば則ち安く、礼無ければ則ち危し。故に曰く、礼は学ばざる可からざるなり。夫れ礼は、自ら卑くして而して人を尊ぶ。

「往来の礼」と礼における自卑とは、経書の世界では、相即して考えられていたというべきであろう。

この對馬聘礼から一〇年も経ずして西洋諸国の異国船が頻繁に近海に出没し、遂に文政八（一八二五）年には異国船打払令が発されるに至る。すでにみたレザノフ以降、さらに複数の西洋諸国が視野に入ってくるとき、東アジア域圏の礼的秩序は変容せざるを得ないであろう。安政五（一八五八）年七月の外国奉行設置に至るまで、あたかも日本の〈礼部〉の如き林大学頭と昌平坂学問所儒者たちは、その思想世界で、また具体的経験においてどのように対応していくのか。天保期のオランダへの返書起草、嘉永期の海防策上申、西洋諸国使節交渉における応接掛など——それらは第II部・第III部で改めて個別に検討されるであろう。

第II部

視圏拡大と変通論——古賀侗庵

図扉-2　古賀侗庵（1788-1847）佐賀県立博物館蔵

寛政二（一七九〇）年五月に昌平黌で「朱學」以外の「異學」の講究が禁じられた。その直後から激しく沸き起こった批判を論駁するために、明和・安永期の大坂で「正學」によって結ばれた尾藤二洲・頼春水・古賀精里らの同志は、次々に昌平黌の経書講義を要請され、江戸の幕臣教育で、さらには諸藩での家臣教育にも思想的影響力を行使していった。しかし、他方で、学派統制に対する批判にも応えて、林家や学問所儒者は、経書解釈で「程朱の主意」を失わないという訓令を伴いながら、「学問の道」の「広大」さから「博渉」を奨励し、または「宋学」は元来「偏固」ではなく「博學」「博文」を旨とするという主張を行った。第Ⅰ部でみた昌平坂学問所の「政教」が、学政創制期においては、当初、幕臣官僚の「風俗」変革という〈社会的適性化〉を目指し、学問による番入り選考の〈選別化〉の課題から〈教義上の正統〉となる「正學」が選定されたが、しかしその後、経書に限定されない広範な知的領域について、豊富な文献資料から知識を自発的に学び取る契機を保障していったことはすでに論じたとおりである。「博覧強記」――その学問所儒学の性格を体現したのが、精里を相続した古賀侗庵であった。

以下では、まず第四章で古賀侗庵自身の著作と、当時の知識人の共通了解となっていた教養書の世界を瞥見して、彼の知的世界の特徴を検討し、次に第五章で彼の政治思想形成の上で最も影響を与えた対外認識の問題について、その認識の枠組みとその内容を、世界認識の基礎となった外国地理書の背景にまで立ち入って考察する。その上で、第六章においては、国際情勢の変化という外的事情に大きく左右されていた侗庵の政治的思考が、とりわけ対外政策論をめぐり、同時代思想との比較や具体的事例を通して明らかにされるであろう。検討に入る前に、まず簡単に侗庵の生涯を概観しておこう。

古賀侗庵（諱煜、字季曄、劉姓、通称小太郎、一七八八―一八四七）は、佐賀鍋島藩儒、古賀精里の三男として天明八（一七八八）年肥前佐賀に生まれた(1)。侗庵は、九歳のとき昌平黌御儒者に抜擢された父精里に伴われて江戸に移住するが、「幼にして弄を好まず、深沈寡黙、群児敬憚《けいたん》」する程の才覚の持ち主であり、幼くして頭角を現し「白眉之称」があったという(2)。若い侗庵が、時人を驚倒せしめたのは「時務十策」であった。

皇考〔精里〕の庭訓粛正、未だ曽て它人《たにん》に向ひて子弟の才能を誉めず、君〔侗庵〕弱冠にして時務十策を構える、皇考覧て喜び、潜《ひそか》に人に告げて曰く「児業大いに進む、箕裘《ききゅう》託することを有らば、吾れ以て瞑す可し」、蓋し大いに衷《うち》に契る所有る也、時に栗山・約山等の諸先生争ひて輩行を折り下交し、畏友を以て相目す、君其の間に周旋し、難を質《ただ》し疑を稽し、益を得ること実に多し。（古賀増「先考侗庵府君行述」弘化四年、原漢文、以下同じ(3)）

侗庵の初期の時務策には「中十四目に分け」た「禦狄議」（文化三年）もあるが、この「弱冠」すなわち二〇歳で著した「時務十策」とは、十策からなる文化六年（侗庵二二歳）「擬極論時事封事」（「侗庵秘集」巻之二）のことを指すのであろう。昌平坂学問所儒者の柴野栗山にも師事して研鑽を積んだ侗庵は、文化六（一八〇九）年二月二四日に「御儒者見習」に抜擢された。侗庵の実力が当時非常に評価されていたことは、父精里が文化八年に対馬で朝鮮通信使に接待する際、精里に代わって侗庵が事前に「擬与朝鮮正使書」「擬与朝鮮記室書」「擬与韓使書」（「侗庵初集」巻之五）などの返答書を作成したことや、精里がこの種の形式を重んじた文章や賀箋の執筆の殆どを侗庵に任せたという事情からも窺い知れる。「〔文化〕八年閏二月、皇考〔精里〕馬島に赴き、韓使に接判す、君〔侗庵〕預め代艸する所有り、君敏捷、屢《しばしば》皇考に為りて、力を捉る、駢体《べんたい》・賀箋の如き、大半君の手に出づ」（「先考侗庵府君行述」）。

文化一四（一八一七）年に精里が亡くなると、同年七月二六日に侗庵は「御儒者」に転じた。前述のとおり当時の学問所儒者の主な職務には、(1)講釈：学問所内での御座敷講釈（小学・四書中心、毎月四・七・九の日）という公開講

図 II 序-1 湯島聖堂絵図（狩野素光画・斯文会）

釈や、寄宿生・通学生や書生のための講釈（経書の自説主張、毎月一・六の日）、(2)経書会読：同水準の学力をもつ学生が集まって所定の箇所について相互に「義理を討論し、精微を講究」し[4]、教官が批判・審判者となる、(3)詩文添削、(4)学問吟味・素読吟味の試験官（前者は三年ないし五年に一度実施、後者は毎年秋に実施）、(5)聖堂における釈奠（年二回、二・八月）、(6)幕府儀礼における賀箋・賀詩の献上、(7)外交文書作成、(8)官版の出版、また学問所内で関係した(9)歴史書・地誌編纂の監修などがあった。また請われれば各藩邸に赴いて講釈をし、侗庵などは佐賀藩江戸桜田邸内の明善堂でも藩士の子弟に講じていたであろう[5]。父精里を継いだ儒者侗庵は、聖堂の西側、昌平坂沿いの官舎に住みながらこれらの業務に当たって、講堂に「毎日あけざるやうに出席」（「聖堂御改正教育仕方に付申上候書付」、寛政一二年）する多忙な生活を送

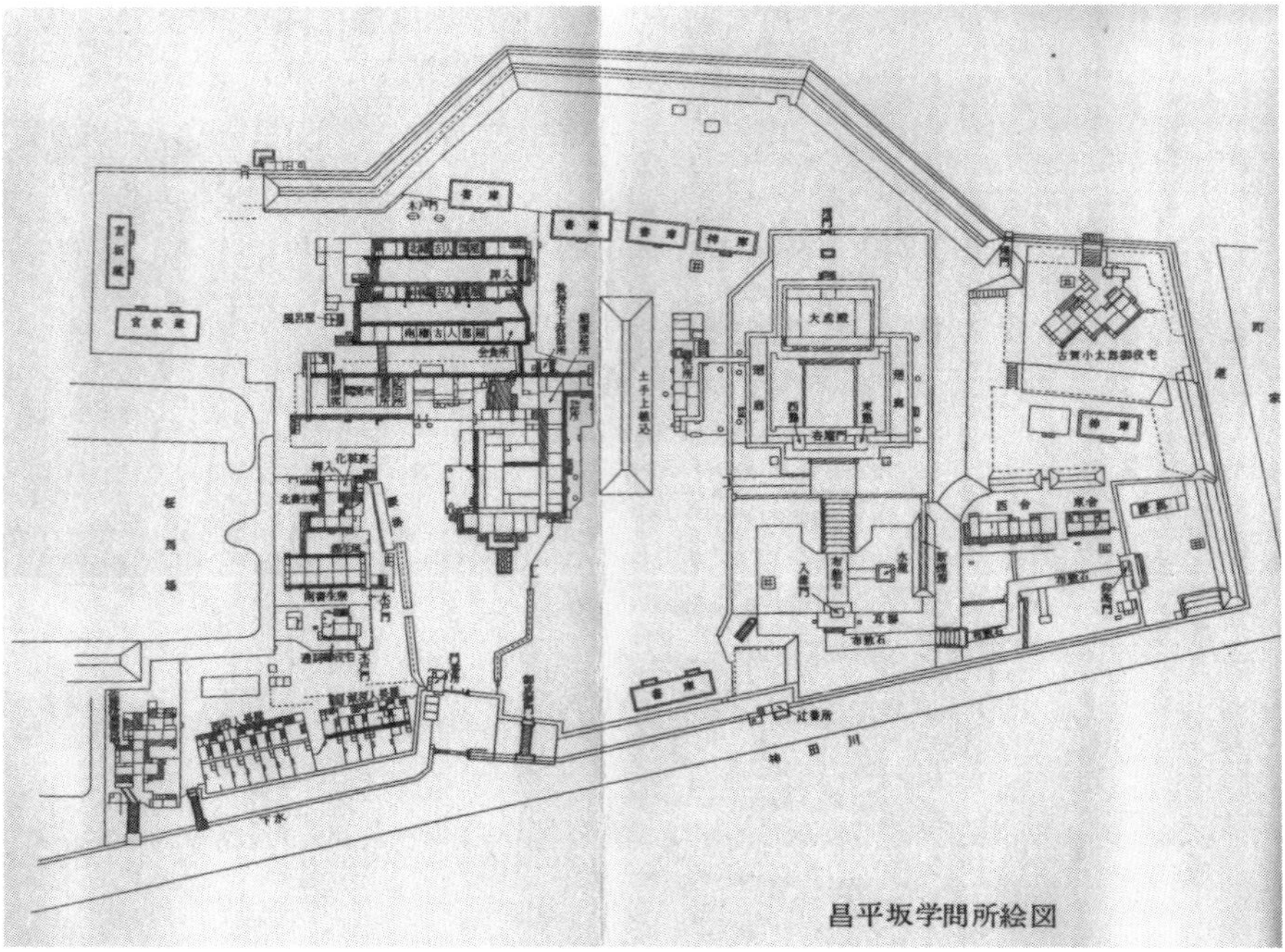

図II序-2　昌平坂学問所絵図

出典）石川謙『日本学校史の研究』（日本図書センター，1977年）。
註記）図の右上に古賀侗庵（小太郎）の役宅，左下に佐藤一齋（捨藏）の役宅がみえる。

り、また全国の諸藩より集った家塾「久敬舎」の門人二・三〇人を指導していた[6]。「〔侗庵〕先生ノ身ノ長ケ六尺ニ過キ濶面大口ニシテ、相貌モ尋常ナラス、實ニ當今ノ碩儒ナレハ門生モ甚タ盛ニシテ、此時諸國ヨリ集リシ人、總テ二十餘人ナルカ、後ニハ三十人ニ及ヘリ」（平部嶠南「六鄰荘日誌」一、天保四年四月一一日[7]）。

　息子謹堂によれば、侗庵の行動は律儀で「一挙手一投足、悉く法」あって規則正しく、普段の勉学も勤勉で必ず夜半過ぎに及んだ。

> 君〔侗庵〕身を検ずること甚だ慎む、一挙手一投足、悉く法有り、隆冬盛夏と雖も、襟を正して危座し、案に対し巻を繙く、夜読必ず子丑〔午前一時〕に迄《およ》び、書燈隙光、毎に耿々《こうこう》として窓に射す、落筆砉然《けきぜん》と声有り、鐘鳴漏尽《しょうなりろうつく》、而して灯火息《や》み、筆声収りて、乃ち君の寝ぬことを知る。

（「先考侗庵府君行述」）

さらに「腹稿《ふくこう》を善しとし、常に早く起き」「気の鋭ひ」早朝に文を作ったという。

侗庵の活躍した文化・文政・天保・弘化の時代をつらぬく問題の一つは、対外危機の増大であった。彼自身現実世界の事象に関して敏感であり、「憂国之忱《しん》、敵愾之気」をもって「天下の大計、丁世の急務」を論じたが、生前「一つとして諸《これ》を施設せらるゝを得」なかったと云う。(8) 侗庵の関心は単に机上に止まることなく、「古道に泥みて時宜に昧《くら》」い世の「腐儒」を批判するばかりでなく（「腐儒論」文政七年［「侗庵三集」巻三］）、五〇歳を越えてから自らも銃を取ってその操作を学んだ。

匠に命じて革甲を造りて曰く「今日火技盛行、鉄札用無し」、又曰く「国家の武備は水師に在り、其の他は廃す可し」、年五十を過ぎて、遽《にはか》に銃を学ぶ、時已に腕痛を患ふ、而して銃重く運び難し、従人をして薬弾を装ひ之を進めさせ、而して点放つ、増〔謹堂〕嘗て其の止むを請ふ、曰く「天下の迂視する所、儒より甚だしきは莫し、儒にして銃を学ぶ、孰ぞ敢て其の下に出づるや、吾が婆心世を諷《いさめ》んと欲す」と。（先考侗庵府君行述）

弘化元（一八四四）年のオランダ軍艦による「開国」勧告に接すると、「擬論外夷互市封事」（「侗庵六集」巻之七）を著したが、その策は幕府のオランダへの返書には顧みられなかった。晩年病を患った侗庵は、弘化三年にアメリカ東インド艦隊（閏五月二七日）やデンマーク軍艦（六月二八日）が来航した際には、次のような七言絶句を作っている。(9)

緑眼東溟屢泊船　廟堂経画費憂煎
悴羸報主心猶在　頓覚鮫羹難下咽

読み下し、さらに私解を加えれば、こうなろう。

緑眼東溟《りょくがんとうめい》に屢《しばしば》泊船し
廟堂の経画憂煎《ゆうせん》に費やす
悴羸《すいるい》して主心に報ること猶ほ在らん
頓《とみ》に覚へて餃羹下咽《こうゆうかえん》し難し

青い眼をした西洋人が、東の海に頻繁に船を停泊させ、政府の経画は非常な憂いに費やされている。自分は病んで悴《やつ》れやせてしまったが、それでもなお主君の心に報いることが出来よう。にわかにかつてのことが思い起こされ、葛湯を飲み干すことが出来なかった。結句の「餃羹」は恐らく病人のための葛湯であろうが、一度の失敗に懲りて必要以上の用心をするという「羹《あつもの》に懲りて韲《なます》を吹く」（屈原、楚辞、九章惜誦）の故事が念頭にあったと思われる。

このような「憂国の念」を抱き続けた侗庵の死は、弘化四（一八四七）年一月晦日のことであった。大塚先儒墓所に今なお残る彼の碑の「巨大なるは場中一」で、当時の侗庵の影響力を後世にまで伝える。

第四章　古賀侗庵著作の周辺

知的世界の展望——書誌的考察

天保一一（一八四〇）年から四年間昌平坂学問所で学んだ栗本鋤雲（匏庵、一八二二—九七）[1]は、「古賀侗庵先生の著述」と題する文章で次のように侗庵を回想している。

古賀侗庵先生が学に於ける、博洽《はくこう》強記にして著述浩瀚一身半に及ぶ事は昔時人皆之を知ると雖も、誰も其目は何なるやを詳らかにする者無く、近頃漸く二三の梓に上るあるも、皆片鱗零甲にして、之を得る者は之を悦ぶと雖も終に先生の全体本領を窺ひ知る能はず。[2]

しかし、匏庵が侗庵の「一身半に及ぶ」浩瀚な著作（古賀謹堂によれば「文詩」を除いても一百余種、四百三十余巻、日高誠實によればその数一二一種、四〇一巻）を当時目にすることが出来なかったのは、彼が安積艮齋や佐藤一齋の門人で、古賀門下でなかったためではない。なぜなら、侗庵の息子古賀謹堂も「先考侗庵府君行述」（弘化四年）のなかで、侗庵の著作について次のように記しているからである。

後門下狡生、竊かに未定原稿を謄《うつ》し以て乏しきに資す、是に従りて懲創《ちょうそう》し、深閉《しんぺい》して出ださず、躬《みずから》匙鑰《しゃく》を把《と》り、家人子弟の手触を許さず、増（謹堂）、日に側に侍るも、終に其れの何の書たるかを解せず、只だ枯毫吃々として蠅頭《ようとう》細字を寫せられ、積りて巻くに至る、便《すなは》ち往く所を知らず、心之を怪しむ也、遺篋《いきょう》を検するに洎《およ》びて、果たして著書乱稿也。

（「先考侗庵府君行述」）

その著作は「家人」や「子弟」にさえも知らされず、謹堂などは侗庵の生前「何の書たるかを解せず」に浄書を手伝い、どこにしまわれたか分らず「怪し」んでいたが、死後遺された箱を調べた結果、その中から「著書乱稿」が発見されたという。このような同時代を生きた匏庵や謹堂の記述から明らかなように、古賀侗庵の著作とその思想は、後人の忘却によって歴史の中に「埋もれた」のではなく、当時からその全貌は社会には知られず、侗庵一個人の中で営々として厖大な知識が蓄積され、いわば社会の水面下で知的営みが深められていたのだった。侗庵は病を得て、謹堂に対し、著作について次のように語った。

危殆《きたい》之際、増〔謹堂〕に謂ひて曰く「撰述之富、西土は応麟元美を有し、肩項を望み難し、本邦の諸先輩に在り、吾豈に敢へて譲りて、特《ただ》に厖襍《ぼうざつ》統ぶること無く作る可きのみならんや」と、又曰く「病来たり百念灰冷《ひゃくねんかいれい》、独り書を著はし未だ定まらざる一事のみ、晨夕《しんせき》念頭を攪擾し、姑《しばら》く置かず、齎志就木《せいししゅうぼく》、諒《まこと》に終天《しゅうてん》の大憾《たいかん》為り」と、因て涙数行《すうこう》下る、噫《ああ》天胡《なん》ぞ君の数年を仮《か》りて、以て斯かる未だ成らざる之洪緒《こうしょ》を了《おは》らせざらんや、哀しい夫《かな》、恒に曰く「就《すなは》ち将に進歩すべし、吾之を終身に期す」と、著書一つ梨棗《りそう》に上ぐれば、永く刪改《さんかい》を容れず、是を以て一篇も生前に浸《きざ》むもの無し、今既定未定を通して之を計《かぞ》ふれば、種を為すは一百余、巻を為すは四百三十余、而るに文詩は與みせず、豈に浩瀚無量ならずや。

（「先考侗庵府君行述」）

謹堂によれば、侗庵が自ら鍵をかけてまで未定著作の外への漏出を防いで著作を公にせず、生前に板本一つ出版しなかった理由は、「将に進歩すべし」という言葉を己が信条にして不断に知識の獲得と学問の精進に励み、より優れたものを著わそうとしたために他ならない。侗庵は「吾が十分の精力、其の八分は諸《これ》を文に耗やす」と人に語ったが、この「実に精神の注ぐ所」であった著作をまとめる「志」を果たし得ず、「独り書を著はし未だ定まらざる一事のみ」を悔い、それを「終天の大憾」として亡くなった。

侗庵の没後に、「存稿凡そ六十余巻」が「侗庵文集」としてまとめられている（表4-1）。謹堂の「謹堂日誌鈔之一[3]」の弘化四年一二月二一日・嘉永元年一月二九日の記事によれば、この文集の編纂に携わった古賀家の「旧門人」

表4-1　「侗庵文集」編集分担表

	一巻	二巻	三巻	四巻	五巻	六巻	七巻	八巻	九巻	十巻
初集	蜀松	蜀松	朔蜀	蜀松	蜀松	洛松	川	朔川	川	川
二集	蜀	朔	朔	朔	朔	蜀	蜀	朔	朔	洛
三集	洛	洛	洛	洛	洛	蜀	蜀	蜀	朔	朔
四集	蜀	○	洛	洛	○	洛	○	朔	○	朔
五集	洛	朔	漏評	朔	朔	○	洛	○	朔	○
六集	蜀	○	洛	洛	洛	洛	洛	○	朔	洛

註記）○印には「新論」「海防臆測」などの大部の論が収録される予定であり，編集担当者は割り振られていない。
朔：城北・洛：城東・蜀：城西。「毎集十巻」の予定だったがじっさいには二集が十五巻十冊になった。

は、[4]羽倉外記（簡堂、幕臣、一七九〇―一八六二）・野田希一（笛浦、田邊藩儒、一七九九―一八五九）・山田愛之助・諸木雄介（蔀山、福山藩儒）・赤井巌（東海、高松藩儒、一七八七―一八六二）・松田多助（迂仙、高崎藩儒、一七八九―一八五八）・工藤弥太郎・加藤一介（市介・松齋、村松藩儒、一八〇一―一八一？）・上田格之助（陸舟、西條藩儒、？―一八五三）・井上熊藏・小島坦堂・川北喜右エ門（温山、島原藩儒、一七九三―一八五三）・鹽谷甲藏（宕陰、山形藩儒、一八〇九―六七）・赤井次郎（赤井巌と同一人物か）・榊原貞藏・藤森恭助（弘庵・天山、一七九九―一八六二）・昌谷五郎（精溪、津山藩儒、一七九二―一八五八）・田邉新次郎（石庵、学問所教授方出役、一七八一―一八五六）である。[5]さらに、「侗庵文集選目 完」（西尾市岩瀬文庫）の冒頭に記された名から推察すれば、この「文集」の「選目」と編纂は、江戸の居住地域ごとに「〈城北〉羽倉・松田・井上・田邊・加藤」「〈城東〉野田・昌谷・川北・藤森」「〈城西〉鹽谷・上甲《ママ》・工藤」と一二人が三つのグループに分かれて分担した。

先の匏庵が「是れ先生の心髄なるべし」と評する[6]この「侗庵文集」には、文化二（一八〇八）年から亡くなる前年の弘化三（一八四六）年まで、二一歳から五九歳までの文章――「書」「序」「伝」「録」「記」「論」「説」「読」「偶記」「書前」「書後」「跋」「銘」「題」「賛」「文」「行実」「墓碑銘」「祭文」「律賦」など――が編年体で収録されている。現在保存されている四種類の「文集」の内、自筆稿で「定稿」となり、欠巻のない完全な形で残るのは、西尾市岩瀬文庫所蔵の「侗庵文集」六集六五巻（岩瀬文庫48–21）である（美濃本、「愛月堂」罫紙所用、濃紺無地表紙、校定

図4-1　「侗庵文集」の系譜

「字」：下谷・山の手・乙骨兄[7]。他の三種はそれぞれ書名を異にするが「定稿」を基に筆写されたものであり、三種とも同じ九巻（第四集――五、七、九、一〇、第五集――一、六、八、一〇、第六集――八の各巻）の欠巻がある。これらの三種の端本は、それぞれ宮内庁書陵部所蔵「侗庵集」（宮内庁書陵部 203-163）、国会図書館古典籍資料室所蔵「侗庵全集」（国会図書館 200-253）、静嘉堂文庫所蔵「侗庵全書」（静嘉堂文庫 丙―五）に含まれている[8]。「侗庵文集」の資料関係の系図（Stemma）は、図4-1のように推定される。

朱筆訂正を含む自筆定稿（岩瀬文庫本）は、門人ら編纂者たちによって没後校訂され、数種の他筆雑じる筆写の定本として欠巻のある写本Aにまとめられた。筆写時期は明らかではないが、写本Bも（あるいは副本として同時期に）複数の者によって筆写され、同じく欠巻のある写本となった。写本Cは、各巻末尾の署名から明らかなように、全巻謹堂による校訂筆写浄本であり、明治期の作製と考えられる。

さらにまた、「侗庵文集」の侗庵自身の選に洩れた著作、「代作」を含む文化六（一八〇九）年から文化一三（一八一六）年までの同種の文章が、「侗庵秘集」（四巻別一巻）に収録されている。

侗庵の教養の世界　侗庵の眼前に広がっていた知の世界は、彼が門人「平野・石井」（石野・平井の誤記か）の二人の要請に応じて「讀書之法」を記した「讀書矩」（文化一二年自序・天保元年刪正）に掲載される書名から、その一部を窺い知ることが出来る[9]。この一種の学問に関する書籍目録には、全体が内容別に大きく経類・史類・子集類の三部に分類され、さらにそれをそれぞれ、後学の学習指針として「入門之学」「上堂之学」「入室之学」の三段階に分割して三一二種の書名が記されている（巻末資料参照）。

この一九世紀前半の侗庵の「讀書矩」を、たとえば、同種の内容をもつ、「該博」と評された荻生徂徠（一六六六—一七二八）が著した一世紀前の「物子書示木公達書目」[10]や森河陽によって「其の論ずる所は乃ち先生一世の事業此に具す」と評された徂徠の「経子史要覧」[11]と比較してみるならば、徂徠没後の一世紀の間に日本の儒者の知的世界がどれほど拡大したかを確認することが出来るであろう。第Ⅰ部第一章での検証からも推し量れるように、特に大きな相違は、基礎的教養書として明・清の漢籍の占める比重が増大していることである。[12]たしかに徂徠にも「大明会典」「大明律」「大明一統志」「大清会典」などが含まれるが、侗庵の時代には、たとえば四書の註釈書に限っても、明代のものでは胡廣等「四書大全」三六巻、蔡虚齋「四書蒙引」一五巻、王納諫「四書翼註」など、また清代のものでは陸稼書「四書困勉録」「四書松陽講義」、閻若璩「四書釈地」、孫瑯「四書緒言」などが必ず挙げられ、漢籍の分野での知的世界の拡大が見られる。あるいはまた、侗庵の同時代人佐藤一齋の「初学課題次第」[13]と「讀書矩」を比較するならば、明・清の漢籍の量では甲乙付け難いが、侗庵の「讀書矩」には、中国史ばかりでなく日本の歴史書が多く含まれ、また「異學」とされた徂徠の著作も挙げられ、さらに外国地理書が含まれる点に顕著な相違が見られる。このような侗庵の書籍目録にあらわれる関心の傾斜は、のちにみるように彼の思想的特徴を象徴しているだろう。

「讀書矩」が含む日本の史書は、徳川光圀編「日本史」（「大日本史」）、中井竹山「逸史」一二巻首一巻、中井履軒「通語」一〇巻（明和元年）、新井白石「読史余論」（正徳二年）、猪飼敬所「史通」（「補修史通点煩」享和三年）などの他に、「六国史」「平家物語」などの多くの日本に関する歴史書がある。また、新井白石「白石叢書」三〇巻・続二二巻、中井竹山「非徴」八巻、室鳩巣「鳩巣逸話」（「鳩巣小説」）、日下部景衡編「遺老物語」二〇巻、伊藤東涯「制度通」一三巻に交じって、荻生徂徠の「政談」四巻が含まれている。侗庵の徂徠評価は、一方で「物茂卿〔荻生徂徠〕、儒之浮誕《ふたん》者、道に足ること無し」（「侗庵新論」第九一篇、天保三年）とその学問を批判するが、他方で「然るに其の人を導く之術、頗る独得有り」その「門下之才儁多《さいしゅん》」しとし、この「讀書矩」では「徂徠の雑著、参看す可し」と述べていた(14)。さらに他の儒者の同種の読書指南にはみられない外国事情書についての言及がある。「讀書矩」には「腐儒は病に通じ夜郎自大に在りて外国情状に通じず、以上の諸書を読み以て拘墟之見を破る可し」と記して、外国事情に関する次の八種の書名が挙げられている。それは、趙翼（清）「廿二史劄記」三六巻補遺一巻、徐葆光（清）「中山傳信録」六巻、周煌（清）「琉球國史略」一六巻首一巻、椿園（清）「西域聞見録」八巻図一巻、徐居正等（朝鮮）「東国通鑑」五六巻首一巻、山村昌永「増譯采覧異言」一二巻首一巻図一巻、桂川甫周「魯西亜志」一巻、「清一統志」である。

侗庵の著作の世界　侗庵の著作とその思想は、このような「讀書矩」に挙げられた書籍を当時の基礎的教養と踏まえた上で、初めて理解可能となる。没後門人たちによって編まれた「侗庵文集」には含まれない彼の著作の世界を概観してみよう。

侗庵が「讀書矩」で用いた書籍の内容別の三分類に従えば、第一の経類に関しては、「大學問答」四巻、「中庸問答」六巻補遺一巻、「論語問答」五十巻があり、また未定稿の「孟子問答備考」がある(15)。次章で検討するが、これらはその題名が示すように問答体の叙述形式を採り、経書の一字一句の逐語的な註釈ではなく、諸家の経書註釈書の説の当否が、章毎に議論されている。

第二の史類に関しては、『春秋左氏伝』に関する「左傳探賾《たんさく》」八巻や『史記』の矛盾する記事を「正す」彼の「史記匡謬《きゅうびゅう》」一冊のような歴史書についての著作がある。侗庵自身の日本史編纂の試みには、「古昔の良将」の「武道」に現れた、「智・仁・勇」という「三達徳」を中心にまとめた「良將達徳鈔」十巻補遺一巻がある（序、文政一〇年）。ロシア情報の収集は、邦語で書かれた文献の抜書き集「俄羅斯紀聞」四集四〇冊や漢籍から抜粋した「俄羅斯紀聞外編」四巻四冊、また天保後期から弘化二年までのアヘン戦争をめぐる情報やオランダ・フランスからの国書受け取り記録が「英夷新聞抄訳」八巻に収録されている。これらには、前野良沢・桂川甫周・大槻玄沢・山村才助ら蘭学者たちの著作や翻訳書はもちろん、和蘭・唐船風説書や漂流記、さらに清の漢籍に記された外国情報の類に至るまで、当時入手可能な「外国情形」に関する書籍が殆ど含まれ、侗庵の貪欲な海外諸国への関心を窺うことができる。

第三の子集類に分類される著作の内、漢詩については、文化五（一八〇八）年から弘化二（一八四六）年までの侗庵の漢詩を編年体で収録する「古心堂詩稿」十七巻が代表的な著作だが、その他、諸家の漢詩とそれへの評を集成した「如蘭詩鈔」四巻、小文を主題毎に編集した「侗庵小鈔」五巻などがある。

これら侗庵の著作をよく整理して収録するのは、静嘉堂文庫所蔵の「侗庵全書」一一四冊（静嘉堂文庫 丙—五）である。この「侗庵全書」は、恐らく明治期に息子古賀謹堂によって整理され、浄書された著作集であるが、それは選集であって決して侗庵の著作全集ではない。

思想の形成過程にまで配慮し、伝記的事実解明を含む思想史研究を行う際に重要であるのは、このような内容別分類や分類別選集ばかりでなく、個々の著作の成立年代特定であろう。序や跋が附されている場合、その序跋執筆の年代から定本成立年の下限を推定することも可能であろう。だが、その定本自体に成立年を特定する情報が含まれていない場合には、その他の残存史料から情報を得る他に推定はきわめて困難である。古賀精里の著作では、ある時期以前の著作については執筆年代を特定できなかった。しかし、侗庵の著作については、彼自身が順次「侗庵集」を編年体で編み整理していたことから、生前のいくつかの目録中に何集何巻まで完成と記したかに注目し、いくつかの著作や編著の定本完成時期を推定することが可能となる。すなわち、「檥舟齋書目」上下（宮内庁書陵部 200-104）と「古心堂雑考」（宮内庁書陵部 200-97）という目録二種の書き込みから、前者は、文政七（一八二四）年以降に執筆し、その後天保二（一八三一）年、さらに天保三年以降に加筆したことが、後者は天保四（一八三三）年以降に執筆し、その後天保八（一八三七）年以降に筆が入れられたことが分かる（四つに区分：①文政七［一八二四］年までに完成、②文政八［一八二五］—天保二［一八三一］年の間に完成、③天保三［一八三二］年、④天保四［一八三三］年以降に完成）。さらに、併せて、侗庵が没した弘化四（一八四七）年以降に著された「侗庵著書目録」（内題「先子遺著目次」佐賀県立図書館鍋島文庫091-10）に挙げられる著作のうち、「侗庵集」に序文や跋文が収録され、成立年代が特定できるものもある。各未定稿の成立年代推定特定は未着手であり、また特定されたいずれの定本も、少なくともその年代までには著作が浄書され定稿として成立していたという消極的な証明にとどまるが、現時点での調査結果は、表4-2のようである。(16)

さて、これらの「侗庵文集」を含む浩瀚な著作の中から、特に後世まで知られることになった侗庵の主著を、門人の阪谷朗廬に従って三点選ぶとするならば、文政八（一八二五）年から弘化元（一八四四）年までに亙って書き続けられた「新論」（「侗庵新論」）一七巻（全一七〇首、以下、Sと略記）、一八三八年から一八四〇年の三年間に海外情勢と海防策を論じた「海防臆測」二巻（全五六首、以下、Kと略記）、随筆の類を集成した「劉子」三〇巻補遺一巻になろう(17)（阪谷朗廬「書海防臆測後」一八八〇年）(18)。とりわけ「新論」については、謹堂も侗庵の著作に関して述べた箇所で次のように記す。「論列する所は、皆天下の大計、丁世の急務、明目張膽、弁は懸河の如く、利病を討究し、鑿々《さくさく》として窾《かん》に中《あ》たる、新論一百七十篇、其の尤者《ゆうしゃ》なり」（「先考侗庵府君行述」）。だが、他の二著が、一方の「海防臆測」は幕末に「海防続彙議」（写本、嘉永六年）巻之五に収録され、後に『日本海防史料叢書』第五巻（一九三二年）にも再録され、他方の「劉子」も『続日本儒林叢書』第三・四冊（一九三三年）に録されてそれぞれ活字になっているにもかかわらず、この主著「新論」は写本のみで、しかも現存する写本の数は少なくないが、その多くが欠巻をもつ端本でしか知られていない。

息子の謹堂の晩年までの精神的重荷は、じつに、父侗庵が祖父精里の文集を出版し得たのに比べて、自身が父親の著作の「整理ヲ了ラサルノミナラズ」、そのうちの「一部ヲモ上木シ得」ていないということにあった。

先生〔謹堂〕在世中常ニ門生ニ語テ曰「精里ノ著書ハ侗庵悉ク之ヲ整理シ、且文鈔ヲ上木シテ世ニ布キ継述ノ功遺ル所無キモ、予ノ侗庵著書ニ於ル未タ整理ヲ了ラサルノミナラズ、自ラ其一部ヲモ上木シ得ス、深ク以テ憾トス、侗庵劄記・良将達徳鈔・海防臆測ノ如キ印行セシモノアリト雖、是レ緒餘ノ小冊ニ過ギズ、其識見学力ヲ見ルヘキ者侗庵新論・劉子、及侗庵文集ニ在リ、諸子幸ニ予ヲ助ケテ漸次此等ノ書ヲ上木シテ流布スルコトヲ得ハ何ノ喜カ之ニ如カン」ト[19]

門人たちはこの謹堂翁の望みを遂げるために、相計ってまず「侗庵新論」に「反點ヲ施シ再三校正シテ剞劂ニ附シ」さらに、謹堂が亡くなる前年には次のような「出版版權願」を提出していた。[20]

「出版版權願

一　侗庵新論　附　全々言　九冊　大

　本年七月五冊　出版

　同　十月四冊

右者先人古賀小太郎著和漢古今之時勢人事文學等ニ就キ論述イタシ一切條例ニ背キ候儀無之候間今度出版致度猶版權免許奉願候也

静岡縣士族

明治十六年五月　著者相續人　古賀　鋭　印

淺草區淺草向柳原町二丁目壱番地

内務卿　山田顕義　殿

前書之通願出候ニ付進達候也

明治十六年五月三十日

東京府知事　芳川顯正　印　」

「書面願之趣聞届別紙免許証下渡候事

明治十六年六月十四日

表 4-2　古賀侗庵著作，定本類（成立年代が推定される著作）

文化 5（1808）年以降	「侗菴初集」10 本（TZ，侗庵集　51 本［9 巻欠］203-163）文化 5－文化 11 年
	「侗菴日録抄」2 本（KZM138・292 →慶應大学）　文化 5－文政 10 年
文化 6（1809）年以降	「俄羅斯紀聞初集」（40 本　早稲田大学ル 8-2994）
	① 30 本・文化 8 年初集序・文化 13 年二集序・文政 5 年三集序・天保 11 年四集序・弘化 3 年四集後序
文化 7（1810）年	「崇程」6 巻（5 本 KTM → 3 冊 KZM227）　文化 7 年序
	「吉光片羽集」1 巻（TZ，203-172）　文化 7 年序
文化 8（1811）年	「文江麗藻」2 巻（KZM204）　文化 8 年書後
	「格致一端線」下巻缺，1 本　文化 8 年序
	「建元彙編」4 巻（3 本　203-272）　文化 8 年序
	「東武百景詩巻」1 巻　1 本（202-176）　文化 8 年序
	「七襄集」1 本（203-165）　文化 8 年序
	「逸經網羅」2 巻（2 本　202-77 ・ KZM225）　文化 8 年序
	「群玉書鈔」3 巻（3 本 KZM250）①・文化 8 年序・文化 9 年書後
文化 9（1812）年	「南溟靖氛録」散佚　1 本（203-173）　文化 9 年
文化 10（1813）年	「殷鑒論」1 巻（KZM222）　文化 10 年
	「衛生撮要」2 巻（1 本　205-176）　文化 10 年跋
文化 11（1814）年以前	「俄羅斯情形臆度」2 巻（2 本　204-112）　弘化 3 年序
文化 11（1814）年	「崇聖論」1 巻（KZM222）　文化 11 年
	「銷魂集」1 巻・外集 1 巻（TZ，1 本　203-171）　文化 11 年序
	「侗庵非詩話」10 巻（5 本　203-168）　文化 11 年序
文化 12（1815）年	「壷範新論」1 巻（KZM212）　文化 12 年
	「讀書矩」1 巻（202-88）　文化 12 年自序
	「俄羅斯紀聞外編」（4 本 205-6 ・ KZM210・217・235）　文化 12 年自序・天保 11 年書後
	「詩朱傳思問編　仝」文化 12 年序
文化 12 年以降	「侗庵二集」10 本　文化 12－文政 5 年
文化 13（1816）年	「今齊諧」5 巻續志 1 巻（3 本　203-169）　文化 13 年書前
	「俄羅斯紀聞二集」① 30 本・文化 13 年二集序
文化 14（1817）年	「遺沢之記」1 本（KZM61 →成簣堂）　文化 14 年
	「泣血録」1 本（KZM141・285）　文化 14 年
文政元（1818）年	「如蘭集」8 本（8 本［5 本欠］203-24 ・ KZM271・276）
	文政元年 1 巻・① 3 本・④ 7 本・天保 13 序
	「詩朱傳質疑」又名詩思問續篇　1 本（3 本　202-76）　文政元年 3 巻
	「続通鑑續評」4 巻 2 本（2 種　405-136 ・ 405-130）①・文政元年書後
文政 3（1820）年	「四雅集詩巻」1 本（203-23）　文政 3 年書後
	「水虎考畧」3 本（205-128）① 1 本・文政 3 年序・天保 10 年後編引
文政 5（1822）年	「俄羅斯紀聞三集」① 30 本・文政 5 年三集序・天保 11 年四集序・弘化 3 年四集後序
文政 6（1823）年以降	「侗庵三集」10 本　文政 6－文政 10 年

文政 7（1824）年以前	「大学問峇」4 巻　2 本（558-101）　①・1827 文政 10 年 12 月序（篠崎小竹）
	「中庸問答」12 巻　6 本（558-102）　①
	「侗庵小鈔」5 巻－3 本（3 本　200-97）　① 1 本
	「古處堂雜鈔」6 巻　6 本（2 本 KTM → 1 冊 KZM272）　① 2 本
文政 8（1825）年以降	「侗菴新論」正續共 17 巻　8 本（TZ，9 本　203-164）文政 8－弘化元年
文政 10（1827）年	「良將達徳抄」10 巻補遺 1 巻　11 本（204-35 ・ KZM） ② 10 本・文政 10 年序・例言・天保 2 年書後
文政 11（1828）年以降	「侗庵四集」10 本　文政 11－天保 4 年
文政 8（1825）年 －天保 2（1831）年	「劉子」30 巻補遺 1 巻　15 本（202-74）　②
文政 11（1828）年 －天保 5（1834）年	「論語問答」32 巻　止先進　16 本（書陵部には 50 巻・ 25 本 202-79）1)
天保 3（1832）年	「論語管窺記」1 本（202-78）　③
天保 4（1833）年以降	「侗庵贊林」1 本（TZ ?，506-149）　④
	「萑澤嘯聚録」10 本（14 本 204-3 ・ KZM65）　④・天保 9 年書後
	「石々記聞」3 本（204-4 ・ KZM21・45・109・118）　④・天保 8 年書後
天保 5（1834）年以降	「侗庵五集」10 本　天保 5－天保 10 年
天保 6（1835）年	「賀六渾黒獺新月旦」1 巻　1 本（405-132）　天保 6 年
天保 8（1837）年	「学迷禉禄」附　（KZM22）　天保 8 年・補遺天保 9 年
	「左傳探頣」8 巻 4 本（405-135）　天保 8 年自序
天保 9（1838）年	「郡内弄兵記」1 本（204-5）　天保 9 年序
天保 9 年以降	「海防臆測」2 巻 1 本（KTM → KZM294）　天保 9－天保 11 年
天保 11（1840）年	「俄羅斯紀聞四集」天保 11 年四集序・弘化 3 年四集後序
天保 11 年以降	「侗庵六集」10 本　天保 11－弘化 3 年
天保 12（1841）年	「阿片釀變記」天保 12 年
	「水唐録話」附　天保 12 年
弘化 2（1845）年	「亦樂文儁」4 本（203-25）　弘化 2 年序
	「横槼餘韵」2 本（405-137 ・ KZM31）　弘化 2 年序
	「禽言研否」4 巻　2 本　弘化 2 年序・題辞
	「看鑑蠡測」2 巻　止西漢　1 本（KTM → KZM37・60）　弘化 2 年序

註 1）国会図書館所蔵の自筆本に記された册定日付は，文政 11 年 5 月 12 日（第 2 冊）から天保 5 年 4 月 19 日（最終第 25 冊）までである。

内務卿　山田顕義　印　」

出版願書によりこのように許可が下りたにも拘わらず、「侗庵新論」は、「假名書等ノ書流行シ漢文書籍ハ購読者甚少ク假令刷立ルモ得失償ヒ難」いという理由で、ついに摺られることはなかった。この幻の主著の版木二五八枚は、門人川田剛が管理し、一八九六年に彼が没した後、一九〇四年に早稲田大学図書館に寄託されたが、遺族（川田正雄）からの申出により、一九三八年九月、川田蔵書「百日紅園文庫」や他の版木（計三八九枚）と共に返却されたという[21]。

数奇な運命を辿った「侗庵新論」は、会沢正志齋の「新論」が成稿となる文政八年に同じ書名をもって書き始められている。内容上は、会沢が前年五月水戸領大津浜へのイギリス人一二名の上陸に触発されて、体系的に海防策として執筆を開始するのとは対照的に、当初海防問題は取り上げられず、構成も各篇毎にしか主題をもたない論の寄せ集めであり、その主題は、先の教養書の目録に挙げられた書籍内容につき、またそれを基に「天下の大計」を論じたもの、さらに中国の歴史を論じて自国の戒めとし、外国事情を示して「丁世の急務」を論じたもので占められている[22]。

これらの主著「新論」「海防臆測」や「侗庵文集」に含まれる他の論策の叙述形式からみた侗庵の著作の特徴は、抽象度の高い体系立った原理論的論策が、年代を追うに従って減少していることである。それはたとえば、若い時期に属する「擬極論時事封事」十首（文化六年）・「殷鑒論」十首（文化一〇年）・「崇聖論」八首（文化一一年）・「壷範新論」十首（文政元年）などの著作と、文政八年以降に書かれる「新論」の叙述形式を比較した結果からも明らかである。バラバラな各論の寄せ集めで、系統立った構成をもたない著作の性格は、侗庵の眼前に広がる知的世界が、不断に変化し、際限なく拡大し続けていたことと密接に関連しているだろう。しかも、この知的世界の流動化は、侗庵を取り囲む国際環境が、もはや中心をもたずに絶えず変転を重ねる状況をも象徴しているに相違ない。先に紹介した侗庵の「将に進歩すべし」という信条や彼の多数の未定稿の存在は、後に明らかになるように、この知的世界、さらには国際世界秩序の不断の流動化を暗示している。

以上のような書誌的な考察を経た上で、侗庵の思想を論じようとするならば、少なくとも次の三つのことが指摘出来るだろう。第一に、侗庵の教養書と著作の世界を概観した結果、さきの第一と第二の分野に限っても、同時代の知識人たちの日常知のレベルを理解しなければ、著作と思想の特徴を明らかにし得ないということである。彼の経学解釈は、経書テクストや宋代の朱熹との比較だけではすまされず、彼が前提とした明・清の経書解釈史を踏まえずしては論じられない。徳川後期の儒学思想は、もはや一国史の枠組みで語ることはもちろん、理念化された宋学との対比だけでは理解さえ出来ない。また侗庵の世界観の形成についても、彼が収集した地理書の性格、さらにはその典拠の特徴まで遡らずしては内在的に分析できないであろう。第二に、明治期にも出版されず、したがってこれまで一七〇首の全体に目を通して論じられたことがない主著「新論」を分析しなければ、侗庵の政治思想の十分な検討を行ったことにはならない。しかもその際にはバラバラな論策から彼の原理的な思考を抽出して読み取る努力が求められるであろう。第三に、侗庵の思想は、知的な世界の拡大や国際環境の変動と密接に連動しており、時間的推移とその思想の形成過程にまで配慮して論じる必要がある。これらのことを踏まえて、次章では、まず経書解釈、次に世界観の形成を認識枠組みとその典拠にまで遡り、彼の知的世界の特徴を考察する。

第五章　知的世界の拡大
――「博覧強記」の学問――

一　経書解釈――清朝学術受容の一側面

遺された著作から古賀侗庵の遺志を察すれば、彼には「四書注翼問答」という四書註釈書を完成する「志」があった。結局完成をみたのは、「大學問答」四巻、[1]「中庸問答」六巻補遺一巻、「論語問答」五〇巻であり、『孟子』については「孟子問答備考」一冊が現存するが完成には至らなかった。侗庵の経学に関する著作には、前述のように、文化七年序をもつ「崇程」六巻、文政元年の書後がある「続通鑑續評」四巻二本、文政七年までには完成していた「大學問畬」四巻二本と「中庸問答」一二巻六本、また自筆本の册定日により文政一一年から天保五年まで手が加えられていたことが判る「論語問答」三二巻（止先進）一六本（五〇巻・二五本）、[2]天保三年の「論語管窺記」一本、そして天保八年の序をもつ「左傳探頤」八巻四本がある。しかし、これらの経書解釈本の内、昭和期に和装本で活字出版された「崇程」を除き、徳川期に出版されたのは、『大學問答』だけである。

昌平坂学問所儒学における経書解釈は如何なるものであったのか。以下、嘉永二年九月に出版された侗庵の『大學問答』四巻四冊（愛月堂蔵版）を取り上げて確認したい。

昌平坂学問所儒学の経書解釈——古賀侗庵『大學問答』を例にして　周知のごとく、儒学は、経書——とりわけ四書五経——の解釈学として存在し、これらの経書に古の理想である普遍的な真理が書かれているとみる。朱子学の場合には四書解釈が重視されたが、この四書のうち、儒学の政治秩序観をもっとも反映する書物が、『大學』である。朱熹の経書註釈である「大學章句」は、先行する後漢や唐の解釈が『大學』を天子自身の心得、帝王学を記したものとするのに対して、為政者たる士大夫個人の修養の書として多くを解釈する点に特徴がある。すなわち、朱熹は、『大學』をその観点に従い「修己治人」を軸にして、三綱領・八条目を立てて理解した。三綱領とは「明徳《めいとく》を明らかにする」「民を新たにする」「至善に止まる」、八条目とは「物格《いた》りて后に知至る。知至りて后に意誠なり。意誠にして后に心正し。心正しくして后に身修まる。身修まりて后に家齋う。家齋いて后に国治まる。国治まりて后に天下平らかなり」のことであり、さらに八条目のうち脩身までの五条目までを明明徳に、齋家・治國・平天下を新民に分類した。朱熹によれば、士大夫が、梯子を一段ずつ登るが如く、この順序を守り、段階を踏んでこれらの徳目を実践すれば、「修己治人」が実現されると云う。尤も三条目の三つは同一次元のことではなく、明明徳から新民へは順序があるが、止至善とは、明明徳において至善に止まり、新民において至善に止まることとされた。この包括的・体系的な認識に基づいて、『大學』のテクストを經一章と傳十章に分け、經では三綱領八條目、つづく傳では初めの三章で三綱領を、四章では本末が、そして五章ではテクストを朱熹自ら格物致知を補い、六章で誠意、七章以下で正心脩身、脩身齋家、齋家治國、治國平天下が論じられるのである。(3)

古賀侗庵の『大學問答』の論述では、まずこの朱熹が記した「大學章句序」が議論され、続いて朱熹の構成に則り各章が論じられていく。よく知られているように、『大學』經の冒頭は次の言葉で始まる。

大學の道は、明徳を明らかにするに在り、民を新たにするに在り、至善に止まるに在り

この三綱領をいう冒頭の一節さえ、解釈者によって意味の取り方は異なる。「大學」とは、あるいは大學の道の「道」とは何か。在りの「在」の字は何の意味か。「明徳」とは何か。またそれを「明らかにする」とはどのようなことか。

「民を新たにする」と読むか、それとも民を親しむと読むか。「至善」とはなにか。またこの三綱領はどのような関係にあるか。侗庵はこのようなことを主題にして問答を展開する。ただし、取り上げられる主題は選択されており、決して網羅的ではない。

それでは侗庵は、諸説をどのような基準に基づいてその「是」「非」を論じようとしたのか。「朱子の解経、精密」とする侗庵は、問答の「答」において、朱熹が『大學』を解釈した『大學章句』に基づき朱熹の意図、主旨に合致するか否かを判定基準とする。「此説、章句之旨を得る」あるいは逆に「未だ章句之意を識らず」「朱子之意、見るべし」。しかし、それのみでなく『大學』のテクスト自体の「経旨を得」ているか否か、また解釈の説自体の文義を問題とし(4)、偏った解釈をしていないかどうか(5)、あるいは自ら解釈が出来ない箇所については「予の未だ解せざる所なり」(『大學問答』巻二、一九丁裏)と述べる。

たとえば、「明徳」という概念については、以下のようである。『大學問答』は、朱熹の『大學章句』での「明徳者、人之所得乎天、而虚靈不昧、以具衆理而應萬事者也」という解が前提とされ、この朱熹の解釈をめぐって「問答」が行われる(後出の構成で、巻之一、經一章上⑩虚靈不昧)。まず「問」で、侗庵は『大學大全』に含まれる四人の説を紹介する(巻一、一六丁裏—一七丁表)。「黄氏は、虚靈不昧とは明のこと、衆理を具え万事に応じるとは徳のことであるという。盧玉渓氏は、ただ虚であるが故に衆理を具え、ただ霊である故に万事に応じるという。呉程氏は、虚霊は心であると明の字を解釈し、衆理を具え万事に応じるとは性と情を統ぶることであると徳の字を解釈する。さらに景星氏は、虚霊は気を指し、不昧は理を指して言い、この明の実(結果)が、衆理を具え万事に応じること、この徳の実が、具わる所の理、則ち格知之理であり、応じる所のことが、則ち誠にし正しくし修め齋《ととの》え治め平らかにすることであるという。これらは是か」。それに対する「答」は、「答　非なり。張芭山氏と孫詒仲氏がすでにこれを論駁している」。これに続いて張・孫両氏の見解が引用される。彼らは先の問いに挙げられた諸論に言及しつつ対論を提示する。張氏は、明徳は體用を兼ねてみるべきであり、これを二字に分けた解は皆非であるという。孫氏は、虚霊すなわち昧からずの四字は理が気の中にあることを意味し、衆理を具え万事に応ずの、理はすなわち事の理、具応は存し発することによって分かれると理解する。この問答から、「明徳」についての侗庵の見解を読み取れば、明徳とは分割して理解すべきでなく、事柄の道理を把握して、あらゆることに発揮するものであると解読できるであろう。

『大學問答』の「問答」ではこのように、『大學』のテクスト、宋代の朱熹の解釈、さらにそれを踏まえて明代に編纂された『四書大全』所収の宋・元の諸儒者の解釈、そして『四書大全』の諸説を吟味する明・清の儒者の見解が、比較検討されることになる。この侗庵の註釈書の構成と引用される先行註釈書の著者名は、付表5-1（二八二―二八三頁）のようである。

『禮記』大學篇への後漢以降のいわゆる古註から清代までの四書註釈の諸説検討をしつつ侗庵の解釈が展開されるが、しかし、些末な問題にこだわりながら、一見錯綜した「問答」を整理するならば、そこから浮かび上がってくる政治秩序のイメージはきわめて単純であり、朱熹の論旨と殆ど変わらない。昌平坂学問所儒学のような「朱子学派」に、「人目を豁にし人耳を驚かすが如き壮絶快絶の大議論大識見」は「覔《もと》むべきにあらず」と云われる所以である。[6]

だが、この『大學問答』の性格を評価するためには、第Ⅰ部で考察した学問所の機能とその目的を併考する必要があろう。つまり、学問所での幕臣教育の目的の一つが、試業を通した〈選別化〉にあり、そのうち最も重視された学問吟味では、『大學』の「辨書《べんがき》」で朱熹の註釈が標準とされていた。したがって、学問所で教鞭をとる儒者古賀侗庵の経書解釈も、思想の独創性を競うためではなく、吟味を前提とし、学問所教育の一環として執筆されているということである。

『大學問答』は、叙述形式こそ明清期の経書解釈書には見られない「問答」形式を採るが、その内容は、侗庵が当時眼にした明末・清初の経書解釈方法、すなわち『四書大全』所収の諸説を前提にしながら、さらにその後の諸説にも眼を配り、二程子や朱子の主旨を弁じて、その観点から諸解釈を取捨選択していくものである。テクスト原典と直接対話し、独創的な解釈を生み出す読解ではなく、むしろ一方で「程朱」の全著述を踏まえながら、他方で朱子学を標榜する学問内の、経書解釈史の蓄積を前にしたテクスト解釈である。いわゆる寛政異学の禁で「程朱學」が「正學」とされて以降の、昌平坂学問所の儒学とは、学問所官版や侗庵の「讀書矩」からも窺えるように、このような宋代以降の解釈史を「博渉」した上での経書解釈であったと考えられる。昌平黌の「學規五則」（寛政五年）の第四則「講會」にある「義理を討論し、精微を講窮す、須らく必ず依據有るべし、切に無稽臆説を禁ず」とは、[7]このような経書解釈史の文献に「依據」した「討論」をいい、またじっさい学問吟味や校内試験に向けた受験勉強を兼ねた学問所での経書会読や輪講会も、「辨書」で問われる「章意」「字訓」「解義」「餘論」などを想定しながら、同様の方法で「問答」と「是非」の判定が行われたのであろう。学問所や各地の藩校での「講習討論」とは、このような経書の解釈をめぐるものであったと思われる。

学問吟味の受験資格をもつ幕臣ばかりでなく、諸藩から江戸の昌平坂学問所の書生寮や家塾に遊学していた書生たちも、また、侗庵の解釈法と同様に、明清経書解釈史を前提とする経書解釈の方法を習得したであろう。たとえば、天保後期に佐賀の多久から古賀門へ入門した草場船山（一八一九―八七）の日記によれば、彼は入塾後すぐにこの侗庵の「大學問答」を筆写していた。[8]

しかし、学問所における徳川後期の「政教」の特徴を知る上で見落とせないことは、このような修身から治国・平天下までを説く『大學』の学習方法が、徳川幕府による統治体系の〈政治的正統性〉承認と果たして連繋するかどうかという点である。朱子学の統治原理が採用され、それがいわゆる体制教学として重視される清朝の康熙帝時代には、国家統合に向けた民衆の思想教化が図られ、清朝体制の統治の理念を盛った清朝の康熙帝（聖祖、一六五四―一七二二）の「聖諭十六条」詔令が発布された。[9]また続く雍正帝（世宗、一六七八―一七三五）によっては「聖諭廣訓」[10]が布告され、家族間での孝が、宗族・郷党を経て、天下の天子への忠へと上昇していく、まさに『大學』徳目の階梯的実践の理念が明示されていた。清朝においては、科挙受験とは別に、社会教化のために、朱熹による「大學」解釈の〈教養上の正統性〉と統合化にむけた〈政治的正統性〉の一致が目指され、かつ現実に実施されたと言えるだろう。それに対して、結合された二つの正統性の理念を記した説論の発布が行われなかった徳川日本、あるいは徳川家直轄地域の場合には、朱熹の主旨に基づくという〈教養上の正統性〉を踏まえつつも、厖大な経書解釈史の蓄積を前提にする、学問としてのテクスト解釈が、〈政治的正統性〉と結びつき得たと言えるだろうか。「集註」の講読に済まない、「博渉」校勘による経書解釈史の解釈の学習に、国家統合はともかく、直接的な社会統合への契機さえ、認めることは困難である。また細部の解釈史の解釈にこだわればそれだけ、むしろ「経旨」さえ見失う可能性も増大せざるを得なかったであろう。じっさい、このような学問傾向は、同時代には「字引學問」「本屋學者」（鹽谷宕陰、天保七年）と批判されるに至っている。[11] 科挙や学問吟味という〈選別化〉のための学習が、〈教養上の正統性〉を等しく志向するとはいえ、昌平黌の徳川後期「政教」における〈政治的正統性〉との結びつきは、清朝初期社会とはまったく異なるだろう。

『大學問答』の典拠本——清初の四書解釈史　『大學問答』での典拠本を中心に、さらに、学問所儒者古賀家の経書解釈を検討するならば、どのような学問所儒学の思想的特徴と、侗庵の解釈における学問姿勢が窺えるであろうか。

宋代理学の正宗として列挙され、「宋学」で括られるのは、一般に、濂（周敦頤）、洛（程顥・程頤）、關（張載）、閩（朱熹）の四学派である。しかし、『大學』の諸解釈の「是非」を問答形式で論じた古賀侗庵の『大學問答』には、表5-1に国別・時代ごとに分類して示したように、多数の儒者の著作が引用されていた。ここで改めて認められるのは、主に宋以降の、元・明・清での経書解釈史の影響であろう。[12] よく知られているように、宋代に確立した朱子学は、元において王朝権力と結びつき、社会に広範に普及するようになる。その後、明代には永楽帝（成祖）の勅令によって、いわゆる欽定『四書大全』（明、永楽一三［一四一五］序刊）として宋元儒の諸学説が集大成され、科挙の標準解釈になっていく。しかし、『四書大全』の編纂作業は一年もかけないものであったため、その内容の杜撰さと粗

表 5-1　古賀侗庵『大學問答』引用人名一覧

漢	趙岐・鄭康成（玄）
魏	張晏（子傳）
唐	孔穎達・顏師古
宋	程子（顥・明道）・程子（頤・伊川）・朱子（熹・晦庵・元晦・新安）・黄勉齋（幹）・陳北溪（淳）・王魯齋（柏）・呉稽山（季子）・方蛟峯（逢辰）・饒雙峯（魯）・黄震（東發）・董槐（庭植・文清・文靖・「大學記」）・葉夢鼎（西澗）・馮厚齊（椅）・陳三山（北山・孔碩）・邵新定（甲・仁仲）・葉石林（夢得）・史繩祖（学齋）・林恭甫
元	金仁山（履祥）・許東陽（白雲・謙）・呉草盧（澄・臨川）・胡雲峯（炳文・「四書通」）・熊勿軒（禾）景訥庵（星・「學庸啓蒙」）・韓古遺（基）・史文璣（伯璿）・盧玉溪（孝孫）・張叔輿（師曾）・呉伯章（程）・齋夢龍・陳新安（定宇・櫟）・程徽庵（若庸）
明	蔡虚齋（清・「蒙引」）・陳紫峯（茵）・林次崖（希元・「存疑」）・呉因之（默）・顧麟士（夢麟・「説約」）・張自烈（爾公・「大全辨」）・方孝孺（正學）・艾南英（千子・天傭子）・黄洵饒・張彦陵・王觀濤（納諫・「翼註」）・張居正（「直解」）・袁宏道（中郎）・李賢・姚承庵（舜牧・虞佐）・羅念庵（洪先・達夫）・李九我（延機・爾張）・周大璋（禹川・章之）・莫中江（如忠）・朱良玉・蘇石水（茂相）・張卓庵（自勲）
清	呂晩村（留良・「講義」，1629-83）・仇滄柱（兆鰲）・陸稼書（隴其・「困勉録」，1630-92）・孫詒仲（瑯・「緒言」）・李岱雲（沛霖・「異同條辨」）・李兆恒（禎）・閻百詩（若璩・「四書釋地」，1636-1704）・呉蓀右（宥・「正解」）・汪武曹（份・「大全」）・惠棟（定宇・松崖，1697-1758）・李光地（榕村・晋卿，1642-1718）・張甄陶（惕菴・希周）・楊名時（凝齋・賓美）・呉志忠（妙道人・有堂）・全祖望（謝山・紹衣，1705-55）・黄際飛
朝鮮	李退溪
日本	雨森芳洲（東）・太宰春台（純）・古賀精里（樸）
年代未詳	史永嘉・黄昌衢・呉昌宗・張芭山・呉江西

略さはしばしば指摘されるところとなった。明代では、その後も長く影響力をもつことになる、蔡虚齋（一四五三—一五〇八）の『四書蒙引』（弘治一七［一五〇四］年）、林希元（一四八二—一五六六）の『四書存疑』（嘉靖二［一五二三］年刊）、陳琛《ちんしん》（一四七七—一五四五）の『四書浅説』（隆慶二［一五六八］年）という三種類の四書註釈書が生まれている。三書はいずれも科挙受験参考書ともなる代表的な朱子学的註解書であり、『蒙引』は朱註の孝子、『存疑』は『蒙引』の忠臣、『浅説』はその集成と呼ばれた（「連理堂重訂四書存疑」方文序）。

しかし、寛政以降の日本の朱子学に決定的な影響力を及ぼしたのは、第Ⅰ部でもみた、清朝初期の儒学である[13]。すでに述べたように、順治元（一六四四）年に北京に遷都した満州人による清朝政府は、その統治のために明代の科挙制度を利用して、満州族支配の国家統合に向けてあらたな秩序化を試み、康熙帝が即位して以降には、文藝において反満的色彩を強める読書人に対して、しばしば「文字の獄」という大弾圧を加えた。梁啓超（一八七三—一九二九）の『中國近三百年學術史』（一九二三年）によれば、秩序維持の手段としての思想統制のために、特に康熙二〇（一六八一）年代以降は、明代からの学者が姿を消し、清朝の経世致用學は清朝政府の政治的理想を語るようになったと云う。[14]

侗庵が『大學問答』の中でよく引用し、言及する陸稼書（陸隴其、一六三〇—九三）・呂晩村（呂留良、一六二九—八三）・李岱雲（沛霖）・李禎（兆恒）・汪武曹（汪份）・周大璋の著書は、すべて康熙帝時代のこのような清朝思想統制下の、朱子学尊崇の儒学者が著したものである。とりわけ陸隴其は、「朱子に宗するは正學たり、朱子に崇せざるは正學に非ず」とし、党派意識を鮮明にさせて陽明学を「異學」と激しく非難した。[15]その思想は、「完全に当時の封建統治の需要に適応し」、没後「本朝理学儒臣第一」とさえ唱えられたという。[16]呂留良はたしかに「文字の獄」に遭っているが、その学問は朱子学尊崇であった。[17]李岱雲・李禎兄弟の『四書朱子異同條辨』もまた、四書の本文につづき朱子の集註・或問・語類の相当箇所を引用し、さらに後代の諸説が朱子の解釈と合致するか否かを「異」「同」で弁別し、その上で自らの案語を付すという叙述形式からも窺えるように、朱子説遵守の立場をとる。

このような清朝初期の儒学は、学問所に登庸された尾藤二洲・古賀精里らを通して、寛政の程朱学「正學」化の理論的背景となっていた。二洲においては、「正學指掌」のみならず、それに先立つ「素餐録」でも、陸稼書・呂晩村の説が引用されていたことは先述のとおりである。また侗庵の父、古賀精里が監修した『大學章句纂釈』『大學諸説辨誤』が支持する学説の典拠も、清初の彼らの諸説であった。とりわけ、精里が陸隴其に私淑していた様子については、猪飼敬所の書簡の中にも次のような記述がみられる。

> 陸隴其、「四書松陽講義」之事、御尋被下候。老拙未一覧候。近来江戸聖堂ニテ、陸隴其「四書大全」「〔四書講義〕困勉録」等甚重ゼラレ、當時朱學ノ徒珍重致候。老拙往年陸隴其「三魚堂集」一覧致シ候。誠ニ偏枯ナル朱子學者ニ候。夫故彼人ノ書ハ読ニ不足ト存候。古賀精里偏固ノ朱學ユヘ陸隴其ヲ好候ヘドモ、其門人齋藤徳藏

ト存候。
（猪飼敬所、村山氏宛書簡[18]）

〔拙堂〕、鹽田又之丞〔随齋〕等ハ是ヲ厭フ。然バ「松陽講義」モ朱學専門ノ人ニアラザレバ必讀ノ書ニハアラズ

王陽明の致良知説にとりわけ反対した陸隴其は、陽明学を「陽儒陰釋」「禪之實を以て儒に托す、其の流害言に勝るべからず」と述べて批判したが[19]、その学説が、前述のように「陽明良知之學」を信奉していた精里を得心させて朱説への転向を生じさせ、それゆえに、晩年に至るまで、彼の理論的支柱となり続けたことは想像に難くない。

具体的に、前章の古賀侗庵「讀書矩」（自序、文化一二年）に挙げられた「大學」解釈に関わる書籍と、古賀精里が統率者となり、大槻平泉らを用いて編纂させた「大學章句纂釋」（寛政一二［一八〇〇］年自序・「大學諸説弁誤」を合併し文化九［一八一二］年刊）で言及される典拠本と比較してみると、表5-2のようになる。このように、精里監修註釈本と侗庵執筆本との主な典拠を比較してみるならば、「大學章句纂釋」と比較して、『大學問答』では引用書目が著しく増加していることが判るであろう。上記のうち古賀侗庵『大學問答』に頻出する参照本は、蔡清（明）「四書蒙引」、孫瑯（清）「四書緒言」、李沛霖・李禎（清）「四書朱子異同條辨」、汪份（清）「增訂四書大全」であるが、先に示した引用人名と併せて検討すれば、精里の次世代に、清朝の学術への視野が飛躍的に拡大したことは、典拠本の種類の増加、言及される人名の数からも一目瞭然である。侗庵の関心は考証学自体には向かわないが、たとえば、侗庵はともに清朝初期の考証学の確立者であり、実証的な資料分析を方法的に定礎した「尚書古文疏證」「四書釋地」の著者閻若璩（一六三六—一七〇四）や「周易本義辨證」（享和二［一八〇二］年官版あり）の惠棟（一六九七—一七五八）の説も引いている。

しかし、それにもかかわらず、侗庵と後の学問所の基本的な経書解釈本は、一貫して父精里の助言に依っていると考えられるのである。文化八年の對馬聘礼に同行した草場珮川は、師匠の古賀精里から経書解釈にあたって参照すべき註解の書名を聞き出し、六月一六日の「津島日記」に次のように記している[20]。

經學ニ採用スヘキ書目　師〔精里〕説ヲ得タリ

表 5-2　古賀精里・侗庵の「大學」解釈の典拠

入門之學	・四書集註▼→巾箱 1 番・續目 21 番 ・學庸或問▼…→「大學或問」「中庸或問」宋/朱熹 ・大學衍義→子部 6 番「大學衍義」43 巻 首 1 巻，宋/眞徳秀，明/陳仁錫評，天明 7（1787）版，20 冊 ［昌：嘉靖］
上堂之學	・禮記古註 ・四書輯釋→経部 10 番「四書輯釋章圖通義大成」37 巻，附 學庸 2 巻，元/倪士毅等，寛文 11（1671）版，23 冊 ［明/正統 5（1440）刊］ ・四書纂疏→経部 10 番・四書纂疏→「四書纂疏」26 巻通志堂本，宋/趙順孫，清/納蘭成徳校，清/康熙 16（1677）版，9 冊 ［文化三官版］ ・四書大全→経部 10 番「四書大全」38 巻，明/胡廣等，鵜飼信之点，慶安 4（1651）版，21 冊 ・四書蒙引▼→経部 12 番「四書蒙引」15 巻，明/蔡清，敖鯤校，寛永 13（1636）版，20 冊 ［明/崇禎 8（1635）序刊］ ・四書翼註▼→續目 21 番「四書翼註」6 巻，明/王納諫，呉明典校，明版（補写），8 冊 ・四書存疑▼→経部 12 番「連理堂重訂 四書存疑」14 巻，考異 1 巻，明/林希元，鵜飼信之点，承應 3（1654）平樂寺版，13 冊 ［明 刊］ ・四書淺説→経部 12 番「四書淺説」13 巻，明/陳茵，劉蜚英校，版，6 冊 ［明/崇禎 10（1637）序刊］ ・四書直解→経部 11 番「四書經筵直解」20 巻，明/張居正，版，20 冊 ［明/瞿景淳編，汪旦校，江戸刊］ ・四書通…→「學庸滙通」2巻，元/胡炳文，清/道光14（1834）版，6冊 ［泰定元（1324）自序］ ・困勉録▼→経部 13 番「四書講義困勉録」37 巻続 6 巻，清/陸隴其，写，16 冊 ［康熙 38（1699）序刊］ ・四書釋地→巾箱 1 番「四書釋地」5 巻，清/閻若璩，丁澄校，清/嘉慶元（1796）後刷，5 冊 ・禮記義疏→経部 4 番「禮記義疏」82 巻首 1 巻
入室之學	・經解→「經解」清/納蘭性徳編，清/康熙刊，720 冊 ・松陽講義→経部 13 番・續目 17 番「松陽講義」12 巻，清/陸隴其，侯詮等編，清/康熙版，6 冊 ・四書諸儒輯要（擇）→経部 13 番「四書諸儒輯要」40 巻，清/李沛霖，清版，32 冊 ［康熙 57（1718）刊］ ・異同條辨（擇）→経部 14 番「四書朱子異同條辨」40 巻，清/李沛霖・李禎，清版，40 冊 ［康熙 41（1702）序刊］ ・四書緒言→経部 11 番「四書緒言」44 巻，清/孫瑯，元禄 15（1707）版，14 冊 ［康熙 25（1686）序刊］ ・四書精言→續目 13 番「增刪 四書大全精言」41 巻，清/周大璋，清/乾隆 3（1738）版，32 冊 ・三魚堂大全（擇）…→「三魚堂四書大全」41 巻，清/陸隴其編，清/康熙 37（1698）序 ・汪武曹大全…→「增訂四書大全」42 巻，清/汪芸編，馮嵩等校，清/康熙 42（1703）序 ［吉村晉點，嘉永 7 版］ ・大学衍義補（擇）→子部 6 番「大学衍義補」160 巻首 1 巻，明/丘濬，明/陳仁錫評，寛政 4 序刊 ［昌：明/弘治元（1488）序刊］

註記）入門之學の三書は，精里・侗庵の両者とも前提としているが，上堂・入室之學の註解書については相異があり，下線精里・囲み線侗庵・網掛け両者と表記した。また各書の書誌情報も以下の記号を使い付記した。▼汪武曹大全頭註に採録，→「萬餘巻樓蔵書目録」，…→内閣文庫等。

一　松陽四書講義〔清、陸隴其、文政一一（一八二八）和刻版〕
一　倪士毅輯釈〔元、倪士毅等、寛文一一（一六七一）和刻版・文化九（一八一二）官版〕
一　陸隴其困勉録〔清、陸隴其、康熙三八（一六九九）序刊〕
一　三魚堂大全　陸其《（ママ）》著〔康熙三七（一六九八）序〕
一　讀朱随筆〔清、陸隴其、天保四（一八三三）官版〕
一　宋趙順孫纂疏〔宋、趙順孫、文化一三（一八一六）官版〕
一　朱子語類并文集〔宋、朱熹〕
一　學蔀通辨〔明、陳建、寛文三（一六六三）和刻版・安政四（一八五七）官版〕
一　異同條辨〔清、李沛霖・李禎、康熙四一（一七〇二）序刊〕
　此外大全〔明、胡廣等、慶安四（一六五一）和刻版〕・蒙引〔明、蔡清、寛永一三（一六三六）和刻版〕・正解〔清、呉宥、和刻版〕等汎ク流布ノ書ニ錯誤多キノ説アリ。(21)

いずれの書目にも、執筆者や刊行年、和刻本の有無を記したが、この多くが朱子学を「正學」と尊崇することによって「異端」排斥した書物であり、しかも、文化・文政・天保・安政年間に学問所から官版として出版されており、後代にまで精里の指示が学問所内で生かされていることが確認されよう。

古賀家蔵書に、その他の関連史料を求めれば、「古心堂大全備考　大学中庸」一冊（宮内庁書陵部 202-90）では、じっさいの引用書名はさらに多いが、その内表紙裏には「朱集四説・註疏・辨疑・翼註論文・四書講・古今大全」の書目が挙がる。ただし、第一章での定本類の執筆年代の推定によれば、侗庵の「大學問答」や「中庸問答」は、文政七（一八二四）年以前、すなわち彼の初期の著作と考えられた。これ以降の文政一一（一八二八）―天保五（一八三四）年の校訂記録がある、「論語問答」三十二巻の場合は、「論語問答備考書目」（「古心雑考」［宮内庁書陵部 200-97］収録）という史料があり、次のような参照文献一覧が載せられている。

語類・或問・文集・精義・○蒙引・○存疑・○浅説・○翼註・○諸言・困勉録・精言・異同條辨附輯要・○四書辨疑・○四書釋地・○問辨録孟子無鈔了・○大全辨・四書匯參・晩村講義・釋註大全・講義遺編・朱良玉集解・○翼註論文・四書講・四書講義・説統・明儒大全精義・百方家問答・○古今大全・○論語詳解・四書通・四書纂箋・南軒論語解・経解論語諸解・註疏・直解・○稽求編・四書集説

さらに天保後期の編著作と推定される「孟子集説」四冊（宮内庁書陵部 202-119）[22]にも、「或問・語類・蒙引・存疑・浅説・翼註・直解・困勉録・精言・異同條辨・匯參・汪武曹大全・集説・明儒大全・緒言・輯要」の引用書目のリストがある。

これらの典拠本リストとじっさいの引用から総合的に判断すれば、侗庵は天保後期まで、初期の著作『大學問答』で用いたとほぼ同種の註解書を採用し、さらに、基本的な解釈においては、精里が示した清朝初期の陸隴其や李岱雲・李禎の経書解釈、すなわち「正學」化された朱子学理解の路線を守っているとさえ言えるのである。では、彼の経書解釈の方法は、父精里のそれを完全に踏襲したものであり、終始「程朱学」墨守の態度をとったのであろうか。

侗庵の方法的態度――「與為佞臣、寧為争臣」　古賀侗庵が、父精里と経書解釈で異なるのは、彼が「程朱」の説に対して、正面から「否」も唱える点にある。たとえば、それは、『大學』傳五章「格物補傳」に関してである。そもそも「大學」というテクストは、漢の宣帝の頃、甘露三（紀元前五一）年以前に戴聖《たいせい》が古文献を収集し編纂した『禮記』中の一篇であった。宋代になって「大學」は朝廷により表彰されていくが、北宋の程顥（明道、一〇三二―八五）と程頤（伊川、一〇三三―一一〇七）、いわゆる二程子によってその内容をより論理的に秩序立てて理解するために、本文の改訂が行われ、その後南宋の朱熹（一一三〇―一二〇〇）によって『論語』『孟子』『中庸』とともに儒学の根本的経書としての位置が与えられて四書とされた。二程子は、本文のテクスト改訂を行う際に、「大學」の傳五章のテクストには欠けた文章があると推定した。「格物補傳」とは、朱熹がその程子の説を受けて原文を補って挿入した文章のことである。「格物・致知」に『大學』八条目の一切の階梯的出発点を据えて解釈した朱熹は、それゆえに敢えて「補傳」を作って体系的な自説を主張しようとしたのである。この補傳をめぐる侗庵の問答は次のようなものである。

問　朱子補傳。似不免有遺議。其是非如何。

答　予於朱子。尊信如神明。顧其説之不安者。不肯苟同。其心以為與為佞臣。寧為争臣。如補傳尤其蓄疑之甚者也。

（『大學問答』巻三、五丁表）

朱熹の「補傳」について「遺議有るを免れざるに似る。其の是非、如何」という問いに対して、侗庵は「予の朱子に於ける、尊信すること神明の如し。其説之安んぜざる者を顧ふに、苟同《こうごう》肯《うべな》はず。其心以て佞臣為る與《よ》り寧ろ争臣為らんとす。補傳の如き、尤も其の疑を蓄ふるの甚しき者なり」と答える。この「佞臣」たるよりもむしろ「争臣」たらんという表現は、古賀精里の門人篠崎小竹の記した『大學問答』の序文や、侗庵の息子謹堂が侗庵の死の直後に記した「先考侗庵府君行述」にも引かれている。それほどに、『大學』には欠文はないという補傳不要論は、そしてまた朱熹学説を墨守しない議論は、同時代の昌平坂学問所にあっては、侗庵の思想的態度を示す象徴的な解釈であったと推測できよう。

精里先生之朱子に於ける也《や》、子之親に事《つかへ》るが如く、先生〔侗庵〕之朱子に於ける也、臣之君に事るが如し。

（篠崎小竹「大学問答序」文政一〇年）[23]

経旨は紫陽〔朱熹〕を奉ずること甚だ醇、第《ただ》謬誤に遇すれば、輒《すなは》ち搏撃して回避する所罔《な》し、曰く「予晦翁〔朱熹〕の忠臣為ることを願ひて、佞臣《ねいしん》為ることを願はず」。

（古賀謹堂「先考侗庵府君行述」弘化四年）

侗庵はこの「答」に続けて、黄震・景星・蔡虚齋・林希元らの、朱熹や程顥・程頤のテクスト論に否を唱え、程朱が欠ありとする『大學』のテクストには欠陥がないとする諸説を紹介する。[24] 侗庵によれば、この補傳不要説＝テクスト

「無闕之説」を初めて主張した董槐《とうかい》は「豪傑之士」であり、葉夢鼎・王柏・呉澄などはその説を踏襲したに過ぎないとされる。(25) ただし、朱熹による補傳創作の意図を汲めば、蔡虚齋の『大學』テクストの配列改訂説は、侗庵によって「虚齋の定る所、極めて理有り」（巻三、九丁表）と首肯されるのである。

> 煜〔侗庵〕案ずるに、程朱の格致を説く、詳盡して遺憾靡し。即《も》し虚齋に從ひ、傳を以て無闕と為さば、仍《よ》りて當に程朱之説を以て傳後に附し、以て其旨を発揮すべし。何ぞ則ち博文簡短、纔《わずかに》其端を發すのみ。而して詳明能はざる故也。
> （『大學問答』巻三、一〇丁表）(26)

侗庵が重視するのは、何よりも「程朱」の「旨」である。「程朱」の意図を尊重させるが、字義通りの程朱墨守ではない。彼は、朱熹や精里の説をも絶対視せず、忠臣が君主の誤りに対して執拗に諫言を試みるように、彼らの誤謬を徹底的に「正」そうとし、そのために貪欲に諸説の「博渉」校勘に基づいた、学問における知的誠実さを示した。しかし、後に至るまで自らの思想的立場を「程朱學」に位置づけようとしていたことを踏まえれば、むしろ程朱墨守ではなく、朱熹の旨に沿いながら公同の真理を窮めるのが、真の「程朱學」者の在り方だと考えていたのであろう。

このような学問姿勢は、侗庵の他の著作にも窺える。朱熹を絶対視しなかったことは、たとえば侗庵が二程子と朱熹の相違を「崇程」四巻にまとめ、三巻までは「悉く程の得て朱の失ふものを録し」ていることからも明らかである。文化七年序をもつこの「崇程」でも、閻若璩・毛奇齢（一六二三―一七一六）がよく引用され、またある箇所では朱熹の学説批判も含まれていた。「崇程」巻之四の「論語」公冶長の「子使漆雕開仕章」を扱った箇所で、侗庵は次のように述べる。「愚〔侗庵〕の程朱二子に於ける、尊信すること神明の如し、獨り此章に於てのみ、則ち斷じて之の佞臣と為ること能はず(27)」。この経書テクストについては、侗庵の「論語問答」七、第五章（宮内庁書陵部 202-79）の解釈でも、「予〔侗庵〕嘗て朱子解経を論じ、大抵深を失ふこと尠くして、淺を失ふとす。此章即ち其の深を失ふ者なり」と述られる。朱熹の経書解釈は、枝葉はともかく肯綮をはずすことはほとんどないとする侗庵だが、公同の真理を探究するための「博渉」「博學博文」という学問、その該博な知識に裏打ちされた批判的精神により、敢えて解釈の「謬誤」をその都度「搏撃し」て、「争臣」であろうとした。侗庵が、著作のなかで、父精里と異なって「正學」という言葉を用いないのも、あるいはこのような彼自身の学問的態度が反映されているのかもしれない。

ただし、二洲・精里らの世代によって古学が一掃され、「程朱學」は学問所では「正學」と権威付けられたが、次世代の文政・天保期には、一方での程朱學「正學」化の安定が生み出した新しい状況のために、他方で明清の経学解釈史への視野の拡大のゆえに、「正學」の〈教義上の正統性〉の根拠が少なからぬ儒者によって見失われる事態が生じている。侗庵も「儒生、程朱を遵信して、邪説に惑はず、然るに學力謭劣、未だ始めて程朱と諸家の得失する所以を知らず、徒らに程朱を奉り、以て自ら文鞸陋」（S一三五、天保九年）と嘆く。[28] 異学の禁が物理的な強制力を伴った思想統制ではなかったため、「博渉」によって「纂註の紛殽と訓詁の多岐」が必然的に生じたこともその一因であろう。しかも、経学解釈が明清の経学解釈史に眼を広げ、引用典拠における博識を競うようになった結果、〈選別化〉の目的のための程朱学ばかりでなく、「考証學」や、いわゆる「陸王ノ學」も、明清の学説史に支えられて日本の学界に台頭するようになった。侗庵の時代には、たとえば、二洲が以前に「今倡《となへ》ル者少キユヘ、細カニ弁ズルニ及バズ」とした「陸王ノ學」は、学問所儒者となる佐藤一齋も私的に講じるところであったし、またその学徒大鹽平八郎（中齋、一七九三―一八三七）を中心とする大鹽事件が、天保八（一八三七）年二月の浪華に起きている。[29]

宋明清学説史を、そして康熙以後の乾隆（一七三六―九六）・嘉慶期（一七九六―一八二三）に全盛期を迎えるとされる清朝考証学を、学問潮流全体のなかで、天保期の侗庵はどのように位置づけていたのであろうか。「新論」第一三一篇（天保九年）によれば、[30] 宋代の「程朱之學」（洛閩之説）以後、明代に「良知之學」が王新建（王陽明）によって興り、また清代では閻若璩・胡渭（一六三三―一七一四）・毛奇齢の「考証之學」が興った。しかし、陸稼書・李岱雲らによる批判で「良知之學」はやや衰え（「良知之學稍熸」）、また袁子才（袁枚、一七一六―九七）[31]・王禹卿（王文治、一七三〇―一八〇二）らのいわゆる性霊派の、文詩を重んじ、才情を尚くする学問により「考証之説」も衰えており、

表 5-3　古賀侗庵編「俄羅斯紀聞外編」四巻四冊（宮内庁書陵部 205-6）

自序（文化 12 年）・書後（天保 11 年）
巻之一（元） 清／方式齊「熈沙紀畧」・「康熈御製第二集」・「康熈御製第三集」・清／錢大昕「潛研堂文集」・清／齊名南「水道提綱」・清／蔣良騏「東華録」・「西北域記」・「太清三朝實録」・清／方拱乾「絶域紀畧」・清／王士禛「池北偶談」・「皇輿表」
巻之二（亭） 「西域聞見録」・「職方外紀」・清／張鵬翮「奉使俄羅斯日記」・「坤輿図説」・清／陸次雲「八紘譯史」・清／陳倫烱「海國聞見録」・「平定準葛爾方略」・清／沈青崖「毛詩明辯録」・「欽定太清会典」・「乾隆上諭條例」・清／阮葵生「茶餘客話」・「乾隆御製文初集」・「乾隆御製詩二集」・「乾隆御製詩三集」・明／張貢「白雲集」・清／高士奇「隨輦集」・清／陳廷敬「午亭文編」・清／徐乾学「憺園集」・清／王善瀝「石壁山房集」・清／福慶纂「異域竹枝詞」
巻之三（利） 「清一統志」・松广湘浦纂定「伊犂総統事略」附綏服紀略図詩　西陲竹枝詞　・「潛邱剳記」・清／朱紳「偶記」・「高江村集」・呉太初「宸垣識略」・清／儲大文「存研樓集」・「述本堂集」・水地記？　・帰愚詩鈔・「湖海詩傳」・錢陳羣「香樹齊續集」・清／袁枚「新齊諧」・「簷曝雑記」・清／趙翼「廿二史剳記」・清／洪亮吉「乾隆府廳州縣図志」・清／汪啓洲「水曹清暇録」・「輿地面記」・「唐書」・「元史」
巻之四（貞） 「満洲名臣傳」・清／賀長齢編「経世文編」・「蒙古源流」・清／張玉書「張文貞集」・清／呉轉騫「秋笳集」・「鮎埼亭集」・清／陸錫熊「寶奎堂集」・清／王士禛「帯経堂集」・「小倉山房文集」・清／王昶「春融堂集」・「庭立記聞」

遠からずして廃れるだろうとする（「考証之説少衰、知其廃替不在遠[32]」）。趙翼や蔣士銓と併称された乾隆の三大家の一人、袁枚に代表される性霊派は、清の王士禛の神韻派に対して、格律や修辞ではなく、達意を重視したとされる。侗庵におけるこの性霊派の学術受容については、同時代徳川日本における清朝考証学の移入史も視野に収めて、改めて議論される必要があろう。

しかし、侗庵の著作の世界を概観すれば、彼への清朝学術の影響は、乾隆・嘉慶期の考証学などよりもむしろ、考証学の開祖顧炎武（亭林、一六一三―八一）、趙翼（甌北、一七二七―一八一四）、あるいは魏源（一七九四―一八五六）[33]らの、経世論の著作や編書が重要な位置を占めていたと思われる。[34] 魏源の著書『海國圖志』[35]輸入以前の侗庵は、たとえば、「廿二史箚記」の趙翼の著作に対して「書武功紀盛後」（文化一〇年）・「駁趙翼四大教説」（天保六年）を著し、顧炎武の「日知録」にも「読日知録」（文政八年）を記している。また、賀長齢（魏源）編の『皇朝経世文編』[36]からの抜書は、「吾道編」（侗庵自筆本はお茶の水図書館成簣堂文庫 463-7-3、それをもとにした謹堂浄書本は宮内庁書陵部 202-80）に収録されている。たとえば、『皇朝経世文編』巻八三兵政の海防に収録された管同「禁用洋貨議」、姜宸英「日本貢入寇始末擬稿」、藍鼎元「論南洋事宜書」からは、それぞれ一部分が筆写され、侗庵によって後二者には「往市有利」、「閉洋失策」という、のちに明らかにする読者侗庵の関心に基づく見出しが付されている。このような同時代の清朝を中心とする歴史地理や経世論からの、文化—天保年間の抜書きは、さらに、「俄羅斯紀聞外編」四巻四冊として表5-3のように編まれている。この同時代の清朝儒者の時務策や歴史地理書については、節を改めて、西洋地理書や侗庵自身の経世論と併せて論じなければならないであろう。

二　世界認識——東北アジア域圏から地球世界へ

(1)　華夷秩序批判——「西土」と「本邦」の認識

近世儒学者の世界認識の枠組みを考察する際、これまで一般に用いられてきた引照基準は、中国を中心とする東アジア域圏の朝貢関係に具現化された、伝統的な「華夷」秩序観であった。それは、「中華」に従属した異民族が、自ら朝貢することにより「中華」から冊封を受けて、その支配下に存在根拠を承認される一方で、従属しない民族を「夷狄」として区別する、独自な礼的秩序の認識であった。研究史の上では、このような中国の「華夷」秩序観が、近世日本において「日本型」の「小中華主義」「自国中華主義」を生む際に引照され、排外的な攘夷に繋がったと多く解釈されてきた[37]。しかし、中国の中華的世界は、天徳を慕う万国に広く朝貢を許可する可能性を開いていたがゆえに、元来それは決して外国排斥的な攘夷と直結するものではなく、日本の対外意識を、そのような歴代中国王朝の世界秩序の引き写しで捉えることには、理論上無理がある。また実態としても、古賀侗庵の華夷秩序観や世界認識の枠組みは、いわゆる「日本型華夷秩序」観や中国王朝の「華夷」認識とは異なっていた。

侗庵の華夷秩序観が、夷狄を文徳によって服属させうるとする中国戦国時代に生まれた中国の中華思想とは明らかに異なるのは、第一に中華を中国の「中原」に実体的に限定せず、〈中華—夷狄〉を関係概念として機能的に捉える点であり、第二に中華と夷狄の関係を、理念においても「徳」や「礼」の有無という文化的区別のみではなく、「威力」や「威武」という軍事的区別を並列させて論じる点においてである。[38]

たとえば、中国王朝の周辺諸民族への支配とその華夷変態を例に次のような議論をする（S一四二、天保一一年）。侗庵はまず、胡仁仲の「中原、中原之道無くば、然る後夷狄、中原に入る也、中原、復た中原之道を行へば、則ち夷狄、其の地に帰する」という一節を「後人」が多く「篤信」してきたことを批判して「仁仲之論、空言無当」「其の実、殊に天下大勢に昧し」とする。「中原」と「夷狄」との関係は、「中原」を絶対的な基準として両者が固定される実体的な関係ではなく、「公共之物」である「道」という規範を軸にして両者が相互移行可能な相対的な関係概念として捉えられる。侗庵は「中州の人主」にのみ「中原之道」の実践が可能で「戎虜」には不可能であるとする見解を批判し、さらに「歴代」を鑑みて寧ろ「克く中原之道を得る者は、中州に在らずして戎虜に在るに及ぶ」とまで述べる。なぜなら「諸王、中州より出ずる者は、浮脆軟靡に類し、縟文を牽きて剛果之美に少なし、戎虜の帝に入る者は、大率戇《とう》にして愨《かく》、猛鷙《もうし》にして明断、麤獷《そこう》之習に多くして質厚余り有」るからである。つまり「戎虜」の方が愚直にして誠実であり、荒々しくて強く、さらに優れた判断力を有しているとされる。侗庵が何をもって「中原之道」と認識していたかは次のような叙述からも明らかである。「吾将に之を奈何とす、独り百倍の工夫を用いて以て自強するのみ、吾が徳、吾が威、高く戎虜之上に出ず、然る後方に醜虜を塞外に駆逐するを望むべくして、豈に至難に矻々《かつかつ》せざらんや」（S一四二）。即ち他と比較して道徳的優越と同時に軍事的にも優越するものが「中原」に位置する。

しかし、このような侗庵の華夷秩序認識にも拘わらず、彼の対外観をいわゆる「日本型華夷秩序」観として論じられないのは、自国を「中華」とするものを批判し、またその「自大夜郎」批判によって自らをも「中華」とはせず、さらに攘夷という盲目的な排外主義とは直結しないからである。侗庵は中華の条件を道徳と軍事の両方での卓越と捉える故に、自国日本を軍事的に優越した「中華」とはせず、自国を中華とする「大日本」や「神州」という呼称を用いない。侗庵の世界認識には、「理義」を顧みない「戎虜」は存在するが[39]、道徳と軍事の両面に卓越する「中華」は存在しないと云えよう。いわば自国を含めて国際世界の政治秩序の中心＝「中華」が喪失し、流動的な国際秩序観を持たざるを得なかったこと自体が、侗庵の世界観を同時代の儒者のそれから選り分ける重要な特徴となっている。このように侗庵の世界認識が、いわゆる華夷秩序の枠組みとは異なっていることを予め指摘した上で、以下では、中国と日本とが、さらに西洋諸国が、彼によって如何に認識されたかを検討する。

「西土」認識　〈中華―夷狄〉関係を絶対的な実体概念とはせず、相互移行可能な関係概念と捉える侗庵の世界認識は、歴代の中国王朝を「中華」とせずむしろその「自大」主義を批判する彼の中国観に顕著に現れる。侗庵は、一方で後述するように〈西洋の衝撃〉を儒学文化圏の中で捉え、清朝との文化的連帯の視点から西洋の「風習」を批判したが、他方で清朝の「残忍」な習俗や華夷秩序観に対してはかなり早い時期から批判的であり、もはや現実の清朝は彼にとって聖人の国ではなく、呼称にも文化的な中心を表す「中国」ではなく「西土」や「支那」を用いていた[40]。尤も江戸時代には、明朝がそれまで夷狄であった女真人の清朝に交替する「華夷変態」の衝撃などから、中国批判は決して珍しかったわけではない。蘭学の影響で「支那」という呼称も広く流布しており、たとえば松平定信も「漢土の事をさま〴〵に称して、中華中土などいふはこのまず、震旦支那などは猶ゆるすべし」（「退閑雑記」巻之七、寛政九年）[41]と述べて中国の文化的優越性の承認を拒否していた。しかし、侗庵の時代にもまだ多くの儒者や文人が中国を「中華」と崇めていた。それ故に彼は執拗に「西土」批判を繰り返すのだろう。

父精里の著作も含め、古賀家の家著でこのような認識が史料上最も早く現れるのは、對馬来聘を受ける前年、文化七（一八一〇）年に侗庵が編んだ「吉光片羽集」一巻であろう[42]。これは侗庵が、中国史書から、日本について言及された短文を抜書きにして編集したものである。三月下旬に記された侗庵の序文「吉光片羽集序」や、また精里の後序

「吉光片羽集跋」(43)では、中国から見た日本観は「児童之見」「夜郎自大」と批判されている。

このような資料編纂の結果生じた中国観とは別に、さらにいま一つ、古賀家史料によって確認できる清朝認識形成の契機となったものがある。それは、昌平坂学問所に集う諸藩の儒者を通じて入手した伝聞情報である。文化九年の侗庵による「南溟靖氛録」（『侗庵初集』巻八）は、台湾の林爽文が起こした暴動鎮圧のために、乾隆五二（一七八七）年に清朝が諸地域の連合軍からなる「三千三百人」を派兵した事件を記したものであるが、侗庵はこれに、精里門人石冢確齋からの伝聞を挿入している。薩摩藩儒の確齋は、かつて福州にある清館に遣わされた経験をもつ琉球人から、その台湾平定に向かう「満兵」が福州を通過する際に「市店の酒肉有る、恣に之を啗噉し、償値を肯はず、婦女を見れば公けに姦淫を行ひて、州人大ひに懼れ、皆緊《きび》しく戸を閉め」て出なかったという話しを聞いた。侗庵はこの伝聞や文献の記事を受けて記す。

> 嗚呼、清、腥膻《せいせん》之虜を以て、竊に中州に據る。冠履倒置、これより甚しきは莫し。乃ち又其の豕心狼貪之徒を駆して、以て良民を困虐す。豈に孟軻〔孟子〕氏の所謂「獣を率ひて人を食ましむる」〔梁恵王・上〕ものならんや。乃ち百六十年來、相其の袵に與左し、其の髪を辮ず、敢へて蠕動すること莫くば、則ち夫の爽文の起兵の北嚮し、以て韃抗に與すが若し。亦た安んぞ其の翟義張巡之倫に非ざるを知らんや。

おそらく福州の漢民族からする統治者満州民族への偏見も含まれた情報は、福州に在る琉球館を通して琉球へ、琉球人から薩摩藩儒確齋へ、江戸遊学中の確齋から学問所の侗庵へと、人間を介して伝えられた。この情報は、侗庵の明清交替を経た満州人の気質に対する印象を強く刻みつけたに相違ない。文化一一年編の「南溟靖氛録補遺」(44)には、さらに後に入手した趙翼「平定臺灣述略」や石冢確齋「書乾隆平臺紀略後」（文化一一年四月）が収録されている。

古賀家にとって学術以外の具体的な清朝あるいは中国認識は、厖大な文献資料と全国的な人材を備えた幕府学問所という社会的環境の成立を抜きにして論ずることは出来ない。

これらの情報分析を背景にして「西土」批判をまとめたものが、「殷鑒論」十首（文化一〇年［『侗庵初集』巻九］）

である。侗庵は、この著作で、「唐人之失」を論じ、それを通して日本の儒者が「自ら夷為りと称し、彼を目して中華中国と為す之非」を戒めた。すなわち、「夜郎自大」に陥る「西土」を批判すると同時に、「三代を称誦し、陳迹を墨守して、事勢を審らかにせ」ざる日本の「今之儒先文人」（第四首）をも批判する。

侗庵は序において次のように日本の儒者を戒めている。

> 予の最も慮る所のものは、世之儒先、幼きより老いるまで、唐人之書に沈酣し、其の好む所に阿りて其の弊を覚えず、政此に出ずれば則ち卑しめ以て視るに足らずと為し、事彼に出ずれば則ち嘆き以て及ぶべからずと為す、幸いにして時に遭わざるのみ、之をして異日志を得さしめ、平日之学ぶ所志す所を以て有政に施し、時勢を察せず、時宜を審らかにせず。（「殷鑑論」序）

「西土」批判はその習俗のみならず天文・地学の自然科学にも及び「繆妄之説」（第六首）と批判される。侗庵によれば、「西土」は秦漢以降「倫理之悖、兵戈《へいか》之擾」「習俗之淩、刑法之惨」であり、また「自大」主義に陥って諸外国を無視し、見識が非常に狭い（第一首）。

> 唐人の識見窄狭、夜郎自大、以て宇宙之際、決して強大富贍我の若き者は無しと為す、又未だ始めて聖人の夷夏之辨を知らず、時に因りて発し、是を以て外国の太過《たいか》を抑《けな》し、比して人類と為さず、其れ自ら夏虫坎蛙《かんあ》之見に陥ること多く見るなり。（「殷鑑論」第一首）

> 假令ひ西土真に上古之善政美俗有りといえども、其の矜誇虚喝、外国を彼の如く侮蔑し、終に孔子を容れず、矧や俗古之俗に非ず、政古之政に非ずして、自ら驕《おご》り人を驕《あなど》る、曽《すなは》ち恥を知らず、嗚呼其の無義無礼甚だし。（「殷鑑論」第一首）

しかも、これらの「弊」は「其の源已に三代に見《あら》は」れ、古代中国にまで遡る（第七首）。侗庵はまた中華や聖人を中国という具体的実体から引き離して抽象化し、前者では道徳と軍事での卓越、後者では徳の卓越という、ある価値評価の基準のもとに普遍性をもった概念とする。すなわち、彼の「西土」批判の理論的根拠は「夷夏之弁」の把握にある。

聖人の西土を貴ぶは其れ其の道を尽くして戎狄と異なるを以てなり、其れ中州之地に居るを以てに非ざるなり、中州にして三綱頽《くず》れ、九法淪《しず》み、教へ替はり民罷《みだ》れば、則ち中州亦戎狄なる而已、戎狄にして三綱正し、九法立て、政挙げ俗美しくせば、則ち戎狄亦中州なる而已。（「殷鑒論」第一首）

「道」を尽くし、『大学』の「三綱」目と、周の大司馬が挙げる統治のための九つの法則（「周礼」夏官、大司馬）である「九法」とを行うか否かを基準として、「中州」と「戎狄」とは相互移行可能な関係概念と捉えられる（第一首）。また「西土聖人有り、万国亦聖人有り、其の聖なる也別無し」として「聖人之聖為る所以は、其の徳如何を顧みる耳」（第二首）と述べて、古代日本の天皇を「古之聖人」とし、西洋の「賢者」をも「聖人」とする。この「殷鑒論」には先に見た軍事的な武威による「中州」「戎虜」の区別はみられないが、ここでの「西土」批判は、その後の侗庵の「西土」認識の基調をなしていく。

たしかに「清北は俄羅斯を摧破し、南は台湾を呑む」として「清之政治、唐宋に過ぐるもの有り、軽んずべからず」（S五一、文政一二年）とも述べられるが、「西土」認識の多くは「明・清二代の風習、峻刻絶へて慈仁之意無し」（S五五、文政一二年）とするものであり、このような「西土」の習俗批判は「劉子」にも散見される（「支那は外国よりも弱し」巻之一五、「西土人は軟弱」巻之一六・二四、「西土人は残忍」巻之二三など）[45]。天保三（一八三二）年の「新論」（八四）では、侗庵が「人之凶徳、驕より甚だしく且つ大なるは莫し」（S一〇四、天保六年）とする個人レベルでの道徳が、そのまま国家に適用されている。

三代以還、虚文熾んにして実徳日に歉《あきたら》ず、驕矜《きょうきょう》自大、専ら己国を以て中華と為し、他邦を戎虜膻腥を以て斥く、明代に降り、斯風滋甚し、其れ外国に於て、狗豖《くてい》の如く視ること啻《ただ》ならず、叙述する所、一つとして信じ取るべきこと無し……支那人惟だ其れ誇詡自大、故に見聞日狭し、見聞日狭く、故に誇自大滋甚し、理勢之必至也、凡そ国両間に於ける者、疇《ひと》しく己国を以て至楽と為して人国を視ることを卑しまず、然り而して支那之西天竺有り、伯兒西亜《ペルシヤ》有り、都児格《トルコ》有り、又泰西諸国有り、而して了《つい》に未だ支那之誇詡《こく》の如く有らず、必しも其風習皆懿《よ》からず、亦其地他邦と隣り、親善去来、生平見聞之廣、自ら愧勵《きれい》する所有りて敢て妄りに矜《ほこ》らざる也、予夫の驕矜自大之貽害《いがい》を観る也、絶えて万国の長ずる所を採る能はずして之の政を施す、其の治必ず郅隆《しつりゆう》に躋《のぼ》ること能はず、万国之興替彊弱、未だ嘗て夢知らず、其れ之を待つ所以にして、断じて其宜しきに適ふこと能はず。

(S八四、天保三年)

聖人を生んだ唐虞三代以降、中国が自国を中華とし他国を夷狄として斥け、その華夷秩序観が「驕矜自大」と「井観之見」、「誇詡《こく》自大」と「見聞日狭し」との循環的な再生産を生んで、中国の視野を排他的で閉鎖的にしてきたことを指摘し、そしてむしろ外国交際の在り方としては「己国を以て至楽と為して人国を視ることを卑しまず」、他邦と「親善去来」して「生平見聞」を広め、自ら愧《は》じ勵まして自国を「敢えて妄りに矜《ほこ》ら」ないことが勧められる。尤もこのような「西土」批判は、中国の自大主義批判とその習俗批判のためだけに執拗に論じられたのではない。当然、この中国の〈中華―夷狄〉の秩序観の批判[46]と「生平見聞」による情報獲得の必要が、自国を戒めるためのまさに「殷鑒」として論じられていることに注意すべきである。じっさい主著「新論」では、「西土」認識は「本邦」認識との比較で取り上げられる例が多くの比重を占めていた。

「本邦」認識　「西土」との比較、あるいは後に「泰西諸国」との比較で捉えられた侗庵の自国認識は、「風習」をめぐっては「封建」制や「君臣」関係を維持する道徳的資質において「本邦之風気」「風習」が優れ、「上下一意」であることが強調される。

「本邦の君臣之際、猶ほ夫れ天子之天合の如し」「本邦の君臣恩義、西土よりも厚し」。(S一七、文政一〇年)

「本邦之制、堂陛之分、堅く定まり、下人上之情を崇ぶこと綦めて深し」。(S一三八、天保九年)

「本邦の風気敦厖《とんぼう》、士仁にして武、習尚之美、夐《はる》かに西土を超越す」。(S八四、天保三年)

さらに「海防臆測」の中では、日本の「風習」が、第一に「民風醇懿《じゅんい》、信を守り義を尚《たっと》び「理直く義正し」（K三七、天保一〇年）という道徳的資質と、また第二に「士風」において武勇の資質に長けているということ（「士風之勇にして義を尚び」［K三三、天保一〇年］「勁にして直、義を重くして武を尚び」［K三五］）が挙げられ、さらにその結果として「神武」の建国以来、皇統の一系が保たれてきたことが強調されている。

本邦惟だ士風之虓勇《こうゆう》、民性之純厖《じゅんぼう》のみ、万邦に度越せず、神武而降り、二千五百祀閲《へ》て、未だ始めて戎虜竊據《せっきょ》之変に遭はず、未だ嘗て姦臣悍藩簒奪之禍を罹《つら》ねず、百王一姓、綿々として絶えず、天地日月と、其の悠久を比ぶ、実に五大洲中未だ嘗て前聞せざる所、無瑕之玉に非ずして何ぞ也。　　（K四九、天保一〇年）

この第三の皇統の一系の主張は、「新論」に限って自国認識を概観すると天保年間後期（一八三〇年代末）から現れてきており（S一四〇［天保九年］、一五五［天保一二年］など）、侗庵はこれを唐虞三代にも優る「本邦」の卓越した点と捉えている。「矧んや本邦万代一姓、士風慈仁にして虓勇《こうゆう》、政俗之三代超越するもの一に非ず」（S一三九、天保九年）。

ただ留意すべきは、日本の特殊性を強調するにしても、侗庵が日本を指すのに「神州」「大日本」といった後期水戸学の「驕矜《きょうきょう》自大」の呼称ではなく、「本邦」「吾邦」を一貫して用いていることであろう。それは日本が自国中華主義をとって、自ら華夷秩序を作り出し、外界の情形に盲目になることへの批判でもあった。そのことは、侗庵がこのような「風習」における「本邦」の優越性の主張の反面で、青年期から一貫して自国の「水軍」を中心とする兵制や「火器」等の軍事技術の改革を唱え、当初ロシアに、またのちには「泰西諸国」に比して圧倒的に「武備」の点で劣る自国認識を持っていたことからも裏づけられよう。「本邦国勢雄と雖も、士民猛鷙にして孤り大洋中に懸かると雖も、火器未だ其の精を究めず、水戦未だ其の巧を極めず、吾れ泰西を畏れざるを得ず」（「擬外夷互市封事」弘化元年［「侗庵六集」巻七］）。むしろこのような対外危機の増大に比例して自国の特殊性を敢えて強調し、対外的独立維持を目指して結束するために、さきの道徳的な「風習」、「士風」、さらに「万姓一系」の優越を主張していたと解すことさえ可能である。侗庵の日本の道徳的資質の優位に基づく特殊性の強調は、偏頗的な自大主義への批判に牽制されている限りにおいて、国家独立の精神的紐帯の形成を目的としていたともいえるだろう。

以上のような「西土」と「本邦」に、さらに「外国」を加えたものが侗庵の前に広がる世界だが、世界認識はそのような地理的な広がりという空間軸ばかりでなく、歴史展開という時間軸をも併せて捉え返されるべきである。

(2) 東北アジア域圏から世界への視圏拡大

侗庵が、第I部で論じた文化年間のレザノフ来航、またその後のロシアによる蝦夷地襲撃事件と、日本の沿海厳戒体制、そして對馬来聘の時期に、江戸の学問所で青年期を迎えたことは、彼の政治思想形成を考察する上で無視できない。文化年間の著作で、彼の世界認識が確認できるものには、ロシアを意識して執筆された、当初一四条であったという「禦狄議抄」(文化三年「侗庵秘集」巻二)と、のちにみる時務策「擬極論時事封事」全一〇策(文化六年「侗庵秘集」巻二)、また朝鮮通信使の聘礼を受ける準備作業としての外交文書編纂と想定問答集「擬答」執筆(「擬荅韓使問」文化七年「侗庵秘集」巻三)、さらに先の歴代中国の日本観を文献から集成した「吉光片羽集」一巻(文化七年)と、中国批判の「殷鑒論」一〇首(文化一〇年)などがある。これらの著作いずれもが、実に一〇代後半から二〇代前半の、青年時代の政治意識形成期に執筆されている。その内容はのちにみるが、「擬極論時事封事」を執筆した文化六年から、侗庵は、東北アジアで唯一の脅威と認識していたロシア関係の歴史地理書の抜書きを収集し、文化一〇年までに筆写したものを「俄羅斯紀聞」第一集として編纂した(表5-4)。したがって、「擬極論時事封事」は、おそらく海外情報についての自覚的な収集活動を開始する以前の政策論である。

文化一〇年までの蒐集資料を「俄羅斯紀聞」第一集としてまとめ上げた侗庵は、おそらくその成果を生かし、また自著「擬極論時事封事」や「殷鑒論」などの議論も織り交ぜながら、「俄羅斯情形臆度」[47]を執筆している(表5-5)。

表 5-4　古賀侗庵編「俄羅斯紀聞」第一集（侗庵「俄羅斯紀聞序」文化 8 年 9 月 10 日）

1	新井白石「采覧異言」（抄）（正徳 3 年）・西川如見「増補華夷通商考」（抄）（寶永 5 年）・林子平「三國通覧」（抄）・工藤平助「三國通覧補遺」（抄）[1]・前野良沢編「葛模西葛杜風土事實記」[2]・前野訳「東察加志」（寛政 3 年）[3]・最上德内「魯斎亞國記聞」（天明 6 年）[4]
2	中良「魯西亞寄語」[5]・「島原筆記鈔」（附「栗山日記附」「北邊紀聞抄」）
3	「光大夫物語」[6]
4	近藤守重「邊要分界図考」（抄）
5	「櫻庄氏家記」・「俄羅斯入貢記」・「仙台漂流人口書」・「禦狄日記」・「魯西亞風土記」
6	桂川国瑞訳「魯西亞志」（寛政 5 年）[7]・山村昌永訳「魯西亞志世紀」（巻一）（文化 2 年）[8]
7	前野良沢訳「魯西亞本紀畧」（草稿）（二巻）（寛政 5 年）
8	山村昌永「訂正増訳采覧異言」（抄）・「魯西亞世代略」（附「俄羅斯聘清記」[9]）・西村遠里「萬國夢物語」（安永 3 年）・「北邊紀聞鈔」（抄）
9	「泰西圖説」（巻之一二）・桂川国瑞「漂民紀事」（別本題噴摥私記）（漂民御覧之記）・川口長孺（三省）「幸太夫口語筆受被」（寛政 7 年）・吉田篁墩「北槎略聞」（並補遺）（寛政五年）・前野良沢・志筑忠雄訳「東砂葛記」[10]・「加模西葛杜加國風説考」（天明 3 年か）[11]
10	大槻玄沢「北邊探事」（文化 3 年）・「五郎次招状」（文化 4 年）・大槻玄沢「魯西亞来貢本末襍記」（魯西亞紀畧附）（享和 3 年）・山村昌永「華夷一覧圖説」（抄）（文化 3 年）・最上德内「蝦夷草紙」（抄）（寛政 2 年）

出典）早稲田大学中央図書館特別資料室ル 8-2994。
註記）第 1 集は文化 6 年から 10 年までに筆写された。
註 1）文化 7 年 2 月 6 日写完。文化 9 年 5 月中旬校読。
2）文化 7 年 9 月 1 日写。
3）文化 6 年 5 月 17 日写（出紅書紀元 1768 年所刻者）。
4）文化 7 年 6 月 11 日筆写。
5）文化 7 年 6 月 11・12 日写。
6）文化 9 年 6 月中旬・文化 12 年 2 月 28 日・文政 8 年 2 月 7 日読。
7）文化 7 年 6 月 4-6 日写，文化 9 年 12 月 12 日校正。
8）文化 7 年 6 月 8 日写，文化 12 年 5 月 8 日読。
9）文化 9 年 11 月 26 日。
10）文化 9 年 11 月冬至写。
11）文化 10 年 3 月 18 日写。

表 5-5　古賀侗庵「俄羅斯情形臆度」の内容

康熙年中雅克薩城合戦之事・清朝俄羅斯両国之交之事・清朝俄羅斯強弱之事・満州人俄羅斯人氣性之事・俄羅斯人交易を願ふ心底之事・俄羅斯敵之国を滅す事・俄羅斯刑罰之事・俄羅斯一夫一婦之事・西洋妄に帝號を称せさる事・莫臥兒之事　附・西洋諸国當時之形勢之事・俄羅斯隣國を蠶食する計策之事・俄羅斯今帝賢否之事・俄羅斯女主傳統之事・拂郎察美雄之事　附ハンベンコロウ之事・拂郎察俄羅斯両國戦争之事・俄羅斯國中教化之事・俄羅斯國中遊女之事・俄羅斯兵卒戸口多少之事・和蘭之外入貢之国を増すべき事・戦艦を改造すへき事・西洋諸聖人之事・欧羅巴暦元之事・俄羅斯死刑なき事。

侗庵の書翰「與大槻磐水」（文化一一年〔「侗庵初集」巻一〇〕）は、蘭学者として著名で文化八年より天文方蠻書和解御用となっていた大槻玄沢（磐水、一七五七—一八二七）[48]に、この「俄羅斯情形臆度」一巻を謹呈する際に併せ送ったものである。自分自身の対外観と対外政策構想に対して、当代一級の磐水から批評を乞い、その数篇に「致極ノ高論ナリ」「古今未曾有ノ高論トイフヘシ」という評価を得て、若き侗庵の対外政策の構想は急速に固まっていったであろう。じっさい、後に具体的に展開されることになる侗庵の対外政策の原型は、この時期に形成されていたといっても過言ではない。たとえば、「殷鑒論」の見解には、玄沢からも「己カ居ル所ヲ聖人ノ中華ト敖称シ、四裔ヲ四夷八蠻ト賤スルハ井蛙ノ見ナリ」という賛意を示されている。また、侗庵が「西洋之動静を豫メ知りて備禦をなすは當時第一之急務なれハ、諸國入貢之説、固より烈祖之高慮に叶ひ、猷廟〔家光〕之御趣意に違ハさるべし」（「和蘭之外入貢之国を増すべき事」）と述べた見解に対しては、玄沢からヨーロッパの五・六カ国の商船が入港している「廣東船ヲ入レタキ〻ナリ」という実現可能な政策案を提示され、またオランダ情報が真実かどうか疑わしいという認識を引き出している。「古今變革ノ〻和蘭ニ便リテキクヨリ外ノ〻ナシ、シカレ𪜈彼亦本國ノ衰廃ヲ耻ル所アリテ、實ヲ明サヽルニ似タリ」。

文化一二年から筆写が再開された「俄羅斯紀聞」第二集には、その大槻玄沢の「捕影問答」が初めに収録されている（表5-6）[49]。

このように継続される海外情報収集の過程で、侗庵の世界認識は、対外的な危機意識の高まりを背景に、一八二〇年代の半ばに、地理的な東アジア諸国（清・朝鮮・琉球）に交易国オランダ、さらにロシアを加えた東アジア域圏を中心とする世界観から、視圏を全世界に拡げていく。その直接の契機となったのは、イギリス船来航であった[50]。文化一三（一八一六）年一〇月に琉球に来航して交易を求めたイギリスは、翌年九月浦賀に来航、続いて文政元（一八一八）年五月にはゴルドンが浦賀に来航して通商を要求した。そして、この年から同国の捕鯨船が頻繁に常陸《ひたち》沖で捕鯨を行うようになる。侗庵は同年五月一五日の日記に「異国船浦賀に来る、諳厄利亜船との由」と記し（「侗庵日録鈔」

表 5-6　古賀侗庵編「俄羅斯紀聞」第二集（侗庵「俄羅斯紀聞二集序」文化 13 年 4 月）

11	大槻玄沢「捕影問答」（前編）（文化 4 年）[1]・「文化癸酉〔文化 10 年〕邊報」・「俄羅斯歴朝簒弑撮録」・「沿海異聞」（抄）・「蝦夷巡見録」・新山質「蝦夷風土記」（抄）
12	大槻玄沢編「北邊探事補遺」（二巻）・最上德内「蝦夷草子附録」
13	「寒燈推語」[2]・「幸大夫帰朝記」[3]（三種）
14	最上德内撰・本多利明訂「赤蝦夷風説考」・「巡周蝦夷秘談」（寛政元年）[4]・山口高品「蝦夷拾遺」（抄）（天明 6 年）・「蝦夷拾遺別巻」
15	羽太正養「邊策私辨」（享和 3 年）・「陥北聞見録」・樋口光大「蝦夷陣中日記鈔」・新井白石「骨董録」（抄）・本木正栄訳述「西洋水戦聞略」（抄）（文化 5 年）・「文化戊寅〔文化 5 年〕英機黎舶繋泊記」
16	「輯秘録」・「沿海異聞附録」[5]
17	「北海漂民見聞録」
18	本多利明「蝦夷拾遺」（寛政元年）・山田慥齋「北裔備考」（抄）・源廣長「松前志」（抄）・朽木昌綱「西洋銭譜」（抄）（天明 7 年）・「嘆詠餘話」
19	「摸烏兒《モウル》獄中上書」（上）
20	「摸烏兒獄中上書」（下）・「異人雑話」

註 1）文化 12 年□月 18 日写。
　2）文化 12 年 7 月 16 日写。
　3）文化 12 年 7 月 19 日写。
　4）文化 13 年 3 月 23・24 日写。
　5）文政元年 9 月 29 日。

上、原文）、後に朱点を打っている。幕府の通商拒否以後も、イギリス船は文政五（一八二二）年に浦賀に来航して薪水を求め、さらに文政七（一八二四）年には五月にイギリス捕鯨船員が常陸大津浜に上陸し、また八月には薩摩宝島に上陸して牛を略奪、さらにイギリス捕鯨船と交易をした漁民三百余人が水戸藩に禁獄される事件が起きた。このような対外危機の高まりの中で、幕府は、天文方の高橋景保の建言を容れ、三奉行の評議を経て(51)、文政八（一八二五）年二月に異国船打払令を発令するに至るのである（「侗庵日録鈔」下、同月一八日の項参照(52)）。

それまで東アジア域圏を中心に、唯一ロシアの脅威への対処を構想していた侗庵の世界認識は、このような一連のイギリス船来航により全世界へ関心を拡大させていく。遺された史料から察すれば、次の二つのことによって、この視圏の拡大は一八二〇年代中葉、つまり文政の打払令発布以降のことであったと

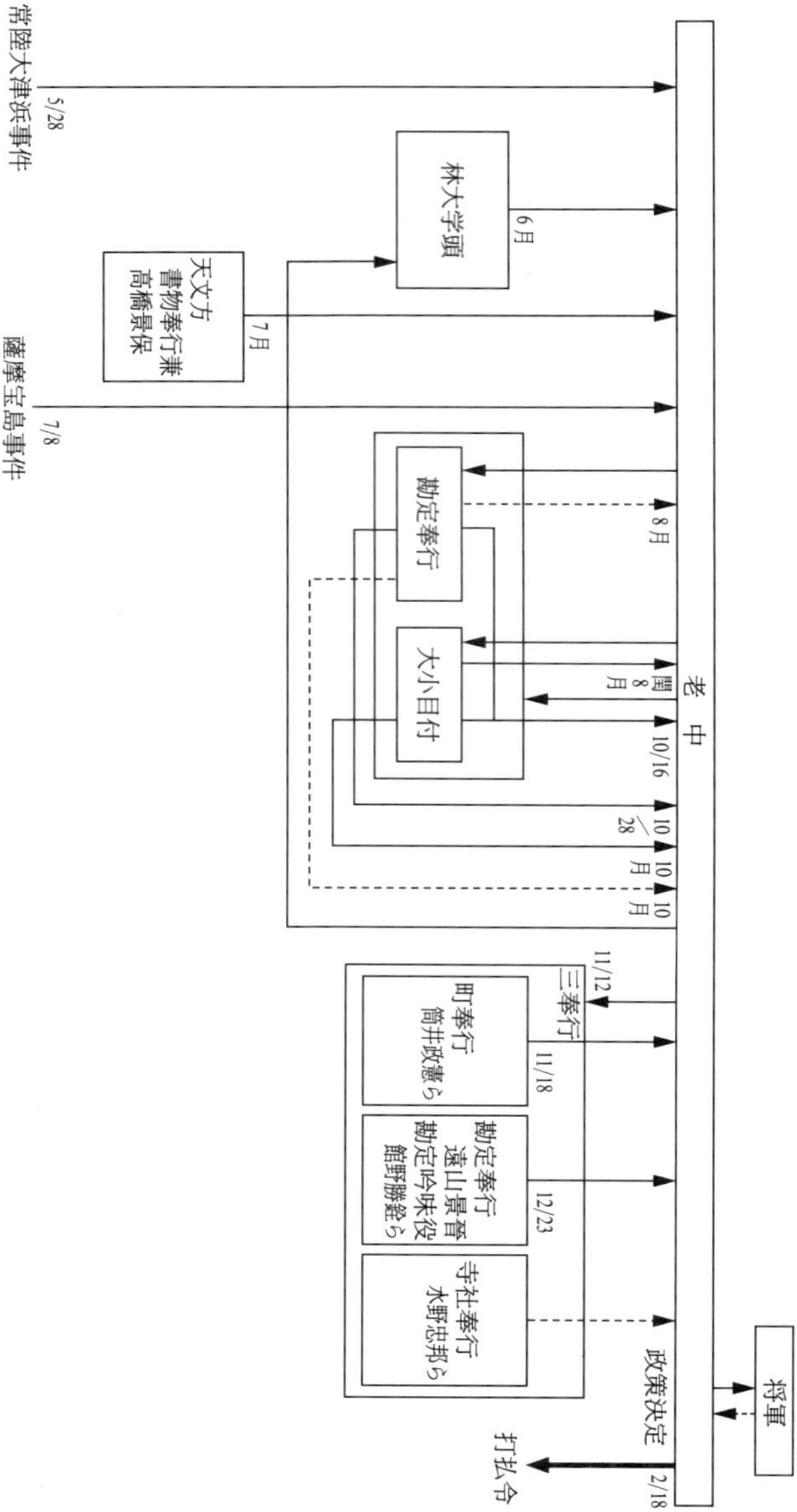

図5-1　文政7-8年，異国船打払令，政策決定過程

注）「御書付並評議留」（天理大学天理図書館）を分析した藤田覚「文政異国船打払令の立法過程」（初出2002年）（藤田『近世後期政治史と対外関係』東京大学出版会，2005年）239-262頁をもとに作図した。

考えられる。(53) それは一つには、文政五（一八二二）年以降天保一一（一八四〇）年までに収録された「俄羅斯紀聞第四集」にロシア以外の海外情報が録されてその旨が序文（天保一一年）に記され、それ以降の海外情報は「英夷新聞抄訳」と題して編集していること、しかも、「第四集」のうち筆録年が明記されているのは、ロシア関係の第三二冊の文政八年七月末のみであるが、それ以降にはイギリス・フランスの記事を含むことからも判かる（表5-7、5-8）。

さらにいま一つの、史料から確認できる世界認識変化は、文政八年から書き始められた「新論」が、当初海防論を含まず「西洋諸国」についてまったく言及していなかったにも拘わらず、文政一一（一八二八）年の第三四篇の「西大諸国」以降、特に天保年間（一八三〇年代）になると毎年必ず「泰西諸国」「西洋諸国」に言及していることである。たしかに「新論」以外では、文政七年「腐儒論」に清と並んで「泰西諸国」が論じられるが、文政年間後半期（一八二〇年代半ば）以降の視圏拡大は、このように天保年間に入っての止むことのない言説となって頻繁に論策上に現れ始める。だが、この視圏拡大は、単に「泰西諸国」を視野に含む対外認識へと世界観を量的に拡大するだけにはとどまらなかった。侗庵の世界観は、近隣の東アジア諸国とは平和的な礼的秩序を維持し、唯一ロシアの対外的脅威に曝された世界から、複数の西洋列強が覇権を争奪して「我之を取らざれば、彼之を奪ふ」という弱肉強食の世界へと質的にも世界観を変化させていくのである。

西洋諸国の覇権争奪の認識は次節で検討するため、ここで近隣諸国朝鮮の位置付け方の変化を通して、侗庵の世界観の質的変化を確認すれば、次のような点が挙げられる。文化八（一八一一）年五月の易地聘礼の際に韓使接待の任にあたった古賀精里やその門人樋口淄川・草場珮川と韓使との「唱酬」筆談記録「對禮余藻」三巻に、侗庵が「對禮余藻跋」（文化一〇年「侗庵初集」巻九）を附していたことは、すでに第I部で紹介した。そこで侗庵は、従来の接伴者である新井白石や徂徠学派の儒者が「好勝之心」をもって「我之彊を以て、彼之弱を侮し、我之大を以て、彼之小を蔑し、我之麗藻曼辞《れいそうまんじ》を以て、彼之枯腸《こちょう》短才を凌暴」したのを戒めて、精里が「韓使と接するに及び、卑以て自ら牧ひ、敢えて凌駕」しなかったことを記していた。朝鮮が「侵軼」し攻戦の意をもたないにも拘わらず「好勝之心」をもって接してきたこれまでの朝鮮観を非難し、精里らの「謙」と「礼」を尽くした接判が、日本と朝鮮との「二国之好」を堅固なものにしたと云う。ここに間接的に示される侗庵の朝鮮観は、征韓の意志をもつことなく東アジアの

表 5-7　古賀侗庵編「俄羅斯紀聞」第三集（侗庵「俄羅斯紀聞三集序」文政 5 年 5 月 26 日）

21-26	「釣遠探隠要録」[1]
27	馬場貞由訳述「魯西亞國志」（支那聘使章）
28-29	馬場貞由訳「帝爵魯西亞國誌」（交易篇）
30	「平平策」[2]・「沿海豫防」（寛政 4 年）・林祭酒「拝師氏意見」（文化 6 年）・河尻・荒尾「両鎮撫上書」・佐嘉瑳助「草場生書翰」

註 1）21：魯西亜國名義并開基由来・幅員疆界并國中大河・西魯西亜諸州志・國都「モスコウ」記事，22：西魯西亜諸州志・「アルカンケル」記・東魯西亜諸州志・莫斯哥未亜韃靼中王國亜私大蠟甘記，23：莫斯哥未亜屬韃靼并蠟皮亜記・北高海記・「タリア」河口ニテ金沙ヲ得ルノ記，24：新都「ペテルスフルク」紀事，25：止白里総説・止白里地ヲ開クノ記・止白里山川ノ記・止白里諸城記・「ダウリア」諸城地ノ記・止白里タウリヤ気候物産記，26：同獣畜魚類ノ記・止白里海邊黒龍江「エニセア」河邊諸地人物記・サモエデン諸部記・韃靼諸部記。

2）文政 2 年 9 月 9 日識す。

表 5-8　古賀侗庵編「俄羅斯紀聞」第四集（侗庵「俄羅斯紀聞四集序」天保 11 年 4 月・侗庵「俄羅斯紀聞四集後序」弘化 3 年 5 月 30 日）

31	「魯西亞新紀聞」
32	「魯西亞國漂流記」[1]・「五郎次話」
33	青地林宗訳「地学示蒙」・「十吉談記」・「北邊探事補遺鈔」
34	杉田玄白「野叟独語」（文化 4 年）・「或問防海漫記」
35	「漫書」・「交易論」・「互市奸闌論」・「帝國日本考」（日本島又帝國日本）・ケンペル「日本志」（文化 10 年）・「天下事非一人所知説」「附記」・「末次忠助書牘抄」
36	高野長英「戊戌夢物語」（天保 9 年）・佐藤信淵「夢夢物語」・島田匡蔵「危言」・「虜情問答」・「海防論」
37	「拂菻新聞」（文化 9 年丙戌 4 月和蘭甲比丹ステュルレル對話筆記）・高橋景保訳「丙戌紀聞」（文政 9 年）・青地盈訳「別勒空律安設《ベリアリアンセ》戦記」（文政 9 年）・小関三英訳「拂郎察國王「ボロウルボン」氏世系「ボナバルテ傳」」（文政 9 年）
38	青地訳「輿地誌略」（文政 9 年）（諳厄利亞条抄出）・「泰西圖説（ヱングランド）」・「諳厄利亞人大津上陸略説」
39-40	古賀侗庵「俄羅斯情形臆度」[2]

註 1）文政 8 年 7 月末写。

2）序文侗庵「俄羅斯情形臆度序」は弘化 3 年であるが，本文は文化 11 年までには成立。

隣国と礼的秩序を維持し「好」を結ぼうとするものである。侗庵には、このような東アジア域圏の礼的秩序内での朝鮮の位置付けの一方で、日本の朝鮮攻略については、「豊王征韓論」（文化六年［「侗庵初集」巻二］）から「豊太閤征韓論」（文政一〇年［「侗庵三集」巻九］）までの著作では、その「征韓之挙」を「道に足ること無し」と道義的に批判すると同時に、しかし「征韓」によって日本の「威稜」を諸外国に知らしめたことが対外的独立の維持に役立ったとする認識が懐かれていた。

> 豊太閤征韓之挙、黷武用壮《とくぶようそう》、師《いくさ》出でて名無し、賢哲に由りて之を観れば、洵に道に足ること無し、然り而して威稜を海外に宣べ、外番諸邦をして震讋愓息《しんしょうてきそく》せしむ、今に迄《およ》びて、覬覦《きゆ》を萌すこと少なからず、未だ必ずしも壬辰の一役に由らざるにあらざる也。
>
> （「豊太閤征韓論」文政一〇年）

この東アジアの政治秩序認識が、西洋諸大国の覇権争奪の世界認識を定着させた天保年間（一八三〇年代）には、武威の面から秀吉は「豊太閤は蓋し世の英雄也」（S一二〇、天保七年）と評価され、さらに「海防臆測」に至っては日本の「威稜」必要の側面が強調されて、朝鮮は「韓は蕞茲《さいじ》の小夷にして歯牙を置くに足ること無し」（K九、天保九年）と見なされ、「今や已に好機会を失」し実現不可能だが「烈祖・豊太閤之英武」をもって「進みて泰西の不争之地を経略」し「海南諸島及び東察加を取る」という海外植民地獲得の「大志」の見解まで紹介されるようになる（K一七、天保九年、K三四、天保一〇年）。侗庵の含意するところは必ずしも諸国侵略の勧めではなく、未だ列強に奪取されていない植民地取得が可能なほど軍事的に優れなければ、西洋諸大国と互角に競えない、ましてや日本の対外的独立は維持できないということにあろうが、ここにはそれ以前の東アジア認識との質的な変化を確認することが出来よう。侗庵は清朝や朝鮮への侵攻の野望までは語らないが、帝国主義的な膨張を続ける複数の「泰西諸国」の覇権争奪を認識するに至って、朝鮮は「好」を結ぶ相手ではなく対外的対抗相手からも除外されて、「小夷」と過小視され、そのうえ東アジア諸地域も弱肉強食の世界観から眺められるようになったのである。以上のような侗庵の世界認識の量的拡大と質的変化が集約的に示されるのが、次節で論じる天保八（一八三七）年のいわゆるモリソン号事件の翌年から書かれた「海防臆測」の世界である。

(3)「海防臆測」の世界――「熱於葛羅肥伊」と「泰西」認識

古賀侗庵の著作から、アヘン戦争前夜の天保年間に彼が懐いた世界認識を検討する前に、侗庵の理解を歴史的文脈に即して把握するために、同時代の幕府の対外政策と幕府「政教」の総括者林述齋の認識を確認しておく必要があろう。

モリソン号事件をめぐって　通信通商拒否という文化二年のロシア使節への応答は、翌年以降のフヴォストフによる蝦夷地襲撃事件を招き、幕府は文化四年一二月にロシア船打払令を発する。しかしまだこの段階においては、西洋諸国に対する厳しい排外政策に固まっていない。ゴロヴニン捕囚時のロシア船打払令の際には、漂着船も容赦されなかったが、海難に遭った漂着船を手当するという人命救助の方針は維持され文政五年でも浦賀でイギリス捕鯨船に薪水給与を行っていた。

幕府の対外政策が一変し、いわゆる「鎖国」状態が「祖法」として広く認知されるようになるのは、イギリス船の日本上陸事件を契機に、文政八（一八二五）年に異国船打払令が発布され、近海に接近する外国船に向け容赦のない砲撃が命じられてからであろう。アヘン戦争勃発以前の一八三七（天保八）年、アメリカ商会のモリソン号がマカオから日本人漂流民の送還のために来航したが、浦賀・鹿児島で相継いで打払令に基づく砲撃を受け、漂民を送還せずに再びマカオに戻った。翌年になってオランダ商館長からこの一件の内情を伝られた長崎奉行は、在外漂流民の受領について閣老に指示を求めた[54]。この評議はのちに蠻社の獄を引き起こす遠因となるが、意思決定に先だち老中は各部署に意見上申を求めている。諮問を受けた勘定奉行・林大学頭・目付・評定所は、いずれも「鎖国」「祖法」制を初めて明文化したレザノフ渡来の文化年間以降の種々の「御触」を先例として参照して政治判断を示している[55]。しか

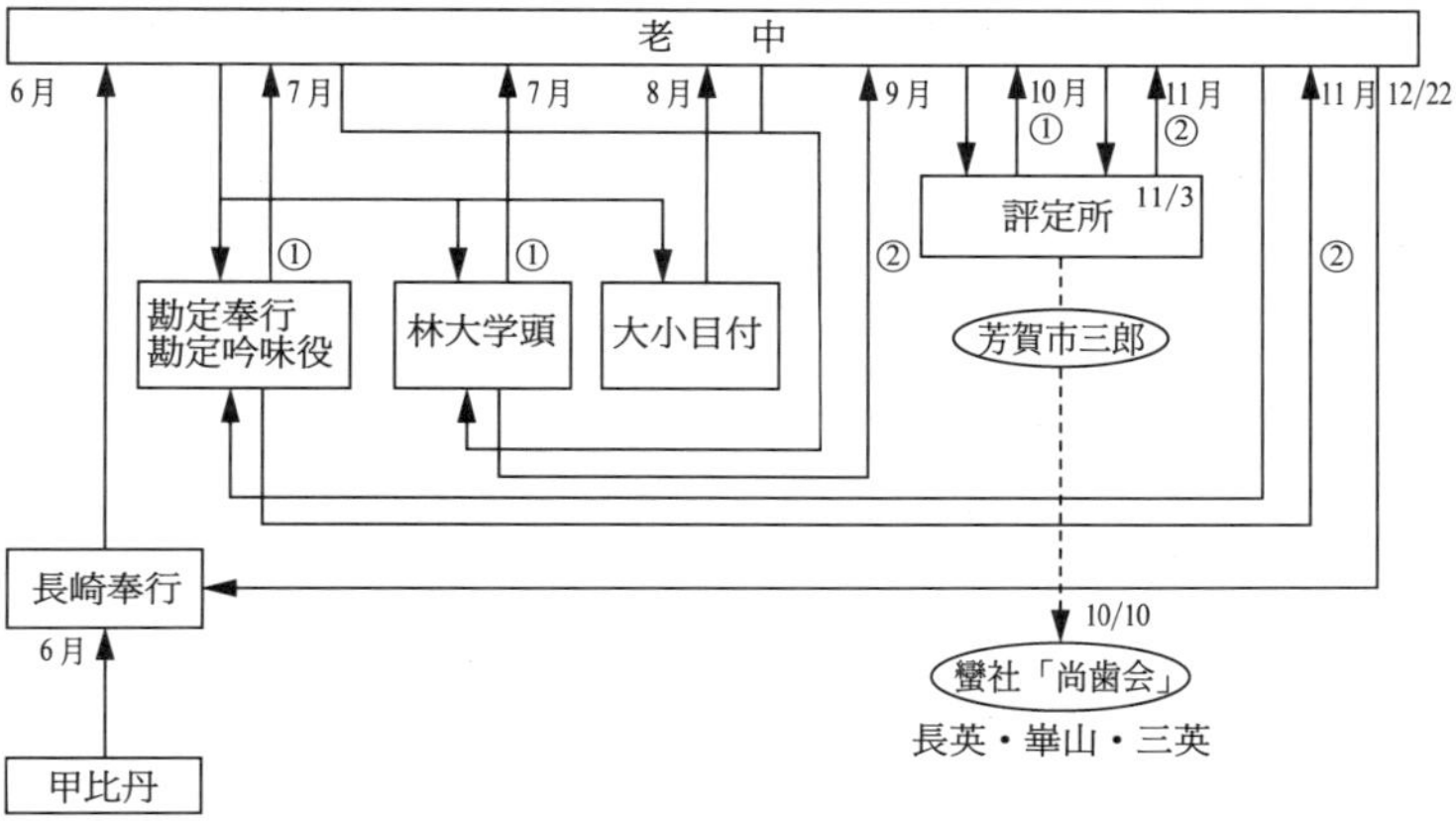

図 5-2　天保 9 年 6-12 月，モリソン号の漂流民受領をめぐる政策決定過程

註記）図中の①，②は，表 5-9 の各部分の答申に対応する。

し、同一の先例に言及されたとしても、その解釈と導き出される政策選択は決して一様ではなかった。すなわち、打払令の渦中にあっても、どの御触に依拠するのか、またどの時点の先例を参照するのか、さらにそれをどう解釈するのかという点で、答申者の政治的意思は分岐した。ひとくちに「先例」遵守といっても、過去の行政文書が整備された徳川後期の立法過程では、おそらく一般的に、選択される先例の種類・その歴史的時点・その先例の解釈をめぐって、さまざまな論議が行われていたと思われる。

　当時の大学頭林述齋が、漂流民受け入れの意見を出していることは、学問所儒者の政策発想を他と選り分ける上で注目に値する。述齋は、異国船が本船は沖に残し、伝馬船で事情説明しに来たところを「無二無三に打払候而ハ一向に訳も分」らず、そのような「此方の仕方、却而無法と申すもの」であるという。速やかに長崎への回航を促し、長崎ではオランダ人を通して以後「国法之通」りオランダ船によって送還するように申諭させ、漂流民送還の際には「相当之品」を与えた上で帰帆させれば、「御国法も立、且は異国接待之体を得」る。述齋のこのような、「国法」をたて「異国接待」の礼も失しない対処法は、打払令の主旨に反するようである[56]。文政の打払令の際に述齋への諮問も行われたが、その答申史料はなく、内容も不明である。あるいは述齋は当初より無二念打払に異議をもって

表 5-9　モリソン号の漂流民受領をめぐる評議での先例言及

	勘定奉行①	目　付	林大学頭②	評定所①	評定所②	勘定奉行②
明和 8 年						○
文化 2 年　御教諭御書付		○	○	○		○
文化 3 年　おろしや船之儀	○				○	
文化 4 年　魯西亜船打払令	○		○		○	○
文化 11 年	○					
文政 8 年　無二念打払令		○		○	○	
天保元年				○		
政策選択　漂流民受け取り	蘭よりは受領 他は拒否	拒　否	長崎受領	拒　否	拒　否	大学頭への 賛意

いた可能性もあろう。じっさい、彼は「教学」が立つ以前に武士の道となっていた「戦國の舊俗」、すなわち「残刻を以て武とし、意氣を以て義と」する「人道の本然に背」いた「不仁不義」を非難していたのである[57]。水野忠邦を首班とする閣老は、評定所の強硬な打払い説を排して、結局、この述齋の漂民受領の方針を採ることに決している。

学問所を総括する大学頭の林述齋がこのような対外政策を示したことばかりでなく、モリソン号事件の対応をめぐる評定所での評議が発端となって翌年に引き起こされた蠻社の獄もまた、次に述べる古賀侗庵の「海防臆測」の背景を知る上で重要である。評定所での議論は、その記録係を通じて、高野長英や渡邊崋山らのいわゆる蠻社に伝えられ、その強硬論の評議書に即して長英の「夢物語」が執筆され、さらに崋山の未定稿「愼機論」が著された。翌天保一〇年五月の蠻社の獄の際、徒党を組んだとされる不審者は、当初一八〇人、次に四〇人、徐々に絞り込まれて党頭一八人、さらに最終的には少数が検挙者となっている。古賀侗庵は、その四〇人中に名が挙がり、自身懇意にした高野長英との関係を憂慮して、用人佐藤武一(武介)を赤井東海のもとに遣わしていた(天保一〇年五月二一日)[58]。

「海防臆測」の世界——「熱於葛羅肥伊」と「泰西」認識　天保九(一八三八)—一一(一八四〇)年の三年間に書かれた「海防臆測」五六首は、内容的には初めの三〇首の首尾はまとまっているが、一首ごとの主題がある他はテクスト全体に一貫した構成方針はなく、海防という時代の問題についての論策が寄せ集められている。ここには侗庵が認識した西洋諸国を含む世界観が集約的に示されている。先のモリソン号事件の真相が幕府に伝えられたのが天保九年六月であり、一方この「海防臆測」の前半三〇首の自筆稿本の巻末日付は「天保戊戌秋七月」とあるため、恐らくこの事件を念頭において執筆されているであろう。(59) さらに、後半は蠻社の獄が起こり、侗庵にも嫌疑が及ぶ可能性があった時期の著作である。以下、一八四〇年に始まるアヘン戦争前夜、一八三〇年代末の侗庵の世界像を、同時期の他の著作を含めて「海防臆測」の世界として論じる。侗庵の西洋諸国を含む世界像は、どのような情報に基づいて、いかに形成されていったのか。

海禁が施行され対外交渉が制限された当時において、海外情報の入手は主として「通商之国」オランダ・明清経由、そして漂流民の口述書の類に限られていた。オランダ経由の情報としては、渡来したオランダ人の談話、報告書を収録した「和蘭風説書」(60)とオランダから舶載された蘭文地理書があり、また唐船経由の情報には、渡日した唐人の談話を録した「唐風説書」、明清の地理書、そして清在住の西洋人宣教師の漢文著作(61)があった。この海外情報の中でも、情報の具体性や最新性という点では「風説書」や漂流民の見聞談には劣るが、包括的で正確な情報という点において、書籍を介した体系的な情報受容に優るものは無かったといえよう。一八四〇年前後、侗庵が最も信頼を置いたのが蘭文地理書の翻訳本であったことは、彼自身が西洋の地理書と「漢土」の地理書を比較して「故に地理書に就いて論ずれば、則ち漢土百巻曽ち太西一巻に敵せず、矧んや漢土、外国土風を録する者僅僅にして謬ち百出を誕まんかな」(「輿地誌略序」天保九年［「侗庵五集」巻七］)と述べていることからも窺える。(62) この時期侗庵が参照したと推定される海外情報の中で、地理書について自身この時期に比較的長文の序文や書後を記し、代表的な西洋地理書と認知していたのは、新井白石の「采覧異言」を改訂増補した山村昌永「訂正増譯采覧異言」(享和三［一八〇三］年)と、侗庵をして「矧んや斯編太西地理書中に在りて、最も該備にして的確かな」と云わしめた青地林宗訳「輿地誌略」(文政九［一八二六］年)の二著である(「増譯采覧異言後序」弘化元年［「侗庵六集」巻七］、「書輿地誌略後」天保一〇年［「侗庵五集」巻九〕）。この両著はともに、ドイツのヨハン・ヒュブネル（Johann H. Hübner）父子（一六六八―一七三一、一七〇三―五八）の著作の蘭訳本に依拠していた。[63]

「熱於葛羅肥伊《ゼヲガラヒー》」の世界　日本に持ち込まれたヒュブネルの蘭訳本には、「コウランツトルコ」と呼ばれた百科事典と「ゼヲガラヒー」と呼ばれた地理書のいくつかの版があり、当時「ゼヲガラヒー」と言えばヒュブネルの著作を指すと了解されたほど、日本の蘭学者たちに影響力を持つ書物だった。「ゼヲガラヒー」は、日本では、本木良永が明和八（一七七一）年に「和蘭地図略説」として抄訳を著して以来、前野良沢、桂川甫周、大槻玄沢、山村昌永、高橋景保ら蘭学者の地理認識の典拠となっている。[64] 本国ドイツでは、特に「ゼヲガラヒー」一六九三年版の「古今地理学短問答」（*Kurze Fragen aus der alten und neuen Geographie*）が、一八世紀中に四五版、発行総部数一〇万を越えたと云われ、さらにオランダ語ばかりでなく、フランス語、英語、その他の言語（伊・露・瑞）の翻訳本も版を重ねて、ヨーロッパでも広く読まれていた。[65]

この「古今地理学短問答」を二五歳にして著したヨハン・ヒュブネルは、ライプチヒ大学の学生時代（一六八九―九一年）、当初神学を学び、その後オットー・メンケン（Otto Menken）に歴史学と地理学を学んでいた。その学生時代は、ドイツ敬虔派（Pietismus）の指導者の一人ヘルマン・フランケ（August Hermann Francke, 一六六三―一七二七）が、その運動をライプチヒ大学で起こした時期とも重なっている。ドイツ敬虔主義は、一七世紀のルター派正統主義に反発して、宗教改革時代のルターの精神を純粋な形で再興することを目指した運動だが、フランケはこのような運動の中で後にハレを拠点に教育施設や孤児院を開き、敬虔主義にもとづく教育事業にも尽力していた。地理教育を重視したフランケは、自らの学校でヒュブネルの地理書を長く教科書として用いた。[66] また逆に、ヒュブネルはこのフランケの敬虔主義的教育学（pietistische Pädagogik）の影響も受けたと思われ、メルゼブルグやハンブルグのギムナジウム校長職に留まりつつ、地理書の他にも数多くの著作を遺した。たとえば、ヨーロッパでベストセラーとなった

「旧新約聖書物語」（*Biblische Historien aus dem alten und neuen Testamente*）は、その後「ゼヲガラヒー」以上に版を重ね、アメリカのフィラデルフィアでは一九世紀末でも翻訳の出版が確認できる。[67]

ヒュブネル父子が生きた一七世紀末から一八世紀初頭の、すなわち西洋諸国の非西洋世界への視圏拡大がなお進行中であった時期の地誌の特徴は、のちに一九世紀産業革命期にイギリスで産まれた〈進歩＝比較的文明論〉という巨大理論の方法論的前提からかなり自由な博物誌として描かれることである。ギムナジウム生徒を対象とするヒュブネルの著書は当時欧州でも広く読まれたが、その理由の一つはその教理問答に似た叙述形式にあったと云われている。一六九三年初版「ゼヲガラヒー」の問答形式はその後改訂増補された一七六一年版などでは失われるが、その叙述形式は教科書的な情報伝達としての性格を引き継いでいる。たとえば、青地林宗が手にした「ゼヲガラヒー」では、序説・各大洲ごとの総説に続いて、各国事情が述べられ、そこでは「名謂・方置・疆域・風土・大河・区分・洲外所轄・土人・政治・教法・軍賦・交易」等が、箇条書き的に、断片的な情報として記述される。ヒュブネルの情報は、一つの価値観によって理論的に統合された記述と言うよりも、むしろ国家別の政治地理を主とする、博物学的な要素を備えた羅列的世界地理であり、百科事典である「コウランツトルコ」には西洋人の異国趣味を満足させる珍奇な情報が多く纂録されている。[68]

このような書物の中から、ヒュブネル父子の世界観を読み取ることは非常に難しいが、敢えて挙げるとすれば彼らが諸民族の分化を越えた人類の同一性という確信に支えられ、「ゼヲガラヒー」の冒頭で「地上人類ノ種族」について「天下ノ人性」「霊性」の平等を論じていることであろう。

夫全地球上ニ散敷スル人民其形性元相同シク、悉ク純正ノ霊性ト妙合ノ體質ヲ具有セサルハナシ。故ニ霊性ノ全能固ヨリ彼是ノ差別アルコトナシ。亜米利加、臥児狼徳《グルーウンランド》、蠟皮亜《ラウピア》、沙謨厄鄧《サモエーデン》、河天突天《ホウテントステン》、及亜弗利加ノ黒人等ノ鄙野ナルモ其性ノ理義文學ヲ習ニ宜シトスル何ソ和蘭、拂郎察、諳厄利亜人等ト異ナリトセン。唯其霊性ノ全能ヲ擴充シ學術ヲ勉励スルコト彼ハ劣リ此ハ優ルニ由ル而已。

（青地林宗訳「輿地誌」序説、渡邊崋山旧蔵「輿地誌略」首巻に依る）[69]

このようにいかなる「鄙野」なる地にも人間の潜在的な「霊性」の平等を認めるヒュブネルの見解は、他方でこの潜在的な完成可能性を現実に最も開化させているのが「完好敏慧ニシテ学術ヲ勉励シ、他邦ニ超絶セル」欧邏巴であるとの認識につながっている（「輿地誌略」巻之一、欧邏巴洲総説）[70]。

若望《ヨハン》・非蒲涅兒《ヒフネル》ガ万国伝信紀事ニ曰ク……抑モ欧羅巴洲ハ気候平和物産豊饒ニ〆諸穀・諸菓・諸金・諸石・諸畜・葡萄酒等ヲ多ク出シ、人民極テ蕃盛ニシテ且其人純正霊慧勇剛ニシテ又能ク理ニ通シ学ヲ好ムヿ皆他洲ニ勝レリ、是ヲ以テ他ノ三洲ノ諸国コレニ服従スル者甚多シ。（「訂正増譯采覧異言」巻之一）[71]

「勇智勤勉」において他大洲に優り、「他ノ三洲ノ地ヲ計画シ、其人ヲ服従シ、富強最盛」（「輿地誌略」）[72]のヨーロッパという認識は、当時多くの西洋人が共有していた世界観であろう。

日本への情報移入の関連で注目すべきは、ヒュブネルがアジアをどのように位置付けているかである。

万国伝信紀事ニ曰ク……抑モ亜細亜洲ハ世界開闢ノ初地ニ〆神聖肇ニ出テ人類始テ生シ、帝王国ヲ興シ、法教首ニ立チ、其他文学諸技芸ノ類ニ至ルマデ皆多クハ此洲ヨリ権輿《けんよ》セリ、今ハ欧羅巴諸国ノ人海ニ航〆此洲ニ往来シ、衆ヲ植ヘ、土ヲ開キ、城邑ヲ建テ酋長ヲ署置シテコレヲ治ムル者甚多シト云。（「訂正増譯采覧異言」巻之七）[73]

このアジア総論の記述（「訂正増譯采覧異言」巻之七）では、アジアはいわば文明発祥の地として認識される。さらに各国別の記述を見ても、断片的な事実を淡々と記すヒュブネルの筆からは、そこに西洋人の体験的観察の域を出ないアジアへのさまざまな先入観が混在しているにせよ、文明進歩の諸法則に基づいた〈停滞したアジア〉というアジア観は窺えない。

これは一八世紀初めのヒュブネルの「ゼヲガラヒー」の性格が、自然科学に基づく純粋地理と歴史や民族史を含む政治地理の二つの分野で、巨大理論《グランド・セオリー》が生まれる以前の、方法論的な前提を欠如した地誌であったことに依ると考えられる。「あらゆる知識の目録」が含まれたヒュブネルの「ゼヲガラヒー」は、自然地誌と政治地誌とが未分化であり、ヒュブネル以後、一方の純粋地理では諸現象の中に因果的に作用する自然法則性を捉えようとする試みが、一八世紀後半からドイツで現れ（Busching, Zeune, A. v. Humboldt, C. Ritterなど）[74]、その影響も受けて一九世紀には、他方の人文地理でも急速に変化・拡大する世界を一つの因果法則に基づいて説明しようとする、明確な方法論に基づく普遍史の試みが現れてくる[75]。双方の方法論が確立する以前のヒュブネルの世界像に明らかなことは、その世界地理の前提が、一九世紀ビクトリア期のイギリス産地誌に顕著な「非西洋」は文明を作り出すことができず、ただ欧州にのみ可能だったという認識や欧州中心に序列化された「文明」「半開」「野蛮」という文明史観[76]からはかなり自由なことである。〈停滞したアジア〉というイメージが一般の社会的通念として定着するのは一八世紀末と云われており、ヒュブネルの生きた一七世紀末から一八世紀初頭の欧州でのアジア認識は、決して遅れて劣ったアジアという一義的な解釈はなされず、たとえば中国は、合理的な社会秩序の確立（啓蒙化された君主制）と維持の点で欧州よりも優れるとする見解が多く見られた[77]。ヒュブネルが自由だったのは序列化された西洋対非西洋という図式ばかりではない。欧州諸国を叙述するに際しても、ポルトガルからスペイン・フランス・イタリアの順で記し始め、自国ドイツの記述も詳しいが他と比較して祖国愛に欠けると間接的に非難されるほどで[78]、自国を含めて各国を醒めた眼で対等に扱っている。ヒュブネルの地理書が〈進歩＝比較的文明論〉から比較的自由で、相対主義的な傾向をもった背景には、このような時代状況と併せて、さらにその情報羅列の教科書的な性格や、一九世紀末まで植民地をもつことがなかった帝国主義支配の後進国ドイツの著者によって書かれたという要因も考えられよう。いずれにせよドイツで当初ギムナジウムの生徒を対象として著された地理の教科書は、著者の意図を遥かに越えて、一世紀後の遠くアジアの孤島で国家存亡の危機に立たされた日本の知識人たちに、世界地理のまさに教科書として情報を提供していくことになったのである。

ヒュブネルの地理書ばかりではなく、同様の問題は、「鎖国」という概念を一九世紀前半の日本に定着させたケンペルの「鎖国論」についても指摘できる[79]。すなわち、西洋人の眼から鎖国状態の合理性を説いた「鎖国論」もまた、一時代前の、一七世紀後半の世界認識であり、ヒュブネルと同様に、その冒頭にキリスト教的な世界人類一致の理想が語られている。しかし、一九世紀の現実に日本をとりまく環境は、一八世紀後半からの産業革命を経た世界であり、それを前提して、西洋の資本主義経済への編入と、それに伴う東アジアでの列強の覇権争いが起こっている。地理書翻訳の世紀単位の時差が生む認識世界と現実世界の懸隔を無視できないのは、この一九世紀の環境変動の認知度の深浅が、徳川日本では、のちに世界市場への参入をめぐる個々人の政治意思決定を左右したからである。

「泰西」認識　さて一八四〇年前後、外国形勢の最新情報を収集し続けていたとはいえ、伺庵の信頼する世界情報がこのようなヒュブネルの一七六〇年代までの世界地理を前提としていたことは、彼の世界認識にとってどのような意味をもつだろうか。日本の蘭学者たちが、西洋の階層的な文明史観から比較的自由なヒュブネルの「ゼヲガラヒー」を情報源としたことは、思想上キリスト教的世界観とまったく異なる、東アジアの儒学文化の下で生きる学問所儒者伺庵にも世界地理の受容を容易にしたであろう。しかし他方で、情報源が方法論的前提を欠く文明の質的差異を明瞭に問わない、断片的で平板な情報を発したがゆえに、受け手の側では単純化された西洋認識を生じ、受容者を主として軍事的格差や脅威のみに注目させ、その技術的な格差を生む文明社会の質的要因やその多様性に盲目ならしめたと言えないだろうか。西洋列強が台頭する一九世紀中葉には、すでに産業革命を遂げた西洋諸国の海外進出を促進し意味付けるような〈文明―半開―野蛮〉の文明史観が生まれていたが、伺庵はそのような列強台頭の現実を、一世紀前の地理書を通して理解しようとしていた。たとえば、伺庵はヒュブネルの「熱於葛羅肥伊《ゼヲガラヒイ》」の翻訳を読んで「太西輿地之書、専ら国之益を利するに資す、故に敵国の兵力政体、及び山河封疆動植之属、旁捜窮探《ぼうそうきゅうたん》、極めて其れ昭悉《しょうしつ》なり」（「輿地誌略序」天保九年）と記し、それが植民地支配の情報提供のために著されたと考えている[80]。以下では、ヒュブネルを代表とする世界地理が、伺庵においてどのように受容され、如何なる「泰西」認識を生んだかを検討する。

「海防臆測」は、蘭学者を介して得た断片的な海外情報をもとに、伺庵がある価値基準に従ってきわめて主体的に

表 5-10　「海防臆測」で言及される地域名

東アジア	秦・漢・隋・唐・宋・明・清・支那・西土・満・高麗・韓・朝鮮・台湾・蝦夷・東察加《カムチヤツカ》・蝦夷千島・宇留不《ウルツプ》・恵土呂不《エトロフ》
東南アジア	暹羅《シヤロム》・安南・緬甸《メンデン》・呂宋《ルソン》・爪哇《ジヤワ》・満剌加《マラツカ》・海南諸島・蘇門答剌《スモトラ》
南アジア	天竺・印度・榜葛剌《ベンガラ》・莫臥児《ムガル》
中央・北アジア	小韃靼・蒙古・回々《フイフイ》
西アジア	都児格《トルコ》・百児西亜《ペルシヤ》・鄂羅斯《ガラシヤ》・忽魯謨斯《オルムス》・莫爾太皮亜《モルダビア》
ヨーロッパ（欧邏巴）	伊須把尼亜《イスパニア》・波留杜瓦爾《ポルトガル》・漢乂利亜《アンゲリア》・諳厄利亜《アンゲリア》・英機黎《イギリス》・喜百利亜《キベリア》・思可齋亜《スコジア》・俄羅斯《ヲロシア》・羅刹《ラセツ》・那多里亜・尼勒西亜・葛旋熱阿・熱爾瑪尼亜《ゼルマニア》・和蘭・波蘭尼亜《ポラニア》・拂蘭察《フランス》・第那瑪爾加《ダナマルカ》
アフリカ（利未亜・亜弗利加）	麻太加須葛爾《マダガスカル》
アメリカ	墨是可《メキシコ》・孛露《ペルウ》・北亜墨利加・南北亜墨利加

註記）ルビは引用者が便宜上つけた。

世界を編集し直す試みでもあった（表5-10）。侗庵の世界観は決してすべての国が「相対化」されて対等な関係にあるものではない。個々の認識を検討する前にその全体像を概観するならば、「海防臆測」の世界は、「仁義道徳」を窮め「聖賢」を産出してきたかどうか、また現在もその「理義」を重視しているか否かに従って、次のように序列化されていた。まず、全五大洲中「大聖大英雄」を「林々輩出」してきたのは、独りアジアだけであった。ユダヤ・ペルシャ・インド・中国・日本などはすべてアジアに属しており、欧州、南北アメリカ、アフリカの大州はその風下に存在していた。さらに、そのアジアの中でも日本・中国・トルコ・ペルシャは「咸其人勇智兼全、理道を洞悟」しているが（「擬外夷互市封事」弘化元年［「侗庵六集」巻七］）、この内中国は中華思想の故に現在自大主義に陥っていると批判される。アジアとは対照的に、古より「聖賢」を輩出してこなかった四大洲のうち、欧州では一六世紀になってから「一二英主」が出でて「物理」を窮め「遠略」を開始する点で、南北アメリカやアフリカよりは優れていた。このように侗庵は、「仁義道徳」に従ってアジアの下に、欧州、さらにその下に南北アメリカ・アフリカを位置づけている。

　侗庵は当時の近代史と世界情勢について次のような認識を持っていた。

欧邏巴の風尚専ら遠略を務む、近代又一二英主出る有りて、航海之術を研究し、以て呑噬之欲を肆にす、自餘三大洲厥《その》蠶養《さんよう》之毒を羅《つら》ねざる者なし、其れ始めて侵略を事する者、伊須把尼亜《イスパニア》・波留杜瓦爾《ポルトガル》両国と為す、代りて興る者乃ち和蘭《オランダ》・拂菻《フツリン》〔東羅馬帝国〕等国、輓近則ち俄羅斯《オロシア》・英機黎《イギリス》二虜最も衡行を為す、上数国に従ひて迭《かたみ》に相彊弱隆替して、呑併之勢滋《ますます》熾ん、今則ち利未亜《リミア》〔アフリカ〕南北亜墨利加《アメリカ》の三大洲、大欧邏巴の占拠する所と為る、独り亜細亜僅存するのみ、然るに亜細亜に就いて論ずれば、北止白里亜《シベリア》之地、都児格《トルコ》・百児西亜《ペルシア》之北境に迤《つらな》りて、俄羅斯に奪はる、海南・瓜哇《ジャワ》・渤泥《ブルネイ》・呂宋《ルソン》諸国、咸伊須把尼亜・和蘭・英機黎の有と為る、邇者莫臥児《ムガル》南地、及榜葛刺《ベンガラ》之属、又英機黎陥没すを聞く、駸駸乎嚢括八紘之勢有り、然らば則ち亜細亜洲中僅存之邦、安ぞ甘食妥臥を得て之を為す所を思はざるや。

（「書新訂万國全圖後」天保九年〔『侗庵五集』巻七〕）

「洵に畏れて悪むべき」欧州諸国の勢力がアフリカ・南北アメリカを呑み尽くし、世界中を席捲し、益々膨張し続けて今やアジアの残る地にも及ぼうとしている。侗庵の「海防臆測」の世界にはこのような危機意識が見られる。一七六〇年代までの世界地理のためか、「海防臆測」執筆時の侗庵にはアメリカの独立建国は視野に入ってこない。侗庵の眼に映る「泰西」は、「航海之術」や「軍器兵械」に長じているという点以外は、道義的立場からの批判の対象だった。植民地化を進める「泰西の風習」は「呑併之挙」であり、「泰西の俗は専ら鬩闘呑噬を以て務めと為す」（K一九、天保九年）という批判は、侗庵の著作の中で繰り返し現れる。[81]

では、西洋と日本を含む東アジアの儒学文化圏との「風習」の相違は何に起因するのか。侗庵は、この「侵略」を務めとする西洋の「風習」の要因を、彼らが信奉する「妖教」には求めなかった。[82] 侗庵によれば、キリスト教は必ずしもその「呑併之術」を導くものではなかった。そもそも「妖教之祖」イエス自身、自らの身を守ることが出来ず殺害されたのに、その教えにどうして「国を経するに足る」「才略」があるだろうか。むしろ西洋の「侵略」的な風習は、スペインとポルトガルが一六世紀に海外「遠征を務め」たことに端を発し、これに加えて西洋の「風土」が「寒沍」で、「人情」が「沈毅鷙忍」すなわち残酷な性格であることに原因があると考えられた（K一九）[83]。

儒学文化との対比において、この「侵略」を促進する西洋の文化的要因として侗庵が指摘するのは、まず西洋がただ「利」を追求し「理義」や「信義」を問おうとしない点である。侗庵は儒学の義利之辨の伝統の下に「利」を批判するが、決して「利」を軽視し、完全に否定していたわけではない。彼は「功利」を「天然之功利」と「理義に戻る之功利」との二種に分類し、後者を批判して前者を重視する。

功利に二有り、天然之功利有り、理義に戻る之功利有り、理義に戻る之功利は醜む可し、天然之功利は烏んぞ忽《ゆるが》せにす可き、周易一書専ら利・不利を挙げて以て世を訓す、豈に概ね之を斥けることを得んや、一身の利害は固より当に詳計すべし、国家之利害は尤も精思審度せざるべからず、正誼明道《せいぎめいどう》と、利害を較覈するとは、本より自ら平行して、相戻《もと》らず、苟も正誼明道而已、利害は漫《みだり》に之に附して問はず。（S三六、文政一一年）

『易経』「周易」が「利」を論じているように、「一身の利害」は勿論「国家之利害」はより優先して「精思審度」しなければならない。だが、「利」は「正誼明道」則ち道を正し明らかにすることに自ら附随するのであって、それ自体を追求してはならない。このような「利」は「義」より生ずるという「利」の理解を前提として、ただ「利」のみを求めて無制限の植民地獲得競争を続ける西洋諸国の精神は次のように批判された。

蓋し西洋人は貪林咸習ふ、惟だ利害益是を損ふ計にして理義を問はず、其れ此に至るは惑ふこと勿き也已。（S一一〇、天保六年）

西洋の国俗は専ら牟利を務めて理義を顧みず。（S一四〇、天保九年）

戎虜豺狼《さいろう》之性、饕餮《とうてつ》之欲、惟だ利是競ふ、信と義とを顧みず。（K四五、天保一〇年）

泰西之俗、利を嗜むこと渇より甚だし、其君は互市を以て国を立て、其の士民は貨賄を殖《ふ》やす以て至要の務めと為す、心力を傾竭して惟だ財是競ふ、苟も利之在る所復た理義と盟とを顧みず。（S一四六、天保一一年）

このように「理義」よりも「利」の追求を「至要の務めと為す」西洋では、「蓋し西洋人、惟だ事功を以て人の優劣を判ず、甚だ徳行を重んずるが故に然して、本邦及び西土の如からず」（「劉子」賢王殺孝子）と、「徳行」よりも「事功」が重視されており、さらに、「民、廉恥無くして、治むべからざるなり」（「淮南子」泰族訓）とされる儒学文化に対して、西洋は「貪饕無耻之風」であって、人びとは心清くして悪を恥じることを知らない。

本邦、支那の政教之體、以て人をして廉耻の至重と為すを知らしむ、故に士民耻を崇べば則ち国家又寧し、衆耻尚を忘れば則ち危顚立つに至る、而るに西洋諸国未だ必しも然らざるに似る、斯風尚之敻《はる》かに侔《ひとし》からざる也。（K三六、天保一〇年）

そして「力を以て仁を仮る」覇と「徳を以て仁を行ふ」王の区別（『孟子』公孫丑）に従えば、「本邦支那之為、王道に近くして迂に流れること少なし、泰西之挙、覇術に類せしめて事に便、惟だ其れ綦めて事に便、殊效《しゅこう》の速く見れる所以にして甚だ畏るべき也」（「泰西録話」弘化元年「侗庵六集」巻七）と、日本や中国は「王道」に近く、西洋の「侵略」的な挙動は「覇」に分類された。このような西洋文化の認識に基づいて、たとえば、「阿片之変」に対しては、「是清直にして英機黎曲なり、非理無道、実に英機黎に在りて清に在らざる也」（「鴉片醸変記」天保一二年「侗庵六集」巻四）というイギリスの「非理無道之挙」批判が生まれてくるのである。

このように侗庵は「仁義道徳」の見地より西洋を批判し、呼称として「海寇」「虜」「夷虜」「狄虜」「外夷」等を用いているが、前述したように西洋をいわゆる華夷秩序の枠組みで捉え、野蛮視し一方的に夷狄の排斥を説く攘夷論に与しているわけではなかった。「是〔「万國全圖」〕に於て乎、西洋諸国の封域或いは漢唐宋明より大、勝兵百万、綱紀整飭、屹然克く自ら樹立するを見れば、則ち必ず外国之侮蔑すべからざるを知る」（K三一、天保一〇年）。なぜなら侗庵にとって欧州諸国は、その軍事的な脅威のゆえに「侮蔑すべからざる」存在であり、その上「仁義道徳」の観点からは一方的な攘夷は日本の道徳的優位性を傷つけ、外国に「無道之邦」と見なされることになるからであった（K三七、天保一〇年）。

侗庵の世界観で重要なのは、このように世界的な覇権を拡大させる欧州諸国ばかりでなく、その結果抑圧され植民地化された「亜米利加」「亜弗利加」「印度」「海南諸島」の国々にも視線が向けられ、「海防臆測」の中で頻繁に言及されることである。たとえば、欧州諸国が「競ひ来りて削奪」するアメリカについての叙述には、メキシコやペルーが侵略されたことに続いて、イギリスと北アメリカの原住民との戦闘の惨状、そして奴隷となって酷使されるインディアンが描かれる。

> 邇《ちかき》は英機黎の勢燄《せいえん》最盛、殆ど北亜墨利加之半を取る、其の占拠する所、直ちに海東畔より西畔に達す、彼其の討撃之際、砲銃之粉虀《ふんせい》する所、兵燹《へいせん》之焚燬《ふんき》する所、死傷累《かさね》て幾千万を知らず、況や復た泰西往々其人を俘《とりこ》にし以て皈《おく》り、孥《ど》と為して之を苦使す。（K四七、天保一〇年）

アメリカがこのように植民地化された原因は、「民夥夠《かこう》と雖も、兵力萎苶《いでつ》して振るはず、又況や瀕海之備・禦敵之防を修めず」（K三三）という軍事力の不足にあるが、その根本的な原因を、侗庵はアメリカが「聖賢を生ま」なかった（K四七）ことに求める。「夫の地儁英《しゅんえい》を生まず、民俗惷騃《しゅんがい》、隣邦の呑滅する所と為る、固より其当也」（「書新訂万國全圖後」）。この点ではアフリカも同様だった（K四七）。アメリカばかりではなく、たとえばイギリスに侵略されたムガル帝国についても、「有為之主」という「聖賢」を出だすことが出来るか否かに、独立回復の成否がかかっているとする。

> 借に莫臥児《ムガル》有為之主出だしめば、必ず先ず太西諸夷を逐ひ、臨海地を復して、然る後始めて以て自強すべし、然らざれば今之形勢に仍りて、今之疆域を改むること無く、断じて樹立有ること能はず、終に淪亡に帰すのみ。
> （K五三、天保一一年）

だが他方で、侗庵はこの「聖賢」の輩出如何にかかわらず、被侵略国の抵抗運動は必然的なものと考えていた。欧州諸国の侵略による虐殺が激しいゆえに、恨みを買い、その勢いは必ず逆に侵略国への抵抗を生むであろう。

> 況や彼皆芟薙《さんてい》屠醢《とかい》之餘、恨み深く次骨《じこつ》、勢ひ必ず戈に回り反噬、以て其の忿りを快す。（K五〇、天保一〇年）

> 泰西人極めて人の国を取ること巧なれば、則ち新世界〔アメリカ〕の異日之動静、洵に臆料するに難き者あり、

若し今古の定理を以て之を推覈すれば、則ち嗣いで後に新世界の畔乱数々起こり、以て本国と抗し、或は且之を陵暴す、実に勢之必ず至る所。　（K五〇）

このような植民化された国々での抵抗運動は、「古今の定理」によって「勢ひの必ず至る所」とされた。アジアは、アメリカ・アフリカと同様に植民地化されつつある大洲であると同時に、侗庵にとっては「神秀鍾萃《しょうすい》之域」という特別な存在だった。

古より利未亜尚北亜墨利加紀才賢を産まずして亜細亜独り聖哲を生みここに無数に儁《すぐ》る、欧羅巴且下風に在り、天之区宇を廻る、一視して並育、乃ち偏厚する所有り、豈に亜細亜神秀鍾萃之域、自ら然して然らん耶……聖哲坌出《ふんしゅつ》、智慮夙闢《しゅくびゃく》之邦、乃ち姦隣侵削に任せて之克く遏《とど》むること莫し、洵に恥ずべき之極と為る。
（「書新訂万國全圖後」天保九年）

「亜細亜」という概念それ自体西洋産の地理書に依拠しているが、これまで数々の「聖哲」を生み出してきたアジアが、植民地となって欧州列強に服していくことは、侗庵には「恥」と捉えられた。儒教の聖人たちを生んできた中国ではなく、「亜細亜」を「聖哲坌出《ふんしゅつ》、智慮夙闢《しゅくびゃく》之邦」とする侗庵の見解は、ヒュブネルらの世界地理書がアジアを「世界開闢ノ初地ニ〆神聖肇ニ出」た地と把握していたことに裏づけられているかもしれない。さらに、この侗庵の見解は、彼が「聖」人を儒学の古代中国の聖人のみに限定しなかったことも意味していよう。

以上のように、侗庵の眼に映る「海防臆測」の世界は、まさに「弱者は先ず殲滅する所と為り、強者は永存」するような（「答千住厶問」弘化元年［「侗庵六集」巻八］）弱肉強食の世界だった。侗庵の「泰西」諸国とそれらに植民地化されつつある世界の認識を巨視的な視座から捉え返すならば、思想史的には次のようにまとめることが出来よう。西洋列強諸国による植民地獲得競争の現実は、一方の西洋諸国では一九世紀中葉当時にはすでに近代西洋文明を基盤とする〈文明―半開―野蛮〉の文明発展史観によって意味付けられ、西洋ではその文明史観に基づく地理書を生み出しつつあった。しかし他方、徳川日本の侗庵は、そのような同時代の西洋地理書に依拠しなかったが故に西洋産の文明発展史観との知的格闘を経ることなしに、眼の前に広がりつつある現実を一八世紀初頭の「熱於葛羅肥伊」などの情報に依拠しながら、古代中国文明に基づく儒学的伝統によって意味付け、再構成して捉えた。すなわち、義利之辨、徳行と事功、王覇之辨などによって、「理義を顧みず」「惟だ利」を追求する列強の覇権争いを糾弾し、批判的に認識していたのである。

その後の時代まで展望すれば、日本での文明発展史観と儒学的伝統との知的な取り組みは、もはや侗庵以後の問題であった。西洋近代を頂点とする〈文明―半開―野蛮〉の文明発展史観が日本社会に受容されていくことになったのは、侗庵の没後、一九世紀の西洋産地理書が、福澤諭吉の「唐人往来」（慶應元［一八六五］年）・『世界国尽』（明治二［一八六九］年）や内田正雄『輿地誌略』（明治三―八［一八七〇―七五］年）の典拠となって紹介されてからである。[84]侗庵が経験することがなかったこの思想的課題は、侗庵の門人阪谷朗廬ら儒学的知識人によって、産業革命の成果を享受し始めた文明開化の明治初期に、展開されることになったと云えるだろう。

ところで、侗庵の時代のいま一つの西洋認識の思想的可能性を、侗庵の「海防臆測」執筆と同時期にヒュブネルの翻訳本を利用しながら著作をしたためた、渡邊崋山（一七九三―一八四一）の思想を通して確認することも出来よう。田原藩年寄役末席として藩の海岸懸りを兼務し、海防の情報入手のために蘭学を学んだ崋山の世界認識の主な典拠には、ヒュブネルの「ゼヲガラヒー」の翻訳「輿地誌」（青地林宗訳）の他に、当時「プリンセン」の名で蘭学者たちに知られつつあったPieter Johannes Prinsen（一七七七―一八五四）の地理書（*Geographische öfeningen*, 1817, 二版）の翻訳「新撰地誌」（小関三英訳）も含まれている。[85]小関三英や高野長英といった蘭学者たちや西洋人と直接交流があり、侗庵以上に新しい多くの翻訳本に接することができた崋山は、それだけ西洋の技術力のみならず政治体制や政治文化についても造詣が深く、西洋の文明社会との質的隔絶性を道義的な観点からの批判ではなく、技術の発達を可能にした社会的条件まで視野に入れて認識することができた。たとえば、彼の「西洋事情書」や「外国事情書」には、ヨーロッパ社会では「学芸勉励ノ風盛ニ行ワレ」「皆学校学場有之」種々の教育機関を通して教育がどれほど社会に浸透しているかが述べられ[86]、また「物」ばかりでなく「万事議論」によって社会が支えられていることまで見通している。「唯万物計究理仕候には無之、万事議論、皆究理を専務と仕候」(「初稿西洋事情書」[87])。だが、侗庵とは対照的にヨーロッパ社会への理解が深いほど、崋山は日本の対外的独立を維持するという問題に対して悲観的にならざるを得なかったのではないか。蘭学者に対する侗庵の批判はまさにこの点にあった。「夫れ蘭学者は邦俗勇鷙之風を鼓《こ》して以て自強を図るを思はず、而して泰西之盛を侈言《しげん》して以て士気を挫屈す、固より失策為り」(K二三)。さらに侗庵は、蘭学者が「西洋人」の「利に趨《おもむ》き」「其の利を擅《ほしいまま》に」する風習を見誤っていると批判する(K三六)。尤も崋山は「呑啄《どんたく》ニ奔競《ほんきょう》」するヨーロッパ人の本質を「本体功利ヲ基と仕候」(或は「坒忍之性」)としているが[88]、世界認識においては、侗庵に比して被植民地諸国への関心が低く、そこでの抵抗運動やその可能性に対しては殆ど関心を示していない。侗庵と同様に、海防の情報収集のために西洋事情に精通した崋山は、結局、西洋との実力の大きな格差を認識するがゆえに、侗庵とは対照的に、ヨーロッパの人から見れば「途上の遺肉の如」き日本は「百事反戻して手を措く所な」く「今夫れ如此なれば、只束手して寇を待む歟」(「慎機論」[89])と嘆くほかなすすべがなかった[90]。

同じヒュブネルの地理書の翻訳を読んで西洋を含む世界観を形成した蘭学者崋山と儒学者侗庵との思想的分岐は、一方でこのような日本の国家的独立確保への対処の仕方に顕著に現れているが、それは他方で西洋社会に何を見るかという着眼の相違に起因していた。崋山の西洋認識の深さは、西洋近代文明に一元化されたイギリス産の〈文明—半開—野蛮〉の文明史観に接することがなかったにも拘わらず、軍備という西洋の物質的側面ばかりでなく、教育制度や「議論」などの社会制度の側面にまで着目し、西洋の文明社会に含まれる普遍的契機を見据えていたことにある。それゆえに西洋諸国の植民地獲得競争に批判的でありながらも、西洋社会は崋山にとって羨望の対象だった。他方の侗庵にとっても西洋諸国は「遠略」が可能な程に「物理」を窮め、「威」であるという軍事的側面での目標だったが、結局、西洋の社会や文化がもつ普遍的契機に開眼することはなかったのではないだろうか[91]。この問題は、のちに本書第III部で扱う、侗庵の息子古賀謹堂の課題になっていく。

付表5-1　古賀侗庵『大學問答』の構成と引用書著者名

巻之一

序　①氣質（問：、答：古賀精里［李退溪］、孫詒仲）、②聰明睿智（問：陳新安、答：孫詒仲）、③節・文（問：齋夢龍・胡炳文、答：朱子・陳北溪・史永嘉）、④無不学（問：呉程、答：蔡虚齋）、⑤陵夷・頽敗（問：黄洵饒・蔡虚齋、答：顔師古）、⑥規模之大・節目之詳（問：陳新安・蒙引、答：孫詒仲・朱子・蒙引・語類）、⑦俗儒記誦詞章之習（問：呉臨川［澄］、答：蔡虚齋）、⑧權謀術數（問：張師曾、蔡虚齋、答：古賀精里［陳新安・黄洵饒・蔡虚齋］・或問？・雨森東［張晏・顔師古］）、⑨孟氏之傳（問：張師曾、答：李賢・蔡虚齋）、⑩章句序（問：許白雲・陳新安、答：蔡虚齋・黄昌衢）

經一章上　①音泰（問：呉昌宗、答：孔穎達）、②子程子（問：經史問答・荘烈・全祖望？、答：葉夢得）、③論孟次之（問：［或問・蒙引］、答：朱子答楊子直書・蔡虚齋）、④大學者、大人之學也（問：張自烈・胡炳文・孫詒仲、答：鄭康成・蔡虚齋・呂晩村）、⑤大學（問：張自烈・張彦陵、答：陸稼書）、⑥大學之道（問：直解、答：許白雲・陳茵・蔡虚齋・孫詒仲）、⑦在（問：張、答：蔡虚齋）、⑧明德（問：黄洵饒、答：汪武曹）、⑨致知（問：胡雲峯、答：孫詒仲）、⑩虚靈不昧（問：黄・盧玉溪・呉程・景星、答：張芭山・孫詒仲）、⑪親（問：惠棟・程子、答：馮柯）、⑫新民（問：蒙引・存疑、答：李岱雲）、⑬光被四表？（問：呉季子、答：汪武曹）、⑭至善（当然）（問：饒、胡雲峯、答：趙）、⑮至善（太極）（問：盧玉溪、答：陸稼書）、⑯至善（中道）（問：熊勿軒、答：朱子・張爾公）、⑰新民—止於至善（問：蔡虚齋、答：李岱雲）、⑱至善？（問：林希元、答：）、⑲知止而后有定（問：語類・或問・黄際飛、答：蔡虚齋・周大璋・李岱雲）、⑳定而后能静？（問：胡雲峯、答：周大璋）、㉑静而后能安、安而后能慮、慮而后能得？（問：朱子、答：孫詒仲）、㉒知止節（問：黄洵饒、答：汪武曹）、㉓物有本末（問：盧玉溪、答：陸稼書・仇滄柱・汪武曹）、㉔知所先后則近道矣（問：直解・張甄陶、答：金仁山・〈陸稼書〉・黄洵饒）

巻之二

經一章下　①明明德於天下（問：陳新安・胡雲峯・孫詒仲、答：史伯珮・蔡虚齋・陸稼書・林希元）、②先治其國之國（問：、答：孫詒仲）、③絶筆・更定（問：陳新安、答：呉程・〈孫詒仲〉・呉志忠・胡炳文・蔡虚齋）、④八條目（問：玉溪盧、答：李岱雲）、⑤（問：許東陽、答：）、⑥八条目（問：饒雙峯、答：汪揩九・〈陸稼書〉・呂晩村）、⑦庶人—蚩蚩之氓、自天子以至於庶人、壹是皆以脩身爲本。（問：呂晩村、答：或問小註・周大璋・〈陸稼書〉・張甄陶）、⑧（問：呉季子、答：孫詒仲）、⑨（問：黄勉齋、答：汪武曹）、⑩（問：呉季子、答：孫詒仲）、⑪其本亂而末治者否矣（問：孔穎達、答：直解）、⑫所厚（問：、答：古賀精里・陳三山・呉季子）、⑬（問：許東陽、答：蔡虚齋・孫詒仲）、⑭（問：張師曾、答：）、⑮致知—誠（問：韓古遺、答：張爾公）、⑯傳首章〈明明德〉、⑰克明德（問：呉季子、答：蔡虚齋）⑱峻德（問：呉季子、答：蔡虚齋）

傳二章〈新民〉　①盤（問：邵新定・胡炳文・閻若犹、答：語類・章句・林恭甫・鄭）、②銘（問：金仁山、答：）、③苟（問：李岱雲、答：周大璋）、④苟日新（問：翼註、答：陸稼書）、⑤苟日新（問：王觀濤、答：）、⑥鼓之舞之之謂作（問：章句・語類、答：孟子・帝舜歌）、⑦作新民（問：黄洵饒、答：李禎）、⑧用其極（問：盧玉溪、答：朱子・蔡虚齋・王觀濤・翼註・陸稼書・孫詒仲・李岱雲）

傳三章〈止於至善〉　①丘隅（問：章句、答：鄭・顔師古）、②爲人子、止於孝（問：黄洵饒、答：張爾公）、③緝熙敬止（問：蔡虚齋、答：周大璋・李岱雲）、④與國人交、止於信？（問：蔡虚齋、答：陸稼書）、⑤與國人交（問：張甄陶・艾南英、答：或問・呉季子）、⑥有斐君子（問：鄭・孔穎達、答：）、⑦瑟（問：方蛟峯、答：周大璋・孫詒仲）、⑧赫・喧（問：饒雙峯、答：蔡虚齋）、⑨盛徳至善（問：陸稼書、答：李岱雲）、⑩釋止於至善（問：陳新安、答：陸稼書）、⑪釋止於至善（問：饒雙峯、答：孫詒仲・李岱雲）

巻之三

傳四章〈本末〉　①（問：或問、答：）

傳五章〈格物致知〉　①間嘗竊取程子之意以補之（問：直解、答：朱子味道堂記）、②因其已知之理（問：大全小註、答：朱子答人問樂記・胡雲峯）、③衆物之表裏精粗無不到（問：朱子・李禎、答：蔡虚齋・陳紫峯）、④朱子補傳（問：朱子補傳、答：黄震・董槐・葉夢鼎・王柏・呉澄・方止學・景星・許東陽・呉江西・董文靖・蔡虚齋・林希元）

傳六章〈誠意〉　①自欺・自謙（問：蔡虚齋、答：林希元）、②小人閒居（問：李岱雲・周大璋、答：陳新安・朱良玉）、③見君子而后厭然（問：徐巌泉、答：汪武曹・李岱雲）、④十自所視、十手所指（問：語類・胡雲峯、答：孫詒仲・呂晩村・周大璋）、⑤十自所視、十手所指（問：許東陽・蔡虚齋・黄際飛、答：李岱雲・陸稼書・〈張甄陶〉）、⑥德潤身（問：陳新安・蘇石水・呉因之、答：莫中江・袁中郎・樂天齋翼註）⑦德潤身（問：陸稼書・陳新安・呉因之、答：陸稼書）、⑧心廣體胖（問：饒雙峯、答：陸稼書）、⑨（問：饒雙峯、答：汪武曹）、⑩（問：饒雙峯、答：孫詒仲）

傳七章〈正心脩身〉①有所忿懥（問：朱子、答：楊名時・周大璋・李光地）、②有所忿懥（問：黄洵饒、答：孫詒仲）、③正（問：胡雲峯・姚承庵・羅念庵・周大璋、答：蔡虚齋・程徽庵・呉蓀右・孫詒仲）、④（問：方蛟峯、答：陸稼書・李岱雲）

傳八章〈脩身齊家〉①親愛（問：呉李子、答：語類・蔡虚齋・陸稼書）、②（問：饒雙峯、答：蔡虚齋・陸稼書）、③（問：朱子、答：孫詒仲）、④（問：呉李子、答：汪武曹）、⑤（問：饒雙峯、答：陸稼書［松陽講義］・汪武曹）

巻之四

傳九章〈齊家治國〉①不出家（問：陸稼書、答：呉季子・蔡虚齋・陳紫峯）、②家（問：孫詒仲・顧夢麟、答：李岱雲・孫詒仲）、③推廣（問：蔡虚齋、答：周大璋）、④立教之本（問：盧玉溪、答：孫詒仲）、⑤仁・讓（問：饒雙峯・盧玉溪・黄洵饒、答：林希元・李岱雲・蔡虚齋・李禎）、⑥貧戾（問：呉季子、答：周大璋）、⑦僨事・定國（問：盧玉溪・金仁山、答：呉檀・陳新安・孫詒仲）、⑧所藏乎身不恕（問：金仁山、答：孫詒仲）、⑨恕（問：饒雙峯、答：汪武曹）、⑩宜其家人、而后可以教國人（問：蔡虚齋・孫詒仲・陸稼書、答：古賀精里・汪武曹・李禎）、⑪三引詩（問：黄洵饒、答：）、⑫治國在齊家（問：韓古遺、答：孫詒仲）、⑬治國在齊家（問：呉季子、答：李禎）

傳十章〈治國平天下〉①國・天下（問：陸稼書・呂晩村、答：汪武曹）、②絜矩（問：胡雲峯、答：汪武曹・陸稼書）、③絜矩（問：胡雲峯、答：汪武曹）、④樂只（問：、答：）、⑤詩云、樂只君子節（問：呉季子、答：李禎）、⑥民之所好好之、民之所惡惡之（問：許東陽、答：）、⑦此之謂民之父母（問：呉蓀右、答：蔡虚齋）、⑧道得衆則得國、失衆則失國（問：蔡虚齋、答：李岱雲）、⑨君子先愼乎德（問：孫詒仲、答：王觀濤・張彦陵）、⑩有財此有用（問：呉季子・張彦陵、答：饒雙峯）、⑪楚書・舅犯二章（問：直解・浅説、答：）、⑫楚書・舅犯二章（問：饒雙峯・胡雲峯・許東陽、答：顧夢麟・李禎）、⑬一个（問：盧玉溪、答：陸稼書・汪武曹・李岱雲・〈李禎〉）、⑭有容（問：蔡虚齋、答：陸稼書・〈陳新安〉）、⑮其如有容（問：方蛟峯・蔡虚齋、答：孫詒仲・古賀精里・李九我・王觀濤）、⑯以能保我子孫黎民、尚亦有利哉（問：、答：呉季子・張居正・陸稼書・孔穎達・蔡虚齋・王觀濤・太宰純）、⑰唯仁人爲能愛人、能惡人（問：盧玉溪・蔡虚齋、答：）、⑱君子在大道、必忠信以得之、驕泰以失之（問：呂晩村、答：汪武曹）、⑲章内三言得失（問：許東陽・呉季子、答：蔡虚齋・林希元・李禎）、⑳生財有大道（問：彙解、答：呂晩村）、㉑生財節（問：胡雲峯、答：汪武曹）、㉒國無遊民（問：盧玉溪、答：李岱雲）、㉓生財節（問：許東陽、答：李禎）、㉔仁者以財發身（問：呉季子、答：張爾公）、㉕其事不終（問：呉季子、答：汪武曹）、㉖孟獻子（問：盧玉溪、答：汪武曹・〈呉檀〉）、㉗盗臣（問：呉季子、答：孫詒仲）、㉘彼爲善之（問：、答：史繩祖・金仁山・〈程伊川〉・張卓庵・朱良玉）

［註］網掛けは汪份編『増訂四書大全』にも引用、〈 〉侗庵案語内での言及名、通し番号や各主題分けは眞壁による。問・答の後の空欄は引用著者名が挙げられていない。

第六章　変通論

――「物窮まれば則ち変ず」――

知的世界の拡大、とりわけ世界認識における視圏の拡大は、学問所儒者古賀侗庵の政治思想にも多大な影響をもたらすことになった。

たしかに侗庵の場合、最初期に属する著作にも、政治改革論が窺える。彼の若い時期の対外構想と国内政策案が最もまとまった形で示されるのは、「擬極論時事封事」（文化六年）である。(1) この「封事」は、「俄羅斯」が文化三（一八〇六）年と翌年にカラフト・エトロフに渡来して松前藩会所を相次いで襲撃し、さらに文化五（一八〇八）年には長崎港に侵入（じっさいはイギリス軍艦）した事実を踏まえ、(2)「書生常に談じ」ていることを「策十事」にまとめたものである。この中で侗庵は、まず「百事之本」である「言路を開く」ことを提言した上で、ロシアの侵略に備えるために「武事を講じ以て士気を振る」い「火器を修め」「水戦を習」って、ロシアの長じる所を奪い「武備を補ふ」ことなどを論じ、さらに先のロシア船の襲撃の原因は文化二（一八〇五）年にロシア使節レザノフの通商要求を拒否したことにあったと述べている。レザノフが持参した貿易開始を要望するアレクサンドル一世の国書への幕府の対応は、モリソン号をめぐる対応でもみたように、それ以後の徳川時代末期の外交政策に先例として影響力をもつことになっていく。第Ⅰ部第三章で論じたように、レザノフへの「申渡」にもられた幕府の通商拒否の論理は、対外的「互市」によってもたらされる良材流出と貪利の風潮流行という国内への悪影響を理由に、特定の国以外は通信通商の関係を持たない「我国歴世封疆を守るの常法」を遵守するというものだった（「申渡」文化二年三月七日）。これに対して侗庵は、ロシアとの圧倒的な軍事力の格差を認識し「蓋し天下成敗は吾が防守如何に在り」と対外的独立を優先させるがゆえに、レザノフへの対処は「当時の大臣の慮遠くに及ぶこと能はず」、これによって「吾が計は既に失」し、先年の「侵掠」にみるように「我已に彼の術中に陥」ったと批判する。そして今後「再び和親を請ふ事有らば応じ」その間に軍事的技術に習熟して、「和親」を「戦之資と為す」ことを提言している。

和親既に成る、交市の有無、務めて其の意に順適し彼をして兵端を生ずることを能はしめず、其の間を以て武備を修整し、数十年之後、舟楫既已整練すれば則ち惟だ吾の為すことを欲する所、志すが如くならざるは無し、是和親の戦之資と為す所以、戦之れ勝を得る、適《まさ》に和親を之の基と為すに因る也。（「擬極論時事封事」）

この軍事技術の革新とそのための「和親」論は、その後の彼の対外政策の基調となっている。

このように初期の時務策においても変革論を展開したが、先に検討したように、この「擬極論時事封事」執筆以降に開始され、継続された積極的な対外情報収集により、ロシア一国の対外危機の他は礼的秩序に基づく東アジア域圏での国際秩序観から、列強の覇権争奪の世界、利欲のみに基づく弱肉強食の国際関係への視圏を拡大させ、さらにこれに附随する対外危機意識の増大は、侗庵にこの変革の論理を、より自覚的に主張させるようになる。それが、侗庵の政治的な論説を貫く「変通」という論理である。

「変通」の論理　『易経』繋辞伝の「易窮まれば則ち変ず」を「易大伝曰く、物窮まれば則ち変ず、蓋し天下の事物、特に未だ窮まらざるのみ、果たして窮まれば、未だ一変せざるもの有らざる也」と解する侗庵は、「変通之理」について次のように論じる。[3]

天下大勢固より已に窮則変之理有り、顧ふに上に在る者、袖手《しゅうしゅ》旁観、経画する所無く、其の自ら窮まりて自ら変ずるに任せれば、則ち変革之際、禍に流れ毒を播《ちら》す。（「物窮則変説」文政七年［「侗庵三集」巻四］）

侗庵によれば、この「天下大勢」の中で「変通之理を洞看して、之を経綸し、未だ必ずしも斯禍有らず、即《たと》ひ禍既に成る、而して善く之に措画《そかく》を施く」ことができる者こそ、「前識之明」ある「英主賢輔《けんぽ》」であった。侗庵の「変通之理」は、社会状況の変化に即応して「禍」が生じる前に「経綸」して善処し、あるいは「禍」の生じた後に政治的な法や制度を状況対処的に「変革」していくことを為政者に要求するものである。この「物窮則変説」で議論される「変通」が侗庵の思想を貫く中心的主題であることは、その後も繰り返し説かれることからも明らかである。(4) 世界を動態的なものと捉え、不断に変動するものとする認識は、その世界の秩序を維持し統治する為政者に、変化を洞察し、それへの対策案を計画し、そしてじっさいに改革を施行することを求める。「変通」の主張は、まさに為政者に統治責任能力を問うと同時に、秩序維持のための政治的「変革」を正当化する論理であった。(5)

しかし、侗庵の「変通」は、規範的な側面を捨象して、社会状況の変動に追随して臨機応変対処するだけのものではなかった。たしかに『易経』の「変通は時に赴くものなり」（繋辞下）との定義からは時勢に追随する無原則な機会主義との観を払拭できないが、侗庵の「変通」がそれと異なるのは、彼が一方で時処に対処適応する「変通」の必要を説きながら、他方で歴史を貫く精神的な規範、「祖先」から受け継がれてきた「心志」の継承を述べているからである。「列侯、祖訓を固守する者の善政多きを論ず」と題された論策では、その当時の諸侯を「祖先の成憲を墨守する者」と「随宜変通を主とする者」との二種類に大別した上で、その両者が批判される。

夫れ成憲を墨守する者は一邦之道を保つを是と為し、寧ろ変を制し宜を裁する之方を識らず、或は智士有りて当務を忠告する之要を識らず、立て淬励《さいれい》以て異日之急に応ず可し、随時変通之邦に至らば、則ち綱解け俗瀰《うす》く、士民各《おのおの》心有りて、常に土崩之懼れを懐く、必ずや暮気を皷《う》ち、墜典《ついてん》を整頓し、政俗をして成憲を墨守する之国の如くせしめ、方に変に応ずる之方を謀る可し。（S三四、文政一一年）

すなわち、前者は危機に臨んで「変を制し宜を裁する」方法や「智士」に諫言させる必要を認識せず、後者では一国内の「政俗」が乱れ法が解体していく。侗庵が構想するのは双方の長ずる性格を兼ね備えたものである。つまり、為政者の精神的規範の側面では「成憲を墨守する者」の「行誼政教之慾」という「心志」を重視し、それと同時に具体的な政策立案においては「随宜変通を主とする者」の「智士」を用い「変に応ずる之方」を採用する。このような認識を、本書では侗庵の「変通」の論理と概念化して、彼の思想に一貫する思考を分析したい。同年文政一一年に著された論では、このような「心」と「変通」の論理は次のように記されている。

　国家万務は一身に根づき、身之百行は一心を宰《つかさど》る、心は百行万務之主なり、其れ成憲を墨守するは行ひなり、其の成憲を墨守するを欲するは心なり、是れ心は則ち、孝子の乃祖《だいそ》の美志を継述することなり、心志此に在り。（S三四）

吾鑒裁なく、変通に達せず、苟も唯だ古の法を為さば、適足《てきそく》国家を誤る而已、蓋し古人之崇ぶ可きは、長厚之行、慈恵之心に在り。（S四三）

孟子をして今日に生かし、時勢を目撃せしむれば、必ず順応之良法有り、断じて古制を死守して以て民を殃《わざわい》し海宇を擾さず。（S四五）

侗庵は「先王」の制度や経学をも教条的に絶対視しない。「惟ふに其れ先王之迹に泥《なず》まずして、克く其の心を承る、六経の陳言を惹《ひ》かずして、其の意に戻《もと》らず、之を善き師古《しこ》と謂ふ」（S四五）。三代の「先王」の制度や学問に善く則るとは、「先王之迹」に拘泥することや言い古された「六経」を惹くことではなく、「先王」の「心を承」り、経書の「意に戻ら」ないことである。

　侗庵のいう「心」「心志」は「孝子の乃祖《だいそ》の美志を継述すること」とされるが、それはいったい何を指しているのだろうか。大きく概括すれば、それはおそらく、ある精神の継承とでも言い換えられるであろう。しかし、著作の文脈に即して考えるならば、それは、第Ⅰ部から引き継ぐ〈教義上の正統性〉や〈政治的正統性〉のそれぞれに関わる主題として、いくつかに区分して捉えられよう。

「変通」と〈正統性〉　まず、〈教義上の正統性〉としては、前章の経書解釈で確認したように、侗庵は、字句通りの朱熹の註釈を「正學」として墨守するのではなく、「博學」の解釈史研究を踏まえ、その諸説のなかで朱熹の「旨」を生かす学問的な解釈を行おうとしていた。それは、学問上の経書解釈における朱熹の精神の継承である。宋代以降の経書研究の進展を踏まえれば、もはや朱熹説を採用できない箇所が数多く現れざるを得ない。一世代前の尾藤二洲・頼春水・古賀精里たちにとっては、「異學」と「正學」の弁別に力点を置き、学問における「正統」を確立することこそが焦眉の課題だった。その次なる世代に属する侗庵が、前世代が取り組まなかった、または完結させなかった課題、すなわち学問所儒者として四書のすべての箇所に註釈を付ける作業に着手し、〈教義上の正統性〉を追究すれば、その解釈史上の問題に直面することは必至であっただろう。そして、このような侗庵の学問における〈正統性〉追究は、当然、〈政治的正統性〉の問題と重ならざるを得なかった。

「先王」や「六経」を持ち出して、それらの「先王之迹」「古の法」「古制」ではなく、「其の心を承る」、すなわちその精神の今日的な具現化を図ると、侗庵が記すとき、それはもはや狭義の経書解釈という学問領域を越えて、現実の法制度や政策の〈政治的正統性〉を問題にしていたと言えるであろう。先の引用文で侗庵は云う。「孟子をして今日に生かし、時勢を目撃せしむれば」、必ずや、旧い制度の遵守ではなく「順応之良法」を選択するであろう。そこには、一方で、歴史的状況変化に拘わらず終始一貫されるべき、経書の普遍的な精神的規範という意味で「理義」「道義」、あるいはそれらに固着する姿勢を保ちつつも、他方では、歴史的展開、その具体的状況を重視し、それゆえに、その精神的規範を、個別の文脈のなかで固有な形で現出させる必要が説かれている。すなわち、「理義」を堅持しつつも、それを所与の具体的条件下で真に生かすために、ただ墨守するのではなく主体的に適用する構想を導き出す。侗庵の「変通」の論理には、このような性格が附与されているといえるだろう。

この「変通」の論理は、日中の習俗の文化相違を正当化する論拠としても用いられ、日本の「養子之制」は「変通之良法」（S一二六、天保八年）と捉えられる。しかし、本書での関心に従えば、より注目されるのは、この論理に依拠した、具体的な政治制度の改革論である。侗庵の著書「海防臆測」の中では、次のように述べられて大船建造を禁じた「祖宗之制」の変革が要求されていた。「夫れ物窮まれば則ち変じ、変ずれば則ち通ず、祖宗之制、果たして人情事體に於て窒阻《ちっそ》有らば、安ぞ硜然《こうぜん》墨守するを得ん乎」（Ｋ一五、天保九年）。「乃祖の美志」や「心志」を今日に生かすとすれば、「祖宗之制」はいまや問題ではなく、家康（東照宮・神祖）から始まる徳川家中興の将軍たち、彼ら「祖宗」の精神が、具体的状況の中で生かされるよう政治構想が企図されなければならない。このような論理は、独り古賀侗庵ばかりでなく、徳川後期「政教」の内実を考える上でも重要である。展望をきかせれば、第Ⅲ部で具体的に検討することになる、学問所を母胎として〈政治的社会化〉を遂げた幕臣たちの政論にも、共通する主張が現れる。

「変通」と〈政治的正統性〉　〈政治的正統性〉を問題とする場合には、たしかに政権交替や王位継承に伴う政治的統治体系の〈正統性〉論があり得るであろう。たとえば、「皇統一系」、「聖徳」、あるいは「忠孝一致」の強調により、国家統合にむけた支配の〈正統性〉を提示する議論もあろう。前章で確認したように、対外危機が増大する天保年間後期から、侗庵自身も、「上下一志」の強調と共に、「本邦」の卓越性を「万代一姓」によって主張し始めた。しかし、ここでは、そのような統治体制比較や国際的文化比較における政治支配の〈正統性〉とは異なるレベルで、いま一つの〈政治的正当性〉が問題にされていることが注目されるだろう。それは、具体的政策をめぐって判断がなされる際に照合される〈正当性〉根拠である。すなわち、政治体制自体の存在を前提としつつも、「心志」という、その政治体制の存在根拠となっているある精神を解釈することによって、現実の政治制度の変革を〈正当化〉する主張の在り方である。歴史上存在する多くの体制内変革では、おそらくこのような〈政治的正当性〉の根拠提示がなされてきたであろう。侗庵の云う「智士」が、知性を用いて具体的な政治構想を立てる際に、あるいは政治判断を行う際に、利害対立や調整を越えて、その政策の妥当性を、意思決定に関与する構成員に説得させる説明論理は、後者であって前者の〈政治的正統性〉ではないであろう。

学問所儒者の古賀侗庵を例に考えれば、学問所によって担われた徳川後期の「政教」の場合、〈教義の正統性〉と〈政治的正当性〉とは、詔勅・勅語によって集権的な国家統合を図った先の清朝初期の結合の仕方とは異なる形で、連関していたといえる。つまり、前者がもたらした、経書テクストの世界が提供する原理的な思考、「博學博文」により幅広い領域に拡大された「智」、そして「智」性に支えられた批判的精神によって、後者の政治的意思決定過程に影響力を及ぼす、政治的判断の〈正当性〉根拠の提示が行われているという展開の連関である。このことは、第III部では、「祖法」「御遺制」をめぐる政治判断の際に行われた、「祖宗之御遺志」＝〈政治的正当性〉根拠の解釈問題として、学問所関係者の多くの事例を通して確認されるであろう。

「変通」という変革概念は老中水野忠邦によっても用いられ[6]、天保一二（一八四一）年から開始された幕府の天保の改革として、国内の政治改革が実施されることになるが、結局改革に失敗し、忠邦や精里門人で侗庵とも親交をもつ羽倉簡堂らが天保一四（一八四三）年に罷免されるに至る。翌年の「新論」（S一六六）で侗庵は「国家に有る者、権度を慎まざる可からず」と述べて、為政者に「綱維を釐革」するに際して慎重さを求めている[7]。だが、彼の思想には、一貫して広い知見から物事の趨勢を見極め、臨機応変それに対処する「変通」の論理が貫かれていたといえよう。アヘン戦争後の天保一五（一八四四）年には「本邦の兵制、一変せざる可からざる」ことを「変通」の論理で論じ（S一七〇）、また「天下に意外之変有り、故に意外之見を吐き以て其の禍萌を遏める、蓋し亦事方物《ほうぶつ》其の自然之理に遵《したが》ひ以て至当之論を立つるに値す」（S一六三）と述べ、とりわけ具体的なオランダの「開国」勧告に臨んでは、対外的危機を「非常」で「意外」な事態への対処と捉えて「非常之変に遭ふ、惟だ非常之挙、以て之を制すべし」（「擬論外夷互市封事」）と論じ、「非常之挙」である開港の選択を、幕府に提言しようとした。しかも、これら一連の政治判断の際には、儒学のいわゆる経道と権道、すなわち変えることの出来ないものと一時的に変えるべきものとの緊張関係にきわめて自覚的である。

以下、侗庵のこの「変通」の論理が、特に一八四〇年前後の具体的な論のなかでどのように説かれたのかを検証する。第一節では、世界認識の転換に基づく侗庵の「変通」の論理が、海防策ばかりでなくそれを支える彼の「窮理」観にも貫かれていたことを明らかにする。第二節では、アヘン戦争以後のオランダの開国勧告をめぐる侗庵の議論を検討し、「変通」の論理が具体的論策に貫かれたことを明らかにしよう。

一　海防策とそれを支える「窮理」観――学問所儒学における位置

侗庵が昌平坂学問所儒者として在職していた期間、すなわち御儒者見習となった文化六（一八〇九）年から、正式に御儒者となる文化一四（一八一七）年を経て弘化四（一八四七）年に没するまでの三八年間の学問所の同僚を概観し、侗庵と同世代の儒者を見るならば、侗庵の父古賀精里に学んだ儒者と、林家および林家塾長を三六年間（一八〇五―四一年）務めた佐藤一齋に学んだ儒者の二つの系統が、学問所儒者の双璧をなしているさまを見出すことが出来る[8]（表6-1）。侗庵の海防策が当時の昌平黌儒学の中でどのように位置付けられるかを、その影響力においても学問所儒学を代表する儒者、佐藤一齋との比較において検討するならば、侗庵の海防策を支えた学問、特に「窮理」の性質がより鮮明に現れてこよう[9]。

侗庵は当時の儒者たちを「拘儒専ら三代之英、漢唐之成䨼《せいかく》を談じ、今日の外夷情形を諳《そらん》ぜず」（K三六）と批判して、世界地理に関心を示さない儒者を非難していた。学問所儒者になって朱陸「合一」を唱えるようになっていたとはいえ[10]、「陽朱陰王」と評される一齋もその批判の対象の一人であったことは、一齋がその学問観から自己の確立に

表 6-1　侗庵と同時代の林大学頭・学問所儒者

	学問上の師	就任前の役職	在職期間
林　述齋（1768-1841）	澁井太室		林家第 8 代 1793-1838
林　培齋（1793-1846）	松崎慊堂・佐藤一齋		第 9 代 1838-1846
林　僩齋（1829-1853）	佐藤一齋・河田迪齋		第10代 1847-1853
林　復齋（1800-1859）	林述齋・松崎慊堂	西丸留守居学問所御用	第11代 1853-1859
柴野栗山（1734-1807）	林復軒・後藤芝山	阿波藩儒	1788-1797
岡田寒泉（1740-1816）	村士玉水・井上金峨	旗本次男	1789-1794
尾藤二洲（1745-1813）	片山北海	伊予浪人	1791-1811
山上桐原（1772-1824）		旗本惣領・小十人組番士	1795-1807
古賀精里（1750-1817）	（西依成齋）	佐賀藩儒	1796-1817
依田匠里（ ? -1851）		旗本惣領	1807-1841
古賀侗庵（1788-1847）	古賀精里・柴野栗山	儒者三男	1809-1847
増島蘭園（1769-1839）	古賀精里	旗本惣領	1810-1839
野村篁園（1775-1843）	古賀精里	小十人組番士	1813-1843
杉原心齋（ ? -1868）	佐藤一齋	旗本惣領・書院番士	1840-1861
佐藤一齋（1772-1859）	林述齋	岩村藩士厄介	1841-1859
友野霞舟（1792-1849）	野村篁園	富士見宝蔵番	1842-1849
松崎柳浪（ ? -1854）	林述齋	小姓組番士	1843-1854
古賀謹堂（1816-1884）	古賀侗庵	儒者惣領・小姓組番士	1846-1855
林　鶯溪（1823-1874）	林復齋	儒者惣領・小姓組番士	1847-1859
安積艮齋（1791-1860）	林述齋・佐藤一齋	二本松藩儒	1850-1860

出典）主として文部省編「昌平坂学問所儒職歴任録」（『日本教育史資料』第 7 冊，文部省，1892 年）に依って作成。
註記）ここには，儒者見習を含んでいる。侗庵が儒者となるのは 1817 年 5 月，さらに 1841 年 11 月から亡くなる 1847 年 1 月までは「布衣」になっている。

専心する内面志向で、世界地理への関心をまったく欠如していたことからも明らかである。侗庵が没して二年後の嘉永二（一八四九）年閏四月に、第III部でも検討するように、学問所儒者たちは閣老の求めに応じて海防策を提出することになるが、一齋の海防策（漢文）は次のようなものだった。

> 因て思ふに諸藩をして屯田農兵之法を講じ、……又沿岸一二里毎熕臺《こうだい》を設け時を以て炮技を肄習《いしゅう》す、是則ち古の所謂農兵之類也、又大小火船数隻を設けて、先づ敵を陸地に誘ひ、我長技を以て之を撃つ、又風便を相《み》て火船を放ち、一挙に之を焚滅す、亦可也、……然るに此数事猶之を末務と謂ふ、本源自る所則ち尚在に有り、民心を固結する是也。
> （「海防策一道」）[11]

侗庵の船艦改造、諳練水戦という海防策とは対照的に、一齋の海防策は、同じく西洋事情に暗かった儒者頼山陽のそれと同様に

（「通議」論辺防・論水戦、天保元年）、敵を陸地に誘い込んで「剣槍の接戦」を行い「我が長技を以て之を撃」てば必ずや勝利をおさめるであろうとするものであった。「我が長技を以て之を撃つ」という一齋からは、「彼の長ずる所を取りて以て己国に施すべからざる也」（「泰西録話」弘化元年）という侗庵の採長補短の発想は生じない。このように西洋との軍事技術の格差に対しても認識の浅い一齋は、当初西洋のいわゆる「窮理」に対してまったく批判的であった。

泰西之説、已に漸く盛んになる之機有り、其の所謂窮理は、以て人を驚かすに足る、昔者《せきしゃ》程子仏氏之理に近きを以て害と為す、而るに今洋説之理に近きは、仏氏より甚だし、且其出す所の奇技淫巧、人を奢侈に導き、人をして覚へず駸駸然《しんしんぜん》として其中に入らしむ、学者当に亦淫声美色を以て之を待つべし。

（「言志録」一六九、文化一〇—文政六年[12]）

窮理の二字は、易伝に原本す、「道徳に和順して義を理《ただ》し、理を窮め性を尽くし以て命に至る」（『易経』説卦伝）故に吾儒の窮理は、唯義を理す而已、義は我に在り、窮理も亦我に在り、若し外に徇《したが》ひ物を逐ふを以て窮理と為さば、恐らくは終に欧邏巴人をして吾儒より賢ならしめん、可ならん乎。

（「言志録」一七〇[13]）

図6-1　佐藤一齋（渡邊華山画・東京国立博物館）

西洋の「物を逐」い「人を驚かす」「所謂窮理」は、「唯義を理す而已」の「吾儒の窮理」と比較すれば、まったく「窮理」に値しないものだった。その後、嘉永四（一八五一）年前後には、「西洋窮理は、形而下之数理、周易窮理は、形而上之道理、道理、譬ふれば則ち根株《こんしゅ》也、数理、譬ふれば則ち枝葉也、枝葉は根株より生ず、能く其根株を得れば、則ち枝葉之に従ふ、窮理者宜しく易理より入るべき也」（「言志耋録」二三四、嘉永四年前後[14]）、と「西洋窮理」の存在も容認されるようになるが、「窮理は宜しく易理より入るべき也」という一方向的な「道理」「易理」重視の見解は一齋において一貫して保たれる。

このような世界地理や「西洋窮理」に暗い一齋の「窮理」論に対して、侗庵の「窮理説」（天保一四年〔「侗庵六集」巻六〕）は次のようなものである。「窮理は問学之至要の務め也、而して其中自ら二道に析《わか》る、仁義道徳之窮理有り、名物器数之窮理有り、二者劃然として同からず」（「窮理説」）。侗庵はまず「窮理」を「仁義道徳之窮理」と「名物器数之窮理」とに分類する。一齋に則して言えば「周易窮理」と「西洋窮理」、「易理」と「数理」との関係に対応するだろう。さらにその上で、前者の「仁義道徳之理」と後者の「名物器数之理」を窮めることとの相違を次のように言う。

仁義道徳之理を窮む、而して其至を極め、以て賢や聖に進むべし、名物器数之理を窮む、而して其精を研き、究めて識小之賢に止まる者、斯《これ》其軽重崇卑固より穹澗《きゅうかん》を以て判じ、人祈嚮《ききょう》する所を審《つまびらか》にすべからざる也。

すなわち、「仁義道徳之理を窮」めれば「賢や聖」に至ることが出来るが、ただ「名物器数之理」だけを窮めてもその「軽重崇卑」やそれの帰趨先を判断することはできない。このような認識にたって、侗庵も一齋と同様に「道理」なしに「事物之理」を追求する「太西人之窮理」を批判している。

「太西人之窮理、亦復心身家国を外にして事物之理を苦索するを務め、其れ奥を突くに臻《いた》る、是を以て其人大都頑擴猾黠《がんこうかつかつ》、利を牟り義を忌む、君子之韙《よし》とせざる所也」。

「夫れ太西人は焦神《しょうしん》智を役《つか》ひ、奇器珍玩を製《つく》り、以て人の心目を悦ばす、洵に鄙《いやし》むべし」。（「窮理説」）

侗庵と一齋の「窮理」に関する見解が異なるのは、侗庵が「顧ふに古昔聖王之窮理、仁義道徳重んじて亦未だ始て名物器数を外さず」と述べて「仁義道徳」と「名物器数」の両方の追求を「聖王之窮理」と認め、さらに「名物器数之窮理」を軽視してきた魏秦以降の歴史を批判して、「名物器数之窮理」の必要を唱える点においてである。ここでは「変通」の論理に基づく「窮理」の読みかえが行われていると思われる。

君相の機務之殷《さか》ん、固より事理器数を窮究するに暇あらず、故に聖王已《はなは》だ其大旨を洞《つらぬ》くこと過《あやま》たず、必ず才力克堪《こくかん》の者を選び之を任す、是を以て其事修挙《しゅうきょ》、自ら済世《さいせい》大用、唐虞三代皥々《こうこう》之俗、而して百度整飭滲漏《しんろう》無きは、是を職《つかさど》る故也、魏晉以降、夫れ人の識見日に虚遠に馳せ、名物之末を究むるを屑《いさぎよし》とせず、宋代理学大明、而して後其風滋《ますます》熾《さか》ん、理道を尚くして事務を鄙み、形而上を主として形而下を斥け、其の君子斯説を唱率し、下民靡然《びぜん》の風に従ふ、斯して其意固より先王之遺意を恪遵《かくじゅん》するに在りて、自ら一偏に流ることを覚へず、滋《ますます》弊尠なからず、是に於て乎遂に本邦を目して専ら主理之邦を張ると為すに至る、而るに暦数名物甘んじて太西遜《おと》る、慨くべき也已。　（「窮理説」）

かつて古代中国の「聖王」は「事理器数を窮究する」暇がなかったため、「才力克堪の者」を選出して「事理器数」の「窮究」を委託していた。しかし、魏秦以降「名物之末を究むるを屑《いさぎよ》しとせず」、さらに宋代に至って朱熹らの宋学が「理道を尚くして事理を鄙み、形而上を主として形而下を斥け」た。だが、その主旨は「固より先王之遺意を恪遵《かくじゅん》するに在り」「一偏に流」れその一方を強調することではなかったと解される。「理道」重視「事理」軽視の偏重を批判する議論は、「儒仏の末流、物を軽んじ理を重んずる之意多し」と論じた文にも現れる（S八一、天保二年）。

宋の大儒、窮理格物を解すに、固より未だ嘗て事物を離れずして言を為す、然り而して人情に軽物重理之意有り、是に於て乎後儒流れを承て源を迷ふ、未だ弊遂に遺事に至らずして専ら理、天道之奥、性理之淵源、無極太極之辨を語る、聖人罕《まれ》に未だ嘗て言はざるを言ふ所の者、昕夕絮々《じょじょ》置かずして家道日用之間、或は之に及び、或は不挙之口に絶ゆ、人情世務、殆ど邈《はる》かに相渉らざるに至る、勲烈之卑或ること無し。　（S八二）

このように「当世事務度外に於るを惜しむ」侗庵の議論は、「仁信勇厳」よりも「智最も緊急を為す」（S一六九、弘化元年）という議論へと繋がっていく。侗庵の「窮理」においては、「本」である「仁義道徳之窮理」と「末」である「名物器数之窮理」との「本用兼全」の均衡の取れた追求が目標とされる。尤も儒者として「道理」を「物理」より優越したものと捉え「本末紊さず」とし、前者をより重視する姿勢は貫かれる。たとえば、『大學』八条目についても、「大學之教、自ら格致して誠正修齋治平《せいせいしゅうさいちへい》す、格致は誠正修齋治平に資する所以、其の一つ一つ諸身に本づくを見るべきにして、泛然《はんぜん》一草一木に格《いた》るに非ざる也」（「窮理説」）と、「格致」の目的を「一草一木」に宿る「物」の性質を窮めることではなく、人間の身に本づく「効用之義」「君子之徳」「志士之操」「人之心性を発明する所以」に格《いた》りて知ることとする。しかし、国家存亡の危機にあっては、「物」や「名物器数」そして「智」を窮めることが「最も緊急」な課題として強調されていく。

　侗庵の海防策は、まさにこのような「窮理」理解と相関し、その構造が反映されている。すなわち、「本」は「上仁明を以て極を建て、下敬忠を以て職を盡す、孝弟之訓《おしへ》を播《し》き、以て民風を美しくし、勇鷙《ゆうし》之俗を崇め、以て士気を振る」うこととされ、「末」は「舶銃を改造し肆《ほしいまま》に水戦を習ふ」こととされていた（K三〇、天保九年）。「海防臆測」で侗庵は、当時の海防論を次のように二つに類型化する（K四五）。一つには「互市を峻拒して極力これを撃つ」という華夷秩序観に基づく攘夷論の立場であり、いま一つはそれとは正反対の、「互市を許し恩信を布く」という積極的な対外貿易推進論である。しかし、侗庵はそのいずれにも与せず、攘夷論に対しては異国船に危害を加えることは「彼をして我を以て無道之邦と目せしめる」（K三七）と反駁し、積極的貿易推進論に対しては西洋諸国の真意を見誤って「以て自ら阽危《えんき》を致す」と反論する。双方の極論に賛同しない侗庵の海防策は、まず国内においては「今船舶を改造し、水戦を諳練し、海防闕《けつ》無く、以て我が疆圉《きょうぎょ》を固める」という兵器・船艦の改善、沿海の防備の必要、また国家存亡の危機に対して「士気を振るい、民俗を強め」て人心を統一させ「上下一志」となって臨むことを求めた。さらに国外問題については、欧州勢力との衝突を避け、オランダの他にも「外夷盛彊克く独立して信義を遵守するを知る」国を選択して一二交易相手を増し、「外国情形」の情報を獲得して「防禦之策に資すべ」きであるとする（K五一）[15]。危機に臨んでの「名物器数」「智」の強調は、このような形で海防策に現れた。

　一齋が、政治思想において、論理としての「変通」[16]を知らなかったわけでは決してない。文政九年九月に東濃岩村藩の老臣に抜擢された佐藤一齋は、「重職心得箇条」を著しているが、そこでは「家法」の「時に従て変易あるべ」

きこと（第三条）、「先格古例」においても「時宜に叶はざる事は拘泥すべからず。自案と云ふもの無しに、先づ例格より入るは、当今役人之通病なり」と述べている（第四条）。しかし、いくら「凡そ物事の内に入ては、大体の中すみ身へず。姑く引除て活眼にて惣体之体面を視て中を取るべし」（第六条）と記し、また「着眼を高くし惣体を見廻（第一〇条）すように唱えたとしても、じっさいに「今日の外夷情形」に疎く、「萬國之情形を晰らかに」することがなければ、ことに対外政策立案においては侗庵の云う「腐儒」同然である。「窮理」や海防策における「変通」唱導が生む侗庵の思想の背景に、「博學博文」によって獲得された厖大な情報蓄積と、それに裏打ちされた「智」性があることを見逃してはならないであろう。

以上のように、古賀侗庵の場合には、対外危機意識の高揚によって自覚的に主張される「変通」の論理は、「窮理」観や海防策にも貫かれていたが、これらがじっさいの政治過程で発現されたのが、次節で考察する一八四四年のオランダ「開国」勧告への返書起草であった。

二　オランダ国書返翰をめぐって――「変通」と「交易」

オランダ「開国」勧告をめぐって　アヘン戦争による清国の敗北が、徳川日本に東アジアをとりまく周辺環境が一変したことを自覚させる最初の契機となったことは、多くの論者が指摘するところである。アヘン戦争によって清がイギリスに敗北した天保一三（一八四二）年の七月二三日、幕府は外国との衝突を誘発する文政八（一八二五）年発令の異国船打払令を改めて、異国船への薪水給与を許した文化三年一月の「おろしや船之儀ニ付御書付」の段階に政策を戻すという薪水給与令を発する。しかし、この政策決定過程を示す史料は知られておらず、どのような諮問がなされ、意思決定されたのかは不明である。[17]

この幕府の対外政策の緩和を諸外国に通達する命を受けたのが、西洋諸国では唯一の「通商之国」オランダであった。しかし、この通達をめぐってオランダ側では翌年に至るまでその是非が論議されたという。出島の日本商館長グランディソン（Grandisson, E.）やバタヴィア財務理事長クルセマン（Kruseman）らの諸外国に薪水給与令を通告し外圧を利用して日蘭貿易を有利にするという意見に対して、バタヴィア総督メルクス（Merkus, P.）は公表を躊躇した。結局決定を委ねられた植民相バウド（Baud, J. C.）は、一八四三年夏頃までに、日本の鎖国政策緩和の公表が諸外国を日本に誘引させ衝突の原因になることを恐れて日本の対外政策転換を公表せず、「むしろ中国に起こった事件について知らせ、鎖国政策の危険を忠告」するための特使派遣を決意する。このようにしてオランダ国王ウィレム二世の親書と献上品が天保一五（一八四四）年七月二〇日に長崎港に運び込まれ、八月二〇日に海軍大佐コープス（Coops, H. H. F.）から長崎奉行伊澤美作守政義に渡され、親書は九月二三日に江戸に届けられたのだった。[18]

この過程を経て受領されたオランダの国書の内容には、次の二つの論点が含まれている。一つは、アヘン戦争から南京条約締結までの経緯と、それを起こしたイギリスの東洋進出の意図を告知することである。中国との関係でここに示されたオランダの一九世紀当時のイギリス認識は、工業の発達に伴って進展したイギリスの「商売」が、国内の「国用」不足のために資源を外国に求め、さらに「利潤」追求を優先して正規の貿易ではなく、外国と「争論」を生じさせ、最終的には武「力」によって「兵乱」を起こし、経済的な宗主国—属国という植民地として従属させていく姿で描かれている。[19]いま一つの論点は、このような日本を取り巻く状況を説明した上で、日本の「開国」を勧告することであった。

オランダ国王の親書を受領した幕府は、翌弘化二（一八四五）年六月までに返書を作成した。その返書は六月中旬に江戸を発して八月四日に長崎に到着し、八月一三日に長崎奉行所にてオランダ商館長に渡され、結局オランダ本国には一八四六年に届けられた。オランダ側では、限定された国のみに許された日本との「通商」が、返書により改め

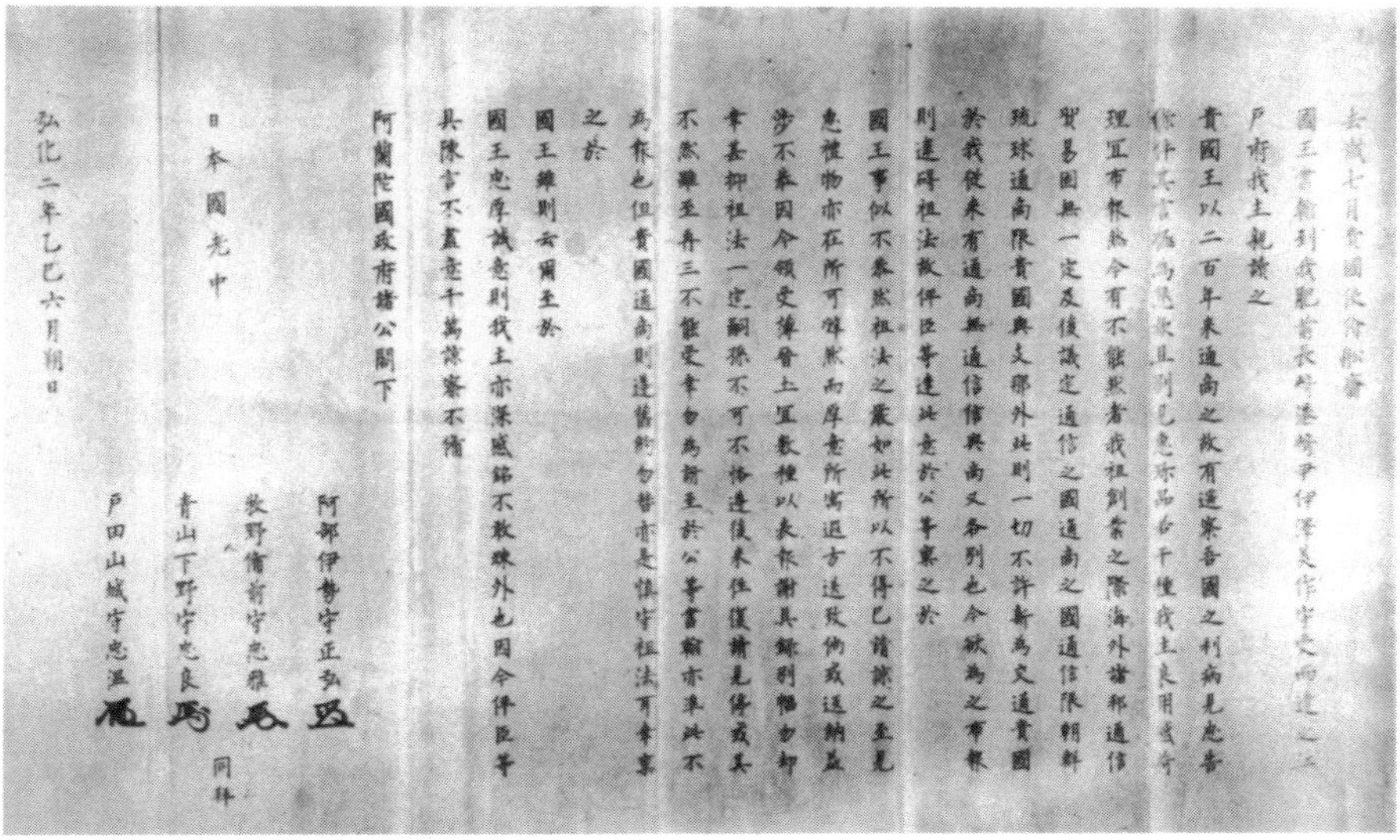
去歳七月貴國使舩齎
國王書翰到我肥前長崎港尹伊澤美作守受而達之江
戸府我主親讀之
貴國王以二百年來通商之故有遠察吾國之利病見忠告
條件甚詳為慮甚切且別見惠亦品若干種我主良用感
理宜布報然今有不能然者我祖創業之際海外諸邦通信
貿易固無一定及後議定通信之國通商之國通信限朝鮮
琉球通商限貴國與支那外此則一切不許新為交通貴國
於我從來有通商無通信信與商又各別也今欲為之報
則違碍祖法故俾臣等達此意於公事衆之於
國王事似不恭然祖法之嚴如此所以不得已請諒之至見
惠禮物亦在所可辭然而厚意所寓返亦遠致使或送納且
涉不恭因令領史傳曾上置數種以表報謝具錄別幅勿却
章甚抑祖法一定嗣孫不可不恪遵從來往復請見停或甚
不然雖至再三不能受章勿為訝至於公事書翰亦準此不
為作也但貴國通商則遵舊勿替亦是恪守祖法耳章專
之於
國王鋒則云爾至於
國王忠厚誠意則我主亦深感銘不敢疎外也因令俾臣等
具陳事不盡意千萬諒察不備
阿蘭陀國政府諸公閣下
日本國老中
阿部伊勢守正弘
牧野備前守忠雅
青山下野守忠良
戸田山城守忠温
同拜
弘化二年乙巳六月朔日

図 6-2　オランダ開国勧告への老中連署の返書（ハーグ国立中央文書館）

註記）「返復和蘭攝政大臣書簡」弘化 2 年 6 月 1 日。

て保証されたことを評価する見解を生んだとされている[20]。

さて日本側の返書作成過程は、「荷蘭本国使節初テ長崎ニ渡来国書捧呈一件十五」（「続通信全覧」類輯之部三八、修好門補遺）によれば[21]、老中はまず返書の作成を学問所関係者、大学頭林培齋、儒者古賀侗庵、佐藤一齋らに命じている。一齋の日記「腹暦」には[22]、弘化二（一八四五）年四月二三日に「阿蘭陀国へ御遣之書翰林家へ被仰付右手伝可仕之旨、古賀小太郎同様於新部屋主膳正との被仰渡」とあり、返書素案作成は、国書受領の翌四月から開始された。命を受けた林大学頭らは、近藤正齋編「外蕃通書」などに収録された外国諸侯に宛てた過去の幕府親書の文例を参考に返翰草案を作成して老中に提出し、その草案をめぐって評定所のほか、寺社・町・勘定の三奉行並びに大目付・目付の意見が上申され、その上で老中らが議して返書の文章を決め、改めて林大学頭らに「再撰」させている。「腹暦」六月七日の「書監察〔目付〕へ古賀〔古賀侗庵〕連名ニテ出ス、於新部屋書簡読合セ相済、祭酒〔林培齋〕退出伺之上退出」という

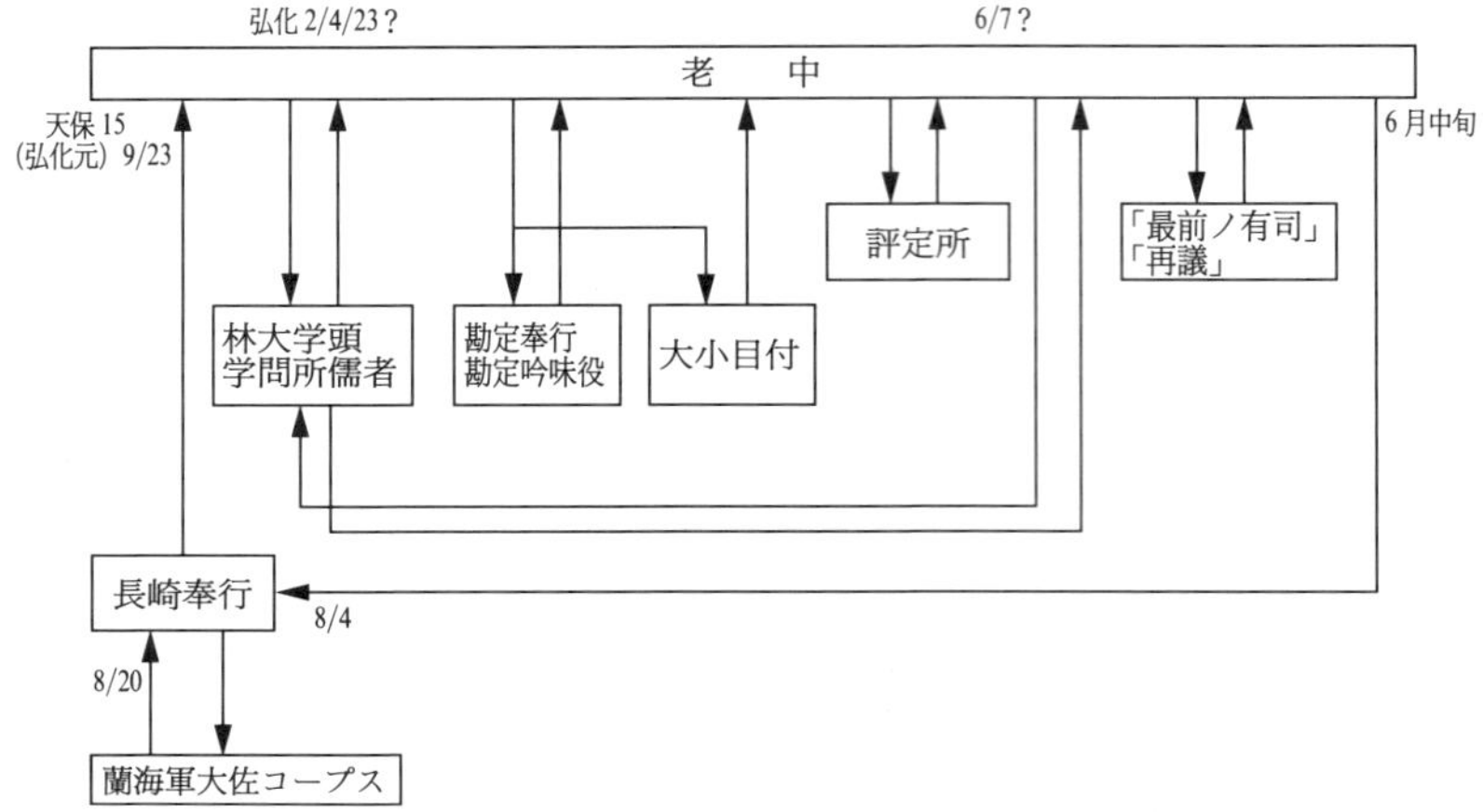

図 6-3　弘化元-2年，オランダ国王への返書作成過程

記事が、それであろう。[23] さらにその草案を「最前ノ有司」等に「再議」させ、老中らが再び議して返書の文面が決定された。このような過程を経て、最終的に弘化二年「六月朔日」付けで「日本国老中阿部伊勢守正弘　牧野備前守忠雅　青山下野守忠良　戸田山城守忠温」の連名で「阿蘭陀国政府諸公閣下」宛に漢文書翰「返復和蘭攝政大臣書簡」（「通航一覧続輯」巻之三六）が作成されたのである。この返書作成過程をみるならば、ここでどのような上申書が提出され議論されたのかは不明だが、[24] 幕府内部でも対外構想をめぐっての意見は一枚岩ではなく、さまざまな見解をもった重層構造をなしていたことが窺える（図6-3）。

弘化二年四月下旬に返書の素案作成が命じられる以前に、幕閣や幕府の諸有司ばかりでなく、諸藩においても、このオランダからの国書受領にあたっては、多様な議論がみられたことは想像に難くない。第I部第三章で述べたように、たとえその商人に「通商」を許可していたオランダからとはいえ、国王の使節を受け入れ、両国政府で国書を交換する「通信」の関係にはなかったために、国書自体を受領するのかどうか、また受領した場合には返書を授与するか、あるいは役人による申渡とするか、返書を認める際には差出し人を通信使国書と同様に将軍名とするか、それとも老中連署とするか、また礼物としての贈品を受納し、返礼品を贈呈するかどうか、そしてさらに、勧告に従って「祖法」を改め、他国との通商を開始するかどうか——それらの諸点をめぐって議論がなされたであろう。たとえば、精里の門人で侗庵とも親しく文通があった佐賀藩儒、草場珮川は、「通商得失策」（天保一五［弘化元］年九月一二日）(25)を著し、また、老中水野忠邦に仕え、侗庵とも親しい浜松藩儒、鹽谷宕陰も、一一月二一日に「通商利害論」(26)を認めている。

このような中で、古賀侗庵も、「返簡を修」する以前の弘化元（一八四四）年一二月に、独自に「擬論外夷互市封事」（「侗庵六集」巻七）を著していた。宛名はないが、その末尾に「惟だ殿下内《ひそか》に心に断じ、立《ただち》に注措《ちゅうそ》に施して、流俗之浮議に惹かれること勿れ、則ち臣之上願也」と記していることから、この「封事」は恐らく老中に宛てて直接上申された、あるいは上申を想定して書かれたものと考えられる。(27)しかし侗庵は、この「擬論外夷互市封事」執筆時に、オランダ国王の親書の澁川六藏による最も早い翻訳さえ入手していなかったと思われる。オランダで使節の派遣を演出したシーボルト（Siebold, F. von）は、この派遣を「まったく無私無欲に行い、隠された目的をもつべきではない」として、オランダの使節派遣が中国で生じている事態についての情報と警告を日本に与えることを直接の目的とすることを親書に明瞭に書き記している。

今爰に観望し難き一大事起れり、素より両国の交易に拘るあらす、貴国の政事に関係することとなるを以て未然の患を憂て始て殿下に書を奉る、伏して望む、此忠告に因て其未然の患を免れ給ハんことを。

（「通航一覧続輯」巻之二六）(28)

これに対して侗庵は、「封事」の冒頭で次のように述べる。

道路之言に拠れば則ち云ふ、「喎蘭の請ふ所固より互市に属す、然るに頗る恐嚇脅制之意有り、英機黎の諸國を遊説するに似る」と、果たして然るや否やを知らざる也、……今乃ち驁然《ごうぜん》敢へて互市を勧め、又且つ迫脅之意有り、無義無礼之尤者也。

（「擬論外夷互市封事」）

このように伝聞した情報に基づいて侗庵は論を立て、「外国の互市を待たずして以て自ら贍給《せんきゅう》す」るほどの「財力饒

表6-2　古賀侗庵編「英夷新聞抄訳」八巻（天保11年4月より筆録開始）

巻　一	天保10年11月の仙台漂流民の取調べ記事・天保11年の和蘭風説書・唐船風説書
巻　二	天保12年から14年までの風説書（「暎咭唎議和併告示抄稿」を含む）など
巻　三	「鴉片章程」
巻　四	1840年から43年までの和蘭風説書
巻五・六	和蘭国書の受け取りをめぐる天保15年6月・7月の記録
巻　七	清「阿芙蓉賦」・天保15年8月の琉球へのフランス船来航情報・琉仏漢文往復書翰など
巻　八	齋藤子德（竹堂）「阿片始末」・侗庵編「鴉片醸變記」・「阿芙蓉怨」・弘化2年の風説書・漂流民記事

裕」な国に「軍艦」で来航し、「迫脅之意」を抱いて「互市を勧め」るとは「無義無礼之尤者」と、日本の自尊心を傷つけたオランダを批判していた。同年九月一九日には、佐賀藩主鍋島直正が三一人の家臣を同伴して「軍艦」パレンバン号に乗船し、軍事訓練を見学していたから、[29] 侗庵はその情報も得ていたであろう。侗庵がオランダ国書の翻訳をじっさいに読み、その意図を知ってどのような反応を示したのかを記す直接的な史料はないが、「封事」執筆時点では、オランダをさきに検討した他の「泰西諸国」と同類に論じていた。一八四〇（天保一一）年のアヘン戦争勃発直前の侗庵の世界認識は、すでに「海防臆測」の世界としてみた。アヘン戦争開始後も彼は「鴉片醸變記」（天保一二年）を著し、[30] また表6-2の「英夷新聞抄訳」八巻のように情報収集も続けていたが、[31]「泰西諸国」の認識は、アヘン戦争とその結末を通して、それ以前の印象を強めこそすれ、変じさせることはなかったといえる。

さて、幕府の「返復和蘭攝政大臣書簡」と侗庵の「擬論外夷互市封事」とを比較すると、第一に「祖法」を遵守するかそれとも「変通」するか、第二に「交易」をどのように把握するかをめぐって大きな認識の相違があることがわかる。

「墨守」か「変通」か　まず鎖国令をめぐる認識について、幕府の返書は、第I部で決定過程をみたレザノフへの「御教諭御書附」（文化二年）で「争《いかで》か其国一价の故をもつて、朝廷歴世の法をへんすへけんや」とした「祖法」遵守の立場をそのまま先例として踏襲している。

理宜しく布報すべし。然れども今然ること能はざるもの有り。我祖創業の際《ころ》、海外諸邦通信・貿易、固より一定無し。後に及て、信を通ずるの国と商を通ずるの国とを議定す。通信は朝鮮・琉球に限り、通商は貴国〔オランダ〕と支那とに限る。此より外は則ち一切新たに交通を為すことを許さず。貴国の我における、従来通商有りて通信無し。信と商と又各々別なり。今これが布報を為さんと欲すれば、則ち祖法に違碍《いがい》す。故に臣等をして此の意を公等に達し、これを国王に稟せしむ。事不恭に似たり。然れども祖法の厳なること此の如し。已むことを得ざる所以なり。請ふ之を諒とせよ〔原漢文〕。

（「返復和蘭攝政大臣書簡」弘化二年六月一日）[32]

このように「通信之国」と「通商之国」とを弁別した「祖法」は、世界情勢の変化に拘わらず不変であって「祖法一定、嗣孫《しそん》遵《したが》はざるべからず」、日本の取るべき方策はただ「慎みて祖法を守る耳」とされるのである。[33]公式の外交文書であるためか幕府の対外構想はここには窺えない。だが、能動的な対外政策の構想を断念し、状況判断とそれへの対処を先送りにして現状維持を図るという当時の幕閣の対外的な基本姿勢が、この返書の結論に集約されているのではなかろうか。

これに対して、侗庵の「擬論外夷互市封事」は、独自に収集した厖大な海外情報をもとに海外情勢を分析し、そこから考えられる可能な対外政策を類型的に分類して立案し、さらにそのいくつかの政策の中から、政策履行後の結果を想定し比較検討した上で、独自の対外構想に最も叶い、また漸進的で現実に施行可能な政策を選択するという手続きを経ている。このような可能な政策の立案・比較検討・選択決定という、いわゆる〈可能性の技術〉の手続き形式をとること自体が、侗庵の「変通」の論理のもつ政治的思考の特徴である。彼は、あるいは文化年間に「祖法」が自覚化されていく過程を、学問所儒者が参与したその政策決定過程を含めて知悉していたがために、立法制定を歴史的に視、可能性と蓋然性とを経験的に測り得たのかも知れない。この「封事」で侗庵は、「今日虜を待つの道」は「和」と「戦」、すなわち「互市」かそれとも「互市を絶つ」かの二者択一に過ぎないと大きく分類した上で、四種類の選択肢を挙げている。第一は、通商を禁じ積極的に交戦する盲目的排外主義の攘夷論であり、「客氣《かっき》張ること甚だしく、撊然《かんぜん》として戦を好みて、互市を痛絶す、慮の後艱に及ばざるもの有り」という。第二は、通商を許可しその後その状態に満足して安住するというもの。「苟も目前之安きを貪りて、ひとたび互市を聴許すれば、夷然《いぜん》として高枕自佚《こうちんじいつ》するもの有り」。第三は、外国の侵略の意図を洞察した上で通商を禁じ、対外的独立維持のために防戦に専念する消極的な攘夷論。「虜之凶狡、外互市に通じて内実に窺覦之志を抱くを洞察し、貿買を痛禁して、逆め姦萌を杜絶し、専ら防戦を事とするもの有り」。第四は、外国の意図を分析した上で交戦を急がずに暫く通商を許可し、その間に軍事的技術の整備向上を図るというものである。「克く虜情之信じ叵《がた》きを晰《あき》らかして彼此を参稽し、戦の急ぐ可からざるを知り、姑《しばら》く互市を許し、彼をして釁端《きんたん》を生ずることを得させず、其の間を以て武備を申厳《しんげん》し、海防を整理するもの有り」。これら四つの政策案に対して侗庵は、前二者について「蠢騃無知、歯数足らず」と海外情勢をまったく踏まえていない立論の前提を批判し、後二者に関しては「識慮宏遠、経綸周匝《しゅうそう》與《とも》に天下の大事を論ず」と外国の通商要求の意図を認識した上での政策であることを評価する。そして「臣吏に互市を許す者を以て長と為す」と述べて、第四の政策を選択するのである。西洋諸国との軍事技術の格差を認識する侗庵は、現時点での「戦」は結局外国の侵略を招くだけと考え、第四の政策が「余地を留めて後図《こうと》を存《たも》ち、注措《ちゅうそ》少しも滲漏無き」がゆえ、すなわち今後の決定に選択の余地を残した処置であることを理由とする。

侗庵が選択した「今夫れ互市之請を許し、其の間を以て武備を修むは洵に目今の至要の務め」とする対外政策の結論は、次の二つのことを意味していよう。第一に、それは、「和親」を「戦の資たる所以」とした若き日の「擬極論時事封事」（文化六年）での対外政策の結論を基本的に継承している。既に縷縷明らかにしてきたように、この三五年のあいだ、侗庵は弛み無く具体的な海外情報収集を重ねて、その西洋認識も質的に大きく転廻し、一時的な「和親」の承認や西洋の「互市」の実質的な意味理解について、次に見るように深く洞察されるようになっている。しかし、自国の軍事技術が西洋諸国に劣ることを知ればこそ、一時的に「互市」を許可し「和親」を締結する政策路線は貫かれているのである。

夫れ互市を許すは、特に一時権宜之計、虜之鋭鋒を鈍らす所以にして、以て安し為りと恃む可きに非ず、必ず也時々に之を督励し、日々に之を鼓作し、之をして常に四夷交侵之際の如くせば、怠弛之心萌すこと少なからず。

（「擬論外夷互市封事」）

「互市は形なり、戦を忘れざるは実なり」という侗庵の認識は、「利」争奪の弱肉強食の世界において、対外的独立を維持するために「自強之術」を図らねばならない日本の選択し得る唯一の方策と考えられていた。

顧ふに弱者は先ず殲滅する所と為り、強者は永存し以て狡虜之盛衰を静観す可し、故に国に有る者は尤《こと》に賢に任せ民を愛し武備を整飾し以て自強之術を図らざる可からず。（「答千住ム問」弘化元年）

侗庵の同時期の対外政策は、第二に「顧ふに太西の政俗、予未だ其詳を悉くせず、更に諸《これ》を該博の者に訊くことを請ふ」（「答千住ム問」）という侗庵自身の自覚に基づき、またオランダの国際社会における勢力低下の認識とも連動して（「俄羅斯紀聞四集序」天保一一年［「侗庵六集」巻一］）、海外情勢を正しく把握するために、さらに交易により二三の国から外国情報の獲得を求めていた（K五一も参照）。

烈祖の時、外夷の入貢互市するもの二十国、今縦ひ然ること能はざれど、なお当に別に二三の国に互市を許し以て外国情偽を参稽すべし、烈祖をして今代に出だしめば、則ち其緩々然としてひとり和蘭を依恃し以て国之外蔽と為さざる也、的《あきら》かなり。（「漫記」弘化三年［「侗庵六集」巻一〇］）

侗庵は、オランダ以外の諸外国との通商開始を主張するにあたって、「烈祖」徳川家康の「心志」解釈を、その政策を政治的に正当化する論拠にしている。

世界認識とともにこのような一時的な「互市」とその間の軍備調整・情報収集という政策選択において基本的な検討課題となっていたのが、いま一つの幕府との大きな認識の相違点でもある、対外交易の意味をどのように把握するかという交易観の問題である。

「交易」をめぐって　オランダの国書は、交易について「夫平和を行ふハ懇《ねんごろ》に好ミを通るにあり、懇に好を通するハ交易に在」と記し、国際社会の中で平和を実現するためには諸外国との友好関係の維持が必要であり、その友好関係は交易によってのみ生まれると主張していた。たしかに同程度の経済力と軍事力とを備え、対等な競争力を持つ国家間では、このような交易=平和論が通用しよう。だが当時徳川日本が直面していたのは、第一に、日本と西洋諸国との圧倒的な軍事技術の格差の下での交易承認が、経済的な植民地―宗主国の関係に容易に転化しかねないという権力的契機の問題であり、第二に、日本社会の崇義の文化が、西洋の利欲の論理によって侵蝕されるという「利」認識をめぐる文化の質的差異の問題であった。言い換えれば、第一は「惟だ利」のみを争奪する大国の意思によって国際的な政治秩序が攪乱されるという問題であり、第二は「利」だけを中心とする経済活動が、国内の社会秩序を紊乱するという問題である。この徳川日本の直面した二つの問題は、煎じ詰めれば、「理義を顧み」ない「惟だ利」だけの追求によって、秩序——国際政治秩序・国内社会秩序——を形成し維持することが出来るのかという一大問題に繋がっている。

老中連署の漢文返書「返復和蘭攝政大臣書簡」（弘化二年）には、幕閣の交易理解は見られない。先例として参照されたレザノフへの「御教諭御書附」「申渡」（文化二年）での幕府の交易批判は、先述のように、国内の良材流出の問題——「海外無價の物を得て、我国有用の貨を失はむ」——と、国内での私利追求流行の問題——「軽剽《けいひょう》の民、奸猾《かんかつ》の商、物を競ひ、價を争ひ、唯利これ謀つてやゝもすれば風を壊り俗をみだる」——の二点であった。約四〇年経過し、アヘン戦争を経た一八四〇年代の幕府諸有司には、対外交易は如何なるものとして捉えられていたのであろうか。日本国内の社会秩序への影響から対外貿易を批判する文化年間の認識には、交易がやがて他国による植民地化=経済的侵略となる危険さえも視野に収められていなかったが、一九世紀の世界変動はこの機にどれほど認知されたのであろう。幕府諸有司らの議論については、およそ一〇年後に顕在化する交易認識が、第III部で具体的に検討されることになる。

弘化元年時点の古賀侗庵の海外諸国との対外交易観を検討する前に、国内の商業経済の認識をみれば、「利」追求がもたらす社会秩序の混乱に対して、「理財論」（文政七年［「侗庵三集」巻三］）での議論を初めとして、彼が一貫して批判的だったことを確認出来よう。侗庵の義利之辨については既に見たが、それを国内の秩序については次のように論じている。

治古《ちこ》之世、貴賤之分井々《せいせい》の如し、上に在る者は奉養優厚、下に居る者は資給単薄、而して百度簡質、費用綦《きわ》めて鮮少なれば、則ち貴者は必ず富み、富者は必ず貴し、輓近に降り、競ふこと尚しく侈靡《しび》にして、甚だ規制を守らず、上下崇卑之等級、紊る時有らば、則ち貴者は未だ必ずしも富まず、富者は未だ必ずしも貴からず、貴は自ら貴なり、富は自ら富なり、殆ど相ひ之を物に謀らざるを判と為す、亦た世道頽替之一端なり。

（S一〇九、天保六年）

「商賈」によってもたらされた市場の競争原理が、「侈靡」すなわち身分・立場を越えた贅沢と奢りを生み、「貴賤之分」「上下崇卑之等級」という国内の社会秩序を紊乱する。「商賈は四民之最下に属す」ものであるにも拘わらず、大坂「浪華豪貴」の「富饒は大国之君を過ぎ」て、「貴」い者が「富」む社会の原則が崩壊したと論じる。侗庵の国内経済政策案は、「夫れ天下を治むるに涖《のぞ》み、理財を最も要務と為し、其の柄当に上に総攬すべし、下に帰す可からず」「商賈裁定・米価高低之権、当に収めて上に帰すべし」（S五六、文政一二年）という、為政者による市場の物価・流通の統制だった。他方で彼は、「古自《よ》り国家之禍、人君の利を好み以て民を残すより惨なるは莫し」（S一六二、弘化元年）と為政者の奢侈をも批判する。

しかし、問題は為政者や大商人の私利追求によって侵蝕される国内秩序ばかりでない。「封事」に示される侗庵の諸外国との交易理解は、「弱者は先ず殲滅する所と為り、強者は永存」するような弱肉強食の世界観を反映して、西洋の「互市は侵奪之萌、侵奪は互市之実」（「擬論外夷互市封事」）とし、対外交易の本質を「侵奪」＝経済的植民地化と捉えるものである。このような侗庵の交易観の背景には、世界の諸国家を「確然自守」する国家と「遠略是事」とする国家の二つに類型化して捉える彼の国家観があることは疑い得ない。

> 国両間に於る者、林々とす、或《あるもの》は確然自守、士を養ひ民を字《やしな》ふ、国勢をして金甌之無欠の如くせしむ、或は遠略是事とし、貿易を務め、交際を重じ、敵国釁《すき》有らば、襲ひて之を取る、二者は判然殊超、確然自守する者は崇義也、寡欲也、遠略是事とする者は貪惏也、残暴也、其の優劣枉直、奚《なんぞ》言を待たんや、確然自守する者は間或は競はず、而るに遠略是事とする者は往々盛強、他故《たこ》無し、遠略是事とする者は智力に傾竭《けいけつ》し、厥《そ》の気不撓《ふとう》、攻城水戦、之を実用に試みて諳熟す、此れ其の鋒の攖《ふ》れ易からざる所以也、予嘗て万国情形を諦察す、目今に降れば則ち隣交を締ばず、辺防を修めずして確然自守、断じて為す可からざるもの有り。
>
> （「坤輿圖識序」弘化二年〔「侗庵六集」巻九〕）

「確然自守」する国家と「遠略是事」とする国家――前者の経済は一国内で完結して他国と競うことなく、その精神文化は「義」を尊び「欲」少ない。それに対して「貪惏」で「残暴」な後者は、他国との「貿易」「交際」を重視し、さらに他国を侵略して経済的な植民地とする。このように二つの国家の相違は、「理義」を軸にした義利之辨によって精神文化の質的差異に収斂させて捉えられた。ここまでは一八四〇年代の幕閣や幕府諸有司の交易認識と殆ど大差ないかもしれない。だが、侗庵はもはや「確然自守」の国も弱肉強食の世界にその身を置かなければならず、「隣交を締ばず、辺防を修めず」して一国内の社会秩序さえ維持することが出来ないと認識する。そして「交易」を再定義し、「牟利」を本質とする「泰西之交易」に対して、「吾之交易」は「武を講じ水戦を習ふ」ことであるとし、交易を通した武備の向上を日本の対外交易の課題とするのである。頑なに「交易」を拒否し続ける幕府首脳陣の姿勢とは対照的に、侗庵は「利」を貪ることへの批判を貫きながら、「変通」の論理から対外貿易さえも「吾之交易」と新たな意味付けを試みる。

> 天理人欲、行を同じくして情を異にす、泰西之交易は専ら利を牟さぼり、吾之交易は将に武を講じ水戦を習ふを以て尚《たっと》ぶ可し、……、太西の交易は固より利と為りて敵国彊弱を洞察し、可乗之釁《すき》有らば則ち襲て之を取る、亦

未だ始めて講武之意を存せざるにあらず、斯くして畏るべき也。（「答千住ム問」）

侗庵は、西洋の「交易」＝「理義を顧み」ない「利」だけの追求によっては、国際世界の秩序維持が不可能なことを知る一方で、しかし現実には「牟利」を原理とする国際環境に自らも置かれていること、そこで対外的独立を確保し「自ら保全する」ためには「武備」を修めることをもって「吾之交易」としなければならないことを認識していたのである。すでに見たように、侗庵は「利」それ自体を否定したのではなかった。「理義を顧みず」「専ら利是を務む」（S八〇、天保二年）こと＝「仁慈の心」なき自己利益の追求を本質とする「交易」によっては、国際社会においても国内社会においても、政治秩序を形成し得ないということに、彼の「交易」認識の核心がある。だがそれと同時に、自らの直面した「非常之変」「意外之変」という歴史的な状況の下で、その「交易」さえも、敢えて「変通」の論理によって「非常之挙」「意外之見」として独自に定義し直していた。

侗庵の「擬外夷互市封事」の論点は、結局、一つとして幕府の返書の中に盛り込まれることはなかった。侗庵の「封事」の運命は、政治史の上では幕閣での水野越前守忠邦の再失脚と軌を一にしていた。天保一五（一八四四）年九月下旬に江戸に届いたオランダ親書は、その年の六月に再び老中首座となった水野忠邦を支持する者と、勝手掛老中の阿部伊勢守正弘を支持する派閥の間の政策論争を激化させたに相違ない。すなわち、かつて老中として天保の改革を主導し、一方では天保一三（一八四二）年には薪水給与令を発布して諸外国との衝突を回避し、他方では江戸湾防備の強化、その海防強化のための財政政策を施行しようとして失脚していた水野は、伝えられるところによれば、徳川日本の対外的独立維持のためにオランダ親書受諾に傾く論を取った。それに対して、勘定奉行石河土佐守政平や松平四郎近直らを中核とする阿部派は、徳川体制維持のために「開国」拒絶論をとったと云う(34)。侗庵の「封事」は弘化元（一八四四）年一二月の日付けをもつから、恐らくこの両派の政治対立の最中に密かに書かれ、あるいは上申されたと思われる。この幕閣での政治抗争が決着するのは、翌弘化二（一八四五）年二月二二日に水野が失脚することによってである。さきの伺庵の「封事」と老中阿部を筆頭とするオランダへの返書（同年六月）との比較は、あるいは、この幕閣内での水野派と阿部派との政策論争点を辿る作業だったと言えるかもしれない。

　オランダの「開国」勧告とそれへの返書をめぐる思想史的考察は、これだけにとどまらない。水野の再失脚後、老中首座となった阿部正弘と、水戸の徳川齋昭との往復書簡を録した「新伊勢物語」には、「其筋取扱候者共之外、容易に他見難被仰付品」であったオランダ国王の親書翻訳と幕府の返書写しが収録されている。[35] 齋昭の懇願で「御三家」に閲覧が許可され、弘化三（一八四六）年二月一四日に阿部から齋昭に送られたものの写しである。この「御秘書」を特別に「拝覧」し得た齋昭は、親書に「少しも私の利心無之と申候得共、顕《あらわ》に不貪、陰《ひそか》に浸潤貪候、彼是の謀略一穴の狐三穴の兎と洞察無疑書中ニ含蓄致候事と存候」と行間に隠された巧妙なオランダの侵略の意図を読み取り、「紅夷も頗利口中々弓断《ゆだん》ハ相成不申」と警戒を強めている。しかも、このようなオランダ親書に対して幕府の返書が「深慮」に劣るのは、それが「佐藤一齋」によって書かれたからだと推察している。「紅夷之書翰、御回答よりハはるかに深慮勝りて聞ゆ、御回答ハ誰認たるニハ佐藤一齋の風なり、文章ニのミからまりて深慮なく、如何ニも不得御意書ふり也[36]」。親書と返書をこのように読んだ齋昭は、阿部に対してたとえ外国と「戦闘」が生じても、通信や交易をして「互ニ事情ニ通」じた場合よりも、「清夷・蘭狄たり共」常時打払い「皇国」への接近を阻止していた場合の方が「其の害ハ薄」いとする論理によって、攘夷と打払令復活を進言した。

　此上何レの海岸も手厚く備へ打払可申付との御盛意ニ而、備へ手厚く致し打払候様ニと天下へ御触ニ相成、其段カピタンへ御達ニ相成候ハヽ、必使船ハ来り申間敷被察候、何ニ致候而も打払の御止メハ遺憾不少候、此後清夷・蘭狄たり共、崎陽〔長崎〕之外へハ一切寄セ付不申が第一の御良策ニ御座候、万一夫ニ而も戦闘出来申候も難量《はかり》候得共其の害ハ薄く可有之、通信を許候上の戦闘ハ大害ニ可相成候、……、此上手をかへ品を換へ船を近く寄せ候共、交易ハ一切御免無之かよろしく候。

（「新伊勢物語」阿部正弘宛書簡、弘化三年二月一八日）[37]

このような齋昭の持論でもあった打払令復活という攘夷論は、オランダ親書を閲覧し、親書の内容を偏って読解することによってさらに語気を強めていった。この親書に裏打ちされた齋昭の対外政策が、次々に来航する外国船への対応をめぐって、嘉永初期の阿部が繰り返し提議し、固執した異国船打払令復活案の根拠にもなっていたことは周知のとおりである（第III部第七章でそれら一つひとつを検討するが、弘化三［一八四六］年、嘉永元［一八四八］年、嘉永二［一八四九］年に提議された[38]）。

第II部の冒頭で私解を交えて紹介した弘化三年夏の七言絶句は、まさにこのような諸外国の来航と阿部政権下での幕府の対応に「憂国之念」を持たざるを得なかった侗庵の晩年の政治的位置と心境を伝えているであろう。外国からの最初の「開国」勧告に対する返書をめぐって、古賀侗庵、佐藤一齋、そして徳川齋昭が、それぞれ如何なる態度をとったかは、その後の彼らの政治的位置や影響力を決定したばかりでなく、後世の昌平坂学問所儒学と後期水戸学評価の分岐になったとも云えるのではないか。一方の書簡を介した齋昭の老中阿部や諸大名への影響力は、後には齋昭自身の海防参与に繋がり、さらには幕末志士への後期水戸学の影響にも繋がっていった。他方、侗庵亡きあとの学問所儒者が、阿部政権下（一八四五—五七）で謹堂以外は林・一齋門から多く輩出され、学問所の中で一齋が後まで思想的影響力を持っていったことは、嘉永六年まで攘夷論に固執していく阿部政権に憂慮の念を抱き、距離を取った侗庵が、多くの門人を持ちながらも、近代日本の学問所儒学評価から忘却されていったことと繋がっているかもしれない。

忘却されてきた思想家を論じようとする場合、その知的な世界の全容を明らかにせずして、その思想を論じることが出来ようか。その人間の具体的な経験とそこから生み出された著作の全体像を探索する努力無くして、その思想を内在的に理解することが可能だろうか。これまで、古賀侗庵という一人の昌平坂学問所儒者の知的世界に迫るために、遺された史料の探索を試み、その世界を限られた範囲で可能なかぎり明らかにしてきた。侗庵が、どのような知識を前提として、如何に世界を認識し、それに基づいてどのような思想を一個人のうちに築き上げたのか。あるいは逆に、どのような思想に基づいて世界を自らの内で再構築したのか。内容未検討の史料は、なお多くある。だが、このような作業を通して初めて、なぜ彼が厖大な未定稿を遺し、生前一冊も板本を出版し得なかったかの一端を理解できたのではなかろうか。すなわち絶え間なく変動を続ける国際環境に眼をむけた侗庵の知的世界は、もはや体系的に完結した世界ではなく、無限に断片的な情報収集に専心せねばならない、過渡的な知識の世界だった。しかも、その世界は中心を喪失した無秩序の世界だった。一八四〇年代に侗庵の眼前に広がる世界は、利心に取り憑かれ、ひたすら自己の「利」を貪る「泰西諸国」が、「理義を顧みず」無制限に弱小国を呑み込んでいく弱肉強食の世界だった。

侗庵の知的世界がこのようなものであることを踏まえた上で彼の政治的論策を探れば、鮮明に現れてきたのは、「祖法」「墨守」ではなく「時勢を察し」「時宜を審らかに」して具体的な歴史状況の中で可能な政策を構想する「変通」の論理という政治的思考であり、さらに、その一方で侗庵が固着し続けた、国際国家間の秩序、また一国内の社会秩序において、「理義を顧みず」ただ専ら「利」を追求することによっては政治社会の秩序は維持出来ないという、「理義」と「利害」の問題という思想的主題であった。視圏拡大という意味での知的世界の「開国」は、侗庵に複数の西洋諸国による覇権争奪の視界を開き、それは一方で西欧中唯一の通商国オランダの国際世界における相対的地位低下を認識させた。自らの依拠する蘭訳本書籍を媒介として受容した西洋像が、広大な西洋世界のわずか一面に過ぎないとの自覚は、彼に他の複数の西洋諸国からの情報収集の必要を痛感させる。植民地獲得競争の渦中にあって、他方で対外的独立を保持するために国内社会構成上侗庵が要求したのは、一国内の「言路」洞開、異説争論や、私利を争う商業経済競争によってもたらされる社会分化や秩序混乱ではなく、「心志」を共にする「上下一志」の社会統合であった。「聖賢」という為政者への期待は、この状況下で歴史的「良将」の武徳の再発見と評価にも繋がっていく。このような一個人の知的世界内での視圏拡大が、混沌を前にした秩序形成・維持のために依拠すべき精神的規範への固着の一方で、学問所儒者侗庵をして「祖法」「墨守」批判と「変通」論の自覚的唱導を生ませたのである。

第III部

海防争議のなかの変通論——古賀謹堂とその時代

図扉-3　古賀謹堂（茶溪，1816-84）中村薫『神田文化史』秀峰閣，1935 年，所収。

萬延元（一八六〇）年、徳川幕府は「日本國米利堅合衆國修好通商條約」（Treaty of amity and commerce between the United States of America and the Empire of Japan）の批准書交換のためアメリカ合衆国へ使節団を派遣した。この際に、使節の搭乗する米国軍艦を護衛するという目的で、勝麟太郎（海舟）を艦長とする幕府軍艦咸臨丸も共に派遣された。幕末におけるこの初めての遣外使節に、福澤諭吉が、総督である軍艦奉行木村喜毅《よしたけ》（勘助、隠居後に芥舟、一八三〇―一九〇一）[1]の従者として乗船したことはよく知られている。西洋経験によって結ばれた木村と福澤の親交は、その後生涯にわたった。維新をへだて六二歳の晩年を迎えた木村芥舟《かいしゅう》は、天保九年から慶應三年までの幕末史を扱った『三十年史』を著して、一八九二年に交詢社より出版するが、そこには「木村旧軍艦奉行の従僕」福澤の序文が冠されていた[2]。

『三十年史』の書中で芥舟は、自身の旧友、町画師春木南華による近隣米・露両国への五〇人規模の「遊学生」派遣構想を盛った「奇抜にして舊套を脱し」た嘉永六年の上書を引用し、当時を回顧して次のように評する[3]。

> 之を世の所謂巨儒と稱する者の徒に舊法に拘泥し、概ね外國を視て夷狄禽獣となし、虚勢を張り空擧を攘《はら》け、膺懲撻伐《ようちょうたつばつ》之典を唱ふるに比せは、其智愚日を同ふして語るへからす、又當時之有司皆變通之道に暗く祖制の易へかたきを知て、邊防制術に至てハ茫然手を束ねて一策なきは抑何の心にや、ひとり閣老阿部正弘、稍《ようやく》世界の大勢を洞察し、外蕃の容易く抗しかたきを知ると雖も、如何せん、天下滔々として一人の此意に同する者なく、又其事を執れる有司すら猶如此の有様なれハ、誠に頼み少く其跡因循遅疑なきを得さるは亦己むを得さるの勢ひ

なるへし。(4)

嘉永六年六月の黒船来航の際に、老中阿部以外には、幕臣・儒者ら「当時之有司」「巨儒」はみな、世界情勢の把握において「舊法に拘泥し」「變通之道」を知る者はなく、防衛政策を構想できず、あるいは「夷狄禽獣」の外国観しか抱けなかった。それゆえ「開国」に向けての政策決定は「因循」「遅疑」した。網羅的な幕府資料集の刊行以前の、明治中期までに広く定着したペリー来航への幕府の対応のイメージは、一般にこのようなものであった。

黒船を劃期として複雑な様相を呈するその後の一連の幕末社会の展開のなかで、このいわゆる「開国」に対する徳川幕府内の「儒教」思想を背景とした「夷狄」観と「祖制」墨守という圧倒的な反応は、後代からの回顧を通して一見すれば、その議論の図式においてまったく単純だったようにもみえる。たしかに、阿部が外圧に屈して採った幕府の「開国」政策は、彼の没後老中堀田正睦へと受け継がれたが、貿易條約勅許問題、さらに将軍継嗣問題をめぐるいわゆる「南紀派」と「一橋派」の対立を経て、大老井伊直弼において変調を見せ始め、公家・諸大名ら、そして諸有司も含んで次第に高まる攘夷の気運に、開港転じて開港開市の延期、鎖港交渉へと進展した。また、「巨儒」大橋訥庵は、佐藤一齋門下で朱子学に帰した翌年に、有名な「闢邪小言」(嘉永六年六月成稿)・「嘉永上書」(同年八月)を著し、その後安政五年の水戸藩環勅を契機に政治運動に加わり、王政復古を唱導する「政権恢復秘策」(文久元年)を草して、いわゆる尊皇攘夷運動の主唱者となった。(5) すでに自明のこととなった後の幕末史の展開を視野に入れれば、いわゆる「改革派」(「開明派」)と「守旧派」あるいは「尊攘派」の色分けや、幕府内における圧倒的な数の「守旧派」に対する、きわめて少数の「改革派」という構図は、むろん結果的にはまったく誤りであるということはできない。(6) しかし、明治末期から進んだ徳川期の史料編纂と資料集刊行の成果を基に、個々の史料について立ち入って眺めてみると、事態は決してそれほどに単純ではなかったことがわかる。

木村芥舟の、およそ四〇数年を隔てた先の記述を読む際に注意を要するのは、まず、これが明治維新を挟んだ旧幕臣、しかも直臣の記憶による回顧であることである。すでに旧幕臣中の陪臣上がりの福地源一郎・福澤諭吉・西周らいわゆる「外様幕臣」たちの視点からする回顧史観がある歴史的偏向から免れないことを指摘したが、(7)薩長藩閥の圧力で幕末史に誤謬多しとする直臣の場合であっても同様に、田邉太一（蓮舟）・栗本鋤雲（匏菴）・勝海舟・戸川安宅（残花）・島田三郎（沼南）・木村芥舟それぞれが辿った幕府内での履歴からくる歴史叙述の偏向が指摘されてしかるべきであろう。(8)たとえば、芥舟が紹介する「世の所謂巨儒と稱する者」の議論はまた、福澤らと共なるアメリカ渡航以前の、若き彼自身の認識でもあったのである。すなわち、弘化五年に学問所の学問吟味を乙種及第し、嘉永六年七月当時、両番格・濱御殿奉行見習であった芥舟は、幕府の諮問に応えて猛烈な夷狄批判から通信通商不可を主張し、蘭学者批判を唱え、国威発揚を訴えていた（木村勘助「海防之義ニ付愚意申上候書付」嘉永六年七月）。(9)そのことを踏まえるならば、さきの記述は、歴史的帰結からする芥舟自身の自己批判を含んでいたことになる。

維新後に取った思想的立場や執筆時点への配慮なくして、幕臣の回顧録や聞書きだけから幕末史の議論の布陣を確認することは困難だが、そうであればまた、この木村芥舟の回想が一八九一（明治二四）年に行われていることにも注意を喚起しなければならない。執筆の前年に大日本帝国憲法と教育勅語が発布されていたことは、この芥舟の記述の単純な解釈をより一層困難にしている。たとえば、文中の「世の所謂巨儒」をどのように解するか。往年の昌平坂学問所で学んだ大内晃陽が、「時勢論より書生の心理を刺衝して、慷慨の氣を起さしめしは鷲津久藏氏（毅堂）、大橋順藏氏（訥庵）の二先生なりとす。而して大橋氏多きに居る」(10)と懐古するように、大橋訥庵は、江戸の書生に影響力をもった幕末維新期の「巨儒」であった。木村の先の「巨儒」の記述に大橋訥庵の影を読むことは、あるいは深読みに過ぎるかもしれない。しかし、『三十年史』が起筆されたのが一八九一（明治二四）年一〇月であり、その同じ年の九月に訥庵は靖国神社に合祀され、一二月には「勤王の功により」従四位に叙せられていたのである（同年一二月一七日贈位）。(11)この叙位が、既述した一九一五年の学問所儒者の一括叙位に比して、二四年も先立つことも併考されねばならないであろう。福澤とも懇意の仲にあった芥舟のこの時点における叙述は、尊皇攘夷運動の延長線上にもたらされた明治政府の「世の所謂巨儒」評価に対する批判と読みうる可能性にも開かれている。[12]

しかし、これら回顧的記述と追想時点での時代認識ばかりでなく、本書にとって問題になるより重要なことは、その後にも広汎に受容されることになる芥舟が単純に要約して描きだす阿部政権下での幕臣「諸有司」やいわゆる「巨儒」たちの対応であろう。すでに自明となった「開国」状況から、旧体制に固執する彼らの思考停滞性を難じることは易しい。だが、史料蒐集が進み、大量の当時史料の閲覧が可能になった段階では、経験的観察に基づき、その時点に現れたさまざまな可能性を孕む政治構想を吟味して回顧史観を検証することが、歴史学研究の課題となる。西洋諸国への留学生派遣といった町画師春木のような「奇抜にして舊套を脱し」た対外構想は、諸藩士たちはともかく、嘉永六年段階で、果たして徳川の幕臣たちからは生まれなかったのであろうか。林家や学問所に集う儒者たちは、「夷狄禽獣」観から自由な発想をもちえず「膺懲撻伐之典」だけを唱えたのか。幕府の意思形成において顕在化し始めた幕臣たちの唱和は、多声にも拘わらず単一の旋律と言葉しか響かし得なかったであろうか。言路洞開し、海防論の喧騒のなかで、それでも幕府に人なしという状況であったのか。

ここで木村芥舟の記述を引いたのは他でもない、この認識が単に彼の個人的回顧にとどまらないからである。それは、彼がまた、勝海舟編とされる『海軍歴史』『陸軍歴史』の史料収集と編纂に直接たずさわった中心的な人物であったことからも解し得よう。すなわち、『海軍歴史』の一八八八（明治二一）年一二月の「緒言」によれば、この編纂作業には木村芥舟を筆頭に、伴鐵太郎、桜井貞、山下文齋、小野友五郎、中台信太郎、永持明德、長田清蔵、浜口英幹ら旧幕臣が協力しており、また『陸軍歴史』の編纂は、芥舟の他、伴（旧軍艦頭）・浅野氏祐（旧陸軍奉行）・竹内帯陵（旧大坂町奉行）・山下（旧奥右筆、勝海舟「緒言」一八八九年一二月）が担当している。『大日本古文書　幕末外国関係文書』（一九一〇年、第一巻発刊、現在刊行中）を初め、その後に編纂される多くの資料集が、『開国起源』（緒言、一八九一年一〇月）を含めたこれら勝の三部作の活字翻刻資料にも依拠していることは、改めて指摘する必要もないであろう。木村芥舟の『三十年史』執筆の背景には、咸臨丸以来の人的繋がりとこれらの史料発掘と編纂作業の経験がある。

このような明治二〇年代までの幕末史記述に対して、「世に幕末の事を記するの書、たゝに十百のみならす、然れとも紕繆《ひびゅう》相望外交の事に於て殊に其甚しきを見る」[13]と批判したのが、徳川幕府の「外國事務衙門」（外国方）に在職して外交史料「通信全覧」の編纂に中心的な役割を果たした田邉太一（蓮舟、一八三一―一九一五）であった。[14] 蓮舟は、「読賣新聞」に連載した外交史に関する記事を輯録刪補して、一八九八（明治三一）年に冨山房より『幕末外交談』を上梓している。幕府の横浜鎖港談判使節団・パリ万国博覧会派遣使節団に加わり、維新後も外務大書記官・駐清臨時代理交使を歴任した外交の実務経験をも有し、外交史料編纂と外交交渉の最前線にいた蓮舟の史料評価の批評眼を、決して軽々に扱うことは許されまい。

この『幕末外交談』において、田邉蓮舟が「幕府全く人なきにあらざるの實を示」すために引用するものこそ、他ならぬ昌平坂学問所儒者、古賀謹一郎（謹堂・茶溪）の上書であった。「獨り識見の卓越・議論の剴切《がいせつ》・朝陽の鳴鳳と稱すべきは、儒者古賀謹一郎が献言なり」[15]。蓮舟は、安政二（一八五五）年五月と六月の沿海測量と米国吏人の取り扱いをめぐる古賀の長文の建議を取り上げて、次のように評する。「今日よりこれを見れば、頗る盡さゞる所あり、また事實を謬るものなきにあらざれど、兎に角當時、怯恇疑懼《きょうきょうぎく》の餘に出る俗論を、虹々《そうそう》排撃して、餘力を殘さず、大に人心を啓發せし[16]」めた[17]。

本書の第Ⅲ部は、古賀精里・侗庵の家学の延長線上に現れた古賀謹堂の政治思想と活動を、同時代の幕臣たちの議論の具体相の中で捉えることを課題とする。すなわち、特に嘉永六年夏の諮問以降、言路洞開して、それまで潜在していた旗本たちの政策諸案が表面化し始めるが、昌平坂学問所を母胎として〈政治的社会化〉を遂げた関係者の政治思想はどのような特徴をみせるのか。謹堂の政策案はその中でどのように位置付けられるのか。結果からする回顧史観ではなく、当時の史料を可能な限り網羅的に視野に収めた上で、古賀家の政治認識が同時代の学問所関係者全体に共有された認識であったのか、それともある一部の儒者に限られたのか、思想の共有範囲がもし僅か一群に限定されるとするならば、彼らにはどのような特徴が指摘されるのか、さらに、幕府の対外政策決定過程のなかで、その政治認識の位置を確認し、論争のなかで次第に浮き彫りになる対立点を明らかにしたい。考証されるのは、独り古賀謹堂の議論ばかりでなく、政治過程に果たした昌平坂学問所儒学の政治的役割の問題である。田邉蓮舟が謹堂のものとして引く上書はわずかに安政二年の二篇に過ぎないが、本書では恐らくは彼が接し得なかった史料をも用いて、結果的に、幕臣たちの諸政論の相の下で、上記の蓮舟の洞見を検証することにもなろう。

以下においては、まず第七章で、学問所儒者の外政参与の例として、弘化・嘉永年間の阿部政権下における、学問所関係者の海防論の変遷を概観する。安政四年に至って本格的に展開される対外貿易開始論までに短い展望を与えた上で、第八章以降では再び、嘉永六年段階から表面化した幕臣たちの政論を検討する。第八章では、嘉永六年六月にペリーがもたらしたアメリカ国書の「開国」勧告の論理とそれへの反応を、学問所関係者を中心に追跡した。同時期に上申されたそれらの答申群のなかで、古賀謹堂の政論がどのような位置にあり、それが幕閣の政治的意思決定過程にいかなる影響力をもったのかが明らかにされる。この検証を承けた第九章・第十章では、弘化から安政期に至る古賀謹堂の政治構想の背景と、具体的に政治過程で政策提示される際に作用するさまざまなレベルの葛藤・対立が、日記や上書を素材に描き出される。謹堂の思想が、どのような意味で父侗庵の学問を展開させたと言えるのか。政治過程のなかで、それは如何にして学問所出身の幕臣官僚たちに支持され、学問所儒学の政治的所産の一典型になるに至るのか。そこには、おそらく昌平坂学問所という共通の出身や教育にもとづくある共有された政治志向、価値意識などが認められるであろう。

政策展開の理解のために、第III部で対象とする時期、すなわち第II部を引き継ぐ時点から外国奉行が創設される安政五年七月までの期間を、徳川幕府の対外政策によって次の五つの時期に区分したい(18)。

〈第一期〉天保一五（弘化元、一八四四）年九月から、嘉永六（一八五三）年六月まで。すなわち、弘化元年のオランダ開国勧告を受けた後、アヘン戦争後に活発となった欧米諸国の東アジア進出により弘化・嘉永期の諸外国船渡来が頻発し、数度にわたる打払復古評議を経て、アメリカ使節ペリーが浦賀に来航するまでの期間である。

〈第二期〉嘉永六（一八五三）年六月から、嘉永七（安政元、一八五四）年三月まで。ペリーによってもたらされた米国大統領からの国書の諸大名と幕臣たちへの公開と意見徴集、一一月の大号令発布、そしてペリー再来と全権林大学頭復齋を中心とする応接掛との交渉結果、嘉永七（安政元）年三月三日に「日本國米利堅合衆國和親條約（Treaty of peace and amity between the United States of America and the Empire of Japan)」（以下、日米和親條約と略す）が締結される。

〈第三期〉安政元（一八五四）年三月から、安政三（一八五六）年一〇月まで。日米和親條約締結以降、徳川日本はイギリス・ロシア・オランダと次々に條約を結ぶが、いずれも西洋諸国の主意を満たさず通商條約締結には至らなかった。方針変更がなされたのは、安政三年七月にオランダ商館長クルティウス（キュルチュス）からのイギリス使節の渡来予告と「緩優貿易は世界萬物自然之運旋ニして……」という通商條約締結の勧告を受けたことに端を発する。[19] 審議の結果、幕閣は老中堀田正睦を外国事務取締・海防月番専任として、安政三年一〇月二〇日に「近來外国之事情も有之、此上貿易之儀御差許可相成儀も可有之候ニ付」云々という外国貿易許可の老中達を下し、[20] 同日海防掛を中心に貿易調査のための外国貿易取調掛を任命する。

〈第四期〉安政三（一八五六）年一〇月から、安政四（一八五七）年八月まで。幕閣での貿易許可の方針決定後惹起された関係諸有司内での論争は、貿易の方法と内容をめぐる考えの相違点を浮き彫りにした。その後の通商條約締結の端緒を開いたのは、安政四年八月二九日に長崎で結ばれた「日本和蘭両國全権追加條約」（以下、日蘭追加條約と略す）であった。

そして、これ以降、同年一二月の貿易條約勅許問題をめぐる林大学頭復齋・目付津田半三郎、さらに翌二月の老中堀田正睦の京都派遣を経て、四月二三日に大老となった井伊直弼によって海防掛の廃止と外国奉行の創設がなされる安政五年七月までを〈第五期〉とする。本書での終点をこの時点に定めるのは、国書授受の通信から発展した徳川後期外交全体に占める狭義での昌平坂学問所儒者の政治参与が、〈第三期〉半ばからの日本からの国書使用言語の変化に伴って終焉を迎えると考えられるからである。漢文以外の公文書翻訳は、長崎通詞や天文方蕃書和解御用から、洋学所・蕃書調所を経て、福澤諭吉や福地源一郎らが属した外国奉行支配の書翰掛へと引き継がれる。勅許・将軍継嗣などの諸問題を抱えつつ、無勅許で自由貿易に踏みきったいわゆる安政五カ国條約（六月・アメリカ、七月・オランダ・ロシア・イギリス、九月・フランス）によって、徳川日本は、一九世紀西洋の通商條約外交体系に包摂されることになった。もちろん、この非キリスト教国・非文明国への規定——片務的な領事裁判権・協定税率・最恵国条款——を含んだ近代西洋国際法体系での「文明」国への地位の向上が、次代の明治期日本の外交課題となったことは言うまでもない。

ただし、以上五つの時期区分のうち、政治過程の歴史叙述よりもむしろ思想史の観点から政策形成・決定過程に光を当てようとする本書の目的からするならば、西洋諸国との対外関係全般——漂着船取扱・漂流民送還・通信・通好（和親）・通商——が問題となる第一・二期と、主として通商許可が焦点となる第三期の検討に、多くの紙数が割かれるであろう。外交政策に多様な選択肢が在り得た、幕閣での方針決定以前の段階に、政治構想として最も豊かな可能性が現れると思うからである。

まず、第Ⅲ部で新たに対象に加わる、前述儒者以外の徳川後期「政教」の担い手、昌平坂学問所関係者を確認することから始めよう。

第七章　阿部政権の海防掛体制と学問所

――学問所御用筒井鑾溪と弘化・嘉永年間の海防論――

一　述齋隠居後の林家・学問所

寛政から天保年間に学問所を含め教育行政を統括した大学頭林述齋は、天保九年に隠居するに際し、培齋（檉宇）に林家の大学頭を継がせ、同時に述齋の実子だが、林羅山（道春）の四男春徳の家系に連なる信隆を継いで養子となった林復齋を学問所御用（西丸留守居）に任じた。述齋自身が、林家七代目の錦峰亡き後の家督相続をめぐる争奪のなかで、松平定信に見出されて養子として林大学頭の家督を継いだことを想起すれば[1]、この人事は述齋がこの両林家の間で権力を分与させたとも考えられる[2]。幕府の学政全体を総括する林大学頭に対し、学問所御用はその下で学問所での教育統括を職掌とするが、この職には林家の血縁者と共に、時期により複数の者が就いている。退職・就任の月日に注目して、同職の中でも系として継続された後任人事を確認するならば、天保九年一一月の林述齋隠居以降の西丸留守居学問所御用は、付表7-1（三五一頁）のように分類できるであろう。

林家には、羅山から続く林宗家の他に、溜池林氏（守勝流・第二林家）、備前町林氏（信智流・第三林家）の分家があった。すなわち、林宗家二代春勝（鵞峰）と兄弟で第二林家となった守勝（読耕齋、一六二四―六一）の家系と、宗家三代信篤（鳳岡）の息子四代信充（榴岡）の兄弟で第三林家となった信智（退省・確軒、一六八七―一七四三）の家系であり、それぞれ幕府儒者を世襲していた。学問所御用〈A系〉は、この第二林家の家系であり、幕府統治の終焉まで任命期前後の他は途切れることなく続いた。それ以外の学問所御用の系統は、阿部政権のある時期に特別に外政補佐役も務める〈B系〉があり、筒井鑾溪が就任している。また本書での対象時期以降に行われた文久の学制改革(3)は、陪臣鹽谷宕陰・安井息軒・芳野金陵ら「安政三家」(4)を登庸して教授陣を一新するなど、学政管理の面では林家の権威を凌駕する学問所奉行職が新設され、文久二年一一月から元治元年一一月までの僅か二年間だが、その時期の第二林家とは異なる複数の学問所御用〈C系〉があり、さらに文久の学制改革以降の〈D系〉がある。

　このような林家の権力分与や業務分掌、また学制改革に伴う複数配置という学問所統轄責任者の問題とは別に、寛政末期より定着し始めた武家教育の繁多な儒者や儒者見習の役割を補佐するために、学問所教授制も改革されていた。教育者・儒学者としての学問所教授陣は、寛政一二年三月三〇日に学問所勤番組頭が新設され、黒澤正助と鈴木岩次郎（白藤）が任じられて以降(5)その数を増し始める。とりわけ幕末まで続いた教授方出役《でやく》は、他の役職から出向して学問所で稽古人の素読指南・御座敷講釈・仰高門日講を務めた(6)。この教授方出役からは、学問所儒者を多く輩出しており、実力本位で選ばれた儒者予備軍とも言える。儒者惣領（古賀家、後の佐藤・河田・鹽谷家）や林家塾頭（佐藤一齋・河田迪齋）、また学制改革期の陪臣登用（「安政三家」の鹽谷宕陰・安井息軒・芳野金陵）を除けば、学問所の儒者・儒者見習に就任した者は、ほとんどが教授方出役を経ている（野村篁園・依田匠里・増島蘭園・友野霞舟・杉原心齋・木村裕堂・松崎柳浪・妻木棲碧・佐藤立軒・中村敬宇・御牧楓崖・永井三蔵・佐野令助・河田貫堂・望月毅軒・鹽谷簣山）。さらに、幕府の直轄地である日光・駿河・甲府には、昌平坂学問所の支校とも称される日光学問所・駿府明新館・甲府徽典館(7)の三つの官立学校が創建もしくは既存家塾を利用して再興され、それぞれに学頭が江戸から交代で派遣された。これら支校各所での学問吟味も、江戸の昌平坂儒者による検定がなされていた(8)（付表7-2［三五二―三五八頁］）。

教授方出役や他の幕府直轄学問所の学頭経験者で、その後幕府の要職に就いた「儒吏」には、後述の永井介堂や岩瀬蟾洲もいる。幕臣研究でも学問所との関係がそれ程に顧みられない彼らは、閣老の学問所見廻りの際、幕臣の通稽古人たちへの教育である南二階講釈を行う程に、学問所の叩き上げの秀英であった（永井岩之丞［介堂］は弘化二年八月四日・嘉永二年閏四月一九日、岩瀬愿三郎［蟾洲］は弘化四年四月九日）[9]。安政の学制改革、安政二年に洋学所が発足する以前の学問所の群儒には、後に明らかとなるように、以後の幕末の学問所の印象からは想像できないほどの、さまざまな政治的可能性を秘めた逸材が雲集していた。特に嘉永期には、学問所御用筒井の推挙を通して、彼らの内より阿部政権での各種役職に登庸される者がいた[10]。

言路洞開して、それまで埋もれていた学問所関係者たちを含む個々人の政治論が、政治空間の表面に顕在化する。それが弘化・嘉永期以降、一八五〇年代前後の政治社会の特徴である。この時期に至って、学問所儒学の政治思想は、複数の政治論説を通して、漸く分析の対象になる。それでは、林家・学問所御用・儒者・教授方出役などの学問所関係者の対外政策を中心とする政治思想は、如何なるものであったのか。それらは、第II部で検討した生前決して政治空間の表面にその上書が露呈することのなかった儒者古賀侗庵との関連で、どのように捉えることが出来るであろうか。

対外的な「祖法」内容が自覚化された文化年間、一八〇〇年代において、「通商」拒絶の理由に挙げられたのは、(i)自給自足経済、(ii)国内有用材貨の流出と無用品の流入、(iii)奢侈による風俗悪化と社会秩序混乱、(iv)対外関係における諸外国均等公平待遇であった。すでにみたように対外情報の収集を続けた侗庵は、この国内事情を優先させた文化年間の政治判断を越え、殊に文政年間後半、一八二〇年代半ば以降の対外危機についての政治的思考は、〈状況認識〉〈情報分析〉〈予測〉〈構想〉、そして〈政治的判断〉という一連の過程を繰り返していた。すなわち、複数の西洋諸国が東アジアでまた地球上のあらゆる地域で、産業革命を経た技術力を背景に覇権を争っているという一九世紀世界情勢変化の認識（認知主体にとっての視圏拡大）――このような〈状況認識〉に触発され、また持続する問題関心のもとに集められた情報〈分析〉の結果、対外問題は、経済政策として展開される制限範囲内での、自給自足的な地域経済維持か、それとも世界資本主義の論理、すなわち通商によって世界を自国の経済市場に編入させようとするかという志向する経済体制の懸隔に帰結し、さらにそれは追求される究極価値が理義か利欲かという文化や人間性の相違に収斂して捉えられた。しかし、もし現行の経済政策護持を採るにしても、政策選択に伴う将来〈予測〉を行えば、予め通告なしで異国船を打ち払うことは「無礼」に当たり、また武力行使をせずとも世界市場への編入を拒み続ければ、戦端を開き、長期的に敗北は必至である。その結果、焦眉の課題である対外的独立確保の防衛措置として、国内の人心統合や軍艦製造などの軍事技術の革新が〈構想〉される。そして、これらの思考過程を踏まえて、複数挙げられる可能な政策案から、時宜に適った合理的なものを選択する〈政治的判断〉がなされる。

　後に述べるように、海外情報の種類と多寡、導き出される見解や判断は異なるとしても、とりわけ洋学所開設以前の学問所関係者たちのうち少なからぬ者は、このような侗庵の問題設定と思考の多くを共有していた。柴野栗山に従学して[11]享和三年の学問吟味を甲種及第し、弘化・嘉永期の学問所御用として阿部政権下で政策顧問を兼ね、また後に海防掛となり、本第III部の時期の対外政策決定で常に中心にいた筒井政憲（鑾溪《らんけい》、一七七八―一八五九）[12]も、その一人である。鑾溪を軸にして学問所関係者の海防論の変遷を確認しておくことは、学問所儒者の政治過程における位置を確認し、後述の幕臣上書の全体像を俯瞰する上で、また弘化・嘉永期の幕府の対外政策形成過程を探る上でも有効である。

二　筒井鑾渓の海防論——弘化・嘉永・安政期の主張変遷

弘化二（一八四五）年六月付けの返書でオランダの開国勧告を拒んだ阿部政権[13]は、これを機に海防掛を創設し、対外関係を担当する外政機構を整備し始める。弘化二年七月に老中（阿部・牧野忠雅）・若年寄（大岡忠固・本多忠雅）の四名が任命されたのが常置の職としての海防掛の発端だが、のちに見るように、その後勘定（勘定奉行・勘定吟味役）と目付（大目付・目付）の両系統から海防掛が数名ずつ任命され[14]、安政五（一八五八）年七月に外交専務機関である外国奉行[15]が設置されるまで、評定所一座（あるいは三奉行）とともに対外政策の諮問機関の役割を果たした。しかし、打払復古評議を検討した先行研究によって指摘されるように、彼ら以外にもこの阿部政権の外交政策の補佐役として筒井鑾渓が首脳部に加わり、海防掛以上に影響力を行使したのである[16]。

水野政権での町奉行在任中に起こった仙石騒動に因て「先役中不束之儀有之御役御免」（天保一三年三月二三日）となり非番の寄合となっていた鑾渓は[17]、弘化二（一八四五）年七月一九日に、新たに西丸留守居役学問所御用を命じられ、学問所御用の林復齋と同じ権限をもつように任じられる（「［寄合］勤仕並学問之儀林式部〔林復齋〕同様」）。当時、幕府の学政全体を総括する林大学頭には林培齋（檉宇）が、その下で学問所での教育を統括する学問所御用にはすでに林復齋が就いており、復齋と同役に就任した鑾渓には別に特別な任務があったと想定される。たしかに彼は復齋と同様に月並講釈も職務として勤めている[18]。だが、焼失した阿部家文書を除き、遺された史料から判断すれば、老中阿部を中心として七月五日に任命された老中・若年寄四名の海防掛は、打払復古令を初めとする対外政策決定の際にまず鑾渓に諮問しており、かつて文化から天保年間に林大学頭述齋が果たした対外政策顧問の役割を、長崎奉行歴任者で、文政の打払令評議には町奉行として参与した鑾渓に担わせたとも解しうる[19]。海防掛創設や筒井任命の数ヶ月前の弘化二年二月のマンハッタン号による漂流民送還と受領の際の意志決定が、三奉行と大小目付への諮問だけだったこと比較するならば、この意思決定過程の変化は明瞭である。[20]

(1)〈第一期　天保一五(弘化元)年九月―嘉永六年六月〉

先の時期区分によればオランダ国書到来からペリー来航までの〈第一期〉、すなわちアヘン戦争後の西洋諸国船来航のなかで、蠻溪自身が執筆した対外政策に関わる主な上申書には、以下のものがある。[21]

①弘化二年八月「異國船之儀御尋ニ付申上候書付[22]」、

②弘化三年六月「海防守備御触書等之儀取調申上候書付」「通信交易等之儀ニ付御答振試ニ取調候書付[23]」、

③弘化三年七月「異國船之儀ニ付申上候書付[24]」、

④弘化三年一一月「長崎表江佛朗西船再渡致候節取斗方之儀ニ付愚意申上候書付」「佛朗西人江申論振取調申上候書付[25]」、

⑤嘉永元年五月四日「海防守備打払之方ニ御改復之義御尋ニ付愚存申上候書付[26]」、

⑥嘉永二年五月「備蠻策[27]」、

⑦嘉永二年一〇月・一一月「在留加比丹へ御達之儀に付申上候書付[28]」、

南京條約以降、各国と締結された條約に基づき清朝は五港を西洋諸国に開港したが、それに伴い近隣東アジア諸国への欧米諸国の海軍を中心とする貿易要求にむけた外交交渉活動が高まるばかりでなく、近海での捕鯨漁船などの西洋民間船の遭難事故も続発した。先の侗庵の課題設定に、この時期新たに、漂着船の処遇と漂流民の返還・受領、そして寄港のためになされる日本港湾内での測量が、直面する現実の対外問題として加わっていく。蠻溪は当初、モリソン号事件をめぐる述齋の天保九年の認識を引き継ぐが如く漂流民送還を行う西洋諸国への「信義」を重視し、「穏便」な対処を求める見解を提示する。しかし、他国争奪の気質と測量をめぐる不信から、その後オランダを介した告知の上で異国船打払復古の主張を展開させ始める。〈第二期〉の嘉永六年の諮問で上げられた旗本たちの答申の主要論点は、実にこの時期に殆ど提示されている観がある。以下、順次検討してみよう。

〈弘化二年の諮問〉　弘化二年七月四日イギリス船サマラン号による長崎来航と測量と薪水・食糧補給要求を受けて、老中阿部正弘は、学問所御用就任直後の鑾溪にまずオランダ国書和解及び老中返書と商館長への諭書の内容を示し、

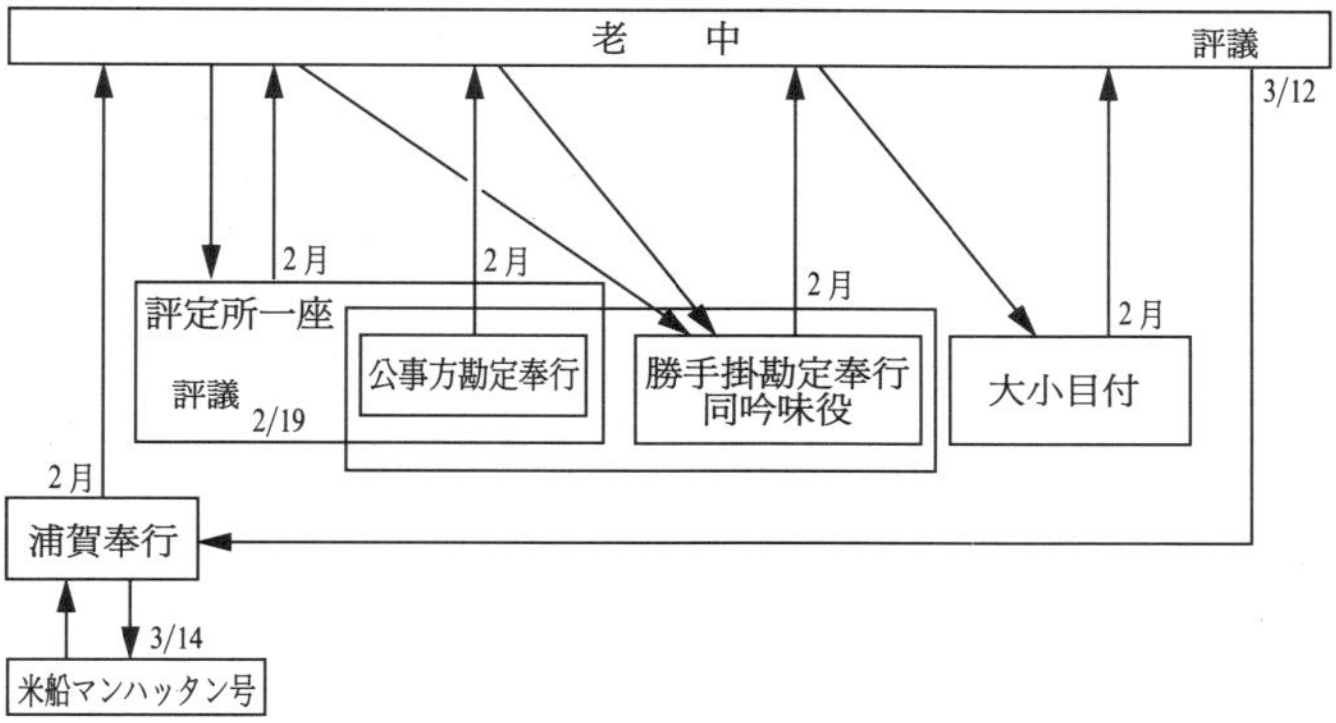

図 7-1　弘化 2 年 2–3 月，対米船漂流民受領の政策決定過程

対外政策について諮問した。この鑾溪へのオランダ国書和解呈示は、前述の弘化三年二月に特別に閲覧し得た徳川齋昭よりも半年早く、また薩摩藩主父子への呈示より約二年も先行している。[29] 諮問に応えて鑾溪が執筆したのが、弘化二年八月の答申書①である。そこでは、オランダ国書を踏まえ、日本の返書も「御文面はのこる所なく宜しく出來仕候」と評価した上で、蘭英の関係も指摘しながら、「誠意にて忠告」された対イギリスにむけた今後の対外政策を論じることに重点が置かれ、打払いではなく「先穏便の取扱いたし、争論かましき義等無之様に」という自らの見解が述べられる。鑾溪は、文化年間のロシア使節レザノフが乗船したナジェジダ号艦長クルーゼンシュテルン（一七七〇―一八四六）の「奉使日本紀行」の記事を参照して西洋列強の意図を分析し、軍学の相違から台場建設・砲術などの「沿海守備」の防衛政策強化を唱える。彼はもちろん、同年三月のアメリカ捕鯨船マンハッタン号による浦賀への漂流民送還や、前年の弘化元年に琉球に渡来したフランス船の情報も得ていたであろう（図7-1）。特に後者は学問所儒者も訳出に関与している。弘化二年七月一日の佐藤一齋「腹暦」[30]によれば、「琉球へ拂邏西ゟ書翰之訳文仰付之旨、〔河田〕八之助

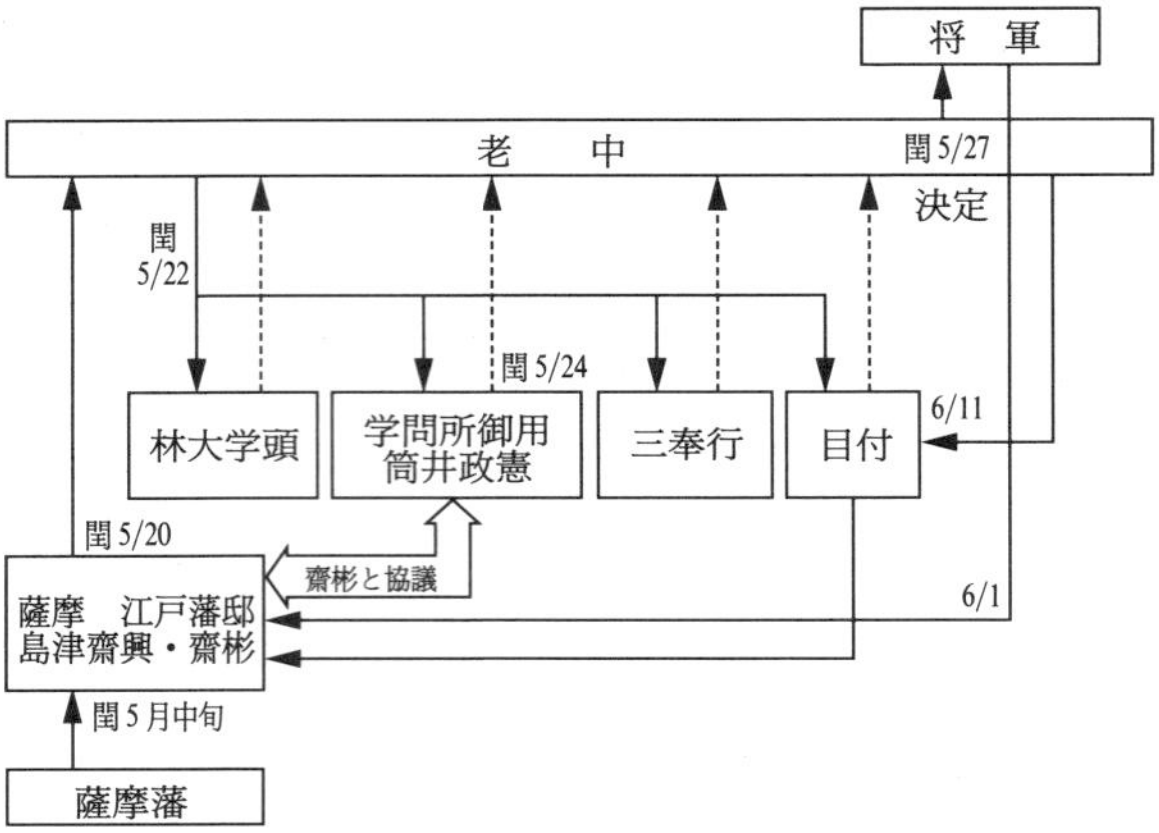

図7-2　弘化3年4-6月，琉球渡来のフランス船への対応，政策決定過程

を以て林家ゟ被仰越、古賀へハ拙ゟ達す」とあり、じっさい侗庵が琉仏間漢文書翰の和解「佛蘭西國書翰大意私解」[31]を作成していた。しかし、①ではそれらへの直接的な言及はなされない。鑾溪が情報として引く「奉使日本紀行」は、天文方の青地林宗（芳滸）翻訳・高橋景保（蠻無）校訂による翻訳書（天保一一年）で[32]、安政四年に至るまでの以後の彼の上書では、外圧による内乱誘発とそれによる国家転覆という文化三・四年に現実化したフヴォストフの樺太・エトロフ島襲撃事件の政略意図を記したものとして終始参照されている[33]。

〈弘化三年の諮問〉　弘化三年四月七日と五月一一日にフランス船の琉球への再来の報を受けた幕閣は、閏五月二二日に三奉行（寺社・町・勘定）・大小目付・林大学頭培齋、そして筒井に諮問し、鑾溪はそれに応えて同月二四日に「沿海守備之儀」につき答申書を差し上げた[34]（図7-2）。さらに米清條約批准書交換の途上、弘化三年閏五月二七日にアメリカのビッドル率いる東インド艦隊コロンブス号・ビンセンス号が浦賀に来航して通信互市を要求すると、六月三日、彼は上書②a「海防守備御触書等之儀取調申上候書付」と②b「通信交易等之儀ニ付御答振試ニ取調候書付」（六月）を提出した。このビッドル来航を受けて、六月九日に幕閣は改めて海防掛・三奉行・筒井に諮問を行っている（図7-3）。同月二八日には浦賀にデンマークのフリゲート艦ガラテア号も来航して通商要求しており、答申書③「異國船之儀ニ付申上候書付」（弘化三年七月）は、これら頻発する一連の西洋諸国の動向を踏まえて執筆された。

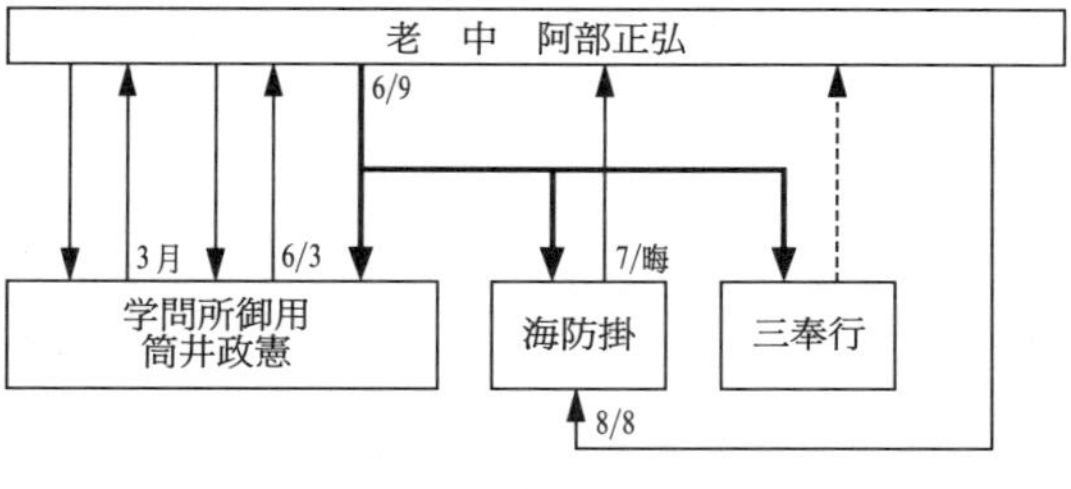

図7-3 弘化3年，打払復古評議

鑾溪は、西洋諸国の貿易要求の背景になにを見、それに対してどのような対応を主張したのであろうか。「洋人共ゟ交易之儀ニ付道理攻ニ申越候儀」を想定した返答試案②bは、学問所御用として要求に応え得る説得的な論理立てをもって徳川日本の立場を次のように弁明する。

抑西洋諸國之論説ニ而は耶蘇救世之意を旨とし、凡満世界之國ニは同しく天地間に在る所にして同一氣之人類なれハ、隣地はさら也、遠海隔りたる國なりとも、互に通信和好して有るを以て無きに替、貿易之道を開くハ各其國用を足し、そも〳〵其利益を得て國を富し民を養ハヽ、則救世之意にして、満世界信睦之情を盡し闘争禍災も有る事なきハ、天地の心なるへき旨を本として示さるゝ条、懇款慇恤之意謝するに所なし。（②b）

「西洋諸國之論説」——おそらくはケンペル「鎖国論」の冒頭の議論[35]——によれば、西洋諸国が物資を交換して相互に補い合い、またその利潤によって国民を養うのは、表向きの論理としては「満世界信睦之情」によって平和な世界を創るというキリスト教の「救世之意」に由来するとされている。漂流民を救助し懇ろにもてなして返還する行為は、たしかにその意に叶っているようにも思われた。じっさい、いわゆる「人道の大義」（"cause of humanity"）にせよ、「文明の使命」（"mission of civilization"）にせよ、西洋諸国が非西洋圏・非キリスト教文化圏に臨むに際して掲げた論理は、鑾溪の認識とはそれ程に違わなかった。安政五年に老中堀田正睦や亞米利加官吏出府取扱掛と会談し公使駐箚と自由交易の承認を迫ったアメリカ総領事ハリスは、次のような「天主之意ニも応」じたキリスト教精神からする論理を提示した[36]。「西洋各國ニ而は、世界中一族ニ相成候様いたし度心得ニ有之……何れ之政府ニ而も、一統いたし候義を拒ミ候権は有之間敷[37]」。その「世界中一族ニ相成」とは、「互ニ平等ニ致し、壹人飛離候而已か意を立候儀無之様いたし候事」であり、「天〔天主之眼〕より望候得は、何れも親疎無之一齊ニ候間、近しき兄弟同様一結ニ相和し候事」である(38)。

だが、鑾溪は問う。そのような貿易によって「信睦」し、「闘争禍災」のない平和を志向するとされるキリスト教諸国の「其西洋に於ても、時々各國戦争有事」はどのように説明されるのか。「耶蘇救世之意」と現実世界の矛盾を突く彼は、まず「氣化之流行」から「同一氣」の人類も決して「盡く一情」ではないと主張する。

凡そ天地間に在る所の諸物人類、同一氣なる事は疑を容さる所なれとも、氣化之流行よりいふ時は、天に寒暑晴雨之替り有り、地に山海阜澤の異なるありて、天地氣化之流行共、氣厇純粋なると駁雑なるとの受方に寄て、万物形質の同異無き事あたわす。……人類に於ても各國其情を違にし、其飲食・衣服・禮節・起居之宜ニ至る迄、各其通する所に於てハ夫か己ならす、一同一村の中ハさらなり、同血脈の父子兄弟なりとも人心之異なる事其面の如し。志かれハ同一氣同世界の人類たりとて、盡く一情なるへけんや。（②b）

他との異同を認めず「強て夫をして同しからんとする」ところに、「戦争」の原因がある。

相違するのは「人情」ばかりではなく、さらに「国法」も異なっている。ある国においては臨機応変、「祖宗之法に不拘、時之時宜に従ふ國法」体系が採られているのであろう。だが、徳川日本は、不断に変形と再適応を繰り返す法規範ではなく、過去に支配権力の命令によって生まれた成文の「触」や先例に拠りつつ決定を下す法体系を採る。「我國は祖宗之法を遵守して破らさる國法なれハ」、それを犯して国を統治することは出来ない。文化年間に通商要求したロシアに対して「擬答牒」を著し、およそ二百年間にわたって社会秩序を保障してきた法規範の存在と法治国家としての自負を根拠に「祖法」遵守の正当性主張を試みた古賀精里と同様、鑾溪も云う。対外通商国を制限した「祖宗の厳禁」を破棄し、「一度祖宗之禁を破るに於ては、國家多端之規則悉く時之便宜に従て破るにいたらハ、何を以て祖宗之訓典を立て、國事を治むへけんや」。それでも、もし敢えて西洋諸国が、一法治国家の「国法を乱し」、あるいは「兵威を以て強てなさん」とするならば、「救世之意」との整合性を失うであろう。「然にいたりては救世懃恤之意は却て利之為に起るに似て、夫か為に戦争之端を起し、罪なき人命を絶ん事、竊カ疑ふ所なり。夫も我國は國典を守る為にして其残暴を防き、其國は利を貪るか為にして他之國を侵掠し、各軍民之死を致さする事、仁恤之意には違ふに似たり」（②b）。アヘン戦争の「廣東之一條」を顧みても「西洋人共は仁義之道を践へ、聊《いささか》非義非道之儀は不致趣に申成居候故、他之國を奪ひ候とても、何と歟無據之名を付、夫を申種々戰争始候國風」（②a）である。彼らの説得の論理と現実の行動は、まったく矛盾に満ちたものであった。

「東西域を異にし」た人情・国法の相違はまた、近年目立つようになった寄港する港湾内の測量行為の解釈にも現れているように鑾溪には思われた。

西洋にては、相互に右樣之國風に候哉は難計候得共、日本に而は右樣之儀は、譬へば人之城地へ來、其城之高低廣狹を量り、又は門前之堀水之淺深を量り候事は、其城之要害を探り候道理にて其城を為て攻打歟、左無之共其城主を見侮たる仕方に當り、以之外失禮之儀にて候間、其儘可差置筋無之候。（②a）

寄港先で勝手に測量を行うことは「以之外失禮之儀」に当たる。「國地之信義」を貫けば、打払令復古は当然の行為である。「元來文政之御觸は御尤至極之儀」「何樣文政之御觸へ御復し之方可然儀と奉存候」（②a）。だが、他方で国内信義ばかりでなく、「其國々へ信義」という国際信義にも配慮しなければならない。既に天保一三年に漂流船に対して薪水給与令を発しており、今に及んで改正することは「彼國々へ被対御信義」にもとることになる。「今更此方計御觸直しにて、有無を不論一意に打拂はゞ、彼國々へ被対御信義を御破被遊候趣意に相成」（②a）。西洋諸国でさえ「本國の人、西洋并屬島致漂流候とも、彼國にて養育し送り帰す人情」を有し、「彼等も素より人倫五常の名義を相辨へ」ている。「あく迄人倫五常の大道を以て」事を処し、「御國體并道理人情に於て恥敷事は無之」ようにしたい（③）。漂流民を保護し返還するような「其情款之深厚なるは謝するに餘りありといへ共、東西域を異にし、國法・人情も殊なれハ其教に從ふ事あたわす」（②b）。

このような「國地之信義」と「其國々へ信義」との葛藤のなかで、鑾溪が導き出す政策方針は、内厳外寛、すなわち「堅船造立」を含め、「内々は人臣の志氣を養ひ、武備威猛を貯へ、外に人倫五常の大道を以、柔順温和に取扱」

(3)というものであった。漂着船へは薪水食糧を給与するが、従来の「信義」があるオランダを例外として、他国には小国であるが「豊饒にして國用の指支無之」という一国自足の経済体制を理由に通信交易拒否の対処を行う。それが具体的な要求に対する返答であった。

乞所の薪水食物は被下、交易の義は本邦偏小の國也といへとも、豊饒にして國用の指支無之候間、外國交易は不相好。紅毛の如きも持渡所の数品悉く玩器にして此方より求め候所の品にはあらすといへとも、往時より通商致し來り候上は、其品の名利不用の譯を以、無謂信義を失ふ事は我國の志性にあらさる由を以申諭し、切支丹耶蘇天主教の宗門も以、通信は勿論交易不仕譯を申諭候はゝ、彼等素より何等の譯不解事と心得可申哉と奉存候。(3)

弘化年間の鑾溪の議論は、国内での「堅船」製造と海防号令の発布という〈構想〉と同時に、政策選択の〈予測〉では既発の条令をめぐる国際信義と、内乱誘発を狙った武力衝突の回避を重視しつつ、「穏便」な対処を主張している。しかもこれらの一連の思考が、一九世紀の世界情勢変化を踏まえ、近海での測量行為は領地攻略と植民地獲得に向けた前哨戦であるという〈状況認識〉に基づいていたことは言うまでもない。一方で「仁義之道」を踏まえ「満世界信睦之情」を尽くすと唱えながら、他方で「無據之名」をつけ「戰争」を開始したイギリスによるアヘン戦争は彼にとって最も身近な例であり、さらに蝦夷地を襲撃して日本国内を内乱状態に陥れるというロシアのクルーゼンシュテルンが記す策略も、動かしがたい現実説明の証拠であった。鑾溪は、「救世之意」の欺瞞性を鋭く指摘する一方で、それでも「人倫五常の名義」をわきまえた西洋諸国の道義心に訴えかけ、「道理攻ニ」対しては武力ではなく相手の理性への説得をもって応える。その際に、「国法」という法規範をめぐる観念の相違、および「人情」という国民性の相違という〈分析〉的把握は、有力な論理立てとして援用される。

弘化三年には引き続き、六月にフランスのセシーユ率いるインドシナ艦隊軍艦クレオパトール号・ヴィクロリューズ号が長崎に寄港して、書面をもって薪水と漂民救助を要請した。「難舩御仁恤之儀」は天保一三年にオランダを通して世界への告知を依頼してあり、フランスの中立は「何歟行違候儀ニも」思われたが、鑾溪は答申書④a弘化三年一一月六日提出の「長崎表江佛朗西船再渡致候節取斗方之儀ニ付愚意申上候書付」で、海防掛・評定所の答申を踏まえた上で意見提示を行い、一方で「書面受取及返翰候へハ通信ニ紛ハシキ國法ニ障リ」、他方で「書面受置候而不及返書モ又失義ニ有之」と、拮抗する通信国限定の「国法」と「其国へノ信義」の二つの葛藤の末、受け取った書面は差し戻し、海防掛も提案するように書面による返翰ではなく「口上以テ及答」「申諭」ようにと述べる。もちろんこのような対応は、「礼物」受領して応えなければ「礼を知らざるの國」となり、返答すれば万国同様の対応を求められ、「容ざるの勝れるにしかず」とした文化年間のレザノフへ「申諭」の先例を踏まえたものであろう。同月一九日提出の④b「佛朗西人江申諭振取調申上候書付」は、この提案に基づき、一部文言の相違があるが同趣旨の二通りの「申諭之覚」を示したものである（図7-4）。

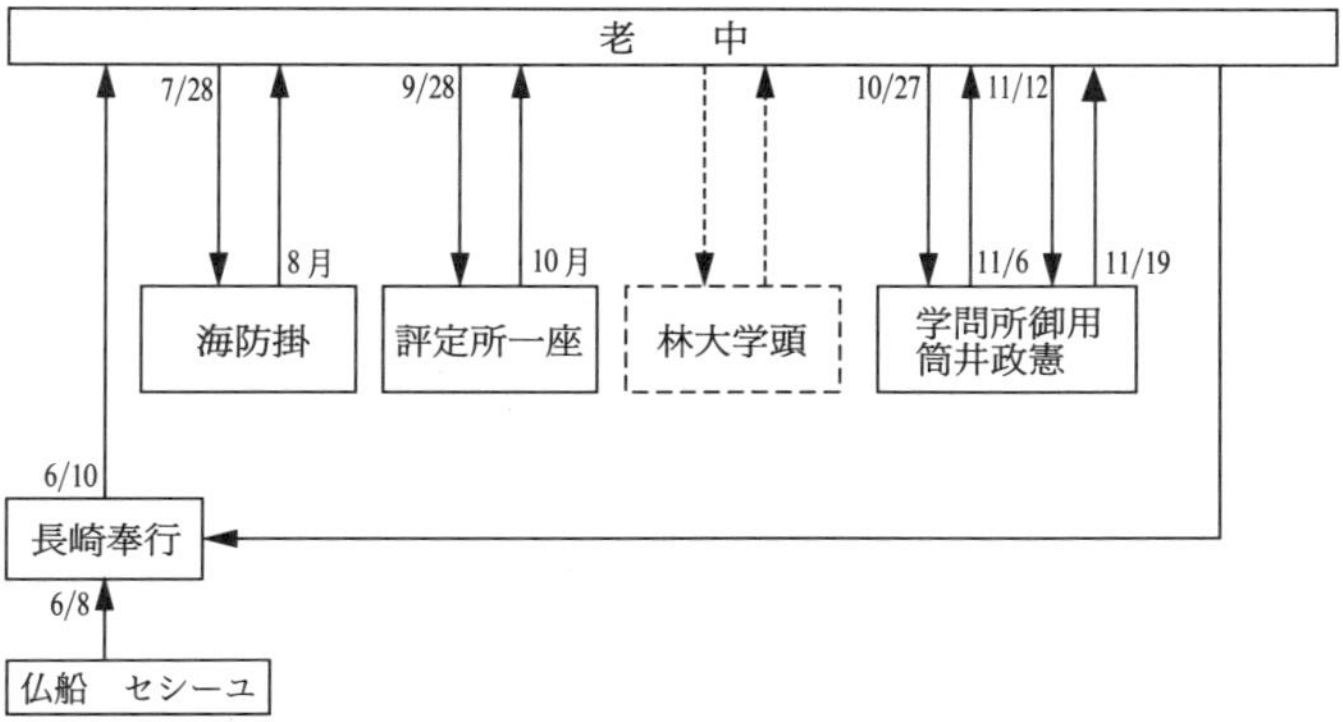

図7-4　弘化3年6-11月，フランス船長セシーユ書翰への対応，政策決定過程

註記）同年閏5月と同様に林大学頭への諮問も推定されるが，史料確認できない。

〈**嘉永元年の諮問**〉　嘉永元年三月以降、蝦夷地・陸奥沿岸（「松前・津軽・其外對馬・庄内等度々渡来之届」）に外国船が出没し始めると、五月四日に老中阿部正弘は再び「筒井紀井守江可相尋趣」として国防に莫大な費用がかかりこれが「諸藩疲弊の基」になっている故、「実に復古致し、打拂いの儀仰せ出され候方しかるべく存じ候」という打払復古の諮問を出した[39]。答申書⑤嘉永元年五月四日「海防守備打払之方ニ御改復之義御尋ニ付愚存申上候書付」は、それに応え、打払復古

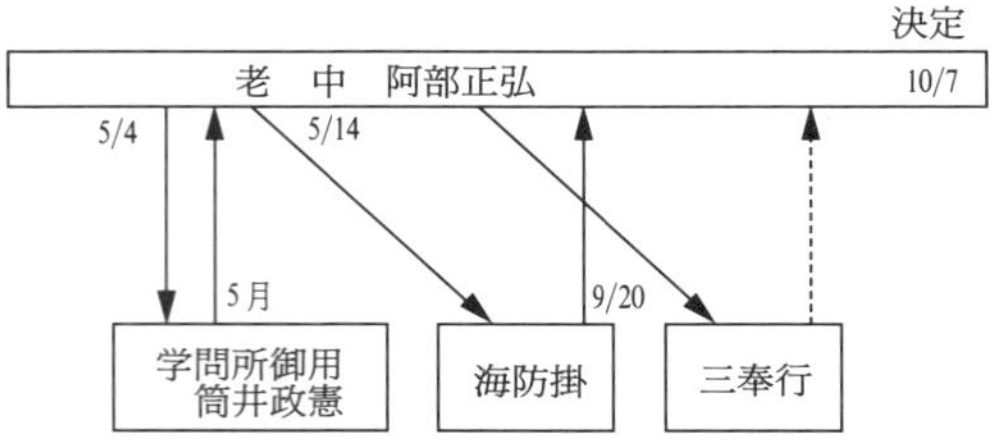

図 7-5　嘉永元年，打払復古評議

を承認したものである（図7-5）。

弘化三年評議の際には、薪水給与令から「年数も相立ち申さず、格別これなき処、にわかに御復古これあり候とは、御國政時々相改り御軽率の様にも相聞え申すべき」という理由で「差延ばし」にしたが、今回の阿部の提案には賛意を示し、特に「来春」江戸参府の際にオランダ商館長に通告し、本国からヨーロッパ諸国へ伝達するように依頼する。その際には認識の相違から「不敬不法と申候ても此方証跡者有之候得は、彼方ニハ左程之事にも無之聞、遁辞」を述べられる可能性もあるため、先の「奉使日本紀行」中の記述と近年異国船が近海で「折々大炮を打放」す行動とを関連させて「於此方迷惑成儀」と打払復古を申し諭すのがよいと提案する。ただしこの際には、打払に転じればさらに入費がかさむという、経済効率を鑑みた海防掛の予測に基づく反対により、阿部・筒井の政策は実施されなかった。

（2）嘉永二年閏四月、学問所への海防策諮問

言路洞開して対外政策決定過程に参与する個人と組織が以前に増して複数化したことが確認出来るのは、嘉永二年の一連の海防策諮問である。学問所関係者の複数の政論が政治空間に露わになり始めるのも、これを劃期とする。

嘉永二年の諮問は、特にアメリカ軍艦プレブル号が三月二六日に長崎入港を強行して漂流抑留民の引き渡しを要求、さらにイギリス軍艦マリナー号が閏四月八—九日浦賀へ、続いて一二—一七日に下田に寄港し、両港内で測量を実施したことに端を発した。とりわけ後者は、アヘン戦争の覇者、大帝国イギリスの日本への本格的な接近開始と捉えられた[40]（図7-6）。五月五日には、三奉行・大小目付・海防掛・長崎・浦賀両奉行・弘化四年二月に江戸湾沿岸警備を命じられた川越・忍《おし》、また彦根・会津の四藩に打払令復活の可否諮問がなされるが[41]、それらすべてに先立つ諮問

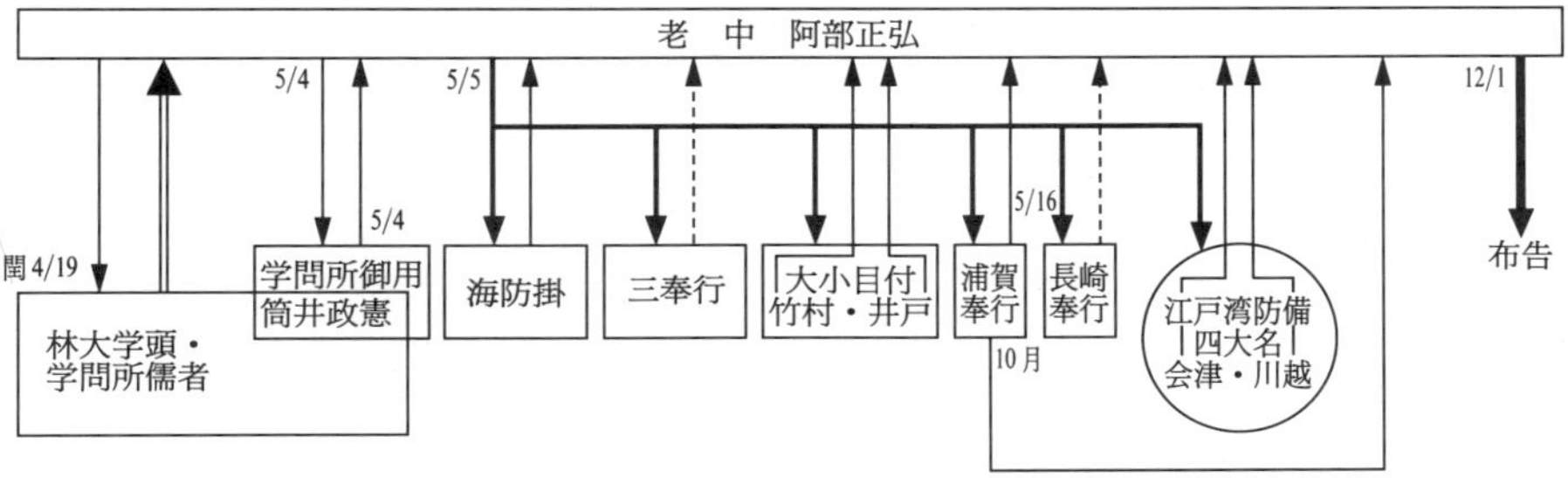

図 7-6　嘉永 2 年，打払復古評議

が学問所儒者への意見徴集であった。学問所関係者に対外政策の諮問が及ぶことは、前述の文化度・天保度の事例を参照すれば明らかなように、先例のないことではなかった。しかし、林家や学問所御用などの代表者ではなく、また儒者の総意としてでもなく、個々人の単独責任において複数の政治意見が幕閣に上程されたのは、これ以前に溯ることは現在のところ出来ない。先の学問所御用筒井鑾溪の答申書②b「通信交易等之儀ニ付御答振試ニ取調候書付」もその一つであるが、「交易願断方之事」について「丁寧之御諭方」また「義理分明之諭方相考可差出」と「林大学頭始《はじめ》儒者等」に要求することは、幕臣たちにとって当時決して意外な発想ではなかった。[42] そして上申された意見も決してその期待に反することなく、所与の条件下で能う限りの知性を駆使した彼らの政治判断が示されていると考えられる。

　学問所への海防策諮問は、恒例の老中・若年寄による学問所見廻りと学問所関係者の御座敷講釈・北二階輪講・講書・北二階講釈・南二階講釈がなされた、閏四月一九日に行われた。[43]「閣老諸顯官臨學之日、發海防・時務兩策、俾諸儒員、作對」(佐藤一齋「海防策一道」)。「此度天下ノ御要務ニ於テ心付候義ニ御座候旨ハ、差控ス言上可仕旨、儒臣江仰アリシ趣」(一齋「時務策」[和文])。ただし、この日に学問所儒者たちの「海防策」が「文題」として差出され漢文体の論策が上げられたわけではないようである。古賀謹堂の「海防策」の現存は確認できないが、彼は日記に、閏四月「廿六日海防策浄寫成る」(古賀謹堂「謹堂日誌鈔之一」)と記しており、諮問を受けて後日執筆され、翌五月初めまでに関係者の答申が閣老に提出されたと思われる。しかし、学問所関係者だけでなく、広く識者の答申が上げられ、その数は五〇数通に及ぶとも云われる。

右御達ニ付諸御役中並聖堂教職己下諸生迄、其外諸家々中之儒者・兵学者、及町儒者・町兵学者等迄、面々存寄書付指出但、漢文不相成、俗文ニて申出候様御達シ、大冊ニて五十冊程出来候由、此節大抵御取揃ニ相成、衆議区々之内、聖堂ハ儒者古賀金一郎〔ママ〕侗庵悴・八町堀住居兵学者浪人柳沢外記、此両人之策至而宜敷尤ニ相聞候由、評判ニ御座候、一齋老人も書出候処至極穏なる策之由、右一件ニ付此節之諸大名武器手入ニて、武器直段も余程高価ニ相成候沙汰ニ御座候。

（「鈴木大雑集」巻二五）[44]

「至而宜敷尤ニ相聞」えたという謹堂の「海防策」の残らないのが惜しまれる。現在伝存する学問所の関連上書は、一部を除き和文体で記されており、大学頭、林僩齋「海防之儀ニ付申上候書付」[45]、学問所御用、筒井鑾溪の上書⑥「備蠻策」（漢文体）、同役、林復齋「海防策草」[46]、御儒者、佐藤一齋「海防策」「時務策」[47]、儒者見習、友野霞舟「海防策」[48]が確認されるが、他にも当時儒者や儒者見習であった安積艮齋[49]・杉原心齋・松崎柳浪・林鶯溪が応じたはずである。[50]

閣老に上げられた学問所儒者の対外政策論は、しかし決して明治期以降に回顧され、「昌平黌の朱子学者」として一括して捉えられる程に、同一の結論を説くものではなかった。幕臣たちの政治文化の基礎をなすと想定される宋学的思考は、現実世界の状況認識と政治的判断において、画一的な反応を見せたわけではない。それが寛政以降の幕府「政教」における政治思想の実態である。目付・長崎奉行・町奉行職を歴任して幕政で豊富な政治経験を重ねた「儒吏」筒井だけに限られない個々人の政治判断を、確認することができよう。一部を除きその内容検討はなされていないため、煩を厭わず学問所儒者の政策を通覧してみたい。[51]

当時の大学頭林僩齋は弱冠二〇歳であった。河田迪齋「昭粛公碑陰記」によれば、佐藤一齋と安積艮齋のもとで学んだ僩齋（壯軒）が、父培齋の後を継いで大学頭を襲名した弘化三年当時、彼はまだ一八歳で、「支族藕潢公」つまり復齋が「叔父を以て輔け、公私之事を督し」たと云う。(52) しかし、平明な論旨のその僴齋の上書は、彼自らの手によるものであろう。「唯海防之為メ而已ならす御武運御長久し基」とするための「海防之本末」、すなわち「根本」と「外見」とに分ち、前者は「先根本を固メ、綱紀を張り、賞罰を明ニし、号令を厳ニし、淳朴を貴ひ、節倹を守り、御簱本・御家人・御譜代大名之面々ニ至迄士氣を厲し、武備を厳守ニ仕、上之御威光を耀かし、足下之諸侯を威服仕候事」とし、後者を「要害之所ニ壘壁・礮臺之守備、堅艦・大砲之製作相備、海陸戦共ニ鍛錬仕候」とする。

およそ具体的な情勢認識・分析・予測などを含まない政策は、政治的知性の未熟さを現していよう。これに対して、「和議交易」・「打拂」、あるいは「寛」・「猛」両説について、それぞれの政策選択をした場合の〈予測〉をたて、その目的と手段の関係を比較し考量するのが、筒井鑾溪、林復齋と友野霞舟である。尤も、「漢文不相成、俗文ニて申出候様御達シ」があったとするならば、漢文で残る筒井鑾溪の上書⑥「備蠻策」(53) は、この時機にまとめられたが、直接上申されたものではないであろう。その内容は、「夷賊之常態」を「奉使日本紀行」などによって分析して「人之國を取りて己之國を利する」「横暴」な性格を述べた上で、「寛裕仁恵」と「嚴猛峻厲」の選択肢を比較するが、弘化期以降の前述の答申書を総括するにとどまっている。

林復齋もまた、従来の背景を論じた上で、「後年之禍不計候間、只今之内何とか御果断御座候方」をと決定を迫り、「打拂」「和議」の「両端」の政策につき「其致シ方ニよりいつれも其弊不少義ニ候間、両端之弊左ニ申上候」と〈予測〉される政策選択に伴う弊害を列挙する。彼が「互市之義」を否むのは、何よりも「我有用之物」を「彼無用之物」と交換するという非対称的な相互交換の交易認識からである（〈ii〉国内有用材貨の流出と無用品流入〉）。ここでは、剰余品と不足品の交換関係ではなく、必需品（もしくは不足品）と不足品の物品流通の関係が想定され、交易開始と同時に「有用之物」は国内から一方的に流出してしまうと考えられている。「和議交易ハ彼之願通リニ生候得は、第一我有用之物を以彼無用之物とかへ、其上彼方より品物之望を申掛十分之利潤無之而ハ承引仕間敷候」、「一旦交易を始候而ハ、有用之物ハ國中ニ乏敷相成候、御制禁之邪法行れ候ハ必定之義」。また国際的な信義の問題からも、貿易開始には難点がある。すなわち、一旦イギリスに貿易を許可したならば、他国の申し出を拒絶することはできない〈(iv)諸外国均等公平待遇〉)。「此度諳厄利亜一方江貿易を御許容相成候ハヽ、諸蛮共ニ綿々輻送願出可申彼を拒ミ此を許と申義ニは難相成」。殊に一度、文化年間に通商を拒んだロシアは黙してはいないであろう。「先年魯西亜へハ貿易之義ハ堅く御断り有之候而他江相許候而ハ、魯西亜よりも右を名として討論可致候」。だが、もう一方の「打拂」を選択した場合はどうか。「打拂ニ相成候ハヽ、天保中御仁恤之義被仰出未夕間合も無之、且異人共之情ハ戦争之端は我より開キ申候様ニとの心底ニ而、それを以而名と致シ候貪ニ候ハヽ、容易ニ打拂候得は自然其術中ニ陥り可申候と被致候」。打払いは「未夕間合も無」い天保一三年の薪水給与令に反し、さらにイギリスの思惑どうり戦争開始の口実を相手に与えてしまうと云う。

両策いずれにしても「平穏ニ相済候義は無之」という復齋は、外国よりの侮蔑を受けるとなれば、歴史的に「武勇を尚」ぶ「御国体」の体面にも拘わり、打払いより他に採るべき策はない。しかし、ひとたび打払い、その後「清国」のように「数十艘之船軍」による江戸湾攻撃が開始されて「議論一変」したのでは、「一層之大違御国之疲弊益甚敷相成り、諸国江被為對、乍恐御恥辱ニ相成、即諸国之覆轍を追ひ候斗りニ御座候」。復齋のここでの結論的な提言は次のようである。「一国之人勠力同心ニ而防禦専要ニ仕候而、些か之異論無之退而後害無之」するために、諸有司や警備担当者に「見込」を尋ね、その後に方針を決定してオランダを通して告知すべきである。警護方法も「席上之論」では判じ難く、「防禦警衛」を担当する「諸藩」に諮詢すべしと提案する。

復齋と同様に「戰」「和」の両政論を比較する友野霞舟も、両策いずれにも一長一短の利害があるという。「両様之議論各一理有之、尤に聞へ候得共、竊に愚意を以勘考仕候処、凡の事一利有れハ必一害を生申候」。その一方の、国益は対外貿易によって生ずるとする通商推進派の議論は、霞舟の筆をもって次の如くに要約されている。

交易を通候説を唱候者の論ハ、國家の大利を興すハ交易に若く者無し。西洋諸国富強なるも、畢竟万國と交易致か故なり。彼國にて交易を願候は彼此の有無を通し大利を興し候主意にて、強ち人の國土を奪取為にあらす。若交易御許容有之候共、嚴く制度を立後年の患無之様取極さへ致候得は、自然貨物融通し大造成、御國益に相成可申。且又當時天下万國普く交易致候処、唯我邦のミ御許容無之候ハヾ餘り遠慮に過て、却而我邦の卑怯を示に似て彼等の侮を来たし候事も無覚束候。但交易を開候ハヽ、万一内地の姦民彼等に内通し大害を引出し可申も難測と氣遣候者も有之候得共、一体我と彼とハ飲食衣服より好尚等を各別相違致居候事故、何成愚なる者と雖数百年の御國恩を忘却致、蠻夷に方人致候者決而無之候間、彼の願筋御許容有之、國家の大利を御興被成可然と申候。

（友野霞舟「海防論」）

対外貿易の正当性を主張する者の主張はこうである。他国が通商関係の締結を求めるのは、領土占領とは異なり、単に「彼此の有無を通し」て利潤を得ることを目的としている。世界中の国々が相互に貿易を振興させる中で、日本のみが許容しないのは、「餘り遠慮に過」ぎ、むしろ「卑怯」を示して各国から侮蔑を受けかねない。「飲食衣服」の嗜好と自己利益を異にしているが故に、相互に「有無」を交換し合えば、貿易が「大害」をもたらすことはないと。しかし、もう一方の打払いを主張する攘夷の政策に「古今之事變異同」のため「手當十分行届」かせることが求められる様に、上記の通商許可の政策にも、キリスト教崇信者「蔓延」のための「預防の御手當」が必要であると霞舟は考える。すなわち、泰平を謳歌する徳川日本と異なり、西洋諸国は戦争に習熟しており、打払いを決行して、一時的な勝利を得たとしても、後の「大軍」により「数十年の後患」を招来せずには済まない。「當時西洋諸國度々戰争有之、軍陣に熟居可申候間、中々容易に軽侮難致。且又よしや一旦一戰に勝利を得賊軍を鏖《みなごろし》にし候共、彼ハ大國に候上、與力の諸國駈催大軍渡来可申、兵連れ禍構候ハヾ、数十年の後患を生可申候」。他方で、貿易開始許可は、「数十年の無事」を保障するが、西洋諸国が皆キリスト教を信じ「愚民を教諭」するために「大害」を招かざるを得ない。「交易御許容有之候ハヽ、眼前之患無之数十年の無事を保可申候得共、是亦可懼て大害有之候故、如何にとなれハ彼國々一統耶蘇教を奉し愚民を教諭致候」。キリスト教宣教の歴史を回顧し、「島原の変」で「邪教に偏り刑戮に罹る者」が「貳拾八萬人餘」に上ったことに触れて、霞舟は云う。「かく迄愚民の蠱惑し性命を捨て邪教を崇信するハ何様にや。

人情常を厭ひ奇を好ミ、私欲の念甚しきより眼前の利に誘れ、一図に邪教に傾くなり。西蠻是機に乗し邪説を唱人心を煽動し、不戰して人の國を奪取の詭謀秘計を施せしにて、実に可懼の甚に非すを」。さらにまた、近年の「西洋學」流行もまた「諸事彼を慕効致候人情」の顕れである。「近来西洋學追々流行致彼國の器械精巧を喜候より自然彼を善とする心生し、諸事彼を慕効致候人情ニ御座候」。

以上のように両端を比較考量する鑾溪・復齋・霞舟は、しかし、いずれも外政方針の決定を自ら判断することが出来ず、結局はその意思の調整や決定を執政に委譲する。既存の枠にとらわれない政策構想力の不足からか、新機軸を打ち出すことが出来ず、回答を引き延ばして態勢を整えるという提言に終始する。

これら僴齋・復齋・霞舟、そして鑾溪の海防策と一線を画し、いわゆる夷狄禽獣観から排外政策を唱えるのが、すでに僴庵とも対照させた佐藤一齋の議論である。[54] 陽明学者で当年七七歳、昌平坂学問所最長老の一齋の和文「海防策」は、彼の門人であり、幕末を代表する「巨儒」大橋訥庵の「闢邪小言」（嘉永六年六月成稿）・「嘉永上書」（同年八月）[55]とも論点を重ね、その内容は後代に「昌平黌の朱子学者」の政論として広く知られる類に分かたれる。

文化《ママ》年中ニハ異國舩渡來ト見受候ハ、是非ニ不構打拂可申旨被仰出候処、御改革ノ砌《みぎり》格別ノ御仁心異國迠モ届候様ニトノ思召ヨリ全ク薪水ニ乏シク歸帆難相成、分ヘハ相應ノ御手當ツカハサレ、夫ニテモ異儀申上歸帆遲滯候カ亂妨ニ及候ハヽ、無二念打拂武備ハイサ、カモ弛ミ不申様ニトノ御趣意、實ニ古聖王ノ夷狄を御シ候道ニテ難有儀ニ御座候處、素ヨリ夷狄ハ仁義ヲ以サトシ難ク、申サハ犬猫ニヒトシキ物ニテ、棒ヲ以威《オド》シ候ヘハ影ヲ隠シ寄附不申候ヘ𪜈、折々食物ナトアタヘ候得ハ狃ヲ附候テ立去リ不申。縦令害心無之𪜈、狃近附候ハ甚タウルサキ者ニ御座候間、先ハ寄附不申様致度モノニ御座候。サレハ文化《ママ》中ノ御趣意ニ復シ候方御長策ニ候ヘ𪜈、一旦被仰出候御仁政ノ徹底仕サルモ何トナク快カラサル儀ニ御座候間、此外ニ常住參リ不申御仕法有度事ニ奉存候。

一齋が「古聖王ノ夷狄を御シ候道」と理解する異国船対処の方法は、たしかに天保一三年七月の「異國船打拂之儀停止御書付」の内容と合致するものである。というのも、「有無ニ不及、一圖ニ打拂」とした文政八年の打払令を改め、文化三年発令の「おろしや船之儀ニ付御書付」の段階に復したいわゆる天保の薪水給与令には、他面「され共彼方より亂妨之始末有之候歟、望之品相與候而も、歸帆不致、及異議候ハヽ、速ニ打拂、臨機之取計ハ勿論之事ニ候」[56]と、外国船の出方如何では「打拂」も辞さない旨が記されていたのであるから。当時、江戸の水戸藩邸でも定期的に講釈を行っていた[57]一齋の基本的な政策方針は、「犬猫ニヒトシキ」「夷狄」は初めから寄せ付けないに限るとする。彼の論旨は全体を通して一貫している。日本の指図に従わない場合は武力行使も辞さない旨通告すれば、「武威」に戦慄して二度と来航しないであろう。「武國ノナラハシ、乍不便モ手荒ノ扱ヒ可致旨申渡候ヘハ、無心ノ者ナカラモ道理ニ服シ、御武威ニ恐レテ再ヒ来リ申マシク」。一齋の武力衝突についての予測は、軍事技術力の彼我の懸隔には疎く、世界の現状認識を欠いている。たとえ戦争が勃発しても「有名ノ師ハ勝ノ道理」である。彼は「北條氏ノ時蒙古ノ先蹤」を引いて云う。「一度手強キ目ニ合セ候ヘハ、懲氣附候テ永ク野心ハ挟ミ申マシク」。

このような夷狄禽獣観からする排外思想はもちろん、「天府ノ國」「神国」という自国認識と表裏をなしている。同じ東アジアの国とは言え、清国とは人間気質も異なり、日本は天然資源も豊富である。「漢土ナト、ハ土地ノ形勢モ異ニシテ人氣モ強ク、五穀財寶モ澤山ニテ、實ニ天府ノ國ニ御座候」。豊かな「五穀財寶」に恵まれた日本では、「不足ノ品」など何ひとつない（〈i〉自給自足経済）。

> 抑我國ハ外国ノ裔流ニモ無之別ニ開闢セシ神国ナレハ、往古ヨリ萬国ニオモネラス自カラ東方ニ獨立シテ、人民ノ多キハ云迠モナク、五穀財寶豊ニシテ何辺不足ノ品ハ無之、我國ノ民ヲ養フニハ十分ニシテ一毫タリトモ外国ノ物ヲ用ルニ及ハス。

自給自足の国内経済の認識に基づき、現行の長崎での交易も「時ヲ以停止セシムヘク存居候」という一齋からすれば、対外貿易は「大切ナル寶ヲ夷狄ノ為ニ失ヒ候道理」に尽きる（〈ii〉国内有用材貨の流出と無用品流入）。「用立不申品」が国内に輸入され、代わりに「我國有用ノ品」が輸出されるという相互交換では、物品の等質性が保障されていないと云うのである。

申上ル沾モ無御座候へ氐、通商ノ弊其彼方ヨリハ左沾用立不申品ヲ持參リ、我國有用ノ品ヲ持歸リ候儀、夫モ最初ハ瑣細ノ物ニテ相濟可申候へ氐、積年相立候内ニハ如何ノ品望出候哉モ知不申。其時ニ至リテハムジンニ辞退モ出來難キ勢ニ相成、無是非其意ニ任セ候事ニ相成候ハヽ、大切ナル寶ヲ夷狄ノ為ニ失ヒ候道理ユへ、通商ノ儀ハ決テ許サレザル儀ニ御座候。

先の復齋と同様に通商の弊害を予測するこの見解は、後の歴史的展開を見れば、決して非現実的な交易理解ではなかった。「至極穏なる策」と評された一齋の海防策は、このようなものである。

以上のように、残存する学問所儒者の答申書の内容は、各人の状況認識のレベル・思想的特徴・政治信条・政治意識形成期の相違に従って、問題の基本的認識や議論構成から導き出される政治的判断まで悉く異なっていた。論理構成も、一方で一齋のように論策の冒頭より「夷狄」蔑視の結論を掲げて自説の排外主義を展開するものあれば、他方で復齋や霞舟のように選択肢として両極端の政策を選定し、両説についてそれぞれの予測される結果を分析し、その是非を比較考量するものもある。また政治的判断も、自身の意思決定を明確に主張するものあれば、霞舟のように対外方針を含め政策決定を執政者に一任するもの、あるいは復齋のように「席上之論ニは難定」、現場の海防担当者の意見徴集を求めるものもあった。執政に対する進言の筋道が広く開かれた言路洞開によって析出し始めた個々の学問所儒者の政策論は、幕府の「政教」政策の担い手たちの政治思想と政治判断のさまざまな分岐を如実に示しているだろう。ここには、単なる「儒教」の道徳的言辞から裁断する政治論に終始しない一群の儒者の認識が見え隠れしている。後に見る嘉永六年の諮問の際には、さらに多声となって、単一旋律の斉唱では済まない彼らの政治判断が顕在化する。

嘉永二年五月以降引き続き行われた諸役への諮問は、新たに江戸湾防備を担当する奉行や諸藩にも及んだが、これが復齋の意見を採用した結果であったのかどうかは判じ難い。各所から答申された意見を踏まえて、幕閣は打払令復古に決し、オランダを通じて諸外国への告知が企てられた。筒井鑾溪の答申書⑦嘉永二年一〇月・一一月「在留加比丹へ御達之儀に付申上候書付」は、老中阿部より下された二種類の「在留加比丹へ之御達案」につき、それぞれに意見を述べたものである。その後一二月二五日、諸大名に防備強化が命じられた[58]。だが、じっさいに打払令は発令されることなく、現時点では、徳川期の最後の蘭人江戸参府となった翌嘉永三年三月一五日にこの「御達」が伝達されたことも確認されていない。

（3）〈第二期　嘉永六年六月—嘉永七（安政元）年三月〉

周知のように幕府の対外政策が新展開をみせるのは、嘉永六年アメリカ使節のペリー来航による。その対応のため、嘉永六年七月三日には、徳川齋昭が新たに海防参与を拝命した[59]。その背景には、徳川御三家の雄というばかりでなく、島津齋彬・松平慶永・鍋島直正・伊達宗城・真田幸貫ら有力諸大名とも親しく文通して情報交換を行っていた齋昭を登用して、諸大名の意見調停に期待したとも言われる[60]。老中阿部への対外政策をめぐる有力な助言者は学問所御用の筒井鑾溪から交替して、徳川齋昭となり、これ以降日米和親條約締結を不服として参与を辞任する嘉永七年四月三〇日まで、彼を軸に徳川日本の対外政策形成・調整と策定作業が進行する。七月から八月にかけて三度にわたって上げられた「海防愚存」と呼ばれる上書に対しては[61]、勘定海防掛[62]・筒井鑾溪[63]・目付海防掛[64]・海防掛江川英龍（坦庵）[65]がそれぞれ意見を上げている。つづく大號令案をめぐる議論は[66]、対外方針発布のために阿部正弘が号令案を起草し、それに対する齋昭の修正（八月一四日）をめぐって行われたが、結局幕議は決しなかった。その大号令案の諸有司評議（九月一三日）では[67]、勘定海防掛・筒井鑾溪・目付海防掛・大小目付・三奉行・大目付深谷盛房・江川英龍の答申書[68]、藤田東湖「癸丑之暮大號令之儀閣老へ御書付[69]」などが上げられた。引き続き行われた号令案再議（一〇月一四日）においては、齋昭海防参与の辞意表明（同月一九日）が明らかにされると幕議は一変して急展開をみせて漸く決着したと云う。[70] 阿部の号令案修正を齋昭が朱書して（同月二五日）、再び阿部へ上げ（同月二六日）、それが最終的に一一月一日に大号令として発布されたのであった[71]（図7-7）。

筒井鑾溪の上書には、徳川齋昭の「海防愚存」（十三箇條の建議［嘉永六年八月三日］）への批評を上申した ⑧嘉永六年八月「水府老公御書取之趣ニ付申上候書付」[72] と、九月一三日に諸有司に諮問された老中阿部の大号令案への答申 ⑨嘉永六年九月「御號令之儀ニ付申上候書付」「御号令之義ニ付別段申上候書付」[73] がある。注目すべき論調の変化は、ここにきて交易許可が避けられないならば、アメリカよりも、むしろ隣接する大国にして信義立つロシアに期限を設定して交易を許可すべきであると主張する点にある。筒井の他にも、当時同じく八月に勘定海防掛[74]や仙台藩儒大槻磐溪（一八〇一—七八）[75]、九月に韮山代官で勘定海防掛の江川英龍（坦庵、一八〇一—五五）[76]らが同様のロシアとの貿易許可論を上げている。彼らに共通するその論拠は、新興国アメリカよりも、寛政期より交易を嘆願してきた隣国の大国ロシアへの国際信義であった。すでに嘉永五年九月には、オランダ東インド総督ドイマル・ファン・トウィスト（Duymaer van Twist）から日蘭通商條約草案が提出されおり[77]、幕閣・諸有司たちも要求される通商條約の内容自体には予測を立て始めていたであろう。

また、講武所の具体的構想も⑧にはもられており、勝海舟の「教練學校」構想と並んで、後の講武所設立の際に参照されたことは疑いない。[78]

後に詳論するように、学問所儒者たちは、この時期の外交で交渉の全権としての責任を担っている。ペリー再航に対しては亜墨利加応接掛の首席全権を、大学頭林復齋が、また同年続いて来航したロシアに対しては魯西亜応接掛の首席全権を、学問所御用筒井鑾溪が務める。いずれの人事も、従来漢字外交文書を主とする聘礼（外国使節訪問）に応接してきた慣習の延長にあると考えられる。

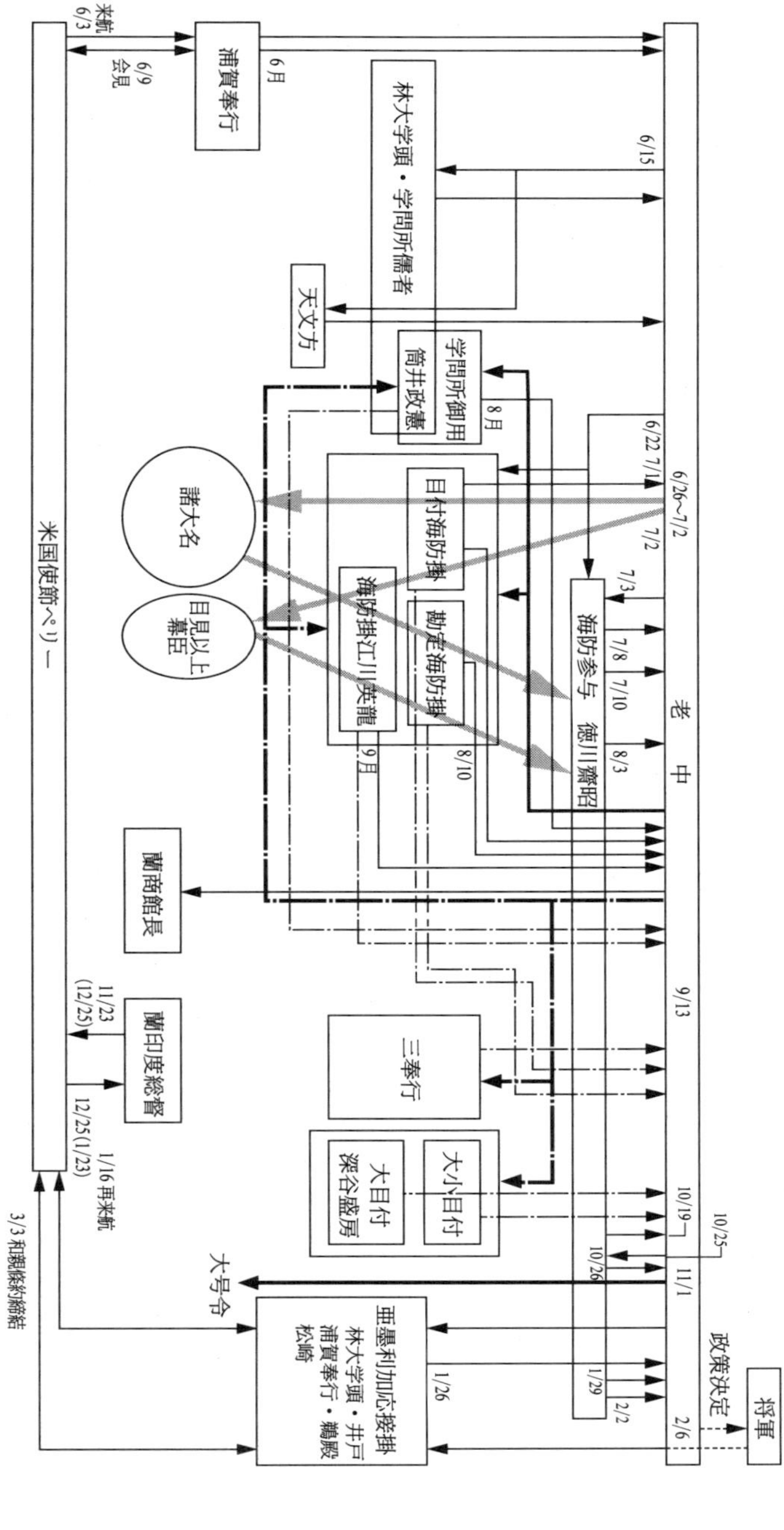

図7-7　嘉永6年6月–嘉永7（安政元）年3月，米国使節ペリーへの対応，政策決定過程

註記）多くの文書が伝存するため，詳細を省略して作図した。

(4)〈第四期　安政三年一〇月から、安政四年八月〉

筒井鑾溪は嘉永七（安政元）年七月二四日に学問所御用より大目付に転じ、同時に海防掛に任じられた。嘉永七年三月三日に日米和親條約が締結され、さらに安政三年一〇月二〇日に外国貿易差許の達が下るまでの〈第三期〉の鑾溪の上書は、現存を確認できない。しかし、それ以後の〈第四期〉になると以前とは政策方針を一変させた上書が次のように数多く残る。

⑩安政三年一〇月「貿易筋之儀ニ付申上候書付[79]」
⑪安政四年六月六日「亜墨利加官吏此表江罷越候儀ニ付申上候書付[80]」
⑫安政四年七月四日「亜墨利加官吏被召呼候ニ付御尋之廉取調申上候書付[81]」・「下田表罷在候亜墨利加官吏申立候儀ニ付申上候書付[82]」
⑬安政四年七月二五日「下田表在留亜墨利加官吏出府日合之儀申上候書付[83]」
⑭安政四年七月「諸向江御達書之儀ニ付申上候書付[84]」
⑮安政四年七月二五日「亜墨利加官吏登城之節礼式之儀ニ付申上候書付[85]」
⑯安政四年七月「当今御時勢之儀ニ付申上候書付[86]」
⑰安政四年七月「金銀融通御救方之儀ニ付申上候書付[87]」
⑱安政四年八月一二日「和蘭商法改革・踏絵・条約付録之儀ニ付申上候書付[88]」

安政四年八月二九日のオランダとの追加條約により、幕末維新期における最初の通商條約が締結されて以降の〈第五期〉にも、⑲安政五年一月あるいは四月の「亜墨利加条約之儀ニ付愚意申上候書付[89]」がある。

この時期の論調変化は、しかし、鑾溪自らの政治判断によってもたらされたものではなかった。むしろそれに先行する幕閣の外交政策転換の決定に追随する形で、鑾溪の上書内容が一変するのである。すなわち、イギリスが通商條約締結のために日本に向けて使節を派遣するというオランダ領事からの情報（安政三年七月一〇日）によって、閣老は各所への諮問の結果、貿易開始を決断して、「外国貿易取調掛」を設置した。この決定が公表された直後に上げられた鑾溪上書⑩「貿易筋之儀ニ付申上候書付」[90]には、「是迄多年心痛仕居候儀ニ而、此度如前文貿易御差免之義被仰出も御座候故、乍不及兼々勘考仕候儀不申上も不本意ニ奉存候間、前文之趣申上候儀ニ御座候、唐突御咎も無之、御覧置も被成下候ハ、、」云々と[91]、議論変節の断り書きが記された上で、「緩優貿易」の推進が主張される。その背景には「当時之天運時勢ニ候哉、宇内万國各通親貿易不致國は無之候處、皇國而已如前々鎖國之御政令被行候へ共」（⑩）という環境条件変動の認知度の深まりがあり、またそれに伴い[92]、次のように、参照される先例時点も寛永以前に変化する。

　國初ニは此方よりも諸蕃之御書被遣、交易筋之義等被仰遣候事、歴然書記ニ相残り居候事ニ候得ハ、其節之振合ニ御復し被遊、諸國之商船此方御定之港江致渡来、此國之商賈と互市致し候共、先格も有之、又此方之船々異國江通商之儀も、是又同格之事ニ候へは、只今交易之儀御免被免被遊候共、御復古之譯ニて御國威を被墜、御國體を被失候筋ニは無之候間、当時之天運時勢ニてハ此度之被仰出、当然至極之御良策と奉感服候　（⑩）

特に嘉永二年から安政三年に至る時期に鑾溪の大局的な状況把握は転換し、その政策論調はオランダ商館長が勧める「緩優交易」推進へと一気に変化する。鑾溪の安政期の議論が、同時期の目付海防掛で、後に初代外国奉行となる岩瀬忠震《ただなり》（蟾洲《せんしゅう》・鷗處）[93]・永井尚志《なおゆき》（介堂）[94]らの政策論と重なることは既に指摘されている[95]。しかし、これまで看過されてきたのは、筒井を含め彼らがいずれも昌平坂学問所の学問吟味及第者であり、またそればかりでなく前述したように学問所御用や教授方出役また徽典館などの教官歴任者として、まさに本書第I部・第II部でみた徳川後期「政教」が世代を重ねた所産であったことである。

しかし、現時点ではこの間の〈第二期〉と〈第三期〉の筒井鑾溪の史料は、一部を除き見出されず、彼を中心にこの思想転換を詳細に跡付けることは難しい。現場でじっさいに諸外国の使節たちと外交交渉を行った応接掛たちの認識は後述のように決して一様ではなく、魯西亜応接掛としての直接交渉の経験が鑾溪の交易認識変化の決定的要因であったとも容易には特定できない。

鑾溪の史料の欠を埋めるためにも、そしてそれ以上に学問所儒学の政治的所産を明らかにするためにも、次章以下では、対象を学問所関係者に絞った上で、伝存し確認可能な史料によりこの時期の学問所儒学の政治思想について外交政策を中心に明らかにしたい。そして、その中で古賀家三代目の御儒者、謹堂の思想的特徴を位置付け、今度は謹堂の史料からこの〈第一期〉から〈第三期〉までの対外政策をめぐる道筋を再検討していく。事前にその展望を述べるならば、この鑾溪が変調する〈第二期〉〈第三期〉の議論を埋め、その内容で他を凌駕し、目付系幕臣の間で優勢になっていくのが、侗庵を継いだ古賀謹堂の政論と思われる。

付表7-1　学問所関係者一覧(2)　林大学頭・学問所御用・学問所奉行

林大学頭

林　錦峰（一七六七—九三）
（富田能登守明親次男）
天明七年三月一八日—寛政五年三月二日

林　述齋（一七六六—一八四一）
（松平能登守乗蘊四男）
寛政五年一二月一六日—天保一二年七月
＊天保九年一一月、内願により聖堂勤務・月次講釈免除

林　培齋（一七九三—一八四六）
（檉宇、述齋の子・復齋の兄）
天保一二年一〇月四日（天保九年一二月か）—弘化三年一二月二日

林　倜齋（一八二九—五三）
（壮軒、檉宇の子）
弘化四年一二月一六日—嘉永六年七月一六日

林　復齋（一八〇〇—五九）
（述齋の子だが、林道春の四男春徳から続く第二林家信隆の養子）
嘉永六年九月八日—安政六年九月一〇日

林　學齋（一八三三—一九〇六）
（復齋の子、鶯溪の弟）
安政六年一二月七日（一〇月か）—慶應四年

西丸留守居学問所御用と学問所奉行
（特に天保九年一一月、林述齋隠居後）

学問所御用A—第二林家—

林　式部少輔（復齋）
（述齋の子・檉宇の弟・守勝流第六代林信隆の養子）
天保九年一一月一二日—嘉永六年九月八日

林　圖書之助（鶯溪、一八二三—七四）
（復齋の子・學齋の兄）
嘉永七（安政元）年一月一七日—慶應四年

学問所御用B—阿部政権の補佐役—

筒井政憲（鑾溪、一七七八—一八五九）享和三甲以上
弘化二年七月一九日—嘉永七（安政元）年七月二四日
（安政元年七月二四日—安政六年一二月、卒大目付海防掛・後に鎗奉行海防掛兼務）

学問所奉行

本多伯耆守
文久二年一一月一四—元治元年七月一一日、のちに御学問御教授御相手、駿府城代

秋月政太郎（右京亮）
文久二年一一月一四—元治元年五月二八日

土岐山城守
文久三年一一月一五日—〈学問所奉行〉・元治元年八月二〇—〈御学問御相手〉

水野日向守
元治元年七月一〇日—一一月一二日（廃止）

柳澤民部少輔
元治元年七月二八日—一一月一二日（廃止）

学問所御用C—学問所奉行の設置期—

杉原平助（心齋）文政一一乙以上
文久元年一二月二五日—文久三年七月四日

設楽八三郎（能潜）、文政元乙以上
文久二年三月二二日—五月二二日
（天保元年三月六日—天保一二年一二月〈教授方出役・奥右筆・代官〉・安政二年四月二七日—安政四年一二月二八日〈勘定吟味役海防掛・二丸留守居・先手鉄炮頭〉）

古賀謹一郎（謹堂）
文久二年五月一五日—元治元年八月一三日

土岐若狭守
元治元年一〇月二七日—一一月二八日

学問所御用D—文久の学制改革以降—

坂井右近将監
慶應元年三月一五日—慶應四年か

土屋丹後守、安政六乙以上
慶應四年三月二八日—

付表7-2　学問所関係者一覧(3)　教授方出役・分校学頭・学問所頭取〔一〕

教授方出役歴任者

中神悌三郎〔二〕
寛政一二年閏四月二〇日—享和三年一一月五日〈教授方出役〉

西澤松三郎
寛政一二年閏四月二〇日—享和三年一一月五日〈教授方出役〉

多紀貞吉
寛政一三年三月一三日—文化元年八月九日〈教授方出役一〇人扶持〉

猪飼鶴三郎
寛政一三年三月一三日—〈教授方出役〉・文化九年一二月七日—〈学問所勤番組頭〉

山田大吉
寛政一三年六月九日—文化四年六月四日〈教授方出役〉

野村兵藏（篁園）
寛政一三年一一月一〇日—〈教授方出役〉・文化一〇年二月八日—〈儒者見習・儒者〉

依田惠三郎（後に源太左衛門と改め、匠里）
文化元年六月三〇日—〈教授方出役一〇人扶持〉（文化四年二月二九日—〈儒者相勤方見習〉）・文化七年二月二六日—〈儒者〉

横山辰彌（後に後一郎と改め）
文化元年六月三〇日—文化七年一〇月五日〈教授方出役三人扶持〉

鈴木榮藏
文化二年閏八月一三日—文政一二年七月九日〈教授方出役五人扶持〉（文化五年九月二三日—一〇人扶持）

柴野久四郎
文化四年三月一日—文化九年八月一〇日〈教授方出役〉

増島金之丞（蘭園）
文化四年一二月二八日—〈教授方出役〉・文化七年二月二八日—〈儒者〉

細井顯次郎
文化七年三月一二日—文政一二年一二月二四日〈教授方出役〉

太田善左衛門
文化一〇年二月八日—文化一一年九月一一日〈教授方出役〉

吉田一學（後に千坂廉齋）
文化一〇年二月八日—天保七年九月七日〈教授方出役五人扶持〉

根本午之助
文化一一年三月二五日—文化一四年四月一一日〈教授方出役三人扶持〉

福文泉三郎（後に宗左衛門と改め）
文化一四年八月二八日—文政一二年一二月二八日〈教授方出役〉

友野雄助（霞舟）
文化一四年八月二八日—天保三年閏一一月・天保四年一月八日—〈教授方出役五人扶持〉・天保一三年一〇月二三日—〈儒者見習〉・天保一四年—弘化二年三月〈甲府徽典館学頭〉

石川太郎太夫
文政五年一一月一日—文政一三年一〇月・天保二年三月六日—天保一二年一一月〈教授方出役、小十人組・腰物方〉

鳥羽彦四郎（後に乙骨耐軒）
文政一二年八月一五日—天保一〇年六月二〇日〈教授方出役三人扶持〉（天保八年七月—〈五人扶持〉）・天保一三年九月二一日—〈教授方出役〉（天保一四年一月一九日—弘化二年三月一九日〈甲府徽典館学頭〉）・嘉永四年一二月一三日—〈教授方出役〉（嘉永六年二月—嘉永七年二月〈甲府徽典館学頭〉）・安政二年四月一六日—〈徒目付〉

設楽八三郎
天保元年三月六日—天保一二年一二月〈教授方出役〉・文久二年三月二二日—五月二二日〈二丸留守居学問所御用、右筆〉

杉原平吉（後に平助と改め、心齋）
天保元年三月六日—〈教授方出役〉・天保一一年五月一九日—〈儒者〉・文久元年一二月二五日—文久三年七月四日〈二丸留守居学問所御用〉

木村金平（裕堂）
天保七年一一月八日—〈教授方出役〉・弘化二年三月（元年一二月二六日）—弘化三年〔三〕三月二二日・弘化四年三月（三年一二月一〇日）—嘉永元年三月一二日〈甲府徽典館学頭〉・嘉永四年一〇月二九日—〈学問所勤番組頭方〉・嘉永七年四月一八日—〈儒者見習〉

鈴木孫兵衛
天保一〇年八月四日—嘉永五年一二月一四日〈教授方出役一〇人扶持〉

龜里義之助

天保一一年七月二一日—天保一三年六日〈教授方出役、納戸番〉

松平謹次郎
天保一二年一二月一〇日—天保一三年五月一五日〈教授方出役一〇人扶持、麹町教授所附〉

松崎満太郎（柳浪）
天保一三年二月一二日—〈教授方出役〉・天保一四年九月一六日—〈儒者〉

新井忠次郎
天保一三年九月二一日—文久元年九月六日〈教授方出役〉（嘉永二年二月［元年一一月二三日］—嘉永三年二月一六日〈甲府徽典館学頭〉）

小林栄太郎
天保一三年九月二一日—〈教授方出役一〇人扶持〉（嘉永元年三月［弘化四年一二月一〇日］—嘉永二年二月一七日〈甲府徽典館学頭〉）・嘉永四年一〇月一九日—〈奥儒者見習〉

榎本愛之助
天保一三年一〇月一三日—〈教授方出役〉（嘉永元年三月［弘化四年一二月一〇日］—嘉永二年二月一七日〈甲府徽典館学頭〉）・安政三年三月—〈出役〉

小花和正助
天保一三年一一月一三日—安政五年一月二二日〈教授方出役、徒頭〉

久貝金八郎（後に傳太と改め）
天保一三年一一月一三日—嘉永四年三月二日〈教授方出役〉・嘉永五年二月—嘉永六年二日〈甲府徽典館学頭、書院番〉

田邉新次郎（石庵）
天保一三年一二月一日—安政四年二月二五日〈教授方出役〉（弘化三年三月［二年一二月二六日］—弘化四年三月一八日・嘉永三年二月［二年一一月二〇日］—嘉永四年二月一三日〈甲府徽典館学頭〉）

岡本信太郎
天保一四年閏九月一五日—〈教授方出役一〇人扶持〉（安政元年二月［嘉永六年一二月一八日］—安政二年二月一六日〈甲府徽典館学頭〉）（安政五年一〇月［九月二五日］—萬延元年一〇月［一一月］〈明新館学頭〉）・萬延元年一二月二五日—〈儒者〉

岩瀬修理（忠震・蟾洲・鷗處）
嘉永三年二月—嘉永四年二月〈甲府徽典館学頭〉・嘉永四年四月二三日—嘉永六年九月八日〈教授方出役〉

石川次郎作
嘉永四年一二月一二日—〈教授方出役〉・文久元年一二月二七日—元治元年六月二〇日〈教授方出役頭取一〇人扶持〉

妻木傳藏（棲碧）
嘉永四年一二月一二日—〈教授方出役一〇人扶持〉（安政二年二月［元年一一月二〇日］—安政三年二月〈甲府徽典館学頭〉）・安政六年一二月二七日—〈儒者〉

佐藤新九郎（立軒、佐藤一齋惣領）
嘉永五年一一月八日—〈教授方出役一〇人扶持〉・安政三年五月一二日—〈儒者見習〉

一色榮五郎（向山黄村と改め）
嘉永五年一一月八日—安政三年一〇月八日〈教授方出役一〇人扶持、箱館調役〉

宮本久平
嘉永二年二月—嘉永三年二日〈甲府徽典館学頭〉・嘉永五年一二月二七日—安政二年四月一六日〈教授方出役、徒目付〉

榊原鉦次郎
嘉永六年一〇月一九日—萬延元年一二月二九日〈教授方出役一〇人扶持〉（安政六年二月［五年一二月二四日］—萬延元年二月〈甲府徽典館学頭〉）

田邉太一（蓮舟）
安政元年一一月二一日—安政四年五月一八日〈教授方出役〉（安政三年二月［二年一一月二九日］—安政四年三月〈甲府徽典館学頭〉）、〈海軍伝習御用〉

長谷部甚彌
嘉永四年二月—嘉永五年二月〈甲府徽典館学頭〉・安政二年五月三日—〈教授方出役〉・文久二年一二月二七日—〈出役頭取五人扶持〉〔四〕・慶應三年六月一九日—〈教授方頭取勤方〉

中村敬輔（正直・敬宇）
安政二年五月三日—〈教授方出役三人扶持〉・安政四年六月九日—〈学問所勤番〉・安政四年七月一〇日—〈教授方出役〉（安政五年二月［四年一一月一三日］—安政六年二月〈甲府徽典館学頭〉）・安政六年一〇月九日—〈儒者勤向見習〉

矢田堀景藏（函陵）
嘉永六年二月—嘉永七年二月〈甲府徽典館学頭〉・安政二年五月三〇日—七月二九日〈教授方出役、伝習御用出役〉

御牧又一郎（楓崖）
安政二年八月一八日—安政六年一一月一四日〈教授方出役〉・萬延元年二月（安政六年一一月一五日）—文久元年二月〈甲府徽典館学頭〉・

文久元年一二月二七日―〈出役頭取一〇人扶持〉・元治元年一一月二二日―慶應二年一二月二九日〈儒者教授所付（麴町学問所学頭）〉

依田克之丞

安政二年八月一八日―安政六年三月一六日〈教授方出役一〇人扶持〉（安政五年二月［四年一一月一三日］―安政六年二月〈甲府徽典館学頭〉）・文久三年九月一〇日―〈学問所頭取〉・元治元年六月二四日―〈奥儒者、長崎奉行支配組頭取・神奈川奉行〉

新井孝太郎

安政三年六月八日―文久三年一月二二日〈教授方出役一〇人扶持〉（文久元年一〇月［七月二四日］―文久二年一〇月〈明新館学頭〉）・慶應二年一二月三〇日―〈出役頭取一〇人扶持〉・慶應三年六月一九日―〈教授方頭取、小納戸・中奥番〉

永井信太郎（後に三藏と改め）

安政三年八月八日―〈教授方出役〉・萬延元年一一月二日―文久三年三月四日〈儒者一五人扶持〉・文久三年九月一〇日―〈学問所頭取〉（文久三年一一月一五日　儒者兼勤）・慶應元年九月二〇日―〈二丸留守居格儒者〉・文久三年三月四日（二月一日？）―〈膳奉行次席〉

塚原重五郎

安政三年一〇月二九日―安政五年一〇月一七日〈教授方出役一〇人扶持、外国奉行手附出役〉

濱田金四郎

安政四年五月二七日―〈教授方出役一〇人扶持〉（文久二年一〇月［七月二一日］―文久三年一〇月〈明新館学頭〉）・元治元年二月一〇日―慶應元年閏五月五日〈学問所取締役〉

佐野令助

安政四年六月二九日―〈教授方出役一〇人扶持〉（萬延元年一〇月［八月一九日］―文久元年一〇月〈明新館学頭〉）・文久元年一一月四日―〈儒者〉

山口五郎次郎（林五郎次郎）

安政四年三月―安政五年二月〈甲府徽典館学頭〉・安政五年二月二〇日―萬延元年一月一一日〈教授方出役一〇人扶持、御使番〉

大岡主水、孫太郎清成

安政四年一一月二〇日―〈教授方手傳出役二〇人扶持〉・萬延元年七月一〇日―〈中奥小性〉・萬延元年七月二七日―〈南二階世話心得頭取三〇人扶持〉・文久元年二月九日〈学問所頭取と唱替〉

戸川鉾三郎

安政四年一一月二〇日―文久元年三月二六日〈教授方手傳出役二〇人扶持、小納戸〉

新見郁三郎（正典・相模守）

安政四年一一月二〇日―安政六年三月二六日〈教授方手傳出役二〇人扶持〉・元治元年五月二四日―慶應元年五月七日〈学問所頭取七〇〇石高、小納戸・小性・諸大夫・目付〉

仙石彌三郎（久徴）

安政四年一一月二〇日―〈教授方手傳出役二〇人扶持〉・文久元年七月八日―〈学問所世話心得頭取兼〉・文久三年三月八日―八月二一日・一〇月一一日―元治元年一二月一八日〈学問所頭取・目付・駿府町奉行〉

松本房之助

安政四年三月七日―安政五年一〇月一七日〈教授方出役三人扶持、外国奉行手附出役〉

河田貫之助（貫堂）河田迪齋惣領

安政五年一一月六日―〈教授方出役一〇人扶持〉・安政六年六月六日―〈儒者見習〉

土屋兵庫

安政六年七月二日―文久二年一二月六日〈教授方手傳出役二〇人扶持、目付〉

柴田八郎

安政六年四月一日―文久二年五月〈教授方出役一〇人扶持〉

安積文九郎（安積艮齋惣領）

安政六年七月二日―文久元年六月九日〈教授方出役一〇人扶持〉・元治元年八月三日―慶應二年五月一〇日〈教授方出役頭取〉

齋藤岩次郎（設楽八三郎養子）

安政五年一一月七日―文久二年一二月二八日〈教授方出役五人扶持（後に一〇人扶持）、小納戸〉

内藤七太郎

安政七年一月二九日―〈教授方出役一〇人扶持〉（元治元年二月［文久三年一一月］―慶應元年三月〈甲府徽典館学頭〉）・慶應元年閏五月一五日―〈教授方出役頭取一〇人扶持〉（慶應元年一二月二七日―〈京都学頭〉）

保田鉾太郎

安政七年一月二九日―元治元年五月二四日〈教授方出役一〇人扶持、小納戸〉

本多三津助（後に将監）

萬延元年七月一九日―文久三年一月二二日〈教授方手傳出役二〇人扶持、小納戸〉

長谷川乙次郎

萬延元年七月三日―〈教授方手傳出役〉・萬延元年一一月一五日―文久三年五月二九日〈教授

方出役〉（文久元年二月［萬延元年一一月二五日］―文久二年二月〈甲府徽典館学頭〉）

河田羆之助（柳荘、貫之助弟）
文久元年一月二八日―一二月二七日〈教授方出役一〇人扶持、外国奉行支配調役並〉

島村孝司
文久元年二月―〈教授方出役一〇人扶持〉（文久二年二月［元年一一月二〇日］―文久三年二月〈甲府徽典館学頭〉）・元治元年三月八日―〈学問所勤番〉

菊地駿助
安政六年二月―萬延元年二月〈甲府徽典館学頭〉・萬延元年六月一五日―〈教授方手傳出役（慶應元年一二月［一一月一九日］―〈神奈川修文館学頭〉）・慶應三年六月二四日―〈教授方〉

浦野金三郎（宵之助と改め）
文久二年二月（元年一一月二〇日）―文久三年二月〈甲府徽典館学頭〉・文久三年七月二九日―元治元年八月二二日〈学問所取締役〉・慶應二年四月三日―〈教授方出役〉（慶應二年九月―一一月〈明新館学頭〉）慶應三年六月一九日―〈教授方、一橋用人見習〉

望月萬一郎（毅軒）
文久元年一一月一四日―〈教授方出役〉・文久二年一二月八日―〈儒者勤方見習〉

大島文次郎
文久二年一月二二日―〈教授方出役一〇人扶持〉（慶應三年一月一〇日―〈麹町学頭〉）

井上彌三郎
文久二年二月七日―文久三年九月一〇日〈教授方出役、開成所頭取〉

古屋勝之助
文久二年二月一〇日―慶應二年六月二日〈教授方出役〉（文久二年一〇月［一一月二二日］―元治元年一〇月〈日光学問所学頭〉）

仲田太一郎
文久二年二月一〇日―慶應元年一一月二八日〈教授方出役五人扶持〉

林　國太郎（林伊太郎惣領）
文久二年六月二五日―〈教授方出役一〇人扶持〉

松平帯刀
文久二年一一月九日―文久二年一二月二九日〈教授方手傳出役、小納戸〉

水上鐃太郎
文久二年一一月九日―〈教授方手傳出役〉・文久三年一〇月二三日（一一月五日？）―〈学問所出役〉・元治元年八月一八日〈学問所頭取出役と唱替・使番〉

三浦猪八郎
安政五年三月一五日―〈教授方手傳出役〉・文久三年一月一三日―慶應二年一二月二〇日〈教授方出役〉（文久三年二月［二年一一月三〇日］―元治元年二月〈甲府徽典館学頭〉）・慶應三年六月二三日―〈教授方、陸軍奉行並支配勤仕並〉

富山譲輔
文久二年一二月二九日―教授方出役五人扶持（文久三年二月［二年一一月三〇日］―元治元年二月〈甲府徽典館学頭〉、―慶應四年一月〈日光学問所学頭〉）

瀧川寅三郎
文久三年二月二五日―慶應二年四月二日〈教授方出役一〇人扶持、騎兵差図役勤方〉

間宮昌三郎
文久三年六月八日―元治元年六月二六日〈教授方出役一〇人扶持、奥詰〉

安井謙吉
文久三年七月三〇日―元治元年六月三日〈教授方出役一〇人扶持〉

猪野銀太郎
文久三年八月一六日―〈教授方出役〉・慶應三年六月一九日―〈教授方勤方〉（慶應四年一月―〈神奈川修文館学頭〉）

芳野甃六郎（芳野金陵惣領）
文久三年九月二一日―元治元年九月二一日〈教授方出役一〇人扶持〉

福井善次郎
元治元年三月二五日―？〈教授方出役五人扶持〉・慶應二年四月三日―一一月一一日〈教授方出役五人扶持、歩兵差図役下役〉

小野榮次郎
元治元年四月一三日―〈教授方出役一〇人扶持〉

池野富五郎
元治元年七月八日―慶應二年一二月二七日〈教授方出役一〇人扶持〉・慶應三年三月二七日―〈教授方出役一〇人扶持、奥詰銃隊〉

安積権左衛門
元治元年八月三日―〈教授方出役頭取一〇人扶持〉

三浦一郎
元治元年八月一九日―〈教授方出役一〇人扶

持〉

織田權之丞

元治元年九月二二日―〈教授方出役一〇人扶持〉

野口運之助

文久三年一二月―〈教授方手傳出役〉（元治元年二月［文久三年一一月］―慶應元年三月〈甲府徽典館学頭〉）・慶應元年閏五月一五日―〈教授方出役五人扶持〉

矢口浩一郎（謙齋）

元治元年二月―〈学問所頭取並〉・慶應元年一〇月一三日―慶應三年一月一八日〈出役頭取〉・慶應三年六月一九日―〈教授方頭取〉

篠木金太郎

文久三年七月二九日―〈学問所取締役〉・元治元年八月三〇日―〈学問所頭取並〉・慶應元年一〇月一三日―慶應三年一月一八日〈出役頭取〉・慶應三年六月一九日―〈教授方頭取〉

島田源六郎

慶應元年九月一二日―〈教授方出役五人扶持〉

瀧川清三郎

文久三年一〇月―元治元年一〇日〈明新館学頭〉・慶應二年六月三日―一二月二〇日〈教授方出役〉・慶應三年六月一九日―〈教授方〉

芹澤幸之助

慶應二年六月三日―一二月二日〈教授方出役〉・慶應三年六月一九日―〈教授方〉（慶應四年二月―〈甲府徽典館学頭〉）

長瀧庄藏

慶應二年一二月二七日―〈教授方出役一〇人扶持〉

高須美太夫

元治元年五月三日―〈学問所取締役〉・慶應二年一二月二九日―〈教授方出役〉・慶應三年六月一四日―〈目見持格儒者勤方〉

大久保祐助（敢齋）

元治元年二月一〇日―〈学問所取締役並〉・元治元年九月一六日―〈学問所取締役〉・慶應二年一二月二九日―〈教授方出役〉・慶應三年六月一九日―〈教授方〉・慶應三年一二月二日―〈麴町教授所学頭〉

池田活平

元治元年二月一〇日―〈学問所取締役並〉・元治元年九月一六日―〈学問所取締役〉（慶應元年三月―慶應二年二月〈甲府徽典館学頭〉）・慶應二年一二月二九日―〈教授方出役〉・慶應三年六月一九日―〈教授方〉（慶應三年一〇月―慶應四年二月一七日〈明新館学頭〉）

内山孝之助

元治元年九月一六日―〈学問所取締役〉・慶應二年一二月二九日―〈教授方出役〉・慶應三年六月一九日―〈教授方〉

岡　銕三郎

元治元年九月一六日―〈学問所取締役並〉（慶應元年一〇月―慶應二年一〇月〈明新館学頭〉）・慶應二年一二月二九日―〈教授方出役〉・慶應三年六月一九日―〈教授方〉

前記以外の関係者（分校学頭・学問所頭取を含む）

小川徳太郎

〈教授方出役並〉・元治元年一〇月―慶應元年一〇月〈日光学問所学頭〉

岡田宣輔

〈教授方出役並〉・慶應元年一〇月―慶應二年一〇月〈日光学問所学頭〉・慶應三年三月―慶應四年二月〈甲府徽典館学頭〉

五十川眞之助

〈教授方出役並〉・慶應二年一〇月―〈日光学問所学頭〉

酒井一郎

〈教授方手傳出役〉・元治元年一〇月―慶應元年一〇月〈明新館学頭〉・慶應三年三月―慶應四年二月〈甲府徽典館学頭〉

岡田主税

〈教授方手傳出役〉・慶應二年一二月―〈明新館学頭〉

平岩右近

弘化二年三月（元年一二月二六日）―弘化三年三月二二日・弘化四年三月（三年一二月一〇日）―嘉永元年三月一二日〈甲府徽典館学頭〉

林　伊太郎（鶴梁）

弘化三年三月―弘化四年三月〈甲府徽典館学頭〉・文久三年一二月二日―元治元年一二月一二日〈学問所頭取〉

永井岩之丞（尚志・介堂）

嘉永四年二月―嘉永五年二月〈甲府徽典館学頭〉

矢口清三郎

嘉永五年二月―嘉永六年二月〈甲府徽典館学頭〉

伴　鐵太郎

安政元年二月（嘉永六年一二月一八日）―安政二年二月一六日〈甲府徽典館学頭〉

小島廉平
安政二年二月—安政三年二月〈甲府徽典館学頭〉
蒔田幸一郎
安政三年二月—安政四年三月〈甲府徽典館学頭〉
新井鉞次郎
安政元年四月三日—安政五年二月〈甲府徽典館学頭〉
松尾榮太郎
萬延元年二月—文久元年二月〈甲府徽典館学頭〉
猪倉辰三郎
〈学問所勤番〉・文久元年二月—文久二年二月〈甲府徽典館学頭〉
白井佐一郎
〈教授方出役並〉・慶應元年三月—慶應二年二月〈甲府徽典館学頭〉
鹽谷修輔（賓山、鹽谷宕陰養子）
〈儒者勤向見習〉・慶應二年三月—慶應三年二月〈甲府徽典館学頭〉
清水輔次郎
〈教授方手傳並出役〉・慶應二年三月—慶應三年二月・慶應四年二月—〈甲府徽典館学頭〉
中坊陽之助
安政二年五月二八日—〈北二階世話心得頭取〉・萬延元年七月二七日—文久二年一二月〈南二階世話心得頭取、小性〉
松平甲次郎
安政四年六月一九日—〈北二階世話心得取締〉・安政四年九月二八日—文久元年一〇月〈北二階世話心得頭取、使番〉
龜井勇之助
安政四年六月一九日—〈北二階世話心得取締〉・安政四年九月二八日—〈北二階世話心得頭取〉
久世内匠
安政二年七月九日—安政三年一月二三日〈北二階世話心得取締、中川御番〉
石川又四郎
安政二年七月九日—安政四年閏五月一九日〈北二階世話心得取締、火事場見廻〉
酒井仁之助
安政三年一月二四日—安政三年四月二五日〈北二階世話心得取締、火消役〉
本多寛司
安政三年九月四日—安政四年一一月三日〈北二階世話心得取締、火事場見廻〉
板倉甚太郎
安政四年三月一九日—萬延元年三月一一日〈北二階世話心得取締、中川御番〉
金田貞之助
安政四年六月一九日—安政五年一二月四日〈北二階世話心得取締、火事場見廻〉
佐野欽六郎
安政六年二月九日—慶應元年三月〈北二階世話心得取締、先手〉
佐藤兵庫
安政六年二月九日—慶應元年五月〈北二階世話心得取締、甲府勤番支配〉
妻木主計
安政六年八月一四日—元治元年九月〈北二階世話心得取締、肝煎〉
大久保主膳
萬延元年三月二九日—閏三月二三日〈北二階世話心得取締、火事場見廻〉
水野監物
文久二年二月一九日—文久三年一二月二八日〈北二階世話心得取締、中奥小性〉
小出順之助
文久二年一二月二日—元治元年一月一一日〈北二階世話心得取締、御使番〉
高力庸之丞
文久二年一二月—元治元年七月六日〈北二階世話心得取締、肝煎〉
横山淳三郎
元治元年二月一一日—慶應三年九月一三日〈北二階世話心得取締〉
戸田熊之丞
元治元年二月一一日—元治元年八月〈北二階世話心得取締、使番〉
米倉大内蔵
元治元年七月—慶應元年閏五月〈北二階世話心得取締、使番〉
武田兵庫
慶應元年七月一八日—慶應三年九月一三日〈北二階世話心得取締〉
奥村季五郎
文久三年三月八日—〈学問所頭取〉・慶應元年九月二〇日—〈二丸留守居格儒者〉

瀧川八郎
文久三年三月八日—慶應元年閏五月二三日〈学問所頭取〉
栗本瀬兵衛（鋤雲）
文久三年一二月二四日—元治元年六月二九日〈学問所頭取、目付〉
土屋民部
元治元年一月八日—元治元年三月四日〈学問所頭取出役、外国奉行〉
堀田雄次郎
文久三年一二月二六日—慶應二年一二月〈学問所取締役、勤仕並小普請〉
北村鑑太
元治元年二月一〇日—九月〈学問所取締役、小納戸〉
安藤静太郎
元治元年五月三日—一一月四日〈学問所取締役、新御番〉
伊庭満（萬）輔
元治元年一〇月四日—慶應二年一二月〈学問所取締役並、勤仕並小普請〉
山内八郎
元治元年五月三日—慶應二年一二月〈学問所取締役並〉
高山良之助
元治元年九月一六日—慶應二年一二月〈学問所取締役並、勤仕並小普請〉

［一］「儒職歴任録」（『日本教育史資料』巻十九、第七冊）五〇六—五三一頁に拠って作成。この「歴任録」には、学問所奉行・兼勤・儒員・日光学問所学頭・駿府明新館学頭・甲府徽典館学頭・神奈川修文館学頭のほか、学問所諸職員（北二階世話心得頭取・南二階世話心得頭取［学問所世話心得頭取］・北二階世話心得取締・教授方手伝出役・学問所頭取・頭取出役・学問所頭取並・学問所取締役・学問所取締並・教授方出役）の記録が含まれている。

［二］網掛けは、学問吟味及第者。

［三］甲府徽典館学頭の就任月日は、萩原頼平編『甲斐志料集成一〇（教育・宗教）』甲斐志料刊行會、一九三四年に基づき、任命された時と、おそらく赴任した時点の両方を記す。以下同。

［四］『柳営補任』は慶應二年一二月二一日 教授方頭取より儒者勤方とする。

第八章　学問所出身の幕臣・陪臣たちの経世論

――嘉永六年の諮問と答申――

嘉永六（一八五三）年六月九日に、ペリーから浦賀奉行が「一時之権道」として受領したアメリカ国書は、フィルモア大統領とペリーからの将軍徳川家慶宛の書翰であった。そのそれぞれには、英語の正文に加え、蘭語と漢語による翻訳文が附せられ、三種類の言語による書翰となっていた。六月一五日に「異国書翰和解用掛」としてこの国書翻訳を命じられ、翻訳作業に従事した者は、昌平坂学問所関係者の林大學頭（僩齋）・林式部少輔（復齋）・筒井肥前守（鑾溪）・佐藤捨藏（一齋）・安積祐助（艮齋）・古賀謹一郎（謹堂）・林圖書之助（鶯渓）と、天文方手附の山路彌左衛門・杉田成卿・箕作阮甫である。(1) 阿部正弘を首班とする幕閣では、同月二三日にアメリカ使節への返答の「挨拶振」や近海に乗り入れた際の処置について、三奉行・大小目付・海防掛にそれぞれ諮問し、(2) さらに続いて二六日に評定所一座・三番頭（大番頭・書院番頭・小姓組番頭）に、和解用掛による翻訳「合衆國書翰和解」「合衆國伯理璽天徳《プレシデント》書翰和解」を渡して所見を求めたのを皮切りに、溜詰大名（同月二七日、七月一日）、諸大名（七月二日）、そして高家・布衣以上の幕臣たちへも同様に、和解書翰を達し、文言はそれぞれ異なるが同趣旨の「口達書」を発した。

「浦賀表江渡來之亞墨利加船ゟ差出候書翰和解之写弐冊相達候、此度之儀は、國家之御一大事ニ有之、実ニ不容易筋ニ候間、右書翰之趣意得と被遂熟覧、銘々存寄之品も有之候ハヽ、（一躰之利害得失、後來之所迄も、厚く思慮を被盡）、假令忌諱ニ触候而も不苦候間、聊心底を不残十分ニ可被申聞候」「此度亞墨利加船持参之書翰、於浦賀表請取候儀は、全く一時之権道ニ有之候間、右ニ不相泥、存寄之趣可被申聞候事」。[3] 前述のように、ロシアの樺太・エトロフ襲撃事件を機に行われた文化四年の諮問など、「國家之御一大事」への対処決定に当たって、幕府の諸有司に限定せず広く諮問された先例もあるが、[4] 今回は全国の諸大名ばかりか、旗本全員に「心底を不残十分に」忌憚なき答申を問う徹底したものであり、この期に提出された建白書には、陪臣や遊女のものまで知られている。しかも、先のオランダ開国勧告の際には「御秘書」とされた外国国書の翻訳が、このアメリカ国書において初めて広く公開され、その「趣意得と被遂熟覧」ようにと達せられた。

外様大名を含めたすべての大名への意見諮詢によって、幕府と譜代大名・旗本のみで構成された従来の海防体制は、これ以降新たな展開をみせる。[5] しかし、外政の意思決定過程における参与者の拡大ばかりでなく、同時に採られた機密情報の開示という新たな諮問形式に注目すれば、思想史の問題としては、この嘉永六年七月以降の答申群の分析を、執筆者一人ひとりが、風説留・その他の個別の情報に基づく状況認識のもと[6]アメリカの大統領とペリーの書翰を如何に読み、その内容と直面する事態に対してどのような政治判断を示したかという、受容と反応の問題として設定できよう。もちろん、幕末維新史研究の始点としての黒船来航とそれへの対応をめぐる研究は、この答申分析に限定しても、既に多く先学たちの研究蓄積がある。[7] 維新に繋がる幕藩体制崩壊の萌芽を答申という「幕末社会」の縮図に観る目的でなされた先行研究の多くの議論では、史料や対象選択よりも、むしろ開鎖をめぐる議論の分類に力点が置かれてきた。とりわけ近年意が注がれたのは、段階を踏んだ対外方針と内容分析の指標を細分化させて分類し、その議論の類型的な分布を把握する作業であった。[8] しかし、執筆者が特定される幕臣答申の場合には、分類作業にとどまらず、その個人が何故そのように判断したかということを思想史の問題として探究することが可能である。以下では、先行研究の多くが依拠する『幕末外国関係文書』に抄録された活字翻刻資料ではなく、当時海防参与を務めた徳川齋昭のもとに遺った厖大な数の答申を集成した根本史料「逷蠻《てきばん》彙議」[9]を用い、さらに対象を本書の目的にしたがって昌平坂学問所関係者の答申に絞った上で、幕臣たちの議論を思想史的見地から論じていく。[10]

この答申群を検討するにあたり、確認したいのは、それまでの「開国論」評価の全面的な見直しを主張した昭和初期の井野邊茂雄の議論である。井野邊は、ペリー来航の際の諮問答申における開鎖の主張は、必ずしも識見の卓越か頑陋無知の盲論かの判別基準にはならないと云う。

「皆眼前に迫れる外国勢力の圧迫に対して、如何なる手段をとるべきかを説けるのみ、開国若しくは鎖国という様な根本問題を解釈せんと試みたものではなかった」「蓋し当時識者の心を苦しめしものは開鎖の問題を超越せる、より大なる国家の興廃にあった」「開国に反対したり拒絶論を唱えたとしてもそれが必ずしも鎖国論者ではなく、開国論を唱へたからとて必ずしも識見高邁などと称することは出来ない」[11]。

このような井野邊の指摘は、嘉永六年の「開国」をめぐる認識が二項対立の概念図式から政策案の表面的な解釈をなし、あるいはこの一時点での議論だけから思考開閉の哲学的思弁を加える研究にも再考を迫る批判として、今なお有効であろう。たしかに政治的思考を相対立する二項概念に単純化させて論じることは、思想史研究の可能性を狭め、事象の深意や複雑な思想的背景を捨象させてしまう。しかし、二項対立の概念構図による評価排除と識見の卓越性を不問に附すということは決して等値ではない。嘉永六年の答申を対外危機への当面の対策案としてその分類に終始するのではなく、「識見」評価を目的とする思想史の問題として、答申群のなかから長期的な構想が盛られた意見を見出して解釈を加えることも可能であろう。そこには、一方で直面する一九世紀半ばの世界秩序の構造変動を見据え、他方でその秩序に不可避的に組み込まれていく徳川日本の現状を分析した、決して一時的な権宜では済まされない答申執筆者の大局的見地からする政治判断が含まれているはずである。

一　アメリカ国書の翻訳と内容——「開国」勧告の論理

諮問の際に公開されたアメリカ国書は、徳川日本に対する漂流民保護・通商條約・貯炭所設置の三点の要求を含んでいた。これらの内容は、国書に先立つフィルモア大統領から海軍代将ジョン・オーリック（John H. Aulick）に送られた親翰（一八五一年五月一〇日付）に由来する。[12] 殊に海難漂流民に対する非人道的行為を早急に改善するようにとの要求は、臨時国務長官代理を務め日本への特使派遣を決定した陸軍長官チャールズ・コンラッド（Charles M. Conrad）の訓示（一八五二年一一月五日）に記された。[13] この内、漂着船への物資（石炭・食糧・水 "coal, provisions, and water"）給与と漂流民への人道的対処は、後の和親條約でも認められることになった。だが、アメリカ使節ペリーによって目指された最終目的は、通商條約締結に向けた説得であった。[14]

のちに回覧に付されることになるその国書内容の「開国」説得の論理に注目するならば、一九世紀半ば、西洋諸国からなされた数回の勧告には、ある共通する論理構成が含まれることに気付く。天保一五（弘化元）年にもたらされた前述のオランダの国書は、「弘化元年和蘭陀國王書簡和解」（天文方見習兼御書物奉行澁川六藏訳）[15] によれば、イギリスの東アジア進出という前述の世界情勢告知の上で、次のような論理によって開国の説得が試みられていた。(A) 産業革命の成果である蒸気機関（steam engine）の原動機を利用した「蒸氣船」の発明以来、世界は一変し、地理上の距離に拘わらず相互に和親を結び修好するようになった。「古今の時勢を通考するに、天下の民ハ速ニ相親むものにして、其勢ハ人力のよく防所に非す、蒸氣船を創製せるにより、以来各國相距ること遠て猶近きに異らす、斯くの如く互に好を通する時に當て、獨國を鎖して萬國と相親さるハ人の好ミする所にあらす」[16]。(B) 徳川日本の現状のように、国法ゆえに騒乱を招来する恐れがある時には、治安維持のためにその法律自体を緩和するのが賢者の常道である。「古法を堅く遵守して返て亂を醸さんとせん、其禁を弛せるハ賢者の常経のミ」「今貴國の幸福なる地をして兵亂の為に荒廢せさらしめんと欲せは、異国の人を嚴禁する法を弛め給ふへし」。そして(C)平和実現のためには通好を、またその手段として通商を行う必要がある。「我國〔和蘭〕の利を謀るにハあらず、夫平和を行ふハ懇に好を通るにあり、懇に好を通するハ交易ニ在」。

このような(A)産業革命後の世界環境変動の告知、(B)変化に即応した政策立案・法律施策の必要、(C)対外貿易の意義説明という「開国」勧告の論理立ては、アメリカ国書のそれとも重なるものである。ペリーによって渡された英原文・蘭訳文・漢訳文の三種の国書が、①英原文→蘭文→和解（英文も参照）と②英原文→漢文本書→和解という二系統の翻訳作業を経て、日本語に置き換えられていることにも配慮しながら、「開国」勧告の論理に沿って、文面とその背後事情を追ってみよう。

(A)産業革命による「文明」世界の変化は何よりも、一八世紀末からの蒸気機関の発明による技術革新にある。イギリスの東アジア進出の背景にある「蒸気船」（steamship）も、この技術力の飛躍を背景にしていた。アメリカ国書にも、交通手段の発達により両国間は以前に比して容易かつ迅速な往復が可能になったという、時勢変化と環境条件の変動を認知させる意図がある。すなわち、蒸気船を用いれば僅か二〇日前後で到着するという具体的な記述があり、この点は安政三年二月のハリスも繰り返した点でもあった。さらにアメリカの場合には、アヘン戦争後清英間で締結された南京條約（一八四二年八月二九日調印）に倣って、一八四四年七月三日に締結された望厦（Wanghia）條約により、開港場（広東・福州・厦門・寧波・上海の五港）での対清貿易自由化が保障され、それによって以前にも増してカリフォルニア―清朝開港場間で頻繁な交通が行われるようになったことが背景にある。まず、ペリーが差し出した将軍宛ての親書[17]（Letter from Commodore Perry to the Shogun）は次のようである。

〔英原文〕“Therefore, as the United States and Japan are becoming every day nearer and nearer to each other, the President desires to live in peace and friendship with your imperial majesty, but no friendship can long exist, unless

Japan ceases to act toward Americans as if they were her enemies.

However wise this policy may originally have been, it is unwise and impracticable now that the intercourse between the two countries is so much more easy and rapid than it formerly was."

〔蘭文和解〕「〔A〕合衆国と日本とハ、追日次第に相近つき、相交るを免かれざるか故に、伯理璽天徳《プレシデント》殊に日本國帝殿下と好を結ひ、交を修めんことを欲す、然れども〔D〕貴国にて亞墨利加人に對遇すること、冦讐を視るか如くするの風習を禁止するに非ざれハ、其交信豈能ク久しからんや、

外国と交りを絶ち、これを仇視する貴国の法制ハ、其始め法度を立つる時に在てハ、智慮ある處置と云ふべしと雖ども、〔A〕自今ハ両國の相交ること、昔日に比すれバ至て易く、且つ速カなるに至れバ、此舊制を固守せんと欲するも、是レ無智の謀にして、自今決て行ふべからざる所なり」

〔漢文本書〕

「　……倘若

貴官民不把合衆之民當仇敵者、

吾君主要與

大皇帝兩國立定和約、況

貴国初設律例、禁洋船進港口之時、是智政明戒、今我兩國隣近、豫先往來甚易、現今時世不同、不能依智政照古例之戒、」

〔漢文和解〕「〔D〕貴国之役人衆吾国の人民を、仇敵の御扱ニ不被成様ニと、國主より　大皇帝と兩國の和約を定め、御懇意いたし度存候、昔貴国初而御法度を設けられ、異国船港口に入候事を、御禁制被成候砌は、善政明戒ニ候へとも、只今ニ相成候而は、〔A〕吾国と兩國近隣に相成り、往來容易ニ御座候へは、昔と今と時勢同しからす、御善政ニ而も、古例之御掟ニ準すへからさる儀ニ候」

(D)漂流民の人道的処遇は、すでに弘化三年六月のフランスからの要請もあったが、従来より西洋諸国からの漂流民送還・受領が商船を通して行われたオランダの場合とは異なり、アメリカの場合にも、漂流民保護に際して、外国人を「寇讐」「仇敵」として取り扱わないようにとの要求が盛られている。一般に「外国人に対する残忍な暴行」(the brutal assaults on foreigners)[18]と捉えられた夷狄蔑視の排外思想に対して、「人道の大義」「文明の使命」という西洋「文明」諸国の要求をつきつけているとみることも可能であろう。さらにフィルモア大統領から将軍に宛てられた国書[19](Letter from the President of the United States of America to the Shogun)にはつぎのような記述がある。

〔英原文〕"Our great State of California produces about sixty millions of dollars in gold every year, besides silver, quicksilver, precious stones, and many other valuable articles. Your imperial majesty's subjects are skilled in many of the arts. *I am desirous that our two countries should trade with each other, for benefit both of Japan and the United States.*

We know that the ancient laws of your imperial majesty's government do not allow of foreign trade, except with the Chinese and the Dutch; but *as the state of the world changes and new governments are formed, it seems to be wise, from time to time, to make new laws.* There was a time when the ancient laws of your imperial majesty's government were first made.

About the same time America, which in sometimes called the New World, was first discovered and settled by the Europeans. For a long time there were but a few people, and they were poor. They have now become quite numerous; their commerce is very extensive; and *they think that if your imperial majesty were so far to change the ancient laws as to allow a free trade between the two countries it would be extremely beneficial to both.*"

(Millard Fillmore)

〔蘭文和解〕「我角里伏尔尼亞《カリホルニア》の大州ハ、毎年凡金六千萬ドルラル（按に、一ドルラルは和蘭の二ギュルデン五六一に當ると云ふ、今一ギュルデンを銀四匁五分に當るとし、銀六十匁を金壹兩と定め算すれバ、六千万ドルラルハ、本邦の銀一千一百五十二萬四千五百兩に當る）銀若干・水銀若干・寳石若干種及び其他諸種貴重の物を産す、日本も亦豊富肥沃の国にして、幾多貴重の物品を出す、貴国の民も亦諸藩の技藝に長せり、〔C〕予が志二国の民をして、交易を行ハしめんと欲す、是を以て日本の利益となし、亦兼て合衆国の利益となさんことを欲してなり、

貴國從來の制度、支那人及ひ和蘭人を除くの外ハ、外邦と交易することを禁するハ、固より予が知る所なり、然れども〔B〕世界中時勢の變換に随ひ、改革の新政行ハるゝの時に當ては、其時に随ひて新律を定むるを智と稱すべし、蓋貴國舊制の法律初めて世上に聞へしの時は、今よりこれを見れバ、既に甚だ古りたり（○「蓋貴國云々」英文ヲ文字通リニ譯スレバ、「貴国ノ舊法ガ初メテ制定セラレシ時代モアリシナリ」トナル）此時代に當りて、亞墨利加洲始めて見出され、或はこれを新世界と名つけ、歐羅巴人これに住棲せり、此頃に在ては、（○英文ニハ「久シキ間」トアリ）、亞墨利加は人民稀少にして、其民皆貧陋なりしが、當今は民口大に蕃息し、交易亦甚た弘博となれり、故に〔C〕殿下若し舊律を改革し、兩國の交易を允準するに於てハ、兩国の利益極めて大なること疑なし」

〔漢文本書〕

「……合衆國之一省、名叫加理科吩亞、是大邦土産多、毎年出黄金、僅四千萬兩之多、同白銀・水銀・寳玉等物、日本亦然富澤、多産寳物、其人明暁多藝、故此両隣國互相往來、必得大益、朕亦爲此要開商意矣、茲知悉日本國之古例、只准中國呵囒國船能通商、除此二國之外、不准別船進埠、祗因世間之情萬國之政漸々多有改變古例易新、且

貴国初立古例之時、亞美理駕即名新地球、由歐羅巴人離本處、入住此山、懇地耕種、在彼長久、人民爲少且貧、迨今民生繁華、貿易年々盛布各處、量

殿下盡悉、倘能改古例、以准我兩國人賣買、則……」

〔漢文和解〕「合衆国の一省名を加哩科呢哑と申ハ、大国にて産物も多く、毎年黄金を出す事四千萬両程の多さにて、白銀・水銀・寶玉等の諸物も、同様ニ多く出産す、日本も亦同様に富み肥へ、澤山に寶物を出産す、其人物ハ聰明利發にて、藝能多く候也、〔C〕此隣接の兩地相互に往來せハ、必らす共々に大利益を得ん事疑ひなし、我等固より此譯に付て、交易を開んと存するなり、爰に兼而相心得候ハ、日本国古來の掟ニハ、只々唐土・阿蘭陀国の船ハ、通商差許され候へとも、此兩国の外ハ、一切別國の船港口江入り候事ハ許されす、乍去〔B〕世間之情態萬國の政事も、追々古例を改革致し、新法に取換候儀は、多く見當り候也、……

(B)政治における知性。ペリーにおいては「舊制」「固守」は「無智の謀」とされたが、大統領書翰にも状況変化に対応して、古き法を改め、新法を制定するのが「賢者」の智性であると記される。このような変動に即応した政策立案・実施は、もちろん儒学文化圏においても「変通」という論理で知られていた。しかし西洋諸国から繰り返し説明される背景には、時勢の変化にも拘わらず悠久の流れにあって微動だにしないと思われた〈停滞したアジア〉という印象もあろう。特に産業革命後の欧米社会に広く普及し始めた〈文明—半開—野蛮〉の文明発展史を背景とする、文明進歩の諸法則によれば、東アジアは「半開」と捉えられたであろう。

(C)対外貿易の意義については、オランダ国書と比較すれば、二種類の論じ方があることにも気づく。既に日本との交易の歴史を有するオランダの場合、各国との貿易は平和的友好の手段であるとされている。すなわち、物品を介した貿易により、相互に依存の関係を築き、協調関係を強め、その結果国際平和状態が生まれるというのである。交易平和論とも呼び得るこのような議論に対して、通商関係にないロシアやアメリカの場合は、貿易による相互の利益の増進が前面に論じられる。文化年間のレザノフも「日本人たちに貿易が直接両国にとって多大な利益をもたらすことを説明」することが使命とされていた[20]。アメリカ国書は、近年のカリフォルニアでの金銀産出まで書翰に特記し、不足と余剰の相互交換が「日本の利益」になり且また「合衆国の利益」になると説得する。対外貿易は、このように平和的外交関係に必要とされる交流の手段であり、双方に経済効果を期待できる利潤追求の手段であると説明された。

和解を比較すればあきらかなように、①英原文→蘭文→和解（英文も参照）、②英原文→漢文本書→和解の二つの経路を辿った和訳文の相違は甚だしく、特にアメリカ側で英原文から漢文に翻訳した際に、一見したところ、かなり簡略化されており、細かな含意が正確に伝達できていない箇所もあるようである。たとえば、(B)について、英原文の意を引き継ぐ蘭文和解「世界中時勢の變換に随ひ、改革の新政行ハるゝの時に當ては、其時に随ひて新律を定むるを智と稱すべし」と、同箇所の漢文和解「世間之情態萬國の政事も、追々古例を改革致し、新法に取換候儀は、多く見當り候也」を比較するならば、前者が状況変動に伴う政治における能動的行動を促す「智」性を問題とするのに対して、漢文本書による後者は、「古例」から「新法」への改革の事例が「萬國」で「多く見當」るという先例参照の表現にとどまっている。(C)についてもまた、翻訳の相違が指摘されるであろう。「予が志二国の民をして、交易を行ハしめんと欲す、是を以て日本の利益となし、亦兼て合衆国の利益となさんことを欲してなり」という蘭文和解に対して、漢文和解は「此隣接の兩地相互に往來せハ、必らす共々に大利益を得ん事疑ひなし、我等固より此譯に付て、交易を開んと存するなり」と、一方的に諸外国を迎えるばかりでなく「相互に往來」することが「大利益」を得る条件という踏み込んだ表現である。

これらの国書翻訳の相違をどう考えたらよいのだろうか。単にアメリカ側での漢訳担当者の原意把握や表現力の不足に原因を求めるだけで済むのであろうか[21]。西洋諸国から漢文翻訳国書がもたらされたのは、オランダ以外の国に限られ、さらに来翰ばかりでなく日本からの返翰もある時期から漢文正文が用いられなくなるため、事例はきわめて少数である。しかし、のちにみる同じ年のロシア国書も踏まえれば、翻訳文の読者には二重の外交論理で「開国」勧告が行われていると映ることを発見しないわけにはゆかない。すなわち、このアメリカ国書の場合は、原意を伝える①英文・蘭文に対して、②の漢文本書は東アジアの諸地域に共有された、先例参照や相互往來（礼は往来を貴ぶ）の価値を強調し、言語ばかりでなく敢えて論理も翻訳し、二重基準を並立させて「開国」を勧告しているように読める。外交体系移行期の、東アジアの聘礼外交と一九世紀西洋の通商條約外交との混在の一端を、この翻訳問題に窺うこと

も可能であろう。(22)

この翻訳相違に敏感にならざるを得ないのは、徳川日本の異国書翰和解用掛の内でも漢文和訳を担当する儒者たちだったのではないだろうか。漢文和解を命じられた者が、行間の意を汲み取り、こなれた和文への漢文本書翻訳に情熱を注いでも、蘭文や言語的に親類関係にある英原文を参照して作成された翻訳ほどには、原執筆者の意図を詳細に表現できないのである。後述のように、この問題は、続いて同年九月にもたらされたロシア国書翻訳の直後に、漢文和解担当者によって洋学所設立建白が執筆されたこととも無関係ではないと思われる。

アメリカの場合には(D)漂流民の人道的処遇要求、またロシアの場合には近代主権国家の要素の一つである(E)国境画定というさらに別の要求課題が加わるにせよ、(A)世界の環境変動、(B)それに即応した政策立案・法律施策の必要、そして(C)対外貿易の意義説明という段階を踏んだ「開国」勧告は、西洋諸国から「鎖国」状態の日本に向かう際の共通の論法であった。それでは、日本の読者たちはこの勧告をどのように読んだのか。

二　「開国」勧告への反応――学問所関係者を中心として

アメリカより国書を受領した徳川日本では、①通信・通好（和親）、②漂着船取扱や漂流民保護と送還、③石炭取引と貯炭所設置、④通商などの個々の申し出に、それぞれ許可・拒否の政治的判断を下さなければならない。学問所関係者のうち、この嘉永六年の諮問に応え、答申書が残るのは次の者たちである（括弧内は学問吟味及第年と種別）。

〈学問所御用〉林復齋

〈儒者・見習〉杉原心齋（文政一一年乙）・佐藤一齋・松崎柳浪（文政六年乙）・古賀謹堂・安積艮齋・林鶯溪

〈教授方出役〉榎本愛之助（天保九年乙）・小花和正助（天保四年乙）・久貝傳太（天保九年乙）・岡本信太郎（天

保一四年甲）・岩瀬修理（蟾洲）（天保一四乙）・石川次郎作・妻木中務（棲碧）（弘化五年甲）・佐藤新九郎（立軒）・一色榮五郎（向山黄村）（弘化五年乙）・宮本久平（弘化五年甲）

〈上記以外の徽典館学頭歴任者〉平岩右近・矢口清三郎（天保一四年乙）・永井岩之丞（介堂）（弘化五年甲）・矢田堀景蔵（弘化五年乙）

〈上記以外の学問吟味及第者〉宮崎次郎大夫（栗軒）（小十人頭・文政元年乙）・井戸弘道（浦賀奉行・文政六年乙）・戸田氏榮（浦賀奉行・文政一一年乙）・北村彌門（天保四年乙）・向山源太夫（誠齋）（小普請・天保九年甲）・堀利煕（有梅）（目付・天保一四年乙）・木村勘助（両番格・弘化五年乙）・塚本桓輔（嘉永六年甲）・依田克之丞（嘉永六年乙）・武川五郎次郎（山口直毅）（嘉永六年乙）・島村孝司（嘉永六年乙）・伊澤謹吾（木下利義）（嘉永六年乙）・中坊陽之助（嘉永六年乙）・塚原重五郎（塚原昌義）（嘉永六年乙）・伊東成一郎（嘉永六年乙）

しかし、先に嘉永二年の答申を検討して明らかになったように、学問所関係者各人の政治的判断は答申書の内容を一括出来ないほどに多様である。その政治的思考ではなく結論だけを閲すれば、学問所儒者では、戦争回避し返答を引延すとする復齋・艮齋や、今後は打払とする鶯溪、「非常之人」徳川齋昭に専任すべきという一齋などがあり、また教授方出役でも、榎本・小花和・岡本・宮本・永井らのように早期打払の決定を求める者と、交易を容認し人材登用を求める久貝、アメリカとの交易をオランダに仲介させて「祖法」の面目も立たせる石川、交易は拒絶の一色、和親交易以外は許容の妻木、返答引延しの岩瀬など、さまざまな主張がある。さらに交易や和親の是非、対処法に至っては、共有される主張を見出すのは困難を極める。したがって、以下ではその個々の要求への返答を中心に分析するのではなく、国書に記された西洋諸国による理路整然とした「開国」正当化の勧告を、学問所儒学の担い手である関係者たちが如何に読んだかという観点から議論を整理して検討したい。

嘉永六年の諮問に応えて上陳された所見には、幕府の儀式・典礼を掌った高家《こうけ》を中心に、たしかに定見なしと自らの政治判断を放棄した答申も少なくない。しかし、その一方でなぜこれほどの危機が生じ、その危機を克服するためにどのような改革を推進しなければならないか、政治的な知性を最大限に用いて自分なりの構想を提示する答申もある。先の「洋人共ゟ交易之儀ニ付道理攻ニ申越候儀」に備えた筒井の議論に明らかなように、彼らは西洋諸国からの政策勧告の論理に対して、立ち向かい抗する知的な道具立てを持っていなかったわけではない。単に武力によって打払うのではなく、相手の理性に訴えかけて、その欺瞞性を暴露し、反論する術も知っていた。先行研究には、老中阿部に当初より政策構想があり、それに向けた「世論形成」を狙った諮問であったとし、答申の内容検討自体に消極的な見解もあるが[23]、後述する通り、諮問はじっさいに、答申調整役の徳川齋昭の補佐を得て、潜在的な争点を顕在化させ、代替的選択肢を模索する役割を担っていた。

決定方法——専断・公議　まず、政策内容以前の問題として、日本の対外方針決定を専断によって行うのか、それとも公議（衆議）によって決するのかという、維新期にまで継続する相反する議論が萌芽的にみられた。すなわち前者は、衆議制を採るゆえの対外方針決定の遅延を危惧し、大権掌握するごく少数の幕閣・その他の迅速な政治決断と指導力（リーダーシップ）発揮を求める意見である。それに対して後者は、早期決定を求めながらも、施策の形成段階から言路洞開して広範に自由な意見を提出させ、時間をかけて国内諸勢力の意思統一をはかろうとする。その過程でより有効な選択肢を選定し、状況に応じてそのなかから政策を策定し、またそれを担う優秀で多様な人材登用を求める。専断を求める前者にも、たとえば、幕閣での早期の方針「決定」「英断」を望むが、早期打払決定であれ自らの片方への政治判断を含んだ上での和戦の「二端一決」の必要を唱える者（永井岩之丞）がある一方で、嘉永二年の段階でも見られたように、「寛」「猛」二極端の詳細な方針について政策選択した場合の予測を立てながら、自らの判断を保留とし、意志決定を執政者に求める声もある（向山源太夫「上陳[24]」）。

兎も角も一端ニ定居不申ハ天下士人適従之處無之。昨日之議論今日ハ相違、今日之評議明日は齟齬致した、たとへハ道旁ニ作か如く、成功ハ無御座候。交易也打拂也、両端之内何卒早々御決定被遊、其段日本國中江急度明白ニ為知置度奉存候。（岡本信太郎）

また、「非常之事ハ非常之人」をとして徳川齋昭に政策の調整役を委任する意見もあった（佐藤一齋「存意書」[25]）。じっさい、この諮問がなされた直後の七月、齋昭は新たに設けられた海防参与職に就任する。

専断を求める声の他方では、後者の、「人心」「衆議」がある時間かかって一定するまでは幕閣の処決だけでは方針は決し難いとする議論もある。嘉永二年の段階でもこの「一国之人心舉而同定之處ニ至り不申而は不相成義ニ候、衆議弥《いよいよ》打拂と相決候とも今日より直ニ其取斗とも相成間敷」（林復齋「海防策草」嘉永二年閏四月）として、諸有司や警護担当者などから意見を募ることを求めた林復齋は、大学頭となったこの四年後にも次のように提案する。

（書翰之大意）……今國より我國と親しミを結ひ、通商之道を開き共に利益を得んとの書面懇々之趣は元より一朝之故にあらされは、我國祖法ありといへとも又一朝に辭すへきにあらす、闔國之郡諸矦と面議を盡し、議し充當を要す、貴國ニ於而も久しく議し、而後に使節をさし越されたれは、我国に於而も急遽輕卒にすへからす、鄭重に衆議を盡し而答に及ふへし、……依而衆議定るを待て我より答書を寄へし、され共我國は他國へ使節を遣す事の例なかれは、阿蘭甲比丹に托して轉致すへし、禮義踈略に似たれ共、外に便なかれハなり、……いつれ共衆議一定を待て答書を寄へし尚兩三年之久を經るへし、敢て促なかれ。（林復齋）

方針決定を衆議によるとする議論はもちろん、外国に対する返答延期の方便ともなっている。「右ニ而年期相延候ハ、其内御警備十分に仕度奉存候」とあるように、国家重大事に対して「鄭重」な衆議とそれが一定するに必要とされる返答延期の内に、海防体制を整備するという。

共有された政策——軍備増強・出資金徴集・人心統合　このような決定方法の議論の一方で、和約締結を主張する者、あるいは逆に拒絶を主張する者の双方の答申で最大公約数的に唱えられた方策は、以前より提唱されている諸課題であった。すなわち、第一に国家の対外的独立維持に足る軍事力の増強、特に砲台設置・軍艦製造——「御備向之儀、海岸之人家を拂ひ、軍艦・蒸氣船御製造」（岩瀬）など。第二にそれらへの費用補填を目的として豪商や寺社から出資金を募ること、「商家寺院江御用金等之儀」（一色）・「三千石以下拝借金被　仰付、富商及寺社へ上納金、武備精々御世話」（岩瀬）・「豪商」「大寺院」からの「上納金」（岡本）など。第三に徳川日本として「心志一統」するナショナリズムの高揚の必要であった。打払に決して人心を引立て「戦を以て惰を起し、彼を借り是を補ふ」（小花和）。これらはいずれもじっさいに施策に移され、嘉永六年八月二六日の大船建造の諮問[26]と九月一五日の大船建造禁令の解除として[27]、また、号令による人心統合は同年一一月の大号令発布として、さらに上納金徴収も、安政元年五月二五日に江戸町民にむけて発せられた海防及び御所造営のための課金二九六、〇〇〇両となって現れる。

従来指摘されているように、答申書の多くは日本側より「兵端を開」くことがないようにという「避戦論」の立場をとる[28]。すでに弘化三年の筒井上書③でも「内々は人臣の志氣を養ひ、武備威猛を貯へ、外に人倫五常の大道を以、柔順温和に取扱」という方針が表明されていたが、筒井と川路聖謨が嘉永六年六月一四日に江戸の水戸藩邸を訪れた際に徳川齋昭より示された、「内戦外和」という、いわゆる「ぶらかし」論は、その代表的な議論である[29]。答申書の川路ら勘定奉行の議論は、まさにこの齋昭の政策を改めて表明したものであり、「いつれニも一ト先内巌に外寛に御扱之方ニも可有之歟」と云う。

「其機ニ應し事を左右江寄、尚又延期を計候方ニ可有之」「其志願を裁きて裁さる様計策を以穏に彼を操り、一ケ年も余計ニ可相成丈ケ年を送り、其内いつれにも内海其外御守衛筋厳重ニ御取立、武備厚御引立、人心一定仕候程合を御見居」「兎に角穏當之御計策と以五六年之星霜を凌候肝要之儀と奉存候」。（勘定奉行・同吟味役）

打払とも違い、また通商とも違う「極々柔なる内に極々剛なる」「綿裏針」（石川）など、避戦の立場を貫き、返答を延期しながら防衛体制を整え、ある時期が到来したならば再び限定された国以外の諸外国との交流を絶って、一国自足的な国民経済へと回帰すると主張する。

このような長期的な将来構想では「攘夷」を目指す点においては、いわゆる「開国」論者とされる韮山代官で勘定海防掛の江川英龍（坦庵）[30]も浦賀奉行戸田氏榮もその例外ではない。先述のようにアメリカよりもロシアへの交易許可を主張した江川坦庵は、「海防愚存」に応えて、アメリカと異なって「礼厚く」、また寛政期より交易を求めてきたロシアに年限を限定して優先的に交易を許可すべきであり、それによって国際信義がたつとした。しかし、武備が整う数年後には辞して再び通商関係を閉ざして、打払うという。[31]また後述のアメリカへの通商通信の即時許可を唱える戸田氏榮も、「和蘭幷アメリカ洲と御通信も右之御警御整迄之御權道と私儀ハ存居候」（戸田、七月）と、貿易による国交樹立は軍備拡充までの一時的な措置（「権道」）であるとする。

しかし、対外政策の結論のみから分析して単に「一旦開国そののち攘夷」とだけ整理し、あるいはまた、言辞の発せられた時点、その列強に包囲された弱小国日本の歴史状況を等閑に付して、額面通り「我　皇邦の武威を全世界江普達する」という発想に「帝国主義的な衝動」を見出すのでは、政治思想が創造される途上にある、多様な可能性をもった構想に眼を閉ざしてしまうことになるであろう。

以下、「開国」「鎖国」の当面の対外方針による意見分類ではなく、西洋諸国からの開国勧告の論理が如何に読解されたかを中心に検討し、その中で見出されたある豊かな政治構想が、どのように政治意志決定過程で取り上げられていくかをみてみたい。

（1）「開国」勧告論理をめぐる政治的判断

漂流民の保護と外国人犯罪者の処遇（D）――国際法と国際道徳　海難に遭った漂着船救助と漂民保護は、第I部第三章でも述べたように、国内の海事法規でも義務付けられ、環東シナ海諸地域間でも国際慣習法として機能していた。佐藤一齋を初め、「我國之舊法」にもある故に、アメリカの要求は当然容認されるべきであるとする議論は少なくない。

将又貴國人民爰元海邊へ罷越大風ニ逢い難義致し候者取扱方之義被仰越、是又致承知候、此義ハ我國之舊法有之他國之舩海岸ニ致到着候而ハ如何之義可有之哉難計ニ付致警護候而已ニ而、別段之趣意無之候、併右之取計方他方ニ而ハ無慈悲之様ニも相心得候ニ付、近頃相改容易ニ手向ひ致さす事體委敷承り候上、時宜ニ由り而ハ舩中入用之品差遣し候取計方も有之候、此義者決而御掛念有之間敷候。

（佐藤一齋）

〔漂流船・漂客、「漂民憐恤の一條」〕……此儀ハ御許容有之変革ニ御座候、人類を憐ミ候は蠻夷のミに限らす然るへき事ニ御座御候間、以來漂流に紛無之ハ仁惠を加へられて追て本國へ歸し可被遣旨、御答に及ハれ國々海濱へ觸置き候て可然奉存候。

（宮崎次郎大夫）

嘉永七（安政元）年二月一〇日に行われたペリーと林大学頭復齋の第一回会談でも、まずペリーが問題にしたのはこの漂流民待遇であり、アメリカの帰還漂民からの伝聞に基づき日本の「人命を重」んじない政策をとらえ、政策改革をしない限り敵国と見なし「國力を盡し戰争」も辞さないと迫った。[32] それに対して全権の復齋は、日本の三〇〇年に近い「太平」が証明するように、「人命を重じ」ることにおいては「日本は万国ニも勝」るという。既に薪水給与の例もあり「他国の船は一向救ひ不申といふには無之」と反論する。[33] さらにつづけて、漂民中で「不善人物有之、何分国法を犯し我侭不法致し候者有之候得は不得已、姑く執へ置候て、長崎へ遣候事も御座候」と、犯罪者についての処遇についても述べる。

漂流民の人道的待遇の要求に関連して、この際に林復齋は国内での外国人犯罪者の処遇にも言及しているが、これは、道徳的慣習法の認識からする、非キリスト教国・非文明国に対する領事裁判権を固持した近代西洋国際法体系への疑問と批判を先取りしている。しかも、この問題は他の論者、後述の古賀謹堂の嘉永六年答申書ばかりか、すでに弘化元年に後の学問所儒者鹽谷宕陰によっても「通好和親」関係の国交と不可分な問題として論じられていたことは注目に値しよう。[34] ペリーとの会談でも再確認された海難救助・漂流民保護は、じっさい、和親條約の主要な内容を占めることになるが、その和親條約の実質的な内容は、国際海事法規のような契約社会の法体系と、嫂溺れれば救援するのが「権」道である儒学文化圏での人命尊重という道徳的慣習法の成文化の結合体である。環東シナ海諸地域で共有され、他国にも適用された後者が、前者の近代西洋の法体系に包摂される際の受容基となったという議論は、次元の異なる法比較でそれほど有意味ではないだろう。前者は、人為的に締結された條約であり、国家間の信頼関係が継続する限りで有効なものである。作為の所産であるが故に、場合によっては破棄やその法体系からの脱退も可能である。それに対して後者は、少なくとも当時の徳川日本の知識人には人為的には変更不可能な国際道徳である。それ故に謹堂や復齋らが、道徳律の普遍性を信じて国際犯罪者への特権的な配慮は認めない旨釘をさしていたのである。

世界情勢認知の問題(A)——軍事面への関心集中　すでに天保期までの古賀侗庵らの認識のように、いまや世界中が弱肉強食の戦争状態であり、従って従来の外国対応では済まされないという世界変動の認識は、打払を否定し「鎖国」体制の改革を唱える者の共通の論拠であった。後に講武所頭取となる飯田庄藏は、「當御代替此節御大事之御場合ニ而、日本之御政法一變可仕天之時と奉存候、唯今迄鎖國之御法ニ御座候得共、此以後右ニ者相成間敷奉存候」と主張するが、日本の「武威衰廃」に対して、「時世界之蕃國戰争ニ熟練仕、蕃國通商航海仕候由」「たとへ敵船に御勝利ニ而も人民窮迫動亂仕候而者、跡々之御爲ニ相成間敷は奉存候」とし、文化年間のレザノフへの応対とは「時勢」が異なることを云う。[35] また、浦賀奉行の井戸弘道も独自の状況判断から、アヘン戦争以降の清国の状況変化も参照して、「地球世界一變」し「當時万國地球戰争相續、互ニ合并蠶食いたし候折柄」と認識し、「御變革之儀、早々御英断」するように迫る。

「當時万國地球戰争相續、互ニ合并蠶食いたし候折柄」「外國諸蠻共強而戰争を好ミ候義ハ有之間敷、此方御處置之次第ニ而何様御計策も可有之哉」。

(井戸石見守「アメリカ船渡来一條ニ付心付候義申上候書附」六月)

「天地氣運ニ候哉追々地球世界一變仕、別而五六十年以來は西洋諸國争擾相續、天保度清國阿片一亂江南沿海都而粉破いたされ、漸く和睦相成、當節廣西之土豪崛起いたし、江南過半は所有と相成候哉の由、今般渡来之亞墨利加軍艦、加勢として廣東へ相越候由申聞、都而異國騒亂打續、互ニ呑噬争奪之世と相成候哉、外國事實は私共素より推量千万之儀ニ候得共、昔を以て今をわかり今を以て後を推究仕候儀ハ難相成、「日々新ニ月ニ不同」と申は當時世界之形勢ニ可有之、右様世界一變仕候上は、御國地おゐては未之末迄も深遠之御謀慮被為在御所置之次第御變革之儀、早々御英断被為在候様、甚以不敬之至恐入候得共、愚存之趣奉申上候」。

（井戸石見守「亞墨利加使節書翰和解御下ケニ付勘辨之儀申上候書付」七月）

独自な情勢分析ばかりでなく、西洋諸国からの国書内容に記された「蒸氣船」発明という技術革新にも、たしかに「今の蠻夷ハ古の蠻夷と違ひ能巨船を進退仕候て波濤を凌き候事、平地を行かことく數万里の遠きも十日を過さす、且又火器を用ひ候事精妙にして侮るへからさるの敵に御座候」と言及がなされる（宮崎、七月）。ただし、上記の臨戦状態が情勢認識で強調されると、「開国」勧告の技術革新の告知は、大砲・軍艦製造など軍事技術改革についてしか関心を呼び起こさない。産業革命の成果である交通手段や電信・電気などの近代技術の認知は実物見聞を経た数年後のことであり、国書文面の平和的な移送手段としての「蒸氣船」は、読み手の側には戦時の「軍艦」として捉えられる。

状況に応じた政治改革（Ⓑ）——「祖宗之御遺志」解釈問題　「世間之情態萬國の政事も、追々古例を改革致し、新法に取換候儀は、多く見當り候也」。アメリカ側からのこのような勧告で、他国に内政干渉し、政治改革を迫るのは失礼にあたる。国書を読解した多くの者の反応はこのようなものである。「古例改革有之度旨申越候ハ甚た勝手つくにて、不遜なる申分ニ相聞え申候」（宮崎、七月）。オランダ国書を閲覧した筒井鑾溪が弘化年間に「國法」をめぐる見解の相違を述べたことは先述の通りだが、西洋諸国から政治的知性について諭されたことに反論する者たちも、我国では「舊法を守り、新政を嫌」い、「古例を守りて能規定を亂さゞるか謂なり。萬國の政事多く古きを改メ新に易るか如きハ我ニ於て尤卑ンずる」ところであると云う（伊澤）。

此義我國祖宗之被立置候掟ニ而、子孫たる者違背申間敷義ニ候、就而ハ何之國より通商之義申込候共、総而斷ニ及申候、其上當國上下一統之人氣、舊法を守り、新政を嫌ひ候間、縦ひ一時之利有之候共、永世相續之程難計候、就而ハ是迠貴國と恩烈無之候處、已後萬一事を生し候而ハ却而不宜候間、折角被仰越候得共、無餘義御斷ニ及申候。　（佐藤一齋）

〔通商拒否の理由を述べて〕「我か　世祖より嚴禁せる處にして今容易に換變すへからさる處也」「我國に於ては禮儀を重して利益を軽す、豈古例を廃して益を求るに随んや」「我國に於てハ一端規則相建候得者後年に至るも巍然として不崩をよしとする也、五年十年之間利か不利かを試、又々變革するなとの前後見定さる事は細事といへとも為さる處也、況や試に暫く港口を開くに於てをや」。　（伊澤）

「舊法」「古例」遵守を良しとし、「新政」「新に易る」ことを厭う。ただし、このような答申書を上げる伊澤も、「時勢の転移」を考慮せざるを得ず、「益　世祖の遺訓を重ンせんとす、然りといへとも時勢の転移止事を得さる次第も有之ニ付」と、従来の遵法を断言するには躊躇が伴う。

外国に対する表向きの返答とは別に、国内政策の改革の必要性自体は、多くの者たちに共有された認識であった。環境変動に対応した政治改革の正当化が、「開国」勧告のはるか以前より、国内政治改革や外政改革の際の「変通」論として主張されたことは、古賀家を軸とした本書の随所で確認してきた通りである。答申にも伊東成一郎のように「聖人之治も時に寄て改る事有之候」として「機に處し變に應するの權度」をする主張もある。[36] だが、西洋諸国が間近に迫るこの段階では、問題は、その「変通」が何を目的とした何の変革かという点にある。上記の軍艦製造のために大船建造禁止令の「変通」を主張する河田迪齋もいれば、後に挙げる和親や通商を目指した「変通」論者まで多様な立論がある。防衛体制改革・軍備改革・財政改革・人事改革から、経済体制改革までの多様な選択肢に優先順位を付けることこそが、国内での真の論争点となるであろう。

ただし、徳川家より家禄を拝領している幕臣たちはいずれも、徳川幕府の「祖宗之御遺志」を無視して全面的な国内体制「変通」論を唱えてはいない。すでに第II部でみた侗庵の議論と同様に、「祖宗之御遺志」をどう解釈するかという問題が、政策選択時の政治的正当性をめぐる主題にならざるを得ないのである。この観点からするならば、「國法」解釈の相違を説いた鑾溪・一齋らにしても、先例を引き合いに出す主張はみな「祖宗之御遺志」解釈に関わっていたと言える。すなわち、徳川後期においては、政治の理想的統治状態が、家康（東照宮・神祖）の幕府創業の治や「祖宗」（始祖と中興の祖）の時代に求められ、その理想状態として解釈された時点を基準にして現実が裁かれていた。その現実診断の際には、誰でもが、意識するしないに拘わらず、ある歴史的解釈に基づく「祖宗之御遺志」を問題にしている。一方で和親通商を拒絶する者たちが引き合いに出すのは、理想化された徳川家光以降の寛永のいわゆる「鎖国」状態、文化期に明文化され自覚された「國法」の国交限定状態、あるいは文政期打払令布設の歴史的体制であり、[37] さらには「祖宗之遺訓」（伊澤謹吾）・「東照宮之神慮ニ相叶」（大久保右近将監忠寛）という解釈された「遺訓」「神慮」であった。それに対して、他方で和親通商を推進した者たちの政治的正当性の論拠も、「神祖」の統治状態、すなわち「慶長之頃」「元和已来寛永之頃迄」の外交・経済体制であり、あるいはまた、いわゆる「御祖宗之御法制」「御遺制」にまさる「祖宗之御遺志」の実現にあったのである。浦賀奉行戸田氏榮は「御通信之事は御國禁ニ御座候得共、先日中も申上候通り、實は御當家之御國禁ニ而日本國ニ於而外國通信之御制度は無御座哉」（戸田氏榮、七月）と論じるが、このように「祖宗之御遺志」を踏み越え、徳川「家之御國禁」と「日本國」の「制度」とを区別して「通信」許容を正当化する主張は、きわめて例外的な見解といえる。

対外貿易の位置付け（C）——後発国の利害・拒絶と許可の判断分岐　「開国」勧告にある交易平和論や相互利潤追求論からすれば、不足と余剰の相互交換は、一方的な物品流出から国力衰微をもたらすものではなく、むしろ良材交換により「富強の基」にもなり得ると観念されるであろう。だが、いわゆる経済交易の原理論ではなく、この時期の具体的な歴史事象を踏まえれば、議論は複雑にならざるを得ない。

すでに第I部では、レザノフへの対応時の「有用」を「無用」に代えるといういわゆる貿易無益論を確認した。文化年間に「祖法」内容が自覚化される際に、「通商」拒絶の理由として挙げられたのは、(i)自給自足経済、(ii)国内有用材貨の流出と無用品流入、(iii)奢侈による風俗悪化と社会秩序混乱、(iv)対外関係における諸外国均等公平待遇であった。一九世紀半ばのアヘン戦争勃発は、さらに不足—余剰の相互交換という対外交易認識を、徳川日本の識者に一層困難にさせた。老中水野忠邦に仕えた浜松藩儒者鹽谷宕陰は「通商利害論」（天保一五年）の中で、「通商を許す時は目前之害三ツあり」として、「耶蘇宗門を勧むる害」、「鴉片の毒を六十余洲江流し、財貨を耗し、人民の命を縮め、自然國の元氣を擾するの害」、「英夷の天性兇横傲慢にして國法を用ひす、終に争端を引起、兵乱の基を生するの害」を列挙する。[38] 先の弘化・嘉永年間の蠻溪・復齋・霞舟・一齋の議論も強調点の相違こそあれ、この宕陰の認識枠内にあるとも言えるが、輸入品として想念される「無用之物」の代表格が、アヘン戦争後「鴉片」となることは、以後の日本の交易観を検討する上でも重要である。

執拗に交易を求めて来航する西洋諸国に、人間気質の相違を見るのは、文政・天保期の侗庵も、弘化期の蠻溪も、そして嘉永六年の答申者たちも変わらなかった。漂流民の返還を行う外国人に人倫理解を認めた蠻溪を除けば、彼らは商業資本のために植民地獲得を狙うイギリスなどの西洋諸国に「禽獣」のような気質を見て取った。その意味では、いわゆる夷狄禽獣観を免れていないかも知れない。すなわち、狡猾な「蠻夷の眞情」とは「利益を求め候心間斷な」く、「惟おのれに利せん事のミを計」ることであり、その「彼國虎狼の本性」は、「人の土地を奪ふ」「呑噬の念」に溢れている。「我大日本は肥饒豊富にして戎夷是を呑んと欲し、覬覦する事久し」（宮崎・依田）[39]。だが、これらが抽象的な中華—夷狄の華夷秩序という抽象的な枠組み理解以上に、何よりも第一に歴史的現実となったアヘン戦争を参照した上で導き出された、気質相違の強調であったことに注意が必要である。

嘉永六年の諮問に応えた幕府の直轄地財政を管掌する勘定系の議論は、当然「穀物」や「銅」「石炭」流出を勘案せざるを得ない。尤も川路聖謨ら勘定奉行は「大国諸州を引受候而之通商、連々ニ御國衰幣ニ落入候様可成行」と述べるに過ぎない。[40] 勘定奉行・吟味役経験者で、「小国ニ而大國江對交易之品無之」と同意見ながら、経済問題を具体的に取り上げたのは、立田岩太郎（勘定吟味役）とその孫の塚越藤助であった。

　日本豊饒之國ニ御座候得共、小國ニ而産物其限有之、穀物も一年凶作に候へは忽飢饉ニおよひ銅も追年諸山之出方減し、既に舊來之唐・紅毛江御渡高も被減候儀ニ而、又石炭を相望候得共、是以西國筋之内ニ而國用を辨候場所も御座候處、追々掘取近来相減候趣ニ承及候、國之出産とても有餘有之間敷、小國ニ而第一交易之品少く難整事實有。

この上書の「下ケ札」には、「本文御渡高、正徳度銅四百五十万斤ニ御定、其後尚御減有之、當時百六十万斤程御定高と以交易取扱候儀ト奉存候」とあり、日本での金鉱産出量の減少に伴って実施された、長崎貿易の銅輸出高の制限が、正徳期の海船互市新例の際には四五〇万斤であったにも拘わらず、漸次減少して嘉永期には一六〇万斤にまでなっていることが理由として挙げられる。[41]

　後発国における対外交易観の評価がきわめて難しいのは、「有用之物」が一方的に流出するというこのような憂慮が、決して杞憂には終わらなかったということに由来する。安政六年に長崎と横浜が開港されると、貨幣の金銀比率の相違から、大量の銀が流入しその代わりに金が海外へ流出する事態を招く。金鉱不足による貨幣改鋳で、金銀含有率の低い劣化貨幣の流通は、さらに物価騰貴を惹起する。また、関税率引き下げによって輸入が増大する一方で、フランス養蚕業での蚕の流行病に起因したヨーロッパの糸価高騰を背景に、安価な日本産生糸輸出も増大する。[42] しかも、このような急激な変化に対応出来ない国内政治と経済の混乱から、開港開市延期と鎖港交渉のために使節を派遣するに至る。[43] このような以降の歴史展開を踏まえれば、予見した勘定系の反応は、「開国」勧告の相互利益増進論が、「大国」「小国」間の非対称的関係になるという事態予測において、見誤ったものではなかった。開港後の経済的混乱を予期し、国内経済の不安定要素を抑制しようとすればこそ、幕府財政を預かる彼らは「大国諸州を引受候而は通商連々ニ御國衰幣ニ落入」と云わざるを得ないのである。もちろん、交易開始の急激な変化を「風俗」変化を恐れたのは勘定系ばかりではなかった。「一時ニ諸夷之交易盛ニ相成候而は、風俗も大ニ變し終ニは御國衰微之本と相成可申」（大久保右近将監）とは、この時点の目付系にも共有された認識であった。

物品の有無の相互交換に「天地自然の道理」を認めながら、「されとこれ一を知つて未た二を知らざるなり」と説くのは、この年に学問吟味を及第し、後に教授方出役・徽典館学頭、さらに学問所頭取を歴任していく依田克之丞である。

天地の間にある世界なれハ、有を以て無にかへ、有餘を以て不足を補ひ、互に融通なすへき事天地自然の道理とく如此いふなるへし。こを一概に聞時は其理なきにあらさる如し。されとこれ一を知つて未た二を知らざるなり。抑天地の人を生する、まづ草木百穀を生して後に人を生す。こハ其衣食宮室等に事を欠さらんを欲してなり。郡子の天ハ子に開け、地ハ丑ニひらけ、人ハ寅に生すといふ此理也。かゝれハ各其國に安居し、他國と交易通商せさるも足らさる所なかるへし。今有無相かへ互に利益ありといふ、果して天地の心といはんや。和親交易を許さゝるも妨けなかるへき義と奉存候。（依田）

依田によれば、天地が「草木百穀」の後に人間を出現させたのは、「衣食宮室」等の日用必需品に不足を生じないという摂理からであった。従って、おのおのその地域に「安居」して他国と通商せずとも自給自足できるという。一国内で自給自足の経済体系を維持するとの認識は、侗庵を初め多くの論者も取る考え方であった。この認識からすれば、交易平和論ではなく、各国がその地域内で「分」を守れば、互いの「安穏」は持続できるのである。「其國は其國之分を守、我國ハ我國之分を守候共、新ニ怨恨を醸候儀も無之、互ニ安穏之事ニ候」（土岐[44]）。

このような交易拒絶論に対して、対外交易許可論にもいくつもの論じ方が見られる。「高明正大之御捌」の政策が必要で外国への国際信義から「熟時勢考候得ハ畢竟互市に利あるやと被存候」という教授方出役久貝傳太[45]や、「洋夷之言」に「王者天に代りて民の父母として有無を通し不給に足すの聖帝明王之治道とも申へき倫理」を見出し、戦争よりは交易を唱える伊東成一郎[46]などのように、西洋諸国への素朴な信頼観から単純に交易許可を提言するものはきわめて少数である。

むしろ世界情勢を認知すれば、選択肢選定から決定までは、非常に困難な政治判断とならざるを得ないのであり、戦争勃発回避のためにやむを得ず貿易を開始する場合でも、教授方出役の石川次郎作のように、銅・米・石炭それぞれの国内事情を検討した上で、さらに慎重に石炭だけをオランダの仲介で交易させるという入り組んだ政策を選定せざるを得ないであろう。[47] 産業革命以前の日本に石炭の価値は「土」同然であった。アメリカ国書の文面は、カリフォルニアの金鉱産出が特記されており、日本のある読者たちは「土」をそれらの金銀と交換すれば自国の「國益」になるとも主張した（伊東・戸田・宮崎）[48]。しかし、慎重に考えれば、「不用」の「土」と「金」との交換は、「國益」にもなるが将来「争論之種」ともなりかねない。それ故にオランダを仲介させよと石川は云う。

九州随地御座候石炭と金銭と交易仕候はゝ、土と金と交易仕候事ニ付、後來争論之種とも可相成候間、紅毛を中買ニ致候得ハ争論は無御座候、且直段相應高直ニ可相成候、本邦直ニ交易仕候はゝ低價ニ候間、澤山ニ買込可申候、是ハ不宜儀と奉存候。　（石川）

嘉永三年から学問所内の沿革調所で開始された外交文書集成「通航一覧」の中心的な編纂者であった宮崎次郎大夫（栗軒）は、「私儀毎事心配仕候生質ニ御座候間」と七月から九月までたびたび書を上げ、最初の答申の主張を変更していった。当初定見をもっていなかった栗軒は、ここに至って「駿府政事録」に記された「慶長之頃」の「神祖」の外交体制を参照し、戦争回避して貿易を開始するように提言する。

「先日申上置候交易御許容御座候方可然と申上候儀、尚又相考候處、只今彼方より願ニ付御許容御座候方御大量ニ而宜敷可有御座、人心も大凡無事を願候事ニ御座候間、何れも御尤ニ奉存可奉感伏候、昔慶長之頃は神祖御徳量如海渡らせれ候間、暹羅《シャムロ》之商客を御前ニ召而御覧せられ、獻上之品を請けられ、物を賜ハリ、又呂宋《ルスン》人を御前ニ召而御目見被仰付、緞子蜜等を献上仕候儀、「駿府政事録」ニ相見申候、右を以て考候得は、彼方之願ニ従ひ望之品と御惠候方、御仁恵ニも相當り可申候」「若又其他之蠻夷右之由承り及交易を願出候ハヽ、願之品次第臨機應變之御處置可有之奉存候」。

（宮崎「御尋之儀御對并別段心付之儀申上候書付」丑八月）

勘定系と同様に、答申内容の共通性で括ることができるとすれば、それは浦賀奉行の一群である。(49)「交易互市」を推進する弘化年間以降の浅野長祚（梅堂）・戸田氏榮・井戸弘道の三人の歴任者には、数度に渡り浦賀で直接来航した外国人と折衝した経験があったばかりでなく、広義の学問所関係者であるという点でも共通点があった。すなわち、文人としても名高い浅野梅堂は、(50)天保一四年の甲府勤番支配在勤時に富田富五郎（武陵）の家塾を改革して幕府の学問所とし、(51)後には甲府徽典館の復興「本舘再築の計畫及び諸規律の制定は實に此人にあり」とまで云われた。(52)また、弘化三年のアメリカ使節ビッドル来航後に家格格差にも拘わらず異例の登庸で就任した戸田氏榮は、(53)古賀侗庵の門人で文政一一年学問吟味乙種及第、(54)文政四年より書物御用心得手伝となって学問所内の地誌調所で働き、文政七年に調方替となって学問所内の沿革調所で書誌編纂を担当していた。さらに、浅野の退任後に就職した井戸弘道は、学問吟味文政六年甲種及第の秀才であった。このように儒学的教養人にして幕府役人という「儒吏」であり、なおかつ海防政策推進者である彼らは、役職による入手情報・経験蓄積から、共通する政治判断を示した。

嘉永二年の諮問の際にも「異国船御取扱之儀ニ付申上候書付」（閏四月二六日）を上げていた浅野梅堂は、(55)アメリカ国書の政策勧告に対して「此度呈翰の内にハ侮慢虚唱の詞も有之、甚以無禮之段ハ屹と御責伏有之候而可然」と不快の念を懐きながらも、西洋諸国に倣って貿易によって「富国強兵」の基とするようにと進言する。

「近來西洋一般に人物稠茂せしより貿易の道さかんに相成、是も以て第一の貨殖となし、多く大艦・巨炮をつくり萬性の活計生路と恃ミ到さる國は無之處」、「必竟交易互市は富国強兵深根固帯の御見据を以て被仰出候ハヽ、當今の御良策に可有之、泄々不斷の譯も以而一時御許容相成候ハん事は甚以しかるへからさる御事ニ奉存候」。

打払は「浅慮無謀之甚敷者」とし、(56)目指すべき政治構想を浅野と共有する戸田氏榮も、アメリカとの貿易は「蘭人江銅を被遣、瓰物と御交易御座候よりは御國益」になり、さらに急務である「軍艦」「蒸氣船」の製造を「和蘭陀・亞墨利加等ゟ砲技之達人・戦艦之工匠等」を招聘して着手するためにも、世界情勢を鑑みアメリカから対外貿易を開始するのが善策であるとする。(57) その判断の背景には浦賀でペリーとの交渉を担当した経験から、「アメリカ國」は「地風西洋ニ異り温柔ニ而聖人之道をも尊信仕候哉ニも承及」「取扱方ニ而野心を懐き候船ニは無御座」「政事も整ひ人物も温和ニ見受」られるという、他の西洋諸国と異なるアメリカへの信頼観がある。

さらに戸田と同じくペリーと直接交渉をもった井戸弘道は、「互市交易之儀は素より好ましからぬ事ニ候得共」としながらも、「世界一變」の情勢を受けた「窮通變化之道理」から、寛永以前の外交体制に「復舊」し、「日本船」を用いてアメリカや他の諸国に航海して貿易を行えば、風俗も悪弊一洗し利潤によって財貨も豊かになると云う。

「互市交易之儀は素より好ましからぬ事ニ候得共、實ニ不得止事場合一概ニ御斷切ニも相成かたく、行末之處御見切御英斷之外有之間敷、是迄御國法嚴然は御立被置候儀は、畢竟外國之者共邪宗門申勧候故ニ有之、當時年暦も相過き、且ハ世界一變仕候而は、而は邪宗門之事而已強而御氣遣敷儀ニも有之間敷哉、遠く寛永之昔に御もとし追々航海之船艦御立、御國法御改正之上は、亞墨利加は勿論其餘之國々へ日本船を以航海、互市・交易可致」、「當時之姿ニ而は漸々御國力も貧弱と相成候外有之間敷、遠く寛永之昔に御復舊被為在、奢侈・華麗・文弱・萎櫟之悪弊速ニ一洗いたし、簡易・質朴・強毅・壮勇之風俗ニ復古いたし、外國通商・互市交易有無、貿遷いたし候ハヽ、自然財貨も豊ニ府庫充實相成、面々衣食缺乏無之、士氣益以奮興、沿海御守備嚴然は可相成儀、必然之事ニ而、右之大本大綱得と御英斷被為在候ハヽ、其餘之節目はいか樣ニも可相成哉、窮通變化之道理ニ相叶、轉禍爲福之御所置も此擧ニ可有之哉」。

（井戸石見守「別段申上候書付」七月）

このように「富国強兵」のための交易という理解で括られる見解を示した、弘化・嘉永年間の浦賀奉行歴任者たちの政策の背景には、勘定系の国内経済体制の維持とは優先させるべき事柄が異なり、港湾の現場における防衛強化という所轄職種での必要から導き出される政治的判断があるであろう。管轄業務の相違から生じる政策選択の優先順位対立は、のちにみるように、各組織ごとの人間的な確執にまで発展している。

政治的判断は、つねに入り組み、複雑にならざるを得ない。さまざまな可能性を考慮し、慎重に短期的な対処を選択するだけではなく、また他方では長期的な構想をたて、時局展開に伴って一時的な対処も不断に目指すところに向けて修正しなければならないからである。さらに周辺環境に関する情報を多く有していれば、それだけ、勘案すべき事柄も増加する。これまで検証してきたように、昌平坂学問所教授陣の議論は、決してひと括りにできるほどに単純ではなかった。各人が持ち合わせている情報を駆使し、知性を縦横に働かせて、直面する所与の状況下でぎりぎりの政治判断を下していた。現実の政治判断においては、当然のことながら、経書テクストからの演繹的推論として、対応策が引き出せるわけではない。まず前提となる情報収集から状況認識の問題があり、そしてその上で、現実を評価し、議論を組み立て、新たな構想を立てる際に、解釈された古典理解・解釈された理想的体制・解釈された「祖宗之御遺志」などの枠組みが援用され、しかもそのいずれの解釈にも――自覚するしないに拘わらず――個々人の判断が反映されていた。学問吟味及第者や他の諸有司の政治判断も、同様である。彼らにおいてはむしろ、各人の履歴・役職を通して入手した情報・重ねた経験蓄積が、政治判断を大きく左右している例もみられた。

このような嘉永六年の海防争議の中で、それでは古賀侗庵の衣鉢を継ぐ学問所儒者古賀謹堂は、どのような状況認識と政治判断を示したのか。

（2）古賀謹堂の構想

嘉永六年の古賀謹堂の答申書「存念書」[58]は、従来の分析指標に従って、対応策という点から分類するならば、「回答延期（折衝―海防・許容・進出）」の項に整理されるだろう。[59]彼が当面の方策として、バタヴィアに寄港中と思われるアメリカ使節ペリーに対する返答書翰案の「大意」に記すのは、「難破船の儀」「難民共之儀」「通商通信の儀」「石炭食粮も不足之節」につき、前二者は以前よりの慣例でもあることから要求を承知し、後二者は丁重に辞退するというものである。

書中の大意は「本國の書翰願筋之趣、夫々相調候處、難破船の儀ハ如何ニも不愍ニ被思召、且先年も既に被仰出候。廉も候故きつと御手當被成下本國船崎陽來舶候ハヽ、其節引渡可申候。尤其難民共之儀も、我國法ハ大切に可相守。喧嘩・口論・狼藉有之てハ、縦へ異国の者迚も國法に任セ仕置申付候間、兼々能々相慎候様可被申付置候。扨又通商通信の儀ハ申越候様一通りハ相聞候へ共、都而相斷候。又古來通商の荷蘭國江も通信ハ相斷申候。其方本國のみ江承届候譯にも難相成候。殊に　先將軍薨御國内憂赳の折柄、急速ニハ及挨拶兼候、且縦へ新規往來相始候共、闔國の候伯江告ケ、篤と遂吟味異存無之上、猶又天下江申達し、且我民人不熟の事なれハ、夫々仕度を整へ産物等取調候上、此方より挨拶ニ可及。何レ年數可相懸、其間を扣可罷在。前次之如く漫りニ内海江乗入自儘の振舞致候、又は漫りに督責抔に相越候而ハ我國にてハ痛く其無禮を悪ミ候故、往來は扨置、漂民セ話迚も國内之者承引致間敷存候間、此方任差圖恭順に相扣可居候。又石炭食粮も不足之節ハ見繼可遣候得共、其石炭を我西國民人の日用に掘取候位の儀ニ以、中々火輪船來往を資助可致程餘計にハ無之故、其處可相心得」と柔和に被仰遣候ハヽ、夷賊貪欲の念、貿易御聞届願度處より何事も唯命ニ従ひ可申哉。

将軍家慶の逝去直後ゆえ「通信通商」については即答不可能であり、諸大名との協議や貿易品調査に時間を要し、数年後に「此方より挨拶」に赴くこと、また港湾内への乗り入れや催促は日本では「無禮」にあたり、漂流民返還についても指示に「恭順に」従うようにとの申し入れである。前述の如く「異国の者」が「喧嘩・口論・狼藉」により違法行為に及んだ場合、その者の本国法ではなく（いわゆる領事裁判ではなく）、属地主義により「國法」で裁くとは、当時の儒者の一般的な認識であり、謹堂もその例外ではなかった。

内容が以上に尽きれば、古賀謹堂の「存念書」は、それほどに特異なものではない。彼の答申書を他と選り分けるのは、この返書翰案の前後に記された大局的見地に立った上での状況認識と独自な政策構想にある。

東アジアでの「イギリスの威信」をかけて、「半開」の国日本と「貿易を行い、友好的な関係を樹立」する、とのちに来航するイギリスのオールコックは云う。「われわれの條約の目的が貿易であることはいうまでもない。貿易こそは第一かつ主要な目的である」[60]。そして謹堂もまた、西洋諸国が来航する最終目的を、戦闘による領土占有やキリスト教布教ではなく、通商にあると分析していた。「都て外夷溪壑《けいがく》の欲兼并饕食飽を知らす候得共、主意ハ市易に歸着いたし、市易さへ自由ならんにハ戰鬥も先ハ差扣可申、まして邪教抔ハ勸申間敷欤、唯壟斷《ろうだん》を私する〔『孟子』公孫丑〕を主務と力メ候様也」。「都て」の外国がそうであればこそ、今回のアメリカの対処だけに限定されない「西洋諸國」一般の「御手配」が必要となる。しかも、彼の状況認識に従えば、「今日之御處置」は「國君城下江突然と迫り及強訴候事ハ和漢無前例、未曾有非常の大變」に直面しており、「尋常の御處置」「一通り之御處置」ではなく、「非常の御處置」が求められている。ただし、それは間に合わせの「一時苟且《こうしょ》之御取計」「匹夫溝に縊候様の御處置」では済まされず、時間軸を長く採った上での「永世之處」の構想でなければならない。すなわち、第一に空間的な状況変化（「地勢」「國地の形勢」「御國地の模様」「天地の模様」）、第二に時間上の時代変化（「時勢」「古今の時宜」「古今の時勢」）を「御勘考之上」で、「永世の良法」を導き出すと云う。謹堂が案出するものは、結論的には、対外的独立を保持するという「永續の道」のために「我皇邦の武威を全世界江普達する御處置」であり、具体的には「武備の為メ海禁御開き」「貿易の名に託し全世界江我民人を出」すという構想であった。しかし、その議論の随所に、他の答申書にはない政策提言が盛り込まれていた。

(A) 一九世紀の世界情勢認識——最新の情勢把握　謹堂の「存念書」は、何よりも一九世紀の世界情勢の把握において他を圧倒する。その複数国家の地理把握は、オランダやアメリカが国書に記す以上である。

> 往古ハ夷賊共航海未熟にて縦へ來寇せんと存るも甚た骨折候事なれ共、今時ハ我南海の諸島彈丸黒子の小地も夫々名を命し、衆を従し城堡取立戎備を設け、支那にも五所に互市場相構へ、印度も遂に英・佛に被併、

> 新嘉坡《シンガポール》・梹榔屿《ピンロウショ》の要を扼《やく》し、新荷蘭の悉尼《シドニー》・廣東の香港皆英夷盤路仕、背にハ羅叉迫り、東にハ合衆國興り、
> 呂宋にハ是斑牙、瑪港知汶にハ葡萄牙、爪哇・米六合にハ荷蘭據り候へ共、前後左右皆洋夷充満候。

日本を取り囲み「前後左右、皆洋夷充満」する西洋諸国の勢力地図は、彼によれば次のようである。西側では中国が南京條約以降西洋諸国への五港開港を余儀なくされ、「印度」もまたイギリスとフランスによって植民地とされた。しかもイギリスはシンガポールやマレー海峡の一小島ペナンなどの要地を占拠し、シドニーや香港も押さえている。北にはロシアがひかえ、東に勃興するアメリカ、南はルソンのスペイン、マカオのポルトガル、ジャワのオランダなどがひしめいている。しかも、シンガポールに年間四〇隻の商船が来航するばかりでなく、タイも「航海貿販」を開始して、ロンドンへ三隻の商船を派遣するようになった。「三四年前より暹邏國も航海貿販相始メ、商船三隻「ロンドン」江差送り候由。尤新嘉坡江ハ其坡以前より年々四十隻つゝ差送候由」。アジアの各地を欧米諸国が占有する世界では、あたかも日本が欧州に在って西洋列強と「隣接」している状態と変わりないであろう。

> 我國も矢張欧羅巴州内に栖み夷賊に隣接するに異事無之候。然るに太平の御恩澤に甘へ、怠惰放肆に日月を送り、終身般樂に耽り、高枕安眠せんと謀る如き不所存ニ而ハ、決而不相濟事にて、一身家國緩急相連り候得ハ、上下戮力一大憤發無之てハ波頽の勢迚も可出來とハ存不申候。

まずは世界認識上で井蛙の見を破り、さらに「上下戮力一大憤發」して現状改革を企図しなければならない。

(B) 環境変動に対応する政治的知性——「冬裘夏葛」の道理　謹堂の思考は、自らの立地点を、虚心坦懐に「時勢」と「地勢」の両面から把握・分析し、時間軸を長く採った上で「永世之處」「永世の良法」を「勘考」する。後に引く彼の表現を用いれば、それは、複雑な具体的事象から「徹底之故を透見」し、その熟慮の結果見出される「明々白々之道理」の相の下で再び現実を捉え返し、「制度を定め」ようとする思考に他ならない。「地勢・時勢無御構、強て制度を定め給ハんにハ、徒らニ勞して功なく永續の道とハ乍恐不奉存候」。

「〇〇之理」という表現を用いる倜庵に対して、謹堂は「〇〇之道理」という表現を多用するが[61]、この「存念書」においても、政治変革を「古人の申「冬裘夏葛《とうきゅうかかつ》」の道理」という『列子』湯問の概念を援用して述べる。「〔現行制度の改革は〕古人の申「冬裘夏葛」の道理にして、天地の模様・古今の時勢、萬々不得止之御處置ニて　祖宗在天の靈ニ御對越被遊候共、決而御恥敷筋とハ不奉存候」。勿論、謹堂の念頭には、韓愈の「原道」に載る「夏葛而冬裘、渇飲而飢食、其事殊、其所以為智一也」という一節があったことは想像に難くない。「夏は葛して冬は裘し、渇すれば飲みて飢うれば食ふ、其の事殊なれども、其の智為る所以は一なり」。葛の繊維で織った涼しい衣身を夏季には身につけ、冬季には毛衣をまとう、その行為は異なるが、それが智である理由は同一である。「開国」勧告の論理に呼応するが如く、彼は環境変動に対応する政治的知性をこのような古典の論理によって表現する。

ただし、その「改革」論は、決して目的を見定めることなく唱導されはしない。かつて家光が邦人の海外渡航を禁止し、それ以前の渡航を許していた「古來の前例」を「改革」したのは、外国人が「邪教を以て衆を惑し」たからであった。「改革」論の焦点は、その時点での「國家禍亂の根本」を見定めた上での「改革」であるか否かということにある。

> 扨往古ハ我國も専ら異邦へ渡海致候得共、夷賊邪教を以て衆を惑し候故、難有も　大猷院様〔徳川家光〕深き思召を以て都而異舩御拒絶、邦人の渡海も御差留相成候。是ハ古來の前例を御改革被遊候ニ而御座候、其改革之御趣意ハ乍恐國家禍亂の根本と御見切被遊候而之事ニ候、其後洋夷も代ハる々々盛衰有之、只今ニ至りてハ邪教にて人を誘ひ候様の迂遠遅緩なる儀ハ相止メ、最初より兵力を以て門争仕懸候を専務と致候へ共、當今の急務ハ水戰航海の術を鍛錬候て我武威を張り、威賊ニ打勝候事簡要にて、邪教の御吟味計にてハ相濟不申候。其御手立ハ替り候共、矢張　祖宗の思召にハ相恊ひ候事と乍恐奉存候。

もし世界の環境変動によって、遠心的な「邪教」布教ではなく、接触当初からの「兵力」使用の戦闘が、西洋諸国の覇権拡大の手段となったならば、その変化に適応して「當今の急務」を定め、独立維持のために「水戰航海の術」を習得しなければならない。

しかし、そのような「改革」が〈正当化〉される根拠は、何よりもまず「祖宗の思召」に叶い、「祖宗在天の靈ニ御對越被遊候共、決而御恥敷筋」ではないからである。「祖宗之御遺志」解釈は、謹堂にとっても〈政治的正当性〉の拠りどころであった。「開國創業の思召」に沿い「慶元の舊俗に立戻」る。第II部でもみたように、徳川家の家臣でもある学問所儒者が、儒学経書の価値規範や古典を援用した論理立てを用いつつも、最終的に政策選択に際して〈政治的正当性〉を求めるところは、徳川家「祖宗の思召」であり、その精神の今日的な具現化にあったのである。

(C) **出《で》交易——物品交換の普遍性・独占状態批判・諸技術修得・情報収集としての交易**　広汎な世界情勢の認識とその歴史的分析の上でなされる謹堂の提言は、「我國地出へく入る可からさる道理」という次のような「出交易」の構想に極まっていく。かつて侗庵は、一国で自足する「確然自守」の独立国と、植民地獲得と対外貿易を行う「遠略是事」の国に世界各国を二分し、前者を善しとしながらも、一九世紀の情勢変化ゆえに、前者も後者の国家形態に移行せざるを得ないと判断した（「海防臆測」第五三篇、天保一一年）。謹堂もまた、まずヨーロッパ列強が支配を強めつつあったペルー・メキシコ・インドのムガル帝国などが広大な版図を失い衰退したのは、「自國を固守して它江往來セさる國土」であったからだと分析する。

全世界中に自國を固守して它江往來セさる國土ハ壱露・墨是可《メキコ》・莫臥爾《ムガル》等の強大なるも遂に夷賊の為に滅亡セリ。此諸國も能く夷情を洞察し、水戰・火技を講習し、夷賊本國江撃入覚悟ならんにハ、豈勿諸と云ハ人や可惜事也。(62)

この分析に基づき、謹堂は「我國地出へく入る可からさる道理」として、一方的に外国を日本に迎え入れるのではなく、「此方より出張致し」「冨強の基」とするための「出交易」開始を提案する。

扨貿易も國家の爲メ上の如く此方より出張致し候を、冨強の基にも可相成候得共、夷賊進逼に畏縮して暫時の間穏便に可取計存し、唯夷賊を此方江引受、鼻息を仰き候様の市易にてハ則ち「養滬《こ》」と申者にて、其禍一日遅けれハ一日深く、至て危き事ニ而其形ハ似寄候へ共、内實ハ雲泥の差異に御座候。

「此方江引受」るだけの対外交易と相互交通の国際交易とは、「雲泥の差異」があると云う。この提案は、謹堂の場合、さらに段階を踏んだ具体的な対外政策構想を伴っている。

まず即座に着手されなければならない対応策として、アメリカ使節が来春再入航する前に、譜代大名の内、膳略ある者二人を、帰帆するオランダ人甲必丹《カピタン》と共に同船してジャワ島のバタヴィア（ジャカルタ）に派遣する。彼の地で交渉し、その内の一人を、先の内容を盛った返書を持参の上「火輪船」で大統領在住のワシントンに向かわせる。あるいはまた、ペリーは東インド艦隊の長でありジャワ周辺に滞在していると推測されるので、そちらに返書を持参する。

左候ハ、來春夷舩御待請にてハチト御手後レの樣奉存候間、早速御譜代大名之内膳略有之者兩人被仰付詰合、甲必丹同舩にて爪哇の「ワタビヤ」迠被差遣、奉行職業之者被遂對談、壹人ハ火輪船備用「ワシントン」江御答書持參、又ハ彼理を印度水軍の長に候へハ、多分の爪哇邊に滞留可罷在候故、其方江參書面被度候ても宜布歟。

またもう一人は、本地（バタヴィア）とシンガポールに派遣して、「舩匠・礮工」などの技能職人を雇い入れ、「兵舩・火礮」を購入し、その一方で同行した「家來衆」を分割して周辺諸国の「諸都府」を巡見させ、「夷賊の動静」を探索し、「砲臺・城柵之制を検査」させる。その後「買入の舩」に乗船して再びオランダ人の案内で帰途につく。帰国後は直ちに「舩匠・礮工」たちを日本の沿海諸国に送り、日本の職人を指導させる。将来には「舩廠礮局」を設立する。

又今一人を本地并新嘉坡に於て舩匠・礮工被雇、兵舩・火礮を買入、召連候家來衆を分ち旁近の諸都府を巡見せしめ、夷賊の動静を探り、砲臺・城柵之制を検査し、遂買入の舩に乗し荷蘭人案内にて歸來候ハヽ、直様舩匠・礮工等ハ我沿海の諸國江配達、我工人ニ稽古爲致可申。固り舩廠礮局ハ取立候事也。

このような海外派遣の一方で、国内の諸大名に対しては、「海禁」解除を予告し、「武備」整備に集中させるために「制度」改革を促す。「夫より海内江追而海禁被開候御趣意被達、就而ハ夫々御制度被建、宅此年限中ハ繁文縟禮皆御省き、天下の物成盡く武備に被費、年數相立候迠ニ武備十分整理」。

国内での準備終了を俟ち、次の段階としては、諸外国に使節を送る在外使臣制度を導入して各国に通信使節を派遣する。「扨萬國江信使御發し、荷蘭江ハ從來の好有之趣懇に可被仰候」。さらに各国に領事官を派遣して、日本の貿易拠点となる「商館」を世界各国に建設する。「全世界」に派遣された「耳目の官」によって諸外国の情勢を分析させ、各国の「詐謀詭計」を予知するならば、それに対する「防禦」の手段も十分に検討できる。しかし、もし世界情勢に「耳目」を閉ざせば、その対策すら叶わない。

扨巨艦にて航海ニ熟し夷舶侵凌候へハ、此方より追詰候事自由なるハ足の走る如く、火器にて賊を撃碎するハ手にて物打如く候得共、耳目の官に至てハ尤大切にて、全世界江我邦人を差出置、夷賊の動静即刻密報候様申付置候ハ、、其詐謀詭計も預メ御承知故、防禦の御手配行届驚惶狼狽の懼なかるへし。日者英夷、漢土江入冦前二年頃より喜望峰にて兵舩・火器澤山ニ造製戰鬥の用意專らに候得共、清人ハ夢ニも不心付泰然放肆に打過、遂に彼の如く不覺を取に至る。耳目壅蔽セハ何そ寸歩を動すを得ん。此等皆前車の覆轍にて、我邦の亀鑑共可申候、去ハ貿易に名を託し全世界江我民人を出し候ハ非常の御處置大切の義なから、凡庸の論より申候ハ、「定て萬國を相手ニ來往センにハ、夷賊覬覦の端を開き開門揖盜の語に近し」抔申候へ共、又別に一理の有之故。

イギリスが清国攻撃以前より「喜望峰」で戦闘準備として軍艦を製造して、「戰鬥の用意」を行っていたがゆえに、清国は「不覺を取に至」った。これを「亀鑑」としなければならないという。そのためにも、専門外交官を派遣して常駐させ、あるいは「貿易に名を託し全世界江我民人を出し」て情報収集させるというのである。

「耳目の官」という領事官ばかりでなく、留学生派遣[63]の構想も、謹堂は提案している。すなわち、国を利し人を益する「測量・地理・火技・錬兵・航海・醫術・分析」などの「諸技術」は、「稽古人」をイギリス・フランスなどの国へ二〇—三〇人位ずつ派遣して習得に励ませる。「測量・地理・火技・練兵・航海・醫術・分析等利國益人の諸技術ハ、稽古人英・佛・杜等の國江二三十人位ツヽの積り可被差遣候。是「夷賊の長技ハ皆此方江奪取たる」と申者なり」。

技術後進国からする国際貿易の理解には、伺庵に萌芽的にみられ、謹堂において全面的に展開され、後に広く共有されるいま一つの理解がある。それは、「測量・地理・火技・錬兵・航海・醫術・分析」などの「諸技術」習得、あるいは「夷賊の動静即刻密報」する「耳目の官」の情報収集活動のために、貿易を行うという認識である。ここでは社会制度や組織の調査にまでは言及されないが、軍事技術はもちろん「醫術」や「分析」などの自然科学の応用「諸技術」輸入が構想されていた。なお、じっさいに幕府の留学生が派遣されるのは、九年後の文久二年六月、オランダ留学が最初であった(64)。

そのほかにも、謹堂は具体的な対外貿易の方法を構想する。「執政方」では「内掛役」を定め、「貿易局」を設置し(65)、諸大名にも禄に応じ「十萬石一隻位の割合」で「海舶」を建造させ、「東西諸國江好を通し、我邦土を打立」、日本の国際貿易の拠点を築く。大名ばかりでなく、「商賈ニも三廖舶」の所有許可を承認する(66)。また日本国内にも三・四ヶ所「互市場」として開港場を設定し、各国ごとに公認條約港を指定する(67)。

將又我商館を各國江仕立、我國内にも三四ケ處互市場相開可申候、定而群夷輻輳可被得共、某夷ハ某港と可被相定有利ハ來リ無利にハ去候故、五夷も十夷も同し事也、我海内人造に出る貨物ハ澤山被相渡、請負人願出候ハヽ、御用可被仰付、諸事實休ニ取扱、邪教之誘惑・奸夷の加派中飽奸商業の違禁闌出《らんしゅつ》等を嚴ニ御法度被立、港口の形勢審に御勘考へ御備有之候ハヽ、夷賊共利を恣ひ威を怖れて、定て伏首奉命之事と奉存候。且海外の耳目を一荷蘭國に託し候樣の偏聴生、姦の患無之、且は各國の興廃存亡を不斷御聞及候ハヽ、我心更ニ弛ミ不申すなから開國創業の思召にて御奮勵ならんにハ、闔國の勢勃然興起可仕候。

先に侗庵の議論で確認したように、物品交換それ自体は儒者にとっても道徳的価値評価の対象ではなかった。利益を異にする者同士の余剰品交換は、相互に効用の増進と状況改善をもたらすであろう。しかし、もしそこに自己利益の追求に専心する利己的人間が創出され、「牟利」の気風の蔓延によって社会の安寧秩序が紊れ、ついに身分相応の所得配分が崩れて階層的社会構造に亀裂をもたらすとしたならば、その経済行為は当時の儒者の認識では善とはされない。さらに、交易圏を限定して自給自足を続けてきた一国の環境が、西洋列強による弱肉強食の世界秩序に包囲され、軍事力でも技術力でも初期条件が異なる場に置かれたとしたならば、経済体制維持か転換かの政策選択には政治的決断が伴わざるを得ない。侗庵の開港政策は、西洋諸国との必要や目的の相違を敢えて意識した上で行われた政治判断の所産であった。それはまた、ある意味では倫理的問題と所有の格差拡大を度外視した、対外的独立確保のための権道としての「非常之擧」であった。

侗庵の死後六年を経た謹堂の認識と、このような侗庵の対外貿易政策とのあいだには、どのような異同関係が認められるだろうか。謹堂が対外方針として掲げる「水戰航海の術を鍛錬候て我武威を張り、威賊ニ打勝」という「武備の為メ海禁御開」くという「開国」政策は、たしかに「吾之交易」の目的を「武を講じ水戰を習ふ」こととした父侗庵の基本政策の継承として捉えられるであろう。[68] しかし、謹堂の政策は「天地の模様・古今の時勢」を鑑みた上での「萬々不得止之御處置」「非常の御處置」であったが、決して「一時苟且《こうしょ》之御取計」ではなく、先述の如く「永世の良法」・「永續の道」が目指されていた。

「夷賊も相互ニ貿易を營するにて各自に利益なるハ歴然たり」。アメリカ国書の交易論理にも沿い、西洋諸国間の国際貿易を例に交易による相互利益の明白性を説く謹堂には、世界市場で競争する参加国の初期条件の相違は、それ程には意識されていないようである。「金銀ハ何方にても金銀、米麥ハ何方にても米麥にて通用致す事也。獨り其風土に従ひ土宜にハ高下精粗有之ニ付相互ニ有無通し合たらんに何そ利益なきの理あらん」。このような物品の相互交換の論理はまた、次のような国内社会の分業成立の与件や物品の国内流通からも正当化される。「我國内にても士農工商の業を異にして差遣なきハ易り候へ共、矢張貿易の道行ハれ候故なり。此外奥羽・關東の貨を四國・中國・四國と相互ニ融通來往する者其數を知らす」。「無用品」は日本においても見られ、市街には多種の衣食品が溢れている。「扨無用の貨物を我市井の間にも多く見當り候なり。飲食ハ米塩吉貝の外ニ衣食を鬻《ひさ》き候、闤闠《かんかい》に充塡仕候」。西洋諸国からの「金銀・薬剤・書冊・毛毬」などの品々の輸入は「大損失」にはならないであろうし、さらに「砲械・兵舩」などの軍備品に至っては当今の必需品に他ならない。「異國の產物とて、金銀・薬剤・書冊・毛毬等を我漆・工・陶・布ニ易候ハヽ、あなかち大損失共難申。況や砲械・兵舩等ハ武術の必需なる貨物被差送候ても御貿易有之可然奉存候」。

志向する経済体制の違いを人間気質の相違に収斂させ、止むを得ず海禁を解き弱肉強食の世界に小国として参入していくという侗庵の対外認識とは異なり、謹堂は西洋諸国へのより積極的な対外貿易を想定しているようである。

分析を加える前に確認しておきたいのは、およそ所与の歴史的条件を捨象して「思想問題」として交易の是非善悪を問うことは、思想史研究の課題ではないことである。認識の背景となっている事情を勘案せずに、交易をめぐる精神の原理論を理論問題として追究することは、ここでの課題ではない。「有無を通ずる」行為が儒学古典によって演繹的に正当化されたとしても、与えられた環境（時代・地域・所有格差）が異なれば、経済政策の政治的判断は、東アジアの文化圏においても、徳川日本の国内にあっても当然個々に一様ではないであろう。西洋諸国の輸入品として弘化年間以降多くの識者に想起されたものは、清朝に大量に輸入され、しかも武力によって強要されたのは「無用之物」「鴉片」であったが、このような対外貿易の交換品目によっても通商是非の判断は異なろう。さらに、貿易の際の公正なルール（均等な関税率など）が確保されなければ、どのような品目であれ一般に等価交換とは見なされない。

貿易観分析の際に併考しなければならないこれらの諸点を踏まえた上で、ここに認められるのは、のちに論争点となるいくつかの問題のうちでもとりわけ、対外交易の物品交換により自律的な政治秩序が維持できるかどうかという主題である。たしかに西洋諸国の「開国」勧告や謹堂のように、相互の協調関係が成立するだけの気質相違ではないある程度の人間信頼の感情があり、その上で剰余品と不足品の相互交換の作用に世界的な普遍性を認めるならば、積極的な対外貿易開始論が展開されるであろう。しかし、そこに政治秩序の観点が加わるとどうなるのか。

対外貿易を国際政治秩序の関係で問うた侗庵は、西洋諸国に対する日本の初期条件における格差を問題とせざるを得なかった。止むを得ざる開港の判断は、対外貿易への参入が国際秩序の安定を保持するものではないことを知りながら、弱肉強食の世界での生き残りをかけて敢えて対外的独立を確保するためである。先にみた浦賀奉行の歴任者たちの認識も、あるいはこの系譜に位置付けられよう。ただし、ある時機を迎えたならば再び一国経済に回帰するという構想は、産業革命以降の一九世紀世界の状況変動の不可逆性を認識し、通商の意味を理解したものではなかったであろう。他方、国内の経済・政治秩序と対外貿易開始の関係を論じたのが、先の勘定系の幕臣たちであった。直轄地における租税徴集権を掌握する彼らの予測によれば、諸外国資本が国内市場に参入すれば、日本経済は複数の諸外国を相手に交易が出来る程の能力はなく、国内の経済構造は急激に不安定要素を増し、あるいは大混乱を招来せざるを得ない。しかも、貿易を仲介する独占商人の所得倍増と、幕府の利潤増大とは異なり、幕府財政は未曾有の危機に直面するであろう。勘定系官僚ばかりでなく、諸地域で有力な政治勢力となっていた豪農商層もまた、予期される国内の統一市場の不確実性増大に対して不安を抱かざるを得なかった[69]。

このような国内世論の二極のなかで、謹堂の構想は、侗庵とは異なる夷狄禽獣観ではないある程度の人間信頼の感情を有し、理念として将来にわたる相互交換の対外貿易を考えていたとは言え、いま実施されている現実の西洋諸国の国際貿易を楽観し、全面的に肯定していたわけではなかった。「唯壟断を私するを主務と力メ候様也」。『孟子』公孫丑の言葉を引照しながら、少数の欧米列強がその利潤を極大化させる資本独占状態を批判的に認識する謹堂には、侗庵の競争と独占という世界秩序イメージ――アジア市場獲得もしくは植民地獲得という競争、そこでのとりわけイギリスによる資本独占――がたしかに受け継がれ、国際貿易による自律的な世界秩序形成への期待は薄かったというべきであろう。だがその一方で、謹堂には対外貿易開始によって攪乱される国内秩序に対して十分な予測があったのであろうか。対外貿易をめぐる認識の相違が、特に幕府の外政機構の内部でどのような政治的対立を生んでいくかは、第十章で明らかにされよう。

侗庵から謹堂へと世代を越えた古賀家の政治構想は、対外貿易開始が「武備」の拡充と「水戰航海の術」の習熟にあるとする目的の点では、侗庵の段階ですでに明確に見定められていた。しかし、それを可能にするための具体的な手段の構想は、謹堂に至って展開されたと言える。ただし、対外交易許容という謹堂の認識が、古賀家学の思想的系譜から直ちに導き出されるものではないことは、古賀家の「旧門人」で「侗庵文集」の編纂にも携わった、羽倉外記（簡堂）と藤森恭助（弘庵・天山）の嘉永六年の政策論を見れば明らかである。

古賀精里の高弟で侗庵の親友羽倉簡堂は(70)、嘉永六年七月「擬答米利堅國書」（原漢文）(71)において、いわゆる義利之辨から「神道〔「其の教は周人孔夫子之教と同じ」〕祖法を牢守するの意」を伝えるとし、また安政元年一月「擬諭墨使」（原漢文）(72)では、「不足之物無く、亦た餘り有る之物無し」という充足した国内経済と、先の文化年間に通商を求めた「隣國」ロシアへの「信」から、アメリカの要求を拒む内容を記す。「自國の餘り有る之物を以て、他國の餘り有る之物と易ふは、自他共濟、天之道也。若し自國の少有之物を以て、他國之乏しきを濟ふは、則ち他國幸濟、而して自國乏を苦しむ。是れ豈に天之道なるかな」。対外貿易を「自他共濟」と「他國幸濟」の対置で捉える簡堂には、国内の有限の産出物（「夫れ土出限り有り」）を他国に輸出することは後者と考えられた。したがって、産物調査を行った上で通商可否を決断するとする。「今諸國と市を創める。宜しく先ず土出物質之給否を量りて歳市の約束を立てるべし」。

藤森弘庵もまた、嘉永六年七月の「海防備論」で「志を定め國是を明かにすへき事」を論じ、対外貿易は結局有用品を輸出し、不要品を輸入することであり、国外からの輸入品は「奢麗の風」を蔓延させるだけであると云う。

「されは詰る所は我有用の品を多く出し、彼無用の品を多く取納るに至るへし(73)」、「彼より此方へ持來る品は、大概皆人工に作り成せる品無用の物にて、時計其外寄巧之翫ひ、羅紗・織物の類、珊瑚・鼈甲・寶石等、其外何れも無き迚も壹つも差支になる物なし(74)」。

「……其上彼等か是まて追々諸國を奪ひ、手廣に四海へ横行する術は、強國と見れは通商を以て交を結ひ、邪宗門を弘め、弱國と見れは軍船を遣し、恐嚇して屬國となす」。したがって、「通商をせさるは、大禍を免かるゝの道」である(75)。そればかりか、弘庵は「古賀謹一郎家來」という肩書きを用いるにも拘わらず(76)、「世に蘭学者といふ者あり。外邦を我しり顔に申しなし、器械の巧調練の嚴敷とても戰とも敵しかたく抔とて、人心を違乱し、通商をすゝめ、己か術を賣とす。……かゝるあさましき心は禽獣にも劣ると申へし(77)」と蘭学者批判を繰り広げる。しかも夷狄禽獣観は、弘庵によれば「美風」であるとさえ云われる。「夷人と云は禽獣の様に思ひ、夷人に似たりと申せは憤然と憤るは皇國の風俗廉恥を知り、華を尊ひ夷を攘るの美風、爰か　皇統萬世不朽にして、是迄外夷の侮を受さる根元なり(78)」。

「伺庵文集」編纂に携わった伺庵の親友や高弟たちでさえ、このように貿易無益論・夷狄禽獣観の域を越え出ていない事実は、徳川後期「政教」の所産を政治思想史研究の対象とする際に、昌平坂学問所儒学も、古賀門という師弟関係も、政治判断・構想の分析の括約単位としては有効ではなく、結局個々人の思想レベルまでの分割を要請しているようでもある。しかし、果たしてそうであろうか。昌平坂学問所出身の「儒吏」に共有された政治的思考はなかったのか。そしてまた、謹堂だけが古賀門でも例外的な政治構想を抱いたとするならば、その背景にはどのような事情があったのか。いずれも次章以降で明らかにされなければならない問題であろう。

(3) 謹堂「存念書」の政策決定過程への影響

提出直後の反応　古賀謹堂が八月二日に浄書した「存念書」は、門人の江越を介して林大学頭へ回送された。「八月二日建策浄写ニ而ハ返ニ至る直ニ江越生ニ命シ邁漠く相廻ス」（「謹堂日誌鈔之一」）。さらにそれが幕府に届けられたのは、「湯蠻彙議」の頭註朱書によれば「癸丑八月十三日出」であった。「湯蠻彙議」には徳川齋昭のものとされる欄外への朱書が記されているが、謹堂の「存念書」には随所に朱点がふられた上で、頭註に「如何」という書き込みが数ヶ所に及び、まったく朱書が無い答申書が多い中で、確実に幕府の意志決定過程で海防参与らの関心議案となったことが判る。

しかも、他の史料を参照すれば、このような「湯蠻彙議」の朱書という史料的検証ばかりでなく、対外政策の計画策定に活かされたことが明らかになる。

一般に幕府の政策決定過程においては、各役所から上げられた上申書をもとに「志らへ」という意見書が、担当老中や秘書官によって作成されたことが確認されている[79]。嘉永六年七月以降の答申の場合、集大成の史料「湯蠻彙議」が水戸徳川家に残ったことから推して、海防参与の徳川齋昭が海防諮問を担当し、さらに彼のもとでの「志らへ」作成は、海防御用掛を務めた水戸藩儒者の戸田忠敞（蓬軒）・藤田彪（東湖）が担当したと考えられる[80]。八月一三日に提出された謹堂の「存念書」の内容は、八月一九日にその「下書志らべ」に生かされた。「八月十九日於御前いそぎ寫す」（藤田東湖の筆跡）。提出され写し取られた時期ばかりでなく、後述の内容面からも、また他の「湯蠻彙議」収録答申書との比較から考えても、この「志らべ」のもとになっているのは、謹堂案以外には考えられない。当時としては出色の使節や邦人の海外派遣・出交易という謹堂の着想は、このようにして海防参与の齋昭に思想的な影響を及ぼすことになる。

尤も以上のような事情は、従来謹堂の存在が顧慮されなかったために、まったく知られていない。『水戸藩史料』の編者は、「使節差遣と云ひ、出交易と云ひ、當時の事情より考ふれバ殆ど異むべきほどの新案なるべし」と、突如現れたこの意見の劃期性を評価する一方で、しかし「既往に遡りて考察すれば」水戸藩士の中に「開國遠征の要を立論した」者がいるとして、吉成信貞（一七九七―一八五〇）の「文政天保間の作」とされる議論を紹介している[81]。この編者の見解は、水戸藩顕彰という編集者の趣旨を差し引いても、たとえば「幕府の議案」とされる「志らべ」の行政文書の特徴を踏まえ、掘り下げて当時の答申案検討がなされないために、史料群研究によって目指される政治過程の解明が十分になされているとは言えない。これを齋昭や東湖らの先見性に帰することは難しく、先の編者の言の如く、彼らの発想の延長線上からは、この「新案」は自ずから案出されるものではなかった。[82]

藤田東湖によって筆記された八月一九日の「下書志らべ」は、次のようである。

此度軍艦御製造可仰付候、於御國は新規之事ゆへ御失費而已多く、御十分に御出來之程無覺束、右に付てハ咬𠺕吧〔カルパ〕より船製作手馴候者貳拾人餘も被召呼、製作被仰付、且於同所軍船・蒸氣船等何程か御製造被仰付可然哉、左候ハヾ當年歸帆し蘭人へ被仰含、御國よりも人數二十人餘も被差遣、處々一覧爲致候ハヾ、外國の人情も相分り、且船製作方御用辨も可宜、左候ハヾ來夏蘭船渡來之節直に職方の者共をも召連罷歸候樣相成可申候、元來日本船外國へ往來差留候義ハ寛永の半よりの後に候へ共、此節氣運を以相考候へバ、御舊法通りにてハ不相濟事も有之、非常之御處置無之而ハ相成間敷候義ニ付、新規軍船等製作をも可被仰付、其外海軍の御用意種々非常之御取計無之候而ハ事整ひがたき時勢に付、格別の譯を以當年蘭人歸國之節、身柄之者へ御普請役・御小人目付等之内より學問文藝等有之気槩有之もの相選、貳拾人程も被差遣、於咬𠺕《マヽ》蒸氣船其外軍船等買上方爲取計、序に處々見分いたし罷歸り候樣被仰付候ハヾ、西洋國々へ御國之威光相顯れ其上日本國中の大名力を盡し候、軍船等製造いたし數艘出來之上ハ西洋國ニ航海いたし候ハヾ、一言を以て御國威如何計相增可申哉、如此時勢に力を以て御威光を相示し候のみにも有之間敷、一ツハ其御處置も有之度左候ハヾ、力を用ずして日本の気槩も相顯れ可申哉と相考候儀に候、前書之通り被仰付候ハヾ可然哉に可有御座哉之事。[83]

「下書志らべ」に記録された政策は、大艦購入と事情探索を兼ねた二〇人規模の邦人の海外派遣、諸大名の協力を得た日本での軍艦製造と西洋諸国への渡航である。『水戸藩史料』に付された大内毅（半之介）の筆記によれば、このうち「此方よりも人を出し、内外の聞見専要の義」という使節派遣案が、海防参与の徳川齋昭より勘定奉行へ伝達され、藤田東湖を初めとする使節の人選へと進んだとされている。[84] とりわけ「此方よりも人を御遣し彼の船を買入候義を第一にして、其實ハ諸方之國々一覧し宇内の形勢を見る事専門なり」という、世界情報収集のための海外視察が重視されていることを見逃してはならない。さらに、徳川齋昭自身も、使節派遣を八月一九日に秘書役の戸田蓬軒・藤田東湖に内議した手記に次のように記す。

當秋歸帆之紅毛船へ此方の人をのせ被遣候位に候ハヾ、此方使節としてアメリカ、オロシヤへも被遣、折角使節被遣候へ共、此方云々ニ付急々挨拶相成兼候御念入、使節被遣候事故、此方よりも以使節御斷り申候云々申し、其序に様子一覧候てハ如何、左候てハ御注文の船御買入おそく可相成哉如何　右様相成候はゞ外國は國王の前へも出候半故人物別て選候事大節なり

右書面の中ニ此方ハ大船出來不申云々抔申ハ、御威光にハかゝり申間敷哉、何れ明朝否申聞候

人を不被遣共船さへ多御買入ニ相成候へバ、右を一覧候へバ、直に此方にても出來可申候、尤出來船（合カ）と彼方にて用候大切に致候、船とハ内雑作抔ハ相違も可有之候へ共、此方ハ此方にて何レ共此方に向候よう出來可申、役割其外異國とハ定も相違可有之候悪敷致候へバ、國恥を引出し候事も安心不致候。[85]

齋昭からも提案された特使派遣は、勘定奉行松平近直の「まづ〳〵御扣被成候様との申上」により「一旦やみ居」[86]と、結局中止になるが[87]、このように八月一九日の「下書志らべ」から齋昭の手記までを閲してみるならば、幕議に上がった内容が古賀謹堂の「存念書」の構想と殆ど酷似していることに気付かざるを得ないであろう。単に国書要求の「通好通商」拒絶のための使節派遣であれば、丹波国園部藩主小出信濃守英教[88]や田安家家老の一色豊後守清三郎（「海防之儀ニ付申上候書付」丑八月）[89]の答申書にも、その提案自体はみられる。また、史料「急務十事」によっては確認できないが、佐久間象山（一八一一—六四）もこの年に「人材を選びて、船を海外に購ふの策を論」じたと自ら回顧する（佐久間象山「省諐録」安政元年）[90]。しかし、オランダ商人に随行しての「咬𠺕吧」（バタヴィア・ジャガタラ）への使節派遣、それも造船職人招聘と船艦購入ばかりでなく、派遣を通じ「處々見分」させるという情勢把握のための視察重視、さらに「國王の前へも出」ることを予想したアメリカ・ロシアへの使節派遣との政策には、引照された謹堂

のアイディアが次々に展開されているようである。

謹堂構想と類似した政策が、海防参与の徳川齊昭の議案に見られるのは、使節派遣ばかりではなかった。嘉永六年七月一〇日の「海防愚存」（十条五事）の第六条で、齊昭は往来交易を主張する蘭学者流の意見を批判していたが、この答申回収の過程で「大艦購入の事に關する齊昭の建議草案にハ併せて」新たに「出《で》交易」の構想が齊昭・東湖のあいだから議案に上るのである。

「大艦の事、蘭人へ懸合候ハヾ、左之趣能々爲申論候而ハ如何（此二行藤田彪筆跡）
近來追々外國より交易致度申込も有之所、唐・和蘭陀之外交易嚴禁之段ハ委曲御承知之通りにて御代替り初め御國内の急務を被差置、御祖宗之法を被改敗候義ハ被遊兼、たとへ強て御初めに相成候ても諸侯を初士民不好事ハ」。

（藤田彪付箋）「事ハ模通り不宜、第一大船無之而ハ難破船之時に人命を失ひ候ゆへ、此度大船取入五七年模通申間敷、兩國互に人命をも損じ候故、大艦御取入五七年も此方之者乘試ミ彌外國へ行候事も相成候上にハ、却テ外國へ出交易致候ハ、内地に於て致とハ譯も相違に候へバ、此船（本ノマヽ）五六十御取入之義申達候處、歸國にて國王へ申達候上ならでハ出來申間敷段申聞之趣も尤に候へバ、其通り相心得、和蘭國とハ毎度懇意致し多年交易も指ゆるし置候國ゆへ、歸國の上ハ何分國王へも申通じ、早々大船蒸氣共數十艘渡來致候樣致度」。[91]

齊昭の起草文案に加筆された東湖付箋には、「外國へ出交易致候ハ、内地に於て致とハ譯も相違」と「出交易」の意義が説かれている。もちろん、嘉永六年の答申には、後の大老井伊直弼のように「此方より商船を和蘭会所咬𠺕吧之商館江遣して交易すへし」「日本人自在ニ大洋を乘廻し、蘭人の密訴を不待して、彼地之容躰を實見」するようにとの答申ものちに上げられており（井伊直弼「別段存寄書下書」嘉永六年八月二九日）[92]、この「出交易」構想は、謹堂だけのアイディアに拠るとは安易に断定できない。[93]

以上のように、嘉永六年七月の諮問とその取りまとめに中心的な役割を果たした海防参与徳川齊昭の役割を史料によって確認するならば、当初からの老中阿部の政策ヴィジョンに基づき「世論形成を狙った」諮問であるというよりも、諮問には結果的に次のような意義があったと考えるべきであろう。ひとつには、諸大名・旗本全体への諮問によって、徳川日本の外交政策の統括・調整を行うことである。しかも、その総合調整には、政策案の全体像の把握ばかりでなく、政策アイディアを広く拾う意見聴取も含まれたであろう。謹堂構想の幕閣内部での反応をみるならば、答申によってアイディアを創発させ、新規施策を募ることも諮問の重要な目的であったと考えられる。しかし、もしそうであるならば、「ひとり閣老阿部正弘、稍世界の大勢を洞察し、外蕃の易く抗しかたきを知」ったとする見解は再考が求められ、また嘉永六年答申内容と無関係に論じられてきた翌嘉永七（安政元）年六月に提示された阿部の三七ヶ条改革案の構想も、阿部単独の独自アイディアであったと判じることは難しくなるであろう。さらにもう一つには、答申は登庸のための人材把握を結果として生んだといえる。よく知られているように、蘭学塾を開き蘭書・西洋兵術を講じた勝麟太郎（海舟、小普請組松平美作守支配）は、この七月にあげた上書が契機となって閣老に認められ、[94]安政二年一月一八日に異国応接掛手附蘭書翻訳御用を拝命して、洋学所創設を担当した。彼も「外寇に充つる兵備は、交易之利潤を以て當て」るとしていた。[95]そしておそらく、海舟ばかりでなく、謹堂自身もまた、確認された人的資源の一人であった。

ペリー再航の際の齊昭の提案へ　古賀謹堂の着想が、海防参与の徳川齊昭に政策上の影響を及ぼしたと考えられるのは、翌嘉永七（安政元）年一月二九日のペリー再航時に、齊昭が代替的選択肢として「此方より押出し候」という「出交易」を提示することにも見て取ることが出来る。もはや和議以外に採るべき選択肢はないという林大学頭復齋ら亜墨利加應接掛の上書を受けた齊昭の手記によれば、次のように記される。

一統和議を主張確乎として不可破、此勢にてハたとひ無理ニ押付一旦戰ニ相成候とも、僅ニ小敗有之候ハヾ直ニ和論ニ相成候ハ差見却而御爲ニ不相成、乍去彼が暴威ニ敖され城下の盟をなし候ハヾ國事去候ゆへ、せめて此方より押出し候わけニ相成候ハヾ、向後武備の爲にも可相成。(96)

先行研究では「子供だましのような策略」「珍策」とも評されるが(97)、本書でのこれまでの検討結果を踏まえるならば、この代替案が決して突飛な思い付きで提示されたのではなく、謹堂が「存念書」中で披瀝した、「富強の基」とするための「此方より出張致し候」出貿易という、侗庵以来の政策案であることを認めないわけにはゆかないであろう。

嘉永七年一月二九日の齋昭の提案は、従来の「ぶらかし」策を変更して、救心からの長崎での石炭提供か、三年後の出貿易か「此二ツの内一方」の選択を要求するものである(98)。「最早祖宗の法ニて一切斷候外無之と手拂ニいたし其所へ例の遊説を入レ、あぶもとらずはちもとらず兵端のミを開き候よりハ、石炭歟、試ニ此方より押出し交易の二ヶ條之内ニて承知の方可然と申喩候方可然」。ただし、齋昭の「出交易」とは、夷狄を近づけず遠ざけたままでの交易である。侗庵・謹堂の海外貿易認識とは異なり、「内地」すなわち日本国内には外国貿易港を新たに認めず、場所を他国にのみ限る通商を意味する、さきの井伊案に近い。齋昭の政策案は次のようである。「不得已候間當寅（安政元年）より三ヶ年之間申のべ、巳年（安政四年）ニハ此方より船を出し可然場所ニて、尚又三ヶ年之間試ニ交易可致、仍而ハ此方ニては此節より國中より出候而よろしき品物等取調其方ニても取調候様」。続く二月二日の老中阿部宛ての書翰において齋昭は内地交易と出貿易との「雲泥の相違」を強調するが(99)、先に謹堂が「雲泥の差異」という表現を用いて両者の相違を説明していたことも想起されるであろう(100)。

この「出交易」構想の実現が、当時の幕府にとって現実的に如何に困難な課題であるかは、政策を伴ったためとはいえ結局、幕末には清国との間でしか幕府の「出交易」を実施できなかった事実が物語る(101)。安政三年一月から山丹交易が開始されているが(102)、その後の本格的な「出交易」は、萬延元年三月の外国掛大目付・目付による「産物方御取建並商法御試之儀」で幕府による清国貿易の必要が建議されて以後のことであり(103)、それも僅かに黒龍江と上海へ実施されただけであった（黒龍江：文久元年四月、日本船・邦人乗組員の箱館奉行の亀田丸、上海：文久二年四月、英船買収し外

国人乗組員の千歳丸、上海：元治元年二月、米船買収し邦人乗組員の健順丸）。

そうであるならば、実現不可能な謹堂の構想は、その後の幕府の対外政策の意思決定過程にまったく意味をもたなかったのであろうか。

目付海防掛への影響　臆測を逞しくすれば、「存念書」に萌芽的に開陳された古賀謹堂の政治構想が直接的に影響を与えたのは、むしろ四年後の目付系海防掛の「上申書」であり、彼らの政治構想に対してではなかったかと思われる。安政四年三月、目付系海防掛たちは上申書に、全一〇ヶ条からなる次のような「御急勢之大要」を盛る(104)。

〔一〕西洋之事情探索之者を被為遣、〔二〕御國地諸港之法程を立、夫々之租税を定、〔三〕外国之貿易を開き、諸侯に令し、国産を運搬せしめ、天下と利を公共に被遊、〔四〕在住官吏ニ限り、出府を被許、其情偽を察し、聞見を廣め、〔五〕和親之國江此方より官吏を置、留学生を遣し、〔六〕廣く萬国ニ航して、眞利を興し、〔七〕世界之内、信義強大之國ニ交を厚ふし、孤弱之國を救ひ、〔八〕彌文武を練り、教化を厚ふし、〔九〕蝦夷御墾開今一層之御力を被用、〔一〇〕天帝ニ代り、忠孝信義之風を以、貧婪虎狼之俗を化し、五世界中一帝と被仰候様被遊候儀、御肝要に有之。

前年安政三年一〇月に貿易開始の方針が幕閣で固まり、「外国貿易取調掛」が設置されたにもかかわらず、目付系と勘定系は対外貿易の方針をめぐり対立を繰り返していた。その最中で上程されたこの「大要」は、前半六条までを謹堂の「存念書」の内容と論点を重ねている。あるいは、嘉永六年以降の四年間にすでに多くの識者に共有されていた構想であろうか。しかし、後述のように、蕃書調所頭取となっていた謹堂は、その時点ではもはや條約翻訳の儒官としてではなく、恐らく目付系の一人として「英吉利応接掛」に任じられていたのであった（安政三年九月一六日任命）。

しかしこのような政治構想の影響力を検証する前に、まず次章で問われなければならないのは、嘉永六年八月の段階で、他の幕臣たちの議論に比して古賀謹堂にこれほど豊かな先見性ある構想を抱かせることを可能にしたのは、何であるかということであろう。

第九章　情報資源と政治構想
——古賀謹堂の知的世界——

対外政策の形成・決定また対外交渉などの外交においては、意思決定の際に担当者たちがどのような情報を有しているかがその決定の方向を左右する。しかし、たとえ同内容の情報を受信したとしても、個々人の対外政策の判断は決して同じではない。外交における情報資源が、政治的判断と結びつくに当たっては、何よりも第一に、情報を認識し、分析し、予測を立てる際に用いられる何らかの認識枠組みが介在する。東アジアの国際秩序での華夷観念は、たとえば、清国の場合、徳化の及ばない域外の夷狄を蔑視するが、天徳を慕って朝貢する者に対しては憫み、恩恵を施すという意味で、貿易許可の政治判断を引き出す。もちろんこのような認識上の概念装置以外にも、幕府内部での行政組織ごとの政策選好、その一要因である組織内権益、またそのような国内政治上の利益ばかりでなく対外的な国益や個人利益をめぐる政治的な駈け引きなども相俟って、利用する情報が一致しても着眼する記事内容や解釈の相違により、政治判断と導き出される政策案は異なってくる。

古賀謹堂の「存念書」は、幕臣たちの答申の中で、当事者としての構想や決断の回避、あるいは既得権益の調整ではなく、まったく先例のない場面で豊かな構想力によってさまざまな可能性を模索し、政策を企画立案することに秀でたものの一つであった。ただし、この答申書を初め、後に引き続き上申される彼の政策諸案の構想の背景には、情報資源、認識枠組みばかりでなく、各種の組織利害、個人的対立、政治的駆け引きのすべてが幾様にも絡み合っている。すなわち、すぐ後に述べるように、謹堂の豊かな将来構想を可能にしたのは、ある洋学者たちの人脈に支えられた情報収集活動である。前述の彼の対外貿易をめぐる理解が、先代の侗庵とは異なる枠組みで捉えられていたことも、自覚的か否かは問わず、持続的な情報収集作業の過程での枠組みの変容と捉えられるであろう。しかしまた、独自の政治的構想力を示す「存念書」が内向きの状況対応ではなかったこと、それを可能にしていたのは、彼の知性と広い視野である反面、学問所儒者であるがゆえに、おそらくは一切の国内既存権益とは無縁に政治判断を行い得たためでもある。応接掛の一員として外交交渉の最前線に加わった謹堂は、以後、その外交担当者たちの政策をめぐる抗争が個人的人間対立、組織内権益への執着や駆け引きのなかで行われていることを確認し、自身その渦中に捲き込まれていく。

以下ではまず、古賀謹堂の世界情勢認識の背景にある情報資源と政治構想を、つづく第十章では日記を素材にして政治対立の中での謹堂の構想を察ることにする。

一　古賀謹堂の情報資源——弘化・嘉永・安政期の読書歴

第II部第五章でもみたように、海外渡航が禁じられていたために、日本における世界情勢の情報資源はいくつかに限定されており、嘉永年間当時においてもその事情は変わらない。しかし、東アジアを取り巻く世界環境の変化に伴い、いくつかの点で情報の種類に多様性を増し始める。まず唐商船・オランダ商船による輸入書籍では、ケンペル、クルーゼンシュテルン、リコルドなど日本への寄港・滞在経験を有する西洋人著作、在清西洋人の刊行漢文著作・雑誌、そして西洋諸国の発刊雑誌の移入が本格化する。また風説書においても、従来の「唐風説書」「和蘭風説書」の他に、アヘン戦争終結の一八四二年以降、「別段風説書」と呼ばれる欧米列強のアジア進出の記事を多く載せた風説書が、新たにオランダ商館長から毎年提出されるようになった[1]。さらに、頻発する異国船来航により、直接邦人の眼を通した観察の機会が増加し、その観察者たちは、通詞や遠国奉行などの開港場での接触者、沿岸警備の担当者ばかりでなく、市井の庶民たちにも広がる。広汎に流通し始めるいわゆる「風説留」は、幕末の政治社会に「公論」の契機を生んでいく[2]。ただし、海外に渡るいわゆる「探索」者たちはその後、海外派遣使節団・留学生・密航者などを含んでいくが、依然厳禁の嘉永年間前後には、漂流民による口上書や海外見聞記がなおも貴重な情報源であった。これらの情報資源も、その情報内容にはそれぞれの特徴を指摘できよう。たしかに体系的に記述された翻訳地理書は、西洋諸国への関心増加に伴って次第に最新刊の書籍や雑誌が輸入されるようになる。しかしそれ以前には、ヒュブネルもケンペルも世紀単位の受容の時差を含んでいた。それに対して一年毎に提出される風説書は、断片的な記述ながらもオランダであれ、清朝であれ商人たちにとっての最新かつ重要情報が盛られていた。これらの二種がともに、外国人執筆者の関心による伝達情報の選択行為が不可避的に介在したのに対して、邦人による見聞記・見聞談、特に外国生活を直に体験して帰還した漂流民の談話は、具体性に富み詳細であった。滞在日数の長短により、彼地で教育を受けた者もあれば、抑留経験で、ロシア皇帝やアメリカ大統領に直接面談した者もいる。しかも、見聞談も単に邦人の異国趣味を満足させる情報ではなく、国際政治・社会情報として受容されていく。

先にも確認したように、侗庵晩年の編著「英夷新聞」は後二者の風説書・漂流記情報を含んでいたが、二〇代をその晩年と重ねた謹堂の対外情報資源は、当初よりそれらを踏まえていたと思われる。ただし、彼の青年期、すなわち上述の「存念書」を執筆するに至るまでの著作で今日残るものは、漂流民からの聞書きである「蕃談」と、侗庵没後の弘化四年正月から起筆される自身の日記「謹堂日誌鈔之一」一冊だけであり[3]、その知的営為を正確に把握することは難しい。それまでの彼に著作が無かったのではなく、後に一員として加わったロシア使節との応接の際、突如見舞われた大地震とその直後の津波のために失われてしまったのである。

其れ尤も嘆き惜しむべきは、先人〔侗庵〕の手輯「綺語」一巻、及び予の十五年來の抄集するところの、「學林」

「代奕」二筆記稿（釘十二巻になるべし）、十年來の「吟草」一巻（四百餘首）なり。倶に精神の注ぐところたる、零細詩文集、謄本類二百餘巻なり（原漢文）[4]。

安政元年一一月四日の下田での漢文日記「西使續記」によれば、一五年来の彼の著作「學林」「代奕」の他、実に「二百餘巻」が、一瞬にして大海の波に呑まれてしまった。厖大な家著と蔵書群を伝存させながら、もはや埋めることが不可能な古賀本の大きな史料欠損がここに生じている。

遺された僅かな史料から、侗庵以降の古賀家学の変遷を、その後の謹堂の知的足跡に即して辿ってみたい。

侗庵晩年の西洋への関心を継承した息子謹堂が、「洋学」への関心を深めつつあったことは明らかである。すでに前年一二月に儒者見習を仰せ付けられ、侗庵の後を追って弘化四年三月二八日に学問所儒者に就任した三二歳の謹堂に対し、七月六日、来訪した羽倉簡堂は次のように忠告した。

晩羽倉縣令枉駕《おうが》曰、我餘リ洋書ニ淫ス、宜痛自懲艾《ちょうがい》、又曰洋学ヲ主張スルハ侗庵府君ナラバヨシ、足下ニテハ将以為疎、弁漢学乎（是ハ吾徳望猶薄キカ故ナリ）、二言殊中吾膏肓《こうこう》、宜昕夕服膺《きんせきふくよう》不失（原文のママ）。

しかし、以下に挙げる謹堂の読書遍歴を見れば、精里門人で侗庵の友人簡堂の切言にも拘わらず、彼の「洋学」熱は止まず、講釈や業務の合間をぬって、昌平坂の官舎で日夜蘭訳本の西洋事情書に耽溺していた姿が窺える。

幕末日本に広汎な読者層をもった地理書は、一般にアヘン戦争前後の清朝知識人[5]の魏源『聖武記』（道光二二［一八四二］年）・『海國圖志』（五〇巻本・道光二二［一八四二］年、六〇巻・道光二七［一八四七］年、一〇〇巻本・咸豊二［一八五二］年）や徐継畲『瀛環志略』一〇巻（道光二三―二八［一八四三―四八］年）[6]、あるいは在清プロテスタント宣教師の慕維廉『地理全志』（咸豊三―四［一八五三―五四］年）などであったと言われる[7]。とりわけ『海國圖志』の受容が、横井小楠をはじめ多くの攘夷論者を「開国」論者へと転向させる契機になったとされている[8]。しかし、「謹堂日誌鈔之一」から窺える古賀謹堂の読書歴を覧る限り、少なくとも古賀家にとって視圏の拡大は、それらの清朝経由の体系的地理書に限定されないことが明らかとなる。侗庵は後に清朝よりもオランダ経由の翻訳地理書情報を評価するが、謹堂にとってもまた『海國圖志』などの読書経験を過大評価することはできない。じっさい、彼が『海國圖志』を手にしたのは、日記によれば嘉永六（一八五三）年六月であり、しかも旧蔵書群に残るものは清朝刊本ではなく嘉永七年刊行の和刻本であり、書込みも僅かに翻刻の際に付された訓点の修正を行っているに過ぎない。

「萬餘巻樓蔵書目録」中、謹堂が収集したと考えられる「番外書」の書籍は、「地理」「本邦紀事」「史傅」「天文算法」「語学」「教門」「理學」「医學」「解躰」「兵學航海」「雜説」「新聞」「防海」の項目毎に分類されていた。主要な読書本（番外書に含まれる書籍を中心に）をそれに従って分類してみると表9-1のようになる。

嘉永七年に翻刻された『海國圖志』冒頭の第一巻「籌海篇」の海防策（戦略・戦術を含む）は、西洋の「兵學航海」を翻訳筆写本で読んでいた謹堂には殆ど問題にされなかった。刊本『海國圖志』などの漢文地理書は、蘭書の翻訳書に接することが出来なかった者にとって、判読可能な外国語漢文で書かれていたがゆえに意味をもった。しかし、謹堂の場合、幕府の学問所儒者という立場から、書物奉行の高橋景保や侗庵の門人でもある天文方蛮書和解御用の箕作阮甫ら、蘭学者たちの西洋地理書の翻訳を、筆写本で入手できた。日本における魏源のような存在である古賀侗庵を父にもち、その蔵書を自由に閲し得た謹堂にとっては、侗庵蒐集書籍の消化が彼の学問修練過程でもあったであろう。しかし、先述のように謹堂が父侗庵に比して具体的な政治構想を豊かに描くことが出来たとすれば、それを可能にしたのは、侗庵の没後に謹堂が接した豊富な読書経験と彼を取り巻く人間関係網に起因すると言わねばならない。直面する問題に対する多角的な観察は、質豊かな着想を生むための必須条件である。見聞談を含む多様な分野の情報収集は、おそらく、その情報群が要求する新しい認識枠組みの設定を促し、目的遂行のための手段の発想を刺戟した。

表 9-1　謹堂の読書と蔵書（「番外書」）の関係（「謹堂日誌鈔之一」に依る）

地　理	・**西洋地理書**：英人性情志（英國性情，吉雄宜譯，浦野元周校）・ロシヤ国志・魯西亜本記・加玄適魯西亜志・バタヒヤ図・印度志（山村昌永譯）・佛国島具図・職方外記（伊/艾儒略譯，明/揚延广編）・ゼヲカラヒー首巻・中亜細亜図・コーランツトルコ地誌・鄂羅斯志・萬國圖説（新製地球 萬國圖説，桂川國瑞譯）・新和蘭志・佛人止百里紀行（西百里亜紀行，佛/シヤツペデアウテロゼ，石橋榮春譯） ・**邦人編纂地理書**：輿地誌略（青地盈譯）・釆覧異言（訂正増譯 釆覧異言，山村昌永増譯）・坤輿新誌（杉田擴譯）・三才正蒙（泰西三才正蒙・永井則）・八紘通志（箕作阮甫譯）・四十二国人物志（四十二國人物圖説）・坤輿図識・西史畧（西洋列國史略）・俄羅斯紀聞（侗庵）・俄羅斯情形臆度（侗庵） ・**明清地理書**：蒙古源流（蒙古源流考，清/陸錫熊等）・海島逸誌（海島逸志，清/王大海）・西域聞見録・東西洋考（明/張燮）・海録（清/楊炳南）・聖武記（清/魏源）・英吉利紀略（暎咭咭紀略，陳逢衡［→後に和訳「英吉利新志」］）・海國圖志（清/魏源［籌］，林則徐［英以下］）・西洋朝貢典録（明/黄省曾） ・**漂流記**：環海異聞（大槻茂質等）・呂宋漂流記・豫讃漂民記聞・漂談・瀛舟筆談・亜墨新話・尾薩漂民記・漂荒紀事・東西紀行・泰西図説・呂宋記略・羅叉志・泰西図説・異域録・歐羅巴交易原始・邊要分界図考
本邦紀事	奉使日本紀行（露/ハンクリユセルステリン，青地盈譯）・ヒスセル（日本風俗備考，蘭/ハンオラルメヱルヒスセル，杉田信等譯）・日本記事鈔訳・和睦約条（和睦約定，天保・弘化，杉田信等譯）・レサノツト航海図・蝦夷雑記
史　傳	ボナバル略記・ボナバル傳（樸那把爾的傳，尾關三英譯）・伊犂総統記略・ヨーセフ傳・室町記略・西史外傳新話（西史外傳，箕作虔儒譯）・満漢名臣傳・(創世傳)
天文算法	コンパス量地速成（渾發量地速成，用法 用表部，藤岡有貞）・暦象新書・輿地実測録（伊能忠敬）・造洋暦
語　学	紅毛俗語
教　門	天主実義（伊/利瑪竇）・畸人十篇（伊/利瑪竇）・西学凡（西洋/艾儒略）・七克（西洋/拜廸我）・破邪（明朝破邪集，明/徐昌治）
理　學	舎密全書「スマルレンビュルグ」（蘭/ハンカツツス，マルレンビエルフ，緒方章譯）・太西雷地震説（吉田成徳譯）・窮理通（帆足萬里）・硝石製造書（硝石製法備用集，齋藤忠利）・野掛の教（藝術野掛の教，杉田擴抄譯）・氣海観瀾廣義（川本裕譯）・七金譯説（泰西七金譯説，馬場貞由譯）
医　學	内科撰要
解　躰	人身舎密・解体新書・全體新論（英/ホルソンス，清/陳修堂）
兵學航海	三兵活法（普/ハインリフ・ブランド，蘭/ハンミユルケン譯，鈴木自強重譯）・各國兵制・蒸気船説・砲術全書（海上砲術全書，附圖共，蘭/カルテン，杉田豫等譯）・炮術書・動身規範（歩兵使銃動身規範）・各国兵勢・三兵タクチーキ（三兵荅古知幾，普/ハインリフ・ブランド，蘭/ハンミルケン譯，暁夢樓主人重譯）・行軍図解・ハルシヤ馬術書・鈴林必携（下曽根信敦）・鉄熕彰書（鐵熕全書，伊東淵等譯）・七種軍艦造法論（蘭/ル・パンスウインドレクト）・馬術叢説・騎操問答（騎法問答，享保，今村市兵衛問，蘭/ケイスル答）・築城沿革編
雜　説	マガセイン・高厚蒙求
新　聞	和蘭風説・荷蘭密報（嘉永 2・3 年）
防　海	佐久間修理上書・海防問答（平山潛）・愼機論（渡邊崋山）・鴂舌小記・防海諸策・高秋帆上言・皮血日記

二　萬巻の読書と一漂民の経験――海外見聞記「蕃談」編纂

古賀謹堂の政治思想に父侗庵とは異なる西洋諸国へのある種の信頼があるとするならば、それは世代の相違や彼の個人的嗜好だけではなく、情報資源の側面では、漂流者との「邂逅」と聞書き経験にも由来すると考えられる。聞書きと言っても、それは幕府役人の簡単な口述調書とは趣を異にする。

異国から帰還した漂流民は[9]、一般に、送還地の各所から長崎、大坂、江戸に護送された。将軍の名の下に権限を行使した長崎奉行所・大坂町奉行所の白洲に召出された漂民は、漂流の次第について尋問を受け、その結果不審点が発見されなければ、漂流民在所支配の藩役人、もしくは幕領であれば代官手代に引き渡された。松前奉行などで処理されず、江戸に移送された場合は、江戸の蝦夷会所に留置され、町奉行・目付・勘定奉行、もしくは将軍以下の閣老の尋問を受けている。漂民のその後の処遇は、寛政期のラクスマンを介して帰還した大黒屋光大夫が江戸番町薬草園で生涯を終えた事例を例外として、他の場合はみな、外国事情を公言せぬように固く箝口令を申し渡された上で、在所への帰郷を許されている。これらの過程で、後者の幕府役人による形式的な漂流の経過・事情についての口上書、所持品等の書付などの調書が作成された[10]。

しかし、これらの尋問記録の口述書とは異なり、幕命・藩命を受けて、あるいは自発的に知識人たちの編集した詳細な聞書きに基づく海外見聞録が、当時多く筆写され、現在多数の写本が残る。聞書きの場合、指摘するまでもなく、重要な内容を話し手から引き出すことが出来るか否かは、その聞き手の能力にかかっている。事柄をめぐる事前の十分な背景調査と予備知識が、生の実体験から、何を問題にし、その回答をどのように理解するか、さらにその理解された内容を如何なる構成で叙述し、表現できるか。それらすべてにおいて、聞き手の総合的な識見が問われる。自身の体験を論理的に整理・構成することが殆ど不可能な漂流民の場合であればなおさら、海外見聞記の完成度の高さは、この聞き手の能力に比例しよう。幕命で大黒屋光太夫（伊勢神昌丸）から「北槎聞略」（萬餘巻樓蔵書番外地理、宮内庁書陵部古賀本204-230）を編んだ幕府侍医の桂川甫周（月池）、レザノフ来航の際に送還された津太夫（奥州仙台領石巻若宮丸）から、藩命により「環海異聞」（續目三一番、205-3）をまとめた編者仙台藩蘭医の大槻玄沢（磐水）、文化一三年に帰還した重吉（尾張督乗丸）から「船長日記《ふなおさ》」（番外地理、204-226）を編んだ池田寛親《ひろちか》、同時帰還の薩摩永寿丸からも聞書きを行い「尾薩漂流記」（「謹堂日誌鈔之一」嘉永四年三月記事）をまとめた藤原潤、藩命を受けて阿波藩撫養岡崎村の初太郎（永住丸）からの聞書きを「亞墨新話」（番外地理、205-11）とした阿波藩儒前川秋香、(11) そして加賀藩命により次郎吉ら四漂流民（越中富山長者丸）から「時規物語」をまとめた加賀藩算用場奉行遠藤高璟（古賀本になし）などはその最たる例である。その他にも「萬餘巻樓蔵書」には、「薩人漂流記」（外国語一七番、205-1）、「窮髪紀談」（外国語一七番、205-81）、「北際漂譚」（續目三一番、205-4）、「萬次郎漂話」（番外地理、204-231）、「唐泊孫七漂話」（番外地理、204-222）などの漂流記録が含まれる。

「漂談会」と「蕃談」　古賀謹堂が「邂逅」したのは、天保九年一一月に仙台領唐丹港沖で遭難し、翌年四月にアメリカの捕鯨船に救助され、ハワイ・カムチャッカ・オホーツク・アラスカのシトカでの滞在を経て、ロシア船で天保一四年五月に択捉島に送還された漂流民であった。「謹堂日誌鈔之一」では、嘉永元年二月一四日に、初めて「漂客」を招いて見聞談を聞く記事が現れる。

漂客を招き快談す、會者如左、越中富山屋次郎吉・石川和介・山田愛之助・千住大之助・後藤又次郎・五郎川才八・池田多仲、新聞如山、其中ストームボートに駕したると、及サンドウィカス又セツカ之風俗等殊ニ奇事、カムシヤツカ及オーツカ之談亦可聞、舟子大ニ口給《こうきゅう》あり、且記性頗深く言着ニ可據信、漂人中錚々《そうそう》なる者乎。

越中富山の長者丸の「追廻」次郎吉という漂流民の話しを聞くために当日集ったのは、石川和介こと福山藩儒の関藤藤陰、越後藩長岡藩の山田愛之助、さらに肥州佐賀藩の千住大之助（西亭）・後藤又次郎・五郎川才八（後に池田洞雲)、そして石見津和野の池田多仲であった。謹堂自身は、この日の話しを一一連の七言律詩によっても著した(「蕃談」巻二)。長者丸十名の乗組員のうち、択捉島に帰還したのは六名で、その内二名が天保一四年閏九月に江戸へ抑留され、勘定奉行所で取調べを受ける間に病死している。彼らは弘化三年一一月に一旦は富山への帰郷が許されたが、翌年六月から再び江戸へ抑留されて尋問を受けた。最終的に、太三郎・六兵衛・次郎吉・金蔵の四漂民が勘定奉行石河土佐守に呼び出され、「いづれも異國へ漂流いたし候儀等相違無之に付、御咎方御指宥落着被仰渡」[12]と、幕府の取調べが結審したのは、嘉永元年九月四日のことであった。およそ六年間にも及ぶ江戸抑留中に、この幕府役人の尋問とは別の形で、識者たちによる次郎吉の聞き取りが行われた。謹堂の日記は嘉永元年五月一一日にも「漂談会」が開催されたことを記している。

十一日……趁約、漂談会あり、石川和介・後藤又次郎・山田愛之助・池田才八〔池田洞雲〕・東条永庵〔長門萩〕〕・藤井三郎〔藤井準佐(安藝広島)か〕・林東海、□□夫・永庵・東海・又次郎・三郎、画手ハ不速之□也。

いずれも「謹堂日誌鈔」には記されていないが、この五月前後の記録は、「蕃談」の巻三「舟楫」(嘉永元年五月一五日)や「長次郎話」(嘉永元年五月一六日剣岳道人記録、憂天生潤色)として収録されている。

「漂談会」が行われた嘉永元年は、前述のとおり、春より蝦夷地・陸奥沿岸に外国船が出没し始め、また阿部政権では学問所御用の筒井鑾溪が阿部の打払復古申諭の政策に賛意を示した年でもある。この五月に老中阿部に仕え補佐する関藤藤陰(一八〇七―七六)[13]が、謹堂と共に「漂談会」に集っていること、しかも「漂談会」の他のメンバーは、佐賀という同郷の出身藩で結ばれていることを見落としてはならないであろう。他藩出身者であっても藤陰以外の「漂談会」のメンバーはほとんどが、佐賀藩出身でシーボルトに就学した蘭学者伊東玄朴(一八〇〇―七一)の門人たちだったのである。すなわち、山田・後藤・五郎川・池田・東條は、「象先堂入門録」にも名前が挙がる、玄朴の象先堂塾で蘭学を学ぶ者たちであった[14]。後に玄朴の種痘所は、萬延元年一〇月に幕府に取り入れられ、文久元年一〇月廿五日に西洋醫學所と改称されるが[15]、当時の玄朴は江戸在住の佐賀藩の一藩医に過ぎない[16]。このような蘭学と出身藩で結ばれた玄朴門下生たちは、後に佐賀反射炉建設の理論的支柱となる、ヒュギューニン（Huguenin）『ロイク王立製鉄大砲鋳造所における鋳造法』（*Het Gietwezen in 'sRijks Ijzer-Geschutgieterij, te Luik.*）の翻訳も行っている。[17] 伊東玄朴・後藤又二郎・池田才八・杉谷雍助による共譯「鐵熕全書」（萬餘巻樓蔵書 番外 兵學航海）[18]がそれである。謹堂が参加した「漂談会」は、このような佐賀と蘭学の人的ネットワークのもとに行われた。

「漂談会」を契機に編纂された、「次郎吉口述」、「憂天生」（謹堂）の「手録」になる「蕃談」[19]は、次郎吉からの伝聞に基づき、挿絵も多く収録した全三巻からなる海外見聞記録である。巻一の「流寓歸來略述」「經歴地方圖説」の後には「聞漂客次郎吉話詩以記之」とする謹堂の七言律詩が挟まれ、続く巻二には項目ごとに内容が整理されて「天地」「人物」「習俗」「政教」「武備」「屋廬」「服裳」「飲饌」「遊嬉」「生類」「艸卉」「器財」、最終の巻三にも「舟楫」「技巧」「襍載」、さらに「合同國誌」「「サンドウイクス」誌」「長次郎話」が収録される。[20] 単なる漂流談にとどまらず、巻二以降で一九世紀半ばのサンドイッチ諸島・アメリカ・ロシアの政治・社会・文化・生活・自然の全般に亙るこのような項目ごとの記述が目指されていればこそ、優れた海外見聞記として巷間に多くの写本を残したのであろう。このような「蕃談」の構成は、謹堂の日記では嘉永三年五月一一日に書名が挙がる、天保一二―一四年のメキシコ生活と清国経由で帰還した初太郎の漂流記「亞墨新話」乾坤、二冊[21]の体裁とも酷似している。長崎遊学で蘭学も修得し、なおかつ阿波藩儒となっていた前川秋香（一八〇一―五四）が編著者となった「亞墨新話」は、挿絵入りの二部構成であり、前編「乾」は、漂流民たちの日本出帆以降、清朝を経て帰還するまでの時系列に沿った漂流記録、[22] 後編「坤」はアメリカについての体系的な記述が恐らく他の文献資料も参照した上で記されている。後編の内容は、アメリカの「地形」「気候」「人物」「言語」「天文・時令・地理・人倫・身體・動作・言辭・飲食・衣帛・器財・舟舩・居室・動物・植物・数量」「飲食」「西洋人好と是を用由」「居室」「服飾」「風俗」「舟舩」「遊戯」「貨財」「草木」「禽獣」などを項目毎にまとめている。

しかし、さらに遡れば優れた漂流民見聞記の先鞭をつけた前出の桂川月池の「北槎聞略」をはじめ、以降それを念頭に編集された大槻磐水の「環海異聞」なども、皆このような漂流民の足跡と項目毎に分類された組織的記述の二部構成を踏襲していたのである。[23] この「北槎聞略」（寛政五年九月末起筆、寛政六年九月完成）執筆にあたって、月池が本書第II部で取り上げたドイツのヨハン・ヒュブネルの世界地理書を踏まえていることは、同書巻之四「渉歴地名風土人物」の冒頭に「国瑞按るに和蘭《（ママ）》のヒュブ子ルが著す処のゼヲガラヒに云」とあることからも明らかである。[24] ヒュブネル「ゼヲガラヒ」の項目別の叙述構成は、「北槎聞略」を範とするその後の多くの漂流民見聞記に受け継がれ、謹堂の「蕃談」にまで間接的に影響を及ぼしているとさえ言えるだろう。[25]

しかし、そのような構成上の特徴ではなく、謹堂編「蕃談」の記述内容の特徴は、同じく長者丸の帰還漂民から聞書きを行ってまとめられた「時規物語」と比較すると、より鮮明になる。「時規物語」は、次郎吉ら四名が出身地加賀に帰郷した後、嘉永二年二月以降の加賀藩での尋問内容を基にしている。編集を担当した遠藤高璟らは、「蕃談」を意識し、時間をかけてより正確な見聞記に仕上げていた。

謹堂による「蕃談」叙述　太平洋を越えて帰還した漂流民から海外事情を直接聴いた古賀謹堂は、陶淵明の「桃花源記」に拠って次のような漢文を記している。

昔漁父の桃源を説くや、晉人の聞者、疑信參半《さんぱん》、終に其の眞を獲ること能はず。今、予漂子之話を聞き、亦幾んど晉人之想となる。……今五州列國、雲擾虎爭、帝を稱し王を稱す。強弱相併、寧晷《ねいき》有ること罔《な》し。而るに我邦獨り大洋中に几然として、毫も交渉するところ無し。且つ二百年來、郅隆《しつりゅう》之聖化に沐し、萬姓熙々として、太平を歌詠するを知るに止み、復た敗亂覆滅の何事たるかを知らず。安土樂業、爰《ここ》に仙境を譲る。是れ予の漂子之譚を聞き、宜しく桃源人之想ひと爲るべくして、宜しく晉人之想ひと爲るべからず〔原漢文〕。[26]

漂流民の話しを聴きながら想い浮かべるのは、秘境桃源郷を訪れて戻った漁夫のこと、彼の話しを半信半疑で聞き、事の真相を知ることが出来ない晋の人びとと同じ想いにかられる。しかし、いま「五州列國、雲擾虎爭」の如くに乱れた世界の中の日本の現状を想うとき、そこはまるで泰平を謳歌する桃源郷と変わらないであろう。日本のわれわれは、真相を確かめる術のない晋の聴衆どころではなく、外界をまったく知らない桃源郷の住人の想いと同じであるというべきである。

この海外見聞録「蕃談」から読み取れる世界認識上の侗庵との相違は、なによりも第一に、欧米列強の人びとが具体的な姿をとって現れてくることである。侗庵が文政年間に複数の西洋諸国による世界分割の現状に視野が開かれたとするならば、謹堂の複数性の認識は、西洋人各国の気質相違へと繋がっている。「全世界十分ノ六ハ既ニ英國版圖ニ歸ス。英人ノ言ニ後百年ヲ過ハ必ス宇内ヲ混同シテ殫ク英俗ニ變セント期スト」（政教）[27]、「是亦英自己一國ノ市易ノ利ヲ歛ントノ意カ」（襍集）[28]。このような全世界の帝国統一に野心的なイギリス人は、アメリカ人やロシア人から観ても脅威であり、それに対して他の列強諸国の国民性はイギリスとは異なる。

「マレカイ」人云フ。古へハ「ヱゲレス」ト戰テ挫衂ヲ取レトモ、今來ラバ之ヲ殲スベシ。又曰ク「ヱゲレス」人ハ専ラ軍法ヲ以テ事ニ從ヒ、且好テ威力ヲ挾ミ人ニ迫ル。風俗獰捍ニシテ惡シ、ト。此説ハ「ロシヤ」ニテモ屢聞リ。意フニ㖡ノ國勢隆赫ナルヲ娼嫉スルヨリ出ル言カ。然レトモ亦其事無ニシモ非ス。（襍集）[29]

アメリカでも、ロシアでも、漂民たちは、イギリス人が「風俗獰捍」で専ら武力によって威圧的に諸国に対応することへの批判を耳にした。さらにイギリスは日本近海の無人島に軍隊を駐屯させており、次郎吉が尋ねると漸次日本への侵攻を謀っていると答えたという。しかも、サンドイッチ諸島では、アメリカ軍艦長はその可能性に疑問を呈したが、イギリス兵からアヘン戦争が終結したならば日本や琉球に遠征するとの話を漂民たちは聞いた。

「近旹英圭黎本邦ノ伊勢海ヲ距ル三百里ノ處ニ一島ヲ闢キ、兵士四五十人ヲ戍ス。蓋シ無人島ナランカ。米人モ多ク住スト。客何故ニ爾スルト問ヘハ、漸々日本ニ逼邇スル也ト答フ。疑フベシ」[30]、「「サンイチ」ニテ㖡卒ノ話ニ方今「ヱケレス」ノ兵舩二百七八十只廣東ヲ攻撃ス。斯役畢レハ日本・琉球ニモ赴ク也ト。客大ニ怖悸シ、米利幹軍艦ノ長ニ就テ虚實ヲ質ス。舶將曰ク、是ハ従卒ノ妄言ニシテ信スルニ足ラス。然トモ日本餘リ無禮ノ擧動有ントキハ亦計ル可ラス。……」。（襍集[31]）

尤も、生活者として外国人に接した次郎吉には、アメリカ人も、イギリス人も、ロシア人には及ばないが皆人間としては「順良」で語気も決して荒くなく、ともに知的に優れた資質を持っているように映った。「客云フ、居常來往スルニ「マレカイ」「イギリス」ハ其人順良ニシテ、語言モ鎭靜而シテ、資性ハ渾テ慧敏也。「ロシヤ」人ハ更ニ温厚ナレドモ、兩國ニ比セハ差《やや》鈍キカ」。（人物[32]）

このような欧米列強それぞれの国民的気質の相違から、「蕃談」で謹堂は第二に侗庵とは異なり、次郎吉の口を借りて、イギリス以外の西洋諸国との対外交易の可能性にも積極的に言及する。

〔客〕又云ク「ヱゲレス」人ハ智略ニ饒テ權術ヲ交ユ。「マレカイ」ハ到底温順ナレハ、本邦是ト貿易スルモ害ハ無ルベシ。又云ク列國ノ大勢ヲ熟考スルニ、方今巨舶ヲ發シ、我邦ニ來テ通市ヲ請フハ必ス米・英・鄂三國ノ外ニ出ス。（人物[33]）

現在大船を用いて日本に貿易を要求するのはアメリカ・イギリス・ロシアの三国以外には考えられないが、その内「温順」なアメリカ人とならば「貿易スルモ害ハ無ルベシ」と云う。

客云ク。西人ノ荒地ヲ墾闢シ、蠢頑ヲ化導スルハ、其心慈仁ヨリ出テ、必シモ利ヲ論セス。……抑西人ノ國帑ヲ耗シテ唯拓疆ヲ勉ルハ、利害ヲ辨セサルニ似レトモ、數十年ノ後地闢ケ、民化スルニ至テハ、其所得ノ利豈大ナラスヤ。蓋シ西人ハ只悠久ノ計ヲ重シ、目前小損ハ顧ミサル也。此論破的ニ屬ス。（襍集[34]）

次郎吉は、さらに云う。西洋人たちが未開拓の地を開墾し、住民たちを「文明化」するのは、「其心慈仁ヨリ出テ」必しも利追求のためだけではない。彼らは「目前小損」ではなく、「數十年ノ後」の利益を考え「悠久ノ計」によって行動している。

従来のイギリス的な国民性によって代表させていた西洋列強が、複数の顔をもち「慈仁」の心をもつことの発見は、他方で、日本の対外政策自体、とりわけ日本人の無礼で無分別な好戦的態度に対する批判となる。侗庵と相違して、謹堂に西洋諸国へのある種の信頼観がみられるとするならば、この第三の認識の違いが大きいのではないだろうか。漂流民たちは、西洋諸国の人びとに懐かれる「井中ノ魚」[35]の如き日本のさまざまな印象を伝えた。

> 西人ノ説ニ日本ハ漂人ヲ護送スレハ熕ヲ燃テ迎撃ス。信ニ無道ノ國也。譬ヘハ人アリ唐子ヲ導テ其家ニ致ス。唐子ノ父恩ヲ謝セス。却テ石ヲ拾テ之ニ擲タハ、其人以テ心ニ慊シトセンヤ。伱等即日本「ケン」王ノ子ナラスヤトテ、一童子ヲ引來リ、其状ヲ爲テ示セリ。（襍集）[36]

モリソン号事件の印象は強烈で、西洋諸国の人びとに日本は「信ニ無道ノ國也」という印象を刻みつけていた。ただし、それらの諸国でも、社会階層によって漂流民への接待態度は異なった。ロシアの上官のように教養のある人びとは、漂流民に対して「人情」をもって接し、日本に悪口を吐くことはなかったが、それに対して「庶民」たちは日本の国政と「漫ニ異邦ヲ輕蔑ス」る姿勢を「罵斥」し、侮蔑の度が過ぎれば戦争を辞さないと語ったという。

> 鄂羅斯上官ハ人情ヲ體シ、殊ニ練事ノ人多ク、漂子等ニ向テハ本邦ヲ稱譽スルノミ。然レトモ庶民ハ往々本邦ヲ罵斥ス。其言ニ日本ハ國政惡ク、漫ニ異邦ヲ輕蔑ス。……如日本官家頑拗ニシテ益我「ロシヤ」ヲ凌蔑セハ決テ宥サス。直ニ往伐也。然レトモ其凌辱モ可恕ホトハ恕シ、十分貫盈シテ、不可恕ニ至リ始テ往戰フト。（襍集）[37]

そのような西洋人の日本観を聞かされた上で帰還した次郎吉が最も嘆いたのは、天保一四年五月の時点においても、じっさいに日本兵が、彼ら漂流民を送還するために派遣されたロシア船を好戦的な態度で迎えたことであった。既に前年に薪水給与令が発せられていたが、湾岸から見分のために派遣された日本の兵士は、漂流民送還への謝意も示さず、薪水の有無も問わず、返礼物も贈らず、それどころかロシア船員の前で自分の刀を抜いて見せた。

> 邦人ハ好テ外蕃ヲ恐嚇ス。……客等心ニ兵士ノ虜情ヲ解セス。徒ニ輕躁ノ態ヲ露シ、無禮ヲ以テ相加ヘ、遠道送來ノ盛意ヲ謝セス。薪水ノ有無ヲ問ハス。酬恩ノ儀物モ欠ヲ嘆喟セリ。彼ハ既ニ諸炮ノ試放モ行ヒ、武備十分ニ完整ス。瑣々タル一口ノ刀子ヲ抜キ、奚ソ威稜ヲ示スニ足ンヤ。此一項實ニ我邦俗士ノ陋習ニシテ往々聞事ア

リ。誠ニ戒慎スヘシトス。（襍集[38]）

重武装のロシア船上、兵士の面前で「威稜」を示すために取った「我邦俗士ノ陋習」は、戒めなければならない。次郎吉はさらに次のように語ったと、謹堂は記す。

客曰ク、凡ソ本邦外蕃ヲ待ツ寇仇ノ如ク、洋艘ヲ見レハ是非曲直ヲ問ハス、徑ニ砲ヲ開テ之ヲ撃ツ。故ニ外蕃モ我邦ヲ見、瘈狗ノ如ク深ク戒慎シテ、稍地方ニ近ケハ火器ヲ嚴備ス。彼嚴備スレハ我益寇仇ヲ以テ見ル。彼此ノ情竟ニ背戻ス。護送舶ノ如キ羅刹上司ノ特命ニテ、大舶ヲ装シ、遠道ヲ經、陸ニ近ケハ白旗ヲ表シ、彼土ノ仁ト禮トハ盡スト云ヘシ。寇仇ヲ以テ待ヘキ理有ヤ。諸蕃咸日本海ニテハ戎備ヲ嚴ニスト云。豈吾ヨリ招ニ非ヤ。（襍集[39]）

日本が外国を夷狄視して「寇仇ノ如ク」迎え、問答無用で異国船を打払えば、それに応じて外国も日本を「瘈狗ノ如ク」深く警戒し、武装して日本沿岸に近づかざるを得ない。異国船が武装すれば、日本はますます相手を「寇仇ヲ以テ見ル」。このような夷狄観にもとづくむきだしの敵意の循環の結果、ついに感情的対立は溝を深めてしまう。次郎吉の口を借りて、謹堂は云う。「白旗」を挙げ「彼土ノ仁ト禮ト」を尽くして接近するロシア船に対して、「寇仇ヲ以テ待ヘキ理」はあるだろうか。むしろ、このような敵意と武力行使の悪循環は、日本が自ら招いているとしか言いようがないではないか。「豈吾ヨリ招ニ非ヤ」。欧米列強が日本近海で敷く軍事的警戒体制は、日本の外交政策と日本人の夷狄禽獣観に起因する[40]。

次郎吉の素朴な印象は、恐らく謹堂の筆を介することによって、初めてこのような確固とした政治的意見に高められたと思われる。なぜなら、謹堂編集の「蕃談」の記述を念頭におき、漂流民の見聞を客観的に記録することを目指した後の「時規物語」は、出来事以外のこれらの政治解釈を敢えて排除し、さらに次のように凡例で記していたのだから。

〔漂民の中には〕歸國の後都下の人士に聞くところを混同し、遂に自誣て非をかざり、妄誕驕誇なるものあり、一人の口頭前後両般にして、其杜撰の多き、蕃譚にとくところの如きものあり。[41]「漂談会」に集った「都下の人士」から吹聴された見解を述べたとされる次郎吉は、その後、加賀藩士たちに厳しく詰問された。謹堂の「蕃談」を「無用の書」と評する「時規物語」の編者遠藤高璟らは、重ねて「極問窮詰もつて誕を責、もつて驕をしりぞけ」、漂民四名のそれぞれの記憶を付き合わせて事実を得たという。じっさい、「時規物語」の記述内容と比較してみれば、わずか数日間の聞き取りをもとにした「蕃談」の記述は、事実叙述においては詳細さに欠ける。しかしそうであればこそ、たとえば、「時規物語」が記さない帰還時際の日本兵の態度に対する「客」の意見には、聞き手である編者謹堂の政治的意見が多く反映されていると読めるのである。

以上の次郎吉口述の見聞記録に続き、「蕃談」巻三には、西洋地理書からの翻訳記事「合同國誌」「「サンドウイクス」誌」が附されている。「洋学」に関心があったとは言え、「外洋図書」を直接読み理解することが出来なかった謹堂は、[42]伊東玄朴の門人たちの助けを借りてこれらをまとめた。日記には記録がないが、アメリカ合衆国の記事には「蕃談」に「合同國誌　戊申六月旬八谷生讀増録之」とあり、嘉永元年六月一八日に「谷生」が翻訳して謹堂が筆記し、補訳も嘉永二年四月二日に「田生」が翻訳して謹堂が筆記したことが判る。また、「戊申四月初十日田・谷両生讀増録之」と付記されたサンドウィッチ諸島誌は、謹堂日記「謹堂日誌鈔之一」の「十日池田才八・杉谷要蔵〔杉谷雍助（肥前佐賀藩）か〕来見、サンドウィクス之處計原書を讀む、依ら吾自ら筆を執りて之を訳す」という記事と符合する。これらのもとの記事が収録された原書は現時点では不明だが、[43]「萬餘巻樓蔵書補遺目録　番外　地誌撮譯」一冊（宮内庁書陵部 204-180）には、「蕃談」巻三収録と同内容の「合同國誌」「サンドウイクス」の翻訳記事が含まれ、上記の記録から、池田・杉谷と謹堂の共同翻訳と推定される。[44]つまり、謹堂は、伊東玄朴門下の蘭学者で、玄朴の甥となった池田洞雲（五郎川才八）[45]や杉谷要蔵らを頻繁に呼んで、原書を読誦させ、自ら筆を執って「蕃談」編纂の材料となる海外情報を入手した。

西洋地理書「合同國誌」に映し出されたアメリカ合衆国は、新興の繁栄した社会であった(46)。その新興の源泉は「教法」と「政令」にあり、その生産力を支える本源は、近年驚異的な「進歩」を遂げた「市販」と「航海」、すなわち商業と航海術にあるとされる。「教法ノ盛ニ行ハル、ト、政令ノ均一ナルハ洵ニ本州勃興ノ源タリ(47)」。「上ニ云フ如ク安平ニ産ヲ立ル本原ハ市販、航海「ゼーハールト」也。輓近ニ抵テ可驚進歩ヲ爲リ(48)」。商業の担い手はイギリス起源の数多の会社である。各種の業種に分かれた「社」は、市場で相互に「切劘」競争する。地域「産業」は繁栄を極め、住民の間には貧民も乞食もいない。「又其地ニハ幾多ノ經濟學ヲ講スル社ヲ分チ、派流モ多般ニシテ互ニ相切劘ス。然レトモ其學ノ根抵ハ英國ニ本ツク(49)」。「上ノ諸件ニ依テ土人ノ産業其極處ニ到ル。公然タル窶人ハ之ヲ見ル希也。乞丐ハ諸部共ニ無シ(50)」。

次郎吉の海外見聞記録の末尾に、このような西洋地理書の翻訳を加えた編者謹堂の意図は、どこにあるのだろうか。漂民の体験談が決して作り話などではなく、オランダ語の世界地理書と照合しても確実な世界であることを証明しようとしたとも、漂民の旅したアメリカ本国を書物によって確認しようとしたとも解し得るだろう。しかし、本読み学問と経験との差は歴然としていた。一漂流民の実経験（実地の見聞談）が万巻の書を読む学者の知識にも優るという次のような驚きが、謹堂をとらえていたことは確実である。

嗚呼、萬巻の書を讀み、萬里の路を行くは、豈に吾輩の宿昔の大願に非ずや、漂子一舟夫を以て、溟海の外に蓬轉す、耳目の接する所、雄偉之觀恠詭《かいき》せざるは靡《な》し、其の譚を聞く、孰れか神徳を弗《はら》はん〔原漢文〕。

（憂天生増〔古賀謹一郎〕「〔蕃談〕序」）

三　洋学建白と洋学所初代頭取

古賀謹堂の嘉永年間初期の洋学研究は、嘉永四年に遊学中の吉田松陰（一八三〇—五九）によって、次のように江戸の他の儒者との対比のなかで捉えられた[51]。

方今江都文學・兵學之事三等に分れ居り候哉ニ相見候。一ハ林家・佐藤一齋等は至つて兵事のことをいう事をいみ、殊に西洋邊の事共申候得ば老佛の害よりも甚だしとやら申さるる由。二ハ安積艮齋・山鹿素水等、西洋事には強ひて取るべき事はなし、只だ防禦の論は之れなくてはと鍛錬す。三ハ古賀謹一郎・佐久間修理西洋之事発明精覈取るべき事多しとて頻りに研究す。矩方按ずるに一の説は勿論取るに足らず、二三の説を湊合して習練仕り候はば、少々面目を開く事可有之かと存じ奉り候。（玉木文之進宛書翰、嘉永四年五月二七日）[52]

松陰の思想的位置の把握によれば、一方の極には林家と一齋が、他方の極には佐久間象山並びに古賀謹堂、その間に安積艮齋と山鹿素水（?—一八五七）がいる。しかし、象山と一緒に括られた学問所儒者の謹堂には、「ハルマ」の出版許可を願った松代藩士象山とは異なり、幕府の学問所教授であるがゆえに懐かれた構想がある。それが、幕閣への「洋学建白」である。

安政二年八月に謹堂が頭取に任じられた洋学所・蕃書調所は、外交文書翻訳に直接的に関与した外国方（安政六年創設）に対して、洋学教育・出版およびその検閲などを行う機関であった。洋学所（後に蕃書調所・洋書調所・開成所）に関する研究によって洋学所の設立建白とされるものには、三つの建議がある[53]。時系列に沿えば、その第一は、嘉永六年七月に上げられた勝海舟の「教練學校」と附属の兵学に関する翻訳書出版の建議である。軍事面から兵制改革に関心を寄せる海舟は、ここで、「教練學校」の「御文庫」に「和漢蘭之兵書・銃學書何に寄らす」蒐集し、「天文學・地理學・究理學・兵學・銃學・築城學・器械學などとの研究」を幕臣や陪臣から人選して行わせ、「天下之裨益」

になる翻訳書を出版し、その「官板にて世上に布告」させるという提案を行う。(54) 第二には、徳川齋昭の「海防愚存」の「文武学校」をめぐる諮問の際に上げられた、勘定奉行（勘定吟味役江川英龍執筆とされる）の答申がある。(55) そこでは、現在の「昌平坂學問所」が批判され、「書物讀ニ実用少」とされた上で、「夷國之風俗人情を詳ニ相辨」じるために、「蘭学之軍學・砲術を第一ニして、多く翻訳被仰付」ることが「學問中之御急務」と提案されている。さらに洋学所設立の素案になったものと指摘される第三の建議は、老中阿部正弘による幕政改革三七ヶ条中の第二八条である。阿部は、安政元年六月五日に幕政改革の原案となる三七ヶ条を提示した。(56) これら三七ヶ条の改革案の起案者は目付であると推測する説もあるが、(57) 史料的な裏付けがないばかりでなく、前記の海舟や勘定方の提案内容も踏まえるならば安易には判断できず、(58) 前述のようにあるいは前年嘉永六年の諸大名・幕臣たちの答申を通して募ったアイディアを、阿部の責任のもとでまとめた改革案と解釈する余地も残している。外交専務の「海防局」とそれに付随する「一局」の提案は、このうちの第二七・二八条に含まれている。(59)

一〔第二七条〕、評定所と申すもの有之如く、名目ハ何と名付候とも別に海防局を一ヶ所取建候而、海防懸之面々月々十二度位日を定め、寄合差向候儀無之候共、種々討論研究致度事

但右定日之内、退出より不意ニ同列若年寄等罷越候様致度候

一〔第二八条〕、杉田成卿・箕作阮甫など天文臺へ出役致候類ニ倣ひ、前文海防局ニ附添候一局を構へ當時諸藩之陪臣ニ而學論〔識カ〕有之、外國事情ニ通し候様の儒者・蘭學者・兵家者・砲術家等出役被仰付、是も月々十二度位罷出候而、海防懸りより右之者打寄居候處へ色々評議を下ケ、議論詰候様致度候事

但機密之儀ハ陪臣共へ不申聞候へ共、少々つゝ彼より推察致候位之儀ハ懸念不致、衆智を集め度事

この阿部がまとめた「海防局」構想の内容は、対外政策を「種々討論研究」し「議論詰」めるための機関設置の構想であり、直前の〔第二六条〕には講武所の設置案が載るが、洋学教育機関としての洋学所構想というよりは、むしろ海防掛の後に創設される外国奉行の原素案に近いと考えられる。しかも、附設される「一局」には構成員として「諸

藩之陪臣」「儒者」が筆頭に挙げられていることにも注意が必要である。後述するように安政二年を契機に日本の外交文書は漢文使用を止めたため、ここでは漢文翻訳者としての「儒者」の機能が求められているわけではなく、知識人としての技量有る者として挙げられたのであろう。

謹堂の洋学建白　旗本教育を現場で担当する学問所儒者であり、先代から継承する個人的な世界情勢の情報収集の蓄積があり、さらに外交文書の翻訳や作成に携わった古賀謹堂が、おそらく痛切に感ぜざるを得なかったであろうことは、教育機関における洋学教育の必要であろう。この問題に対して、謹堂が無定見であったとは考えられない。以下に検証するように、研究史上の上記の三つの洋学所設立起案とされるもののほかに、謹堂の洋学建白を加えることができる。謹堂が遺した日記によれば、彼は少なくとも三回、「洋学建白」について言及している。

その第一は、ロシアからの書翰翻訳直後、すなわち阿部の改革案提示に先立つ嘉永六年一〇月の「洋学建白之案」である。謹堂の漢文「西使日記」では、嘉永六年九月末から一〇月初めに次のようにある。

九月旬七〔一七日〕予、同僚安積艮斎と、訳文之命を奉る。念一〔二一日〕又國書を艸せんことを奉命す、衆論擾々、稿数改む。

初夏の間亞舶四ばかり浦賀に碇し、大いに猖獗《しようけつ》之態を露わす、今やまた崎〔長崎〕に有りて警す、人心洶々、禍ひ旦夕に迫るが如し、予夷情を譎《あや》しと謂《おも》ふ、其の蘊を料《はか》ること能はずと雖も、但だ我が狼狽は其の軽慢を長《ま》す、輙ち禍ひますます言ふべからず、夫れ夷は悪むべきなり、然るに區處の方を得るや、渠《なん》ぞ終に無名之衅《きん》を啓《ひら》くこと能はざる、价をして既に其の重臣に係はらしむ、縦ひ召見《しようけん》すとも、曾て不可なるところなし、是に於て十月初四〔四日〕、夷使をして宜しく東召すべしと上言す、而して語多く激に過ぎ、進言之體を失ふ。已にして初六〔六日〕命あり、詰旦《きつたん》宜しく朝請すべし、自ずから意は越俎犯觸《えつそはんしよく》して罪戻《ざいれい》を獲る、而るに勢ひ己を獲へざる也、初七〔七日〕踧踖《しゆくせき》して進朝す、奚ぞ乃ち西差内命を受けんや、其の明くる初八〔八日〕再び朝し、遂に公命を奉る〔原漢文〕。

すなわち、アメリカ国書の書翰和解について銀三十枚の褒賞を受けた（九月三日）後、謹堂には、九月一七日に同僚の安積艮齋と共に、新たにロシア国書翻訳の命が下った。九月二一日には、日本側からの返書を草することを命じられ、「衆論擾々、稿数改」と、諸有司の議論により何度か稿を改めて作成した。その返翰内容の決定過程を含む応対については次章で述べるが、長崎に来航したロシア使節プチャーチンは、文化期の使節レザノフと同様に、江戸拝礼を求めたのであった。それは使節の礼遇を求める、プチャーチンの次のような漢文書翰の内容にも対応する。

〔蘭文和解〕「諸君定めて適當の禮儀を以て招迎せらるへきこと、予復これを疑ふことなし」
〔漢訳〕「貴國必待厚照禮秩與其高位矣亦無疑」
〔漢文和解〕「貴國御取扱丁寧に被成候て、當人身分相當の禮秩と其高位とを照合せ、御會釋被下候もまた疑ひ無之と存じ候」

それに対して幕閣は、文化年間の対応に従って、江戸での聘礼応対を拒絶するが、謹堂は一〇月四日に上書を提出して、「夷使」を江戸に招聘すべきと諫言した。それは、しかし、「語多く過激にして、進言之體を失」ったものであったらしい。この建議の件は、明治期の謹堂の「行略」にも次のように記されている。

先生〔謹堂〕以爲く外人に接するの初に方《あた》り、視《しめ》すに宏《おほ》ひならざるを以てして其侮慢を長ぜば、則ち禍ひ言ふべからず。區處の方を得る、彼れ決して無名之衅を啓《ひら》くこと能はず。且欽使は即ち大臣なり。而して國命を受けて來れば、則ち之を召見するに、亦何ぞ不可とする所あらん。上書して宜しく欽使を江戸に召すべきを言ふ。省《せい》せず〔原漢文〕。（吉田賢輔「茶溪古賀先生行略」[60]）

この上申書は写本でも伝存しないため、内容を正確に確かめることは不可能である。しかし、謹堂の和文日記「謹堂日誌鈔之一」[61]によれば、この際に彼の周辺で問題とされたのは、ロシア使節の江戸招聘だけではないようである。

〔九月〕十七日朝より登営、和解御用ニ付而也、俄羅斯書翰凡二道にして、且俄羅斯本文も有之、但漢字誤寫謬聞、不可讀也、……、廿四日俄羅斯御返翰漢文之□出来、十月　ロシヤ使節江都へと召寄之儀申立の書面浄写大ニ労す、洋学建白之案、同僚ゟ相廻ス、愚人愚説、我名を連署ニハ困リ果タリ。　（「謹堂日誌鈔之一」）

この和文日記によれば、同時期に学問所の「同僚」が「洋学建白之案」を連署で提案しようとした。しかし、その内容が「愚説」ゆえ、謹堂は、名を連ねることに躊躇した。この嘉永六年一〇月の「洋学建白之案」もまた、史料が残らずその内容の詳細は不明であり、じっさいにどのような形で上申されたのか、あるいは上申されなかったのかも判らない。しかし、これが後述の謹堂自身の「洋学建議」に繋がることは確かである。

謹堂の日記に、第二に「洋学之儀建白」が現れるのは、翌嘉永七（安政元）年閏七月一六日である。この日、謹堂は林大学頭復齋を訪ね、学問所御用林鶯溪と共に酒宴に与った。この小宴はいわば幕府の教育行政に携わる中心メンバーの非公式会談でもあった[62]。

十六日午後趁約、林祭酒〔林復齋〕を訪ふ、酒肴之設あり、〔林〕鶯溪も来客せり、放談至初更《しょこう》而去る、洋学之儀建白せよと及、國態大変革之儀も同様建議せよとも云、何分一場之談話ニ附、ケ様之事ニ而ハ迷惑之至ニ付、黙せんかと思ふなり。　（「謹堂日誌鈔之一」）

席上では「洋学之儀」「國態大変革之儀」の建白が議論に上った。口火を切ったのは学問所御用の鶯溪であったのか、それとも謹堂だったのか不明である。しかし、日記によれば「一場之談話」口頭での議論であり、後に追及された際には彼は黙秘する覚悟であった。

しかし、その一〇日後に勘定奉行川路聖謨の言動を伝え聞き、これを契機にその対抗意識から「学政及び洋学の儀」を真剣に考え始め、遂に翌八月初めの「洋学建白」を起案することになるのである。それが日記に現れる第三の洋学建白である。前年末には聖謨と共に長崎での応接掛を務め、当年六月一七日には書付をもって筒井政憲・川路・岩瀬忠震とともに異国船渡来の際の応接掛に任じられ[63]、謹堂はすでに聖謨とも相知っていた。

〔安政元年閏七月〕廿六日……不在中晋弋より英船崎陽江羅叉入津之儀、昨夕崎尹〔下田奉行伊澤政義〕ゟ報あり候旨、昨日川路来邸上言せしと云、峩船を迎撃致度ニ付、一地を借用して屯戍《とんじゅ》致度旨なり、至而六ケ敷儀なり、所謂理屈ら敷頼むなり、可悪之極也、考学政及洋学之儀。（「謹堂日誌鈔之一」）

閏七月一五日にイギリス東インド艦隊司令長官のスターリング（Stirling, J.）が、長崎に来航し、ロシアとの交戦を告げ長崎ほか日本の港への入港許可を要請した。謹堂は、閏七月二六日にこの報を受けると同時に、川路聖謨がロシア船迎撃のため、兵士を駐屯させるための借地願いを上言したとも伝聞し「所謂理屈ら敷頼むなり、悪むべきの極」と記して、これを契機に「学政及び洋学の儀」を真剣に考え始める。勘定奉行川路聖謨のロシア観と下田奉行伊澤政義との犬猿関係は後にみるが、聖謨の政策提言は、イギリスを利用してロシアを攻撃する、すなわちいわゆる「夷を以て夷を防ぐ」、外国の「力を借りて外侮を障《ふせ》ぐ」という聖謨の政治判断を反映したものであった。謹堂が「洋学建白を草し」始めるのはその九日後、八月六日のことである。

〔安政元年八月〕六日草洋学建白、十日洋学建議浄寫成る、……、十二日洋学建白を祭酒江遣ハす、餘り愚論ニ而責罰を受間敷歟ト考ふ、雖然黙而止む、若使吾言狡心を布くのみ、臣子之常分なり。（「謹堂日誌鈔之一」）

その数日後の日記には「〔安政元年八月〕廿二日与祭酒論草函一条、予言或得行乎、可喜」（「謹堂日誌鈔之一」）と記される。懲罰覚悟で上げた建白案は、林大学頭復齋によって受理された。「洋学建議」があるいは実現されるかもしれない。謹堂は、儒者であるにも拘わらず、否まさに国書翻訳・起草に関与した学問所儒者であればこそ、世界情勢に敏感にならざるを得ず、外国使節の応接に際して「洋学」緊要をその現場で痛切に看取し、そして遂には「洋学建白」を上げたのではなかったか。しかも、以前に上言した直後には、「越俎《えつそ》」の罪ゆえに「責罰」を極度に畏れていた。「喜ぶべし」と記す謹堂は、建議受諾と実現に期待を寄せたであろう。

だが、その後、同安政元年一二月に、閣老から学問所への厳しい申渡を招いたのである。(64) 謹堂の「洋学建白」にのみ由来するとは決して断定できないが、老中阿部・若年寄遠藤から、林大学頭（復齋）・林圖書之助（鶯溪）へ促された学問所改革は、「心得違之者ハ、引替候ニも取斗」、学問を引き立てるようにとの内容であった。

儒者并教授方出役共之内、兎角怠惰ニ打過、教授方疎漏之者も有之趣粗相聞、追々怠惰ニ流れ候哉ニ付、向後急度改革致し、儒者并教授方出役共格別ニ精入、出精ニて教授致し、文学御引立之御趣意相貫候様、厚く世話可被致候、尤教授方出役其外、心得違之者ハ、引替候様ニも取斗、何れニも学問御引立之儀、際立行届候様可被致候事。(65)

そして、この学問所への「学問御引立」の警告と併行するようにして、洋学所の創建準備が開始された。(66) すなわち、安政二年一月一八日、小普請小田又蔵・小普請勝麟太郎、天文方出役箕作阮甫・和蘭通詞森山栄之助は調所創設の準備を命じられ「蕃書掛」となる。この人事については謹堂の日記に次のようにある。

〔安政二年一月二四日〕〔筒井〕鑾溪ゟ伝達、〔阿部〕伊勢守殿御達、古賀謹一郎、右ハ蛮書翻訳御用筒井紀伊守・川路左衛門尉・水野筑後守・岩瀬修理ト差次取扱旨との仰。(67)

〔一月二六日〕鑾溪ゟ翻訳手附之者名前申来る、蛮書翻訳御用手附組頭小田又蔵・勝麟太郎、手附箕作阮甫・森山栄之助。

前年八月に「洋学建白」をなし、洋学所の起案者となった謹堂は、異国応接掛の他の四名が「蠻書翻訳御用」に任じられているにも拘わらず、おそらく意図的に「差次」すなわち区別してその人事から外された。そしてじっさいに、八月三〇日に洋学所頭取に任命されるまで彼は創設の統括者ではなく、設立の下準備は小田・勝と筒井らの間で進められたのである。(68) 洋学所設立にあたり他方の儒学教育機関の引き締め、その学問所儒者が「蠻書翻訳御用」に加わることへの配慮、あるいは川路の人事意見の反映など、謹堂の排除の背景は推測するしかない。この間の「謹堂日誌鈔」には、洋学所設立に関する記事も、また小田の名もなく、(69) ただ勝と二度面談した記事があるに過ぎない（安政二年五月一〇日・八月四日）。(70) そのうち、永持亨次郎・矢田堀景蔵とともに「火船御用」（海軍伝習御用）に任じられた勝が転出にあたり挨拶に訪れた際、謹堂は「洋学生の名字を示し」、学問所の中村敬宇のことも話題に上ったという。「〔八月四日〕勝麟太郎來叙別、且示洋学生名字、又中村釧太郎〔敬宇〕等之事も云たり」（「謹堂日誌鈔之一」）。

表 9-2　小田又蔵「御用手始之下案　附蘭學者名前」

別啓

古賀謹一郎より承り候名前

上等	小濱		○杉田成卿
上等	阿州	兵書	○高畠五郎〔伊東玄朴門人〕
下	浪人	同　諸生教授	○皆傳眞一郎〔開田眞一郎・津田眞道、箕作阮甫・佐久間象山に就学・伊東玄朴門人〕
中	佐賀	記事歴史類	池田洞雲〔旧名五郎川八郎、玄朴門人〕
下	膳所　國住	同　諸生教授	黒田行次郎〔伊東玄朴門人〕
中	佐渡奉行手附醫者	地圖引	柴田収藏
上等	下曽根家來〔加州出入〕	兵	○手塚力藏〔律藏〕〔高島秋帆・坪井信道門人〕
中	南部	分離術	島　柳圃
	藤堂		石井密三郎
	薩州		○松木弘安〔後名寺島宗則、伊東玄朴・古賀謹堂門人〕
上等	御醫師		畑中文仲
中	尾州住居	西洋本草家	伊東奎輔
中	大垣住居	西洋本草家	飯沼慾齋
中	一色邦之助家來	機巧	○田島順輔〔安中藩士〕
下	處士	諸生教授	○原田敬策〔伊東玄朴門人・原田吾一か〕
下		同	尾關高彦

箕作阮甫より承り候名前

上等	松平越前守内	天文方出役　天文方・兵	○市川齋宮
	岡部美濃守内		高松譲庵〔伊東玄朴門人〕
	佐竹	醫専門	高須松亭
		阮甫養子	○箕作秋坪
	松平越後守内	天文方	宇田川興齋

勝海舟と小田又蔵によって進められた洋学所開設準備では、それぞれに教授陣の人事案も提出された[71]。しかし、両者のうち教授陣選考に反映されたのは、勝の名簿ではなく[72]、むしろ小田より提出された古賀謹堂と箕作阮甫からの人選案、特に前者の意見であった[73]（表9-2）。どの時点で上申されたのか不明であるが、蘭学者一覧ではなく、明らかに洋学所教授陣選定のための人名リストである。一瞥して判るように、謹堂の候補者名簿には、彼が接してきた人間関係網を反映して、伊東玄朴の門人が多く含まれている。

堀田備中守内　同　〇木村軍太郎
木下藩大坂住　備中人　緒方洪庵
弟　緒方郁藏
薩州江抱ニ也　出羽人　芝住　大木忠益
中等
處士　青山住　作州産　竹越家來分・兵　牧　穆仲
長州　浦賀詰　田原玄周

御茶之水・火消同心　齋藤源蔵
大久保喜左衛門組・御徒　杉山三八
堀田豊前守組・大番與力部屋住　設樂莞爾〔伊東玄朴門人〕
駒込冷水番所　山口釆女

洋学所初代頭取　安政二年八月晦日に、突如として洋学所頭取を拝命した古賀謹堂は、[74]「江越生」（江越愛吉郎）を遣わして箕作阮甫（一七九九—一八六三）[75]に書翰を送り、洋学所開設に当たって協力を求めた。「扨は洋學所一條獨身引受、甚當惑之至、仁兄（阮甫）に而も御内話申度事、澤山御座候、……」〔安政二年〕九月旬二（一二日）、謹一郎[76]」。古賀謹堂の存在とその知的背景に配慮されてこなかったために、これ以後阮甫が謹堂に代わって、洋学所設立の基本骨子である、「洋学所之儀ニ付奉伺候ケ条」（安政二年九月）や「洋学所之儀ニ付奉伺候ケ条」（安政二年一一月）を立案したとされてきたが[77]、おそらく協力は仰いだにせよ、謹堂自身に独自の見解がなかったわけではないであろう。特に翻訳調査機関である蠻書和解御用とは異なる、教育機関としての要素を当初から盛り込み、設立主旨を「後進之輩・御用立候者」を育成するとしたのは、彼が学問所儒者であったからでもあろう[78]。

新役所御取立之御主意は、畢竟海内万民之為メ有益之芸事御開之訳と奉存候得は、一日も早く芸事世間ニ行渡り後進之輩御用立候者出来候儀を主と致し、來學申込候節は　公儀人は勿論、縦令陪臣・浪人ニ而も、元正敷人物実体ニ見受候ものハ承り届候様可仕哉。（古賀謹一郎「洋学所之儀ニ付奉伺候ケ条」安政二年九月）[79]

安政三年一月には、洋学所から蕃書調所へと名称が変更される。最初期の人事として安政三年四月五日に任命されたのは、教授職には箕作・杉田、手傳には高畠・松木・東條永庵（長州藩士・玄朴門人）・原田・手塚・川本幸民（三田藩士）・田嶋であった[80]。このうち、阮甫と共に教授となった杉田成卿（一八一七―五九）[81]は謹堂も人事案で筆頭に挙げた蘭学者であるが、より彼と近しい関係では、文政五年に古賀侗庵に就学した阮甫以外にも、漂談会に参加した東條永庵、また高畠五郎・松木弘安（後の寺島宗則）[82]が謹堂の門人であった。あるいは、先の勝と小田提出の人事案に、すでに頭取となっていた謹堂の意向が強く反映されたのかもしれない。同時に進んだ蕃書調所の職員人事にも謹堂は関わり[83]、安政三年一月一九日の記事として、革（川路聖謨）・筑（水野忠徳）・岩（岩瀬忠震）との次のような会談の記録が残る。

△学問所入門用立へキ者多ケレ氏、夫を取レハ祭酒〔林大学頭復齋〕ら怒ト云、革〔川路聖謨〕曰「夫ニハ不構可也」ト、岩〔岩瀬忠震〕曰「其様ニシテハ学校衰微スル也、中村敬輔・田辺太一等皆洋学ニ帰往ス、是モ致シ方ナシ、此餘南樓ニテハ謹吾〔伊澤謹吾〕初メ武川五郎三郎《ママ》・塚原重五郎等皆然り、洋学所ノ方ハ日盛ノ勢アリ、学校ノ方ハ漫取出シ難シ」ト、筑〔水野忠徳〕曰「其位ノヿニテ衰微スル学校ナレハ衰微シテモ苦シカラス」ト、岩〔岩瀬〕頗ル慍ス、予〔謹堂〕曰「中・田ハ上等也、伊・武・塚ハ二等也、故ニ上等ノ人物ヲ望マス二等ヲ望ム也ト」云、岩〔岩瀬〕至テ不承知也。

（「謹堂日誌鈔之一」）

ここには、学問所から調所職員を迎えることを前提に、中村敬輔（敬宇）・田邉太一・伊澤謹吾（のちの木下大内記利義）・武川五郎次郎（のちの山口駿河守直毅）・塚原重五郎ら、学問所内で「洋学ニ帰住」した者たちの名が挙がっている（次章で確認するように、敬宇を除き、いずれも後に外国奉行での職に就く）。

じっさいに蕃書調所が開始されたのは、安政三年一二月四日であった[84]。謹堂が初代頭取となった洋学所・蕃書調所は、天文方の蠻書和解御用の活動を引き継ぐことになるが、その活動の詳細は知られていない。編纂・刊行物によってその活動を確認すれば[85]、主な仕事の一つとして外字新聞[86]・雑誌の翻訳が挙げられる[87]。ただし、官版出版された新聞・情報誌は、わずかに二種に限られる。

蕃書調所訳編『官版玉石志林』四巻[88]（「月刊志林」、「荷蘭寶函」一八五五年、他）

蕃書調所訳編『官版バタヒヤ新聞』二三巻二三冊　文久二年正月（バタビヤのオランダ政庁週刊機関紙「ヤバッシェ・クーラント」*Javasche Courant* の一八六一年分からの抄訳）

しかし、蠻書和解御用で「厚生新編」がオランダ雑誌から継続的に翻訳されたのと同様に、[89]大部の雑誌翻訳がなされていたと推測される。刊行された『玉石志林』をはるかに上回り、それと同種の雑誌を原本とする古賀謹堂の漢文編著「度日閑言《たくじつかんげん》」二五冊は、[90]西洋の社会・学術についてオランダの雑誌を媒介に理解し、それに謹堂自身の批評を加えたものである。その主な原書雑誌が、ヂーデリック氏兄弟編『荷蘭寶函』千八百三十四至五十六年、二十三本（*Nederlandsch magazijn ter verspreiding van algemeene en nuttige kundigheden*, 23vols.）Amsterdam, 1834–56［宮内庁書陵部1-45, 0-158］『一般的で有用な知識普及のためのオランダ雑誌』）という、挿絵入りの大衆啓蒙雑誌であった。[91]ディーデリック兄弟（Gebroeders Diederichs）が、一八三四年版に付した蘭文の序文によれば、この雑誌はイギリスの実用知識普及協会（Society for the diffusion of useful knowledge）という啓蒙団体が発刊する三文雑誌（Penny-Magazine）をモデルにしているという。おそらく、この啓蒙雑誌の翻訳が、蕃書調所の学術的な翻訳活動の大半を占めていた。「度日閑言」は、安政期の蕃書調所の活動を集大成した著作の一つであろう。僅かに残る「和蘭寶函」抄譯、二冊（宮内庁書陵部200-85）には、漢訳前の和文翻訳文が収録されている。学政創制に多くの時間を割いた謹堂自身は「外洋図書」を直接読むことは出来ず、調所の教授たちが和文翻訳したものを、漢訳し批評を加えて編集した。これによって「西人術藝之美、武功事業之盛大を知る」（「度日閑言」巻一二の跋文）に至るとはいえ、この作業が謹堂自身にとっては、読書歴にみた情報資源と「蕃談」編集の延長にあることは間違いない。

蕃書調所初代頭取となり、幕府の洋学研究・教育の責任を一手に担った古賀謹堂は、その後、突如として転任させられる。この井伊政権倒壊後の文久二（一八六二）年五月に、謹堂が調所頭取職を去り、同時に蕃書調所から洋書調所へと名称変更されるに至って、洋学学風が「一変し」、西洋社会の文化全体に及ぶようになったとの見解もある。[92]

だが、頭取謹堂の弘化・嘉永年間の関心の延長に洋学所・蕃書調所の活動があること、また初期蕃書調所の重要な営為の一つに、後に「度日閑言」として漢訳され、一部刊本『玉石志林』として出版されるオランダの大衆啓蒙雑誌「和蘭寶函」和文翻訳作業があったことを踏まえなければならない。たしかに、洋書調所の官版出版としては、次のような清国経由の雑誌・新聞類の出版が知られている。(93)

洋書調所刊『六合叢談』一三巻五冊、(94)咸豊七（一八五七）年一月―八（一八五八）年五月
洋書調所刊『中外新報』一三冊、咸豊八（一八五八）年一一月一五日―一一（一八六一）年一月一日
洋書調所刊『香港新聞』二冊、咸豊一一（一八六一）年七月五日―同治元（一八六二）年五月二日
洋書調所訳編『官版海外新聞』九巻別集三巻一二冊　同上、一八六二年一月一日―一月二九日までの抄訳

しかしこれらとて、情報の発信元こそ変化するが、蕃書調所のオランダ雑誌「和蘭寶函」（一八三四―五六年）二三冊による海外文化の情報収集活動の延長に位置付けられるであろう。蕃書調所教授方の津田眞道や西周ら五名のヨーロッパ留学の建議書である「欧羅巴各国江蕃書調所教授方之者共被差遣候儀ニ付相伺候書付」（文久元年四月）さえも、(95)当時の頭取謹堂と教授手伝勝海舟によるものであり、これが、幕府からの海外留学生派遣の提案を記した先の「存念書」から八年後の謹堂によって発議されていることは看過できない。

洋学所の初代頭取となった古賀謹堂は、安政二年一二月、古賀家三代が五七年間棲み家とした学問所の官舎を後にする。「〔安政二年一二月〕廿二日、去官舎遷復原樓、我顕祖以寛政十一年九月廿五日始入泮水《はんすい》官舎、今以安政二年乙卯十二月廿二日去官舎、凡三世五十有七年、隠居庭、於私構庭召取栽諸枝皆長大、大半手沢取沁漬、尤覚惻然《そくぜん》」（「謹堂日誌鈔之一」）。そして、再び昌平坂の官舎に戻ることはなかった。

学問所の学問上の性格自体も、洋学所開設と古賀家転居に相前後して、大きな転機を迎えたと言える。先の安政元年一二月の閣老による学問所への改革促迫に際して、大小目付に申し渡された学問奨励の達しには次のようにある。

「去年〔嘉永六年〕以来、武備之義格別ニ御世話有之、一同相励候ニ付、自然文学之心掛疎ニ相成候哉ニ相聞候、文学之道偏廃難相成候ハ勿論之義、精忠報国之志を立候も、学問伸張之功、許多之事ニ候間、学問修業之儀、弥怠惰無之様、林大学頭・林圖書之助申談、格別御用立候者出来候様、厚く世話可被致候」云々。[96]

学問所での教育目的が「御用立候者」の育成であることに変わりはない。だがもはや、教育内容は「朱学」と明示されずに「文学」「学問」と記され、そして「学問伸張」によって「精忠報国之志を立」るという政治的統合化の色彩を帯び始める。学問所設立以前の天明期から、幕府「政教」の歴史的変遷を辿ってきたこれまでの議論を踏まえれば、ここに安政期以降の学問所が担った「政教」が、〈教義上の正統性〉など以上に〈政治的正統性〉を強調し始める、その変化の兆しを窺い観ないわけにはいかないであろう。それは排他的な攘夷と結びつく「精忠報国之志」はもちろん、またそればかりでなく、大橋訥庵のように尊皇をも呼び起こしかねない「報国」の〈正統性〉主張でもあった。[97]近代日本から回顧された昌平黌の印象の多くは、じつに、古賀家が学問所を去った後に一三年間続いた、この幕末社会の「政教」を映し出していたのではないだろうか。

第十章　党派対立と政治構想
——海防掛と古賀謹堂——

繰り返される情報収集と意志決定の相関関係の過程で、事象解釈の要となる認識枠組みが徐々に変容を遂げていく。「海國圖志」のような一つの地理書との出会いが、その枠組み変化の転機をもたらすこともあろう。[1]だが、世界地理の情報による視圏の拡大は、認識主体の政治的意思決定を、必ずしも対外貿易容認や国内体制再編などの方向に向かわせるとは限らない。あるいはまた、短期間の遣外使節の旅上で、また留学経験を通し、意図せずして世界認識の枠組みの大きな転換を生ずることもあろう。[2]しかし、そのような国外経験という直接的に受容する海外情報の一方的な過剰状態は、萬延元（一八六〇）年の遣米使節団以前は、漂流民か密航者にしか許されない経験であった。これまで辿ってきた古賀家学の思想変遷を顧るならば、開港が既成事実となる以前の、西洋経験以前の徳川日本において国際関係の認識枠組みが変容していった背景には、世代を越えた数十年単位の持続する関心と情報収集の努力があった。

そのような情報収集からある枠組みを媒介とする政治構想までの一連の思考過程に、さらにさまざまなレベルの政策対立・調整といういま一つの契機が働いて、政治的判断がなされ、引いては国家の対外政策の意思決定が下されている。政治意思の割拠的構造は、特に嘉永期以降の徳川日本においては、幕臣・譜代諸大名ばかりでなく、外様・公家勢力を含んだ政策対立問題となって露呈するが、本書の主題から問題となるのは、幕臣内部、とりわけ外政機構として政策決定に影響力を行使した海防掛内部の政策対立である。外交交渉を担当する異国応接掛は、のちに述べるように、その構成員の多くは海防掛から任命された。そして、当初漢文条約起草者として応接掛に加わった古賀謹堂も、この外政機構内部の軋轢のなかで、政治的判断と構想を重ねることになる。しかも、その行政組織ごとの政策選好にもとづく政争には、人事を通して学問所儒学の問題も反映されていたのである。

以下、外政機構内部の党派対立と応接掛の関係を素描した上で、そのなかでの古賀謹堂の経験を、漢文日記と和文日記抄、そして僅かに伝存する上書から探ってみることにしよう。

一　勘定系と目付系——「内事外政両輪」

オランダからの開国勧告に国書をもって返答した阿部政権により弘化二年に外政機構として設置された海防掛は、(3) 勘定系（勘定奉行）と目付系（大目付・目付）の二系統から構成され、閣老からの外政問題諮問に対して答申で応えた。しかし、ペリー来航後の諮問においては、所属系統ごとに海防掛の答申が上げられるようになり、以後「車の両輪の如」き二系統の外交政策対立が顕在化し始める（表10-1）。

ただし、組織的利害と政策主張の対立は、各政権の権力構成とも関係している。海防掛に任命された人員の履歴をみるならば、川路聖謨や竹内保徳のように勘定や支配勘定から、勘定組頭、勘定吟味役を経て勘定奉行に昇進する例を除き、政治的影響力を行使した主要な人物が、天保期から弘化・嘉永期に転職していることがわかるであろう。幕閣の政権交代による諸有司人事の一洗は、大老井伊による「一橋派」の要職からの追放（安政六年八月以降）ばかりでなく、天保・弘化期においても、執政内での水野忠邦から阿部正弘への権力委譲過程でもみられたのである（図10-1）。

表 10-1　海防掛任命者一覧（任命順）

氏　名	海防掛	海防掛就任時の役職	任　期	前　職	後　職
平賀勝足	弘化 2/08/09－〔3/閏 5/06〕	目　付	天保 13/04/26－弘化 3/閏 5/06	小納戸	長崎奉行
松平近韵	弘化 2/08/09－〔嘉永 1/09/10〕	目　付	天保 14/02/01－嘉永 1/09/10	使番見廻兼帯	田安家家老
土岐頼旨	弘化 2/08/09－〔弘化 3/03/28〕	大目付	弘化 2/03/20－弘化 3/03/28	浦賀奉行	大番頭
本多安英	〔弘化 2/08？－嘉永 3/08/24〕	目　付	弘化 2/05/09－嘉永 3/08/24	西丸小納戸	大坂町奉行
三宅康濟	〔弘化 2/11/20－嘉永 5/閏 2/28〕	目　付	弘化 2/11/20－嘉永 5/閏 2/28	西丸目付	小普請奉行
石河政平	〔弘化 3/07 以前〕－〔安政 2/08/09〕	勘定奉行	天保 14/閏 9/20－安政 2/08/09	作事奉行	一橋家家老
小出英美	〔弘化 3/07 以前〕－〔弘化 4/07/17〕	目　付	弘化 1/06/13－弘化 4/07/17	西丸目付	山田奉行
羽田利見	〔弘化 3/07 以前〕－〔嘉永 3/08/24〕	勘定吟味役	弘化 1/12/03－嘉永 3/08/24	西丸裏門番頭	佐渡奉行
深谷盛房	〔弘化 3/07 以前〕－〔安政 1/06/20〕	大目付	弘化 1/12/24－安政 1/06/20	小普請組支配	(辞職)
松平近直	〔弘化 3/07 以前〕－〔安政 4/07/24〕	勘定奉行	弘化 2/03/20－安政 4/07/24	目　付	田安家家老
稲葉正伸	〔弘化 4/06？〕－〔嘉永 1/05/26〕	目　付	弘化 2/05/09－嘉永 1/05/26	小納戸	長崎奉行
佐々木顕発	弘化 4/06－〔嘉永 4/07/28〕	勘定吟味役	天保 14 閏 9/20－嘉永 4/07/28	勘定組頭	奈良奉行
大澤定宅	〔弘化 4/08/10－嘉永 5/05/15〕	目　付	弘化 4/08/10－嘉永 5/05/15	西丸目付	長崎奉行
戸川安鎮	嘉永 1/05/26－嘉永 6/06/07	目　付	弘化 3/閏 5/20－安政 1/05/03	西丸目付	(辞職)
鵜殿長鋭	〔嘉永 1/09/15－安政 5/05/20〕	目　付	嘉永 1/09/15－安政 5/05/20	小納戸	駿府町奉行
都筑峯重	〔嘉永 1/11/01－嘉永 6/03/24〕	勘定吟味役	嘉永 1/11/01－嘉永 6/03/24	大津代官	佐渡奉行
井戸弘道 文政 6 甲	嘉永 2/10/06－〔嘉永 6/04/28〕	目　付	嘉永 1/05/26－嘉永 6/04/28	西丸目付	浦賀奉行
大久保信弘	〔嘉永 2/12/28－安政 1/01/22〕	目　付	嘉永 2/12/28－安政 1/01/22	西丸目付	新番頭
塚越元邦	〔嘉永 4/08/08－嘉永 6/04/22〕	勘定吟味役	嘉永 4/08/08－嘉永 6/04/22	勘定組頭	勘定奉行格
川路聖謨	〔嘉永 5/09/10－安政 5/05/06〕	勘定奉行	嘉永 5/09/10－安政 5/05/06	大坂町奉行	西丸留守居
竹内保徳	〔嘉永 5/閏 2/28－安政 1/06/晦〕	勘定吟味役	嘉永 5/閏 2/28－安政 1/06/晦	勘定組頭	箱館奉行
堀　利熙 天保 14 乙	嘉永 6/06/07－〔安政 1/08〕	目　付	嘉永 6/05/14－安政 1/08/	徒　頭	箱館奉行
九鬼隆都	嘉永 6/06/18－/10/06	番　頭	天保 12/12 晦－安政 4/06/08		(辞職)
江川英龍	嘉永 6/06/19－〔安政 2/02〕	勘定吟味役兼帯	嘉永 6/06/19－安政 2/02/	代　官	(死亡)

井戸弘道（再勤）	嘉永 6/12/15－〔安政 2/07/26〕	大目付	嘉永 6/12/15－安政 2/07/26	浦賀奉行	（死亡）
村垣範忠	安政 1/01/14－〔安政 3/07/28〕	勘定吟味役	安政 1/01/14－安政 3/07/28	賄　頭	箱館奉行
永井尚志 弘化 5 甲・嘉永 4 甲府学頭	安政 1/01/22－安政 5/07/08	目　付	嘉永 6/10/08－安政 4/12/03	徒　頭	勘定奉行
岩瀬忠震 天保 14 乙・嘉永 3 甲府学頭	安政 1/01/22－安政 5/07/08	目　付	安政 1/01/22－安政 5/07/08	徒　頭	外国奉行
荒尾成允	安政 1/04/21－/05/09	目　付	嘉永 5/05/15－安政 1/05/09	小姓組頭	長崎奉行
一色直温	安政 1/05/09－〔安政 5/02/15〕	目　付	嘉永 5/05/26－安政 5/02/15	使　番	堺奉行
大久保忠寛	〔安政 1/05/09－安政 4/01/22〕	目　付	安政 1/05/09－安政 4/01/22	徒　頭	長崎奉行
岡田忠養	安政 1/07/24－〔安政 2/05/22〕	勘定吟味役	安政 1/07/24－安政 2/05/22	勘定組頭	下田奉行
筒井政憲　享和 3 甲	安政 1/07/24－〔安政 5/07/08〕	大目付	安政 1/07/24－安政 4/01/22	西丸留守居	鎗奉行
水野忠徳　天保 9 乙	〔安政 1/12/24－安政 4/12/03〕	勘定奉行	安政 1/12/24－安政 4/12/03	長崎奉行	田安家家老
設楽能潜　文政元乙	安政 2/05/25－〔安政 4/12/28〕	勘定吟味役	安政 2/04/27－安政 4/12/28	代　官	留守居
跡部良弼	安政 2/08/09－安政 5/07/08	大目付	安政 2/08/09－安政 5/11/18	留守居	町奉行
土岐頼旨（再勤）	安政 2/08/09－〔安政 5/05/06〕	大目付	安政 2/08/09－安政 5/05/06	大番頭	
岡田長常	〔安政 2/09/14－安政 4/12/28〕	目　付	安政 2/09/14－安政 4/12/28	西丸目付	長崎奉行
津田正路	〔安政 3/02/10〕－安政 5/07/08	目　付	安政 3/02/10－萬延 1/12/05	西丸目付	箱館奉行
伊澤政義	安政 3/09/15－〔安政 4/12/28〕	大目付	安政 3/09/15－安政 4/12/28	普請奉行	町奉行
駒井朝温	〔安政 3/12/01〕－安政 5/07/08	目　付	安政 3/12/01－萬延 1/12/15	西丸目付	大目付
野々山兼寛	〔安政 3/12/01〕－安政 5/07/08	目　付	安政 3/12/01－安政 6/05/26	西丸目付	（辞職）
池田頼方	安政 4/12/28－安政 5/07/08	大目付	安政 4/12/28－安政 5/10/09	町奉行	町奉行
山口直信	安政 5/06/25－安政 5/07/08	大目付			
黒田頼泰	〔安政 5/02/30〕－安政 5/07/08	目　付	安政 5/02/晦－文久 01/05/28	西丸目付	町奉行

註記）安政 5 年 7 月 8 日海防掛廃止。

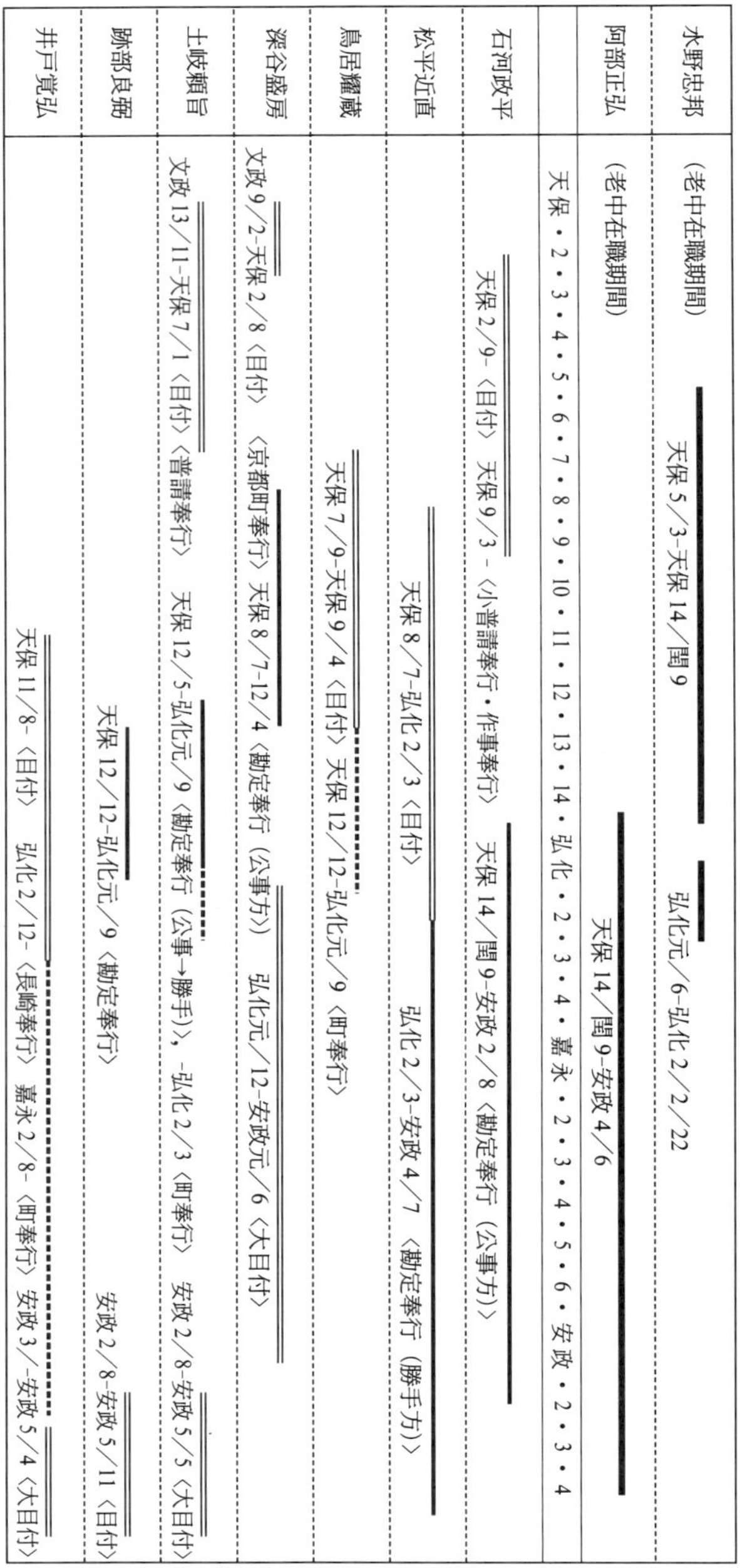

図 10-1　水野政権から阿部政権への移行期の人事（海防掛となる勘定奉行・目付系経験者を中心に）

註記）━━ 勘定奉行，═══ 目付，------ 町奉行・長崎奉行など。

天保改革前後の水野政権においては、このような政策主張と密接に結びついた各部署のセクショナリズム（分立割拠性）は、たとえば、天保一〇年五月の蠻社の獄をめぐる目付系と勘定系との間に、また天保一二年一二月の株仲間解散という経済政策では、老中・勘定系と町奉行の間に顕著であった。

天保期の蠻社の獄は、目付鳥居耀蔵（林述齋の次男）[4]と韮山代官江川太郎左衛門坦庵の天保一〇年一月の豆相沿岸測量と、その結果、後者提出の測量図に高い評価が下ったことから生じた確執に端を発する。前者の随行者小笠原貢藏は、崋山が後者に推薦した長英門下の奥村喜三郎・内田彌太郎の測量技術に及ばず、鳥居らの私憤は蘭学者への遺恨となったのである。澁川六藏が聞き付けた尚歯会席上の無人島開墾を、小笠原と鳥居共に謀り、水野忠邦を動かした結果が、同年五月の蠻社の獄であった。[5] これを幕臣内部の抗争としてみるならば、渡邊崋山に接近していた江川、羽倉簡堂・川路聖謨（勘定吟味役）ら勘定系幕臣と、蠻社の追及を迫った目付系の鳥居・佐々木三蔵らの党派的な対立とも整理されている。[6] 明朝の六科給事中においても「言事糾察ノ權ヲ與ヘタルカ爲メ其權力ヲ濫用シテ國政ヲ紊亂シタル跡」があったとされるが、[7] 水野政権の目付鳥居耀蔵は、まさにその言路の権を用いて政権内人事を掌握した代表であろう。

蠻社の獄から二年半後の天保改革期の国内経済政策をめぐっては、徳川齋昭を背後に抱え、株仲間解散推進を唱えた老中水野忠邦や勘定吟味役の川路聖謨と、改革に批判的な町奉行（北）遠山景元《かげもと》・[8]（南）矢部定謙（駿州）[9]・（南）筒井政憲（鑾溪）との間に政策対立があったことが指摘されている。[10] 人為的で不正な価格引き上げを可能とする株仲間の解散を主張する前者は、競争原理の導入によって物価を下落させ、国内市場に対する幕府の直接統制を目指すのに対し、後者は江戸市中の景気維持を優先させ、むしろ幕府の経済政策である貨幣改鋳が、貨幣価値を下落させて物価騰貴、さらには大坂への物資回送量の減少を招いていると批判した。この政策対立は、天保一二年一二月二八日に目付鳥居が町奉行（南）となり、町奉行内部でも意見相違がみられるようになる。[11]

このような幕臣内部における政争は、天保改革頓挫以後の阿部政権では——将軍継嗣問題をめぐる「一橋派」と「南紀派」の対立以前には——、海防掛内部における「黨」派対立として、後述するペリー来航後の外政をめぐる勘定系と目付系との政策対立に表面化する。

勘定系と目付系を示す用語は、謹堂の日記などを参照すれば、いずれも明の官名を意識して、前者は、九卿の一つで農政・造幣などの国家財政を掌る「司農」（勘定奉行は「大司農」）、または六部の戸部として「戸書」（勘定吟味役は

「戸検吏」)、あるいは「計」とされ、対する後者は、監察御史や御史臺から、「監」「監察」「監察局」、または「御史」(大目付は「大御史」)、「風憲」の呼称が用いられる。さらに、党派対立を強調する場合には、後にみるように、両派は「計黨」・「監黨」とさえ記されている。

党派的な政策対立は、所属組織の構成員の思想に由来する側面と同時に、組織の業務内容の相違による面があるであろう。特に「車の両輪の如」き勘定系と目付系の場合、一方の直轄領支配の代官所を統括し、徳川幕府の財政を担った勘定所機構[12]、その「内事にあづかる勘定奉行」に対して、他方の「撿視の職」として「外政第一に正す」目付は、諸大名・役人の風紀取締り・行状検察・非違の彈正・触内容の事前審議を所掌業務とした[13]。寛政元年一月二二日に発せられた「目付職掌ノ儀ニ付達」は、そのような「外政」を治め「作法」を正す目付の職務内容を確認したものである[14]。

前述のように、政権の意向により目付と勘定間を交互に経験した事例もあるが、多くは勘定系と目付系のそれぞれの専門的業務を重ねて昇進し、各分野で獲得した知識と経験を基に行政をおこなった。政治的登庸過程も異なり、勘定系には勘定所の実施する筆写と算術試験の筆算吟味が課せられたのに対し[15]、目付系の場合は、昌平坂学問所が実施する学問吟味及第者(寛政享和：遠山景晉、文化：筒井政憲、天保：戸田氏榮、弘化嘉永：井戸弘道・堀利熙・永井尚志・岩瀬忠震、安政：木村喜毅・大草高堅)が少数だが含まれ、安政期以降には多くの及第者が登用されることになる。勘定方の川路聖謨の場合、一七歳のときに受験した文化一四年の学問吟味には落第し、同年の筆算吟味に及第して支配勘定出役に採用されたことが、その後の彼の幕吏としての職務と政治意識形成を決定した[16]。嘉永年間に勘定方から昌平坂学問所への厳しい批判が上げられることも、このような登庸や政治的社会化過程とも無縁ではないであろう。

幕領の租税徴収権を掌握し特定の既得権益を管理するがゆえに、財政的専門知識を要し技術志向の強い勘定方とは対照的に[17]、目付系には、幕府職制の全般的な組織や業務についての知識と、他方で政務を客観的・中立的に分析判断する能力が求められる。目付系は、おのおの老中や若年寄に向かって申し上げる権をもついわゆる「言路の官」として、政務監察の職務権限を、大目付が諸大名を、小目付が幕臣を対象として分掌した。その目的は、十分な自己謙抑の上で、諸役に、より公正で、効率的かつ合理的な行政活動を実現させることであった。目付の人事が、幕府職制のなかでは例外的に多数決によって客観的に決定されたことも、彼らの業務内容の性質と併行して考えられなければならない[18]。このような幕政ばかりでなく、藩政においても「目付」「横目」が職制に組み込まれている。「目付」の政務監察の職掌は、奥右筆・評定所などの業務とともに、宋の「台諫」「給事中[19]」、明の「御史臺」「六朝給事中[20]」、清の「都察院[21]」などの機関がもっていた、「言官」による「諫奏」の機能を果たしたといえるであろう。相違ない。

嘉永六年のペリー来航以後、海防掛が所属系統ごとに答申を上呈し始める背景には、このような互いに牽制し合う職掌配分と政治意識形成過程の相違に由来する、外交政策の方向性の違いが、次第に顕著になってきた事情もあるに相違ない。

「内事外政両輪」の勘定系と目付系のバランスは、海防掛の人事と同様に、次のような外国使節に応対して交渉を行う異国応接掛の人事構成にも反映されたと考えられる。

・亜墨利加応接掛

嘉永七年一月

林復齋（大学頭）・井戸対馬守覚弘（町奉行）・戸田伊豆守氏榮（浦賀奉行）・伊澤美作守政義（浦賀奉行）・鵜殿民部少輔（目付）・松崎満太郎（儒者）

・露西亜応接掛

①嘉永六年長崎行

筒井政憲（西丸留守居学問所御用）・川路聖謨（勘定奉行）・荒尾成允《しげまさ》（目付）・古賀謹一郎（儒者）

②安政元年下田行

筒井政憲（西丸留守居）・川路聖謨（勘定奉行）・松本十郎兵衛（目付）古賀謹一郎（儒者）・村垣与三郎

（勘定吟味役）・（伊澤政義［下田奉行］）

・英吉利応接掛（安政三年九月に任命されたが、実現されず）

①英吉利使節船長崎表へ渡来之節、応接掛[22]

土岐丹波守頼旨（大目付）・川路左衛門尉（勘定奉行）・水野筑後守忠徳（勘定奉行）・古賀謹一郎（蕃書調所頭取）・中村為彌（勘定吟味役）・菊池大助（勘定吟味役組頭）

②英吉利使節船、万一江戸近海へ廻航した際の応接掛[23]

筒井肥前守（大目付）・竹内下野守保徳（箱館奉行）・岩瀬修理（目付）

亜墨利加応接掛と露西亜応接掛の首席全権を大学頭と学問所御用がそれぞれ担ったことは[24]、外国使節を迎える聘礼受容の際に、従来学問所関係者が関与してきたことを反映しての人選と考えられる[25]。上記の応接掛のうち、亜墨利加応接掛には、勘定系役人が含まれていないが、おそらく未だ外交政策が混沌として目付と勘定の党派対立が決定的となっていない嘉永六年夏もしくは秋の時点では、三奉行で応接掛の次席を分担し、町奉行の井戸[26]と勘定奉行（公事方）の川路[27]がそれぞれ担当したと思われる。英吉利応接掛②の竹内保徳は、勘定から勘定組頭、吟味役を経て箱館奉行へと累進を重ねた叩き上げの勘定系官吏であり、儒者や応接場管轄奉行を含むとはいえ、勘定と目付の相牽制し合う人員構成になっていると言えるだろう。

ただし、以上の推測が成り立つとしても、残される問題は、安政三年九月の時点で、古賀謹堂がなぜ英吉利応接掛の一員に任命されたのかということである。日本からの国書や條約の正文は、安政元年四月二七日の老中阿部から町奉行井戸覚弘と下田奉行伊澤政義に対して渡された次の「覚」にもとづく「和文」優先の方針決定の結果も踏まえて、安政二年を境にして漢文ではなくなる[28]（表10-2）。

以後は漢文相止、和文を以主といたし、右を横文字ニ而訳し遣し候事と相成候方可然と存候事、……、中迄も無之候得共、応接掛り、下田奉行一同厚ク申談、和文ニて一同存念無之、聢と決着之上、万一漢文遣し候事ニ相成

表 10-2　漢文外交文書を中心とする日本側での起草者・翻訳者，および使用言語

日　付	文書名	起草者・翻訳者	使用言語	備　考
文化 2 年 3 月	御教諭御書附	屋代弘賢（林述齋ら）	和　文	対レザノフ
文化 2 年 3 月	長崎奉行申渡	（林述齋ら）	和　文	対レザノフ
文化 8 年 6 月	日本国王返翰（朝鮮国王宛）	屋代弘賢・古賀精里	漢　文	對馬聘礼
1842 年 2 月 15 日（天保 13 年 1 月 5 日）	オランダ国王書翰（徳川家慶宛）		蘭文和解	
弘化 2 年 6 月 1 日	老中書翰（オランダ執政宛）	佐藤一齋（古賀侗庵）	漢　文	
嘉永 6 年 6 月 2 日	ペリー書翰（徳川家慶宛）	異国書翰和解御用	英文・蘭文・蘭文和解・漢文・漢文和解	『幕末外国関係文書』第 1 巻，第 116 号，p. 255（以下略記）
1852 年 11 月 13 日（嘉永 5 年 10 月 2 日）	米国大統領書翰（徳川家慶宛）	異国書翰和解御用	英文・蘭文・蘭文和解・漢文・漢文和解	『幕末』① 114, p. 238 ＊嘉永 6 年 6 月 9 日差出
嘉永 6 年 7 月 18 日	プチャーチン書翰（長崎奉行宛）	古賀謹堂・安積艮斎	漢文・漢文和解	『幕末』① 291, p. 584
1852 年 8 月 23 日（嘉永 5 年 7 月 21 日）	露国宰相ネッセルローデ書翰（老中宛）	古賀謹堂・安積艮斎	露文・蘭文・蘭文和解・漢文・漢文和解	『幕末』② 49, p. 140 ＊嘉永 6 年 8 月 19 日差出
嘉永 6 年 10 月 15 日	老中書翰案（露国宰相宛）	古賀謹堂（安積艮斎）	漢文・漢文和解	『幕末』③ 15, p. 52
嘉永 6 年 12 月 18 日	老中書翰（ロシア宰相宛）	古賀謹堂（安積艮斎）	漢文・漢文和解	『幕末』③ 15, p. 52
嘉永 6 年 12 月 30 日	露西亜応接掛書翰案（プチャーチン宛）	古賀謹堂らか	和文・漢文	『幕末』③ 184, p. 5251
安政元年 1 月 2 日	日露修好條約草案（露国使節より老中へ差出）		蘭文・蘭文和解	『幕末』④ 6, p. 21
安政元年 1 月 3 日	ロシア応接掛書翰（プチャーチン宛）	古賀謹堂らか	和文・漢文	
安政元年 2 月 3 日	ペリー書翰（亜米利加応接掛宛）	松崎柳浪（林復齋）か	蘭文・蘭文和解・漢文・漢文和解	『幕末』⑤ 98, p. 119
安政元年 2 月 10 日	日米修交通商條約草案（米国使節より亜米利加応接掛へ差出）	和解：松崎柳浪（林復齋）	漢文・漢文和解	『幕末』⑤ 100, p. 149
安政元年 2 月 10 日	亜米利加応接掛書翰（ペリー宛）		和　文	『幕末』⑤ 95, p. 103 和親・欠乏品・上陸・測量等の件

安政元年2月10日	老中書翰案（アメリカ国宛）		和　文	
安政元年2月17日	日米修交通商条約草案（亜米利加応接掛より米国使節へ差出）	松崎柳浪（林復齋）	漢文・漢文和解	『幕末』⑤132, p. 247
安政元年3月3日	日米和親条約	松崎柳浪（林復齋）	蘭文・蘭文和解・漢文・漢文和解	『幕末』⑤243, p. 449
安政元年5月22日	日米和親条約付録		和　文	『幕末』⑥225, p. 357
安政元年閏7月1日	オランダ商館長書翰（長崎奉行宛）		蘭文・蘭文和解	『幕末』⑦64-67, p. 168
安政元年閏7月15日	スターリング書翰（長崎奉行宛）		蘭文・蘭文和解	『幕末』⑦79, p. 214
安政元年8月23日	日英協約		蘭文・蘭文和解・和文	『幕末』⑦151, p. 439
安政元年12月21日	日露和親条約并付録	古賀謹堂	蘭文・蘭文和解・漢文・和文	『幕末』⑧193, p. 410
安政2年1月5日交換	日米和親条約批准書		蘭文・蘭文和解・和文	『幕末』⑨11•13•14, p. 35
安政2年4月9日	日英協約批准書		和　文	『幕末』⑩166, p. 439
安政2年7月27日	日蘭和親条約草案		蘭文・蘭文和解	『幕末』⑫88, p. 186
安政2年9月1日	日英協約副章草案		蘭文・蘭文和解	『幕末』⑫168, p. 437
安政2年9月8日	日英協約副章		蘭文・蘭文和解	『幕末』⑫175, p. 471
安政2年9月30日	日蘭条約草稿議定書		蘭文・蘭文和解	『幕末』⑬27, p. 36
安政2年12月23日	日蘭和親条約		蘭文・蘭文和解	『幕末』⑬115, p. 235

候とも、右和文を少しも間違無之様漢文ニ直し候積可被心得事。[29]

したがって、謹堂が関与した安政元年一二月二一日の日露和親条約を最後に、漢文翻訳の儒者としては応接掛に加わる任務を既に終えていたのである。イギリス交渉は、通商条約の要求が予想され、勘定系は川路・水野の両勘定奉行を配したが、目付海防掛能吏の代表格である岩瀬忠震（蟾洲）は予備人員として控えていた。

次節以降では、この安政三年九月一六日の英吉利応接掛の人事を念頭に置きながら、古賀謹堂の史料をもとに、異国応接掛と海防掛内部における党派対立と政治構想に、彼がどのような位置を占めていたのかを検証する。

二　露西亜応接掛の経験と政治構想

（1）ロシア国書翻訳

嘉永六年六月のアメリカ使節ペリーの浦賀来航に続いて、同年七月一八日に長崎に入港したのが、ロシア極東艦隊司令長官で遣日使節のプチャーチンが率いる四隻の艦隊であった。海防掛・三奉行を初めとする諸有司への諮問の上で[30]、国書受領が幕閣で決定された。八月一九日に長崎奉行を通じて受領されたロシア国書は、宰相ネッセルローデ（Nesselrode）書翰[31]（一八五二年八月二三日［嘉永五年七月二二日］）と使節プチャーチンの添書翰である。プチャーチンの副書翰によれば、宰相の「俄羅斯文」書翰に「阿蘭陀語の書を相添へ」、さらにその上「副本の方へ見合、唐國語の書を差添へて」渡す旨記されており、ロシア語原文に加え、オランダ語と漢語の訳文が日本側に差出されたことが確認される[32]。このうち、九月一七日に漢訳書翰の翻訳を命じられたのは、学問所儒者の古賀謹堂と安積艮齋であった（図10-2）。「九月旬七、予與同僚安積艮齋、奉訳文之命」（「西使日記」[33]）、「(九月) 十七日朝より登営、和解御用ニ付申也、俄羅斯書翰凡二道にして、且俄羅斯本文も有之、但漢字誤寫謬聞、不可讀也」（「謹堂日誌鈔之一」）。謹堂は国書の「漢字誤寫」を指摘しているが、困難を覚えたのはむしろ「横文字」国書の翻訳の命を受けた天文方であり、山路彌左衛門は「和蘭陀之譯文無之候ニ付、右魯西亞文而已ニ而ハ、何分和解出來不仕旨」申し立てている[34]。ロシア語原文の書翰しか渡されなかったため、天文方和解御用に勤める医師や通詞たちは、露独と蘭独辞書を用い、あるいは馬場佐十郎の著したロシア語辞書をも「取調」べたが不明語が多く「和解」できなかったという。この上申書を受けてオランダ語訳も幕府から天文方に渡されたようで「蘭文和解」が記録に残るが、ここでもまた、翻訳行為がもたら

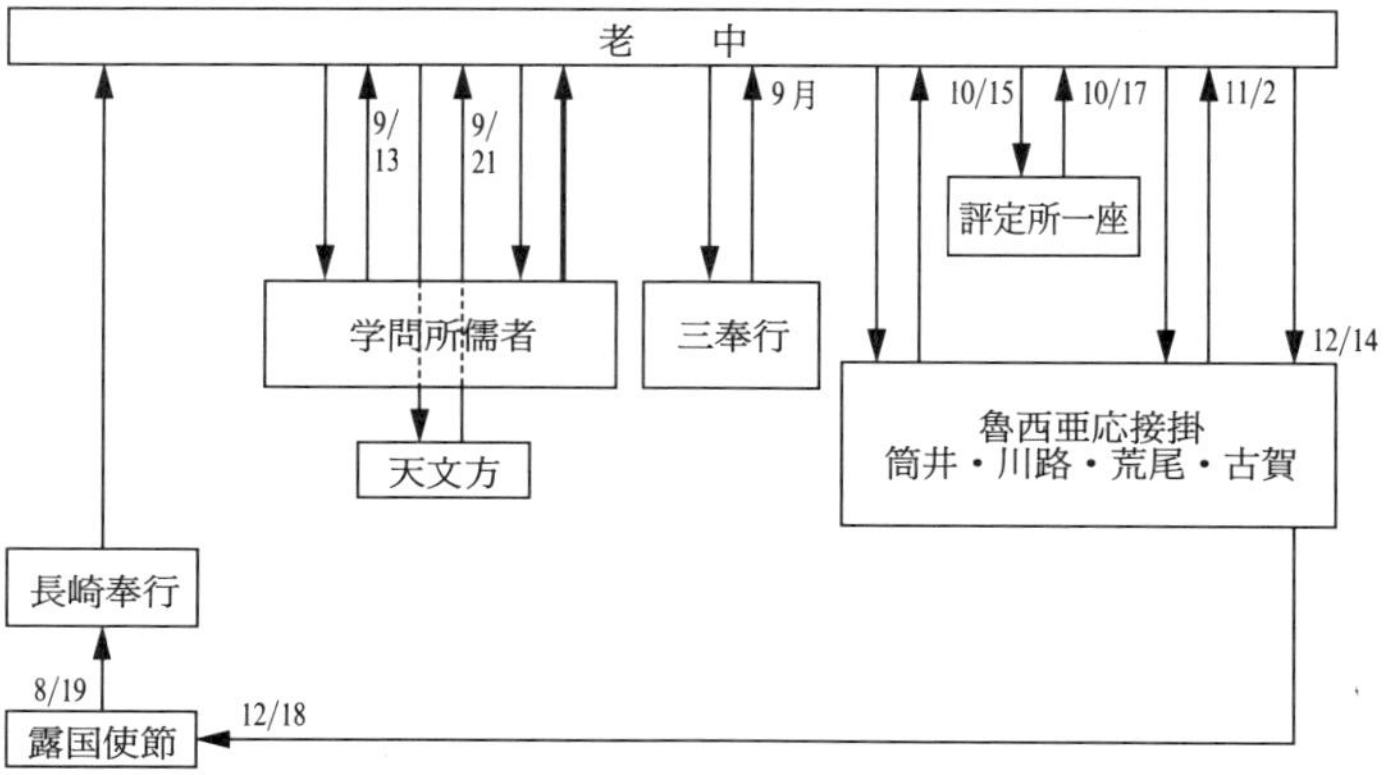

図 10-2　嘉永 6 年 8-12 月，ロシア国王書翰翻訳と返書作成過程

す「蘭文和解」と「漢文和解」の内容上の微妙な相違に気付かざるを得ない。

ロシア国書は、次のような宰相書翰中の文面から解るように、三つの内容を含んでいた。

〔唐國語の書〕

「　總而言之、遣使朝
大日本國
大主之定向者、一則乃開發本國意想天下當日物情奈何、二則乃解明分疆界緊要之事、三則乃開啓兩國屬人互有益有實之交、以致兩大國於至善至寧之地位也無疑」

〔蘭文和解〕「此度本國より大日本帝府に使臣を奉するの本旨は、全く和親の意にして、第一方今の事情に就て、我か政廷の意を明白に申告し、次に境界を確定することの必要なる縁由を告白し、更ニ両個大帝國の福安を保ち、兩國の民臣遭遇の際に就て、互に永遠有益の基律を定めんと欲するか為なり」

〔漢文和解〕「大意を取撮ミ申候得は、今般使節を　大日本の
大主江差上候趣意は、其一には、本國より親交を相求候意味と、世界當時の形勢事情如何といふ所を申立、其二にハ、兩國境界を取定め候肝要の事を申立、其三にハ、兩國領分の人民互に利益あるの交りを相始め、兩大國を至極安全の場に至る様成行候事ハ疑ひもなく存候」

すなわち、前述の「開国」説得の内容分類に従えば、この宰相書翰の内容は、(A) 世界情勢の説明、(E) 国境確定交渉

の開始、(C) 外国貿易の要求の三点に集約される。ロシアの場合、(A) 世界の状況変化については、その内容を説明させるために使節を派遣したとして、書翰本文でも具体的な世界事象を多く述べていない。

〔蘭文和解〕「右使臣を送れる本旨ハ、日本帝國方今の事跡形勢を明白に申告し、且日本國と其賢明の大君との時運に就て、魯西亞帝深く憂慮する所の事を説明をしめ」〔んとするにあり〕

〔唐國語の書〕

「　遣使前往
　大貴國、志之一者、乃詳細誠列當日一世之衆變
　貴國之情形如何、爲以至（呈カ）露懐
　貴國命運所感之心是也」

〔漢文和解〕「使節として　貴國江差遣し候、抑其存寄の一は、當時世界の色々に變化致候と、　貴國の事情形勢ハ如何可有之哉を委細に申述、　貴國の命運の感應する所、此末如何成行候哉と懸念する本意をあらはし述候也」

二系統の翻訳作業、つまり①「俄羅斯文」→「阿蘭陀語の書」→「蘭文和解」と、②「俄羅斯文」→「唐國語の書」→「漢文和解」を経るために、やや微妙に含意や強調点に齟齬をきたしているのが、(C) 対外貿易の説明である。

〔蘭文和解〕「其第二件は、魯西亞帝の誠心に願望欲する所にして、即ち日本國の内何れの湊なりとも、貴國と約定して、魯西亞臣民の往來を許し、我國の産物を以て貴國の有餘と交易をしめんことを請ふにあり、亦我國の軍艦「カムリヤツカ」或は亞墨利加中の魯西亞領に往來するの途中、日本の港内に入りて、食料及ひ其他の須物《イリヨウ》を求むへきことに當りては、是亦允准《ユルシ》を得んことを願ふなり、但し右の志願中に、大日本の為に損失する所ある事なきは、日本の政府必す明察あるへし、且魯西亞は境を貴國と接するの縁由あれは、右等和平にして且両國に利するの議を容るへきこと、他の諸國よりも當然の理更に多あるへし」

〔唐國語の書〕

「　第二件事、
　大皇帝誠所願行者、乃准本國屬人無碍來至
　貴國海口、相換貨物交易、臨時本國兵船渡海往かんさぬか及北あめりか地者、有緊急事、須到
　貴國必明此愿者絶無犯
　貴國眞利也、本國於
　貴國、以交界之故彼此相交、自然之理義、有大而越過他各遠國之理、亦可明之矣」

〔漢文和解〕「扨第二條の事、　大皇帝眞實に願ひ候儀は、本國の人民　貴國の湊に至り、貨物を取換へ交易致候を御許被下、且又臨時に本國の兵船海を渡り、かんさぬか并北あめりかの地江参り候者、肝要の事ありて、　貴國の湊へ到り、入用の品を相求め調候事あるへし、是を其意に任せ御差留なきハ疑ひ無之儀と存候、　貴國必此願筋は、決して　貴國と隣境の事なれハ、相互に親交するは自然の理義にて、其高大なる事固より他の遠國へ交ハるとは、格別に相勝るへき譯有之は、御明察可被下候」

右の各種訳文の比較からも明らかなように、①系統での「蘭文和解」が、日本国内の「何れの湊なりとも」という開港場の非限定、日本からの輸出品を「有餘」の品であると明記するのに対して、②系統の漢文翻訳では特に限定的な表現がなされていない。また、隣国ゆえの交流は、①では、他国にも増して安全保障となりまた双方の国益にもなる「當然の理」があると説明されているのに対し、②では「相互に親交する」こと自体が「自然の理義」であり、その隣交の「理義」は他国に「勝る」とされる。一方の①系統が、オランダやアメリカ国書にみられた国際貿易の交易平和論や相互利益増進論の系譜に連なる対外交易の説得であるとするならば、他方の漢文経由の②系統は、「貨物」「取換へ」の「交易」許可を、東アジアの外交関係にみられた隣交の論理から説得を試みているようにも解釈できよう。興味深いことに、第八章第一節でみたアメリカ国書の翻訳問題との類似の特徴を、ここにも認めることが出来るので

はないだろうか。それは、ロシア側で国書原文が漢訳された際に、東アジアの儒学文化圏で共有された外交慣例や政治言語を意識した議論に翻訳されているということ、つまり「開国」勧告の国書における二重基準の並立という問題である。[35]いずれも細かい字句解釈から派生する問題であるが、既に確認したように、国中で対外交易の意義説明や方法をめぐる大論争を繰り広げている嘉永六年九月の時点で、これら一つひとつが議論の俎上にのぼらなかったとは考えられない。

じっさいこの露西亜使節の件についても、第七章でもみた浦賀奉行戸田氏榮は、「萬國同一轍之御取扱」を求め、「偏頗之論ヨリ争端ヲ相開候テハ解嘲之辭無御座、此上ハ時勢ト被思召容ル所廣ク來ル者ハ不拒、各年限ヲ以テ其願意ヲサシユルサレ、尤速ニ船戰之操練御世話御座候テ、天下ト通商之利ヲ等ク被為開居テ、守ハ出テ戰フニ如サル所ヲ御勘辨御座候方ト乍恐奉存候[36]」、と避戦から通商開始を説き（八月）、それに対して目付海防掛（深谷・鵜殿・大久保・堀）はこの戸田の提案を「以之外之事」として、次のように批判していたのである（九月）。

一旦交易御許容相成候ハ、都テ如何様之弊患可生モ難計、乍知彼之術中ニ陥リ御國力暫時之間ニ疲弊及ヒ何等ノ材物ヲ以夫々御渡出來可仕哉、殊ニ諸蠻入津、各年限中城郭同様之商館等取立、始終萬邦ノ役人・軍卒等詰居候ハ、、争端日々相起リ、果ハ神武之國忽チ虎狼之栖家ト可相成、後來何程御復古被遊度被思召候トモ迚モ立直リ申間敷。[37]

このような対外政策をめぐる論争の中で、学問所儒者の古賀謹堂は、漢文国書の翻訳を終え、続いてロシアへの返書翰の素案作成を命じられていた。彼が、ロシア国書にある「貴國御取扱丁寧に被成候て、當人身分相當の禮秩と其高位とを照合せ、御會釋被下候」（漢文和解）との内容を受け、一〇月四日に、外国使節を江戸に「東召」すべしとの上書を呈したことは、先述のとおりである。

（2）返書翰起草と内容決定過程

嘉永六年九月二一日に、日本からの返書翰起草を命じられたのも、学問所儒者の古賀謹堂と安積艮齋であった(38)。「〔九月〕念一〔二一〕日、又奉命艸國書」（「西使日記」）。両者はそれぞれ個別に漢文国書の案文を上げ、その他に海防参与徳川齋昭の秘書官藤田東湖も齋昭の答翰大意に基づく邦文答翰案を提出したとされる(39)。だが、結局採用されたのは謹堂の草案であった。あるいは幕閣の意も受けているであろうが、この国書案には、八月初頭に提出された上申書にも通じる彼自身の考えが随所に窺える。

謹堂の最初の草案である「御返翰案(40)」を収録した『幕末外国関係文書』には、草案に附された朱筆や貼紙による修正案も合わせて活字翻刻されている。『水戸藩史料』編者は、この朱筆は徳川齋昭によると解釈する(41)。しかし、末尾「朱書之分懸ケ紙」の内容からも窺え(42)、『幕末外国関係文書』の編者も「其修正ハ露国応接掛ノ手ニ成リシモノナラン」と推察する如く(43)、一〇月八日に任命された応接掛——恐らく謹堂以外の筒井・川路・荒尾の三名——が、掛任命の「辭令之條理迄取調、評議仕」「談判之為、掛り限り仮ニ文字塡補」して、同月一八日に参考として老中に返上したものである。すでに評定所一座の上申書「魯西亞國江被差遣候御返翰之儀ニ付評議仕候趣申上候書付(44)」によって書翰案の幕閣外での審議は終了していたであろうが、この評定所上申書に、応接掛修正意見も加味し、出発直前、あるいは途上までも、返翰の内容吟味が行われていたようである。返翰案第二稿は、一〇月三〇日に江戸を発った応接掛が、長崎への途上「十一月二日、熊谷驛ニ而、〔筒井〕肥州ゟさし越」たもの(45)、さらに一一月一四日には旅上の応接掛に老中からの返翰第三稿が届いている(46)。これらの諸案を一つにまとめ、当初の謹堂案から削除された部分に網掛けをし、表現修正（→）と、新たな挿入（ ）を加えたものが表10-3である。

艮齋案や東湖案が伝存しない現在、謹堂の返書翰草稿の思想的特徴は、応接掛修正案、謹堂案に対する評定所意見、幕閣の最終案との比較を通して初めて理解されるであろう。嘉永六年九月末の謹堂は、国書草案に敢えて次の文言を盛っている。

唯《但》現今天地《宇内》形勢變迁、貿易之風駸々日長、商舶賈帆充牣乎五大洲、誠不能取古例律今事（謹堂自身による初案和解「乍去當時世界の模樣前とは打て變り、交易の風俗駸々《しんしん》と日に盛にして、商賣船は五大洲へ盈《みち》たり、懸る時世に候へは、先例のミを以て目前の矩《のり》には致し難し」）。

世界情勢が従来とは激変し、「古例」「先例」をもって「今事」「目前」を律することは不可能である。先の嘉永六年七月以降の幕臣たちによる答申書検討を踏まえるならば、この表現が、アメリカ国書の「開国」勧告諮問に応え、「世界一変」と「窮通變化之道理」を説いた浦賀奉行と、ほぼ同内容であると気付かないわけにはゆかない。ロシアへの返翰内容の決定過程で、応接掛修正案は、当然、謹堂案のこの箇所を消去して、全面修正し、「且如和蘭通商二百餘年、亦嘗乞通信、尚不敢許也」、と「祖法」厳守の姿勢を貫く文言に置き換えた。だが、評定所の意見は、謹堂案に対して「世界萬國を五大洲と稱し候は、元來西洋國々之ものゟ附候名目ニ而、御國おゐて用ひ來り候稱謂ニは無之候間、是等之文字御用ひ無之方哉と奉存候[47]」と批評し、「商舶賈帆充牣乎五大洲」の「五大洲」という西洋産の発想と表現にのみ注文を付けた。他の草案箇所での評定所意見を参照すれば、あるいは修正すべき箇所を一座が見落としたのではないかとさえ想像されるが、結局幕閣の決定でも謹堂の草案の主旨が残ることになり、最終案でも「但し現今宇内の形勢変遷し、貿易の風駸々として日に長ず、誠に古例を取りて今事を律すること能はず」（読み下し）とされている。

もし上記のように時勢変化が必至であり、「先例」踏襲が不可能ならば、それに対応して日本の対外貿易も数年後には開始せざるを得ないであろう。そのような将来の可能性を含ませておきながら、しかし、国書案である謹堂草稿は、ロシア国書の隣交の論理による国交要求に対して次のような論理でその要求を断るのである。

貴國雖隣接我邦、其為未通之邦則與列國罔殊、市則同市、辭則同辭已、與貴國訂交來往、不能復不與列國訂交來往（和解「貴國は、我邦に隣りすとハ乍申、往來せさる國土たるハ、外國諸藩に變り候事無之候、威早　貴國と交りを結ひ往來せんにハ、外諸國江も同樣ニ交りを結ひ往來致さへは不相成候」）。

表 10-3　古賀謹堂起草の「御返翰案」とその修正[1)]

伏接來札、知
貴國御前大臣布恬廷所啣命航來親遞、而其書實係　上宰相子也羅德公見贈焉閱書中所陳述云、
貴國
大君主思我兩國邊疆之交錯、欲加釐正、備悉
意思（↓旨）、又云
貴國既據古來未有廣大之邦土、無要別得新地、持盈保滿之道良宜爾、我邦與
貴國各土其土、民其民、無事相安、原靡開衅之端、乃今般使節之擧、出其好意、而不出惡意、亦爲彰明較
著不容疑者、
貴國既以好意來、我邦何得不以好意相報邪、第邊土之經界、在我未必難辨、而
貴國以爲甚不明晰、便（↓則）我邦諭飭邊藩、細加查覈而差一大吏、與
貴國官人會同商議、以歸劃一、亦似無不可、然邊藩之查覈、必按圖籍、確有憑據、愼重從事、不許絲毫疎
繆、是固非今日所能辨也、若夫貿易來往之事、則祖宗遺法有厲禁、歷世所遵奉弗失、故曩昔
貴國嘗有開市之請、而我邦業已固辭、意其顚末公等所克悉也、唯（↓但）現今天地（↓宇内）形勢變迁、
貿易之風駸々日長、商舶賈帆充牣乎五大洲、誠不能取古例律今事、頃者、合衆國人亦來乞市、日後列國之
乞市者必接踵（而）至、是可不卜而定也、夫列國乞市之繁如是（↓此）、乃我之與
貴國訂交、勢殆有所難、何也、
貴國雖隣接我邦、其為未通之邦則與列國罔殊、市則同市、辭則同辭已、與
貴國訂交來往、不能復不與列國訂交來往、是我盡一國之力、應承星羅碁布之萬國、其力之給不給未可知也、
且（然）祖宗定制以來既閲數百載、民心固結之積習牢不可動、又如我境内邦土之貢、（撿）其多寡精粗未經
点檢、果有求濟乎異邦者為何物、定某貨抵某品某種易某件、某煩碎粉雜（亦）豈旦夕可辨之事耶、矧我
君主新嗣位、百度維新、如斯等重大事須必奏之
京師、諭示（↓告）之海内牧伯、布告之百工群民（↓列侯群官）、協同商議、衆無遺言而后議定、議定而后從
事、願勢不獲弗費三五年之時月、雖差似延緩、
公等且從吾言、忍耐（↓怛懐）以俟焉、迄議論一定諸事整頓之後、便（當）登時報聞決不食言也、若貴國
欲速之念、漫尓碇泊我海口、頻々督催、當其議事未定之際、畢竟不過答以從前之語、役々奔走果有何益、
弗如已也、雖然

3 巻）52–55 頁（露国応接掛によるとされる修正案も附される）。謹堂案の漢文和解は（同）55–59 頁。さらに応接掛
外国関係文書』第 3 巻）62–66 頁を加味した第 2 稿が（同）59–61 頁，第 3 稿は（同）61–62 頁に活字翻刻されてい
通信全覧」類輯之部 5　修好門　「米使彼理再渡来於横浜初条約一件七止」（通信全覧編集委員会編『続通信全覧』
されている。「通航一覧續輯」巻 90，魯西亞國部 7（『通航一覧續輯』第 3 巻）499–503 頁には，嘉永 6 年 12 月 18 日
る。最終案の漢文読み下しは，川路聖謨『長崎日記・下田日記』（藤井貞文・川田貞夫校註，東洋文庫 124 平凡社，

れる（『幕末外国関係文書』3 巻，69 頁）。嘉永 6 年 11 月 10 日に老中阿部から石河土佐守・松平河内守に下された覚
ニは，故特遣重臣二員と有之候処，右特之字相除候間，為心得相違候事」とある。『幕末外国関係文書』第 3 巻，『幕
1995 年）6050 号。
される。

貴國來往諸船或遇柴薪食水等乏絶、須寄碇我長崎港、我能憫恤焉、救助焉、不敢為胡越之觀也、獨如何之
定界革法大事、非今日所能議定焉耳、既辱盛伻、不得默如而止、故相報答如此、不悉
（↓況我國之於
貴國、壌界相接、宜加鄭重、故特遣重臣二員[2]、於長崎、會晤布恬廷、以盡其曲折、而其他宜布報者、亦皆
俾之面悉、幸有以諒之、不宜、）
嘉永六年癸丑九月[3]
大日本國老中　　執政連署（↓御連名）
大俄羅斯上宰相子也利羅徳公閣下

註1）「御返翰案」（『幕末外国関係文書』第
修正案と評定所一座の上申書（『幕末
る。またその他に，この返書案は「続
21，雄松堂，1985年）806頁にも収録
に渡された老中返翰と同和解を収め
1968年）註77–78頁に載る。
2）「特遣重臣二員」は，第3稿で削除さ
には「返翰文言之内，最前取調候草稿
末御触書集成』第6巻（岩波書店，
3）「9月」は，第3稿で「10月15日」と

この返答の論理構成は、一面ではアメリカ国書の「開国」勧告の論理にも載る、隣接するか否かは交通手段の発達によってもはや国交樹立の必要条件ではないという主張を承けているが、他面では謹堂独自の認識から「往來」すなわち相互交通をしない国であるという点で、ロシアも他の諸国も同一条件であること、一国と「往來」を許可すれば、他国とも同様に国交を結び「往來」を許可しなければならないと論じている。この後に、現在日本一国で、世界の国々すべての要望に応じ、交易相手になる能力はないと、貿易の即時開始を辞する言が続くが、他案と比較すれば、この返答の論理立てに、謹堂ならではの政治判断が含まれていることは明らかである。応接掛修正案は、この箇所に「獨貴國隣接我邦、自似有異乎列國者」（獨り貴國のみ、我邦に隣接する、自ずから列國に異なるもの有るに似る）としてロシアと日本の隣国同士の特殊関係を認める修正を加えるが、後に「祖宗定制」を挙げて「一旦之を革ること亦極めて難し」と続かせて、祖法ゆえに外交政策の変更はできないと鎖国祖法制墨守の主張をする。他方の評定所の意見は、対外方針が決定されていない現時点では時期尚早の判断とし、さらに謹堂案の対外関係における諸外国均等公平待遇という論理による拒否は、万が一のちにロシアに国交を認めた場合に、他国から同様の申し出を辞することは出

来なくなるという。

　此儀一ケ國通信通商を被免候上ハ、列國皆被免候との趣意を示し候故、弥向來右之御趣意ニ御治定之義ニ候ハ、可然候得共、萬國傳承いたし候義ニ付、萬一追而魯西亞ハ、隣國之譯を以、別段之御取扱等ニ相成候義出來仕候而ハ、萬國皆右を辞柄ニ可致と奉存候。

応接掛修正案・評定所意見のいずれにも否定的に捉えられた謹堂案のこの箇所は、幕閣の最終案でも、結局全文削除となっている。

　謹堂の草稿は、さらに、早急に貿易開始ができない理由として、相互交換する物品の品定めは、その種類も多く「一朝一夕」には不可能であることを挙げる。

　如我境内邦土之貢、掄其多寡精粗未經点検、果有求濟乎異邦者為何物、定某貨抵某品某種易某件、某煩碎紛雑（和解「我國内之産物も、其多少善悪共一同吟味を不加候間、彌以異國より可取寄品は何物と相分り候へは、何品は何品江可引當、何品は何品へ可取替と定候も、其數多にして煩敷事、一朝一夕に埒明可申事ならんや」）。

応接掛修正案ではこの箇所を全削除とし、評定所一座もまた、交易を許可すると思われかねないことを危惧し、次のように疑問を呈す。「此儀餘り瑣密ニ渉り候故、内實交易被免候義は御治定ニ而、後段三五年之時月を費候上は、弥交易を被免候姿ニ相聞、如何哉と奉存候[48]」。そしてこれらの訂正意見を受けたじっさいの返翰も、交易品交換の品定めの箇所が削除されることになった。

　このように各意見書と謹堂の国書素案の内容を比較すれば、約二カ月前に謹堂が建議した「冨国強兵の基」とするために貿易を行うという答申書の内容をも反映して、謹堂案が、新しい交易関係樹立の全否定ではなく、国書案として許されるぎりぎりの範囲で、将来の対外貿易開始の選択可能性を含ませた返答に仕立てようとしていることが窺い知れよう。つまり、「先例」参照による対処の不可能、相互に「往來」するという点で諸外国への公平な待遇実施、そして交換する複数の物品の慎重な品定め――これらの内容が、近い将来の「出交易」を予期したものであることは、容易に察することができる。

返翰文面の決定過程で、残ることになった「誠不能取古例律今事」（「先例のミを以て目前の矩《のり》には致し難し」）の文言は、その後、長崎でのじっさいの第一回会談（一二月二〇日）の席上で、ロシア側と解釈をめぐり争点になっていった。

以上のような国書素案を提出し、さらにはロシア使節の江戸拝礼許可を提言する上書をあげ、「越俎犯觸して罪戻を獲る」のではないかと恐れた本人の予想に反して、嘉永六年一〇月七日、古賀謹堂は西丸留守居学問所御用筒井政憲（鑾溪）、勘定奉行川路聖謨（敬齋）、目付荒尾成允《しげまさ》と共に、「西差内命」を受け、魯西亜応接掛の一員に任命されることになる。この謹堂の人事は、恐らく国書案の採用と無関係ではないであろう。しかし、その学問所儒者謹堂も、応接掛に任じられて外交交渉を担当してから、政治過程における応接掛や海防掛の組織内の党派抗争・人間的対立に巻き込まれ、また自らも当事者の一人となっていったのである。

（3）応接掛内部での勘定系との確執——個人的・組織的・政策的・思想的対立

ロシア使節との長崎・下田での外交交渉については、応接掛のなかで交渉の中軸を担った勘定奉行川路聖謨の史料を中心に[49]すでに多くの研究蓄積があり、条約締結の過程やその内容について改めて縷言の必要はないであろう。[50]ただし、本書の関心からするならば、研究史を踏まえて指摘できる問題が少なくとも二つある。その一つは、従来の多くの研究のように、徳川齋昭の「ぶらかし策」を忠実に、しかも卓抜の外交手段をもって遂行した川路聖謨をこの談判の「主役」とするならば[51]、交渉の「脇役」たちの経験や政策論争が後景に退き、あるいはまったく見えなくなってしまうことである。[52]長崎会談の際に現地の風説をまとめた佐賀藩儒者千住大之助（西亭）は、川路の談話として次のような筒井・古賀評を記している。「川路の噂に、筒井は老熟にて己か進み過るを抑へ退き過るを進め、古賀は書生ニて正論あり、三人合て此節の一件、能整ひしとありし也と」（千住西亭「西亭私記」嘉永七年正月一〇日夜）[53]。この伝聞が事実であるとするならば、ロシア使節との外交交渉における日本側の対応は、学問所御用筒井鑾溪・勘定奉行川路聖謨、そして学問所儒者の古賀謹堂の共同作業であった。尤も、謹堂の「書生」の「正論」は、この長崎応接時の彼自身の漢文日記「西使日記」（嘉永六年七月一七日─安政元年五月四日）には、数ヶ所を除き殆ど現れない。ただ、第三者の千住西亭によって引き出された談話として、次のような川路の対外政策「ぶらかし」とは対照的に記録されている。

　此後武田へ聞しには、抑川路の意、此後フランスも來らは、魯へ申約せし事あれは彼國へ行て讃談すべしと、其後又イキリスも來らは、亦しか〳〵と申聞べし、彼是といふ内には年月は自ら送るべし、是其主意ならんかと。（正月一〇日）

それに対して、他方の謹堂は、「寓所」で西亭に対外政策を追及されて一度は「夫はどうもならぬ」と口を濁したが、数日後には西亭に向かって自らの「交易論」を披瀝した。

　追々ニは暎夷〔イギリス〕・拂蘭〔フランス〕來るべし、第一亜墨〔アメリカ〕は極めて來べけれは、此節一旦は能彌縫あるとても、永久の処は如何之考あるやと問しに、夫はどうもならぬと答ありし也、但し古賀家ニは、侗庵先生以來鎖國の説を好まざれは、其肚裏には貿易の論を抱て此時変の機会に乗すべしと思ひ居らるかはしらす。（正月五日）

　例の交易論を發せられて、交易の利は博ひもの、抑交易してもせすしても武備を整ねてはすまぬ、すまぬが石炭良材も乏く是一國にてはすまぬ也、彼鉄道などこしらへば大分の便ならんと。（正月九日）

対外貿易によって得た利益を基に、「武備」「鉄道」「蒸氣船」など産業革命による近代技術の成果を移入する。それはまさに、嘉永六年八月の「存念書」に記した謹堂の政策構想であった。

　このように日本側の交渉が共同作業であり、応接掛内部には複数の政策主張があったとするならば、先行研究のいま一つの問題点は、「開国か開戦か」の二者択一を克服する方法として徳川齊昭や川路聖謨らによって構想された明確な返答を避け曖昧に対応して「内厳外寛」し「ぶらかし」続けるという政策が、果たして「残された唯一の願望」[54]であったのかどうか、その政策評価を欠いていることにある。齋昭や聖謨自身の問題設定や政策構想力に、限界がなかったのかどうか、もしあるとすればそれは如何なる規定要因に基づく政治判断の結果であるのか。聖謨の史料だけでは検証できないが、嘉永六年の幕臣たちの答申検討で明らかなように、外交政策の選択肢には諸案あり、その選定作業においても、齋昭の政策提言にもさまざまな可能性があり得た。しかも、じっさいに嘉永七年一月には、齋昭自身、長崎での石炭供給や三年後の「出交易」開始の提言を行っていたことも併考しなければならない。直面する事態への一時的な対症療法としての「ぶらかし」主張と、川路がじっさいに固執し続けた長期間のそれとは、政策として明らかに異なる。この「ぶらかし」政策が決して手を尽くした賢明な外交ではなく、むしろ徳川幕府の外交政策を誤らせたとする歴史認識は、幕府倒壊後の木村芥舟や田邉蓮舟にも共有されていた[55]。

個人的・組織的対立　応接掛内部での勘定系と目付系の組織的な対立を、古賀謹堂は、第一回の会談に向かう長崎への旅上で眼にすることになった。謹堂の漢文の「西使日記」は、「会議」のために停泊した加納の川路の宿舎での模様を次のように記す。

今日会議の為に去らず、未半荒監〔目付荒尾成允〕来りて、衆到齊す、便ち革〔川路聖謨〕の舎に會して江戸答書を議す、竣《お》へ、回寓、革〔川路〕直ちに去れば、屬吏皆從ふ、只だ計黨〔勘定系〕去りて監黨〔目付系〕来る、虎を拒み狼を容るに似る、驛尚ほ雜沓を免れざるなり。

（古賀謹堂「西使日記」嘉永六年一一月一二日）[56]

ここに活写されるのは、応接掛の目付荒尾と勘定奉行川路、そしてそれぞれの「屬吏」、すなわち勘定系の川路の随員中村為彌・菊地大助・日下部官之丞・篠原友太郎・小比賀林蔵・石川周蔵らと、目付系の荒尾の随員長坂半八郎・永持亨次郎らが、「拒虎容狼」の如くに反目し合う光景である。謹堂の記す宿場町の「雜沓」は、会議に参じた掛と従者たちの人込みに因るものだけではなかっただろう。彼の眼には、「計黨」「監黨」の両党派の確執に代表される、応接掛一行の内部に渦巻くさまざまな思惑や利害の対立が、「驛」全体を覆うかに映ったに相違ない。

嘉永六年の答申書内容を比較すれば、千住西亭の記録を引くまでもなく、謹堂と勘定奉行川路との政策対立は明らかであるが、応接掛の両党抗争の中で、謹堂がこの長崎行きを通して一方の目付系から全面的に信頼を得、自ら「監黨」に与したわけではなかった。長崎から戻った後に受けた嫌疑はその証左である。嘉永七（安政元）年二月二三日、昌平官舎に帰宅した謹堂は、他の応接掛と共に五月四日にその労を褒賞されたが、同日目付の荒尾成允から厳しい「忠告」を受けた(57)。数日後にその疑惑は晴れることになるが、謹堂の「書生」の行状が目付役「風憲」に咎められたのである。

謹堂の史料に、この幕臣内部の対立が、個人的確執、組織的対峙、また政策論争、そして思想的対立の各局面で窺えるのは、「ぶらかし」によって再度ロシア使節と下田で会談を行った、その交渉過程を記した漢文日記「西使續記」（安政元年一〇月一七日―安政二年一月一五日）においてである。

個人的な確執は、すでに下田行き以前から始まっていた。下田会談に先立って謹堂は、筒井鑾溪から「漢文翻訳を主ニ致」し、交渉の際に「談る等致間敷」き旨、職務内容の限定を受けた(58)。この筒井からの書状の背景に、謹堂は川路の陰謀を看取した。彼は日記に記す。

〔安政元年一〇月〕一二日、昨日福岡御直ニ御下ケ候由ニ而、〔筒井〕鑾溪ゟ御書取渡る、吾ハ漢文翻訳之儀を主ニ致し、応接場ニて談る等致間敷旨なり、老革〔川路〕多奸、浸潤膚受《ふじゅ》之計果て成る、託名席上計尤《とが》、行人《こうじん》賤言、變古來、然予〔謹堂〕世之便、復興之、輘國事、後來如何ニと。（「謹堂日記鈔之一」安政元年一〇月一二日）

長崎会談で、川路との間に対外政策をめぐり間隙を生じていたのであろう。謹堂は云う。川路は悪才多く、他人への誹謗の計画を策し、応接掛の立場を利用して交渉の席上で罪を犯している。賓客の接待を掌る官吏が、言葉を賤しめ、外交交渉における従来の伝統を変えてしまう。それに対して私は社会の根本、それを再びさかんにしようとしているのだ。外交における国事を輘《ふみにじ》って、その後どうしようというのか。

下田でのロシア使節との外交交渉は、決して順調には運ばなかった。それは日本側の内部対立ばかりでなく、嘉永七（安政元）年一一月四日の大地震と直後の津波により、ロシア使節にも艦船ディヤナ号破損と沈没の大惨事を生み、予想外の展開をみせたからでもある。だが、謹堂の日記によれば、それでもなお幕臣陣営内部での勘定系と目付系との党派的反目が続く。

少年氣鋭曾撫髀　今日心灰眞敞二《しょうし》
化外夷蠻貧是狼　朝中朋黨鐵爲壘
三遷避水類盤庚　一層面山追角里
家有縹《ひょう》緗《しょう》萬巻全　餘生報國應須此

（「西使續記」）

図10-3　日露会談での日本側全権（安政元年11月，下田玉泉寺）

出典）『ゴンチャローフ日本渡航記（新異国叢書11）』（雄松堂出版，1969年）。
註記）アレクサンドル・モジャイスキー画，左より筒井政憲（鑾溪），川路聖謨，松本十郎兵衛，古賀謹一郎（謹堂），中村為彌。

地震後の七言律詩に附した謹堂の自註にも云う。「計〔勘定〕・監〔目付〕両黨、相軋すること仇敵《きゅうてき》の如し、國是の定まらざるは、全て是より起る、有志者の唱ふるところなり」（「西使續記」安政元年一一月一〇日）。対外政策の「国是」が早期に決定しない最大の理由は、勘定系と目付系の「仇敵の如」く張り合う組織的な「黨」派対立にある。そのような認識が、幕臣間での当時の一般的な認識であった。

しかし、各管轄部署の割拠的な党派対立は、それだけにはとどまらず、謹堂は、勘定系と、現地を統括する浦賀・下田奉行（後者は嘉永七年三月二四日に新設）との間にも確執があると記している。

元來伊〔伊澤〕・革〔川路〕の論合はず、口角已みて後、両屬官を迎するに意を長じ、傾軋するは水火に均し、瑣々に文告し、亦た必ず吹毛して假借せず、計黨〔勘定系〕尤も伊鎮〔伊澤下田奉行〕に切歯す。

（「西使續記」安政元年一〇月二八日）

しかも、その確執は伊澤と川路の個人的な人間対立だけではなく、それぞれの所属幕臣たち、すなわち遠国奉行系官吏と応接掛の官吏、特に勘定系役人との間にも軋轢を生んでいた。

鎮屬〔遠国奉行系官吏〕差屬〔応接掛の官吏〕に凌礫《りょうれき》を為すこと久し、今日為花旗〔アメリカ〕立簿賑、供給を論じ、亦毫も差屬の謀に與せず、相報を以て、模様殊に悪む、伊鎮〔伊澤〕曰く「國家の處事を為すに、何ぞ彼我の區別を用て為さんや」と、革〔川路〕亦會して曰く「峩〔ロシア〕・花〔アメリカ〕同物、低昂を獲らず、而して其の峩六花四之説依然、乃ち愛憎不公、大欲低昂也、夫れ兩番別國也、且つ相餌し相商す、同朝大臣、當に胡越に面して、臧《よし》と謂ふべきか、如何」と。

（「西使續記」安政元年一二月九日）

このような浦賀奉行を経て下田奉行になった伊澤政義と、勘定奉行川路聖謨の対立は、あるいは前年の浦賀奉行と勘定奉行の政策選好の相違をも反映していよう。しかしそればかりか、両者の「私怨」は、川路が重要資料を敢えて伊澤に提示しないという公務に関わる行動にも現れる。「革〔川路〕蟹文原譯を寶藏して、伊鎮〔伊澤〕に出示せず、私怨を挟みて公義を忘る、二人の心術、洵に誅すべきなり」（「西使續記」安政元年一二月一三日）。

政策的・思想的対立　しばしば政策以前とも思われるこのような個人的確執や組織対立は、重要案件をめぐる政策論争、さらにその政治判断を行う際の思想的対立をも伴っていた。謹堂が「書生」の「正論」をもって、勘定系の川路聖謨や村垣與三郎と「激論」した記事は、謹堂の「西使續記」には数ヶ所あらわれる。まず、幕府の外交政策をめぐってはつぎのようである。

予〔謹堂〕又今日の峩〔ロシア〕の困を思ふ、故に議事大いに惜す、公命を剋滅するは、全く親睹《しんと》せざるよう出づ、一言僨事の如し、吾曹譴を負ふ、惜しむに足らず、海内蒼生の如し何、仍《しきり》に衆に勸め、書に事情苦諍を臚《つら》ねて走せんとす、衆曰く、廷議牢して動かず。村〔村垣與三郎〕曰く「坎老〔徳川齋昭〕輕果、賊を視ること蚊蛇の如し、政員の言格を尚《たっと》びて行はず、吾輩烏んぞ能く爭わんか」と。革〔川路聖謨〕曰く「坎老の談ずること甚だ容易にして、蜂剪を焚くの法を以て夷を殲せんと欲す、是れ必ずしも論ぜず、但し首揆〔首座老中阿部正弘〕必ず吏・港・界三款を拒まんと欲す、人臣之節、命を奉ぜざることあたはず、然るに三款を允《ゆる》さざれば、夷必ず慍《いか》り必ず犯順す、果たして議定を拒斥せば、吾必ず一筬都て再来せよとの命を受く」と。余〔謹堂〕曰く「宜しく然りとすべし、然るに國事決裂、人臣小節と孰れか軽重す、戎を興すと好を興すと一つに啓齒を決す、君其の孰れか思わん」と。又曰く「國家戎備、土爾其〔トルコ〕敗衂時之船數砲數を積む、亦事を易ふるに非らざるなり、一脚艇落水して、揚々得意、豈に之を極邪と惑はざるや、矧んや土之上に峩あり、峩の上に英・佛・花あり、我獨り數百年面孔舊の如く、何々々の如し」。革〔川路〕やむを得ずして頷く。

（「西使續記」安政元年一一月二五日）

勘定系の村垣と川路によれば、海防参与の徳川齋昭は外国人を「蚊蛇の如」く見、「蜂剪を焚くの法」をもって西洋諸国の排除を狙い、老中首座の阿部は、領事官・開港・国境画定のいずれも拒否する意向である。「人臣之節」としてロシア側の要求拒絶の命令に従わないわけにはいかない。齋昭と正弘の意向、上官の指令を支障なく遂行するのは、官僚としてたしかに能吏である。このような勘定系に対して謹堂は鋭く詰問する。国内議論の「決裂」している状態と、主君への義理立てとどちらを重視するのか。敵を興すと、好を結ぶとどちらを選択するのか。そして僅か一艘が着水しただけで得意気な勘定系役人に対して、ロシアの上にさらにイギリス・フランス・アメリカがあると西洋列強を数え上げる。

只革〔川路〕峩〔ロシア〕を以て花〔アメリカ〕の上に駕せんと欲すのみ、峩の力を借りて外侮を障《ふせ》ぐは則ち迷謬愚見、獨り目前の光景を覚へて愍《あわれ》むべきのみ、此の見解する所、若輩の克《よ》く到るところに匪《あら》ざるなり。

（「西使續記」安政元年一二月二日）

ただし、世界情勢を把握する独自の情報収集の努力が、能吏川路聖謨になかったわけではない。その年の七月下旬に江戸で上梓された『海國圖志』は、(59) 聖謨が鹽谷宕陰と箕作阮甫に依頼して訓点・ルビを加えさせて翻刻したものであった。しかし、世界地理認識と「開国」政策選択は必ずしも結びつかない。情報をどのように評価判断するか。如何なる利害状況下でどの立場に位置し、そこで諸条件を勘案した結果何を優先して政治判断を下すのか。そのような思考過程のなかで情報は有意性を発揮するであろう。聖謨の『海國圖志』の読解は、たとえば次のようである。

革〔川路〕又曰く「師船毎隻三十六萬金、故に海内之金を盡く、以て邊需之半を供するに足らず」と。予〔謹堂〕其の故を問ふ。革〔川路〕曰く「我貨夾雜するところ有り、金銀を形とり、其の實均帑鈔し、必ず改鋳して償直す、乃ち濫費此に至る、且つ今太西の兵亂、舶價亦昂し、日者《にっしゃ》崎鎮田口加賀〔長崎奉行田口加賀守喜行〕、賀蘭〔オランダ〕をして出頭號し、師船を注せしめんことを命ず、隊船連砲械篷索等、十分完備、其の價二萬金、海國圖志の言う所と粗《ほぼ》相準《ひと》し」と。　（「西使續記」一一月二五日）

かつて田口加賀守喜行がオランダ商館長に軍艦購入を依頼した額を引き、それが『海國圖志』のいう軍艦の値段とほぼ同じであるというのである。聖謨が軍艦製造の費用の根拠とする『海國圖志』の記事は次の箇所である。

計るに毎艘中號の者、二萬金以内に過ぎず〔英夷軍器之萬足船有り、毎艘値銀二萬餘員、大兵船三桅の者、毎艘値四萬員、澳門新聞紙に見る、凡そ毎艘十萬金を需むと侈言するは、皆妄なり、現に廣東に在る義士、彌利堅《アメリカ》人に請ひて二桅兵器を造る、果して僅に銀。萬九千兩を費やすのみ〕。(60)　（魏源編『海國圖志』巻一、籌海篇三、議戰）

勘定系海防掛として幕府財政と防衛軍備に関心を寄せる聖謨は、おそらく『海國圖志』のこのような記述にも、細かく注目していたのであろう。たしかに軍艦の値段は「二萬金以内」、割註でも「英夷軍器之萬足船」も「毎艘値銀二萬餘員」とされている。しかし、話術に巧みだが、耳学問による言論は、十中七・八を誤り、とても「儒吏」とは言えない、というのが謹堂の川路評である。

革〔川路〕談に長ず、詼諧中鋒伏を機し、時に漫、人をして耳を掩はしむのみ、尤も堪ふべからざるは、雑書傳雅の語なり、耳剽《じひょう》之餘、一吐せば必ず十に七・八を繆る、而して能く儒吏之名を博むは、権詐《けんき》過人。

（「西使續記」一二月三日）

日本での最新翻刻『海國圖志』の記載情報に基づいて誇らしげに語る川路の話しを聞かされた謹堂は、清国と日本の貨幣鋳造の金含有量の相違から、『海國圖志』中の値段をそのまま日本銀に置き換えることはできないという批判を加え、引き続き彼と「激論」を交わしたのであった。

予〔謹堂〕曰く「和漢の貨侔《ひとし》からず、較量し得ざるなり、前日肥侯〔鍋島直正〕亦館番をして五十砲の師船を注せしむ、諸具を連ねて、需費我五千金に上らず、豈に夷の緩急に乗じ射利《せきり》を欲して價を長ぜんや、國庫の餘儲幾何ぞ、安ぞ尾閭《びりょ》之洩に勝らんや、然るに天下の財賦、天下と用を同じくし、天下の患難、天下と捍《かん》を同じくす、大公至正之心を以て、發憤從事し、絶大興作す、天下の力として之に道理を完うすべからざるは無し、此中消息、席上盡くするところに非ざるなり」と。予〔謹堂〕乗じて激論を興し、言遜之戒を犯して、後に頗る悔す。

（「西使續記」一一月二五日）

謹堂の伝聞によれば、佐賀藩の鍋島直正は日本銀「五千金」でオランダに軍艦を発注している。当時の清銀両に対する日本銀の貨幣交換比率はおよそ四分の一であり[61]、軍艦一艘が清銀「價二萬金」、すなわち日本銀「五千金」以内という謹堂の推測はほぼ妥当な見立てである。そうであるならば、四倍もの値段をもっともらしく語る川路への疑念は、勘定系の「國庫」管理と彼らの政策選好にまで及ばざるを得ない[62]。財政支出の計算は誤っており、海防に乗じて私腹を肥やしているのではないか。絶えずもれ出る「尾閭」にも等しい勘定系の財政管理に対して謹堂は云う。「天下の財賦、天下と用を同じくし、天下の患難、天下と捍を同じくす、大公至正之心を以て、發憤從事し、絶大興作す」。「公義を忘」れた役人川路に対して、「大公至正之心」を行動規範とせよ、と後に悔いるほど激しく詰め寄る。彼の議論が「書生」的「正論」である所以は、このような顕諫を厭わず官僚倫理に公正を求める潔癖さと、次のような「道理」に基づく原理的思考の確信にあるであろう。「天下の力として之に道理を完うすべからざるは無し」。どんな天下の力でもこれに「道理」をもって貫徹できないものはない。

謹堂がこの「道理」によって具体的政策を議論したものには、たとえば勘定吟味役海防掛で蝦夷地御用も兼ね、この下田交渉にも加わっていた村垣範忠（與三郎）との蝦夷地政策をめぐる次のような記録がある。

村〔村垣範忠〕又蝦夷直隷之説を張る。余〔謹堂〕曰く「但し分割して列侯に付し、其の自墾自守を允《ゆる》せば、則ち荒を闢き堵を防ぐこと倶に難からず、是れ私を以て公を為すの計、税上薄く抽く、官亦利無きに非ず、惰して闢かざれば、則ち其の田畝を没す、人の勧懲を知れば、乃ち功の成ること必ず速し」と。村曰く「直隷に非れば、體統遂に粛《つつし》まず」と。余再び公私同帰之理を告ぐも、遂に聴かず。意を盖ふこと別に注ぐところ有るなり。然るに直隷之弊視るに易し。予必ずしも陳述せず、此の漢原《かんもと》より道理を以て諭すべきの人に非ざるなり。

（「西使續記」一一月二五日）

幕府の蝦夷地政策は、安政元年六月に松前藩領の箱館一帯を再び上知（直轄化）し、箱館奉行を設置した。さらに安政二年二月二二日には、箱館奉行堀利熙・勘定吟味役村垣の「蝦夷直隷之説」が採用されて[63]、松前藩領の内、松前氏居城付近を除く蝦夷地全土を幕府の直轄地とするに至るが、ここに至る過程で、完全上知論の徳川齋昭、上知論に賛意を示しながら財政面での考慮を述べる勘定系、漸進論を唱える箱館奉行のひとり竹内保徳といくつかの政策対立がみられた[64]。これらに対して謹堂の構想は、幕府直轄ではない、蝦夷地の分割・官私混合開拓であった。それは、「私を以て公を為すの計」によって、蝦夷地を諸大名とともに分割統治して、効率よく開墾を進める方法である[65]。広大な蝦夷地を幕府だけで管理する「直隷之弊」は明らかであり、逼迫した幕府財政はますます出費を増加させるであろう。「税上薄く抽く、官亦利無きに非ず」。分割統治しても税制を整備すれば決して幕府に利益なしとはならない、と謹堂は云う。

政策をめぐる政治的討論でも、各自の利益追求・擁護が目的とされたならば、利害調整に終始して、目指し発見されるべき「公義」の追究は不可能である。この村垣と謹堂の議論もその例にもれない。繰り返し「公私同帰之理」を説いたとしても、幕領支配の権限を統括する勘定系は、自己組織の権益拡大と保持にのみ固執し、「體統遂に粛《つつし》まず」

という理由でまったく譲らない。割拠見を離れて、評価基準となる普遍的な妥当根拠（「理」「道理」）を見極め、政策の効率性や有効性を論じようとする者との論争は、平行線を辿り、結局はその継続を断念せざるを得ない。「此の漢原《かんもと》より道理を以て諭すべきの人に非らざるなり」。学問所儒者の枠を越えて、政治的意思決定過程に参画した謹堂は、数年後に記した漢文著作でも、この物事の働きの普遍的な条理や定則を見極めようとする原理的思考と意思決定の問題に触れている。

古人云く「聴明之人、極めて事を誤るは何ぞや。但だ聴明なれば則ち意見を生む。意見ひとたび生れ、割捨ること能はざれば、遂に愛河慾海に陥る」、此言甚だ悟るところ有り。余應に多く人に酬るべくして、庸流《ようりゅう》中に皎錚の者を較覚す。皆小意見を有し、墨守して移らず。畢竟徹底之故を透看すること能はざるのみ。駕馭《がぎょ》する者宜しく養ふべくして抑へず、其の尚《しょう》を以て取るべきこと有るなり。（「卮言日出」巻一、第一六条）

みなが割拠的な「小意見」を有して「墨守して移らず」、結局その案件を原理的に突き詰めて「徹底之故を透看する」に至らない。人を用いて統括する者は、彼らを抑制せずその自由な発言において卓越したものから得るものがあるであろう。謹堂の認識によれば、衆議を徴集することは、必ずしも為政者の政治的決断権を放棄することではない。「諸衆に謀りて、諸心を断ず。断之権必ず自ら操し、決して諸人に託すべからず」（「卮言日出」巻一、第七四条）。しかも、「私を以て公を為すの計」「税上薄く抽く、官亦利無きに非ず」「公私同帰之理」という発想は、その後の目付系海防掛の自由貿易の認識（あるいは官貿易ではない官私混合貿易）のきわめて重要な論拠となっていく。(66)

ロシア使節との外交交渉は、安政元年一一月一四日、地震と津波から一〇日後の下田での第三回会商において、領事裁判権の施行（「日本國魯西亞國通好條約」第八條）と片務的最恵国条項への同意（同、第九條）を与えてしまう。後者はすでに同年三月調印の日米和親條約（神奈川條約、「日本國米利堅合衆國和親條約」第九條）でも承認していた点であったが、すでにみたように従来より対外関係における諸外国均等待遇と国別格差待遇は国内での争点でもあり、また前者についても、先の林復齋や古賀謹堂、あるいは鹽谷宕陰の議論のように、清朝における犯罪者引き渡し拒否の事例を知る日本の識者が、無定見であった訳ではない(67)。

交渉の結果、調印された「日本國魯西亞國通好條約」（日露和親條約）は、西洋諸国に対して漢文正文を用いた最後の外交文書となった。この條約翻訳に参与した古賀謹堂は、国書正文の変更に不満を述べている（「西使續記」安政元年一二月一七日）。国書の使用言語の変化は、漢文翻訳担当の儒者の外交における活動に終止符を打ったというばかりではなかった。それは必然的に、西洋諸国からの国書内容が自国語（またはオランダ語）国書と漢文国書の二重の外交論理から、前者のみへの一元化を伴っており、徳川日本が、東アジア域圏の「礼」をめぐる聘礼外交体系から、一九世紀西洋の通商條約外交体系へと大きく方向転換したことを意味する。

日本とロシアの日露和親條約が下田長樂寺で調印された安政元年一二月二一日、交渉を終えた川路聖謨は、日記に次のように記す。「右の如くに参りたるは、一に公儀の御威光、二に支配向中村為彌〔勘定〕其外の骨折り、三ツにつなみ、四に神かぜにて船沈みて、食物さえに困りたるを、公儀より厚き御取扱ありたるによる也」（「下田日記」安政元年一二月二一日）。外交交渉の無事終結の理由を、幕府の「御威光」・勘定系官吏外の努力・津波・「神かぜ」により大損害を被ったロシア使節への幕府からの援助の四点に帰している。しかも、ロシア使節に対する次のような記述は、最後まで彼の外国認識が夷狄禽獣観を払拭できなかったことを示している。「餓えたる虎狼の、人に向い、尾を垂れ、食を求むるがごとし。去り乍ら、彼も亦天地間の人間也。有難くおもうことも有るべし。只々、少も気油断のならぬのみ也」（「下田日記」安政元年一二月二一日）。恐らく「魯戎」に対する聖謨の印象は、「蚕食を常とする虜賊らがいうこと、少しも取るにたらず」（「下田日記」安政元年一二月一九日）という域を出なかったのであろう。他方、條約締結した同日の古賀謹堂の日記は、聖謨の記述とは対照的に、條約を「私物」化する勘定系役人・川路への批判を載せる。「皆計黨〔勘定系〕の私物、官物に非ず、革〔川路〕言を累《かさ》ね國を辱しむ、嗚呼曾て書函を遑辱せしか」（「西使續記」安政元年一二月二一日）。下田でのロシア応接掛の経験は、謹堂の勘定系幕臣たちに対する印象を決定的なものにしたと言えるだろう。このような勘定系への政策的・思想的批判は、もう一方の党派、目付系とも共有され、次節で述べるように、政治過程における「書生」論の新たな展開を生んでいったと思われる。

三　英吉利応接掛古賀謹堂と目付系海防掛——「書生」的「正論」の展開

「計〔勘定〕・監〔目付〕両黨、相軋すること仇敵《きゅうてき》の如し、國是の定まらざるは、全て是より起る」。古賀謹堂が看取した外政機構内部での党派対立は、以後、阿部政権から堀田政権まで、否安政三年一〇月に対外貿易許可の幕閣決定が下った後、〈第四期〉も、外交政策をめぐり継続する。指摘されて久しい勘定・目付の対立は、この〈第四期〉の両陣営の政策に照準を合わせて、検証されてきた。[68] すなわち、一方で会所貿易と鎖国政策遵守に固執する勘定系海防掛と、他方で「万国一致之法」「當今世界一般之規則」から自由貿易を主張し、通商條約締結を推進した目付系海防掛との論である。しかし、活字刊行資料を中心とする従来の研究の多くは、〈第四期〉以前の、謹堂が眼にする組織対峙の構造的理解を欠いている。[69] 抜け落ちた未決の問題は、この対外貿易許可発布以前の〈第二期〉〈第三期〉の両党に、組織的不和や反目にとどまらない、政策上の路線対立、しかもまったくベクトルを逆にする政策拮抗状態があったのかどうか、その有無である。一般に、ひとたび組織内の政策上の意思統一がなされれば、その後は目標達成のための手段を講じることが組織的な最優先課題となり、政策決定過程上表面化する党派間論争となるであろう。しかし、その前段階の党派内での意思調整・決定はどうであるのか。勘定系が従来の政策を持続させたとすれば、問題は、勘定系とは対照的に変通し、外国貿易の積極的な推進役をつとめていく目付系内部の政策論が、嘉永六年以降どの時点で自覚的にその方向性を明確にしたか、またそれが何に起因するのかが問題となるであろう。すでに第八章末尾で古賀謹堂の「存念書」が、目付系海防掛の〈第四期〉の政策内容を先取りしていると推論したが、以下では、政策決定過程における目付系（大目付・目付）と謹堂の、〈第二期〉〈第三期〉の答申や上書内容を検討して、両者の議論の関係を残存史料の範囲内で明らかにしたい。

目付系海防掛の政策変遷　目付海防掛の安政四年六月の「公明正大」な建議をいち早く紹介し、その意義を明らかにした田邉蓮舟によれば、「此れ畢竟岩瀬修理其人ありて、然るを致せるもの」とされている。(70) すなわち、幕閣が堀田正睦を外國事務専任とし貿易許可決定を行う契機となったのは、目付岩瀬とアメリカ総領事ハリスとの会談が発端であるとされる。「時の目付岩瀬修理が、〔安政三年八月二五日に〕ハルリスと下田に會して、其説くところを聞き、その平生の抱負する所と相符せしを以て、〔九月一五日〕江戸に歸るの後、直にこれを〔阿部〕正弘に論述し、正弘もまた夙に其心あるの人たるを以て、水乳相投ずるの想あり、恰も亦〔堀田〕正睦の同じく閣中にあるに會」したことに由来すると云う。(71) 蓮舟以後の史料編纂と資料集刊行の成果により、オランダからのイギリス使節来航予告など、他の諸条件を踏まえずしてはこの幕閣での政策転換を論じられないが、ここでの問題は、むしろこの安政四年の目付海防掛の建議が、次のような「従前目付の議に比して」、「婦人と丈夫との差があるがごとく」「其議する所の公明正大にして、恇怯の念なき」論に変調した、と蓮舟が説明していることである。これ以前の見解として例証されるのは、「嚮に彼理の來りし時、一味打拂を主張せしがごとき、又測量船の請に對し、因循姑息の策を立たるがごとき、布恬廷の來りし時、江戸への呼寄せんとの説を否としたるがごとき」(72)、嘉永・安政年間の〈第二期〉〈第三期〉の目付系の議論である。蓮舟の仮説はその論調転換の契機こそ、上記の岩瀬が加わった会談であったとする。これを承けたその後の研究も、一転機としての会談自体は重視しなくても、目付系内部での「開国」論の主唱者岩瀬の慧眼に対する高い評価は変わらない。

たしかに、田邉蓮舟の指摘のごとく、安政三年夏以前の次の①―⑦の目付系の議論には「開國」に対する消極的な見解しか見られない。嘉永六年①七月諮問に対する八月の答申（目付海防掛深谷・戸川・鵜殿・大久保・堀、以上の海防掛を除く大小目付[73]、②徳川齋昭の「海防愚存」に対する九月の答申（深谷・戸川・鵜殿・大久保・堀[74]）、③九月一三日の大号令案諮問に対する答申（戸川・鵜殿・大久保・堀、海防掛以外の大小目付[75]）、④ロシア使節をめぐる八月から一一月の答申（深谷・鵜殿・大久保・堀[76]）、また翌嘉永七（安政元）年六月の幕政改革三七ヶ条に対する⑤七月の答申（鵜殿・一色・岩瀬・大久保[77]）、⑥九月の下田でのアメリカ人休息所に関する答申（井戸・筒井・鵜殿・一色・岩瀬[78]）、さらに安政二年四月の⑦アメリカ人沿岸測量願に対する答申（大小目付[79]）。

このように目付系の外交政策が、当初いわゆる「開国」論ではなく、岩瀬忠震によってのちに自覚的転換がもたらされたとするならば、問題はさらに絞られて、目付系上書と岩瀬の関係、また岩瀬自身の政策論調の変化が究明されなければならないであろう。尤も、この時期安政四年以降も目付系海防掛に所属し、影響力を行使し得た者の存在も無視できない。とりわけ、浦賀奉行より嘉永六年一二月一五日に大目付海防掛に転じた井戸弘道と、第七章で議論を概観した嘉永七年七月二四日より大目付海防掛となった筒井政憲（鑾溪）を併考しなければならないであろう。だが、先に述べたように後者の鑾溪の場合この〈第二期〉〈第三期〉の史料を殆ど欠き、前者の井戸も安政二年七月二六日に亡くなってしまう。

岩瀬蟾洲の政論——教授方出役から目付海防掛へ　岩瀬忠震《ただなり》（蟾洲《せんしゅう》・鷗處）は[80]、嘉永七年一月二二日、永井尚志《なおゆき》（介堂）と共に、目付海防掛に任命された。蟾洲の徒頭からの目付就任は同日、介堂は前年の一〇月に目付となっているが、いずれも学問所教授方出役や徽典館学頭を歴任していたことは前述の通りである。上記の答申中またそれと関連して蟾洲が単独でもしくは所属組織に参与しその名を記して上げた上申書には、学問所教授方出役時代の嘉永六年の①、目付就任以降の共同答申である嘉永七年七月の⑤と九月の⑥があり、また安政二年四月の⑦の際には彼自身の上書は残らないが単独意見の概要が別の上申書によって窺い知れる[81]。さらに、目付就任後安政二年一月一〇日に命じられた下田取締掛として、露西亜応接掛の筒井鑾溪・川路聖謨・古賀謹堂らと共に艦船を失ったプチャーチンに現地で対応した際に上げた上申書や書翰が残る[82]。

限られた伝存史料から岩瀬蟾洲の議論を確認すれば、彼自身がペリー来航後の〈第二期〉と、日米和親條約締結後の〈第三期〉の半ばまで、決して当初から積極的な対外貿易開始の政策構想を備えた建議を展開していたわけではないことが判る。①の嘉永六年七月諮問への、「外夷之儀ニ付愚存之趣申上候」と題する「學問所教授出役岩瀬修理」の答申は[83]、第八章でも触れたように、アメリカに対しては、将軍家慶の死去に伴う服喪と、「新政」未定立を理由に返答延期し、国書授受の「通信」は「國法」どおり長崎のオランダ人を介して行うよう申し伝え、他方国内では、「軍艦・蒸気舩」の製造を初め、「上納金」を出資させて「武備」を整備するという内容である。「……全文ニアラサルカ如シ……」と記されて史料に抄録された答申は、次のようである。

御返翰之儀願之筋件々御取上ケ有無之儀不被命遣、今般恐入候御凶事被為在候儀を以打出し明白ニ被命遣、御国中之御新政粗相定候上ならては御論無之候付、追而御返答可被遣、此度アメリカ之書翰ニも國法他国之政亂さすと有之候得は、通信之儀長崎表之御扱ニ付御國法通於彼地蘭人江御渡し可相成趣被命遣候方、御返翰和順之態ニ願之筋御取上ニも可相成候哉とも相聞候振合ニ有之度、右ニ付御備向之儀、海岸之人家を拂ひ、軍艦・蒸氣舩御製造、御旗本之面々虚飾無之儀は氣を勵し、御先手等老衰之者ハ寄合勤仕並ニ轉し、壮健之者被命付三番頭調練一組と一揃ニ成其備相睦之習練致し、三千石以下拝借金被仰付、富商及寺社へ上納金、武備精々御世話、且又之事無之而ハ武備も行届不申間、尚又返事之儀御世話等之儀。

この岩瀬蟾洲の答申書抄録中には、アメリカへの返翰は「和順之態」で、大統領の要求箇条をも許可する可能性を含ませた内容を求める、すなわち「願之筋御取上ニも可相成候哉とも相聞候振合ニ有之度」ともある。だが、全文が残らないため、蟾洲がどこまで将来を予見した構想を抱き、じっさいに答申に盛ったのか否かは不明である。この答申書を提出した蟾洲が学問所教授方出役の任を全うしていることは、嘉永六年一一月七日に布衣に任ぜられ、一二月一六日には学問所「出仕ノ労ヲ賞」され、同月二六日学問所教授陣の一員として「学問吟味之節取調方格別骨折候趣」

が表彰もされた事実からもわかる。儒者蟾洲は、翌嘉永七（安政元）年一月二二日に、目付海防掛に抜擢された。

だが、岩瀬蟾洲が加わった後の目付系海防掛の議論は、前述のとおり直ちに交易開始論を展開したわけではなかった。後の〈第三期〉⑤の海防掛目付連名上書には、次のように述べられる。

近年來洋夷互市之風熾ニ行ハれ文物日々ニ相開候ゟ全世界之様子一變仕候、付而ハ於御國も時勢御斟酌之上、夷船御取扱振等、夫々御變革有之、邊海騒擾四海荼毒之患ニ被為易候儀、時勢ニ被副候御處置にて、即ち御祖宗之思召に而都而御舊制のミ御株守為在候ハヽ、却而在天の尊靈にも被為悖候儀ニ可有之候、一體是迄御制度筋之儀ハ多く昌平無事邊海無處之御時節ニ相定り候儀ニ付、當節の如キ摸様ニ相成候而ハ何事も活機ニ被為、投上下都而無用之文飾を去り實用有易《ママ》之筋へ専ら御厚慮無之而ハ、有限之御國力を以無窮之外夷ニ當りかたく、且又御國内限之儀も此姿ニ而ハ往々愈さしつまり可申哉と深心配仕候、……此度御改正之儀ハ可成丈御實形且御率先之御處置を以御示シニ相成候儀第一と奉存候。

「全世界之様子一變」した環境変化を踏まえ、「時勢御斟酌之上」で、異国船取扱いを決定すること、「御舊制のみ御株守」のではなく、「祖宗之思召」を忖度し、その「天の尊靈」にも悖逆しない政策を選択する。この上書冒頭の明らかな論調変化の誘因を、独り岩瀬蟾洲の目付系への参入にのみ求めることは難しい[84]。一つには、表現の類似性から推し量れば、この上書には連署されないが、これがかつて浦賀奉行として「窮通變化之道理」から「御國法御改正」と唱え今や大目付海防掛となった井戸弘道の見解を受け継ぐものであり、人的な繋がりを通しても、目付系における第七章でみた浦賀奉行経験者たちの議論の浸透を認めない訳にゆかないであろう。いま一つの問題は、この上書が老中阿部の改革案三七ヶ条に対する答申であり、それゆえ改革自体が幕閣によって前提とされた上での諮問であったことである。国内制度改革が急務であることは、すでに見た如く幕臣内部でも広汎に共有されていた。上書の前半に、この「變革」肯定の文言を盛ることは当時それ程に問題ではなく、したがって、政治的争点となるのは、むしろ、その変革の先に何を見据えて、如何なる選択肢を設定し、政治的決断を下していくかということであった。

答申冒頭での先の引用に続く目付海防掛の⑤での議論は、しかし、その改革推進の論調にも拘わらず、提案された細目の検討さえ行わず改革の大枠についての意見を述べたに止まり、この時点で同時に諮問されて答えた他の勘定海防掛や徳川斉昭が改革案一点ごとに具体的な批評を加えた答申とは対照的である。しかも、その内容は、嘉永六年九月の②で斉昭の「海防愚存」第七条に附した目付海防掛の答申と同様の論点、すなわち天保改革が「多端ニ相成候ゆへ、兎角人心服従仕兼」遂に失敗に終わったとして、三七ヶ条もの改革案に優先順位をつけることの重要性を改めて説いたものである。

　御改制被仰出度候事柄多端之儀ニ付、大小緩急の御順序を御斟酌被為在候儀、肝要之儀と奉存候、最初ゟ末節細事を彼是御世話有之而ハ、千諸萬端唯々冗雑ニのみ相成御實功可少哉、其大なる者・要なる者ゟ御手を下され、本根定り枝葉ハ別段之御沙汰をまたず自然其端緒ニ屬し候様、御仕向有之度。

改革政治の展開方法、政策実施における優先順位の決定という政治過程論は、必ずしも目指すべき目標を構想するものではない。そしてじっさい、⑤の答申も対外貿易開始には到底繫がらない議論に終始する。

目付系海防掛の議論、そして岩瀬の議論が、対外交易と出交易の可能性も視野に入れた主張に変化し始めるのは、安政三年七月にオランダ商館長クルティウスからのイギリス使節の渡来予告と「緩優貿易」という通商條約締結の勧告[85]を受けた時期に前後して執筆された、同年七月（日付不明）の上申書⑧「大船御取締・産物会所之儀ニ付申上候書付」（岩瀬・徒目付平山謙次郎[86]）においてである。たしかに上申書の主要な内容は、国内交易の「沿海御取締」の法制度整備を説くものである。つまり、「去寅年〔安政元年〕」の「大船製造」の許可は「全御時勢變通之御英斷ニ而却而祖宗之御遺志ニ被爲叶候御儀ニ可有御座」、この上は「御祖宗御遺制」を大船による輸送方法の変化に見合うよう改革しなければならないとして、主要港に「通船改會所・諸産物會所」を設けて課税方法を設定すれば、「〆賣・〆買・密交易」を防止し、「利権」を「商賈のミニ歸」すことなく、幕府の「富国強兵之御基本」も立つとする。しかし、注目されるべきは、幕府が対外貿易を開始しなくても、諸藩が外国との「取引」を始めるだろうと予測して、次のような国際貿易の課税立法に言及が及ぶことである。

尤大艦諸藩ニ而も相開、外國江も御取引相成候勢ニ相移候は、眼前之儀ニ有之上ニ而御取始無之候ハヽ、諸家ニ而追々相願候勢ニ可相成候、何レニも、其以前、是迄通商之國々ハ勿論、條約濟之國々江、改之御役人布衣以上兩人、御目見以上五六人、以下十人程御差渡、改會所御取立、御國地仕出し之船は、長崎・箱館・江戸ゟ之浦證文持参、右改會所江着津、彼方會所役人江取引直組致し、賣高ニ應し五分之税を爲相納候御規則相立申候。

条約締結諸国に「改會所」を建設し、「役人」を駐箚させて貿易管理体制を敷くというこの提案は、さきに古賀謹堂の「存念書」内容を検討した本書の視点からすれば、あるいは謹堂の着想の具体化とも映るであろう。岩瀬に先立つこと三年の、嘉永六年の段階で、すでに謹堂は国内に「貿易局」を設置し、諸大名にも禄に応じ「十萬石一隻位の割合」で「海船」を建造させ、「東西諸國江好を通し、我邦土を打立」、日本の国際貿易の拠点となる「我商館を各國江仕立」るという政策提言を行っていたのであった。

安政三年一〇月二〇日に閣老が外国貿易許可の決定を下し、[87]貿易調査のための外国貿易取調掛を任命して、幕府の方針一変した直後に、第七章でみた通り、「幕吏の自由貿易論としては最初のもの」と評される、[88]クルティウスの説を承けた大目付海防掛筒井政憲（鑾溪）の上書⑩「貿易筋之儀ニ付申上候書付」（一〇月）が提出される。この安政三年秋以降、八月の日蘭追加条約締結までに上げられる〈第四期〉の目付系海防掛の議論については、すでにいくつもの研究がある。[89]目付系では、アロー戦争勃発の報もうけて組織内部での方針を固め、翌年三月・四月から本格的に交易推進論を展開させて、[90]勘定系と政策レベルでの対立を顕わにするであろう。

古賀謹堂の構想と目付系　以上のような岩瀬蟾洲を含む目付海防掛の政論推移には、おそらく大目付となった井戸ら浦賀奉行経験者たちの政治認識と政策から引き継がれる議論、また蟾洲自身の下田取締役としての経験とそれに基づく意思形成があると共に、さらにこれに加えて、古賀謹堂の「書生」的「正論」が、間接的に、あるいは直接に思想的影響を与えている。これが弘化・嘉永期の幕臣諸有司の対外政策論全体を、先行研究の到達点を踏まえ、さらにその上で現存する史料や活字資料を可能な範囲で検討してきた本書から導き出される、一つの推論である。謹堂の目付系海防掛への影響力は、次に見るように、「公明正大」な議論を目指す政治的思考、対勘定系という緩やかな党派意識、そして元昌平坂学問所教授やその関係者という社会化過程で共有された思想的背景をもとに、人的交流を通して、その政治構想の継受にまで及んでいったと思われる。それゆえ、もしこの仮説が成り立つならば、安政三年九月一六日に、謹堂が目付系を代表する形で英吉利応接掛に任命されたのは、勘定系政論に対抗する通商推進派の思想的先駆、有力な論者としての働きを期待されたためであったとさえ考えられるであろう。

古賀謹堂が〈第一期〉から〈第三期〉までに幕閣に上げた上書は、日記などから次の六種の存在が知られる。嘉永二年閏四月学問所への海防策諮問の際のⓐ「海防策」、嘉永六年のペリー来航後の諮問に応えた八月のⓑ「存念書」、同年一〇月四日のⓒ露西亜使節の江戸拝礼をめぐる上書、安政元年八月のⓓ「洋学建白」、安政二年五月の測量についての上書ⓔ「アメリカ人測量之儀御尋ニ付申上候書付[91]」、そして同年六月の領事官駐在問題に対する上書ⓕ「アメリカ吏人取扱方之儀御尋ニ付申上候書付[92]」である。このうち、現在伝存するものは、僅かにⓑⓔⓕの三種に過ぎないが、諸有司のそれに比して、充棟の世界事情の読書に支えられた彼の主張には、いささかのぶれもない。

〈露西亜使節の江戸拝礼問題〉——謹堂自身も国書翻訳に携わったプチャーチン来航問題の対応の際には、目付海防掛の上書④ロシア使節をめぐる八月から一一月の答申（深谷・鵜殿・大久保・堀[93]）では、先例としての「文化度」レザノフへの対応を参照し、長崎へ「役々」を差遣して「御返翰も御差立ニ相成」、再び来航した際には国書を渡し、「此方於テハ何方迄も信義ヲ御守リ御取扱可相成ト御趣意相貫」く処置をとるようにと主張されていた。それに対して、謹堂がロシアの「夷情を譎《あや》し」としながらも、国王使節は「重臣」ゆえ、あえて「無名之盈《きん》を啓《ひら》く」ことなく、江戸拝礼を許可する旨の建議ⓒを上げたことは、すでに前章でみたとおりである。

〈米人測量問題〉——安政二年三月二九日にアメリカ測量艦隊司令官ロジャース船から沿海測量願いが提出された際にも[94]、老中から「測量之儀は、従來御國之ものニ而も制禁之儀ニ付、容易ニ御聞届難相成[95]」と、国内でも禁止されているがゆえに許可は難しいとの判断が示された。前述のように、弘化三年の筒井鑾溪は諸外国による日本沿海の測量行為を「以之外失禮之儀」としていた（「海防守備御触書等之儀取調申上候書付」弘化三年六月）。

しかし、すでに和親條約を締結したこの時期の問題設定は異なる。目付系の安政二年四月の⑦アメリカ人沿岸測量願に対する答申（大小目付[96]）は、「一応国法」により断り、アメリカ側が不承知ならば、アメリカ本国に使節を派遣するか、もしくは測量学を心得たアメリカ人四・五名を乗船させて日本主導で「御国地ニ而測量」を行うとする。また、この際に現場の責任者で川路聖謨・水野忠德と共に下田取締掛になっていた岩瀬忠震は、上申書で測量船上陸の際には厳重に取締り、「搦捕」の許可を求めた。「岩瀬修理申上候趣ニ而は、亞墨利加之測量船海岸江乗入、相制候而も強而上陸いたし候ハヽ、搦捕下田奉行江可引渡旨之御觸出候仕度趣ニ有之候[97]」。しかし、これに対して評定所一座以下は、万一上陸した場合にも「猥ニ搦捕候而は後患を醸」すとして「時宜ニ應し平穏之御取計有之候様」との意見を寄せている（安政二年四月二〇日[98]）。前後して諸大名にもこの測量願の件が諮問されるが、抄録が残る国持大名の答申（薩摩・黒田・肥前・山内・加州・上杉・仙台・細川・佐野・毛利・池田・蜂須賀・佐竹）の中では、「當分之儀故」先ずは許可すべしという薩摩島津齋彬以外は、皆否定的な見解を示している[99]。

このような議論の中で、古賀謹堂はⓔ「アメリカ人測量之儀御尋ニ付申上候書付」（安政二年五月[100]）を閣老に上げている。五月三日に「書取」て大学頭復齋に回し、五月一四日に「建白浄寫」し[101]、翌一五日に老中阿部に提出されたこの上書で、謹堂は、「武備と測量とハ、全く別事」であり「國家之害となる道理」はないと主張する。何故か。第一に、西洋諸国の測量は「学術」のためであり、彼らは「両極氷海之地」「不毛之瘠地」へさえ「探索」するほどに、「未審之地理を探索する」ことを目的とする「測量學」に関心を持っている。元来「國地の形勢を秘するハ、外番に無之事」であり、海は「無経界物」ならば、「国地之案内」「海路之浅深」を知ったところで、直ちに侵入し、国家を滅亡させることはないであろう。もしそうであるならば、世界中が欧米に「滅却」されている。外国の地図には、じっさい、「山の高低・海の浅深・城市之曲折」が記され、日本の「人氣・風俗・武備等」については、「彼等目算方、遙に我國人ゟ詳らかに心得」ている。第二に、日本にとっても「我周海之測量ハ今日之急務」、測量技術の修得は不可欠である。西洋船を購入し、諸侯へ大船建造の許可を出しても、「我周海之航路さえ不案内」では「礁沙之害目前に迫」るであろう。謹堂によれば、外国人の側では、「諸術藝等、夫々世話致し、我國人之蒙を啓度存込候模様」であり、「精密之日本海圖」を作成し、「我國人ニも其術を伝へ候ハヽ、發蒙之儀、定て満悦之事と推量仕」となる。日本には伊能勘解由忠敬の実測図だけがあるが、それでさえ「海中之深浅等は不精」である。それゆえ「稽古」として五、六名をアメリカ船に乗船させ、細かに取り調べ、絵図作成に取り組めば、日本にとっても有益であるという。

幕府が測量許可要請を最終的に「峻拒」しなかったのは、このような謹堂の建白の影響とも云われるが[102]、その真相は明らかではない。しかし、じっさいに日本で本格的な洋式海図作成のための測量術学習を可能にしたのは、長崎海軍伝習所においてであった。オランダ海軍によって安政二年一〇月から安政六年四月まで長崎出島に隣接する西役所に開設された伝習所では、伊能忠敬によっては不可能であった経度の測量方法も教授された。すなわち、「数学、地学、天文学の基礎を含み、天測位置決定法や測器使用法の習熟を内容とするピラール（J. C. Pilaar）の航海書 *Handleiding tot de beschouwende en werkdadige Stuurmanskunst.* に基づいて行なわれた」伝習所の授業で、邦人により初めて経度測量が試みられたのである[103]。

外国人による日本近海の測量許可を認める謹堂の論拠は、このような「学術」「技術」の問題ばかりではなかった。「異国船御取扱振」においても、「大公至正之論」という先にも現れた、きわめて公平で僅かな不正もない政治姿勢を志向する議論がそこにはある。既に條約を取り交し、かつての通信通商の先例「見合」も参考にならない「往来通親之國と相成」、「與國之御取扱」が求められているのに、「今更小事を區々と御争ひ候ハ、無益之至り」である。未だに「鎖國之積習」が人びとの「肺腑に沁込」み、「豁達之気象」もない。そして「軍機之呼吸を争ふ時節」のように

「事の漏洩を慎む」。しかし、いまや「外番之来往繁々有之時節」であり、「平常他邦江交ハり候道」においては、問われ請われても、答えず見させずという訳にはいかないことは「顕然之道理」である。

大公至正之論ハ、青天白日之下ニ無之ては相立不申、外番之動静ハ心得居度、我国内之事ハ一切不被知様にと云勝手なる事ハ不出来理なり。

諸外国からは世界情勢の提供を受け、こちらからはまったく「秘密」にするということはできない。もちろん、この見解の延長に示唆される構想は、ⓑ「存念書」のそれと変わらない。

當今外番之来往繁々有之時節、穴に入る様之手狭なる御処置にてハ愈以人心引立不申候間、英明果断に諸事四大州江推出し、打開キ候模様無之ては、始終外番之嬲り物と成り、少々の事ニも御動轉被及候様可相成。

求められているのは、全世界に「推出し」ていく出貿易、それに向けた対外方針への、早期の決断である。

〈領事官駐在問題〉——古賀謹堂も加わった安政元年から安政二年の下田での日露交渉で最後まで審議された案件は、「官吏」を日本国内に常駐させるかどうかという点であった。結局、すでに締結されていた日米和親條約（神奈川條約）に倣い（「日本國米利堅合衆國和親條約」第一一條）、ロシアの要求する下田・箱館のうち一港に領事官を駐在させることで合意した（「日本國魯西亞國通好条約」第六條[104]）。安政二年一月一一日に下田より戻った謹堂は、一四日に江戸城に登城し、この件について「執政」の命をうけた目付海防掛の岩瀬蟾洲に「詰問」されることになる。

〔安政二年正月〕十四日登営、與岩瀬修理議事、領事官一条なり、執政ゟ予ニ詰問せよとの由、是ハ革翁〔川路〕右之義ハ拙生建議候様書面仕立、嫁禍《かか》之手段故、政官ハ全く左之態と如何之訳と見ゆ、此事甚有曲折、全革〔川路〕之術数也、乍然置吏一条、利害相半、先利多于害と見ゆ、小人手段ハ可悪事とす。

（「謹堂日誌鈔之一」安政二年正月一四日）

謹堂はこの尋問が、交渉時の難題であった領事官問題の責任を、謹堂が「建議」したように見せて「嫁禍」すなわち自分の災難を他人に及ぼそうとする川路聖謨の策略ではないかと疑った。「小人」川路の「手順は悪むべき事とす」。

しかしその一方で、彼は日記に「領事官一条」については「利害相半ば、先ず利、害より多しと見ゆ」と記す。「詰問」する目付の岩瀬蟾洲に、謹堂がどのような答弁をしたか詳細には分からない。しかし、謹堂は五ヶ月後に、改めてこの領事官駐在の問題について上申書を認めて閣老に提出しており、当時の日本外交の難論をめぐる彼の意見を窺うことができる。ⓕ「アメリカ吏人取扱方之儀御尋ニ付申上候書付」（安政二年六月）[105]は、六月一〇日に林大学頭に廻され[106]、林家から老中阿部に届けられたものである。

この上書で、謹堂はまず、ヨーロッパ諸国が域外の諸国と国交を結ぶ際には、必ず領事を駐在させ、あるいは領事館を設置して、交流や貿易を行っていることを紹介する。

ヱウロッパ各國ハ、相互に自國同様往来住居勝手ニ付、別段吏人を設るに不及、夫も懸隔り候國地江ハ、矢張官吏を差置候、自餘異教遺俗之國土江ハ、必らす役所を取立、官吏を差置候は、情意を通し、他國民人との引合、且ハ市場之大利を網する手段に御座候。

しかし、ヨーロッパの慣習をなぜ日本でも受容しなければならないのか。その理由を彼は、改めて出交易の論理から説明するのである。

當今天地之模様、出ると進むにて國を守るハ出来可申候へ共、退くと引込とにてハ、國勢日に凌夷して、人心益寝入可申、夷人之願筋等、チビ〳〵と御斷立之上、押て申募り候期ニ及ひ、無據御許容、孰れのヶ条も、右之振合と相成てハ、何時も先ハ彼方に被取候。

世界情勢をみれば、もはや一国内にとどまるだけでは国家の独立は不可能である。「チビ〳〵」と申し出を断わり続けても、遂に押されて許容に転じるならば、交渉の主導権はつねに諸外国にあることになる。時機を逸せずに従来の方針を「見切」り、「出ると進む」を対外方針としなければならない。それに決すれば、以後「損失」も少なく、「互角」に交渉に臨めるだろうという。

縦へ海内の怠惰、御一戰之支度、容易に不相整共、能此進と出るの機を御取外シなく、御見切之處を斷然と被遊候ハヽ、御懸合丈ハ、曲り形に、随分互角に可相成、左迄御損失も立申間敷哉。

もちろんこの論理に従えば、外国から一方的に領事官を迎え入れるだけでは済まず、日本からも諸外国へ駐在領事官を派遣しなければならない。現状では航海技術が「未熟」で不可能であるが、将来には、世界中に赴いて「貿易之利潤」を「我國民」にも享受させ、「富強之根基」を立てることこそ重要である。

元来夷人我國江官吏を差置候ハヽ、此方ゟも異國江官吏を被差遣度思召御位に無之てハ不相濟、我邦只今ハ舟乗も未熟ニ候へ共、海國之事、追而ハ是非萬國江出張、貿易之利潤を、我國民江も十分爲御受、富強之根基御立候事、大切ニ御座候。

日本への領事官駐在は、「後日此方の手本」となるであろう。したがって、彼は「渾て其官吏をハ此方役人同様、無隔意待遇被成事、専要ニ可有之候」と、駐在官吏への好待遇を促し、さらに「術芸」ある者を招聘し、「我邦人」へ学習させることも含め、[107]領事官にいくつかの役割を認めている。いずれにせよ、西洋諸国に対する際には、彼らの「簡易直截」「萬事手軽」な「氣習」を理解して、瑣末なことにこだわらず、むしろ日本の「仁徳」に「感戴」させるような扱いが望ましい。

「都て外蕃ハ簡易直截を旨とし、萬事手軽を喜候へハ、此方ニ而も能其氣習を呑込、無益之手數を被省候事、駕馭之本と被存候」、「夷人共野心さへ無之候ハヽ、少々之儀ハ大目に御覧被成置、我邦御仁徳を感戴仕候様、御柔懐之術耳大切ニ御座候、瑣細之末事に御口實を増す如き御扱ハ、無益之至りと奉存候」。

この上書からは、さらに、すべての西洋諸国と均等に外交を結ぶのではなく、対外関係を継続させる国を選択して、限定国とのみ交流をもつ政策を、謹堂が抱いていたことが読み取れる。すなわち、日本から将来領事官を派遣すべき西洋諸国として、アメリカ以外にイギリスとフランスを挙げ、ロシアには「追々談判して」條約「ヶ条」を減少させ、機会をみて「見切」ることが重要であるという。

以上のように、現存し、確認し得る嘉永六年のⓑから安政二年のⓔⓕまでの古賀謹堂の政論に一貫するのは、「大公至正之論」、海外渡航の上での情報収集や「諸術藝」習得、そして「出交易」による「富強之根基」の確立といった構想である。それらは、プチャーチンやペリー、あるいはハリスと会談する以前からの、謹堂自身の独自な政治構想と言える。

既にみたとおり嘉永六年八月当時海防参与の徳川齊昭は、このような謹堂の構想から、政策の代替的選択肢の着想を得ていた。重ねて上げられたその政治構想から、阿部政権は政治的意思形成にあたって、何を受容したのであろうか。安政二年一月に領事官駐在問題につき命を受けて意見聴取した岩瀬蟾洲は、謹堂からその構想を承け継いだのであろうか。あるいは、潜在的な課題を発見し、新たに政策目標を設定し直し得たのであろうか。

今日の戎備、火器を舎《お》いて何に従はん。今日の理財、貿易を舎いて何に従はん。環海之邦、舟楫《しゆうしゆう》を舎いて何ぞ一歩を動くを得んや。明々白々之道理にして、丱角《かんかく》小児も亦解す。何ぞ読書士夫にして此義に味からんや。

（「巵言日出」巻一、第一二条）

安政二年八月から安政三年六月までに綴られた謹堂の漢文短言集の一説は、あたかも学問所出身の岩瀬ら「読書士夫」を含む目付系さえ、対外貿易・出交易開始に態度決定しないことを慨嘆しているようでもある。[108] 外国貿易開始を本格的に模索し始めた阿部政権が、安政三年九月に、勘定奉行川路に対抗する目付の代表として、岩瀬を差し置いて英吉利応接掛に謹堂を任命したと推定しても、それほどに事実から遠くはないと思われる。そして、さらにこれ以降の勘定系と対照的な目付系海防掛の議論は、思想的な先駆となった謹堂の政治構想を悉く踏襲することになる。〈第四期〉の安政四年に展開される「開明的」と評されてきた目付系の政策の基本的骨子は、じっさい、本書で確認した謹堂の構想の枠内にとどまっているとさえ言える。

目付系と古賀謹堂とに共鳴し合う接点があるとすれば、反勘定系というゆるやかな党派意識、昌平坂学問所儒学を共通の基盤とする政治的社会化の重なり、それ以上に公明正大さを貴ぶ政治志向と、普遍的な「道理」によって物事を判断し決する原理的思考の共有という点が挙げられよう。謹堂は云う。公明正大な政治を行うとは、百年の歳月を経過しても、全世界に示しても、全く恥じることのない政策選択をなすことである。「百人千人」という多数者の眼に公然と晒しても、不正のないことである。

天下に是非を公すること有り。百世を磨して移らず、四海に掲示して違言なし。重門洞開して、百人千人咸視る。事を行ふは此の如し。縦ひ其れ一時屈抑すとも、自ずから伸ぶる時有り。（「卮言日出」巻一、第五三条）

畏るべきは公論なり、恃むべきも亦た公論なり。是非之心、夫れ人みな有り。故に公論畏るべし。身は殺すべし、しかして義は奪ふべからず。身を屈すといえども、道を伸ぶ。故に公論恃むべし。（「卮言日出」巻一、第六二条）

「公論」への両義的な評価にもかかわらず、謹堂が「公論恃むべし」というのは、「公論」が道理を顕白し、その普遍的な意味を長期的に保障するからであろう。たとえ「屈す」ることがあるにせよ、その義しさゆえに、時間的経過に循って必ずや真価を発揮するに違いないという確信からであろう。このような認識が、目付系のもつ職掌内容とも、学問所出身者が多い彼らの精神とも共有される面を有したことだけは、間違いない。「萬國一般之法」「當今世界一般之規則」として対外通商を積極的に承認する素地は、おそらくこのような点にも認められる。

外国奉行創設後のそれぞれの終焉　最後に、〈第五期〉以降についても、簡単に触れて、第III部を閉じることにしよう。

安政五（一八五八）年七月八日に、井伊直弼政権で、新たに遠国奉行の上位に置かれた、初代外国奉行に任命されたのは、勘定系は水野忠徳・井上清直、目付系は堀利熙（有梅）、永井尚志（介堂）、そして岩瀬忠震（蟾洲）であった。海防掛体制はここに終わりを告げ、以後、この外交専務の事務機関、外国奉行を中心に、徳川幕府外交が展開されていく。

もはやかつてのように学問所儒者が外交に参与する余地はない。ただし、初代の奉行は、支配勘定から勘定吟味役を経て下田奉行になっていた井上一人を除き、他の四人すべてが海防掛の経験者にして、学問吟味及第者でもあった。彼らばかりでなく、目付系とともに、この機関には、以下に示すように、政争を反映して移動・増減するが、学問所出身者が多く登庸されたことも知られている[109]。たとえば、学問吟味及第者では、次の者たちが、外国奉行・支配組頭・支配調役、また文久年間新設の外国奉行並・支配定番役頭取取締、あるいは慶應年間新設の外国総奉行・総奉行並に任命されていた（表10-4）。

このうち、目付海防掛出身の岩瀬忠震（蟾洲）の外国奉行在任期間は、僅かに二ヶ月であった。安政五年四月二三日に井伊直弼が大老に就任すると、翌五月六日に大目付土岐頼旨が「突然左遷」され「朝野愕然を極め」た。蟾洲は木村喜毅（芥舟）への書翰で、「追々大司農（勘定奉行）・箱館（箱館奉行）・小生（岩瀬）輩へも波及之様子ニ有之候」と、この将軍継嗣問題に発した人事一洗が自らにも及ぶことを予測している（五月一二日付）[110]。じっさい、彼はこの大獄が始まった最中の七月に外国奉行に任命されたが、安政五カ国條約調印（フランス調印九月三日）の直後、安政五年九月五日に作事奉行に左遷、翌六年八月に御役御免差控を命じられ、以後文久元（一八六一）年七月に四四歳で他界するまで、公職に就くことはなかった。

岩瀬よりも早期に、條約勅許の不成立と、いわゆる一橋党としてのもう一つの党派争いゆえに、留守居役の閑職に左遷され（安政五年五月六日）、したがって新設の外国奉行の選に初めから除外されていたのは、勘定系の川路聖謨である。聖謨は、翌安政六（一八五九）年八月には蟾洲と同様に、隠居のうえ蟄居を命じられた。井伊が暗殺された後（坂下門外の変、萬延元［一八六〇］年三月）、一時期彼は外国奉行に任命されもするが、僅か五ヶ月で辞している（文久三年五—一〇月）。晩年の聖謨（敬齋）は、慶應二（一八六六）年一二月四日の日記に、清朝の知識人魏源とイギリスの侵攻を受けても目覚めぬ清人について次のように記す。

魏源など、漢人にては余程実用の学者なり。渠《かれ》が著述の海国図誌・聖武記にてもみるべし。され共、聖武記の

表 10-4　学問吟味及第の外国奉行関係者（及第年度順）

文政 6 年	乙骨太郎乙・鳥羽彦四郎（耐軒，文政 6 年乙），慶應 3 年 6 月-〈支配調役〉
天保 9 年	水野筑後守忠徳・忠篤（天保 9 年乙），安政 5 年 7 月-安政 6 年 8 月〈外国奉行〉・文久元年 5 月-文久 2 年 7 月〈外国奉行〉
天保 14 年	栗本安藝守鯤・喜多村哲三（鋤雲，天保 14 年甲），慶應元年 11 月-慶應 2 年 1 月〈外国奉行〉・慶應 2 年 11 月-〈外国奉行〉
	堀織部正利熙（有梅，天保 14 年乙），安政 5 年 7 月-萬延元年 11 月〈外国奉行〉
	岩瀬肥後守忠震（蟾洲，天保 14 年乙），安政 5 年 7 月-安政 5 年 9 月〈外国奉行〉
	奥村季五郎（天保 14 年乙），安政 5 年 11 月-安政 6 年 10 月〈支配組頭〉
	永持亨次郎（槐屋，天保 14 年乙），文久 2 年 5 月-〈支配組頭〉・文久 3 年 6 月-元治元年〈支配定番役頭取取締〉
弘化 5 年	永井玄蕃頭尚志（介堂，弘化 5 年甲），安政 5 年 7 月-安政 6 年 2 月〈外国奉行〉・慶應元年-慶應 2 年 1 月〈外国奉行〉
	田邉太一（蓮舟，弘化 5 年甲），文久 3 年 7 月-〈支配調役〉・文久 3 年 11 月-元治元年 8 月〈支配組頭〉・慶應 2 年 2 月-慶應 4 年 3 月〈支配組頭〉
	向山隼人正一履・一色榮五郎（黄村，弘化 5 年乙），萬延 2 年 2 月-文久 3 年 5 月〈支配組頭〉・慶應 2 年 10 月-明治元年 3 月〈外国奉行〉
	小田切鋼一郎（弘化 5 年乙），〈支配調役〉任用年未詳
嘉永 6 年	塚原但馬守昌義・重五郎（嘉永 6 年乙），安政 6 年 6 月-文久元年 8 月〈支配調役〉・慶應 2 年 10 月-〈外国奉行〉・慶應 3 年 6 月-〈外国総奉行並〉・慶應 3 年 10 月-11 月〈外国総奉行〉・慶應 3 年 12 月-慶應 4 年 2 月〈外国総奉行〉
	江連加賀守堯則・原眞三郎（嘉永 6 年乙），元治元年 9 月-明治元年閏 4 月〈外国奉行〉
	宮田文吉・正之（嘉永 6 年乙），文久 2 年 2 月-慶應 3 年 7 月〈支配組頭〉
	山口駿河守直毅・武川五郎次郎（嘉永 6 年乙），慶應元年 4 月-慶應 2 年 8 月〈外国奉行〉・慶應 3 年 6 月-〈外国奉行〉・慶應 3 年 6 月〈外国総奉行並〉・慶應 4 年 1 月-4 月〈外国事務総裁〉
	木下大内記利義・伊澤謹吾（嘉永 6 年乙），慶應元年 11 月-慶應 2 年 5 月〈外国奉行〉
安政 3 年	吉川圭三郎・櫻井之丞（安政 3 年乙），安政 6 年 12 月-文久 2 年 12 月〈支配調役〉
	池田筑後守長発（可軒，安政 3 年乙），文久 3 年 9 月-元治元年 7 月〈外国奉行〉
安政 6 年	土屋豊前守正直（安政 6 年乙），元治元年 3 月-9 月〈外国奉行〉
	岡崎藤左衛門（撫松，安政 6 年乙），元治元年 6 月-7 月〈外国奉行並〉
	水品楽太郎（梅処，安政 6 年乙），〈支配調役〉・元治元年 7 月-慶應元年 5 月〈支配組頭〉
	小出大和守秀實（安政 6 年乙），慶應 2 年 8 月-慶應 3 年 7 月〈外国奉行〉

※以下は学問吟味及第者ではないが，学問所関係者として挙げる。

儒者惣領
　河田貫之助（貫堂，儒者惣領），文久 2 年 10 月-文久 3 年 11 月〈支配組頭〉

林大学頭手附書物御用出役出身
　由比太左衛門峯高，萬延元年 11 月-〈支配調役〉・文久 3 年 7 月-〈支配組頭〉・元治元年7 月-9 月〈外国御用出役頭取取締〉・慶應 2 年 8 月-12 月〈外国御用出役頭取取締〉

内、武事余記に兵を論じたるをみれば、乍浦を英に侵されし後も、いまだ眼の覚めぬ体の論多し。漢土の人、何故にかかることにや。元来、学問宋より末、議論甚だしく、朱文公〔朱熹〕没後精密に過ぎ、体験少なく、其の弊追々甚敷く、体験よりも議論に拘り、書生が会読等の時の論の如く、口舌にて人を圧する様に成りて、果々は当時の如く成りしが、何分解し兼ね申し候。今、江戸風の人は、朱子学といえ共、其のする所をみれば、小学・近思録などに申すこととは別なるがごとし。怪しむべし。(11)

聖謨も共鳴する「実用の学者」魏源に対比させられるのは、「体験少なく」「議論」を好む「書生」たちであり、これを日本に当てはめた時に彼が念頭におくのは、「朱子学」を尊ぶ「江戸」の学問所儒学である。しかも、学問所儒学が、闇齋学が重用した「小学・近思録」の世界にとどまるかの如くに捉えられている。あるいは「体験」に乏しく「書生」の「議論」に盛んな、古賀謹堂との先の一二年前のやり取りを想起し、学問所出身の目付系に対する批判も含んでいると思われ、〈政治的社会化〉と党派対立を検ずる上で、きわめて示唆的な記述である。社会的出自を異にする勘定系の能吏、川路聖謨は、慶應四年三月の短銃自殺に至るまで、およそ昌平坂学問所儒学の実態に関知せず、その政治的可能性も認めることが出来なかったのであろう。徳川儒学における魏源のような存在、古賀侗庵、そして侗庵を継いだ古賀謹堂の政策の先進性を、おそらく遂に承認することはなかったのであろう。

川路の論敵ともなったその古賀謹一郎（謹堂）もまた、幕閣内部の権力闘争と朝令暮改の人事のなかで、洋学機関の学政の任を全うすることはできなかった。頭取職にあっても、幕閣の意向を受けた指導が加わり、葛藤は絶えなかった。「疑えば則ち任せず、任せれば則ち疑わず。是れ人を用るの大綱なり。且つ任せ且つ疑ひ、文其の肘を掣《ひ》くは、人を用ると云ふかな」（「卮言日出」巻一、第三四条）。そして、安政二（一八五五）年八月から統率した洋学所・蕃書調所が、小川町から一ツ橋門外の護持院ガ原に移転され、洋書調所と改称される文久二（一八六二）年五月に、謹堂はついに、西丸留守居学問所御用へと転任させられる（文久二年五月一五日）(112)。「失職後、多暇にして幹する所無し、只だ日に庸常人より凌辱を受くるは、実に堪へざるところ、衷に楽しからず」（謹堂「卮言日出」巻二、自序、元治元年四月）。調所頭取「失職後」の学問所御用は、洋学者たちに囲まれていた職場と異なりまったく知的刺激を覚えず、さらに理解のない者たちから洋学批判も受けたのであろう。

安政の大獄以前の、安政三年四月までの謹堂には、言路洞開して顕わになり始めた「天下」の「公論」に対する期待が、その不安に勝っていた。しかし、この文久・元治期になると、「今の是は則ち昨の非、昨の是は則ち今の非」（巻二、第三九条）という、嘉永末年以来の「国是」未決と官僚政治の混乱が次のように記される。

国家の深害、国是の定まらざるより大なるはなし。百司の悪弊、邪正の混乱するより甚だしきはなし。三年前の卌禁《れいきん》、今皆開除され、三年前の罰之徒、今皆復官す。　（「卮言日出」巻二、第三九条）

謹堂はその後、元治元（一八六四）年八月一三日に大坂町奉行を拝命するが、翌月に「病気」を理由に辞退して役職なしの寄合に、さらに慶應二（一八六六）年一二月末には横須賀製鉄所[113]の製鉄所奉行並となる。そして、その二ヶ月後の慶應三年三月に任命された、新たに目付となっての朝鮮遣外使節の大任が、彼の最後の仕事となった。

李太王三（一八六六）年一月の朝鮮で、キリスト教徒の大迫害が起こり、フランス人神父九名を含む、万に近い数とされる信徒が処刑された。丙寅大獄とされるこの難を免れた神父の急告により（五月）、フランス政府は、フランス極東艦隊司令長官と駐清フランス臨時代理公使の判断で、外交手段によっては清朝の総理各国事務衙門を通して礼部に照会を求め（六月）、朝鮮偵察としてはフランス艦隊を向かわせ（八月）、さらに九月の第二回遠征の際には江華府を軍事占領した。しかし、朝鮮の徹底抗戦により、艦隊は撤退を余儀なくさせられた。一方、同年七月には朝鮮の大同江に座礁したアメリカ商船を、朝鮮軍と民衆が焼討ちにし、乗員全員を殺害する事件が起きていた[114]。

徳川日本においては、「朝鮮戦争ニ付其機會に乗じ御國威・御信義、萬國に耀」かす機会になると考えられ[115]、隣国朝鮮とフランス・アメリカ両国との和解調停をなすことが、自発的に企図された。若年寄並外国総奉行、平山敬忠

（省齋、一八一五―九〇）[116]を正使とした慶應年間の朝鮮遣使計画に、古賀謹堂も副使として対馬出張を命じられたのである。[117]平山省齋は、かつて幕臣内で国際貿易の課税立法に言及した目付上申書⑧「大船御取締・産物会所之儀ニ付申上候書付」（安政三年七月）を、岩瀬蟾洲と連名で上げた、徒目付、平山謙次郎である。この使節派遣は、あたかも、かつての目付系海防掛たちの上申書（安政四年三月）にある「〔七〕世界之内、信義強大之國ニ交を厚ふし、孤弱之國を救ひ」、「〔一〇〕天帝ニ代り、忠孝信義之風を以、貧婪虎狼之俗を化し、五世界中一帝と被仰候様被遊候儀」（「御急勢之大要」全一〇ヶ条中[118]）という理念の具体化とも映るであろう。いずれにしてもオランダ・アメリカ・ロシアから「開国」勧告を受けた日本が、今度は朝鮮に向けて、勧告を行うことになったのである。

　作成された朝鮮宛ての国書案（一〇月付）の起草者は不明であるが、その和文案と漢訳文とでは、内容と強調点が異なっている。[119]

〔和文案〕「……兩國〔フランス・アメリカ〕とも世界の強國にて、復仇之爲不容易企も有之由、聢と之踪跡并世界之公評も有之候儀にて、貴國は舊來之隣誼何共不安儀に付、今度爲使節、若年寄並外國總奉行平山圖書頭・目付古賀筑後守、差遣候間、被許面謁、方今宇内之形勢、萬國之事情篤と相悉し、余が深意の在る處を諒せられ、隣交之永遠唇齒之保固を祈る、併貴國安寧景祉を禱る、謹言」

〔漢訳文〕「……則二國〔フランス・アメリカ〕合從、勢必併力報怨於貴國、舊好之義、不忍座視線、茲遣若年寄並外國總奉行平山圖書頭・目付古賀筑後守、赴貴國京城、面謁顓議事、宜使解怨釋紛、且欲益敦世好、共承天休、寸忱鑑諒惟冀、不宣」

すなわち、朝鮮に渡される漢訳文では、「宜しく怨を解かしめて紛を釋くべき」を、国都「京城」に拝礼し「面謁」したその交渉時に「議」する、という仏米と朝鮮との和解仲介が目的とされているが、その原文である和文案では、より具体的に、報復攻撃については以前の事例「踪跡」や「世界之公評」もあり、「方今宇内之形勢、萬國之事情」を「篤と」知悉させるという派遣意図が記されている。この日本国内向けの和文案の内容から察すれば、使節派遣には、「御國威・御信義」を「萬國に耀」かせるという大義とは別に、具体的には、和解勧告にとどまらない将来を見越しての「開国」勧告を行う使命があったとも考えられるであろう。しかも、この勧告が、その詳細は国都での拝謁時に説明するという点で、かつてのプチャーチンがもたらし謹堂が翻訳したロシア国書にも通じる「開国」勧告方式であることだけは、ここで確認しておきたい。もちろん国書にみえる内容は、(B)政治的変革を勧めるのでも、(C)通商を促すのでもなく、ただ(A)世界情勢の告知にとどまり、武力ではなく友好関係を基盤にした「聘礼」外交の延長にあった。

慶應三（一八六七）年一〇月一四日の大政奉還後も、京都朝廷の勅許を得て引き続き派遣準備が進められ、国書案まで作成されて、航路江戸を発ったが、徳川幕府による朝鮮使節派遣はついに実現されることはなかった。在京の慶喜と会見手続の最終交渉をしようと使節が途上入京した翌日に、長州藩の兵が摂津西宮に進軍したとの報を受けて派遣は延期される（一二月三日）。そして、ついに慶應三年一二月九日、将軍徳川慶喜が将軍職を辞し、王政復古の大号令を発するという「朝廷未曾有ノ大變革」に及んで、「幕府ノ策議百事僉《みな》瓦解シ」、徳川幕府外交初の他国への「開国」勧告という「発遣ノ事モ忽止」んでしまった[120]。それはまた、古賀謹堂にとっても、学政と外政に参与した彼の公的活動すべての終焉を意味していた。

終　章

――昌平坂学問所儒学の中での古賀家三代の思想的軌跡――

官僚政治によって担われる幕府の政治秩序形成と維持――それが、学問所による徳川後期「政教」の政治的所産であり、また当初からの目的でもあったことは、これまでの検討から明らかであろう。

庶民への講釈聴講の門を開いていたとはいえ、昌平坂学問所の主たる課題は「造士」であり、旗本を中心とする幕臣教育であった。そこでの教化の対象は、身分社会を背景にし、後に幕府や藩の政治権力を担い、政策形成過程にまで参与する「士」である。幕臣官僚の場合には、いわゆる体制権力内部の人員ともいえよう。それは、近代日本の「政教」が、「国民」という帝国臣民すべてを対象とし、統合化を図った民衆教化の在り方とは、その目的・方法において異なっている。しかし、昌平黌儒学は、そのような「国民道徳」に資した近代「儒教」の一つの淵源として、あるいは徳川日本の「体制教学」として、明治維新以降の歴史展開のなかで回顧され、「国民」思想史のなかで記憶され続けてきたのである。

徳川後期の「政教」問題として、対象を限定して幕府の昌平坂学問所を取り上げ、さらにその学問と政治的役割の歴史的変遷を、学問所儒者として唯一三代続いた古賀家を軸に追究した本書は、なによりもまず、このような近代日本の学問所評価・儒学評価による眼前の遮蔽を自覚することから出発せざるを得なかった。具体的には、視角外に置かれた対象を再発見し、関連史料を発掘し、整序する作業から着手した。対象を取り巻く社会的諸条件を理解するために、史料に基づき、一方では同時代の知識世界の状況を、古賀家の著作の全体像ばかりでなく彼らの蔵書目録、読書指南、読書歴、さらに各種の上書や日記から確認し、また学問所での出版や編纂物、学問所儒者の論説類、学問吟味の内容、学問所での策問にまで遡った。他方ではまた、当時の具体的な社会的環境の究明を、学問所人事ばかりでなく、諸藩に広がる門人群や文芸結社といった社会的人間関係網、幕府の政治的意思決定過程、幕臣官僚人事の補任録まで追うことによって果たそうとした。それが、近代日本の「儒教」評価の桎梏から対象を解き放つために、第一に履まれるべき途と考えたからである。史料の執筆年代推定作業により、思想形成過程を辿り、同時代の政治情勢との連関で著作を位置付けることが可能となる。また、蔵書群と教養書の調査は、一国史の枠内で語られてきた彼らの知的世界が、同時代の舶載の書籍移入史と密接に関連していることを証しする。そして、埋もれた儒者たちの経験を諸史料から伝記的に追うなかで、彼らが、現実政治とは没交渉に学統派ごとの哲学や形而上学的な政治論だけを述べていた儒者としてではなく、自らも「儒吏」として藩政や幕政の具体的な意思形成に関与し、他方で教育を通して次代を担う「儒吏」群の再生産を担当する姿が浮かび上がってきた。

行政機構の整備により、政治秩序形成と維持を担う政治的主体の中心が、藩役人や幕臣官僚という実務吏僚に移行し、彼らの政策立案・執行が有意となる政治形態が定着し始めた段階で、官吏選抜と人材育成が課題となる。そして、その目的実現のために組織化された教育機関である藩校や学問所が相次いで設立される。創設された藩校や学問所では、儒者たちが、一方では学政創制から参画して「政教」という政治教育の課題を担い、他方で自らも藩や幕府の政策形成過程に参与し始める。さらに、この学問所を母胎として〈政治的社会化〉を遂げた「儒吏」が多く産出され、彼らが——幕臣の場合であれば他の社会的出自をもつ者と共に——主体となって官僚政治による秩序形成と維持を担当していく。政治課題が多岐に亙るようになると、特定の政務補佐役にのみ依存した政治運営ではなく、組織化された諸機構の有能な官僚たちによる政治が展開される。そこにはもちろん、行政組織ごとの党派対立、政策選好にもとづく軋轢という官僚政治の現実があり、また出身機関ごとに共有された思考様式や人的結合が見られた。いずれも、上書や日記を含む古文書史料を読み解いて、具体的に論じてきたとおりである。

　このような総体としての学問所儒学の所産のなかで、古賀家三代の思想的軌跡はどのように位置付けられるだろうか。以下、古賀家を定軸とした徳川後期「政教」についての本書での検討結果を、いくつかの思想的主題に即して整理し、むすびに代えたい。

（1）「政教」と秩序維持

異学の禁以降の徳川後期「政教」は、秩序維持を目的とし、その内容は儒学の教義内容における正統性（orthodoxus）と政治体系における正統性（legitimatus）とを結合したものである。「道に異端無く、人に異行無」かった古典古代の理想的統治[1]を引き写したこのような見解は、すでに行った考察を踏まえれば、いくつもの留保と限定を加えなければ首肯され得ないであろう。

　第Ⅰ部では、この問題を、具体的な二つの事例によって検討した。その一つは、幕府の学問所設立に先行し、古賀精里が参与した佐賀の藩校弘道館の設立であり、もう一つは、柴野栗山が関わった寛政改革の一環として行われた昌平黌改革である。そのいずれについても、幕末からする回顧や近代日本の「政教」認識がもたらす歴史的偏向を可能な限り排するために、それぞれ史料発掘と年代推定作業を行いながら確認した。また考察の際には、組織化された教育による「造士」の課題を、いくつかの分析概念を用いて整理した。刷新された政治を担い得る知識・技能を習得させ、併せて公務遂行上の行動規律を内面化させる〈社会的適性化〉、客観的基準によって個人の才能や、知識・技術の習得・業績達成能力を測定し、それに応じた職種配分に供する〈選別化〉、そしてある状態や原則への忠誠を促し、諸個人を統合する広義の〈正統化〉という三つの機能、さらに最後の〈正統化〉機能を、先行研究の概念を踏まえて、ある統治支配体系を承認させ、それに対して「忠孝」精神を喚起し、統合化を図る〈政治的正統性〉

(legitimatus) と、学問上のある学統を「正學」として承認させる〈教義の正統性〉(orthodoxus) に分類して、それらの交錯状態について分析をおこなった。服務規範の獲得も一要素とする〈社会的適性化〉と〈政治的正統性〉は内容上重なる部分もありその明確な区別は難しいが、後者の統治体制への統合化の契機を弁別の基準とした。

現時点で確認される、〈教義の正統性〉の根拠として「宋学」を採用するに至る背景は、目的と機能を整理すれば次のようであった。すなわち、寛政改革のなかで課題とされたのは、「諸役人」の「風俗」刷新という官吏の〈社会的適性化〉であり、またそれと同時に課題となる、人材推挙という〈選別化〉であった。〈選別化〉が、番入り選考の復活として「文武」による吟味が企画されるなかで、その「文」の〈選別〉、すなわち学問吟味の標準となる経書註釈を特定する必要から、当時東アジア諸地域の標準学問でもあった「宋学」が採用された。「流儀」は問わず、ただ「その学者の行ひ第一」とした実践重視の松平定信、「学文はよき物、聖人のゝたまへる事は背かれぬと思ひ込候様に」仕向け、その経学の崇高性と教えの絶対性に束縛された意識が倫理規範の定着に有用であるとし、特に学統に固執していない柴野栗山、そのような彼らに、学問吟味の際の標準設定を求める受験希望者たちの要請と、西山拙齋の助言が加わったことが、「正學」採用を促した。

人材選挙という〈選別化〉の必要から生じたこの異学の禁という〈教義の正統性〉確立は、決して物理的強制力を伴う思想統制ではなかった。吟味対策のために幕臣たちが自門から離反することを危惧した当時の江戸の町儒者たちから猛烈な反対に遭い、栗山を補佐とする幕府の側でも、学問吟味の方法をめぐり試行錯誤をみせ、「正學」弁護と指導のために尾藤二洲、続いて古賀精里を新たに教授として登庸し、さらに闇齋学との一線を画するために「博學」奨励を行わざるを得なかった。着任した二洲も精里も、同時代に移入された宋学を信奉する清朝初期の儒学者たちの著作に促された転向者である。藩校創設にもあたった精里の〈適性化〉〈選別化〉〈正統化〉の主張は、清儒陸隴其に促された文と学の一致、道徳と政令の一致、そして「役人学者一致」を根拠としていたが、初期の弘道館規則にも、決して〈教義の正統性〉によって統制した記録は現れない。幕末までの昌平坂学問所で、長きに渉って〈教義の正統性〉を担保し、その思想的外装を支えたのは、学問吟味の四書五経の「辨書《べんがき》」に「新註」が採用され、「小学」「四書」「易経」「詩経」に宋代の朱熹の註が用いられたことであり、それゆえに講釈その他で「程朱学」(「宋学」)の解釈が基調とされたことにあると考えられる。

学問所の「政教」ではまた、ある統治支配体系を承認させ統合化する〈政治的正統性〉は、安政期以降の幕末社会を迎えて「精忠報国之志」が唱えられるまでは、前面に主張されなかった。天明・寛政期の触書や上書段階での「忠孝」精神の唱導も、体制統合への契機が窺えない以上、当時の基本的倫理規範の涵養を含む〈社会的適性化〉の枠内にとどまるであろう。じっさいに徳川体制への順応を直接的に促進させる教育内容は見られない。まして、具体的に体制への忠誠宣誓を確認する吟味は行われていない。学問所儒学が、体制秩序への無批判の順応を促進し、政治判断の際に画一的思考を培養するものでなかったことは、言路洞開後に顕在化する学問所関係者の政策論をみても明らかである。

もし今なお、異学の禁における朱子学教義と徳川幕府体制の正統性の完全融合という認識が定着しているとすれば、それは、倒幕後の幕末維新期以降の回顧の中で、またはナショナリズムと結合した「国民道徳」論を前提とする後代からの認識によって、あるいは前近代の封建遺制を批判する歴史観により、徳川後期「政教」＝学問所儒学＝「昌平黌の朱子学者」に附せられた一つのイメージであろう。

だが、歴史的展開を踏まえた史料検討によれば、学問所儒学をめぐる思想史の問題は、それほどに単純ではなかった。もはや「正學」という言葉を用いない儒者古賀侗庵の第II部の政治論や、また第III部の古賀謹堂を初めとする学問所関係者たちの政論にみられた体制内変革唱導の〈政治的正当性〉に看取されたように、二つの〈正統性〉は、別の側面で交錯し、関連し合っていた。

（2）国際貿易と政治秩序

古賀家文書をはじめとする古文書史料の調査とその解読により明らかになったのは、儒者たちが、「政教」担当の側面から国内の政治的秩序の形成に関わっていたばかりでなく、東アジア域圏での国際的な礼的秩序形成に深く参与していたことである。外国使節との接待・漢文国書交換・漢詩唱和において尊卑差等という礼の秩序概念に基づく外交を担ったのが、林大学頭や古賀精里であることは、第Ⅰ部の対馬での朝鮮通信使の聘礼を取り上げて具体的に検証した。官立の教育機関による人材育成が開始されて以降の初めての来聘受容では、想定問答集作成をはじめとして、学問所儒者の関係者たちによっても「大賓ヲ礼待」するための事前作業が行われていた。筆談の際には、隣国の使節に、「朱學」を基軸とする学問所や藩校の新設と「選挙之法」制定を伝えることも試みられた。もちろん、交隣対等な朝鮮との友好的交流とは言え、この外交の政治的駆引きの過程では、応接掛のなかに、尊卑の意を誇示する認識や行為も確認される。

しかし、このような従来の国際関係とは異なる動きが、日本の周辺環境で進行しつつあった。一九世紀前半の東アジアにおける世界秩序の変動は、まず交易開始を求めて来航した文化年間のロシア使節レザノフに現実のものとなった。しかしこのレザノフへの対応と、それに対するロシアからの蝦夷地襲撃という報復攻撃によって、日本の外交政策は大きな転機を迎える。この文化年間に自覚化され、はじめて明文化された鎖国状態の「祖法」内容策定に、林家や学問所儒者たちが具体的に関わっていた事実も史料を通して明らかになった。しかも、精里も支持したこの「祖法」や「國法」の認識が、じつにアメリカ使節ペリー来航時まで継続して参照されることになったのである。

対外交易の物品交換によって、国内はもちろん国際間においても、自律的な政治秩序が維持できるかという問いは繰り返し問われたが、第Ⅱ部の古賀侗庵においてはとりわけ切実な問題となった。彼が没して後の嘉永六年に対立点が明瞭になり、そして外国貿易許可を幕閣が決定する安政三年一〇月まで、あるいはそれ以後も持続するこの交易と政治社会の秩序の主題は、第Ⅰ部で紹介した安政三年の学問吟味の「時務策」で次のように出題された。(2)

「夷人の交易ハ、我國に益なし、是を許せハ、國家の疲弊となり、許さゝれハ、諸蕃一致し、兵力ヲ以て吾許否ヲ決せんとす、いかゝに所置すへきや」。

「利を求るハ、商賈の所為なれとも、國家多事災害も打續きたる節は、士大夫追々困窮に及ひ、商賈ハますく其利を得、遂にハ其勢貴賤倒置にも成行なく、此弊を救んには、如何いたし宜かるへきや」。

第III部で検討したように、嘉永六年七月諮問答申でこの幕臣たちが、この第一問と同じ問題設定をし、さらに一部の者たちは、第二問と同様に、対外的危機によりさらに深刻化する商人の利益追求を、社会における上下貴賤之別という秩序との関係で問うていた。しかし、この設問の「夷人の交易ハ、我國に益なし」という前提はどう評価されるのか。第II部の侗庵、第III部の謹堂たちは、対外「交易」の再定義により、新たな政治構想を懐いていた。天保期の古賀侗庵にもみられたように、対外貿易の積極的容認は、当時の幕臣たちにとってはきわめて困難な発想である。世界進出を図る西洋諸国の利己的な野心という交易認識から、本来的な交換という「社會の通理」や人間「交際」の原理へという対外貿易観の飛躍は、じっさい、第III部で対象とした以降に漸く支持され始めた認識であった。たとえば、幕末の昌平坂学問所で学んだ大内晃陽は、欧州に渡り西洋経験によって転向し、「生れ變りて歸朝し來れる」外国奉行池田長発《ながおき》（可軒、一八三七―七九）の説を聴いて、初めて「通商和親の大効益を悟了」した(3)。文久三年から元治元年まで横浜鎖港談判のために第二回の遣欧使節の正使としてパリへ渡った池田は、帰国して彼に次のように語ったと云う。「通商貿易は社會の通理なり、交際は人間天賦の特性なり。此通理・特性を棄却せば、取りも直さず自身が人間の資格を破壊するなり」。大内は応えて「予が平生腦裡に蟠屈しつゝありし井蛙的見解は此の時に於て釋然として氷解せり。人は交際的の動物なりとは此時始て知りしなり」と記す。しかし、その後の一九世紀後半に日本を含む列強の帝国主義政策の本格的な展開を踏まえるならば、利欲に発した国際貿易と植民地獲得競争による世界分割という一九世紀半ばの侗庵の状況認識は、それほどに的をはずしたものと言えようか。

産業革命の技術力とキリスト教文化の「文明の使命」を背景に接近する西洋諸国を前に、東アジアの聘礼外交から一九世紀西洋の通商條約外交へと日本の外交体系が大きく変化するその過渡期に、古賀家三代は、三者三様に最前線で課題に対峙し、国際貿易と秩序の問題系についてそれぞれの反応をみせた。

（3）〈正統性〉と「変通」——「正學」「祖法」「祖宗之御遺志」をめぐる解釈問題

徳川後期「政教」の再検討は、また、近代日本のプリズムを通して「儒教」の枠内に位置付けられてきたそれを、学問と政治の関係として問い直すことでもあった。じっさい、老中水野忠邦によって発せられた「御書付」（天保一四年八月七日）は、仏閣や神社と併称される孔子廟としての「聖堂」と映っていた同時代の人びとの昌平黌の印象を、その本来的な役割である「学問所」に改めるよう再認識を促したものである。「昌平坂學問所之儀、古來ハ聖堂と相唱候得共、右ハ大成殿と別稱ニ付、寛政以後學問所と計相唱候筈之處、其節別段達之趣も無之候間、爾後其段不相辨向も有之候、向後ハ都而學問所と相唱候様、向々江可被相達之事[4]」。もちろん他の藩校と同様に、「学館は人才教育の場所に候間、政事と一体に無之候ては不相成候[5]」という認識が共有されていたことは言うまでもない。学問所での徳川後期「政教」の機能的内実は、したがって、宗教と政治、道徳と政治ではなく、学問と政治として問われる。

昌平坂学問所をとりまく社会的諸条件、そこでの経書・教義解釈などに現れた「正學」の存在形態、林家・昌平坂学問所儒者の個々人における認識上の差異、時代推移に伴う解釈の変化、吟味及第者たちの政治思想などを視野に収め、古賀家三代を中心に検討した結果、さきの学問と政治における二つの〈正統〉について、その個々の内実と、両者の交錯の仕方には、いかなる思想的特徴が現れていただろうか。

〈正學〉　第II部の古賀侗庵は、もはや「正學」という言葉を用いなかった。具体的な経書テクスト解釈において確認したように、彼は父精里のように朱熹の経書解釈を字句どおりには踏襲しなかった。侗庵は云う。「佞臣たるよりむしろ争臣たらんと欲す」。朱熹の経書註解を祖述するのではなく、宋代以降の清までの諸説を前提に、朱熹の意図を汲む解釈の問題へ、すなわち、「正學」に対してはその表面上での継承ではなく、「経旨」を見失うことなく、むしろ朱熹の「旨」を索める解釈が志向されていた。ここにおいて、〈教義上の正統〉の問題も、程朱学の崇信／批判、あるいは新註の採用／不採用といった教義レベルではなく、また柴野栗山が考えた、経学の崇高性とそれを担保する「聖人」の教えの絶対性に束縛された意識と倫理規範といった修養のレベルを越えて、別の様態をとって現れ始めた。学問所の政治的所産を検討した第Ⅲ部の議論を踏まえれば、それは「正學」志向の形を変えた一つの成果として、「大公至正」というきわめて公平で僅かな不正もない政治志向、「道理」にあたった原理的考察、そして知識に基づく批判的能力を涵養するものになっていた。

〈博学〉　このような「正學」の実質的な変容を支えていた契機が、朱熹によっても肯定された儒学の学問としての「博文約禮」、あるいは「博渉」、また侗庵によれば「博學博文」であったことは、第Ⅰ部でみたとおりである。それは学問所儒学が実態として備えていた、限定的なテクストにのみ関心を終始せず、主体的に学び、知見を拡充させ、経験世界の事象へと関心を開いていく学問としての側面を保障した。しかし、もはや単なる「教え」ではなく学問としての性格を有し、「正學」という言葉さえ用いられなくなった儒学は、「博覧強記」によって、一方では世界認識における広範な視野を与えたが、他方では確固とした見識に支えられない限り「字引学問」「本屋学者」となって中心喪失と瑣末への偏固をもたらす。その傾向を端的に語るのは、文久の学政改革で新たに陪臣の鹽谷宕陰が学問所儒者に登庸され、再び学問所の学問を「経旨」の獲得に回帰させようとしたとする、幕末昌平坂学問所儒学についての記述である。

一字の義を講し終日其決を見る能はず、争氣日に長し、勝を口舌に取り、揚々得色ありしは當時の書生が一般の風習にして纂註の紛殺と訓詁の多岐とは、所謂當時の一大新弊にてありしなり。此時に當り先生〔鹽谷宕陰〕獨り卓然として人意の表に出て、訓詁に屑々たらず衆説に膠々たらず、要するに經を以て經を解し、平易的當、

經旨を失はず、其人を教ゆる立志を以て先となす。(6)

この「博学」から「經を以て經を解」する解釈への変化に、安政を経て文久期の改革に至り、学問所儒学が有した多様な政治的可能性がせばめられていく一面をみることもできよう。

〈諫言〉 寛政改革の一素案を述べた柴野栗山においても、「御上の上意等もかまひ不申、あしきと存候事は存分申上候もの」の薦挙が奨励されていた。だが、学問吟味への時務策導入に尽力したと思われる古賀精里においては、学問によって「道理を能ク吟味」し、「上書」により提言を申し入れ、「諫争」を行う「役人」の養成が、佐賀時代の当初から藩校創設の目的として考えられていた。幕臣たちの場合、言路洞開が現実のものとなっていない時代の、第II部の儒者古賀侗庵の政治論に早期的にみられたのは、精里のいう、「学問」習得がもつ、物事の本質をつかみ、その「道理」「大理」「徹底之故」を通して、批判的意見を「諫言」の形で可能にさせるという側面であった。社会の水面下で著された侗庵の夥しい数の政治的な論説や「擬論」は、「言路を開くは實に百事之本なり」(「擬極論時事封事」第一条)としながらも、政治発言が制限された当時の状況下で、事実をあるがままに捉え、自らの「智」的な確信に基づいて「争臣たらん」とする、彼の論争的態度の現れとも思われる。

これら「博学」において獲得された知と「諫言」の「道理」にもとづく批判的精神によって可能となる〈政治的正当性〉の問題が、ここでは従来とは別の角度から考察対象となる。

〈祖法と祖宗之御遺志〉 徳川幕藩体制の崩壊から天皇による国家統合へという政権交替を前提にした〈政治的正統性〉論議によって見落とされているのは、体制内部で〈政治的正当性〉を問うという議論設定である。学問所の教化対象、すなわち言路洞開に伴い、後に政治権力を担い、政治的意思形成過程にまで参与する「士」の場合、体制権力の側から諸個人に対応する〈正統と異端〉の契機と、個人レベルから政治権力に向かう〈忠誠と反逆〉の契機とが、ひとりの政治的主体において交錯せざるを得ない。つまり、〈政治的正統性〉への問いは、ある体制内での政治過程や立法過程での営為をめぐっては、統治体系の承認／非承認の〈正統性〉の根拠という側面ばかりでなく、ある体制統治の正統性を前提とし、その体制内変革における政治判断の際の〈正当性〉根拠に向かう。たしかに幕臣たちの場合——特に安政期以前には——徳川家の支配体制を自然的所与として無批判に受容していたであろう。しかし、林家・儒者・教授陣・吟味及第者などの学問所関係者の、政治的意思決定過程に参与した史料を検証するならば、体制内変革が問題となっていたことは疑いえない。そこに窺われるのは、政治体制の国際比較、あるいは皇統を遡及し歴代王朝を比較した上での支配の正統性根拠の提示ではない。むしろそこには、統治体系内での政治的意思形成に与り得る者によって、より日常的に行われる、政治判断（政策判断）の際の〈政治的正当性〉の問い方が看取されるのである。

学問と政治をめぐる二つの〈正統性〉の問い方は、一方の「正學」に対しては朱熹の「旨」という解釈問題として、他方での「政教」の問題も、あるいは前者と連動するかのように、現行法「祖法」体制の遵守ではなく、「乃志」「祖宗之御遺志」が正当化の拠りどころとして参照されることになる。前者が、あくまでも歴史的な経書解釈の関連で朱熹の精神を取り上げたとすれば、後者は、現実の環境変動を前提に、いま在る状態に対して変革を加え、ある精神の具現化を図ろうとする。第II部では、そのような文脈から「変通」の問題が表面化してきた。ここでの〈政治的正当性〉は、倒幕のように体制転覆にも繋がる政治体制の全面否定／全面肯定という〈政治的正統性〉の問題設定とは異なる。むしろそれは、政策形成過程・立法過程にも参与するために、〈合法的〉か否かという問題にも解消されず、法の存立根拠自体をも問題にし得る。対外政策における「祖法」が如何なる経緯で自覚化されてきたか、それをめぐる政治過程でどのような可能性が政策案として示されていたのかを、少なくとも倜庵は既知の事実としていたであろう。より一般的にも、先例参照の事例であれば、たとえばモリソン号をめぐる評議のように、どの時点の先例に立ち戻るのか、それを如何に解釈するかが問題とされていた。さらに倜庵や第III部の一部の幕臣たちの場合、参照すべき先例は、ある具体的な過去の法制度ではなく、立ちかえるべきは「祖宗之心志」という精神であって、それを生かすためにこそ、現行法は制定し直されなければならないとされた。しかもその際、政策の〈正当性〉の根拠であるその精神自体が、一つの解釈問題として立ち現れていた。

論理としての「変通」という概念それ自体は、徳川日本に限らず政治改革を唱える多くの事例で言及されたであろう。ただし、それが状況変動に見合った、根拠ある持続的な「博渉」の情報収集作業に支えられない限り、何にむけての改革かという変革のベクトルは異なるものになってしまう。産業革命を経た一九世紀後半の世界状況の認識から、政治的知性を用いて、不可避的な国際貿易に参入するという変革の論理展開は、侗庵や謹堂の「変通」であるばかりでなく、じつにオランダ・アメリカ・ロシアからの「開国」勧告の論理でもあった。

史料群研究は、政治過程への着目を可能とする。一つひとつの政策案は、各人の政治判断を示していた。政策選択の際には、さまざまな可能性があった。環境変動に対応しない「前近代」の政治的思考の停滞性の代表例として、近代の回顧史によって位置付けられてきた昌平坂学問所儒者の政策論でさえ、多様な可能性を示していた。古賀家文書とその他の伝存史料による第Ⅲ部での再検討によっても、そのことは証明されるであろう。そして本書での推論によれば、儒者古賀謹堂の答申や建議が、徳川齋昭を初めとする幕閣の外政政策、さらに安政期の目付系海防掛の議論に与えた影響力は無視できなかった。しかも謹堂のそれは、すでに前代の古賀侗庵の政治論を思想的に引き継ぐものであった。決して机上論にとどまらない、「書生」的政論の現実政治への展開が、そこにはみられた。

それでは、政権交替の根拠を問う〈政治的正統性〉が前面に浮上するのは、どの時点であろうか。

複数の者に対して制裁措置が取られた「獄」として知られるのは、徳川後期では、「蠻社の獄」や「安政の大獄」であるが、第Ⅲ部でみたように、前者も後者の最初期にみられたのも、いずれも個人的確執、幕閣内部での党派対立、政策対立が原因であった。それに対して、清朝の「文字の獄」は、反満思想をもつ朋党への弾圧でもあり、少数民族支配の国家統合化を目指すという〈政治的正統性〉に関わるものである。新たな〈政治的正統性〉を主張する勢力が台頭する以前の、徳川後期社会では、異学の禁をはじめ、天保の「獄」も、国家はもちろん、幕臣全体の統合化を図ったものではない。

新たな局面を迎えるのは、対外政策をめぐる言路洞開に伴い、安政期以降の既成体制とは異なる統治体制を志向する〈正統性〉唱導に対して、安政五年から大老井伊による反幕府勢力の弾圧が開始され、吉田松陰・橋本左内・梅田雲浜、そして頼山陽の息子頼三樹三郎らの逮捕・投獄・処刑による反対派の一掃が行われてからであろう。〈政治的正統性〉根拠が転換した近代から回顧される場合には、旧体制への反逆者は顕彰の対象になる。そして、国家統合の〈政治的正統性〉を承認させる社会層が拡大した場合には、教化の目的と方法も変化し、日露戦争後の明治四〇年代に顕著になる新しい社会統制のなかでは、たとえば大逆事件（一九一〇〔明治四三〕年五月）のように、新たな「獄」を生んでいった。まさにその「政教」の社会思潮のなかで、昌平黌儒者たちも顕彰対象にされたのである。

近代日本の思想世界を「国民道徳」論が席捲した時点から回顧される徳川後期「政教」の〈正統〉思想は、三宅雪嶺の云う「気」の頼山陽に代表される、「皇祖皇宗」を中心とする「儒教」主義であった。近代の国民国家形成期に、国民統合を目指した〈政治的正統性〉主張の道具として、その「儒教」主義は教育勅語に盛り込まれた。一八九〇年一〇月の発布以降、一九四五年八月に至るまでの五五年間、初等・中等の学校教育を通して、「教育勅語」が帝国臣民としての馴致された精神を再生産する機能を果たしたことには、贅言を要さないであろう。しかも、道徳教育・愛国心教育が課題となれば「忠」「孝」の儒学的理念が盛られた「勅語」内容への積極的評価が持ち上がる、半世紀以上を経た今日に至る迄、その〈正統〉思想はなお覇気を失っていないようである。

古賀侗庵・謹堂、そして幕臣たちが〈政治的正当性〉の根拠とした「祖宗之御遺志」「乃志」は、一見するならば、徳川時代から王政復古を経て、「皇祖皇宗の遺訓」へと置換されたかに映る。しかし、前者が、体制内変革として、現行法・「祖法」批判のために、該博な知識に裏打ちされた「道理」による批判的精神を伴って言及されたとすれば、後者は、大衆的忠誠をつくり出し、帝国日本の国民統合と政治体制に対する一方的な献身を要求するために持ち出されたものに他ならなかった。前者の引照基準は、学問所内の沿革調所による史料編纂のように、史料による接近が可能な数世代前の歴史であり、それに対して、後者は悠遠の神話を含んだ世界であった。本書が徳川後期の「政教」に一筋の補助線を引き、「気」ではなく、もう一方の「識」の古賀家三代を今日に甦らせたとしても、現代日本で政論の正当性論議に参照され、あるいは立ち戻るべき「復初」の「創業」の精神とは、無論、そのいずれでもない。

註

序章

(1) 尊皇思想を基盤に据えた「国民道徳」関連書としては、たとえば井上哲次郎「國民道徳研究書目」(『新修國民道徳概論』三省堂、増訂七版、一九三〇年、八〇―一〇〇頁)に載せられた二六三種の書名を参照。昌平坂学問所関係者の書名では、鹽谷宕陰「大統歌」・維新後の重野安繹・日下寛『日本武士道』・重野安繹『勅諭衍義』などが含まれる。

(2) 井上哲次郎『教育と宗教の衝突』(敬業社、一八九三年)。関皐作編『井上博士と基督教徒(一名「教育と宗教の衝突」顚末及評論)』正・続・完結編(初刊一八九三年)(みすず書房、一九八八年)。「教育と宗教との衝突の問題も、単に表面上の理論だけでなく、その背後に幾多の隠れた事情のあった」とも云われる。『井上哲次郎自伝』(冨山房、一九七三年)三七頁。但し、井上哲次郎の場合、「儒教」と宗教との関係認識は、決して明瞭ではない。「今我邦に存する宗教を算へ来たれば四種あり、儒教、仏教、基督教、神道是れなり、儒教固より宗教と称し難きも、其形式は宗教と異ならず、故に姑く之れを宗教として論ずるものなり」井上「宗教の将来に関する意見」(井上『巽軒論文初集』冨山房、一八九九年)二〇七頁。

(3) 「儒教」という概念は、それ自体論争的な概念である。中華民国以前の中国には、「儒教」という表現は一般的に用いられず、近代日本から移入されたといわれる。明治期の「儒教」表現については、陳瑷芬「明治以降における「儒教」の変遷――漢学・孔子教・支那学」(『九州中國學會報』第三六巻、一九九八年)九一―一〇八頁。また「儒教」についても、①宗教であるか否か、②社会教説の性格付け如何によって見解が異なる。たとえば、呼称として「儒教」を採る場合にも、宗教性を強調する立場もあれば、その独自の教え(教説)の在り方を敢えて含ませて用いる立場もある。あるいは「儒教」ではなく「儒学」を採る場合にも、純粋に学問として捉える立場、また既存の諸宗教を超越した普遍道徳・倫理であるとする立場などがある。一九八〇年代の中国での議論は、王家驊「「儒学」か「儒教」か」(王『日中儒学の比較(東アジアのなかの日本歴史5)』六興出版、一九八八年)一六―二二頁でも紹介されている。

　本書では、いわゆる近代日本の「国民道徳」として社会教説となった結果「儒教」という呼称が定着したこと、また中国や朝鮮と異なり明治以前の日本には全「国民」的なレベルでの社会教説とはなっていなかったことを強調して、呼称として敢えて「儒学」を用い、儒学思想が、学びと教えの教育過程を通して、政治社会に反映される点を重視したい。

(4) たしかに「儒教」という熟語自体は、仏教や道教と併称される五・六世紀にすでに登場しているが、近代東アジアで再登場するのは日本からの輸入によると考えられる。

(5) 「儒教」の宗教性については、戸川芳郎「儒教をどうみるか」(戸川・蜂屋邦夫・溝口雄三『儒教史（世界宗教史叢書一〇）』山川出版社、一九八七年、三―二四頁）の他、近年では五礼の一つ凶（喪葬）の儀礼重視の評価が「儒教」＝宗教説の是非の分岐となって、加地伸行『儒教とは何か』（中公新書九八九 中央公論社、一九九〇年）、加地『沈黙の宗教――儒教』（ちくまライブラリー九九 筑摩書房、一九九四年）や、池田秀三『自然宗教の力――儒教を中心に（叢書現代の宗教一六）』（岩波書店、一九九八年）などでも異なる見解が示され争点になっている。儒学者は学者・哲学者であって、宗教家ではないとする見解は、たとえば経を集大成して古代中国の理想的為政者（堯舜伯夷伊尹）の教えを「祖述」した孔子は、哲学者（ソクラテスなど）であって、宗教家（仏陀など）ではないとする主張にもとづく。また、小島毅・村田雄二郎「儒教」（溝口雄三・丸山松幸・池田知久編『中国思想文化事典』東京大学出版会、二〇〇一年）二八三―二八九頁も参照。

（6）古代中国の郷学の学校制度は、虞の「米廩」、夏の「黌」、殷の「序」、周の「庠」と呼ばれた。秋山玉山「時習館学規」（寶曆五年）を参照。

（7）久米邦武「合衆国政治書訳義」（久米美術館編『久米邦武文書』三、岩倉使節団関係、吉川弘文館、二〇〇一年）三二一頁。

（8）川田剛「正風俗策」（川田剛「道徳衰替ノ源因」『東洋学会雑誌』第四編第六号、一八九〇年六月）三五八―三六二頁。

（9）東洋と西洋の対比の中で「政教」を主題とする大著に、三宅雄二郎（雪嶺）『東洋教政対西洋教政』上・下（實業之世界社、一九五六年）がある。なお、東アジアの「政教」を、西洋でいうところの文明（civilization）や一般教養と同義に解しては、徳川後期の教育を受けた川田や久米らが看取した西洋文明への違和感を見落としてしまうことになるであろう。徳川後期の「政教」を主題とする本書では、単に野蛮に対する文明という以上の意を含んだ儒家の教えの機能的性格（たとえばO正統とL正統の交錯如何）にも配慮したい。

（10）会沢正志齋「退食間話」（『水戸学（日本思想大系第五三巻）』［岩波書店、一九七三年］）二五五―二五六頁。

（11）石川謙「寛政異学の禁と其の教育史的効果」（石川『近世日本社会教育史の研究』東洋図書株式合資会社、一九三八年）二四六頁。石川は、この異学の禁で現れた「学問が風教維持を目的とするものである」――学問それ自体が「政治の現実に対する懸り合ひに於いて其の存在価値を問はるべき」――とする学問観を、これ以降の「幕府の教育刷新政策」に通底する「基本信念」であるとする。

（12）丸山眞男による「O正統」と「L正統」の二類型――前者は「教義、世界観を中核とするオーソドクシー問題」であり、後者は「統治者又は統治体系を主体とする正統」――は、本書の考察でも念頭におかれている。寛政期の異学の禁は、林家の「O正統」表明であるが、徳川幕府に限っても、その後の学問所教育や学問吟味を介した、幕臣たちの政治的社会化過程を通して、「L正統」とも「交錯」してこざるを得ない。本書では特に、昌平坂学問所を取り巻く社会的諸条件、そこでの経書・教義解釈などに現れた「正學」の存在形態、林家・昌平坂学問所儒者の個々人における認識上の差異、時代推移に伴う解釈の変化、吟味及第者たちの政治思想などを視野に収めて、その二つの「正統」「交錯」の「有無」・「仕方如何」が歴史的に問われるであろう。なお、「政治的社会化」（political socialization）については、たとえばR・E・ドーソン、K・プルウィット、K・ドーソン『政治的社会化――市民形成と政治教育』（加藤秀治郎・青木英実・中村昭雄・永山博之共訳、芦書房、一九八九年）、K・P・ラントン『政治意識の形成過程』（岩男寿美子・真鍋一史・山口晃共訳、勁草書房、一九七八年）、井上義比古「政治的社会化研究の論理」（『法学』第四六巻第四号、一九八二年）四五四―四九二頁などを参照。

（13）井上哲次郎「總論」（徳川公繼宗七十年祝賀記念會編『近世日本の

儒學』岩波書店、一九三九年）三、一〇頁。

(14) 津田左右吉「儒教の実践道徳」一九三八年（『津田左右吉全集』第一八巻、岩波書店、一九六五年）一二七―一二八頁。

(15) 先学の次のような問いは、未だに徳川後期思想史研究の課題であり続けている。「陳腐なはずのこの朱子学の論理と倫理が、事実としては、以後幕末にいたる学問と教育に、中心的役割をはたし続けた。藩校での武士教育は儒学にもとづいて行われ、その中で道学風朱子学が主流であり続けた。かかる歴史的事実をどう考えるのか」（強調点辻本）。辻本雅史「寛政異学の禁をめぐる思想と教育」（初出一九八四年）（『近世教育思想史の研究』思文閣出版、一九九〇年）二〇五頁。

(16) 括弧内の文言は、栗山と寒泉宛の達書中にはなし。

(17) 寛政二年五月の異学の禁令は、「学派維持之儀ニ付申達」（寛政二年五月二四日）（『徳川禁令考』第二巻）八一三号・「学派維持之儀ニ付申達」（寛政二年五月）（『徳川禁令考』第二巻）八一四号。また同達はその他、「昌平学学風改正一件」（『蘿月小軒叢書』巻十所収）・「学術之儀被仰渡候一件」（『蘿月小軒叢書』巻一所収）・「林家へ被仰渡御書付写　朱学奨励異学禁制の事」（神沢貞幹編『翁草』巻一七八、『日本随筆大成』第三期二四、吉川弘文館、一九七八年）一六九―一七〇頁にも収録されている。

(18) 異学の禁の研究は、当然、正統と異端の主題に関わってこざるを得ない。この問題系については、本書との関連で特に一九五〇年代半ばより四〇年間にわたって続けられた「正統と異端」研究会の研究所産、すなわち丸山眞男「闇斎と闇斎学派」（初出一九八〇年）（『丸山眞男集』第一一巻、岩波書店、一九九六年）二二九―三二一頁、藤田省三『異端論断章（藤田省三著作集一〇）』（みすず書房、一九九七年）、丸山眞男「中国古典における「異端」の字義をめぐって――天国からの衛星中継による〔テレビ〕討論」（『丸山眞男手帖』第一八号、二〇〇一年）一―四八頁、そして石田雄「『正統と異端』はなぜ未完に終わったか」（初出一九九八年）（石田『丸山眞男との対話』みすず書房、二〇〇五年）三六―九三頁が示唆に富む。『近代日本思想史講座』第七巻（自我と環境）所収の丸山論文「忠誠と反逆」が個人の「自我」レベルから政治権力への応答を扱うのに対して、未完に終わった同第二巻の「正統と異端」という主題は、その関係を逆にして体制権力から諸個人への対応を問おうとしていた。このセットにされた両テーマは本書の主題においても示唆的な視点である。ただし、経験科学としての政治学の性格上、主題を哲学的に深めることよりも、可能な限り具体的な位相の下で追究することに力点を置きたい。なお、仁齋・徂徠出現以前の林家の「邪説」論駁は、主に陸王学に限られるものであったであろう。たとえば、林鵞峰（二代目林大学頭）は、明の詹陵「異端辨正」三巻への跋文で、「邪説を排して之を正に反すの功、謂ふべし多多益辨すと」（「異端辨正跋」延寶七年九月、『鵞峰文集』巻百四、一五丁表）と記す。

(19) 昌平黌と昌平坂学問所の呼称について、本書では、林羅山が明正年間に忍岡に建立した聖廟が、綱吉によって元禄三（一六九〇）年に神田臺に移建され、その地が昌平坂と命名されて以降の、林家の私塾であった時期も含む幕末までのその教育機関の総体を「昌平黌」と呼び、寛政九年一二月に一私塾から幕府の官立学問所となって以後のそれに対して、狭義に「昌平坂學問所」の呼称を用いる。天保一四年八月七日「聖堂之儀學問所と相唱候事」（『徳川禁令考』一四五六号）、「御書付留」。「昌平坂學問所之儀、古來ハ聖堂と相唱候得共、右ハ大成殿と別稱ニ付、寛政以後學問所と計相唱候筈之處、其節別段達之趣も無之候間、爾後其段不相辨向も有之候、向後ハ都而學問所と相唱候様、向々江可被相達之事」という書付が水野越前守忠邦より渡されており、『徳川禁令考』の編者である司法省の菊池駿助もこれを受けて割註「首巻ニ昌平黌ト題セリ、今改ム」を挿入し、関連諸条令を「學問所」の名のもとに整理収録している（『徳川禁令考』第三）一八二頁。

(20) 従来の通説によれば寛政七年老中松平信明が諸藩に対して異学者登用禁止令を発したとされるが、史料によって検証されておらず、むしろ諸藩は幕府の教育政策を自発的に自藩でも採用した（あるいは「幕府の譏誹を恐れる諸大名はこぞって自主規制を行って幕府の意向に迎合した」）ということが、今日の定説となりつつある。

(21) 順治帝「六諭臥碑文」は、明の太祖が洪武三一年に発布した教民榜文四一ヶ条の第一九条の六言である。「六諭衍義」の日本への移入問題については、中村忠行「儒者の姿勢——『六諭衍義』をめぐる徂徠・鳩巣の対立」（『天理大学学報』第二三巻第五号、第七八輯、一九七二年）二一九—二五一頁のほか、『東恩納寛惇全集』第八巻（第一書房）、東恩納寛惇『庶民教育としての六諭衍義』（国民教育会、一九三二年）、石川謙『近世社会教育史の研究』・『近世庶民教育史』、その他、中山久四郎「六諭衍義に関する研究」（『支那史籍上の日本史（大日本史講座第一七巻）』雄山閣、一九三〇年）二〇一—二二五頁、石崎又造「『六諭衍義』の翻譯と板行に就いて——文化史的に」（一・二）（『書物展望』第六巻第七号、一九三六年）二一—二五頁・（八号）六四—六九頁（『近世日本に於ける支那俗語文学史』）などを参照。

(22) 日本での翻刻出版には、清范鋐註「六諭衍義」二巻、享保六年刊（官版）二冊 返送縦、清聖祖「聖諭」刊、一冊 句読、清聖祖「聖諭廣訓」天明八年刊（赤松九兵衛等）二冊 返送などがある。

(23) たとえば、テツオ・ナジタは、懐徳堂の叙述を、津田の「徳川儒教」に対する認識への批判から始めている。テツオ・ナジタ『懐徳堂——一八世紀日本の「徳」の諸相』（子安宣邦訳、岩波書店、一九九二年）一〇一頁。

(24) 昌平坂学問所で行われた学問吟味、すなわち「五ケ年目に一度」の試験について、重野は「出世に関係する。あそこを及第すると履歴になりますからな」と答えている（旧事諮問会編『旧事諮問録』下、岩波文庫、一九八六年）一三二頁。

(25) 大内晃陽「昌平學雑記」（其三）（『東洋文化』第三三号、一九二六年）五八頁。

(26) 渡辺浩「儒者・読書人・両班——儒学的「教養人」の存在形態」（初出一九九一年）（渡辺『東アジアの王権と思想』東京大学出版会、一九九七年）特に一二九—一三二頁。

(27) 奥右筆については、本間修平「徳川幕府奥右筆の史的考察」（服部弘司・小山貞夫編『法と権力の史的考察』創文社、一九七七年）五三三—六七頁、村山鎮「大奥秘記」（『新燕石十種』第五、国書刊行会、一九一三年）四九六—五三九頁。史料として、たとえば、老中・若年寄の執務室、御用部屋で立案された幕府法書付について、補佐役を務めた奥右筆によって編纂された「仰出之留」九冊（内閣文庫 179-187）（内題：被仰出之留）がある。

(28) 目付海防掛「前中納言様ゟ御書取御下ケニ付公邊御目附ゟ申上候書付」嘉永六年九月（「逷蠻彙議拾遺」一、東京大学史料編纂所、維新史料稿本IIに 145B-1)。

(29) 木村芥舟「笑鷗樓筆談」（『舊幕府』二巻一号、一八九八年）二二—二三頁。儒学的な徳育教育を痛烈に批判した福澤とも親しい木村の維新後の認識という可能性も残す。

(30) 大正期以降の幕末維新史研究については、序を参照。服部之総（一九〇一—五六）・野呂栄太郎（一九〇〇—三四）・平野義太郎（一八九七—一九八〇）らのいわゆる「講座派」マルクス主義史観の他、法学部出身の吉野作造（一八七八—一九三三）・尾佐竹猛（一八八〇—一九四六）らの憲政史、本庄栄治郎（一八八八—一九七三）・土屋喬雄（一八九六—一九八八）らの経済史、井野邊茂雄（一八七七—一九五四）の幕末史、田保橋潔（一八九七—一九四五）の外交史研究などについては、本書の註で適宜言及した。

(31) たとえば、「時勢一変シ假名書等ノ書流行シ漢文書籍ハ購読者甚少ク假令刷立ルモ得失償ヒ難」く「目下ニ在リテハ所得ナシ」と、古賀家遺族の関係者たちも憂えている。「古賀氏家事始末」（慶應義塾図書館 201-9-1）を参照。

(32) 日本学士院編『日本学士院八十年史』（日本学士院、一九六二年）、日本学士院編『日本学士院八十年史』資料編一（日本学士院、一九六一年）を参照。いわゆる官民調和論を唱え、東京学士会院創設に積極的に関与した福澤については、大久保利謙「東京学士会院の創設と福澤諭吉」（初出一九七九年）および「福澤諭吉と明治初期の学界——とくに明六社と東京学士会院を中心として」（初出一九五四年）『明治の思想と文化（大久保利謙歴史著作集六）』（吉川弘文館、一九八八年）。また大久保「福澤諭吉と明治初期の学界——学問独立論と官民調和論」（初出一九六二年）『佐幕派論議』（吉川弘文館、一九八六年）を参照。

(33) 『福澤諭吉全集』別巻（岩波書店、一九七一年）三五－三六頁、『福澤諭吉書簡集』第二巻（岩波書店、二〇〇一年）一二六－一二八頁。この書簡中で「坊主」「皇學者」など専門家別に併らべ挙げられた「儒者」の代表、中村栗園は、中津出身で、野本雪巌・帆足万里に学び、諭吉の父百助の「同門の後輩」にあたる。「福翁自傳」（『福澤諭吉全集』七巻、岩波書店）、石河幹明『福澤諭吉伝』第一巻（岩波書店、一九三二年）一一－一四頁。このことは、かつて外様幕臣であった福澤が、明治一〇年代当時「年齢」を重ねた「儒者」として思い浮かべる知己が奈辺にあったかを考える上で興味深い。

(34) 会員加藤弘之は第二会には欠席したが、「投票ハ回付ア」って会員選挙に加わっていた。日本学士院編『日本学士院八十年史』資料編一（日本学士院、一九六一年）三六頁。

(35) 中村正直（敬宇）は昌平黌時代の茶溪（謹堂）の同僚であり、西周・神田孝平・津田真道・箕作秋坪・加藤弘之は茶溪の蕃書調所（開成所の前進）頭取時代に教授手伝として働いた経歴をもつ。他方、福澤は安政六（一八五九）年に蕃書調所（当時頭取箕作阮甫とされるが誤りであろう）に入門したが、辞書貸出しが許されず、「一日行た切で断念した」。「福翁自傳」（『福澤諭吉全集』七巻、岩波書店、一九五九年）八二－八三頁。

(36) 謹堂の諱「增」は、一般に「まさる」と読まれているが、謹堂筆の「古賀小太郎先祖書」弘化三年三月（慶應義塾図書館 142-124-1）は「ミツル」「ミノル」と二つのルビをふる。この種の諱の読み誤りは、他の古賀家関係者にも同様にみられ、侗庵の諱「煜」は、『国書人名辞典』第二巻（岩波書店、一九九五年）二四〇頁をはじめ、「いく」と読まれているが、「アキラ」である。なお、隠居後の茶溪という号は、彼が生まれ育った昌平黌官舎の裏（お茶の水）から採られたものと推定される（佐藤立軒「茶溪記」［『立軒雜纂』東京都立中央図書館河田文庫］も参照）。

(37) 「古賀家古文書」（慶應義塾図書館 26X-9-1）所収の史料を参照。なお、引用は部分であり、変体がなは現行字体に改めた。大塚先儒墓所に在った茶溪（謹堂）の墓標一基は、後述の墓所整備の際に新たな文が刻まれた石碑に替えられた。「古賀茶溪先生の墓所には木標あるのみなるを以て精里先生の碑に準じて新たに墓碣を建て碑陰に左の文を刻せり」『大塚先儒墓所保存會報告書』一一頁。

(38) 吉田賢甫「茶溪古賀先生行略」（『近世名家碑文集』経済雑誌社、一八九三年）一四八頁、（『江戸』第九巻第三号、一九一八年）によれば、謹堂（茶溪）は晩年に至るまで、東照大権現（徳川家康）を祀った上野東照宮を毎月一七日に詣る往時の幕府旗本の慣習を励行していた。

(39) 吉田賢甫「茶溪古賀先生行略」（前掲書、一八九三年）。

(40) 大久保利謙は「日本における学士院の源流」を学校・教育行政官庁・官設アカデミーの三機能を未分化のまま担っていた徳川時代の昌平黌と蕃書調所（開成所）に見出している（日本学士院、前掲書、一九六二年）三―八頁。

(41)　古賀侗庵の名の読み方については、「とうあん」と「どうあん」の両説がある。大量の古賀家蔵書が門人たちによって納められた宮内庁書陵部では「とうあん」として整理されているが、『国書人名辞典』第二巻（岩波書店、一九九五年）二四〇頁をはじめ今日多くの辞典が「どうあん」を採用している。また、「古賀氏家事始末」（慶應義塾図書館 201-9-1）には、「古賀氏家事始末」が二種収録されており、その内の一書には全文ルビがふられ、侗庵のわきには「どうあん」とある。また他筆の写本には「洞庵」と記された史料も少なくない。しかし、本書では、①一般に儒者の名は呉音ではなく漢音で発音され、「侗」は漢音では「とう」と読まれること、②若き侗庵が、佐賀の精（しらげ）町に実家を構えた父精里に対して、「東里」と称していたこと（たとえば、草場珮川「津島日記」下、また松崎柳浪「松崎柳浪文稿」頭註）、などから考えて、「とうあん」の読みを採ることにする。

(42)　佐賀藩出身の久米邦武（易堂）は、藩校弘道館蒙養舎、弘道館内生寮を経て、文久三年に古賀謹堂門で昌平黌に遊学し、帰藩してのち、自らも弘道館教諭を務めた。彼は「史学の独立」（一八九三年八月）という文章でも、古賀家三代を回顧している（『久米邦武歴史著作集』第三巻［史学・史学方法論］［吉川弘文館、一九九〇年］六頁に後収）。久米はまた、中野禮四郎との編著『鍋島直正公伝』全六巻（侯爵鍋島家編纂所、一九二〇年）においても、古賀家の人々――精里・穀堂・侗庵――に触れている。

(43)　久米邦武「余が見たる重野博士」（『歴史地理』第一七巻第三号、一九一二年、後に『増訂 重野博士史学論文集』補巻、重野安繹研究資料編［名著普及会、一九八九年］、また『久米邦武歴史著作集』第三巻［史学・史学方法論］［吉川弘文館、一九九〇年］に収録）。久米は、徳川時代の宋学の移入から衰退までを、次のように総括する。「徳川氏一代の文運を進化的に概括していへば、彼西洋第十七八九の三世紀、凡三百年の間にて、初世紀は宋の朱子学が仏僧の手より発達を始め元禄に至り林大学頭が公然幕府の儒者となり、教権を握るまでは尚只脩身的で、編狭質朴を免れない。中世紀の享保に諸説紛興したのは、兎も角も学問の盛運となッたので、天明寛政に至ッて大家輩出し、所学を実用せんと競望し、朱子学の盛は此に極まって既に変化期に進入し、時勢は其底に西洋学を胚胎した。終世紀の文化文政には宋学の範囲を溢出して清の考証を帯ぶと共に、西洋の思潮漲りかけ、弘化嘉永より漢学は衰を兆して、西洋学に傾き、明治の大変革となつて漢学は廃れた、廃れたとは本気に学ぶ人が無なッたのである。因て此宋学の変化より衰廃までを歴史的に徴するは、古賀・頼二氏の家学が尤も適例である、古賀精里・頼春水相提携して純粋朱子学を以て学説を統一したが、其子の侗庵・山陽は東西に大家の旗を揚た、これを漢学の満盛と謂べきである、が学風は既に変化して新生面を開いてゐる。侗庵の子謹堂は蘭学に汎濫した、山陽の子支峰は勤王に殉した」（久米、一九一二年）一八―一九頁。

ただし、安政の大獄で処刑された勤王家は頼山陽の三男、頼鴨厓（三樹三郎、一八二五―五九）であって、久米の記述には訂正を要する。山陽の次男、頼支峯（又二郎、一八二三―八九）は明治元年天皇東幸に随従し、大学教授、大学少博士を歴任した。頼山陽とその門人たちの広がりについては、中村真一郎『頼山陽とその時代』（中央公論社、一九七一年）を、頼三樹三郎については、木崎好尚『頼三樹傳』（今日の問題社、一九四三年）を参照のこと。

(44)　三宅雪嶺「山陽と侗庵」（『日本及日本人』秋季臨時増刊号、一九一八年）三―二九頁。

(45)　「亦樂文雋」四巻四冊（宮内庁書陵部 203-25）は、天保末期の侗庵の門人たち――津田貢・飯田履・河添行充・植木約・高澤壌・速水強・岡田馨三・諸木敏・糸井重肇・阪谷素・玉置元・遠藤恭・森祐之・田中重参・關善養・三宅質・黒石輝徳・中尾献・成富信中・小早

川正命・安藤知忠——の漢文を収めるが、貞巻所収の「豊關白伐明論」の著者「加賀之人」三宅質（子文）が、三宅雪嶺の父親（恒・立軒）にあたるのではないかと考えられる。なお、この書陵部所蔵本には序文がない。古賀侗庵「亦樂文雋序」（弘化二年一一月）を参照。

(46) 当の山陽や侗庵は、相互にどれ程意識していたのか。森銑三は、岡鹿門「螢雪事業」（安政五年）を読み下して次の一文を抄録し、その真偽には疑問を呈しながらも、「侗庵の眼中に山陽のなかったのは蓋し事實であらう」と評している。森銑三「螢雪事業鈔」（『伝記』第一〇巻第四号、一九四三年）一〇頁。「侗庵先生山陽を待つこと至りて軽し。一書生先生に詣りて、盛んに元龜英雄爭鬪の事を論ず。先生問ふ、君何の書を讀みて、此くの如く明悉なると。其の人曰く、近く山陽の外史を見たる而已と。先生眉を蹙めて曰く、久太長大の餘、能く書を著すことを解せし歟と」。

(47) 大久保利謙「佐幕派論議」（大久保『佐幕派論議』吉川弘文館、一九八六年）。

(48) 「特旨贈位年表」（田尻佐編『贈位諸賢伝』上［増補版］近藤出版社、一九七五年）（初版一九二七年）を参照。

(49) 以下の記述は、主に「古賀氏家事始末」（慶應義塾図書館 201-9-1）と題された諸文書集に収録された、世良太一の筆になると思われる「古賀氏家事始末」（明治二七年九月）に依る。

(50) 「古賀氏家事始末」（前掲）所収の古賀鋭関係の記述では、彼は静岡縣士族であり、また同所収の辞令五点によれば、鋭は明治六年八月五日に陸軍省九等出仕第五課、明治八年二月一八日に陸軍歩兵大尉、明治一二年一〇月一四日に陸軍省総務局記室課課僚に就任したが、明治一四年一二月一六日に陸軍歩兵大尉を依頼免官している。

(51) 川田剛（一八三〇－九六）の明治期以降の履歴については、「故東京學士會院會員文學博士川田剛の傳」（『東京學士會院雑誌』一八編三号）を参照。

(52) 古賀鋭の前配阿琴は、古賀謹堂とその妻小林藤之助教之の娘のあいだに生まれたが、慶應四年四月三日に病死した。そのあとを受けて鋭の後配となった阿鶴は、謹堂と側室のあいだに生まれた娘だった。阿琴については、大塚先儒墓所に残る「筑後守古賀増長女阿琴之墓」に刻まれた謹堂の碑文（慶應四年）を参照。

(53) 関係資料にみえる東京府浅草区小嶋町廿二番地に在住の大井昌郷ではないかと推定される。

(54) 「大藏朝臣古賀氏系譜」（慶應義塾図書館 142-127-1）末尾の書き込み。

(55) 「古賀氏家事始末」（前掲）所収の古賀涓修業證書四点による。

(56) 「大藏朝臣古賀氏系譜」（前掲）末尾の書き込み。

(57) 「古賀氏家事始末」（前掲）所収の「分家届・同意証書」。

(58) 史料はさらに、大塚先儒墓所内の古賀家敷地が同保存會によって購入された後、涓が府下荏原郡北品川五百六六番地（一九一六年）に転居したことも伝える。

(59) この墓地は明治期になってから、古賀鋭と尾藤積忠（谷中坂町三十三番地）により「墓地之儀ニ付願書」・「東京抱屋敷墓地之儀ニ付奉願候書付」・「墓地之儀ニ付願」（一八七六年八月七日）が出され、一八七六年一一月一五日に当時の東京府権知事楠本正隆によって「聞届」られて、昌平坂学問所儒者の子孫たちの管理するところとなっていた。「古賀精里・古賀侗庵葬儀并大塚墓地記録」（東京大学史料編纂所 2021-17）所収の関係資料を参照。

(60) 島田重禮（一八三八－九八）は、その號を篁邨といい、昌平坂学問所出身（萬延二年三月二七日、玉蟲左太夫の紹介で林家入門）である。著作に『篁村遺稿』上・中・下（一九一八年）がある。

(61) 外山と島田は、明治三〇年前後、ともに東京学士会院の会員であった。外山の在員期間は明治二二－三三年、島田は明治二五－三一年である。

(62)『大塚先儒墓所保存會報告書』(一九一七年一一月)を参照。同所収の収支決算によれば、これらの費用は主に寄附義金と宮内省下賜金によってまかなわれた。なお大塚先儒墓所とその保存運動については、『文京区史』巻二(文京区役所、一九六八年)四七九―五〇二頁にも記述がある。

(63)「古賀家関係 大塚先儒墓所保存會報告書」(慶應義塾図書館 201-10-1)収録の関係諸書翰を参照。

(64) 外山外一は、一八九七年一一月一一日に、濱尾新総長が第三代文部大臣(一八九三―九七)に就任した後を受けて、総長に就任したが、翌年四月三〇日には第四代文部大臣(一八九七―九八)に就任する。濱尾は、その後も第八代文部大臣(一九〇五―一二)となっている。

(65) 大正期の学制改革を実施した岡田良平については、松浦鎮次郎編『岡田良平先生小傳』(一九三五年)、下村壽一『岡田良平(日本教育先哲叢書第二二巻)』(文教書院、一九四四年)を参照。

(66) 贈位要請をした際の「栗翁贈位請願書原稿」の存在は、福家惣衛『柴野栗山』(栗山顕彰会、一九四九年)一四四頁によって知られる。贈位以前に発足した顕彰会や一九〇六年八月二四日に行われた百年祭については、川口萬之助「栗山顕彰事業の経過」(『讃岐人』一九〇六年一月二日)などを収録した『栗山先生の面影』(六盟館、一九〇七年)附録一〇九―一五一頁を参照。

(67) たとえば一八八一年、尊王論者の蒲生君平(正四位)、一八八九年、佐久間象山・藤田東湖・吉田松陰(正四位)、一八九一年、頼山陽・藤田幽谷・会沢正志齋(正四位)、一九〇二年、水戸学の安積澹泊(正四位)、青山拙齋・豊田天功(以上従四位)など。頼山陽は、一九三一年の百年祭挙行の年に従三位に昇格している。明治期の贈位問題を指摘した戸川殘花は、「贈位は死者の勲章の如し」「贈位は其の當時の政治の主義に由る」「贈位は其子孫乃至其人と同主義の者を感喜せしむ」とその特徴を列挙して云う。「童謡に勝てば官軍負ければ賊徒の数文字が如何に明治史に影響せしかを思ふ可し」。戸川「贈位贈官辨」(『舊幕府』第二篇第一〇号、一八九八年)二九―三四頁。殘花は贈位と同等に栄誉あるものとして、宮内省編纂の殉難録中に名と功績を連ねることも挙げる。なお、古賀家三代への贈位は、精里のほかには、一九二八(昭和三)年に古賀穀堂(従四位)・古賀謹堂(正五位)が叙されているが、古賀侗庵の叙位はなかった。

(68) 大久保利謙『明治維新と教育(大久保利謙歴史著作集四)』(吉川弘文館、一九八七年)、高橋二郎編『昌平大學同窓名簿』(一八九二年)、高橋陽一「大学校・大学における国学系教官の動向――小中村清矩と鈴木雅之の史料から」(『東京大学史紀要』第一〇号、一九九二年)などを参照。

(69)「学校規則」(明治二年六月一五日)(『法令全書』)。昌平大学の教授陣(頭取松岡時敏、教授水本成美・中沼了三・青山延光・芳野金陵・頼支峰・岡松甕谷・藤野海南・小田村市左衛門・蒲生精庵・大橋寿次・増田園三・川崎魯輔・鹽谷修輔・生駒新太郎・亀谷行ら)のうち、徳川幕府の昌平坂学問所から引き継いだ者は、芳野・藤野・鹽谷である。

(70) 明治初期の昌平坂学問所跡地の建物利用とその変遷については、下沢剛「昌平坂学問所跡の建物――湯島昌平館の疑問」(『蘭学資料研究会研究報告』第二五六号、一九七二年)が詳しい。

(71) 浅草文庫については、樋口秀雄「浅草文庫の成立と景況」(国立国会図書館参考書誌部『参考書誌研究』第四号、一九七二年)一―九頁、樋口『浅草文庫誌』(日本古書通信社、一九七四年)を参照。

(72) 東京府書籍館は、翌一八八〇年七月一日に再び文部省の所轄に復され、東京図書館と改称される。さらに一八九七年には今日の国立国会図書館の前身である帝国図書館となる。三月一五日の書籍館公開祝宴に招待された福澤諭吉が、その出席を断っていたことは、一八七九年三月一四日付宛名未詳書簡『福澤諭吉書簡集』第二巻(岩波書店、二〇〇一年）一八〇頁を参照。再び文部省の管轄となった湯島昌平館（旧昌平黌）には、同年一八八〇年九月から翌四月まで、さらに一八八二年一月から同年一二月に昌平館が類焼を罹るまで、東京学士会院が置かれた。

(73) 栗本鋤雲「東京書籍館観覧の記」（『匏菴遺稿』裳華書房、一九〇〇年）四二一－四二二頁。

(74) 旧雨社については、「舊雨社小傳」（一－三）（『東洋文化』一六六号、一九三八年一一月）六一－六六頁・（六七号、一九三八年一一月）五五－六〇頁・（一六八号、一九三八年一二月）四八－五五頁。また大久保利謙「舊雨社小傳に就いて」（『東洋文化』一六八号、一九三八年一二月）五六－五七頁、坂口筑母『舊雨社小伝』全四巻（明石書房、一九八二－一九八五年）を参照。

(75) 廻瀾社は、一九〇三年に旧雨社と麗沢社をも合併する。

(76) 明治期以降の「儒教」をめぐる思想展開については、野村浩一「近代日本のおける儒教思想の變遷についての覺え書」（近代中國研究委員會編『近代中國研究』第三輯、東京大学出版会、一九五九年）二三三－二七〇頁も参照。

(77) 福澤「教育の方針変化の結果」一八九二年一一月三〇日（『福澤諭吉全集』第一三巻、岩波書店、一九六〇年）五七五頁以下。

(78) 西村茂樹が関与した一八七六年四月発足の東京脩身学社（西村・阪谷朗廬ら）は、一八八四年四月に日本講道会（西村茂樹会長）となり、さらに一八八七年九月には日本弘道会となって、国民道徳普及の推進役を果たしていった。日本弘道会百十年史編纂委員会『日本弘道会百十年史』（日本弘道会、一九九六年）を参照。

(79) 「学士会院ノ設立ヲ要ス」（『文部省第三年報』一八七五年）。『日本学士院八十年史』（日本学士院、一九六二年）一八－一九頁に収録。

(80) 斯文会編『財団法人斯文会八十年史』（斯文会、一九九八年）五頁。

(81) 教育勅語の成立史については、海後宗臣『教育勅語成立史の研究』（私家版、一九六五年）（『教育勅語成立史研究（海後宗臣著作集第一〇巻）』［東京書籍、一九八一年］）、梅渓昇『教育勅語成立史』（青史出版、二〇〇〇年）、稲田正次『教育勅語成立過程の研究』（講談社、一九七一年）などを参照。日本大学精神科学研究所編『教育勅語関係資料』巻二に、各種の草稿が収録されている。

(82) 西村茂樹『日本道徳論』（初刊一八八七年）（岩波文庫、一九三五年）一一頁。

(83) 西村茂樹「日本教育論」第一二一会（一八九〇年五月一一日）（記事『東京学士会院記事雑誌』第一二編第四・七・一〇号）、「日本教育論再続」第一二七会（一八九一年一月一一日）（同、第一三編第一号）。

(84) 久木幸男「明治儒教と教育」（『横浜国立大学教育紀要』第二八集、一九八八年）二五一－二七〇頁、（第二九集、一九八九年）二九－四八頁。

(85) 井上哲次郎『日本陽明學派之哲學』（冨山房、一九〇〇年）序三・五頁。

(86) 『東京大学百年史』一、部局史（東京大学、一九八六年）五一一頁。

(87) 日露戦争後の「儒教」評価については、打越孝明「明治四十年代初頭における儒教の再認識・再評価について」（『早稲田大学教育学論集』第一四号、一九九二年）三一－四七頁、打越「明治四十年代『漢学復興』の諸相」（『早稲田大学文学研究科紀要（哲学・史学編）』別冊第一九集、一九九三年）八五－九六頁、打越「明治四十年代の思潮——「漢学復興」の背景と教育」（大倉精神文化研究所『大倉山論集』第三六輯、一九九四年）一－四五頁を参照。

(88) 斯文会編『財団法人斯文会八十年史』（斯文会、一九九八年）二〇頁。

(89) 服部宇之吉「徳川公爵と斯文會」（徳川公繼宗七十年祝賀記念會編『近世日本の儒學——徳川公繼宗七十周年祝賀記念』岩波書店、一九三九年）一－九頁。

(90) 「懐徳堂復興小史」（西村時彦『懐徳堂考』財団法人懐徳堂記念会、一九二五年）附一－一〇頁。

(91) 高瀬代次郎「先哲研究と遺著の出版に就て」（日本儒教宣揚会編『日本之儒教』日本儒教宣揚会、一九三四年）一〇四－一〇五頁など。

(92) 藤野正啓『海南遺稿』（附海南手記）、高橋勝弘編『昌平遺響』（一九一二年）、斯文会編『斯文六十年史』（一九二九年）、日本儒教宣揚会は、大東文化協会。日本儒教宣揚会編『日本之儒教』（日本儒教宣揚会、一九三四年、後に日本教育史基本文献：史料叢書四五として大空社、一九九七年）、中山久四郎『日本現存文廟』（斯文会、一九三五年）、聖堂復興期成會編『聖堂復興略志』（聖堂復興期成会、一九三五年）、中山久四郎編『聖堂略志』（斯文会、一九三五年）、斯文会編『湯島聖堂復興記念儒道大会誌』（斯文会、一九三六年）、徳川公繼宗七十年祝賀記念會編『近世日本の儒學——徳川公繼宗七十周年祝賀記念』（岩波書店、一九三九年）、服部宇之吉「徳川公爵と斯文會」（同一－九頁、斯文会編『日本漢学年表』（大修館書店、一九七七年）、斯文会編『財団法人斯文会八十年史』（斯文会、一九九八年）、また現在も刊行中の斯文会の雑誌に『斯文』がある。

(93) 井上哲次郎による学派関係の整理と研究は、陽明学派については一九〇〇年刊・古学派一九〇二年刊・朱子学派一九〇五年刊・折衷学派未刊、また蟹江義丸との共編『日本倫理彙編』全一〇冊（育成会、一九〇一－〇三年）は資料編纂による学派整理の試みである。また、井上『国民道徳』（隆文館、一九一一年）、井上『国民道徳概論』（三省堂、一九一二年）は、版を重ねている。井上哲次郎「儒教」（初出一九〇七年）（『開国五十年史』下巻、原書房、一九七〇年）も参照。現在東京都立中央図書館特別文庫室に所蔵されている井上哲次郎の旧蔵書は、『井上文庫目録』（東京都立日比谷図書館、一九六四年）によって知られる。

(94) 三上參次（一八六五－一九三九）「栗山先生に就て」（谷本富・三上參次『栗山先生の面影』六盟館、一九〇七年）、三上『明治天皇の教育に関する御軫念（思想研究資料第一一五號）』（海軍省教育局、一九三四年）、三上『江戸時代史』上・下（冨山房、一九四三・一九四四年）。

(95) 高瀬代次郎の徳川後期研究は、冢田大峰・細井平洲・佐藤一齋が対象とされた。『冢田大峰』（光風館書店、一九一九年）、『細井平洲全』（平洲會［蔵版］、一九一九年）・編『平洲全集』（平洲會［蔵版］、一九二一年）・編『平洲遺墨』（松野鶴平、一九二二年）・『細井平洲の生涯』（巌松堂書店、一九三六年）・『細井平洲（日本教育先哲叢書第九巻）』（文教書院、一九四二年）、『佐藤一齋と其の門人』（南陽堂本店、一九二二年）（後に大衆書房、一九七四年、鳳文書館、一九八五年）。また他に「江戸聖堂の教育」（大日本學術協會『教育學術界』第五四巻第一号、一九二六年）一四五－一八二頁がある。

(96) 研究者レベルでも、このような歴史評価は、たとえば、日中文化研究から頼山陽研究を経て、帝国陸軍の「戦陣訓本義」を執筆していった昭和初期の中山久四郎（一八七四－一九六一）の研究展開にも看取される。

(97) 三上參次『白河樂翁公と徳川時代』（吉川半七、一八九一年）。「必ず學問は競争によりて進み、眞理は研磨の間に發見せらるゝ」とする三上は、異学の禁について記述し、「曰く、誤れりと」という一言をもって結んでいる。定信は「たゞ從來の學弊を匡さんと願」っただけで、「栗山、二洲などの博士と執政の人々が、定信の意をうけ継ぎて、之を極端に用ひしに由る」とする。尤も、三上は後に、海軍水交社での樂翁公八十年記念会講演では著書での異学の禁をめぐる判断を撤回する。

(98) 重野安繹「異學禁」（『東京學士會院雜誌』第一六編第二・三号、一八九四年）、後に『増訂重野博士史學論文集』上（名著普及会、一九八九年）三四三―三七一頁（初刊一九三八年）。

(99) 「異學の禁は一種の迫害なり」とする井上哲次郎は云う。「寛政異學の禁より幕末に至る迄卓絶せる精神的巨儒の出でざるは主として自由思想を締殺したるに因由する者の如し」。井上『日本朱子学派之哲学』（冨山房、一九〇五年）五二一―五二七頁。

(100) この点については、羽仁五郎『日本における近代思想の前提』（岩波書店、一九四九年）七七―七八・一五七―一五八頁も参照。

(101) 勤王家と幕臣の歴史評価に対しては、昭和初期にも次のような叙述がみられた。「無責任の地にあつて、たゞ空理空論のみを事とした浮浪の徒に近いやうな人々が、いつぱしの勤王家扱ひを受けて、重んぜられたりしてゐる一方には、邦家百年の大計のために肝膽を砕き、至誠事に當つた幕臣達が、贈位の恩典にも洩れ、その墳墓が荒廢に歸してゐたりするといふを聞く時、私は嘆嗟の聲を發せずにはゐられない」。森銑三「筒井政憲遺聞」（初出一九三二年）（『森銑三著作集』第九巻、中央公論社、一九七一年）二〇三頁。

(102) 「国民道徳」論に対して、福澤諭吉の徳育批判を引いて「市民道徳」論を提示した羽仁五郎も忘れてはならないであろう。福澤の徳育問題をめぐっては、丸山以前に、羽仁五郎「福澤諭吉」（第一章 封建社会の倒壊と思想及び教育の解放自立・第二章 近代教育と福澤諭吉）『白石・諭吉』（岩波書店、一九三七年）二三三―四二七頁、羽仁五郎「市民道徳」（『思想』第二〇三号、一九三九年）。徂徠についても羽仁「荻生徂徠の観念形態論」（『思想』第八三号、一九二九年）がある。

(103) 丸山眞男『日本政治思想史講義 第六冊 日本政治思想史一九六六』・『日本政治思想史講義 第七冊 日本政治思想史一九六七』東京大学出版会を参照。丸山の近世儒教の捉え方が初期に比べて変化していることは、一九六六・一九六七年度講義に顕著にみられる。平石直昭は、朱子学＝体制教学という見解に限定してその変化を綿密に検証する。平石直昭「解題」（『丸山眞男講義録 第六冊 日本政治思想史一九六六』東京大学出版会、二〇〇〇年）二八八―二九〇頁。

(104) 大久保利謙「『維新史』解説」（大久保・小西四郎『『維新史』と維新史料編纂会』吉川弘文館、一九八三年）一二頁。

(105) 文部省維新史料編纂會編『維新史』全五巻（文部省、一九三九―四一年）（後に吉川弘文館、一九八三年より複製再刊）。

(106) 文部省維新史料編纂會編『維新史』第一巻（前掲書）八二頁。

(107) 田中彰『明治維新観の研究』（北海道大学図書刊行会、一九八七年）、大久保利謙『佐幕派論議』（吉川弘文館、一九八六年）、大久保利謙「民友社の維新史論」（初出一九五四年）・「王政復古史観と旧藩史観・藩閥史観」（初出一九五九年）（『日本近代史学の成立（大久保利謙歴史著作集七）』吉川弘文館、一九八八年）。

(108) 西周「徂徠學に対する志向を述べた文」（『西周全集』第一巻、宗高書房、一九六〇年）。西は一七歳の時に徂徠学に出会う。

(109) 大久保利謙「佐幕派論議」（『佐幕派論議』吉川弘文館、一九八六年）七〇・七八頁。

(110) 井上は儒学思想の中でも、いわゆる主観的唯心論である陽明学を特に高く評価するが、それは「広く東西洋の哲学」を論じ「西洋と東洋と余程に似通つた哲学上の史実」を看取した井上が、「多元的観念論」から「一元的唯心論」へ移行を哲学史の必然的発展と捉えていたからに他ならない。すなわち、井上によれば、西洋においてカントの二元論を克服しフィヒテによって初めて徹底された「一元的唯心論」は、さらにヘーゲルの「絶対的唯心論」となるが、東洋においては、中国ですでに「心即理」説を唱いた陸象山の「一元的唯心論」、王陽明の「致良知」説の「徹底せる一元的唯心論」が主張され、またインドでも教論派の二元論に飽き足らないブッダによって「万法唯心心外無別法の徹底的唯心観」が唱えられていたという。『井上哲次郎自傳』（冨山房、一九七三年）五九―六二頁。

(111) 近代日本の陽明学評価については、荻生茂博「近代における陽明学研究と石崎東国の大阪陽明学会」（玉懸博之編『日本思想史――その普遍と特殊』ぺりかん社、一九九七年）四八二―五〇七頁。また荻生「幕末・明治の陽明学と明清思想史」（源了圓・厳紹熾編『日中文化交流史叢書 第三巻 思想』（大修館書店、一九九五年）四〇四―四四四頁、「「幕末・明治の陽明学と明清思想史」補注」（米沢史学会『米沢史学』一一号、一九九五年）四九―六四頁。一九世紀末から二〇世紀初頭に東アジアの儒学界で共通にみられる「朱子学的思惟の解体」とそれに替わる近代国民国家形成のために作為された「近代陽明学」の言説台頭については、荻生「日本における〈近代陽明学〉の成立――東アジアの〈近代陽明学〉（I）」（日本思想史懇話会『季刊日本思想史』第五九号［特集 近代儒学の展開］、二〇〇一年）三―二七頁がある。

(112) 一九八九―九一年の東欧諸国とソビエト連邦共和国の所謂「社会主義」体制崩壊以降の研究動向を踏まえた、講座派の維新史研究整理については、青山忠正「明治維新の史学史――「絶対主義」と「変革主体」」（『歴史評論』第五八九号、一九九九年）二―一五頁（後に青山『明治維新と国家形成』吉川弘文館、二〇〇〇年に収録）や石井寛治「明治維新論争」（石井・原朗・武田晴人編『日本経済史一 幕末維新期』東京大学出版会、二〇〇〇年）四三―四九頁を参照。青山は、たとえば、古典的研究とされる遠山茂樹『明治維新』（岩波書店、一九五一年）についても、緻密な一次史料読解に基づき詳細な註が付されているが、理論的には、国家権力の規定についてはコミンテルンの三二テーゼと服部の見解を、変革主体については羽仁の見解を直接的に継承したとする。なお、九〇年代にも、明治維新を「封建的反動」とする「講座派」説は「正当に継承されなければならない」とする論者もいるが（石井孝「維新史観の一八〇度転換――中村哲氏の場合」「明治百年」問題と明治維新の評価」（石井『近代史を視る眼――開国から現代まで』吉川弘文館、一九九六年）二一八―二五六頁、その結論から遡及して徳川幕府幕臣や諸大名の勢力配置図を描くことによって見えなくなってしまう問題に敢えて注目したい。

(113) 田中彰『幕末維新史の研究』（前掲、一九八七年）。

(114) 菊池久「維新の変革と幕臣の系譜：改革派勢力を中心に――国家形成と忠誠の転移相克」（一―七）（『北大法学論集』第二九巻第三・四号、一九七九年）四〇九―四四一頁・（同第三〇巻第四号、一九八〇年）九一―一二三頁・（同第三一巻第一号）一三五―一八四頁・（同第二号）一五三―一九九頁・（同第三二巻第一号、一九八一年）一五一―一七八頁・（同第三号、一九八二年）一―三九頁・（同第三三巻第五号、一九八三年）一―五一頁。また菊池「維新期幕臣研究再論」（一・二）（北海道教育大学釧路校『釧路論集』第二五号、一九九三年）一―七三頁・（第二六号、一九九四年）一―一三頁。註にこの分野における一九七〇年代以降の研究が詳しく列挙されている。

(115) 復刻されたものには、合本、戸川殘花編『舊幕府』全七冊（原書房、一九七一年）、複製、大久保利謙監修『同方会誌』全一〇巻（立体社、一九七七―七八年）、江戸旧事采訪会編・大久保利謙編輯『江戸』全七巻（立体社、一九八〇年）などがある。

(116) 佐藤一齋の息子愼左エ門が田口家の養子となり、田口鼎軒はその末裔にあたる。

(117) 安井小太郎（一八五八―一九三八）の年譜・著作目録は、『斯文』第二〇編第七号、一九三八年、二一―二五頁を参照。

(118) 藤田覚は次のように指摘する。「文化文政期から天保期にかけて、林家が幕府内部で、また幕政上でどのような位置にあったのか、その点にふれた研究はいまのところないようである」（藤田覚『天保の改革』吉川弘文館、一九八九年）一一〇頁。また、小野將「近世後期の

林家と朝幕関係」(『史学雑誌』第一〇二編第六号、一九九三年)三七一五九頁も参照。

(119) 林家と昌平黌全体についての古典的な研究には、石川謙の「研究遺著」の一つである『日本学校史の研究』(小学館、一九六〇年)(日本図書センター、一九七七年)に「昌平坂学問所」一六九―二二一頁、「林家塾ならびに昌平黌が藩立学校に与えた影響」二二二―二六〇頁がある。また、特に昌平黌に集った儒者を研究するにあたっては、近年の橋本昭彦の業績と、坂口筑母が自費出版してきた一連の伝記研究の労作が看過できない。さらに幕末期の昌平黌については、倉沢剛『幕末教育史の研究一――直轄学校政策』(吉川弘文館、一九八三年)(特に「第一章　幕末の学問所改革」「第二章　蕃書調所の創設」「第三章　開成所の発足」)が重要である。いずれも広く探索した史料蓄積の上にまとめられたこれらの諸先学が示唆するのは、昌平黌儒者の研究が、今なお、自分の足で各所蔵機関を歩き回り、人目に触れていない史料を発掘し、それをもとに事実を再構成する段階にあるということである。たとえ政治思想史として扱う場合でも、狭義の歴史学徒と同水準の圧倒的な質量の史料収集と訓練された史料操作、その上での見落とされてきた主題究明や斬新な切り口提示がなされなければ、到底説得的な議論はできないであろう。橋本と坂口の主な著作は次の通り。

・橋本昭彦(一九五九―)「昌平坂学問所関係文書(筑波大学所蔵)の全体構成――史料紹介」(『国立教育研究所研究集録』一六号、一九八八年)、共編『湯島聖堂と江戸時代』(斯文会、一九九〇年)、『江戸幕府試験制度史の研究』(風間書房、一九九三年)、「幕府・諸藩の教育政策と学校」(三好信浩編『日本教育史』福村出版、一九九三年)、「幕府直轄学校と藩邸内学校」「江戸の私塾」(東京都立教育研究所編『東京都教育史　通史編一』一九九四年)一七―五三・五三―六四頁、橋本編『昌平坂学問所日記』全三冊(斯文会、一九九八―二〇〇六年)。

・坂口筑母(一九三七―)『小伝　林鶴梁』一・二・三巻(私家版、一九七八・一九七九・一九八〇年)、『小伝　乙骨耐軒――幕末の官學派詩人』(明石書房、一九八一年)、『尾藤水竹――幕末の一奇人　附載・林鶴梁詩集「乙巳稿」』(明石書房、一九八一年)、『小伝　浅野梅堂――幕末の文化人』上・下(私家版、一九八二年)、『舊雨社小伝』一・二・三・四巻(明石書房、一九八二・一九八三・一九八四・一九八五年)、『儒者の時代――幕末昌平校の詩人たち』一巻(明石書房、一九八四年)、『幕末維新儒者文人小傳』一・二・三集(私家版、一九八六・一九八八・一九九〇年)、『幕末昌平校官学派の詩人たち』二・三・四巻(私家版、一九九一・一九九二・一九九三年)、『稿本・重野成齋伝』(私家版、一九九七年)、『稿本・向山黄村伝』(私家版、一九九八年)。

(120) 現在思想史の分野で積極的に幕府儒者――林家・昌平黌儒者――の研究を進めているのは、以下の源了圓(一九二〇―)を指導教授とした東北大学文学部日本史学研究室出身の研究者たちである。

・荻生茂博(一九五四―二〇〇六)「古賀精里――異学の禁体制における『大学』解釈」(源了圓編『江戸の儒学――『大学』受容の歴史』思文閣出版、一九八八年)一七七―一九七頁、荻生「〔翻刻〕安積艮斎の海防論『新論』欄外評・『籌海披沙』草稿」(一)(米沢県立女子短期大学日本史学科『米沢史学』第七号、一九九一年)六八―八四頁、荻生「安積艮斎の思想――幕末官学派における俗と超俗」(源了圓・玉懸博之編『国家と宗教――日本思想史論集』思文閣出版、一九九二年)三七一―三九三頁、荻生「江戸後期の海外認識と林述齋」(『米沢史学』第八号、一九九二年)一―一三頁、荻生「江戸幕府儒者林家の位置――将軍家と林家」(『米沢史学』第九号、一九九三年)一―二六頁、荻生「幕府儒者の賀箋について」(和漢比較文学会編『俳諧と漢文学(和漢比較文学叢書一六巻)』汲古書院、一九九四年)二

三一―二五八頁、荻生「幕末士人と言説形成――海防論者の「場」（『江戸の思想』ぺりかん社、第三号、一九九六年）一六四―一八七頁、荻生「海防論再考」（『江戸の思想』ぺりかん社、第九号、一九九八年）一〇七―一三〇頁、荻生「『愛日楼全集』解説・解題」（佐藤一齋『愛日楼全集（近世儒家文集集成一六巻）』ぺりかん社、一九九九年）一―一二四頁。

・前田勉（一九五六―）『近世日本の儒学と兵学』（ぺりかん社、一九九六年）、前田『兵学と朱子学・蘭学・国学――近世日本思想史の構図（平凡社選書二二五）』（平凡社、二〇〇六年）。

・高橋章則（一九五七―）「近世後期の歴史学と林述齋」（東北大学文学部日本思想史学研究室『日本思想史研究』第二一号、一九八九年）一―一八頁、高橋「弘文院学士号の成立と林鵞峰」（『東北大学文学部日本語学科論集』第一号、一九九一年）一二―二四頁、高橋「近世初期の儒教と「礼」――林家塾における釈菜礼の成立を中心として」（源了圓・玉懸博之編『国家と宗教――日本思想史論集』前掲）二三五―二五九頁、高橋「寛政異学の禁再考」（『日本思想史学』第二六号、一九九四年）一〇〇―一一二頁、高橋「鶯谷吏隠大田南畝」（玉懸博之編『日本思想史――その普遍と特殊』ぺりかん社、一九九七年）三二七―三五二頁。

・中村安宏（一九六二―）「佐藤一齋――人倫の担い手の拡大」（源了圓編『江戸の儒学――『大学』受容の歴史』前掲）二二一―二四〇頁、中村「佐藤一齋の思想――寛政期をめぐって」（『日本思想史学』第二〇号、一九八八年）七一―八二頁、中村「藤原惺窩と林兆恩――『大学要略』をめぐって」（『文芸研究』第一三八集、一九九五年）一〇―二〇頁、中村「室鳩巣と朱子学・鬼神」（玉懸博之編『日本思想史――その普遍と特殊』前掲）二七三―二八九頁、中村「室鳩巣と朱子学・享保改革――科挙導入反対論を中心に」（『日本思想史研究』第三一号、一九九九年）三一―四四頁、中村「尾藤二洲の天皇観・皇統意識」（『フィロソフィア・イワテ』第三二号、二〇〇〇年）二五―三六頁、中村「林述斎と佐藤一斎の皇統意識について」（岩手大学『Artes liberales』第七二号、二〇〇三年）三三―四一頁。

(121) 近年の中国思想史研究においても、宋・明・清代の儒学イメージは大幅に刷新されつつあり、哲学や倫理学の関心ばかりでなく、儒学思想が本来具えていた政治思想の側面に再び光が当てられている。従来軽視されてきた「新儒教の経世論」「主要な経済的・社会的・政治的制度についての新儒教思想を研究する必要」を提起して示唆に富む学問的回顧に、ウィリアム・セオドア・ド・バリー（Wm. Theodor de Bary 狄百瑞）「人の徒とともに」林文孝訳（『中国――社会と文化』六号、一九九一年）三二七―三七八頁があるが、日本での宋明期を対象とする儒学研究においても、朱子学・陽明学のいずれにも形而上学的な理気論よりもむしろ秩序をめぐる思考が中核を貫き（小島毅）、清初朱子学復興期を、理気論より「礼教」（伊東貴之）に重点を置いて研究するなどの新しい関心が生まれている。また、朱子学に対して明代の陽明学を近代的主体形成の基盤と捉え、満民族支配の清朝になると「文字の獄」を迎えて学的停滞を生むようになり、清朝考証学は好事家が重箱の隅をつつくように細事に固執すると観た従来の研究（島田虔次・溝口雄三ら）に対しては、一方では社会史を踏まえ（B. Elman）、他方では古音学（音韻学）が清朝考証学の担い手たちの中心的関心であり、その実例検証のための学問であったとする研究（濱口富士雄・木下鉄哉）が現れてきている。

(122) 頼祺一「古賀精里の社会観と学問観」（『広島大学文学部紀要』第三一巻第二号、一九七二年）、後に（頼祺一『近世後期朱子学派の研究』溪水社、一九八六年）二一〇―二三六頁。

(123) 頼祺一「古賀精里の大坂遊学時代」（『西南地域史研究』第四輯、文献出版、一九八〇年）、後に（『近世後期朱子学派の研究』前掲）一一一―一五〇頁。

（124）遊学期の頼春水が竹原の家族に宛てた書簡は、後に「頼春水在坂期書簡」として活字翻刻され、前掲書の資料編に収録されている。

（125）松下忠「古賀侗庵の行実」（『斯文』第八一号、一九七七年）七―二三頁、「古賀侗庵の唐詩鼓吹」（『日本大学人文科学研究所紀要』第一九号、一九七七年）九八―一〇八頁、「古賀侗庵の詩文論と中国詩文論」（『東方学』第五四輯、一九七七年）一―一六頁、「古賀侗庵の中國散文論」（『日本中國学會報』第二九集、一九七七年）二三七―二五〇頁、「古賀精里の行実」『日本大学漢学研究』第一六・一七合併号、一九七八年）一〇七―一二五頁、「古賀精里の学問」（『斯文』第八二号、一九七九年）二三―四三頁。

（126）今關天彭「古賀侗庵」（『雅友』第三九号、一九五八年）一―一二頁、「古賀精里」（『雅友』第四〇号、一九五九年）一―一〇頁。

（127）富士川英郎「古賀侗庵『侗庵筆記』――儒者の随筆（十二）」（『新潮』第八四五号、一九七五年）一六八―一七〇頁。

（128）松下忠「古賀家三代――精里・侗庵・茶渓――の時務論」（その一・二）（『斯文』第八三号、一九八〇年）二一―三一頁・（第八四号、一九八一年）三三―四三頁。松下は、斯文会主催の大塚先儒墓地での先儒祭において、一九七五年一〇月一五日に「古賀精里・侗庵両先生に就いて」、一九八三年一〇月二二日には「古賀家三代の北邊策」と題する墓前講演を行っている。斯文會編『財團法人斯文會八十年史』（斯文会、一九九八年）七八三・八一八頁。

（129）梅澤秀夫「近世後期の朱子学と海防論――古賀精里・侗庵の場合」（近代日本研究会編『年報近代日本研究』第三号、山川出版社、一九八一年）六三―八七頁。

（130）梅澤秀夫「昌平黌朱子学と洋学」（『思想』第七六六号、一九八八年）一九九―二〇七頁。

（131）梅澤（前掲論文、一九八一年）、（前掲論文、一九八八年）。

（132）前田勉（前掲書、一九九六年）四一九―四二〇頁。花蔭樓主人「古賀精里先生海軍建設上書」（『舊幕府』第二巻第五号、一八九八年）五三―五六頁も、この封事の一節を精里とする。ただし、瀧本の解題は、「或る解題書には、本書を古賀煜〔侗庵〕の著作とせり、恐らくは誤りならん」（一四頁）として、この封事の著者について異説がある旨を記していた。

（133）荻生茂博「古賀精里――異学の禁体制における『大学』解釈」（前掲）。ただし、荻生論文ではこの著作から精里個人の思想が分析されるが、「大学章句纂釈」「大学諸説弁誤」の編纂作業において、精里は統括者として責任を持ったのであり、彼一人のみによる所業ではないことにも注意を払う必要がある。この点に関しては、第I部を参照。

（134）三谷博「積極開国論者の世界像――古賀侗庵『海防臆測』」（『日本学』第一四号、一九八九年）三一―三八頁（『明治維新とナショナリズム』山川出版社、一九九七年、六〇―六九頁収録）。但し、三谷は、古賀侗庵の「海防臆測」の書誌調査を行っていないために、一八八〇（明治一三）年版本に拠って原稿完成を天保九年とするが（三谷、前掲書、一九九七年、三三頁［註五六］・七五頁［註三〇］）、じっさいには全五六篇の内、一―三〇篇が天保九年、三一―五〇篇が翌天保一〇年、さらに五一―五六篇が天保一一年に執筆された。また、三谷「一九世紀前半の変化　国際環境と知識人」（三谷・山口輝臣『一九世紀日本の歴史――明治維新を考える』放送大学教育振興会、二〇〇〇年）六四―七五頁や三谷『ペリー来航』（吉川弘文館、二〇〇三年）三六―三九頁でも侗庵に言及されている。

（135）清水教好「対外危機と幕末儒学――古賀侗庵『海防臆測』をめぐる一考察」（衣笠安喜編『近世思想史研究の現在』思文閣出版、一九九五年）一二七―一五三頁。

（136）西島勘治「山田亦介『海防臆測』摺り立て事件」（『山口県地方史研究』第五七号、一九八七年）三八―四四頁。

（137）秋田守「梅軒と『海防臆測』――安藤太郎・古賀侗庵」（『古文幻

想』第八号、一九九〇年）五二―六三頁。

(138) 高橋明彦「昌平黌の怪談仲間――古賀侗庵『今斉諧』の人々」（『江戸文学』第一二号、ぺりかん社、一九九四年）一二六―一四一頁。

(139) 坂口筑母『儒者の時代――幕末昌平校の詩人』一（序章「古賀侗庵日録鈔」）（明石書房、一九八四年）。

(140) 前田勉「女性解放のための朱子学――埋もれた思想家古賀侗庵」（『月刊百科』第三八八号、一九九五年）三六―四〇頁。後に前田、前掲書、二〇〇六年、一四二―一五三頁に収録。

(141) 前田勉「幕末日本のアヘン戦争観――古賀侗庵を起点として」（『日本思想史学』第二五号、一九九三年）七八―九〇頁、後に前田、前掲書、一九九六年、四二六―四四六頁。

(142) 前田勉「古賀侗庵の世界認識」（前田、前掲書、一九九六年）三九六―四二五頁。この論文は、書き下しとして著書に収められた。

(143) なお、拙稿「古賀侗庵の知的世界――昌平黌御儒者の開国経験」（修士論文、一九九六年一月東京都立大学へ提出）は、国際環境の変化と同時に進行した侗庵の「知的世界」の変容を論じる。

(144) 梅澤秀夫「古賀精里と『精里全書』」（『精里全書（近世儒家文集集成 第十五巻）』ぺりかん社、一九九六年）二―二四頁。

(145) 加藤弘之「蕃所調所に就て」（『史学雑誌』第二〇編第七号、一九〇九年）八〇―九三頁、原平三「蕃所調所の創設」（『歴史学研究』第一〇三号、一九四二年）一―四二頁（後に原平三『幕末洋学史の研究』新人物往来社、一九九二年に収録）、石山洋「古賀謹一郎と蘭学」（『蘭学資料研究会研究報告』第一九五号、一九六七年）、茂住實男「蕃書調所初代頭取　古賀謹一郎（再見・日本の英学二七）」（『名著サプリメント』名著普及会、第三巻第六号、一九九〇年）一五―一六頁など。詳細については本書第Ⅲ部を参照せよ。

(146) 志良以靜子「古賀茶渓（文学遺跡巡礼 英学篇四三）」（『学苑』第一〇巻第九号、一九四三年）四六―五九頁。

(147) 小野寺龍太『古賀謹一郎――万民の為、有益の芸事御開（ミネルヴァ日本評伝選）』（ミネルヴァ書房、二〇〇六年）。

(148) 高瀬重雄「漂流記蕃談に関する考察」（『史林』第四〇巻第一号、一九五七年）四五―五七頁。

(149) 室賀信夫・矢守一彦「解説」（『蕃談――漂流の記録』東洋文庫三九平凡社、一九六五年）一―四一頁。

(150) 池田晧「蕃談 解題」（『漂流（日本庶民生活史料集成 第五巻）』三一書房、一九六八年）二三九―二四〇頁。

(151) 柳田泉「最終講義 古賀茶溪著「度日閑言」（大要）」（『早稲田大學史記要』第一巻第一号、一九六五年）二一三―二二一頁。

(152) 石山洋「古賀茶渓『度日閑言』」（国立国会図書館編『稀本あれこれ――国立国会図書館の蔵書から』出版ニュース社、一九九四年）二〇七―二〇九頁。

(153) 本書で言及される儒家蔵書の例では、売却は明治期以降の古賀家、分割相続は草場家、焼失は鹽谷家、戦災は柴野家など。

(154) 足代弘訓「伊勢の家苞」は、三村清三郎・池田四郎次郎・濱野知三郎編『日本藝林叢書』第五巻（六合館、一九二八年）、また「百草」巻之六（『日本随筆大成』第三期九、吉川弘文館、一九七七年）にも所収。岡村敬二『江戸の蔵書家たち』（講談社、一九九六年）九一―一〇頁も参照。岡村は、他に屋代弘賢の不忍文庫五万巻や岸本由豆流の三万巻も挙げている。

(155) 昌平坂学問所の蔵書目録「記録目録」（国立公文書館内閣文庫 219-41）、また、「昌内御庫存藏書目」［表紙に天保七年冬二二日の日付記入］（東京大学総合図書館南葵文庫 A10-423）や「昌平學庫書目」［内題「聖堂倭書目録」］（同 A10-407）などもある。活字翻刻されたものには、底本を木村蒹葭堂旧蔵の写本にしていると推定される、東京書籍商組合編「昌平坂學問所書目」（其一―其六）（『圖書月報』第二巻第一一号、東京書籍商組合、一九〇四年）二二七―二二九頁・

（第二巻第一二号）二四五－二四六頁・（第三巻第一号）九－一〇頁・（第三巻第二号）二六－二九頁・（第三巻第四号、一九〇五年）六二－六三頁・（第三巻第五号）七八－七九頁がある。また『昌平学所蔵宋元板書目』（居水書屋、刊行年月未詳）などもある。

(156) 阿波国文庫は、阿波藩主蜂須賀家が収集した和漢典籍の集書であり、特に没後に献納された柴野栗山や屋代弘賢の蔵書を含んでいる。ただし、この文庫のうち三〇、九〇五冊が、徳島県師範学校付属図書館を経て、一九一八年三月に徳島県立光慶図書館に移管されたが、戦災等により消失し、現在の徳島県立図書館阿波国文庫には、九四点五一八冊しか残らない。なお、洲本市立淡路文化史料館編『淡路文化史料館収蔵史料目録』第一三集（一九九六年）には、「洲本市先山千光寺収蔵柴野栗山蔵書・徳島県立図書館収蔵柴野栗山蔵書目録」が附されている。阿波国文庫については、徳島県立文書館編「第十七回企画展　阿波国文庫と淡路国文庫」（企画展解説パンフレット）（一九九八年一〇月）も参照。

(157) 小山田与清の擁書楼は、後に水戸藩の彰考館文庫に献納されるが、戦災のために大半を焼失する。

(158) 「檥舟齋書目」と題する書籍目録は、宮内庁書陵部古賀本（200-104）を含め数種現存するが、侗庵の二種の跋文が附された東北大学附属図書館（狩野文庫 84-1）所蔵の目録は他種のように内容別の記載ではなく、精里没後侗庵が記した最も古い目録であると考えられる。「補遺」で追加された書籍を除けば、「總計一萬五十四本」の書籍・法帖名が記されている。

(159) 齋藤竹堂「萬巻樓記」（齋藤竹堂『續竹堂文鈔』巻上）。

(160) 古賀穀堂「萬餘巻樓記」（古賀穀堂『穀堂遺稿抄』巻三）。

(161) 岡鹿門「螢雪事業」（安政五年）を読み下して抄録した、森銑三「螢雪事業鈔」（『伝記』第一〇巻第四号、一九四三年）一〇頁。

(162) なお、古賀家と同時代の学問所儒者の蔵書目録としては、佐藤一齋および河田家の蔵書目録「愛日樓藏書目録」（東京都立中央図書館河田文庫 029-KW-1）がある。

(163) 「古賀氏家事始末」（慶應義塾図書館 201-9-1）と題された諸文書集所収の「古賀氏家事始末」に依る。なお、一八八四年の漢文日記で、亡くなる三日前の一〇月二八日までの記述がある「日誌」（内題：謹堂日誌巻三十五）（慶應義塾図書館 176-30-1）によって、茶溪の最晩年の生活と人的交流を窺い知ることが出来る。

(164) 『萬餘巻樓藏書目録』改版（出版者不明、一八八五年）全三四頁（立教大学図書館大久保利謙文庫 012／B21）は、この「永保社」が出版した目録であると推定される。

(165) 古賀家三代を「旧門人」の視点から簡潔に描いた古賀本獻納願の本文は、神田喜一郎「祕閣圖書の源流について」『神田喜一郎著作集』第八巻（同朋舎、一九八七年）三六八－三七〇頁を参照。古賀家に残る献納願の控えは、「古賀氏家事始末」（慶應義塾図書館 201-9-1）所収の「古賀氏家事始末」に含まれる。また、現在宮内庁には「故古賀彌助小太郎茶溪著作並藏書献納願」（写し）が『明治廿二年圖書録』に収録されている。

(166) 「故古賀精里、侗庵、茶溪三世著書目録」（圖書寮『圖書録』明治廿二年、宮内庁書陵部）。宮内庁書陵部には、また別に書名をいろは順で整理した「古賀本伊呂波別假目録」が残されている。後者は、記載された書名から察して、前者の献納目録よりも古い目録を底本にしていると考えられる。

(167) 「藏書史と新収書解説」（『書陵部紀要』第一号、一九五一年）五五頁。

(168) 「古賀氏家事始末」（明治二七年九月）を参照。なお、古賀家家蔵の法帖類は、「檥舟齋書目」下（宮内庁書陵部所蔵 200-104）に載る。また、古賀家に残ったものの一部は、後に「古賀家伝来古絵図類」（慶應義塾図書館 26X-7-1、26X-8-1）として現存している。古賀家の印章については、古賀穀堂のもとに残った精里・穀堂の印章は、現在佐賀県立博物館に所蔵され、侗庵・謹堂（茶溪）の印影は、昭和期に出版された中澤廣勝編『古賀侗庵茶溪二先生印譜』（多識書屋蔵、一九三三年）に収録されている。なお、中澤編著に寄せられた川田瑞穂「侗庵茶溪二先生印譜序」は、川田『雪山存稿』文（雪山先生存稿刊行會、一九五一年）一七丁表―一八丁表に再録されている。

(169) 後述するように、従来著者が未確定であった「時務管見」「選士法議」「門人姓名簿」は、古賀家蔵の各種著作目録や関連史料を調査することにより、古賀精里の著作であると判明する。

(170) 本書での議論には、可能な限り関連する古賀家蔵書を参照するように努め、そこから当時の蔵書を通じた問題関心を発見しようと試みている。

(171) 「儀舟齋蔵書目」には、いくつかの写本があるが、ここでは巻末に古賀侗庵の跋文「書儀舟齋蔵書目」「再書儀舟齋蔵書目後」が附され、精里が在世中に、すなわち文化一四年までに架蔵した蔵書名を記したと考えられる東北大学狩野文庫の稿本G-1を用いる。

(172) 侗庵没後、古賀茶溪が自ら侗庵著作を整理したもの。

一―一〇　初集
一一―二〇　二集
二一―三〇　三集
三一―三六　四集
三七―四二　五集
四三―五一　六集
五二―六〇　侗庵新論
六一―六二　侗庵秘集
六三　侗庵賛匯
六四―八〇　古心堂詩稿
八一　侗庵百絶
八二　侗庵書詩
八三　銷魂集
八四　吉光片羽集
八五―八八　如蘭詩鈔
八九―九一　侗庵小鈔（一 天地部・動植部、二 文詩部　三 器物部　四 弁証　五 雑録部）
九二―九九　侗庵雑鈔（一 詩句襍鈔［未定］、［三―五 欠］、六 翰墨備忘録、七 李社句鈔［未定］、八 孟翼・非国語暢旨［未定］、［九 欠］、一〇 唐詩漫鈔、一一―一二侗庵雑鈔［未定］、一三 修辞一隅、一四 形容語）
一〇〇―一一四　歸臥亭雑鈔

(173) 「劉氏家傳」（東北大学附属図書館狩野文庫 6351-1）。

(174) 柴野碧海「柴野家世紀聞」（駒井乗邨編「鶯宿雑記」巻十五［国会図書館古典籍資料室 238-別-5］、また「與樂園叢書」巻八七 輔仁録文抄［広島市立中央図書館浅野文庫］にも所収）。

(175) 古賀穀堂「学制管見」表紙裏の書込み（佐賀県立図書館鍋島文庫 060-1）。

(176) 古賀穀堂「濟急封事」（佐賀県立図書館鍋島文庫 309-16）。

(177) その他、たとえば老中経験者の政治文書について、本書第II部の水野忠邦に関連する文書群の全容は、今日『東京都立大学付属図書館所蔵 水野家文書目録』一九七四年によって確認出来るが、本書第III部の阿部正弘の日記類は明治期に焼失してしまった。阿部の「閣老在職中ノ日記百餘巻ハ明治六年一月正院ニ呈出シテ、同年五月皇居ノ炎上ト共ニ烏有ニ歸シ」、また同「公在世中ノ手記稿本諸侯伯ノ往復文書、及ヒ公ノ近臣、若シクハ吏員ノ私記等ハ、従前ノ慣例ニヨリ公逝去ノ日、若クハ近侍輩死没ノ頃皆丙丁ニ附」され、今や「考據スヘキモノナ」しという（濱野章吉「緒言」一八九四年［濱野編『懐舊紀事――阿部伊勢守事蹟』吉川半七、一八九九年］緒言三頁）。

（178）幕府の厖大な公文書は、維新政変の際に散逸もしくは故意に焼却されたものも少なくなかったようであるが、福井保「江戸幕府の記録類」（福井『内閣文庫書誌の研究（日本書誌学大系一二）』（青裳堂書店、一九八〇年）一三六―一四一頁によれば、引き継がれた紅葉山文庫は明治六年の皇居大火で、評定所文書・勘定所文書・寺社奉行文書の大半は一九二三（大正一二）年の関東大震災で焼失した。ただし、町奉行文書・外国奉行所文書などは、国会図書館「旧幕府引継書」・内閣文庫・外務省外交史料館・東京大学史料編纂所などに現存する。

（179）近世の史料管理についての概論は、高橋実「近世における文書の管理と保存」（安藤正人・青山英幸編『記録史料の管理と文書館』北海道大学図書刊行会、一九九六年）一〇五―一六一頁、また幕府の公文書については、福井保「江戸幕府の記録類」（福井『内閣文庫書誌の研究（日本書誌学大系一二）』（青裳堂書店、一九八〇年）一三六―一四一頁や、大石学「日本近世国家における公文書管理――享保の改革を中心に」（歴史人類学会『史境』第三六号、一九九八年）五―二一頁を参照。

第Ⅰ部　序

（1）湯島聖堂や朝鮮総督府経学院（京城文廟）での釋奠のほか、仙台養賢堂・足利学校・水戸弘道館・佐賀多久・長崎・閑谷でも聖廟（孔子廟）での釋菜挙行が復活し、長岡・高田・鹿児島・金沢・大垣・富山上山などでは孔子会（孔子祭典会）が組織され、官立学校でも埼玉県女子師範・東京女子師範・神奈川県高女などで孔子祭が挙行された。先哲祭の挙行には、たとえば次のものがある。伊藤仁齋没後二〇〇年記念祭（一九〇四年）・頼三樹五〇年祭（一九〇八年）・淺見絅齋二〇〇年祭（一九一〇年）・朱舜水二五〇年・山崎闇齋祠堂碑竣工祭典（一九一二年）・貝原益軒二〇〇年祭・佐久間象山五〇年祭・懐徳堂記念祭（一九一三年）・太田全齋祭典・齋藤拙堂五〇年祭・山鹿素行祭典・懐徳堂記念祭・柴野栗山誕生一八〇年祭・（一九一四年）・頼春水百年祭・中井履軒九九年祭（一九一五年）・大塚先儒墓所修築竣工祭典（一九一六年）・懐徳堂再興満三〇〇年記念祭（一九一九年）・広瀬淡窓七〇年祭（一九二五年）・菅茶山一〇〇年記念会（一九二六年）・頼山陽卒後一〇〇年祭・朱文公生誕八〇〇年記念祭（一九三一年）・山崎闇齋先生二五〇年祭（一九三二年）・林家先哲追慕頌徳祭・松崎慊堂先生九〇年祭（一九三三年）・阿波先儒祭・山鹿素行先生二五〇年祭・咸宜園四先生追遠会（一九三四年）・狩谷棭齋先生一〇〇年祭（一九三五年）・伊藤東涯先生二〇〇年祭・亀井昭陽先生一〇〇年祭（一九三六年）・三浦梅園先生一五〇年祭（一九三八年）・海保漁村先生記念会（一九三九年）・熊澤蕃山先生二五〇年祭・林述齋先生一〇〇年祭（一九四〇年）。また森田節齋（一九一三年）・鹽谷宕陰（一九一五年）など多数の記念碑建立もこの時期に行われた。斯文会編『日本漢学年表』（大修館書店、一九七七年）を参照。近代日本で想起される対象となったこれらの先哲は、まず皇政復古思想や武国としての兵学思想への寄与、あるいは出身地の地縁に基づく遺徳顕彰、そして「国民道徳」振興の観点から評価された者たちであり、純粋なる学術研究への貢献で記念された者はきわめて稀であったと思われる。

（2）没後の記念事業も含めた菅茶山に関する年譜は、神辺町教育委員会・菅茶山記念館編『菅茶山生誕二五〇年祭記念 菅茶山略年表（草稿）』一九九八年が現時点で最も詳細である。

（3）一九三一年に挙行された頼山陽没後百年の記念事業については、原三七「山陽先生百年祭の回顧」（『斯文』第一四編第一号、一九三二年）六四―七二頁が詳しい。それによれば、大連も含め帝国各地で、顕彰会創立・全書刊行・遺品遺墨展示会・百年祭・記念講演会・戯曲「頼山陽」上演・諱法要・記念碑建設・各雑誌における百年祭記念号の発刊などが行われた。

（4）原三七「山陽先生百年祭の回顧」（前掲）六四頁。

（5）「穀堂先生百年記念会」（記念会長は当時の佐賀県教育長・佐賀高等学校長森岡喜三郎、副会長は肥前史談会長・佐賀図書館長千住竹次郎）が挙行した古賀穀堂の百年祭については、『肥前史談』（第八巻第一〇号、一九三五年）を参照。この祭典で読まれた祝詞は、現在佐賀県佐賀市の鍋島報效会徴古館に所蔵されている。

（6）古賀穀堂の伝記は、現在のところ西村謙三『古賀穀堂先生小傳』（私家版、一九三五年）や久米邦武・中山禮四郎『鍋島直正公傳』全六編（侯爵鍋島家編纂所、一九二〇年）が詳しい。それ以外の紹介では、千河岸貫一「古賀穀堂」（『続近世百傑伝』博文館、一九〇一年）、西村謙三「古賀穀堂先生に就て」（『肥前史談』第八巻第一〇号、一九三五年）一－一一頁、石田公道「古賀穀堂」（『人文論究』第四号、一九五一年）六〇－七六頁を、穀堂の佐賀藩校改革については、井上義巳「古賀穀堂「学政管見」——その内容と意義」（『九州大学教育学部紀要』第八号、一九六一年）二七－三八頁、井上「古賀穀堂の学政論——佐賀藩における政治と教育の関係」（『九州文化史研究紀要』第二二号、一九七七年）一二九－一五六頁などの研究がある。ただし、これらの先行研究はいずれも穀堂の僅かな著作を論評した研究にとどまっており、著作全般についての書誌研究とそれに基づく伝記研究は未だ着手されていない。

（7）この『儒者合番付』（玉川大学教育博物館蔵）には古賀侗庵は含まれていない。ちなみに、この番付の「西」側では、大関猪飼敬所、関脇頼山陽、小結松本愚山、前頭筆頭は亀井南冥の長男亀井昱太郎（昭陽）である。

（8）西村が『小傳』を編むに際して利用した資料は、主に村田八束旧蔵で、現在鍋島報效会徴古館所蔵の古賀穀堂関係史料である。『鍋島直正公傳』でも穀堂の日記など関係史料が引用されるが、推測するところ、これらは村田旧蔵史料の一部を『公傳』編纂時に浄書した資料が基になっている。現在、佐賀県立図書館郷土資料室に所蔵されている関係資料に、その浄書資料が含まれている。

（9）「古賀小太郎親類書」天保三年（慶應義塾図書館 142-118-1）。

（10）「古賀小太郎先祖書別帳」弘化三年（慶應義塾図書館 142-125-1）。

（11）古賀和作の妻で、精里の祖母については、尾藤二洲「寿古賀淳風祖母岩田氏八十序」（尾藤『静寄軒集』巻三）を参照。

（12）柴野栗山「故佐賀藩倉部竹里古賀府君墓表銘」（柴野『栗山文集』巻四）。また、忠能の妻で精里の母郁については、中井竹山「國學博士古賀淳風母牟田口媼墓誌銘」（西村時彦編『奠陰集』巻九、村松文海堂、一九一一年）一二丁表－一三丁裏を参照。

（13）洪晉城については、「浩然居士七代孫 洪安胤一代略記」（慶應義塾図書館 142-130-1）、『洪安胤先生の畧年譜其他』（佐賀県立図書館鍋島文庫 986-31）、また『洪晉城遺稿』（私家版、一九二九年）がある。晉城が養子となった洪氏は、秀吉の朝鮮侵略の際捕虜として佐賀に送られた、朝鮮人儒者洪浩然の子孫であり、浩然の末裔洪安常には精里の妹が嫁いでいた。松田甲「朝鮮より出でたる佐賀の儒学者洪浩然」（松田『日鮮史話 第一巻（ユーラシア叢書二二）』第二篇、原書房、一九七六年）二〇頁。

（14）なお、昌平坂学問所儒者を主題とする本書では、佐賀藩儒の古賀穀堂についてはこれ以上に言及できない。穀堂の著作と思想については、村田八束旧蔵史料と、それとは別の伝承系をたどった東京国立博物館現蔵の史料など、古賀家史料を追跡する過程で発掘した文書群をもとに、草場家などの佐賀藩儒たちも視野に収めて別稿での詳論を予定している。

第一章

（1）この徂徠学以降の学術界の評価は、近世日本思想史の研究史上なお未決の大問題であり、「折衷学派」「考証学派」などと学統派で括る思想整理ではなく、史料に即して個別研究を重ねていくことが求められている。本書も、古賀精里と関係をもった儒者たちに限定されるが、このポスト徂徠学の思想状況についての一つの事例研究である。

（2）古賀精里については、生前の精里を知る者による伝記に、古賀侗庵「精里先生行實」（文政二年二月一九日）（五弓久文編『事実文編』四九、一九一一年）一二五－一三二頁、本多忠升「古賀精里先生墓誌銘」（文政五年二月）（五弓久文編『事実文編』四九）一二五－一二六頁、本多忠升「精里古賀先生墓銘」（文政五年五月）（『近世名家碑文集』經濟雜誌社、一八九三年）一三五－一三八頁がある。後代の伝記的研究では、松下忠「古賀精里の行実」（前掲、一九七八年）が代表的論考であり、近年の池澤一郎・一海知義「古賀精里」（『儒者（江戸漢詩選 第二巻）』岩波書店、一九九六年）三一九－三二九頁や梅澤秀夫「古賀精里と『精里全書』」（前掲、一九九六年）はそれを補う。またその他に干河岸貫一「古賀精里」（『近世百傑伝』博文館、一九〇〇年）四三－五〇頁、岩橋遵成「古賀精里」（『近世日本儒学史』上巻、東京宝文館、一九二七年）一八三－一八八頁、今關天彭「古賀精里」（前掲、一九五九年）がある。

（3）精里「送滿野生序」（文化一〇年）は、「精里三集文稿」巻三。

（4）「劉氏家傳」（東北大学附属図書館狩野文庫 6351-1）（漢文）原題：「劉氏家傳稿」。この史料は、精里の次男洪晉城「誨輔」のコメントが附されていることから、恐らく「行實」の草稿として家人が執筆したものと推定される。前掲の古賀煜（侗庵）「精里先生行實」文政二年二月二九日はこの「劉氏家傳」に削定を加えたものと思われる。ここでは、先行研究でまったく参照されたことがない、付加情報の多いこの「家傳」を用いる。なお、同内容の「家傳藁 定本」一巻がお茶の水図書館成簣堂文庫 463-7-3 にも所蔵されている。

（5）混沌社については、木崎愛吉「追稿 混沌社」『篠崎小竹』（玉樹香文房、一九二四年）一〇〇－一〇八頁、多治比郁夫「片山北海年譜」（『大阪府立図書館紀要』六号、一九七〇年）一三－三六頁、多治比郁夫「平沢旭山と混沌社の成立前後 付「片山北海年譜」補訂」（『大阪府立図書館紀要』七号、一九七一年）一－一二頁（大潮と北海の交流にも言及あり）、「混沌社吟稿」影印版は般庵野間光辰先生華甲記念会編『浪華混沌詩社集（近世文藝叢刊第八巻）』附録般庵野間光辰先生華甲記念会編『浪華混沌詩社集（近世文藝叢刊第八巻）』（一九六九年）、同編「浪華混沌詩社索引（近世文藝叢刊第八巻別冊）」、同編『浪華混沌詩社集』付録――混沌社吟稿・曽根原魯卿送別詩巻（近世文藝叢刊第八巻別冊）』（一九七一年）を参照。そのほか中村真一郎『木村蒹葭堂のサロン』（新潮社、二〇〇〇年）二六八頁以下では、混沌社の人びとと明和元年の朝鮮使節との応酬にも言及がある。

（6）古賀精里「三島翁墓碣銘」（『精里三集文稿』巻四）、十数年後の北海宛書翰「與片北海」（『精里全書』九）。

（7）頼春水「在津紀事」（『春水遺稿別録』巻二）二九頁・「師友志」『日本儒林叢書』第三巻。春水「在津紀事」の記事は、「津上に遊ぶの寓時を追懐し」たものである。春水のこの記録では、精里の最初の大坂遊歴に触れていない。

（8）西依を若州小濱に訪ねたことは精里「題成齋先生書掛幅」（『精里三集文稿』巻五）にも載るが、手島堵庵との交流は「劉氏家傳」のみの記事である。あるいは、程朱学へ帰着後の古賀精里は、自らの思想変節を語るのに消極的で、朱熹の祖述を旨とした闇齋学の福井敬齋や西依成齋との関係を敢えて強調した可能性もある。岸本三次「西依成齋年譜」によれば、精里は安永五年に成齋に師事し、その後も、寛政三年一一月と寛政七年に小濱の成齋を訪問している。岸本編『西依成齋基礎資料集』（岩田書院、二〇〇五年）五二六、五三〇、五三二頁。

（9）頼斯一「古賀精里の大坂遊学時代」（『近世後期朱子学派の研究』溪水社、一九八六年）一一五頁。

（10）尾藤二洲「作文會引」（『靜寄軒文集』巻之十二）。混沌社で精里は、篠崎三島（梅花書屋主）、葛城蚓庵（葛子琴《かつしきん》）・頼春水・尾藤二洲らと

交流した。そのほかにも中井竹山が後に精里の母の墓碑銘を執筆していることから(「國學博士古賀淳風母氏牟田口媼墓誌名」[「奠陰集」巻之九])、竹山とも交流があったのかもしれない。頼家の元にあった混沌社の詩稿としては、「浪華詩帖」(「與樂園叢書」巻之十九)、また二洲の関連漢文としては、尾藤二洲「壽古賀淳風祖母岩田氏八十序」(「靜寄軒文集」巻之十二)・「送頼千齢歸省序」(「靜寄軒文集」巻之十二)・「學術辨序」(「靜寄軒文集」巻之十二)などがある。

(11) 尾藤二洲については、白木豊『尾藤二洲伝』(尾藤二洲伝頒布会、一九七九年)が、その生涯と著作を包括的に論じた伝記的研究である。その他に、頼祺一「尾藤二洲の思想——明和・安永期の朱子学」(初出一九六七年)(頼祺一、前掲書、一九八六年)七五—一一〇頁、頼惟勤「尾藤二洲について」(『徂徠学派(日本思想大系三七)』岩波書店、一九七二年)五三二—五五二頁、梅澤秀夫「称謂と正名」(尾藤正英先生還暦記念会編『日本近世史論叢』下巻、吉川弘文館、一九八四年)六七—一〇二頁がある。尾藤二洲の著作集は、影印版『靜寄軒集(近世儒家文集集成一〇)』(ぺりかん社、一九九一年)。史料紹介としては、頼永禧編「尾藤翁書牘」二巻(春風館所蔵)を活字翻刻した頼祺一「尾藤二洲の書翰」(その一)(尾道短期大学『研究紀要』第一八集、一九六九年)二一一—二三七頁・(その二)(『広島大学文学部紀要』第二九巻第一号、一九七〇年)一九—五一頁。

(12) 頼春水については、頼祺一「頼春水の思想形成と活動」(初出一九八〇年)(前掲書、一九八六年)二一—七四頁、「頼春水の教育観とその活動」(初出一九八四年)(同)一六二—二〇九頁、また「近世人にとっての学問と実践」(頼編『儒学・国学・洋学(日本の近世 第一三巻)』(中央公論社、一九九三年)七—三四頁。史料としては「與樂園叢書」(広島市立中央図書館浅野文書)に多くの関連著作が含まれる。春水の玄孫古楳が集成した「頼春水遺響」全二六巻は「春水遺稿」に収録された著作以外の関係史料の集大成とされている。このうち、広島藩の学問・教育に関する輔導篇・献言応問篇・藩学篇・著述篇が、頼惟勤氏蔵本を定本として『広島県史 近世資料編Ⅵ』(広島県、一九七六年)六二三—七九九頁に翻刻収録された。また、春水在坂中の混沌社を中心とする文人たちの書簡は、頼桃三郎『詩人乃手紙(近世文壇史話)』(文化評論出版、一九七四年)に数多く引用されているほか、春風館文書中、大坂遊学時代の春水の家族宛書簡が「頼春水在坂期書簡」(頼祺一、前掲書、一九八六年)二九三—五七五頁として活字翻刻されている。

(13) 尾藤二洲「正學指掌」附録(安永八[一七七九]年撰・天明五[一七八五]年自序・天明七[一七八七]年刊)。

(14) なお、二洲の著作には、「素餐録」の続編としての、「靜寄餘筆」(天明七年一〇月序)や「擇言」もあるが、ここでは精里転向当時の学問検討が目的であるため取り上げなかった。

(15) 二洲は云う「余の少《わか》きとき、未だ臧否《ぞうひ》を知らず。独り物(物徂徠)氏の学を嗜み、その書を奉じて以て金科玉条となす。一旦恍然としてその非を悟るに及んで、何ぞ啻《ただ》に愧悔するのみならんや、深く自ら吾れの不慧を知る」(「素餐録」三二六)。春水もまた、安藝竹原では徂徠学の平賀中南に学んでいた。

(16) たとえば、小島康敬は、徂徠以後の儒学者たちによる徂徠学批判を整理して、①経典解釈の不備に対する文献学的な批判、②中華主義的傾向への批判、③聖人制作説への批判、④道徳軽視への批判(功利之学・遊芸)、⑤「礼楽」批判と「心法」論の再興にまとめているが、そこでは彼らの明清儒学認識からする徂徠学批判は正面から取り上げられていない。小島「儒学の社会化——政治改革と徂徠以後の儒学」(頼祺一編『儒学・国学・洋学(日本の近世 第一三巻)』中央公論社、一九九三年)一二三—一七四頁、小島「反徂徠学の人々とその主張」(初出一九七九年)(小島『徂徠学と反徂徠』ぺりかん社、一九八七年)一一一—一五七頁。

(17) 山本北山「作詩志彀・作文志彀」（岸本操編『少年必讀日本文庫』博文館、一八九一年）三―七三頁。

(18) 東條琴臺『先哲叢談年表』（文政一〇年）。一九七〇年代の中国学者の徂徠研究においてもこの見解は確認されていることである。吉川幸次郎によれば、徂徠の古文辞学への「すべての発足点は、李王の書との邂逅にある」と云う。吉川「徂徠学案」（吉川『仁斎・徂徠・宣長』岩波書店、一九七五年）一一八頁以下。しかし、同時代の東アジア思想界のなかで、徂徠を位置付ける試みは殆どなされておらず、ようやく、片岡龍「十七世紀の学術思潮と荻生徂徠」（『中国――社会と文化』第一六号、二〇〇一年）一四三―一七八頁が現れた段階である。なお、平石直昭『荻生徂徠年譜考』（平凡社、一九八四年）一〇五頁は、古文辞学の方法による「六経」解釈にたつ宋学批判は、享保二年からとする。

(19) 羅念庵は、陽明の徒であるが、ここでは批判されていない。

(20) 二洲は、他の箇所でも、周子（濂溪、一・四一五）程子・朱子・謝良左（上蔡、九二・三五三・四一三）・曾鞏（南豊、九五・三七四）・李侗（延平、七五）らを評価する。「陸王ノ學ヲ辨シタルハ、羅整菴・陳清瀾ヨリ、清ノ陸稼書・呂晩村等ノ書具レリ、其説長ケラバ今略シヌ」との記述により、陸稼書、呂晩村を高く評価していることが窺える。

(21) 白木豊『尾藤二洲伝』（尾藤二洲伝頒布会、一九七九年）三五五頁。

(22) 清代の時期区分論として、「清初期」については見解が分かれているようである。石橋崇雄「補論 時代区分――新たなる「清初期」」（石橋『大清帝国』講談社、二〇〇〇年）二二四―二二八頁。

(23) 文字の獄については、水原重光「清代文字獄斑描」（『大分大学学藝学部研究紀要』第六号、一九五七年）二五―三七頁、水原「清朝史の一齣――呂留良・曾靜疑獄」（同、第二号、一九五三年）一〇二―一一五頁、小野和子「清初の思想統制をめぐって」（『東洋史研究』第一八巻第三号、一九五九年）九九―一二三頁、小野「儒教イデオロギーにおける正統と異端」（『岩波講座世界歴史一二 東アジア世界の展開II』岩波書店、一九七一年）三八一―四一四頁を参照。禁書と「欽定古今図書集成」一万巻、「四庫全書」編纂の関係についての概論は、石橋崇雄、前掲書、二〇四―二〇五頁。

(24) 宮崎市定「四書考証学」（一九五二年）（『宮崎市定全集』第一七巻［中国文明］岩波書店、一九九三年）三一五―三三二頁。

(25) 川勝守「韃靼国順治大王から大清康熙大帝へ」（初出一九九三年）（川勝『日本近世と東アジア世界』［吉川弘文館、二〇〇〇年］）二二九―二五八頁。

(26) 日本における明清交替と清朝評価の定着については、前註のほか川勝守「徳川吉宗御用漢籍の研究――近世日本における明清史研究の出発」（初出一九八七年）（川勝、前掲書）二五九―三三〇頁、またそのほかに、川勝研究が前提としている大庭脩の一連の研究のうち、「徳川吉宗と漢籍の輸入」（大庭『江戸時代における中国文化受容の研究』同朋舎、一九八四年）二二七―三二四頁、大庭「徳川吉宗と大清會典」（『法制史研究』二一、一九七一年）六一―九五頁、大庭脩『徳川吉宗と康熙帝――鎖国下での日中交流（あじあブックス一九）』（大修館書店、一九九九年）も参照。徳川吉宗から寄合儒者荻生北溪に加点を命じられたのは『明律』であったが、他方で吉宗は深見久大夫（有鄰）に『大清会典』の翻訳を命じていた。

(27) 頼惟勤「徂徠門弟以後の経学説の性格」（『徂徠学派（日本思想大系三七）』岩波書店、一九七二年）五七二―五七六頁は、徂徠学と清朝考証学との内容比較を行うが、前述のとおり清朝における考証学の最盛期が乾隆・嘉慶期であることを踏まえ、さらに漢籍移入・明清儒学評価の観点を導入した研究が、今後望まれるであろう。なお、明末から胎動し始めていた「復古学」の清朝考証学への展開まで視野に収めることが出来た後代の久米邦武は、明以降の儒学史について少しく異なる見解をもつ。「蓋し、明末の復古學は、清初に及んで顧炎武を始め博學家を輩出せしむるに至り、而して其中の閻若璩なる者以經解經、不通百經、則不通一經と主張して盛に考證を唱へ、一時の學者翕然として之に應じ、遂に清の考證學を喚起せり。其旨意とするは、經史は其時代時代の思想にて之を解釋すべしといふにありて、すなわち史學の主とする『時代の思想』に一致す。而して其考證は只漢學の復古にありて猶陳腐を免れざりしかど、亦よく宋學の空理憶測の説を盡く破壊し了るに至れり。かくて我元禄頃よりも、明末復古學の思潮に連れて、漸次に此考證學家の著述を輸入し、學界の波瀾はために高められて、世は之を徂徠學と称しゐたりし……」（強調引用者）（久米邦武編述・中野禮四郎補訂『鍋島直正公傳』第二編第八巻第二十三章、侯爵鍋島家編纂所、一九二〇年）二二二―二二三頁。いずれも、今後の、明清儒学を踏まえた上での日本儒学史研究で解明されなければならない論点であろう。

(28)　「折衷学派」の創始として引用されるのは、井上金峨である。東條琴臺『先哲叢談後編』（文政一三年版）では、次のように記される。「［井上］金峨之學、主一家を偏らず、訓詁を漢唐之註疏に取舍し、郡言を折衷して、義理を宋明之諸家に磅礴し、穏當を撰擇し、以て先聖之遺旨を闡發して、前修之逮らざるを匡す。近世經生の、文字に膠滞《こうたい》し、意を恣にし悍言して異を先儒に求め、衆説に聯比して、務めて博雜を事にし、後學を誇誣する者に與するは、日を同くして語ることあらず。寶暦以降、人々の物赤城・太宰紫芝か韓〔韓非子〕商〔商鞅〕之學を以て、六經を誤解し、聖言を繞纏《じょうてん》するの害を知る者は、其辨斥攻撃、金峨より始る。関東之學、之が為に一變す。近時謂ふ所の折衷家なる者、豊嶋豊洲・古〔古屋〕昔陽・山本北山・大田錦城等の諸家、皆經義を以て著稱せらる、其實は皆金峨之風に興起すと云ふ」（巻七、二〇丁表）。東條琴臺『先哲叢談年表』でも「［明和元年］井［井上］金峨始て漢宋之學を折衷するを唱え、「経義折衷」を著す」（二一丁表）とある。

近世儒学を学派ごとに整理して位置付ける作業は、自派の正統性主張の前提であり、江戸時代からなされてきた。近代日本では、杉浦剛（梅窓）編「儒學源流」（一八八四年一一月跋）において、「程朱學」「陽明學」「敬義學（附南學）」「古義學」（仁齋學・堀河學）・「復古學」（古文辞）・「古注學」・「折衷學」の七學派に分類され、さらに僅少として学派に数えられなかったが「考證學」がある。杉浦剛（梅窓）編「儒學源流」（一八八四年一一月跋）（文部省編『日本教育史資料』第八冊、巻二二、冨山房、一八九二年）二八―七九頁。

しかし、今日まで長く影響力をもったのは、一八九七年にパリで開催された「萬國東洋學會」に派遣され、「日本に於ける哲学思想の發達」を講演して以来、「日本哲學に關する史的研究の必要を感じ、聊か徳教の淵源を闡明し、學派の關係を尋繹せんことを務め」た、井上哲次郎の解釈であろう。井上哲次郎『日本陽明學派之哲學』（冨山房、一九〇〇年）序一―二頁、井上哲次郎『井上哲次郎自伝』（冨山房、一九七三年）四五頁。井上は蟹江義丸と共に『日本倫理彙編』（育成会、一九〇一―〇三年）を編んだが、その第九冊「折衷学派の部」で取り上げられるのは、細井平洲（一七二八―一八〇一）・片山兼山（一七五〇―八二）・井上金峨（一七三九―八四）・大田錦城（一七六五―一八二五）であり、第一〇冊「独立学派の部」には三浦梅園・帆足万里・二宮尊徳・盧草拙・有本雲山・阿部漏齋・広瀬淡窓の著作が収録されている。しかし、「陽明学派」「古学派」「朱子学派」に続いて企図された『日本折衷学派之哲学』は、晩年に至るまで出版書肆より繰り返し催促されながらも、井上は終世まとめることができなかった。佐藤文四郎「折衷学概括」（『近世日本の儒学』岩波書店、一九三九年）六七三―六九九頁。

(29)　中山久四郎「清朝考証の学風と近世日本」（『史潮』第一年一号、一

九三一年）一−三三頁、中山久四郎「近世支那学風の近世日本に及ぼしたる勢力影響 特に徳川時代の考証学風の成立につきて」（『支那学研究』［斯文會］第二編、一九三二年）一〇七−一三〇頁、中山久四郎「考證學概説」（『近世日本の儒学』前掲）七〇一−七二九頁。

(30) 那波魯堂については、竹治貞夫「那波魯堂」（竹治『近世阿波漢学史の研究』風間書房、一九八九年）一三七−二九九頁が詳しい。他に、猪口繁太郎『四国正学魯堂先生』（虚順堂、一九一六年）（徳島県立図書館森文庫 T120-ナハ）、竹治貞夫「那波魯堂年譜」（『徳島大学学芸紀要人文科学』第二四号、一九七四年）一七−二六頁も参照。

(31) 「魯堂の学は、初め蘐園を信ず、後に頗る其の語矛盾多く、文字亦敗闕多きを覚へ、幡然として猛省し、更に程朱諸公の書を取り、従容潜玩して、心に会する有り」（菅茶山「拙齋先生行状」）。

(32) ただし、東條琴臺によれば大坂での徂徠学の影響はさらに遅れて「［寶暦一三（一七六三）年］浪華の地に物子を唱ふる学者、阮東郭及び管甘谷より始ると云ふ」（東條琴臺『先哲叢談年表』）とされている。

(33) 那波「學問源流」（前掲書）二四頁。

(34) 「朝鮮聘使の来貢するや、［魯堂］其の参佐綱紀に学識有る者を選ぶを聞き、請ふて接伴使に従ひ、與に倶に東行す、迺ち其の学士南玉、書記元重挙等と、疑難討論し、益《ますます》宋學の是にして時學の非なるを知るや、遙かに先生［西山拙齋］に書を寄せて旧學を捐《す》てしめ、且つ南玉・諸客に見ゆることを勧む」（菅茶山「拙齋先生行状」）。

(35) 那波魯堂「學問源流」（岸本操編『少年必讀日本文庫』第六編、博文館、一八九一年）五−五三頁。竹治貞夫は本書の成立を、およそ魯堂が五〇歳の安永五（一七七六）年頃と推定する。竹治「那波魯堂」（前掲書）一九二頁。

(36) 那波「學問源流」（前掲書）一七頁。太宰春台も「日本ノ伊藤仁齋モ、呉延翰ガ書ヲ読ミテ悟ヲ開キタリト聞ケリ」（「聖学問答」享保二一［一七三六］年刊、『徂徠学派（日本思想大系三七）』岩波書店、一九七二年）一一八頁と云い、多田義俊も「古学先生語孟の考は、全く呉氏の「吉齋漫録」、さては郝京山の「時習新知」によりたるものなり」（「秋齋閒語」寶歴三［一七五三］年刊）と云う。岩崎遵成『徂徠研究』（關書院、一九三四年）七五頁も参照。しかし、このような徳川期の指摘にも拘わらず、吉川幸次郎「仁斎東涯学案」（『仁斎・徂徠・宣長』岩波書店、一九七五年）では呉延翰の名はまったく言及されず、むしろ清代の戴震（一七二三−七七）の学説との親和性が指摘されている（一六頁）。

(37) 那波「學問源流」（前掲書）四五頁。

(38) 古賀精里「對禮餘藻」六月二一日客館筆語（「精里全書」巻二四）。

(39) 川頭芳雄「大潮と売茶翁」（『脊振山と栄西・大潮と売茶翁』私家版、一九七四年）。

(40) 佐賀出身の儒者については、中島吉郎『佐賀先哲叢話』（原刊一九〇四年）（太田保一郎訳、佐賀郷友社、一九四一年）が詳しい。

(41) 『佐賀県近世史料』第一編第六巻、泰國院様御年譜地取II（佐賀県立図書館、一九九八年）五〇〇頁。多久の生んだ石井鶴山については、あまり多くを知られていない。著作には「鶴山遺稿」（多久市、細川章氏所蔵）がある。

(42) 『佐賀県近世史料』第一編第七巻、泰國院様御年譜地取III（佐賀県立図書館、一九九九年）四八頁に活字翻刻された、「御年寄日記」天明元年九月一七日の「請役所」の人事構成によれば、相談役「同格」に古賀弥助の名がある。

(43) 古賀侗庵「泣血録」文化一四年四月九日。活字版は「泣血録」（『日本儒林叢書』第一四巻、鳳出版、一九七八年）二七−三〇頁。息子侗庵によって、晩年の精里の佐賀時代の回顧が筆記されている。

(44) 古賀侗庵「書経濟文録後」（文政四年三月）（「侗庵二集」巻一二）。

(45) 弘道館の設立の記録としては、「弘道館被相立候大概」（『佐賀県近世史料』第一編第七巻、泰國院様御年譜地取III、前掲）八二―一一九頁。弘道館をめぐる総合的な活字資料は、佐賀県教育史編さん委員会編『佐賀県教育史』第一巻資料編（一）、佐賀県教育委員会、一九八九年）収録の諸資料、また西村謙三編『佐賀縣教育五十年史』上巻（佐賀縣教育會、一九二七年）の収録資料が参考になる。概論としては、「佐賀藩の教学」（佐賀県教育史編さん委員会編『佐賀県教育史』第四巻通史編（一）、佐賀県教育委員会、一九九一年）六七―八五頁も参照。

(46) 古賀精里「十事解」（寛政元年一二月自序）（藤森弘庵（天山・大雅）編『如不及齋叢書』第一集、第一冊、嘉永四年刊）。後に瀧本誠一編『日本經濟叢書』第一七巻（前掲）一五五―一六八頁に収録された。

(47) 古賀精里「時務管見」（佐賀県立図書館鍋島文庫 113-131）。目録上では「時勢管見」として登録されたが、「勢」とするのは異体字の誤読であり、「時務管見」が正しい。本文中にも著者名がなく、『佐賀県立図書館所蔵鍋島文庫目録（郷土資料編）』（佐賀県史料刊行会、一九八〇年）一一一頁は、「時勢管見」（合綴「選士法議」）一冊（佐賀県立図書館鍋島文庫 319-12）について「編者不明 作製年不明」としてきた。しかし、本書序章で示したように、古賀家のいくつかの蔵書目録を分析した書誌研究の結果、古賀精里の著作であることが判明した。執筆年代は、「劉子家傳」は天明元年の項に載せてあり、役人風俗の変革をめぐって弘道館に言及されず、その推定が支持されるが、現時点では特定できない。

(48) 古賀精里「選士法議」（佐賀県立図書館鍋島文庫 319-12）。「学校式日」「学校ニ而御試」などの記述から弘道館設立の天明元年以後の上書とも思われるが、現時点では特定できない。

(49) 幕府において、享保期の改革により文書管理システムが整備されたことは、大石学「日本近世国家における公文書管理——享保の改革を中心に」（『史境』第三六号、一九九八年）五―二一頁を参照。

(50) 幕府では文化元年一月七日「諸局戒飭」「けふ目付して觸られしは、國用つかさどる人々代りしにより、會計局はじめ、作事方小普請方など、専らその事をつかさどる局々の取締方、是迄のごとく怠りなく、いよいよ節倹を専にすべし。つかさどる人々代れば、振合もかはらんなど思ふはあるまじきことなり。重立たる局にて、頃日聊にても心ゆるめば、都て諸向のひゞきにもなるべければ、厚く此事を存じ怠慢すべからずとなり」（「文恭院殿御實紀」巻卅六『續徳川實紀 第一篇（新訂増補国史大系）』吉川弘文館、一九七六年）五二七頁。

(51) 〈政治的社会化〉については、序章の註で挙げたR・ドーソンらの諸研究のほか、ドイツ語圏での研究を要約した宮田光雄「教育と政治」（初出一九八一年）（宮田『ナチ・ドイツの精神構造』岩波書店、一九九一年）二八三―二九四頁を参照。

(52) 本書では、以下、二つの政治的正統性を、一方の統治体系の統合化を目指し、しばしば順応／反逆としてその根拠が問われる正統性を〈政治的正統性〉とし、他方の政策や現行法の妥当性を問う正統性を〈政治的正当性〉と表記することにする。

(53) 「經濟文録」。活字版は瀧本誠一編『日本經濟叢書』第一七巻（日本經濟叢書刊行會、一九一五年）一九一―一九三頁。

(54) 室鳩巣「堀正修に答ふる第三書」（『貝原益軒・室鳩巣（日本思想大系三四）』[岩波書店、一九七〇年]）二八二―二八八頁。

(55) 室鳩巣（前掲）二八五頁。

(56) 明和・安永期より佐賀藩では、藩政改善・風俗刷新のために「諸役人」の「人材を御仕組を以て御教育」すること（「御仕組八ケ條」[明和四年か][佐賀県立図書館鍋島文庫 319-14・319-15]）、「治国安民の学政を取り立て教育の道を開き、段々国用に相立つべき人才を出来致」す（「政務改正の書付」）、人材育成のための制度化された教育機関の設置要求がみられた。

(57)「経済文録」。瀧本誠一編『日本経済叢書』第一七巻（前掲）二〇一頁。

(58)「御誓書」全七条、安永九年一一月九日（『佐賀県近世史料』第一編第六巻、前掲）五八八－五九〇頁。

(59)「弘道館記」（天明二年二月）。「御記文并御副書」（佐賀県立図書館鍋島文庫062-3）、同（鍋島文庫062-4）。なお、後者の活字翻刻版に「弘道館記」（『佐賀県教育史』第一巻資料編（一）、前掲）七－一五頁があるが、一部誤記があり注意を要する。久米邦武談話「弘道館の話」（西村謙三編『佐賀縣教育五十年史』上巻、前掲）一一頁によれば、「弘道館の規則は古賀精里が書いたもので、月に一回つつ讀み聞かせられた」とされるが、その「規則」は「学則」であったのか、それともこの「記文」であったのかは不明である。

(60)「経済文録」。瀧本誠一編『日本経済叢書』第一七巻（前掲）一九九頁。

(61) この時期に創設あるいは再興された主な藩校や郷校は、鳥取藩藩校尚徳館（寶暦三年）、熊本藩藩校時習館（寶暦四年一月、時習館學規は寶暦五年とする）、小倉藩藩校思永齋（寶暦八年五月）、松江藩藩校文明館（同年六月）、高知藩藩校教授館（寶暦一〇年一二月）、津山藩藩校学問所（明和二年六月）、富山藩藩校広徳館（安永二年六月）、鹿児島藩藩校造士館（安永二年八月）、米沢藩藩校興譲館（安永五年四月一八日、再興）、豊後竹田藩藩校由学館（修道館）（同年八月、藩校輔仁堂を改称して学制制定）、佐伯藩藩校四教堂（安永六年五月一日）、高鍋藩藩校明倫堂（安永七年二月二四日）、平戸藩藩校維新館（安永八年一一月）、高松藩藩校講道館（安永九年一月）、佐賀藩藩校弘道館（天明元年一二月六日）、広島藩藩校学問所（後に修道館）（天明二年）、福岡藩藩校（東・修猷館、西・甘棠館）（天明四年二月）、徳山藩藩校鳴鳳館（後に興譲館）（天明五年五月）、徳島藩藩校学問所（寛政三年四月）、加賀藩藩校明倫堂（寛政四年三月）、松本藩藩校崇教館（寛政五年三月）、弘前藩藩校稽古館（寛政八年六月）、中津藩藩校進修館（寛政八年八月）、徳島藩郷学洲本学校・熊本藩郷学成美館（寛政一〇年）、彦根藩藩校稽古館（寛政一一年七月）、会津藩藩校日新館（享和元年一〇月）などがある。また、当時の知識人の思想に即して江戸時代の学校論を集成した研究としては、中泉哲俊『日本近世学校論の研究』（風間書房、一九七六年）を参照。ただし、分析対象とされた資料は活字文献に限られる。

(62) 古賀精里は藩儒時代に、古学から程朱学への藩学変革を企てて果たせなかった藪孤山（一七三五－一八〇二）を初め、熊本藩の儒者と広く交わり、長崎では唐商人と筆談を交わしている。「君肥後州の藪孤山の盛名有るを聞き、公に請ふて之に往見す。遂に遍く隈本の諸儒と交り、問難贈答する所多し、又崎嶴に往きて清人周壬禄と筆語す」（「劉氏家傳」）。

第二章

(1) 天明七年六月一五日「倹約并文武忠孝等之儀ニ付御觸書」（『徳川禁令考』四巻）二二四九号。また六月一八日の触については、「文恭院殿御實紀」巻二『續徳川實紀 第一篇（新訂増補国史大系）』吉川弘文館、一九七六年）三五頁。

(2) 天明七年七月一日「有徳院様被仰出候趣之通相心得出精可相勤旨教旨」『徳川禁令考』第二巻、一〇四六号。『御觸書天明集成』一九三八号。

(3) 天明七年七月、師範調査「文學并軍學、天文學より、凡て武藝の師たる者の姓名、流名、年齢、居所等委しく記し出すべしと觸らる」（「文恭院殿御實紀」巻三、前掲書）三九頁。『御觸書天明集成』二五、一九八〇号。

(4) 柴野栗山については、福家惣衛『柴野栗山』（栗山顕彰会、一九五四年）が現時点で最も包括的に論じた伝記である。また竹治貞夫「第

四章 柴野碧海」中の「第一節 柴野氏の成立と歴代」（『近世阿波漢学史の研究』風間書房、一九八九年）三〇一―四〇一頁も、一次史料にあたって説得的な事実提示がなされている。栗山（彦助）は寳暦三年五月一九日に後藤弥兵衛の紹介で昌平黌に入塾している。

(5)「栗山を定信に推薦したのは定信の傅役であった大塚頤亭、或は水戸の立原翠軒とも言われ、明瞭ではない」（「寛政三博士の學勲」、孔子祭典會講演筆記第十一回ノ内）（渡邊、一〇六頁）。また、栗山も関係した異学の禁推進の流れについては、①西山拙齋→柴野栗山→松平定信（宮城公子、一九八〇年）一五三頁、または②立原翠軒→柴野栗山→松平定信（頼惟勤「尾藤二洲について」『徂徠学派（日本思想大系三七）』岩波書店）五五一頁という説がある。

(6)『樂翁公傳』（岩波書店、一九三七年）一四頁が、定信の教育掛として挙げるのは、大塚孝綽・黒澤萬新（雉岡《ちこう》、一七一三―九六）・水野爲長（梅里、一七五一―一八二四）の三人である。このうち、「柴野家世記聞」には大塚の他に黒澤雉岡も栗山の「密友」とされている。

(7) 柴野碧海「柴野家世記聞」（「鶯宿雑記」巻一五、国会図書館古典籍資料室 238-1別15）は次のように記す。「初め幕旨の将に下らむとするや、京城の市尹大隈守山崎□□〔ママ〕、藩邸の主吏を召し、問ふに先君（栗山）の履歴・秩禄等の事を以てす。先君、惶遽《こうきょ》して曰く、若し寵命有るも、老病衰憊、大いに宣しとする所に非ずと。舊交大塚頤亭先生、白河侯の親信する所と為る。故に書を先生に貽《おく》りて、年齒衰邁、精神昏籯《こんかい》、幕仕に勝へざるの状を極陳し、且つ言ふ、萬一蹉跌せば、笑ひを四方に傳へむ、身は惜しむに足らず、其れ道と国とを奈何せむと。頤亭先生、復書して其の言を納れず」。

(8) 柴野碧海「柴野家世記聞」（前掲書）。

(9) 従来の研究ではこの栗山上書の執筆年代は確定されておらず、また柴野碧海「柴野家世紀聞」にもこの上書についての記述はない。瀧本誠一は「本書は何時の頃、奉呈したるものなるや詳ならざれども、多分寛政年間の事なるべしと云へり」と、寛政の上書と解している（『日本経済大典』第二六巻、啓明社、一九二九年）解題九頁。しかしその一方で、金子徳之助「寛政異学の禁の研究」上・下（『古典研究』第四巻第三号、雄山閣、一九三九年）八三―九四頁・（同、第四号）一四九―一六九頁は、上書中で言及される人名から推して執筆年を寳暦一三（一七六三）年とし、橋本昭彦は金子説を「説得的である」としている（橋本昭彦『江戸幕府試験制度史の研究』風間書房、一九九三年）一三頁。また大森映子「「栗山上書」の成立年代をめぐって」（『湘南国際女子短期大学紀要』創刊号、一九九三年）三二一―三三八頁も、寳暦一三年とする。

(10) 寛政改革についての代表的研究には、津田秀夫「寛政改革」（『岩波講座 日本歴史（近世四）』岩波書店、一九六三年）。北島正元「寛政改革」（北島編『体系日本史叢書2（政治史II）』山川出版社、一九六五年）二六三―三三一頁。熊倉功夫「化政文化の前提――寛政改革をめぐって」（林屋辰三郎編『化政文化の研究』岩波書店、一九七六年）、竹内誠「寛政改革」（『岩波講座 日本歴史一二（近世四）』岩波書店、一九七六年）一―四四頁、藤田覚『松平定信――政治改革に挑んだ老中』（中公新書一二四二、中央公論社、一九九三年）などがある。しかし、橋本昭彦が試験制度との関連で栗山上書を参照する以外、栗山上書と寛政改革の関連を正面から論じた研究は管見の限り見当たらない。このような研究状況は、近代日本における改革遂行の「名老中」としての松平定信への高い評価と、他方での幕府儒者の政治参与に対する過少評価に起因すると思われる。なお、定信が老中首座就任に先立ち家齋に対して上げた「封事」（徳富蘇峰『近世日本国民史（松平定信時代）』民友社、一九二七年）は、「宇下人言」が公開されていない段階の研究であり、歴史信憑性を確認しなければ、資料として用いられない。

(11) 栗山上書と室鳩巣の教育政策の類似性と相違点は、橋本昭彦によって指摘され（前掲書、一九九三年）一六－二〇頁、その後、鳩巣のそれについては、横山尚幸「江戸時代の儒者の科挙観——室鳩巣の人材登用論をめぐって」（『国立教育研究所研究集録』第二九号、一九九四年）五七－七〇頁、中村安宏「室鳩巣と朱子学・享保改革——科挙導入反対論を中心に」（『日本思想史研究』第三一号、一九九九年）三一－四四頁でも検討されている。

(12) 定信を補佐した知識人たちの資料、大塚孝綽「救時策」天明七年一月、「下駄屋甚兵衛書上」同年六月、植崎九八郎の上書同年七月などについては、伊藤好一「田沼政治末期の経済論」（明治中学高校生徒会『過程』第九号、一九六一年）九六－一一〇頁。伊藤「『植崎九八郎上書』について」『過程』第一〇号、一九六二年）六八－七六頁。

(13) 『日本経済大典』版は底本が必ずしも善本ではなく、すべての条の割り付けがなされていない。ここでは、「栗山上封」三巻（東京大学総合図書館南葵文庫 M90-284）の他、「栗山堂書抄」（水野忠邦旧蔵本）（内閣文庫 182-323）、「奉上書誠惶誠恐頓首沐手再拜」（内題「上書栗山柴野彦輔謹白」）四冊（東京大学総合図書館鷗外文庫 G27-171）の諸写本を参照して条を割り振った。また活字翻刻は「栗山堂書抄」（「廣三十輻」巻之十二、『三十輻』第三、国書刊行会、一九一七年）四三九－四八二頁は、栗山自筆で「村尾氏蔵書」からの写本が底本に用いられ、筆写者の末尾註には「以下五六枚たち切不知也」とある。本文は他写本と同内容であるが、この註記に拠れば、後の流布本は決して執筆当初の完全な構成ではないことになる。

(14) 第九条の割註には熊澤蕃山「大学或問」への言及もある。そのほか当時の代表的な政策論には、太宰春台「経済録」・海保青陵の一連の経済談なども含まれるが、この上書では明示されておらず、執筆時の栗山が参照していたかどうかは判らない。

(15) ここで荻生徂徠の名には言及されないが、ここで述べられる栗山の学問観は、徂徠のそれと重なる。

(16) この論点は、讃岐牟礼出身で苦学を重ねた栗山自身の経験的認識であろうが、「幼少ヨリ田舎へ参リ、十三年上総国ニ住テ、身ニモサマ〲ノ難儀ヲシ、人々ノコトヲモ見聞シ」た荻生徂徠の政治視点にも通じるものがある（『政談』巻一、『荻生徂徠（日本思想大系三六）』岩波書店、一九七三年）、二九〇頁。「人ノ智ハ様々ノ難儀苦労ヲスルヨリ生ズル物」と確信する徂徠は云う。「何ノ難儀ヲモセネバ、才智ノ可生様ナシ。位高ク下ト隔リタレバ、下ノ情ニ疎ク、家来ニ誉ソヤサレテ育タル故、智恵モナシ」（『政談』巻三、同）三六八・三七三頁。

(17) 松平定信『宇下人言・修行録』（岩波文庫、一九四二年）九五・一七五頁など。なお、享保期以降の幕府の行政処理と執行については、藤田覚「幕府行政論」（歴史学研究会・日本史研究会編『近世社会論（日本史講座6）』東京大学出版会、二〇〇五年）九九－一二七頁を参照。

(18) 松平定信、前掲、一二六頁。

(19) 江間政發編『樂翁公遺書』上巻（八尾書店、一八九三年）緒言三・九頁。

(20) 一九二八年の定信没後百年祭を機に公開されたこの「宇下人言」を最大限に生かした伝記的研究には、澁澤栄一『樂翁公傳』がある。澁澤の著作として公刊されたが、じっさいには、三上參次が「資料と第一稿とを提供」し、平泉澄が「編纂し」、中村孝也が「修訂」したものである。澁澤栄一「自序」（澁澤『樂翁公傳』）自序一三頁。

(21) 「かゝる事はかうやうに已來心得べき哉など、おの〱存意を明していひ合て定をくにぞ、御政事のまち〱にならざる為にかくはせしなり。右之如く、とき〱その勢ひによりてはうちかへし、目あて之處を談じをき、或は物價論などいふ如く、一々冊子にして御用部やたんすへ納めをけり」松平定信『宇下人言・修行録』（岩波文庫、一九四二年）一一七頁。

(22)「屢々第に召見し、時に又た手書して問ふ所有り。〔定信〕侯、職を去り、先君〔栗山〕、西城に入るに及ぶも、猶ほ使命の往復絶へず。侯、儒雅、古を好む。風流玩好の凡そ、事、文墨に渉る者に至るまで、亦必ず先君に謀り、或は近侍の儒臣をして就いて問はしむ。先君の世を終ふるに及ぶまで、眷厚の意、少しも衰へず」（柴野碧海「柴野家世紀聞」）。

(23) たとえば、松平定信、前掲、一五三・一五八・一七一・一七五頁。

(24)『續徳川實紀 第一篇（新訂増補国史大系）』（吉川弘文館、一九七六年）（但し、文化四年の「文恭院殿御實紀」巻四二は闕本）。

(25) 資料としての『徳川禁令考』は、司法省の菊池駿助によって編纂された幕府法制史料集であり、問題点も少なくないが、本編にしか収録されていない法令もあることから、以下基礎資料として用いる。主要な問題は、平松義郎「徳川禁令考前集解題」（『徳川禁令考』創文社、一九五九年）五頁を参照。なお、徳川幕府評定所において編纂された「御觸書天明集成」は、寶暦一〇年－天明七年の御触書を収録したものであり、本書でも一部参照した。

(26) 天明八年三月、定信は勘定所の役人に言路を開いた。「進言封書差出方ノ達」（『徳川禁令考』第二巻）八六一号。「松平越中守定信、勘定所の輩に命せられて、おのが勤務の事はいふに及ばず、他の事なりとも國益となるべきは、一己の封書を國用の事奉はる少老に出すべしと言路を開かる」（憲法類集）（「文恭院殿御實紀」巻四）六四頁。

(27) 柏村は前年八月の令達が一年延期されたと解する。柏村哲博『寛政改革と代官行政』（国書刊行会、一九八五年）九五頁。

(28) 代官については、村上直『江戸幕府の代官群像』（同成社、一九九七年）（この著は村上『江戸幕府の代官』国書刊行会、一九七〇年、同改訂版一九八三年の三度目の改訂増補版である）や柏村哲博（前掲書）を参照。ただし、いずれも「栗山上書」についてはまったく言及がない。寛政以降、儒者出身で代官となった者には、岡田寒泉・羽倉簡堂・岡本花亭・安井息軒などがいる。

(29) 天明八年四月二三日、「奉行吟味役心得方ノ達」（『徳川禁令考』第二巻）八六二号。

(30) 天明八年七月「米直段之儀ニ付觸書」（『徳川禁令考』第六巻）三四五八号。

(31) 寛政元年九月一七日「囲穀之儀ニ付御觸書」（『徳川禁令考』第四巻）二二五〇号（「文恭院殿御實紀」巻七）一〇七頁。

(32) 寛政元年九月一七日「囲米之儀被仰出」（『徳川禁令考』第四巻）二四八五号。

(33) 寛政二年七月二七日「置籾囲米制」（「文恭院殿御實紀」巻九）一二八－一二九頁。

(34) 寛政二年「米穀之儀ニ付觸書」（『徳川禁令考』第六巻）三四六七号。

(35) 寛政三年「江戸市中囲穀積金制」（「文恭院殿御實紀」巻一一）一七三頁。その後、寛政七年一〇月一六日「滞米之儀ニ付諸家蔵屋敷留守居江申渡候趣」（『徳川禁令考』第二巻）三八六一号。

(36) 寛政元年九月二六日「質素節倹之儀ニ付御觸書」（『徳川禁令考』第四巻）二二五一号。

(37) 寛政元年二月「人別改方尋」（『徳川禁令考』第六巻）四〇三三号。その後、寛政八年四月「人別書上改正申渡并書上書式」（『徳川禁令考』第六巻）四〇三四号。

(38) 寛政元年三月二九日「道中往来法度」（『徳川禁令考』第二巻）一〇九九号。その後、寛政三年五月「御目見以下之者御関所通行之節下乗可致旨達」（『徳川禁令考』第四巻）二一七二号、寛政八年二月「関所々々女手形之儀ニ付御書付」（『徳川禁令考』第四巻）二一八二号。

(39) 寛政三年四月一五日「盗賊之儀ニ付御触書」（『徳川禁令考』第四巻）二二五二号。その後、寛政七年六月「火附盗賊改組中誓詞案文」（『徳川禁令考』第三巻）一七五一号。

(40) 本間修平「徳川幕府奥右筆の史的考察」（服部弘司・小山貞夫編『法と権力の史的考察』創文社、一九七七年）五五八―五五九頁。

(41) 松平定信、前掲、九六頁。

(42) 文化六年一二月一六日　藩翰譜続編及備考系図編集行賞、「この日奥にて藩翰譜續編、同じく備考、系図編集功成り、奥右筆組頭近藤吉左衛門孟郷始め、その他のもの褒賞あり」（政化間記）（『文恭院殿御實紀』巻四十四）六四一頁。

(43) 寛政元年一一月二二日、万石以上諸家系譜編修事「大目付桑原伊豫守盛員万石以上諸家系譜の事命ぜらる」（『文恭院殿御實紀』巻七）一一〇頁。寛政三年五月一五日、万石以下輩系譜調査（寛政重修諸家譜編纂）「けふ万石以下の輩系譜採用の事によて令せらるゝ旨あり」（『文恭院殿御實紀』巻十）一五三頁。

(44) 寛政一一年一月一五日　若年寄堀田正敦被命寛政以後諸家譜編集「少老堀田摂津守正敦に、寛政以来の諸家譜編集重て取調の事命ぜらる。同族奏者番堀田豊前守正穀も、同じ事摂津守正敦に差継勤むべしと仰付らす」（『文恭院殿御實紀』巻廿六）三九九頁。

(45) 寛政一一年四月九日　「再令諸家呈出系譜」（『文恭院殿御實紀』巻廿六）四〇六頁。

(46) 後出の福井保の諸研究のほか、丸山二郎「徳川公爵家本徳川実紀について」（初出一九二九年）（丸山『日本の古典籍と古代史』吉川弘文館、一九八四年）一〇二―一〇八頁、山本武夫「『御実紀調所』再考」（『國學院雜誌』第八〇巻第一一号、一九七九年）三一六―三二三頁。

(47) 『徳川実紀』の主な引用史料「幕府右筆所日記」の成立と伝来については、小宮木代良『江戸幕府の日記と儀礼史料』（吉川弘文館、二〇〇六年）を参照。

(48) 服藤弘司「『幕末御触書集成』解題」（石井良助・服藤弘司編『幕末御触書集成』別巻解題、岩波書店、一九九七年）。

(49) 幕府の書物編纂作業については、福井保『江戸幕府編纂物』（雄松堂出版、一九八三年）、福井『江戸幕府刊行物』（雄松堂出版、一九八五年）が基本的な研究であり、これに基づく研究には高橋章則「近世後期の歴史学と林述斎」（『東北大学日本史研究』二七号、一九八九年）、白井哲哉「江戸幕府の書物編纂と寛政改革」（『日本歴史』第五六三号、一九九五年）七二―八四頁がある。高橋は編纂作業における林述斎の役割を重視しているが、白井も指摘するように彼は総括者にとどまるのではないだろうか。

(50) 竹内誠「寛政改革」（『岩波講座 日本歴史一二（近世四）』一九七六年）によれば、「編纂の政治的意図が、公儀権威の回復、領主層内部の分裂阻止による体制の再建・維持」にあるという。

(51) たとえば、「文恭院殿御實紀」より、天明八年から寛政年間の旗本・御家人の処罰の記事を拾えば、天明八年八月二五日・八月二九日（博奕密行）・一一月一八日、寛政元年五月一一日・五月二五日（博奕不行跡）・六月二日（私曲）・六月五日（不行跡・被削士籍）・七月一二日（私曲・不行跡・不正）・一〇月二日（不正）、寛政二年二月二三日（不行跡）・三月二七日・七月一八日（不行跡・被削士籍）・一一月二五（被削士籍）、寛政三年三月六日（贈賄）・六月二一日・八月一八日・九月五日・九月一一日・一〇月一日・一九日・二九日・一一月二四日・一二月四日（被削士籍）、寛政四年一月二五日・九月一八日、寛政五年一月二六日・八月九日（不行届・不行跡）・九月三〇日・一〇月一日、寛政六年一月一二日・五月四日（被削士籍）・一八日・六月二五日・九月一〇日（不行跡）、寛政七年一月一日（不賀歳首）・五月一六日・二六日・七月二八日・八月二日・九月五日・一一月二七日、寛政八年四月一六日・六月二三日（不行跡・処刑）・七月二二日（無作法）・一〇日、寛政九年一月三日・八月一七日・一一月一八日・一二月二一日、寛政一〇年五月一七日・五月二五日・一〇月六日・一〇月二七日、寛政一一年二月五日、寛政一二年四月三日（不行跡）・五月一三日（不行跡・追放）・五月二五日（被削士籍）。

(52) 前註と同様に、関連記事は、寛政元年六月一二日・一二月二八日、寛政二年二月一七日、寛政三年一〇月一八日・一一月三日、寛政七年一九日。

(53) 天明七年一二月・天明八年三月一五日・寛政元年二月・三月・寛政二年一月一八日・二月・四月六日・九月・一二月・寛政三年二月・三月一七日（孝子二九人・忠臣九人・朋友信義の者七人に褒賞）・三月・四月九日・五月・寛政六年六月・寛政七年六月・八月・寛政八年一月一六日。寛政一〇年五月二四日、孝行奇特者書上「此日孝行奇特の者の書上の事によて令せらるゝむねあり」（「文恭院殿御實紀」巻廿四）三八〇頁。

(54) 寛政元年一一月一三日・寛政九年一月。

(55) 近年の翻刻には『官刻 孝義録』全三巻（菅野則子校訂、東京堂出版、一九九九年）がある。伊東多三郎「近世道徳史の一考察」（伊東編『生活と道徳習俗（国民生活史研究五）』、一九六二年）二三七－二八一頁のほか、菅野則子『江戸時代の孝行者――「孝義録」の世界』（歴史文化ライブラリー七三）（吉川弘文館、一九九九年）も参照。

(56) 寛政一二年八月二九日、孝義録編集成「孝義録編集功なりしをもて、儒臣林大学頭衡に時服をたまひ、その他西城奥詰儒臣柴野彦助邦彦銀十五錠奥にて下さる。おなじ事にて尾藤良助孝肇、古賀彌助樸、山上藤一郎定保に銀十五枚づゝ賜ふ、其他この事にあづかりし輩も賜物差あり、此書は先に命令を下され、公料私料より忠孝奇特の人々の行状を書上しを、学問所にて編集ありしを印行命ぜられ、書肆にて賣る事をゆるさる」（「文恭院殿御實紀」巻廿九）四四二頁。

(57) 古賀家の萬餘巻樓蔵書にも、「封内孝民傳」（信州上田、桂希言、文化七版、一冊、宮内庁書陵部 204-156）、「封内異行傳」（信州上田、桂希言、文化七版、一冊、204-155）が含まれる。

(58) この番入り選考と学問試の関係については、橋本昭彦「旗本惣領の番入り選考における学問試」（橋本『江戸幕府試験制度史の研究』風間書房、一九九三年）一一八－一三七頁が、寛政以前にもさかのぼり詳しい。本書では、橋本とは異なる思想史の角度から、学問吟味の問題に接近しようと試みている。なお、幕臣の人材選挙については、小川恭一『徳川幕府の昇進制度――寛政十年末旗本昇進表』（岩田書院、二〇〇六年）が、御目見以下の御家人から旗本に昇進した人物を整理分析する。番入りとその基準については、特に「御番入と部屋住勤仕者の切米支給」（八五－一〇六頁）を参照。

(59) たとえば、大勢の者が一時に諸番に召出された記録を天明八年以降文化年間までの「文恭院殿御實紀」より拾えば、寛政三年九月二二日（拠藝技軍學出精）、寛政五年一二月六日（依藝技）、寛政六年五月二二日（文武出精）・一一月一四日、寛政一一年四月三日（據學問武技出精）・四月二九日、享和元年一二月二五日・享和二年三月一一日（依學問武藝精熟）・七月六日（依父年勞或藝技）、文化二年一二月二七日（依父勤勞或武技）、文化三年六月九日（依武技學問出精）・一〇月二日（依父勤勞或武技學問出精）、文化八年八月二六日（依學問藝技出精）など。

(60) 寛政元年七月「御番入之儀ニ付御書付」（『徳川禁令考』第三巻）一二〇四号は、「一〇ケ年」のあいだ番入り選考が実施されていなかったとし、寛政二年七月「部屋住御番入之儀ニ付御書付」（『徳川禁令考』第三巻）一二〇六号は、一四・一五年間実施されず、その間の待機人員が殺到したことを示唆する。

(61) 天明七年九月晦日、諸物頭戒飭（経費節約・人材薦挙）『御觸書天明集成』二十四、一九三九号。「文恭院殿御實紀」巻三、四六頁。

(62) 天明七年九月一八日「林家講釋聴聞之事」（『徳川禁令考』第三巻）一四六〇号、（「文恭院殿御實紀」巻三）四三頁。『御觸書天明集成』二五、一九八一号。

(63) 「栗山上書」第一五条によれば、「武の教の事は御上にも御苦労に被為思召候と相見得、段々騎射等も被仰付、又御旗本の二男三男御吟味も被仰出候段、乍恐奉感候、思召には御旗本の面々も、此間は格別武藝相励み申候様に相成申候」。

(64) 将軍の武芸上覧は、「文恭院殿御實紀」から天明七年から寛政五年までの記事を拾うと、天明六年一一月一一日、天明七年二月六日・二七日・三月二七日・四月一四日・九月三日・二六日・一〇月一〇日、天明八年二月一二日（射技）・一九日（馬技）・九月一〇日・一〇月三日（以上、大的）・一一月二九日（騎射）、寛政元年三月一七日（大的）・四月一八日（乗馬）・一〇月三日（大的）・一一月七日（騎射）、寛政二年二月二九日（大的）・三月三〇日（騎射）・九月二三日・一〇月一一日（大的）・一一月二六日（騎射）・一二月一八日（乗馬）、寛政三年三月六日（弓術）・六月二日（打毬）・九月一九日（騎射）・二一日（大的）・一〇月一三日（騎射）・一一月六日（騎射）、寛政四年三月六日（大的）・四月九日（武技）・一五日（騎射）・一六日（武技）・九月一四日（大的）・一九日（砲術）・二二日（弓馬）・一一月一八日（騎射）、寛政五年三月七日（射芸）・四月二九日（騎射）・九月一〇日・一二日（以上、武技）・一六日（槍術）・二二日（大的）・一一月一五日（騎射）。

(65) 寛政三年一〇月「鎗劍柔術上覧并御見分ニ付達」（『徳川禁令考』第四巻）二二〇一号。

(66) 布衣以上・以下の諸役人や寄合、さらに諸番士を対象にして、寛政四年四月九・一六日、寛政五年九月一〇・一二日に「武技」が、寛政四年九月二一日には「弓馬」の上覧が行われた。「砲術」は寛政四年九月一九日に使番を対象に、「槍術」は寛政五年九月一六日に行われている。

(67) 寛政元年七月「御番入之儀ニ付御書付」（『徳川禁令考』第三巻）一二〇四号。

(68) 寛政二年三月九日「藝術見分ニ付達」（『徳川禁令考』第三巻）一二〇五号。

(69) 寛政五年四月二八日「御番入願之儀ニ付達」（『徳川禁令考』第三巻）一二〇七号。

(70) 武術の流派については、兵学・射術・馬術・刀術・槍術・小具足捕手柔術・砲術のそれぞれについて整理した、羽鳥耀清・池田豊直・青山敬直編「新撰 武術流祖録」（『日本教育史資料』第八冊、巻二一、前掲）七九－九八頁が参考になる。

(71) この関連は、「よしの冊子」を分析した高橋章則「寛政異学の禁再考」（『日本思想史学』第二六号、一九九四年）を参照。ただし、高橋は番入り選考と学問吟味を分けずに「寛政四年に先立つ学問吟味」とする。高橋は、「よしの冊子」により、さらに禁令前後の林家の在り様と禁令の関係も問題とする。

(72) 水野爲長「よしの冊子」十二（『随筆百華苑』第九巻、中央公論社、一九八一年）九七－九八頁。

(73) 「学派維持之儀ニ付申達」（寛政二年五月二四日）（『徳川禁令考』第二巻）八一三号・「学派維持之儀ニ付申達」（寛政二年五月）（『徳川禁令考』第二巻）八一四号。

(74) 寛政三年一〇月一日、学問吟味令（第一回の学問吟味）「學問吟味の事あるによって、目付方の者より示さるゝ旨あり」（憲法類集）（「文恭院殿御實紀」巻十一）一六五頁。

(75) 寛政五年一一月二一日「学問吟味之事」（『徳川禁令考』第三巻）一四六四号。「令せらるゝは、聖堂にて学業試給ふは、専ら周旋し給ふ厚意なれば、試み受るもの、又其ほかのものとても、熟業は猶更、相応に了解せしものは、遺漏なく取調べあぐべし、もし洩るものあらば、頭支配の失意なるべし、よく〳〵調べあげ、子息、厄介までも遺念なきよふに沙汰し、試の上は少老の対話もあるべしと示さる」（「文恭院殿御實紀」巻十五）二三二頁。

(76) 寛政八年六月二〇日「学問吟味之事」（『徳川禁令考』第三巻）一四

六七号。

(77) 寛政五年一一月二九日、昌平黌初素読吟味（「文恭院殿御實紀」巻十五）二三三頁。

(78) 寛政六年一一月四日「学問吟味之事」（『徳川禁令考』第三巻）一四六五号（素読吟味）、寛政七年九月二七日「学問吟味之事」（『徳川禁令考』第三巻）一四六六号（素読吟味）。

(79) 寛政九年一一月二〇日、聖堂素読吟味制改正（『徳川禁令考』第三巻、一四六八号）。「文恭院殿御實紀」巻廿三、三六六頁。

(80) 橋本（前掲書）一七頁に一覧表あり。傍線は、橋本の一覧表に載る。

天明七年九月晦日諸物頭戒飭（経費節約・人材薦挙）『御觸書天明集成』二十四、一九三九号（「文恭院殿御實紀」巻三）四六頁。天明八年五月、八月「小普請ノ面々人品藝術可書出置旨達」（『徳川禁令考』第二巻）九六八号・「人才擇擧諸術奨誘ノ儀ニ付達」（『徳川禁令考』第二巻）九六九号、九月二日人物採用示諭「小普請組支配へ示諭せられしは、御人撰の事、相應の器量ある者相撰み、文武藝術平日の行状迄も吟味いたし、謁見の以上以下食禄の多少にかゝはらず、今日所用の藝技にあらざるも、また書出し置べしとなり」（「文恭院殿御實紀」巻五）七四頁、九月人物採用文武出精戒論「禮下ある輩へ令せられしは、おの〳〵人物採用、文武出精の事よろしく心を用ふべきむね觸らる」（「文恭院殿御實紀」巻五）七七頁。寛政元年四月、六月「小普請ノ者修身嗜藝ニ依リ格式擢用ノ儀達」（『徳川禁令考』第二巻）九七〇号、七月「御番入之儀ニ付御書付」（『徳川禁令考』第三巻）一二〇四号。寛政二年三月九日「藝術見分ニ付達」（『徳川禁令考』第三巻）一二〇五号、七月六日、七月一九日「屬僚薦擧ノ儀ニ付達」（『徳川禁令考』第二巻）一〇八五号、（「文恭院殿御實紀」巻九）一二八頁、七月「部屋住御番入之儀ニ付御書付」（『徳川禁令考』第三巻）一二〇六号。寛政三年一〇月「鎗劍柔術上覧并御見分ニ付達」（『徳川禁令考』第四巻）二二〇一号。寛政四年一一月三日「諸家相傳武技并武芸者姓名書出」（「文恭院殿御實紀」巻十三）一九九頁。寛政五年四月二八日「御番入願之儀ニ付達」（『徳川禁令考』第三巻）一二〇七号、七月「部屋住之者被召出候ニ付御書付」（『徳川禁令考』第三巻）一四三六号。寛政七年六月「屬僚薦擧ノ儀ニ付達」（『徳川禁令考』第二巻）一〇八八号。寛政八年五月「部屋住勤之御勘定御入人之事」（『徳川禁令考』第三巻）一四三七号など。

(81) 先行する寛政異学の禁研究文献は、決して少なくない。ただし、そこで主に分析対象とされた資料の点から分類してみると、次のように整理できるであろう。

①「寛政異學禁関係文書」収録資料と関連資料

（『日本儒林叢書』第三冊 史傳書簡部、鳳出版、一九二七年）（後に『近世後期儒家集（日本思想大系四七）』岩波書店、一九七二年に収録）、中村幸彦「解題」（『近世後期儒家集（日本思想大系四七）』岩波書店、一九七二年）、頼祺一『近世後期朱子学派の研究』（溪水社、一九八六年）（博士論文「近世後期朱子学派の形成とその社会的意義」［広島大学、一九八一年］）など。

②異学とされたいわゆる折衷学派の資料

高瀬代次郎『冢田大峰』（光風館書店、一九一九年）。衣笠安喜「折衷学派の歴史的性格」（初出一九五九年）（衣笠『近世儒学思想史の研究』法政大学出版局、一九七六年）一三九－一八八頁、衣笠安喜「折衷学派と教学統制」（『岩波講座 日本歴史一二（近世四）』岩波書店、一九六三年）一九九－二三二頁など。

③幕府法令

田原嗣郎「寛政改革の一考察――異學の禁と官僚制化の問題から」（『歴史学研究』第一七八号、一九五四年）九－二一頁、鈴木博雄「寛政期の学政改革と臣僚養成」（『横浜国立大教育紀要』第三輯、一九六三年）二三－五一頁など。

④松平定信の著作（と水野為長などの周辺著作）

三上参次『白河樂翁公と徳川時代』（吉川半七、一八九一年）、澁澤栄一『樂翁公伝』（岩波書店、一九三七年）、森川輝紀「寛政異学の禁に関する一考察——松平定信における「学問」と「教育」をめぐって」（『東京教育大学大学院教育学研究集録』第一二集、一九七三年）、辻本雅史「寛政異学の禁をめぐる思想と教育——正学派朱子学と異学の禁」（初出一九八四年）（辻本『近世教育思想史の研究——日本における「公教育」思想の源流』思文閣出版、一九九〇年）二〇二—二六七頁、高橋章則「寛政異学の禁再考」（『日本思想史学』第二六号、一九九四年）一〇〇—一一二頁など。

およそこれら四分野の資料がもちいられて研究がなされてきた。

異学の禁には、そのほかにも、重野安繹「異學禁」（『斯文學會講義録』第二巻第四號、一八八〇年）、重野安繹「異學禁」（『東京學士會院雑誌』第一六編之二、一八九四年）七一—九七頁・（同、第一六編之三）一〇九—一三四頁、『増訂重野博士史學論文集』上巻（名著普及会、一九八九年）三四三—三七一頁（初刊一九三八年）、中村孝也「寛政異學の禁に就いて——昭和九年十月廿八日斯文會講演會において」（『斯文』第一七編第二号、一九三五年）一—一九頁。渡邊年應『復古思想と寛政異學の禁——封建秩序の崩壊過程に於ける葛藤（國民精神文化研究第三〇冊）』（國民精神文化研究所、一九三七年）、石川謙「寛政異學の禁と其の教育史的効果」（石川『近世日本社会教育史の研究』東洋図書、一九三八年）二四三—二九四頁（改訂新版　青史社、一九七六年）、金子徳之助「寛政異学の禁の研究」上・下（『古典研究』第四巻第三号、雄山閣、一九三九年）八三—九四頁・（同、第四号）一四九—一六九頁、諸橋徹次「寛政異學の禁」（徳川公繼宗七十年祝賀記念會編『近世日本の儒學』岩波書店、一九三九年）一五七—一七八頁、松平定光「寛政異學の禁の一攷察——特に林家弱體化の問題」（『漢學會雜誌』第九巻第二號、一九四一年）六〇—七二頁、丸山眞男「第二章第六節」（『日本政治思想史研究』東京大学出版会、一九五二年）、衣笠安喜「幕末儒学思想の基調」（初出一九五九年）（衣笠『近世儒学思想史の研究』法政大学出版局、一九七六年）二二七—二五六頁、和島芳男「第三編第三章」（和島『日本宋学史の研究』吉川弘文館、一九六二年）、和島芳男「第四章　昌平校の確立」（和島『昌平校と藩学』至文堂、一九六六年）八〇—一一一頁、山下武「幕府教学策の影響とその批判」（山下『江戸時代庶民教化政策の研究』校倉書房、一九六九年）三九四—四一三頁、衣笠安喜「儒学における寛政・化政」（初出、一九七六年）（衣笠『近世日本の儒教と文化』思文閣出版、一九九〇年）一八二—二〇四頁、宮城公子「幕末朱子学の性格」（『四天王寺大学紀要』第一二号、一九八〇年）一五二—一七三頁、大島英夫「寛政異学の禁の考察」（一・二）（『明治大学大学院紀要』第二〇集（三）政治経済学篇、一九八三年）八三—九六頁・（同、第二一集（三）、一九八四年）七九—八九頁、辻本雅史「十八世紀後半期儒学の再検討——折衷学・正学派朱子学をめぐって」（『思想』第七六六号、一九八八年）一八二—一九八頁、奥田晴樹「寛政異学の禁と聖堂領」（『日本史研究』第二四三号、一九八二年）四一—六七頁がある。

また⑤各藩での異学の禁については、頼祺一「広島藩天明異学の禁について」（『芸備地方史研究』第五五号、一九六五年）、長倉保「寛政改革をめぐる教学統制の問題——会津藩の「異学の禁」への対応から」（『歴史評論』第五〇号、一九五三年）一—一八頁など。

(82)　一九八〇年代初めの学界で共有された認識は、前註のような研究蓄積にも拘わらず、「寛政異学の禁についてはその意図、政策立案過程についての実証的研究は少なく、又学術統制としてどこ迄規制力をもちえたかという問題、更にはその歴史的本質については諸説あって一定しない」というものであった。宮城公子「幕末儒学史の視点」（『日本史研究』第二三二号、一九八一年）四頁。

同時期になされた辻本雅史の異学の禁解釈の研究史整理――前註の渡邊・金子・松平らの研究が参照されていない――では、目的別に三つの解釈に類型化された。Ⓐ「封建イデオロギーの再編をめざした思想統制」（諸橋轍次・丸山眞男・津田秀夫）、Ⓑ「改革政治遂行のための実践的人材の育成や登用」（田原嗣郎・鈴木博雄・熊倉功夫）、Ⓒ「一連の教学政策とリンクした武士教育の振興ないしは教育への政治的統制や支配などといった教育や教化」（石川謙・和島芳男・森川輝紀・奥田晴樹・頼祺一）。

この目的別の解釈分類を、受容史や思想的解釈を加えずに資料から歴史的因果関係を読み取り、本書での機能別の整序によって捉えるならば、幕閣によって課題とされたのは、まずⒷ〈選別化〉の人材発掘と登用、そしてそれと同時か、あるいは付随してⒸ〈社会的適性化〉という旗本の教化・教育であったが、異学の禁自体の直接の契機は、――辻本（一九八四年）以後の橋本や高橋の実証的な研究が示唆する如く――Ⓑ「見分け」＝番入り選考にあったと解するのが、現時点では妥当であろう。そして、この認識は異学の禁が結果的にⒶ〈教義上の正統化〉という思想統制を江戸儒学界にもたらし、さらに間接的に徳川日本全体の武家の学問の方向を規定したとする解釈をも決して排除しない。

(83) 天明七年六月一五日「倹約并文武忠孝等之儀ニ付御觸書」（『徳川禁令考』四巻）二二四九号・（「文恭院殿御實紀」巻二『續徳川實紀 第一篇（新訂増補国史大系）』吉川弘文館、一九七六年）三五頁。

(84) 寛政元年九月廿六日「質素節倹之儀ニ付御觸書」（『徳川禁令考』第四巻）二二五一号。

(85) 「只學文と申は、五常五倫の道を守りて、よき事をなしあしき事をなさぬ事のみにて候」（「修身録」学問の事）四頁。

(86) 寛政二年九月二四日、旗本御家人等倹約及文武奨励（「文恭院殿御實紀」巻九）一三二―三頁。

(87) 天明七年九月一八日「林家講釋聽聞之事」（『徳川禁令考』第三巻）一四六〇号、（「文恭院殿御實紀」巻三）四三頁。『御觸書天明集成』二五、一九八一号。

(88) 寛政九年一〇月一二日「儒員柴野彦助邦彦西城奥に候せしめらる。よて官料二百俵下さる」（「文恭院殿御實紀」巻廿三）三六三頁。

(89) 水野爲長「よしの冊子」二（『随筆百華苑』第八巻、中央公論社、一九八〇年）八九・九四・九六頁（天明八年一月二六日以降）。ただし、大石慎三郎「田沼意次の虚像と実像」『田沼意次の時代』（岩波書店、一九九一年）がこの時期の田沼評価を記した史料利用について注意を喚起したように、寛政期・文化期の史料の留意点――史料執筆者・編纂者の政治的意図や背景をかえりみることなしに回顧録・噂話集・編纂物の類を安易に歴史研究に用いることは出来ない。松平定信「宇下人言」・水野爲長「よしの冊子」・松浦静山「甲子夜話」などはいずれも、歴史史料として引用する際には、記述内容の偏向あるいは史的信憑性を問う作業が避けられない。

(90) 寛政元年九月一〇日「小普請岡田龍蔵善隣大伯父清助恕あらたに召出され、二百俵たまひ儒官とせらる」（「文恭院殿御實紀」巻七）一〇五頁。→寛政二年八月三日、被命大奥講義（「文恭院殿御實紀」巻九）一二九頁→寛政六年一二月二七日、為代官（「文恭院殿御實紀」巻十七）二七〇頁→寛政八年一二月二一日「代官岡田清助恕聖堂にして講讃せしにより、おなじく銀子を賜ふ」→文化九年六月二三日「代官岡田清助老免して寄合となり時服を賜ふ」（「文恭院殿御實紀」巻四十七）六九〇頁。

(91) 評定所儒者廃止（「文恭院殿御實紀」巻九）一三九頁。

(92) 寛政三年九月二一日「大坂の浪人尾藤良佐孝肇新たに召出され、儒官とされ禄二百苞を賜ふ」（「文恭院殿御實紀」巻十一）一六四頁。

(93) 寛政八年五月二八日「松平肥前守治茂家人古賀彌助樸新にめし出されて儒員に加へられ禄二百苞を賜ふ」（「文恭院殿御實紀」巻二十）三

一七頁→寛政九年一〇月一六日「儒官古賀彌助樸聖堂御取締奉はりしにより十人口を下さる」（「文恭院殿御實紀」巻廿三）三六四頁→寛政九年一二月七日「儒員古賀彌助樸おり〳〵奥にて講義すべしと命ぜらる」（「文恭院殿御實紀」巻廿三）三六七頁→享和元年一月一四日「儒員古賀彌助樸教授の事精研によて時服を賜ふ」（「文恭院殿御實紀」巻三十）四五一頁。

(94) その後、成島司直が奥儒者となる。寛政七年五月一六日成島司直為奥儒者見習（「文恭院殿御實紀」巻十八）二八二頁、寛政一一年七月二一日成島司直為大番格（「文恭院殿御實紀」巻廿七）四一二頁。

(95) 「文恭院殿御實紀」巻五、七二頁も参照。

(96) 寛政二年八月三日（「文恭院殿御實紀」巻九）一二九頁。

(97) 寛政九年一二月七日（「文恭院殿御實紀」巻廿三）三六七頁。

(98) 「昌平坂学舎成功せしにより、林大学頭信敬時々席に臨みて書を講じ、儒員は日を定めて講書すべければ、志ある輩に聴聞をゆるされ、入学も心のまゝたるべしと觸らる」（「文恭院殿御實紀」巻一三）一九三頁。また寛政一二年五月「林家講釋聴聞之事」（『徳川禁令考』第三巻）一四六一号。

(99) 徂徠とその門人たちの会読学習については、茂住實男「会読について」（『大倉山論集』第三四輯、一九九三年）九七―一一八頁が詳しい。また多く資料を駆使した会読研究には、武田勘治『近世日本学習方法の研究』（講談社、一九六九年）がある。他に鈴木博雄「近世私塾の史的考察――元禄―享保期の私塾を中心として」（『横浜国立大学教育紀要』第一輯、一九六二年）一―三四頁、石川謙「会読」（『世界大百科事典』第四巻、平凡社、一九七二年）六八頁も参照。なお、江戸時代の「読書を中心とした教授ないし学習指導の方法の実態」を包括的に分析したものとしては、武田勘治の前掲書が重要である。この研究は、『日本教育史資料』第一―五冊の藩校資料をもとに、各地の教育機関で行われた素読、聴講学習、会業（輪読・会読）、試業を論じている。

(100) 異学の禁以前の儒学界についての先行研究の一般的な見解は次のようなものである。「これらの諸派の学者があるいは藩儒として立身を望み、あるいは互いに市中に門戸を構えて弟子の多いことを競う間に、ともすればことさらに奇抜な言動により人目をひこうとするきらいがあり、この弊は徂徠学派の末流において特に著しかった」（和島芳男『昌平校と藩学』至文堂、一九六六年）八九―九〇頁。だが、「徂徠学派の末流」とは具体的には誰を念頭においているのか、何故門人人数を誇り「奇抜な言動」で注目を集めようとしたのか、果たして幕府や藩への出仕がその目的であったのか。疑問点が少なくないこの見解は、資料的には先に指摘した朱子学正学派の批判から導き出された臆測の域を出ていないと思われる。ここに示した私見も仮説ではあるが、一連の言動や道徳的頽廃とされた一つの要因に徂徠学派の会読という学習方法があると解釈する。より実証的な後考を俟ちたい。

(101) 「聖堂御改正教育仕方に付申上候書付」寛政一二年四月（『日本教育史資料』第七冊、巻一九、前掲）。

(102) 澁澤栄一『樂翁公傳』（岩波書店、一九三七年）一四頁。

(103) 松平定信「修身録」学問の事（天明二年）五頁（江間政發編『樂翁公遺書』上巻、八尾書店、一八九三年）所収。

(104) 松平定信「燈前漫筆」四―五頁（江間政發編『樂翁公遺書』上巻、八尾書店、一八九三年）所収。

(105) 松平定信「政語」一頁（江間政發編『樂翁公遺書』上巻、八尾書店、一八九三年）所収。

(106) 西山拙齋については、花田一重『西山拙斎伝』（浅口郡教育会、一九二二年）（岡山県総合文化センターK289／N-5）、朝森要『西山拙齋』（鴨方町教育委員会、一九九五年）、廣常人世「西山拙齋」（『日本の朱子学（下）（朱子学大系第一三巻）』（明徳出版社、一九七五年）三〇―三三頁を参照。なお、『朱子学大系』第一三巻には、七篇の拙齋の文章が収録されている。

(107) 通説では栗山も「混沌社」の盟友とされるが、そのことを裏付ける資料は「混沌社」の研究が進展した今日でさえ一つも存在しない。

(108) 柴野碧海「柴野家世紀聞」。

(109) 「柴野栗山奉近衛公存念書」天明八年八月（「蘿月小軒叢書」巻十、宮内庁書陵部古賀本 200‒78）、「御學則」（内閣文庫 190‒49）、「上近衛公書」（「甘雨亭叢書別集」第一集、内閣文庫 217‒47 の四一冊目）。この上書は使者「佐竹紀伊守源重敏」を通じて公家「近衛右大臣経公」に献じられたものである。活字翻刻したものには、「柴野栗山学事意見書」（天明八年八月）（『日本教育文庫 學校編』同文館、一九一一年）三〇九‒三一四頁、「上近衛公書」（「補三十輯」巻之四、『三十輯』第四、国書刊行会、一九一七年）一〇七‒一一一頁。なお、柴野栗山「論学弊」（「栗山文集」巻一）。

(110) 関連する書翰として、拙齋「答客問」（天明八年一二月）（『日本思想大系』前掲）三三〇‒三三一頁、（『日本朱子学大系』前掲）四九一‒四九三頁がある。

(111) 拙齋「答客問」の書中。

(112) 柴野栗山「故備中徵士西山拙齋翁碑」（五弓久文編『事実文編』第三、四五）。

(113) 菅茶山「拙齋先生行状」（寛政一一年）（五弓久文編「事實文編」四五）。

(114) 那波魯堂については、猪口繁太郎『四国正学魯堂先生』（虚順堂、一九一六年）（徳島県立図書館森文庫 T120‒ナハ）、竹治貞夫「那波魯堂」（竹治『近世阿波漢学史の研究』風間書房、一九八九年）一三七‒一二九九頁。

(115) 明和元年に、魯堂・拙齋、また混沌詩社の同人たちは朝鮮通信使と筆談・交流しているが、栗山も明和元年「二月廿五日、韓客に浅草の客館に会」している（柴野碧海「柴野世紀聞」の年譜）。西山拙齋「異端」（「拙齋遺文抄」『日本思想大系』前掲）三三一頁では、使節との唱酬の際に、書記の玄川と「異端之弁」について論じた旨が記されている。

(116) 寛政二年五月の異学の禁令については、本書序章の註（17）を参照。

(117) 「林家へ被仰渡御書付写 朱学奨励異学禁制の事」（神沢貞幹編「翁草」巻一七八、『日本随筆大成』第三期二四、吉川弘文館、一九七八年）一七〇頁。

(118) 菅茶山「拙齋先生行状」は、禁令申達以後の状況を次のように叙述する。「會《たまたま》〔柴野栗山〕君旨を奉りて大學諸生の林祭酒の家訓に遵《したが》はざる者を督責す。其の學之徒之を便ぜず。群議洶々、流言飛語。諸執政を揺動し、詭計百端。新著議政書有りて、學政浮屠の各宗旨を分守すに倣ふを宜しきと言ふ。匿名書を作りて、潜に宗藩邸に投ぐ者有り。故祭林公〔林錦峰〕の封事を贋製し、潜に相傳播する者有り。〔拙齋〕先生亦頗る謗咎を致す。しかるに論著言議、少しも顧慄せず。播〔播磨〕人大川良平〔赤松滄洲〕亦書を柴博士に與へ、學の衆派雑用宜しくし、専ら一途に由るの宜しからざるを言ふ。且つ天朝の學専ら古註に依り、會《たまたま》朱註を用ひざるを誣《し》ひ、其の徒傳誦し以て朝政を非謗す。〔拙齋〕先生舊くより良平〔滄洲〕と善くす。乃ち書を作りて忠告し、以て其の非を辨ず」。菅茶山「拙齋先生行状」（寛政一一年）（五弓久文編「事實文編」四五）（原漢文）。

(119) 「寛政異學禁関係文書」（『日本儒林叢書』第三冊 史傳書簡部、鳳出版、一九二七年）（後に『近世後期儒家集（日本思想大系四七）』岩波書店、一九七二年に抄録）。

(120) 「塚田多門上書」寛政二年六月（「蘿月小軒叢書」巻一所収）（神沢貞幹編「翁草」巻一九九、『日本随筆大成』第三期二四、吉川弘文館、一九七八年）四九六‒五〇二頁、塚田大峯「塚田多門上疏写」（「耕猟録」巻三）。塚田大峯には他に「上相君白川侯書」（「大峯先生文集」

巻五）もあり、「寛政異學禁関係文書」に収録されている。

(121) 「聖堂諸生越中守殿江差出書面」寛政二年七月（「蘿月小軒叢書」所収）。この史料は、「寛政異學禁関係文書」に含まれない。

(122) 「林氏上書」（「蘿月小軒叢書」巻十所収）（「林大学頭信敬申上書」寛政三年九月）。菅茶山は「贋製」された「封事」とし、高瀬代次郎はこの上書を全文活字紹介した上で塚田大峯の執筆によるものとする。高瀬代次郎『冢田大峯』（光風館書店、一九一九年）附録第一、一—二〇頁。

(123) 赤松滄洲「与柴野栗山書」（三月既望）（「先哲叢談続編」巻十一）・「与柴博士彦輔書」（「與樂園叢書」巻四、広島市立中央図書館浅野文庫）。

(124) 西山拙齋「与赤松滄洲論学書」（寛政六年冬至日）（「先哲叢談続編」巻十二）。「與赤松國鸞書」（「與樂園叢書」巻四）。また「寛政異學禁関係文書」にも収録されている。

(125) 「寛政異學禁関係文書」に収録された西山拙齋の著作には、前註文書のほかに、「与滄州先生書」「重東滄州翁」「答客問」「異端」がある。「明薛文清公教示大意和解」（「與樂園叢書」巻五九）。その他、岡研水（定太郎）「答問愚言」（「耕猟録」巻三）、この文末には寛政三年九月に幕府儒者に就任した尾藤二洲による十月二五日の朱書がある。また頼春水には、「学術ノ辨」寛政二年一二月（「春水遺響」著述編乾）、「学統辨」「学談筆記」「学政分踵俗文」（「與樂園叢書」巻三）がある。

(126) 古賀精里の幕府出仕問題については、『佐賀県近世資料』第一編第九巻、泰國院様御年譜地取V、佐賀県立図書館、二〇〇一年）七二—七三頁（寛政七年一一月）・一二八—一三〇頁（寛政八年五月）に関連記事がある。

(127) 「劉子家傳」によれば、寛政八年に一度帰郷し、寛政九年一月、独り侗庵を携えて江戸へ向かった。幕府より賜わった麻布之地は荒穢のため居住できず、代官大貫次右衛門の徂橋之宅を借り受けた。

(128) 東條琴臺『先哲叢談年表』（文政一〇年）二二丁。「〔寛政元年〕享保中より物徂徠・太宰春臺等古學を左祖して程朱を排撃すること四十年、此に於て其の他程朱を辨駁する者接踵《せっしょう》して起る、故に異學を禁ずるの令有り」。「〔寛政二年〕柴栗山・岡田寒泉奉旨、學政を料理し、改めて五科目を立て、造士を教諭す。是に於てか程朱之學大いに振起すと云ふ」。「〔寛政七年〕異學禁制より世之士大夫皆舊習を改め、大いに正學に向ふ、文藝を業す者多しと雖も、其の家世學を改め、以て宋學を奉崇す、江戸之學之が為めに一変すと云ふ」。「〔寛政一〇年〕平安の皆川淇園・巌垣龍溪・村瀬梯亭・佐野山陰を以て人呼んで之を古學の四大家と謂ひ、當時宋學を唱ふ者と別つ」。「〔寛政一一年〕江戸の東〔伊東〕藍田・市川鶴鳴・冢田大峰・戸嵜淡園・豊島豊洲始終其の學を改めず、益古學を唱ふ、人呼んで之を関東の五異學と謂ふ」。

(129) 村瀬梯亭については、妹尾和夫『村瀬栲亭』（潮流社版、一九八七年）が、現存し所在が明らかな著作すべてを視野に収めてその生涯と著作内容を概観している。

(130) この「五異学」には異説もあり、金峨門下の山本北山（一七五二—一八一二）・亀田鵬齋（一七五二—一八二六）を加える例もある。たとえば、佐藤文四郎「折衷學概括」（『近世日本の儒学』岩波書店、一九三九年）六八九頁は、「所謂寛政の五鬼と称せられ、御用朱子学に断乎として叩頭しなかった」として（北山・鶴鳴・豊洲・大峯・鵬齋）を挙げ、思想大系解題、五三六頁も、寛政異学の禁に反対論を唱えた江戸における異学の五鬼を、冢田大峯・山本北山・豊島豊洲・亀田鵬齋・市川鳴鳴〔ママ〕とする。

(131) 辛島鹽井「學政或問」（文部省編『日本教育史資料』第八冊、巻二二、冨山房、一八九二年）。

(132) 神沢貞幹編「翁草」巻一八九（『日本随筆大成』第三期二四、吉川

弘文館、一九七八年）三四六―三四七頁。この「示論」が発された年代は明らかではないが、文中の「先代」が定めた「五科目」という記述を、錦峰が大学頭在任中に小学・四書・五経・歴史・論策の五科の学問吟味が開始されたことを指すと解すれば、次代の述齋により寛政年間に「聖堂」に示された論書であると考えられる。

(133) 辛島鹽井「學政或問」（『日本教育史資料』第八冊、巻二十二、前掲）一―一二頁。

(134) なお、その後の学問所儒者がみな、「博学」や「正學」の主張を行ったわけではない。たとえば、侗庵と同時代の佐藤一齋が藩に勧めた「学問所創置心得書」（天保三年六月）は、「実用有用」な人を育てるという教育以外では、ここでみた議論とは対照的な主張をおこなっている。「一、侯国に学校のまふけあるは、国君の本意何の為なるや。其国の人士たるものに倫理を辨へしめ、忠孝を励まし、行実を正くし、事理に通達せしめ、始終それぞれの職に任じて、用立べきものになさしめんと欲するに過ざるのみ。古の学と云ふは、心に辨へて身に仕なす事をいふ。国君の望むところ、ここにあるなり。然るに後の儒者みな学問の趣意を失ふて、遂に文字上の事とのみ成れり。経学をなせども、経の文字を講明するを学とし、又学者といへば、餘計に書籍をよみて、故事来歴を記し、或は詩賦文章を巧に作り、斯のごときを学問といふ。其人言行も修らず、事理にもうとく、何の用にも立たぬもの多し。果して国君学を設るの本意ならんや。然らば其学職に任ずるもの、能く能く学を設るの本意を会得して、無用の学を教ふべからず。ただ用立つ人をこしらへむと心掛くべき事第一なり。さて用立つ学問をなすには、必ずしも博識を求めず、異論をたてず、一にただ宋儒の世規を守りて事足るなり。因つて学問所に儲へ置く書籍も、有りふれたる近きもの計りにて足るべし。奇書珍籍は、有用必読の書にあらざるなり。……それ等の書を熟読して、心に辨へ身に仕なす時は、一廉の養士と成るべし」。「一、凡そ学に入るの人、実践有用を要となす。此所同じければ、必ずしも流派を争ふべからず。然れども公朝宋学を崇信あれば、侯国に於ても其甲令に従ひ、宋学によるべし。ただ周程（周敦頤・程顥・程頤）に原きたる内にも人々の自得する所あれば、其説の小異同はあれども、実践有用を志す時は即ち周程の学なり。説の小異より流派を分つは公平の論に非ず」「学問所創置心得書」（天保三年六月）（『佐藤一斎全集』第一巻、明徳出版社、一九九〇年）二四七―二五八頁・（『日本教育史資料』巻二二）二六―二七頁。

(135) 松平定信『宇下人言・修行録』（岩波文庫、一九四二年）七三頁。

(136) 昌平黌については、前述の文献のほかに、次のものがある。まず、歴史的な概観を得るための基本的な編纂資料としては、文部省編『日本教育史資料』第七冊（文部省、一八九二年）、犬塚遜「昌平志」（寛政一二年）（前掲『日本教育史資料』から再録された同文館編輯局編『日本教育文庫（学校編）』同文館、一九一一年）一八―一七九頁、高橋勝弘編『昌平遺響』（一九一二年）、三宅米吉編『聖堂略志』（斯文会、一九〇八年）、三宅米吉「湯島聖堂沿革略」（『斯文』第七編第一号、一九二五年）一七―二一頁、鈴木三八男編『聖堂物語――湯島聖堂略志』（斯文館、一九八九年）、橋本昭彦「『聖堂略志』解説」（中山久四郎編『聖堂略志（日本教育史基本文献・史料叢書五七）』大空社、一九九八年）一―九頁がある。

当事者たちによる回顧記録には、徳川時代当時の見聞談「昌平茗談」（『日本藝林叢書』第五巻、一九二八年）一―三二頁もあるが、かつて学問所で学んだ者たちによる明治期以降の回顧録として、石丸三亭・「昌平坂学問所の事」（旧事諮問録会編『旧事諮問録――江戸幕府役人の証言』下巻、岩波文庫、一九八六年）一一七―一六七頁、宮崎言成「茗黌紀事」（大久保利謙編『江戸（幕政編二）』第二巻、立体社、一九八〇年）一六七―一七六頁、関義臣「男爵関義臣君昌平坂学問所在学私記」（同上）一七七―一八六頁、重野安繹「徳川幕府昌平黌の教育に就いて」（初出一八九七年）（薩藩史研究會編『重野博士史

學論文集』上巻、雄山閣、一九三八年）三七一－三八二頁、重野「再び徳川幕府昌平黌の教育に就いて」（同上）三八二－三八九頁、近藤鑛造「昌平坂學問所」（『史學界』第一巻第三号、一八九九年）五九－六四頁、南摩綱紀「書生時代の修學状態」（孔子祭典會編『諸名家孔子觀』博文館、一九一〇年）五－二一頁、今泉雄作「昌平坂學問所に就いて」（『斯文』第二編第四号、一九二〇年）四一－四六頁、大内晃陽「昌平學雜記」（其一－三）（『東洋文化』第三一号、一九二六年）四七－五六頁・（同、第三二号）五四－六二頁・（同、第三三号）五二－六〇頁が、貴重な参考資料になる。

学問所での教育に関する後代の研究には、高瀬代次郎「江戸聖堂の教育」（大日本學術協會『教育學術界』第五四巻第一号、一九二六年）一四五－一八二頁、中山久四郎「林家と文教」（徳川公繼宗七十年祝賀記念會編『近世日本の儒學』岩波書店、一九三九年）七三－九四頁、近藤正治「聖堂と昌平坂学問所」（同上）一九九－二一七頁、大久保利謙「昌平黌」（大久保『日本の大学』創元社、一九四三年）八一－一二四頁、吉田太郎「昌平校における歴史教育の研究」（『横浜国立大学教育紀要』第四輯、一九六四年）四一－五七頁、石川謙『日本学校史の研究』（小学館、一九六〇年）、和島芳男『昌平黌と藩学』（日本歴史新書）（至文堂、一九六六年）、須藤敏夫『近世日本釈奠の研究』（思文閣、二〇〇一年）、倉沢剛『幕末教育史の研究Ⅰ直轄学校政策』（吉川弘文館、一九八三年）、斯文会編『湯島聖堂と江戸時代（記念展図録）』（斯文会、一九九〇年）、橋本昭彦「江戸時代の教育と湯島聖堂」（『斯文』第九九号、一九九〇年）一七－三二頁、小林幸夫「林門官学体制――寛政異学の禁以降の昌平黌」（一・二）（『東京家政学院筑波短期大学』第一集、一九九一年）一－一一頁・（同、第二集第一分冊、一九九二年）一－一四頁などがある。

学問所での試験制度については、羽倉信一郎「昌平校の素讀吟味」（『東洋文化』第一一〇号、一九三三年）七〇－七七頁、また橋本昭彦『江戸幕府試験制度史の研究』（風間書房、一九九三年）。

学問所官版や所蔵本については、長澤規矩也「昌平坂學問所の「官版」板木の傳來について」（『愛知大学文学論叢』第八輯、一九五四年）九九－一一二頁、小野則秋「昌平坂学問所文庫の研究」（小野『日本文庫史研究』下巻、改訂新版、臨川書店、一九七九年）五六－一一二頁、樋口秀雄「浅草文庫の成立と景況」（国立国会図書館参考書誌部『参考書誌研究』第四号、一九七二年）一－一九頁、福井保『江戸幕府編纂物 解説編』（雄松堂、一九八三年）、福井『江戸幕府刊行物』（雄松堂、一九八五年）、木崎弘美「所蔵書よりみたる昌平坂学問所の特質――異国船打払令と対外情報」（國學院大學栃木短期大學史学会編『栃木史學』第八号、一九九四年）一〇九－一四二頁。

その他に、町田三郎「江戸の教学――寛政以後のこと」（『斯文』第一〇四号、一九九五年）二九－四五頁、鈴木三八男『聖堂夜話』（斯文館、一九八九年）、下沢剛「昌平坂学問所跡の建物――湯島昌平館の疑問」（『蘭学資料研究会研究報告』第二五六号、一九七二年）も参照。

さらに昌平黌の書生寮については、その弘化三年以降の昌平黌書生寮入寮者は「書生寮名簿」（東京都立中央図書館特別文庫 特4740）（東京大学史料編纂所4126-24）にあり、また幕末当時の記録（立教大学図書館大久保文庫181-T88）もある。研究には、伊東多三郎「江戸時代後期の書生史管見」五三－六七頁、鈴木三八男『昌平黌』物語――幕末の書生寮とその寮生』（斯文会、一九七三年）、水上一久「昌平黌に遊学せる加賀藩士」（『北陸史学』第九号、一九六一年）、ロバート・G・フラーシェム、ヨシコ・N・フラーシェム「昌平黌に遊学した加賀藩及び支藩の人々――「弘化丙午以来昌平黌書生寮姓名簿」から」（『地方史研究』第一九二号、一九八三年）五三－六五頁、ロバート・キャンベル「昌平黌北寮異変」（『江戸文学』第一四号、ぺりかん社、一九九五年）三二－六一頁。

(137) 林家については、寛政年間までであるが「林家家系 林四流家系目録」(文部省編『日本教育史資料』第七冊、巻一九、冨山房、一八九二年) 五三一—五六三頁。また「儒職家系」(『史籍集覧』第一九冊)。

(138) 重野安繹 (前掲書) 三七八頁。

(139) 学問所儒者の在任期間と前後職については、橋本昭彦「昌平坂学問所付儒者在職一覧」(『昌平坂学問所日記』Ⅰ、斯文会、一九九八年) 五〇六—五〇八頁が詳しく、本表もこれに依るところが多い。ただし本書では、他の資料も参照して山上・依田の号や生没年を特定し、橋本の誤りを一部修正した。

(140)「藩士出講」(『日本教育史資料』第七冊、巻一九、文部省、一八九二年) 二二二—二二五頁。

(141) 赤崎海門は、天明三年四月二五日に薩州家中の大場五兵衛の取次ぎで林家入塾している。

(142) 大槻平泉は、寛政三年五月一八日に平井直蔵の口入で林家に入塾している。

(143) 近藤鑛造「昌平坂學問所」(『史學界』第一巻第三号、一八九九年) 六四頁。南摩綱紀によれば、書生寮での修業は「注入主義でなく、自分より考案研究する」方法を採り、「生徒共が自分で修業をするといふもので、先生に教へてもらうなどゝいふ事は無い位なもの」であったと云う。「書生寮の生徒はどう云ふ風に學問修業をしたかと申せば、書生同士にて或は經書、或は歴史、或は諸子、又詩文などを、銘々に申合せ會を定めて稽古して居りました。此時には教師も無ければ會頭もなし、書生同士で稽古するものである故、その議論といふものは大層喧ましいことで、口から沫を飛ばし、顔を眞赤にして、今に攫合でも始めやうといふ迄に非常な激論をいたす、互に充分に論じた所で、自分の説が惡るかつたと氣が附きまするると、あゝ我輩の説は惡かつたと云ふて笑つて止めて仕舞ひ少しも心頭に留めずして舊との通りにまた會をいたして居るといふ様な譯である。又詩や文などの會をいたすには、書生同士で回評をいたします。是は嚴しい評正をいたし、充分思ふところを書入れて廻はすといふ様なことでありましたが、斯う云ふ鹽梅に修業をいたしたのが、大に力になつた様に覺えます。唯々先生より一通りの講釋を聽いたばかりで無しに互に思ふ丈けのことは充分に論ずる」南摩綱紀「書生時代の修學状態」(前掲書) 八一—一〇頁。

(144)「学問所書生寮増之儀申上候書付」(文部省編『日本教育史資料』第七冊、巻一九、前掲) 一九一—一九二頁。

(145) 学問所での学習者と課業については、前掲の宮崎言成、關義臣、重野安繹、近藤鑛造、今泉雄作らの回顧録が詳しい。橋本「解題」(『昌平坂学問所日記』Ⅰ前掲、一九九八年) 五〇〇—五〇一頁には、整理された記述がある。

(146) 大内晃陽「昌平學雜記」(其一、前掲) 五〇頁。ここでは、幕末の学問所に学んだ大内にしたがって、輪講は経書、会読は史書について行われたとしておく。いずれも問答や討論の末、会頭に裁決を乞うたという。

(147) 朱熹は「大學章句」の中で「学は講習討論を謂ふ」と定義したが、学問所での会読は、同水準の学力を持つ学生が集まって所定の箇所について相互に「義理を討論し、精微を講究」し、教官が批判・審判者となり、さらに、輪講会は、同僚同士相互にそれを行うものであった。

(148) 犬塚遜「昌平志」(前掲書) 八五頁。

(149) 慶應四年の「諸試業」(『日本教育史資料』第七冊、巻一九、前掲) 一〇四頁を参照。

(150) 寛政九年一一月二〇日、聖堂素読吟味制度改正 (『徳川禁令考』第三巻、一四六八号)。

(151) 宮崎言成「茗黌紀事」(前掲書) 一七三頁は「大試験ハ五ケ年二一

度」と云うが、重野は「三年目の正月に一度」（前掲書）三七五頁とし、近藤鐵造も「學問吟味は三年に一回施行せり」（前掲書）六三頁、今泉雄作も「三年に一度の大試験」（前掲書）四六頁とする。

(152)『日本教育史資料』第七冊、巻一九（前掲）一〇〇頁。

(153)古賀侗庵「泣血録」一巻（精里の病中・歿時の文化一四年二月二日から五月二七日までの日録）を参照。

(154)なお、学問吟味と、番入り選考の関係について、天保期以降の例であるが、ここで「御番方部屋住内試一件」（『日本教育史資料』第七冊、巻一九、前掲）一三六―一五九頁に収録されている、天保一二年一〇月一二日の「御書院小十人部屋住内試」、天保一四年四月七日の「新御番御納戸小十人部屋住學問試」・五月二二日「大御番方部屋住學問試」、弘化三年九月、嘉永元年一一月、嘉永四年、嘉永五年の事例をもとに一言述べておく。天保期以降では、番入り候補者の閣老宅などでの「見分」では、林家・学問所儒者と目付が立ち合い、講釈・辨書・また詩文題が課された。前二者の「甲乙仕方段階」によれば、その評価は、学問だけによる選出者を「上」とし、武芸や父親の勤続年数に学問を加味した者を「中」、選考に及ばない者は「下」とされた。「御宅にて上之分は五ケ年目御試之節甲乙科に準し、中之分は丙科に準し候事に候得は」（一五六頁）という記事からも明らかなように、学問吟味での甲乙と丙の成績は、番入り選考の際に考慮された。「一統學問御試」（学問吟味）で甲科・乙科で及第している者は、「是迄甲科・乙科之御賞詞相成候ものは、部屋住御番入御撰之節、右を以御番入仰付候例に有之候、定めて右え被仰上も可有之義と奉存候」（あるいは「先例に御座候」）という推薦文がつけられ、また丙科及第の者は「御組之内にて部屋住御番入御調之節は學問試名面相除き、若年寄衆御見分之節は學問御試有之候例に御座候」（あるいは「今度品評付致し差出候ものより一段相勝り申候間」（一五一頁）という文が提出されている。たとえば、第III部でとりあげる岩瀬忠震の場合、天保一四年四月の番入選考の際には、その年に学問吟味乙科及第した岩瀬愿三郎（忠震）を特に推薦する旨、大学頭らより申し立てられていた（一四三頁）。

(155)橋本昭彦『江戸幕府試験制度史の研究』（風間書房、一九九三年）参照。古文書の博渉によって多くの事実を明らかにしたこの書は、学問吟味をめぐる現時点の研究水準を示している。

(156)池田雪雄「林家初期の教育組織――五科十等の制について」（『斯文』第二三編第一二号、一九四一年）一〇頁。なお、池田論文には、寛文六年の林家学の五科十等制と、三科九等の制に倣った寛文八年の仁齋学の「同志會品題式」との対比がなされている。

(157)Elman, Benjamin A., *A Cultural History of Civil Examinations in Late Imperial China*, (Berkeley: University of California Press, 2000) は明清儒学の変動と科挙内容の変化を、豊富な事例を挙げて論じた大著である。科挙についての邦語文献では、宮崎市定『科挙史』（初刊一九四六）（東洋文庫　平凡社、一九八七年）、宮崎市定『科挙――中国の試験地獄』（中公新書、一九六三年）、平田茂樹『科挙と官僚制』（山川出版社、一九九七年）が、概要把握のために有益である。またそのほかに何炳棣『科挙と近世中国社会――立身出世の階梯』（原刊一九六二）（寺田隆信等訳、平凡社、一九九三年）、村上哲見『科挙の話――試験制度と文人官僚』（講談社現代新書、一九八〇年）、岡元司「南宋期科挙の試官をめぐる地域性」（『宋代社会のネットワーク』汲古書院、一九九八年）などを参照。

(158)なお、重野安繹は、「五科」、すなわち小学・四書・五経・歴史・文とし、この「及第法は全く支那の明あたりの制度を折衷したものと見える」と云う。重野（前掲書）三七五頁。ここでは、薩摩藩出身で書生寮に入寮していた重野説ではなく、幕臣で学問所儒者となった中村敬宇の後出の説を採った。

(159)中村敬宇「論試場宜設孫呉一科」（中村『敬宇文集』巻三、吉川弘文館、一九〇三年）八丁裏—九丁裏。

(160) 学問吟味の答案の採点から、身分と成績に応じた褒美内容については、橋本（前掲書）六六—七五頁を参照。

(161) 福井保「昌平黌の「考試備用典籍」印」（福井『内閣文庫書誌の研究（日本書誌学大系一二）』青裳堂書店、一九八〇年）一八四—一八六頁も参照。

(162) 「昌平学書留」（東京大学史料編纂所）を分析した橋本（前掲書）四五頁による。試験科目をめぐる試行錯誤を経て、この寛政五年一一月にようやく試験方法が確定されたことは、橋本（前掲書）四〇—四六頁を参照。

(163) 寛政八年六月二〇日「學問吟味之事」（『徳川禁令考』一四六七号）。

(164) 「昌平坂学問所試験振合」天保四年月（『日本教育資料』第七冊、前掲）一二二頁。

(165) 重野安繹（前掲書）三七六頁のほか、遠山金四郎と筒井の模範答案の写しである「辨書類集并辨書案文」（東北大学附属図書館狩野文庫4001-1）も参照。

(166) 『日本教育資料』第七冊、前掲、一二三頁。

(167) 大内晃陽「昌平學雜記」（其一）、前掲、五〇—五一頁。

(168) 官版については、「官版書籍解題略」二巻（解題叢書の内）に詳載し、残存のものは「昌平叢書」に収録されていたが、現時点においては解題としては福井保『江戸幕府刊行物』（雄松堂、一九八五年）が最も詳細を尽くし、その全容は「江戸幕府刊行物集成」（マイクロフィルム版、雄松堂フィルム出版有限会社）全一二〇リールに収録されている。官版の書名・刊行年については、「昌平坂学問所官版分類目録」（福井、前掲書、一九八五年）一四四—一五〇頁や笠井助治「幕府の出版事業と官版」（笠井『近世藩校に於ける出版書の研究』吉川弘文館、一九六二年）三四—四一頁を参照。

(169) 「家譜御書」（宮城県図書館大槻文庫 KO288-カ1）（宮城県図書館小西文庫）。また「學舍記」（寛政八年）（「大槻平泉文稿」二［慶應義塾図書館 181-25-12］）。「大學説一則」（寛政一一年）・「讀大學」（寛政一二年）（「大槻平泉文稿」三）。

(170) 「精里先生大學口義」（文化一二年九月二日—一一月六日）（佐賀県立図書館 991-123-8）。しかし、この大学講義の日付は、学問所の公務日記である「昌平坂学問所日記」の記事と合致しない。当時精里が昌平黌で行っていたのは大学講義ではなく、『禮記』講釈であり、他所で行われた講義ではないだろうか。

(171) 元来策問は、天子が政治上の問題を簡策に記して人士の意見を徴集することを意味した。日本では、伊藤仁齋が古義堂での教育にこの策問方法を用い、その「策問類」が残る（伊藤東涯編『古學先生文集』巻五）。加藤仁平「私擬策問の思想的教育」（加藤『伊藤仁齋の學問と教育』第一書房、一九七九年［原本一九四〇年］）一〇八—一一八頁も参照。

(172) 以下にみるいわゆる「策問」ばかりでなく、文章題でも儒者の出題とされるものが多い。たとえば、「大槻平泉文稿」巻三（慶應義塾図書館 181-25-12）には、「精里先生出題」（なかには「精里先生批（評）」とするものもあり）と記された文章が、「輪廚記」（寛政一〇年）・「跋雲鳥詞翰」（寛政一〇年一二月一二日）・「書駒懐樓記後」（寛政一〇年一二月一三日）・「種梅説」（寛政一一年）・「信玄謙信論」（寛政一一年）・「新刻十八史略正續編序」（寛政一一年）に確認され、また「魯仲連論」（寛政八年）（同、巻二）・「射説」（寛政九年）（同、巻二）・「剛毅木訥近仁説」（享和二年）（同、巻四）などは、他の儒者たちとも共有された主題となっている。

(173) 尾藤二洲「策問」二條（尾藤『靜寄軒集』巻二）二六丁裏・二七丁表。

(174) 大槻平泉「對策」（「平泉文稿一」［慶應義塾図書館 181-25-12］）。

松崎慊堂「昌平學院試策一道」（「慊堂全集」巻八）、松崎慊堂の全集は、「慊堂全集（崇文叢書第一輯）」（崇文院、一九二六年）、後に崇文叢書の影印版が『松崎慊堂全集（日本学資料叢書）』全六巻別冊一冊（冬至書房、一九八八年）として出版されている。

（175） 大槻平泉「理學真偽論」（「平泉文稿一」［慶應義塾図書館 181-25-12］）、佐藤一齋「理學真偽論」（「愛日樓全書」巻一五）。「癸丑〔寛政五年〕首春〔一月〕、述齋林先生出題以て諸生を試む」とされる。

（176） 古賀精里には他にも、次のような「策問試職」（文化二年）がある（「精里全書」巻一六）。

・「子貢称すらく、夫子の性と天道とを言ふは、則ち得て聞く可からずと。而して楊亀山乃ち云く、孟子人に逢はば、便ち性の善なるを道《い》ふ。歐陽永叔、却て聖人の人を教ふるは性を先とする所に非らずと言ふは、誤りと謂ふべきなりと。孔孟の人を教ふるは、同じからざるに似る。其の故何居《なんぞや》」。

・「王制の言ふ所、中國の幅員断長補短、董董《しょうしょう》として三千里なるのみ。而れども禹貢《うこう》の東漸西被《とうぜんせいひ》し、朔南《さくなん》も曁《およ》ぶ攸《ところ》ならば、乃ち反て濶《ひろき》に似たるは、何ぞや。秦漢の拓地稍大くして胡元に至りて極む。明清之を承け、各蹙闢《しゅくへき》すること有り。今之輿地の王制に比して幾倍なるやを知らず。其の大略を聞かんことを請ふ」。

・「孟子集註の千乗百乗〔梁恵王章句〕、後儒其の失考を譲《せ》む。貢〔夏代の税法〕・助〔殷代の税法〕・徹〔周代の税法〕の注に至りて、亦た辨駁紛糾す。其の得失如何」。

（177） 古賀精里「策問試職」（文化二年）（「精里全書」巻一六）。

（178） 古賀精里「策問」（「精里全書」巻一六）。

（179） 河田迪齋「答依田子某質疑三條書」（「惠迪齋全集」巻七、東京都立中央図書館河田文書 081-KW-2）。依田「策問」に対して、迪齋は「答間與同志讀孟子云々問」・「答三代之制度巨細盡備云々問」・「答蘐園學者説形而下云々問」を記す。

（180） 野村篁園「策問一首」「問易〔繋辞下伝〕曰黄帝堯舜垂衣裳云々」「對仁問」（「篁園全集」巻一八［内閣文庫 206-195］）、佐藤一齋「擬策一道」（享和二年）（「愛日樓全書」巻四一）。友野霞舟「私擬策問五首」は目次にあるのみで、本文は失われて現存しない（「霞舟文稿」国立国会図書館古典籍資料室 111-243）。

（181） 林復齋「策問」（「復齋遺稿」巻三、東京大学史料編纂所林家本 134）。

（182） 文章科が幕府の学問吟味だけの問題ではなかったことは、たとえば、齋藤竹堂「文章試士議」（齋藤『竹堂文鈔』巻上）三三丁表－三五丁表。

（183） 「學院試題」（宮内庁書陵部 506-146）。学問吟味の時務策は、以下に紹介したほかにも、天保一四年二月一二日・弘化五年一月二七日・嘉永六年二月五日・安政六年二月二日・文久二年二月二日・元治二年二月五日に行われたが、その出題内容は知られていない。

（184） 犬塚遜「昌平志」（前掲書）八三頁。

（185） 嘉永四年一一月には「教授方出役吟味之ため、學問御褒美濟之面々學業相試」る、試経（講書）・試史（答問）・試文（論説）・試詩（七言律）の臨時試業が行われた。この際の詩文題は「太王剪商論」「交道論」である。「臨時試業取扱」（文部省編『日本教育史資料』第七冊、巻一九、冨山房、一八九二年）一五九－一六〇頁。

（186） 文久元年五月一四日の老中・若年寄の学問所見廻りの際に差出された文題は「育英策」「送友人登嶽序」であった。「御老若見廻ノ節講書姓名并講章」（『日本教育史資料』第七冊、巻一九、前掲）二四〇頁。

（187） 内山勗「甲府徽典館」萩原頼平編『甲斐志料集成一〇（教育・宗教）』甲斐志料刊行會、一九三四年）一四五－一六七頁には、徽典館でも昌平坂学問所と同様の「大試験」が行われ、「林大学頭以下諸儒官」が採点を担当したことが記されている。

（188） もちろんこのほかにも、「文論」（侗庵・艮齋・息軒）「文説」（息軒・勿堂）、王安石とともに唐宋八大家の一人、韓愈をめぐる「讀韓文公集」（侗庵）・「讀韓文」上下（艮齋）など、また「栽蘭説」（侗庵）・「養蘭説」（霞舟）、「菊花之隠逸者説」（侗庵・蘭園）、「愛菊説」（梩宇）・「養菊説」（霞舟）、「鷹説」（艮齋）・「養鷹説」（迪齋・勿堂）、「繼述舎説」（迪齋・立軒・勿堂）、「妖由人興論」（侗庵・敬宇）などが複数の儒者によって主題とされた。

(189)「又一日時務策と云ふのがありまして時の出來事を問題にして書くのであります。此節亞米利加が渡來したがどう云ふ風に處分すれば宜いとか、夫々意見を書きます」。今泉雄作「昌平坂學問所に就いて」（前掲書）四六頁。

(190) 福井保『江戸幕府編纂物』解説編（雄松堂、一九八三年）が、幕府の編纂物に関する現時点での最も包括的な研究である。高橋章則「近世後期の歴史学と林述斎」（『日本思想史研究』第二一号、一九八九年）一―一八頁は、この福井の成果をもとに議論が加えられている。先にも指摘したが、高橋のように、総括者・監修者としての大学頭林述齋一人の見識や能力を強調すると、じっさいに編集作業を担当した学問所関係者たちの存在が無視されてしまいかねない。

(191) 片桐一男「天文台詰通詞について」（片桐『阿蘭陀通詞の研究』吉川弘文館、一九八五年）三五八―三五九頁によれば、文化四年以降、天文方内に地誌調所が設置され、天文方高橋景保に「地誌御用」「地図御用」が命じられていた。その成果は、「新鐫総界全図」（文化六年六月）・「新訂万国全図」（文化七年三月）である。

(192) 地誌調所については、山本武夫「徳川幕府の修史・編纂事業（九）――地誌編修」（『新訂増補国史大系月報』四〇、一九六八年）、白井哲哉「地誌調所編纂事業に関する基礎的研究」（『関東近世史研究』第二七号、一九九〇年）一―二五頁、そのほかに白井哲哉「近世政治権力と地誌編纂」（『歴史学研究』第七〇三号、一九九七年）九九―一〇六頁、白井『日本近世地誌編纂史研究』（思文閣出版、二〇〇四年）、岩崎清美「近世における地域の成立と地域史編纂」（『地方史研究』第二六三号、一九九六年）三三―四九頁などを参照。

(193) 御実紀調所については、丸山二郎「徳川公爵家徳川実紀について」（初出一九二九年）（丸山『日本の古典籍と古代史』吉川弘文館、一九八四年）一〇二―一〇八頁、山本武夫「『御実紀調所』再考」（『國學院雑誌』第八〇巻第一一号、一九七九年）三一六―三二三頁。山本の推定によれば、調所は当初儒者の成嶋司直邸内に設けられ、臨時に右筆部屋も用いられたが、天保一四年に学問所に移転された（三二三頁）。

(194) 林家の門人帳「升堂記」（一〇巻八冊、東京大学史料編纂所林家本 0126-1-1～8）（二冊、東京都立中央図書館河田文庫 121-KW-80-1～2）。これらの活字翻刻には、関山邦宏・橋本昭彦・高木靖文編『「升堂記」（東京大学史料編纂所所蔵）翻刻ならびに索引』（平成八年度文部省科学研究費補助金（基盤研究（B）（2））課題番号０８４５１０６６「近世における教育交流に関する基礎的研究」第一次報告書、一九九七年）、同編『「升堂記」（東京都立中央図書館河田文庫本）翻刻ならびに索引』（平成九年度文部省科学研究費補助金、第二次報告書、一九九八年）、揖斐高・坂本陽美・林伸子・本多美奈子「林家門人録『升堂記』（都立中央図書館本）の翻刻と索引」（『成蹊人文研究』第二号、一九九四年）一一九頁以下。また、弘化三年以降の昌平黌書生寮入寮者は「書生寮名簿」（東京都立中央図書館特別文庫 特 4740）（東京大学史料編纂所 4126-24）。都立中央図書館本の活字翻刻は、関山邦宏・橋本昭彦編『「書生寮姓名簿」・「登門録」翻刻ならびに索引』（平成十年度文部省科学研究費補助金、第三次（最終）報告書、一九九九年）。

　個人への入門者の門人帳では、安積艮斎「安積艮斎門人帳授業録」（郡山市、安積国造神社）、田中正能「安積艮斎門人帳」第一―一六回（『郡山地方史研究』第一五・一六集合併号、一九八六年）一―一八頁・(第一七集、一九八七年)一一―一二頁・(第一八集、一九八八年)一一―一三頁・(第一九集、一九八九年)一二―一二五頁・(第二〇集、一九九一年)一二一―一三二頁・(第二一集、一九九一年)一〇―五九頁。篠崎小竹「輔仁姓名簿」「麗澤簿」(大阪府立中之島図書館、両書は「篠崎小竹門人帳」[多治比郁夫校註]としてまとめられ、『名家門人録集』(上方藝文叢刊五)』[上方藝文叢刊刊行会、一九八一年]一三一―一九四頁に活字翻刻された)。また、篠崎小竹の交友関係は、「篠崎小竹『交友郷里姓名』」(水田紀久・森上修・多治比郁夫校)(『大阪府立図書館紀要』二号、一九七六年)四七―七二頁を参照。河田貫堂「同社人名録」(天保二年)(東京都立中央図書館河田文庫 121-KW-53)、「登門録」(風自楼入門帳)(天保一〇―安政七年)(東京都立中央図書館河田文庫 121-KW-81-1〜3)。

(195) 「門人姓名簿」は、現所蔵先の狩野文庫では「古賀侗庵門人録」(東北大学附属図書館狩野文庫 6482-1)として整理され、以前には「『今斉諧』頃の侗庵の門人帳」とされてきたが(前田勉「古賀侗庵の世界認識」[前田『近世日本の儒学と兵学』ぺりかん社、一九九六年]四一八頁)、いくつかの蔵書目録を分析し、現物史料を精査した結果、本書序章で記したように、表紙と外題は狩野文庫での整理の際に新たに付けられたものであり、侗庵生前当時のいくつかの目録の記述からも、古賀精里の門人帳であることが明らかになった。

(196) 「復原詩社姓名録」(「硯北漫鈔」七、宮内庁書陵部 557-109)。

(197) 昌平黌儒者たちの詩社を中心とする活動は、本書序章の註に挙げた、坂口筑母の一連の著作に詳しい。以前より維新後の社会を前提にして、幕末の全国的な倒幕派の組織化を準備した江戸の「藩際」交流に関心が注がれてきたが、維新史観の偏差を排して、倒され旧体制となっていく幕臣たちの文芸結社にも眼をむけたい。

(198) 古賀侗庵「古處堂詩文會約」(「侗庵初集」巻一)。

(199) 古賀侗庵「論學示家塾書生」(「侗庵二集」巻一四)。

(200) 伊東玄朴「塾則」(伊東榮『伊東玄朴傳』玄文社、一九一六年)一二二頁。

(201) 「海鷗社文會規約并照名」文政九年戊酉正月(鍋島報效会所蔵)・「海鷗社文会規約並照名」(佐賀県立図書館図 089)。

(202) 第Ⅱ部とも関連するが、「海鷗社」同人たちは、水平的な結社の代表とされるいわゆる蠻社「尚歯会」にも関係していたとされてきた(後出の藤原暹の研究)。佐藤昌介「「蛮社」の起源とその実態」(佐藤『洋学史研究序説――洋学と封建権力』岩波書店、一九六四年)一九一―二一九頁が、井口木犀「崋山の師友」(井口『崋山掃苔録』豊川堂出版部、一九四三年)三四五―四〇二頁に拠りながら、渡邊崋山を中心とする「蛮社」の人びととして分類・紹介するのは、以下の者たちである。①洋学者：高野長英・小関三英、②幕臣・諸藩士：江川英竜・羽倉用九・川路聖謨・松平伊勢守・松平内記・下曽根信敦(筒井政憲の次男)・鷹見泉石・小林専次郎、③儒者・文人：遠藤勝助・立原杏所・赤井東海・古賀侗庵・安積艮齋・望月兎毛・庄司郡平、④下級幕臣：奥村喜三郎・内田弥太郎・本岐道平、⑤田原藩関係者：三宅友信・鈴木春山・村上範致、⑥その他：幡崎鼎・佐藤信淵・松本斗機蔵・大塚同庵・岩名昌山。ただし、蠻社には同人名簿や規約が存在したわけではなく、佐藤の紹介は個々別種の史料に依拠しており、これらの人びとを一政治勢力として一括して論じるには難点も少なくないと思われる。ここで挙げられる人びとのうち「海鷗社」同人でもあるのは、羽倉・赤井・安積に限られる。

(203) 小川渉『會津藩教育考』(會津藩教育考發行會、一九三一年)(日本史籍協会編、続日本史籍協会叢書 第三期八巻、東京大学出版会、一九七八年)、吉村寛泰編「日新館志」の影印版、会津史料大系刊行会編『会津日新館志(会津史料大系)』全五巻(歴史春秋社、一九八三―一九八五年)。また、文化七年以前の会津藩学を扱っているが、長倉保「寛政改革をめぐる教学統制の問題――会津藩の「異学の禁」への対応から」（『歴史評論』第五〇号、一九五三年）一―八頁がある。

(204) 細井平洲・神保綱忠の影響が強い米沢であったが、精里門で学び帰藩して文化七年一二月より助教を務めていた香坂昌直（衡山）が、文政二年七月に藩校興譲館の責任者提学になって以降（天保元年閏三月に総監に昇進）の同役には、いずれも昌平坂の古賀門で二―五年間学んだ者が就任している。すなわち、侗庵門の三人、坂千松（正直）（提学、天保四年六月―安政四年一〇月）・浅間金太郎（彰）（提学、弘化元年正月―文久三年正月、総監、文久三年正月―慶應三年三月）・片山長左衛門（一貞）（提学、安政五年正月―元治元年一一月）、さらに続いて謹堂門の二人、窪田源右衛門（茂遂）（提学、慶應元年正月―）・片山仁一郎（一貫）（提学、慶應三年三月―）が藩学の指導的な立場である提学を歴任した。関山邦宏「幕末期の米沢藩校興譲館」（日本教育史資料研究会編『『日本教育史資料』の研究』VI、一九八七年）五頁。

(205) 久米邦武編述・中野禮四郎増補校訂『鍋島直正公傳』第一編（侯爵鍋島家編纂所、一九二〇年）六三頁。

第三章

(1) 東アジアの華夷秩序をめぐる古典的な研究は、Fairbank, J. F. ed., *The Chinese World Order* (Harvard U. P., 1968). また特に清朝の国際秩序については、同論文集所収の Mancall, M. "The Ch'ing Tribute System : An Interpretative Essay" (*Ibid.*) pp. 63-89.

(2) この「朝貢システム」を同心円モデルによって説明するのは、濱下武志『近代中国の国際的契機――朝貢貿易システムと近代アジア』（東京大学出版会、一九九〇年）、濱下「東アジア史に見る華夷秩序」（『国際交流』第六二号［特集 東アジアという地域世界］、一九九三年）二八―三六頁、濱下『朝貢システムと近代アジア』（岩波書店、一九九七年）である。但し、清朝の場合、朝貢国に応じて、礼部（対東・東南アジア諸国）や理藩院（対西アジア・チベット）、さらに後に設置される総理衙門（対西洋諸国）と、中央官庁の管轄は異なっている。礼部と理藩院という外政機関の編成に着目したマンコールの「東南の弦月」(the southeastern crescent) と「西北の弦月」(the northwestern crescent) との二分認識は、理念的な構造認識においても生かされるべきであり、同心円モデルには難点が少なくないと思われる。坂野の理解にも影響を与えているとされるこのマンコールの東アジア秩序研究を紹介批評した、佐々木揚「清代の朝貢システムと近現代中国の世界観――マーク・マンコールの研究について」（一）（二）（『佐賀大学教育学部研究論文集』第三四巻第二号、一九八七年）一七―四五頁・（第三五巻第二号、一九八八年）一―一八頁、佐々木『清末中国における日本観と西洋観』（東京大学出版会、二〇〇〇年）二八八頁も参照。

(3) 坂野正高『近代中国政治外交史――ヴァスコ・ダ・ガマから五四運動まで』（東京大学出版会、一九七三年）七六頁。

(4) 東アジア史の視点を導入した「日本型華夷意識」の言及は、朝尾直弘「鎖国制の成立」（初出一九七〇年）（朝尾『将軍権力の創出』岩波書店、一九九四年）二八九―三一八頁を嚆矢とする。

(5) 明治期までの日本を中心とする対外関係史の概観については、対外関係史総合年表編集委員会編『対外関係史総合年表』（吉川弘文館、一九九九年）が有用である。議論を進める上で、東アジア世界における徳川日本について先行研究に最低限の整理を加えれば、対外関係を扱う古典的な研究には、日本社会の対外認識を広汎に分析した井野邊茂雄『新訂維新前史の研究』（中文館書店、一九四二年）、そして一国史的枠組みではなく対西洋諸国・対朝鮮の対外交渉史として研究を進めた田保橋潔『近代日鮮関係の研究』下巻・別編第一（朝鮮総督府中枢院、一九四〇年）（後に復刻、宗高書房、一九七二年）、『増訂近代日本外国関係史』（刀江書院、一九四三年）（後に復刻、原書房、一九七六年）が今なお重要である。近年のこの時期を概観する研究としては、鶴田啓「寛政～文化期の対外関係――「通航一覧」の綱文から」（曽根勇二・木村直也編『新しい近世史』②国家と対外関係、新人物往来社、一九九六年）三一三―三六三頁を参照。

また近年の思想史研究では、三谷博『明治維新とナショナリズム』（山川出版社、一九九七年）、平石直昭『日本政治思想史――近世を中心に』（放送大学教育振興会、一九九七年）、渡辺浩「思想問題としての「開国」――日本の場合」（朴忠錫・渡辺編『国家理念と対外認識――一七―一九世紀』（日韓共同研究叢書三）［慶應義塾大学出版会、二〇〇一年］二八一―三二九頁がある。

(6) 日本へのケンペル「鎖国論」の受容問題については、小堀桂一郎『鎖国の思想――ケンペルの世界史的使命』（中公新書、一九七四年）、思想史研究として平石直昭「「鎖国論」とその影響」（平石、前掲書、一九九七年）一三二―一四四頁がある。

(7) 長崎については、金井俊行『長崎年表』（以文会社、一八八八年）、〈唐人貿易〉については、中村質『近世長崎貿易史の研究』（吉川弘文館、一九八八年）、中村『近世対外交渉史論』（吉川弘文館、二〇〇〇年）、大庭脩『江戸時代における唐船持渡書の研究』（関西大学東西学術研究所、一九六七年）、大庭『江戸時代における中国文化受容の研究』（同朋舎出版、一九八四年）など。

(8) 対馬については、「宗家文書」が基本史料であるが、近年の研究には、田代和生『近世日朝通交貿易史の研究』（創文社、一九八一年）、荒野泰典『近世日本と東アジア』（東京大学出版会、一九八八年）、池内敏『近世日本と朝鮮漂流民』（臨川書店、一九九八年）など。

(9) 琉球については、『歴代宝案』、『清代檔案文書』などの対外関係史料が刊行されて、研究基盤が整備・充実してきている。横山學『琉球国使節渡来の研究』（吉川弘文館、一九八七年）、紙屋敦之『幕藩制国家の琉球支配』（校倉書房、一九九〇年）、紙屋『大君外交と東アジア』（吉川弘文館、一九九七年）、豊見山和行『琉球王国の外交と王権』（吉川弘文館、二〇〇四年）のほか、真栄平房昭の研究を参照。

(10) 松前については、『新北海道史』第二巻、通説一（北海道、一九七〇年）、松前町史編集室編『松前町史』第一巻、上・下 通説編（松前町、一九八四・八八年）、松前町史編集室編『松前町史』年表（松前町、一九九七年）、菊池勇夫『幕藩体制と蝦夷地』（雄山閣出版、一九八四年）を参照。

(11) 日本の海事法規については住田正一『日本海法史』（初刊一九四八年）（五月書房、一九八一年）を参照。これは、住田が長年独自に蒐集した史料を基に古代から徳川時代まで包括的に論じたものである。「海法は多く其國地方の海上航海の慣習を基礎とし、其慣習が海上商人間に遵奉せられて次第に發達を遂げたるものなるが故に文獻上の根據を求むる事困難なり。加之るに其慣習を基礎として發達せる法典そのものも、原本の現存するもの殆んど無く、多くは後世の傳寫に依るものなるが故に脱漏誤謬多く、其精確なる調査を試むるは容易の事に非ず」とその序で述べられる如く、慣習法の確認と特定の困難は少なくない。

(12) 寛永二年八月「他國船ニ出會ノ節珍敷取沙汰承候ハバ不糺虚實可致注進事附リ、難澁ノ船ト見掛候ハバ不限晝夜、随分助來候様可致事」。住田正一『日本海法史』（前掲）四二五頁。松平定信によって、寛政三年九月朔日に発令された、異国船漂着の際の取り扱い方として示された触には、次のような文言がのる。「……、総て異國船漂着候はゝ、何れにも手當いたし、先船具は取りあけ置、長崎へ送り遣はし候儀、夫々可被相伺事に候、以来異國船見かけ候はゝ、早々手當人數等差配り、先見えかゝり、事かましく無之様にいたし、筆談役或は見分之もの等出し、様子相試み可申候、若拒み候様子に候はゝ、船をも人をも打砕き、無貧着筋に候之間、彼船へ乗移り迅速に相働き、切捨等にもいたし候はゝ、召捕候儀も尤可相成候、勿論大筒火矢抔用候も勝手次第之事に候、筆談等も相調ひ、又は見分等をも不相拒候趣に候はゝ、成丈穏に取計ひ、右船をは計策を以なり共繋置、船具等をも取あけ置、人をは上陸いたさせ番人付置、立帰り不申様致し、早々可被相伺候、若及異議候はゝ捕へ置可被申候、異國之者は宗門之所をも不相分儀に付、番人之外見物等をも可被禁候、右漂流一二艘之儀にも候はゝ、前文之通り可被相心得候、若數艘にも及ひ候歟、又は數少く候とも、最初より嚴重に不取計して難成様子候はゝ、其儀は時宜次第たるへき事に候、……」（『御触書天保集成』下、六五二五号、岩波書店、一九四一年）八五一―八五二頁。

(13)　荒野泰典『近世日本と東アジア』（東京大学出版会、一九八八年）一四八頁。近世期の和漂民・朝鮮漂民の保護・送還の概要については、長郷嘉壽「長崎県立対馬民俗資料館宗家文庫資料」（『長崎奉行所関係文書調査報告書（長崎県文化財調査報告書　第一三一集）』長崎県教育委員会、一九九七年）三四―三八頁を参照。なお、『長崎奉行所関係文書調査報告書』は、長崎県下の各機関に所蔵された長崎奉行に関する文書目録であり、今後の研究の出発点になるものである。

(14)　特に異国船渡来・漂着・漂流民護送などへの対処規定については、「通航一覧」附録、巻之一四―一七、海防（異国船扱方）部・「通航一覧續輯」附録、巻之三―四、海防部（異国船扱方）を参照。

(15)　環東シナ海諸地域間では、朝鮮と日本（朝鮮→日本・日本→朝鮮）・中国と朝鮮（中国→朝鮮・朝鮮→中国）・朝鮮と琉球（朝鮮→琉球・琉球→朝鮮）・中国と琉球（中国→琉球・琉球→中国）・中国と日本（日本→中国・中国→日本）のそれぞれに、漂流・漂着とその送還受領の問題が発生している。小林茂・松原孝俊・六反田豊編「朝鮮から琉球へ、琉球から朝鮮への漂流年表」（『歴代宝案研究』第九号、一九九八年）七三―一三六頁には、近年までのこの諸地域間での漂流・漂着関係年表・研究が紹介されている。

(16)　唐船の日本漂着を扱った概説書としては、大庭脩『漂着船物語――江戸時代の日中交流』（岩波書店、二〇〇一年）など。そこでも漂着船の多くに儒者が関与したことが指摘されている。漂着唐船関係資料については、関西大学東西学術研究所（大庭脩・松浦章・薮田貫ら）の調査・収集・資料集刊行があり、儒者の筆記史料が多く収録されている。寶暦三年八丈島漂着南京船・安永九年安房千倉漂着南京船元順号・寛政元年土佐漂着安利船・寛政一二年遠洲漂着船萬勝號・文化五年土佐漂着江南商船・文政九年遠洲漂着得泰船・文政一〇年土佐漂着江南商船。

(17)　琉球の国書については、梅木哲人「琉球国王書翰の検討――異国の構造試論」（『地方史研究』第三五巻、一九八五年）二一―三八頁。

(18)　寛永年間に既に来航を禁じ通告したにも拘わらず、通商を求めたポルトガル特使パシェコら六一名は処刑されている。

(19)　近世の日本渡来の唐船に関する基礎的研究には、岩生成一「近世日支貿易に関する数量的研究」（『史学雑誌』第六二編第一一号、一九五三年）一―四〇頁、松浦章「長崎来航中国人名索引――附唐船番立名索引」（一）（『史泉』第四〇号、一九七〇年）二四―五九頁、永積洋子編『唐船輸出入品数量一覧一六三七～一八三三』（創文社、一九八七年）、中村質「日本来航唐船一覧――明和元～文久元（一七六四～一八六一）年」（『九州文化史研究所紀要』第四一号、一九九七年）一―一五五頁などがある。本書で唐船に言及する際には、中村の「日本来航唐船一覧」に附された通し番号を「N〇番」として併記することとする。

(20)　以心崇傳・最岳元良「異国日記」に収録された、徳川初期の外国書翰を根本史料とした研究に、永積洋子『近世初期の外交』（創文社、一九九〇年）がある。特に第二部「近世の外交儀礼の確立」では「国書の形式」にも言及される。

(21)　鈴木健一『林羅山年譜稿』（ぺりかん社、一九九九年）三〇頁。

(22)　林羅山が執筆に関与した外交文書を分類すると、次のようになる。

〈明〉「遣大明国」「遣復建道陳子貞」（慶長一五年）・「諭阿媽（広東の地名）港」「寄阿媽港父老」「諭阿媽諸老」（慶長一六年）・「誅耶蘇邪徒諭阿媽港」「禁耶蘇状諭大明商船」（寛永一七年）・「諭大明商船」（寛永一八年）。

〈朝鮮〉「寄朝鮮三官使」朝鮮国王李倧宛家光書翰「答朝鮮国礼曹」「贈朝鮮国状」（寛永一三年）・「寄朝鮮国朴進士」「謝朝鮮国信使申竹堂」「謝朝鮮国三官使」「復朝鮮国王」「答朝鮮国礼曹」「答朝鮮国副使趙龍洲」（寛永二〇年）・「呈朝鮮国礼曹」（正保二年）・「呈朝鮮国礼曹」（正保三年）・「呈朝鮮国礼曹」（承應三年）・「復朝鮮国礼曹」「答朝鮮国礼曹」（明暦元年）・「答朝鮮国信使兪秋潭」（明暦二年）。また使節との会見・筆談・詩の唱和（慶長一〇年二月・一二年閏四月一七日・元和三年九月四日・寛永元年一二月一九日・一三年一二月・二〇年七月一〇日・明暦元年一〇月下旬）。

〈琉球〉「復琉球国主」（承應二年）・「復琉球国主」（承應三年）。

〈暹羅〉「答暹羅国」（元和九年）・「答暹羅国」（寛永二年）・「答暹羅国」（寛永六年）。

〈他〉「答南蛮舶主」「呈呂宋国王」「呈占城国王」（慶長一一年）、「肥前国長崎港禁令」（寛永一一年）。

(23) 近世の外交史料に関する先行研究には、〈概論〉として田中健夫「漢字文化圏のなかの武家政権――外交文書作成者の系譜」及び注・付表（初出一九九〇年）（田中編『前近代の国際交流と外交文書』吉川弘文館、一九九六年）一―四二頁が有益である。ただし、田中論文では、本書が対象とする徳川後期には及ばず、昌平坂学問所儒者たちは扱われていない。〈各論〉としては、村井章介『東アジア往還――漢詩と外交』（朝日新聞社、一九九五年）、村井章介『アジアのなかの中世日本』（校倉書房、一九八八年）、田中博美「武家外交の成立と五山禅僧の役割」（田中健夫編『日本前近代の国家と対外関係』吉川弘文館、一九八七年）四三一―七〇頁、西尾賢隆「京都五山の外交的機能――外交官としての禅僧」（荒野泰典・石井正敏・村井章介編『アジアのなかの日本史II 外交と戦争』東京大学出版会、一九九二年）三三九―三五七頁、八百啓介「外交文書にみる近世初期の徳川政権」（藤野保先生還暦記念会編『近世日本の政治と外交』雄山閣出版、一九九三年）二六五―二八三頁、木崎弘美「近世外交文書集成の歴史――「異国日記」を中心として」（箭内健次編『鎖国日本と国際交流』上巻、吉川弘文館、一九八八年）五六五―六〇九頁、中村質「初期の未刊唐蘭風説書と関連史料――幕府の海外情報管理をめぐって」（田中健夫編『日本前近代の国家と対外関係』吉川弘文館、一九八七年）五二五―五五四頁、豊見山和行「江戸幕府外交と琉球」（『沖縄文化』第二二巻第一号［六五］、一九八五年）二二一―四二頁、横山學『琉球国使節渡来の研究』（吉川弘文館、一九八七年）、木崎弘美「「通航一覧」の編纂と伝来に関する考察」（『海事史研究』四七、一九九〇年）五四―七一頁、木崎弘美「「通航一覧」の書誌学的考察」（『海事史研究』四九、一九九二年）六六―七六頁、箭内健次「通航一覧続輯解題」（『通航一覧続輯』第五巻、清文堂、一九七三年）四四九―四六六頁、田中正弘『近代日本と幕末外交文書編纂の研究』（思文閣出版、一九九八年）などを参照。

(24) 林鵞峰（春齋・春勝、第二代大学頭）・林鳳岡（信篤、第三代大学頭）編「華夷変態」正保元（一六四四）年―享保二（一七一七）年の二、二六六件の唐船風説書（オランダ風説書五四件・対馬藩経由の情報二四件・薩摩藩からの情報二一件・若干の勅諭・咨文・檄文・書翰を含む）。「崎港商説」も付されている。

(25) 白石本「異国日記」もあるが、近世の外交史料編纂としては対朝鮮を中心に瑞溪周鳳「善隣国宝記」、松隠玄棟「続善隣国宝記」（「善隣国宝後記」の名で『続群書類従』に所収）、「善隣国別記」、「続善隣国外記」、文之玄昌「南浦文集」、西笑承兌「異国近年御書草案」、西笑・閑室元佶共編「異国御朱印帳」「本邦朝鮮往復書」、江岳元策・雲崖道岱「江筆随筆」（内題　江岳和尚対馬随筆并雲崖和尚続集）、松浦霞沼「朝鮮通交大紀」（享保一〇年序、応安元年－正徳六年の朝鮮－対馬往復書簡、天正一八年渡来の朝鮮使節金誠一の「海槎録」、田中健夫・田代和生校訂『朝鮮通交大紀』［名著出版、一九七九年］）など。また、伊藤松編『隣交徴書』六冊（天保一一年刊）には漢・魏から明・清に至る帝王の国書、日中間を往来した僧・学者の詩文が収録されている。

(26)「外蕃通書」近藤守重（書物奉行）文政元年八月二九日（目録前書）、浄書完成翌年一一月一一日。内容：1-5 朝鮮、6・7 阿蘭陀、8-10 明、11-14 安南、15-17 暹羅、18・19 東埔寨、20 占城・太泥・田弾、21-23 呂宋、24-25 阿媽港、26 新伊西把儞亞、27 漢乂利亜。本文は、『近藤正斎全集』一（国書刊行会、一九〇五年）に活字収録されている。近藤正齋は寛政六年の学問吟味の丙科及第者でもある。

(27) 林復齋（学問所御用）編「通航一覧」嘉永三年着手・同六年完成（沿革調所編纂員：宮崎次郎大夫成身・松平庄九郎忠得・戸田寛十郎氏功・志賀元三郎篤・海老原武治利済・高嶋俊七郎安詳・山上八十郎正直・内海源五郎範儀・水野又一郎勝永・島田音次郎節信・田上作左衛門時明・神田金太郎徳）、内容：永録九（一五六六）年－文政八（一八二五）年の外国通交沿革。

(28) 林鶯溪（学問所御用）編「通航一覧続輯」安政三年一一月頃完成（宮崎成身ら八名の沿革調所編纂員［うち七名は正編関係者］）。

(29) 沿革調所編の「通航一覧」「通航一覧続輯」については、福井保『江戸幕府編纂物　解説編』（雄松堂、一九八三年）四八五－四九一頁のほか、木崎弘美「「通航一覧」の編纂と伝来に関する考察」（前掲）、木崎弘美「「通航一覧」の書誌学的考察」（前掲）、箭内健次「通航一覧続輯解題」（前掲）、田中正弘『近代日本と幕末外交文書編纂の研究』（前掲）が詳しい。

(30) 外国奉行編「通信全覧」（田邉太一らが編纂担当）、慶應元（一八六五）春着手・慶應三（一八六七）完成、内容：安政六（一八五九）・萬延元（一八六〇）の二ヶ年の外交文書三二〇冊。

(31) 外務省編「続通信全覧」五〇五巻、明治四（一八七一）着手・一八七九（明治一二）年完成、内容：「通信全覧」の後、明治元年八月までの徳川幕府の外交文書。

(32) 幕政の重要案件、特に近世後期の対外政策の決定過程については、藤田覚「江戸幕府の対外政策決定過程」（新稿、藤田『近世後期政治史と対外関係』東京大学出版会、二〇〇五年）二六三－二八六頁を参照。この論考でも、寛政期から嘉永期までの対外政策決定において「儒者への諮問」が確認されている。また、特に大学頭林述齋への政策諮問と答申については藤田「江戸幕府対外政策と林述齋」（新稿、前掲書）二八七－三〇八頁があり、古賀家を中心的に幕府儒者の外交参与を論じる本書の欠を埋める。藤田は、「林述齋は、幕府の重要な対外政策の議論のほぼすべてについて諮問をうけていたらしい」（三〇五頁）と指摘する。ただし、(1) 述齋が答申にあたり、彼が統括する学問所関係者とも協議の上で諮問に応えた事例がみられること、(2) 林大学頭が、対ロシアの蝦夷地政策を含む対西洋外交の担い手としてだけでなく、それ以前より幕府の対東アジア外交の中心的な担当者であったことにも配慮が必要であろう。本書では、外交における書き言葉漢文の位置を踏まえ、日本語史料ばかりでなく、古典中国語で記された古文書も扱い、また述齋隠居後を含む広義の幕府儒者の参与を、東アジア域圏における「礼」重視の外交慣習との関係でも捉えている。

(33) なお、「古案写」の内容：琉球国尚円王の一四七四年－尚寧王の一六一三年の、琉球→薩摩文書一五・薩摩→琉球文書二三・その他文書七、「琉球薩摩往復文書案」（『那覇市史』資料篇第一巻二、那覇市役所、一九七〇年）。「歴代宝案」の活字翻刻版には、『那覇市史』歴代

宝案第一抄、資料篇第一巻四（那覇市企画部文化振興課、一九八六年）、『歴代宝案』全一五冊（国立台湾大学）、『歴代宝案』（沖縄県立図書館史料編纂室校訂本、一九九二年）刊行中がある。

(34) たとえば、既述のように柴野栗山の蔵書は殆どが灰燼と化してしまったが、しかし現存する旧蔵書群（洲本市立図書館淡路國文庫）には、唐船や漂着船記録が含まれている。天明四年の「辰八番通船人名冊并貨冊」天明四年（N二六五番）、寛政二年の「松前漂流記」（寛政二年）（N三三七番・N三三八番）、寛政六年の「唐船商売大意」（寛政六年）、そして寛政七年一二月の「護送難民南京船主具供書」（寛政七年一二月）（N三九八番）などである。

(35) 寛政一二年の漂着唐船については、関連史料が薮田貫編『寛政十二年遠州漂着唐船萬勝號資料——江戸時代漂着唐船資料集六（関西大学東西学術研究所資料集刊一三—六）』（関西大学東西学術研究所、一九九七年）として編纂されている。ただし、この資料集には、古賀精里執筆の漢文教諭書が含まれていない。

(36) 古賀精里「経済文録」に収録（「精里全書」巻二七）。

(37) 古賀精里「[論清商文]」「経済文録」に収録（「精里全書」巻二七）。

(38) 佐藤一齋「答清商四名」（文政八年、「愛日樓全集」巻三五）。四名とは、江芸閣・劉訥君・沈綺泉・周藹亭である。

(39) 羽倉簡堂「清水筆語」・野田笛浦編「得泰船筆語」「海紅園小稿」は、田中謙二・松浦章編『文政九年遠州漂着唐船得泰船資料——江戸時代漂着唐船資料集二（関西大学東西学術研究所資料集刊一三—二）』（関西大学東西学術研究所、一九八六年）に影印版が収録されている。また羽倉簡堂「清水筆語」（羽倉信一郎編『簡堂遺文』吉川弘文館、一九三三年）七二—八六頁。

(40) 古賀侗庵「告諭清賈」（天保七年一月一五日）（「侗庵五集」巻四）。

(41) そのほかにも、古賀穀堂「眷西投瓜」文化元年十月（N四九〇番か）、あるいは文化一三年二月（N六一七番か）の「護送筆話」（「與樂園叢書」巻六八）などの筆談想定問答集や筆談記録がある。

(42) 『通航一覧續輯』五を参照。

(43) 「琉客談記」（「續三十輯」巻之二、『三十輯』第二、国書刊行会、一九一七年）四二—四九頁。寛政八年冬に江戸の薩摩藩邸で琉球謝恩使鄭章観・葵邦錦と面会し、「清國朝野禮俗」について問答した。その大要を薩摩藩儒で後に昌平坂学問所でも経書講釈を行った赤崎海門が筆記したものである。跋文、柴野栗山「琉客談記跋」（寛政九年四月）（『栗山文集』巻二之下、桐陰書屋蔵板、天保一四年）二九丁裏—三〇表にも収録されている。

(44) 遠山景晉については、景晉自筆の「文化日記」（遠山家旧蔵史料「遠山家記録残闕」東京大学法学部法制史資料室）のうち、長崎奉行時代の職務日記を翻刻した『長崎奉行遠山景晋日記』（清文堂出版、二〇〇五年）、特に同書解説の藤田覚「遠山景晋とその著作について」（二一七—二三八頁）を参照。また目付時代の景晉の日記を分析した論考に、荒木裕行「江戸幕府目付の職掌について」（藤田編『近世法の再検討』山川出版社、二〇〇五年）一一九—一四三頁がある。

(45) 田保橋潔（前掲書）をはじめ、近年の木崎良平『仙台漂民とレザノフ——幕末日露交渉史の一側面 NO・2』（刀水書房、一九九七年）、レザーノフ『日本滞在日記——一八〇四—一八〇五』（大島幹雄訳、岩波文庫、二〇〇〇年）。

(46) レザノフの庇護者ロシア帝国商務大臣ルミャンツェフの指摘。「日本への外交使節団のためのルミャンツェフからレザーノフへの指令書」一八〇三年七月一〇日。「一八、最も重要な任務は、日本と通商を結ぶことである。このために彼らの習慣と折り合いをつけながらそのための手段を探し出し、道を切り開かなくてはならない。最近の事件、バタヴィアの東インド会社の崩壊は、あなたに有利になるはずだ。つまり唯一のライバルが消滅し、貿易の自由化の可能性が生まれたことになるからだ」（レザーノフ『日本滞在日記』（前掲）附録、三八三頁。

(47) ラクスマンとの外交交渉については、『通航一覧』二七四や「露國最初の遣日使節アダム・ラクスマン日誌」（播磨樽吉訳註）（『史学雑誌』第三四編第二号、一九二六年）附録一－一六頁（同、第五号）附録一七－二四頁・（同、第六号）附録二五－三九頁。また研究としては、播磨樽吉「露國最初の遣日使節ラクスマン」一・二（『史学雑誌』第三四編第一号、一九二六年）四九－六七頁・（同、第二号）一一三－一三〇頁、木崎良平『光太夫とラクスマン――幕末日露交渉史の一側面』（刀水書房、一九九二年）。

(48) 「信牌」（「おろしや國の船一艘、長崎に至るためのしるしの事」）と「御國法書」の本文は、「通航一覧」巻二七四、魯西亜國部二（『通航一覧』第七、国書刊行会、一九一三年）九三－九六頁。後者には「長崎湊に来るとも、一船一紙の信牌なくしては通ることかたかるへし、また通信通商の事定置たる外、猥にゆるしかたき事なれとも、猶も望むことあらは、長崎にいたりて、其所の沙汰にまかすへし」とある。

(49) 松平定信「魯西亜人取扱手留」（東京大学史料編纂所謄写本 2051.9-77-3）。三奉行の評議と老中定信の意見は、この史料に載り、井野邊茂雄「ラクスマンの渡来」（井野邊、前掲書）一二〇－一二四頁で詳しく紹介されている。「入港之信牌」授与は、享保一二年の「かんぼちやへ被下候例」という先例参照による。ラクスマン来日時に、松平定信は「今度来ルところは、彼も名を正しくして来たり、こなたよりも礼と法をもて防んほかなし」（「魯西亜人取扱手留」巻一）と記し、その応対の基本方針として「礼と法」を挙げていた。藤田覚「鎖国祖法観の成立過程」は、この使節対応において強調された「礼と法」のうち、特に「法」を問題とする（藤田、前掲書、二〇〇五年、九頁）。藤田は一貫して鎖国＝「祖法」観の成立を問うために、「国法を示し、国法の規定によって対処することを掲げた松平定信が、法を創出した」とも記す（一〇頁）。それに対して本書は、外交における「法」の重要性を認めつつも、もう一方の国際秩序観念に関わる「礼」に注視する。じっさい、本書で明らかになるように、国書授受や将軍との謁見を含む江戸拝礼などにおける「礼」発現の方法こそが、対西洋外交においても当初からの課題であった。

また「法」を問題とする際にも、当該期の「法」の語法としては、法典・制度の「祖法」ではなく、普遍的な道徳規範の「道理」と同義で用いられる例もあり、分析には注意が必要である。たとえば、藤田が指摘するように、老中引退後の定信は「蝦夷地一件意見書草案」（文化四年）のなかで「通商之事は御旧典も可有之義、只臆断にはいつれとも難申上奉存候、……乍然御旧典も不奉存候」と記し、幕府に通信・通商限定の鎖国の法（「御旧典」）が存在しないことを認める（前掲書、六五－六六・八八頁）。他方この「草案」には、先の「礼と法」とも関連する、「不法失礼」という表現も散見される。ここでの「不法」とは人の道にたがうことであり、同草案の別表現の「不道理」と同義であろう。本書で具体的な事例に則して確認するように、近代の制定法とは異なって、当時の「法」概念は多義的であり、そこには、慣習と先例を基礎として作成された条文といういわゆる「慣習法」ばかりでなく、より上位の自然法的な条理も含まれるであろう。政策形成過程でこのような慣習法を解釈し、批判する際、徳川幕臣たちにとって何が問題となったのか。思想史研究としては、そのことを問わなければならない。

(50) 「通航一覧」巻二七七、魯西亜國部五（『通航一覧』第七、国書刊行会、一九一三年）一二八－一二九頁。

(51) 寛政九（一七九七）閏七月、幕府は外国船漂着時の措置を諸大名に令する。

(52) ©「御教諭御書附」は、「通航一覧」巻二八二、魯西亜國部一〇（『通航一覧』第七、国書刊行会、一九一三年）一九二－一九三頁、ま

た「北邊雜記」上に拠る（大藏省編『日本財政經濟史料』巻七、財政經濟學會、一九二三年）一一〇五－一一〇六頁。字句に異同あり、括弧内に記した。また末尾に次のような文言が載る写本もある。「此趣被仰渡候所、彼国使者御答に、御趣意心得違候て渡来仕候、仰之趣委曲承知仕候旨、早速御請申上候よし」。Ⓐ「長崎奉行申渡書付」は、「通航一覧」巻二八二、魯西亜國部一〇（『通航一覧』第七、国書刊行会、一九一三年）一九三－一九四頁、（『日本財政經濟史料』巻七）一一〇四－一一〇五頁。

(53) 藤田覚「鎖国祖法観の成立過程」（前掲書、二〇〇五年）一七頁。

(54)「御國法書」（「通航一覧」巻二七四、魯西亜國部二、前掲）九四－九六頁。

(55) ルミャンツェフ「日本との貿易について」一八〇四年四月（レザーノフ『日本滞在日記』前掲書、訳者序）一〇頁によれば、「日本人たちが食料としている魚や脂は、わが国では、アメリカ領だけでなく、千島列島やオホーツク海であり余るほど獲れるし、さまざまな獣の毛皮、せいうちや象の骨、羅紗などは、日本にもっていけば、贅沢品に加工できるだろう。その交換品として、コメ（これはアメリカ領の住民だけでなく、シベリア北部の辺境にも必要なものである）、銅の延べ棒、絹織物、銀、漆などを日本から受け取るのだ」とされている。また「日本への外交使節団のためのルミャンツェフからレザーノフへの指令書」一八〇三年七月一〇日には、「日本人たちに貿易が直接両国にとって多大な利益をもたらすことを説明し、我々のところから、彼らが毛皮商品、象やせいうちなどの骨、魚、皮革製品、羅紗などを得ることができ、我々はこれと交換に彼から米や、銅の延板、絹などを受け取ることになるだろう」（レザーノフ『日本滞在日記』［大島幹雄訳、岩波文庫、付録、二〇〇〇年］三八三頁）とも述べられている。

(56) たとえば、熊澤蕃山「集義外書」（『日本経済叢書』第三三巻、一九一七年）二二二－二二三頁。新井白石『折たく柴の記』（岩波文庫、一九九九年）二八一－二八二頁。正徳期の長崎の海船互市改革は、「我有用之財を用いて、彼無用之物に易んこと、我国万世の長策にあらず」とする白石の認識に基づいていた。なお、白石のこの新例の制定過程については、木崎弘美「正徳新例を中心にみた東アジア貿易――長崎奉行による貿易諸相の情報蓄積」（箭内健次編『国際社会の形成と近世日本』日本図書センター、一九九八年）三一－六二頁を参照のこと。

(57)「文化元年魯西亜使節船議」（「海防彙議補遺四」、内閣文庫 189-394）。なお、史料読解にあたっては「海防彙議補遺 巻四」（外題「海防彙議補遺二」、東京大学史料編纂所 旧造兵/B-1/3-2）の同文書でテクスト本文を校合し、空白箇所があり良本をもとにした写本ではないが「林柴両氏上書」（北海道立文書館、旧記 0023）も参考にした。本書では、他の上書内容と照合した結果、返答素案を一一月一七日の提案と同時に提出されたものと推測し、史料収録順序を一部変えて論じている。かつて活字翻刻されたものには、「魯西亞使節所置議」（添川廉齋編「有所不爲齋雜録」第二四、添川栗『有所不爲齋雜録』第三冊、中野同子、一九四二年）八丁表－一〇丁裏もあるが、元になる写本の相違から今回の翻刻とは字句の異同が少なくない。「有所不爲齋雜録」には、後出の「侗庵秘集」（第二二）や漂客次郎吉話詩（第一七）も収録されている。この編纂物については、木部誠二『添川廉斎――有所不爲齋雜録の研究』（無窮會、二〇〇五年）を参照。

(58) 管見の限りでは、先行研究のうち、この「文化元年魯西亜使節船議」の存在を指摘したものに、井野邊茂雄「レザノフの渡来に関する時論の一斑」（井野邊、前掲書）二〇二－二〇四頁と、荻生茂博「江戸後期の海外認識と林述斎」（『米沢史学』第九号、一九九二年）一－一三頁がある。井野邊は、レザノフへの拒絶意見の一つとして一部を引用して取り上げるが「たゞ其武力擯斥の説は、一種の攘夷論であるが、決して幕府の好む所でない。採用せられなかったのも當然である」と結論づけ、儒者の政策形成過程参与の位置付けとその意味付けを欠く。荻生は古文書読解から積み上げた史料内容の丁寧な検討を欠くために、政策形成過程と上書内容を一部誤認していると思われる。また近年の藤田覚『近世後期政治史と対外関係』（前掲）一四一―一五・四〇―四一・二九二―二九三頁でも文書内容が紹介されているが、学問所儒者に即して詳細には分析されていない。

(59)「通航一覧」巻二七四、魯西亜國部二（『通航一覧』第七、国書刊行会、一九一三年）九四・九六頁。

(60) 老中土井利厚から松前奉行宛「論松前奉行魯西亜接應始末」（文化四年八月）（「甕餘一得」初集巻三、内閣文庫）（『甕餘一得（内閣文庫所蔵史籍叢刊）』汲古書院、一九八一年）。

(61) 古賀精里の門人篠崎小竹にも、「論俄羅斯國使者 私擬」文化二年（篠崎小竹「豊南集」）四八裏―四九裏という著作がある。影印版では篠崎小竹『浪華詩文稿（上方藝文叢刊七―一）』上巻（上方藝文叢刊刊行会、一九八〇年）二一二―二一四頁。「俄羅斯國王の遺使、来りて貢を納め、世々修好して互市を通ぜんことを請ふ。俄羅斯、蓋し我が國風を聞き、徳義を郷慕し、所以《ゆえ》に萬里重譯来りて貢獻する者なり。其の意、甚だ美なり。我國、四方瀕海、鄰界を有することなし。國都州縣の建設、獨り内に割據搆怨《こうえん》之患なく、外に會盟借援之慮なきを全ふすること、古よりして以て然り。是れ我が封疆を固くし社稷を守るの所以なり。唯だ唐山・紅毛之通商、朝仙・琉球之通聘のみは、また朝廷之利を謀り、外國之寳を牟るには非ず。實に変世之交、然るに由る所のものあるなり。爾《なんじ》俄羅斯の如きは、星躔差度《せいてんさたく》、寒暄《かんけん》易節、車（ママ）文異にし、宜しく言語通ぜず。朕其の名を聞くも、未だ其の人を見ず。往歳款東《おうさいかんとう》して、我が漂人を還し、今茲に西より来りて、其の重弊を齎《もたら》す。其の我に求むる所以のものは、亦た深切ならずや。爾俄羅斯之意、朕其の衷を諭るに、ここを疑ふところ有ることなし。唯だここに其の一旦之誼を回し、我が累代之禁を廃するは是れ朕の先世に辞すること無きが為なり。且つ夫の互市之道は、有を以て無と易《か》へ、餘を以て嗛《けん》を補ひ、各《おのおの》其の利を得て止む。我国、衣食給足にして、文武兼備したれば、足らざる所のものは、珎瑰《ちんかい》戯玩のみ。志を喪ふは、聖教の戒むところなり。況んや奸民猾徒に復し、之を階として釁を為すは、固より俄羅斯より望む所に非ざるなり。貢ぐところの物件、之を卻《かえ》すは恭ならざるも、既に其の交際を絶つれば、如何して受く可けんや。爾俄羅斯之意、朕甚だこれを嘉するも、爾俄羅斯、朕の受けざるを恠むが為に、故《ことき》に某官某をして其の困乏に給す。米鹽・若干綿二千把は海路之淹となして、其の使に暁《つ》げしむ。敢へて之を賜ふと曰ふ。復答を煩はすこと勿かれ」（原漢文）。

(62) この文化三・四年の日露関係や国内世論については、井野邊茂雄「露人の暴行と時論の沸騰」「露船打拂令の公布」（井野邊、前掲書）二一九―二五〇頁、田保橋潔「日露関係の中絶」「江戸幕府の蝦夷地経営」（田保橋、前掲書）一九〇―二三九頁のほか、近年の藤田覚「文化三・四年日露紛争と松平定信――松平定信「蝦夷地一件意見書草案」の紹介をかねて」（初出、一九九六年）、藤田「近世後期の情報と政治――文化年間日露紛争を素材として」（初出、二〇〇〇年）、藤田「文化四年の「開国」論」（初出、二〇〇〇年）があり、いずれも藤田『近世後期政治史と対外関係』（前掲）に収録された。庶民の反応を扱った研究に、松本英治「北方問題の緊迫と貸本『北海異談』――文化期における幕府の情報統制」（『洋学史研究』第一五号、一九九八年）一九―四八頁。なお、古賀精里の「開国論」評価については、本節後出の註を参照。また藤田覚「鎖国祖法観の成立過程」（初出、一九九二年）・「対外関係の伝統化と鎖国祖法観の確立」（初出、二〇〇〇年）（前掲書、二〇〇五年）所収も参照。第Ⅲ部にもかかわるが嘉永六年以降の鎖国祖法観の解体過程については、遠山茂樹「幕末外交と祖法観念」（初出、一九八四年）（『遠山茂樹著作集』第二巻、岩波書店、一九九二年）を参照。

(63) 英語文献を用いた田保橋潔「日露関係の中絶」（田保橋、前掲書）一九〇－二二二頁。

(64) 〔文化四・五年？〕六月林述齋（「大河内文書 林述齋書翰」東京大学史料編纂所 4171.08-14 所収の第五番目の書翰）。

(65) 淡齋如水編「休明光記遺稿」巻之七（『新撰北海道史』第五巻、史料一、北海道廳、一九三六年）一三二五－一三二九頁。

(66) 「諭松前奉行魯西亜接應始末」（文化四年八月）（「蠹餘一得」初集巻三、内閣文庫）。藤田覚は、この「諭松前奉行魯西亜接應始末」を、レザノフへの幕府の対応を批判した杉田玄白や林述齋の意見を踏まえて「反論するかのように」「老中土井利厚から松前奉行に宛て」た「通達」とし、部分的に紹介して、先の「対応の正当性を主張している」と解している。藤田覚「文化三・四年日露紛争と松平定信——松平定信「蝦夷地一件意見書草案」の紹介をかねて」（『東京大学史料編纂所紀要』第六号、一九九六年）六二－六三頁。

(67) 文化年間の古賀精里の対外政策論については、瀧川誠一編『日本経済叢書』巻一七に息子侗庵の「擬極論時事封事」が精里の著作として活字収録されたために、その後の井野邊茂雄（前掲書）二三一－二三五頁をはじめ、これを踏まえた多くの研究が「開国論」「和親貿易論」と位置付けてきた。井野邊の場合、精里「擬答牒」における鎖国「祖法」の遵守と、「擬極論時事封事」における和親政策を、単独者の見解とするあまり、「開国論者たる古賀精里は、鎖国が祖法であることを論じている。假令策論の文意にあらはれた様式が、或は鎖国主義のやうに見え、或は開国主義のやうに見えても、それは必ずしも論者の眞衷を洩らしたものとのみは、断定することが出来ない。かくして開鎖の見解は、当面の問題を解決するものとなり、学説または絶対の主張と、時務策との分離を促した」と述べる（井野邊、前掲書）二三九頁。しかし、学説と政論との「分離」は、古賀精里においては、必ずしも成立していない。次の世代の侗庵では、本書第II部で明らかになるように、学説も政論も父精里から変化し、しかも両者は「分離」ではなく互いに相即し合っている。さらに「擬極論時事封事」が、侗庵の最初期に属する著作であることにも配慮が必要であろう。

(68) 文化六年二月「林祭酒書上之写」。古賀侗庵編「俄羅斯紀聞」（早稲田大学中央図書館特別史料室（ル 8-2994-30）の第三集（三集序［一八二二年］）三〇にも林祭酒「拝師氏意見」として収録。「文化六年二月林祭酒書上之写」「海防彙續編」巻一（内閣文庫 189-396）も参照。

(69) 文化四年七月 林祭酒建白「海防續彙議」四（内閣文庫 189-394）、『通航一覧』第八（国書刊行会、一九一三年）四四七頁にも収録されているが、いくつか語句の相違がある。文化四年七月朔日とされている。

(70) このいわゆる易地聘礼成立に至る交渉については、すでに田保橋潔の古典的研究「朝鮮通信使易地行聘考」（田保橋『近代日鮮関係の研究』下巻・別編第一、朝鮮総督府中枢院、一九四〇年）をはじめ、その後の長正統「倭学訳官書簡よりみた易地行聘交渉」（『史淵』第一一五号、一九七八年三月）、三宅英利『近世日朝関係史の研究』（文献出版、一九八六年）の補足研究がある。近年では、辛基秀・仲尾宏編『善隣と友好の記録 大系朝鮮通信使』第八巻、辛未・文化度（明石書店、一九九三年）が、図版・史料翻刻・関連著作・研究文献目録を収録した総合的研究として挙げられる。また李元植「文化度（一八一一）の使行」（李『朝鮮通信使の研究』思文閣出版、一九九七年）三八八－四四七頁。以上のうち、特に田保橋の研究は、当時京城帝国大学で近代政治外交史を専攻し、朝鮮側の一次史料にもあたって、嘉永年間編の『通航一覧』が日本での史料不備により明らかにできなかった事情も解明し、精細をきわめた先行研究の前にもはや「つけ加えるなにものもな」い（三宅）とさえ云われている。田保橋論文は、日本側での對馬聘礼への決定過程を明らかにすることにその大部分が割かれており、その際に彼が依拠した史料は、「文化易地聘使録」（国立公文書館内閣文庫 185-292）である。しかし、後続の研究者たちは、この一次史料を参照していないようである。

(71) 頼春水「霞關掌録」（享和二年九月から、翌春四月までの江戸滞在中の記録）（『日本儒林叢書』）四三頁。この時期に春水が昌平坂学問所で講義を行っていたことは、第二章を参照。

(72) 雨森芳洲については、滋賀県教育委員会編『雨森芳洲関係資料調査報告書』（高月町立観音の里歴史民俗資料館、一九九四年）が関係資料目録・年譜・系図・印譜などを収録し、基礎的研究として有益である。

(73) 荻生徂徠「贈對書記雨伯陽叙」（『徂徠集』巻之十）一五丁裏。

(74) 通信使に対する儀礼膳である七五三膳と、徳川期一二回の饗応の変遷については、高正晴子『朝鮮通信使の饗応』（明石書店、二〇〇一年）が詳しい。幕府の財政状況の悪化は、饗食の簡素化にも繫がったことが明らかにされている。

(75) 「貴國使臣上有正使、副使次之、而記室又次之、然而文字之責、全帰之記室、則記室為重」（古賀侗庵「擬與朝鮮記室書」文化八年）。歴代の通信使との筆談記録は、李元植「筆談唱和集総目録」（李、前掲書）六四八－六六五頁を参照。

(76) 精里に随行した草場珮川は、佐賀藩多久の出身で、藩校弘道館において古賀穀堂に師事し、その後昌平黌の古賀門に遊学しており、かつて長崎で唐人から中国語の発音を学んだ経験も持つ。また樋口淄川は、会津の出身で、昌平黌で古賀精里に師事していたが、以前藩命を受けて蝦夷地探索を行った経験を有する。

(77) 草場珮川「津島日記」下、六月十五日の条（『影印本津島日記（草場珮川日記別巻）』西日本文化協会、一九七八年）一〇Ａ－一〇Ｂ頁。

(78) 「山本氏筆記」（『通航一覧』巻一〇二、朝鮮國部七八、国書刊行会、一九一三年）二〇三頁。

(79) 「古賀謹一郎関係甲必丹文書」（慶應義塾図書館 25X-46-1）。

(80) 東アジア地域の外交文書の形式については、たとえば一五世紀の交隣関係に用いられた文書様式を検討した高橋公明「外交文書、「書」・「咨」について」（『年報中世史研究』第七号、一九八二年）七二－九五頁を参照。

(81) 「韓聘瑣記」二冊（乾：斥妄・擬答　擬問・翰苑玄英抄・往復語式、坤：馬島受聘始末・宗氏書目・待使儀注）（宮内庁書陵部 200-132）。

(82) 「韓聘瑣記」乾ではその他に、「禮曹来翰」が（瞻仰部）・稱徳部・欣喜部・入事部・自愛部・結尾部、「馬島贈翰」が欣喜部・入事部・感慰部・結尾部、そして「禮曹答翰」は辱書部・起居部　并欣喜・稱徳部・入事部・感慰部・回禮部・（自愛部）・結尾部に分化されて載せられる。

(83) 近藤正齋編「外蕃通書」（『近藤正齋全集』第一、国書刊行会、一九〇五年）。

(84) 和文漢訳草稿は「古賀謹一郎関係甲必丹文書」（慶應義塾図書館 25X-46-1）に収録されている。

(85) 脇坂安董編「文化易地聘使録」巻五、御返簡（国立公文書館内閣文庫 185-292）。

(86) じっさいの返簡副本は、外務省外交史料館に所蔵されている。活字翻刻された『通航一覧』巻一〇二、朝鮮國部七八（前掲書）二〇二頁収録の返書翰の文面中、「聘儀」は「聘禮」となり、また活字版の原本となった東京大学史料編纂所の写本も「聘禮」となっているが、写本段階での誤記であり、「聘儀」が正しい。

(87) 「答に普天同慶といへる語あり、信使肯せすして曰、普天の二字は萬國の中、中華ならては云かたき字なり、願は闔國と改めたまへ、もし否されは、状受て帰り難しと、……普天の字吾國の人は公然として詩文に称するなれとも、外國よりいへは許しかたき譯あり、只中華は古より、外なきを以自處、わか國は、古も、朝鮮等の國々より自ら諸して中華を許したり、わか國の近頃は一種の神道者流出して、異論紛々たり」（金鶏雑話）『通航一覧』巻一〇一所収。

(88) 関儀一郎・関義直共編『近世漢學者傳記著作大事典』（初版一九四三年）（井上書店、第四版一九八一年）四一三頁によれば、林述齋には「接韓録」四巻の著作があるが、現在そのテクストの所在は不明である。林家旧所蔵本を収める東京大学史料編纂所には、この対馬行きの記録は紀行漢詩集「南役雜蒿」一冊（林家本289）だけしか残されていない。なお、述齋・松崎慊堂と通信使の筆談記録を分析したものには、前出研究のほかに、藤塚鄰「對馬における日・鮮學人の文化工作と清朝學」（藤塚『日鮮清の文化交流』中文館書店、一九四七年）八〇一一一四頁がある。

(89) 以下の述齋の発言内容は、松崎慊堂「接鮮紀事」（原漢文）（『慊堂全集（崇文叢書第一輯）』巻二三、崇文院、一九二六年）一丁表—四丁表による。なお、「萬餘巻樓蔵書」中にも「接鮮瘖語」一冊（宮内庁書陵部203-18）がある。

(90) 「今朝両矦帰帆、餘ニ遽ナルユヘ韓客ナト主人ヨリ先退クノ礼アリヤト訝リシトノ風説アリ」（草場珮川『津島日記』下、六月十九日の条）。

(91) 弘化四年一〇月に松崎慊堂「接鮮瘖語」を読んだ古賀精里の孫古賀謹堂は、日記に次のような読後感を記し、精里の言動と対比させながら、慊堂の朝鮮観と言動を非難している。「［弘化四年一〇月］廿八日、読接鮮瘖語、松崎某之策、浅且隣誼間不宜、道之言漫吐、及吾顕祖徳学評説不敬、可悪、然如鮮人敬伏、顕祖之語、自可見」（古賀謹堂「謹堂日誌鈔之一」）。

(92) 松平定信『宇下人言・修行録』（岩波文庫、一九四二年）一三五—一三七頁。

(93) 新井白石「朝鮮聘使後議」（『新井白石全集』第四、吉川半七、一九〇六年）六八一—六八四頁。

(94) 新井白石「朝鮮聘使後議」（前掲）六八二頁。

(95) 『李退溪書抄』一〇巻首一巻、文化六版、一〇冊（宮内庁書陵部203-121）。

(96) 「大學纂釋」は、後に『大學章句纂釋』古賀樸、石冢崔高等校、文化一一（一八一四）年版、一冊（宮内庁書陵部202-71）として刊行された。

(97) 徂徠門人たちの朝鮮通信使との筆談については、多田正和「正徳辛卯朝鮮通信使と日本の漢文學」（『斯文』第一八編第二号、一九三六年）一—一八頁、鹽谷溫「荻生徂徠に關する二三の考察」（徳川公繼宗七十年祝賀記念會編『近世日本の儒學』岩波書店、一九三九年）四五三—四七六頁などを参照。

(98) 「通航一覧」巻一〇八、朝鮮國部八四（『通航一覧』第三、国書刊行会、一九一三年）二六三頁。なお、李元植「詩文贈答と筆談」（李、前掲書）七六—一二六頁は、歴代の筆談記録における頻出主題を整理分析する。

(99) 「朝鮮人來朝之節筆談之儀ニ付御書付」寳暦正月（『徳川禁令考』四〇八一号）にも収録。

(100) 中井竹山「草茅危言」『中井竹山集（近世社会経済学説大系）』（誠文堂新光社、一九三五年）一二四頁。

(101) 草場珮川「津島日記」下、六月廿六日の条（前掲書）三五B—三六A頁。

(102) 「檥舟齋書目」中の関連文献は、巾箱 第十八番・第十九番に含まれているが、これは「萬餘巻樓蔵書目録」外国語、第一八番・第一九番と同内容である。他方、「番外雜書總目」全一七巻中の関連文献には巻七・巻一七に含まれている。

(103) 「韓事輯要」三冊（宮内庁書陵部204-22）、「歴朝待韓雜記」三冊

（宮内庁書陵部 205-71）、「蓮幕待韓書式」（宮内庁書陵部 204-23）。

(104) 対馬行の前年文化七年の草場珮川「歳庚午昌平塾 襍抄」（多久市郷土資料館草場家文書）には、次のような記述がある。

「一、創典張木　一、歴世紀略
一、擬荅擬問　一、國書起草
一、林家筆語并詩文　一、後師録
一、樋淄川　一、考古文武
一、以配菴筆語　一、客舘
一、淄川贈荅　一、精里贈荅
一、島中餘稿　一、贈荅詩文　附別後來贈詩
一、來聘官覚　歯薄名数　一、儀郎
一、考古待賔例　」

(105)「韓使、国家之大賓、宜以禮譲相接也」（「後師録」草場第四条）。

(106) 文化年間のロシア使節への応接の際に、林家と学問所儒者が、「國王ﾉ之使者」ゆえ「会釈」なくては「無礼」に当たり、鄭重に接遇するよう提言していたことは本章第二節で確認した。さらに第III部でみるように、嘉永年間のロシア使節応接の際にも、学問所儒者古賀謹堂は、外国使節は「重臣」ゆえ、長崎ではなく江戸への拝礼を許可して「召見」すべしとの上申書を提出している。対外関係や外交使節交渉における「礼」を、学問所儒者が如何に尊重したか、またそれをどのようなものとして理解したかは、第III部に至るまで本書での重要な論点の一つである。

(107) 古賀精里「讀白石秘記」（『精里全書』十六、文集八所収）。

(108) 古賀侗庵「泣血録」文化一四年四月一〇日（慶應義塾図書館 176-29-1）。

(109) 湯浅明善「天明大政録」（滝本誠一編『日本経済大典』第二二巻、明治文献、一九六九年）一四五―三六四頁。

(110) 柴野栗山「栗山上書」第三条。また松平定信の大政委任論については、藤田覚「朝幕関係の転換――大政委任論・王臣論の成立」（藤田『近世政治史と天皇』吉川弘文館、一九九九年）一〇九―一三二頁を参照。

(111)「〔問〕天皇、山城に在り、開國以来その姓を替へず。将軍、江戸に在りて、実に域内を統べ、事権ことごとく手に在り。天皇、虚位を擁するのみ。果して然るや否や。〔答〕天皇、萬代一姓、付託して人を得る。垂拱《すいきょう》して責成す。事體、ほぼ周の共主の如し。而してその四海を宗仰服徳するところとなせば、すなわち霄壌懸殊《しょうじょうけんしゅ》たり。幕府、王室を夾輔《きょうほ》し以て四方に涖む。国勢、ほぼ齋の周に於けるが如し。而して諸侯心服し、百姓子来《しらい》せば、すなわち未だ年を同じくして語るべからず。此れかならずしも曉々《ぎょうぎょう》之言を待たず。惟だ数千年來、人の敢へて神器を覬覦《きゆ》することなく、二百年来、河清海晏《かせいかいあん》なるを観るに於て見るべし」（原漢文、「擬答」第一条）。

第II部　序

(1) 松下忠「古賀精里の行実」（『日本大学漢学研究』第一六・一七合併号、一九七八年）一〇八―一〇九頁は、「古賀小太郎親類書」（天保三年）に従って、西湟（洪晉城）を「弟」「三男」とし、侗庵を精里の次男とする。しかし、これは洪家の養子となった西湟を敢えて「三」とした「親類書」の性格と記述を誤認したものである。侗庵は「泣血録」（文化一四年）で「仲兄西湟先生」と記し、古賀増「先考侗庵府君行述」も侗庵を三男とする。

(2) 松下忠は「新楽閑叟」を侗庵の別号の一つとし、「二叟漫譚序」文化七年（「侗庵秘集」巻之二）に依って、侗庵が文化三年から文化五年まで蝦夷を探索したと解しているが（松下「古賀侗庵の行実」『斯文』第八一号、一九七七年」七頁、松下「古賀家三代時務論」下「『斯文』第八三号、一九八一年」三五―三六頁）、この序文は「代作」であり、また新楽《にいら》閑叟（定・愛間主人）は「足利学校蔵書目録」（寛

政九年）を編集し、他にも蝦夷に関する著作をもつ別人である。

(3) 古賀増「先考侗庵府君行述」弘化四年（『事實文編』第三、六四、国書刊行会、一九一一年）。

(4) 犬塚遜「昌平志」巻二、事実誌、寛政五年九月一八日の条。

(5) 昌平黌をめぐる文献については、第I部第二章の関連註を参照。儒者の賀箋については、荻生茂博「幕府儒者の賀箋について」（和漢比較文学会編『俳諧と漢文学』汲古書院、一九九四年）二三一―二五八頁、侗庵の賀箋の一部は「古賀家古文書」（慶應義塾図書館 26X-9-二）に含まれている。江戸藩邸に在った学校の概要については、名倉英三郎「江戸府内の諸学校と諸藩邸内学校」（『東京女子大学比較文化研究紀要』第四五号、一九八四年）七一―八〇頁、名倉「江戸府内諸藩邸内学校の概況」（多賀秋五郎編『藩学史研究』巌南堂書店、一九八六年）を参照。そのほかにも、『長野県教育史』第七巻、史料編一（長野県教育史刊行会、一九七三年）によれば、松代藩の江戸藩邸にも古賀侗庵は招聘されて経書を講じている。すなわち、文政八年一月一七日「藩主会読初」の記録に「先是於江戸邸内毎月某日幕府儒員古賀小太郎（侗庵）ヲ聘シ会読ヲ為シ討論頗ル盛ナリシト云」とある。

(6) 役宅の敷地内に書生寮とは別に内弟子のための「学寮」があったが（多湖安元「聖堂向大略之覚」天保一〇年、石川謙『日本学校史の研究』日本図書センター、一九七七年、一八二頁）、それが「昌平官舎家塾之南齋」の「久敬舎」であろう（古賀侗庵「久敬舎記」文化一二年）。さらに『江戸城下変遷絵図集』第四巻（原書房、一九八五年）によれば、文化三年から安政六年の絵図にまで、番町之内（現・千代田区富士見二丁目）に古賀（弥助・小太郎・謹一郎）家所有の屋敷が見える。なお、俎板橋のそばのこの地に家塾「久敬舎」があったとする見解もあるが（阪谷芳直『三代の系譜』みすず書房、一九七九年、一一頁）、たとえば阪谷朗廬が「偸間小記」（弘化元年）の末尾に「備中阪谷子絢、撰于昌平久敬舎南西窓下」と記すように（阪谷朗廬『朗廬全集』一八九三年、五二〇頁）、家塾は昌平坂学問所内にあり、精里から引き継いだ書斎は「艤舟齋」と呼ばれた。また平部嶠南の日記には、古賀家の家塾について次のような記述がある。「昌平ノ塾」「古賀ノ塾ハ南塾・北塾・中塾ト三ツニ分レテ、其中央ニ食堂アリ。塾則ハ精里先生ノ創メラレシ所ニテ、其嚴格ナルヿ諸家ノ塾ニ超ヘタリ」「精里先生ハ書生ヲ待ヿ甚タ嚴ニシテ、一月中ニモ屢塾ニ来臨アリテ塾生ノ勤惰ヲ糺察セラレ、若不埒ノ事聞ユレハ、立トコロニ放逐セラレシ故ニ、塾生等モ皆畏縮シテ游蕩ノ事ナトハ無リシカ、今ノ侗庵先生ハ書生ヲ待ヿ甚タ寛ニシテ平生督責ノ事ハ絶テ無リケレハ、塾生等自然ト游蕩ニ流ル、者多シ、之ヲ合セテ相補ハ、可ナランモノヲト門生等モ竊ニ相語レリ」。平部嶠南「六鄰荘日誌」一、天保四年五月（影印縮刷版 平部『六鄰荘日誌』青潮社、一九七八年）四―五頁。

(7) 平部嶠南「六鄰荘日誌」一、天保四年四月一一日（影印縮刷版 平部『六鄰荘日誌』青潮社、一九七八年）四頁。

(8) 板倉勝明「征夷府故学士侗庵古賀先生墓碑銘」（嘉永元年）原漢文（『近世名家碑文集』経済雑誌社、一八九三年）一四四頁。

(9) 古賀侗庵「沈痾絶句」のなかの一首。侗庵「古心堂詩稿」巻之十七に収録。

第四章

(1) 栗本鋤雲については、芳賀徹「幕臣栗本鋤雲の生涯」上・下（『自由』一九六五年六月号）一三八―一四五頁、（同、七月号）一六〇―一六七頁を参照。

(2) 栗本鋤雲「古賀侗庵先生の著述」（栗本秀二郎編『匏庵遺稿』裳華書房、一九〇〇年）四八三頁。

(3) 古賀謹堂「謹堂日誌鈔之一」（慶応義塾大学附属研究所斯道文庫ハ09-4/68-1）。

(4) 古賀侗庵の門人録は、現存を知られておらず、侗庵の著作や門人たちの記録から推測されるにとどまる。たとえば、天保四年四月一一日に侗庵に入門した平部嶠南（飫肥藩）によれば、嘉永四年正月晦日「故侗庵先生ノ忌日」を記念するために昌平坂に参集した人びとは「羽倉外記（旗下）・川北喜右衛門（島原藩用人）・昌谷《さかや》五郎（津山藩儒臣）・上田角之助・藤森恭助・井上熊藏・加藤市助（飯田藩儒臣）・姫井幸之助・津田元次郎（姫路藩儒臣）・齋藤順治（仙臺藩儒臣）・菅野謙助（姫路藩儒臣）・石川和助・諸《もろ》木勇助」であった。平部嶠南「六鄰荘日誌」四（『六鄰荘日誌』前掲）一一三頁。

（5）当初侗庵の文集を上梓する予定があったことは、弘化四年十二月「十五日午後川北喜右エ門・小島坦堂・藁科周伯・藤森恭助・松田多助来會す、是ハ先人連文を列侯之醵金にて上木願度旨相談なり」（「謹堂日誌鈔之一」）。

（6）栗本匏庵（前掲書）四八四頁。

（7）侗庵の著作作成過程は、岩瀬文庫に所蔵された「古賀侗庵原稿本」一一冊（西尾市岩瀬文庫143-23）に含まれる「新論」を例に取れば、（一）無罫紙に書かれた仮名交じりの自筆草稿、朱筆にて訂正書入「新論稾」二冊「續新論稾」二冊、（二）「愛月堂」罫紙所用、漢文の自筆原稿、朱筆にて訂正書入「侗庵新論」二冊（巻一―八）、（三）「愛月堂」罫紙所用、他筆の清書、濃紺無地表紙「侗庵新論」二冊（七・八、十五・十六）という段階をとって定稿が定まった様子が窺える。

（8）各種の「侗庵集」がどのような経緯で、現在の各所蔵機関に引き継がれたのかは不明だが、岩瀬文庫・静嘉堂文庫のものは古書店を介して購入された（前者は一九一一年五月一〇日に購入）。

（9）「讀書矩」は、長澤規矩也編『江戸時代支那学入門書解題集成』第二集（汲古書院、一九七五年）八七―一一四頁に影印収録されている。「讀書矩」についての言及は、中山久四郎「近世支那の日本文化に及ぼしたる勢力影響」第二回（『史学雑誌』第二五編第三号、一九一四年）二七〇頁にもある。

（10）荻生徂徠「物子書示木公達書目」（長澤規矩也編、前掲書）二〇五―二二〇頁。

（11）荻生徂徠「経子史要覧」（長澤規矩也編、前掲書）一一五―二六〇頁、三五二頁。

（12）大庭脩「漢籍輸入の研究」（大庭『江戸時代における中国文化受容の研究』同朋舎、一九八四年）三一二頁は、徳川吉宗以降増加する輸入書籍が、徳川日本でどのように読まれたかという文化伝播の研究は、不可能に近いとする。本書では思想史研究として、不十分ではあるが、その学術受容研究を試みたい。

（13）佐藤一齋「初学課題次第」（長澤規矩也編、前掲書）一一五―二六〇頁。

（14）侗庵の徂徠評は、次のように両義的である。「二子（徂徠・春台）之才学、流俗《りゅうぞく》之を観るに由れば、真に超卓為り、識者之を観るに由れば陋習僻見、当に一決《いっけつ》すべきに足らず」（「答高尾子浩」文化一二年）。「物徂徠、豪傑之士也、学殖文添、未だ始めて成規に遵はず、捍然別に自ら門径を闢きて能く一世を風靡す、……」（「儒林墨寶跋尾」弘化三年）。

（15）これらはすべて成立年代不明だが、「大學問答」については篠崎小竹の「大學問答序」が「文政丁亥臘月浪華」すなわち一八二七年一二月の日付けをもつことから、それ以前に成立していたことになる。

（16）なお、原稿に使用される紙質や罫紙の種類・侗庵自筆稿本における筆跡変化・筆写者の筆跡などの精査により、さらに細かく時期を特定できる可能性もある。

（17）「劉子」は、「侗庵筆記」「古心堂随筆」「蚓操子漫談」「夏日繙経一得録」などに含まれる随筆を編集収録した著作である。成立年代は不明だが、最後の侗庵の書入は一八三〇年であり、それ以前までには完成していたと思われる。

(18) 阪谷朗廬「書海防臆測後」（阪谷素『朗廬全集』一八九三年）三三八頁。

(19) 「古賀氏家事始末」一八九四年九月（慶應義塾図書館 201-9-1）。

(20) 「古賀氏家事始末」（慶應義塾図書館 201-9-1）に収録。

(21) 早稲田大学図書館図書館史編集委員会編『早稲田大学図書館史——資料と写真で見る一〇〇年』（早稲田大学図書館、一九九〇年）を参照。

(22) 現存する「新論」の写本からはその読者の反応が窺えるものも少なくない。たとえば、「侗庵先生新論」（国立国会図書館鶚軒文庫 2772）には後に坂本龍馬暗殺の下手人として名乗り出た「幕府世臣今井信郎」の署名があり、また「侗庵新論」（静嘉堂文庫 17768/8/90-11）は内藤耻叟の蔵書で多くの書き込みがある。なお、先行研究のうち、この主著「新論」一七〇首の全体に検討を加えて侗庵の思想を論じた研究は、未だ一つもない。

第五章

(1) 西尾市岩瀬文庫には『大學問答』の原稿が所蔵されており、(一)無罫紙に書かれた自筆草稿、朱筆にて訂正書入「大学問答稾」未定一冊（当初「四書註翼問答稾」の題をもつ）、(二)「愛月堂」罫紙所用（無罫紙も混じる）漢文自筆原稿「大学問答稾」三冊（上中下）（西尾市岩瀬文庫 66-16）という段階を経て定稿完成をみたことが確認できる。

(2) 国会図書館所蔵の侗庵自筆の『論語問答』には、表紙に属稿完成と删正の日付が記され、巻一には日付がないが、巻二が文政十一年五月十二日に稿の完成をみて以後、最終巻、巻二五が天保五年四月十九日完成するに至るまで、すなわち少なくとも一八三四年まで「四書問答」叙述の努力が継続されていたことが確認できる。

(3) 侗庵は經冒頭の「大學之道」の「道」は、「聖賢之道」ではなく「方法」「方」であると解釈する。

(4) 「大旨不失。而未得文義」（『大學問答』巻四、一九丁表）。

(5) 「此節陥一偏。」（『大學問答』巻二、六丁裏）、「此説流於一偏。不可從。」（同、巻四、一六丁表）。

(6) 井上哲次郎『日本朱子学派之哲学』（冨山房、一九〇五年）五九八頁。

(7) 犬塚遜「昌平志」（同文館編輯局編『日本教育文庫（学校編）』同文館、一九一一年）八五頁。

(8) 草場船山「辛丑東游日載」（天保一二年）（荒木見悟監修・三好嘉子校註『草場船山日記』文献出版、一九九七年）一二―一四・二〇頁。草場船山は、第Ⅰ部第三章第三節で古賀精里の対馬行きに随行した草場珮川の息子にあたる。

(9) 日本における、翻刻出版には、清聖祖「聖諭」刊、一冊（句読）がある。

(10) 清聖祖「聖諭廣訓」天明八年刊（赤松九兵衛等）二冊 返送。「聖諭廣訓」については、大村興道「清朝教育思想史に於ける「聖諭廣訓」の地位について」（林友春編『近世中國教育史研究』国土社、一九五八年）二三三―二七一頁を参照。

(11) 鹽谷宕陰『視志諸言』上（白石清泉山房藏板、慶應二年）一八丁裏・二〇丁表。

(12) 中国における四書の解釈史については、佐野公治『四書学史の研究』（創文社、一九八八年）を参照。

(13) 儒学の四書の一つ、『大學』の徳川時代の日本での受容については、一九八八年に出版された源了圓編『江戸の儒学——「大学」受容の歴史』（思文閣出版、一九八八年）の共同研究が、代表的な先行研究として挙げられる。複数の儒者の『大學』解釈を検討した結果、この研究はその後の経書解釈の研究に、清朝初期儒学の移入という取り組むべき大きな課題を提起した。「われわれは江戸期の儒者たちに与えている中国の儒者たちの『大学』理解の意識的・無意識的影響にも注目せざるを得ない。その際これまで解明されてきた古代や宋明の儒学の影響だけでなく、清初儒学の影響が予想以上に大きいことが今度の研究で明らかになった。この問題の解明もこの後のわれわれに残された大きな研究課題であろう」源了圓「序」（源編、前掲書、一九八八年）viii頁。後続の研究として、本書でも正面からこの指摘を受けとめ、同時代の書籍移入史を視野に収めて議論を展開している。

(14) 梁啓超『中國近三百年學術史』（一九二三年）。邦訳版『支那近世學術史』上・下（岩田貞雄訳、人文閣、一九四二年）。

(15) 陸隴其の伝記的記述については、呉光酉・郭麟・周梁・他『陸隴其年譜』（中華書局、一九九三年）が詳しい。研究では、三浦秀一「湯斌と陸隴其——清初士大夫の人間理解と経世意識」（東北大学文学会『文化』第四八巻第一・二号、一九八四年）七四—九二頁、錢穆『中國近三百年學術史』上・下（商務印書館、一九三七年）、「陸隴其的理学思想」（侯外盧・邱漢生・張豈之主編『宋明理学史』下巻（二）、人民出版社、一九八七年）九七二—九八六頁。

(16) 褚家偉・張文玲「點校説明」（『陸隴其年譜』前掲）二頁。

(17) 呂晩村については、伊東貴之「「理」の恢復——呂留良における現実批判の位相」上・下（『中国哲学研究』第三号、一九九一年）四四—八八頁・（第四号、一九九二年）一三二—二〇五頁、伊東「呂留良の『禮』説と『經權』観——その思想史的意味」（『東洋の思想と宗教』第一四号、一九九七年）九五—一一二頁が詳しい。また、伊東「《秩序》化の諸位相——清初思想の地平」（『中国——社会と文化』第一〇号、一九九五年）二八—六五頁は、清初思想研究史を展望したものとして有益である。伊東「「気質変化」論から「礼教」へ——中国近世儒教社会における〈秩序〉形成の視点」（『東アジア・東南アジア伝統社会の形成（岩波講座世界歴史一三）』岩波書店、一九九八年）二三五—二六八頁も参照。いずれも伊東『思想としての中国近世』東京大学出版会、二〇〇五年）に収録された。

(18) 「猪飼敬所先生書柬集」（『日本藝林叢書』第四巻、六合館、一九二八年）。

(19) 褚家偉・張文玲「點校説明」（『陸隴其年譜』前掲）一—二頁。

(20) 草場珮川「津島日記」下、文化八年六月一六日の項（『影印本津島日記』西日本文化協会、一九七八年）一九A頁。

(21) 「松陽四書講義」については、「松陽講義」一二巻、清 陸隴其、席永恂等編、文政一一（一八二八）版、八冊、（宮内庁書陵部202-43）「陸稼書先生 四書講義遺編」大學一巻、清 陸隴其、天保二（一八三一）木活、一冊（宮内庁書陵部201-159）のうち、前者と解したが、いずれか不明。

(22) 「孟子集説」四冊（宮内庁書陵部202-119）編纂に参与した門人の名（飯田履・山下世芳・河添充・財津吉一・植木約・森祐之・速水強・關善養・阪谷素・登阪胤昌・玉置元・尾形惟明・絲井肇・岡田馨・諸木敏・成富信・遠藤恭・小早川正命・中尾献・岡田武明・太田栗・牟田）から察して、天保後期の著作と考えられる。『国書総目録』によれば、他に「孟子集説」（都立中央図書館諸橋文庫123-MW-362-1）も侗庵の著作とされるが、表紙に折衷学派の亀田鵬齋の弟子「日尾荊山自筆」と記されてあり、誤りである。また、「易説」（慶應義塾図書館132-89-1）などの著作もあるとされるが、署名なく侗庵の自筆でもないので侗庵の著作か疑わしい。

(23) この篠崎小竹「大學問答序」は、精里と侗庵の学問的立場の相違について触れている。

(24) 朱子学者たちのなかで格物致知補伝批判の系譜に属する林希元については、小島毅「林希元の陽明学批判」（小島『中国近世における礼の言説』東京大学出版会、一九九六年）一五三頁を参照。小島は林の論理を次のように説明する。「真理を追求する立場から朱熹の学説を批判することは、朱熹自身の意にかなうはずだ。朱熹の説を墨守するのではなく、朱熹の枠組みにしたがいながら真理を窮めていくのが、真の朱子学者だという論理である」。

(25) 「煜案。大學無闕之説。董槐始唱之。可謂豪傑之士。後来葉夢鼎、王柏、呉澄等。不過襲之耳。」（『大學問答』巻三、五丁裏）。

(26) 「煜案。程朱説格致。詳盡靡遺憾。即從虚齋。以傳為無闕。仍當以程朱之説。附干傳後。以発揮其旨。何則博文簡短。纔發其端。而不能詳明故也。」（『大學問答』巻三、一〇丁表）。

(27) 久米邦武は、古賀穀堂の日記や江戸に遊学した佐賀藩儒武富圯南の伝聞をもとに、侗庵のこのような学問態度を、阮元編『皇清經解』（道光［一八二一—五〇］年間刊）一四〇〇巻、三六二冊の日本への移入に結びつけて解釈している。久米邦武編述・中野禮四郎補訂『鍋島直正公傳』第二編、第八巻第二十三章（侯爵鍋島家編纂所、一九二〇年）二一二—二一四頁、『久米博士九十年回顧録』上（早稲田大学出版部、一九三四年）一二三頁。しかし、本論での議論で明らかなように、少なくとも文化七（一八一〇）年までには、侗庵は朱熹説墨守ではない姿勢を確立しており、『皇清經解』の長崎舶来（久米は天保六［一八三五］年とする）と結びつける久米の解釈は成り立たない。なお、久米が『鍋島直正公傳』の記述で引く古賀穀堂の日記からの引用箇所は、後にまとめられた「古賀穀堂日乗抄録」（佐賀県立図書館鍋島文庫 022-286）に拠る。

(28) 佐久間象山は大鹽事件に触れた書簡（「與本多伯楙書」天保八年四月）の中で、天保期の「學術」界を論じ「近世天下之學術、澆漓《ぎょうり》日に甚だし、是以て士の學を爲すや、また日に益難し」として、「功利之毒」、「考據文辭」の考証学、「老荘佛氏」の弊害を挙げ、さらに「儒者之學、また復して派を分け途を殊にし、紛紛としてその定まることなし。……同じく孔孟を尊び、同じく仁義を崇び、同じく天理を講じ、同じく至善を説く。初に在りてその辨や毫里、終に至りてその謬や千里。学者いまだかつてその同異を剖析し、その疑似を辨明することあらず」と述べる。原漢文、「象山淨稿」信濃教育会編『増訂象山全集』（信濃毎日新聞株式会社、一九三四年）八四頁。

(29) 明・清の経書解釈史を前提とした、日本の陽明学を中心とする近世後期儒学の研究は、たとえば、荻生茂博「幕末・明治の陽明学と明清思想史」（源了圓他編『思想（日中文化交流史叢書3）』（大修館書店、一九九五年）四〇四—四四四頁、荻生「「幕末・明治の陽明学と明清思想史」補注」（『米沢史学』第一一号、一九九五年）四九—六四頁などを参照。

(30) 「論西土學術文風、百年内外、必覃被於我、邦人一染之後不軽變、非如西土易遷、祇見風習之美、當移用斯心於文學正軌可也」（古賀侗庵、S一三一、天保九年）。

(31) 袁枚については、本田済「袁随園の哲学」（鈴木博士古稀記念祝賀会編『鈴木博士古稀記念東洋学論叢』明徳出版社、一九七二年）。宮内庁書陵部古賀本には、袁宏道（中郎）・袁枚の著作が少なくない。「袁中郎全集」二四巻 目一巻、明／袁宏道、元禄九版、一八冊（203-78）、「花陳綺言」一二巻、明／袁宏道、明版、一〇冊（203-2）、「徐文長文集」三〇巻 目一巻、明／徐渭、袁宏道評點、明版、八冊（203-192）、「俄羅斯紀聞外編」四巻四冊（205-6）巻之三（利）には清袁枚「新齊諧」、「新齋諧」二四巻（有缺）、清／袁枚、清版、一二冊（202-155）、「隋園三十種」二五六巻（有欠）、清／袁枚、清版、九四冊（200-16）、「小倉山房詩集」三二巻、巻七末缺、清／袁枚、清／乾隆版、八冊（202-158）。これらの性霊派の影響を具体的に侗庵の著作のなかに確認する作業は、今後に残された課題である。

(32) 古賀侗庵「四書訓蒙輯疏序」天保一五年五月なども参照。

(33) 魏源については、『魏源集』（中華書局版）全二冊のほか、大谷敏夫「魏源の経世思想」（初出一九七一年）（大谷『清代政治思想と阿片戦争』同朋舎出版、一九九五年）二四一—三〇六頁、陳輝南『魏源研究』（乾惕書屋、一九七九年）、Leonard, Jane Kate, *Wei Yuan and*

China's Rediscovery of the Maritime World, (Harvard U. P., 1984)、李漢武『魏源伝』（湖南人民出版社、一九八八年）、北村良和「魏源――パラダイムの転換者」（日原利国編『中国思想史』（下）ぺりかん社、一九八七年）三五七―三六六頁などを参照。

(34) 日本に移入された清国経由の歴史地理・経世論については、鮎沢信太郎・大久保利謙『鎖国時代日本人の海外知識――世界地理・西洋史に関する文献解題』（乾元社、一九五三年）、小澤栄一『近代日本史学史の研究』幕末編（吉川弘文館、一九六六年）を参照。また、唐船を通じた書籍移入の概要については、大庭脩『江戸時代における唐船持渡書の研究』（関西大学東西学術研究所、一九六七年）、大庭『江戸時代における中国文化受容の研究』（同朋舎出版、一九八九年）を参照。

(35) 魏源の著書『海国図志』については、北山康夫「海国図志とその時代」（『大阪學藝大學紀要A人文科學』三号、一九五四年）九六―一〇三頁、百瀬弘「海国図志小考」（岩井博士古稀記念事業会編『岩井博士古稀記念典籍論集』開明堂、一九六三年）六九一―六九六頁、大谷「海国図志と瀛環志略」（初出一九七九年）（前掲書、一九九五年）五四三―五八二頁、佐々木正哉「『海国図志』余談」（『近代中国』一七巻、一九八五年）、村尾進「『海国図志』――「翻訳」と「描写」による世界地理書」（『しにか』第七巻第一二号、一九九六年）六六―七一頁など。

(36) 魏源は、当時江蘇布政使であった賀長齢（一七八五―一八四八）の依頼を受けて、道光五―六（一八二五―二六）年の約一年間に、『皇朝経世文編』一二〇巻の編纂実務を担当した。百瀬弘「清末の経世文編に就いて」（初出一九四〇年）（百瀬『明清社会経済史研究』研文出版、一九八〇年）一九五―二〇三頁を参照。但し、「萬餘巻樓蔵書目録」にはその書名を見出すことが出来ない。日本での翻刻木活本には、嘉永元年以降に出版された齋藤拙堂校訂の『経世文編抄』甲・至・庚集、各三巻、全二一冊（津藩有造館、嘉永元・三・五年刊）がある。

(37) 東アジアの「域圏」で近世の対外関係を捉えようとする荒野泰典『近世日本と東アジア』（東京大学出版会、一九八八年）や濱下武志「朝貢貿易システムと近代アジア」（濱下『近代中国の国際的契機』東京大学出版会、一九九〇年）など近年の研究により、徳川時代の対外観は攘夷という排外主義と直結するような単純な〈中華―夷狄〉秩序観のモデルの引き写しではないことが確認され、「華夷秩序」自体の多層性検討に焦点が当てられるようになった。中国における中華思想の成立については、たとえば掘敏一『中国と古代東アジア』（岩波書店、一九九三年）を参照。

(38) 侗庵の華夷秩序観については「新論」S三〇（文政一〇年）、八〇（天保二年）、八四・八五・八六・九三（天保三年）、一〇一（天保四年）、一一四・一一九（天保七年）、一四二（天保一三年）など。

(39) 後に西洋認識において詳論するが侗庵の「戎虜」観は次のようなものだった。「戎虜は理義を顧みず、仁慈の心有ること無し、貪淋叨饕、専ら利是務む、洵に畏れて悪む可し」（S八〇、天保二年）。「虜の性、従来利害を識りて理義を顧みず」（S一二五、天保八年）。

(40) 侗庵の中国呼称の変遷については、前田勉「古賀侗庵の世界認識」（前掲書、一九九六年）四〇二頁を参照。

(41) 松平定信「退閑雑記」巻之七、寛政九年（『続日本随筆大成』第六巻、吉川弘文館、一九八〇年）一二〇頁。

(42) 「吉光片羽集」一巻（宮内庁書陵部 203-172）。

(43) 古賀侗庵「吉光片羽集序」（「侗庵初集」巻三）、古賀精里「吉光片羽集跋」（「精里全書」第一九巻）。

(44) 「南溟靖氛録補遺」一本（宮内庁書陵部 204-115）。

(45) 「劉子」は、「侗庵筆記」「古心堂随筆」「蚓操子漫談」「夏日繙経一得録」などに含まれる随筆を編集収録した著作。成立年代は不明だが、最後の侗庵の書入は天保元（一八三〇）年であり、それ以前までには完成していたと考えられる。

(46)「海防臆測」での「西土」の華夷秩序批判は、K二二（天保九年）、五一（天保一一年）に示される。

(47) 大槻磐水の評が付された古賀侗庵「俄羅斯情形臆度」は、「俄羅斯紀聞」四巻四〇冊中の第四集に収録された（早稲田大学中央図書館ル8-2994-39. 40）。また後に浄書されたものが「俄羅斯情形臆度」二冊（宮内庁書陵部204-112）である。

(48) 大槻玄沢については、洋学史研究会編『大槻玄沢の研究』（思文閣出版、一九九〇年）。特に彼の西洋認識については、佐藤昌介「大槻玄沢の対英策論——『捕影問答』を中心に」（佐藤『洋学史の研究』中央公論社、一九八〇年）一四五―一五四頁、生田澄江「『捕影問答』にみる大槻玄沢の対外認識——オランダ情報との関連において」（『法政史論』第一八号、一九九〇年）一六―四一頁などを参照。なお、古賀侗庵は、大槻が主催した宴会に招かれ「御壽宴賓客名簿」（早稲田大学中央図書館特別資料室 洋学文庫 文庫8-A5）の九二名中の二一番目に名前を連ねている。

(49) なお、福山藩藩主阿部家（幕府の老中、阿部正精・正弘を出した）所蔵の古記録には、侗庵編「俄羅斯紀聞」初集、十巻、六冊（北海道立文書館阿部家文書七四）（F-2/1128, 2517）と二集、十巻、八冊（阿部家文書七五）（F-2/1129, 2518）が含まれている。

(50) これ以前にも、イギリスは、蘭英間の争いの東アジアへの波及として、一八〇八年にフェートン号事件を引き起こしているが、出島商館長ドゥーフが、自国の弱みを隠蔽するために、英露が提携し、イギリスはロシアの日本侵略を手助けしていると、架空の国際情勢を説明したこともあり、東北アジア域圏における対ロシアへの危機観を強めたにとどまったと思われる。ドゥーフの説明については、日蘭学会編『長崎オランダ商館日記』四（雄松堂、一九九二年）を参照。

(51) 文政の異国船打払令については、井野邊茂雄「文政打拂令の頒布」（井野邊『新訂維新前史の研究』中文館書店、一九四二年）三一七―三三六頁、および近年の藤田覚「文政異国船打払令の立法過程」（初出二〇〇二年）（藤田『近世後期政治史と対外関係』東京大学出版会、二〇〇五年）二三九―二六二頁。この対外政策決定の評議に参加した勘定奉行の遠山景晋（寛政六年甲種及第）と町奉行の筒井政憲（鑾溪、享和三年甲種及第）の二人が学問所の学問吟味及第者であったことも、本書では重要である。またこの際に、大学頭林述齋に諮問が及び、発令決定後、述齋がオランダを通じてのイギリスへの打払令通告を支持したことは、藤田（前掲書）二五一、二五六―二五八頁を参照。

(52) 文化五（一八〇八）―文政一〇（一八二七）年の日記「侗庵日録鈔」二冊（慶應義塾図書館127-152-2）には特に外国事情の記事の傍に朱点が打たれている。

(53) なお、木崎弘美「所蔵書よりみたる昌平坂学問所の特質——異国船打払令と対外情報」（國學院大學栃木短期大學史学会編『栃木史學』第八号、一九九四年）一〇九―一四二頁は、昌平坂学問所文庫の所蔵目録の調査から、対外関係書籍の整理収集の画期を文政八（一八二五）―文政一一（一八二八）年段階に見ている。

(54) モリソン号事件をめぐる研究には、相原良一『天保八年米船モリソン号渡来の研究』（野人社、一九五四年）があり、アメリカ商船の乗組員が記した三種の航海記、また日本側での処理や反響を広く扱っている。また、相原に先行する田保橋潔「モリソン號來航及撃攘に就いて」一・二（『史学雑誌』第三三編第一号、一九二三年）三三―五二頁・（同、第三号）一六七―一九四頁、井野邊茂雄『新訂維新前史の研究』（中文館書店、一九四二年）三九五―四二〇頁も参照。より広い文脈からモリソンの足跡を位置付けた近年の研究にはRubinstein, Murray A., *The Origins of the Anglo-American Missionary Enterprise*

in China, 1870–1840, (Scarecrow Press, Inc., 1996) がある。

(55) 「莫利宋」（「灩餘一得」二集巻二、国立公文書館内閣文庫）。この史料には、①六月、阿蘭甲比丹内密申上に付長崎奉行伺書（久世伊勢守）、②七月、長崎奉行伺に付勘定奉行・勘定吟味役上書（下ケ札）、③七月、長崎奉行伺に付儒役林大学頭上書（林大学頭）、④八月、長崎奉行伺いに付大小目付上書（神尾山城守・水野舎人）、⑤九月、林大学頭再応上書（林大学頭）、⑥一〇月、評定所評議書（乙號評議書）（評定所一座）、⑦一一月か、評定所再応評議書（評定所一座）、⑧一一月、勘定奉行・勘定吟味役再応上書（御勘定奉行・同吟味役）、⑨一二月、老中指令に付長崎奉行久世伊勢守請書が収録されている。先例参照は、単に「前近代的」な先例墨守という側面ばかりが強調されがちであるが、一法治国家として、また他国への国際信義の問題として、一貫性のある対外政策の確保が目指されていたとも解される。

(56) この林述齋の見解を「儒学的仁政思想」の発想にもとめつつも、「そこからは現下の国際情勢に対する深刻な洞察や、これに基づく対外的な危機意識をほとんど窺うことができ」ず、彼が「対外問題について、無関心であり、あるいは無知であったことを暴露したもの」と評する研究もある。佐藤昌介「江戸湾防備問題と蛮社の獄」（佐藤『洋学史研究序説』岩波書店、一九六四年）二四三頁。述齋自身の海外情報収集作業やまとまった対外政策論は、東京大学史料編纂所の林家本にも伝存せず、真偽を正すことは難しい。だが、後述のように、本書の古賀侗庵がこの述齋とほぼ同意見であったことを踏まえれば、儒学者が対外政策や対外情勢に無知であるという先入観は、再考されなければならない。

(57) 〔綱吉が儒職に一官の地位を与え、「崇文之政」を大成するまでの経緯に触れて〕「但教學専ら立さる故に義理明かならす、戦國の舊俗士大夫の道となり、殘刻を以て武とし、意氣を以て義とし、不仁不義の所行多くして人道の本然に背けり。是によりて聖道を尊崇まし〳〵て御自ら聖經を講論し給ふよりはじめ様々文道の事を興されしは、皆此尊慮より出たり」「儒者流外入流の沿革」（文化四年三月二八日、遠山金四郎と林家との話）（文部省編『日本教育史資料』第八冊、巻二二、冨山房、一八九二年）二五頁。

(58) 赤井東海「奪紅秘事」（井口木犀『崋山掃苔録』豊川堂出版部、一九四三年）二九四―二九五頁。また清水礫洲「有也無也」（井口、前掲書）二七七―二七八頁、井口木犀「解説」（井口、前掲書）三九二頁を参照。

(59) 「海防臆測」の執筆草稿「海防臆測稾」一巻一冊（お茶の水図書館成簣堂文庫 463-7-3）は三〇首の自筆稿本で巻末に「天保戊戌秋七月」の日付が記入されている。この草稿によれば当初の執筆順序は、未解明の点を残すが、次のようである。一・二・八・一四・三・一六・一八・一七・一一・二四・一二・二三・二〇・二一・一三・二五・一〇・四・五・四・一三・二七・六・七・九・一九・二六・二二・二七・二九・三〇（二八?）。「海防臆測」の読者の反応には、駒澤晏窓（利廉・士平・沖之丞）（一七八九―一八七五）「杞憂編」（京都大学文学部書庫こ四―九）中の「古賀博士海防臆測序」（嘉永二年三月）「論海防臆測」四篇、佐久間象山「海防臆測跋」（安政二年七月）などがある。なお、本書序章で述べたように、明治期の刊本『海防臆測』の一書に絞って思想分析したものとしては、とくに三谷博「積極的開国論者の世界像――古賀侗庵『海防臆測』」（『明治維新とナショナリズム』山川出版社、一九九七年）六〇―六九頁を参照。また『海防臆測』執筆期に限らない世界認識については、前田勉「古賀侗庵の世界認識」（『近世日本の儒学と兵学』ぺりかん社、一九九六年）三九六―四二五頁がある。これらの先行研究に対して、本書では、侗庵の世界認識を彼の参照本から窺える知的世界を踏まえて論じ、またアヘン戦争以前の一八二〇年代半ばから、視圏拡大に伴う世界認識の枠組み変化と論策における「変通」論の自覚的唱導が行われていることとを指摘した。本書で強調するように、単に古賀侗庵の個人的関心だけでなく、幕府儒者の外交参与という当時の社会的文脈のなかで彼の政治思想を考える必要があろう。

(60) 日蘭学会・法政蘭学研究会編『和蘭風説書集成』上・下（吉川弘文館、一九七六・七九年）。

(61) たとえば、「俄羅斯紀聞外編」巻之二に含まれる『職方外紀』（一六二三年）は耶蘇会士艾儒略（Giulio Aleni）による世界地理書だが、侗庵はミュアヘッド（W. Muirhead）『地理全志』（一八五三・五四年）などの中国在住プロテスタント宣教師による地理書を存命中手にすることはなかった。

(62) 佐藤昌介「蛮社の獄の歴史的意義」（佐藤『洋学史研究序説』前掲）三一九頁によれば、水野政権下での幕臣官僚の政争は、唐・和蘭のいずれの風説書を重視するかをめぐるものでもあった。

(63)「讀書矩」に挙げられた外国地誌の内、特に西洋認識に関わるものは「訂正増繹采覧異言」、桂川甫周「魯西亜志」だが、これらの主な典拠はヒュブネルの著作の蘭訳本である。一八四〇年前後に侗庵が言及する西洋地理書の翻訳の典拠は次の通り。

・山村昌永「訂正增譯采覧異言」（享和三年）（侗庵編「俄羅斯紀聞紀聞」一集に抄録）Pieter Goos「万国航海図説」(*De Zee-Atlas ofte water-weereld*, 1676)、J. Hübner「万国伝信紀事」(*De Staats-en koeraten-tolk of woordenboek der geleerden en ongeleerden*, 1732) を翻訳して増補、その他参照。大槻玄沢門下の山村はヒュブネルの「ゼオガラヒ」について特に次のように記している。「此外尚「ヒブ子ルス」所撰ノ「ゼオガラヒ」ト云ル輿地統載ノ全書及ヒ各国ノ地志等アルヿヲ聞ケリ、未ダ其書ヲ見ルヿヲ得ズ、他日若一見スルヲ得バ、須ク其精説ヲ訳兎以テ考証ニ備フベシ」（「訂正增譯采覧異言凡例」）。

・高橋景保「新訂萬國全圖」（文化一三年）（侗庵K三一、天保一〇年で言及）Aaron Arrowsmith "The Map of the World" (1780) を主とし、「乾隆十六省及九邊地圖」ヒュブネル「ゼヲガラヒ」等を参考にしている。なおヒュブネルに依拠したと云われている世界各地の風俗・政教等の略説を記した附録一冊は、その現存を確認できなかった（国会図書館古典籍資料室所蔵）。「新訂萬國全圖」については鮎澤信太郎「高橋景保の新訂万国全図とその系譜」（鮎沢『鎖国時代の世界地理』日大堂書店、一九四三年）一三一—一七九頁（特に一五二—一五五頁）、船越昭生『鎖国日本にきた「康熙図」の地理学史的研究』（法政大学出版局、一九八六年）を参照。

・青地林宗訳「輿地誌略」八巻（文政九年）（侗庵「泰西録話」弘化元年で言及）Johann Hübners著 W. S. Cramerus 蘭訳 *Algemeene Geographie, of beschryving des geheelen aardryks.* (Amsterdam, P. Meyer 1769) 六冊本「アルゲメイネ ゼオガラピイ オフ ベシケレイヒングデス シケーレン アールドレイクス」の抄訳。

(64) ヒュブネルの生涯については Kaemmel, H., "Hübner : Johann H." *Allgemeine Deutsche Biographie*, (Leipzig, 1881) SS. 267-269. その著作と日本への影響は岩崎克巳「『ゼオガラヒー』の渡来とその影響」（『書物展望』一〇—一二、一九四〇年）四六八—四七六頁、石山洋「大地理師ヒュブネルをめぐって」（『上野図書館紀要』第三号、一九五七年）xxxiii-lv頁に詳しい。地理学・地理教育史における彼の位置付けは Wisotzki, E., *Zeitstromungen in der Geographie*, (Leipzig, 1897) SS. 104-105, SS. 114-115. Gruber, C., *Die Entwicklung der Geographischen Lehrmethoden im XVIII. und XIX. Jahrhundert*, (München, 1900) SS. 22-23, SS. 62-65. 一八世紀地理学の概観は、野間三郎『近代地理学の潮流』（大明堂、一九六三年）一—一一頁。蘭学者の世界認識の著作と典拠については、開国百年記念文化事業会編『鎖国時代日本人の海外知識』（乾元社、一九五三年）をそれぞれ参照。ヒュブネル地理書が徳川日本の蘭学者の典拠となってきたことは従来指摘されてきたが、そのことが意味する巨視的な思想史上での位置付けは管見の限り見当たらない。なお、宮地哉恵子「「ゼオガラヒー」から『海国図志』へ——舶載書籍による西欧政治制度紹介」（『歴史学研究』第六二三号、一九九一年）一六―二七頁が、「ゼオガラヒー」「プリンセン」『海国図志』の三種の地理書、それぞれの諸版の移入過程について論じており、特に書誌的な情報として有益である。本書での議論上、最低限必要な「ゼヲガラヒー」諸版の情報は以下のとおりである。

○ヒュブネル父子「ゼヲガラヒー」諸版

Reales Staats- Zeitungs- und Conversations-Lexicon (1704)（「コウランツトルコ」）。「ゼヲガラヒー」初版 *Kurze Fragen aus der alten und neuen Geographie bis auf gegenwartige Zeit*, 1693. 改訂版 *Vollstandige Geographie*, 3 Bde., 1730.（Hübner II による改訂増補版）再改訂版 *Allgemeine Geographie aller vier Welteile*, 3 Bde., in 6 (1761-1762).

○ヒュブネル父子「ゼヲガラヒー」の主な翻訳（邦訳　原著・蘭訳本諸版の抄訳）

本木良永「和蘭地図略説」一冊（一七七一）。朽木昌綱「泰西輿地図説」十七巻六冊（一七八九）。再→前野良沢「東砂葛記」一冊（一七八九）「東察加志」一冊（一七九〇）（「俄羅斯紀聞」一集収録）。再→桂川國瑞「魯西亜志」一巻一冊（一七九三）（「俄羅斯紀聞」一集収録）。改→山村昌永「亜細亜諸島志」一巻三冊、「印度志」二巻二冊（一八〇七）「百児西亜志」一巻一冊（一八〇七）。再→青地林宗「輿地誌略」八巻（一八二六）（諳厄利亜条抄出「俄羅斯紀聞」四集収録）「輿地誌」六五巻（一八二七）（全訳と推察されるが現存するのは一部のみ、「亜細亜誌」一冊、「亜米利加誌」二冊、「大貌利太泥亜誌」二冊）。

(65) たとえば、英語版には、*A New and Easy Introduction to the Study of Geography, by way of question and answer*, the 2nd edition, trans. by J. Cowley, (London, 1742) (the seventh edition, 1777) がある。

(66) Gruber, *op. cit.*, SS. 21-23.

(67) *Bible Stories form the Old and New Testaments*, remodeled and improved by C. A. Koerner, 1882 を参照。

(68) フンボルトやリッター以前であるヒュブネルについてグルーバーの評価は酷評である。彼によれば、ヒュブネルはペダンチックでいかにも校長的、しかも個性がなく（Gruber, SS. 62-63）その記述は喜劇的な問答形式で、その知識は表面的で没個性的であるとされる（S. 64）。しかし、それにも拘わらず当時ドイツではフランスの書籍以上に非常に高く評価された（S. 65）。ヒュブネル自身の評価では、歴史と現状との両方に配慮し "Jus publicum" を重視した記述を心がけており、そのような公平な叙述は息子ヒュブネルにも引き継がれた（Wisotzki, 1897, SS. 104-105, SS. 114-115）。他方、Kaemmel, 1881 は地理教育よりもむしろ聖書物語の著者としてのヒュブネルを高く評価している。

(69) 渡邊華山旧蔵「輿地誌略」は、国会図書館旧幕府引継書所蔵（YD1-184）。なお、蕃書調所旧蔵の *Allgemeine Geographie*（国会図書館古典籍資料室）と、この青地による崋山旧蔵「輿地誌略」とを対照すると、青地が逐語的に翻訳していることがわかる。引用箇所は、「輿地誌略」首巻（宮内庁書陵部古賀本 204-179）二一丁裏―二二丁裏にあたる。

(70) 「輿地誌略」巻之一、欧邏巴洲総説（早川純三郎編『文明源流叢書』第一、国書刊行会、一九一三年）二六三頁。

(71) 「訂正増譯采覧異言」巻之一（『訂正増訳采覧異言（蘭学資料叢書）』上、青史社、一九七九年）一六二―一六三頁。

(72) 「輿地誌略」（『文明源流叢書』第一、前掲）二六二頁。

(73) 「訂正増譯采覧異言」巻之七（『訂正増訳采覧異言』前掲）七二六

頁。

(74) 近代地理学を定礎したフンボルトやリッターについては、野間（前掲書）や手塚章編『地理学の古典』（古今書院、一九九一年）を参照。

(75) Gregory, D., "Geography and the World-as-Exhibition," *Geographical Imaginations*, (Blackwell Pub., 1994) pp. 15-69.

(76) 一九世紀ビクトリア期の文明論についてはBurrow, J. W., *Evolution and Society : A Study in Victorian Social Theory*, (Cambridge U. P., 1966), P・J・マーシャル、G・ウィリアムズ『野蛮の博物誌——一八世紀イギリスが見た世界』（大久保佳子訳、平凡社、一九八九年）、日本への移入の問題は松沢弘陽「文明論における「始造」と「独立」」（松沢『近代日本の形成と西洋経験』岩波書店、一九九三年）三〇七—三九五頁を参照。

(77) このように中国を理解するのは、イエズス会のシノフィリズム、ドイツではライプニッツ（Leibniz, G. W.）ヴォルフ（Wolff, C.）、フランスでは重農主義者たち、ケネー（Quesnay, F.）など。中国への幻滅感は、一八世紀中葉よりイエズス会の会士が欧州諸国から追放され、一七七三年には教皇庁の圧力で会自体が形式上消滅し、その中国礼賛報告の信憑性が著しく低下したこととも関係している。欧州の中国文明観についてはDawson, R., "Western Concept of Chinese Civilization," *The Legacy of China*, (Oxford, 1964) pp. 1-27, レイモンド・ドーソン『ヨーロッパの中国文明観』（田中正美他訳、大修館書店、一九七一年）、D・F・ラッハ「中国像（西洋の思想と文化における）」（高山宏訳、『西洋思想大事典』三巻、平凡社、一九九〇年）二九七—三一六頁を参照。

(78) Gruber, *op. cit.*, S. 64. なお一七六九年蘭訳版ではドイツの記述は欧州中三七%を占める。

(79) ケンペルの「鎖国論」とその移入史については、小堀桂一郎『鎖国の思想——ケンペルの世界史的使命』（中公新書、一九七四年）を参照。

(80) ロシア情報を「ゼヲガラヒー」の翻訳にも依拠していた侗庵は、文政五（一八二二）年に「熱阿賀蠟肥伊」の著述形式を論じて、その「貨賄品物」に詳細な特徴から「視る所惟だ利」とロシアを中心とする西洋の性格を読み取っている（侗庵「俄羅斯紀聞第三集序」文政五年）。当時侗庵の認識ではイギリスではなく「多く佛蘭察の地を奪」ったロシアが唯一の強国だった。

(81) 「新論」では、S八〇（天保二年）、一一四（天保七年）、一三四（天保九年）、一六三・一七〇（弘化元年）など。

(82) 侗庵の「妖教」認識は、会沢正志斎が「新論」の中で記すそれとは異なる。会沢は西洋諸国が「夷教を唱へて、以て民心を煽惑」し（虜情篇）戦闘を交えることなくして日本を侵略する可能性を説くが、それに対して侗庵は「泰西の人国を取る、教へを施し兵を用いるの二策に過ぎず、近代邪教は以て意を得ること難し、故に多く兵力に任す」（S一二一、天保七年）と述べて、もはや「邪教」による侵略は不可能であり、「近代泰西」諸国も「隣邦を呑噬するに、大都兵を以てし、教へを以てせず」と捉えていた（K二六、天保九年）。

(83) 幕府天文方の山路徳風（才助）・諧孝（彌左衛門）・彰常（金之丞）・彰善（一郎）の家系を継ぐ、山路彌吉（愛山）は「現代日本教會史論」の中で、昌平坂学問所儒者の安井息軒「辨妄」と侗庵の「海防臆測」のキリスト教理解を対比している。前者が一九世紀以前のキリスト教、すなわち「神の名を以て異端を唱ふるものを焚殺し、若くは神の名を以て異教民を誅殺したる時代の耶蘇教」の理解によって「自由寛容を主義とする第十九世紀の耶蘇教を見る」のに対して、後者「天保の名儒古賀侗庵は嘗て海防臆測を著はし宗教戦争の時代が欧米に於て既に過去のものとなりたることを説」いたと云う。侗庵が同時代の耶蘇教に「自由寛容」の精神を認めたとは考えられないが、たしかに彼は愛山の指摘の如く、キリスト教の内容と西洋諸国の歴史的現実とを峻別し、帝国主義時代のキリスト教諸国の植民地獲得競争の現実を醒めた眼をもって捉えていた。「余〔愛山〕は侗庵の卓見に敬服すると共に侗庵以後の唯一人たりし息軒先生の遂に時代を解する眼なかりしことを惜しまざるを得ざるなり」（山路愛山『基督教評論・日本人民史』岩波文庫、一九六六年）四〇頁。

(84) 西洋産地理書を典拠とする福澤・内田の著作については、松沢弘陽『近代日本の形成と西洋経験』（岩波書店、一九九三年）一五九—一六五頁を参照。

(85) 渡邊崋山の典拠については、岩崎克巳「崋山と洋学」一・二（『書物展望』第一二巻、一九四二年）二八—三四・一九—四四頁を参照。

(86) 佐藤昌介他編『渡邊崋山・高野長英・佐久間象山・横井小楠・橋本左内（日本思想大系五五）』（岩波書店、一九七一年）三八・二五頁。

(87) 渡邊崋山「初稿西洋事情書」（佐藤編、前掲書）六二頁。

(88) 佐藤編、前掲書、二四・二七頁。

(89) 渡邊崋山「慎機論」（佐藤編、前掲書）七二頁。

(90) 蠻社の獄以後記された渡邊崋山の「口書」（天保一〇年七月）によれば、「慎機論」は未定稿「下書」で、この後に「海防心得方を記し候積り」であったとされるが、捕縛後の弁解はかえって蠻社の獄以前の彼の逆の真意を暗示しているのではなかろうか。崋山の生涯については、佐藤昌介『渡邊崋山（人物叢書）』（吉川弘文館、一九八六年）を参照。

(91) なお本書でのこのような侗庵の西洋認識の理解に対して、前田勉「女性解放のための朱子学——埋もれた思想家古賀侗庵」（前掲論文、一九九五年）は、侗庵の「壼範新論」（文化一二年）自筆稿で侗庵自ら削除した「西洋諸国、上天子より下庶民に達するまで一夫一婦なり、亦是れ良法なり」という箇所を根拠に、侗庵の「卓越した先見性」を説く。すでに梅澤秀夫「近世後期の朱子学と海防論——古賀精里・侗庵の場合」（前掲論文、山川出版社、一九八一年）八五頁が「俄羅斯情形臆度」（文化一一年以前に執筆）によって指摘していたことだが、侗庵は「天下の良法」とする一方で、それが遵守されているか否かについては疑問を呈している。西洋文明社会の制度や文化が含む普遍的契機を侗庵がどれほど深く理解出来たかは、時期によっても異なろうが、彼の著作全体を踏まえた上でのより慎重な評価が要求されるだろう。

第六章

(1) 侗庵「擬極論時事封事」については、幕末の読者の反応が、堀貞明「筆写古賀氏十策」（文久三年五月二三日）（「洋邦彙事」八、東京大学史料編纂所 4151. 9-48-8）によって窺える。

(2) 「擬極論時事封事」執筆時点において、侗庵は、文化五年のフェートン号事件を、ロシア船と誤解しているようである。

(3) 「変通之理」といってもその概念の重点は「変通」にあって、「理」はその働きの条理や法則性という意味で用いられているに過ぎない。先行研究（梅澤秀夫、前掲論文、一九八一年）では侗庵の「窮理」に思想的特質を見出そうとする傾向がみられるが、侗庵の「理」の語法を検討すると「——之理」という何かの条理やその働きにみる法則性を意味する「理」が頻用され（「感応之理」「用賢之理」など）、しかもその場合その条理の個別的な内容・作用に意味の重点が置かれている。さらに、何か実在する本体的なものという意味での理気論の「理」や普遍的理念=真理という意味で「理」が用いられる例は殆どなく、むしろ人間社会の普遍的規範という意味では「理義」「仁義道徳」「徳」などのある価値志向的な概念が用いられている。当時蘭学の影響で「窮理」が一般に自然科学という意味で用いられもするが、侗庵にはその用例は見当たらない（「窮理説」天保一四年参照）。

(4) 「新論」では、S三四・四三・四五（文政一一年）、五四（文政一二

年）、七〇（天保元年）、九三（天保三年）、一〇八（天保六年）、一二六（天保八年）など。栗本鋤雲は「昌平儒者」という文章の中で、学生が侗庵の「易書講義の語気を擬し、如此場合には変通せざるを得ずと口號」んだエピソードを紹介している（栗本、前掲書、一九〇〇年）四八六―四八七頁。佐賀出身で、昌平黌遊学中古賀謹堂門下であり、後に佐賀藩弘道館で教鞭を執った久米邦武は、「古賀家の学は……「物窮すれば通ずる」といふ理論で、変通の機運が此の時に萌した」と述べ（久米邦武『久米博士九十年回顧録』上、早稲田大学出版会、一九三四年）一二二―一二三頁、また中村安宏は、栗本の記述と「海防臆測」第一五篇の一文とに依拠して、侗庵の変革論を「変通の理の思想」と表現する（中村「幕府儒者・河田迪齋の思想的位置」『日本思想史研究』第二六号、一九九四年）二〇・二二頁。

（5）侗庵の「変通」は「後人多く古人より愈る、盖し理勢之必至也」（S四三、文政一一年）や「物之窮まり也変有り、事之極まり也必ず革す、此れ自ら天地之至理」（S五四、文政一二年）という「勢」の観念と結びついて理解され、また為政者に「時勢を察し」て「時宜を審らか」にすることを求める「変通」の論理は、頼山陽の「勢」認識とも重なり合う面を持っている。だが、両者の大きな相違は「道理」と「勢」との緊張関係の把握如何にある。それは、山陽が韓非子（難勢）や蘇洵（審勢）蘇軾（策略一）父子に依拠して「権勢」を論ずるのに対して侗庵の「変通」が『易経』に典拠をもつという違いばかりでなく、侗庵の「変通」という論理には、一方で執拗なまでの「道理」への固着と、それ故に他方での社会の変動、歴史的展開に即応して道理を真の「道理」たらしめるという論理が複雑に結びついていたことにある。また、侗庵の「変通」の主張は、会沢正志齋や横井小楠と同様に対外危機への注視から生じるが、時期的に見ても彼らよりも早く、徳川時代末期「変通」論の嚆矢だったと思われる。さらにより重要なことは、山陽や会沢や小楠とは異なって、侗庵は幕府学問所の御儒者であり、当時の学問の傍流ではなく、江戸学問所のまさに中心的担い手によって「勢」や「変通」の論理が説かれていたという点である。この『易経』の「変通」論が、清末の魏源の経世論における変革論理であったことも看過できない。魏源「海運全案序」（『魏源集』上冊）は云う。「易曰、夫乾、天下之至健也。徳行恒易以知險。夫坤、天下之至順也。徳行恒簡以知阻。又曰、窮則變、變則通。神而化之、使民宜之。故知法不易簡者、不足以宜民、非夷艱險而勇變通者、亦不能以易簡」。

（6）水野忠邦「丙丁炯戒録序」天保一〇年一一月中旬（鹽谷宕陰『丙丁炯戒録』刊本）には、「治亂之數、乗除其の人に存す、易に之れ有り、變して之に通じ以て利を盡くす、天下之利、豈に窮極に有らんや、要は其の時に随ひて其の宜しきを裁くのみ」とある。

（7）侗庵は派閥抗争など幕府内部の事情にもかなり通じ、政治情勢の展開について非常な関心を持っていたと思われる。特に天保改革の際、水野忠邦に抜擢された羽倉簡堂（用九・外記）が精里の門人であり、侗庵とも親交を結んでいたことは、簡堂が「侗庵文集」の選定に携わっていることからも窺われる（侗庵「泣血録」［文化一四年］、「与羽倉懸令」［文政二年］も参照）。納戸頭から勘定吟味役を兼任した簡堂は、天保一四年閏九月に上知問題で老中水野と共に罷免された。なお、簡堂には「海防私策」（嘉永元年八月）『日本海防史料叢書』所収という海防策もある。羽倉簡堂の略歴については、中城直正「羽倉簡堂」（『歴史地理』第一三巻第六号、一九〇九年）二三―三〇頁・中城「「羽倉簡堂」正誤並補遺」（同、第一四巻第二号、一九〇九年）三五―三六頁、佐藤昌介（前掲書、一九六四年）一九七―一九八頁を参照。

（8）昌平坂学問所儒者が、古賀門「一つを例外として」殆ど林家の枝門であったことは、石川謙『日本学校史の研究』（日本図書センター、一九七七年）二一〇頁でも指摘されている。

(9) 佐藤一齋については、古典的な研究である高瀬代次郎『佐藤一齋と其門人』(南陽堂、一九二二年)、また近年の中村安宏「佐藤一齋の思想——寛政期をめぐって」(『日本思想史研究』第二〇号、一九八八年)、中村「佐藤一齋の「公平之心」」(『日本思想史研究』第二三号、一九九一年)、中村「「言志耋録」の成立過程——幕府儒者・佐藤一齋の位置」(『日本思想史研究』第二五号、一九九三年)を参照。本書で特に侗庵と一齋を比較するのは、次節で述べるように、両者が林大学頭と共に、オランダへの返書起草に参与しているからでもある。

(10) 高瀬代次郎(前掲書)五三八頁。

(11) 「海防策一道」(原漢文)(『愛日樓全集』巻之一五)、なお、高瀬代次郎(前掲書)三六五頁も参照。

(12) 佐藤一齋「言志録」一六九 文化一〇(一八一三)—文政六(一八二三)年(相良亨他編『佐藤一齋・大鹽中齋』(日本思想大系四六)』岩波書店、一九八〇年)二三〇頁。『四書集註』論語為政一六も参照。

(13) 佐藤一齋「言志録」一七〇(相良編、前掲書)二三〇頁。

(14) 佐藤一齋「言志耋録」二三四、嘉永四年前後(相良編、前掲書)二八四頁。

(15) 徳川時代後期の海防論については井野邊茂雄『新訂維新前史の研究』(中文館書店、一九四二年)、特に天保改革期前後の対外危機と幕政については藤田覚『幕藩制国家の政治史的研究』(校倉書房、一九八七年)一九〇—二九七頁、藤田『天保の改革』(吉川弘文館、一九八九年)を参照。侗庵の「海防臆測」での議論が、ロシアの軍事的脅威のもとに著された「擬極論時事封事」(文化六年)の提言を基本的に継承しながらも海防に関してそれと顕著に異なるのは、第一に視圏拡大に伴って言及される国が全世界に及び、第二に激動の海外情勢に対応して「外国情形」に精通するために客観的な海外情報の獲得が要求されること、第三に「言路」洞開の主張が以前より後退して「上下一志」が強調されることである。特に最後の点については、文化・文政期から天保期にかけての対外危機増大の他に、国内社会の大きな変動を踏まえなければならないだろう。若い侗庵が「擬極論時事封事」で「言路」洞開を第一に据え「百事之本と為」したのは、父精里が寛政元年に佐賀蓮池侯のために講じた「十事解」第一策で、次のように記していたこととも対応していよう。「人主ノ肝要トスルコトハ能人ノ諫争ヲ受ルニアリ、……、日本ハ別シテ諫争ノ風ハヤラズ、言路常ニ塞リ、下情上通セズ、是学問ノ道明カナラヌ故也、年来ノ弊ヲ去リ、国家ヲ中興スル君ハ、第一ニ衆人ノ智ヲ集ズシテナラズ、然レバ言路ヲ開クヨリ急ナルハナシ」。侗庵の「一己ノ私智」を去り「衆人ノ智ヲ集」めるために「言路ヲ開ク」という発想は、人材(賢人)登用論としてその後にも引き継がれているが(たとえば「用賢之理」を説いた「君道在用賢論」[文化一二年]、S四七[文政一二年]、一四七[天保一一年]など)、個人倫理としては「多議論多而少成功論」(文政二年)が説かれ(「腐儒論」[文政七年]も参照)、海防を主とする時務策でかつてのように「言路」洞開が第一に挙げられることはなかった。国内問題の一例に過ぎないが、天保八年にいわゆる大鹽事件が起こり、対外的危機を重大視する侗庵には、社会や学問上での多元的分化と争論を牽制しようとする意図が働いたと思われる。なお侗庵は大鹽事件以後「後素は梔言蠟貌之習多くして衣錦尚絅之意絶へて無し、識者に由りて之を観れば、必ず先事有りて其の凶終之萌者を洞照す」と述べて、大鹽の言動を論じ「叛賊を以て戒めと為」すことを目的とした「学迷雑録」(天保八年)「学迷雑録補遺」(天保九年)を著している(侗庵の陽明学観は「読王陽明全書」天保二年など)。また、天保七年の甲州天保一揆・郡内騒動についても侗庵の編著とされる「郡内弄兵記」(序・天保九年)がある。「古賀家伝来古絵図類」(慶應義塾図書館 26X-8-1)には、大鹽平八郎の乱の際の「賊」の進路を描いた絵図が含まれている。

(16) 佐藤一齋「重職心得箇条」（『佐藤一斎全集』第一巻、明徳出版社、一九九〇年）二四一—二四七頁。

(17) アヘン戦争（一八四〇—四二年）を記した和蘭風説書や唐風説書を順次受領した幕閣がどのような議論を経て天保の薪水給与令を発したのかについての史料は現存しないとされている。加藤祐三『黒船前後の世界』（初刊一九八五年）（ちくま学芸文庫、一九九四年）三一九—三二〇頁。なお日本へのアヘン戦争の情報源である風説書については、同書、二九六—二九七頁の「風説書一覧」が参考になる。

(18) 国書の授受については田保橋以降、幸田成友「和蘭王ヰルレム二世の書翰」（初出一九三三年）（『幸田成友著作集』第四巻、中央公論社、一九七二年）二四九—二六二頁もあるが、さらに問題を掘り下げて論じた以下の諸論文が重要である。オランダの「開国」勧告をめぐる日本側の事情については森岡美子「弘化年間における日蘭国書往復について——幕府側の諸問題」（『日本歴史』第三〇一号、一九七三年）一—一四頁、森岡「弘化年間における日蘭国書往復について——長崎奉行伊沢美作守の任務」（『長崎談叢』第五四輯、一九七三年）、オランダ側の背景については森岡「ウィレム二世の開国勧告に関するオランダ側の事情について——鎖国日本に対して寄与すべきオランダの役割」（『史学雑誌』第八一編第一号、一九七五年）五四—六四頁、永積洋子「通商の国から通信の国へ——オランダの開国勧告の意義」（『日本歴史』第四五八号、一九八六年）四三—六一頁を参照。親書の意図が開国の勧告にあるとする従来の解釈に対して、近年の松方冬子「オランダ国王ウィレム二世の親書再考——一八四四年における「開国勧告」の真意」（『史学雑誌』第一一四編第九号、二〇〇五年）一—三二頁は、親書は「便宜的な紛争回避策」であり、オランダの「本音」は他国の介入排除の上で対日貿易の独占を継続維持することにあったと解している。

(19) オランダの国書の翻訳には、阿蘭陀大通詞、森山源左衛門・栄之助父子や天文方山路弥左衛門による「和解」もある（「通航一覧続輯」巻之六二所収）が、澁川六藏（天文方見習兼御書物奉行）訳によれば、それは次のように記されていた。「今を距ること三十年前」一八一五年にナポレオン「ボナパルテ」が流刑に処せられて漸く「欧邏巴の大乱治平せし時」「帝王」は「諸民の為に多商買の道を開て」民は「蕃殖」した。諸国は「器械を造るの術」や「合離の術」、即ち技術や化学の発達によって「種々の奇巧を発明」したが、その結果「諸邦に商売蔓延して返て国用乏に至」った。「中に就て武威世に耀せる英吉利ハ素より、国力豊饒にして皆巧智ありと雖、国用の乏きハ時に甚し、故に商売の正路に據らすして速に利潤を得んと欲し、或ハ外国と争論を起し時勢止むへからさるを以て、本国より力を尽し其争論を助るに至る、是等の事によりて其商売支那国の官吏と広東にて争論の端を開き、終に兵乱を起せしなり、支那国にてハ戦争利なく国人数千戦死し、且数府を侵掠敗攘せらるゝのみならす、数百万金を出して火攻の費を贖ふに至れり」「阿蘭陀國部十六」（「通航一覧續輯」巻六二、箭内健次編『通航一覧續輯』第二巻、清文堂出版、一九六八年）五〇六頁。なお、澁川訳は他に「オランダ国王の開国勧告」『開国（日本近代思想大系一）』岩波書店、一九九一年）三—八頁にも収録されている。

(20) 日本の返書がオランダでシーボルトを中心にどのように解されたかは、特に永積「通商の国から通信の国へ」（前掲書）五二—五六頁を参照。

(21) 「荷蘭本国使節初テ長崎ニ渡来国書捧呈一件十五」（「続通信全覧」類輯之部三八、修好門補遺）。影印版は、通信全覧編集委員会編『続通信全覧　類輯之部三八（続通信全覧五四）』（雄松堂出版、一九八八年）九二〇頁。

(22) 『佐藤一斎全集』第一三巻（腹暦、上）（明徳出版社、一九九八年）一六一・一〇〇六頁、一六三・一〇一三頁。解読は池上博之による。

(23)『佐藤一斎全集』（前掲）一六三・一〇一三頁。

(24) 返書作成過程の意見書として唯一知られているものには、長崎奉行伊澤政義が町奉行鳥居耀蔵に宛てたとされる「某侯」宛て書翰がある。「通航一覧續輯」巻之六二、阿蘭陀國部一六（箭内健次編『通航一覧續集』第二巻、清文堂出版）五一三—五一五頁。また佐藤昌介「弘化嘉永期における幕府の対外政策の基調と洋学の軍事科学化」（初出一九七八年）（佐藤『洋学史の研究』中央公論社、一九八〇年）特に三一三—三一六頁を参照。

(25) 草場珮川「通商得失策」天保一五年九月一二日（佐賀県立博物館）。

(26) 鹽谷宕陰「通商利害論」天保一五年一一月二一日（神戸大学附属図書館住田文庫 1A-29）。

(27)「侗庵集」所収以外に「古賀侗菴擬論外夷互市封事」（東京大学史料編纂所IIに126）があるが、これは佐々木行忠所蔵本からの写本（一九一三年）である。なお、この封事は、藤川整齋の「安政雑記」第一六冊（内閣文庫所蔵）にも収録され、また、添川廉齋編「有所不爲齋雑録」第二二（添川栗『有所不爲齋雑録』第二冊、中野同子、一九四二年）一七三丁裏—一七四丁裏に活字翻刻されている。

(28)「通航一覧続輯」巻之二六、箭内健次編（前掲書）五〇五頁。

(29) 長崎警護を担当する佐賀藩主鍋島直正が、長崎奉行伊澤の許可を得てオランダ軍艦パレンバン号に乗船視察をしたのは、九月二二日であった。久米邦武編述・中野禮四郎補訂『鍋島直正公傳』第三編（侯爵鍋島家編纂所、一九二〇年）一七三—一七八頁。

(30)「鴉片醸変記」（天保一二年）は、前田勉「幕末日本のアヘン戦争観——古賀侗庵を起点として」（初出一九九三年）（前田『近世日本の儒学と兵学』ぺりかん社、一九九六年）が明らかにしたように、侗庵によるアヘン戦争の情報収集の記録である。侗庵はのちにも「鴉片は殺人之物、清の痛禁之極、理有り」（「答草場棣芳」弘化二年）と記す。

(31) 清からのアヘン戦争の情報については、森睦彦「阿片戦争情報としての唐風説書——書誌的考察を主として」（『法政史学』第二〇号、一九六八年）一二五—一四二頁を参照。

(32)「返復和蘭攝政大臣書簡」（箭内健次編『通航一覧続輯』二、清文堂出版、一九六八年）五二七頁。

(33) この老中返書が、通信（朝鮮・琉球）と通商（オランダ・中国）の対外関係を四ヶ国に限定した、「祖法」としての鎖国を最も明瞭に宣言し、成文化の劃期となることは、藤田覚「鎖国祖法観の成立過程」（藤田、前掲書、二〇〇五年）四・一八頁を参照。

(34) 現在まで決定的史料が欠落していることから、この水野と阿部の政策論争、あるいはその論争自体の存在、水野の再辞職の理由を十分に裏付けることは難しい。福地源一郎「水野閣老」（一八九五年）に基づく水野の評議での発言の歴史的信憑性はきわめて薄いとされるが（森岡、前掲論文、一九七三年）六—七頁、福地の通説を擁護し間接的に裏付けようとする佐藤昌介『洋学史の研究』第二篇第二章（中央公論社、一九八〇年）、または水野の「開国」説主張を疑い、辞職を「内政上の問題が原因」とする三谷（前掲書、一九九七年）の研究など解釈は分かれる。事実は今なお明らかではないが、水野が再任された事からも明らかなように、幕閣に彼の天保改革を支持する者も少なくなく、そのような水野派と阿部派との政策をめぐる派閥抗争はあったであろう。いずれにせよ侗庵の「封事」に盛られた政策が受け入れられる可能性は、水野の失脚と共に消えたと云える。

(35)「新伊勢物語」二、徳川齋昭宛阿部正弘書簡、弘化三年二月一四日（『茨城県資料 幕末編I』茨城県、一九七一年）四七—五一頁。

(36)「新伊勢物語」二（前掲書）五一頁。

(37) 徳川齋昭「新伊勢物語」二、阿部正弘宛徳川齋昭書簡、弘化三年二月一八日（前掲書）五二頁。

(38) 打払令復活評議をめぐる概要については、井野邊茂雄（前掲書）五二八―五五一頁、藤田覚『幕藩制国家の政治史的研究』（前掲）三四七―三六八頁を参照。なお、井野邊は弘化二年にも打払令復古の評議の存在を認めているが、第III部第一章で検討するように学問所御用筒井への個人的な諮問にとどまるであろう。

第III部　序

（1）木村喜毅については、「木村芥舟自書履歴略記」（『江戸』第二巻第三号―第四巻第一号）、慶應義塾図書館編『木村摂津守喜毅日記』（塙書房、一九七七年）を参照。

（2）『三十年史』は後に、『三十年史（續日本史籍協會叢書）』（一・二）（東京大学出版会、一九七八年）として覆刻再刊される。

（3）春木南華（一八一八―六六）（麟・通称扇之助、號讀畫齋・煙波釣徒）の上書は、後述する嘉永六年の上書を集成した「湯蠻彙議」などの文書にも含まれておらず、管見の限りでは『三十年史』以外には確認できない。南華については、前掲『木村摂津守喜毅日記』の元治元年六月二七日・一〇月二三日・慶應元年二月二七日・慶應二年三月二八日に関連記録がみられる。南華は、春木南湖（一七五九―一八三八・絵師・俳諧・狂歌）の子、絵師春木南溟（一七九四―一八七八）の長男である。

（4）『三十年史』（一）（東京大学出版会、一九七八年）一三三頁。

（5）平泉澄・寺田剛編『大橋訥庵全集』上巻（至文堂、一九三六年）。

（6）幕末明治維新期研究の理論的枠組み提供に、いわゆる講座派マルクス主義の果たした役割は看過できない。一九四五年以降においてもその影響は拭い難く、明治維新を絶対主義の成立とみる視点から、安政期の将軍継嗣問題をめぐる政局の対立は、一橋派＝絶対主義的改革派、紀伊（南紀）派＝純粋封建反動派とされ（たとえば石井孝『学説批判明治維新論』［吉川弘文館、一九六一年］一四三頁、石井『日本開国史』［吉川弘文館、一九七二年］など）、その党派構成員から遡及させて嘉永・安政前期にまで、幕臣内部で改革派と守旧派のラベルが貼られてきた。なお、講座派の意義と今日の研究状況については、本書序章を参照。

（7）「外様幕臣」の視点については、本書序章を参照。

（8）田邉太一『幕末外交談』（初出一八九八年）、栗本鋤雲『匏菴遺稿』（初刊一九〇〇年）（後に覆刻版　續日本史籍協會叢書、東京大学出版会、一九七五年）、勝海舟、戸川殘花編『舊幕府』（一八九七―一九〇一年、また一九七一年に臨川書店より複製再刊）、戸川『幕末小史』（初刊一八九八年）（後に覆刻版　續日本史籍協會叢書、東京大学出版会、一九七八年）、島田三郎『開国始末（井伊掃部直弼伝）』（輿論社、一八八八年）（後に、吉野作造編・木下尚江校訂『島田三郎全集』第三巻［島田三郎全集刊行会、一九二四年］に収録、『開国始末（幕末維新史料叢書一）』［人物往来社、一九六八年］として再刊）。

（9）木村勘助「海防之義ニ付愚意申上候書付」丑七月「湯蠻彙議」巻一二（東京大学史料編纂所、維新史料稿本IIに145A-14）。

（10）大内晃陽「昌平學雑記」（其二）（『東洋文化』三〇号、一九二六年）五二頁。ここで大橋訥庵と並ぶ鷲津毅堂（一八二五―八二）は、慶應年間に尾張名古屋藩の藩校明倫堂教授、督学を歴任して、藩政を勤王派に導いた。

（11）『大橋訥庵全集』（前掲）を参照。木村のこの「巨儒」認識は、たとえば先行研究中の丸山眞男氏の昌平坂学問所理解にも少しく通じるものがある。「ファナティックな攘夷論」を展開した大橋訥庵を「昌平黌の朱子学者」として、彼に学問所儒学を代表させる丸山の認識は、論文「近世日本政治思想における「自然」と「作為」」一九四一年（『丸山眞男集』第二巻、岩波書店、一九九六年）一一二―一一三頁から、「開国」一九五九年（『丸山眞男集』第八巻、岩波書店、一九九六年）六三頁にまで続いている。但し、丸山の近世儒学思想の認識が、一九六〇年代後半に明らかに新展開をみせることについては、本書の序章註を参照。

(12) 福澤の大橋訥庵への言及は「儒教主義」一八八三年一一月二一日(『福澤諭吉全集』第九巻、岩波書店、一九六〇年)二七七頁。

(13) 田邉太一『幕末外交談』(冨山房、一八九八年)自序。この書は後に、續日本史籍協會叢書の一冊として東京大学出版会より一九七六年に覆刻再刊された。坂田精一訳・校註『幕末外交談』(一・二)(東洋文庫六九・七二 平凡社、一九六六年)は現代語訳であるため、本書での引用は冨山房版を用いる。

(14) 田邉太一の幕府の外国方での「通信全覧」の編纂については、田中正弘「「通信全覧」編纂の経緯」(初出一九八七年)(田中『近代日本と幕末外交文書編纂の研究』思文閣出版、一九九八年)七四―一一九頁に詳しい。田邉については、田邉朔郎編『蓮舟遺稿』上下(私家版、一九二一年)、塩田良平「花圃作「夜半の埋火」に就いて――田辺蓮舟傳記資料」(松蔭女子学院大学『研究紀要』八号、一九六六年)二六―四五頁を参照。また西川正治郎編『田邉朔郎博士六十年史』(私家版、一九二四年)にも関連記事がある。

(15) 田邉太一『幕末外交談』(前掲)二一頁。

(16) 田邉太一『幕末外交談』(前掲)五〇―五一頁。

(17) 古賀謹一郎について、木村は『三十年史』から六年後には、「人と為り耿介學問淹博父祖の箕裘を継て、幟を文壇に建て名聲頗る重し」と木村は評し「吏務は其長ずる所にあらさるべし」と幕府官吏としての資質には否定的な評価を示したが、しかし同時に「時勢」を洞察する者として人望があったことも記している。「又深く時勢に察する所あるが為めなるべしとて、人其遠識を称せりとなり」木村芥舟「幕府名士小傳」(『舊幕府』第一巻第二号、一八九七年)六五頁。

(18) 第III部で扱う時期の対外関係の活字資料には、『大日本維新史料』(東京大学、一九三八年以降刊行)、東京大学史料編纂所編『大日本古文書 幕末外国関係文書』及び同附録(東京大学出版会、一九八三年以降、一九一〇年発行の覆刻再刊、刊行中)(以下、『幕末外国関係文書』あるいは『幕末外国関係文書附録』と略す)。年表としては、前掲の対外関係史総合年表編集委員会編『対外関係史総合年表』(吉川弘文館、一九九九年)の他に、文部省維新史料編纂会編『維新史料綱要』全一〇巻(東京大学出版会、一九八三年覆刻再刊)、外務省編『日本外交年表竝主要文書』上(原書房、一九六五年)や村上義和・橋本誠一編『近代外国人関係法令年表』(明石書店、一九九七年)などを参照した。

(19) 『幕末外国関係文書』第一四巻、第一七五号、四九三頁。

(20) 『幕末外国関係文書』第一五巻、第八〇・八一号、一八九頁。

第七章

(1) 述齋の家督相続については、水野爲長の「よしの冊子」を用いた高橋章則「寛政異学の禁再考」(『日本思想史学』第二六号、一九九四年)一〇〇―一一二頁を参照。

(2) 林述齋の子孫(男女子一七人・内外孫曾凡そ一六五人)については、「林述斎系図」(鳥居正博『鳥居甲斐 晩年日録』桜楓社、一九八三年)三四五―三四八頁を参照。一族には鳥居耀蔵が述齋の息子として、孫としては外国奉行歴任の岩瀬忠震・堀利煕・池田長発(長発は養子)などが含まれる。

(3) 文久の学問所改革については、倉沢剛「文久の学制改革」(倉沢『幕末教育史の研究――直轄学校政策』一、吉川弘文館、一九八三年)三五―五七頁。教育関係者の職制変遷については特に、近松真知子「開国以後における幕府職制の研究」(児玉幸多先生古稀記念会編『幕府制度史の研究』吉川弘文館、一九八三年)三三四―三三五頁が参考になる。近松によれば、ペリー来航以降時勢の変化に対応して多くの教育職が新設されては短期間で廃止されるが、儒者と蕃書調所(後に洋書調所・開成所)頭取はともに慶應四年まで続き「職制上での幕末教育の中心はこの両職」であるという。

（4） 藤野海南「金陵遺稿序」一八八五年（芳野金陵『金陵遺稿』巻一、一八八七年）。

（5） 寛政一二年三月三〇日「右衛門督方小十人格奥詰黒澤正助・天文番鈴木岩次郎学問所勤番組頭命ぜらる。これ新置の職なり。座班は勘定の次たるべしとなり。この月問學教授の事によて令せらるゝ旨あり（憲法類集）」（「文恭院殿御實紀」巻二八『續徳川實記』第一篇、吉川弘文館、一九六六年）四三〇頁。

（6） 教授方出役の職務内容については、橋本昭彦「「昌平坂学問所日記」解題」（『昌平坂学問所日記』I、斯文会、一九九八年）四九七—四九九頁を参照。

（7） 内山勗「甲府徽典館」（萩原頼平編『甲斐志料集成一〇（教育・宗教）』甲斐志料刊行會、一九三四年）一四五—一六七頁。

（8） その他にも麴町教授所・神奈川修文館・京都学問所などが幕府直轄の教育機関として挙げられる。

（9） 「御老若見廻ノ節講書姓名并講章」（『日本教育史資料』第七冊、巻一九、文部省、一八九二年）二三八—二四〇頁。

（10） 「このような人材登庸は、また、筒井の行うところであった」（笹原、前掲論文、一九六五年）三三頁という指摘も、先行研究でなされている。

（11） 広瀬淡窓「甲寅新暦」巻一、嘉永七年一月二四日（『淡窓全集』下巻、日田郡教育委員会、一九二七年）一二四七頁を参照。

（12） 筒井鑾溪については、上白石実「筒井政憲——開港前後の幕臣の危機意識について」（立教大学史学会『史苑』第五四巻第一号、一九九三年）四七—六二頁、特に六二頁の文政七年以降「筒井政憲上書一覧表」が参考になる。本書では個々上書内容の分析・評価は異なるが、この上白石作成の「一覧表」を基本とし、さらに未収録の上書と出典を大幅に補足し、一部修正した。その他、森潤三郎「筒井政憲事蹟」（『今昔』第三巻第三号、一九三二年三月号）一—一四頁、森銑三「筒井政憲遺聞」（初出一九三二年）（『森銑三著作集』第九巻、中央公論社、一九七一年）二〇三—二一一頁を参照。弘化・嘉永年間のいわゆる「打払復古評議」を検討した先行研究はすべて筒井の上書を基本的な史料として立論されているが、いずれも網羅的な史料研究を欠くためになお検討の余地を残している。

（13） 阿部正弘については、前述の通り日記類が明治年間に焼失してしまったため、福山阿部家の要請に基づいて編纂された濱野章吉編『懐舊紀事（阿部伊勢守事蹟）』（吉川半七、一八九九年）、他の関係資料を参照して増補された渡辺修二郎『阿部正弘事蹟』續日本史籍協會叢書（東京大学出版会、一九七八年）（初刊一九一〇年）が根本資料である。阿部の老中政治の概観は、福地源一郎「阿部伊勢守」（福地『幕末政治家』東洋文庫五〇一　平凡社、一九八九年）（初刊一九〇〇年）、守屋「阿部政権論」（『開国（講座日本近世史七）』有斐閣、一九八五年）五五—一一四頁を参照。

（14） 海防掛の制度形成史研究としては、長尾正憲「安政期海防掛の制度史的考察」（長尾『福澤屋諭吉の研究』思文閣出版、一九八八年）二九—六一頁（初出一九八一年）。他の研究文献については、後出註を参照のこと。

（15） 外国奉行については、加藤英明「徳川幕府外国方：近代的対外事務担当省の先駆——その機構と人」（名古屋大学『法政論集』第九三号、一九八二年）一—五四頁の他、長尾政憲（前掲書）、石井孝の諸研究を参照。

（16） 阿部政権期（弘化・嘉永・安政期）の幕府の対外政策を扱った研究には、井野邊茂雄「打払令復古の内議」（井野邊『幕末史の研究』雄山閣、一九二七年）五二八—五五一頁、田保橋潔『増補近代日本外国関係史』（刀江書院、一九四三年）、石井孝『日本開国史』（吉川弘文館、一九七二年）、佐藤昌介「弘化嘉永期における幕府の対外政策の基調と洋学の軍事科学化」（一部分は初出一九七八年）（佐藤『洋学史の研究』中央公論社、一九八〇年）二九一―三八五頁、藤田覚『幕藩制国家の政治史的研究』（校倉書房、一九八七年）、三谷博『明治維新とナショナリズム――幕末の外交と政治変動』（山川出版社、一九九七年）、上白石実「弘化・嘉永年間の対外問題と阿部正弘政権」（『地方史研究』第四一巻第三号、一九九一年）三八―五一頁、濱屋雅軌「異国船打払令復活評議の背景――阿部正弘政権内部の対外認識の相違と対立」（『社会文化史学』二七、一九九一年）一七―三二頁（濱屋『開国期日本外交史の断面』高文堂出版社、一九九三年）など。

　またそれ以前の対外政策を含むが諸藩の政策と重ね合わせて論じたものに、原剛『幕末海防史の研究』（名著出版、一九八八年）、針谷武志「近世後期の諸藩海防報告書と海防掛老中」（『学習院史学』第二八号、一九九〇年）二三―四五頁、針谷「江戸府内海防についての基礎的考察――ペリー来航以前を中心に」（『江東区文化財研究紀要』第二号、一九九一年）五一―八三頁、針谷「「内憂外憂」への領主的対応の挫折と変容――弘化三年海防動員の検証を通じて」（横浜開港資料館・横浜近世史研究会編『一九世紀の世界と横浜』山川出版社、一九九三年）二六―五四頁などがある。

(17)　「天保六年、仙石騒動の落着、町奉行筒井政憲の処分」（徳富蘇峰『近世日本國民史　文政天保時代』民友社、一九二八年）九〇頁以下。

(18)　嘉永六年一〇月一〇日（「温恭院殿御實紀」『續徳川實紀』第三篇、吉川弘文館、一九七六年）四五頁。また、「實紀」によれば鑾溪は、学問所従事・同所稽古人教授・同所取締費用減省（弘化四年一一月一四日・一二日・一二月八日・嘉永五年閏二月二〇日）や贈官位調査（嘉永元年一二月一一日）・史料編集（嘉永五年閏二月一六日）によって、林大学頭や留守居同役と共に褒賞されている。

(19)　「文政七申年十一月十八日異国船之儀ニ付大久保加賀守殿江別段申上候書付」（『珍琦異聞』巻之一、国立国会図書館古典籍資料室 244-26）。文政七年打払令評議の際、町奉行筒井鑾溪の意見は、薪水給与も諸国の疲弊を招くため、外国船を地方近くに寄せつけない政策選択を求める。また耶蘇宗門も厳重に取り締り、「百姓、町人迄、異國人を憎み、日本之恥辱を取間敷と申心を生じ」るように「敵愾之心」を鼓舞すべしという。

(20)　嘉永六年七月以降は、鑾溪にも引き続き重要案件の諮問がなされるが、新たに海防参与になった徳川齋昭が阿部の有力な外政顧問となる。

(21)　この時期の筒井鑾溪の上書には、他に「鑾溪上書記」（国会図書館古典籍資料室 116-78）に収録された、弘化四年五月二日「御恵政之儀ニ付愚意申上候書付」「御恵政之儀ニ付別段申上候書付」・同年同月二五日「政弊心術之義ニ付愚意申上候書付」・嘉永元年四月九日「海防御手当之儀ニ付申上候書付」・同年同月二四日「海防手当方金銀融通筋之儀申上候書付」・同年九月四日「〔申上候書付〕」がある。

(22)　弘化二年八月「異国船之儀御尋ニ付申上候書付」（「外交雑記」東京大学史料編纂所　維新Ⅰほ 828）・『日本海防史料叢書』・「洋邦彙事」十（史料編纂所 4151. 9-48-10、但し嘉永二年八月とする）・『鈴木大雑集』第一巻、また「弘化元申辰年七月和蘭使節船渡来議」（「海防彙議」巻十、国立公文書館内閣文庫189-394）も同内容である。

(23)　弘化三年六月三日「海防守備御触直等之儀取調申上候書付」（「外交雑記」・「洋邦彙事」巻十）、また「戊申雑記」上（『日本財政経済史料』巻七）九六一―九七一頁に収録され、『開国起源』にも抄録。弘化三年六月「通信交易等之儀ニ付御答振試ニ取調候書付」（「外交雑記」・「洋邦彙事」巻十［六月三日とあり］）。

(24)　「備夷船議」弘化三年七月（「海防彙議」巻十一、内閣文庫 189-394）・「弘化三年七月異國船取斗方申上」（「海防彙議附録」『日本海防史料叢書』第二巻、クレス出版、一九八九年）二四九―二五五頁。但し、同内容の上書を収める「異國舩之儀ニ付申上候書付」（「筒井紀伊

守異舩之儀見込書」（史料編纂所 外務省212）は弘化三年三月とするが、異国船の浦賀来航と薪水給与と通商交易要求が前提として議論されており、ビッドル来航以降の執筆と考えられ、本書では七月説を採用する。

(25) 弘化三月一一月六日「長崎表江佛朗西船再渡致候節取斗方之儀ニ付愚意申上候書付」・同年同月一九日「佛朗西人江申諭振取調申上候書付」（「外交雑記」・「向山誠齋雜綴」東京大学）。

(26) 嘉永元年五月「海防守備打払之方ニ御改復之義御尋ニ付愚存申上候書付」・「異船復古評議」（東京大学史料編纂所）・「海防彙議」、また以下の三点には嘉永二年五月とあるが内容から判断して嘉永元年が正しい。「洋邦彙事」十・『鈴木大雑集』三七・『開国起源』にも収録。

(27) 嘉永二年五月「備蠻策」（国会図書館古典籍資料室197-106）は漢文上書であり、あるいは同年閏四月一九日に行われた学問所への海防諮問と関連すると思われる。表紙裏に漢文体記述の理由を推し量る慶永の「愚評」がある。

(28) 嘉永二年一一月「在留加比丹へ御達之儀に付申上候書付」（「庚戌雑綴」『日本財政経済史料』巻七）九九八―九九九頁。

(29) 薩摩藩の島津齋興・齋彬父子に内密に示されたのは、さらに遅れて弘化四年六月二七日である。『維新史料綱要』第一巻を参照。

(30) 『佐藤一齋全集』第一三巻、腹暦（上）（明徳出版社、一九九八年）一六五・一〇一七頁。

(31) 古賀侗庵「佛蘭西國書翰大意私解」（宮内庁書陵部204-38）、また（東京大学史料編纂所林家本428）。また書翰の原漢文「拂琉問答書翰」は「琉球國之内那覇沖江異國舩漂來之儀ニ付届」（弘化元年八月）などの伝聞情報とともに「英夷新聞」巻七（書陵部204-73）に収録される。なお、漢文書翰は「佛朗西國部一」（『通航一覧續輯』第四巻、清文堂出版、一九七二年）七五七―七六七頁に活字収録されている。

(32) クルーゼンシュテルン「奉使日本紀行」は、古賀家の萬餘巻樓蔵書番外 本邦紀事（宮内庁書陵部204-232）にも所蔵されている。この書を入手するために、天文方の景保がシーボルトに日本地図を渡したことは、後に間宮林蔵の密告によって発覚して、シーボルト事件の発端となる。当時の邦訳本（天保一一年）を後年活字翻刻したものには、「奉使日本紀行」（住田正一編『海事史料叢書』第一三巻、巌松堂書店、一九三〇年）三二一―四四九頁がある。ただし第四―一二篇・第一六篇以下を欠いており、欠部は後に翻訳された同書の異本「星學航海地誌」（住田編『海事史料叢書』第一六巻、同上）一―二七一頁に収められている。なお、寺沢一他編『北方未公開古文書集成』第五巻（叢文社、一九七九年）にも収録。

(33) 鑾溪が着目するのは、「奉使日本紀行」第十五篇の以下の記事である。「アニワを取て之に據らん事は少しも難きことあるへからす。……此處を人に奪はれたりとも、日本の政家之を取返す手配は容易に仕難かるへし。何者となれは彼是を取返すに必勝の計を施し難き事あり。若返て戰負る時は其國の威光をおとし、其國民に危懼の心を生し、營内の騷動を起すへけれは、政家には縱令全蝦夷を失ふよりも大なる危難を此一擧に生する憂あるへし。若又必之を取返さんとして大軍を起さんにも、軍艦の備なし。鉄炮なく海軍の備なきなれは、……若十六口の炮を備、コツテルス二艘に兵卒六十を載せ、風に乘して之を打しめは、日本大船許多に一万の兵を備へたりとも、一旦にて打崩すへき也。……予之をはかるに、之を取るに一滴の血を費すにも及はす」住田正一編『海事史料叢書』第一三巻（前掲書）四四一頁。

(34) 琉球渡来のフランス船への対応をめぐり、琉球を支配する薩摩藩の江戸藩邸で島津齋彬と協議を命じられたのは、筒井であった。その結果を受けて閏五月二七日に閣議決定され、将軍家慶に上奏された後に、目付によって薩摩藩に告示されたことは、田保橋（前掲書）三九四頁を参照。閏五月二四日の筒井答申書の内容は不明。

(35) 鑾溪は上書①で「テンフルと申候加比丹著述之書中にしるシ有之」とケンペルに言及しており、②の執筆にあたっても参照されていると推測される。なお、キリスト教的な人類同胞の思想に基づく諸国間の相互扶助については、「鎖国論」に「至上志高の造物主は、自然の諸般の財物、すなわち植物、鉱物、動物のすべてを一様にあらゆる国々にもたらしたわけではなく、有無を通じて相共に需要を充たすように全体へ配分し、諸国の住民が一層緊密に結びつくように、そして相互に扶け合い、社会的に連携せざるを得ないようにしたのであるから、この小さい地球が至上志高の神の御意思により、全人類共同の祖国に選定されているものであることがわかるはずである」とある。エンゲルベルト・ケンペル「もっともな理由のある日本の鎖国」(石橋長英・小林芳人監修・今井正訳『日本誌――日本の歴史と紀行』下巻、霞ヶ関出版、一九七三年)四四六―四四七頁。

(36) 後述の⑫b「下田表罷在候亜墨利加官吏申立候儀ニ付申上候書付」安政四年七月四日(『幕末外国関係文書』第一六巻、第一九五号)は、このハリスとの対話内容を踏まえた筒井の答申書である。

(37) 「御對話書」安政四年一〇月二六日(『幕末外国関係文書』第一八巻、第四四号)一〇七頁。

(38) 「亞墨利加使節對話書」安政四年一一月六日(『幕末外国関係文書』第一八巻、第八八号)三一九・三二〇頁。この一節が、吉野作造「我国近代史における政治意識の発生」(『吉野作造選集一一 開国と明治文化』岩波書店、一九九五年)二五一頁をはじめとして、大正・昭和期を通して「万国普通の法」移入の根拠とされ、「天」との類比で「万国公法」を捉える着想を与えてきた。

(39) 嘉永元年の打払令復古評議については、濱屋雅軌『開国期日本外交史の断面』(高文堂出版社、一九九三年)八六―一〇七頁でも検討されている。

(40) 田保橋潔(前掲書)四〇〇―四〇二頁を参照。

(41) 「通航一覧續輯」附録巻之四、海防部四(箭内健次編『通航一覧続輯』第五巻、清文堂出版、一九七三年)四二―四四頁。

(42) 向山源太夫「御尋に付海防取計方之儀申上候書付」第一六条「交易願断方之事」嘉永六年七月(『幕末外国関係文書』第二巻)。

(43) 橋本昭彦編『昌平坂学問所日記』III(斯文会、二〇〇六年)四八頁。また「御老若見廻ノ節講書姓名并講章」(『日本教育史資料』第七冊、巻一九、文部省、一八九二年)二三九頁を参照。

(44) 「鈴木大雜集」巻二五(『鈴木大雜集』第二巻、東京大学出版会、一九七二年)二一九頁。

(45) 林僩齋・壯軒(大学頭)「海防之儀ニ付申上候書付」酉閏四月(東京大学史料編纂所 林家本 333)。

(46) 林復齋(式部少輔)「海防策草」酉閏四月(東京大学史料編纂所 林家本 429)。

(47) 佐藤一齋「海防策」「時務策」嘉永二己酉年閏四月(東京大学総合図書館南葵文庫)。漢文体は「海防策一道」(嘉永二年己酉後四月)(「愛日樓全集」巻一五)に収録されている。高瀬代次郎『佐藤一齋と其門人』(南陽堂、一九二二年)三六四―三七〇頁は漢文・和文の両方を活字翻刻しているが、和文「海防策」「時務策」の内容は東大総合図書館本とは異なって簡略化されており、その史料原本は現在確認できない。私見によれば、林家・霞舟の上書文体の様式と比較し、また当時の和文上書の様式から考えても、東大本の内容が閣老への答申として相応しく、逆に要件のみを箇条書きにした高瀬本収録の和文は、文頭・文末の自卑の辞も欠きその様式を満たしていない。なお、高瀬は東大本には無い「時務策」の次の記述から一齋の開港論を読みとり、「一齋の意見、特に其の開港論は彼の漢文よりも此の俗文に遺憾なく吐露したるを見るべし」と記す。「一、防禦之心得前文之通に候處、其實は異船之者戰争の好みは無之、矢張交易いたし度斗之夙願歟とも被察候。何分今様穏ならず候而者、人心洶々と致し、太平の妨げと相成候。依之交易の儀、自然願出候節、権現様より信牌被下置候國に候はゞ少々の交易被仰付、尤御規定の通神妙に爲致、阿蘭陀と組合於長崎表取扱申候儀、御許容有之候而も宜敷、却而穏に相成可申哉。乍併交易御免容易に御聴濟相成間敷儀と奉存候得共、異船之情實を察し候迄、御考への事に申上置候」（前掲）三六九—三七〇頁。ただし、この見解は、東大本の「海防策」の交易認識とは対立し、また本書で後述するように、嘉永六年八月の段階での一齋の上書内容とも異なっており、現段階では高瀬本収録資料の真偽を疑わざるを得ない。嘉永二年に七七歳の一齋は、長命で安政六年に没しているため、あるいは後年に執筆された可能性もある。東大本の「時務策」の内容は、人の見立てと節約禁奢の二つの主題をめぐる議論であり、いずれも——恐らくは執筆にあたり参照された——柴野栗山「栗山上書」の範囲内にとどまっている。

(48) 友野霞舟「海防策」嘉永二年閏四月（「秘鎖叢書」国立公文書館内閣文庫 189-414）。漢和の両文で同内容の建策が収められるが、漢文は途中で終わっている。

(49) 安積艮齋には、「禦夷策」（嘉永元年以前）（鹽田順庵編「海防彙議」第六冊、国立公文書館内閣文庫 189-394）、同内容で活字翻刻されたものには「禦戎策」（住田正一編『日本海防史料叢書』第四巻、海防史料刊行會、一九三二年）一〇九頁以下があり、また嘉永元年二月の序文をもつ「洋外紀略」（国会図書館古典籍資料室 128-99、東京大学駒場図書館 い633 教養）がある。

(50) ただし後述のように林僩齋（嘉永六年七月一六日没）・友野霞舟（嘉永二年六月二四日没）を除けば、嘉永六年ペリー来航の際の老中諮問への答申により、その時点での学問所儒者個々の海防施策を確認することが可能である。

(51) 嘉永二年の諮問と答申については、先行研究のうち、藤田覚「対外危機の深化と幕政の動向——嘉永二年の海防諮問と海防強化令をめぐって」（初出一九八〇年）・「嘉永二年の開国論——貿易容認論と祖法相対化の論理」（初出一九八七年）（藤田『幕藩制国家の政治史的研究』前掲）三一六—三四六・三六九—三九三頁が、詳細に論じており、同書三三一頁「付表 嘉永二年海防関係上書・答申」には三三種が挙げられて有益である。本書で取り上げる上書は、筒井上書を除き藤田論文でも内容が検討されていない。ここでは、筒井の上書解釈、佐藤一齋の上書はテクストの真偽で見解を異にし、新たに友野霞舟の上書を付け加えた。

(52) 河田迪齋「昭肅公碑陰記」嘉永六年一〇月（河田「惠迪齋全集」四、東京都立中央図書館 081-KW-2-4）。

(53) 従来、筒井漢文上書⑥「備蠻策」は、藤田覚によって「きわめて消極的な「交易論」」と位置付けられ（藤田、前掲書、一九八七年、三七二頁）、上白石もその見解を踏襲する。しかし、藤田が「ある意味では交易を容認し、従来の関係から一歩でている」（三五八頁）と解釈した外国使節から献上物を受け取り、代物を与えるという行為は、むしろ伝統的な「聘礼」受容の際に行われた「礼物」交換の儀礼であり、その許可は「通信」関係の容認に他ならない。多くの先行研究では、「開国」の内実検討と概念定義を欠き、外交関係における「通信」（聘礼受容）と「交易」の区分さえ行われていないように思われる。

(54) 「至極穏なる策」とされる佐藤一齋の上書真偽については、前註を参照。先行研究のうちこの嘉永二年の諮問を広範に取り上げた藤田覚は、一齋の上書を高瀬本所収資料に基づいて論じている。藤田（前掲書、一九八七年）三七三—三七六頁。その根拠は、高瀬代次郎と、嘉永二年六月一五日付の土浦藩用人大久保親春の書状中の「筒井並佐藤一齋抔交易可然之論を指出候ニ付」との記録（前掲書、三九二頁）であるが、藤田は他方で「言志晩録」第一一七條の一齋の議論を参照して「この意見は先の「時務策」の交易容認論にそぐわない」とも云う（三七四—三七五頁）。高瀬の参照史料が現存しないこと、土浦藩用人の伝聞の誤謬（筒井も交易許可論を展開していない）の可能性、一齋の他著作での議論、古賀謹堂上書の評判も鑑みて、本書では前註のように、高瀬本資料の真偽を疑い、現存する一齋の「海防策」「時務策」（東京大学総合図書館南葵文庫）を採る。

(55) 平泉澄・寺田剛編『大橋訥庵全集』上巻（至文堂、一九三六年）。大橋訥庵の政治思想については、小池喜明『大橋訥庵――日本「商人国」批判と攘夷論』（ぺりかん社、一九九二年）を参照。

(56) 「異國船打拂之儀停止御書付」天保一三年七月二三日（『徳川禁令考』第四〇九七号）。

(57) 『佐藤一齋全集』第一三巻、腹暦（上）（明徳出版社、一九九八年）を参照。

(58) 「實紀」嘉永二年五月五日 海防掛・諸有司『開国起源』（『勝海舟全集』第四巻）一二二―一二五頁。嘉永二年一二月布告「嘉永二年十二月阿部伊勢守相達」『開国起源』（『勝海舟全集』第四巻）一二五―一二六頁を参照。

(59) 嘉永六年六月一四・一八日、筒井と川路は、齋昭を訪問している。

(60) 田保橋潔（前掲書）三九六頁。

(61) 徳川齋昭の「海防愚存」と呼ばれる上書は、①七月八日 意見十箇条の大要を建言、②七月一〇日 十條五事の建議、③八月三日 十三箇条の建議であり、次第に論点が展開されていく様が窺える（『幕末外国関係文書』第二巻、第三号、四頁以下）。

(62) 石河・江川ら（勘定海防掛）「海防之儀ニ付水戸前中納言殿御書取之趣奉拝見存寄左ニ申上候」嘉永六年八月一〇日（『幕末外交文書』第二巻、第四号）一四―二五頁、戸羽山瀚編『江川坦庵全集』下巻（江川坦庵全集刊行会、一九五五年）六三頁以下。

(63) 筒井肥前守「水府老公御書取之趣ニ付申上候書付」嘉永六年八月（「湯鑾彙議拾遺」巻一、東京大学史料編纂所IIに145B-1）。

(64) 深谷・石川・鵜殿・大久保・堀（目付海防掛）「前中納言様ゟ御書取御下ケニ付公邊御目附ゟ申上候書付」嘉永六年九月（「湯鑾彙議拾遺」巻一、東京大学史料編纂所IIに145B-1）。

(65) 海防掛江川英龍「水戸前中納言殿御書取拝見仕候儀ニ付御含奉願候書付」「水戸前中納言殿御書取拝見仕候儀ニ付再考之趣申上候書付」嘉永六年九月（『幕末外国関係文書』第二巻、第一五九・一六〇号）五三八―五四三頁・戸羽山瀚編『江川坦庵全集』下巻（前掲）七三頁以下。

(66) 『水戸藩史料』上編巻二、六九頁以下。

(67) 『水戸藩史料』上編巻二、八二頁以下。

(68) 「浦賀湊江亜墨利加合衆国ヨリ使節船渡来ニ付号令案海防掛建議」嘉永六年九月（東京大学史料編纂所IIに157）が収録するのは、(1)石河・松平・川路・竹内・松井（勘定海防掛）、(2)筒井肥前守（筒井政憲）「御號令之儀ニ付申上候書付」、(3)戸川・鵜殿・大久保・堀（目付海防掛）、(4)大小目付（丑九月廿二日出）、(5)筒井肥前守（筒井政憲）「御號令之義ニ付別段申上候書付」、(6)三奉行（寺社奉行・町奉行・本多加賀守安英［勘定奉行］）「御号令被 仰出候儀ニ付評議仕申上候書付」、(7)深谷遠江守（大目付深谷盛房）、(8)江川太郎左衛門（江川英龍）「存付之儀申上候書付」。なお、(8)は『幕末外国関係文書』第二巻（第一六一号）五四一頁、『江川坦庵全集』下巻（江川坦庵全集刊行會、一九五五年）七六頁にも収録されている。またこれに関連して、江川「存寄之儀申上候書付」嘉永六年十月（『幕末外国関係文書』第三巻、第四八号）一四〇頁、『江川坦庵全集』下巻（前掲書）七七頁や、高島秋帆（『幕末外国関係文書』第三巻、第四九号）一四一頁がある。

(69) 藤田東湖「癸丑之暮大號令之儀閣老へ御書付」（「藤田東湖書案」『水戸藤田家舊藏書類三（日本史籍協會叢書一八四）』東京大学出版會、一九七四年［初刊一九三四年］）四〇一―四〇六頁。

(70) 『水戸藩史料』上編巻二、八七―九三頁。

(71)『水戸藩史料』上編巻二、九四―九五頁。

(72) 嘉永六年八月「水府老公御書取之趣ニ付申上候書付」（「湯釁彙議拾遺」巻一、史料編纂所　維新IIに 145B-1)。

(73) 嘉永六年九月「御號令之儀ニ付申上候書付・御号令之義ニ付別段申上候書付」（「浦賀湊江亜墨利加合衆国ヨリ使節船渡来ニ付號令案海防掛建議」史料編纂所　維新IIに 157)。

(74) 勘定海防掛（江川坦庵が勘定奉行・同吟味役と連署して呈出したものとされる）「海防之儀ニ付水戸前中納言殿御書取之趣奉拝見存寄左ニ申上候」丑八月（『幕末外国関係文書』第二巻、第四号）一四頁以下。戸羽山瀚編『江川坦庵全集』下巻（江川坦庵全集刊行會、一九五五年）六三頁以下にも収録。

(75) 大槻磐溪「續献芹微衷」。嘉永六年八月一一日（『幕末外国関係文書』第二巻、第三二号）八九―一〇二頁。磐溪はレザノフやゴロヴニンの件に言及して次のように述べる。「此兩度之御仕向方、如何にも無御餘義譯ニハ候へとも、彼國〔ロシア〕ニ而ハ、定而不平ニ存居可申、夫を甘心致、何事も手出し不仕ハ、大量とも可申歟、然る所、萬一米利幹江交易御許之事も候而ハ、彼國ゟ表向使節を立、如何様之難題申來候も不可測、其節ハ如何御返答可有之哉ト、誠以痛心仕候」（前掲書）九八―九九頁。鵜飼幸子「大槻磐溪と開国論」（『仙台市博物館年報』第六号、一九七九年）一五―三〇頁も参照。

(76) 江川坦庵「水戸前中納言殿御書取拝見仕候ニ付再考之趣申上候書付」丑九月（『幕末外国関係文書』第二巻、第一六〇号）五三九―五四一頁。「魯西亞之方ハ亞墨利加ト違ひ、至而禮を厚仕、殊ニ隣國之譯柄先前ゟ數度歎願仕候次第も有之、旁願候ハヽ、交易御免被仰付候様仕度、右様相成候迚、元々阿蘭陀も交易御免被仰付置候上は、何も御國威ニ拘候次第は有之間敷、一體魯西亞は、地球中之大國、殊更右ニも申上候通、隣國之儀、萬一野心を差含候ハヽ、數十年之後迄も、根強志を推張可申、左候得は、實御大切之儀、差當腹背敵と相成、何程矢猛ニ存候共、甚御手重ニ成行可申哉」（前掲書）五四一頁。なお、戸羽山瀚編『江川坦庵全集』下巻（江川坦庵全集刊行會、一九五五年）七三頁以下にも収録されている。

(77)「通航一覧續輯」巻一二四（箭内健次編『通航一覧續輯』第四巻、清文堂出版、一九七二年、四一〇―四一三頁）。田保橋潔「合衆國使節派遣に關する日蘭交渉」（田保橋『増訂 近代日本外国関係史』（刀水書院、一九四三年）四五〇―四七三頁。特に日蘭通商條約草案の原文と和解は、同書四六一―四六六頁に収録。アメリカ使節渡来を告げる「別段風説書」などと共に「嘉永五年壬子六月 和蘭告密書御請取始末」（宮城県図書館大槻文庫 O319-オ1）にも収録されている。

(78) 安政三年四月二五日に開場された講武所については、安藤直方『講武所（東京市外篇第三）』（東京市役所、一九三〇年）が詳しい。一般に勝海舟の案が設立原案とされているが、安藤は嘉永末年に建議した男谷精一郎信友が「實際に建設の必要を力説」し、「恐らく之が幕吏の俊秀たる岩瀬修理忠震などの採用する所となつたのではあるまいか」と推測している。安藤（前掲書）三―四頁。

(79) 安政三年一〇月「貿易筋之儀ニ付申上候書付」（「堀田正睦外国係中書類」『幕末外国関係文書』第一五巻、第九三号）。

(80) 安政四年六月六日「亜墨利加官吏此表江罷越候儀ニ付申上候書付」（『幕末外国関係文書』第一五巻、第一七一号）。

(81) 安政四年七月四日「亜墨利加官吏被召呼候ニ付御尋之廉取調申上候書付」（『幕末外国関係文書』第一六巻、第一九四号）。

(82) 安政四年七月四日「下田表罷在候亜墨利加官吏申立候儀ニ付申上候書付」（『幕末外国関係文書』第一六巻、第一九五号）。

(83) 安政四年七月二五日「下田表在留亜墨利加官吏出府日合之儀申上候書付」（『幕末外国関係文書』第一七巻、第二八号）。

(84) 安政四年七月「諸向江御達書之儀ニ付申上候書付」（『幕末外国関係文書』第一七巻、第二九号）。

(85) 安政四年七月二五日「亜墨利加官吏登城之節礼式之儀ニ付申上候書付」(『幕末外国関係文書』第一七巻、第二九号)。

(86) 安政四年七月「当今御時勢之儀ニ付申上候書付」(『幕末外国関係文書』第一七巻、第五七号)。

(87) 安政四年七月「金銀融通御救方之儀ニ付申上候書付」(『幕末外国関係文書』第一七巻、第五八号)。

(88) 安政四年八月一二日「和蘭商法改革・踏絵・条約付録之儀ニ付申上候書付」(『幕末外国関係文書』第一七巻、第九〇号)。

(89) 『堀田正睦外交文書(千葉県史料近世編)』(千葉県、一九八一年)第五〇号、一一四頁では安政五年一月とするが、同内容の「亜墨利加条約取結之儀ニ付申上候書付」(『幕末外国関係文書』第二〇巻、第七二号)は安政五年四月とされている。

(90) 安政三月一〇月「貿易筋之儀ニ付申上候書付」(「堀田正睦外国係中書類」『幕末外国関係文書』第一五巻、第九三号)。

(91) 『幕末外国関係文書』第一五巻、第九三号。

(92) 第四期の環境条件変動の認知は、次のように筒井鑾溪の上書に繰り返される。「当時之天運時勢ニ候哉、宇内万國各通親貿易不致國は無之候處、皇國而已如前々鎖國之御政令被行候へ共」⑩。「当時世界之様子、昔とは追々事替り、只今ニ而は満世界之氣運も古昔と相変し、世界中之萬國何方も通親交易等不致國ハ無之、未夕右ニ減候國ハ、只朝鮮と日本而已ニ有之候。是を以て觀候得ハ、萬國互ニ通親之義ハ、天意之然らしむる處歟」……「御舊典を被改候儀ハ不容易ニ候得共、天下之安危ニ拘り候義故、無御據御舊典を被革、此度朝鮮信使之例ニ寄、登城被仰付書翰御受取有之候積被仰出候、右ハ異國迚も誠実之言を呈し候上ハ御親睦被遊候廉を被施候事ニ候條、右之趣心得候様之筋被出哉ニ奉存候」⑫a。「此度之儀は元來往古と違、天運も自然変革いたし、世界中之各國通和致し候時運ニ相成候哉、五大州之國々通交不致者無之、唯其中ニ皇國而已は唐・阿蘭陀之外は異邦江御通交無之候間、西洋諸国之内、追々渡来通交相願候事ニ候処、強而御拒ミ相成候ハヽ、各國申合御國江仇可致氣配ニ有之故、亜墨利加大統領深く御氣之毒ニ存、此儀を申上、且自國通親貿易等之儀相願候事、全く御親切之情を以て相願候事故、實ニ右様西洋國々申合も有之事ニ候得者、強而拒ミ相成候ハヽ、忽チ戦争可相成」⑲。「清國之覆轍を被為踐候様ニ而」⑲、「只今之憤耻を忍ひ、平穏之際ニ彼か願を御許容有而、條約御取結、貿易御免相成候様儀ニ有之。右は全く御一分之事ニ不被為拘、皇國永久之御為を御深慮有之、無御據御所置ニ有之段を、諸家深く不存故之儀ニ候得は」⑲云々。

(93) 岩瀬忠震・愿三郎・修理には「蟾洲」「鷗處」などの号がある。本書では古賀謹堂の「謹堂日誌鈔之一」での呼称に従い、「蟾洲」を用いる。

(94) 永井尚志の名は一般に「なおむね」と読まれているが、ここでは城殿輝雄『伝記永井玄蕃頭尚志』(私家版、一九八六年)一六頁の指摘に従い、「なおゆき」と読む。

(95) 代表的な研究は、石井孝『日本開国史』(前掲)である。

第八章

(1) 箭内健次編『通航一覧續輯』第四巻(清文堂出版、一九七二年)四九四頁。六月一五日「幕府、儒役林健・西丸留守居筒井政憲・同林煌(式部少輔)・儒者佐藤捨藏・同古賀增・同安積祐助・儒者見習林晃(圖書助)・天文方手附杉田成卿・同箕作阮甫等ニ米国国書ノ翻訳ヲ命ズ」(『維新史料綱要』I)四三二頁。九月一五日「幕府、故儒役林健・儒役林煌等ノ米國国書翻訳ノ労ヲ慰ス」(『維新史料綱要』I)四八四頁。嘉永六年九月十五日「亞墨利加書翰和解骨折候ニ付御手當被下候」者。「謹堂日誌鈔之一」嘉永六年六月一五日の項も参照。

(2) 『幕末外国関係文書』第一巻、第二四六号、四一二―四一三頁。

（3）『幕末外国関係文書』第一巻、第二六一号、四七三—四七四頁。

（4）その他にも、戸田氏榮によれば、文政元（一八一八）年五月にゴルドン指揮するイギリス船ブラザーズ号が江戸との貿易を求めて浦賀に来航した際に諮問が行われたと云う。「既ニ寅年イギリス船渡來之節ハ御書取を以諸向之言路を開せられ、博く衆人之建白を徴せられ候得共、其後別段御振合も相替り……」戸田「御尋之趣左ニ申上候」嘉永六年七月（「湯蠻彙議」巻七 東京大学史料編纂所 維新史料稿本Ⅱに145A-9）。ただし、この際の記録「通航一覧」巻二五四、諳厄利亞國部三『通航一覧』第六巻、国書刊行会、一九一三年）三七〇—三七六頁には、言路洞開の言及はない。

（5）たとえば、諸大名への諮問が行われた外交案件は、嘉永六年六月以降の史料を活字翻刻して収録する『大日本古文書 幕末外国関係文書』によれば、嘉永六年七月 米国国書、同年一〇月 大船建造、安政二年四月・八月 米人測量問題、（同年八月 英露米條約書写）、（安政三年七月 朝鮮人来聘）、安政四年八月・九月 米国総領事出府、同年一一月 米国総領事日本重大事件申し立て、同年一二月—五年一月 米国総領事応接、安政五年四月 アメリカ條約につき勅許、などがある。ただこれらの諮問と答申を通して諸藩主と幕臣たちの政策形成過程への参与はみられるが、審議過程に与り得たのは限られた幕臣諸有司であり、しかも最終的な政策の決定権（決定機能と調整機能）と執行権は、ある時期まで幕府の閣老が掌握していた。

（6）アメリカ使節派遣の情報については、田保橋潔「合衆國使節派遣に關する日蘭交渉」（田保橋『増訂 近代日本外国関係史』刀水書院、一九四三年）四五〇—四七三頁。近年の幕末情報史研究については、特にアヘン戦争の情報が流入する天保期半ばからペリー来航予告情報が国内伝播する嘉永期までを、未刊史料をもとに論じた、岩下哲典『幕末日本の情報活動——「開国」の情報史』（雄山閣出版、二〇〇〇年）を参照（現時点で判明する史料をもとに作成された、同書中の「ペリー来航予告情報一覧」九四—九五頁・「伝達経路略図」九八頁）。

（7）井野邊茂雄「開国」（井野邊『新訂維新前史の研究』中文館書店、一九四二年）四九五—五一三頁、田保橋潔「江戸幕府の對米方針と國論」（田保橋『増訂 近代日本外国関係史』刀水書院、一九四三年）四九〇—五四八頁、本庄栄治郎「幕末の新政策」（初刊一九五八年）（『本庄栄治郎著作集』第九冊（幕末維新の諸研究）、清文堂出版、一九七三年）、本橋正「ペリー来航時におけるわが国人の対応とその対米像」（一・二）（『学習院大学法学部研究年報』第一号、一九六四年）一八七—二四八頁・（同上、第二号、一九六五年）七一—一四五頁、原剛『幕末海防史の研究』（名著刊行会、一九八八年）、三谷博「大名の対外意見——数量分析」（初出「開国・開港をめぐる諸大名の対外意見」一九九三年）（三谷『明治維新とナショナリズム——幕末の外交と政治変動』（山川出版社、一九九七年）一五八—一八〇頁、井上勲「幕末政治社会の形成——嘉永六年七月の諮問と答申をめぐって」（『学習院大学史料館紀要』第九号、一九九七年）一〇三—一六八頁など。

（8）たとえば、井野邊茂雄「ペリー渡来の際に於ける国論の帰趨」（『史林』一三巻三号、一九二八年）一—二八頁は、その当時先行する七つの諸説に対して、五類型（①開国論、②避戦論、③拒絶論、④拒絶延期論、⑤無定見）による答申整理から、定説のような拒絶ではなく、避戦論が多数を占めたことを論じた。近年の分析指標は、三谷を経て、井上において極限にまで達したかのようである。井上の対外方針の整理は、単純拒絶・即時拒絶・折衝拒絶・回答延期・時限許容・即時許容・単純許容・単純折衝・方針不明の大別と、さらにその上で細目に従って分類する。ただし、暫定措置でさえ、相手の出方如何で場合に応じたさまざまな対処が考慮されており、答申はいずれも決して一筋縄では読解できない複雑で混み入った構成のため、（特に対外方針に関しては）指標に従って判定を下す分析者の解釈それ自体に研究者の主観の入り込む余地がかなり大きい。客観的方法による測定とそれに基づく統計的把握は、指標を細分化して子細に検討しようとする程に分類整理の困難さを増す。

（9）原本は戦災により焼失したとされているが、大正年間に水戸徳川家第一三代当主の侯爵徳川圀順《くにゆき》所蔵の原本から謄写した資料は、東京大学史料編纂所に現存する。「湯蠻彙議」全一八巻・目録（東京大学史料編纂所　維新史料稿本IIに145A）・「湯蠻彙議拾遺」全一八巻（同、維新史料稿本IIに145B）。

（10）「湯蠻彙議」所収の答申を部分的に紹介した研究はいくつか在るが、網羅的に通観した先学はわずかに田保橋潔と近年の井上勲にとどまる。しかも、井上は分析対象として諸大名のみを選択してその内容の多様性を明らかにしたが、これら諸大名の答申書は、藩主の個人意見か、藩家老のものか、あるいは藩家臣団の総意なのか判別できないという問題を抱える。これに対して、意見の責任所在が明瞭であり、さらに一人ひとりの履歴をほぼ特定できる幕臣（旗本）個々人の上申書は、現在も根本史料にあたった上での包括的研究がなされていない。なお嘉永六年の答申分析の対象を大名に限定した近年の研究には、他に諸大名の答申書の「数量分析」を試みた三谷の前掲論文もあるが、この論考では「湯蠻彙議」は資料として参照されていない。

（11）井野邊茂雄「ペリー渡来の際に於ける国論の帰趨」（前掲、一九二八年）一〇頁。

（12）田保橋（前掲書）四三一頁などを参照。

（13）このコンラッド訓示の内容は、田保橋（前掲書）四三九—四四四頁に詳述されている。

（14）ペリー来航とその背景にある国際関係については、前出の研究文献の他に、加藤祐三の一連の業績がある。加藤祐三「黒船と情報」（『横浜市立大学論叢』第三八号、一九八七年）、加藤『黒船異変——ペリーの挑戦』（岩波新書、一九八八年）、加藤『黒船前後の世界』（初刊一九八五年）（ちくま学芸文庫、一九九四年）本書では増補された九四年文庫版を用いる。

（15）天文方澁川六藏訳による蘭語国書の邦訳文は、「阿蘭陀國部十六」（「通航一覧續輯」巻六二、箭内健次編『通航一覧續輯』第二巻、清文堂出版、一九六八年）五〇四—五〇八頁。前述のようにこの国書翻訳は数種あり、じっさいに蠻溪がどの訳文を示されたのかは不明である。

（16）箭内健次編『通航一覧續輯』第二巻（前掲）五〇七頁。

（17）ペリー親書の漢文・漢文和解・蘭文和解・英文は、『幕末外国関係文書』第一巻、第一一六号、二五五—二六四、附録六—一〇頁、また漢文・漢文和解は「通航一覧續輯」巻一二八、北亞墨利加部二五（箭内健次編『通航一覧續輯』第四巻、清文堂出版、一九七二年）四八三—四八六頁に収録されている。

（18）一九世紀当時、中国の「野蛮性」（"barbarities"）として「文明」諸国に一般に通念されたのは、「犯罪者に対して加えられる野蛮な刑罰、女児の遺棄、及び外国人に対する残忍な暴行」などであった。ただし、ホブソンは、アメリカの人種差別（「黒人私刑」）・イギリスの家庭内暴力（「女房足蹴」）と同様に、中国でのこのような「粗野な習慣」「本能の散発的な残存物」をもって「中国文明」の最終評価をしてはならないと云う。Hobson, J. A., *Imperialism: a Study*. 3rd ed. (George Allen & Unwin Ltd., 1938) pp. 322-323（邦訳：矢内原忠雄訳「アジヤにおける帝國主義」『帝国主義』下巻、岩波文庫、一九五二年）二五五頁。

（19）大統領国書の漢文・漢文和解・蘭文和解・英文は、『幕末外国関係文書』第一巻、第一一四号、二三八—二五一、附録一—五頁、また漢文・漢文同解が「通航一覧續輯」巻一二八（前掲書）四七七—四八二頁に収録されている。

（20）「日本への外交使節団のためのルミャンツェフからレザーノフへの

指令書」一八〇三年七月一〇日（レザーノフ『日本滞在日記』大島幹雄訳、岩波文庫、付録、二〇〇〇年）三八三頁。

(21) ペリーの首席通訳官、サミュエル・ウェルズ・ウィリアムズ（**Samuel Wells Williams,** 一八一二―八四）は、外交文書を作成できるほどの漢文作文能力はもっていなかった。そのため、外交交渉のためには、中国人助手の協力を必要とした。当初広東で雇った五五歳の助手**Sieh**が琉球滞在中に亡くなったため、日本来航時には急遽上海で助手として雇用された中国人が伴われた。アメリカ国書の漢訳は、ウィリアムズとこの助手の共同作業による。ウィリアムズ『ペリー日本遠征随行記（新異国叢書八）』（洞富雄訳、雄松堂書店、一九七〇年）八四頁。ただし、この中国人助手は「知識に乏しくて、私（ウィリアムズ）の話す意味を飲み込むのに時間がかかるばかりの、ただの公認筆写生にすぎない」とされている。『ペリー日本遠征日記（新異国叢書第II輯一）』（金井圓訳、雄松堂出版、一九八五年）一三二頁も参照。なお、ペリーの第二回の来航時に随行した漢文通訳者が、羅森（向喬、一八二一―九九）である。陶徳民「黒船のもたらした「広東人」旋風——羅森の虚像と実像」(*Image and identity: rethinking Japanese cultural history*, 神戸大学経済経営研究所、二〇〇四年）一三一―一四一頁を参照。

(22) 本章では、西洋諸国からもたらされた「開国勧告」国書が、日本側でどのように読まれ、解釈されたのかということに焦点を絞っている。外国使節が二種類の国書を用意するにあたり、意図的に二重基準を並立させたかどうかについては、個々の事例に即して別途検討される必要がある。漢文翻訳者の能力ばかりでなく、漢文の表現上の特徴も併せて考えられよう。しかし、二種の文面を示され、それを別個の翻訳文として受容した当時の日本の読者にとっては、おそらくこの相違は大問題であったと思われる。西洋諸国の翻訳事情が不明であればこそ、意図的に異なる論理によって勧告されているとも解し得たであろう。

本書では勧告国書についてこの二系統の外交文書翻訳問題を考察したが、先行研究では、正文言語の相違、さらに二系統の翻訳問題に起因するその後の條約の解釈問題が指摘されている。たとえば、のちに安政三年のハリスとの交渉過程で問題が露呈する日米和親條約（神奈川條約、嘉永七年三月三日調印）の二系統の條約本文の問題については、田保橋潔『近代日本外国関係史』（刀江書院、一九四三年）六二六―六三三頁でも指摘されている。特に第一一條の領事官駐在をめぐる日英両国文の相違について、「彼我の見解の相違、通訳の不徹底に加ふるに、ペリイの政略に基づくもので、単なる文字上の誤訳と断じ得ないものがある」と解する（六三一頁）。石井孝『日本開国史』（吉川弘文館、一九七二年）では、この領事官駐在をめぐる和文・蘭文の相違（九九頁）ばかりでなく、日米修好通商條約（安政五年六月一九日調印）の交渉過程における居留権をめぐる條約和文翻訳をとりあげ、幕府側の「意識的誤訳」を指摘する（二七一頁）。さらに、近年の三谷博『ペリー来航』（吉川弘文館、二〇〇三年）でも二系統の條約本文の問題が検討され、前者について、通訳森山栄之助の「作為」とする見解が示されている（一七九頁）。

(23) 先行研究では、「アメリカ大統領国書の回覧と意見の徴取……この措置は「避戦論」にもとづく新たな外交のための、世論形成を狙った老中阿部の方針であったと考えられる」（加藤祐三、前掲書、一九九四年、三八八頁）とされている。しかし、果たして当初から阿部に政策ヴィジョンがあったのかどうか、なお検討の余地はある。

(24) 向山源太夫「上陳」丑七月（「湯蠻彙議拾遺」巻三、東京大学史料編纂所IIに**145B-3**）。なお、向山源太夫（誠齋）は、嘉永六年に「寛猛両様之策」提出を求められ、厖大な資料を博渉の上で、両論を執筆している。七月『幕末外国関係文書』第一巻、第三三六号、六八六―七二四頁。（「夷国船の処置につき寛猛二策」『開国（日本近代思想大系一）』岩波書店、一九九一年）一一八―一三六頁。六月一三日「米國ニ對スル處置寛猛二策ヲ幕府ニ建言ス」（『維新史料綱要』巻一）。このうち「寛」策は、この時点での「積極的交易論」の代表と一般的に評価されている。彼には『幕末外国関係文書』第一巻、第二二三号、三八一―三九〇頁の書もあるが、「湯蠻彙議拾遺」収録の「上陳」を読む限り、要請を受けて二極論を調査したことと、彼自身の政治的判断とは分けて考えるべきではないかと思われる。

(25)「就而ハ御防禦筋并彼國へ御仕向方非常之御取計無之而ハ叶申間敷候、然非常之事ハ非常之人ニ無之而ハ調ひ不申者ニ奉存候、尤右様之人物乏候得共、乍憚　水戸御隠居中納言殿、御事非常之御人物當今御一人と奉存候」（佐藤一齋「存意書」）。

(26) 嘉永六年八月二六日に大船製造許可をめぐる老中からの諮問があり、その後の答申は林大学頭（健・僴齋、嘉永六年七月一六日に二五歳で没している）上申書（『幕末外国関係文書』第二巻、第六七号）、評定所一座、そして大目付目付上申書（『幕末外国関係文書』第二巻、第六八号）が知られている。『水戸藩史料』上編巻三、一一二―一一五頁の関連記述も参照。

(27) その後に行われた、諸大名への諮問は、自嘉永六年九月至安政元年十月　柳間詰大名廻状留（『幕末外国関係文書』第二巻、第一六二号）、自嘉永六年十月至安政元年十月　柳間詰大名存念書留書（『幕末外国関係文書』第二巻、第一六三号）、その他に鹽谷宕陰「言購舶事書」「大船御免に相成候ニ付財用之儀奉申上候」（安井息軒批）（「湯蠻彙議拾遺」巻三［史料編纂所Ⅱに145B-3］・『幕末外国関係文書』第二巻、第一〇二号）。

(28) 井野邊（前掲論文）。

(29) 徳川齋昭の手記（『水戸藩史料』上編、巻一）一九―二一頁。

(30) 海防・外交資料として戸羽山瀚編『江川坦庵全集』下巻に収録されているのは、下記の文書である。天保一〇年一―三月　目付鳥居耀蔵と共に豆相房總四ケ國海邊巡視・「相州御備場其外見分見込之趣申上候書付」天保一〇年四月・「外國之事情申上候書付」「伊豆國御備場之儀ニ付申上候書付」天保一〇年五月・「存付候儀申上候書付」天保一三年九月・「伊豆國附大島え異國船渡來之節取計方之儀に付御尋之趣申上候書付」天保一四年九月・「異國船渡來之節打拂有無之儀申上候書付」嘉永二年五月二五日・「存付之趣申上候書付」嘉永二年七月・「豆州下田湊海防御備向存寄之趣申上候書付」嘉永三年六月・「豆州下田表御備向引請被仰付見込之趣御尋に付申上候書付」嘉永四年四月。

(31) 勘定海防掛（江川坦庵が勘定奉行・同吟味役と連署して呈出したものとされる）「海防之儀ニ付水戸前中納言殿御書取之趣奉拝見存寄左ニ申上候」丑八月（『幕末外国関係文書』第二巻、第四号）一四―二五頁。

(32)「是迄之如くにて、御改メも無之、船々御救ひ不被下候得は、誠ニ寇讎の國と可申候。寇讎に候得は、國力を盡し戰争に及ひ、雌雄を決し可申心得にて、用意は十分仕居候。我國近來鄰國之メキシコ國と相戰ひ、國都迄も攻取候事ニ御坐候。貴國も事ニより候得は、右様可相成も難計候。御勘辨可被成儀と存候」。「墨夷應接録初篇」（『幕末外国関係文書』附録第一巻）五三八―五三九頁。

(33)「墨夷應接録初篇」（『幕末外国関係文書』附録第一巻）五三八―五三九頁。

(34) 鹽谷宕陰は「通商利害論」のなかで、中国での西洋人犯罪者の引き渡しを問題として、「通好和親の邦」であるならば当然引き渡すべき犯罪者を、領事裁判権を楯に属地主義で裁かれることを拒否するイギリスを非難していた。「〔日本と朝鮮の国際犯罪者の例を引いた上で〕通好和親の邦は互ニケ様にあるへき事なるを、㖹夷の者清國へ交易に来りなから其國人を殺して下手人を出さゞる事不法至極の振舞也。清國・紅毛、我邦と交易する事二百年來未夕曾て如期事ある事を聞かず、是を以英賊の兇横傲慢なる事を知るべし」。鹽谷宕陰「通商利害

論」（天保一五年一一月二一日）（神戸大学附属図書館住田文庫 1A-29）。

(35) 前述のとおり、従来の研究では根本史料である「湯蠻彙議」が十分に活用されてないため、ここでは本文を補足し紹介も兼ねてやや長い引用を行う。「亞墨利加書翰之儀ニ付熟考仕候處、當　御代替此節御大事之御場合ニ而日本之御政法一變可仕天之時を奉存候、唯今迄鎖國之御法ニ御座候得共、此以後右ニ者相成間敷奉存候、當時世界之蕃國戰争ニ熟練仕、蕃國通商航海仕候由、日本者万邦ニ勝れ英武赫々たる各國ニ御座候處、貳百餘年昇平之　御代に相馴、追々武威衰廃仕、當世之士氣國家之大事ニ一命を抛候志之者少く無據出陣仕候躰ニ而者何千万之軍勢も一向御益ニハ相違間敷奉存候」「若々　御國法ニ而嚴重被仰遣候共、文化度魯西亞使節レサノット江被仰渡之御振合ニ而相濟候時勢に参る間敷、左候節者戰争ニも可相成候、たとへ敵船に　御勝利ニ而も人民窮迫動亂仕候而者、跡々之　御爲ニ相成間敷は奉存候、又人民はいか樣相成候とも　御國法を御立通し被遊候御儀ニ御座候ハヽ、西洋諸蠻アメリカ洲を敵ニ請戰争仕候氣勢無之候而者無覺束奉存候」（飯田庄藏）。

(36)「而全く時機を測りて偽り仕候義に有之候間、一旦ハ願候通り御許容被遊候義ハ一朝に醜夷之為に御國法を御破被遊候様相聞、御國體にも抱り御愧辱之様に有之候得共、是ハ屈伸之策ニ有之候て、機に處し變に應するの權度にて、一旦御武備之整候の期を待て、其折是迄御交易被遊候得とも御為にも難相成候ニ付、御斷り被遊候との御趣意にて、確乎として彼に動揺致されたるの御斷有之度、乍恐愚案ニ奉存候、左候ハヽ、是迄ハ尺を極て御交易等之儀被遊候も、其時は尋を伸るの御愉快なる義と奉存候」（伊東）。

「（砲術の義）……是も彼と同様相成候方可然歟、呉々も當今海防御守衛御整兼候折、御國法とは乍申堅く是を御持執被遊候儀ハ、乍恐所謂「古を以て今を制するものは事の變に達せす、法に循ふの切ハ世に高ふるに足す、古に法るの學ハ今を制するに足す」と申筋にも有之候歟、左候ハヽ、呉々も古今の情態如何と疑惑仕候義に御座候、聖人の治其機ハ一ニ有之候得共、其用ハ同しからす、故に申上候迄ハ無之候へ共、虞戯神農は教て誅せされ共、黄帝堯舜ハ誅して怒らさるのことく、聖人之治も時に寄て改る事有之候、如此ハ生を斷と斷さるの生死存亡之機會ニ有之候得共、時によりて異り候は則聖人之凝滯なきゆゑんと奉存候、呉々も古法を御持執被遊候は、乍恐所謂「天地之内四海之内是を善すれハ則臣、善せされハ則讎」之理に有之義に奉存候」（伊東）。

(37)「國法」「舊規」遵守を説く者たちの議論は、枚挙に暇がない程である。「此度の書翰諸御役人諸藩迄遍く御示し、天下の衆議御採用被遊候へば、御処置の義も此度限りの事にて再度は舊規に御復し打拂御手段御示御座候様奉存候」（林鶯溪）。「元来貪欲無慙之夷共之儀、右ニ而ハ不相濟、追々後患之儀而已相增、追而ハ矢張異變之根元と可相成ハ必然之儀、……指向御舊法を被爲守御許容無之方と御決着被爲、左右之趣ニ仰諭、……何樣ニも抛身命御忠節可申上儀と奉存候」「且願意之趣ハ於　御國法不輕御大切之儀ニ付海内惣一統承伏會得不致候而は　御國一躰へ相拘り候御大事ニ付、所詮急速之御治定ニハ何分難相成、右等之處篤と會得仕、今暫御許容之有無共相待樣爲御諭方も可被爲在哉」（大目付・目付［海防掛除く］）。「何分古來より偏固之規矩も有之上ハ、此後何度申來候とも交易通信之事ハ難相整事ニ候」（土岐）。「何れにも御國法を被爲守願立之件ニハ惣而御拒絶相成より外有之間敷」「舊來之御國法を被爲守候儀、聢与御治定相成、人心一定仕候樣、御取向御座候儀、當今之御急務哉と奉存候」（西丸）。

(38) 鹽谷宕陰「通商利害論」（前掲）。

(39)「和親交易を許され候ハヽ、一旦ハ平安ニ可有之候得共、固より蠻夷の情變詐極りなく、及覆恒なきものにて、惟おのれに利せん事のミを計り候間、我國柔遠の美意有之候とも、彼國虎狼の本性にて呑噬の念は終に忘れ申間敷候間、御深慮を廻され候様仕度奉存候」（宮崎、七月）。

「抑北亞墨利加及ひ西洋諸國ハ其性狡黠ニしてよく忍耐す、こゝを以て一人企立ならさる事ハ是を其子に遺し、尚遂けされバ又孫に傳へ其事全く成就するに至て止む、かゝれハ天文地理よりして器械調度に至る迄其の精妙を極めさるなし、只是等之類如此のみならず、人の土地を奪ふも又しかり、先利を以て是に食をしめ、妖教を以て是をたぶらかし、國人と相親み、その釁隙を伺ふて一擧して是を取る、其術實に巧ミと云へし」「我大日本は肥饒豊冨にして戎夷是を呑んと欲し、覬覦する事久し」「譬ひ彼れ實心より和親交易致すとも、我におゐてハ損ありて益なく、且先年已に通商を願ぬる魯西亜・英吉利其外共是を以て口實とし強て交易を求めなバ、何の詞か是に辭せん、かゝれハ妄りに互市を許さす、祖宗の法を固守して嚴しく是を禁絶せられん事、方今處置の第一義に奉存候」（依田）。

(40)「……左候とて通商之儀御許容相成候ハゝ、一時は平穏之姿ニも聞可申候得共、ヲロシヤ・フランス・イキリス其余是迄不及見聞国々よりも追々懇願強訴可仕歟、各国は差置候ともヲロシヤ・イキリスは先年之儀も有之、御許容無之而ハ相成間敷、然ル時は大国諸州を引受候而之通商、連々ニ御國衰幣ニ落入候様可成行、第一邪宗門御制禁之御趣意も御座候事ニて、往々彼是之御取締筋何と可有之哉、終ニは自儘之所行致間敷とハ難申、其制かたき」（川路聖謨ら勘定奉行）。

(41) 石井孝「幕府による銅輸出禁止政策の展開」（初出一九四七年）（石井『幕末開港期経済史研究』有隣堂、一九八七年）二二九頁に、「正徳五―嘉永四年銅輸出額」の表がある。天保一一年以降は、唐船・蘭船合計して一六〇万斤が銅輸出定額とされたが、じっさいの輸出額はさらに低く「この定額に達した年はなかったようである」。石井（前掲書）二三〇頁。

(42) 生糸は、翌萬延元年から慶應二年まで輸出超過だった。ただし、後に日本の糸価が急騰し、フランス養蚕業も安定して、慶應三年には生糸輸出が減少する。

(43) 安政六年一〇月の米・佛・蘭・露への新潟開港延期通告、文久元年三月の江戸・大坂の開市と兵庫・新潟開港の七年延期の蘭・露・佛への通達。また、文久二年の開港開市延期交渉のための遣欧使節を、文久三年八月の攘夷親征の詔勅を受けて鎖港交渉を開始し、交渉失敗に終わったとはいえ元治元年には横浜鎖港談判のため佛への遣仏使節を、それぞれ派遣している。さらに慶應元年三月にも英米佛蘭に対して下関開港不可を申し入れる。

(44) 交易拒絶論を展開する学問所関係者としては、その他に、前出の木村勘助・永井岩之丞や以下の者たちがいる。

「〔石炭の事〕人を労し己れを利せん事、人倫の理に背き汝におゐても不快の事たるへく、此段及斷候」（小花和）。

「亞美理駕江通商御差許ニ相成候は乍恐日本國脉を不遠相絶候擬と洪嘆息仕候、是を失と申ニ而候、通商御差許無之向後打拂之儀被仰出候節は、士氣相振可申、是を得と申ニ而候」「……、金穀ハ勿論、何品ニ不限、日本有用之品ヲ以彼國無益之物と貿易仕候事故、日本之純氣漸々彼國江相移年久し、而疲弊自己之勢顕然之事ニ御座候」「名は交易と相唱候故、体宜聞候得共、其實ハ脅従屈伏之姿ニ相歸可申哉ニ付、第一士氣を萎靡致し、異國江弱形を示し候段、策之良成者とは申兼候哉ニ御座候」「且先則制人後則人制之勢ニ而一旦交易御許ニ相成候後は、回復之期無覺束候、趙宋之胡元ニ被制候始末明鑑ニ御座候」（岡本信太郎）。

「當座之御防きニ互市御指免相成候へハ、一時ハ平穏ニ相済候のミならす、利潤ニも相成候様御座候へ共、追々種々之難頭申出只煤食等被遣様のミにてハ、決而承知仕間敷候」「況其内ニハ乍恐皇國も互市之爲に漸々御困弊相成防禦之御手當行届候事無覺束候、不戰して敗を取候様成行可申は果然之理ニ御座候、加之嘆咭唎・魯西亞其外多數之夷狄より互市仕度旨可申出候、其時ニ至てハ亞墨利加同様御聞済無之候而ハ相成間敷候、左候而ハ如何程冨饒ニましします　皇國ニても寡ハ固ニ以衆ニ敵すへからさる道理にして、乍恐御代御持張ハ如何可有御座哉難計候」「然るを此度上書仕候内ニも蘭學俗儒之徒ハ何か理屈を付ケ様〳〵御處置被遊候得は、交易御差免ニ相成候ても、又ハ只米穀石炭くらひ之物ハ被下候而も子細無之抔と文章を巧ミニして申上候者も定而可有御座奉愚察候、右萬一御取用相成候而は前申上候通之義故、實以大變ニ御座候間、御取用無之様乍恐奉願上候」（伊澤謹吾）。

(45)　「高明正大之御捌有之候より他策ハ無之」「唯今有無之儀無之、御打佛に相成候ては外國江對し甚失信ニ相成」「熟時勢考候得ハ畢竟互市に利あるやと被存候」（久貝）。

(46)　「其御返翰ハ申上候通り、人類と申義且四海交易相開け候に付と申義相見候間、洋夷之言とハ乍申、王者天に代りて民の父母として有無を通し不給に足すの聖帝明王之治道とも申へき倫理之建候言に有之候間、古法を後世に廃し候義ハ忍ひかたき事に有之候へ共、寧ろ是を拒み候而戰争を促し候わんよりハ申越し候通り、試ミに御交易被遊候御趣意にて御返翰被遣候方可然歟」（伊東）。

(47)　「（不得已論）本邦ニ而互市仕候品は銅ニ御座候得共、銅之儀を自慶長至寶永百年之間に二億三千萬斤被遣其後百五十年を經候得は、幾億萬被遣候哉、莫大之義ニ而新規交易に被遣候儀ハ出來不申候、米之儀は小國多人ニ御座候得は、人命ニ系候ニ付難被遣候、……左候得は交易相成候品は煤炭一品に御座候、右煤炭之儀ハ西北濱海ニ産シ東南之地方ニハ無御座候間、右一ト品を東南迄取寄ニ相成候而は運賃も莫大に相掛り、其上右一品交易ニ付南方江互市之場所新規相建候は、是又無益之御費ニ御座候間、長崎表江紅船二艘入港相願候を、只今迄ハ一艘ニ被仰付罷在候を、此度より二艘ニ被仰付、右紅毛船江石炭御渡被遊、紅毛より合衆〔ママ〕江交易被仰付候はゝ、二百年來　祖宗御立被遊候御法令江も御違背無御座、合衆國も交易御斷ニ相成候よりは宜敷候間、承知可仕候」（石川）。

(48)　「（交易之義）……彼よりハ又御益ニ相成候物を御擇被遊候上の事にて、則加哩科吹啞よりは黄金・白銀・水銀等之物出候段申上候通り、是等御交易被遊候ハヽ、御國之費と申義にも無之候歟」（伊東）。「アメリカ州ニは金銀澤山ニ而別而銀を以交易仕候儀も御座候哉抔承り及候故、御國産人作ニ而出來之ものと金銀を以御交易御座候ハヽ、御得分十分ニ相成可申哉」（戸田、六月）。「四國邊ニハ石炭澤山之由ニ相聞へ、蘭人江銅を被遣、甎物と御交易御座候よりは御國益御座候事と奉存候」（戸田、七月）。

「金銀は吾國近來出方不宜と承り及申候、彼國ニ而は近頃夥敷生産仕候様子ニ而」「〔石炭之儀〕吾國不用之石炭を與へ有用之金銀ニ代候ハヽ、御國益ニも相成、彼亦望を得候而申分有之間敷候」「米穀之外之食品相望候ハヽ、是又海陸ニ生する所之品ニ可有之候間、金銀ニ代候而遣され、可成丈彼地之産物織物之類其外不益之品は請取不申、金銀のミに代候ハヽ、異國之金銀吾國江集り可申候」（宮崎「合衆國書翰之儀ニ付愚存之趣、先日奉申上候後尚又再三思念仕候處申上……」八月）。

(49)　浦賀奉行の概要については、高橋恭一『浦賀奉行史』（名著出版、一九七四年）を参照。

(50)　浅野長祚（梅堂）については、坂口筑母『浅野梅堂——幕末の文化人』上下（私家版、一九八二年）、藤田覚（前掲書、一九八七年）三七六—三八七頁を参照。「海防策再稿」（国立国会図書館古典籍資料室235-212）には、「異国船御取扱方之義ニ付申上候書付」（嘉永二年閏四月二六日）、「浦賀表御仕向之義ニ付見込申上候書付」（同年五月一六日）が含まれる。

(51)　内山舅「甲府徽典館」（萩原頼平編『甲斐志料集成一〇（教育・宗教）』甲斐志料刊行會、一九三四年）一四五頁。

(52)　山梨縣志編纂会「教育資料（人物部）」（萩原頼平編『甲斐志料集成

一〇（教育・宗教）』前掲）一九二頁。

(53) 戸田氏榮は、浦賀奉行着任後には、浅野梅堂と共に嘉永二年十月付けで「浦賀表御備筋之儀ニ付申上候書付」を上げている（「戸田伊豆守 浅野中務小輔 外寇時務策」「湯蠻彙議拾遺」巻十八（東京大学史料編纂所IIに145B-18）。浦賀奉行（戸田伊豆守・浅野中務少輔）上書（木村喜毅『三十年史』一［一九七八年、五七―六六頁］所収）は同内容だが酉十二月とされている。

(54) 戸田卓太郎氏徳（侗庵門人）と戸田寛十郎氏榮が同一人物であるとする記録は、管見の限りでは「昌平学科名録」の追記のみ。『国書人名辞典』第三巻（岩波書店、一九九六年）四〇八―四〇九頁も別人として扱い、一方の氏徳の生没年不詳とする。また山村銹二『戸田伊豆守氏榮傳』（私家版、一九二七年）や浦賀近世史研究会監修『南浦書信――ペリー来航と浦賀奉行戸田伊豆守氏栄の書簡集』（未来社、二〇〇二年）も、氏榮のみを対象としている。しかし、①氏德も氏榮も主膳氏友の惣領とされていること、②氏榮の経歴が、天保一二年に四二歳で西丸小姓組より徒頭に替わる以前は不明であること、③同年一〇月には「如以前、書物御用見廻」を命じられていることなどから、本書では敢えて氏徳と氏榮を同一人物と想定した。

(55) 浅野梅堂「異国船御取扱之儀ニ付申上候書付」（閏四月二六日）は、藤田覚（前掲書、一九八七年）三七七―三八三頁に全文活字収録されている。

(56) 「此節御打拂等之儀は淺慮無謀之甚敷者ニ而、御不忠節之儀と奉存候、柔能剛を制し、仁義之正道を以て卓然御国躰相立候様仕度儀ニ奉存候事」（戸田「アメリカ船渡來一條ニ付心付候儀申上候書付」六月）。

(57) 「追々萬國近き候上は、御制度御一變御座候而御軍艦御開無御座候而は御警衛備具不仕候。尤新規其事御開きニ相成候ハヽ、先蒸氣船ゟ御造立御座候方御辨利之儀と奉存候」（六月）。「此儀當節萬國之様子相考候處、アメリカ州ゟ御交易相開候方御爲ニ可相成、彼我之時勢と御勘辨御座候而御決斷御座候仕度奉存候」（戸田「御尋之趣左ニ申上候」七月）。

(58) 古賀謹一郎「存念書」（「湯蠻彙議」巻一一、東京大学史料編纂所維新史料稿本IIに145A-13）。なお、「嘉永明治年間録」を典拠として、活字化されて知られている「幕府儒者古賀謹一郎増」の答申の要旨全文は、以下の通り。「先方より御返翰頂戴ニ不罷出内、此方より持参、致願之趣、新政事故、各國ニ告、篤と吟味之上ならでハ、挨拶ニ難及、何れ年數可相立間、扣居候様申遣し、此方十分整候而、大船二艘を以、諸蕃江此方より渡海交易致し、時勢ニ随ひ国益を得候位ニ御國威を可示候」。「諸大名旗本等上書大意」（『幕末外国関係文書』第三巻、第一九七号）六〇六頁。

(59) 現時点で最も詳細な分析指標を提案している井上勲「幕末政治社会の形成」（前掲論文、一九九七年）のそれに依る。ただし、井上は諸大名だけを分析対象としている。

(60) 「成功をはばむこういういっさいの大きな障害にもかかわらず、われわれがあくまでもこの半ば未開の東洋の一国民と貿易を行い、友好的な関係を樹立することをもとめるならば、われわれはその仕事にともなうこういった不利な情勢をうけいれなければならないことは明白だ。……われわれの条約の目的が貿易であることはいうまでもない。貿易こそは第一かつ主要な目的である」。オールコック『大君の都――幕末日本滞在記』下（岩波文庫、一九六二年）九四―九五頁〔原著一八六三年刊〕。

(61) 第II部でも註記したように、「〇之理」や「〇之道理」という表現は、「変通之理」「冬裘夏葛《とうきゅうかかつ》の道理」「窮通變化之道理」「当然之道理」という用法からも解るように、理気論や規範的原点という意味での「理」「道理」ではなく、従って「理」や「道理」が変化するのではなく、ある特定の価値志向的な事柄の普遍的法則性を意味している。それゆえ、この場合単に「「道理」に合う」という記述は思想分析としては不十分であり、如何なる条理か、どんな法則か、その個別の内容に着目しなければならない。もしこの捉え方が正しければ、ある主張を「道理と認める」という表現よりも、ある働き・作用に道理を認めるとされ、その働きや作用が何故に普遍妥当性をもっと認識されたのかを問うことが、思想史研究の課題となるであろう。

(62) 次章で古賀謹堂の読書歴を瞥見するが、この「存念書」記述に関連する次のような記事を蔵書群に見出し得ることから、彼がどのような資料に基づいて政策論を執筆し、構想を立てていたかを探ることが可能である。日記によれば嘉永元年四月廿五日「輿地誌略（青地盈譯）を校讀す」、嘉永二年正月「十一日輿地誌略ニ旁句を加ふ」（「謹堂日誌鈔之一」）とあり、遺された蔵書のその傍点箇所から彼が注目した記事の内容を確認すれば、莫臥兒の「國治」の項：「海船ノ設サルハ此國一大闕事《けつじ》ニシテ是其國ノ海濱諸地ヲ盡ク「歐羅巴」人ノ手ニ制セラル、所以ナリ」（「輿地誌略」巻十一、四十丁表、宮内庁書陵部204–179）という記事に出会う。

(63) 留学生派遣については、石附実『近代日本の海外留学史』（初刊一九七二年）（中央公論社、一九九二年）を参照。幕府からの海外留学生派遣を提案したなかでは、嘉永六年八月の謹堂の構想は最も早期に属する。それは、第Ⅲ部の冒頭で紹介した町画師春木南華上書（木村『三十年史』前掲）一二三頁以下に並ぶものであろう。従来知られてきた徳川齋昭の軍艦購入のための邦人派遣提議は、のちに検証するように、この謹堂の「存念書」を承けたものであったことはほぼ間違いない。バタビアへ長崎海軍伝習所の伝習生を「留学生」として派遣する、目付永井尚志の建議「留学生之儀に付申上候書付」は、謹堂「存念書」から三年後の、安政三年一〇月五日のものである。この間の目付系海防掛の議論推移については、第十章第三節を参照。また、幕閣で貿易開始が決定した後に起こった、外国貿易取調掛岩瀬忠震の香港出張の件は、安政四年八月以降の建議である。

(64) 「存念書」から八年後の文久元年に、蕃書調所頭取となっていた謹堂は、教授手伝勝海舟と共に、調所教授方の津田眞道や西周ら五名のヨーロッパ留学を建議している。古賀・勝「歐羅巴各国江蕃書調所教授方之者共被差遣候儀ニ付相伺候書付」（文久元年四月）（東京大学史料編纂所）、大久保利謙編『続幕末和蘭留学関係史料集成』（雄松堂書店、一九八四年）に活字翻刻されて収録。

(65) 幕府における対外「貿易局」の設置は、後に安政三年一〇月二〇日任命の「外国貿易取調掛」となって実現する。

(66) じっさいには、文久元年六月一九日、幕府により庶民の大船建造と外国商船購入が解禁され、その国内輸送使用が認められた。

(67) じっさいの展開は、安政六（一八五九）年より長崎・箱館（安政四年八月 幕府直営の箱館産物会所落成）・神奈川（同年一月一三日 三港への出稼ぎ・移住・自由売買を許可、五月二八日 五カ国に自由貿易許可、慶應元年一〇月五日 安政條約勅許、慶應二年二月二八日 開港場への出稼ぎ・自由交易・商人の外国船購入を許可）、慶應三（一八六七）年より兵庫・大坂、一八六八年より新潟港が條約港として次々に西洋諸国に開港し、海外貿易の所管を長崎一港の独占に帰させる幕府の長崎会所体制は終焉した。

(68) 古賀侗庵「答千住厶問」。侗庵が「海防臆測」第八篇において「當復寛永前旧制、遠往天竺・暹羅・安南等地方互市、苛巧其術、亦可以資富国」（『日本海防史料叢書』第五巻、二五〇頁）と述べ、出交易を主張したことは、本庄栄治郎「幕末の新政策」（『幕末維新の諸研究（本庄栄治郎著作集第九冊）』清文堂出版、一九七三年）二八四頁でも指摘されている。

(69) 宮地正人（前掲書）九四頁以下。

(70) 羽倉簡堂の海防論については、『簡堂遺文』所収の著作を中心に論じた、荻生茂博「幕末士人と言説形成——海防論者の「場」」（『江戸の思想』ぺりかん社、第三号、一九九六年）一六四―一八七頁、荻生「海防論再考」（『江戸の思想』ぺりかん社、第九号）一〇七―一三〇頁がある。

(71) 羽倉簡堂「擬答米利堅國書」嘉永六年七月（羽倉信一郎杉庵編『簡堂遺文』吉川弘文館、一九三三年）二八―三〇頁。

(72) 羽倉簡堂「擬諭墨使」安政元年一月（羽倉編、前掲書）三一―三二頁。

(73) 藤森天山「海防備論」惣論之一（嘉永六年七月）（住田正一編『日本海防史料叢書』第一巻、海防史料刊行會、一九三二年）一一八頁。

(74) 藤森天山「海防備論」惣論之一（前掲書）一一九頁。

(75) 藤森天山「海防備論」惣論之一（前掲書）一二〇頁。

(76) 望月茂『藤森天山』（藤森天山先生顕彰會、一九三六年）六六―六七頁。

(77) 藤森天山「海防備論」惣論之一（前掲書）一二一頁。ただし、このように蘭学者を批判する天山も、安政二年一二月の「新政談」巻四においては「洋學所之事」を論じ、「洋學所にては洋學精究の者を多く被集候て翻訳局を立て、猶更研究確然と間違無之様取調」云々と記す。瀧本誠一編『日本経済叢書』第三二巻（日本経済叢書刊行會、一九一七年）二五二―二五三頁。

(78) 藤森天山「海防備論」惣論之一（前掲書）一二二頁。

(79) 「時宜によっては、担当の老中が勘定奉行・外国奉行らの評議を取調べ、「志らへ」とよばれる意見書を作って、これを幕閣へ提出する場合もすくなくない。……老中にはまた有能達筆の高級官僚がついて、老中の命をうけて「志らへ」を立案したのである」。倉沢剛『幕末教育史の研究一――直轄学校政策』（吉川弘文館、一九八三年）七四三―七四四頁。

(80) じっさい、諸大名・旗本たちの答申書が幕閣でどのように処理されたのか。すなわち、齋昭が専任で調査に当たったのか、奥右筆が担当したのか、月番老中か、あるいは阿部正弘の関与はどうかなどの基本的な問題の多くは、未解決である。本書では、「遢蠻彙議」と『水戸藩史料』により、ある仮説をたてて論じている。なお、荒川秀俊「老中月番表」（『日本歴史』第二六七号、一九七〇年）一一〇頁によれば、嘉永六年七月の担当老中は松平和泉守であり、八月は久世大和守である。

(81) 『水戸藩史料』上編巻三、一一〇頁。

(82) 『水戸藩史料』上編巻三、一〇五頁以下。

(83) 「下書志らべ」（『水戸藩史料』上編、巻三）一〇五―一〇七頁。

(84) 『水戸藩史料』に付された大内毅（半之介）の筆記（『水戸藩史料』上編、巻三）一〇八―一〇九頁。「……内實老公より幕府御勘定奉行松平河内守へ御申聞にて、外國より楠々申聞を、此方より御挨拶無之様にてハもとより出來兼候義勿論に候間、此方よりも人を御遣し彼の船を買入候義を第一にして、其實ハ諸方之國々一覧し宇内の形勢を見る事専門なり、一體の形勢不知候てハ何事も行ひ兼候段御申聞之所、成程此方よりも人を出し、内外の聞見専要の義、御尤之次第に候へ共、第一其人に窮し居候事故、其人ハ誰レ誰レ可宜哉と申候に付、其節御申聞にハ定て諸人有之べけれ共、一人ハ我等の家臣藤田東湖に有之候間、遣し可申と被遊候へバ何れよく考へ申候とて御受申上候よし」。

(85) 『水戸藩史料』上編、巻三、一〇七頁。

(86) この議をめぐる直接的な史料は管見の限り見出せないが、大内毅の筆記による。

(87) 『水戸藩史料』の編者は、使節派遣計画は「爾後如何の事情ありてか此の議は遂に中止するに至れり」と記し、さらに「此の議の中止せし事由は他の遺書の徴すべきものなしと雖も、安政二年の秋に及び幕議大に振興し、更に米國に發遣し條約の覆議に及ばんとの議あるは則ち此に胚胎せるものゝの如し」と註記する（『水戸藩史料』上編、巻三）一一一—一一二頁。

(88) 丹波国園部藩主小出信濃守英教の上書「七月」（『幕末外国関係文書』第一巻）六八〇—六八一頁。「……才智勇猛之大名に被仰付、彼土江御使御返翰持渡、交易之義は、和國之堅掟之由、彼是申諭斷候は、定て承引可仕、日本之武勇も相知れ、宜しく奉存候、彼土之様子も得斗見及候は、御為ニも可相成と奉存候」。ただし「湯轡彙議」では「丑八月二日」とされる。田保橋（前掲書、一九四三年）五一四頁は、『水戸藩史料』掲載の齋昭の提案を「齋昭の独創とみるべからざるものあり」として小出のアイディアと結びつけるが、謹堂上書への言及はない。

(89) 「望之こふ所の通好通商之事ハ　神君よりして深き御趣意有之候御國法并暦世封疆を守る事而已ニ堅く人心一定したる御國柄なれは譬へ五年十年之間成共彼國一价之故を以朝廷暦世之法度を變する事不能之譯合、……〔人選して〕彼地江被差遣、望機應變して能々諭方取計候様被仰含候方可然哉と奉存候」（一色豊後守「海防之儀ニ付申上候書付」丑八月）。

(90) 佐久間象山「省諐録」安政元年（『渡邊崋山・高野長英・佐久間象山・横井小楠・橋本左内（日本思想大系五五）』岩波書店、一九七一年）二五八頁。象山の回想によれば、嘉永六年に勘定奉行川路聖謨との対話の中で、自らがその策を語り、それを上書「急務十事」にして閣老に上げたという。「司農〔川路〕に沮む色あり」との記述は、本書での後に議論される聖謨の思想を考える上でも参考になる。ただし、あくまでも自身による回想であり、伝存する上書にもその海外派遣の策はないことに注意が必要である。

(91) 『水戸藩史料』上編、巻三、一一〇頁。

(92) 「交易之儀ハ國禁なれと、時世ニ古今の差あり、有無相通するハ天地之道也。祖宗之神ニ告て、已来ハ此方より商船を和蘭会所咬𠺕吧之商館江遣して交易すへし、交易之品、是ハ亞墨利加、是ハ魯西亞と分賣するハ、蘭人ニ任して互市すへし、尤航海大艦を新造すれハ、今一兩年を經へしと、大躰蘭人同様之御取扱あつて、ヶ様に彼か不意ニ出置、扨寛永以上之御朱印船を復古し、先ツ大坂・兵庫・堺等之豪商に被命、其株を與へ、堅實の大軍艦初、蒸氣船を新造して、日本無用之品を積込、水主・船頭ハ暫く蘭人を雇ひ、剛直ニしてしかも心利たる者共を乗せ交へ、大砲之矢利、大船之取廻し、針路之法を學はせ、表ニ商船を申立、内實ハ専ら海軍之調練を心得、追々船數を増而習熟し、日本人自在ニ大洋を乗廻し、蘭人の密訴を不待して、彼地之容躰を實見し、他日海軍之全備をなし置、又是迄恐嚇欺罔之憂を看破し、奢侈空費之獘風を變改し、武備嚴重ニ内を十分ニ相とゝノへ、勇威を海外ニ振ふ様ニ相成候ハヽ、末々居すくみニ不相成、内外充實、却而皇國安躰ニ可有之哉と奉存候」。井伊直弼「別段存寄書下書」嘉永六年八月二九日（『幕末外国関係文書』第二巻、第七七号）二五七—二五八頁。

(93) 「出交易」の答申は、謹堂、井伊のほかに、勝麟太郎や向山源太夫らのものが知られている。幕末以前にも本多利明・佐藤信淵・古賀侗庵らによって出貿易が主張されていたことは、本庄栄治郎（前掲書、一九七三年）二八一頁以下を参照。

(94) 勝海舟の答申「愚衷申上候書付」丑七月『幕末外国関係文書』第一巻、第三三七号、「存寄申上候書付」丑六月二九日『幕末』第一巻、第三三七号、「前文申上候儀は、當今之儀急務而已申上候、猶又愚存有之候哉可申上旨、被仰達候ニ付、急々腹稿仕居候兩三ヶ條左ニ奉申上候」丑七月『幕末外国関係文書』第一巻、第三三八号。

(95) 『幕末外国関係文書』第一巻、第三三八号、七三二頁。

(96) 『水戸藩史料』上編、巻五、二五一頁。

(97) 石井孝『日本開国史』（前掲）八六頁。

(98) 「扨林家へ早速御申遣し無人島之事ハ一切御止、其代り薪の見通しニて石炭を長崎ニて被下候儀は為御濟ニても可然、夫ニて承伏不致候ハゞ甚不好事ニハ候得ども、不得已候間當寅〔安政元年〕より三ケ年之間申のべ、巳年〔安政四年〕ニハ此方より船を出し可然場所ニて、尚又三ヶ年之間試ニ交易可致、仍而ハ此方ニては此節より國中より出候而よろしき品物等取調其方ニても取調候様、扨此方より舟を出し候節ニ至候へば蒸氣船等もこしらへ候ゆえ、石炭も必要ゆへ、遣し候儀は不相成候と懸引ニいたし石炭を長崎ニて遣候歟、三年過候て尚又三ヶ年之間試に此方より出候而交易歟、此二ツの内一方ニて承伏いたし候様懸合可然候、右ニて承知不致候ハゞ前書之通り大師河原へ引上ケやはり浦賀ニて林家等懸合候通り懸合此外ニ是非と申候ハゞ、最早祖宗の法ニて一切斷候外無之と手拂ニいたし其所へ例の遊説を入レ、あぶもとらずはちもとらず兵端のミを開き候よりハ、石炭歟、試ニ此方より押出し交易の二ヶ條之内ニて承知の方可然と申喩候方可然、石炭置場とも存候所、無人島八丈島ニてさへ場所をかし候ハ不容易、内地ハ尚更他日の故障ニ相成候ゆへ、御救心ニて石炭遣候方可然、左候得ハ魯夷への御返翰ニも相當いたし可申候」(『水戸藩史料』上編、巻五)二五二―二五三頁。

(99)『水戸藩史料』上編、巻六、二五五―二五六頁。また齋昭の戸田・藤田宛書翰(同二月)でも出交易と内地交易の差が記されている。「出交易ニて承知致候へハ無此上候へ共中々承知致し申間敷候、伊賀・大和ハ心配ニて色々申聞候へ共、内地交易の義ハ必後患有之とて我等ハ同心不致、尤伊賀・大和も右を濟せ候ニハ無之、三五年立候ハ、其内ニ内地交易をも濟セ可申様子ニ申聞候ハ、可然との計策ニ候へ共、我等ハ夫以同心不致候」『徳川齋昭書付』安政二年二月(『水戸藤田家舊藏書類三(日本史籍協會叢書一八四)』東京大学出版会、一九七四年[初刊一九三四年])一八一頁、また『水戸藩史料』上編、巻六、二五七―二五八頁。

(100) なお、浦賀奉行戸田氏榮の従者小原鐵心執筆の、嘉永七年二月二一日の覚書によれば、応接掛内部の議論と幕閣の意見は次のようであったとされる。「一、此度の集議、伊澤・井戸・林・戸田等は何れも二年若くは三年間の交易を試みる発起論なれど、鵜殿・松崎は不同意、尤も交邊〔公儀〕には何分三年計り延せし上にてやはり交易を始むる御主意との事」。山村銹二『戸田伊豆守氏榮傳』(私家版、一九二七年)二九頁、また中村規一『小原鐵心傳』(上田書店、一九一〇年)。この時点では、目付鵜殿・儒者松崎を除き、他の応接掛ばかりでなく、幕閣も対外交易開始論に傾いている。幕府(公儀)の「三年計り延せし上にて」交易開始とは、徳川齋昭提案の三年後の出貿易を指すものと推測される。

(101)「出貿易」については、本庄栄治郎(前掲書、一九七三年)二八一頁以下・四二三頁以下を参照。

(102) 安政三年一月からの山丹交易については、『幕末外国関係文書』第一三巻、一五五頁・六月六日、第一四巻、九一頁・六月同、一二〇頁・一一月、第一五巻、一二六頁の記事を参照。

(103) 萬延元年三月、外国掛大目付・目付の建議「産物方御取建並商法御試之儀」で幕府による中国貿易の必要が主張された。

(104)『幕末外国関係文書』第一五巻、二六五号、七〇四頁。

第九章

(1) 安岡昭男「和蘭別段風説書とその内容」(『法政大学文学部紀要』第一六号、一九七〇年)一〇一―一二七頁。

(2) 宮地正人「風説留から見た幕末社会の特質——「公論」世界の端緒的成立」(初出一九九三年)(宮地『幕末維新期の社会的政治史研究』岩波書店、一九九九年)一二一―一五四頁。

(3) 古賀謹堂「謹堂日誌鈔之一」一冊(慶應義塾大学附属研究所斯道文庫ハ09-4/68-1)。ただし、この「謹堂日誌鈔之一」は、他筆による「謹堂日誌」原本からの抄録史料であり、濵野知三郎旧蔵の濵野文庫から、麻生文庫を経て現在の斯道文庫へと引き継がれた。元になる

「日誌」の現存が確認されないため、この抄録の記述が、どれほど忠実な抜き書きなのか、筆写者の整理や要約がほどこされているのか判断できない。

（4）古賀謹堂「西使續記」十一月四日の項（『大日本古文書　幕末関係文書』附録第一巻、東京帝國大學、一九一三年）三二四頁。

（5）阿片戦争前後の清朝知識人の思想については、大谷敏夫『清代政治思想と阿片戦争』（同朋舎出版、一九九五年）が詳しい。その他、藤間生大「第一章　近代成立期の中国人の思想変革――魏源を中心として」（藤間『近代東アジア世界の形成』春秋社、一九七七年）七三―一五九頁。

（6）清朝で刊行されたアヘン戦争後の地理書では、前述の『海國圖志』や徐継畬『瀛環志略』のみならず、近年では、梁廷枏『海國四説』（道光二四―二五［一八四四―四五］）年も注目され、地理認識の正確さの点では魏源を凌ぐと評価されている。村尾進「梁廷枏と『海国四説』――魏源と『海国図志』を意識しながら」（『中国――社会と文化』第二号、一九八七年）一六〇―一七五頁、村尾「『海國四説』の意味」（『東洋史研究』第五一巻第一号、一九九二年）七一―一〇五頁。ただし、このような魏源の世界認識に対する否定的な評価の一方で、大谷も指摘するように朝鮮・日本への影響ゆえに『海國圖志』の意味は決して減じるものではない。

（7）これらについては、増田渉『西学東漸と中国事情――「雑書」札記』（岩波書店、一九七九年）のほか、吉田寅『中国プロテスタント伝道史研究――宣教師刊中国語著作の資料的研究』（汲古書院、一九九七年）、吉田寅編『十九世紀中国・日本における海外事情摂取の諸資料――『聯邦志略』『地理全志』『大英国志』の資料的考察（立正大学東洋史研究資料Ⅵ）』（立正大学東洋史研究室、一九九五年）なども参照。

（8）日本への「海國圖志」受容の問題は、森睦彦「『海国図志』の舶載から翻刻まで」（『蘭学資料研究会研究報告』二〇六号、一九六八年）、大谷「『海国図志』の幕末日本に与えた影響」（初出一九八五年）（前掲書、一九九五年）六五七―六七一頁、源了圓「幕末・維新期における『海国図志』の受容――佐久間象山を中心として」（国際日本文化研究センター『日本研究』九集、一九九三年）一三―二五頁、源了圓「幕末日本における中国を通しての「西洋学習」――『海国図志』の受容を中心として」（『日中文化交流叢書三　思想編』大修館書店、一九九五年）三二二―三六一頁、源了圓「横井小楠における攘夷論から開国論への転回」（国際基督教大学『アジア文化研究』第二六号、二〇〇〇年）一―二八頁を参照。

（9）帰還漂流民については、第Ⅰ部の前掲文献の他に、池田晧『漂民の記録――極限下の人間ドラマ』（講談社現代新書、一九六九年）なども参照。

（10）漂流民の口述書については、たとえば、森種夫編『口書集――長崎奉行所記録』上・中・下（犯科帳刊行会、一九六三―六四年）。

（11）初太郎の漂流記は、「亜墨新話」四巻（天保一五年）の他、井上不鳴「亜墨竹枝」（弘化三年）、靄湖漁叟『海外異聞――一名亜墨新話』五冊本（嘉永七年）、河野太郎『初太郎漂流記』（徳島県教育会出版部、一九七〇年）などの記録がある。

（12）「時規物語」（池田晧編『漂流（日本庶民生活史料集成　第五巻）』三一書房、一九六八年）一五一頁。

（13）関藤藤陰については、漢詩文集の関藤成章君達『藤陰舎遺稿』（一九一一年）、志水主計『関藤藤陰――伝記と遺稿』（関藤藤陰遺徳顕彰會、一九七七年）を参照。また藤陰の福山藩に対する「文武奨励につき意見書」（嘉永元年から六年までの四点）が『広島県史（近世史料編Ⅳ）』（広島県、一九七六年）八〇〇―八二四頁に収録されている。藤陰の「論經學」上下によれば、彼が「經學之法」とするのは、「博文約禮に施力し、義利之分に精心する」ことである（『藤陰舎遺稿』

前掲）二六一―二六六頁。

(14) 伊東榮『伊東玄朴傳』（玄文社、一九一六年）一〇五―一〇六頁、附録門人姓名録（同）四―五頁。伊東玄朴「門人姓名簿」には四〇六人の名が挙がる。

(15) 伊東榮（前掲書）九九頁。また石井孝「御目見医師について」（『大倉山論集』第二四輯、一九八八年）四一―八三頁も参照。

(16) 久米邦武は、鍋島直正が「他藩に率先して新事業を起さしむる階梯を造」ったのは「佐賀藩の儒者古賀侗庵と伊東玄朴の力である」と述べている。伊東榮（前掲書）一四九頁。

(17) 古賀謹堂「西使日記」嘉永七年一月二三日の項によれば、彼は長崎で行われたロシア使節との第一回会談の帰路、佐賀反射炉を見学している。

(18) 伊東玄朴・後藤又二郎・池田才八・杉谷雍助共譯「鐵熕全書」（宮内庁書陵部205-201）。活字翻刻された抄録は三好博音編『復刻日本科学古典全書 産業技術篇』第四巻（朝日新聞社、一九七八年）。なお、芹沢正雄『洋式製鉄の萌芽――蘭書と反射炉』（アグネ技術センター、一九九一年）が詳しい。

(19) 「蕃談」本文は、池田晧編『漂流（日本庶民生活史料集成 第五巻）』（三一書房、一九六八年）二三九―三〇四頁（時規物語ほか一七編に活字翻刻されて収録されている。現代語訳は、室賀信夫・矢守一彦訳『蕃談（漂流の記録一）』（東洋文庫三九、平凡社、一九六五年）を参照。但し、東洋文庫本は、特にアメリカの記述箇所において、アメリカ史への配慮を欠いた現代語訳になっており、訳出の際に謹堂の当時の記述内容が大幅に改変されて、読解には注意を要する。また、同附の解説も、それを参考にして書かれた池田の「蕃談解題」（池田編、前掲書）二三九―二四〇頁も、「謹堂日誌鈔之一」が参照されていないため、誤認が少なくない。

(20) 写本によっては、「蕃談」の跋文（嘉永四年七月）を欠いている。

(21) 「亞墨新話」乾坤、二冊（宮内庁書陵部205-11）。古賀精里と侗庵の門人、阿波藩儒那波鶴峯（一七九六―一八五八）の序（天保一五年一〇月）が付される。また上記の「萬餘巻樓蔵書」本以外にも、「亞墨新話」（徳島県立図書館T295L-ナハ-1A）がある。

(22) 「亞墨新話」の「乾」は、「漂客初太郎口供」（「泪菫」宮内庁書陵部200-86）にも同文が含まれる。

(23) 桂川月池「北槎聞略」と大槻磐水「環海異聞」の内容比較は、石山洋「『環海異聞』の成立をめぐって――大槻玄沢の海外事情研究の一齣」（洋学史研究会編『大槻玄沢の研究』思文閣出版、一九九一年）二二三―二六四頁が詳しい。

(24) 亀井高孝・村山七郎共編『北槎聞略』（吉川弘文館、一九六五年）。なお、この著作の宮永孝による現代語訳は、『北槎聞略（海外渡航記叢書一）』（雄松堂出版、一九八八年）を参照。

(25) ヒュブネルの『一般地理学』と「北槎聞略」の構成上の類似性を指摘するのは石山洋である。「甫周は、寛政五年一月六日から同月十七日までかかって『魯西亜志』〔Hübner, *Algemeine Geographie*, 1769 のロシア記事の翻訳〕を訳しており、これが基礎にあって、『北槎聞略』のロシア誌も組織的に記述されている」。石山（前掲論文）二三六頁。

(26) 活字翻刻された漢文の原文は、古賀謹堂「蕃談」叙（池田晧編『漂流（日本庶民生活史料集成 第五巻）』三一書房、一九六八年）二四一頁。現代語訳は室賀信夫・矢守一彦訳（東洋文庫版、前掲）四三―四四頁。

(27) 池田晧編（前掲書）二六五頁、東洋文庫版（前掲書）一八二頁。

(28) 池田晧編（前掲書）二九四頁、東洋文庫版（前掲書）二八四頁。

(29) 池田晧編（前掲書）二九三頁、東洋文庫版（前掲書）二七九頁。

(30) 池田晧編（前掲書）二九一―二九二頁、東洋文庫版（前掲書）二六八頁。

(31) 池田晧編（前掲書）二九三頁、東洋文庫版（前掲書）二七九頁。

(32) 池田晧編（前掲書）二六二頁、東洋文庫版（前掲書）一六二頁。

(33) 池田晧編（前掲書）二六二頁、東洋文庫版（前掲書）一六二―一六三頁。

(34) 池田晧編（前掲書）二九二頁、東洋文庫版（前掲書）二七一頁。

(35) 「米人曰ク、日本ハ黄金ニ乏シキト見ヘ、它邦ニ往得ス。洵ニ井中ノ魚ニ埒シ」（襍集）。池田晧編（前掲書）二九三頁、東洋文庫版（前掲書）二七七頁。

(36) 池田晧編（前掲書）二九三頁、東洋文庫版（前掲書）二七九頁。

(37) 池田晧編（前掲書）二九三―二九四頁、東洋文庫版（前掲書）二八〇頁。

(38) 池田晧編（前掲書）二九二頁、東洋文庫版（前掲書）二七一・二七三頁。

(39) 池田晧編（前掲書）二九二頁、東洋文庫版（前掲書）二七四頁。

(40) また「蕃談」巻一の漢詩中「泊蝦夷」の一節と註でも次のように記されている。「焚を拯ひ溺を救ふは仁人の事なるに、待つに仇讎を以てす、亦悲しむべし」、「客云ふ、彼の遠道護送は親切厚意に出ず、しかるに我兵淑慝靡辨して寇賊の如く視る、寃また甚だし、嗚呼豈に獨り今段之失のみならんや」（いずれも漢文）池田晧編（前掲書）二六一頁、東洋文庫版（前掲書）一六〇頁。

(41) 「時規物語」首巻（池田晧編『漂流（日本庶民生活史料集成 第五巻）』三一書房、一九六八年）六頁。

(42) 「日新校〔蕃書調所〕に詰め、学政を議す、校中有するところ皆外洋図書、而して吾皆讀むこと能はず」（原漢文）（古賀謹堂「巵言日出」巻一、序文（安政三年六月）（国立国会図書館古典籍資料室 827-57）。

(43) 二〇〇一年一―二月に宮内庁書陵部古賀本中の洋書調査を行ったが、「和蘭寶函」や西洋地理書類にも翻訳「合同國誌」「サンドウイクス」の原記事を発見できず、「原書」特定に至らなかった。

(44) 「地誌撮譯」には他の記事（「カリホルニア」は謹堂日記の嘉永元年五月二七日にみられる）も収録されている。日記には、「〔嘉永元年五月〕廿七日……山田愛之助・杉谷要蔵来訪、「カリホルニヤ」の處を讀誦せしめたり」とある。

(45) 五郎川才八は、藩命によって玄朴の実弟池田玄瑞の養子となり、嘉永元年一月より池田と姓を改め（廿二日）、洞雲と号した。彼が玄朴と共訳した扶歇蘭度《ふへるらんど》著「牛痘種法篇」（天保九年）は、種痘の日本導入のきっかけを作った。伊東榮（前掲書）三二頁。

(46) 室賀による現代語訳の東洋文庫本は、謹堂の記述を大幅に変更して解釈する。

(47) 池田晧編（前掲書）二九五頁。

(48) 池田晧編（前掲書）二九六頁、東洋文庫版（前掲書）二九一頁。

(49) 池田晧編（前掲書）二九五頁。

(50) 池田晧編（前掲書）二九六頁、東洋文庫版（前掲書）二九一頁。

(51) 妻木忠太『吉田松陰の遊歴』（泰山房、一九四一年）一一〇―一一二頁。また北島治慶「吉田松陰と佐賀」（『九州史学』第五一号、一九七三年）四五―六二頁では第三節を「松陰と古賀謹一郎」として、江戸遊学中の松陰が嘉永四年五月一四日に謹堂を訪ねて以降の記事に考察が加えられている。

(52) 吉田松陰、玉木文之進宛書翰、嘉永四年五月二七日（山口県教育委員会編『吉田松陰全集』第七巻、大和書房、一九七六年）五二―五三頁。

(53) 洋学所・蕃書調所・開成所に関しては、倉沢剛『幕末教育史の研究一――直轄学校政策』（吉川弘文館、一九八三年）が現時点では最も包括的な研究である。原平三「蕃書調所の創設」（『歴史学研究』第一〇三号、一九四二年）一―四二頁、原「蕃書調所の科學及び技術部門に就て」（『帝國學士院紀事』第二巻第三号、一九四三年）四三七―四七一頁（ともに後に原『幕末洋学史の研究』［新人物往来社、一九九二年］に収録）は、今なお古典的研究として重要であり、原以降、二見剛史「蕃書調所の成立事情」（『日本大学精神文化研究所・研究制度研究所紀要』第一〇号、一九七九年）一五―五六頁が成立過程の研究を、宮崎ふみ子の一連の研究――宮崎「蕃書調所＝開成所に於ける陪臣使用問題」（『東京大学史紀要』第二号、一九七九年）一―二四頁、宮崎「開成所に於ける慶応改革――開成所「学政改革」を中心として」（『史学雑誌』第八九編第三号、一九八〇年）六七―八八頁、宮崎「幕末における幕府の洋学振興政策」（「講座日本教育史」編集委員会編『講座日本教育史』第二巻、第一法規出版、一九八四年）二二四―二四九頁――が中期以降の研究を進展させた。その他に、加藤弘之「蕃所調所に就て」（『史学雑誌』第二〇編第七号、一九〇九年）八〇―九三頁、沼田次郎「蕃書調所に就いて」（『歴史地理』第七一巻第五号、一九三八年）一七―三六頁、大久保利謙「蕃書調所」（大久保『日本の大學』創元社、一九四三年）一二五―一九五頁（再版本［玉川大学出版部、一九九七年］一一〇―一六五頁）、沼田「蕃書調所――開成所について」（沼田『幕末洋学史』刀江書院、一九五〇年）五五―八一頁、沼田「輸入洋書の検閲と蕃書調所――幕府の洋学統制の一面」（伊東多三郎編『生活と政治（国民生活史研究一）』吉川弘文館、一九五七年）二二五―二四二頁、山下武「幕府洋学所の実態とその機能」（早稲田大学教育学部『学術研究』第九号、一九六〇年）二五―三九頁、佐藤良雄「蕃書調所と外国語学校」（『蘭学資料研究会研究報告』第一六九号、一九六五年）、石山洋「古賀謹一郎と蘭学」（『蘭学資料研究会研究報告』第一九五号、一九六七年）、大久保「幕末の蘭学と開成所」（『蘭学資料研究会研究報告』第一九六号、一九六七年）、片桐一男「蕃書調所における海外新聞の翻訳」（『蘭学資料研究会研究報告』第一九六号、一九六七年）、沼田次郎「蕃書調所について」（『蘭学資料研究会研究報告』第二二二号、一九六九年）、大森実「蕃書調所」（日本英学史学会編『英学事始』エンサイクロペディアブリタニカインコーポレーテッド、一九七六年）。大久保利謙「海舟勝麟太郎と蘭学――勝と蕃書調所の創設」（初出一九七七年）（大久保『幕末維新の洋学（大久保利謙歴史著作集五）』吉川弘文館、一九八六年）三八―五一頁、茂住實男「開成所と英学教師」（茂住『洋語教授法史研究――文法＝訳読法の成立と展開を通して』学文社、一九八九年）、石山「蕃書調所に移管された紅葉山文庫洋書の考察――『重訂御書籍目録』「蛮書類」の点検」（『実学史研究』第九号、一九九三年）三一―七七頁などを参照。

(54) 『幕末外国関係文書』第一巻、第三三八号、七三五頁。従来の多くの研究は、勝の上書を、後述の阿部正弘の三七ヶ条の改革案とともに、洋学所の設立と結びつけて論じてきた。

(55) 『幕末外国関係文書』第二巻、第四号、二〇―二一頁。この答申を洋学所の設立素案として数える研究には、川路寛堂編『川路聖謨之生涯』（吉川弘文館、一九〇三年）四三〇頁、倉沢剛（前掲書、一九八三年）二一―三頁。

(56) 「海防建議」一（『大日本維新史料稿本』三三九、安政元年六月五日所収 東京大学史料編纂所 0170-5-424）、『懐舊紀事』（前掲）五四三頁、『水戸藩史料』上編乾、三九八―三九九頁。また渡辺修二郎『阿部正弘事蹟』一（前掲）三四九頁には阿部発議の政策が要約されている。

(57) 石井孝（前掲書、一九七二年）一二一頁。

(58) 阿部の幕政改革三七ヶ条は、順次諸有司に内覧され（五月二三日に阿部より松平・川路に限ってくだされ、齋昭は遅れて六月一四日にこの意見書を受け取る）、それに対する意見書がそれぞれ提出された。松平・川路両勘定奉行（安政元年六月）（「海防建議」一［「大日本維新史料稿本」三三九、安政元年六月五日所収 東京大学史料編纂所 0170-5-424］）、徳川齋昭（安政元年六月）『水戸藩史料』上編乾、そ

して目付海防掛（鵜殿長悦・一色直温・岩瀬忠震・大久保忠寛）（安政元年七月）（『海防建議』二〔「大日本維新史料稿本」三三九、安政元年六月五日所収　東京大学史料編纂所　0170-5-424〕）。

(59) 原（前掲論文）、倉沢（前掲書）八四頁、ただし典拠は『阿部正弘事蹟』二（前掲）六〇〇―六〇五頁。

(60) 吉田賢輔「茶溪古賀先生行略」（『近世名家碑文集』經濟雜誌社、一八九三年）一四六頁、また（『江戸』第九巻第三号、一九一八年）九三頁、干河岸貫一「古賀茶渓」（『続近世百傑伝』博文館、一九〇一年）四六六頁。

(61) 「謹堂日誌鈔之一」（慶應義塾大学附属研究所斯道文庫　ハ 09-4 /68-1）。

(62) 林鶯溪は復齋の大学頭襲名にともない、嘉永七年一月一七日より西丸留守居学問所御用筒井肥前守鑾溪と同様「可相勤」と命じられていたが、筒井鑾溪は同年七月二四日に大目付に転出しており、この閏七月一六日の時点では、復齋・鶯溪・謹堂が教育行政の責任者であった。

(63) 「〔安政元年六月〕十七日、筒井肥州ゟ直書来る、曰く幕政より別帋之通申来り候間、左様可相心得旨申すなり、筒井・川路・岩瀬・古賀、蛮書翻訳御用ハ不詳」（「謹堂日誌鈔之一」）。同年一二月二四日には、水野忠德も追加されている。

(64) 安政元年一〇月一九日以降、古賀謹堂がロシア使節プチャーチンの応対のため下田に向かっていたことは後述。

(65) 「学問所関係書類　学政改革一件」安政乙卯年（筑波大学教育学系）。倉沢剛（前掲書）三―四頁。

(66) 経緯は原平三「蕃書調所の創設」（前掲論文、一九四二年）に詳しい。

(67) 従来の研究では、『川路聖謨之生涯』（前掲）四二九頁の記事に基づき、安政二年六月五日に筒井・川路・水野・岩瀬が「蛮書翻訳御用」を拝命したとされ、じっさい「蕃書調所立合御用留」でも七月九日付で四名が「調所」設立を老中阿部に上申しているが、謹堂日記により、すでに安政二年一月下旬には四名が古賀とは「差次」区別されて「蛮書翻訳御用」に任命されていることが判る。

(68) 二見剛史「蕃書調所の成立事情」（前掲論文、一九七九年）。

(69) 「謹堂日誌鈔之一」では、後の安政三年一月一九日の記事に謹堂の小田又蔵評が次のように載るが、謹堂は勘定系の小田を信用していない。「△案スルニ小又〔小田又蔵〕ノ𬼂ナルベシ、此漢ハ骨力トハ言難シ、是ハ呂恵以蔡京ノ流ニ、横源憤激ニ過キ大言ヲ吐ケ𪜈、君子小人ノ別アリ、筑〔水野忠德〕・革〔川路聖謨〕二氏目ヲ糊セラレ瞽ニ均シ、可愍」。

(70) 「謹堂日誌鈔之一」には「〔五月一〇日〕勝麟太郎來る、五半頃ゟ九半頃而去」「〔八月四日〕勝麟太郎來叙別、且示洋学生名字、又中村釧太郎〔敬宇〕等之事も云たり」とある。

(71) 洋学所開設に際しての教職員選任については、原平三「蕃書調所の成立」（前掲）、大久保利謙「海舟勝麟太郎と蘭学――勝と蕃書調所の創設」（前掲）も触れているが、いずれも「日誌鈔」を含め古賀謹堂関係文書を史料として用いておらず、謹堂の「洋学建白」や彼の洋学研究については知られていない。

(72) 『海舟全集』（第一〇巻）五三八頁。原（前掲論文、一九四二年）二五―三〇頁にも引用がある。大槻如電著・佐藤榮七増訂『日本洋学編年史』（錦正社、一九六五年）五七〇頁。

(73) 「小田又藏蠻書翻訳御用に關する書類」其二「御用手始之下案　附蘭學者名前」（大久保利謙監修『江戸』第二巻、幕政編（二）、立体社、一九八〇年）二一四―二一七頁。

(74) 洋学所・蕃書調所・開成所の基本的な一次史料には、「蕃書調所立合御用留」（宮内庁書陵部 415-16）、この写本（東京大学史料編纂所 2060-2、フィルム 93022）は後に書陵部に寄贈された川路寛堂蔵本から一九一二年に謄写されたもの、また「開成所伺等留」六冊（東京大学史料編纂所6160-2、フィルム93021）、「開成所事務」二冊（東京大学史料編纂所6160-3、フィルム93022）、「蕃書調所起源考略」（『日本教育史資料』第七冊、文部省）、「海防建議」安政元年六月（原、前掲、一九四二年所収）などがある。現存する蕃書調所・洋書調所・開成所旧蔵書籍で活字化された目録には、『江戸幕府旧蔵洋書目録』（蘭学資料研究会、一九五七年）、『江戸幕府旧蔵図書目録（葵文庫目録）』（静岡県立中央図書館、一九七〇年［『江戸幕府旧蔵洋書目録』静岡県立中央図書館葵文庫、一九六七年の新版］）、『江戸幕府旧蔵蘭書総合目録』（日蘭学会、一九八〇年）もある。

(75) 箕作阮甫については、呉秀三『箕作阮甫』（思文閣、一九一四年）（復刻版一九七一年）、蘭学資料研究会編『箕作阮甫の研究』（思文閣出版、一九七八年）、大久保利謙「官学者・幕吏としての箕作阮甫——江戸期旧蘭学から幕末新洋学へ」（改稿補訂されている）（大久保『幕末維新の洋学（大久保利謙歴史著作集五）』前掲）五二—八九頁。その他に箕作家の家人を扱った治郎丸憲三『箕作秋坪とその周辺』（箕作秋坪伝記刊行会、一九七〇年）や大槻文彦『箕作麟祥君傳』（丸善、一九〇七年）も参照。

(76) 呉秀三『箕作阮甫』（前掲書）には謹堂自筆の阮甫宛書翰が写真収録され、同書一五二頁に全文の活字翻刻がある。

(77) 大久保利謙「海舟勝麟太郎と蘭学」（前掲）五〇頁、大久保「官学者・幕吏としての箕作阮甫」（前掲）七四—七七頁。

(78) 大久保利謙「官学者・幕吏としての箕作阮甫」（前掲）七七頁は、洋学所は「本来は調所・訳局」という「調査研究機関」であり、「洋学校」という「構想」は「後からの追認識」であるとする。だが、学校教育の機能なしの研究機関であれば、従来どおりの天文方の蛮書和解御用でよかったであろう。従来の研究では、設立建白として勝の上書や阿部の改革案のみが参照されてきたため、教育機能を欠いて理解されてきたが、古賀謹堂の「洋学建白」の存在を考慮し再考されるべき点が少なくないと思われる。その内容は残らないが、彼の「洋学建白」は、学政を総括する大学頭に提出されたことからも、あくまでも幕臣教育の場である学問所改革が前提にあると推定される。なお、安政二年九月以前の勝や小田によるとされる創設案（勝か「蛮書翻訳御用取斗方見込下案」安政二年一月・小田か「蠻書翻訳御用被仰出候ニ付左衛門尉殿思召をも相伺御用向大本之廉並心得方共取調見込下案」安政二年二月）との比較は、二見剛史（前掲論文）を参照。

(79) 「古賀筑後守洋學所意見書」（大久保利謙監修『江戸』第二巻、幕政編（二）、立体社、一九八〇年）一八九—一九〇頁。陪臣・浪人にも身元明らかならば入学を許可するとした謹堂案は、最終的には否決された。

(80) 安政三年四月五日、老中達、目付（?）宛、蕃書調所出役教授職并同出役手傳任命の件。『幕末外国関係文書』（第一四巻、第二七号）三五—三六頁。

(81) 石井孝「御目見医師の医家倫理について——杉田成卿の場合」（『大倉山論集』第二八輯、一九九〇年）一〇五—一一九頁。

(82) 「謹堂日誌鈔之一」によれば、松木弘安は、嘉永四年二月朔に古賀家に入塾、同年九月一二日「藩命之由ニテ退塾、玄朴方へ往クト云」とある。

(83) 蕃書調所の職員については、「蕃書調所出役者書上げ」八九名（日本科学史学会編『日本科学技術史大系 第一巻 通史〈一〉』第一法規出版、一九六四年）五二—六〇頁（森睦彦による「蕃書調所職員明細帖」一冊［外題：御支配明成帖］国会図書館憲政資料室［勝海舟旧蔵］の翻刻・解説）。なお、広瀬順晧「国立国会図書館所蔵 勝海舟文書について 付・勝海舟文書仮目録」（『参考書誌』第一〇号、一九七四年）において、広瀬は上記史料は萬延元年頃のものかと推測している。また「開成所人名録」慶應元年（幽學荘舎編『ちか』第六号、一九三九年）一―二頁。

(84) 安政三年一二月四日、老中達、大目付宛、蕃書調所開始の件『幕末外国関係文書』第一五巻、第一三二号、二九九―三〇〇頁。

(85) 福井保『江戸幕府刊行物』（雄松堂出版、一九八五年）、高野彰「幕末の洋書印刷物」（『東海地区大学図書館協議会誌』第三二号、一九八七年）、高野彰「蕃書調所の活字御用掛小史」（『UP』第一二八号、一九八三年）六―一〇頁、櫻井豪人「「開成所刊行」の朱印と開成所刊行物」（『汲古』第三五号、一九九九年）一九―二五頁など。

(86) 片桐一男「蕃書調所における海外新聞の翻訳」（前掲論文、一九六七年）。

(87) 八耳俊文編「一九世紀漢訳洋書及び和刻本所在目録」（沈国威編『『六合叢談』（一八五七―五八）の学際的研究』白帝社、一九九九年）一八一―二四一頁は、今後日本における漢訳洋書研究の基盤となるものであり、研究文献目録も充実している。

(88) 萬餘巻樓蔵書にも、『官版 玉石志林』蘭書抄譯、四冊（宮内庁書陵部200-136）がある。この刊本の研究には、松崎實「『玉石志林』解題」（明治文化研究会編『明治文化全集 外國文化篇』第七巻、第三版、一九六八年）解題二―六頁、井上和男「玉石志林について」（『書物三見』一九三五年）、朝倉治彦「「玉石志林」について」（『國史學』第六五号、一九五五年）六一―七二頁、石山洋「「玉石志林」の成立とその原典」（『蘭学資料研究会研究報告』第七八号、一九六一年）などがある。

(89) 杉本つとむ編『江戸時代西洋百科事典――『厚生新編』の研究』（雄山閣出版、一九九八年）。

(90) 古賀謹堂編「度日閑言」二五冊（国立国会図書館古典籍資料室827-58）。各翻訳記事の典拠は、本文中、略号で示されており、宮内庁書陵部古賀本の洋書と対照することによって原文を特定することが可能である。

〈典拠の略号〉函＝荷蘭寶函、庫＝廣用寶庫、茄地＝茄刺瑪地志、茄字＝茄刺瑪字書、製＝カルマルス及ヘーレン合撰製作書、另＝另決小史

〈典拠の原書名〉

・「荷蘭寶函」ヂーデリック氏兄弟、千八百三十四至五十六年、二十三本、（*Nederlandsch magazijn ter verspreiding van algemeene en nuttige kundigheden*, 23vols., Amsterdam, 1834-56 (1-45, 0-158)〔一般的で有用な知識普及のためのオランダの雑誌〕）。

・「寶庫」千八百四十六年及五十六年、十一本、（*Schatkamer voor alle standen, huisoudelijke voorschriften*, 11vols., Amsterdam, 1846-56 (1-16, 0-9)〔あらゆる状況のための宝庫、家庭の父母としての処方〕）。

・「地志」カラームル、千八百五十年、二本、（Kramers, J., *Geographisch-statistisch-historisch handboek, of beschrijving van het wetenswaadigste uit de natuur en geschiedenis der aarde en harer bewoners*, 2vols., Gouda, 1850 (1-31, 4-113)〔地理学・統計学・歴史学の便覧、すなわち地球とその住民の性質と歴史からの重要記述〕）。

・「術語書」カラームル、千八百五十五年、一本、（Kramers, J., *Algemeene kunstwoordentolk*. 2. ed. Gouda 1855 (1-37, 2-91)〔一般学芸語通訳〕）。

・同、一本、（Kramers, J., *Algemeene kunstwoordentolk*. 2. ed. Gouda 1855 (1-38, 2-92)）。

・「製造書」カルマルス及ヘーレンツ、千八百六十二年、三本、（Karmarsch, K., en Fr. Heeren, *Technologisch woordenboek of handleiding voor fabriekwezen en volksnijverheid*, 3vols., Gouda 1862 (1-32, 9-34)〔科学技術の辞書、すなわち製造物と国民産業

のための手引書〕）。
・「小史」ベッケル、千八百四十年、五本、（Becker, K. F., *Algemeene geschiedenis*, 5vols., Haarlem, 1837-40 (1-5, 4-4)〔万国史〕）。
この大部の漢訳編著の分析は、洋学所や蕃書調所研究と併せて別稿執筆を予定している。

(91) 池田哲郎「和蘭宝函」（加藤友康・山井正臣編『日本史文献解題辞典』吉川弘文館、二〇〇〇年）一二一―一二二頁。

(92) 大久保利謙「津田真道の著作とその時代」（大久保編『津田真道――研究と伝記』みすず書房、一九九七年）六頁は、文久年間前後に洋学の学風が「一変」して、「形而下の医学、天文学等の技術、厚生方面」への「偏向」が、「人文（主としてフィロソフィ）、政治、社会、経済学方面へと洋学全般」に及ぶようになったとする。

(93) 開成所と改組されて以降にも同様に、開成所刊「中外襍誌」七巻（同治元［一八六二］年六月―一一月）の出版がある。

(94) 沈国威編『『六合叢談』（一八五七―五八）の学際的研究』（白帝社、一九九九年）。

(95) 古賀謹一郎・勝麟太郎「歐羅巴各國江蕃書調所教授方之者共被差遣候儀ニ付相伺候書付」（文久元年四月）（東京大学史料編纂所）、日蘭学会編・大久保利謙編『續幕末和蘭留學關係史料集成』（雄松堂出版、一九八四年）三―五頁に活字翻刻されて収録。

(96) 「学問所関係書類　学政改革一件」安政乙卯年（筑波大学教育学系）。倉沢剛（前掲書）四頁。

(97) 第III部の冒頭で引いた大内晃陽「昌平學雜記」（其一）（『東洋文化』三〇号、一九二六年）五二頁が挙げる「時勢論より書生の心理を刺衝して、慷慨の氣を起さしめ」た大橋訥庵・鷲津毅堂は、いずれも勤皇派である。また、幕末の学問所書生寮の舎長には、枝吉神陽・重野成齋らがいた。

第十章

(1) 『海國圖志』の日本での受容については、第III部第九章の註文献を参照。ただし、後述の川路聖謨のように、『海國圖志』に接しても「開国」推進論を採らない人びとも少なくなかったことにも眼を向ける必要がある。いわゆる「「開国」の情報史」は、情報受容者個々の認知と政治判断を不問に附している。

(2) たとえば、松沢弘陽「西洋「探索」と中国――西洋・中国複合経験」（初出一九七九・一九八八・一九九二年）（松沢『近代日本の形成と西洋経験』岩波書店、一九九三年）六九―一八九頁は、「西洋「探索」」者の世界認識の枠組み変化――「中華的世界像」「中華夷狄的世界像」から「西欧産業世界」「文明」を頂点とする「単系発展段階的世界像」へ・「攘夷」から「開国」へ――を「西洋・中国複合経験」のなかで捉える。ただし、この論考で前提とされている徳川日本の知識人の渡航以前の「中国認識」については、本書の随所で指摘したように、すでにアヘン戦争・アロー戦争の敗北を経、また古くは明清の華夷変態を経た女清族の清朝であったことなど、いくつか併考されなければならない点があり、「彼らの西洋像と中国像との転換は同時に併行して進」んだとするにはなお検討の余地がある。

(3) 海防掛については、現時点では、長尾正憲「安政期海防掛の制度史的考察」（初出一九八一年）（長尾『福澤屋諭吉の研究』思文閣出版、一九八八年、二九―六一頁）が最もまとまった制度形成史研究である。この論考が依拠している「乙骨耐軒文書」については、長尾「『乙骨耐軒文書』の海防掛目付関係文書について」（一・二）（法政大学封建社会研究会『封建社会研究』第一号、一九七九年）二八―四二頁・（第二号、一九九一年）三三―四二頁を参照。海防掛に関しては他に、福地源一郎「懐往事談・幕末政治家」、笠原一晃「江戸湾防備政策の展開と海防掛――弘化・嘉永期幕府政局の一考察」（日本大学史学会『研究彙報』第九輯、一九六五年）二五―三五頁、笠原一晃

「目付海防掛」（『新訂増補國史大系月報』五七、吉川弘文館、一九六六年）六—八頁、石井孝『日本開国史』（吉川弘文館、一九七二年）、上白石実「安政改革期における外政機構」（『日本歴史』第五三七号、一九九三年）六一—七五頁。海防掛内部での対立に注目した石井の見解を引き継ぐ形で著されたものには、渡辺政則「堀田正睦の外交政策について——海防掛の機能を中心として」（駒澤大学大学院史学会『史学論集』第七号、一九七七年）三七—四五頁、正戸千博「幕末維新期における「外交政策」の基調——日蘭追加条約調印の方針決定をめぐる幕吏の動向を中心として」（駒澤大学大学院史学会『史学論集』第一四号、一九八四年）六五—七四頁、正戸「幕末政局面に関する一考察——徳川斉昭の幕政登用とその動向を中心として」（駒澤大学大学院史学会『史学論集』第一五号、一九八五年）七六—八四頁、正戸「幕末外交における諸問題と海防掛」（駒澤大学史学会『駒澤史学』第三五号、一九八六年）五一—七五頁などがある。ただし、海防掛をめぐる今日の研究状況は、もはや既刊の活字資料に依拠しては石井の見解を越え出ることはできず、長尾のように積極的に古文書発掘・解読（影印本も含む）を踏まえた上での議論が求められている。本書では、以上の先行研究を踏まえ、これまでまったく言及されなかった古賀謹堂の存在から、海防掛内部の対立点を彼の政策論と日記を素材に究明しようとする。

（4）鳥居耀蔵については、鳥居正弘『鳥居甲斐 晩年日録』（桜楓社、一九八三年）を参照。

（5）井口木犀「解説」『崋山掃苔録』（豊川堂出版部、一九四三年）三三九—三四三・三五二—三五三・三七八—三八二・三八九—三九一頁を参照。

（6）佐藤昌介「「蛮社」の起源とその実態」（佐藤『洋学史研究序説——洋学と封建権力』岩波書店、一九六四年）二二四—二二五頁。

（7）臨時臺灣舊慣調査會『清國行政法』第一巻（復刻版：南天書局有限公司、一九八九年）一八二—一八三、一八四頁。

（8）藤田覚『遠山金四郎の時代』（校倉書房、一九九二年）。特に株仲間解散をめぐっては、同書一〇三—一二七頁。

（9）矢部定謙（駿州）については、川崎紫山「矢部駿州」（矢部『幕末三俊』春陽堂、一八九七年）一—五四頁を参照。

（10）藤田覚「天保改革の経済・財政政策」（藤田『天保の改革』吉川弘文館、一九八九年）一四五—一五七頁。

（11）藤田覚の研究をはじめ諸説を踏まえて、天保改革を検討する坂本忠久『天保改革の法と政策』（創文社、一九九七年）によれば、老中と町奉行との政策対立は、個人的確執にのみ帰することはできず、「当時の時代的要請に応えたもの」と考えられるとされ、天保改革については、なお個々の政策を、幕閣内の意見割拠と立法過程まで追究して分析する余地が多いとされている。

（12）勘定奉行に関する先行研究には、鈴木重嶺談「財政の事（勘定所）」（東京帝国大学史談会編『旧事諮問録』上 岩波文庫、一九八六年）六一—一〇三頁（初刊一八九一・一八九二年）、馬場憲一「勘定奉行・勘定吟味役の昇進過程に関する一考察」（『法政史学』第二七号、一九七五年）二一—三五頁、馬場「江戸幕府勘定所機構の動向について」（『日本歴史』第三四〇号、一九七六年）四〇—五二頁、高沢憲治「寛政三年〝家格令〟と勘定所統制」（児玉幸多先生古稀記念会編『幕府制度史の研究』吉川弘文館、一九八三年）二三三—二七六頁、村上直・馬場「江戸幕府勘定奉行と勘定所」（『江戸幕府勘定所史料——会計便覧』吉川弘文館、一九八六年）二二五—二四八頁、水谷三公『江戸の役人事情——『よしの冊子』の世界』（ちくま新書二五一、筑摩書房、二〇〇〇年）など。

（13）目付についての先行研究には、木村芥舟「舊幕監察の動向」（『舊幕府』第一巻第一号、一八九七年）六八—七五頁、山口泉処談「目付・町奉行および外交の事」（東京帝国大学史談会編『旧事諮問録』上岩波文庫、一九八六年）二二七―二九五頁（初刊一八九一・一八九二年）、寺島荘二「目付についての考察」（寺島『江戸時代御目付の生活』雄山閣出版、一九六五年）九―七九頁、本間修平「寛政改革期における町方取締りと目付の「町方掛り」について」（東北大学法学会『法学』第四二巻第三号、一九七八年）六九―一一六頁、近松鴻二「目付の基礎的研究」（児玉幸多先生古稀記念会編『幕府制度史の研究』吉川弘文館、一九八三年）一一一―一五四頁、本間修平「江戸幕府目付の月番制について」（服部弘司先生傘寿記念論文集刊行会編『日本法制史論纂――紛争処理と統治システム』創文社、二〇〇〇年）三三九―三八三頁など。また荒木裕行「江戸幕府目付の職掌について」（藤田覚編『近世法の再検討――歴史学と法史学の対話』山川出版社、二〇〇五年）一一九―一四三頁は、遠山景晉の文化期の日記を素材に目付の職務内容を検討している。

(14)　「目付職掌ノ儀ニ付達」（寛政元年一月二二日）（『徳川禁令考』第二巻、九四五号）。「目付戒諭」（「文恭院殿御實紀」巻六『續徳川實紀』第一篇、吉川弘文館、一九六六年）八六―八七頁。

(15)　筆算吟味については、その具体的な内実・吟味及第者名を明らかにする史料の存在は知られていない。川田貞夫『川路聖謨』（吉川弘文館、一九九七年）一八頁によれば、「筆写と算術（特に算盤）のテストで、勘定所の吏員としての適性を試すもの」であったという。

(16)　川田貞夫『川路聖謨』（吉川弘文館、一九九七年）一八頁。

(17)　大野澄男『江戸幕府財政史論』（吉川弘文館、一九九六年）。幕府勘定所の「伺書」による意思決定については、福田千鶴「江戸幕府勘定所と代官所の史料空間――勘定所系「伺書」のライフサイクルをめぐって」（高木俊輔・渡辺浩一編『日本近世史料学研究――史料空間論への旅立ち』北海道大学図書刊行会、二〇〇〇年）一五―四五頁。

(18)　山口泉処談「目付・町奉行および外交の事」（前掲書）二二八―二二九頁。

(19)　宋代の「言路の官」については、平田茂樹『科挙と官僚制（世界史リブレット9）』（山川出版社、一九九七年）五六頁。

(20)　御史臺・給事中の沿革については、臨時臺灣舊慣調査會『清國行政法』第一巻、一七五―一八三頁。

(21)　都察院については、臨時臺灣舊慣調査會（前掲書）二五五―二六八頁。

(22)　安政三年九月一六日　英吉利使節船長崎表へ渡来之節、応接掛『幕末外国関係文書』第一五巻第二七号、七〇頁。

(23)　安政三年九月一九日　英吉利使節船、万一江戸近海へ廻航した際の応接掛『幕末外国関係文書』第一五巻第二九号、七二頁。

(24)　「外様幕臣」の福地源一郎は、応接掛に「儒官」が加わっていることについて次のように説明している。「此委員の中に林（復齋）・古賀（謹堂）等の儒官を加へたるは敢て人才と云ふが故に非ず、朝鮮通信使来聘の如き、琉球人来朝の如き、外交上の礼典には儒官これに与ること従來幕府の慣例たるを以て、米・露の応接にも之を加へられたるなり」。福地源一郎「幕末の有司」（福地、前掲書）二五三―二五四頁。しかし、この見解は「外様幕臣」史観を免れず、いくつかの留保と訂正が求められるであろう。まず、和文書翰を受授していた琉球との関係で林家や学問所儒者が琉球人来聘御用に任命された例は徳川後期には見当たらず、漢文を介した外国使節応対に儒者が参与することが「幕府の慣例」であった。米露応接掛での儒者もその文脈上で捉えられる。また、その漢文外交における外交文書・條約作成能力の点から、儒者の「人才」は積極的に評価されるべきであるが、さらに松崎柳浪や謹堂のそのような儒者としての専門職と、林復齋や筒井鑾溪の応接掛首席全権としての役割は区別され、特にアメリカとの外交交渉での中心的な対話者は復齋であったことを踏まえなければならない。

(25)　学問所儒者と條約締結期の外交交渉の関係について注意を促しているのは、加藤祐三である。彼はペリー再来航時以降の「昌平校関係者の活躍」の理由として、①「その実学的儒教の思想的基盤」、②「老中阿部との密接な関係」、③「幕政の機構がもともと内政むけにできており外交部署がなかったところに、対外関係に対応する必要性が急速に高まり、昌平校に対外応接の役が回ってきたこと」、④「エリート養成機関」の同窓生の「広い人脈」と固い「同志的結束」、⑤江戸の「政治的・文化的な力量の成熟」を挙げる。加藤祐三『世界繁盛の三都——ロンドン・北京・江戸』（NHKブックス六七二、日本放送出版協会、一九九三年）二一三頁。ただし、東アジア儒学文化圏における外交の担い手としての儒者の位置を検討してきた本書の視点からするならば、特に③は、漢文を介した聘礼（外国使節）応対者として学問所関係者が従来つねに関与してきたという、より積極的な理由に修正されるだろう。

(26) 井戸対馬守自身は、次のような履歴から明らかなように、目付系官吏に分類される。天保八年一月一一日〈使番〉・天保一一年八月〈駿府目付代〉・天保一三年一一月八日〈目付勝手掛〉・弘化二年一二月三日〈長崎奉行〉・嘉永二年八月四日〈町奉行〉・安政三年一一月一八日〈大目付〉。

(27) 川路聖謨は、長崎への露西亜使節応接掛に任命された嘉永六年一〇月八日に、公事方掛より勝手掛へ転じた。

(28) 羽賀祥二「和親条約期の幕府外交について」（『歴史学研究』第四八二号、一九八〇年）六頁も参照。

(29) 『大日本古記録　幕末外国関係文書』第六巻、第一三九号、一九四頁、『幕末御触書集成』第六巻（岩波書店、一九九五年）六〇七七号。

(30) ロシア使節への対応策から返答をめぐる諸有司の「異見書」は、『幕末外国関係文書』第二巻・第三巻収録の上書以外に、「魯國使節ヨリ差出候書翰ニ付役々異見書」（濱野章吉編『懐舊紀事』吉川半七、一八九九年）附録一七—三八頁にも活字翻刻されている。これらの大半は『幕末外国関係文書』に含まれていない。①大小目付（嘉永六年八月）、②目付海防掛（鵜殿・大久保・堀、八月）、③浦賀奉行（戸田、八月）、④目付海防掛（深谷・鵜殿・大久保・堀、九月）、⑤露よりの書翰、⑥長崎奉行（大沢・水野、一〇月）、⑦目付海防掛（深谷・鵜殿・大久保・堀、一一月）。

(31) ネッセルローデ書翰の漢文・同和解、蘭文和解は、『幕末外国関係文書』第二巻、第四九号、一四〇—一五〇頁、また「通航一覧續輯」巻八七、魯西亞國部四（箭内健次編『通航一覧續輯』第三巻、清文堂出版、一九七〇年）四三〇—四三六頁に収録されている。

(32) 『幕末外国関係文書』第二巻、一五二頁。

(33) 古賀謹堂「露西亞應接掛古賀謹一郎増西使日記」（『幕末外国関係文書』附録之一、第四号）一九八頁。

(34) 『幕末外国関係文書』第二巻、五二九—五三〇頁。

(35) プチャーチンに同行した漢文通訳官は、オシフ・アントーノヴィチ・ゴシケヴィチ（Osif Antonovich Goshkevitch, 一八一四—七五）であった。一八三九年からキリスト教伝道のために北京に派遣され、一八四八年の帰国後はロシア外務省アジア局に勤務していた。彼の略歴については、中山一郎「『和魯通言比考』考」（『早稲田大学図書館紀要』第五号、一九六三年）一七—二三頁。また、田保橋（前掲書）七〇三頁、『ゴンチャローフ日本渡航記』（高野明・島田陽共訳、雄松堂出版、一九六九年）一八五頁も参照。

(36) 濱野章吉編『懐舊紀事』（吉川半七、一八九九年）附録二五—二六頁。

(37) 濱野章吉編（前掲書）附録二九頁。

(38) 嘉永六年九月二三日「是ヨリ先（一五日）、露国国書江戸ニ達スルヲ以テ、幕府、三奉行以下ニ之ガ措置ヲ議セシメ、又儒者古賀増ニ返翰案ノ起草ヲ命ズ」『維新史料綱要』I、四八六頁。

(39) 『水戸藩史料』上編巻四、一八四頁以下。ただし、安積案と藤田案は同書にも引用されておらず、現在所在も不明である。そのほかにも、関藤藤陰「成齋小島先生墓表」（関藤成章君達『藤陰舎遺稿』一九一一年）三一六頁には、「嘉永中、魯西亞國書を呈し、互市を乞ふ、閣老復書、先生〔小島成齋〕に命じて之を書かしむ」とある。

(40) 「御返翰案」（『幕末外国関係文書』第三巻）五二―五五頁。

(41) 『水戸藩史料』上編、巻四、一八四―一八五頁。

(42) 『幕末外国関係文書』第三巻、第一五号、五五頁。

(43) 『幕末外国関係文書』第三巻、五二頁。

(44) 評定所一座上申書「魯西亞國江被差遣候御返翰之儀ニ付評議仕候趣申上候書付」（『幕末外国関係文書』第三巻）六二―六六頁。

(45) 『幕末外国関係文書』第三巻、五九頁。

(46) 『幕末外国関係文書』第三巻、第六九号、二四〇―二四一頁。

(47) 『幕末外国関係文書』第三巻、第一六号、六三頁。

(48) 『幕末外国関係文書』第三巻、六四頁。

(49) 川路聖謨の外交交渉の日記は、「長崎日記」（嘉永六年一〇月二九日―安政元年二月二五日、嘉永六年一二月二〇日―安政元年一月九日）、「下田日記」（安政元年一〇月一七日―安政二年四月二九日）。これらを素材に政治思想史として本格的な分析を加えた代表的研究が、佐藤誠三郎「川路聖謨」（初出一九六五年）（佐藤『「死の跳躍」を越えて――西洋の衝撃と日本』都市出版、一九九二年）九九―一七八頁である。

(50) 嘉永六年から安政二年までの長崎・下田におけるロシア使節との外交交渉の史料と研究文献については、藤井貞文「解説」と「文献案内」（川路聖謨『長崎日記・下田日記』（藤井・川田貞夫校注、東洋文庫一二四、平凡社、一九六八年）二五〇―二六二、二七三―二七九頁に詳しい。洩れた史料やその後の研究をいくつか補足するならば、史料としては、古賀謹堂の従者の一人、米沢藩士片山一貫の「従征日記」（嘉永六年一〇月三〇日―安政元年二月二三日）・「追征日記」（安政元年一一月四日―一二月四日）を活字翻刻して収録した片山一貫『従征日記』（私家版、一九二八年）の他、杉谷昭「嘉永・安政期の日露交渉――「西亭私記」を中心に」（箭内健次編『鎖国日本と国際交流』下巻、吉川弘文館、一九八八年）四九七―五三七頁、木村岩治編『箕作阮甫 西征紀行 幕末の日露外交』（津山洋学資料館友の会、一九九一年、「箕作西征紀行」嘉永六年一〇月二〇日―安政元年二月二四日の影印版翻刻）、『ゴンチャローフ日本渡航記（新異国叢書第Ｉ輯第一一巻）』（高野明・島田陽訳、雄松堂書店、一九六九年）があり、また研究には和田春樹『開国――日露国境交渉』（日本放送出版協会、一九九一年）がある。川路の子息川路寛堂の『川路聖謨之生涯』（吉川弘文館、一九〇三年）を踏まえ、その後の史料博捜に基づく川路聖謨の伝記として、川田貞夫『川路聖謨』（吉川弘文館、一九九七年）もある。吉村昭『落日の宴――勘定奉行川路聖謨』（講談社、一九九六年）もこのプチャーチンとの談判を主題とするが、応接掛内部での対立は活写されていない。

(51) 川路聖謨の理知的な交渉態度は、相手国ロシアの仕官たちにも敬服された。「川路は非常に聰明であつた。彼は私達自身を反駁する巧妙な論法をもつて、その知力を示すのであつたが、それでもこの人を尊敬しない譯には行かなかつた。その一語一語が、その眼差の一つ一つが、そして身振りまでが、すべて常識と、ウィットと、烱敏と、練達をしめしてゐた。明知はどこへ行つても同じである」。ゴンチャロフ『日本渡航記（フレガート「パルラダ」號より）』（井上滿訳、岩波文庫、一九四一年）三二四頁。しかし、聖謨の外交交渉の方法は、徳川日本では当時一般に「御勘定風」と評されている。佐賀藩儒者千住大之助（西亭）の伝聞記録によれば、それは、平静を装いながら交渉相手に対し、ひとたび相手の急所を発見すれば徹底的にその点だけを突く議論の進め方である。その容赦ない詰問によって相手も「屈して退」いたと云う。「川路の魯夷へ接せらるゝに、先向方より種々之論を發し來るを、其まゝ聞居て、其言の理なき処に至ては、更に此方より其病を執て、頻に辨詰あれは、渠等も後は屈して退ぬ、是やはり御勘定風也と」（「西亭私記」嘉永七年正月一〇日夜〔佐賀県立図書館鍋島文庫023-26〕）。ここには、外交交渉において「自己主張」した辣腕外交家川路とは別の、当時の人びとの意識に映った川路像がある。

(52)「脇役」たちの経験も取り入れて、長崎行の川路・古賀・箕作の日記と比較しながら、佐賀藩儒者千住西亭の「西亭私記」を論じた研究に、杉谷昭「嘉永安政期・日露交渉史料『西亭私記』本文について」（『佐賀大学教育学部研究論文集』第一八集、一九七一年）七三—九六頁、（続）（同、第一九集、一九七一年）二三—四二頁がある。古賀・箕作の「寓所」を行き来して談話をまとめた「西亭私記」には、当事者の日記には現れない各人の政治主張が伝聞のかたちで載る。

(53) 千住西亭「西亭私記」嘉永七年正月一〇日夜（佐賀県立図書館鍋島文庫023-26）。

(54) 佐藤誠三郎「川路聖謨」（佐藤、前掲書）一四二頁。

(55) 田邉太一『幕末外交談』（前掲）七頁は、「幕府政柄を失ふに終りし」所以を「此〔嘉永六年の〕第一着に於て、一の斷の字を少くに座するもの」に求める。「表に強硬をよそおうて、和の一字を封ずるという政略」を「一大痛恨」とする。

(56) 古賀謹堂「西使日記」嘉永六年一一月一二日（『幕末外国関係文書』附録之一、第四号）二一一—二一二頁。

(57)「〔五月四日〕今日荒監〔目付荒尾〕忠告之言あり、予書生氣大甚濫ニ庭前なとへ糜涕〔ママ〕唾るヲ可戒、又頭髪甚不宜、然れ共是ハ改観候故宜と、可喫之至り也、皆意外之儀、存□分用意すへし、毀誉ハ任人意と答ふ、九日予皆風憲之評甚し、来由不詳、毀誉不動心耳、他恐虚文引実禍戒慎むへしとす、十日昨日風憲両人由来虚名之累ヲ免レ可喜」（古賀謹堂「謹堂日誌鈔之一」安政元年五月四—一一日）。なお、長崎行の際、謹堂の随員「從史」は、「皆門下生」であり家塾の塾長である片山仁一郎（弦齋、米澤藩士）を初め、増野禮藏（津和野藩士）・窪田宮藏（米澤藩士）・川副轉（蓮池藩士）・江越愛吉郎（小城藩士）・八木包藏（佐倉藩士）・松隈謙之丞（小田原藩士）・高畠五郎（阿波藩士）・井阪行藏（野州藩士）の九名であった。

(58) 長崎会談時の公式記録には、謹堂の発言は掲載されていないが、会談前日の返書翰と下賜品贈呈が行われた一二月一八日の応対の際に、議論が「定疆・通市之論」に及び発言した記事が日記にはある。「予〔謹堂〕此に至り、殆ど一大噓を發し、辨論至申、而して夷退く」（「西使日記」嘉永六年一二月一八日）。

(59)「客歳〔嘉永六年〕清商始て舶載するところとなる」この『海國圖志』を、川路聖謨が翻刻出版の斡旋をしたことについては、鹽谷宕陰「翻栞海國圖志序」（嘉永七年六月下浣）（『海國圖志』須原屋伊八、嘉永七年）序三丁表。また、川路寛堂（前掲書）三五〇—三五一頁。川田貞夫（前掲書）二二六—二二八頁も参照。川田は嘉永四年に原本六〇巻本の初輸入、嘉永五年の紅葉山文庫本への入架も記し、また川路寛堂の記述も参考に、嘉永五年に聖謨が閲したと解釈するが、これは宕陰による輸入年の記述と異なる。ここでは、当時の記述に信憑性を置き、川路聖謨がこの書物を「獲り、其れ有用之書と謂」ったのは嘉永六年であったと考える。

(60) 魏源編『海國圖志』（道光二七〔一八四七〕年六〇巻本の翻刻）巻一、籌海篇三、議戰、（嘉永七〔一八五四〕年七月翻刻）四〇丁裏。

(61) この比率算出には、嘉永六年に受領されたアメリカ国書の蘭文・漢文翻訳にある貨幣交換率の計算を用いた。その蘭文和訳と割註には、「毎年凡金六千萬ドルラル（按に、一ドルラルは和蘭の二ギュルデン五六一に當ると云ふ、今一ギュルデンを銀四匁五分に當るとし、銀六十匁を金壹兩と定め算すれバ、六千万ドルラルハ、本邦の銀一千一百五十二萬四千五百兩に當る）」と記されるが、他方のアメリカ側が作成した漢文国書には「四千萬兩」とある。半世紀以上の歴史がある米清間の国際貿易を踏まえた計算と思われる。アメリカ「金六千萬ドラル」＝清銀「四千萬兩」＝「本邦の銀一千一百五十二萬四千五百兩」。それゆえに、当時清銀両と日本銀とはほぼ四対一の交換比率であったと算定できる。

(62) 物品の購入価格ばかりを論ずる勘定系役人への批判は、謹堂の次の短言にも表れている。「兵を用いて簡を貴ぶも、亦治産に移すべし。凡そ物簡たれば則ち購収に易く、倍價にして一物を購すれば則ち必ず耐久を好む。故に物を買いて價之低昂を論ずるは、必ず治産に短き者なり」（「巵言日出」巻一、第一一条）。

(63) 箱館奉行堀利熙并勘定吟味役村垣範正、老中宛上申書、蝦夷地経営の件、安政元年一二月（『幕末外国関係文書』第八巻、第二二五号）五〇六頁。

(64) 守屋嘉美「幕府の蝦夷地政策と箱館産物会所——安政期幕政との関連で」（石井孝編『幕末維新期の研究』吉川弘文館、一九七八年）一〇一—一五四頁、特に一〇六—一一〇頁。ただし、守屋は勘定系と目付系の議論の対立をみる際に、後者の政策を箱館奉行となった目付堀利熙に代表させ、蝦夷地上知問題をめぐる安政元年後半からの「両者間の対立」を「予想」するが（一〇九頁）、目付系の議論について史料的な裏付けを欠く。

(65) 安政期の蝦夷地政策をめぐる研究には、守屋嘉美（前掲論文）のほかに、守屋「幕末幕府の蝦夷地政策と東北諸藩の動向——阿部政権との関連で」（東北学院大学史学科編『歴史のなかの東北——日本の東北・アジアの東北』河出書房新社、一九九八年）一八五—二〇八頁。その他に宮本又次「箱館産物会所」（『経済史研究』第二八巻第一号、一九四二年）八四—一〇五頁、松好貞夫「幕末及明治初年北海道産物の配給統制」（『経済史研究』第二二巻第二号、一九三九年）二〇—三八頁、永井信「箱館産物会所の性格と意義——幕末産業統制の破綻」（『北大史学』第八号、一九六一年）二五—五〇頁も参照。箱館奉行については、菊池久「戦前の官治体制とその政治的含意——前史：箱館奉行所の一四年」（北海学園大学開発研究所『北海道開発の視点・論点』一九九八年）四七七—五〇〇頁を参照。

(66) 安政四年四月三日・四月四日　大目付の上申書『幕末外国関係文書』第一五巻、七〇一・八二〇頁。

(67) 田邉蓮舟は、この「所謂治外法権」について、その日本での由来を家康のイギリス国王への返翰に添えられた通商規則（第六・七条）に求め、また「當時馭外の古法に淵源せしものにして、恰もかの所謂萬国公法てふものゝ、非基督教國を待遇する所以の様式に符合せるなり」とする。田邉太一『幕末外交談』（前掲）四五頁。

(68) 石井孝『日本開国史』（前掲書）。この〈第四期〉〈第五期〉の論争背景となった対外政策諮問の一覧には、上白石実が作成した安政三年八月四日から安政五年三月一二日までの「対外問題諮問一覧表」が役立つ。上白石実「安政改革期における外交機構」（前掲論文、一九九三年）。

(69) 対象とする時間軸を長く取る研究の場合、安政期の権力構成図として将軍後継問題からする保守の「南紀派」と革新の「一橋派」という対立図式を遡及させて描かれたが、後に（安政三年秋頃からの）勘定・目付の政策対立が指摘され、現在もその二つの対立軸をめぐって幕臣研究が行われていると言えるであろう。しかし、（たとえば川路のように）後者は前者とは決して重ならないため、両者を交差させ、「革新」「保守」の区分を立て整合的に歴史説明を行う試みは、成功していない。井伊直弼自身の政治構想自体、嘉永六年夏の諮問に応じて積極的な出交易政策を上げており、その評価は従来からの解釈の争点の一つとなっている。国内政治改革は先に見たように広く共有されてもいる。本書では、政策の目的や手段を限定しない「革新」「保守」の呼称・区分けを敢えて排した。

(70) 田邉太一『幕末外交談』（前掲書）三七頁。

(71) 田邉太一『幕末外交談』（前掲書）三二—三三頁。

(72) 田邉太一『幕末外交談』（前掲書）三七頁。

(73) 目付系海防掛の答申書は「湯鑾彙議」巻一三（東京大学史料編纂所IIに145A-15）、海防掛以外の大小目付の答申は「湯鑾彙議」巻八（東京大学史料編纂所IIに145A-10）にそれぞれ収録。

(74) 嘉永六年九月 目付海防掛の答申、「湯鑾彙議拾遺」巻一（東京大学史料編纂所IIに145B-1）。

(75) 「浦賀湊江亜墨利加合衆国ヨリ使節船渡来ニ付号令案海防掛建議」（史料編纂所IIに157）。

(76) 「魯國使節ヨリ差出候書翰ニ付役々異見書」（濱野章吉編『懐舊紀事』吉川半七、一八九九年）附録一七—三八頁に含まれる。

(77) 安政元年七月海防掛目付（鵜殿長悦・一色直温・岩瀬忠震・大久保忠寛）（「海防建議」二［「大日本維新史料稿本」三三九、安政元年六月五日所収 東京大学史料編纂所 0170-5-424］）。

(78) 海防掛大目付目付の老中宛上申書（下田表米人休息所の件）、『幕末外国関係文書』第七巻、第二四一号、六四六—六四七頁。アメリカ人の下田「休息所」設置は、「華夷混淆之懸念も不少」として「華夷分辨之立方」取調などを下田奉行に要請すべしという内容である。

(79) 大目付目付上申書、安政二年四月（『幕末外国関係文書』第一一巻、第八号）一五—二三頁。

(80) 岩瀬忠震（蟾洲・鷗處）については、飯田虎男『岩瀬忠震の年譜的研究』（私家版、一九九〇年）が今日知られる岩瀬の活字化された著作タイトルを編年的に整理して参考になる。但し活字資料が中心であるので、岩瀬の嘉永六年①の答申や目付答申⑤は含んでいない。岩瀬に関する研究には、「岩瀬肥後守家傳」（『野史台維新史料叢書 伝記』日本史籍協會叢書別編一二 東京大学出版会、一九七三年）七三—七八頁、永井介堂「巖瀬鷗所君墓碑」（『舊幕府』第一巻第八号、一八九七年）七七頁、川崎三郎（紫山）「岩瀬鷗處」（『幕末三俊』春陽堂、一八九七年）一二九—二〇四頁、栗本鋤雲「岩瀬肥後守の事歴」「岩瀬肥後守の書翰」（栗本『匏菴遺稿』續日本史籍協會叢書 東京大学出版会、一九七五年）八四—九八・五〇〇—五〇二頁（初刊一九〇〇年）、福地源一郎『幕末政治家』（初刊一九〇〇年）、松木順「岩瀬忠震の開国交易思想」（京都帝國大學經濟學會『經濟論叢』第五四巻第三号、一九四二年）一〇四—一一六頁、京口元吉「岩瀬肥後守忠震とその手記」（早稲田大学史学会『史観』六二冊、一九六一年）一—四六頁、石井孝「阿部正弘と岩瀬忠震」（初出一九七五年）（石井『近代史を視る眼——開国から現代まで』吉川弘文館、一九九六年）一四七—一六二頁、松岡英夫『岩瀬忠震』（中公新書、中央公論社、一九八一年）、河北展生・高木不二・高輪真澄・木村直也・細川義・西澤直子「木村喜毅（芥舟）宛岩瀬忠震書簡」（慶應義塾福澤研究センター『近代日本研究』一九八八年）一九五—二三四頁、岩瀬忠震書簡研究会編『木村喜毅（芥舟）宛岩瀬忠震書簡注解』（岩瀬肥後守忠震顕彰会、一九九三年）など。飯田も指摘するように、岩瀬の青年期の知的営為を伝える史料は少なく、従来の研究では目付海防掛に登庸される以前の学問所出役・徽典館学頭歴任の経験、すなわち昌平坂学問所儒学の只中から出現した人物であることが十分に配慮されていない。

(81) 安政二年四月二〇日、評定所一座儒役大小目付海防掛・浦賀箱館両奉行上申書、『幕末外国関係文書』第一一巻、第二八号、一〇六頁以下。（評定所一座・松平伊豫守・林大学頭・大目付・海防掛・堀織部正・御目付）。なお、岩瀬の嘉永六年①の答申書や目付系答申書⑤は、活字資料には翻刻されていないため、飯田虎男（前掲書）の目録には記載されていない。

(82) 『幕末外交文書』に活字収録された下田取締掛としての上申書や書翰については、飯田虎男（前掲書）の年譜目録を参照。

(83) 「時勢叢談」二（「大日本史料稿本」二六七 嘉永六年一〇月 東京

大学史料編纂所0170-5-317)。岩瀬の答申月日は不明。「大日本史料稿本」では「幕府ノ諮問ニ對フル建議書ハ概ネ十月ヲ以テ其提出ヲ了セシカ如シ、依テ其提出ノ月日不明ナルモノハ姑ク之ヲ本月ニ収メ後考ニ竢ツ」とされ、『維新史料綱要』第一巻、四九九頁では嘉永六年一〇月とされる。なお、岩瀬のこの上書は、「蠻夷貿易濫觴」下（明治写本・「外務省」罫紙使用、国立公文書館内閣文庫184-290）にも、字句の異同はあるが抄録されている。同名史料で東京大学史料編纂所の「蠻夷貿易濫觴」五冊（明治写本・「外務省」罫紙使用、外務省引継本1053）には「蠻夷貿易濫觴 嘉永六丑上書」があるが内閣本「上」の抄録であり、岩瀬上書は収録されていない。

(84) 石井孝『日本開国史』（前掲）一二〇―一二一頁は、この海防掛目付の上書を「理想的・革新的な意見」とし、この「一転して、もっとも開明的となった」理由を「岩瀬忠震・大久保忠寛など新鋭の人材が目付に加わったからであろう」と推論する。「これからのちも、海防掛を構成する諸有司のなかで、目付は、常にもっとも開明的な意見を吐き、幕府の開国政策の推進力となるのである」。これが現在の研究史上の通説であるが、本書で検討するように、田邉太一の見解を踏まえ、残存史料を検討するならば、岩瀬個人および目付系海防掛の議論変化の時点についても、特に古賀謹堂の存在を視野に収めて再考が求められるであろう。なお、石井は、「阿部正弘と岩瀬忠震」（前掲）一五一頁でも、嘉永六年から安政元年七月の「開明的な意見書」までの岩瀬の議論推移を、「この〔嘉永六年の答申〕後、岩瀬がどのような過程を経て公然と開国論へ転換していったかは知るよしもないが、俊敏な彼のことゆえ、米艦再渡来後の急激な事態の変化に即応していったのであろう」と述べる。

(85) 『幕末外国関係文書』第一四巻、第一七五号、四九三頁。

(86) 岩瀬忠震・平山謙次郎「大船御取締・産物会所之儀ニ付申上候書付」安政三年七月（『堀田正睦外交文書』（千葉県史料近世編）［千葉県、一九八一年］第三三号）二六九―二八二頁。同内容文書は「海防掛の目付（？）」の老中宛上申書とされて『幕末外国関係文書』第一四巻、第二〇一号、六〇九―六二六頁にも収録。石井孝『日本開国史』（前掲）一七八―一八〇頁でも、この上書が要約され、「貿易開始後の対策を具体的に考慮したものとしては、おそらく最初のものであろう」と位置づけられている。前註の引用記述には疑問を呈したが、この上書の位置については異存はない。「海防掛目付（大目付をも含めて）は、岩瀬忠震のような、前途を洞察できる人材を擁していたから、今後、常に開国政策の先端を行く意見を提出している。この上書は、そのような意見の最初のものとみてよかろう」（一八〇頁）。ただし、学問所儒者古賀侗庵・謹堂によって繰り返し主張されてきた政策の具体化である点、後述する謹堂と岩瀬との具体的な接点に注意を喚起したい。

(87) 『幕末外国関係文書』第一五巻、第八〇・八一号、一八九頁。

(88) 石井孝『日本開国史』（前掲）一八二頁。

(89) 前掲の石井孝のほか、横山伊徳「日蘭和親条約副章について」（『東京大学史料編纂所報』第二二号、一九八七年）一〇―二四頁、嶋村元宏「幕末通商外交政策の転換」（『神奈川県立博物館研究報告――人文科学』第二〇号、一九九四年）二八―五三頁。

(90) 関連する安政四年前半の目付系海防掛の上申書（老中宛）には、以下のものが活字翻刻されている。

安政四年一月四日、米国総領事取扱振の件、『幕末外国関係文書』第一五巻、第一七三号、四四二頁以下。

安政四年一月、米国総領事出府の件、『幕末』第一五巻、第一八八号、四六五頁以下。

安政四年三月、和蘭條約副章・仲買商法の件、『幕末』第一五巻、第二六八号、七〇七頁以下。

安政四年三月、和蘭條約・蘭人遊歩規定・蘭船湊下・法令等の件、

『幕末』第一五巻、第二六九号、七〇九頁以下。

安政四年三月、英人広東焼払の件、『幕末』第一五巻、第二六五号、七〇〇頁以下。

安政四年四月、貿易筋の件、『幕末』第一五巻、第三一七号、八一九頁以下。

安政四年四月、米国総領事ハリス出府の件、『幕末』第一五巻、第三二六号、八八〇頁以下。

安政四年四月、米国総領事ハリス出府の節取扱振の件、『幕末』第一五巻、第三三〇号、八八三頁以下。

安政四年四月、米国総領事ハリス出府の節取扱振の件、『幕末』第一五巻、第三三一号、八八九頁以下。

(91) 古賀謹一郎「アメリカ人測量之儀御尋ニ付申上候書付」五月（東京大学史料編纂所、外務省引継本外編 162）。

(92) 古賀謹一郎「アメリカ吏人取扱方之儀御尋ニ付申上候書付」安政二年六月（東京大学史料編纂所、外務省外編 162）、なお「古賀謹一郎自筆意見書」（東京大学史料編纂所 台紙付写真 577-7146）はその部分写真である。

(93) 「魯國使節ヨリ差出候書翰ニ付役々異見書」（濱野章吉編『懐舊紀事』吉川半七、一八九九年）附録一七―三八頁に含まれる。

(94) 安政二年三月二九日、米国水師提督ロッヂャース書翰、海岸測量の件、『幕末外国関係文書』第一〇巻、第九二号、二二七頁以下。

(95) 下田奉行への老中達、安政二年四月一三日（『幕末外国関係文書』第一一巻第一号）一頁。

(96) 大目付目付上申書、安政二年四月（『幕末外国関係文書』第一一巻、第八号）一五―二三頁。

(97) 評定所一座儒役大小目付海防掛・浦賀箱館両奉行（評定所一座・松平伊豫守・林大学頭・大目付・海防掛・堀織部正・御目付）上申書、安政二年四月二〇日（『幕末外国関係文書』第一一巻、第二八号）一〇七頁。

(98) 『幕末外国関係文書』第一一巻、第二八号、一〇七―一〇八頁。

(99) 安政二年四月国持大名意見書抜書（『幕末外交関係文書』第一一巻、第五七号）一八三―一九〇頁。

(100) 古賀謹一郎「アメリカ人測量之儀御尋ニ付申上候書付」五月（東京大学史料編纂所、外務省引継本外編 162）。田邉太一『幕末外交談』（前掲書）二一一―二八頁に全文活字収録。田邉が維新後、明治政府の外務省に出仕したことを考えれば、田邉が紹介する史料原本は、現在史料編纂所所蔵の外務省引継写本であることは疑いない。しかし、この引継本（「史料編纂掛」罫紙使用）は古賀謹堂自筆ではなく、文書末尾に、「静岡縣引佐郡東濱名村石原貞藏氏」が所蔵する、自筆草稿からの騰写本であることが記されている。

(101) 古賀謹堂「謹堂日誌鈔之一」安政二年五月一四日。

(102) 吉田賢輔「茶溪古賀先生行略」は、この測量許可の建白書について次のように記している。「是歳〔安政二年〕北米利堅合衆國軍艦を派して下田に來り、日本海を測るを乞ふ。幕議沸騰す。先生〔謹堂〕老中阿部正弘に上書し、彼の乞ふ所の者理應に之を允《ゆる》すべきを極言す。其意以謂《おもへら》く彼れ天度を測り以て地理を度る、経緯の數明かなり、則ち國之幅員諸《これ》を掌に視るか如し。而して今其の測海を拒ぎ、而して我國の廣狹大小を闔《とざ》し、彼をして知り易すからしめず、以て王侯險を設るの義に托せんと欲す。何ぞ兒戲に異ならんと。言可《し》かずと雖とも、而かも測海の請《こひ》竟に峻拒せざるは、蓋し先生之議に省《せい》するありと云」（原漢文）。吉田賢輔「茶溪古賀先生行略」（『近世名家碑文集』經濟雜誌社、一八九三年）一四六―一四七頁、また（『江戸』第九巻第三号、一九一八年）九四頁、干河岸貫一「古賀茶渓」（『続近世百傑伝』博文館、一九〇一年）四六七頁。

(103) 鈴木純子「日本の近代地図測量前史とオランダ」（講演原稿集『江戸時代の日本とオランダ（日蘭交流四〇〇年記念シンポジウム）』二

〇〇〇年一〇月）一七―二〇頁。カッテンディーケ『長崎海軍伝習所の日々』（水田信利訳、東洋文庫二六、平凡社、一九六四年）。この伝習所で学んだ者には、幕府派遣の伝習生のほかに、諸藩の生徒がいたが、佐賀藩の者が最も多かった。なお、古賀家の蔵書「萬餘巻樓蔵書」にもピラールとオブレーンによる『航海書』七本（第五至第九ピラール及ヲプレーン合撰、千八百四十五至四十九年、第十第十一ヲプレーン獨撰、千八百五十至五十一年）（Pilaar, J. C., en J. M. Obreen. *Tijdschrift toegewijd aan het zeewezen*, 7vols. [Medemblik, 1845-52] [1-26, 5-116]）が含まれている。

(104)「日本國魯西亞國通好条約」（外務省編『日本外交年表并主要文書』上巻、原書房、一九六五年）文書一・五頁。

(105)古賀謹一郎「アメリカ吏人取扱方之儀御尋ニ付申上候書付」安政二年六月（東京大学史料編纂所、外務省外編162）、この書付は、田邉太一『幕末外交談』（前掲書）五一―五三頁に抄録されている。

(106)古賀謹堂「謹堂日誌鈔之一」安政二年六月一〇日。

(107)じっさい日本の通詞たちは、公使や公使員より語学を学んだ。たとえば、伊東玄朴の養子伊東貫齋は、安政四年一―三月まで下田のハリスより語学を学んでいる。

(108)古賀謹堂「卮言日出」（国立国会図書館古典籍資料室827-57）。「卮言日出」巻一には安政三（一八五六）年晩夏（六月）の自序と全一四六条の漢文短言が、巻二には元治元（一八六四）年首夏既望（四月一六日）の自序と全一〇六条の短言が収録されている。

(109)外交事務の関係者名簿としては、「附録資料四　徳川幕府外国関係事務官吏一覧」（田中正弘著・通信全覧編集委員会編『通信全覧目録・解説』雄松堂出版、一九八九年）四六一―五四三頁が有益である。

(110)「史料　木村喜毅（芥舟）宛岩瀬忠震書翰」（前掲）二一五頁。

(111)川路聖謨『東洋金鴻――英国留学生への通信』（川田貞夫校注、東洋文庫三四三、平凡社、一九七八年）三一頁。

(112)倉沢剛「蕃書調所の創設」（前掲書）一三六頁は、この転任を「あきらかに左遷であり、何かの責任を問われ、つめ腹をきらされた形である」として、安政四年一〇月に和学所に移転してからの「調所の不振」、文久元年九月の教授方への老中叱責の「責任をとらされたのであろう」と推測する。しかし、転任先が、単なる「御留守居番」ではなく、学問所御用であり、その上に学問所奉行が新設され（同年一一月）、それを補佐したことを踏まえれば、引責左遷というよりも、文久期の学制改革の一環としての人事移動として捉え直されるのではないだろうか。

(113)横須賀製鉄所については、「横須賀製鉄所一件」（一―一四）・「横浜製鉄所一件」（「續通信全覧」類輯之部、外務省外交史料館）（影印版通信全覧編集委員会編『続通信全覧』類輯之部二六［続通信全覧四二］、雄松堂出版、一九八六年）四一七―七七一頁・七七二―八一二頁。また田邉太一「横須賀製鐵所」（田邉『幕末外交談』前掲）四三九―四五三頁を参照。

(114)田保橋潔『近代日鮮関係の研究』上巻（朝鮮総督府中枢院、一九四〇年）五二―一〇三頁。

(115)「佛蘭西朝鮮講和斡旋ノ件」（平山省齋日記）（前掲書）四八七―四八八頁。慶應三年二月四日、大坂におけるフランス公使への申し立て「大綱」の一節。この目的については、後に、海外進取政策であり「支那と朝鮮と日本と三国合従の策」により将来「西洋と拮抗」するという計画であったとも評されたが、徳川慶喜は、一九一一年六月一四日、第十三回昔夢会においても、真相を語っていない。渋沢青淵記念財団竜門社編『渋沢栄一伝記資料』第四七巻（渋沢栄一伝記資料刊行会、一九六三年）六五五―六五六頁、また渋沢栄一編・大久保利謙校訂『昔夢会筆記――徳川慶喜公回想談』（東洋文庫七六、平凡社、一九六六年）二五六―二五七・二五八頁を参照。

(116)平山敬忠（省齋）については、森潤三郎「平山圖書頭敬忠」（森

『紅葉山文庫と書物奉行』昭和書房、一九三二年）七六五—七七五頁。「幕府参与平山圖書頭としての省齋翁と維新當時の其文章」（『江戸』第八巻）を参照。

(117) 慶應年間朝鮮遣使計画の一次史料は、「平山圖書頭・古賀筑後守 渡韓奉命一件」（一—五）（「續通信全覧」類輯之部、外務省外交史料館）（影印版 通信全覧編集委員会編『続通信全覧』類輯之部二六［続通信全覧四二］、雄松堂出版、一九八六年）一六二—三二五頁。「佛蘭西朝鮮講和斡旋ノ件」（平山省齋日記）（大久保利謙監修『江戸』第二巻、幕政編（二）、立体社、一九八〇年）四八七—五五四頁。草場船山「慶應三年丁卯四月 朝鮮渡海日記」（多久市郷土資料館草場家文書A-75）（翻刻版 荒木見悟監修・三好嘉子校註『草場船山日記』文献出版、一九九七年）三四三—三五三頁がある。また研究文献には、田邉太一「遣韓使節の議」（田邉『幕末外交談』前掲）五〇七—五二一頁、奥平武彦『朝鮮開国交渉始末』（刀江書院、一九三五年）、田保橋潔『近代日鮮関係の研究』上巻（朝鮮総督府中枢院、一九四〇年［一九六二年に文化資料調査会より再刊］）特に「第一篇第二章 大院君の排外政策と列国」五二一—一三一頁、近年の研究では、安岡昭男「慶応期の幕使遣韓策——仏米・朝鮮間調停の企図」（箭内健次編『鎖国日本と国際交流』下巻、吉川弘文館、一九八八年）五五九—五八四頁、亀掛川博正「慶応三年、幕府の朝鮮遣使計画について」（Ⅰ・Ⅱ・Ⅲ）（政治経済史学会『政治経済史学』三〇七号、一九九二年）二二一—三一頁・（三〇八号、一九九二年）一九—四一頁・（三〇九号、一九九二年）二五—三七頁を参照。

(118) 『幕末外国関係文書』第一五巻、二六五号、七〇四頁。

(119) 国書案は、使節書翰と共に「平山圖書頭・古賀筑後守 渡韓奉命一件」五（「續通信全覧」四二、前掲書）二七三—二七五頁、および「平山圖書頭・古賀筑後守 渡韓奉命一件」五（「續通信全覧」四二、前掲書）二八九—二九一頁に収録されている。日本国内向けには「拭目之金箆」にもなるであろうとも述べられる。

(120) 「平山圖書頭・古賀筑後守 渡韓奉命一件」五（「續通信全覧」四二、前掲書）二七七頁。

終　章

(1) 佐賀藩「弘道館記」（天明二年二月）（「御記文并御副書」佐賀県立図書館鍋島文庫062-3）。

(2) 『幕末外国関係文書』第一四巻（安政三年八月廿五日）七九八—七九九頁。

(3) 大内暘「昌平學雜記」（其一）（『東洋文化』第三一号、一九二六年）五四—五五頁。

(4) 「御書付留」天保一四年八月七日「聖堂之儀、學問所と相唱候事」（『徳川禁令考』一四五六号）。

(5) 文部省編『日本教育史資料』第五冊（冨山房、一八九二年）四五七頁。

(6) 大内晃陽「昌平學雜記」（其二）（『東洋文化』第三二号、一九二六年）五八頁。

巻末資料

一　古賀精里の門人たち（地域・所属による分類）
二　文芸結社の同人たち――「復原詩社姓名録」・「海鷗社文會」同人
三　学問所儒者の漢文著作一覧（「論」「策」「辨」「説」を中心に）
四　古賀侗庵「読書矩」

古賀精里の門人（幕臣）

＊氏名のあとの括弧内数字は、「名簿」の通し番号。

〈幕府〉

村岡玄超（208）幕府醫員
中村圓佐（427）御本丸奥坊主

幕府世臣　五二名

柴野久四郎（036）幕府世臣
大貫貞吉（056）幕府世臣
池田伊三郎（068）幕府世臣、後任甲斐守〔のちに西丸書院番〕
甲斐庄荘五郎（069）幕府世臣
泉本誠一（076）幕府世臣
淺野大吉（077）幕府世臣
一色東之助（078）幕府世臣
真野大次郎（079）幕府世臣
鍋島帯刀（080）幕府世臣〔のちに西丸小性組番頭〕
大林茂助（081）幕府世臣
前田熊次郎（108）幕府世臣
小栗勝三郎（114）幕府世臣
阿部彌太郎（125）幕府世臣
羽倉外記（126）幕府世臣〔のちに勘定吟味役〕
稲冨内記（149）幕府世臣
舘彌太郎（150）幕府世臣
佐々彦之進（151）幕府世臣
嚢部新三郎（157）幕府世臣
瀬戸荘五郎（159）幕府世臣
大久保半五郎（187）幕府世臣
杉山大之進（188）幕府世臣
齋藤乙五郎（190）幕府世臣
市岡亀五郎（212）幕府世臣
岡本良藏（231）幕府世臣
矢部彦五郎（233）幕府世臣〔のちに目付・普請奉行〕
森川吉太郎（235）幕府世臣〔のちに家定公小性頭取〕
大原吉三郎（247）幕府世臣
太田茂三郎（249）幕府世臣
保本己之吉（251）幕府世臣
澀江民之助（256）幕府世臣
平岡一作（261）幕府世臣〔のちに小十人〕
阿久澤主水（270）幕府世臣
木原專三郎（285）幕府世臣
新井三次郎（286）幕府世臣
蜷川千之助（287）幕府世臣
佐野軍左衛門（306）幕府世臣
石野鎌次郎（307）幕府世臣、継鈴木氏〔のちに小普請〕
鵜殿左京（308）幕府世臣〔鵜殿鉄三郎か、学問吟味寛政一二年乙種及第〕
細井顯次郎（309）幕府世臣〔のちに西丸書院番〕
大久保左門（310）幕府世臣
大久保金藏（326）幕府世臣
木部幸助（328）幕府世臣
塚原兵四郎（329）幕府世臣
矢部錬五郎（337）幕府世臣
佐藤慣次郎（347）幕府世臣
筒井辨之助（369）幕府世臣
平井熊次郎（388）幕府世臣
平井一學（389）幕府世臣
戸田卓太郎（392）幕府世臣、若様江御入門〔学問吟味文政一一年乙種及第〕
前田大輔（430）幕府世臣
榊原熊太郎（447）幕府世臣
石川絃次郎（458）幕府世臣
多紀安良（279）官醫
岡本弟藏（232）良藏弟〔岡本悌藏か、学問吟味文政一一年丙種及第〕

官士　三〇名

高井榮次郎（035）官士
樋口省三郎（085）官士
奥山亀三郎（089）官士〔学問吟味享和三年乙種及第、のちに支配勘定〕
川野邊壽仙（099）官士
木暮幸之助（101）官士
石井助三郎（121）官士
真里谷政五郎（142）官士〔学問吟味文化三年乙種及第〕
西田順之助（176）官士
神谷孝藏（195）官士
松田長三郎（206）官士
島田愼藏（207）官士
小池八十郎（214）官士
西川藤兵衛（217）官士
福岡乙次郎（228）官士
室本八郎（263）官士

岡野次郎左衛門（275）官士
若山直馬（276）官士
柳田鋭太郎（280）官士
根本与之助（284）官士
吉田一學（311）官士
小南常八郎（338）官士
日野弥三郎（342）官士
神谷清右衛門（365）官士
深谷左兵衛（373）官士
大野茂三郎（383）官士
岩崎助次郎（398）官士
内山幸之助（401）官士
安部奥太郎（421）官士
足立文太郎（432）官士
中村孝次郎（433）官士

古賀精里の門人（諸藩）

〈陸奥〉

南部　二名

工藤與助（330）南部人
中野義助（331）南部人

仙臺　四名

千葉祐藏（046）仙臺人、後改平格・字天壽
茂木秀治（242）仙臺侯臣
須田　健（295）仙臺室老臣
松田代右衛門（415）仙臺家中

二本松　六名

佐藤左膳（067）二本松人、後改仲甫
成田又八郎（127）二本松侯臣
八木眷助（243）二本松侯臣
中野玄興（339）二本松侯臣
服部京安（366）二本松侯臣
長沢元白（367）二本松侯臣

三春　二名

乾　坤八（043）三春人
坂本半藏（058）三春侯臣

會津　二〇名

土屋七郎（094）會津人〔名朗・字子潤〕
佐藤冬藏（136）會津人
大竹志郎（102）會津侯臣
樋口平三（139）會津侯臣、〔光大・平三、高津憩川、一七八五―一八六五〕
浦川冨次（180）會津侯臣
澀谷　晋（181）會津侯臣
梶原左力（222）會津侯臣
河崎新吾（314）會津人
大森旦之助（321）津侯臣
牧原只次郎（334）會津侯臣、〔半陶、？―一八四二〕
樋口良之助（368）會津侯臣
小松操藏（390）會津侯臣
板橋英吾（410）會津侯臣
堀岩太郎（428）會津家中
荒井孝順（429）會津醫員
安部井辨之助（440）會津家中、〔帽山か、一七七八―一八四五〕
川村源藏（441）會津家中
宗像常吉（442）會津家中
北原岩太郎（445）會津室老
野村政吉（446）會津家中

白川　四名

栗本鐵藏（158）白川侯臣
堀池金彌（161）白川侯臣
宮澤柑治（315）白川人
鈴木勇藏（363）白川侯臣

白河　一五名

鳥飼桂（027）白河侯臣、後継大塚氏
清水鐵吾（044）白河侯臣
本田金剛郎（048）白河侯臣
吉村助市（062）白河室老、後改又右衛門
上村藤藏（064）白河侯臣
小野貫平（215）白河侯臣、後改梅林氏
鵜飼又吉（216）白河侯臣
濱田大之進（238）白河侯臣
久徳要助（265）白河侯臣
常松義三郎（313）白河侯臣
片山鉄之助（345）白河侯臣
廣田鐸藏（372）白河侯臣
青木長吾（385）白河侯臣
立見作十郎（412）白河侯臣
鵜飼梢（237）白河侯、後継曾根氏、改勘九郎仕棚倉侯
中西文平（091）岩城侯臣

〈出羽〉

久保田　二名

北澤隆藏（024）久保田侯臣
小室弁藏（057）久保田侯臣
大友直枝（259）出羽人
高橋長次郎（356）秋田浪人
石川文太郎（144）秋田侯臣

渡邊久太郎（029）亀田侯臣
荻谷政五郎（107）最上山形侯臣
米澤　一〇名
上杉喜平治（005）沢侯世子、後任式部太輔
香坂　登（124）米澤侯臣、〔維直・伯亮・衡山、?―一八三三〕
志賀孫太郎（130）米澤侯臣
若林源藏（131）米澤侯臣
平田道宣（221）米澤侯臣
河野長吉（248）米澤侯臣
松木彦右衛門（257）米澤侯臣
神保甲作（258）米澤侯臣
小川源太郎（417）米澤侯臣
環田秀五郎（459）米澤家中

〈常陸〉
水戸　二名
杉山千太郎（252）水戸藩臣
久米榮藏（213）水戸藩士

〈下野〉
宇都宮　二名
直江真八郎（120）宇都宮侯臣
直江真八郎（324）宇津宮

〈上野〉
高崎　一二名
松田多助（092）高崎侯臣、〔菘盧、一七八三―一八五二〕
松本九右衛門（123）高崎侯臣、〔愿・烏涯、一七八五―一八一〇〕
栗崎三右衛門（211）高崎侯臣
關口作十郎（260）高崎侯
深海吉之助（343）高崎侯臣
堀川萬五郎（344）高崎侯臣
吉田堯民（348）高崎侯臣
岡野郡藏（375）高崎侯臣
串戸良太（393）高崎侯臣
小林吉藏（394）高崎侯臣
原　牧太（395）高崎侯臣
馬場喜重郎（413）高崎侯臣
上州人　四名
椎名周藏（167）上州人
小林新藏（353）上州人
新井兎毛（384）上州人
原澤八四郎（400）上州人

〈下総〉
山本角次郎（439）古河家中

〈上総〉
久留里　二名
關吉林齋（189）久留里侯臣
鈴木徳之助（193）久留里侯臣
武内玄庵（103）上總人

〈武蔵〉
岩井惣左衛門（333）岡部侯臣
富田岩五郎（198）岩槻侯臣
戸谷廣助（132）武州本荘人、文化六年削名
久保周助（194）武州勅使河原人、後改五六
江口新水（153）武州人
岡田尢孝（154）武州人
白根乙次郎（318）武州熊谷人
奥堂道之助（202）武州熊谷
忍　三名
前田萬吉（169）忍侯臣
服部三五輔（229）忍侯臣
山下直太郎（409）忍侯臣
江戸人　一六名
赤澤源八（030）江戸人
福島六右衛門（087）江戸人
津川永助（100）江戸人
酒井友右衛門（118）江戸人
渡邊温甫（133）江戸人
櫻井善兵衛（141）江戸人
榎本伊三郎（145）江戸人
井上熊藏（179）江戸人
福井健藏（196）江戸人
村松廉平（200）江戸人
關　源吉（236）江戸人
増田玄春（266）江戸人
犬塚又三郎（297）江戸人
中山文藏（325）江戸人
白土唯一（364）江戸人
成田啓玄（396）江戸人
月岡主計（075）神田祠神職
堀越良貞（283）江戸醫師

〈相模〉
宇野愼助（403）小田原侯臣

〈越後〉
越後人　一〇名
山本友三郎（414）越後浪人
星野菊三郎（134）越後柏崎人、〔名賁・字文剛〕

岩佐周治（082）越後人
廣川輔二郎（106）越後人
高橋松太郎（218）越後人
廣川助次郎（296）越後人、重出
竹内榮三郎（404）越後人
名越勝藏（406）越後人
栗賀七次郎（422）越後人
澤謙之進（426）越後人
西條豫惣治（323）越州頚城郡人
大鹽次六（135）北越新潟人

〈加賀〉

金澤　一〇名

長谷川與市（028）金澤侯臣
渡邊吉郎（032）金澤侯臣
友田津左衛門（155）金澤室老臣
大島桃太郎（156）金澤侯臣、〔大島藍涯か、一七九四―一八五三〕
下村宗兵衛（163）金澤侯臣
齋藤六五郎（165）金澤侯臣
高澤順助（175）金澤侯臣
中澤孫兵衛（240）金澤侯臣
石川己三郎（254）金澤侯臣
中澤助松（264）金澤人

加州　六名

田島大八（322）加州大聖寺臣
野崎甚兵衛（146）加州人
萬木厚平（269）加州人、後改専齋
井口右京（354）加州人
花田　樗（355）加州人
新井晋平（449）加州家中
澤小左衛門（418）加賀人
鳥取孝右衛門（178）加賀侯臣

〈越前〉

石川孝之助（244）大野侯臣
齋藤鉄之助（332）福井侯臣

〈信濃〉

山極松貞（090）上田人
矢木鎌次（186）上田侯臣、後改荘左衛門
溝口桂藏（360）信州人

松本　五名

松平丹波守（010）信州松本城主
石川彦九郎（350）松本侯臣
坂本仲純（351）松本侯臣
鈴木周佐（431）松本醫員
上条仲弥（454）松本人

飯田　二名

堀　大和守（009）飯田城主
田中三藏（209）飯田人
矢部通碩（361）高遠侯臣

〈美濃〉

菱田清次（448）大垣人、〔毅齋、一七八一―一八五七〕
岡崎京藏（192）高須侯臣

〈駿河〉

竹田順助（148）沼津人
石上久次郎（093）駿州人、〔名玖・字君輝〕

伊豆　三名

石井祚三郎（300）伊豆人
朝田與三郎（444）三島人
中井政二郎（416）豆州三島人

〈遠江〉

本間玄輔（423）掛川侯臣
富田玄常（424）濱松人

〈三河〉

進藤源吾（362）新城侯臣
櫻間熊之助（397）岡崎侯臣

〈尾張〉

福田賢助（177）尾張人

〈伊勢〉

亀山　三名

三上順藏（197）亀山侯臣
三井友七（220）勢州亀山侯臣
岸田宗吉（453）亀山家中

〈近江〉

飯田方之進（443）彦根儒員

堅田　八名

堀田昌六郎（007）堅田侯世子、後任左京亮
堀田紀七郎（008）堅田侯公子
富永半五郎（224）堅田侯臣
大野大吾（225）堅田侯臣
淺見勇治（226）堅田侯臣
永野錦太郎（227）堅田侯臣
沼田大助（230）堅田侯臣
新田安次郎（292）堅田侯臣、後改一
更井左六（273）膳所侯臣

〈山城〉

京師人　二名

中　耕助（304）京師人
香川乙三郎（305）京師人

〈**摂津**〉
篠崎長左衛門（184）大坂人、〔小竹、一七八一―一八五一〕

〈**和泉**〉
岸和田　二名
中村五市（317）岸和田侯臣
三宅彌源次（359）岸和田侯臣
海老名尚平（201）泉州人

〈**紀伊**〉
田邉　五名
牧野豊前守（004）田邊城主
徳田銀藏（116）田邊侯臣
日下部均平（152）田邊侯臣、〔名張・字國維〕
増山五平太（164）田邊侯臣
野田希一郎（419）田邊侯臣、〔笛浦、一七九九―一八五九〕
菊地吉之助（386）紀藩臣

〈**丹波**〉
丹亀山　四名
松平紀内（002）丹龜山城主、後任紀伊守
西脇武一郎（066）丹亀山侯臣
松崎儀助（171）丹亀山侯臣
安井良藏（371）丹亀山侯臣

〈**播磨**〉
姫路　一二名
永原半六（282）姫路侯臣、後改淵藏
須田奥之進（298）姫路侯臣
松下策馬（377）姫路侯臣
本多佳盛（378）姫路侯臣
岩松彦五郎（379）姫路侯臣
福岡金五郎（380）姫路侯臣
尾崎助之助（381）姫路侯臣
芹田松遵（399）姫路侯臣
内藤衛士（434）姫路家中
金澤八百助（435）姫路家中
太田宇平次（436）姫路家中
吉川亀吉（437）姫路家中
林田　二名
石野充藏（122）林田侯臣〔名鴛卿・字士揚、東陵〕
篠田衛守（255）林田侯臣
森　續之丞（182）赤穂侯臣
合田徳助（047）播磨人

〈**出雲**〉
藤崎秀太郎（303）松江侯臣
海野文太（098）廣瀬侯臣、後改才藏

〈**石見**〉
今井藤太郎（327）津和野侯〔大国隆正か、一七九二―一八七一〕

〈**美作**〉
柴田宗伯（370）津山侯臣

〈**備前**〉
秋山伴作（319）岡山
横溝恒三郎（063）備前玉島人

〈**安藝**〉
藝州　二名
渡邊是助（250）藝州人
加藤太郎三（451）藝州家中

〈**長門**〉
長府　二名
小田順藏（340）長府侯臣
武藤仙藏（341）長府侯臣

〈**讃岐**〉
高松　六名
高尾善三郎（073）高松侯臣
横尾權之助（074）仕高松侯
奥村忠一郎（111）高松侯臣、名強・字子毅
池内三七郎（312）高松侯臣
三木勘四郎（316）高松人
久家茂七郎（358）高松侯臣
丸亀　四名
石川純二（219）丸亀侯臣
香川左内（234）丸亀侯臣
櫻井富松（245）丸亀侯臣
松岡文良（425）丸亀侯臣
小橋伊三郎（072）讃州人
森　俊平（352）讃州人
中條菊太郎（293）讃岐人、後削名
中條文五郎（294）讃岐人

〈**阿波**〉
徳島　五名
齋藤亀五郎（455）徳島人
徳永喜和次（138）徳島室老臣
中村順節（113）徳島侯臣
四十宮行藏（137）徳島侯臣〔名淳行・字文卿、

月浪　一七九〇—一八四二〕
林　勝三郎（239）徳島侯臣

阿波　二名
鐵　嘉藏（045）阿波人
井後左馬太（376）阿波侯臣
美馬理喜太（411）阿州人

〈伊豫〉

今治　二名
池内喜左衛門（357）今治侯臣〔重華か、?—一八九七〕
渡部豊松（405）今治侯臣

西条　三名
日野大助（438）西条家中
山名隆平（456）西条家中
山田省吾（457）西条家中

大洲　二〇名
安川右仲（023）大洲侯臣〔一七七九—?〕
藤江彦藏（025）大洲侯臣
加藤齋宮（037）大洲侯室老
松野退菴（038）大洲侯臣
中村真人（039）大洲侯臣
井口亦八（040）大洲侯臣
石田萬平（041）大洲侯臣
戸田勘助（042）大洲侯臣
松野鳳助（052）大洲侯臣
弓削左内（053）大洲侯臣
高橋徳三郎（054）大洲侯臣
曾根桂藏（055）大洲人
渡　寅之助（059）大洲侯臣
不破久米八（060）大洲侯臣、後改射澤
安川岡吉（110）大洲侯臣
中村欽治（173）大洲侯臣
大高桃齋（246）大洲侯臣
垣見權八郎（274）大洲侯臣
加藤四郎五郎（281）大洲室老
高山寛次（402）大洲侯臣

宇和島　二名
伊達主馬（011）和島侯世子
安藤庄吉（450）宇和島家中〔観生か、一七八九—一八五四〕
吉本駒之助（289）伊豫人
後藤弾治（210）新谷侯臣

〈土佐〉
箕浦悦二（191）土佐侯臣

高智　二名
和氣忠次郎（223）高智侯臣
中村十次郎（272）高智侯臣

〈筑後〉
深井小藤太（203）柳川侯臣

久留米　八名
宮原藤平（083）久留米藩臣
安元八郎（084）久留米侯臣〔名凱〕
山本壽吉（140）久留米侯臣
堀部又次郎（143）久留米侯臣
本庄直太郎（253）久留侯臣
溝上是平（262）久留米侯
井上大助（382）久留米侯臣
有馬織部（277）久留米室老

〈豊前〉

小倉　八名
小笠原伊豫守（001）小倉城主、後任大膳大夫
池田權三郎（026）小倉侯臣
石川昌輔（034）小倉侯臣
百東嘉吉（049）小倉侯臣
二木藤左衛門（061）小倉侯臣
名村禎助（096）小倉人〔名章・字士龍〕
鎌田三右衛門（168）小倉侯臣
二木三之助（241）小倉侯臣
岡見謙藏（199）中津侯臣

〈肥前〉

佐賀　八名
實松新助（017）佐賀侯臣
古賀仲安（018）佐賀侯臣
志波守吉（105）佐賀侯臣
久間鎌藏（112）佐賀侯臣
石井音人（119）佐賀侯臣
横尾静菴（288）佐嘉侯醫員
古賀治左衛門（387）佐嘉侯臣
井内傳右衛門（407）佐嘉侯臣〔南涯、一七八四—一八四六〕

蓮池　五名
蒲池龍吉（019）蓮池侯臣
星野泰藏（021）蓮池侯臣
野副忠八（071）蓮池侯臣
中隈市助（301）蓮池侯臣
満野代右衛門（346）蓮池侯臣

小城　一一名
鍋島紀伊守（003）小城城主
鍋島捨若（006）城城主

川副又右衛門（020）小城侯臣
牟田禮助（031）小城侯臣
山田玄臺（033）小城侯臣
木下官三郎（128）小城侯臣
江口左助（129）小城侯臣
藤島　恰（290）小城侯臣
馬渡三百郎（291）小城侯臣
西川仙四郎（349）小城侯臣、後改傳七
太田廉三郎（408）小城侯臣

鹿島　三名
小堀喜太郎（070）廣島侯臣
藤田良藏（267）廣島侯臣
梅園勝馬（268）廣島侯臣

島原　二名
松尾鐵彌（205）島原侯臣
松尾清之助（320）島原侯臣
草場瑳助（391）肥前人〔珮川、一七八七―一八六七〕
澤島常太郎（420）大村侯臣

〈對馬〉

對馬　二名
平山東一（104）對馬侯臣
平山繁之丞（460）對州家中

〈肥後〉
園木震太郎（452）肥後家中

〈薩摩〉

鹿児島　六名
上原善藏（022）鹿児島侯臣
種子島六郎（050）鹿児島侯臣
川上斧治（051）鹿児島侯臣
二木忠次郎（065）鹿児島侯臣
石塚次郎左衛門（166）鹿児島侯臣〔確齋、一七六六―一八一七〕
清川良助（170）鹿児島侯臣

〈その他〉
山口文次郎（095）田安邸臣
小助川彌藤太（097）伊駒氏臣
大須賀傳治（204）井上氏臣
小助川久八（271）生駒氏臣
小泉保太郎（278）松平氏臣
武田雄吉（299）梶氏臣
津川才助（302）知久氏臣
芦田源三（336）大澤氏臣

〈所属不詳〉
松平備前守（012）
黒田豊前守（013）
毛利大和守（014）
秋元左衛門佐（015）
松平隠岐守（016）
中山代吉（086）
村井喜藏（088）
淺尾　昌（109）
山崎彦太郎（115）
中條千之助（117）
奥村松碩（147）
稲津善之丞（160）
中村甚吉（162）
樫田弥三郎（172）
木村平兵衛（174）
小野寺弥三郎（183）
大橋司馬之助（185）
長谷川新藏（335）
渡邊貞之丞（374）

［一］「門人姓名簿」（「古賀洞庵《ママ》門人録」東北大学附属図書館狩野文庫6482-1）に依って作成。

巻末資料二　文芸結社の同人たち

「復原詩社姓名録」

*「復原詩社姓名録」（「硯北漫鈔」七、宮内庁書陵部 557-109）にもとづく。

野村兵藏〔篁園、学問吟味寛政一二年乙種及第、教授方出役を経て昌平坂学問所儒者〕
鈴木岩次郎〔白藤、学問所勤番組頭を経て書物奉行〕
植木八三郎〔玉厓、学問吟味文化三年甲種及第〕
鈴木文左衛門〔分左衛門か、幽谷、孝義録編纂・系譜校訂・對馬同行〕
齋藤嘉右衛門
岡田泰助〔清慎、記録解題・干城録・相模国風土記稿・藩鑑編纂〕沿革・地誌
勝田弥十郎〔半齋、学問吟味享和三年乙種及第、学問所勤番組頭を経て書物奉行〕
源兵助
檜原賢次〔学問吟味文政一一年甲種及第〕
鈴木八三郎〔後に設樂八三郎、学問吟味文政元年乙種及第、後に教授方出役・学問所御用〕
島織部
石川太郎大夫〔安定、後に教授方出役〕
石川次郎作〔柳溪、後に教授方出約役〕
石川鎮之助
押山甚大夫〔勘定吟味方改役〕
山内尚助
木村金平〔裕堂、学問吟味天保四年甲種及第、後に教授方出役・徽典館学頭・昌平坂学問所儒者〕
友野雄助〔霞舟、後に教授方出役・徽典館学頭・昌平坂学問所儒者見習〕
村上良知〔医師〕
岡田昌碩〔医師〕
千坂一学〔廉齋、本姓吉田、教授方出役〕
西脇良次
小島薫園〔学問吟味寛政一二年乙種及第、代官〕〔二〕
入江三平
鳥羽彦四郎〔後に乙骨耐軒、学問吟味文政六年乙種及第、後に教授方出役・徽典館学頭〕
阿部良之助
川上金吾助〔後に代官〕
柴田來祐
浄榮寺

「海鷗社文會」同人

*「海鷗社文會規約并照名」文政九年正月（鍋島報效会所蔵）にもとづき、国別に人名を列記した。氏名の後の括弧内数字は、「照名」の通し番号。

〈陸奥〉

安積祐助（艮齋）(12) 陸奥處士
〔文化一〇年八月一九日、佐藤一齋の紹介で林家入門、文久二年一二月一二日に昌平黌儒者となる〕

津　軽

松井敬三〔吉崎慶藏〕(20) 津輕藩
〔文政五年一〇月一八日、古賀侗庵の紹介で林家入門〕

仙　臺

大槻平次郎〔磐溪〕(19) 仙臺藩
〔文化一四年三月六日、古賀侗庵の紹介で林家入門〕

會　津

牧原只次郎（半陶）(3) 會津藩
〔古賀精里の門人(334)〕
添川寛平 (41) 會津布衣
佐藤甚右衛門（緑園）(56) 會津藩士

福　島

澤田斧象 (4) 福島藩士

〈出羽〉

山　形

杉山光藏（東山）(52) 山形藩

〈常陸〉

本多茂一郎（蘆軒）(22) 常陸處士
〔文化一〇年八月一九日、佐藤一齋の紹介で林家入門〕

〈相模〉

小田原

古畑文右衛門（玉函）(21) 小田原處士

〈越後〉

村　上

脇山郁藏（退齋）(29) 丹波人、村上に仕える
〔文化一四年五月六日、林恒三郎の紹介で林家入門〕

高　田

大久保長之助（鷲山）(34) 高田藩

〈加賀〉

金子章藏（盤蝸）(16) 加賀處士

〈信濃〉

松代
澁谷秀輔（蘇齋）(61) 信濃松代人
上田
丸山了順（神水）(46) 上田藩
〈三河〉
挙母
川西確輔（涵齋）(23) 舉母藩
〔文政一〇年一月七日、本多廬軒の紹介で林家入門〕
吉田
中井準之助（乾齋）(28) 吉田藩
〈伊勢〉
桑名
廣瀬臺八（蒙齋）(1) 桑名藩
〔寛政三年五月一八日、広田鉄馬の紹介で林家入門〕
廣瀬忠一〔鶴栄か〕(9) 蒙齋の子
〔文政四年五月六日、父廣瀬蒙齋の紹介で林家入門〕
亀山
西脇總右衛門（棠園）(17) 亀山藩
津
齋藤徳藏（拙堂）(38) 藩儒員
程田玄囑 (40) 津藩
〈近江〉
彦根
青木善之亟（南薫）(6) 彦根藩
中野半馬（蘭溪）(33) 彦根藩
〈大和〉
郡山
荻生總右衛門（櫻水）(36) 郡山儒臣〔荻生徂徠の曾孫〕
〈紀伊〉
田邊
野田希一〔笛浦〕(15) 田邉藩
〔古賀精里の門人(419)〕
〈但馬〉
出石
藤條三郎（石泉）(43) 出石藩
〈丹波〉
篠山
菊地順助（廓堂）(25) 篠山藩
〈播磨〉
龍野
菅野泰龍 (7) 龍野藩
〈美作〉
津山
昌谷五郎（精溪）(13) 〔津山に仕える〕
〈安藝〉
藝州
吉村隆介 (47) 藝州人
〔天保二年一月七日、佐藤一齋の紹介で林家入門〕
服部道之助 (49) 藝州
〔天保八年八月一六日、佐藤一齋の紹介で林家入門〕
〈長門〉
山縣半七（太華）(30) 長門儒臣
〔一七八一―一八六六、江戸遊学し、徂徠学から朱子学へ転向〕
〈讃岐〉
川田八之助〔河田迪齋〕(48) 讃岐人
〔天保二年八月八日、佐藤一齋の紹介で林家入門、安政二年一二月七日、昌平黌儒者となる。一八〇六―五九〕
高松
赤井嚴一（東海）(11) 高松藩
澤 道輔（歸塘居士）(24) 高松處士
〈阿波〉
阿波
澤 三郎（熊山）(18) 阿波人
〔文化一四年一〇月二六日、林家入門〕
〈伊豫〉
西条
日野徳右衛門（白眉）(10) 西條藩
〔古賀精里の門人 (438) 日野大助か〕
〈筑後〉
久留米
本庄一郎（星川）(5) 久留米藩
〔本荘一郎、天保六年五月二六日、古賀侗庵の紹介で林家入門〕
安元八郎（節原）(32) 久留米藩
〔古賀精里の門人(084)〕
真里谷新右衛門（亡洋か）(39) 久留米藩
〈肥前〉
佐賀
古賀修理（穀堂）(2) 佐賀藩
島原
川北喜右衛門（守齋）〔温山〕(8) 島原藩

〈肥後〉

水津熊太郎（石田）(51) 肥後藩

月田鐵太郎？（蒙齋）(59) 肥後鄙人

熊　本

澤林武左衛門（西陂）(26) 熊本藩〔沢村武左衛門、文政九年八月二六日、松崎慊堂の紹介で林家入門〕

葉室直次郎（黄華山樵）(27) 熊本藩〔葉室直二郎、文政九年八月二六日、松崎慊堂の紹介で林家入門〕

野坂源助（精齋）(31) 熊本藩

町野玄粛（鳳陽）(37) 熊本藩〔文政一一年六月二〇日、沢村武左衛門の紹介で林家入門〕

皐原五郎助（鳳山）(50) 熊本藩

〈その他・江戸など〉

龍崎信左衛門（冠東）(60) 萬野人

折原十作 (42)

小川祐齋（祐齋）(44)

森　仲助 (53)

松本來藏（寒緑）(54)

鶴峯戊申（鶴峯）(55)[二]〔鶴峰彦一郎、天保一五年四月二八日、昌谷精溪の紹介で林家入門、一七八八―一八五九〕

古畑周藏（鹿洲）(45) 玉函の子

尾藤高藏（水竹）(57) 幕府世臣〔尾藤二洲の三男、一七九五―一八五四〕

志毛秀次郎（藕塘）(14) 江戸人

林　鐵藏（柳溪）(35) 江戸人〔天保九年一月七日、佐藤一齋の紹介で林家入門〕

山本晋五郎（小山）(58) 江戸處士

[一] 小島蕉園については、重田定一『小島蕉園傳』（文部省、一九一八年）、森銑三「小島蕉園」（初出）（『森銑三著作集』第八巻、中央公論社、一九七一年）三五六―三九九頁。

[二] 藤原暹『鶴峯戊申の基礎的研究』（桜楓社、一九七三年）三五・二八一―二八二頁に関連記事あり、海鷗社文会規約も紹介されている。

巻末資料三　学問所儒者の漢文著作一覧（「論」「策」「辨」「説」を中心に）＊一部和文の海防策を載せた。

柴野栗山（一七三六―一八〇七）
「論學弊」（「栗山文集」巻一）

岡田寒泉（一七四〇―一八一六）
「腐儒論」（「與樂園叢書」巻四［広島市立中央図書館 文-1-101-5］）

林述齋（一七六六―一八四一）
漢文の論・策・辨・説なし

尾藤二洲（一七四五―一八一三）
「無聲無臭説」（「静寄軒集」巻二）
「天説」二首
「本然説」
「性情説」
「理氣説」
「正學説」
「為學説」
「博文約禮説」
「三近説」
「習説」
「虚心平氣説」
「祛蔽説」
「仁者心之徳愛之理説」
「人而不仁章筆記」
「孟子不動心章筆記」
「大小學名義辨」
「近思説」
「答問明德説」
「答問一條」
「從正説」
「世養説」
など

古賀精里（一七五〇―一八一七）
「王猛論　川窪應主人需」（「精里全書」巻一六、『精里初集抄』巻二）
「信玄謙信論」（「精里全書」巻一六）
「剛毅木訥近仁論」（「精里全書」巻一六、『精里初集抄』巻二）
「曹參論」（「精里全書」巻一六、『精里初集抄』巻二）
「温書説　示山松二生」（「精里全書」巻一六、『精里初集抄』巻二）
「雑説」（「精里全書」巻一六）
「履堂説」（「精里全書」巻一六）
「擬送長崎鎮撫使某序」（「精里全書」巻一二）
「擬府治廳事上梁文」（「精里全書」巻一七）
「擬豊臣氏討北條氏直檄」（「精里全書」巻一七）
「論槍法　贈白尾才蔵」（「精里全書」巻一七）
「擬答牒」（文化四年）（「精里全書」巻二七）
「遜敏齋説」（文化五年）（「精里全書」巻一六、『精里二集抄』巻一）

古賀侗庵（一七八八―一八四七）
「妖由人興論」（「侗庵初集」巻一）（文化五年）
「蕭何諸葛亮優劣辨」（「侗庵初集」巻一）
「擬極論時事封事」（「侗庵秘集」巻一）（文化六年）
「戰國任俠論」（「侗庵初集」巻二）
「豊王征韓論」（「侗庵初集」巻二）
「漢宣帝論」（「侗庵初集」巻二）
「愛説」（「侗庵初集」巻二）
「菊花之隠逸者説」（「侗庵初集」巻二）
「原鬼」（「侗庵初集」巻二）
「源廷尉逃入蝦夷辨」（「侗庵初集」巻二）
「諫論」（「侗庵初集」巻四）（文化七年）
「學論」（「侗庵初集」巻四）
「高祖論」（「侗庵初集」巻四）
「義人論」并序（「侗庵初集」巻四）
「劔論」（「侗庵初集」巻四）
「續毀茶論」并序（「侗庵初集」巻四）
「簡論」（「侗庵初集」巻四）
「封建論」（「侗庵初集」巻四）
「謚論」（「侗庵初集」巻四）
「防火私議」（「侗庵初集」巻四）
「左氏傳為左邱明之作辨」（「侗庵初集」巻四）
「雷獣説」（「侗庵初集」巻四）
「友説」（「侗庵初集」巻四）
「蓑雛説」（「侗庵初集」巻四）
「碁説」（「侗庵初集」巻四）
「謝安論」（「侗庵初集」巻六）（文化八年）
「禅代論」（「侗庵初集」巻六）
「伍子胥論」（「侗庵初集」巻六）
「王猛論」（「侗庵初集」巻六）
「陳平論」（「侗庵初集」巻六）
「桀紂論」（「侗庵初集」巻六）
「冨諸侯策、自禦狄議抄出」（「侗庵秘集」巻一）
「擬戰國策」（「侗庵初集」巻七）
「國語非左邱明作辯」（「侗庵初集」巻六）
「紙蛇説」（「侗庵初集」巻六）
「千里馬説」（「侗庵初集」巻六）
「三老五更解」（「侗庵初集」巻六）
「越人関弓解」（「侗庵初集」巻六）
「夫婦有別解」（「侗庵初集」巻六）
「讀韓非子」（「侗庵初集」巻七）

「讀韓非子漫記」（「侗庵初集」巻七）
「修船説」（「侗庵秘集」巻二）
「水虎説」（「侗庵初集」巻八）（文化九年）
「習馬説」（「侗庵初集」巻八）
「象箸説」（「侗庵初集」巻八）
「子欲居九夷解」（「侗庵初集」巻八）
「賢賢易色解」（「侗庵初集」巻八）
「聿来胥字解」（「侗庵初集」巻八）
「攻乎異端章解」（「侗庵初集」巻八）
「殷鑒論」十首并序（「侗庵初集」巻九）（文化一〇年）
「五覇論」（「侗庵初集」巻九）
「醫説」五首并叙（「侗庵初集」巻九）
「将将説」（「侗庵初集」巻九）
「命觧」（「侗庵初集」巻九）
「崇聖論」八首有序（「侗庵初集」巻一〇）（文化一一年）
「善仕論」（「侗庵初集」巻一〇）
「文武並用論」（「侗庵初集」巻一〇）
「壷範新論」十首有序（「侗庵二集」巻二）（文化一二年）
「壷範新論跋」（「侗庵二集」巻二）
「壷範新論附録六條」（「侗庵二集」巻二）
「君道在用賢論」（「侗庵二集」巻二）
「羽翼已成論　席上」（「侗庵二集」巻二）
「射説」（「侗庵二集」巻二）
「淡如水齋説」（「侗庵二集」巻二）
「禹悪旨酒論」（「侗庵二集」巻四）（文化一三年）
「琴説」（「侗庵二集」巻四）
「謙受益説」（「侗庵二集」巻五）（文化一四年）
「虱説」（「侗庵二集」巻五）
「秦如皇論」（「侗庵二集」巻六）（文政元年）
「鳥銃説」（「侗庵二集」巻六）
「多議論而少成功論」（「侗庵二集」巻七）（文政二年）
「崇日論」（「侗庵二集」巻七）
「節用愛人論」（「侗庵二集」巻七）
「裁蘭説」（「侗庵二集」巻七）
「舜怨慕論」（「侗庵二集」巻九）（文政三年）
「三諫而不聴則去論」（「侗庵二集」巻九）
「背誦説」（「侗庵二集」巻九）
「養鶯説」（「侗庵二集」巻九）
「惜陰説」（「侗庵二集」巻九）
「賈誼不至公卿論」（「侗庵二集」巻一一）（文政四年）
「解仇私議」（「侗庵二集」巻一一）
「為善最楽説」（「侗庵二集」巻一一）
「禹拝昌言説」（「侗庵二集」巻一一）
「宗澤論」（「侗庵二集」巻一四）（文政五年）
「張浚論」（「侗庵二集」巻一四）
「方孝孺論」（「侗庵二集」巻一四）
「周張邵不称子説」（「侗庵二集」巻一四）
「愛牽牛花説」（「侗庵二集」巻一四）
「日食説」（「侗庵二集」巻一四）
「讀韓文公集」（「侗庵二集」巻一四）
「論學宗家塾書生」（「侗庵二集」巻一四）
「答貴人問學」（「侗庵二集」巻一四）
「原變」（「侗庵二集」巻一四）
「守成論」（「侗庵三集」巻一）（文政六年）
「衛霍論」（「侗庵三集」巻一）
「章邯論」（「侗庵三集」巻一）
「養生論」（「侗庵三集」巻一）
「刑法論」（「侗庵三集」巻一）
「醫國説」（「侗庵三集」巻一）
「爵禄可辞説」（「侗庵三集」巻一）
「理財論序」（「侗庵三集」巻三）（文政七年）
「理財論」十首（「侗庵三集」巻三）
「腐儒論」（「侗庵三集」巻三）
「二疏論」（「侗庵三集」巻三）
「危行言孫説」（「侗庵三集」巻四）
「物窮則變説」（「侗庵三集」巻四）
「老子猶龍説　席上」（「侗庵三集」巻四）
「養樹説」（「侗庵三集」巻四）
「雷説」（「侗庵三集」巻四）
「影塑説」（「侗庵三集」巻四）
「周亜夫論」（「侗庵三集」巻五）（文政八年）
「漢文帝不作露臺論」（「侗庵三集」巻五）
「周論」三首（「侗庵三集」巻五）
「位育説」（「侗庵三集」巻五）
「好花看到半開時説」（「侗庵三集」巻五）
「新論」全一七〇篇（「侗庵三集」巻六［文政八年］から「侗庵六集」巻八［弘化元年］まで）
「劉先生論　席上」（「侗庵三集」巻七）（文政九年）
「戒妄語説」（「侗庵三集」巻七）
「千里鏡説　席上」（「侗庵三集」巻七）
「戒速葬説」（「侗庵三集」巻七）
「伐國不問仁人説」（「侗庵三集」巻七）
「六経可不治而明説」（「侗庵三集」巻七）
「人皆可以為堯舜説」（「侗庵三集」巻七）
「河豚説」（「侗庵三集」巻七）
「豊太閤征韓論」（「侗庵三集」巻九）（文政一〇年）
「後唐荘宗論　席上」（「侗庵三集」巻九）
「論趙苞舎母全城事」（「侗庵三集」巻九）
「冬月断大辟議」（「侗庵三集」巻九）
「窮鼠齧猫説　席上」（「侗庵三集」巻九）
「狂花説　文会席上」（「侗庵三集」巻九）

「儺説　文会席上」（「侗庵三集」巻九）
「醫説　文会席上」（「侗庵三集」巻九）
「緇徒来學説」（「侗庵三集」巻九）
「毛利元就論　文会席上」（「侗庵四集」巻一）（文政一一年）
「元世祖論　文会席上」（「侗庵四集」巻一）
「魏道武論」（「侗庵四集」巻三）（文政一二年）
「蘇子瞻論」三首（「侗庵四集」巻四）（天保元年）
「劉基論　文会席上」（「侗庵四集」巻四）
「人生七十古来稀説」（「侗庵四集」巻四）
「寶劒説　贈古賀元載」（「侗庵四集」巻四）
「観棊説　文会席上」（「侗庵四集」巻六）（天保二年）
「養生説　文会席上」（「侗庵四集」巻六）
「觀傀儡説　席上」（「侗庵四集」巻六）
「性善説」（「侗庵四集」巻八）（天保三年）
「文論」三首（「侗庵四集」巻一〇）（天保四年）
「履霜堅氷至説」（「侗庵四集」巻一〇）
「狐説　文会席上」（「侗庵四集」巻一〇）
「種菊説　文会席上」（「侗庵四集」巻一〇）
「趙廣漢論　席上」（「侗庵五集」巻二）（天保六年）
「螢説」（「侗庵五集」巻二）
「甲狗説」（「侗庵五集」巻二）
「紙鳶説」（「侗庵五集」巻四）（天保七年）
「論王伯安武功」（「侗庵五集」巻七）（天保九年）
「雪花菜説」（「侗庵五集」巻七）
「海防臆測」全五六編（「侗庵五集」巻八［天保九年］から「侗庵六集」巻二［天保一一年］まで）
「予乞児銭説」（「侗庵五集」巻九）（天保一〇年）
「論顔魯公拝勅事」（「侗庵六集」巻一）（天保一一年）
「醫説」（「侗庵六集」巻一）

「蟒衣説」（「侗庵六集」巻一）
「野人亭説」（侗庵六集」巻五）（天保一三年）
「窮理説」（侗庵六集」巻六）（天保一四年）
「擬論外夷互市封事」（侗庵六集」巻七）（弘化元年）

増島蘭園（一七六九―一八三九）
「漢高祖戮丁公論」（「且采稿」巻一［内閣文庫206-241］）
「奔者不禁辨」（「且采稿」巻三）
「缸説」（「且采稿」巻三）
「菊花之隠逸者説」（「且采稿」巻三）
「經權辨」（「且采稿」巻四）
「志聖室説」（「且采稿」巻四）
「寛猛論」（「且采稿」巻六）
「夫婦有別辨」（「且采稿」巻六）
「鄭玄論」二篇（「且采稿」巻七）
「漢武帝論」（「且采稿」巻七）
「諫争論」（「且采稿」巻七）
「谷菴説」（「且采稿」巻八）
「虚懐社約」（「且采稿」巻一一）

野村篁園（一七七五―一八四三）
「文帝論」（「篁園全集」巻一八［内閣文庫206-195］）
「弟子入則孝説」（「篁園全集」巻一八）
「春秋災異論」（「篁園全集」巻一八）
「泰伯至徳論」（「篁園全集」巻一八）
「孔子従先進論」（「篁園全集」巻一八）
「湯有慙徳論」（「篁園全集」巻一八）
「道千乗之國一意説」（「篁園全集」巻一八）
「問易曰黄帝尭舜垂衣裳云々」（「篁園全集」巻一八）
「揚雄論」（「篁園全集」巻一八）
「為政以徳論」（「篁園全集」巻一八）

林培齋（一七九三―一八四六）
「敬齋説」（「培齋遺稿」巻一［東京大学史料編纂所　林家本315］）
「愛菊説」（「培齋遺稿」巻一）
「鞠隠説」（「培齋遺稿」巻二）

佐藤一齋（一七七二―一八五九）
「季路冉有事季氏論」（「愛日樓全集」巻一五。以下、同様に「愛日樓全集」論弁・策・説の巻数）
「論漢文帝唐太宗」（巻一五）
「理学真偽論」（巻一五）
「岳武穆論」（巻一五）
「李泌論」（巻一五）
「弟子門人非二辯」（巻一五）
「孔孟論管仲異同辨」（巻一五）（享和二年）
「洪範辨」（巻一五）（享和二年）
「擬対策一道」（巻一五）
「海防策一道」（巻一五）（嘉永二年）
「楽水説」（巻一六）
「笠原生字説」（巻一六）
「精齋説」（巻一六）
「拙齋説」（巻一六）
「信齋説」（巻一六）
「慎齋説」（巻一六）
「格齋説」（巻一六）
「屈氏字説」（巻一六）
「異端説」（巻一六）
「凡齋説」（巻一六）
「無善無悪心之体説」（巻一六）
「有善有悪意之動説」（巻一六）
「為善去悪是格物説」（巻一六）

「迂齋説」（巻一六）（享和元年）
「愛梧説」（巻一六）
「迪齋説」（巻一六）（享和元年）
「礼説」（巻一六）（享和二年）
「雑説」（巻一六）（享和三年）
「師説」（巻一六）（享和三年）
「平戸侯世子字説」（巻一六）
「孔子不為衛君説」（巻一六）（文化二年）
「達而已齋説」（巻一六）（文化二年）
「節齋説」（巻一六）（文化三年）
「三心亭説」（巻一六）（文化八年）
「遜齋説」（巻一六）（文化八年）
「為善最楽説」（巻一七）（文化一四年）
「不得已齋説」（巻一七）（文化一四年）
「然齋説」（巻一七）（文政元年）
「柴禝字懿大説」（巻一七）（文政二年）
「榊原立卿名字説」（巻一七）（文政四年）
「九皐齋説」（巻一七）（文政五年）
「愛松説」（巻一七）（文政五年）
「入学説」（巻一七）（天保二年）
「格齋説」（巻一七）（天保二年）
「我為我軒説」（巻一七）（天保四年）
「堂閣選名説」（巻一七）（天保五年）
「啖齋説」（巻一七）（天保八年）
「損齋説」（巻一七）
「省軒説」（巻一七）（天保一一年）
「善窩説」（巻一七）（天保一三年）
「潜龍舎説」（巻一七）（弘化二年）
「珮爰玉衡説」（巻一七）（弘化二年）
「脩道館説」（巻一七）（弘化三年）
「勿欺齋説」（巻一七）（弘化四年）
「不愧軒説」（巻一七）（弘化四年）
「精萁説」（巻一七）（嘉永四年）
「規約」（巻四一）
「暮春邀諸友条約」（巻四一）
「有不虞之誉有求全之毀講義」（巻四一）
「君子不器講義」（巻四一）
「攻乎異端斯害也已講義」（巻四一）
「朽亭解」（巻四一）
「原気」（巻四一）（享和元年）
「原理」（巻四一）（享和元年）
「古文真宝提要」（巻四一）
「梅窓夜話小引」（巻四一）（享和二年）
「篁齋詩鈔弁言」（巻四一）（享和二年）
「擬策一道」（巻四一）（享和二年）
「君子坦蕩蕩小人長戚戚講義」（巻四一）（文化一一年）
「左伝逸文」（巻四一）

友野霞舟（一七九一—一八四九）

「漢文帝論」（「霞舟文稿」［国会図書館古典籍資料室 111-243］）
「欲仁仁至論」
「重盛論」
「物部守屋論」
「唐太宗論」
「宋襄公論」
「後醍醐帝論」
「嵆紹論」
「張華論」
「徳不孤論」
「趙盾論」
「兵論」
「梁武帝論」
「王導論」
「龍骨説」
「祛蔽説」
「養菊説」
「盆梅説」
「鼠説」
「養竹説」
「三思説」
「泰伯稱至徳説」
「象戯説」
「亀説」
「蝨説」
「蚓説」
「養蘭説」
「櫻花辨」
「命解」上下
「擬平右府討叡山檄」
「擬韓信拝大将謝表」
「擬重修菅廟募縁疏」
「海防策」（嘉永二年閏四月、「秘鎖叢書」内閣文庫 189-412）

松崎柳浪（?—一八五四）

「楠公論」（「松崎柳浪文稿」一［国会図書館古典籍資料室 854-41］）
「擬嶋津家久諭琉球王書」
「荀或論」（「松崎柳浪文稿」三）
「韓非論」
「防火私議」
「石惜論」（「松崎柳浪文稿」四）
「擬豊臣秀吉請討朝鮮疏」
「陶侃論」
「君子不器説」
「國有道不變塞説」

＊文政五・六年の文章の頭註に「東里先生改竄」「匠里先生改竄」とあり。

林壮軒（一八二九―五三）
「海防之儀ニ付申上候書付」（嘉永二年閏四月）

林復齋（一八〇〇―五九）
「顔真卿論」（「復齋遺稿」巻三［東京大学史料編纂所林家本 134］）
「郭子儀論」
「陸贄論」
「狄仁傑論」
「楠正成論」
「海防策草」（嘉永二年閏四月）

安積艮齋（一七九〇―一八六〇）
「艮齋文略」「艮齋文略續」
「范増論」（「艮齋文略」巻上）
「嚴子陵論」
「魯肅論」
「王安石論」
「原儒」（「艮齋文略」巻中）
「聖賢因時立教論」
「泰伯三譲考」
「武王封箕子辨」
「五行辨」
「河圖洛書辨」
「太公誅狂矞華子辨」
「武成疑」
「中田盧舍説」
「克念齋説」
「鷹説」
「武帝論」（「艮齋文略續」巻二）
「論宣元二帝」
「格物論」上下
「文論」
「春王正月辯」
「三代白田考」
「讀韓文」上下
「伯夷論」
「原氣」上中下（「艮齋文略續」巻三）
「洋外紀略」（嘉永元年二月）
「禦戎策」（「海防彙議」巻四・「鈴木大雜集」三八）

河田迪齋（一八〇六―五九）
「源頼政論」（「惠迪齋全集」巻七、東京都立中央図書館河田文書 081-KW-2）
「平知盛論」（「惠迪齋全集」巻七）
「源義經論」（「惠迪齋全集」巻七）
「王導論」（「惠迪齋全集」巻七）
「梁武帝論」（「惠迪齋全集」巻七）
「善繼善述辯」（「惠迪齋全集」巻七）
「泰伯三以天下讓辯」（「惠迪齋全集」巻七）
「君子不重則不威章講義」（「惠迪齋全集」巻七）
「視其所以章講義」（「惠迪齋全集」巻七）
「答依田某質疑三條書」（「惠迪齋全集」巻七）
「養鷹説」（「惠迪齋全集」巻七）
「繼述舍説」（「惠迪齋全集」巻七）
「恒簃説」（「惠迪齋全集」巻七）

佐藤立軒（一八二二―八五）
「繼述舍説」（「立軒文稿」一）
「荀彧論」
「曾我氏兄弟讐頼朝論」
「宋真宗論」
「外夷互市議」
「王導論」
「王導論」
「李密論」
「絜齋説」（弘化四年）（「立軒文稿」二）
「與人論學書」（嘉永元年）
「論豊太閤伐朝鮮」
「愛竹説」
「續深慮論」
「陸贄論」
「論鄱陽湖戰」
「李德裕論」
「孟子講義」（「立軒文稿」三）

中村敬宇（一八三二―九一）
「論學弊疏」（安政年間）「敬宇文集」巻一（中村敬宇「敬宇文集」全一六巻［吉川弘文館、一九〇三年］六冊）
「擬上宰相書」（安政年間）
「擬泰西人上書」（明治四年）
「反蘇子留侯論」巻二
「王安石論」
「韓非論」
「北條義時論」
「曹參論」
「令尹子文論」
「廉頗論」
「天下無事庸人自擾論」
「論經學」
「論理財」上下（安政五年）
「論練兵」
「論親民之官宜得其人」（元治元年）
「審國體」（安政年間）巻三
「變國制」（安政年間）
「固國体」（安政年間）

「存實心」（安政年間）
「論北地事宜」（安政五年）
「論試場宜設孫呉一科」
「論遣人於外國使審其情形」
「文士不可妄詆論」
「財用論」
「攝生説」（嘉永年間）
「槍説」（安政年間）
「美疢不如惡石説」（安政年間）
「敬天愛人説」上下（明治元年）
「忠益説」（明治四年）
「孚説」
「立説」
「太王翦商論」巻一四
「唐太宗伐朝鮮論」
「妖由人興論」
「劍説」
「咬得菜根百事可做説」
「廣原道」
「情死論」（明治四年）巻一五
「田單攻狄論」

鹽谷宕陰（一八〇九―六七）
「六藝論」（一―六）（「宕陰存稿」巻一）（補遺）
「與川西士龍 論義泉策書」（「宕陰存稿」巻二）
「北條義時論」（天保元年）（「宕陰賸稿」巻一）
「織田信長論」（天保元年）（「宕陰賸稿」巻一）
「豐臣秀吉論」（天保元年）（「宕陰賸稿」巻一）
「治水論」（天保元年）（「宕陰賸稿」巻一）
「學術世變論」（天保六年）（「宕陰賸稿」巻一）
「審夷情」（弘化三年）（「宕陰賸稿」巻一）
「通商利害論」（弘化元年一一月二一日、神戸大学附属図書館住田文庫 1A-29）
「籌海私議」（弘化三年）

安井息軒（一七九九―一八七六）
「鬼神論」上下（「息軒遺稿」巻一）
「性論」上中下（「息軒遺稿」巻一）
「務本論」上中下（「息軒遺稿」巻一）
「文論」（「息軒遺稿」巻一）
「陳平論」（「息軒遺稿」巻一）
「蝦夷論」上下（「息軒遺稿」巻一）
「原毀」（「息軒遺稿」巻一）
「名辨」（「息軒遺稿」巻一）
「詩亡然後春秋作説」（「息軒遺稿」巻一）
「星占説」（「息軒遺稿」巻一）
「地動説」（「息軒遺稿」巻一）
「以女妻義子説」（「息軒遺稿」巻一）
「文説 贈武居文甫」（「息軒遺稿」巻一）
「擬乞禁夷服疏」（「息軒遺稿」巻一）
「擬移諸侯仿戎備檄」（「息軒遺稿」巻一）
「答某生 論濮議書」（「息軒遺稿」巻二）
「與平部温卿 論製甲板舩書」（「息軒遺稿」巻二）
「與某生 論共和政事書」（「息軒遺稿」巻二）
「正名論」（巻一）（黒江一郎編『息軒先生遺文集』安井息軒先生顕彰会、一九五四年）
「周室世年考」（『息軒先生遺文集』）
「讀韓非子」（『息軒先生遺文集』）
「與平部温卿 論史書」（安政四年）（『息軒先生遺文集』）
「國逆曰入考」（巻一）（黒江一郎編『息軒先生遺文集續編』安井息軒先生顕彰会、一九五六年）
「海防策」（「海防彙議補遺」［内閣文庫 189-16］）

芳野金陵（一八〇二―七八）
「春秋論」（「金陵遺稿」巻一）
「詩論」（「金陵遺稿」巻一）
「易論」（「金陵遺稿」巻一）
「易象論」（「金陵遺稿」巻一）
「治地莫不善於貢論」（「金陵遺稿」巻一）
「木曾義仲論」（「金陵遺稿」巻一）
「護良王論」（「金陵遺稿」巻一）
「新田義貞論」（「金陵遺稿」巻一）
「楠正儀論」（「金陵遺稿」巻一）
「魯仲連論」（「金陵遺稿」巻一）
「褚遂良論」（「金陵遺稿」巻一）
「子路不死衛亂辨」（「金陵遺稿」巻一）
「孟子作者辨」（「金陵遺稿」巻一）
「格物解」（「金陵遺稿」巻一）
「農等從田等説」（「金陵遺稿」巻一）
「默眠説」（「金陵遺稿」巻一）

若山勿堂（一八〇八―六七）
「為臣不易論」（「勿堂先生文稿」［文久元年一二月写］［国会図書館古典籍資料室 鶚軒文庫 詩文 1189］）
「論海戰」
「正君德」
「論唐宋國勢」（「勿堂先生災餘文稿」［文久元年一一月写］［国会図書館古典籍資料室 鶚軒文庫 詩文 1190］）
「王覇辨」
「海外互市議」
「諸葛亮論」
「論明智光秀事」
「繼述舍説」
「文説」
「仁者必有勇説」
「養鷹説」
「養氣説 贈山田君士栗」

〈入門之学〉
（経類）
「四書集註」
「四書或問」
「詩経集伝」
「書経蔡伝」
「左伝杜註」
「周易本義」
「礼記集説」
「論孟精義」
「中庸輯略」
「詩経古註」
「詩伝遺説」
「書経孔伝」
「周易程伝」
「文公易説」
「本義通釈」
「春秋胡伝」
「公羊伝」
「穀梁伝」
「孝経孔伝」
「爾雅」
「国語」
「周礼」
「儀礼」
「大戴礼」
「大学衍義」
（史類）
「史記」
「漢書」
「稽古録」
「三国志」
「資治通鑑」
「後漢書」
「晋書」
「南史」
「北史」
「続通鑑」
「唐鑑」
（子集類）
「小学」
「荘子」
「楚辞」
「唐詩正聲」
「文章軌範」
「老子」
「列子」
「戦国策」
「荀子」
「近思録」
「韓非子」
「呂覧」〔呂氏春秋〕
「淮南子」
「七書」
「文選」
「唐詩品彙」
「八大家文鈔」
「杜詩全集」
「韓文公集」
「二程全集」
「語類」
「世説」
「説苑」
「東萊博議」

〈上堂之学〉
（経類）
「論語古註」
「礼記古註」
「詩本義」
「読詩記」
「尚書大伝」
「尚書砭蔡伝」
「韓詩外伝」
「四書輯釈」
「四書纂疏」
「四書大全」
「四書蒙引」
「四書翼註」
「四書存疑」
「四書浅説」
「四書直解」
「詩経説約」
「四書通」
「困勉録」
「四書釋地」
「陸爰草木疏」〔「毛詩草木鳥獣虫魚疏」〕
「左伝附註」
「左伝弁誤」
「李鼎祚易解」〔「周易集解」〕
「欽定周易折衷」
「易学啓蒙」〔「易学啓蒙意見」〕
「啓蒙通釈」
「孟子古註」
「易経古註」
「礼記義疏」
「春秋釈例」
（史類）
「新唐書」
「五代史」
「宋書」
「齊書」
「梁書」
「陳書」
「魏書」
「北齊書」
「周書」
「隋書」
「通鑑綱目」
「綱鑑易知録」
「穆天子伝」
「竹書紀年」
「逸周書」
「明史紀事本末」
「三朝実録採要」
「八家集」
「日本史」
「逸史」
「通語」
「読史余論」
「史通」
「読史管見」
（子集類）
「管子」
「新序」
「列女伝」
「孔子家語」
「楊子法言」
「文章正宗」
「王充論衡」
「白虎通」
「風俗通」
「山海経」
「抱朴子」
「文中子」
「鹽鐵論」
「周子全書」
「張子全書」
「墨子」
「容齋五筆」
「困学紀聞」
「柳々州集」
「李太白集」
「貞観政要」
「陸宣公奏議論」
「天経或問」
「周髀算経」
「傷寒金匱」
「素問霊枢」
「丹鉛総録」
「朱子遺書」
「説郛」
「稗海」
「文会筆録」

〈入室之学〉
（経類）
「経解」
「五雅」
「爾雅翼」
「詩童子問」
「経典釈文」
「松陽講義」
「周易本義弁證」
「周易訂詁」

「世本古義」
「経学五書」
「毛西河経説」
「儀礼経伝通釈」
「説文」
「詩緝」
「通雅」
「三礼図」
「易纂言」
「古微書」
「尚書古文疏證」
「尚書後案」
「四書諸儒輯要」
「異同條弁」
「四書緒言」
「四書精言」
「三魚堂大全」（「三魚堂四書大全」）
「汪武曹大全」（「四書大全辨」）
「大学衍義補」
「四書匯参」
「禹貢錐指」
「詩経伝説彙纂」
「書経伝説彙纂」
「経義考」
「九経全解」

（史類）
「舊唐書」
「舊五代史」
「宋史」
「遼史」
「金史」
「元史」
「契丹国志」
「大金国志」
「宋遺民録」
「明史」
「東華録」
「鄭成功伝」
「明季遺聞」
「万歴三大征考」
「通鑑前編」
「大事記」
「通鑑外記」
「通鑑考異」
「名臣言行録」
「両漢刊誤補遺」
「十七史纂」
「史記論文」
「水経」
「路史」
「世史正綱」
「十国春秋」
「綏冦紀略」
「弘簡録」
「孤樹裒談」
「杜氏通典」
「文献通考」
「通志略」
「唐六典」
「廿二史劄記」
「中山伝信録」
「琉球国史略」
「西域聞見録」
「東国通鑑」
「増訳采覧異言」
「輿地誌略」
「魯西亜志」
「清一統志」
「六国史」
「平家物語」
「源平盛衰記」
「東鑑」
「太平記」
「後太平記」
「甲陽軍鑑」
「信長記」
「太閤記」
「関原軍記」
「難波戦記」
「武徳大成記」
「島原合戦記」
「藩翰譜」
「異称日本伝」
「保元平治物語」
「北條九代記」
「九州軍記」
「応仁記」
「三秘録」

（子集類）
「太平広記」
「百川学海」
「津逮秘書」
「三家詩話」
「列仙伝」
「白楽天集」
「朱文公集」
「漢魏百三名家集」
「欧陽公集」
「東坡全集」
「王臨川集」
「李忠定公集」
「楊龜山集」
「陸象山集」
「陳龍川集」
「葉水心集」
「方正学集」
「王陽明全書」
「奄州四部稿」
「李崆峒集」
「王遵巌集」
「唐荆川集」
「壮海堂集」
「三魏集」
「方望渓集」
「随園集」
「大雲山房集」
「経史問答」
「黄氏日抄」
「學林新編」
「匡謬正俗」
「夷堅志」
「文心雕龍」
「齋民要術」
「漢魏叢書」
「餘冬序録」
「華叢」
「武備志」
「何氏語林」
「性理大全」
「七脩類稿」
「五雑俎」
「日知録」
「古詩記」
「全唐詩」
「文苑英華」
「宋文鑑」
「元文類」
「明文海」
「宋詩鈔」
「元詩選」
「列朝詩集」
「明詩綜」
「清詩別裁」
「玉海」
「学津討原」
「弐餘叢考」
「蕺園雑記」
「虞初新志」
「秘笈」
「武英殿叢書」
「知不足齋叢書」
「物理小識」
「本草綱目」
「肘後方」
「千金方」
「暦算全書」
「維摩経」
「楞嚴経」
「読書録」
「白石叢書」
「徂徠白石蛻巖等集」
「四庫全書提要」
「非徴」
「政談」
「鳩巣逸話」
「遺老物語」
「制度通」
「令義解」
「江家次第」

［一］文化一二年自序、天保元年刪正、「定本読書矩」一冊、附論學示家塾諸生（宮内庁書陵部202-88）に依る。

あとがき

本書は、東京都立大学大学院に提出した学位論文「徳川後期の学問と政治――昌平坂学問所儒者古賀家三代を軸として」（二〇〇二年二月、博士（政治学）号授与）をもとに、その論旨を変えずに修正・加除の手を加えたものである。紙数の都合で、「萬餘巻樓蔵書目録」（A４、四〇頁弱）・「著作年譜」（A４、一〇〇頁程）などの資料編は収録できなかったが、大学院入学以来の研究課題について、現時点での成果をまとめ、江湖に問うことにした。

一九九五年の夏は、私にとって殊のほか暑かった。思想史上いまだ評価が定まらないとされる近世後期朱子学派をテーマに選び、二月に頼山陽について報告原稿を書いたが、その思想分析では新境地は拓けそうになかった。そのため、昌平坂学問所の儒者、古賀侗庵に対象を変え、その春より先行研究を手掛かりに明治期の刊本『海防臆測』などの著作を読み始めた。しかし今度は、既刊の僅かな資料だけでは、とても先学の研究に独自の見解を付け加えることは出来なかった。やむなく自筆稿を含む関係写本を求め、猛暑をおして、早稲田大学附属中央図書館柳田泉文庫、国立国会図書館古典籍資料室、静嘉堂文庫、お茶の水図書館成簣堂文庫に連日通い詰めた。史料調査と筆写のため、西尾市岩瀬文庫にも赴いた。必死の思いでまとめ上げたのが、翌年一月に提出した修士論文「古賀侗庵の〈知的世界〉――昌平黌御儒者の開国経験」である。編年体で編まれた「侗庵新論」や「侗庵集」をもとに、時代変化のなかでの一人の儒者の知的の営みを捉えようとした。

顧みるに、この経験が、本研究のはじまりだった。筆写本史料を思想分析の素材にする困難には、その後も悩まされた。日本の思想史研究で江戸・明治期を扱うのに、古文書のくずし字も読めず、儒学者を扱うのに白文も自在に読みこなせず、文字どおり「よみかき」さえ満足にできない者が、果たして一人前の研究者になれるのか。厖大な関係史料群を前に、しばしば途方に暮れた。そもそも政治思想を解釈する以前に、古賀家三代の著作の全体像さえつかめなかった。宮内庁書陵部の改築工事が終了するのをまって、一九九八年六月から書陵部所蔵の「古賀本」の書誌的調査に着手したが、そのために思想研究は一向に進展せず、まったく成果をあげられない焦燥に駆られた。

しかし、各年代の家蔵目録を比較した「萬餘巻樓蔵書目録」と散逸した文書を集成した一点ごとの「著作年譜」をまとめ上げる頃には、この調査が、今日の記録史料学（Archives）でいう、失われた記録遺産の再生や当該社会集団特有の歴史的な文書保管に光を当てる研究にも相当すると思い至った。史料学の分野では、文書保管や授受の場といった物理的な「存在空間論」ばかりではなく、文書が情報としての価値を有する場としての「認識空間論」にも研究が展開し始めている。私が修論でかかげた「知的世界」においても、著作は蔵書群の変化と密接な関連があると思われた。他方で、近年の幕府編纂史料を再検討する研究成果から明らかなように、史料論は広義の政治過程研究に新たな道筋を示しつつあるが、幕府儒者の史料群からも、従来知られていない政治過程を明かす文書の手応えがたしかにあった。しかし、当然のことながら、ある一つの文書でさえ、それと関連する他の史料群と付き合わせない限り、同時代の文脈における位置が特定できない。古賀家の伝記的研究ではないため、一家族の書誌調査だけでは済まされず、史料を読むほどに対象と課題は膨らんでいった。これらの書誌調査の成果を、本書においても十分に思想研究に生かし切れていないとの思いは強い。それらは、今後の研究にまたなければならない。

政治思想史の問題としては、研究に着手した当初から、寛政期以降の正統性の問題が念頭にあった。「寛政異学の禁」が、〈政治的正統性〉（legitimacy）と〈教義の正統性〉（orthodoxy）との交点にあたることは、「正統」と「異端」のテーマを追究した丸山眞男氏をはじめ、多くの論者によって指摘されてきた。しかし、「禁」令以後の徳川儒学を、その実態を踏まえて思想史的にどのように位置づけるかについては、いまだ検討の余地がある。

私の基本的な着眼は、次の点にあった。寛政以降「正学」に統制された幕府学問所は、庶民の童子に対する初等教育ではなく、幕臣の子弟を対象にした中・高等教育の学問の場である。たとえ限られた人数であっても、その関係者や出身者たちが幕府の政治権力を担い、政策形成・決定過程にまで参与することを踏まえると、学問所儒学の評価は、体制権力の側が諸個人に「支配の正統性」の承認を求める契機だけでは済まない。統治体系の統合化を目指し、それに対する順応か反逆かの根拠が問われる〈政治的正統性〉とは別に、為政者の側にたつ政治主体が、政治判断にあたって政策や現行法の妥当性を問う〈政治的正当性〉という契機も無視できないのではないか。もしそうであるならば、ラディカルな体制転換に関わる統治体系の承認（非承認）の契機と、ある体制統治の正統性を前提とし、その体制内変革における政治判断の際の〈正当性〉という契機——この両契機の問題と、程朱学の〈教義の正統性〉との関係が、寛政期以降の幕府学問所儒学の、ひいては各地の武家教育の支柱をなした藩校儒学の問題となるであろう。従来のとらえ方は、近代の国民国家を前提とした「支配の」正統性の影響が濃厚であり、対象の限定と正統性の整理を行わなければ、のちに「体制教学」と見なされた学問所儒学と「旧体制」における「体制内変革」の問題を扱い得ない。

本書では、学問所関係者の幕臣たちの対外政策、「祖法」が自覚化されかつ変革されていく過程を事例にこの問題への接近を試みたが、問題設定の妥当性を含め、徳川儒学の解釈について、ひろく同学諸賢のご批判を仰ぎたい。このささやかな成果を叩き台として、当該分野の研究進展に少しなりとも寄与できれば、望外の喜びである。

牛歩の如きこの研究も、もとより多くの方々のご指導とご支援がなければ成り立たなかった。

東京都立大学大学院在学中、指導教授を引き受けてくださったのは、宮村治雄先生だった。非常勤講師として出講された先生の学部講義によって、はじめて、「日本政治思想史」という学問の奥深さに眼を開かれた。今日に至るまで数多くの学問的示唆をいただいてきたが、とりわけ、研究史上の未決の課題として、丸山眞男氏によって「思想的停滞期」とされた徂徠学以降の近世後期儒学があるとのご指摘が、本研究着想の出発点になっている。宮村先生ご自身の、からだを張った「正面突破」の試みに、どれほどの刺戟を受けたか分からない。学部の最終年度に卒業論文の指導教員となってくださった松沢弘陽先生もまた、大学院進学にあたり、「日本政治思想史」における近世思想史研究の意義を力説され、しかも、尻込みする私を前に、大きな課題に取り組むよう励まして大学院へと送り出して下さった。古賀侗庵の存在を知ったのは、松沢先生から教えていただいた梅澤秀夫氏の論文をとおしてであった。浅学菲才を顧みず、ライフ・ワークにしてもよいほどの難問に向きあった結果、先生方の期待に十分に応えることもできない、粗削りの議論にとどまってしまったことが心苦しい。しかし、宮村・松沢両先生との学問的な出会いがなければ、学位論文の執筆もありえず、「日本政治思想史」の研究に取り組む道も開かれなかったはずである。さらに、一理系学生を政治学研究に向かわせる転機をつくって下さったのは、教養学部時代の千葉眞先生であった。講義の終講にあたり、政治理論や西洋政治思想史の魅力の一方で、日本社会に生きる者として敢えて「日本政治思想史」の課題を引き受ける必要を説かれた。その情熱に溢れた言葉が、いまも脳裡によみがえる。

お一人ずつ名前を挙げて思いを伝えられないが、研究者を養成する学的共同体としての伝統を創り、それを維持してこられた東京都立大学政治学専攻の諸先生方、また学兄姉の存在は、論文執筆時の大きな励ましであった。院生ひとりの研究報告に、構成員全員が時間を割いて出席し討議に加わる毎月の「総合演習」は、他では望めない貴重な集団指導の場だった。また、出身大学・学部・職業経験の有無など、多様な経歴の院生諸兄姉との交流は、演習時ばかりでなく日常の議論までもが、私にとっては他流試合のようであった。往時の「都立大政治学」の気風から受けた影響は、はかり知れない。

史料閲覧・複写の便宜をはかって下さった関係諸機関の好意あるご援助にも、謝意を表したい。成稿の過程で、一九九八年度文部省科学研究費補助金・特別研究員奨励費「古賀家三代の思想的系譜——昌平黌御儒者たちの経験」、一九九九—二〇〇〇年度科学研究費補助金・奨励研究（A）「昌平黌儒者古賀家三代の研究」を受けたが、これらの支援なしには書誌調査も行い得なかった。

本書をこのようなかたちでまとめるに至る直接の契機は、札幌への赴任であった。学問的に未熟な者をあたたかく迎え入れてくださった北海道大学大学院法学研究科の同僚先学の諸氏に、お礼を申し述べたい。殊に、政治学研究では現在日本でもっとも活気のある北大政治講座の諸学兄が、地味でおよそ反時代的な研究に積極的な意味を見出して下さったことは、私自身にとっても驚きであった。

無名の若手研究者の論文に目をかけ、領域横断的に人材発掘を重ねる名古屋大学出版会のご理解と勇気あるご決断なくしては、本書は存在しなかったであろう。大部ゆえにひとつの作品としてまとめるのを諦めかけていたが、一書として刊行する意義を認めてくださったことは嬉しかった。企画から編集実務までご担当いただいたのは、三木信吾氏である。氏の丁寧で誠実な対応が、はじめて著書をもつ者にとっては心強い励みになった。また、本書刊行に際しては、独立行政法人日本学術振興会二〇〇六年度科学研究費補助金（研究成果公開促進費）を受けた。

最後に私事になるが、故鈴木弼美先生・ひろ先生ご夫妻に、また東京に出てからお世話になった春風学寮、今井館図書資料センター事務局の方々、そして両親に、心からの感謝を捧げたい。「学問をすればするほどに謙虚になるものである。高慢になるくらいなら学問をする意味はない」。山形の小国で学んだこの言葉をいま改めて胸に刻んで、新たな課題に取りかかろう。

二〇〇七年二月

眞　壁　　仁

《著者略歴》

眞《ま》壁《かべ》　仁《じん》

1969年　京都市に生まれる
1994年　国際基督教大学教養学部社会科学科卒業
1996年　東京都立大学大学院社会科学研究科修士課程修了
1998年　東京都立大学法学部助手，
日本学術振興会特別研究員（PD）を経て，
現　在　北海道大学大学院法学研究科准教授，博士（政治学）

徳川後期の学問と政治

2007 年 2 月 28 日　初版第 1 刷発行
2011 年 9 月 20 日　初版第 2 刷発行

定価はカバーに
表示しています

著　者　眞　壁　　仁

発行者　石　井　三　記

発行所　財団法人　名古屋大学出版会
〒 464-0814　名古屋市千種区不老町 1 名古屋大学構内
電話(052) 781-5027/FAX(052) 781-0697

Printed in Japan
印刷 ㈱クイックス
ISBN978-4-8158-0559-3
乱丁・落丁はお取替えいたします。

索　引

＊図表・註を除き，本文中の主要な人名・事項名を五十音順に排列した。中国・朝鮮の人名は日本語読みによる。事項には，語句ではなく内容によって掲出したものもある。

ア　行

カ　行

サ　行

タ　行

ナ 行

ハ 行

マ　行

ヤ 行

ラ・ワ行

図表一覧